ORIGINES

DE

ET DE

Capitaine L. PICARD
PROFESSEUR A L'ÉCOLE DE CAVALERIE

DEUXIÈME PARTIE

SAUMUR
S. MILON FILS, LIBRAIRE-ÉDITEUR
46, RUE D'ORLÉANS, 46
SEUL FOURNISSEUR-ADJUDICATAIRE DE L'ECOLE DE CAVALERIE

ORIGINES

DE

L'ÉCOLE DE CAVALERIE

ET DE

SES TRADITIONS ÉQUESTRES

DU MÊME AUTEUR

LES LEÇONS DE L'HISTOIRE MILITAIRE

FOURNIES PAR LES CAMPAGNES ET EXPÉDITIONS DE 1854 A 1889

Trois volumes grand in-8 et un Atlas

POUR PARAITRE PROCHAINEMENT

LA CAVALERIE DANS LES GUERRES

DE LA RÉVOLUTION ET DE L'EMPIRE

ANGERS, IMP. A. BURDIN ET Cie, 4, RUE GARNIER.

ORIGINES

DE

ET DE

ÉQUITATION — DRESSAGE
HIPPIATRIQUE — MARÉCHALERIE — HARAS — REMONTE
HARNACHEMENT — UNIFORMES — ORGANISATION MILITAIRE
RÈGLEMENTS DE CAVALERIE

Capitaine L. PICARD
PROFESSEUR A L'ÉCOLE DE CAVALERIE

SAUMUR
S. MILON FILS, LIBRAIRE-ÉDITEUR
46, RUE D'ORLÉANS, 46
SEUL FOURNISSEUR-ADJUDICATAIRE DE L'ÉCOLE DE CAVALERIE

I

École royale de cavalerie de Saumur, 1825. — Organisation. — École des trompettes. — Règlement de l'École de Saumur; les élèves; uniformes; cours. — Commandement du général Oudinot. — Le colonel Blin, commandant en second. — Les écuyers de l'École : Cordier, Le Roy, Ducroc de Chabannes, Rousselet, Flandrin, Deleuze, Beucher de Saint-Ange. — Un conseil de M. de Chabannes. — M. Cordier, écuyer en chef; sa méthode; traité d'équitation, en harmonie avec l'ordonnance de cavalerie : emploi des aides; sentir son cheval. — Première leçon, commencer avec une gaule en main, position à cheval, parties mobiles et immobiles, des aides, éperons à l'écuyère, pincer des deux. — Deuxième leçon, le cheval en mouvement, caveçon de main, rassembler un cheval, demi-arrêt, arrêt, arrêter et rendre, doubler dans la largeur, accord de la position du cavalier avec les mouvements du cheval, passage du coin, du trot, condamnation du trot à l'anglaise, changement de main. — Troisième leçon, travail circulaire à la longe, changement de main à la longe, appuyer la tête au mur, finir le cheval les épaules en dehors. — Quatrième leçon, usage du mors de filet, position de la main de la bride, position de la main de la gaule, manière d'agir sur les rênes, de la main du filet, manière de tenir la rêne de dedans du filet pour placer le cheval, placer le cheval avec la main du dedans, placer le cheval de la main de bride seule, doit-on se servir des deux jambes, hanche entière, demi-hanche, tiers de hanche, quart de hanche, finir un cheval les hanches en dedans. — Cinquième leçon, principes pour faire partir un cheval juste au galop, changement de main au galop, principes pour faire partir un cheval au galop dans les coins et sur le cercle, de la double demi-volte. — Sixième leçon en étriers, ajuster les étriers, le passage, l'épaule en dedans, la croix de malte, sauteurs, des chevaux d'étude, différentes figures de manège qu'on peut faire exécuter à douze élèves en trois quadrilles; observations sur les différentes impulsions que le cheval communique à l'homme aux différentes allures; instructions pour dresser les jeunes chevaux de manège et d'escadron, chevaux qu'il est nécessaire de faire travailler à la grande longe, chevaux que l'on doit commencer à la longe de main, travail à la grande longe sur les cercles, détail des six principaux mouvements de longe, progression des leçons de dressage; les différentes espèces de mors.

L'École d'application de cavalerie fut transférée à Saumur par ordonnance du 11 novembre 1824 et, le 10 mars 1825, elle prit le titre d'*École royale de cavalerie.* Cette réorganisation comprit aussi l'*École des trompettes,* qui avait été supprimée au licenciement de l'École de Saint-Germain.

Cette nouvelle institution avait pour objet de former les instructeurs des troupes à cheval, d'instruire comme officiers de cavalerie les élèves sortant de l'École spéciale militaire de Saint-Cyr, de fournir aux régiments un nombre suffisant de sous-officiers capables de concourir à l'instruction des hommes de recrue, et de fournir la cavalerie de maréchaux et de trompettes.

D'après son institution, l'École royale de cavalerie recevait :

1° Les officiers qui, désignés pour concourir aux emplois d'instructeurs en chef ou d'instructeurs particuliers, étaient appelés à cette École pour s'y perfectionner dans les principes d'équitation, et reporter dans les régiments un mode uniforme d'instruction ;

2° Les élèves de l'École de Saint-Cyr désignés pour le service de la cavalerie ;

3° Des jeunes soldats ou militaires appelés à former des sous-officiers, des brigadiers, des maréchaux ferrants et des trompettes.

Les officiers détachés des troupes à cheval prenaient la dénomination d'officiers d'instruction ; les élèves sortant de l'École spéciale militaire, celle d'élèves de cavalerie.

Un corps de troupes à cheval, qui ne pouvait être porté à plus de trois escadrons, était organisé pour former l'école des sous-officiers, brigadiers, maréchaux ferrants et trompettes.

Les régiments de cavalerie et d'artillerie à cheval de la garde et de la ligne étaient tenus d'envoyer à l'École royale de cavalerie, tous les ans, un officier d'instruction.

Chacun des escadrons du train d'artillerie, du train du génie, et des équipages militaires, était tenu d'en envoyer un tous les deux ans.

Le contingent de chaque régiment en officiers d'instruction se composa, pour l'année 1825, d'un capitaine.

Les officiers détachés des régiments étaient tenus de passer deux ans à l'École de cavalerie, et pouvaient, sur leur demande et du consentement du commandant de l'École, y rester un an de plus. Ils contractaient, avant leur départ du corps, l'engagement d'y revenir pour y exercer, pendant trois ans au moins, l'emploi d'instructeurs.

Les officiers d'instruction emmenaient à l'École leurs chevaux et s'en servaient pour les exercices militaires et les manœuvres. Ils conservaient le droit de porter l'uniforme du régiment auquel ils appartenaient ; mais ils devaient avoir, pour les exercices du manège et les manœuvres, un petit uniforme : l'habit-veste, la culotte noire, les bottes à l'écuyère et le chapeau de manège.

Les élèves de cavalerie portaient en tout temps un uniforme spécial : l'habit-veste bleu de roi, le pantalon garance, le shako rouge avec fourragère. Ils étaient tenus, comme les officiers d'instruction, d'arriver montés à l'École, et se servaient de leurs chevaux pour les exercices militaires et les manœuvres.

L'instruction de l'École royale de cavalerie était militaire et basée sur les ordonnances et règlements en vigueur pour les troupes à cheval ; elle comprenait :

Le service intérieur des régiments de troupes à cheval ;

La théorie sur le service en campagne appliquée sur le terrain, autant qu'il était possible, surtout pour les reconnaissances ;

L'équitation militaire et l'ordonnance de cavalerie ;

L'escrime à pied et à cheval ;

Le tir de la carabine et du pistolet ;

La gymnastique, la natation et la voltige ;

L'hippiatrique élémentaire pratique et la maréchalerie.

Cette dernière partie était intimement liée au cours d'équitation militaire, qui comprenait la connaissance du cheval, son emploi et sa conservation.

Les élèves de cavalerie suivaient, en outre, des cours de dessin, de topographie, d'art, d'histoire et d'administration militaires.

Toutes les catégories d'élèves subissaient deux examens, un pour passer en première division et le deuxième pour constater les progrès et servir au classement de sortie ; c'était d'après les numéros de ce dernier classement que les officiers-élèves choisissaient les régiments où ils voulaient servir. Le numéro 1 avait droit à la première vacance de lieutenant au choix, quand il avait deux ans de grade.

Les officiers-élèves de cavalerie étaient astreints à loger au quartier pendant leur séjour à l'École ; un pavillon leur était destiné, un règlement particulier les régissait et les obligeait à rentrer à une heure prescrite.

Les emplois d'instructeurs dans les régiments étaient donnés exclusivement aux officiers qui avaient suivi les cours de l'École royale de cavalerie en qualité d'officiers d'instruction. Ces fonctions consistaient :

A instruire les recrues à pied et à cheval jusqu'à l'école d'escadron exclusivement ; diriger l'instruction des classes ; faire aux lieutenants et sous-lieutenants les théories de détail sur les cinq premières leçons et surveiller toutes celles des sous-officiers et des brigadiers ; avoir sous ses ordres immédiats des officiers et sous-officiers instructeurs ;

Être chargé généralement de tout ce qui a rapport aux chevaux de remonte, dès leur arrivée au régiment : par conséquent, les classer selon leur âge, leur force, et le plus ou moins de temps nécessaire à leur première éducation ; déterminer la nourriture selon leur tempérament et le développement de leurs moyens ;

Enfin, avoir sous sa surveillance l'infirmerie du régiment, être spécialement chargé d'inspecter la manière dont les chevaux étaient embouchés et ferrés.

Après ces phases de réorganisation et de remaniement toujours funestes à l'institution, l'École se trouva définitivement reconstituée à Saumur, d'après un nouvel ordre d'idées et dans des intentions larges, bienveillantes et généreuses. Elle y fut organisée par le *général Oudinot,* qui sut encore illustrer son nom déjà historique; elle devint bientôt un monument européen, où les souverains de presque toutes les puissances envoyèrent leurs aides de camp et leurs meilleurs officiers.

Une École de maréchalerie allait devenir incessamment une annexe tout indiquée de la nouvelle École, puis un Haras d'étude, puis une École de dressage, etc., etc.

Maintenant que l'École de cavalerie est définitivement réinstallée à Saumur, nous nous y renfermerons avec elle pour l'étudier pas à pas jusqu'à notre époque, et nous n'en sortirons que pour donner un coup d'œil rapide aux innovations extérieures qui eurent une influence quelconque sur les matières dont elle était dès lors l'arbitre.

Les états de service du marquis Oudinot le recommandaient particulièrement à la direction qui lui était confiée. Entré le 25 décembre 1805 comme page à la maison militaire de l'empereur, il était nommé premier page le 13 octobre 1808. Le 17 août 1809, il passait en qualité de lieutenant à la compagnie d'élite du 5e hussards. C'est à ce titre qu'il fit la campagne de 1809, en Autriche. Le 12 juillet 1810, le maréchal prince d'Essling se l'attachait comme aide de camp et l'emmenait avec lui en Espagne et en Portugal pendant les années 1810 et 1811. Le 7 septembre de cette dernière année, Oudinot était nommé lieutenant en premier aux chasseurs de la garde. Le 13 janvier 1812, il était fait chevalier de la Légion d'honneur, et le 27 il passait capitaine. C'est avec ce commandement qu'il fit la campagne de Russie, et celle d'Allemagne en 1813. Il fut blessé d'un coup de biscaïen au pied, à la bataille de Leipsick. A l'affaire de Hanau il reprit, à la tête de son escadron, six pièces d'artillerie légère de la garde et fit prisonnière une partie du bataillon qui s'en était emparé. On ne s'étonnera donc pas de le voir nommé officier de la Légion d'honneur le 28 novembre 1813. Il prit également une part brillante à la campagne de 1814. A la bataille de Montmirail il fit, à la tête de son escadron, un bataillon prussien prisonnier. A la bataille de Craone il fut blessé d'une balle à la cuisse. Le 1er avril 1814 il était nommé chef d'escadron, toujours aux chasseurs de la garde et, le 27, colonel du 25e dragons. Le 11 mai suivant il prenait le commandement des hussards du roi, et le 27 septembre 1815, celui des hussards du nord. Le 13 août 1814 il avait été fait chevalier de Saint-Louis, le 18 mai 1820 il fut nommé commandeur de la Légion d'honneur. Le 12 juin 1822 il était mis à la tête du 1er régiment de grenadiers à cheval. Enfin, le 4 mars 1824 lui apportait le grade de maréchal de camp, et c'est à ce titre que le 17 novembre il prenait le commandement en chef de l'École royale de cavalerie.

Le colonel Blin, le second du général Oudinot, n'était pas moins digne de son commandement que son illustre chef. Le colonel Blin avait débuté dans les premières campagnes de la République et il n'avait manqué aucune des guerres jusqu'en 1823. Aussi ses états de service portaient-ils cette note élogieuse : « M. le colonel Blin, depuis son entrée au service, a toujours été employé activement et presque continuellement à l'avant-garde ; il a assisté à toutes les grandes affaires qui ont eu lieu, et a souvent été cité dans les rapports sur les opérations militaires auxquelles le 8e régiment de hussards a pris part. »

Parti le 12 juin 1795 comme soldat au 58e de ligne, il fit les campagnes de Rhin et Moselle en 1795 et 1796. Près de Trèves, il fut blessé d'un coup de feu à la cuisse. Le 13 octobre 1797 il était incorporé au 8e hussards et faisait ses premières armes de cavalier dans les campagnes de 1797 et 1798 en Suisse. Pendant les années 1799, 1800 et 1801, il fit partie de l'armée du Rhin. Le 23 janvier de cette dernière année il avait été nommé brigadier et le 4 juin suivant brigadier-fourier. En 1802 il est en Hanovre et, le 29 juin de cette année, il est nommé maréchal-des-logis ; le 3 octobre suivant, maréchal-des-logis chef. En 1803 et 1804 il fait partie de l'armée des côtes de l'Océan ; le 15 juin 1804, il est nommé chevalier de la Légion d'honneur. En 1805, il part pour la campagne du Danube ; à l'affaire de Salzbourg il est blessé par un boulet à la partie inférieure de la jambe droite. A Austerlitz, il prend sa revanche, il s'empare d'une pièce de canon après avoir sabré les canonniers qui la servaient et fait prisonnier un colonel russe qui était en avant du centre de son régiment. En apprenant ces exploits, le général Legrand vint le féliciter devant tout le 8e hussards rassemblé. Le 1er janvier 1806, Blin est nommé adjudant sous-officier. Le 10 juin il est nommé sous-lieutenant et part pour faire les campagnes de Prusse et Pologne de 1806 à 1808. Il entre le premier à Eylau à la tête de vingt-cinq chevaux et force la porte de l'Ouest gardée par deux compagnies d'infanterie. Il est atteint de deux coups de feu, l'un à la hanche l'autre à la main ; il traverse néanmoins la ville dans laquelle il fait au moins cent prisonniers. Le 10 mai 1807 il est nommé lieutenant ; quinze jours plus tard adjudant-major. Le 24 novembre 1808 il est capitaine commandant. Survient la campagne d'Autriche de 1809, il y prend part. Dans la journée de Wagram il a un instant le commandement de son régiment, le 8e hussards, au moment le plus chaud de l'action ; il a d'ailleurs trois chevaux tués sous lui, et est atteint d'un boulet, mais sa bonne étoile le sauve encore de la mort. On le voit ensuite, en 1810, en Hollande, puis en 1811 à Magdebourg, où il commande avec beaucoup de bravoure et d'intelligence un régiment provisoire chargé d'éclairer le pays aux environs de cette place. Enfin, en 1812 il part pour la campagne de Russie, comme aide de camp du général Bourcier, près duquel il a été détaché le 1er avril de cette année. C'est avec ce même emploi qu'il fait la campagne de Saxe de 1813, il a été nommé le 6 juillet chef d'escadrons ; le 6 novembre, il passe avec son grade au 3e chasseurs. Il fait encore la campagne de France de 1814 et au mois d'août passe avec son grade aux chasseurs du Dauphin. Le 17 mars 1815, il est nommé officier de la Légion d'honneur et, le 23, chevalier de Saint-Louis. Le 3 janvier 1816 il passe avec son grade aux dragons du Rhône, enfin le 10 novembre 1819 au 2e grenadiers à cheval de la garde. Le 11 juillet 1821 il était nommé lieutenant-colonel des cuirassiers de Condé. Il faisait la campagne d'Espagne de 1823 et le 21 septembre 1824 était nommé au commandement de l'École de cavalerie de Versailles. Le 3 mars 1825 il venait à l'École royale de cavalerie de Saumur comme commandant en second.

Sous le commandement du général Oudinot, le manège fut dirigé par *M. Cordier*, écuyer en chef, et *MM. Le Roy, Ducroc de Chabannes, Rousselet, Flandrin, Deleuze* et *Beucher de Saint-Ange*.

C'est le général Oudinot qui rappela le célèbre *Ducroc de Chabannes* qui, comme nous l'avons dit, avait été disgracié dans son château de Bagneux et qui trouvait dans sa réputation équestre la plus éclatante revanche.

Ainsi, pendant cette disgrâce même, M. de Chabannes recevait fréquemment la visite d'officiers de l'École, qui venaient en cachette lui demander des conseils sur des cas difficiles. C'était un adoucissement pour l'ancien écuyer à cette amertume que la proximité de Saumur rendait encore plus pénible.

Un jour, il vit arriver un de ces messieurs lui présentant un cheval de grands moyens qu'il lui était impossible de faire sauter. « — Essayez donc encore, dit le vieil écuyer, je désire voir comment vous vous y prenez. » Le cavalier y mit toute son énergie, toute sa puissance, mais inutilement.

« — Permettez-moi d'essayer à mon tour, dit le maître. » Alors il enfourcha la bête, la présenta à la barre et la lui fit franchir plusieurs fois avec la plus grande facilité.

Alors s'adressant à l'officier : « — Monsieur, je crois avoir trouvé ce qui empêchait votre cheval de sauter : *c'est que vous vouliez l'enlever*. »

Bien qu'il ne nous soit pas possible d'analyser toutes les personnalités marquantes qui ont passé à l'École de cavalerie, et que nous nous soyons limité à la biographie sommaire des commandants de l'École et des écuyers en chefs, nous ne pouvons point cependant laisser supposer que ces écuyers civils dont nous citons les noms aient eu pour seuls titres de gloire leurs talents équestres. Ce serait coupable à tous égards, car la plupart d'entre eux eurent de brillants états de service militaire.

M. *Le Roy* était parti comme simple cavalier au 1ᵉʳ carabiniers le 17 avril 1792 et avait pris une part très glorieuse à toutes les campagnes de la Révolution et de l'Empire. En 1792 et 1793 il était à l'armée du Nord; pendant l'an II, l'an III, l'an IV et l'an V, à celle de Rhin et Moselle. Le 19 brumaire de l'an IV il était blessé d'un coup de sabre sur le bras gauche à la bataille de Petersheim, et pourtant il ne passait brigadier que le 26 octobre 1796. Mais il était breveté d'un sabre d'honneur pour sa conduite distinguée et sa bravoure éclatante dans cette bataille où il avait délivré des mains de l'ennemi le lieutenant Guillaume, qui était fait prisonnier, dégagé le cheval de cet officier qu'il avait remis en état de combattre et repris ensuite un caisson que deux cavaliers du Royal-Allemand avaient enlevé. Il faisait ensuite la campagne de l'an VI en Allemagne, et était détaché le 30 décembre 1797 à l'École normale d'application de Versailles, où il resta jusqu'au 23 septembre 1799. Le brigadier Le Roy repartit alors pour la campagne des ans VII, VIII et IX, sur le Danube. Le 21 mai 1800 il était nommé fourrier, puis maréchal-des-logis le 12 juillet, et maréchal-des-logis chef le 24 octobre 1802. Le 4 décembre 1803 il était fait chevalier de la Légion d'honneur.

Le sous-officier Le Roy part pour la campagne de 1805 ; il fait ensuite celle de 1806, où il trouve son grade de sous-lieutenant, le 31 octobre. Il étrenne glorieusement ses nouveaux galons dans la campagne de 1807. A Friedland il a deux chevaux tués sous lui, mais blessé de trois coups de lance, un à la cuisse gauche, un à la hanche droite et un au bas ventre, heureusement sur le côté, il est fait prisonnier et reste en captivité jusqu'au 18 août.

Nommé lieutenant en 1809 il prend part à la campagne de cette année en Autriche ; à Wagram il a encore un cheval tué sous lui et est blessé au talon par un boulet. En 1811, il passe avec son grade aux grenadiers à cheval de la garde et c'est dans ce corps d'élite qu'il fait les campagnes de 1812 et de 1813. A la bataille de Lutzen, il a encore un cheval tué sous lui. Le sacrifice de ses malheureuses montures prouvait sans conteste que si M. Le Roy ne rapportait pas de nouvelles blessures, ce n'était pas de s'être tenu aux endroits les moins périlleux ; aussi la croix d'officier de la Légion d'honneur, qui lui était décernée le 14 septembre 1813, était-elle la juste récompense de l'éclatante bravoure de ce remarquable officier.

M. Le Roy fait la campagne de 1814 comme adjudant-major ; le 19 novembre de cette année lui confirme son grade de capitaine dans le corps royal des cuirassiers de France. Il fait encore la campagne de 1815 et a de nouveau un cheval tué sous lui à l'affaire du Mont-Saint-Jean. Le 23 mars 1816 il est retraité.

C'est après une carrière militaire aussi brillamment remplie que M. Le Roy commence sa carrière équestre. Le 13 janvier 1819 il est nommé sous-écuyer à l'École de cavalerie, le 28 mars 1822 il passe en cette qualité à l'École de Saint-Cyr, puis le 6 janvier 1824 à l'École d'application de cavalerie. Le 11 mars 1825 il vient à Saumur.

M. *Deleuze* était entré au service dans la légion dite des Allobroges, à la fin de 1794, et y avait servi jusqu'au 13 mars 1800. A cette date il passait au 25e chasseurs à cheval et y prenait tous ses grades jusqu'à celui de maréchal-des-logis, qu'il obtint le 26 novembre 1802, après avoir fait les campagnes de Portugal des ans VIII, IX et X. Le 26 novembre 1802 le sous-officier Deleuze entrait comme élève à l'École de cavalerie de Versailles, et il y était nommé adjudant instructeur le 28 avril 1804. Le 28 août 1808 il était détaché comme sous-écuyer à l'École de Saint-Cyr ; il y fut maintenu à la réorganisation du 27 septembre 1814 et y resta jusqu'au 25 mai 1815. Il fut alors destitué pour avoir refusé par écrit de prêter serment à l'empereur.

Le 18 février 1816, il reparut à l'École de cavalerie comme sous-écuyer, puis comme écuyer, passa à l'École de Saint-Cyr le 28 mars 1822, puis à l'École d'application de cavalerie le 6 janvier 1824, et enfin vint à Saumur, le 26 février 1825, après le transfert de cette École.

M. *Beucher de Saint-Ange*, qui s'est fait à Saumur une si grande renommée comme écuyer professeur d'hippiatrique, quoique plus jeune que les précédents, avait aussi ses titres militaires. Entré au service le 1er juillet 1809, il prit tous ses grades, jusqu'à celui de sous-lieutenant, qu'il obtint le 26 décembre 1812, aux vélites à cheval du roi de Naples. En

1810, il avait fait l'expédition de Calabre. En 1812, il était en Russie et se signala à l'affaire d'Osmiade, en Lithuanie, où, s'étant trouvé aux prises avec trois cosaques, il en tua deux et mit le troisième en fuite.

Démissionnaire le 31 mars 1814, il était replacé, le 6 août, comme sous-lieutenant au 7e hussards. Le 20 mars 1815, il venait faire un cours de sous-lieutenant élève à l'École de cavalerie. Démissionnaire de nouveau le 20 février 1818, il était nommé, le 1er janvier 1820, sous-écuyer répétiteur d'hippiatrique à l'École de cavalerie. Le 28 mars 1822 il passait à l'École de Saint-Cyr, puis, le 6 janvier 1824, à l'École d'application de cavalerie, enfin revenait à Saumur le 11 mars 1825.

M. *Rousselet* avait également de brillants états de service, mais nous nous réservons de parler de ce célèbre écuyer à la date où il eut le commandement en chef du manège.

Quant à M. *Flandrin*, dont les talents d'écuyer professeur sont si connus, il n'avait point de passé militaire. Il venait de l'École vétérinaire d'Alfort, où il avait été secrétaire de 1803 à 1805, puis professeur d'hippiatrique près des officiers et sous-officiers détachés des corps à cette École, de 1805 à 1811. De 1812 à 1814, il avait été attaché à la recette générale de l'armée française en Espagne, comme receveur secondaire. Enfin, le 1er mars 1815, il avait été nommé professeur d'hippiatrique à l'École de cavalerie. Le 28 mars 1822, il passait en cette qualité à Saint-Cyr, puis, le 6 janvier 1824, à l'École d'application de cavalerie et revenait à Saumur le 3 mars 1825, comme écuyer professeur.

Nous avons déjà parlé de M. Cordier comme écuyer, nous devons y revenir pour en parler comme soldat et tracer quelque peu aussi sa carrière équestre avant son apparition à l'École de Saumur.

M. *Cordier* était parti comme simple chasseur, le 28 octobre 1792, au 23e régiment de cette arme. Il avait fait à l'armée du Nord les campagnes de 1792 et de 1793 et, le 18 mars de cette dernière année, il avait été blessé d'un coup de feu à la cuisse gauche à l'affaire de Nerwinde. Le 15 juin suivant, il était nommé brigadier. Le 20 septembre de la même année, il était adjudant major du 3e bataillon de l'Aisne. Attaché, le 6 mars 1794, comme adjoint provisoire aux adjudants généraux, il faisait, à l'armée des Ardennes, les campagnes de 1794 et de 1795. Le 28 février de cette dernière année il était nommé sous-lieutenant au 19e chasseurs et faisait à l'armée de Sambre-et-Meuse les campagnes de 1796 et 1797. En 1798 il est à l'armée d'Italie et en 1799 à l'armée de Naples; il est nommé lieutenant sur le champ de bataille de la Trébia. Dès lors il ne quitte plus l'armée d'Italie, où il reste jusqu'en 1809. Le 8 juin 1803 il a été nommé capitaine et le 18 novembre 1810 mis en retraite.

En 1803, M. Cordier avait écrit une École d'escadron par demandes et par réponses, pour faire suite à l'École du cavalier à pied, faite dans le même esprit et mise en usage à l'École de Versailles.

Le 8 avril 1811, M. Cordier fut nommé sous-écuyer à l'École de Saint-Germain, puis le 9 août 1814 officier instructeur à la compagnie des gendarmes du roi. Le 14 septembre 1814 il est fait chevalier de la Légion d'honneur. Le 19 janvier 1815 nous le trouvons écuyer à l'École de Saumur, le 28 mars 1822 il passe avec ce titre à l'École de Saint-Cyr, et le 6 janvier 1824 il prend la direction du manège de l'École d'application de cavalerie ; enfin il revient à Saumur, comme écuyer en chef, le 26 février 1825.

Nous ne saurions mieux définir la méthode équestre de M. Cordier qu'en transcrivant les passages les plus caractéristiques d'un ouvrage publié peu auparavant par lui-même, en 1824, lorsqu'il dirigeait le manège de l'École d'application de cavalerie qu'on avait, on le sait, transportée à Versailles en attendant son retour à Saumur.

Traité raisonné d'équitation, en harmonie avec l'ordonnance de cavalerie, *d'après les principes mis en pratique à l'École royale d'application de cavalerie, rédigé par* M. Cordier, *chevalier des Ordres royaux de Saint-Louis et de la Légion d'honneur, premier écuyer ayant la direction du manège d'Académie de ladite école. — Dédié à MM. les inspecteurs généraux de cavalerie et à MM. les généraux commandant les écoles militaires.*

Nous relèverons d'abord ce passage de l'Introduction. — « *J'ai levé quelques incertitudes qui restaient encore relativement à l'accord des aides du cavalier; et, pour y parvenir, un chapitre entier a été consacré à établir le résultat de l'emploi des aides du cavalier dans tous les mouvements qu'il peut faire exécuter à son cheval, ce que personne n'avait encore traité.* »

Un autre chapitre traite de l'impulsion que le cavalier éprouve dans toutes les allures et mouvements du cheval : « *Mon but est de donner d'une manière plus exacte, au cavalier, les moyens de juger des appuis et du levé des extrémités du cheval dans toutes les circonstances possibles, et de le mettre à même par là de saisir habilement le temps juste où il doit faire prendre à son cheval une nouvelle allure, et tout autre mouvement.* »

Voyons la première leçon : — Se préparer à monter à cheval. — Monter à cheval. — L'auteur n'a pas osé rompre avec la tradition, il fait commencer ses cavaliers avec une gaule en main, ce qui doit beaucoup les gêner et même être dangereux, étant donné qu'ils la tiennent en l'air.

Position des rênes du bridon dans chaque main. — De la position du cavalier. — « *L'assiette du cavalier étant la base et la partie la plus essentielle à sa pose, à sa sûreté, à la grâce, à la justesse de tous les mouvemens qu'on doit lui faire exécuter, il est important de la bien établir. Mais il importe avant tout que l'instructeur, dont le coup d'œil est excercé, s'applique à bien juger des moyens que la nature a donnés à l'élève pour le placer sur son cheval, d'une manière solide, libre et agréable.* »

Résumons cette assiette : « *L'assiette du cavalier est composée principalement de la partie inférieure des fesses; l'on fera porter le plus de points possibles sur la selle, en s'approchant près du pommeau.*

« *Les cuisses doivent être tournées sur leur plat, depuis les hanches jusqu'aux genoux; le cavalier s'aide encore à les placer ainsi, en les mettant d'abord un peu en arrière du point où elles doivent être fixées pour être bien, puis les ramenant vers ce point en les tournant, et en chassant une partie des muscles en arrière : il faut répéter souvent ce mouvement.*

« *Les cuisses doivent être dirigées diagonalement vers le sol, plus rapprochées cependant de la ligne perpendiculaire que de la ligne horizontale; c'est-à-dire qu'il doit les allonger le plus possible, sans vouloir les mettre perpendiculaires au corps.*

« *Les jambes doivent tomber naturellement, et être maintenues un peu en arrière de la direction des genoux par leur partie inférieure, de manière que les jambes avec les cuisses formant un angle ouvert, la première ligne formée par la cuisse soit plus dirigée en avant que la seconde ligne formée par la jambe ne le sera en arrière.*

« *Les pieds doivent tomber naturellement de toute leur pesanteur, et suivre les jambes dans toutes leurs directions, de manière que le coù-de-pied soit dans la direction des sangles; et que les pointes des pieds, par leur propre poids, se trouvent plus bas que les talons.*

« *La ceinture doit être portée en avant par le moyen des dernières vertèbres lombaires, qui doivent être légèrement ployées en avant.*

« *Les reins devront être soutenus, et cependant décrire une légère ligne courbe, qui sera plus ou moins augmentée selon les mouvements que l'on fera exécuter au cheval. Le jeu des vertèbres lombaires forme le ressort dont le cavalier se sert pour résister aux secousses du cheval.*

« *Les bras doivent tomber naturellement à leur propre pesanteur, sans les roidir.*

« *Les avant-bras doivent être soutenus par le moyen du pli du bras, de manière que la partie inférieure soit un peu inclinée vers le sol.*

« *Les poignets devront être soutenus dans la direction de l'avant-bras, et être un peu arrondis à leur partie interne, sans les roidir.*

« *Les mains doivent être fermées de manière que les quatre doigts soient d'aplomb l'un sur l'autre, les pouces fermés et allongés sur la seconde phalange des premiers doigts, pour contenir les rênes.*

« *La tête doit être droite, soutenue d'aplomb et dégagée des épaules, en évitant de la roidir. Le menton dégagé de la cravate ce qui donne un air naturel et aisé.*

« *On pourra faire tourner de temps en temps la tête au cavalier, pour s'assurer qu'il ne la roidit point.* »

Toutes ces données sont enveloppées par l'auteur d'une sorte de gangue de commentaires explicatifs d'ailleurs fort bien raisonnés.

— Division du corps de l'homme à cheval. — « *Trois parties, deux mobiles et une immobile ; la troisième partie, immobile, prend depuis le bas des reins jusqu'au pli des genoux ; elle doit former une adhérence parfaite avec le cheval, et établir l'assiette du cavalier, en y joignant l'accord des deux parties mobiles. Le point d'appui solide est précisément la partie inférieure de la tubérosité des os ischions. Or, pour augmenter l'adhérence de cette partie immobile de l'homme avec le cheval, il faut que les vertèbres lombaires forment la partie courbe et flexible d'une espèce d'arc-boutant, dont la résistance est formée par la pointe des deux os ischions sur le centre de gravité du cheval.*

« *On voit, par ce qui vient d'être dit, que le corps du cavalier dans cette position, quoique droit, doit cependant décrire des lignes courbes, qui sont renfermées dans une ligne perpendiculaire qui commence au centre de la partie latérale de la tête, se continue en partageant l'épaule, la hanche, et vient se terminer au talon.*

« *Les bras servent aussi de balanciers.*

« *Pour s'assurer que l'élève est bien établi sur la ligne d'aplomb, il faut qu'il puisse élever les cuisses et les jambes en ne prenant son point d'appui que sur les fesses, sans que le haut du corps éprouve d'ébranlement. On voit qu'il est bon de faire exécuter quelquefois ce mouvement.* »

— Des aides. — « *Les aides supérieures agissent depuis la pointe des doigts jusqu'à l'emboîtement du bras dans l'épaule.*

« *On peut, pour l'intelligence des commençans, diviser les jambes chacune en deux degrés d'aide ; le premier, prenant depuis le pli du genou, le second, depuis le milieu de la jambe jusqu'après la cheville du pied..... On augmente les moyens des aides en donnant plus de pesanteur aux jambes, dont les effets deviennent plus sensibles.*

— Moyens de correction. — Gaule, cravache, éperons. — Éperons dits à l'écuyère. — « *Pour que le cavalier puisse employer tous les points de la jambe comme aides, sans que l'éperon porte, il faut que le collet soit court.* »

— Pincer des deux. — « *Le cavalier, lorsqu'il veut pincer des deux, doit toujours tâcher que le cheval soit sur une ligne droite. Avant que les éperons n'arrivent au corps du cheval, le cavalier doit avoir assuré son assiette, en pesant bien sur ses fesses, en assurant un peu plus les genoux au corps du cheval, et en augmentant le pli des reins.* »

— Observations. — « *J'ai placé dans cette première leçon l'article des éperons et de pincer des deux, ce n'est que pour me mettre d'accord avec l'ordonnance; mais je suis d'avis de ne donner les éperons aux cavaliers que lorsque leur position est assurée.* »

— Allonger, raccourcir et croiser les rênes du bridon. — Allonger les rênes. — Croiser les rênes. — Séparer les rênes. — Se préparer à descendre de cheval. — Pied à terre. — Manière de conduire le cheval à la main lorsqu'on est pied à terre.

— Deuxième leçon. — Le cheval en mouvement. — « *On fera mettre un caveçon de main, tenu par un piqueur ou un autre homme intelligent, qui conduira le cheval de telle sorte que l'élève n'ait besoin que de s'occuper de maintenir sa position. On fera marcher le cheval sur des lignes droites, car il ne faut pas mettre de suite la grande longe, qui n'est destinée que pour faire travailler le cheval sur les cercles, ce qui est trop difficile pour un commençant... Il faut d'abord démontrer au cavalier l'effet du mors.* »

— Division du corps du cheval en trois parties pour l'intelligence de l'action des aides. — L'avant-main, centre de gravité et arrière-main. — Actions des aides en particulier. — Rassembler un cheval. — « *Supposons un cheval d'une sensibilité ordinaire, le cavalier doit soutenir les poignets et les mains, de manière à causer un plus haut degré de tension aux rênes que dans l'état de repos. Les rênes doivent être soutenues et légèrement tendues, dans la direction du centre de gravité du cavalier, de manière à former une diagonale depuis l'appui du mors sur les barres du cheval jusqu'aux mains; cet effet des rênes fait élever l'avant-main du cheval; dans le même moment, les jambes se ferment au premier point du premier degré d'aides, pour mettre le cheval en action et pour l'empêcher de reculer, ce qu'on appelle les jambes près; mais ce moyen des jambes ne suffirait pas pour gouverner l'arrière-*

main, il faut donc que les jambes se ferment un peu plus inférieurement du point qui maintient le cheval en place et le met en action, pour faire arriver l'arrière-main au secours de la masse, de manière que les pieds postérieurs se rapprochent de la ligne du centre de gravité, pour porter et chasser la masse en avant, lorsque les rênes en donneront la liberté.

« *On observera que le cheval n'a pas besoin d'être rassemblé à un aussi haut degré pour le mettre en marche à l'allure du pas, que pour le trot, le galop, ou pour le faire sauter.* »

— Faire marcher le cheval en avant. — Rassembler un cheval en marchant. — Augmenter un peu l'allure. — Ralentir. — Arrêter. — Un demi-arrêt. — Arrêt. — « *L'arrêt doit toujours être précédé d'un ou plusieurs demi-arrêts, qui commencent à préparer le cheval à arrêter. Les demi-arrêts doivent être gradués selon la sensibilité de la bouche du cheval, et selon le mouvement qu'on veut lui faire exécuter. Par exemple, les demi-arrêts pour cadencer l'allure doivent être très légers; pour ralentir, un peu plus fermes; pour rassembler, un peu plus forts; pour faire changer d'allure, ils doivent se faire un peu plus sentir, selon celle qu'on veut prendre; pour disposer le cheval à sauter, il faut le marquer un peu plus; et enfin pour reculer, encore davantage, ensuite vient l'arrêt.* »

— Pour rendre les mains. — Reculer. — Demi-arrêts multipliés. — Arrêter et rendre. — « *Les jambes près pour soutenir le cheval, l'empêcher de jeter ses hanches de droite ou de gauche, et pour se fermer et reporter le cheval en avant, dans le cas où il se précipiterait en arrière.* »

— Pour doubler le cheval dans la largeur. — « *Supposons à droite, et toujours en bridon. — Le cavalier devra d'abord rassembler son cheval, il ouvrira ensuite la rêne droite progressivement, en la tirant un peu à lui. Dans le même moment, la jambe droite agira au premier degré, pour mettre le cheval en mouvement, entretenir son allure, et le soutenir sur la ligne circulaire qu'il doit parcourir; ce premier degré doit opérer sur le centre de gravité du cheval. Pendant le mouvement, la rêne gauche soutient les épaules. De même, pendant l'opération de la jambe droite, la gauche doit être près pour soutenir les hanches.* »

L'auteur fait après cela de nombreuses observations sur l'accord des aides dans ces mouvements, pour démontrer la nécessité du rôle relatif de chacune des mains et de chacune des jambes.

— Accord de la position du cavalier avec les mouvements du cheval. — « *En mouvement, le cavalier, par la flexibilité de ses reins, doit céder sans abandon au mouvement du cheval.*

« *C'est toujours sur la ligne d'aplomb, ou sur la ligne droite, que le cavalier doit rassembler son cheval, car vouloir le rassembler en tournant serait un principe faux, qui n'aurait d'autre effet que de précipiter le cheval...*

« *Dans les changements de direction sur les lignes circulaires, et la partie supérieure du cheval étant inclinée plus ou moins en dedans, selon la ligne qu'il parcourt, il faut, pour que le corps du cavalier soit en harmonie avec celui de son cheval, que les deux verticales de l'homme et du cheval, que nous avons dit être en direction, soient inclinées dans leur partie supérieure, de manière que les deux points d'appui du cavalier posent sur les deux points de support du cheval...*

« *Lorsqu'on aura indiqué et fait exécuter aux deux mains quelques doublés à l'élève, et qu'on remarquera que sa position commence à s'assurer, on pourra retirer le caveçon de main et le faire marcher par le large au pas.* »

— Passage du coin. — « *Soutenir son cheval de la rêne de dehors et de la jambe de dedans. Dès qu'il s'est un peu rapproché du coin, le cavalier rassemble son cheval, ouvre et tire progressivement la rêne de dedans pour déterminer l'avant-main à tourner; en même temps il soutient de la rêne de dehors, pour que les épaules du cheval ne se jettent pas par à-coup en dedans; la jambe de dedans se ferme graduellement, de manière que sa plus grande pression s'effectue quand le cheval a son centre de gravité vis-à-vis l'angle du coin.* »

— **Doubler dans la longueur, à droite et à gauche.**

— **Du trot.** — « *On fera d'abord monter au cavalier des chevaux qui trottent doux, et on le tiendra le long des murs afin qu'il ait plus de moyens de conserver et de rectifier sa position, en travaillant sur des lignes droites. On ne doit le mettre au trot sur les cercles que lorsqu'il commence à avoir une position assurée...*

« *On le fera donc aller d'abord au petit trot; on le préviendra que c'est par le jeu des vertèbres lombaires, qui forment ressort, que le cavalier peut résister aux secousses du cheval, et empêcher l'assiette d'être enlevée à chaque temps du trot.* »

Voici, encore une fois, le trot à l'anglaise condamné : « *Les Anglais, dans leur manière de monter à cheval, sont obligés de chercher ces ressorts dans les articulations des pieds et des genoux, qui fléchissent en mesure à chaque réaction du cheval; mais cette manière, qui enlève le corps et l'assiette, n'a pas autant de ressort, de justesse, de finesse et de solidité, puisque le cavalier n'est pas aussi lié à son cheval qu'à la manière française, et qu'il ne peut pas se servir de ses jambes pour gouverner son cheval avec justesse.* »

— Passer du trot au pas.

— Du changement de main. — « *La jambe de dehors devra se fermer au degré nécessaire pour entretenir l'allure, et déterminer les hanches sur la ligne des épaules ; la rêne du dehors soutient les épaules, et les fixe dans la direction du point où doit se terminer le changement de main. Pour replacer le cheval à la nouvelle main, le cavalier ouvre et tire graduellement la rêne de dehors, qui va devenir du dedans, ferme progressivement la jambe du même côté, pour replacer le cheval parallèlement au grand mur, relâche la jambe qui est devenue du dehors, sans l'éloigner du corps du cheval, et continue ainsi à suivre les murs à la nouvelle main.* »

— Troisième leçon. — Travail circulaire à la longe. — « *Quoique la longe, dans cette leçon, maintienne l'avant-main, il faut expliquer à l'élève que, pour mettre son cheval en cercle à droite, il doit ouvrir et tirer un peu sur la rêne de dedans, qui est la droite, pour déterminer les épaules de son cheval sur le cercle, les soutenir de la rêne du dehors, qui est la rêne gauche, pour les empêcher d'aller trop en dedans, sans cependant que l'effet de la rêne de dehors contrarie l'effet de celle de dedans; dans le même moment, la jambe de dedans se ferme de manière que les points de la partie supérieure de cette jambe agissent pour mettre la masse en mouvement, la déterminent sur le cercle, soutiennent le cheval par son centre de gravité pendant le parcours de la ligne circulaire, et entretiennent son allure. Mais il faut aussi que les points un peu plus inférieurs de cette même jambe influent sur les hanches pour leur faire parcourir la même ligne que les épaules, c'est-à-dire que les hanches doivent passer sur les points où les épaules ont passé; la jambe de dehors doit être près du corps du cheval, pour empêcher le cheval de se porter en dehors, et principalement les hanches qui se jettent ou sont jetées par la jambe de dedans, en dehors, lorsqu'elle fait trop d'effet à la fois.* »

— Changement de main à la longe. — « *On préviendra le cavalier qu'il va exécuter un changement de main; que pour cela il doit redresser son cheval, en soutenant de la rêne de dehors et en cédant de celle de dedans, pour ramener les épaules de son cheval sur la ligne droite; alors, dans le moment que la rêne de dehors redresse les épaules, la rêne de dedans cède jusqu'à ce que les épaules soient arrivées sur cette ligne : elle doit les y fixer en formant un léger demi-arrêt au moment où elles y arrivent; la jambe de dedans redresse les hanches, d'accord avec la rêne de dehors, pour les replacer sur la ligne des épaules. Le cheval ainsi redressé, le cavalier, sans perdre un instant, ouvrira la rêne de dedans, en fermant la jambe du même côté, pour faire changer de direction à son cheval et lui faire traverser le cercle par son centre, pour regagner ce point de la circonférence, opposé à celui qu'il vient de quitter. Arrivé près de ce point, il rassemble son cheval d'après les principes indiqués, et emploie, pour mettre le cheval en cercle à la nouvelle main, les mêmes principes que ceux indiqués pour l'autre main, et mouvement contraire. Ce moyen de faire traverser le cercle sur une ligne droite assure bien plus l'aplomb de l'homme et du cheval, que de lui faire décrire, pour cette fin, une espèce d'S.* »

— **Travail au large. — Demi-volte dans la longueur du manège.**

— **Appuyer la tête au mur.** — *On fera d'abord placer l'élève vis-à-vis et près d'un des grands murs; puis, pour déterminer son cheval à appuyer, après l'avoir rassemblé, on lui fera ouvrir et tirer sur la rêne de dedans, pour déterminer les épaules en dedans, soutenir de la rêne de dehors, pour les empêcher de s'y porter par à-coup; alors la jambe de dedans mettra le cheval en mouvement, l'empêchera de reculer, le soutiendra pour l'empêcher de se précipiter en dedans, et entretiendra son allure tandis que la jambe de dehors se fermera sur le centre de gravité du cheval, pour faire fuir la masse de côté.*

« *On voudra bien remarquer que je tiens à ce que l'on fasse exécuter à l'élève ce mouvement d'appuyer la tête au mur dans cette leçon, où il travaille encore en bridon, afin qu'il puisse bien concevoir l'action de chaque aide en particulier et de leurs accords réunis, puis de sa position, qu'il doit conserver relativement aux mouvements du cheval qui se porte en dedans par des pas de côté; toutes choses qui, je crois, seraient trop difficiles à faire concevoir au cavalier, surtout pour la main, si on attendait qu'il travaillât en bride.* »

— **Finir le cheval les épaules en dehors.** — « *L'écuyer fera d'abord doubler l'élève au milieu du manège, et travailler en cercle autour de lui. Après avoir prévenu l'élève de ce que l'on entend par finir un cheval et lui avoir bien expliqué comment il doit exécuter ce mouvement, pour le faire commencer, l'écuyer saisira le moment où il est en cercle à droite pour le faire fermer pour finir; alors on lui fera soutenir de la rêne gauche les épaules de son cheval, et fermer la jambe du même côté, pour le placer de manière que sa croupe puisse faire face en dedans du cercle, la jambe de dedans près pour entretenir l'allure, et soutenir le cheval pour l'empêcher de reculer. La rêne du dedans doit attirer les épaules sur le cercle, et celle du dehors céder à mesure que le cheval se porte en dedans; on fera ensuite, après quelques pas, arrêter et faire placer le cheval bien perpendiculairement, sa croupe faisant face au centre du cercle, les extrémités antérieures sur la circonférence;*

ensuite disposer les épaules à gauche, enfin fermer à l'autre main, sur le cercle et d'après les mêmes principes, puis arrêter, pied à terre et rentrer. »

— Quatrième leçon. — Du mécanisme du mors de bride.

— Du mors du filet. — « *Le mors de filet sert pour rafraîchir la bouche du cheval, et pour le conduire lorsqu'on relâche l'action du mors de bride; il sert aussi à le placer, à l'enlever pour les sauts, à former des demi-arrêts alternativement avec le mors de bride, pour cadencer et ralentir l'allure du cheval, et il est bon de l'employer souvent, lorsqu'on commence à travailler les chevaux en bride.* »

— Position de la main gauche qui doit tenir les rênes de la bride. — « *Les rênes dans la main gauche : on passera le petit doigt entre les deux, pour en sentir l'effet distinct; il sera placé dessous la droite et dessus la gauche sans être entièrement fermé; les trois premiers doigts, au contraire, bien fermés, pour contenir les rênes, qui doivent porter sur la seconde jointure du premier doigt; le pouce allongé et fermé dessus, pour les empêcher de glisser et les maintenir égales.* »

— Position de la main droite qui tient une gaule ou une cravache. — « *Le petit bout de la gaule placé dans la direction et au-dessus de l'oreille gauche du cheval, en évitant de la toucher.*

« *Pour la position de la main de la bride, j'ai recommandé de ne pas fermer le petit doigt entièrement; c'est afin de lui laisser, comme régulateur, tout le tact, la justesse et la finesse qu'il doit avoir, pour bien faire sentir l'effet distinct des deux rênes, ce qui ne pourrait pas avoir lieu, s'il était fermé au même degré que les autres. D'ailleurs, la pression des doigts sur les rênes ne serait plus égale, puisqu'il y en aurait quatre sur la rêne gauche et trois sur la droite.*

« *Lorsque le cavalier voudra faire sentir ou augmenter l'effet égal des deux rênes, il doit rapprocher également du corps le petit doigt et le talon de la main en arrondissant le poignet et élevant un peu la main.*

« *Pour sentir la rêne droite séparément, il faut élever la jointure des doigts à droite, de manière que le dessus du petit doigt s'élevant et se portant plus à droite que les autres, fasse augmenter la tension de la rêne droite, ayant soin d'arrondir un peu plus le poignet que dans la pose ordinaire, et de ne pas éloigner la main de la direction du centre de gravité.*

« *Pour sentir la rêne gauche séparément, il faut baisser un peu la jointure des doigts en-dessous, et rapprocher en même temps le petit doigt du corps, de manière que la première phalange de ce doigt en même temps qu'elle soutient la rêne gauche, qui, par cette position, se rapproche du corps, fasse sentir et augmenter la tension de la rêne gauche.* »

— **Ajuster les rênes. — Position de la main droite lorsqu'elle tient les rênes de la bride.** — « *Abaisser la gaule de manière qu'elle tombe perpendiculairement, le petit bout en bas, le long de l'épaule droite du cheval, et approcher la main droite de la gauche, pour saisir les rênes au-dessus de la main gauche, de manière que les deux pouces se touchent, et que le bout des rênes sortent de la main droite du côté du petit doigt; alors les doigts de la main gauche s'ouvrent pour quitter les rênes et la droite se place au même point qu'était la gauche, excepté que le poignet doit être un peu moins arrondi; afin que la gaule n'appuie pas avec force sur l'épaule du cheval, la main gauche se replace sur le côté.* »

— **Principes pour faire sentir l'effet des rênes de la bride ensemble et séparément, les tenant dans la main droite.** — « *Pour faire ensemble l'effet des deux rênes et au même degré, le cavalier doit soutenir un peu plus la main en rapprochant la partie supérieure du corps jusqu'à ce qu'il sente qu'il a augmenté la tension des rênes. Pour sentir ou pour procurer plus de tension à la rêne gauche, il faut soutenir un peu plus la main et élever la jointure des doigts à gauche en arrondissant un peu plus le poignet que dans la pose ordinaire de la main.*

« *Pour procurer plus de tension à la rêne droite, il faut soutenir la main jusqu'à ce que les deux rênes soient un peu tendues, ensuite laisser la jointure des doigts en dessous, et ouvrir un peu plus le poignet que dans la pose ordinaire de la main; par ce moyen la rêne du dessous, qui est la droite, fait plus d'effet que celle de dessus.* »

— **De la main du filet.** — « *Lorsqu'on veut conduire son cheval de la main du filet, la main qui ne tient pas les rênes de la bride vient saisir à pleine main, les ongles en dessous, les rênes du filet par dessus les rênes de bride.*

« *On sent la rêne du dedans, en tournant la jointure des doigts vers le dedans du manège, et celle de dehors, en tournant la jointure des doigts vers le mur, les ongles restant toujours inclinés en dessous.* »

— **Manière de tenir la rêne de dedans du filet pour placer le cheval.** — « *Lorsque l'on marche à main droite, tenant les rênes de la bride dans la main gauche, et que l'on veut placer le cheval de la rêne de dedans du filet, l'on saisit cette rêne seule avec le pouce et les deux premiers doigts de la main droite, réservant les deux derniers pour tenir la gaule avec le talon de la main.* »

— Pour placer le cheval avec les rênes de la bride. — Placer le cheval avec la main du dedans. — « *Lorsque l'élève, tenant les rênes de la bride dans l'une ou l'autre main, voudra placer son cheval le bout du nez en dedans avec la main qui se trouve libre, il portera la main du dedans en avant, étendra les deux premiers doigts pour les passer entre l'encolure du cheval et la rêne du dedans; puis il touchera sur cette rêne en l'écartant un peu pour ramener le bout du nez en dedans, ayant bien soin de ne pas tenir cette rêne pour ne pas interrompre la communication qui doit exister entre la bouche du cheval et la main de la bride qui doit toujours diriger le cheval.* »

— Placer le cheval de la main de la bride seule. — « *C'est encore le jeu du petit doigt qu'on emploiera; le dessus de sa dernière phalange doit se trouver en dessous de la rêne du dedans, qui en la soulevant par degré amène le bout du nez, et place le cheval.*

« *Si l'on veut le placer de la main droite lorsqu'elle tient les rênes, c'est par une légère et juste impulsion que cette main droite communique à la rêne gauche en soutenant un peu la jointure des doigts à gauche. On peut encore le placer en passant le premier doigt de cette main entre les deux rênes, agissant un peu plus sur la gauche pour amener le bout du nez en dedans sans déplacer les épaules du cheval de la ligne droite.*

« *La main gauche est la main principale de la bride, elle doit être chargée spécialement de diriger le cheval surtout dans les figures de manège. C'est principalement dans la cavalerie que les rênes doivent rester dans la main gauche, les cavaliers ayant toujours une arme dans la main droite.* »

— Faire mettre au trot. — Principes de rendre la main de la bride de la main gauche et de la main droite. — Pour reprendre l'action des rênes.

L'auteur recommande de se servir le plus possible des deux jambes en accord avec la main. Cela nous semblerait bien superflu, si nous ne nous rappelions cette discussion de ses prédécesseurs ayant pour thème cette question : « Doit-on se servir des deux jambes à la fois ou d'une seule? » Et parmi les partisans de l'usage d'une seule jambe, ceux de la jambe du dedans et ceux de la jambe du dehors.

Voilà pourquoi M. Cordier ajoute : « *J'admets bien en principe que dans un manège fermé, la jambe de dedans a beaucoup plus de fonctions à remplir que celle du dehors, mais il faut se bien pénétrer qu'en liberté et en plaine l'on doit se servir des deux jambes en modifiant l'action de l'une ou de l'autre selon le mouvement que l'on veut faire exécuter à son cheval.*

« *Je sais que je trouverai des contradicteurs pour l'emploi des deux jambes en même temps, mais l'expérience m'a prouvé que je ne me trompe pas.* »

— Demi-volte en demi-cercle, le cheval marchant naturellement. — Tenir les hanches. — « *L'usage a consacré plusieurs manières d'exprimer l'action du cheval qui marche par des pas de côté. Ainsi l'on dit tenir les hanches, fermer, fuir les talons, marcher de deux pistes, chevaler, et aller d'un talon sur l'autre, marcher par des pas de côté, toutes ces expressions sont synonymes; mais lorsqu'on veut indiquer le degré de hanche que l'on veut faire tenir à son cheval, il convient mieux de dire pour l'intelligence du mouvement, hanche entière, demi-hanche, tiers de hanche et quart de hanche.* »

— Doubler dans la largeur et dans la longueur en tenant les hanches. — Changement de main en tenant les hanches.

— Finir un cheval, les hanches en dedans. — « *Pour finir le cheval, les hanches en dedans, ce qui est pour les commençans plus facile que de finir les hanches en dehors, l'on fera arriver le cavalier par un demi-doublé dans le milieu du manége, on le fera mettre en cercle autour de soi, ensuite on le préviendra de préparer son cheval, à fermer ou tenir les hanches en dedans en le rassemblant, le redressant de la rêne et de la jambe de dehors et continuant d'attirer de la rêne de dedans les épaules sur le cercle, toujours à la même main. Quant à l'aide des jambes, celle de dedans doit se fermer au degré nécessaire pour entretenir l'allure, et celle de dehors augmenter encore son effet jusqu'à ce que les hanches soient entrées en dedans du cercle, de manière que les extrémités postérieures se placent sur un nouveau cercle, et que les antérieures restent sur le premier. Dans cette position, le cheval occupe un rayon de la circonférence au centre du cercle, et sa tête au dehors du cercle; il chemine dans cette position par des pas de côté. Le cavalier règle bien l'effet de ses aides pour le maintenir en action; il doit aussi rester bien d'aplomb relativement à la ligne que son cheval occupe.*

« *Quand il aura parcouru l'étendue du cercle une fois ou deux, on lui dira d'arrêter son cheval et de le placer bien droit sur le rayon que j'ai indiqué; il le disposera pour le faire fermer à l'autre main, c'est-à-dire à parcourir le cercle en sens contraire et toujours d'après les mêmes principes, puis on l'arrêtera.* »

— Finir le cheval, les hanches en dehors.

— Cinquième leçon. — Principes du galop pour faire partir juste un cheval au galop sur les différentes lignes. — « *Le cavalier commencera par mettre son cheval sur une ligne d'aplomb, de manière que le poids de la masse entière soit réparti également sur ses quatre extrémités, et que le cavalier pèse bien également sur ses deux fesses. Dans cette position, il doit rassembler son cheval de manière à faire refluer un peu plus le poids de la masse sur l'arrière-main, pour que la détente des jarrets et les hanches puissent à la volonté du cavalier lancer cette masse en avant.*

« *Dans le moment que la main travaille, pour faire enlever l'avant-main, les jambes augmentent graduellement leur pression, pour faire rapprocher les deux extrémités postérieures de la direction inférieure du centre de gravité, et mettre le cheval sur les hanches.*

« *Dans cette position, le cheval est disposé à lancer la masse en avant; mais il ne l'est par encore à partir, plutôt au galop à droite qu'à gauche; il faut donc, pour le déterminer, ajouter d'autres moyens préparatoires. Ainsi, veut-on préparer le cheval à partir au galop à droite, il faut que le cavalier augmente un peu l'effet de la rêne gauche, afin que le cheval puisse prendre son point d'appui de l'extrémité antérieure du même côté plus rapprochée de la direction de son centre de gravité; dans le même moment, la jambe droite doit augmenter son effet et faire arriver de même l'extrémité postérieure droite, plus rapprochée aussi du centre de gravité, pour soulever la masse, la maintenir en équilibre, d'accord avec l'extrémité antérieure gauche, et donner la facilité à l'extrémité postérieure gauche de lancer la masse en avant.*

« *La jambe de dedans (la droite) doit aussi s'accorder avec la rêne gauche, de peur que l'impulsion de cette rêne ne jette les hanches en dedans.*

« *La rêne droite empêche que la gauche ne fasse tourner la tête et tomber les épaules à gauche; elle doit aussi amener le bout du nez en dedans; tandis que la jambe gauche se trouve près pour empêcher que l'action de la rêne ou de la jambe droite ne jette les hanches à gauche.*

« *Lorsqu'ayant ainsi préparé son cheval, le cavalier veut lui faire commencer le galop, il augmente un peu la pression de la jambe droite qui détermine l'épaule droite à entamer le galop. L'extrémité antérieure droite quitte la première le sol, puis le bipède diagonal gauche, et enfin l'extrémité postérieure gauche qui s'enlève la dernière. Alors il se trouve un moment où le cheval ne touche plus le sol. Il doit ensuite s'y reposer en plaçant ses extrémités dans l'ordre inverse du lever, etc...* »

Cet extrait nous fait voir que l'auteur est de ceux qui disent que c'est la jambe droite qui détermine le galop à droite et la jambe gauche le galop à gauche. C'est une simple remarque que nous faisons, on connaît assez les arguments de cette éternelle discussion sur le départ au galop.

— Faire repartir au galop à l'autre main. — Des chevaux désunis. —

Du cheval faux. — Changement de main au galop. — « *Au moment où le cheval termine la ligne de changement de main, et qu'il se trouve placé de manière à former avec le mur un angle aigu, le cavalier augmente l'effet de la rêne du dedans qui va devenir du dehors, et ferme la jambe du même côté; ce moyen fait changer le cheval de pied. Alors, aussitôt qu'il a exécuté ces changemens, la rêne et l'ancienne jambe du dehors, qui est devenue du dedans, le remplacent à la nouvelle main, et continuent d'entretenir l'allure et de maintenir le cheval droit.* »

— Principes qu'on doit employer pour faire partir un cheval au galop dans les coins et sur le cercle. — « *Toutes les personnes qui connaissent le maniement des chevaux, conviennent que la ligne que l'on doit choisir de préférence, pour faire partir le cheval au galop aux deux mains, est la ligne droite, dite d'aplomb. Cependant, il est des chevaux qui refusent de partir plutôt à une main qu'à l'autre. Il faut s'aider de la ligne courbe pour déterminer ces chevaux à partir juste au galop à la main qu'ils refusent.....*

« *Lorsque le cavalier rassemble son cheval, et au moment où il arrive vers l'angle, il doit attirer les épaules et le bout du nez en dedans, en prenant, en même temps et au même degré avec l'assiette, la direction inclinée que l'action et l'accord des aides donnent au corps du cheval, en soutenant avec justesse de la rêne du dehors.....* »

— Du contre-changement de main, au pas et au trot sur les grands murs. — Demi-volte au galop en demi-cercle, le cheval marchant d'une seule piste le long des murs.

— De la double demi-volte. — « *Cette figure de manège devient très utile à l'armée pour passer en arrière et à la gauche de son ennemi, qui, s'il ne sait pas manier son cheval au même degré, ne pourra éviter d'être sabré, surtout si l'action a lieu au galop.* »

Demi-volte en demi-cercle dans le milieu du manège au galop. — Demi-volte en tenant les hanches au galop. — Travail au galop sur le cercle d'une seule piste, changement de main en dedans et en dehors du cercle.

— Sixième leçon en étriers. — Principes pour chausser les étriers d'une juste longueur et des moyens à employer pour les conserver. — « *Le cours d'équitation dans l'école de cavalerie est de deux années; hé bien! il faut que l'élève travaille dix-huit mois sans étriers, pour bien assurer sa pose et être libre dans l'emploi de ses aides.* »

— Ajuster les étriers. — « *Ordinairement on mesure leur longueur avec le bras gauche, en saisissant la grille de la main droite, que l'on porte près de l'aisselle gauche. Je ferai observer, cependant, que cette manière n'est pas toujours juste. Le moyen le plus sûr, c'est de monter à cheval, de bien s'asseoir et sentir que la grille des étriers soit de niveau avec la partie inférieure du talon de la botte.* »

— Le passage. — C'est à peine si le cavalier a des étriers et voilà qu'on lui enseigne le passage.

« *C'est un air de manège très agréable, lorsqu'on rencontre des chevaux qui ont assez de moyens pour pouvoir l'exécuter avec aisance. Cet air est une espèce de trot fort relevé, il s'exécute ainsi : le cavalier faisant marcher son cheval au pas, pour le mettre au passage, doit, par de fréquents demi-arrêts, faire élever progressivement son avant-main; chasser en même temps ses hanches avec l'aide des deux jambes, de manière à le faire plus asseoir que pour le mettre au trot ordinaire. Alors dès qu'il sent que le cheval est disposé pour passager, il lui rend un peu de la main, en entretenant toujours l'action des jambes, pour lui faire commencer le mouvement; puis pour entretenir cet air cadencé, il entremêlera l'action de la bride et du filet, en conservant toujours une position qui soit en harmonie avec l'équilibre du cheval sur le sol; après quelques tours de manége au passage à main droite, l'on fera changer de main et passager la main gauche.* »

L'auteur ajoute : « *C'est un mouvement qu'il ne faut pas trop prodiguer, il est très convenable, soit pour passer l'inspection d'une troupe de cavalerie, soit pour faire ressortir à la promenade les beautés du cheval que l'on monte, et l'adresse avec laquelle on le gouverne; mais si l'on abusait de la bonne volonté du cheval pour lui faire répéter trop souvent, on l'aurait bientôt ruiné dans son arrière-main....*

« *Pour donner plus de grâce au cheval qui passage, on doit lui placer le bout du nez en dedans.* »

— De l'épaule en dedans le long des murs du manège. — « *Avant d'indiquer les moyens à employer pour exécuter ce mouvement, je dois faire observer que quelques personnes confondent le mouvement de l'épaule en dedans et de l'épaule en dehors, avec ceux des épaules en dedans et en dehors.*

« *Lorsqu'on ne parle qu'au singulier, comme de l'épaule en dedans ou de l'épaule en dehors, le mouvement s'exécute en continuant de faire marcher le cheval d'une seule piste; au lieu que lorsqu'on parle au pluriel, comme les épaules en dedans ou en dehors, le cheval marche de deux pistes, et doit avoir la tête ou la croupe vis-à-vis du mur.* »

— De l'épaule en dehors. — Des épaules en dehors et en dedans sur les cercles. — Contre-changement de main au galop. — Contre-changement de main en tenant les hanches dans le milieu du manège. — De la volte en tenant les hanches. — Changement de main de la volte ordinaire aux trois allures en tenant les hanches. — Changement de main de la volte passant du premier cercle sur un second. — La tête au mur au galop. — La croupe au mur au galop. — Du huit de chiffre en tenant les hanches, au pas, au trot, puis au galop. — Huit de chiffre au galop en décrivant des lignes courbes.

— De la croix de Malte en tenant les hanches aux trois allures. — « *Cette figure de manège est composée d'abord de deux contre-changemens de main, un sur chaque grand mur, dont les lignes, des angles qu'ils forment, se rencontrent au milieu du manège, et ensuite de deux doublés dans le travers du manège.*

« *Le cheval doit changer de pied quatre fois.* »

— Du doublé au galop dans la longueur et dans la largeur du manège en tenant les hanches entières. — Aller d'un talon sur l'autre en changeant de main sur la ligne du doublé dans la longueur. — De la volte renversée au pas et au trot. — Volte renversée au galop. — Changement de main de la volte renversée. — Des courbettes.

— Des sauteurs en général. — « *L'usage des sauteurs a pour objet de consolider la position des cavaliers, de les accoutumer à résister, par leurs ressorts et par leur fermeté, employée à propos, à tous les sauts, réguliers et irréguliers, que peut faire un cheval. Il peut arriver aussi, que le cavalier se trouve dans le cas d'avoir besoin de faire sauter un fossé, une haie ou une barrière, ce qui se présente très souvent en campagne et à la chasse; il faut donc que les cavaliers sachent comment s'y prendre pour faire sauter leurs chevaux, et connaissent la position qu'ils doivent prendre dans ces différens sauts et selon les degrés d'élévation.* »

On ne voit pas bien quel rapport a cela, avec ce que l'on entend généralement par les sauteurs.

« *L'on doit commencer par faire monter les sauteurs dans les piliers. On aura plusieurs sauteurs de différens degrés de force. Les plus forts sont ceux qui exécutent la balotade, la croupade et enfin la capriole, ce dernier est le saut le plus fort et le plus élevé.*

« *Toutes les fois que le cavalier sera déplacé, on devra arrêter le cheval, pour le remettre en position; puis, lorsqu'on verra que sa pose est assurée, on le fera sauter, en tenant les rênes de la bride. Enfin, quand on sera bien convaincu qu'il est maître de sa pose et qu'il a la main assurée, il faudra lui enseigner à faire sauter son cheval par l'action de ses aides, sans qu'il ait besoin du secours de l'écuyer, ce qui le préparera à pouvoir monter les sauteurs en liberté.* »

— Moyens de faire sauter le cheval par l'action des aides dans les piliers et en liberté. — Principes pour faire sauter le cheval en liberté.

— Des chevaux dits d'étude, qui sont utiles pour perfectionner la position du cavalier. — « *On entend par chevaux d'étude : 1° des chevaux qui ont le trot extrêmement dur; — 2° d'autres qui ont des réactions très prononcées, qui ne veulent pas souffrir d'appui de la main et qui ont la bouche très fine; — 3° Des chevaux qui trottent dur, qui ne peuvent souffrir que le cavalier serre les jambes pour se maintenir; — 4° Ceux qui ont l'habitude de sauter, pour ainsi dire de contentement; — 5° Ceux qui se désunissent dans leurs allures pour peu que le cavalier fasse sentir un contre-temps de main, de jambe et de pose; — 6° Des chevaux qui ne sont pas unis au galop, qui prennent des allures défectueuses, et qui ont des mouvements irréguliers; — 7° Ceux qui détachent des ruades, sans qu'on les leur demande; — 8° Ceux qui prennent des pointes sans se renverser, et se jettent de côté; — 9° Enfin, ceux qui se défendent en place, ou en se précipitant en avant.*

« *C'est à l'écuyer à juger et à désigner le genre de chevaux qui convient à chaque cavalier, et quels sont ceux qui, par nature, doivent contribuer à activer ses progrès en équitation.* »

— Observations sur les six leçons du manège. — « *Il est indispensable que tous les cavaliers, pour bien monter à cheval, connaissent à fond les cinq premières leçons; mais il n'est pas nécessaire, pour cela, qu'ils sachent faire exécuter tout ce qui a été indiqué dans la sixième leçon de ce traité, ainsi que les figures par quadrille ou reprise indiquées ci-après. On peut réserver cette leçon pour la classe de MM. les officiers et sous-officiers instruits, et les élèves instructeurs dans les régimens.* »

— Différentes figures de manège que l'on peut faire exécuter à douze élèves de la classe d'émulation, divisés en trois quadrilles. — Doublé par reprise de quatre dans la largeur, les chevaux travaillant naturellement au pas, au trot et au galop. — Volte ordinaire par quadrille. — La demi-volte par reprise aux trois allures; les chevaux travaillant naturellement, puis en tenant les hanches. — La double demi-volte par reprise. — Volte ordinaire individuelle aux trois allures. — Demi-volte individuelle au pas, au trot et au galop. — Changement de main par reprise en tenant les hanches aux trois allures. — Contre-changement de main par reprise en tenant les hanches. — Doublé successif dans la longueur du manège par reprise, et individuellement dans chaque reprise, au pas, au trot, puis au galop : les chevaux travaillant naturellement. — Doublé successif par reprise dans la longueur du manège en tenant les hanches ; les élèves restant placés en file derrière leur conducteur. Au pas et au trot seulement. — Des voltes individuelles dans la longueur et dans le milieu du manège. Les demi-voltes individuelles ; les reprises étant doublées dans la longueur, comme il est dit pour les voltes individuelles. — Doubler les reprises en même temps dans la largeur du manège en tenant les hanches, au pas, au trot, puis au galop.

Dans la deuxième partie de son ouvrage l'auteur traite : *de l'impulsion que le cheval communique au cavalier aux différentes allures.*

Les observations pratiques portent : sur l'impulsion que doit éprouver l'homme à cheval aux différentes allures, pour pouvoir se mettre à même de juger du lever, du soutien, du poser et des appuis sur la ligne droite, sur la ligne courbe dans les différents sauts, pas de côté, airs de manège et dans les allures défectueuses.

— Observations préliminaires : abrégé de l'assiette de l'homme à cheval en général. — De la partie immobile. — De la première partie mobile. — De la deuxième partie mobile. — Accord en général des trois parties du corps de l'homme à cheval. — Principes généraux du tact pour sentir les mouvemens du cheval. — De l'impulsion que l'homme éprouve dans l'allure au pas. — De l'impulsion que le cavalier éprouve à chaque temps de trot. — Du galop. — De l'impulsion que le cavalier éprouve à cette allure, la manière de sentir comment le cheval galope, et sur quel pied. — Du galop à droite en trois temps. — Lever des extrémités. — Du poser des extrémités. — Du galop en quatre temps.

— Travail sur la ligne courbe. — Impulsion que doit éprouver le cavalier sur la ligne circulaire. — De l'impulsion que le cavalier éprouve lorsque le cheval élève alternativement l'avant ou l'arrière-main, soit dans la pointe ou la ruade, soit dans le saut, le terre-à-terre, soit enfin dans la capriole. — Du terre-à-terre. — Impulsion que l'on éprouve dans le terre-à-terre. — Tenir des hanches. — Des mouvemens qu'un cheval éprouve par des pas de côté, et de l'impulsion qu'on en reçoit. — Pour juger par le tact de l'assiette comment le cheval percute et quelle est l'impulsion qu'il communique au cavalier dans cette marche de côté. — De l'impulsion que l'on éprouve dans la courbette. — Mésair ou demi-courbette, et de la pesade ou courbette en place. — De l'aubin. — De l'amble.

Tout cela est très finement analysé ; mais nous ne pouvons nous lancer dans des transcriptions qui nous entraîneraient trop loin.

— Observations générales sur l'effet que produisent les aides du cavalier et de leurs résultats selon la manière de les employer pour gouverner toutes sortes de chevaux. — Aides supérieures. — Aides inférieures. — Accord général des aides. — De l'effet que produisent les aides. — Le cheval en marche au pas. —Pour mettre le cheval au trot. —Changement de direction soit au pas, soit au trot. — Du galop et de l'emploi des aides pour cette allure. —Effet que produit le plus ou le moins d'action des aides supérieures (les rênes). — Effets que produit le plus ou moins d'action des aides inférieures (les jambes). — Résultats du plus ou moins d'action des aides pour faire partir un cheval au galop sur la ligne courbe ou dans le passage du coin. — Pour faire changer de main ou de pied, et du résultat du plus ou moins d'action des aides. — De l'emploi des aides pour faire sauter le cheval en liberté, et de leurs résultats. — Tenir des hanches ou marcher par des pas de côté, et résultats du plus ou moins d'action des aides dans ce mouvement.

L'auteur reprend donc dans cette deuxième partie la théorie raisonnée des principes exposés dans la première, et cela avec une logique très serrée et très persuasive. Ce n'est pas à dire pour cela que ses idées soient irréfutables, mais elles sont à coup sûr très sensées.

M. Cordier nous donne ensuite sa méthode de dressage :

— Instructions pour dresser les jeunes chevaux de manège et d'escadron. — Travail des longes.

— Chevaux qu'il est nécessaire de faire travailler à la grande longe : « *1° Ceux qui ont les épaules froides et qui ne troussent pas des extrémités antérieures ; — 2° Les chevaux vicieux qui se défendent ; — 3° Les chevaux qui se retiennent, par crainte ou par malice ; — 4° Ceux qui refusent de travailler, sur le cercle, à une main plutôt qu'à l'autre ; — 5° Les chevaux qui ont de la difficulté à se ployer ; — 6° Enfin ceux qui sont sujets à se cabrer, à prendre des pointes et à ruer.* »

— Chevaux que l'on doit commencer à la longe de main sur la ligne droite : « *1° Les chevaux qui se présentent bien avec confiance et qui se servent bien de leurs extrémités ; — 2° Les chevaux craintifs que l'on veut habituer à connaître les murs et à se familiariser avec le cavalier ; — 3° Ceux qui ne connaissent pas encore l'effet du mors de bridon pour les diriger ; — 4° Ceux qui ont des mouvemens désordonnés et qui se précipitent en avant par la crainte du cavalier qui les monte ; — 5° A tous les jeunes chevaux pour les conduire, lorsqu'on les habitue à porter la selle sans s'effrayer, et à les maintenir pour les accoutumer au montoir ; — 6° L'on doit s'en servir aussi lorsque l'on commence à faire reculer le jeune cheval.*

« *Nota. — Je pense que généralement il faut commencer à essayer les jeunes chevaux à la longe de main et sur la ligne droite, par la raison que la leçon à la grande longe sur les cercles est sujette à bien des inconvéniens; en la donnant à tous les chevaux indistinctement, elle causerait plus de mal qu'elle ne ferait de bien; il faut donc toute l'intelligence de ceux qui sont chargés de dresser les jeunes chevaux, pour l'appliquer à ceux à qui elle peut être utile.* »

— Première leçon à la longe de main. — « *La longe de main doit être longue d'environ six pieds.* »

— Travail à la grande longe sur les cercles. — « *L'instructeur, pour mettre le cheval en cercle à gauche, prend la longe de la main gauche, à sept ou huit pouces de la tête du cheval, le pouce en dessus, la chambrière dans la main droite, le petit bout en bas, il met le cheval en mouvement, l'attirant et marchant avec lui dans la direction qu'il veut lui faire parcourir : Après avoir marché quelque temps, l'instructeur doit graduellement éloigner le cheval en lui montrant la chambrière vers son centre de gravité, balançant doucement et graduellement la monture de la chambrière vers ce point, pour éloigner le cheval du centre du cercle, et jusqu'à ce qu'il soit arrivé sur la circonférence qu'il doit parcourir; si, dans ce mouvement, les épaules du cheval tombaient vers le centre, il faudrait montrer la chambrière vers ce point; si c'était au contraire les hanches, il faudrait diriger la chambrière de ce côté. Pour le porter en avant avec la chambrière, on touche sur le sol trois à quatre pieds derrière la croupe, en faisant du bruit par les coups répétés que l'on frappe sur le sol; si le cheval n'obéit pas, il faut rapprocher les coups graduellement jusqu'à ce qu'on joigne la croupe, sur laquelle il convient d'appuyer ferme un coup de chambrière, et récidiver s'il refuse d'obéir.* »

— Détail des six principaux mouvemens que l'on doit imprimer, à la longe, pour gouverner le cheval : 1° Pour faire porter le cheval en avant ; — 2° Lorsque le cheval va trop vite; — 3° Pour soutenir l'avant-main d'un cheval qui s'abandonne en avant; — 4° Pour empêcher un cheval de faire des pointes, de sauter en avant par des mouvemens désordonnés; — 5° Pour porter le cheval en dehors, et surtout sa tête, par l'effet de la longe ; — 6° Pour attirer la tête du cheval en dedans et s'opposer aux ruades qu'il chercherait à lancer à ceux qui l'exercent.

L'auteur veut que la longe et la chambrière soient tenues par la même personne : « *Je regrette absolument la manière de donner la leçon de longe, comme je la vois chercher par plusieurs personnes, qui se mettent deux séparément, l'un qui tient la longe, et l'autre qui chasse le cheval avec la cham-*

brière. Ce principe est tout à fait faux; c'est comme si on voulait monter deux sur le même cheval. »

Nous ne pouvons non plus analyser la méthode de dressage de M. Cordier, il faut nous contenter d'en retracer la progression :

— Faire partir le cheval au galop à la longe sans être monté. — Partir au galop à la longe, le cheval monté. — Leçon par le large en liberté. — Doubler dans la largeur et dans la longueur, ou tourner le cheval à droite ou à gauche. — Doubler dans la longueur. — Passage des coins. — Doubler l'allure, marcher au trot. — Changer d'allure. — Pour arrêter. — Pour reculer. — Changement de main. — Ce que l'on doit faire de temps en temps pour réveiller l'attention du cheval, et lui faire bien discerner l'effet des aides. — Travail sur le cercle. — Changement de main sur le cercle. — Assouplir et ployer le cheval aux deux mains. — Appuyer la tête au mur. — La croupe au mur. — Le cheval bridé. — Du pli de l'encolure — L'épaule en dedans et en dehors. — Des épaules en dedans et en dehors. — Des changemens de main en tenant les hanches. — Doubler en tenant les hanches. — Des demi-voltes en tenant les hanches. — Voltes en tenant les hanches.

— Leçon pour faciliter et forcer le jeune cheval à partir juste au galop. — Il faut lui faire commencer le galop dans les coins. — Faire partir le cheval au galop sur la ligne droite. — Faire repartir au galop à l'autre main. — Changement de main ou de pied du galop au galop. — Changement de main en tenant les hanches. — Finir le cheval les épaules en dehors et en dedans du cercle. — Sur l'utilité de conserver ou de faire prendre au cheval ses allures naturelles, et de corriger ceux qui en ont de défectueuses.

— Leçon des piliers. — Cette leçon est très utile pour donner de la légèreté aux chevaux de manège et d'escadron. — Principes pour placer le cheval entre les piliers. — Premier degré de la leçon des piliers. — Deuxième degré de la leçon des piliers. — Troisième degré de la leçon des piliers. — Quatrième degré de la leçon des piliers. — Cinquième degré pour les chevaux que l'on veut habituer à sauter dans les piliers. — Pour le faire sauter étant monté. — Des sauteurs en liberté. — Causes qui retardent le plus ordinairement l'instruction des jeunes chevaux. Moyens de les modifier ou de les corriger.

L'auteur termine par ce nota : « *Si le jeune cheval que l'on dresse est destiné pour le service du manège, on doit lui faire prendre ses allures relevées, trides et cadencées, et le rendre très fin aux aides.*

« *S'il est destiné pour l'escadron, il faut le dresser à des allures franches et bien déterminées ; exiger qu'il réponde juste aux aides sans être trop susceptible : en évitant cependant d'engourdir sa sensibilité.* »

Toutes les leçons que nous venons de relever dans le livre de M. Cordier représentent ce que l'on enseignait aux élèves de l'École de cavalerie à cette époque. Comme nous l'avons fait remarquer déjà, l'enseignement équestre et l'instruction militaire ne marchaient pas de pair. L'auteur nous en fournit encore une preuve en établissant la répartition des leçons de l'instruction militaire entre les deux ans que les élèves passaient à l'École : *les quinze premiers mois aux six leçons de l'école du cavalier. Six mois à l'école d'escadron, un mois à l'exercice du coup d'œil pratique de l'officier en campagne, et les deux derniers mois à la course des têtes, à répéter le travail au galop de la sixième leçon, et à rectifier leur position avant leur départ de l'école.*

M. Cordier termine son ouvrage par une instruction sur l'embouchure. Il établit d'abord les principes généraux sur l'embouchure. Puis, il examine les pièces séparées qui servent par leur réunion à former le mors de bride. Il donne ensuite les principes pour placer régulièrement le mors dans la bouche du cheval. — Effets qu'il produit. — Il examine les branches du mors et leur direction. — Et maintenant il parle des différentes espèces de mors et de leur emploi : *Premier degré d'embouchure ou mors préparatoire. — Mors simple canon brisé et un peu montant ; branches à buades et fleuron ; gourmette plate. — Mors à billot d'une seule pièce, un peu ceintré au-dessus et au milieu de l'embouchure. — Mors gorge de pigeon simple ; branches sur la ligne et à tire-bouchon ; gourmette plate. — Mors gorge de pigeon, liberté montante ; branches droites à tire-bouchon. — Mors bec de canne ou pas d'âne ; branches sur la ligne ; gourmette ronde. — Mors gorge de pigeon talonné ; branches courtes à tire-bouchon ; gourmette plate. — Mors militaire, dit à la Condé, en usage actuellement dans toute la cavalerie française. — Mors pied de chat ; embouchure rivée dans les branches ; à branches courtes et hardies ; gourmette ronde. — Mors col d'oie ; embouchure rivée dans les branches ; branches longues et hardies ; gourmette ronde. — Mors col d'oie à olive ; embouchure rivée dans les branches et talonnées ; branches longues et hardies. — Mors à berge ; embouchure foncée ; col d'oie talonné ; branches hardies ; gourmette ronde. — Mors gorge de pigeon renversée ; branches sur la ligne ; gourmette plate. — Ecumoire à hotte pour les chevaux qui laissent pendre leur langue perpendiculairement. — Écumoire à pli pour les chevaux qui laissent pendre la langue de côté. — Mors à la turque. — Mors à crochet ; branches brisées ; gorge de pigeon talonnée ;*

gourmette ronde. — Caveçon dit à l'italienne. — Des mors de bridons et de filets.

L'auteur ajoute après cela : « *Je rappelle encore que les embouchures dures dont il est fait mention dans cet ouvrage, ne sont pas pour en faire un usage ordinaire, mais bien pour s'en servir dans les cas extraordinaires.* »

Pour ce qui concerne les différentes espèces de mors, M. Cordier a donc reproduit presque textuellement le dernier chapitre de l'École du cavalier à pied de Versailles en pratique de 1803. Mais quoiqu'il en soit il eut mieux fait de ne pas en parler. C'était après tant de bonnes choses si bien démontrées donner à l'empirisme suranné des méthodes d'embouchure une voix au chapitre qu'elles ne devaient plus avoir.

Voilà à peu près définie la méthode de l'écuyer en chef de l'École de cavalerie ; mais, pour être complet, il faudrait parler du particularisme des écuyers sous ses ordres. Ces messieurs avaient plus ou moins pris parti dans les divergences qui divisaient alors le monde équestre entre les deux systèmes en vogue : l'École française et l'École allemande.

École de Cavalerie

M. CORDIER, Écuyer en Chef

AUBRY : *Histoire pittoresque de l'Équitation.*

II

Deux systèmes d'équitation en vogue : Ecole de Versailles, Ecole d'Eyrer. — Cours d'équitation militaire, 24 mai 1825 : position de Bohan; emploi des allures vives dans la cavalerie; sixième leçon du manuel de manège. — Flandrin : leçons normales d'équitation militaire. — Inauguration du grand pont de la Loire, 15 juillet. — Inauguration du portrait du Roi, 13 août. — Visite du ministre de la guerre, 27 septembre. — Inspection du général de Bourbon-Busset. — Les deux escadrons de l'École. — Les chevaux du manège : chevaux limousins et navarins. — Création de sept nouveaux dépôts de remonte. — État-major de l'École en 1825. — Les trois escadrons de l'École. — Inauguration des chevaux de carrière et des selles anglaises. — Création de l'École de maréchalerie. — Réception de l'étendard offert par le Roi. — Les dépôts de remonte en 1826. — Inspection générale de l'École. — État-major et officiers-élèves de l'École en 1826. — Visite du Dauphin à Saumur. — Effectif de l'Ecole et remonte en 1827. — Marquis de Chabannes. Cours élémentaire et analytique d'équitation : arguments contre la routine; ce que doit être une école d'équitation; regrets sur la déconsidération de l'équitation; agir sur les facultés physiques du cheval; assiette; le mors et ses effets; influence des jambes; critique de la selle anglaise; caveçon; piliers; observations sur le dressage; airs de manège; saut. — Abus des manœuvres à pied et des feux réguliers dans la cavalerie française. — État-major et officiers-élèves de l'École en 1827. — Visite de la duchesse de Berry à Saumur, 1828. — Compte rendu du carrousel. — La mode anglaise. — Suppression de l'École royale d'équitation de Paris. — La remonte de l'École de cavalerie en 1828. — La remonte de la cavalerie. — Balassa : Traité de la ferrure sans contrainte, 1828.

L'unité d'enseignement n'était pas encore chose réalisée dans les cours de l'École de cavalerie, et le *Manuel du manège*, rédigé par ordre du général de La Ferrière, avait envenimé les divergences à ce point qu'il fallait songer à le refaire.

C'est dans ce but qu'on fit paraître, le 24 mai 1825, un *Cours d'équitation militaire* dans lequel on fondit et modifia le *Manuel du manège*, le cours d'hippiatrique de M. Flandrin et l'Ordonnance provisoire de l'an XIII.

Il est à propos d'insister un peu plus que nous l'avons fait sur la personnalité de M. Flandrin, dont l'autorité était consacrée par la collaboration que nous venons d'indiquer.

M. Flandrin a formé tous les professeurs qui lui ont succédé. Il a rédigé un cours d'hippiatrique très remarquable, et c'est lui qui a fourni presque toutes les matières qui ont servi à la rédaction du cours d'équitation militaire.

M. Flandrin proposait de désigner l'ensemble des connaissances nécessaires à l'officier de cavalerie par le mot *Hippygie*, qui, pour lui, signifiait : l'étude et l'emploi du cheval en santé, occupation spéciale de l'officier de cavalerie, comme l'hippiatrique, qui comprend les soins du cheval malade, regarde particulièrement l'hyppiatre ou vétérinaire.

C'est dans cet ordre d'idées qu'il écrivit plus tard ses « Leçons normales d'équitation militaire ».

Leçons normales d'équitation militaire, *professées à l'École de cavalerie de Saumur en l'année* 1825, *retouchées en* 1853. — Nous ne suivrons pas M. Flandrin pas à pas dans l'examen lucide et substantiel qu'il consacre à relever les erreurs et imperfections dans les principes des auteurs qui, pendant si longtemps, furent, en matière d'instruction équestre, les guides et les oracles des troupes à cheval, ce serait peut-être amoindrir ce rapide aperçu, qui contient, en trente-neuf pages, plus d'observations réellement savantes et de vérités pratiques, sur la structure de l'homme et le mécanisme de sa charpente dans l'action équestre, qu'on en trouverait dans les ouvrages réunis des auteurs qu'il y passe en revue. C'est un travail qui doit être lu, et surtout médité, par quiconque s'occupe, par état ou par goût, d'équitation, et pratique cet art attrayant et utile. Rien n'est plus vrai que ce que dit l'auteur dans une de ses notes : « *Mettre la théorie et la pratique* « *d'accord est le premier besoin auquel il faut sacrifier toute recommandation* « *qui augmente et fait naître les difficultés, au lieu de les faire disparaître.* « *On conçoit que rien ne s'oppose à ce que l'homme, dont la construction et la* « *longue pratique a placé la cuisse sur son plat (et presque verticalement) ne* « *se serve de cette position (naturelle alors pour lui); mais la plupart de nos* « *hommes de cavalerie n'étant pas faits pour l'équitation (telle que certains* « *auteurs et écuyers l'entendent), nous devons faire une équitation pour* « *eux.* »

Et voici un moyen ingénieux que conseille l'auteur pour convaincre l'élève des observations de son instructeur :

« *Ce moyen consiste, dit M. Flandrin, à mettre celui qui y est soumis à* « *même de se voir, de se juger, de se donner par lui-même des leçons plus* « *profitables et plus attrayantes que celles de ses maîtres, dont il n'est pas* « *question d'ailleurs de le priver. Ces maîtres nous disaient à Versailles :* « *Regardez-moi et m'imitez.* » *Moi, je veux qu'on dise à l'élève :* « *Regar-* « *vous. Jugez-vous. Comparez ce que je vous dis avec ce qui frappe vos* « *yeux et que vous devez ressentir.* » »

Ce fut bien longtemps après M. Flandrin que les manèges de l'École de cavalerie bénéficièrent de cette heureuse idée.

Mais revenons au *Cours d'équitation militaire*, dans lequel s'étaient fondus et modifiés, avons-nous dit, le *Manuel du manège*, prescrit par le général La Ferrière, le cours d'hippiatrique de M. Flandrin et l'Ordonnance provisoire de cavalerie de l'an XIII. Ce cours d'équitation critiquait et rectifiait quelques-uns des principes de Bohan, en adoptant, en définitive, l'ensemble de sa position à cheval, dans le dessin ou figure qu'il donne pour type et résumé de ses principes, figure ou type qui n'est autre chose que le cavalier de Bohan, habillé du costume de manège de l'école. Malgré ces contradictions, la position à cheval du cours consacrait un progrès considérable en équitation militaire.

Sans parler du perfectionnement le plus important qui y ait été ajouté, comme conséquence, ou plutôt comme principe, du système de l'emploi des allures vives dans la tactique et les évolutions de la cavalerie.

Notre cavalerie manquait alors d'aplomb et de hardiesse dans les mouvements du galop. L'ordonnance de vendémiaire, an XIII, était insuffisante pour combler cette lacune, puisqu'elle interdisait implicitement le travail individuel au galop à la généralité des cavaliers, en le prescrivant seulement que pour « les sous-officiers instructeurs et pour les cavaliers destinés à les remplacer ». Il était évident aussi que l'équitation de l'École d'instruction des troupes à cheval, concentrée presqu'entièrement dans le manège, était trop timide, trop raccourcie et trop cadencée, sacrifiant trop la solidité et la vitesse au brillant de la position et au tride des allures.

Le premier résultat de la nouvelle organisation et du nouveau système d'instruction fut, comme on l'a vu, le triomphe complet, et peut-être trop exclusif de Bohan. Il n'y eut plus, ou du moins il fut censé n'y avoir plus depuis cette époque, à l'École de Saumur, qu'une seule et même équitation pour les deux manèges et pour les deux branches de l'instruction; elle fut nommée, dans la pratique comme dans la théorie, *Équitation militaire*, afin que sa dénomination exprimât positivement son caractère. L'École prit définitivement aussi le nom d'*École de cavalerie*, ce qui indiquait de profondes modifications et une grande extension donnée à l'enseignement et aux travaux. C'est aussi de cette époque que datent les *écuyers militaires*.

En même temps que l'organisation de l'École de cavalerie et que l'initiative et l'extension qu'elle prenait, marchait parallèlement la revision de l'ordonnance provisoire.

La sixième leçon du *Manuel du manège* annexé au Cours d'équitation militaire porte, article 104, cette simple et laconique indication : Travail dans la carrière. — « *Les Cavaliers seront exercés dans la carrière au travail des 5e et 6e leçons.* »

Par cette fusion heureuse et bien calculée de l'équitation civile avec l'équitation militaire, il n'y eut plus, à l'École de cavalerie et dans l'armée, qu'une seule et même doctrine équestre et des principes identiques, au lieu de deux doctrines et de principes si opposés qui y existaient auparavant. De lourde et difficile à manier qu'était notre cavelerie avant la propagation de ce système, elle est devenue légère, maniable et rapide ; de craintifs, incertains, embarrassés qu'étaient nos officiers d'escadrons et nos cavaliers dans le rang, les uns et les autres sont devenus confiants en devenant solides à cheval, hardis et entreprenants, sûrs, les uns de leur coup-d'œil et de leurs commandements, les autres de leur exécution et de leurs mouvements dans les manœuvres les plus rapides et les plus compliquées.

Dans cet historique rapide de Saumur, nous ne pouvons passer sous silence l'inauguration du grand pont de la Loire, qui devait porter le nom du duc de Bordeaux. La cérémonie de la pose de la première pierre eut lieu le 15 juillet 1825. Le travail de l'École fut suspendu. Le général se rendit au lieu de la cérémonie, escorté des officiers de l'état-major et d'une députation d'officiers-élèves de chaque division. Un piquet de quarante hommes commandés par un capitaine-major fut chargé du maintien de l'ordre. Tous les élèves de l'École non de service assistèrent en curieux à cette fête, où se pressait la population saumuroise.

Le préfet, qui représentait Son Altesse Royale, fit un discours auquel répondirent des tonnerres d'applaudissements.

Le soir, la ville donna un grand bal où brillèrent tous les uniformes de l'École.

Le 13 août, c'était une autre fête pour l'inauguration du portrait du Roi, qui venait d'être envoyé à l'École. A trois heures de l'après-midi, tous les officiers furent réunis en grande tenue, au manège, pour assister au repas offert aux cavaliers des escadrons. Des tables avaient été dressées à leur intention. Une tribune avait été réservée pour les officiers de l'état-major et officiers-élèves ; les officiers supérieurs, les deux capitaines-commandants et les chefs de peloton restèrent seuls dans l'intérieur du manège.

L'inauguration du portrait eût lieu le soir à huit heures, en présence de tous les officiers et fonctionnaires de l'École, en grande tenue de service. Les assistants ne quittèrent leurs armes que quand le portrait eut été découvert.

Le 27 septembre, le ministre de la guerre vint visiter l'École. Il arriva à deux heures, et toute la soirée fut employée à voir les exercices du manège et à visiter les bâtiments militaires. Le ministre fut enchanté de ce qu'il avait vu et laissa un ordre rempli de félicitations pour les élèves et leurs instructeurs.

Cette année-là, l'inspection générale de l'École fut passée par le *général de Bourbon-Busset*.

En 1825, les deux escadrons attachés à l'école de cavalerie étaient composés comme il suit :

Premier escadron : une division de grosse cavalerie, une division de dragons ;

Deuxième escadron : une division de cavalerie légère armée de mousquetons, une division de cavalerie légère armée de lances.

Chaque escadron se composait de 166 hommes et 120 chevaux.

Le manège de l'École était composé de 120 chevaux de différentes provenances, parmi lesquels se trouvaient 7 *chevaux espagnols* achetés à Bayonne. La comparaison, paraît-il, ne fut pas avantageuse au reste du contingent, car on demanda à éliminer les chevaux reçus des régiments comme peu susceptibles du service de manège ; on voulait se restreindre aux chevaux *limousins* et *navarrins ;* mais le ministre fit observer que cette mode serait funeste aux chevaux français et que l'on devait, autant que possible, acheter des chevaux du pays.

Nous verrons néanmoins que, tout en obtempérant aux ordres du ministre, le manège conserva sa prédilection pour les chevaux navarrins et limousins, incontestablement plus brillants dans les exercices du manège.

Conformément à l'avis d'une commission d'officiers généraux de cavalerie, auxquels était adjoint un inspecteur des haras, sept nouveaux dépôts de remonte furent établis en 1825.

1825

ÉTAT-MAJOR DE L'ÉCOLE

Oudinot	Maréchal de camp.	Tartas de Conques	
Blin	Colonel.	Clère	Capit. instructeurs.
Dupré	Lieutenant-colonel.	Salleton	
De Gripière	Chefs d'escadrons.	De Coataudon	
Defieux de Montaunet		Laneau	
Goudemetz de Neuville	Major.	Salmon de Clairval	Capit.-maj. d'école.
Lopin de Gemeaux		De Bourzac	
De Lennox	Capit. instructeurs.	Boutin	Capitaine-trésorier.
Tourreau		Gouvigneaux	Lieut.-offic. d'habil.

ÉCUYERS CIVILS

Cordier	Écuyer en chef.	Rousselet	Écuyer de 2e classe.
Flandrin	Ecuyer professeur.	Le Roy	Écuyers de 3e classe.
Ducroc de Chabannes	Écuyers de 1re cl.	Beucher de Saint-Ange	
Deleuze			

A dater de 1826, les officiers d'instruction furent choisis parmi ceux du grade de lieutenant et ayant moins de trente ans. Les escadrons du train pouvaient cependant continuer à envoyer des capitaines.

Par décision du 23 juillet 1826, le nombre des escadrons attachés à l'École fut porté à trois :

Premier escadron : une division de grosse cavalerie, une division de dragons ;

Deuxième escadron : deux divisions de cavalerie légère, dont une armée de mousquetons et l'autre de lances ;

Troisième escadron : une division d'élèves maréchaux ferrants, une division d'élèves trompettes.

Un progrès important est encore à signaler dans cette année 1826. Le général Oudinot fit obtenir au manège une remonte de *25 chevaux irlandais* pour les exercices à l'extérieur ; leur prix moyen fut fixé à 1,200 francs. C'est là l'origine des chevaux de carrière. On obtint également l'autorisation de faire fabriquer *24 selles anglaises* « pour exercer les élèves en fin de cours ». Comme cette innovation semble naïve aujourd'hui ! Elle n'en reste pas moins le point de départ de tous ces perfectionnements qui font la gloire de l'Académie d'équitation et l'éloge de son promoteur.

« C'est dans le vaste terrain de manœuvres qui se trouve dans le bâtiment principal de l'École qu'il fut décidé qu'aurait lieu le travail de carrière ; et là, comme complément de l'instruction équestre, les élèves pratiquèrent l'équitation vraiment militaire, c'est-à-dire aux allures franches, développées ou allongées, selon l'occasion, jusqu'au *summum.* Sur ces chevaux et à ces allures développées, afin de les accoutumer aux mouvements violents et leur enseigner pour qu'ils les enseignent à leur tour, les moyens de tenue nécessaires pour conserver leur assiette, les élèves furent exercés à franchir des fossés, des barrières, des haies, et toutes sortes d'obstacles semblables à ceux qu'on est susceptible de rencontrer à la guerre ; genre d'instruction tout nouveau, beaucoup plus utile que le travail des sauteurs en liberté exercés à sauter, non pas naturellement, mais artificiellement pour ainsi dire, et où le cavalier, emboîté dans une selle à piquer, n'a pour ainsi dire rien à faire pour se lier aux mouvements du cheval. Ici, il en est d'autant moins de même, que le travail de la carrière et des différents sauts se fait sur des selles à l'anglaise, rases, et ne présentant d'autres moyens de tenue que l'étreinte et l'adhérence vigoureuse des cuisses et des jambes du cavalier, et l'aplomb, et l'équilibre intelligent et habile qu'il apprend à donner à son corps dans le moment de l'action violente de sa monture.

« C'est le progrès le plus important que l'instruction équestre pratique, applicable à la cavalerie, ait fait depuis un siècle au moins, et il est d'autant plus méritoire qu'il était plus nécessaire, et qu'il fut calculé avec sagacité et inauguré à propos. Ce fut donc d'après cette pensée prudente, progressive et heureuse, que l'équitation hardie et rapide sur ces chevaux de carrière fut inaugurée d'abord et pratiquée à l'avance à l'École de cavalerie, conjointement et complémentairement à l'équitation académique, devenue aussi plus naturelle et plus vive, et mieux appropriée aux besoins du but qu'on était résolu d'atteindre, en secouant enfin le vieux joug de l'école de La Guérinière et de Montfaucon, quoique, cependant, elle eût encore, à cette époque, ses partisans et ses adhérents à l'Ecole des pages de Versailles. »

C'est par une ordonnance du 23 juillet 1826 qu'une *École de maréchalerie* fut annexée à l'École de cavalerie.

Ce fut une heureuse innovation dont la cavalerie et l'armée tout entière tirèrent les plus grands bénéfices.

Cette nouvelle institution répondait à un besoin urgent, nous dirons mieux, à une nécessité depuis longtemps réclamée. C'était un centre d'études qui allait se créer et bientôt prendre la haute direction de l'art de la ferrure, ce « mal nécessaire », comme on l'a si bien défini. L'École de maréchalerie de Saumur s'est fait une réputation universelle, et l'impartialité qui la dirige en est le plus bel éloge.

Bref, ce fut à partir de 1826, à dater de la création de l'École de maréchalerie à Saumur, que la ferrure militaire fut l'objet d'une étude spéciale et progressive dont les résultats sont indiscutables.

L'École de maréchalerie, dont l'établissement primitif remonte aux carabiniers, donna à cet art essentiellement militaire une impulsion nouvelle. Les travaux d'anatomie et de maréchalerie de MM. Havoux et Simon devaient rendre cette institution fameuse dans toute l'armée. Grâce aux travaux de ces habiles professeurs, la cavalerie ne recruta dès lors que des maréchaux éclairés, formés aux nouvelles pratiques qu'on étudiait à l'École.

Ces études se sont poursuivies en se perfectionnant tous les jours et l'on peut dire qu'aujourd'hui l'École de maréchalerie de Saumur réalise tous les *desiderata*.

L'organisation et les systèmes ont varié, et nous ne pouvons nier le progrès, tout est perfectible. Néanmoins les innovations ne peuvent pas effacer les premiers titres de gloire, et le mérite essentiel de l'École de maréchalerie est d'avoir toujours atteint le *summum* de chaque époque. De ce creuset d'étude où sont passés à l'épreuve tous les essais et toutes les théories, il ressort, pour le grand bénéfice de l'armée, une méthode pratique, raisonnée et garantie.

Le dimanche 14 août 1826, l'École fut réunie en grande tenue à dix heures du matin, pour la réception de l'étendard offert par le Roi. Tous les officiers, sous-officiers et cavaliers montés étaient à cheval dans la cour du Roi; les cavaliers non montés dans la cour Dauphine.

La bénédiction de l'étendard eut lieu pendant l'office de la messe. Le colonel le tint déployé pendant toute la cérémonie, et au moment de la bénédiction il fut exécuté une salve de mousqueterie. La cravate de l'étendard fut attachée par la marquise Oudinot, à qui Mme la Dauphine avait délégué ses pouvoirs.

Après la bénédiction, le colonel remit l'étendard à l'officier porte-étendard, et accompagna cet officier en parcourant le front des troupes de la droite à la gauche, les trompettes sonnèrent la marche et les officiers qui ne comptaient pas dans les rangs saluèrent du sabre l'étendard quand il passa devant eux.

Le colonel prit place ensuite au centre des escadrons des officiers, et le porte-étendard alla se placer à la gauche du général qui se tenait en face des troupes.

Quand le général eut retracé en peu de mots la solennité de cette cérémonie, il fit ouvrir un ban et prononça la formule du serment. Les officiers-élèves et les cavaliers qui n'avaient encore prêté serment à aucun étendard, passèrent le sabre dans la main gauche et levèrent la main droite en répétant : « *Je le jure* », lorsque le général accompagné de l'étendard passa devant eux.

Le général fit fermer le ban, le porte-étendard vint prendre place à la gauche de l'escadron et il fut exécuté une salve de mousqueterie pour annoncer que la cérémonie de la prestation du serment était terminée. L'École défila ensuite sur le Chardonnet devant le général.

A quatre heures, les escadrons de troupe furent réunis dans le grand manège, où des tables avaient été dressées à leur intention.

A huit heures, les officiers, les fonctionnaires et un détachement de chaque escadron se rassemblèrent dans le salon du Roi pour l'inauguration du portrait du Dauphin.

En 1826, le système des dépôts de remonte commencé en 1818 fut développé, mais il ne devait être définitif qu'en 1831.

Cette année-là, l'inspection générale de l'École fut passée par le *général Mermet.*

1826

ÉTAT-MAJOR DE L'ÉCOLE

Oudinot	Maréchal de camp.
Blin	Colonel.
Dupré	Lieutenant-colonel.
Duport Saint-Victor Defieux de Montaunet	Chefs d'escadrons.
Goudemetz de Neuville	Major.
Daurensan	Aumônier.
Laneau Clère Salmon de Clairval	Capitaines majors.
Boutin	Capitaine-trésorier.
Gouvigneaux	Lieut. d'habillement.
Sénot	S.-lieut. porte-étend.
Jacquinot de Presle	Cap. prof. d'art et d'hist. militaire.
Dupont	Lieut.-profess. adj.
Longlas	Lieut.-profess. adj.
De Georges de Guillomont Lopin de Gémeaux De Lennox Tartas de Conquès Desombs de Fajac De Salleton Coataudon De Bourzac	Capit.-instructeurs.
Champet	Capit.-écuyer.
Bécoeur	Chirurgien-major.
Manson Morgon	Chirurg.-aides-maj.
Lavigne	Vétérin. en premier.
Lenck	Vétérin. en second.

ÉCUYERS CIVILS

Cordier	Ecuyer en chef.
Flandrin	Ecuyer professeur.
Ducroc de Chabannes Deleuze	Ecuyers de 1re cl.
Rousselet	Ecuyers de 2e classe
Le Roy Beucher de Saint-Ange	Ecuyer de 3e classe.

CAPITAINES D'INSTRUCTION

Sauteul	Lieut. en 1er, artill. de la garde.
Deshorties	Cap. adjt maj., 1er gren. de la garde.
Pain	Cap. en 1er, 2e gren. de la garde.
Trubles de Nermont	Cap. en 2e, 1er cuir. de la garde.
Le chevalier d'Orringer	Cap. en 2e, dragons de la garde.
Geoffroy	Cap. en 2e, chasseurs de la garde.
Bellouard	Cap. adj.-maj., train de la garde.
Houdaille	Cap. en 2e, 1er artill. de ligne.
Jolivet de Riencourt	Cap. en 2e, 2e artill. de ligne
Jolivet de Riencourt	Cap. en 1er, 3e artill. de ligne.
L'Herbette	Cap. en 2e, 4e artill. de ligne.
Schneider, dit Watrin	Cap. en 1er, 1er carab.
Outemple	Cap. en 2e, 2e carab.
Reyau	Cap. adj.-m., 3e cuir.
Larché	Cap. adj.-m., 4e cuir.
De Pingon	Cap. en 1er, 6e cuir.
Acjoannet	Cap. en 1er, 8e cuir.
Couret du Terrail	Cap. en 2e, 9e cuir.
Merson	Cap. adj.-m., 10e cuir.
Larguier	Cap. adj.-m., 1er drag.
Huet	Cap. en 1er, 2e drag.
Dangenout	Cap. en 2e, 3e drag.
Raymond	Cap. en 1er, 4e drag.
De Pradines	Cap. en 2e, 5e drag.
Lancelot-Meunier	Cap. en 1er, 6e drag.
Lemyre de Villers	Cap. en 1er, 7e drag.
Pain	Cap. en 1er, 9e drag.
Gado	Cap. adj.-m., 11e dr.
Dupic	Cap. en 2e, 2e chass.
Le Bon de Mermet	Cap. en 1er, 3e chass.
Beltramin	Cap. adj-m., 4e chass.
De Clock	Cap. en 1er, 5e chass.
Cavayé	Cap. en 1er, 6e chass.
Cliquot de Beyne	Cap. en 1er, 7e chass.
Pellagot	Cap. en 2e, 8e chass.
Gaudin de Vilaine	Cap. adj.-m., 9e chass.
Huck	Cap. en 1er, 11e chass.
Gadrad	Cap. en 2e, 12e chass.
Reynold de Sérézin	Cap. en 1er, 13e chass.
O'Riordan	Cap. en 2e, 14e chass.
Quinette de Cerney	Cap. en 2e, 16e chass.
Roux	Cap. en 1er, 17e chass.
Renaux	Cap. en 2e, 18e chass.
Bailly	Cap. en 1er, 2e huss.
De Richepanse	Cap. en 2e, 4e huss.
De Ladoubart de Couppe	Cap. en 1er, 5e huss.
Bouire de Beauvallon	Cap. en 2e, 6e huss.
Berthier	Cap., 1er escadron du train d'artillerie.
Mayot	Cap., 2e escadron du train d'artillerie.
Wasselynck	Cap., 3e escadron du train d'artillerie.
Ditch	Cap., 4e escadron du train d'artillerie.
Bourriot	Cap., 6e escadron du train d'artillerie.
Cart	Cap., 7e escadron du train d'artillerie.
Henry	Cap., 8e escadron du train d'artillerie.
Revol	Lieut. en 2e, train des équipages.

LIEUTENANTS D'INSTRUCTION

Crucius de la Croix	1er gren. de la garde.	Laverone	1er chasseurs.
Lebasle	1er cuir. de la garde.	Groulard	2e chasseurs.
Grenier	2e cuir. de la garde.	Robin de Coulogne	4e chasseurs.
Blanquet du Chayla	Chass. de la garde.	Perreimond	5e chasseurs.
Despinoy	1er carabiniers.	Pouparo	6e chasseurs.
De Menou	2e carabiniers.	Gaudin	7e chasseurs.
De Muissart	1er cuirassiers.	Vesuty	8e chasseurs.
Teillard	2e cuirassiers.	D'Arcamont	9e chasseurs.
Chomereau de Bratignyn	4e cuirassiers.	Beaujouan	12e chasseurs.
Livet de Barville	5e cuirassiers.	Vernet, dit Argiller	13e chasseurs.
Jacquemin	7e cuirassiers.	Cassaignolles	15e chasseurs.
Salmon	8e cuirassiers.	Etienne	16e chasseurs.
Boudinhon	9e cuirassiers.	Delherm de Novital	17e chasseurs.
Cellier	10e cuirassiers.	Cade Pourailly	18e chasseurs.
Vauthier	1er dragons.	Joleaud	1er hussards.
De Charbonnel	2e dragons.	Morin	2e hussards.
Lacour	3e dragons.	De Mac-Mahon	4e hussards.
Dulan	4e dragons.	Seroux de Bienville	5e hussards.
Gasnier de la Bareyre	5e dragons.	Legrand	1er esc. train d'artill.
Dehaies	9e dragons.	Crebassan	3e esc. train d'artill.
Fourrier d'Hincourt	10e dragons.	Legroux	5e esc. train d'artill.
Dubaut	11e dragons.	Dupret	8e esc. train d'artill.

SOUS-LIEUTENANTS ÉLÈVES

Première Division.

D'Espinassy.
De Berail.
Davon Collongue.
Doruse de Pesar.
Roslin de Lemont.
Ozou.
Lecler Durivaux.
Bernard de la Fosse.
Auvray.
Tricornot.
Raity de Vittré.
De Framont.

Berthier de Bizy.
De Lesguern.
De Voisins.
Chassepot de Pissy.
De Bruc.
Jan de la Hamelinaye.
Bouzier d'Estouilly.
Denis de Senneville.
Leloup de la Billiais.
De Longueil.
De Circourt.
Chamorin.

Jarret de la Mairie.
Lemancel de Secqueville.
De la Ferté Méun.
Landriève.
Cousin de Feugre.
Dubuc de Bellefond.
De Barrin.
Grand Boulogne.
De la Rivière.
Dubourg.
De Vauouen.
D'Espiard de Mezières.

Dusoulier.
Thibaudin de Bordigné.
Maublanc de Chiseuil.
La Vallée de Pimodan.
De Terves.
Duhamel Fougeroux de Denainvilliers.
De Menardeau.
De Rampon.

Deuxième Division.

Preveraud de la Boutresse.
De Cotte.
De Fallois.
D'Hombres.
D'Azémar.
Chemineau.
De Pichon.
Hay de Nétumières.
Potier de Reynand.
Perrin de Daron.
Letourneux de la Péraudière.
D'Auray.
De Bonnefoy.

Gonguet.
Perrot de Chazelles.
Reynauld de Savigny.
Aubin de Blanpré.
Chirée.
Amyot.
Genestet de Planhol.
De Meyronnet.
De Baville.
De Valette.
D'Azemar (Léopold).
Beugny d'Hagerue.
Tixedor Ganderigue.
Pastol de Keramelin.
Cossart d'Espiès.

Legros.
De Croix.
De Kermoysan.
Moucheton de Gerbrois.
Martin.
Lapierre de Frémeur.
Tardieu de Maleyssie.
De Budé.
Berthelot de Villeneuve.
Charbonnel Dubetz.
De la Selle.
Drillet de Lannigou.
Denis de Kéderne.
Moullart de Villemaret.
Heudelet.

Fournier de Bellevue.
De Filly.
Fabre de la Tude.
Fleuriot.
De la Boullaye de Chévray.
Bouchet Lourches de Tourzel.
De Montmorency Tancarville.
De l'Estoile.
De Peyronnet.
De Chévigné.

Le 16 mars 1827, le Dauphin vint visiter l'École. L'escadron des lieutenants d'instruction et la division de lanciers montèrent à cheval à neuf heures du matin pour aller au-devant de Son Altesse Royale. Les escadrons de troupes restants furent disposés sur le Chardonnet, de manière à former la haie depuis la grille du quartier jusqu'à hauteur de la rue Saint-Nicolas. Les hommes à pied continuaient la haie dans la cour du Roi, jusqu'au vestibule ; les officiers-élèves étaient également placés en haie depuis le vestibule jusqu'au salon du Roi.

Aussitôt après l'arrivée du Dauphin, les escadrons d'officiers mirent pied à terre pour être présentés à Son Altesse. Pendant ce temps les escadrons se formèrent en bataille sur le Chardonnet, faisant face au quartier, les hommes à pied à la gauche de la ligne. Le Dauphin passa la revue des troupes ainsi réunies, après quoi on exécuta quelques mouvements, qui se terminèrent par une marche en ligne et un défilé.

Les différentes divisions de l'École furent ensuite présentées, chacune dans leur travail habituel, jusques et y compris l'École des trompettes, dans le grand manège.

Ce fut alors le tour des chevaux, qui furent présentés dans la carrière, quelques-uns en liberté. Enfin la voltige militaire et la visite à l'École de maréchalerie.

Le soir un spectacle suivi d'un bal fut donné au Dauphin par l'École.

Le 16, à neuf heures du matin, tous les officiers de l'École se réunirent sur la promenade pour assister à la pose de la première pierre du Tribunal de Saumur. Le prince visita ensuite les bâtiments de l'École. Il vit avec intérêt, au petit manège, la voltige académique, et les théories dans le salon du Roi. La journée fut couronnée par l'exercice à pied de toutes les divisions.

Le soir, bal donné par la ville.

La journée du 17 fut consacrée aux exercices du manège. Les reprises se succèdent de quart d'heure en quart d'heure à partir de huit heures du matin : une reprise de cavaliers-élèves, une reprise de sous-officiers-élèves, une reprise d'officiers-élèves (classe d'émulation), une reprise de lieutenants d'instruction, une reprise d'officiers d'état-major, une reprise de sauteurs en liberté, une reprise de chevaux anglais dans la carrière, une reprise de lieutenants et d'officiers-élèves dans la carrière, enfin la reprise des écuyers.

A onze heures le Dauphin se retira; il fut escorté par la première division des lieutenants d'instruction, la première division des officiers-élèves et un peloton de chaque escadron. Son Altesse Royale témoigna très chaleureusement son contentement de ce qu'il avait vu.

L'effectif total de l'École en hommes et chevaux se chiffrait de la manière suivante en 1827 :

202 officiers, 536 hommes et 151 employés; 218 chevaux d'officiers, 256 de troupes, 25 d'armes et 184 de manège.

Cette année-là, le manège se remonta principalement en *chevaux anglais* courte queue d'une taille moyenne de $1^m,56$, et en *chevaux navarrins* et *limousins* à tous crins, d'une taille moyenne de $1^m,50$.

L'inspection de l'École fut passée par le lieutenant général *de Bourbon-Busset.*

Nous avons déjà montré que les idées en équitation de M. de Chabannes avaient eu leur triomphe à l'École de cavalerie, au retour du vieil écuyer à son poste. Le revirement avait été peut-être même trop complet.

En 1827, quand M. de Chabannes quitta de nouveau son poste pour la retraite, il publia ses principes sous le titre de : *Cours élémentaire et analytique d'équitation, ou résumé des principes de M. d'Auvergne.*

C'est l'ouvrage le plus remarquable qui ait paru sur cette matière, depuis celui de Bohan. Lorsqu'il parut, le *Cours d'équitation militaire* spécial à l'École de cavalerie, et qui fut ensuite ordonnancé pour tous les corps de troupes à cheval, n'était pas encore imprimé, ni même terminé; mais les divers collaborateurs qui travaillaient à ce dernier ouvrage étaient saisis de leur mission, et possesseurs des documents ou des idées sur lesquels ils devaient baser leurs travaux ; et, soit que les doctrines équestres de M. de Chabannes, en retrouvant parmi eux quelques-uns de leurs anciens antagonistes, aient rencontré les mêmes convictions rebelles à ses raisonnements, où le même esprit de rivalité, soit par d'autres motifs, ce cours, tout en mentionnant honorablement le nom de M. de Chabannes parmi ceux à qui la science équestre doit des progrès, s'est généralement abstenu de faire des emprunts à ses principes, purgés cependant de quelques-unes des erreurs essentielles léguées par le passé, maintenues par le préjugé et la routine.

Nous ne pouvons laisser passer sous silence un livre de l'importance de celui-ci, d'autant moins que, dans les *Idées préliminaires*, nous y retrouvons les arguments que l'auteur avait mis en avant pour soutenir son drapeau dans la polémique dont nous avons parlé. — « *En considérant la dissidence des opinions, la diversité des procédés mis en usage en équitation,* « *on serait disposé à croire que les éléments en sont soumis aux seules combinaisons du caprice. Chaque manège, chaque École de cavalerie, se crée* « *ou adopte, à cet égard, des principes à sa mode, qui y sont proclamés* « *comme exclusifs ; et par suite, il n'est pas un seul écuyer ou soi-disant tel,* « *et jusqu'au plus médiocre piqueur, dont l'amour-propre ne se tint pour* « *offensé à l'idée que sa pratique routinière pût être soumise à quelques* « *modifications.....*

« *Il est deux manières très distinctes de considérer et d'apprécier la*
« *science équestre : l'une consiste dans cette faculté acquise à l'aide d'une*
« *tenue vigoureuse et au moyen de quelques expédients, de soumettre, bon*
« *gré mal gré, un cheval à l'obéissance ; genre de talent qui trahit souvent la*
« *confiance, compromet presque toujours la sûreté de celui qui s'y fie, et qui*
« *a le double inconvénient de ruiner d'ordinaire le sujet avant de l'avoir*
« *rendu propre à aucune espèce de service.....*

« *Mais lorsqu'on considère l'équitation dans celui de ses attributs qui*
« *constitue ce talent un art, c'est alors qu'il peut devenir recommandable ;*
« *et pour s'en faire, sous ce rapport, une juste et convenable idée, il faut se*
« *le représenter comme une réunion combinée de diverses connaissances préli-*
« *minaires ou accessoires qui en font essentiellement partie, et dont chacune*
« *d'elles, considérée isolément, peut présenter un plus ou moins haut degré*
« *d'intérêt, mais qui, appréciées en masse et relativement à la connexion*
« *qu'elles ont entre elles, et aux secours mutuels qu'elles peuvent au besoin*
« *se prêter, surtout par la manière plus ou moins judicieuse de mettre leurs*
« *ressources à profit, peuvent, par leur concours, servir à fixer en définitive*
« *la juste mesure du mérite de l'écuyer.....*

« ..... *Un établissement essentiellement militaire, dont l'unique ou du*
« *moins le principal objet est l'instruction équestre d'un grand nombre d'of-*
« *ficiers de cavalerie, dont la destination ultérieure est de régénérer et de*
« *propager cette même instruction dans leurs corps respectifs, et auxquels,*
« *sous ce rapport, se trouve en quelque sorte confiée la destinée de nos*
« *troupes à cheval, rentre dès lors dans la classe des établissements d'un*
« *intérêt majeur digne de fixer d'une manière toute particulière les regards*
« *et la sollicitude du gouvernement. Et, s'il est de l'essence d'un tel établisse-*
« *ment que tout ce qu'on y enseigne y soit admis de confiance, il devient*
« *aussi, et par cela même, de la plus haute importance de n'admettre et de*
« *ne tolérer dans le cours de cette instruction que des doctrines avouées par*
« *l'art, et des pratiques qui puissent être profitables à celui qui, par devoir,*
« *est astreint à s'y conformer ; comme aussi qu'elles soient de nature à pou-*
« *voir être propagées, et puissent en même temps se concilier avec les règle-*
« *ments militaires..... Que si, cependant, on persistait à diriger cette instruc-*
« *tion d'après les mêmes éléments (contradictoires), ce serait se préparer les*
« *mêmes regrets, car, indubitablement, ils auraient les mêmes résultats.*
« *J'ajoute que vainement l'autorité interviendrait dans ce cas pour accré-*
« *diter des doctrines et des pratiques* fantastiques ; *les règlements les plus*
« *impératifs à cet égard tomberaient bientôt eux-mêmes en désuétude, au fur*

« et à mesure que l'expérience en aurait démontré l'abus et les vices, et ici « l'exemple du passé peut suffire pour faire préjuger de l'avenir.....

..... « Je dois faire observer que, parmi les diverses doctrines qui se « trouvent répandues dans l'ensemble de ce cours, il en est qui ne se conci- « lient pas toujours parfaitement avec un grand nombre de celles qui sem- « blent aujourd'hui faire loi en cette partie. Je ne saurais surtout admirer les « idées exagérées que l'on s'en forme trop généralement, et que le charlata- « nisme de certains écuyers trouve son intérêt à accréditer. La science équestre « serait hérissée de difficultés ; l'espoir d'y obtenir des succès est placé par « eux dans une perspective éloignée ; ils les font dépendre de conditions si « multipliées et tellement rares à réunir, que l'ambition la plus illimitée « oserait à peine y élever ses prétentions ; enfin, à les juger d'après leur dire, « on serait disposé à croire qu'ils ont eu bien plus pour objet de se créer des « admirateurs que de se former des émules. »

L'auteur y exhale aussi ses regrets de voir l'art équestre peu considéré :

« Mais aujourd'hui que l'équitation a tellement dégénéré dans son objet et ses moyens, qu'elle semble avoir atteint le dernier terme de sa décadence ; que la mode et l'impéritie ont introduit dans la manière de monter à cheval, des pratiques aussi bizarres que périlleuses, et plus propres à en faire proscrire qu'à en rendre l'usage recommandable ; moi-même, quelque zèle que je porte à sa propagation, je serais bien éloigné de présenter cet exercice à la jeunesse comme un objet digne de son intérêt, si je n'avais en effet à lui promettre pour tout fruit de ses longs et laborieux efforts que la perspective plus ou moins lointaine de se voir un jour assimilé pour le talent, peut-être même pour la considération, à un jokey de Newmarket ou à quelques coryphées désignés jadis sous la dénomination de casse-cou. »

Nous avons déjà donné les principes équestres de l'auteur, mais nous devons transcrire quelques-uns de ses aperçus nouveaux :

« Bien que le cheval, ainsi que beaucoup d'autres espèces d'animaux, soit susceptible d'une sorte d'éducation intellectuelle, c'est principalement sur ses facultés physiques que l'équitation exerce son plus grand ascendant ; c'est conséquemment dans la mécanique que le cavalier doit puiser ses plus puissants moyens de domination. »

Et la base de cette domination est naturellement l'assiette du cavalier :

« Les parties qui constituent l'assiette dn cavalier, celles sur lesquelles repose essentiellement la sécurité de son équilibre, les fesses et les cuisses, doivent être disposées sur le cheval de manière à avoir avec lui le plus possible

de points de contact : ce précepte est fondé sur cet axiome incontestable, qu'un corps quelconque est d'autant mieux assuré dans son équilibre, qu'il a plus de superficie à sa base. Ainsi en s'en référant aux principes, on voit que tout système de tenue par la force doit être proscrit en équitation, comme absolument incompatible avec les éléments qui constituent l'équilibre.

« *Les jambes, qui, par leur pesanteur, ajoutent à la solidité de l'assiette et servent de contrepoids à l'équilibre du cavalier, doivent conserver toute leur pesanteur spécifique : elles opèrent sur l'aplomb l'effet de deux poids égaux dans les bassins d'une balance ; étant comme suspendues à l'extrémité des genoux, leur situation naturelle est de tomber verticalement contre le ventre du cheval; destinées à lui transmettre la volonté du cavalier, elles doivent être douées d'une grande flexibilité à leur articulation, et opérer toujours avec un tel discernement et une telle discrétion que jamais elles ne le surprennent ni ne puissent le laisser dans l'incertitude sur ce qu'on exige de lui.*

« *Le corps, dont il semblerait que les fonctions dussent être purement passives, n'en exerce pas moins, dans maints cas, une très grande influence sur les diverses actions du cheval. La première des conditions est qu'il soit placé dans une situation la plus favorable pour conserver la liberté d'agir ; destiné à consolider l'assiette par la compression de son poids, il doit être placé verticalement sur les fesses ; obligé de se prêter perpétuellement aux divers mouvements du cheval, il doit être pourvu d'une extrême souplesse (de cette souplesse toutefois qui s'allie à la fermeté).* »

M. de Chabannes nous donne ensuite l'analyse des diverses allures du cheval, puis l'explication du mors, et de ses effets.

« *La plupart de ceux qui font choix d'un mors se bornent à le considérer dans celle de ses propriétés qui le peuvent rendre un plus puissant moyen de domination, ignorant sans doute que c'est de la main qui le gouverne qu'il reçoit surtout son plus ou moins haut degré de mérite.*

« *Le simple bridon ou filet, employé par une main exercée, peut, à quelques modifications près, avoir sur les actions du cheval la même influence et obtenir les mêmes résultats que le mors de bride le plus ingénieusement combiné, sans en avoir les inconvénients ; et, sous ce rapport, il serait à souhaiter que, dans le cours d'une instruction méthodique, on le fit plus souvent entrer en concurrence avec la bride.* »

L'auteur passe en revue toutes les influences directes ou accessoires que le cavalier peut avoir sur sa monture. C'est ainsi que, parlant des jambes, il dit :

« *Les jambes, armées de l'éperon, sont, après le mors, ce que le cheval a le plus à redouter de l'incapacité du cavalier.* »

Maintenant, il s'agit de la selle et, à ce propos, il critique la selle anglaise. M. de Chabannes, loin d'être anglomane, avait témoigné son vif regret de voir l'équitation anglaise prendre pied à l'École de cavalerie, non qu'il fut opposé à l'équitation hardie, bien au contraire, mais parce qu'il craignait les exagérations et le laisser-aller que cette mode semblait adopter pour principes :

« *Au risque de me trouver encore ici en opposition avec les zélateurs de la mode et les idées reçues, j'observerai que dans toutes les selles en usage, celle connue sous la dénomination de selle anglaise me paraît la plus défectueuse, et la moins appropriée à l'exercice de l'équitation, du moins lorsque l'on considère cet exercice sous le rapport d'un talent. Sa forme, et la matière dure et lisse dont elle est recouverte, en plaçant l'assiette du cavalier sur une surface sans élasticité, et de sa nature très glissante, rend nécessairement la tenue dicffile ; d'ailleurs, un autre de ses désavantages est qu'au moyen de ses quartiers également trop durs et prolongés, elle s'oppose incontestablement à ce que le cheval puisse sentir la pression graduée des aides. A la vérité, ces considérations peuvent paraître de peu d'importance au grand nombre de ceux qui font usage de ces sortes de selles et à qui de forte rênes et de bonnes étrivières semblent de suffisantes garanties pour se maintenir sur leurs chevaux, et des éperons bien tranchants dispensent de recourir à ces petites ressources qu'ils pourraient retirer de l'usage combiné et progressif des aides. Certes MM. les Anglais ne se doutaient guère il y a quarante ans qu'ils dussent un jour nous servir de modèles en fait d'équitation.* »

Voici ce qu'il pense du caveçon et des piliers :

« *Indiquer en quoi et comment la manière de faire usage du caveçon peut être vicieuse, c'est presque enseigner la méthode de s'en bien servir. Toutefois les théories les plus scientifiques ne sauraient ici suppléer l'expérience.*

« *Il serait bon aussi de mettre les piliers au nombre des expédients que l'on pourrait parfois employer avec succès en équitation comme moyens propres à préparer le cheval au travail, le soumettre à la sujétion et rectifier en lui certaines imperfections ou mauvaises habitudes qui lui auraient fait contracter une éducation mal dirigée ; mais il est si dangereux et en même temps si aisé d'en faire abus, que malgré les grands avantages qu'en peut retirer l'art, je crois beaucoup plus prudent de s'abstenir d'en faire usage* ».

M. de Chabannes, en nous donnant la série des leçons susceptibles de s'adapter à l'instruction des troupes à cheval, suit exactement la progression de l'ordonnance en y ajoutant les observations qu'il juge nécessaires pour diriger l'enseignement. A propos du dressage, il fait des observations d'un bon sens si persuasif que nous devons en transcrire quelques parties pour achever de peindre leur auteur :

« *Il est assez commun de voir ceux qui entreprennent l'éducation d'un jeune cheval, en exiger dès le début la même obéissance et employer, pour l'obtenir, les mêmes procédés dont ils pourraient faire usage avec succès sur un cheval déjà formé ; c'est un abus et une inconséquence : c'en serait encore une, que de se prévaloir de ses premiers actes de docilité pour hasarder inconsidérément de nouvelles épreuves. Quelque bonne volonté qu'on lui suppose, il faut éviter de trouver le dernier terme de sa soumission et lui ménager tous les moyens d'exécuter avec facilité ce qu'on exige de lui. Les jambes, qui ont une si puissante influence sur les actions d'un cheval déjà familiarisé à leurs opérations, deviendraient, pour celui qui ne les connaît pas encore, un agent inutile à employer et seraient même d'un dangereux usage si pour les seconder on recourait inconsidérément à l'éperon. Dans ce cas, la gaule est le meilleur auxiliaire ; encore faut-il en user avec circonspection. On sent aussi avec quel ménagement on doit user de la bride et combien d'inconvénients pourraient résulter de vouloir trop promptement en faire un élément de domination. Enfin les meilleurs préceptes à cet égard consistent bien moins à indiquer les expédients à employer que de connaître ceux dont on doit s'abstenir ; car en ceci comme en beaucoup d'autres choses, c'est avoir déjà fait un grand pas vers le bien que de savoir éviter ce qui est mal.*

« *Une fois bien pénétré de ces notions, peu importe ensuite quel procédé l'on emploie, que l'on débute par monter le cheval à poil ou en selle, en bride ou en bridon, dans un manège ou en rase campagne ; qu'on le fasse aller au pas, au trot ou au galop, sur la ligne droite ou circulaire : avec ou sans caveçon, etc. Tout cela est assez indifférent en soi, et les résultats seront toujours bons, lorsque dans ces divers exercices les moyens auront été employés d'une manière judicieuse et conséquente, et surtout toujours combinés sur les facultés du sujet.*

« *Une des circonstances qui concourent le plus à rendre lente et difficile l'éducation d'un jeune cheval, est de vouloir dès le début modifier ses allures naturelles, pour y en substituer d'artificielles ; ce qui met nécessairement sa docilité à de pénibles épreuves et ne s'obtient d'ordinaire qu'au préjudice de ses facultés innées, à moins toutefois que le véritable talent ne préside à cette espèce d'éducation.* »

Dans sa sixième leçon l'auteur nous dit :

« *Cette leçon qu'on peut regarder comme purement complémentaire a pour objet les diverses allures artificielles auxquelles il peut être convenable que le cavalier comme le cheval ne restent pas entièrement étrangers, bien que l'usage en doive être très circonscrit; je veux parler de ces allures ou* airs *de manèges qui peuvent avoir pour résultat d'ajouter à la souplesse et à l'agilité du sujet, ce qui impose la condition qu'ils y soient amenés progressivement et par des moyens doux. Tels sont le passage, le piaffer, la marche sur deux pistes, sous quelque dénomination qu'on la désigne, etc. Mais ici les procédés se présentent si naturellement à celui qui en est au point où je suppose l'élève, que ce serait faire en quelque sorte injure à sa perspicacité que de lui indiquer les procédés qu'il doit employer.*

« *Je n'ai garde du reste de mettre au nombre de ces exercices admissibles, surtout dans nos manèges militaires, ces airs relevés, espèce de jongleries qui n'ont d'autre mérite que de faire parfois briller la médiocrité aux yeux de l'ignorance ; et qui seraient de véritables vices à réprimer dans le sujet qui y serait naturellement enclin.*

« *Toutefois j'excepte de cette proscription l'exercice du saut proprement dit, le seul qui n'ait jamais fait partie de l'instruction équestre, et que je considère pourtant comme un complément indispensable à l'instruction d'un cavalier militaire ; mais aussi suis-je loin de le classer au rang des airs artificiels, bien moins de le considérer comme une épreuve pour le talent, car il se borne ici à savoir se tenir sur son cheval.*

« *Aussi sa science consiste-t-elle bien moins à lui apprendre comment il doit s'y prendre pour sauter, qu'à s'abstenir de tout ce qui pourrait l'en empêcher.* »

Nous ne pourrons plus suivre en détail, comme nous l'avions fait jusqu'ici, les innovations qui s'acclimatèrent successivement dans notre cavalerie ; nous devons nous confiner dans Saumur et n'étudier que ses influences sur l'arme dont elle est l'École. Mais nous mentionnerons en passant les choses importantes, quand bien même elles seraient venues de l'extérieur.

Ainsi, il ne faut pas oublier de dire que la cavalerie française était tombée depuis quelque temps dans un véritable abus des manœuvres à pied et de l'emploi du feu, d'une importance tout à fait secondaire pour l'arme, on en conviendra.

On manœuvrait beaucoup à pied au camp de Lunéville, beaucoup trop même ; par exemple, en 1827, on y faisait former des carrés par régiment.

On y faisait faire des feux réguliers, des feux de pelotons, de divisions, d'escadrons et de régiments.

1827

ÉTAT-MAJOR DE L'ÉCOLE

Oudinot	Maréchal de camp.
De Morell	Lieutenant-colonel.
Dufort Saint-Victor	
De Gripière de Moncroc	Chefs d'escadrons.
Defieux de Montaunet	
Goudemetz de Neuville	Major.
Daurensan	Aumônier.
Boutin	Capitaine-trésorier.
Gouvigneaux	Lieut. d'habillement.
Sénot	S.-lieut. porte étend.
Laneau	
Clère	Capitaines-majors.
Salmon de Clairval	
Jacquinot de Presle	Cap. prof. d'art et hist. militaire.
Dupont	Lieut. prof. adjoints.
Longlas	
Lopin de-Gémeaux	
De Lennox	
Renaux	
Tartas de Conques	Capit. instructeurs.
Desombs de Fajac	
De Salleton	
De Coataudon	
De Bourzac	
Champet	Capitaine écuyer.
De Pointe de Gevigny	Lieut. sous écuyer.
Bécoeur	Chirurgien-major.
Manson	Chirurg.-aides-maj.
Morgon	
Lavigne	Vétérin. en premier.
Havoux	Vétérin. en premier., prof. de maréch[ie].
Lenck	Vétérin. en second.

ÉCUYERS CIVILS

Cordier	Ecuyer en chef.
Flandrin	Ecuyer-professeur.
Delbuze	Ecuyer de 1re classe.
Rousselet	Ecuyer de 1re classe.
Le Roy	Ecuyer de 2e classe.
Beucher de Saint-Ange	Ecuyer de 3e classe.

LIEUTENANTS D'INSTRUCTION

Première Division.

Delherm de Novital	17e chasseurs.
Dehaies	9e dragons.
De Charbonnel	2e dragons.
Lavergne	1er chasseurs.
Vauthier	1er dragons.
Groulard	2e chasseurs.
Jacquemin	7e cuirassiers.
Teillard	2e cuirassiers.
Vesuty	Capit., 8e chasseurs.
Crébassan	3e esc. train d'artill.
Garnier de la Bareyre	5e dragons.
Gaudin	7e chasseurs.
Morin	2e hussards.
Etienne	16e chasseurs.
Cassaignolles	15e chasseurs.
De Perraymond	5e chasseurs.
Robin de Coulogne	4e chasseurs.
Blanquet du Chayla	Chass. de la garde.
Fourrier d'Hincourt	10e dragons.
D'Arcamont	9e chasseurs.
Séroux de Bienville	5e hussards.
Le Rasle	1er cuir. de la garde.
Dulau	4e dragons.
Lacour	3e dragons.
Muissart	1er cuirassiers.
Grenier	2e cuir. de la garde.
Chomereau de Brantigny	4e cuirassiers.
Legrand	1er esc. du train d'art.
Legroux	5e esc. du train d'art.
Joleaud	1er hussards.
Beaujouand	12e chasseurs.
Crucius de la Croix	Capit., 11e chasseurs.
Vernet, dit Argiller	13e chasseurs.
Boudinhon	9e chasseurs.
Despinoy	1er carabiniers.
Cade-Pouraully	18e chasseurs.
Cellier	10e cuirassiers.
Dupret	8e esc. du train d'art.
Salmon	8e cuirassiers.

Deuxième Division.

Dumas	1er hussards.
Oudet	4e cuirassiers.
Boyer	8e cuirassiers.
Martin de Boulancy	1er chasseurs.
Kesselmeyer	4e esc. du train d'art.
Canivet de la Rouge-Fosse	6e dragons.
Barbier de Landrevie	8e dragons.
Romain	Chass. de la garde.
Doullenbourg	9e cuirassiers.
Montel	2e esc. du train d'art.
Delpech	4e dragons.
Chenoise	1er grenad. à cheval.
Jouy	9e chasseurs.
Choquin	2e r. d'artill. à cheval.
D'Hervas	3e chasseurs.
Duquesne	4e hussards.
Daro d'Espinay	5e cuirassiers.
Boulabert	2e dragons.

Deuxième Division (Suite).

Dornier	1er dragons.	Probst	10e cuirassiers.
Merlet	6e chasseurs.	Saporta	12e chasseurs.
Besançon	3e r. d'artill. à cheval.	De Morand	10e chasseurs.
Grimouard	2e carabiniers.	Isnard	6e hussards.
Saglio	16e chasseurs.	Simonnet	5e hussards.
De Goyon	1er cuirassiers.	Sers	6e cuirassiers.
De la Lot de Lange	8e chasseurs.	Hantain, dit Roger	3e dragons.
De Malmusse	7e chasseurs.	Saint-Maurice	18e chasseurs.
Beugnet	1er cuirassiers.	Lavaud	10e dragons.
Duhesme	1er carabiniers.	Bertholus	2e cuirassiers.
Mioche	5e dragons.	Bonquin	2e chasseurs.
Estavard	11e chasseurs.	Lorrey	15e chasseurs.

SOUS-LIEUTENANTS ÉLÈVES

Première Division.

Préveraud de la Boutresse.
De Cotte.
De Fallois.
D'Azemar.
Perrin de Daron.
D'Hombres.
Genestet de Planhol.
Potier de Raynan.
De Pichon.
Martin.
D'Azemar Antoine.
Amiot.
Cossart d'Espiès.
Le Gros.
Regnault de Savigny.
De Meyronnet.
Tardieu de Maleyssie.
Berthelot de Villeneuve.
Denis de Kedern.
Drillet de Lannigou.
Moucheton de Gerbrois.
De la Selle.
Moullart de Villemaret.
De Valette.
Letourneux de la Peraudière.
Chemineau.
De Croix.
D'Aubay.
De Beugny d'Hagerue.
De Baville.
Tixedor Gaudérique.
De Kermoisan.
De Bonnefoy.
De Tilly.
Pastol de Keramelin.
Aubin de Blampré.
De la Pierre de Fremeur.
Perrot de Chazelles.
De Charbonnel Dubetz.
Depeyronnet.
Heudelet.
De l'Estoile.
Bouchet Sourches de Tourzel.
Fournier de Bellevue.
De Fleuriot.
De Chevigné.
Fabre de Latude.
De Chirée.

Non classés.

Delzant, Saucerotte, Gousson : Sous-officiers nouvellement promus.

Deuxième Division.

Desrotours.
Menessier.
D'Hoffelize.
De Combes de Mirmont.
Tobin.
De Therouanne.
Rouyer.
Regnauld de Bellescize.
Guiot.
De Maussabré.
Douay.
Hay.
D'Hautpoul.
Collas de la Motte.
Le Loup de la Billiais.
D'Orsanne de Monlevie.
De Beaucorps.
Greslot.
De Coucquault d'Avelon.
De Nafines.
De Saint-Jean.
Gouhier de Charancey.
De Pellerin.
De Soulages.
De Chamisso.
Besnier.
Lannois.
Guemar de Roquebeau.
De Faillonnet.
De Vathaire.
De Préaudeau.
Lefebvre Saint-Germain.
Dubreuil Dubost de Gargilesse.
De Lajudie.
Darnauld.
Duportail.
Pinon de Saint-Georges.
Pigalle.
Bastard.
De Roques de Clausonnette.
Du Perrier de Larsan.

Le 20 juin 1828, la duchesse de Berry vint à son tour visiter l'École royale de cavalerie. Dès sept heures et demie du matin, toutes les divisions étaient réunies en grande tenue. A huit heures, un escadron d'officiers et un escadron de troupe, destinés à former l'escorte de la princesse, partirent sous les ordres du lieutenant-colonel pour aller au-devant d'elle. Les écuyers, les officiers du cadre et le reste de la troupe, tant à pied qu'à cheval, sous les ordres du colonel, se rendirent sur la place de l'Hôtel-de-Ville pour former la haie.

A midi, l'École se trouvait réunie, en grande tenue, sur le Chardonnet, où elle fut passée en revue. Un défilé eut lieu devant la princesse.

Mme la duchesse de Berry se rendit ensuite dans le salon du Roi, où les officiers lui furent présentés; puis elle visita les bâtiments militaires.

Ce fut en sa présence que se donna à Saumur le premier carrousel.

Ce carrousel était composé de deux reprises et de huit quadrilles, sous la direction de l'écuyer en chef. Il fut exécuté par les écuyers et les officiers dont les noms suivent :

MM. Flandrin, Deleuze, Rousselet, Le Roy, Saint-Ange, Champet, de Pointe, de la Boutresse, de Gémeaux, de Lennox, de Tartas, Salleton, Renoux, Coataudon, Bourzac, Salmon, de Novital, de Chenoise, Romain, Choquin, Duhesme, Oudet, d'Espinay, Boyer, d'Oullembourg, Dornier, de Landrevie, de Boulancy, d'Hervas, Duquesme, Dumas, Desrotours, d'Hoffelize.

Pour les détails de cette fête, nous allons transcrire respectueusement un document de cette date, avec tous les égards que mérite le style de son temps.

« ..... A trois heures et demie, Son Altesse Royale s'est rendue au manège de l'École de cavalerie, où l'attendait un spectacle nouveau pour elle.

« Cette fête militaire, annoncée par les journaux de la capitale, avait attiré une affluence prodigieuse de personnes de distinction, venues de plusieurs départements voisins et même de Paris ; plus de deux mille dames rivalisant de grâce et d'élégance dans leurs parures, placées sur un amphithéâtre disposé à cet effet, entouraient la carrière ou devaient avoir lieu les jeux.

« La Princesse était sur un balcon richement décoré, au milieu de ses dames d'honneur et de son premier écuyer, de M. le général Oudinot, commandant l'École Royale de Cavalerie, de M. de Charnières, maire de la ville de Saumur, que Madame avait daigné faire appeler auprès d'elle, et de plusieurs officiers généraux et d'autres personnes de marque.

« L'étendard de l'École ombrageait la tête de Son Altesse Royale, et en face, au-dessus de la musique, avaient été placées les armes de Berry, avec deux lanciers en faction.

« Cette immense assemblée, cette vaste arène, cette pompe guerrière enfin, tout rappelait parfaitement à l'imagination l'éclat des joutes et des tournois des anciens chevaliers.

« Nos hardis cavaliers ne portent point, comme jadis, les couleurs chéries de leurs dames ; mais plus d'un cœur bat secrètement et fait des vœux pour un beau et gracieux chevalier ; plus d'une gente damoiselle emportera précieusement une douce image et de tendres souvenirs.

« Écoutez ! dans l'immense arène règne le silence de l'attente ; tous les yeux sont fixés aux barrières qui viennent de s'ouvrir d'après l'ordre d'élégants écuyers en galant costume de manège. Les fanfares sonnent : une mâle et suave musique annonce l'arrivée des combattants. Pendant qu'elle exécute une marche guerrière, la troupe d'élite s'avance à la file et se déroule comme une écharpe aux brillantes couleurs. Voici les dragons chevelus, aux crinières épaisses et flottantes, aux têtes étincelantes ; les robustes cuirassiers, ces formidables leviers qui écrasent celui qui les soulève ; le colossal carabinier, comme eux étincelant de fer, à la sanglante crinière, à la poitrine d'acier; puis les hardis lanciers qui soutiendraient le ciel sur leurs lances, s'il venait à tomber, comme disaient nos aïeux ; puis l'alerte chasseur, ce descendant des paladins, des Roland, des Olivier, comme dit Ambert. Mais combien de doux regards se tournent vers ce gracieux et coquet cavalier, paré comme pour un jour de fête et un cercle de femmes ! Mais demandez à l'ennemi, comme aux dames, ce qu'est le houzard de France. J'aime le mâle artilleur au costume grave et sévère que doit noircir la poudre. Après eux viennent les élèves et plus tard les émules des Bohan, puis une division composée de l'élite de Saint-Cyr, de ces jeunes hommes au sang ardent et généreux qui renouvellent nos vieilles races militaires à demi éteintes dans leurs châteaux, oublieuses de leurs glorieuses traditions du champ de bataille.

« Le carrousel était ainsi composé :

« Huit quadrilles armées de lances antiques, de javelots et de sabres, formées par huit écuyers en grande tenue, huit capitaines-instructeurs, quatorze lieutenants d'instruction de toutes armes et deux officiers-élèves de l'École, sont entrées dans la carrière, ayant à leur tête M. Cordier, écuyer-commandant et chef du carrousel. Tous ces officiers, les chevaux étant par robe dans chaque quadrille et marchant par des pas de côté, sont arrivés successivement, la lance en arrêt, vis-à-vis de la Princesse, et ont fait le salut de la lance.

« La scène s'anime : aux deux bouts de la carrière se rangent par divisions les poursuivants du nouveau tournoi ; les chevaux mordent le frein et s'échauffent aux sons d'une belliqueuse musique exécutée par les élèves du gymnase musical. On donne le signal de l'ouverture des exercices. Ce sont d'abord des évolutions difficiles, compliquées, qui attestent le progrès de l'instruction équestre, la grâce et l'adresse de l'écuyer.

« A ces premiers exercices succèdent les joûtes à la lance et au sabre, les courses de la bague et de la tête. Comme nos anciens preux, nos jeunes cavaliers, au galop de leurs coursiers, pointent avec une merveilleuse justesse la tête du Maure suspendue à un poteau, ou la bague qu'ils viennent déposer, dans une cuirasse, aux pieds de la princesse, reine de la fête. La course du javelot suit ces joûtes brillantes. Les cavaliers s'élancent à la file, un dard à la main. Rien de plus hardi, de plus chevaleresque que cet exercice, quand il est exécuté avec adresse et vigueur : c'est une heureuse réminiscence des combats antiques; une tête de Méduse, peinte sur un bouclier, est le but que doit atteindre le javelot : elle se hérisse sous une forêt de dards lancés au galop des chevaux poussés à toute bride.

« Ces jeux brillants, où toutes les quadrilles indistinctement ont rivalisé d'ardeur et d'adresse, ont souvent excité les bravos des spectateurs, et surtout ont paru faire le plus grand plaisir à la princesse.

« Plus d'une fois Son Altesse Royale, en témoignant sa satisfaction, a regretté d'être séparée du duc de Bordeaux, qui, disait-elle, eût été transporté de joie à la vue d'un pareil spectacle, si bien en harmonie avec son goût prononcé pour les exercices militaires.

« Après la course des bagues, le général Oudinot ayant prié Madame de daigner permettre qu'il lui fut fait hommage, en mémoire de cette heureuse journée, d'un anneau du carrousel, et Son Altesse Royale ayant bien voulu l'agréer, la cuirasse contenant les anneaux enlevés et celui destiné à la Princesse fut aussitôt apportée par un officier du 1er régiment des grenadiers à cheval et un officier-élève; l'écuyer-commandant ayant offert à Madame l'anneau dont elle avait accepté l'hommage, Son Altesse Royale, par un insigne honneur pour l'École, s'en décora aussitôt, en faisant l'éloge du carrousel et de l'adresse de tous les cavaliers qui y avaient concouru.

« Sur cet anneau en or était écrit, d'un côté : A S. A. R. Madame, duchesse de Berry, École royale de cavalerie, et, de l'autre : Carrousel, le 30 juin 1828.

« Les jeux ont été terminés par des évolutions et des mouvements d'ensemble, parfaitement exécutés par les quadrilles, attestant tout le pouvoir d'une main habile et exercée sur des chevaux souvent fringants et indociles.

« Dirons-nous les gracieuses et brillantes figures du manège? les anneaux tournoyants et rapides de la spirale qui se déroule sur elle-même comme un serpent aux mille couleurs? Voyez donc, ce large cercle d'hommes et de chevaux se resserre en bondissant, les lames hautes, les crinières au vent, le fer retentissant sur la poitrine des cavaliers et sur les flancs des coursiers! Ces anneaux se pressent, se poussent, comme s'ils étaient mus par une seule force dont la puissance est assise sur la croupe du premier cheval. Ils courent sur l'arène, ils volent, ils se croisent à l'œil ébloui dans l'immense circonférence, haletants, poudreux... Enfin l'espace leur manque; mais l'impulsion est donnée : le dragon furieux n'arrêtera pas ses cercles rapides; voici la tête qui se retourne sur elle-même comme si un ennemi l'eût assaillie par derrière; elle revient, entraîne après elle les anneaux qui la suivent : ils se déroulent ainsi en sens inverse du centre à la circonférence, et à mesure qu'ils s'élargissent dans la carrière, la rapidité de leur course augmente : c'est le paroxysme de la rage du dragon. Mais il atteint la circonférence, il vole, libre dans l'espace. Sa colère s'apaise; par des demi-voltes successives, le monstrueux dragon se traîne en serpentant lentement, comme épuisé, d'un bout de la carrière à l'autre : c'est la serpentine.

« Mais voici un nouveau spectacle que présente la carrière : c'est un champ de bataille. La terre tremble sous la course d'un escadron qui fournit en ordre, avec un ensemble admirable, une charge imprévue, rapide comme l'éclair; les coups de feu, le fer qui heurte le fer, tout concourt à une saisissante illusion. Une compagnie de grenadiers accueille d'une vive fusillade cette charge foudroyante; la colonne fait demi-tour, se replie et va se reformer, pour une nouvelle attaque, à l'extrémité de la carrière. Cette fois, elle est irrésistible, c'est un tourbillon qui doit balayer tout sur son passage. Les tirailleurs qui la harcelaient, le carré qui l'avait attendue à la baïonnette, tous se dispersent et s'élancent, armés, par-dessus la barrière, que viennent frapper les poitrails des chevaux maîtrisés par leurs habiles cavaliers, immobiles maintenant comme des statues équestres. Foudroyés à bout portant par l'infanterie à couvert derrière les barrières, l'escadron se replie rapidement, comme la première fois, en ébranlant la terre, et se reforme loin du feu de ses insaisissables ennemis.

« Le carrousel étant fini, Madame a demandé au général Oudinot qu'il fut de nouveau exécuté le lendemain en sa présence, « afin, daigna-t-elle « ajouter, de témoigner à l'École le plaisir qu'elle y avait éprouvé, et de « trouver l'occasion d'être plus longtemps entourée des habitants de Saumur, dont l'accueil lui avait été si agréable. »

« Aussitôt après, Son Altesse Royale étant montée en voiture, traversa l'enceinte où venaient d'avoir lieu les jeux, et fut accueillie par un sentiment d'enthousiasme universelle : des acclamations partirent de tous les côtés de l'amphithéâtre, et des cris de : Vive Madame! Vive le duc de Bordeaux! qui la saluaient partout sur son passage, l'accompagnèrent jusqu'à son palais..... »

Le lendemain, la duchesse reprit la visite des bâtiments de l'École, particulièrement des écuries et de la maréchalerie ; toute l'École avait pris les armes et était réunie en grande tenue d'été, à pied, dans la cour du Roi, dès sept heures et demie du matin. Son Altesse Royale ayant exprimé le désir de revoir le carrousel, il fut exécuté de nouveau dans la carrière.

« Le lendemain 21, se rendant aux vœux et à l'impatience de la multitude de spectateurs qui attendaient la répétition du carrousel demandé par Son Altesse Royale, Madame est venue s'asseoir à la même place qu'elle occupait la veille et où elle a été accueillie par les mêmes sentiments et les mêmes acclamations. La princesse portait encore l'anneau du carrousel, qu'elle n'a point voulu quitter pendant son séjour à Saumur, témoignage flatteur du plus illustre suffrage. »

Transcrivons maintenant une impression plus intéressante au point de vue équestre, celle d'un écuyer de renom qui était venu assister au carrousel de l'École, et non sans préventions :

« J'ai vu à l'École de Saumur, lors des fêtes données à Madame la duchesse de Berri, un sauteur en liberté (*le Guerrier*) réunissant à une vigueur surprenante une admirable précision. Pour un véritable amateur d'équitation, ce cheval méritait qu'on fît le voyage de Saumur pour le voir travailler. A la vérité, il n'est jamais monté que par un écuyer (*M. Briffault*) qui a la taille convenable pour ne pas surcharger un sauteur, et qui en tire un grand parti ; il y a des instants où l'on croit que le cheval et le cavalier vont s'élancer dans la tribune du manège, qui est cependant très élevée du sol.

« Ces exercices, animés par une excellente harmonie militaire et par des rentrées en fanfares de 200 trompettes, donnaient à ces réjouissances l'aspect le plus imposant et le plus galammant chevaleresque. J'ai vu avec plaisir que plusieurs anglomanes bien prononcés contre la tenue française, après avoir été témoins des fêtes de l'École de Saumur, convenaient que les bottes à l'écuyère et le chapeau à trois cornes allaient parfaitement bien avec les épaulettes, les décorations militaires des écuyers, et ne dépa-raient pas non plus le grand cordon rouge du commandant, M. le général Oudinot. »

L'anglomanie, en effet, dirigeait toutes les modes équestres et faisait le désespoir des vieux écuyers, qui voyaient tous leurs principes délaissés pour la fashion.

C'est ainsi que l'un d'eux s'écrie :

« Beaucoup de jeunes gens, qui ont appris dans les manèges à bien placer leurs jambes et à en faire un juste emploi, se privent de cette aide pour se conformer au genre dit anglais. Leurs grands éperons, au lieu de pouvoir servir dans l'occasion, ne sont qu'un embarras de plus imposé par la mode. Ces grandes lardoires menacent sans cesse le corps du cheval et imposent à leur tour la fatigante obligation de tenir les jambes en avant et écartées, de manière que trois cavaliers, marchant de front, gênent la circulation dans les routes royales les plus larges. Il faut dire encore que la gaule ou fouet de main, considérée avec raison comme aide, pouvant quelquefois remplacer celle des jambes, est également nulle puisque le genre exige encore qu'on ne monte plus à cheval, en bonne compagnie, que le bâton (stick) à la main. »

Il était donc doublement heureux que l'enseignement académique de Saumur fût là pour réagir contre le goût de cette désinvolture, qui se fut facilement introduit dans l'armée.

L'École royale d'équitation de Paris n'existait plus ; elle fut supprimée en 1828.

Si le commandant de cette École n'avait pas craint d'en faire un établissement de louage, lui qui recevait une magnifique subvention pour tenir un manège essentiellement académique où on ne louerait jamais de chevaux, on doit bien penser que les autres industriels qui se mirent à exploiter de soi-disant écoles d'équitation, ne furent autre chose que des loueurs de chevaux.

Toutefois, s'il y avait à réagir contre l'anglomanie comme principes équestres, il y avait beaucoup à copier des Anglais quant à ce qui concernait le choix et l'hygiène des chevaux de selle. L'École de cavalerie le comprit ; en 1828, le manège se remonta principalement en *chevaux anglais courte-queue*, d'une taille moyenne de 1m,55 ; mais pour les exercices académiques on continua à en recruter les éléments en *chevaux limousins* et *navarrins* à tous crins de 1m,50 en moyenne.

Quant à la remonte générale de notre cavalerie, il y avait beaucoup à faire encore. Voici ce qu'en dit de la Roche-Aymon à cette époque :

« La France est appelée, par ses ressources chevalines actuelles, à avoir des cuirassiers, des lanciers, des hussards, et de la cavalerie irrégulière montée sur les excellents petits chevaux de la Camargue, de la Bretagne et des Ardennes.

« L'échelle des tailles des chevaux français s'élève de 4 pouces à 7 pouces, 7 pouces et demi, et saute de suite à près de 9 pouces et plus. Les chevaux de dragons manquent donc et manqueront jusqu'à ce qu'une administration de haras, plus sage et plus entendue, ait pris la peine et les soins nécessaires pour perfectionner les races, relever les tailles et en rétablir une progression suivie et sans interruption.

« En examinant les régiments de dragons avec attention, on sera à même de se convaincre combien ils sont mal montés. Si les dragons sont troupes légères, on les a montés de chevaux trop élevés et trop lourds; s'ils sont cavalerie de ligne, ils sont montés trop bas; ce sont donc les régiments de France les moins bien composés en chevaux, et cela par la raison que les chevaux qu'ils reçoivent sont ou des chevaux de cavalerie légère qui, ayant trop grandi, n'ont pas d'ensemble, ou de petits chevaux de trait peu propres aux mouvements célères de la cavalerie. »

En maréchalerie, nous avons à signaler, à cette date, un ouvrage qui eut son retentissement. C'était un Traité de la ferrure sans contrainte, ou *moyen de ferrer les chevaux les plus vicieux en moins d'une heure et de les corriger pour toujours de leurs défauts, système puisé dans les principes de la physiologie du cheval, par M. Balassa, capitaine de cavalerie autrichienne.* Le principe de cet expédient était une série de massages à la main. On en fit très heureusement l'essai à l'École de cavalerie.

En 1828, l'inspection générale fut passée par le *général de France.*

1828

ÉTAT-MAJOR DE L'ÉCOLE

Oudinot	Maréchal de camp.	Loppin de Gemeaux	
De Morell	Colonel.	De Lennox	
Duport de Saint-Victor	Lieutenant-colonel.	Renaux	
Naudet		Tartas de Conques	Capit.-instructeurs.
Benard dit Fleury	Chefs d'escadrons.	De Salleton	
De Fieux de Montaunet		De Coataudon	
De Laporte	Major.	De Bourzac	
Daurensan	Aumônier.	Delherm de Novital	
Laneau		Champet	Cap. éc. dir. du haras.
Clère	Capitaines-majors.	De Pointe de Gevigny	Lieut. sous-écuyer.
Salmon de Clerval		Préveraud de la Bou-	
Boutin	Capitaine-trésorier.	tresse	S.-lieut. s.-écuyer.
Gouvigneaux	Lieut. d'habillement.	Becoeur	Chirurgien-major.
Senot	S.-lieut. porte-étend.	Morgon	Chirurg. aide-major.
Jacquinot de Presle	Cap. prof. d'art milit.	Lavigne	Vétérinaire en 1er.
Dupont	Lieuten. répétiteurs	Havoux	Vét. en 1er, pr. de mrie.
Lonclas	d'art militaire.	Lenck	Vétérinaire en 2e.

ÉCUYERS CIVILS

Cordier	Ecuyer en chef.	Rousselet	Ecuyer de 2e classe.
Flandrin	Ecuyer-professeur.	Le Roy	Ecuyers de 3e classe.
Deleuze	Ecuyer de 1re classe.	Beucher de Saint-Ange	

OFFICIERS D'INSTRUCTION

Première Division.

Oudet	Lieut., 4e cuirass.	Delpech	Lieut., 4e dragons.
Boyer	Lieut., 8e cuirass.	Besançon	Lieut., 3e r. art. à ch.
Martin de Boulancy	Lieut., 1er chasseurs.	Beugnet	Lieut., 7e cuirassiers.
Duhesme	Lieut., 1er carabin.	Bertolus	Lieut., 2e cuirassiers.
Romain	Lt., chass. de lagarde	Saporta	Lieut., 12e chasseurs.
Morand	Lieut., 10e chasseurs.	Barbier de Landrevie	Lieut., 8e dragons.
D'Hervas	Lieut., 3e chasseurs.	Isnard	Lieut., 6e hussards.
Dornier	Lieut., 1er dragons.	Simonet	Lieut., 5e hussards.
Boulabert	Lieut., 2e dragons.	Grimonard	Lieut., 2e carab.
Duquesne	Capit., 4e hussards.	Probst	Lieut., 10e cuirass.
Mioche	Lieut., 5e dragons.	Malmusse	Lieut., 7e chasseurs.
Dumas	Lieut., 1er hussards.	De Saint-Maurice	Lieut., 10e chasseurs.
Canivet de la Rouge-Fosse	Lieut., 6e dragons.	Choquin	Lieut., 2e r., art. à ch.
Jouy	Lieut., 9e chasseurs.	Saglio	Lieut., 16e chasseurs.
Kesselmeyer	Lieut., 4e esc. t. d'art.	Merlet	Lieut., 6e chasseurs.
D'Oullenbourg	Lieut., 9e cuirassiers.	Hautain, dit Roger	Lieut., 3e dragons.
De Lalot de Lange	Lieut., 8e chasseurs.	Lavaud	Lieut., 10e dragons.
Bellegarde-Chenoise	L., 1er gren. à cheval.	Estavard	Lieut., 11e chasseurs.
Dard d'Espinay	Lieut., 5e cuirassiers.	Bourquin	Lieut., 2e chasseurs.
De Goyon	Lieut., 1er cuirass.		

Deuxième Division.

Senaux	6e dragons.	Aoust de Rouvèze	18e chasseurs.
Pompel	2e carabiniers.	Bulliot	6e chasseurs.
Dubos	7e dragons.	Delmas de Grammont	9e dragons.
Courard	8e cuirassiers.	Maire	2e dragons.
De Chaintre des Chaintres	2e hussards.	Du Hallay-Cortquen	4e chasseurs.
Rozy	4e dragons.	Caron	8e esc. du tr. d'art.
David de Saint-Hilaire	8e dragons.	Jourdan	1er chasseurs.
Guyon	8e chasseurs.	Boileau	1er esc. du tr. d'art.
Fouasse de Noirville	1er carabiniers.	Vivès	1er r. artill. à cheval.
De Noue	16e chasseurs.	Calmet	3e chasseurs.
De Cambiaire	2e cuirassiers.	Dubern	3e dragons.
De Mésange de Saint-André	12e chasseurs.		

SOUS-LIEUTENANTS ÉLÈVES

Première Division.

Desrotours.
D'Hoffelize.
Tobin.
Ménessier.
De Courbes de Mirmont.
Guiot.
Hay.
Rouyer.
Dorsanne de Monlevie.
Therouanne.
Douay.
Regnault de Bellescize.

Greslot.
De Beaucorps.
De Préaudeau.
Dupercier de Larizan.
De Coucquault d'Avelon
De Pélerin.
De Saint-Jean.
De Maussabré.
Gouhier de Charancey.
D'Hautpoul.
Collas de la Motte.
De Soulages.

De Chamisso.
Le Loup de la Billiais.
Le Fèvre de Saint-Germain.
De Vathaire.
De Nafines.
Guyemar de Roquebeau.
Du Portail.
De Faillonnet.
Dubreuil du Bost de Gargilesse.
Besnier.

Carron.
Pinon de Saint-Georges.
De la Judie.
Pigalle.
De Roques de Clausonnette.
De Bastard.
De Launois.
Chappuis.

Deuxième Division.

Soubiran de Campaigno.
De Sarret.
Tardy de Montravel.
Reinaud Boulogne de Lascours.
De Cotte.
Buquet.
Adam.
Bernabé de la Haye.

De Piquet Vignolles de Juillac.
De Lur-Saluces.
De Margeot.
D'Hespel de Flenques.
De Quinemont.
Formigier de Genis.
Mignot de la Martinière
Desmazis.

De Gudin.
D'Hoffelize.
Magalon.
Chinot de Fromessent.
De Beausse.
De Crozé.
De Beaulaincourt.
Panon Desbassayns de Richemont.

Doresmieulx.
Chabron de Solilhac.
Durutte.
Hue de Mathan.
Letourneux de la Perraudière.
De Charnières.
Saglio.

École de Cavalerie

Carrousel en honneur de la Duchesse de Berry

Travail de carrière des Chevaux Anglais

Salut

III

Carrousels, le 15 juillet, 15 août et 25 août 1829. — L'histoire du règlement de 1829. La commission chargée de sa rédaction. — De la Roche-Aymon : De la cavalerie, ou des changements nécessaires dans la composition et l'instruction des troupes à cheval, 1828 : résumé des manœuvres de la cavalerie ; rompre et former ; nécessité d'assouplir les recrues ; instruction par escadron ; l'exercice à pied et le maniement d'armes ne sont que des accessoires ; inutilité et inconvénient de la première leçon en couverture ; le pied horizontal et l'étrier chaussé ; nécessité de régler la cadence du trot et du galop de manœuvre ; maintien du travail à la longe ; idées de progrès. — Les idées du colonel Marbot et du colonel Itier. — Conseil des écuyers pour la partie équitation du nouveau règlement. — Ordonnance de 1829 : instruction des cavaliers complétée individuellement ; création d'une école de peloton ; l'homme de recrue ne doit passer à l'école d'escadron que huit mois après son arrivée au corps ; suppression du travail en couverte ; suppression du travail à la longe ; les doublements et dédoublements sont reportés à l'école de peloton ; une seule manière de monter à cheval pour toutes les armes. Quatre leçons à cheval : *1re leçon :* amener son cheval sur le terrain, position du cavalier avant de monter à cheval, monter à cheval, position du cavalier à cheval, de l'usage des rênes et des jambes, marcher, arrêter, à droite et à gauche, reculer et cesser de reculer, tourner à droite en marchant ; *2e leçon :* de l'éperon, marcher à main droite ou à main gauche, changement de direction dans la longueur du manège, changement de direction diagonal, changement de direction oblique par cavalier, marche circulaire, longueur des étriers, position du pied dans l'étrier, passer successivement de la tête à la queue de la colonne, passer du trot au galop, appuyer, la tête au mur, appuyer étant en colonne ; *3e leçon :* position de la main de la bride, prendre le filet de la main droite, des mouvements principaux de la main de la bride, travail de la deuxième leçon avec la bride, prendre le filet de la main gauche, travail au galop sur des lignes droites, travail au galop en cercle ; *4e leçon :* travail en armes, saut du fossé et de la barrière, charge individuelle. Progression de l'instruction, ses agents, travail d'hiver, travail d'été. Méthode pour dresser les jeunes chevaux. — Segundo : Nouvelle méthode pour bien emboucher tous les chevaux, 1829. — Vatel : Considérations générales sur la ferrure des chevaux qui se coupent, 1829. — Defays : Fer à pantoufle expansive. — La situation des haras en 1829. — Modifications de la selle hongroise. — État-major et officiers-élèves de l'École en 1829.

Les exercices qui avaient servi de préparation au carrousel donné en 1828 en honneur de Mme la duchesse de Berry, s'étaient montrés comme éminemment propres à former le complément de l'enseignement du manège, et le goût des fêtes équestres aidant, on prépara un carrousel pour 1829.

Il fut donné le 15 juillet, jour de la Saint-Henry, à l'occasion de la fête du duc de Bordeaux, en souvenir de la visite de S. A. R. Mme la duchesse de Berry. Cette fête eut lieu à trois heures de l'après-midi, toujours dans la carrière attenant au manège, la petite carrière des écuyers. Juste un mois après, le 15 août, un nouveau carrousel eut lieu, en honneur du général

Jacquinot, qui passa l'inspection générale de l'École dans les premiers jours de ce mois. Le 25, ce fut encore un nouveau carrousel à l'occasion de la Saint-Louis, fête du Dauphin. Ce genre de réjouissance était très goûté et des officiers et des Saumurois qui, malgré l'espace restreint abandonné aux spectateurs, se pressaient en foule bien longtemps avant l'heure fixée.

C'est en 1829 que parut le nouveau règlement de cavalerie.

Sous le ministère du lieutenant général, marquis de Clermont-Tonnerre, aidé du comte de Coetlesquet, en 1824, un camp avait été établi à Lunéville sous le commandement du général comte Mermet, pour rechercher les moyens de reviser, rectifier et compléter l'ordonnance de l'an XIII.

En 1825, une commission composée d'officiers généraux (Oudinot, duc de Périgord, Dujeon, Saint-Alphonse, Grouvel, Cavaignac, de France), et présidée par le général comte Mermet, avait été chargée de reviser cette ordonnance et d'harmoniser les manœuvres de la cavalerie avec celles de l'artillerie à cheval.

Tout en reconnaissant que les principes de l'ordonnance de l'an XIII étaient généralement bons, la commission estima dans son rapport qu'il importait de la rendre plus simple et d'en coordonner les parties.

La première chose à faire pour atteindre ce but était de rédiger une école de peloton. L'école du cavalier anticipait sur les mouvements d'ensemble du peloton, et l'école d'escadron était obligée de reprendre chaque peloton pour compléter son instruction avant de pouvoir exercer les quatre pelotons ensemble. Cette lacune ne peut s'expliquer que par l'intention des rédacteurs de l'ordonnance provisoire de suivre le règlement de 1788, qui ne comprenait pas l'école de peloton.

Le programme de cette revision de principes éveilla naturellement l'attention de tous les officiers compétents, et parmi les travaux les plus remarquables ayant trait à cette question et qui furent publiés, nous devons citer ceux du général de la Roche-Aymon, du colonel Itier et du colonel Marbot.

C'est en 1828 que parut l'ouvrage du général de la Roche-Aymon : « DE LA CAVALERIE OU DES CHANGEMENTS NÉCESSAIRES DANS LA COMPOSITION ET L'INSTRUCTION DES TROUPES A CHEVAL. »

On ne tint malheureusement pas assez compte des judicieux principes posés par l'illustre général.

« L'ordonnance des manœuvres de la cavalerie, disait-il, peut se réduire à cette simple expression : *rompre* et *former ;* car voilà en deux mots tout ce que la cavalerie doit savoir. L'ordonnance de ces manœuvres ne peut être trop simple, et doit être basée uniquement sur ce qui se pratique à la guerre, et seulement à la guerre ; car la paix ne peut en être que la préparation. Le temps perdu à ces évolutions chimériques sera plus utilement employé pour la cavalerie légère à la familiariser toujours davantage avec le service en campagne....

« Quiconque s'est occupé de raisonner son métier, a du être étonné des principes peu rationnels d'après lesquels on a, jusqu'ici, dirigé l'instruction des recrues. On ne doit pas perdre de vue que la *souplesse* et l'*agilité* sont deux qualités indispensables à tout bon cavalier.

« Ces observations si simples ont-elles servi à diriger jusqu'ici l'instruction des recrues ? Point du tout. Un paysan arrive au corps, accoutumé à des travaux plus ou moins pénibles, qu'il ne fait, pour ainsi dire, que de force. On n'a pas pensé à la nécessité de l'assouplir avant de commencer son instruction. Bien roide, bien lourd, bien embarrassé de ses mouvements, on le met à la première leçon....

« On sent facilement que, pour accélérer l'*instruction* de la troupe, elle doit être faite *par escadron*, et dirigée alternativement par les officiers de pelotons, sous la surveillance du capitaine.... La réunion de tous les recrues par classes, sous l'inspection du capitaine instructeur, serait trop lente, et il n'y aurait plus ni autant de surveillance, ni autant d'émulation entre les escadrons. L'émulation est le principe exclusif du bien et du mieux : et l'on sent facilement que l'on surveillera mieux l'instruction des recrues, faite par escadron, que si cette instruction était générale.

« Quelque lumière que l'on suppose au capitaine instructeur, sa surveillance, partagée entre un nombre de recrues plus ou moins considérable, ne saurait être égale à celle d'un plus petit nombre, réparti entre chaque escadron. D'ailleurs, l'action individuelle des recrues en masse, ne saurait être ni aussi répétée, ni aussi journalière que quand elle sera exécutée par les vingt ou trente recrues de chaque escadron subdivisés en fractions de quatre....

« Pendant longtemps, on employa à l'*exercice à pied* et au *maniement des armes*, qui pour la cavalerie ne sont et ne peuvent être que des *accessoires*, des soins et un temps qui étaient perdus pour sa plus véritable et utile instruction....

« On a oublié que l'exercice à pied ne peut et ne doit être que la répétition des mouvements à cheval....

« Jusqu'ici, dans l'ordonnance de la cavalerie française, la première leçon a été consacrée à *faire monter le recrue à cheval sur une couverture*. Je n'ai jamais pu me rendre compte du motif qui a fait adopter cette méthode, et je n'en ai jamais bien conçu l'utilité. Dans tous les manèges, celui qui apprend à monter à cheval est placé de suite sur une selle ; pourquoi donc, dans l'équitation militaire, s'éloigner de ce principe ? D'ailleurs la position du recrue de la cavalerie légère n'est plus en harmonie avec celle qu'il sera obligé d'avoir une fois sur la selle. La selle hongroise porte le cavalier davantage sur l'enfourchure, au lieu que sur la couverture, pour tenir à cheval, il doit s'asseoir tout à fait sur le coccyx. *Pourquoi donc ces deux principes?..*

« Tous les peuples cavaliers, tous les chasseurs, conservent *le pied horizontal et l'étrier chaussé*. L'expérience leur en a sûrement démontré l'utilité, et en effet elle est réelle. Par cette position qui est toute naturelle, l'étrier ne se perd jamais, et l'éperon étant plus près du corps, son aide est plus instantanée que quand il s'agit d'approcher du corps du cheval le talon qui en est plus éloigné par sa position baissée.....

« Dans tous les mouvements de la cavalerie, on ne saurait admettre le grand trot ou trot allongé. Le *trot* étant l'allure de manœuvre pour la cavalerie, *sa cadence* doit être calculée d'après une rapidité possible avec l'ensemble de la troupe et la nécessité de ne pas forcer à galoper les dernières fractions de la colonne;..... il en est de même pour le *galop*, *sa cadence* bien soutenue doit être l'objet de l'attention constante de la première fraction de la tête de la colonne..... »

Dans son projet d'ordonnance, le général de la Roche-Aymon maintient le travail à la longe qui devait être supprimé par la commission chargée de réviser le règlement, comme nous allons le voir. Ses raisons étaient les suivantes : « possibilité de mieux surveiller l'homme, qu'on a toujours sous les yeux; lui donner de la confiance, dans la crainte que le travail au large ne l'intimide ; pouvoir prévenir, au moyen de la longe, les difficultés du cheval occasionnées par les faux mouvements qu'il pourrait faire avec le bridon ou la bride; enseignement plus facile de l'usage de la bride et du bridon, etc. ».

Nous ne pouvons pas nous étendre plus longuement sur les idées du général de la Roche-Aymon qui, pour la plupart, n'ont pas pu triompher de la routine et ont laissé le progrès si longtemps encore ajourné.

Tout le livre de l'illustre général est plein de ces judicieuses idées qui ont dû attendre bien des années pour se faire jour. Nous en aurions bien d'autres encore et des meilleures à citer si nous ne devions nous borner à notre point de vue restreint : l'équitation militaire. Telles par exemple : la réfutation du choc, comme on voulait le faire admettre, poitrail contre poitrail; la suppression des guides généraux et la simplification de tous les procédés de jalonnement en se bornant aux points de direction pour la marche et aux chefs de peloton pour l'alignement; le remplacement des demi-tours par quatre par les demi-tours par pelotons, la suppression des inversions, etc., etc.

Le général de la Roche-Aymon était par-dessus tout un homme clairvoyant qui raisonnait simplement, avec le bon sens pour guide, et qui savait dégager son intelligence de la routine et du parti pris d'innover.

Il a prévu tout ce qui a été fait après lui; mais trop longtemps après lui. Que n'a-t-on su l'écouter de son temps.

C'est ainsi qu'il proposait d'instituer des manœuvres annuelles de cavalerie où l'on ferait évoluer successivement les régiments isolés, par brigades et par divisions sous les ordres de chefs attitrés et pourvus en permanence de leurs commandements respectifs. En cette idée, comme en tant d'autres, il voulait user de ces deux ressorts si puissants dans l'armée et si bien faits pour se corriger mutuellement : l'émulation et la responsabilité.

Pourquoi ne l'a-t-on pas écouté non plus lorsqu'il s'élevait contre la manière d'apprendre la théorie à cette époque, disant qu'elle formait plus la mémoire que l'intelligence : « A la guerre, la mémoire n'est que secondaire; l'intelligence doit agir de prime-abord. »

« D'autre part, disait le colonel Marbot, en exceptant les mouvements préparatoires pour faire défiler les troupes en parade, on doit faire que toutes les évolutions de champs de Mars soient, sans exception, le simulacre de ce qui se passe à la guerre, et la manœuvre qui ne remplit pas cette condition est inutile et doit être bannie des ordonnances... »

Toutes ces sages remarques ne furent pas écoutées.

Vers 1829, un nouvel effort fut tenté par le colonel Itier, major à cette époque. La base de son système reposait sur la suppression des inversions, déjà réclamée par La Roche-Aymon et Marbot; c'était la simplicité même. La routine triomphant, l'état des choses resta tel jusqu'à ce que nos défaites eussent désillusionné les plus aveugles.

Mais revenons aux décisions de la Commission officielle chargée de rédiger la nouvelle ordonnance.

Pour ce qui concernait l'équitation, elle consulta les instructeurs de l'ancienne école de Versailles, Coupé, Jardin, Gervais, Cordier et Rousselet. Comme tout écuyer, ils étaient d'avis que pour de simples cavaliers militaires, plus on leur demande de difficultés, plus aussi on provoque de sottises. Leurs rapports conclurent à la suppression du départ de pied ferme au galop, de la volte au galop et surtout du changement de pied du tact au tact.

La Commission estimant que le cavalier doit savoir complètement manier son cheval et ses armes avant d'entrer au peloton, posa pour base de son travail :

1° *Instruction des cavaliers complétée individuellement et appliquée progressivement du plus petit front au plus grand ;*

2° *Création d'une école de peloton.*

Voici d'ailleurs en résumé les principales modifications apportées par le nouveau règlement :

L'homme de recrue ne doit jamais passer à l'école d'escadron que huit mois après son arrivée au corps, l'instruction individuelle étant la plus solide garantie de celle des corps. Ce terme n'est pas exagéré. Le conscrit doit connaître le maniement des armes à pied avant d'être placé à cheval.

La Commission admet deux pas pour le travail à pied (accéléré et ordinaire), et remplace la marche par le flanc par la marche par quatre.

Les principes d'équitation sont ceux du règlement de 1804. Cependant la leçon du galop, réservée autrefois aux sous-officiers instructeurs et à quelques cavaliers choisis, est étendue à tous les cavaliers.

Le travail en couverte est supprimé comme nécessitant une nouvelle instruction lorsque les hommes prennent la selle ; il en est de même du travail circulaire au début comme offrant trop de difficultés.

A l'école d'escadron, nous remarquons le développement donné à l'instruction des tirailleurs.

Le tracé des lignes ne pouvant presque jamais servir à la guerre est cependant maintenu ; on peut en faire usage dans les exercices d'instruction.

Les dix-huit évolutions du règlement provisoire sont réduites à douze.

Les mouvements par pelotons sont substitués aux mouvements par quatre.

L'ordonnance provisoire faisait remarquer que la charge n'est pas à proprement parler une manœuvre ; la Commission confirma cette remarque en plaçant la charge en dehors des évolutions, d'après le principe absolument faux que les manœuvres sont tout et la charge un accessoire.

La formation par colonnes partielles d'escadron n'est pas admise. Chaque régiment, est-il dit, doit rester dans la main de son chef.

La Commission maintint et développa la marche en échelons négligée en 1788 et rétablie en 1804.

Feuilletons la nouvelle ordonnance en y notant les changements qui ont rapport à notre sujet :

L'article 4 établit la durée de chaque partie de l'instruction de l'homme de recrue, *de manière qu'il puisse entrer à l'école de l'escadron huit mois après son arrivée au corps.* Ce terme est double de celui qui avait été déterminé par l'ordonnance provisoire, à une époque où les circonstances ne laissaient guère de temps à l'instruction individuelle.

Par suite du même principe, l'article 5 détermine que le cavalier de recrue doit être *exercé à pied jusqu'à la quatrième leçon avant de commencer son instruction à cheval.*

La Commission avait d'abord voulu conserver l'article 9 de l'ordonnance provisoire et même lui donner assez de développement pour en faire un abrégé d'hippiatrique; mais le *Cours d'équitation*, qui fut rédigé à l'École royale de cavalerie, et qui devait être rendu classique dans les corps, contenait une instruction complète sur cette matière. On a donc cru pouvoir en dégager l'ordonnance sur l'exercice et les évolutions; toutefois, on a maintenu sous le n° 8 l'article relatif à la *manière de dresser les jeunes chevaux*, dont l'ordonnance de 1788 avait fait, avec raison, une leçon particulière, puisqu'il importe que l'éducation des jeunes chevaux qui entrent annuellement dans les corps soit toute militaire. Cet article est précédé de celui de l'embouchure, qui en est le préambule indispensable, et qui diffère de celui du Cours d'équitation seulement en ce qu'il ne traite que de l'espèce de mors en usage dans l'armée.

L'ordonnance provisoire avait divisé l'École du cavalier en six leçons; la méthode qu'on avait en vue prescrivait de les simplifier. La Commission reconnut d'abord la possibilité de retrancher de la première leçon, un détail fort long, qu'on retrouve dans la deuxième leçon avec des nuances qui ne pouvaient qu'embarrasser la mémoire. Ce détail est celui de *Préparez-vous pour sauter à cheval*, bon exercice préparatoire, mais que le cavalier n'a pas besoin de savoir exécuter par temps et mouvements, comme le *Préparez-vous à monter à cheval* de la deuxième leçon, le seul qu'il doive pratiquer dans toute la suite de son instruction.

La Commission reconnut également que le *travail en couverte* pouvait être supprimé.

La leçon du cercle fut supprimée : « obliger un homme de recrue à travailler sur le cercle, dès les premiers jours qu'on le place à cheval, est un usage que l'expérience n'a point justifié. La marche circulaire est une des difficultés de l'équitation; il est naturel de n'y arriver qu'après avoir beaucoup travaillé sur des lignes droites. La commodité de l'instructeur, la facilité de réunir autour de lui un certain nombre de recrues et de régler la marche de tous, au moyen de la longe attachée au premier cheval, ont pu seules introduire et maintenir une semblable routine, dont tout observateur éclairé a dû reconnaître les mauvais résultats. Sans parler des infirmités que les hommes peuvent y contracter, combien n'en voit-on pas qui, soumis à ce pénible exercice, avant d'avoir pu s'habituer graduellement au mouvement du cheval, ont pris, dès les premiers jours, une position forcée que jamais, dans la suite, on n'a pu leur faire perdre. »

Ainsi les première et deuxième leçons de l'ordonnance de l'an XIII, dégagées du détail pour sauter à cheval, du travail en couverte, du travail en cercle, enfin des doublements et dédoublements, que le système d'instruction individuelle prescrivait de renvoyer à l'école du peloton, se trouvent en 1829 fondues en une seule leçon qui est la première.

Il faut surtout noter que l'on a remédié au défaut de l'ordonnance de l'an XIII en présentant, dans la première leçon, *une seule et même manière de monter à cheval, commune à toutes les armes.*

La *deuxième leçon* correspond, pour la plupart des détails, à la troisième de l'ordonnance provisoire, avec cette différence qu'on y donne les *premiers principes de la marche circulaire.* Elle se termine par *quelques temps de galop*, le cavalier devant s'habituer à cette allure, progressivement, comme à toutes les autres.

La *troisième leçon* correspond à la quatrième de l'ordonnance provisoire : c'est le *travail en bride;* mais la pratique des diverses allures y est continuée toujours avec la même progression.

La *quatrième leçon remplace les cinquième et sixième leçons de l'ordonnance provisoire.* Elle complète l'instruction individuelle du cavalier. Dans les trois premières il n'a été occupé que de conduire et de manier son cheval; cette dernière leçon l'y perfectionne. Il apprend de plus à se servir de ses armes à cheval, d'abord de pied ferme, et ensuite aux diverses allures. Enfin, parvenu à ce point, il sait tout ce qu'il doit savoir comme cavalier isolé. Aucun détail d'ensemble ne l'a distrait de cette première instruction; ce qu'il doit exécuter en troupe ne lui en sera que plus facile.

Instruction a cheval. École du cavalier a cheval — « Pour obtenir de bons résultats, les instructeurs doivent s'attacher, dès les premiers jours, à bien placer à cheval les hommes de recrue, et à leur donner les moyens de conduire leurs chevaux, par une application graduelle et constante des principes. On fait toujours commencer le travail au pas, afin de donner aux cavaliers la facilité de bien s'asseoir et de calmer leurs chevaux, qui sont ordinairement plus ardents au sortir de l'écurie. Le travail se termine également au pas. Il faut, dans le commencement, faire beaucoup marcher sur les pistes, au pas et au trot: lorsque les cavaliers ont acquis un peu de solidité, on multiplie les mouvements et les changements de direction. Les chevaux les plus sages sont choisis de préférence pour la première leçon. »

Première leçon. — *Première partie.* — « La première partie de cette leçon se donne, autant que possible, homme par homme, afin d'y apporter plus de soin. En aucun cas, le même instructeur ne doit la donner à plus de quatre cavaliers à la fois; ils sont alors placés sur la même ligne à trois pas (trois mètres) l'un de l'autre. Le cheval est sellé et en bridon. (Le bridon est allongé au moyen d'une courroie de charge pour tenir lieu du fouet de la bride.) »

Amener son cheval sur le terrain. — Position de cavalier avant de monter à cheval.

Monter à cheval : Préparez-vous pour monter = (à) cheval. — « Deux temps, le deuxième divisé en deux mouvements. Premier mouvement : à la dernière partie du commandement, qui est (à) cheval, porter le pied droit à huit centimètres (trois pouces) en arrière du gauche, faire un à droite et demi sur les deux talons, le pied droit restant en avant; abandonner la rêne droite; glisser la main droite le long de la rêne gauche; faire deux pas, en partant du pied droit et un à-gauche sur la pointe du pied gauche, le côté droit vers le flanc du cheval; rapporter le talon droit à huit centimètres (trois pouces) en arrière du gauche, la main droite saisissant le bout des rênes et se plaçant sur le troussequin (ou la palette). Deuxième mouvement : Mettre le tiers du pied gauche dans l'étrier, en l'appuyant à l'avant bras du cheval; se tenir sur la pointe du pied droit, et saisir avec la main gauche une poignée de crins par dessus les rênes, le plus avant possible, l'extrémité des crins sortant du côté du petit doigt. »

A = cheval. Deux temps : A la première partie du commandement qui est A, s'élancer du pied droit en tirant fortement les crins à soi; appuyer en même temps la main sur le troussequin (ou la palette) de manière à empêcher la selle de tourner, le corps droit. A la dernière partie du commandement, qui est cheval, passer la jambe droite tendue par dessus la croupe du cheval sans le toucher, se mettre légèrement en selle en portant la main droite, sans quitter les rênes, sur la fonte droite, la paume de la main appuyée dessus; les doigts en dehors, et prendre une rêne de bridon dans chaque main. »

Position du cavalier à cheval. — « Les fesses portant également sur la selle : servant de base à la position du cavalier, elles doivent être également chargées de tout le poids du corps pour assurer son aplomb. Et le plus en avant possible : afin que le cavalier ait plus de facilité pour embrasser son cheval, et rester constamment lié à tous ses mouvements. Les cuisses tournées sans effort sur leur plat, embrassant également le cheval : plus les cuisses ont d'adhérence avec le cheval, et plus le cavalier a de solidité. Si elles n'embrassaient pas également le cheval, l'assiette du cavalier serait dérangée. Ne s'allongeant que par leur propre poids et par celui des jambes : si elles ne tombaient pas naturellement, elles ne pourraient s'allonger qu'avec effort, ce qui leur ferait contracter de la raideur. Le pli des genoux liant, pour donner aux jambes plus de facilité de se porter plus ou moins en arrière, sans déranger la position des cuisses. Les jambes libres et tombant naturellement : la pointe des pieds tombant de même. La raideur des jambes nuirait à la facilité et à la justesse de leur action. Les reins soutenus sans raideur : les reins doivent être soutenus pour donner au cavalier de la grâce et de la solidité. Leur raideur l'empêcherait de se lier à tous les mouvements du cheval. Le haut du corps aisé, libre et droit : le corps ne peut conserver son aplomb que par la souplesse et l'aisance. Les épaules également effacées : les épaules en avant feraient arrondir le dos et rentrer la poitrine ; trop en arrière, elles feraient creuser les reins et gêneraient l'action des bras. Les bras libres : pour ne pas employer plus de force qu'il n'en faut, tout mouvement gêné ne pouvant produire qu'un effet sans justesse. Les coudes tombant naturellement : pour qu'ils contribuent à charger la base et qu'ils ne communiquent de raideur ni au corps ni aux avant-bras. La tête droite : si la tête n'était pas droite, elle entraînerait le corps du côté où elle pencherait. Aisée et dégagée des épaules : afin de pouvoir la tourner avec aisance et que ses mouvements soient indépendants de ceux du corps. »

Tête à droite, tête à gauche. — Allonger les rênes du bridon. — Raccourcir les rênes du bridon. — Croiser les rênes dans la main gauche. — Prendre les rênes dans les deux mains. — Croiser les rênes dans la main droite.

De l'usage des rênes. — « Toutes les fois que le cavalier se sert des rênes, les bras doivent agir avec souplesse, et leurs mouvements doivent s'étendre du poignet à l'épaule. »

De l'usage des jambes. — « Les jambes servent à déterminer le cheval en avant, à le soutenir et à l'aider à tourner à droite ou à gauche. Toutes les fois que le cavalier veut porter son cheval en avant, il doit fermer les jambes par degrés derrière les sangles et proportionner leur effet à la sensibilité du cheval, ayant l'attention de ne point ouvrir ni remonter les genoux dont le pli doit être liant. Le cavalier relâche les jambes par degrés, comme il a dû les fermer. »

De l'effet des rênes et des jambes. — « En élevant un peu les poignets et tenant les jambes près, on rassemble son cheval ; en élevant davantage les poignets, on ralentit son allure ; en augmentant encore leur effet, on l'arrête et on le fait reculer. Le cavalier doit élever les poignets en les rapprochant du corps sans les arrondir. En ouvrant la rêne droite et fermant la jambe droite, on détermine son cheval à tourner à droite. Pour ouvrir la rêne droite, on porte le poignet droit, sans le renverser, plus ou moins à droite, suivant la sensibilité du cheval. En ouvrant la rêne gauche et fermant la jambe gauche, on détermine son cheval à tourner à gauche. Pour ouvrir la rêne gauche, on porte le poignet gauche, sans le renverser, plus ou moins à gauche, suivant la sensibilité du cheval. En baissant un peu les poignets, on donne à son cheval la liberté de se porter en avant ; et en fermant les jambes, on l'y détermine. »

Marcher. — Cavalier en avant : Marche. — « Au commandement : Cavalier en avant, élever un peu les poignets et tenir les jambes près pour rassembler son cheval. Au commandement : Marche, baisser un peu les poignets, ce qui s'appelle rendre la main, et fermer les jambes plus ou moins, suivant la sensibilité du cheval. Le cheval ayant obéi, replacer les poignets et les jambes par degrés..... »

Arrêter. — Cavalier : Halte. — « Au commandement : Cavalier, rassembler son cheval, sans ralentir son allure. Au commandement : Halte, s'asseoir en se grandissant du haut du corps, élever en même temps les poignets par degrés, et tenir les jambes près pour empêcher le cheval de reculer. Le cheval ayant obéi, replacer les poignets et les jambes par degrés. Lorsque le cheval n'obéit pas, lui faire sentir successivement l'effet de chaque rêne suivant sa sensibilité : ce qui s'appelle scier du bridon..... »

A droite ; à gauche. — Cavalier à droite (ou à gauche). — Marche. Halte. — « Au commandement : Cavalier à droite, rassembler son cheval. Au commandement : Marche, ouvrir la rêne droite et fermer progressivement la jambe droite. Afin de ne pas tourner son cheval trop court, le déterminer en avant sur un quart de cercle de 3 pas (3 mètres). Le mouvement presque fini, diminuer l'effet de la rêne et de la jambe droites, en soutenant de la rêne et de la jambe gauches pour terminer le mouvement. Au commandement : Halte, élever un peu les poignets et tenir les jambes près pour maintenir le cheval droit dans la nouvelle direction, replacer les poignets et les jambes par degrés..... »

Demi-tour à droite; demi-tour à gauche. — Quart d'à-droite; quart d'à-gauche.

Reculer et cesser de reculer. — Cavalier en arrière : Marche. Cavalier : Halte. — « Au commandement : Cavalier en arrière, rassembler son cheval. Au commandement : Marche, assurer le corps, élever les poignets et tenir les jambes près. Dès que le cheval obéit, baisser et élever les poignets et tenir les poignets, ce qui s'appelle arrêter et rendre. Si le cheval jette les hanches à droite, fermer la jambe droite; s'il les jette à gauche, fermer la jambe gauche. Si ce moyen ne suffit pas pour remettre le cheval droit, ouvrir la rêne du côté où le cheval jette ses hanches; en soutenant de la rêne opposée, ce qui s'appelle opposer les épaules aux hanches. Au commandement : Cavalier, se préparer à arrêter. Au commandement : Halte, baisser les poignets et tenir les jambes près. Le cheval ayant obéi, replacer les poignets et les jambes par degrés. »

Mettre pied à terre. — Défiler.

Deuxième partie. — « On peut réunir, pour cette deuxième partie, 8 cavaliers, mais pas au delà; ils sont placés sur la même ligne à 3 pas (3 mètres) l'un de l'autre. L'instructeur fait relever et croiser les étriers après avoir fait monter à cheval. Deux brigadiers ou cavaliers instruits sont désignés pour être conducteurs; ils se placent à la droite et à la gauche des cavaliers. Ils conservent leurs étriers. Le travail se divise en plusieurs reprises commençant alternativement à main droite et à main gauche. »

Marcher à main droite; marcher à main gauche.

Tourner à droite, tourner à gauche, en marchant. — « Les cavaliers suivent le conducteur et font, en arrivant aux angles du manège, un à-droite (ou un à-gauche) en marchant. L'instructeur leur recommande d'avancer la hanche et l'épaule du dehors sans se pencher en dedans, afin de se lier au mouvement du cheval. »

Arrêter et repartir. — Passer du pas au trot et du trot au pas. — Changements de main. — Croiser les rênes alternativement dans les deux mains et les séparer, en marchant. — A-droite, à-gauche par cavalier, en marchant. — Demi-tour à droite ou demi-tour à gauche par cavalier, en marchant à la même hauteur. — Demi-tour à droite ou demi-tour à gauche par cavalier, en marchant en colonne.

Deuxième leçon. — « Les cavaliers devant travailler sur deux colonnes séparées, on place à la tête et à la queue de chacune, des brigadiers ou cavaliers instruits pour servir de conducteurs. Lorsque les cavaliers commencent à exécuter cette leçon correctement, l'instructeur les fait changer de cheval entre eux chaque jour de travail, pour les habituer à conduire différents chevaux. Pendant les repos, l'instructeur exerce les cavaliers à sauter à terre et à sauter à cheval sans commandements. »

Première partie. — « On réunit de 12 à 16 cavaliers; ils sont en veste d'écurie, bonnet de police, bottes avec éperons. Les chevaux sont sellés et en bridon. Les cavaliers sont placés sur deux rangs ouverts, à 6 pas (6 mètres) de distance, et les chevaux à 1/3 de mètre (1 pied) l'un de l'autre. Deux brigadiers s'établissent d'avance à cette même distance et servent de base à la formation de chaque rang. L'instructeur fait compter par quatre; il fait ensuite monter à cheval sur deux rangs et fait relever les étriers. »

De l'éperon. — « Si le cheval n'obéit pas aux jambes, il faut employer l'éperon. L'éperon n'est pas une aide, c'est un moyen de châtiment. Il ne faut s'en servir que rarement, mais toujours vigoureusement, et à l'instant même où le cheval commet la faute. Pour faire usage des éperons, il faut assurer le corps, la ceinture et les poignets; se lier au cheval des cuisses, des jarrets et des gras de jambes; tourner la pointe des pieds un peu en dehors; baisser un peu les poignets, appuyer ferme les éperons derrière les sangles, sans faire aucun mouvement de corps, et les y laisser jusqu'à ce que le cheval ait obéi; replacer alors les poignets et les jambes par degrés. »

Marcher à main droite ou à main gauche. — « L'instructeur fait prendre 1 mètre 1/3 (4 pieds) de distance de tête à croupe. Les conducteurs règlent l'allure de leurs chevaux de manière à arriver en même temps aux angles opposés du manège, le conducteur du deuxième rang se réglant sur celui du premier. L'instructeur veille à ce que la position des cavaliers devienne de plus en plus régulière ; à ce qu'ils marchent à une allure franche et bien égale ; à ce qu'ils tiennent leurs chevaux droits et regardent constamment devant eux pour se maintenir dans la direction des conducteurs ; à ce qu'ils observent leurs distances et reprennent avec modération celles qu'ils auraient perdues. Un cheval est droit quand ses épaules et ses hanches sont sur la même ligne. Si en marchant à droite le cheval porte ses épaules à droite, il faut ouvrir un peu la rêne gauche et tenir la jambe droite près. Si le cheval porte ses hanches à droite, il faut fermer un peu la jambe droite et sentir un peu la rêne gauche. Si le cheval se jette en dedans du manège, il faut, pour le ramener sur la piste, ouvrir la rêne du dehors et fermer la jambe du dedans. Il ne faut pas exiger que les chevaux entrent parfaitement dans les coins, mais il ne faut pas non plus qu'ils les arrondissent trop. »

Passer du pas au trot et du trot au pas. — Changement de direction dans la largeur du manège.

Changement de direction dans la longueur du manège. — « En observant que l'instructeur commande : *Tournez*, à l'instant où les conducteurs arrivent au premier angle du manège, et qu'il commande : A droite (ou à gauche) lorsqu'ayant passé le coin ils sont à 3 pas (3 mètres) du milieu du petit côté. Les cavaliers traversent alors le manège dans sa longueur, en ligne droite, sans se toucher, se laissant mutuellement à gauche et rentrent sur la piste aux commandements : 1° *Tournez à gauche* (ou à droite); 2° *En avant.* »

Changement de direction diagonal. — « Lorsque les conducteurs ont dépassé le deuxième coin. 1° Tournez = (à) droite (ou à gauche); 2° En = avant. L'instructeur fait le commandement : En = avant assez à temps pour que les conducteurs n'exécutent que la moitié d'un à-droite ou d'un à-gauche. »

Changement de direction oblique par cavalier. — « L'instructeur fait commencer un changement de direction dans la longueur du manège; et aussitôt que les cavaliers, après avoir tourné vers le milieu du petit côté, se trouvent tous dans la même direction, il commande : 1° Colonne; 2° Halte. Les cavaliers arrêtent tous à la fois bien droit et à leurs distances. L'instructeur fait exécuter aux cavaliers un quart d'à-droite (ou d'à-gauche) de pied ferme comme il est prescrit. Ce mouvement exécuté, l'instructeur s'assure de l'exactitude des directions et des intervalles, et il commande : Cavaliers en avant, marche. Les cavaliers marchent à une allure bien égale, chacun dans la direction qu'il a prise. Lorsqu'ils arrivent à 1 pas (1 mètre) de la piste, l'instructeur commande : En avant. A la dernière partie du commandement, qui est avant, redresser son cheval par un quart d'à-gauche en avançant; avoir la main légère et les jambes près, pour suivre la piste. L'instructeur fait répéter ces mouvements sans arrêter. *Cavaliers, oblique à droite* (ou à gauche). *Marche. En = Avant.* »

Marche circulaire. — « Lorsque les conducteurs sont arrivés vers le tiers des grands côtés, l'instructeur commande : En cercle à droite (ou à gauche) *Marche.* Tout cheval qui travaille en cercle doit être ployé dans la direction de la ligne qu'il parcourt. A cet effet, le cavalier le détermine et le contient sur cette ligne avec la rêne du dedans, en le soutenant avec la jambe du même côté. Il doit en même temps modifier l'effet de la rêne du dedans par celle du dehors et contenir les hanches avec la jambe du dehors. »

Changements de main sur le cercle.

Deuxième partie. — Longueur des étriers. « Ils sont au point convenable si le cavalier s'élevant sur les étriers il y a un espace de 11 à 14 centimètres (4 à 5 pouces) entre l'enfourchure et la selle. »

Position du pied dans l'étrier. « L'étrier ne doit porter que le poids de la jambe ; le pied doit être chaussé jusqu'au tiers, le talon plus bas que la pointe du pied. . . . . »

A droite ou à gauche par cavalier, en marchant. — Demi-tour à droite ou demi-tour à gauche, les cavaliers marchant à la même hauteur. — Demi-tour à droite ou demi-tour à gauche, les cavaliers marchant en colonne.

Passer successivement de la tête à la queue de la colonne. « Pour habituer les cavaliers à être maîtres de leurs chevaux, les obliger à se servir des rênes et des jambes et, pour accoutumer aussi les chevaux à se séparer les uns des autres, l'instructeur fait passer fréquemment les cavaliers de la tête à la queue de la colonne ; chacun d'eux, devenant à son tour conducteur, se règle en conséquence. Ce mouvement s'exécute successivement dans les deux colonnes, au simple avertissement de l'instructeur, par deux demi-tours à droite (ou deux demi-tours à gauche). L'instructeur fait aussi sortir les cavaliers de la colonne sans commencer par celui de la tête. »

Étant de pied ferme partir au trot. — Marchant au trot, arrêter. — Passer du trot au grand trot et du grand trot au trot.

Passer du trot au galop. « Lorsque les cavaliers ont acquis de la souplesse et de l'assurance, et qu'ils conservent au trot une position régulière, l'instructeur leur fait faire quelques tours au galop. Il ne leur explique pas encore le mécanisme de cette allure, ni les moyens d'en assurer la justesse ; il exige seulement que chaque cavalier reste exactement lié avec son cheval sans perdre sa position. Avant de commencer ce travail, l'instructeur fait former la colonne composée du deuxième rang, lorsqu'elle arrive sur l'un des petits côtés du manège en lui faisant faire *front* et *halte*, comme il est prescrit, ayant l'attention de porter les cavaliers à 6 pas (6 mètres) de la piste. Les cavaliers du premier rang continuent de marcher, prennent entre eux 4 pas (4 mètres) de distance, passent au trot et prennent successivement le galop au simple avertissement de l'instructeur ainsi qu'il suit : en approchant du coin, allonger le trot et rassembler son cheval, sentant un peu la rêne gauche pour contenir l'épaule gauche, et laisser l'épaule droite entièrement libre. Au moment de passer le coin, fermer les jambes également et sans à coup. Le cheval ayant pris le galop, avoir la main légère et les jambes près pour le maintenir dans son allure. »

Appuyer à droite ou à gauche, la tête au mur. « Les deux colonnes marchant au pas sur les grands côtés, l'instructeur fait exécuter le mouvement cavaliers à droite (ou à gauche) comme il est prescrit; mais il fait arrêter lorsque les chevaux arrivent la tête au mur sur la piste opposée et il commande : *Appuyez à droite* (*ou à gauche*). *Marche. Cavaliers, Halte.* Au commandement appuyez à droite, déterminer les épaules de son cheval à droite, en ouvrant un peu la rêne droite et fermant un peu la jambe droite. Ce mouvement n'est que préparatoire, il indique au cavalier que les épaules de son cheval doivent toujours ouvrir la marche et précéder le mouvement des hanches. Au commandement : *Marche*, ouvrir la rêne droite pour déterminer son cheval à droite, en fermant la jambe gauche pour faire suivre les hanches sans pencher le corps à gauche; se servir en même temps de la rêne gauche et de la jambe droite pour soutenir le cheval et modérer son mouvement. Après quelques pas sur le côté, l'instructeur fait arrêter. Au commandement : *Halte*, cesser immédiatement l'effet de la rêne droite et de la jambe gauche, en soutenant de la rêne et de la jambe opposée, redresser son cheval et replacer les poignets et les jambes par degrés. L'instructeur fait d'abord exécuter ce mouvement homme par homme et ensuite par tous à la fois. Il explique à chacun les moyens à employer pour faire appuyer son cheval. . . . . . »

Appuyer à droite ou à gauche étant en colonne. « Après avoir appuyé la tête au mur, les cavaliers étant rentrés sur la piste, et marchant à main droite ou à main gauche, l'instructeur fait commencer un changement de direction dans la longueur du manège et, lorsque les deux colonnes se trouvent à côté l'une de l'autre, il fait arrêter et exécuter le mouvement d'appuyer à droite ou à gauche. Lorsque les cavaliers sont près d'arriver à la piste, l'instructeur fait arrêter de nouveau. Les chevaux étant calmés, il fait appuyer à gauche et chaque cavalier revient à la place où il s'était d'abord arrêté au milieu du manège. Pendant les derniers jours de cette leçon, l'instructeur fait de temps à autre croiser les rênes dans la main gauche, afin que les cavaliers, conduisant leurs chevaux avec cette main seulement, se trouvent préparés au travail en bride ; il veille à ce que chaque cavalier se maintienne bien carrément sur son cheval. »

Troisième Leçon. — *Position de la main de bride.* « Les rênes avec leur bouton coulant dans la main gauche, le petit doigt entre les deux rênes, les doigts bien fermés et le pouce sur la seconde jointure du premier doigt pour les contenir bien égales; le coude un peu détaché du corps, la main à 11 centimètres (4 pouces) au-dessus du pommeau de la selle, ou à 3 centimètres (1 pouce) de la schabraque, les doigts à 16 centimètres (6 pouces) et en face du corps; le petit doigt un peu plus près du corps que le haut du poignet, la main droite tombant sur le côté. »

Ajuster les rênes.

Prendre le filet de la main droite. — Prenez le filet = de la main droite. « A la dernière partie du commandement, qui est de la main droite, prendre le filet par le milieu, avec les quatre doigts de la main droite, les ongles en dessous, sans baisser le corps; tenir le filet par dessus les rênes de la bride, et baisser la main gauche pour ne plus sentir l'effet du mors. En se servant alternativement de la bride et du filet, on rafraîchit les barres de son cheval; mais il ne faut jamais se servir des deux à la fois. L'instructeur fait prendre le filet de la main droite pendant le commencement du travail en bride, pour rendre le changement de position moins brusque et ramener le côté droit, sujet à rester en arrière. »

Lâcher le filet.

Des mouvements principaux de la main de bride. « En élevant un peu la main et la rapprochant du corps, on rassemble son cheval; en élevant davantage, on ralentit son allure. En augmentant l'effet de la main, on arrête le cheval, et en l'augmentant encore, on le fait reculer. En baissant un peu la main, on donne à son cheval la liberté de se porter en avant. En portant la main en avant et à droite, on détermine son cheval à tourner à droite. En portant la main en avant et à gauche, on détermine son cheval à tourner à gauche. Dès que le cheval obéit, le cavalier reprend la position de la main de bride. Dans tous les mouvements de la main, le bras doit agir librement sans que l'épaule se raidisse et sans communiquer la force au corps; l'effet du mors étant plus fort que celui du bridon, c'est une raison de plus d'agir avec progression, surtout pour arrêter et reculer. »

Rassembler son cheval. — Marcher. — Arrêter. — A droite. — A gauche. — Demi-tour à droite, demi-tour à gauche. — Quart d'à-droite, quart d'à-gauche. — Reculer et cesser de reculer.

Travail de la deuxième leçon, avec la bride. « Le défaut habituel des cavaliers étant de porter la main gauche en avant et de refuser l'épaule droite, l'instructeur a l'attention de leur faire conserver la main au-dessus du pommeau de la selle sans déranger la position du corps. »

Prendre le filet de la main gauche. « A la dernière partie du commandement, qui est dans la main gauche, passer les deux premiers doigts de la main gauche, les ongles en-dessous, dans le filet, et le ramener à soi, de manière que les rênes de la bride ne fassent plus d'effet sur le mors. »

Lâcher le filet. — Appuyer à droite et à gauche.

Deuxième partie. — Principes du galop.

Travail au galop sur des lignes droites. « Après avoir formé les cavaliers du deuxième rang, comme il a été prescrit, l'instructeur fait prendre 4 pas (4 mètres) de distance à ceux du premier rang et ces cavaliers marchant au trot et à main droite sur l'un des grands côtés, l'instructeur commande : *Au galop; marche.* Au commandement : *Au galop*, rassembler son cheval et le contenir parfaitement droit. Au commandement : *Marche*, porter la main un peu en avant et à gauche pour donner à l'épaule droite la facilité de dépasser l'épaule gauche, et fermer les jambes derrière les sangles pour chasser le cheval en avant, lui faisant sentir un peu l'effet de la jambe gauche. Le cheval ayant obéi, avoir la main légère et les jambes près pour l'entretenir dans son allure. »

Travail au galop en cercle. « Lorsque les cavaliers ont été suffisamment exercés au galop sur des lignes droites, l'instructeur fait faire quelques tours en cercle suivant les principes prescrits. Ce travail est commencé sur des grands cercles, dont on diminue le diamètre à mesure que les cavaliers en prennent l'habitude. »

Quatrième Leçon. — *Première partie.* « On réunit autant de cavaliers que pour la troisième leçon : leur tenue est la même; ils ont leurs armes. L'instructeur est à cheval. Il est secondé par deux sous-instructeurs. Ces deux sous-instructeurs, également à cheval, sont armés comme les cavaliers, afin d'exécuter le maniement des armes à mesure que l'instructeur le détaille. »

Travail de la troisième leçon, avec le sabre seulement. — Maniement des armes, de pied ferme. — Feux du mousqueton. — Feux du pistolet. — Inspection des armes. — Exercice du sabre et de la lance, de pied ferme.

Deuxième partie. — « Les cavaliers, outre leurs armes, ont le casque ou le schako et les cuirassiers, la cuirasse; les chevaux sont chargés. »

Travail de la troisième leçon, avec toutes les armes. — Maniement des armes en marchant. — Exercice du sabre et de la lance à toutes les allures.

Saut du fossé et de la barrière. — « Pour cet exercice, le fossé doit avoir d'un mètre à un mètre et demi de largeur, et la barrière doit être de 33 centimètres (1 pied) à un mètre (3 pieds). On augmente progressivement les dimensions à mesure que les cavaliers et les chevaux sont plus habitués à sauter; l'instructeur forme les cavaliers sur un seul rang, à 30 mètres (15 toises) en arrière de l'obstacle. Chaque cavalier, successivement, se met en mouvement, au pas, à l'avertissement de l'instructeur, se dirige vers l'obstacle et, au tiers du chemin, passe au trot. »

Saut du fossé. — « En arrivant près du fossé, rendre la main et fermer les jambes pour déterminer le cheval à s'élancer. Au moment où le cheval pose à terre, élever un peu la main pour le soutenir. »

Saut de la barrière. — « En arrivant près de la barrière, enlever son cheval en élevant un peu les poignets et fermant les jambes. Au moment où le cheval s'enlève, avoir la main légère, et à l'instant où il pose à terre, élever un peu la main. Le cavalier doit, en sautant, se lier à son cheval, des cuisses, des jarrets et des gras de jambes, ayant soin de porter le corps un peu en avant au moment où le cheval s'enlève, et de bien s'asseoir en reposant le corps en arrière au moment où le cheval pose à terre. Chaque cavalier, après avoir sauté, continue de marcher au trot, et va prendre sa place dans le rang qui se forme à 30 mètres au-delà de l'obstacle, ayant soin de passer au pas un peu avant d'arrêter. Pendant les premiers jours de cet exercice, les cavaliers sautent sans armes, l'instructeur leur fait prendre le filet de la main droite. Lorsque les cavaliers ont sauté sans armes, l'instructeur leur fait répéter le même exercice avec les armes et enfin avec le sabre à la main. »

Charge individuelle. — « Pour exercer le cavalier à la charge, l'instructeur les conduit à l'extrémité du terrain, qui présente une carrière suffisante et sans obstacle. Là il les forme sur un rang, comme il est prescrit n° 385, et leur fait mettre le sabre à la main. Un brigadier est placé à quatre-vingts pas en avant de la droite des cavaliers ; un des sous-instructeurs, à quatre-vingts pas en avant de ce brigadier ; un deuxième brigadier, à soixante pas plus loin. Enfin un troisième brigadier, à vingt pas plus loin, marque l'extrémité de la carrière et sert de point de direction au cavalier de droite. Le deuxième sous-instructeur reste au point de départ pour faire partir les cavaliers l'un après l'autre, et leur répéter ce qu'ils ont à faire. L'instructeur se porte au point où les cavaliers doivent se reformer après avoir chargé et fait face à la troupe. Pour bien exécuter la charge, les cavaliers doivent avoir soin de marcher droit devant eux ; de ne pas changer d'allure avant d'être arrivés aux points indiqués, et surtout de suivre, à chaque augmentation ou diminution d'allure, la gradation prescrite. Chaque cavalier marche vingt pas et prend le trot. A la hauteur du premier brigadier, il passe au galop. Quand il arrive à la hauteur du sous-instructeur, celui-ci commande : Chargez ! Au commandement chargez, allonger au galop le plus vite, sans pourtant abandonner son cheval ; sentir l'appui sur les étriers et prendre la position de comme premier rang. Haut le sabre. (Lancier) Croisez la lance. A la hauteur du deuxième brigadier, le cavalier reprend le trot et porte le sabre. (Lancier) porte la lance. Et à dix pas du troisième brigadier, il prend le pas et vient s'arrêter à sa hauteur. Tous les autres cavaliers exécutent successivement le même mouvement, le sous-instructeur les faisant partir à mesure que le cavalier qui précède a fait *halte*. Chacun d'eux prend pour point de direction la place qu'il doit occuper dans le rang, et vient s'établir à la gauche des cavaliers déjà formés. »

Voyons maintenant comment est réglée la marche de l'instruction.

Le capitaine-instructeur en chef est chargé de l'instruction à pied et à cheval, jusqu'à l'école de peloton inclusivement. Il est chargé, en outre, d'exercer l'escadron d'instruction. Il a sous ses ordres des officiers et des sous-officiers en nombre suffisant.

Un des officiers employés sous l'instructeur en chef (autant que possible du grade de capitaine en second, et toujours choisi parmi ceux sortant de l'École royale de cavalerie) est désigné pour le remplacer en cas de maladie ou d'absence.

Le régiment est divisé pour l'instruction en trois classes, tant à pied qu'à cheval.

La première classe est composée des sous-officiers, brigadiers et cavaliers les plus instruits ;

La deuxième classe, de ceux qui le sont moins ;

La troisième se compose des recrues.

L'instructeur en chef dirige spécialement le travail des instructeurs réunis, et celui du peloton modèle. Il est chargé de la théorie des lieutenants et sous-lieutenants, et particulièrement de celle des instructeurs. Il surveille la théorie des sous-officiers et brigadiers.

Travail d'hiver. — *Travail à cheval* : La première classe ne travaille point pendant novembre, décembre et janvier. Elle fait, toutes les semaines, une marche militaire avec armes et bagages. Depuis le 1er février jusqu'au 1er mai elle travaille trois fois par semaine, passant successivement à la troisième et à la quatrième leçon et à l'école du peloton.

La deuxième classe travaille trois fois par semaine, du 1er novembre jusqu'au 1er mai ; elle passe progressivement aux troisième et quatrième leçons et à l'école du peloton. On lui donne également les instructions de détail prescrites ci-dessus pour la première classe.

La troisième classe travaille cinq fois par semaine.

Depuis le 1er novembre jusqu'au 1er février, les lieutenants et sous-lieutenants montent ensemble au manège deux fois par semaine sur leurs chevaux. Ceux qui ont besoin de se fortifier dans l'instruction sont attachés aux différentes classes ; ils n'en sont pas moins astreints à travailler avec les autres officiers, les jours où ils se réunissent.

Aussitôt que le travail de la première classe commence, tous les officiers montent à cheval avec les escadrons.

Les instructeurs et le peloton modèle sont réunis une fois par semaine.

La durée de chaque leçon est de une heure et demie de travail, non compris les repos.

Les cavaliers sont exercés dans le manège lorsqu'il fait mauvais temps. Toutes les fois que le temps le permet, on les conduit dans la carrière.

Les chevaux de remonte qui n'ont que quatre ans, sont promenés en couverte et en bridon. Ceux de cinq ans travaillent trois fois par semaine, et sont montés par des instructeurs ou par des sous-officiers, brigadiers et cavaliers choisis à cet effet.

Travail d'été. — *Travail à cheval:* Au 1er mai, les première et deuxième classes passent à l'école de l'escadron; elles travaillent trois fois par semaine. Les chevaux de remonte dressés pendant l'hiver entrent aux escadrons.

La troisième classe continue son travail cinq fois par semaine. A dater du 15 juillet, on réunit les escadrons trois fois par semaine, pour les exercer à tout ce qui est compris dans le titre des : Évolutions de régiment. Ce travail est continué jusqu'au 15 septembre.

Le cavalier, après cent quatre-vingts leçons ou journées de travail à cheval, doit être en état de passer à l'école de l'escadron.

Nous releverons maintenant les principes de dressage donnés par l'ordonnance de 1829 :

Méthode pour dresser les jeunes chevaux. — Les chevaux de remonte ne sont pas montés immédiatement après leur arrivée au corps, ils sont seulement promenés en main, par des cavaliers montés sur des chevaux faits; si on est en hiver, on choisit, pour cette promenade, le moment le moins froid de la journée. On a l'attention de les tenir en main tantôt à droite, tantôt à gauche.

Les chevaux ainsi habitués à supporter le poids du cavalier, on les accoutume dans les écuries à se laisser seller, lever les pieds, frapper sur le fer, etc., observant, si un cheval fait des difficultés, d'user toujours de douceur pour le guérir de son inquiétude.

Première leçon. — Les chevaux, sellés et en bridon, sont placés sur un rang et à trois pas l'un de l'autre.

La leçon du montoir se donne cheval par cheval, l'instructeur le tenant par les deux rênes du bridon ; le cavalier caresse le cheval en l'abordant, met le pied à l'étrier avec précaution, s'enlève sans à-coup, arrive très légèrement en selle et le caresse encore ; à mesure que le cheval montre plus de calme, le cavalier reste plus longtemps sur l'étrier, et successivement monte à cheval et met pied à terre du côté gauche et du côté droit, afin d'augmenter de plus en plus la soumission du cheval.

Pour faire connaître au cheval l'effet des rênes, le cavalier doit ouvrir les rênes sans à-coup, mais franchement, de manière à ne lui laisser aucune incertitude sur ce qu'il exige de lui.

Pour lui faire connaître l'effet des jambes, le cavalier a deux gaules, une dans chaque main ; elles sont d'un bois souple et liant, et assez longues pour atteindre le cheval derrière les sangles, précisément à l'endroit où les jambes se ferment. Il faut commencer à fermer les jambes par degrés, et, si le cheval n'obéit pas, user aussitôt des gaules, en augmentant progressivement la force du coup, jusqu'à ce que le cheval s'habitue à partir à la seule pression des jambes ; alors on ne fait plus usage des gaules que lorsque le cheval montre de l'incertitude.

Pour faire tourner le cheval, il faut ouvrir franchement la rêne du côté vers lequel il doit tourner, et fermer la jambe du même côté ; si le cheval n'obéit pas à la pression de la jambe, employer la gaule de ce côté ; le mouvement presque fini, diminuer l'effet de la rêne et de la jambe, en soutenant de la rêne et de la jambe opposées.

Il faut, les premières fois, faire décrire au cheval des arcs de cercle plus grands et peu à peu l'amener à tourner sur les arcs de cercle prescrits.

Le premier travail s'exécute au pas seulement, pour le rendre plus facile au cheval.

Pour faire reculer le cheval, après avoir mis pied à terre, l'instructeur se place en face du cheval, saisit une rêne de chaque main, et, portant les poignets en avant, fait agir le mors du bridon.

Si le cheval fait des difficultés pour reculer, l'instructeur, saisissant les deux rênes de la même main, de l'autre le touche doucement avec une gaule sur les jambes de devant, le caresse aussitôt qu'il a obéi, et l'arrête après deux ou trois pas. On ne doit pas chercher à le faire reculer droit.

Pendant les premiers jours, le travail doit être court et coupé par des repos fréquents.

Après quelques jours de travail, on s'attache à maintenir le cheval droit, et l'on exige plus de précision dans le passage des coins, ainsi que dans tous les mouvements et changements de direction, mais au pas seulement.

Quand le cheval marche d'aplomb sans s'abandonner, et qu'il obéit passablement aux mains et aux jambes, l'instructeur le fait passer à un trot modéré; mais à cette allure, les reprises doivent être courtes pour ne pas mettre les chevaux hors de leur aplomb ni les essouffler.

On exerce les chevaux à reculer étant montés; les cavaliers doivent agir avec beaucoup de douceur, se bornant, pour les premières fois, à leur faire faire deux ou trois pas en arrière, très lentement, sans exiger qu'ils reculent droit.

Deuxième leçon. — Les chevaux, sellés et en bridon, sont placés sur un rang, à trois pas l'un de l'autre.

Les chevaux obéissant suffisamment aux aides, on ne fait plus usage des gaules, mais il reste à leur faire connaître l'éperon; on ne doit l'employer que lorsque le cheval n'a pas obéi aux jambes. Dans ce cas, le cavalier pince des deux vigoureusement, à l'instant même où le cheval commet la faute; en même temps, il rend la main, sauf à replacer le cheval sur la piste s'il s'en écarte. Il ne faut jamais lui faire sentir les éperons mal à propos, mollement ni l'un après l'autre, pour ne pas donner au cheval l'habitude de ruer à la botte.

Lorsque les chevaux travaillent bien sur la ligne droite, on commence à les mettre sur le cercle, et on leur fait exécuter progressivement quelques tours à chaque main, d'abord au pas puis au trot.

On fait exécuter les à-droite, les à-gauche, les demi-tours à droite et les demi-tours à gauche, et l'on confirme ainsi les chevaux dans la connaissance des rênes et des jambes.

A la fin des reprises, les chevaux étant alors plus calmes et plus obéissants, on les fait passer successivement de la tête à la queue de la colonne, ayant soin de donner cette leçon avec de grands ménagements, et de ramener sur la piste, avec douceur, les chevaux qui, malgré toutes les précautions, chercheraient à la quitter.

Les chevaux soutenant bien l'allure du trot, on leur fait allonger le trot; mais pendant un ou deux tours au plus, afin de ne pas les mettre sur les épaules, ni hors de leur aplomb.

On leur fait faire ensuite un ou deux tours, au plus, au galop, seulement pour leur donner la première connaissance de cette allure, essayer leur force et augmenter leur souplesse, sans s'inquiéter s'ils sont justes au départ.

Enfin, on leur apprend à faire quelques pas de côté.

On répète le travail du reculer, mais on est plus exigeant; et si le cheval se traverse, on le redresse avec ménagement.

Troisième leçon. — Les chevaux, pour cette leçon, sont bridés.

Les chevaux marchant sur la piste, on s'occupe d'abord de les habituer à la pesanteur du mors; à cet effet, le cavalier conduit son cheval avec le filet seulement, qu'il tient de la main droite, par le milieu, ayant soin de rendre les rênes de bride, de manière à ne pas faire agir le mors.

Toutes les fois qu'il y a un coin à passer, on rassemble son cheval en se servant du filet; le cheval ayant obéi et étant déterminé à droite ou à gauche, on rend du filet, et l'on achève le mouvement avec la main de la bride; si le cheval montre encore de l'hésitation, on rend aussitôt de la main de la bride et on reprend avec le filet.

Le filet, employé de la sorte, au passage des coins et dans tous les changements de direction, fait connaître peu à peu au cheval l'effet du mors, et insensiblement on restreint l'usage du filet pour parvenir à le conduire avec la main gauche seulement.

Quatrième leçon. — Les chevaux étant parfaitement dociles au montoir et sachant bien reculer, on fait monter à cheval et mettre pied à terre sur deux rangs.

Le travail est le même que dans les leçons précédentes, mais les cavaliers sont armés. Ils ont le mousqueton à la botte et le sabre dans le fourreau; à mesure que les chevaux s'y habituent, on fait mettre le mousqueton au crochet et le sabre à la main.

On fait exécuter ensuite le maniement des armes, d'abord de pied ferme, puis en marchant au pas et au trot.

A la fin de la leçon, et avant de reconduire les chevaux à l'écurie, on les exerce à sauter le fossé et la barrière.

Ce travail demande beaucoup de précaution et de ménagement. On fait exécuter le saut du fossé avant celui de la barrière, qui est le plus difficile.

Pour les premières fois, le fossé doit être étroit et peu profond, et la barrière peu élevée.

On commence toujours par faire sauter les chevaux en main, ayant l'attention de mettre en tête un cheval déjà habitué à cet exercice.

Pour éviter aussi que le cheval ne s'arrête court, comme il arrive souvent, on le fait passer d'abord à côté du fossé et par dessus la barrière abattue, afin qu'il connaisse d'abord l'obstacle qu'il doit franchir.

Ces précautions prises, le cavalier tient l'extrémité des rênes de la bride avec la main droite et court au fossé ou à la barrière, qu'il franchit le premier; l'instructeur suit le cheval, lui montre la chambrière et la fait claquer, dans le même moment, pour le déterminer; le cavalier le caresse après qu'il a sauté.

Si un cheval fait des difficultés, l'instructeur le détermine avec la chambrière, en y mettant beaucoup de patience, mais ne permet jamais qu'il rentre à l'écurie sans avoir sauté.

Les chevaux ne doivent sauter qu'une fois ou deux au plus par jour; ce travail, trop réitéré, finirait par les rebuter.

Pour habituer les jeunes chevaux à la pression du rang et aux mouvements qu'ils doivent exécuter en troupe, on suit la progression des quatre articles de l'école de peloton.

Lorsque les chevaux sont calmes et qu'ils marchent sans ardeur, les cavaliers se rapprochent botte à botte, sans pourtant se serrer, et alors seulement on observe avec plus d'exactitude les distances, les directions et l'alignement.

On exécute, au pas seulement, les à-droite, les à-gauche, les demi-tours à droite, les demi-tours à gauche, par quatre, ayant l'attention de ne pas trop les multiplier.

On fait galoper par deux, par quatre et par peloton, mais les reprises sont courtes; on ne fait exécuter aucun autre mouvement à cette allure.

Les jeunes chevaux ne sont pas exercés à la charge.

Les derniers jours de leur instruction, ils sont montés avec armes et bagages; si quelque cheval, inquiété par le porte-manteau, rue et se défend, on l'éloigne de la troupe, et on l'habitue peu à peu au porte-manteau en le laissant chargé à l'écurie pendant une heure ou deux par jour.

Moyens pour habituer les chevaux au feu et aux bruits de guerre.

On fait monter, avec les jeunes chevaux, quelques chevaux dressés et sages au feu; vers la fin du travail, les cavaliers qui montent ces derniers s'éloignent de quelques pas et tirent des coups de pistolet, pendant que les autres continuent de marcher sur la piste, les cavaliers ayant soin de calmer et de caresser ceux qui s'animent ou qui s'effraient.

On emploie ce moyen pendant quelques jours, les cavaliers se rapprochant de plus en plus et finissant par tirer dans l'intérieur du carré; on fait ensuite tirer en retournant au quartier, d'abord derrière la colonne, puis vers le centre, et, enfin, à la tête de la colonne, en lui faisant face à quelques pas.

Lorsque les jeunes chevaux commencent à s'habituer au bruit des armes, les cavaliers qui les montent ayant chargé leurs pistolets dans l'intervalle des reprises, font feu l'un après l'autre, à l'avertissement de l'instructeur.

Lorsque les chevaux ne sont plus effrayés des coups de mousqueton ou de pistolet, tirés l'un après l'autre, on les réunit à l'extrémité de la carrière ; on les fait marcher en avant et approcher doucement d'hommes à pied, placés à l'autre extrémité, qui font feu ensemble plusieurs fois de suite ; quand ils sont à cinquante pas, on cesse de tirer, et les chevaux continuent de marcher jusqu'à ce qu'ils arrivent sur les hommes à pied, alors on les arrête et on les caresse.

On habitue aussi les jeunes chevaux au maniement des armes, au flottement des étendards, des drapeaux, des flammes de lances, au bruit du tambour, et, enfin, à tous les bruits de guerre, toujours à la fin du travail, en suivant la même progression, et en employant les mêmes moyens de douceur.

Les jeunes chevaux opposent souvent des résistances dont il est bon de connaître la cause pour y remédier.

Suivent les moyens se rapportant aux différents cas.

Leçon de la longe. — Cette leçon, très difficile, exige beaucoup de ménagements, afin de ne pas user le cheval en voulant le réduire ; elle doit durer une demi-heure ou trois quarts d'heure au plus ; et les repos doivent être fréquents.

Le travail à la longe peut aussi être employé (mais toujours avec beaucoup de ménagements) pour donner de la souplesse aux chevaux qui en manquent.

C'est en 1829 que parut la méthode d'embouchure de M. de Segundo. Nous signalons cet ouvrage en passant, parce qu'il fut présenté comme un très grand progrès.

Nouvelle Méthode pour bien emboucher tous les chevaux, *suivie d'observations pour la cavalerie. De la description d'un mors avec lequel le cheval peut manger sans être débridé et d'un aperçu sur la manière d'acquérir une bonne main et d'aider le cheval dans ses allures naturelles, par Don Juan Segundo, amateur d'équitation.*

M. de Segundo, en donnant à l'embouchure la possibilité de tourner dans les fonceaux, rendait la liberté de langue indépendante des mouvements du mors, de manière qu'elle ne pouvait jamais offenser le haut du palais, ni comprimer la langue trop violemment, sans toutefois nuire à l'effet du canon sur les barres.

Mais son système de rênes de bridon était essentiellement vicieux. Il eut lieu de s'en convaincre, lors d'une expérience faite au manège de Versailles sur des chevaux appartenant à M. d'Aure ; il dut joindre à ses mors le bridon ou filet ordinaire, dont il avait cru pouvoir se passer au moyen d'une espèce de banquet semblable à celui des mors d'attelage. Il était indispensable également d'adapter à ses branches une fausse gourmette en cuir, afin de les empêcher d'aller l'une en l'air en avant, l'autre en bas en arrière : « Ce que l'un de nos éperonniers a très bien exprimé par faire le télégraphe. »

C'est aussi en 1829 que parut l'ouvrage de Vatel : *Considérations générales sur la ferrure des chevaux qui se coupent.*

Mais nous devons surtout signaler à cette date le *fer à pantoufle expansive,* inventé par M. Defays, maréchal à Vervins. C'est un fer étroit, dépourvu d'ajusture, étampé un peu à gras et loin des éponges ; geneté, c'est-à-dire portant au bord supérieur de la rive interne de chaque éponge une petite oreille à angle droit, ayant pour hauteur un peu plus de l'épaisseur du fer et destinée à s'appliquer contre la partie rocheuse des talons. Sa couverture a des rétrécissements ménagés en des points variables, en pince généralement.

Le fer Defays est basé sur la ductilité du fer, qui permet de le dilater, et sur sa ténacité naturelle qui maintient l'écartement donné. La dilatation est produite au moyen d'un étau contraire ; on la donne tous les cinq ou six jours, et peut être de 4 à 5^{mm} la première fois, et de 2 à 3^{mm} les fois suivantes, selon les pieds.

On s'en sert pour les pieds creux, pour les talons serrés par en bas et pour les pieds encastelés, mais surtout pour les pieds à talons forts.

C'est un fer assez facile à forger et à appliquer, qui amène l'écartement des talons mathématiquement et dans un temps assez court, tout en permettant de faire travailler le cheval ; mais il donne une dilatation brutale qui peut amener des boiteries ; il peut se casser ou se tordre par suite de l'action de l'étau ; il peut faire éclater la paroi. En somme, il demande une grande surveillance.

En 1829, la direction générale des haras fut supprimée et remplacée par une *commission des haras* de dix membres, y compris le président. Cette commission devait comprendre trois officiers généraux, les trois plus anciens inspecteurs généraux des haras, et trois propriétaires s'adonnant à l'éducation des chevaux.

Les haras furent composés d'étalons, de poulinières et de poulains. Quelques dépôts d'étalons furent aussi chargés d'élever des poulains.

Les *simples-dépôts d'étalons* furent répartis en plusieurs arrondissements qui comprenaient, dans la circonscription de leur service, tous les départements de France. La surveillance des haras et dépôts fut confiée à des inspecteurs généraux, dont chacun fut attaché à l'un des arrondissements, dans lequel il devait faire des tournées habituelles.

Le personnel de chaque haras et de chaque dépôt était plus ou moins nombreux, en raison de l'importance et de l'étendue du service qu'ils avaient à faire.

A ces moyens de propagation le Gouvernement joignit les *étalons approuvés* et les *étalons autorisés*, qui étaient la propriété des particuliers.

Les primes et les courses contribuaient encore à ce but d'encouragement et d'amélioration.

On avait donc senti le besoin de revenir aux hommes spéciaux, dont on n'aurait jamais dû s'éloigner, et à un système d'organisation plus concentré; ce fut le fait de la commission des haras, qui fut instituée en 1829. Elle déclara que 4,000 étalons de choix étaient indispensables pour agir avec efficacité sur la production, mais les événements politiques ajournèrent encore les améliorations constitutives projetées. Ce fut encore un très grand malheur, car la consommation dépassait cette fois toutes les bornes, non plus par le fait des guerres et des armées, dont l'action s'était restreinte dans ces temps de luttes parlementaires, mais par la prospérité de la France même. Si, d'une part, le grand nombre de voitures publiques et privées avait limité l'usage du cheval de selle aux besoins de l'armée, et de quelques amateurs trop clair-semés, de l'autre la consommation s'était accrue dans des proportions effrayantes.

En 1829, de nouvelles modifications furent introduites dans l'arçon hongrois; elles consistaient : dans le point de suspension des étrivières, qui fut porté plus en avant; dans l'écartement plus prononcé des arcades à leur base. Enfin dans un loup plus large recouvert d'un coussin en basane.

1829

ÉTAT-MAJOR DE L'ÉCOLE

Oudinot	Maréchal de camp.
De Morell	Colonel.
Dupont de Saint-Victor	Lieutenant-colonel.
Naudet	Chefs d'escadrons.
Benard, dit Fleury	
De Fieux de Montaunet	
De Laporte	Major.
Daurensan	Aumônier.
Laneau	Capitaines majors.
Clère	
De Bourzac	
Salmon de Clerval	
Boutin	Capitaine trésorier.
Gouvigneaux	Capit. d'habillement.
Vuillaume	S.-lieut. porte-étend.
Jacquinot de Presle	Cap. prof. d'art milit.
Dupont	Lieut. profess. adj.
Loppin de Gemeaux	Capit. instructeurs.
De Lennox	
Renaux	
Tartas de Conques	
De Salleton	
De Coataudon	
Delherm de Notival	
Champet	Cap. éc. dir. du haras.
Jacquemin	Lieut. sous-écuyer.
Préveraud de la Boutresse	S.-lieut. sous-écuyer.
Becœur	Chirurgien major.
Morgon	Chirurg. aides-maj.
Manson	
Lavigne	Vétérinaire en 1er.
Havoux	Vét. en 1er, pr. de m[rie].
Lenk	Vétérinaire en 2e.

ÉCUYERS CIVILS

Cordier	Écuyer en chef.
Flandrin	Écuyer professeur.
Deleuze	Écuyer de 1re classe.
Rousselet	Écuyer de 2e classe.
Le Roy	Écuyers de 3e classe.
Beucher de Saint-Ange	

OFFICIERS D'INSTRUCTION

Première Division (*Lieutenants*).

Sénaux	6e dragons.
Conrard	2e cuirassiers.
De Chaintre des Chaintres	2e hussards.
Dubos	7e dragons.
Rozy	4e dragons.
David de Saint-Hilaire	8e dragons.
De Cambiaire	2e cuirassiers.
Delmas de Grammont	9e dragons.
De Mésange de Saint-André	12e chasseurs.
Fouasse de Noirville	1er carabiniers.
Aoust de Rouvèze	18e chasseurs.
Guyon	8e chasseurs.
De Noue	16e chasseurs.
Nivès	1er rég. art. à cheval.
Dubern	3e dragons.
Caron	8e esc. du tr. d'artill.
De Jourdan	1er chasseurs.
Maire	2e dragons.
Calmet	3e chasseurs.
Boileau	1er esc. du tr. d'artill.
Du Hallay Coetquen	4e chasseurs.
Bulliot	6e chasseurs.

Deuxième Division.

Monier	S.-lieut., 3e cuirass.
Daumas	S.-lieut., 2e chass.
Mussot	Lieut., 1er carabin.
Rodellec de Poizic	S.-l., 2e c[ers] de la garde
De Beaumont	Lieut., 4e hussards.
Gasser	S.-l., 5e hussards.
Arquembourg	S.-l., 6e hussards.
Campenet	Lieut., 13e chasseurs.
D'Arnoux	Lieut., 9e chasseurs.
Pinard	S.-lieut., 16e chass.
Révy	S.-lieut., 8e dragons.
Hoffman	S.-l., 1er c[rs] de la garde
Petit	Lieut., 12e dragons.
Faucon	S.-lieut., 8e cuirass.
Guiselin	S.-lieut., 10e cuirass.
Moulin	S.-lieut., 10e chass.
Guillaumot	S.-lieut., 3e hussards.
Daimé	S.-lieut., 12e chass.
Mathis	Lieut., 9e dragons.
Bouchard	Lieut., 5e dragons.
Bouly	Lieut., 4e cuirass.
Bonneville	S.-lieut., 7e cuirass.
Rothé	Lieut., 15e chass.
Cachedenier de Vassimon	Lieut., 4e dragons.
Sheldon	Lieut., 1er chasseurs.
Le Menez de Kdelleau	S.-l., huss. de la garde
Ragieu	Lieut., 8e chasseurs.
Chedron de Lespinatz	Lieut., 5e chasseurs.
Maret	S.-l., 1er gren. de la g.
Garnier	S.-l., 2e gren. de la g.
De la Bonninière de Beaumont	S.-l., 2e carabiniers.
Charonnat	S.-l., train des équip.
Tricot	S.-lieut., 6e chass.
De Planta de Longueterre	Lieut., 6e dragons.
Marion	S.-lieut. 1er cuirass.

SOUS-LIEUTENANTS ÉLÈVES

Première Division.

Soubiran de Campaigno.
Rainaud de Boulogne de Lascours.
De Sarret.
Buquet.
De Margeot.
Adam.
Tardy de Montravel.
De Quinemont.
D'Hespel de Flencques.
Formigier de Genis.
Desmazis.
De Lur-Saluces.
De Piquet Vignolles de Juillac.
Durutte.
Bernabé de La Haye.
Mignot de la Martinière.
De Gudin.
Chinot de Fromessent.
Letourneux de la Perraudière.
Chabron de Solilhac.
De Crozé.
De Cotte.
Magalon.
D'Oresmieulx.
De Beaulaincourt.
De Charnières.
Hue de Mathan.
De Beausse.
D'Hoffelize.
Panon Desbassyns de Richemont.
Saglio.
Delmas de Lacoste.

Deuxième Division.

Pavin de la Farge.
Albert.
De Jourdan.
Payen de Charay.
Galand de Longuerue.
De Folleville.
De Monti de Rézé.
Bernay de Favancourt.
Durand.
De Froment.
De Marin de Montmarin.
Colin de la Brunerie.
Green de Saint-Masrault de Chatelaillon.
Formigier de Genis.
De Terrasson.
De Pierre de Bernis.
De Montesson.
De Cassagne.
Gras de Preigne.
D'Olive.
De Pina Saint-Didier.

L'Équitation militaire

ORDONNANCE de 1829

IV

Inauguration du portrait du duc de Berry, 30 avril 1830. — Les troubles de la fin de juillet. — Le général de Laitre, commandant l'École. — Prestation de serment à Louis-Philippe. — Le cours d'équitation militaire de l'École : réunion de l'hippiatrique et de l'équitation, connaissance du cheval, son emploi, sa conservation, haras et remontes. Analyse sommaire. Examen particulier des allures du cheval, du pas, du trot, du galop; des aplombs, des proportions; conformation de l'homme, position à cheval; des différents mors; action des mains; action des jambes; accord des mains et des jambes ; rassembler le cheval; passer un coin; accord de la position du cavalier avec les mouvements du cheval; en cercle à droite ou à gauche; reculer; demi-hanche la tête au mur; partez au galop à droite; position des rênes dans la main gauche; action de la main de la bride; emploi simultané de la bride et du filet; travail dans la carrière; manière d'ajuster, de chausser et de conserver les étriers; changement de main du galop au galop; travail de carrière de la cinquième leçon; saut de la barrière; travail par reprise; la courbette; la ballottade; la cabriole; le carrousel, figures, courses de la bague et de la tête avec la lance, course de la tête à terre avec le sabre, course du dard, exécution du carrousel tel qu'il est réglé à l'École de cavalerie; leçons de voltige, voltige de pied ferme, voltige en prenant de l'élan, voltige au galop, voltige militaire, les cavaliers sans armes, les cavaliers en armes. Principes de dressage : connaissance des aides pour le jeune cheval qui n'a pas besoin du travail sur le cercle à la longe, travail à la grande longe pour les chevaux qui ont besoin d'être débourrés sur le cercle, leçon du trot, confirmer le cheval dans l'obéissance aux aides et marche circulaire, marche circulaire au trot, marche de côté au pas et premiers principes du galop, travail dans la carrière et promenades au dehors, le cheval en bride, travail au galop et dans la carrière, travail dans le manège, travail au dehors en peloton, saut de la barrière, de la haie et du fossé; dressage des sauteurs. Des défauts des chevaux et des moyens d'y remédier. Ferrure : ajusture, épaisseur du fer, pinçon, crampon, mouche, clous, principes pour bien ferrer, ferrure des pieds défectueux ou qui pèchent par défaut de proportions, de direction, etc.

Le dimanche 30 avril 1830, on inaugura à l'École le portrait du duc de Berry dont le roi avait fait présent. A huit heures, une division alla chercher l'étendard, et à neuf heures, toute l'École, en grande tenue, se rendait à la messe. Le maréchal de camp passa ensuite la revue, et les escadrons défilèrent devant le portrait de Son Altesse Royale.

Pendant les journées de troubles de la fin de juillet 1830, l'École fournit des détachements armés aux villes voisines : aux Rosiers, 30 cavaliers commandés par un lieutenant et un sous-lieutenant ; à Angers, 100 cavaliers sous les ordres d'un chef d'escadrons; à Doué, 30 cavaliers commandés par un lieutenant et un sous-lieutenant; à Saumur, on fit tous les jours des patrouilles.

Le 15 août, le *maréchal de camp de Laitre* fut nommé au commandement de l'École.

Le baron de Laître était un glorieux représentant des armées du premier Empire. Comme sous-lieutenant, il avait été aide de camp du général Canclaux, commandant en chef l'armée de l'Ouest, et à ce titre il avait fait les campagnes de l'an IV, de l'an V et de l'an VI. Il avait fait ensuite la campagne d'Égypte pendant l'an VII, l'an VIII et l'an IX, successivement comme adjoint à l'état-major du génie de l'armée d'Orient, lieutenant aide de camp du général Kléber, capitaine à la suite du 22e chasseurs à cheval. Il fut blessé au premier assaut de Saint-Jean-d'Acre d'un éclat d'obus à la jambe droite. Au dernier assaut de la même place, il fut blessé de deux balles au travers du corps. Pendant l'an XII et l'an XIII, on le retrouve à l'armée des côtes de l'Océan comme capitaine de la 1re compagnie des mamelucks de la garde. Puis il part pour la campagne de 1805 en cette même qualité, il en revient chef d'escadron du même corps. Il fait les campagnes de 1806 et 1807, cette dernière comme colonel premier major des chevau-légers polonais de la garde. En 1808, il est en Espagne; en 1809, en Allemagne; en 1810 et 1811, on le retrouve en Espagne. Il fait la campagne de Russie de 1812 comme colonel du 7e chasseurs, puis comme général. Le 28 novembre 1812, dans la retraite du 9e corps, il fut blessé d'un coup de biscaïen à l'épaule gauche et fait prisonnier de guerre.

Le 16 septembre, tous les officiers de l'École furent réunis à dix heures du matin pour se rendre au palais de justice, afin d'assister à la prestation de serment des magistrats de Saumur. Le lundi suivant, 20 septembre, c'était au tour de l'École. Tous les escadrons étaient rassemblés à cheval, en grande tenue, à huit heures du matin. Après une allocution du colonel de Morell, commandant l'École par intérim, tous les militaires prêtèrent serment à Louis-Philippe et à la Charte constitutionnelle.

L'inspection générale de l'École fut passée par le général Oudinot.

Le cours d'équitation militaire de Saumur parut en 1830.

La Commission chargée par le ministre de la guerre du projet de formation de la nouvelle École de cavalerie, après avoir terminé son travail sur les règlements d'organisation de cette École et sur le plan général d'instruction qui devait y être suivi, s'occupa encore d'une manière spéciale, de la partie de l'instruction relative à l'équitation, et en fit l'objet d'un travail supplémentaire.

Jusqu'alors, l'instruction relative à l'équitation, dans les Écoles de cavalerie, se composait d'une partie théorique appelée *Cours d'hippiatrique* et d'un travail pratique de manège. Ces deux branches d'instruction étaient indépendantes, entièrement séparées l'une de l'autre, et c'est dans cette ivision que la Commission trouva des inconvénients qu'elle crut devoir ignaler en présentant un nouveau mode d'instruction.

L'*Hippiatrique*, prise dans toute l'acception du mot, est la science ropre du médecin vétérinaire. Plusieurs de ses parties ne sont nullement u domaine de l'officier de cavalerie; d'autres ne doivent lui être données ue d'une manière succincte, tandis que d'autres enfin forment une ortion essentielle de son instruction. Or rien, jusqu'alors, n'avait racé une limite fixe entre les connaissances qui devaient appartenir à hippiatre et celles qui devaient être données à l'officier. Il résultait de là ue les cours d'hippiatrique pour la cavalerie étaient entièrement livrés aux rofesseurs.

D'un autre côté, il était toujours indispensable, pour l'intelligence du ravail pratique du manège, d'y admettre une partie théorique, et cette par-e donnée par les écuyers ne pouvait que rentrer dans le domaine du cours 'hippiatrique.

Ces deux cours étaient donc sans cesse en contact et empiétaient même 'un sur l'autre sans que rien indiquât positivement jusqu'où l'un et l'autre levaient s'étendre et s'arrêter. Tous deux étaient indispensables à l'officier e cavalerie; ils concouraient à une seule et même instruction, et ils pré-entaient, par leur division, des répétitions trop fréquentes et une confusion révitable.

Un inconvénient plus grand encore de cette séparation, c'est que, 'après les systèmes qui ont souvent divisé les hippiatres et les écuyers et uelquefois même les écuyers entre eux, les principes donnés dans le cours héorique pouvaient n'être pas toujours en rapport avec leurs applications lans l'instruction pratique; ce qui laissait, parmi les élèves, une incertitude âcheuse, créait chez eux des opinions différentes qu'ils apportaient dans eurs corps, et donnait lieu, par suite, à ce défaut d'uniformité qui a souvent té remarqué dans l'instruction de la cavalerie.

Un autre but encore de la Commission, dans le mode d'instruction u'elle proposait, a été de détruire la ligne de démarcation trop prononcée ui existait entre l'écuyer proprement dit et l'officier de cavalerie.

Elle a donc cru devoir rapprocher davantage l'instruction du manège cadémique de celle du manège militaire, afin d'établir, par là, plus de apport entre l'équitation et l'ordonnance de cavalerie.

C'est d'après ces considérations que la Commission se détermina à éunir des branches d'instruction éparses jusqu'alors, et à créer, sous le iom de *Cours d'Équitation militaire*, un nouveau système d'instruction, basé sur la fusion de toutes les connaissances relatives à l'équitation et reconnues nécessaires à l'officier de cavalerie.

Cette réunion de la théorie à la pratique avait déjà existé en partie en 1764, car alors la connaissance du cheval était une branche de l'équitation. L'hippiatrique étant devenue depuis une science distincte à laquelle cette branche se rattachait nécessairement, on avait cru ne devoir plus considérer l'équitation que comme un art purement pratique.

L'intention de la Commission a été de revenir à cette réunion de la théorie à la pratique, mais de la rendre plus étendue, de manière à faire une science complète et spéciale pour l'officier de cavalerie.

Ce cours se compose donc des diverses branches de l'hippiatrique qui se rapportent à la connaissance et à la conservation du cheval, de l'équitation proprement dite, et de plusieurs autres parties relatives aux soins et au choix des chevaux, qui ne se trouvent ni dans les cours d'hippiatrique ni dans l'équitation.

La Commission a cherché à rendre aussi méthodique que possible le classement des matières de concours; il est rédigé, d'après ce classement, de manière à présenter, dans son ensemble, un traité complet des connaissances que doit posséder l'officier de cavalerie.

Le travail pratique est soumis à une progression fixe, d'après la distribution du temps proposée à la fin du rapport, et la partie théorique est divisée de manière que ces deux branches d'instruction se correspondent et soient, autant que possible, l'application l'une de l'autre.

La Commisssion, après s'être occupée du classement des matières de ce nouveau cours, s'est livrée à un examen approfondi des principales dissidences qui se rencontrent chez les auteurs et chez les professeurs dans l'étude et la pratique de l'équitation, et elle a cru devoir se prononcer sur ces dissidences, afin de les faire cesser pour l'École de cavalerie.

Tel fut le but du projet du *Cours d'Équitation militaire*, dont la Commission soumit le plan au ministre de la guerre.

La Commission aurait désiré que le temps lui permît de surveiller elle-même la rédaction de ce nouveau traité ou manuel d'équitation; mais, outre que l'époque fixée pour l'ouverture de l'École ne lui laissa pas la possibilité de s'occuper d'un pareil travail, elle pensa aussi qu'il serait convenable que le plan qu'elle proposait reçût la sanction de l'expérience, par son application à l'instruction, afin de faire connaître les observations auxquelles il pourrait donner lieu et les rectifications dont il pourrait être susceptible.

La rédaction fut faite par l'écuyer en chef de l'École, M. Cordier, et par l'écuyer professeur d'hippiatrique, M. Flandrin. Le traité d'équitation militaire se divise en quatre parties principales : la *connaissance du cheval*, son *emploi*, sa *conservation*, et enfin ce qui est relatif à la manière d'élever, de choisir et de former les chevaux, ce qui est désigné sous le titre de *Haras et Remontes*.

La première partie du cours, la connaissance du cheval, dépendant presque en entier de l'hippiatrique, est divisée, comme dans cette science, en intérieur et en extérieur.

— *Examen particulier des allures du cheval*. — « On a généralement divisé les allures en naturelles, défectueuses et artificielles. Les premières sont le pas, le trot et le galop ; la course y est ajoutée pour des raisons qui seront dites plus tard. Les secondes sont l'amble, l'entre-pas ou pas relevé, le traquenard, l'amble rompu et l'aubin. »

— *Du pas*. — « Dans le pas, les jambes se meuvent d'une manière alternative et en diagonale. »

— *Du trot*. — « Le trot est aussi constitué par un mouvement des extrémités en diagonale ; mais leur lever et leur poser sont simultanés, et il n'en résulte qu'une seule battue, quand le trot est franc ; elle est traînée lorsqu'il ne l'est pas. »

— *Du galop*. — « Le galop est produit par l'enlevé de l'avant sur l'arrière-main, suivi ou accompagné du transport en avant de toute la masse, au moyen de l'ouverture des angles articulaires des extrémités postérieures, précédemment fléchies et plus ou moins engagées sous le corps.

« Que le cheval soit en l'air ou à terre (car il y a un instant pendant lequel il n'est soutenu par rien), l'arrangement de ses extrémités offre presque constamment un bipède latéral devançant l'autre ; ce qui fait qu'il y a un diagonal voisin du centre de gravité, tandis que l'autre en est plus éloigné ; si c'est le latéral droit qui devance le gauche, on dit que le cheval galope à droite ; il galope au contraire à gauche, si c'est l'autre bipède qui précède. Pour qu'un semblable effet soit produit, il existe un ordre régulier de motion dans les extrémités du cheval, ordre passé sous silence par la plupart des auteurs, et exposé par d'autres d'une manière plus ou moins erronée. Cet ordre, dans le lever des extrémités au galop, s'exécute de telle sorte que les deux jambes de devant quittent le sol avant celles de derrière, la gauche avant la droite, dans le galop à droite. Les jambes de derrière se lèvent ensuite dans le même ordre, c'est-à-dire la gauche avant la droite ; alors toute la machine lancée en l'air y chemine privée d'appui jusqu'à ce que l'effet de la projection étant terminé, les bipèdes antérieur et postérieur reviennent à terre dans un ordre inverse à leur premier lever; c'est-à-dire que le derrière s'y pose d'abord, la jambe gauche d'abord, la droite ensuite, puis le devant de même. »

— *Des aplombs.* — « Mettre en doute l'importance des aplombs dans le cheval serait l'erreur la plus préjudiciable à la sûreté, ainsi qu'à la durée de son service, dont les extrémités sont la base fondamentale. »

— *Des proportions.* — « La recherche des proportions dans le cheval, a pour objet, non-seulement de reconnaître et de constater la beauté, mais encore de s'assurer si la structure de son corps comporte les conditions générales de solidité et de résistance nécessaires aux efforts de différents genres auxquels cet animal est exposé par suite de son emploi. L'étude des proportions est donc utile; mais il faut se garder d'y apporter une importance exclusive, qui ne pourrait conduire qu'à des erreurs et à des mécomptes. »

La seconde partie du cours d'équitation traite de l'emploi du cheval. Elle se divise en deux titres : l'emploi à la selle qui comprend tout le travail de l'équitation proprement dite, et l'emploi à d'autres services qui en est le complément.

L'emploi à la selle, la partie la plus importante pour l'École de cavalerie, est traitée avec tous les développements que nécessite le but que l'on se propose. Il est divisé en deux chapitres, le premier sous le titre de *Connaissances préliminaires*, renferme toute la partie théorique de l'équitation, et le second, sous le titre d'*Instruction pratique*, renferme la progression du travail du manège et de la carrière.

Dans l'article premier des connaissances préliminaires, on donne la conformation intérieure et extérieure de l'homme pour en déduire sa position et ses mouvements sur le cheval; on divise la position du corps de l'homme à cheval en trois parties, deux mobiles, le corps et les jambes, et une immobile, les cuisses. On réfute l'erreur qui comprenait dans la partie immobile les os du bassin jusqu'aux vertèbres lombaires, tandis que la jonction de cette partie avec le corps ne peut avoir lieu que dans les articulations des cuisses avec les hanches.

La plupart des auteurs qui ont écrit sur l'équitation ayant varié sur la position de l'homme à cheval, on discute leurs principaux systèmes, notamment les deux extrêmes, celui qui place l'assiette du cavalier sur un trépied formé du coccyx et des deux os ischions, et celui qui le place sur l'enfourchure, de manière à avoir les cuisses presque dans la direction du corps. On en déduit la meilleure position de l'homme, celle qui le fait supporter d'une manière égale sur les os ischions sans s'appuyer sur le coccyx, ni se jeter sur l'enfourchure, de manière que les cuisses également tournées fassent, avec la ligne du corps, l'angle qui leur donne la position la plus naturelle. Le corps est d'aplomb sans être jeté en arrière par la courbure des reins. On remarque que l'expression de *ceinture en avant* est impropre, et que c'est réellement l'assiette qui doit être poussée en avant pour maintenir la position du cavalier.

— De la conformation de l'homme en ce qui est relatif à sa position et à ses mouvements sur le cheval. — « En adoptant la division du corps du cavalier en trois parties, deux mobiles et une immobile, cette dernière s'entendra seulement des cuisses, comprises entre leurs deux articulations. Les deux parties mobiles seront, savoir : tout ce qui est au-dessus de l'immobile, partie mobile supérieure, y compris, bien entendu, le coxal en totalité, et ce qui est au-dessous de l'immobile, partie mobile inférieure, c'est-à-dire la jambe et le pied.

« Il est d'abord un principe général qu'on ne saurait trop répéter. En cherchant à placer une partie du corps, il faut constamment consulter la disposition des autres; car c'est de l'accord de toutes que peuvent résulter l'aisance et la souplesse, premières conditions à remplir dans les exercices corporels et surtout dans l'équitation.

« Toute contrainte, tout effort de contraction musculaire devient, pour le cavalier, une cause principale de raideur et de gêne, dont il doit constamment rester exempt.

« L'écuyer devra profiter du plus ou moins de facilité que l'élève offrira dans la disposition de son corps pour combiner un ensemble de position fondée sur l'aplomb et sur une répartition symétrique des parties supérieures sur la base du tronc, en rapport avec les membres inférieurs. Il faut savoir apprécier jusqu'à quel point il est possible à l'élève de corriger des imperfections que la nature et l'âge ont rendues presque incorrigibles. Sans perdre un temps précieux, l'écuyer militaire l'emploiera plus efficacement à mettre promptement le cavalier en état d'être aussi solide que possible, et de tirer le parti le plus avantageux de tous les chevaux qu'il peut être obligé de monter. C'est vers cette fin que doit tendre spécialement l'équitation militaire; la grâce n'est que secondaire pour elle, non qu'elle doive négliger les moyens de l'acquérir, mais en les soumettant toujours au résultat qui lui est le plus important d'obtenir, la tenue et la conduite.

« La Guérinière veut les genoux tournés en dedans; Thiroux les veut reculés et fermés; Montfaucon, en arrière le plus possible et en dedans. Ces recommandations ne seraient bonnes que pour le cavalier placé sur l'enfourchure. Nous demandons qu'ils soient liants ainsi que le dit Bohan et que le prescrit l'ordonnance de cavalerie.

. . . .

« La position de la main de la bride n'offre pas, dans les auteurs, la même unité d'opinion. La Guérinière indique cette position un peu plus haut que le coude et en avant du pommeau; Montfaucon est de cet avis; Bohan la veut plus bas que le coude; l'ordonnance au niveau de l'avant-bras; c'est aussi l'opinion de de Sind.

« Dupaty et Thiroux veulent qu'elle soit relative au besoin des effets qu'on veut produire sur le cheval, c'est-à-dire haut ou bas selon l'occurrence.

« La position qui doit être préférée est celle qui se prête le plus facilement à tous les mouvements que la main doit opérer. Elle sera donc placée à hauteur de l'avant-bras, dont le déplacement trop considérable deviendrait incommode pour ce rayon du membre, s'il n'était pas déjà perpendiculaire au bras. »

Dans la première partie du cours d'équitation, on a fait connaître le cheval en général, dans l'article 2 des préliminaires de l'emploi de la selle, on fait l'application de ces connaissances générales, au cheval de selle en particulier. On examine ses qualités, sa conformation et les proportions les plus convenables pour le but auquel on le destine, on distingue le cheval de manège, le cheval de cavalerie, le cheval de course; on indique les divisions du corps du cheval par rapport au cavalier en avant-main, corps et arrière-main.

Les chevaux devant toujours être montés sellés, on donne, dans l'article 3, la description des différentes espèces de selles le plus en usage.

Dans l'article 4, on donne la théorie de l'embouchure; on décrit la bride et les différentes espèces de mors en usage; on indique le mécanisme et l'effet du mors dans la bouche du cheval; on fait voir comment une même rêne de la bride peut déterminer le cheval à tourner à droite ou à gauche suivant que cette rêne sera tirée de manière à faire sentir l'effet du mors sur la barre du même côté, ou de manière à faire basculer le mors en sorte que la plus forte pression s'opère sur la barre opposée. On renonce donc au système d'après lequel on croit que c'est l'effet de la même rêne qui fait, dans tous les cas, tourner le cheval du même côté; ce qui ne peut être toujours admissible, d'après la manière dont on tient les deux rênes dans la même main.

— De l'embouchure, des aides et des châtiments, leur description et leurs effets. — Des différents mors. — « On se borne ici à faire connaître ceux dont l'usage a été reconnu le plus approprié au cheval et suffisant pour toutes les embouchures.

« Quoique simplifiée, la diversité des mors se sent encore de la tradition léguée par l'École de Versailles.

« Mors préparatoire pour les jeunes chevaux; gourmette plate et branches courtes. — Mors à simple canon brisé, avec un peu de liberté de langue; branches à buade, gourmette courte. — Mors à gorge de pigeon; simples branches sur la ligne et à tire-bouchon; gourmette plate. — Mors à gorge de pigeon; liberté montante; branches droites et à tire-bouchon. — Mors à bec-de-canne ou pas-d'âne; branches droites; gourmette ronde. — Mors à gorge de pigeon, talonné; branches courtes; gourmette plate. — Mors militaire, dit à la Condé, en usage actuellement dans la cavalerie. — Mors à l'anglaise. »

Dans la nomenclature des *aides* et des *châtiments*, on décrit le bridon, le filet, le caveçon, la gaule ou cravache, la chambrière; on fait connaître l'effet des jambes et les parties du cheval sur lesquelles elles doivent porter. Cet effet des jambes est divisé en trois degrés, suivant la sensibilité du cheval; on décrit enfin les éperons et leurs usages.

L'article 4 est consacré à donner la description d'un manège, et la nomenclature de tous les termes et usages admis dans la pratique de l'équitation.

Le chapitre II renferme les détails de l'instruction pratique et l'application des théories précédentes; il est divisé en six leçons qui comprennent toute la progression du travail du manège et de la carrière. Le programme détaillé de ce chapitre, qui est à la suite du programme général, fait connaître cette progression; elle a été basée sur la combinaison des trois allures ordinaires du cheval, le pas, le trot et le galop, avec les trois principales manières de marcher, directement, en cercle, et de côté.

Les trois premières leçons sont données en bridon. Dans la première, on apprend d'abord à approcher et à reconnaître le cheval que l'on doit monter, ainsi que toutes les parties de son harnachement. Cet examen du cheval doit avoir lieu au commencement de chaque leçon, suivant l'instruction acquise sur cette théorie.

La *première leçon* devant être donnée sans étriers, on aide le cavalier à monter à cheval en lui faisant tenir le pied; on le place sur le cheval et on lui fait étudier sa position, d'après les principes indiqués précédemment;

on lui apprend l'usage des rênes du bridon et la manière d'approcher les jambes pour les faire sentir au cheval. Après cette première instruction de pied ferme, on lui fait connaître l'effet simultané des mains et des jambes, et l'accord qui doit exister entre elles pour déterminer la marche en avant. On dit ce qu'on appelle *rassembler un cheval*, et on considère ce mouvement comme une disposition préparatoire, tendant à prévenir le cheval et non, suivant quelques auteurs, comme un moyen de le rejeter sur son arrière-main, comme un moyen d'en obtenir l'impulsion de la marche en avant. Dans cette leçon on ne marche qu'au pas et directement.

Instruction pratique. — *Première partie. — Le cheval en bridon. — Reconnaître le cheval et son harnachement avant de le monter. — Se préparer à monter à cheval. — Monter à cheval. — Détails de la position de l'homme à cheval. — Position des rênes du bridon dans chaque main. — Effets des rênes, manière de les allonger, de les raccourcir et de les croiser. — Se préparer à mettre pied à terre. — Mettre pied à terre.*

— *Position du cavalier.* — « Les fesses portant également sur la selle et le plus en avant possible ; les cuisses tournées sans efforts sur leur face interne, embrassant également le cheval, et ne s'allongeant que par leur propre poids, et par celui des jambes ; le pli des genoux liant; les jambes libres et tombant naturellement, la pointe des pieds tombant de même ; les reins soutenus sans raideur ; le haut du corps aisé, libre et droit; les épaules également effacées; les bras libres, les coudes tombant naturellement ; la tête droite, aisée et dégagée des épaules ; une rêne de bridon dans chaque main, l'extrémité supérieure sortant du côté du pouce, les doigts fermés, le pouce allongé sur chaque rêne, les mains à hauteur du coude, soutenues et séparées à 16 centimètres (6 pouces) l'une de l'autre ; les doigts se faisant face. »

— *Deuxième partie. — De l'action des aides. — De l'accord des mains et des jambes. — Rassembler le cheval. — Mettre le cheval en mouvement. — Marche directe au pas. — Augmenter et ralentir l'allure. — Marquer des demi-temps d'arrêt. — S'arrêter. — Passage du coin. — Changement de direction. — Changement de main.*

— *Action des mains.* — « Les bras doivent agir sans donner de raideur au corps, qui restera constamment d'aplomb ; l'action des mains doit être proportionnée à la sensibilité du cheval. En baissant les mains et en diminuant la tension des rênes, on donne au cheval la liberté de se porter en avant ; en portant les mains en arrière, et dans une direction plus ou moins horizontale, suivant l'effet qu'on veut obtenir et la position de la tête du cheval, on l'arrête ou on le fait reculer; en ouvrant la rêne droite, portant la main de ce côté et un peu en arrière, on détermine le cheval à tourner à droite; en ouvrant de même la rêne gauche, on le détermine à tourner à gauche. »

— *Action des jambes.* — « Les jambes doivent se fermer par degrés, proportionnellement à la sensibilité du cheval; leurs mouvements ne doivent pas influer sur la position des cuisses. En fermant les jambes près des sangles, elles agissent sur toute la masse du cheval, en les fermant plus en arrière, leur effet s'exerce plus particulièrement sur les hanches. En fermant également les jambes, on détermine le cheval à se porter en avant. En fermant la jambe droite, on range les hanches du cheval à gauche. En fermant la jambe gauche, on range les hanches du cheval à droite. »

— *Accord des mains et des jambes.* — « Lorsque le cavalier fait usage des rênes, il doit, pour entretenir son cheval au même degré de vitesse, se servir d'autant plus des jambes qu'il augmente l'effet des rênes. L'action des mains et celle des jambes doivent toujours être d'accord pour concourir au même but. Quand une rêne dirige l'avant-main du cheval, l'autre rêne doit en régler l'effet. Lorsqu'une jambe range les hanches, l'autre les reçoit, les contient et en règle le mouvement. La jambe du dehors peut encore, au besoin, modifier l'action de la rêne du dedans. »

— *Rassembler le cheval.* — « Élever un peu les mains, tenir les jambes près sans les fermer, pour préparer le cheval au mouvement à exécuter. »

— *Passer un coin.* — « Diriger le cheval bien droit en le soutenant de la rêne du dehors et de la jambe du dedans, et fermer la jambe du même côté en contenant le mouvement du cheval avec la rêne et la jambe du dehors. Le corps du cavalier doit tourner avec celui du cheval, de manière à conserver avec lui le rapport de sa direction et de son aplomb. »

Dans la *seconde leçon*, on prend l'allure du trot direct et on s'attache à ce que le cavalier coordonne ses mouvements avec ceux du cheval pour maintenir sa position. On lui apprend ce que c'est que l'assiette et qu'elle doit résider en entier dans la partie qui repose sur la selle; on prend ensuite la marche circulaire au pas et on la fait précéder de quelques explications sur le but de ce travail en cercle.

Deuxième leçon. — *Première partie : — Passer du pas au trot. — Passer du trot au pas. — Marche directe au trot. — Allonger et ralentir l'allure. — Accord de la position du cavalier avec les mouvements du cheval. — Maniement des rênes en marchant. — Passage du coin. — Autre changement de direction. — Changement de main.*

— *Accord de la position du cavalier avec les mouvements du cheval.* —

« Pour conserver sa position à cette allure, il faut glisser les fesses sous soi, assurer l'aplomb du corps sur sa base, donner à la colonne vertébrale le soutien et la flexibilité nécessaires pour annuler les réactions du cheval et conserver l'adhérence des fesses avec la selle; éviter de mettre de la raideur dans les cuisses et les jambes, afin qu'elles conservent leur effet, comme contrepoids, et qu'elles servent à fixer les fesses au fond de la selle. »

— *Deuxième partie : — Marche circulaire au pas. — Changement de main dans la marche circulaire. — Reculer au pas en ligne droite. — Cesser de reculer.*

— *En cercle à droite (ou à gauche).* — « Se servir de la rêne du dedans pour amener l'avant-main du cheval sur la ligne circulaire et régler l'effet de cette rêne au moyen de celle du dehors. — Fermer la jambe du dedans pour diriger les hanches du cheval sur la ligne circulaire, le soutenir et entretenir son allure; employer la jambe du dehors pour empêcher les hanches de fuir de ce côté. Céder à l'inclinaison que le cheval, en se plaçant sur le cercle, imprime à la position du cavalier. »

— *Reculez.* — « Soutenir la colonne vertébrale et la diriger un peu en arrière, afin de combattre sa tendance à se porter en avant; rapprocher les mains du corps comme pour ralentir, mais en faisant primer alternativement l'une et l'autre rêne, ainsi que la jambe opposée à la rêne qui agit, afin de déterminer une extrémité postérieure à entamer la marche rétrograde; tenir les jambes toujours près, pour contenir les hanches dans la direction des épaules. A chaque pas rétrograde du cheval, baisser les mains et continuer les mêmes mouvements alternatifs d'arrêter et rendre jusqu'au commandement : *Arrêtez.* Baisser les mains et tenir les jambes près pour arrêter le mouvement rétrograde : le cheval ayant obéi, replacer les mains et les jambes. »

La *troisième leçon* comprend la marche circulaire au trot, celle de côté au pas et les premiers principes de la marche directe au galop. Dans le travail ordinaire du manège académique, on n'admet le galop qu'à la cinquième leçon; mais la Commission a cru devoir avancer ce travail, par le motif que le bridon donné au cavalier pendant les trois premières leçons a pour but principal d'assurer parfaitement son assiette avant de lui donner la bride, afin de ne pas l'exposer à l'inconvénient de se servir de cette bride comme point d'appui. Or, on ne peut être assuré de l'assiette du cavalier, s'il n'a pas passé par toutes les allures. L'inconvénient qu'on a voulu éviter en commençant par le bridon pourrait donc se représenter lorsqu'il passerait avec la bride du trot au galop, et le but d'avoir complètement assuré son assiette, avant de lui donner la bride, serait manqué. C'est dans le même objet qu'on doit, à la fin de cette leçon, donner les éperons au cavalier afin qu'il soit bien assuré de sa position. Le manège doit avoir trois degrés de sauteurs dans les piliers, et c'est aussi dans cette leçon qu'on devra donner le premier de ces sauteurs.

Troisième leçon. — *Première partie : — Marche circulaire au trot. — Changement de main dans la marche circulaire au trot. — Marche de côté au pas à chaque main. — Doubler en tenant les hanches. — Passer du trot au galop. — Départ au galop sur le pied droit. — Départ au galop sur le pied gauche. — Marche directe au galop. — Passage du coin. — Autre changement de direction.*

— *Une demi-hanche, la tête au mur.* — « Former un demi-temps d'arrêt; maintenir par l'effet de la rêne l'épaule du dehors et fermer la jambe de ce côté pour faire fuir les hanches en dedans. Ouvrir ensuite la rêne du dedans pour diriger l'avant-main et placer la tête du cheval, de manière à voir le côté vers lequel il marche; continuer à fermer la jambe du dehors, pour déterminer le bipède latéral de ce côté à se croiser successivement, dans chaque train, sur le bipède latéral opposé. Se servir de la rêne du dehors pour régler l'effet de celle du dedans, et avoir la jambe du dedans près, afin d'empêcher le cheval de reculer, le soutenir et contenir les hanches.

« La direction en arrière de la jambe du cavalier tendant à amener son corps en avant, et la marche latérale du cheval le disposant à rester en dehors, avoir soin de diriger un peu le haut du corps du côté vers lequel on appuie. »

— *Partez au galop (à droite).* — « Pour préparer le cheval à partir au galop, le maintenir droit des épaules et des hanches et élever progressivement les mains en les dirigeant un peu en arrière pour faciliter le lever des extrémités antérieures.

« Le cheval ainsi préparé, augmenter la tension de la rêne du dehors pour donner à l'épaule du dedans la facilité de dépasser celle du dehors; agir en même temps de la rêne du dedans pour régler l'action de celle du dehors et empêcher le cheval de tourner de ce côté.

« Fermer les deux jambes pour le chasser en avant, et s'il hésitait à partir juste, faire primer l'action de la jambe du dehors pour stimuler le bipède latéral gauche à se lever, dans chaque train, avant le bipède latéral droit.

« La jambe du dedans soutient les hanches que la jambe du dehors pourrait jeter en dedans et règle aussi l'effet de la rêne du dehors. »

— *Deuxième partie : — Le cavalier en éperons. — Manière de se servir des éperons. — Reprendre avec les éperons le travail des leçons précédentes. — Monter le premier sauteur des piliers.*

Dans la *quatrième leçon*, on donne la bride ; et après avoir recommencé ainsi la progression des leçons précédentes, on continue l'instruction par la marche de côté au pas, et la marche circulaire au galop. La marche au galop présentant dans les changements de main une difficulté particulière, à cause du changement de pied du cheval, on ne fait, dans cette leçon et la précédente, les changements de main qu'après un changement d'allure. On fait remarquer dans chaque allure, et notamment dans le galop, le mécanisme de la marche tel qu'il aura été donné en théorie. On fait connaître ce que c'est que le cheval faux et le cheval désuni. On apprend au cavalier comment il doit sentir les mouvements du cheval par le seul effet des impulsions qu'il éprouve sur l'assiette ; les cuisses, par leur position fixe le long de la selle, peuvent aussi ressentir les mouvements du cheval, mais seulement d'une manière secondaire, l'assiette du cavalier devant résider tout entière dans la partie qui le soutient sur la selle ; enfin on monte le sauteur du second degré. Dans cette leçon, on commence le travail extérieur et on reprend dans la carrière la progression des deux premières leçons du manège. Les chevaux dont on se sert pour le travail extérieur ne doivent pas être les mêmes, ni de la même espèce que ceux du manège ; ils ne sont pas dressés avec autant de soin, et doivent servir de transition pour habituer les élèves aux chevaux de troupe.

Quatrième leçon. — *Première partie : — Le cheval en bride. — Monter et descendre avec la bride. — Position des deux mains, les rênes dans la main gauche. — Position des deux mains, les rênes dans la main droite. — Manière d'ajuster les rênes. — Emploi de la bride seule. — Rendre et abandonner les rênes du filet de la main droite. — Rendre et abandonner les rênes du filet de la main gauche. — Emploi simultané de la bride et du filet. — Rendre la main et reprendre l'action des rênes. — Reprendre avec la bride le travail des leçons précédentes.*

— *Position des rênes dans la main gauche.* — « Les rênes dans la main gauche portant sur la seconde jointure du premier doigt, le pouce fermé dessus pour les contenir égales, le petit doigt entre les rênes.

« La main à hauteur de l'avant-bras, les doigts en face du corps, le petit doigt plus près du corps que le haut du poignet, la main à 8 ou

11 centimètres (3 ou 4 pouces) du pommeau de la selle, plus ou moins élevée en raison de la position particulière de la tête et de l'encolure du cheval.

« La cravache dans la main droite, le petit bout en bas, dans une direction verticale, le long de l'épaule du cheval, la main droite au dessous et à 5 ou 8 centimètres (2 ou 3 pouces) au-dessous de la main gauche. »

— *Action de la main de la bride.* — « Tous les mouvements de la main de la bride doivent commencer par le jeu du poignet sur l'avant-bras et peuvent s'étendre de l'avant-bras jusqu'à l'épaule.

« Pour rassembler le cheval, élever la main en rapprochant le petit doigt du corps, les jambes près.

« Pour le porter en avant, baisser la main en diminuant l'effet des rênes, et fermer les jambes.

« Pour former un demi-temps d'arrêt, rassembler le cheval, mais en augmentant l'effet de la main en diminuant l'effet des rênes et fermer les jambes.

« Pour l'arrêter, élever la main plus ou moins horizontalement suivant l'effet que l'on veut obtenir, la position de la tête, et la direction de l'encolure du cheval; avoir les jambes près.

« Pour reculer, mêmes moyens que pour arrêter, en augmentant l'effet de la main jusqu'à ce que le cheval obéisse, baisser ensuite la main et continuer de reculer en répétant alternativement ces deux mouvements d'arrêter et rendre et en ayant les jambes près.

« Pour tourner à droite, porter la main en avant et à droite, de manière à augmenter la tension de la rêne gauche et à diriger à droite l'encolure du cheval.

« Pour tourner à gauche, mêmes principes et moyens inverses.

« Dans tous les mouvements, dès que le cheval a obéi, replacer la main et relâcher les jambes. »

— *Emploi simultané de la bride et du filet.* — « Lorsqu'on se sert de la bride pour gouverner le cheval, on ne fait usage du filet que pour lui placer le bout du nez et particulièrement dans les mouvements par des pas de côté. »

— *Deuxième partie : — Changement de main au galop en changeant d'allure. — Repartir de l'autre pied après le changement de main. — Du cheval désuni. — Du cheval faux. — De la manière de sentir les mouvements du cheval. — Marche de côté au trot à chaque main. — Demi-volte et changement de main au trot en tenant les hanches. — Marche circulaire au galop. — Changement de main dans la marche circulaire au galop, en changeant d'allure. — Monter le second sauteur. — Travail dans la carrière sur la première et la deuxième leçon.*

— Travail dans la carrière. — « Cette instruction ayant pour objet de donner de la hardiesse aux cavaliers et de les préparer au travail extérieur, les allures doivent être habituellement plus allongées que dans le manège.

« L'écuyer doit animer ce travail par l'énergie du commandement et des explications en ne restant pas trop longtemps aux allures lentes. Il exige que les cavaliers maintiennent exactement les distances prescrites.

« Il met le plus grand soin à faire monter, aux cavaliers, des chevaux qui ne leur offrent que des difficultés en rapport avec leur force en équitation et la justesse de leur exécution.

« Dans cette leçon, le travail de carrière est divisé en deux degrés, dont le premier est exécuté à la fin de la première partie de la leçon et le second degré à la fin de la seconde partie. »

Dans la *cinquième leçon* on prend les étriers; on recommence de cette manière la progression des leçons précédentes, et on termine le travail au galop. On fait les changements de main au galop sans changer d'allure. On exécute la marche de côté au galop, d'abord en avançant et puis la tête au mur; enfin, on commence à exécuter quelques mouvements plus compliqués que les simples changements de main et de direction; on monte le troisième sauteur dans les piliers, et on reprend la progresssion des troisième et quatrième leçons dans la carrière en se servant de la selle anglaise, mais en observant toujours les principes de l'équitation française.

CINQUIÈME LEÇON. — *Première partie : — Prendre les étriers. — Manière de chausser, d'ajuster et de conserver les étriers. — Reprendre avec les étriers le travail des leçons précédentes. — Travail dans la carrière.*

— Manière d'ajuster, de chausser et de conserver les étriers. — « Pour que les étriers soient bien ajustés, il faut que le cavalier étant bien assis, ses cuisses et ses jambes bien placées dans la position, la grille des étriers avant qu'ils soient chaussés, soit à hauteur des talons du cavalier.

« On chausse le pied jusqu'au tiers dans l'étrier; le talon se trouve alors plus bas que la pointe du pied. L'étrier ne doit porter que le poids de la jambe. Pour conserver les étriers, le jeu de l'articulation du pied avec la jambe doit être parfaitement libre. »

— Deuxième partie : — Changement de main du galop au galop. — Changement de main dans la marche circulaire du galop au galop. — Marche de côté au galop à chaque main. — Demi-volte au galop en tenant

les hanches. — Contre-changement de main. — Doubles demi-voltes. — Monter le troisième sauteur. — Travail dans la carrière.

— *Changez de main (du galop au galop).* — « Prendre la ligne diagonale par les mêmes moyens que pour tourner à droite ou à gauche, en la suivant, maintenir le cheval droit et sur le même pied, par l'effet des mains et des jambes.

« Près d'arriver sur la nouvelle piste, porter la main et fermer la jambe du côté qui va devenir le dehors, pour forcer le cheval à changer la combinaison de ses extrémités et à partir sur l'autre pied. »

Volte (successive). — Demi-volte (successive). — Partez au galop (sur la ligne du doublé dans la longueur). — Double demi-volte (successive). — Volte et demi-volte (successives en tenant les hanches). — Changez de main (en dehors du cercle). — Changez de main (dans l'intérieur du cercle). — Changez de main (en tenant les hanches). — Contre-changez de main.

— *Travail dans la carrière. — Premier degré.* « Les chevaux en bride et en selle anglaise; les cavaliers avec les étriers. » — *Deuxième degré.* « Même travail qu'au degré précédent en y joignant le travail en cercle au galop, mais reprenant toujours le trot pour les changements de main. »

— *Saut de la barrière (qu'on élèvera progressivement).* — « Pour faire exécuter le saut, les cavaliers prennent une distance de 12 mètres (6 toises) et doublent sncecessivement de manière à se présenter au centre de la barrière.

« A douze ou quinze pas de la barrière, allonger progressivement l'allure, en y arrivant, maintenir le cheval droit par l'effet des rênes, rendre la main pour lui laisser la liberté de s'élancer en s'enlevant et fermer en même temps les jambes avec énergie et justesse; soutenir un peu la main, lorsque le cheval arrive à terre; observer du reste tous les moyens de tenue indiqués pour le sauteur dans les piliers.

« Les cavaliers ayant acquis, par le travail de la carrière, hardiesse et solidité, on les exerce au large dans l'hippodrome.

« Exécuter ensuite le saut du fossé d'après les mêmes principes que celui de la barrière.

« Un tour à chaque main, au galop franc et soutenu. Terminer par plusieurs tours au trot, en le faisant allonger progressivement de toute sa vitesse. Enfin, exécuter le saut de la barrière plus élevée que dans la carrière.

« Nota. — Les chevaux ne doivent sauter qu'une ou deux fois par leçon au plus; mais si un cheval fait des difficultés, l'écuyer ne permet jamais qu'il rentre à l'écurie sans avoir sauté. »

La *sixième leçon* est consacrée aux exercices plus difficiles qui doivent compléter l'instruction. On monte les *sauteurs en liberté* et on fait exécuter les sauts en hauteur et en longueur. On fait connaître les allures appelées *airs de manège,* telles que le *passage*, les *courbettes*, etc., ainsi que les figures qui peuvent avoir quelque application dans le service militaire, et particulièrement dans certaines circonstances du combat individuel ; on reprend la progression des cinquième et sixième leçons dans la carrière ; on s'exerce à la course dans l'hippodrome ; on se perfectionne dans l'équitation et le maniement des armes par des courses de tête et de bagues, et autres exercices équestres et gymnastiques imités des anciens carrousels ; enfin, pour familiariser les cavaliers avec toutes les difficultés de l'équitation, on leur donne des leçons de voltige. Dans le courant de cette leçon, on charge les élèves les plus avancés d'instruire ceux des dernières classes et de dresser les jeunes chevaux.

Sixième leçon. — *Des airs et figures de manège ; — les sauteurs en liberté ; — travail dans l'hippodrome ; — la course ; — instruire les élèves à dresser les jeunes chevaux ; — carrousel. — Première partie. — Travail par reprise : — figures de manège ; — monter le sauteur en liberté ; — ballotade et cabriole ; — travail dans l'hippodrome ; — la course.*

Travail par reprise. — « Les cavaliers sont partagés en reprises de de trois ou quatre hommes.

« Toutes les fois que les cavaliers exécutent un mouvement simultané par reprise, ils conservent leur alignement et leur intervalle du côté du conducteur de la reprise de tête.

« Dans cette leçon, lorsque les cavaliers travaillent au trot, ils doivent maintenir leurs chevaux à l'aide du *passage*. »

— *La courbette.* — « Après quelques tours de manège aux différentes allures, le cheval étant arrêté, le rassembler à un haut degré, et soutenir la main un peu plus en avant que de coutume, les rênes également tendues afin d'enlever l'avant-main ; toucher légèrement de la gaule sur les épaules, appeler de la langue, continuant à soutenir la main ; fermer en même temps les jambes avec énergie et justesse, pour chasser les hanches sous le centre de gravité et les contenir droites. Les extrémités antérieures enlevées, rendre un peu la main et la soutenir de nouveau au moment où le devant retombe sur le sol.

« Les pieds de derrière doivent rester en place et sur la même ligne, pendant que le cheval enlève ceux de devant. »

— *La ballottade.* — « Le cheval étant au pas, calme, d'aplomb et disposé à répondre à la volonté du cavalier, placer la cravache horizontalement dans la main droite, et diagonalement opposée au-dessus de la croupe, la tenant à pleine main, le doigt allongé sur le gros bout, le petit bout en arrière.

« Rassembler le cheval et augmenter l'effet de la main, pour obliger le train de devant à s'enlever sur celui de derrière.

« Le rejet du poids de la masse sur les extrémités de derrière ayant fait fléchir les jarrets, et le cheval ayant enlevé l'arrière-main, fermer vivement les jambes et rendre un peu la main en touchant légèrement sur la croupe pour faire enlever l'arrière-main; le cheval étant détaché du sol, les genoux pliés et les extrémités à la même hauteur, soutenir la main pour l'empêcher de lancer la ruade.

« Au moment où les extrémités regagnent le sol, celles de devant les premières, suivre le mouvement de la masse du cheval, en se liant à lui des cuisses, des jarrets et des gras de jambes, et soutenir la main pour être prêt à agir et à empêcher au besoin les extrémités de devant de fléchir. Répéter ce saut deux ou trois fois. »

— *La cabriole.* — « Mêmes moyens que pour la ballottade, mais au moment où le cheval s'enlève, donner quelques coups de cravache sur la croupe et rendre un peu la main pour faire détacher la ruade.

« *Observation.* — La courbette, la ballottade et la cabriole sont les seuls airs de manège qui soient utiles au cavalier militaire, pour exécuter les sauts en hauteur et en largeur. »

Deuxième partie : — Instruire les élèves des classes inférieures. — Monter et dresser les jeunes chevaux. — Instruction préparatoire pour le carrousel. — Exécution du carrousel.

Le Carrousel.

« Les exercices dont le carrousel se compose sont dans l'intérêt bien entendu de l'instruction de la cavalerie; ils ont pour heureux résultats l'émulation qu'ils excitent puissamment, ainsi que le haut degré d'habileté dans la conduite du cheval et d'adresse dans le maniement des armes.

« Il faut, pour l'exécution d'un carrousel, deux troupes de huit cavaliers au moins, qu'on peut porter à douze, seize, etc., de manière à pouvoir les partager par reprises ou quadrilles de quatre ou trois cavaliers. »

Instruction préparatoire. — « On doit commencer par l'exercice, au pas et au trot, dans le manège, aux diverses figures du carrousel et au maniement de la lance et du dard. »

Maniement de la lance. — *Portez la lance.* — « Tenir la lance de la main droite, à la poignée, le pouce fermé sur le premier doigt, le petit doigt allongé sur le bas de la poignée, le bras demi-tendu sur le côté droit, la main touchant le bas de la hanche, de manière que la lance soit placée verticalement, la pointe en haut, en arrière de l'oreille du cavalier, afin de démasquer la figure. »

Lance en arrêt. — « Appuyer le tronçon de la lance sur le haut de la cuisse droite, les doigts fermés, le pouce allongé sur la partie supérieure du tronçon, la lance inclinée en avant, la pointe dans la direction de l'oreille droite du cheval. »

Haut la lance (étant au port de la lance). — « Élever progressivement la main jusqu'à ce qu'elle soit au-dessus de la tête, la lance toujours verticale, replacer en même temps le petit doigt fermé et le pouce allongé sur la poignée ; en élevant la lance, arrondir le poignet de manière que les ongles soient tournés vers la tête. (On fait d'abord haut la lance avant de la croiser en avant, à droite et à gauche et avant de saluer). »

Croisez la lance en avant. — « Abaisser la lance par degrés, de manière à diriger la pointe en avant sur l'objet qu'on veut atteindre, le tronçon placé entre le bras et le corps sans le toucher ; la lance maintenue en équilibre sur les trois derniers doigts avec la paume de la main, le pouce fermé sur le second doigt, le premier doigt allongé, afin de diriger la lance. »

Croisez la lance à droite. — « Abaisser la lance par degrés en dirigeant la pointe à droite, le bout du tronçon vis-à-vis du corps, la lance maintenue horizontalement, le pouce et le premier doigt allongés sur la poignée, le bras étendu à droite. »

Croisez la lance à gauche. — « Abaisser la lance par degrés en dirigeant la pointe à gauche, la garde appuyée sur le pli du bras gauche, l'avant-bras droit allongé sur le tronçon, le pouce et le premier doigt allongés sur la poignée. »

Salut de la lance. — « Appuyer le bout du tronçon contre l'épaule droite ; abaisser la pointe par degrés vers le sol, et lorsqu'on a dépassé les personnes qu'on salue, refaire haut la lance et la mettre en arrêt. Après avoir croisé la lance en avant, à droite et à gauche, on doit aussi reprendre la position de haut la lance, et la mettre ensuite en arrêt ou la porter. »

Maniement du dard. — *Huit mouvements.* — « 1° Prendre avec la main droite, sans la renverser, le dard par le milieu, la pointe en bas, les ailes un peu inclinées en avant ; 2° Élever le dard de toute la longueur du bras, les ongles en l'air, le faire tourner au-dessus de la tête, de manière à diriger alternativement la pointe en avant et en arrière, le dard toujours horizonal ; 3° Étendre le bras sur la droite en dirigeant la pointe à gauche, pour menacer de lancer le dard de ce côté ; y tourner en même temps la tête ; 4° Renverser la main droite, les ongles en dessous, en la portant en avant de l'épaule gauche, la pointe du dard dirigée à droite, et la tête tournée de ce côté ; 5° Replacer le dard verticalement, la pointe dirigée vers le sol, et regarder à terre pour menacer d'y lancer le dard ; 6° Relever le dard au-dessus de la tête, en le plaçant horizontalement les ailes en avant ; 7° Pour lancer le dard, tourner rapidement la pointe en avant et porter la main en arrière le plus possible, en s'effaçant à droite afin de pouvoir lancer le dard avec plus de force ; 8° Lancer le dard en avant avec force, en ramenant l'épaule droite au moment du jet, et sans perdre son aplomb. »

Figures du carrousel. — Première figure. — « (*Doublez dans la longueur pour le salut de la lance*). Les deux reprises, divisées par quadrilles de trois ou quatre cavaliers, étant en file sur la même colonne, commencer un doublé dans la longueur ; après avoir marché dix pas, tenir les hanches pour faire face aux personnes à qui on rend les honneurs, et devant lesquelles on fait le salut de la lance ; continuer d'appuyer jusqu'au petit côté, où l'on tourne en dedans.

« Chaque cavalier, suivant le conducteur de la quadrille de tête, exécute successivement le mouvement, et lorsque tous les cavaliers sont en file sur la piste, le conducteur de la seconde reprise prend une volte pour faire travailler les reprises sur deux colonnes séparées. Ce conducteur a soin de se régler sur celui de la première reprise, afin d'arriver en même temps que lui aux angles opposés du manège. »

Deuxième figure. — « *Doublé en tenant les hanches.* Chaque reprise étant prolongée sur les grands côtés, les conducteurs des quadrilles, suivis des cavaliers qui les composent, doublent ensemble en tenant les hanches, de manière que les quadrilles passent vis-à-vis l'une de l'autre, à deux pas de distance ; en arrivant au mur opposé, tourner en dedans et suivre la piste. »

Troisième figure. — « *Changez de main* (*par demi-reprise*). Chaque conducteur de demi-reprise exécute un changement de main, en tenant les hanches de manière que les cavaliers passent vis-à-vis les uns des autres, la tête des chevaux à deux pas de distance ; ayant attention de s'aligner sur la diagonale du changement de main, du côté du conducteur de la demi-reprise, et de conserver son intervalle du même côté. »

Quatrième figure. — « *Serpentine* (*dans la largeur ou la longueur*). Les deux reprises étant réunies, et se trouvant en file sur une même colonne, le conducteur de la quadrille de tête prend des demi-voltes successives pour descendre ou traverser le manège, en décrivant une S redoublée ; en arrivant à la piste opposée, il suit le mur à la main à laquelle il a terminé sa dernière demi-volte. Tous les autres cavaliers suivent successivement le conducteur de tête, ayant attention de n'étendre ni diminuer les lignes circulaires qu'ils ont à parcourir, de bien passer sur les mêmes points que le conducteur, et de serpenter au même degré à chaque main, en s'inclinant un peu et se redressant en même temps que le cheval pour l'aider. »

Cinquième figure. — « *Doublez individuellement.* Chaque reprise étant prolongée à la même hauteur le long des grands murs, doubler individuellement, les cavaliers des deux reprises se portant à la rencontre les uns des autres.

« Lorsqu'ils ne sont plus qu'à un pas de distance, on commande :

« Demi-volte individuelle. Exécuter une demi-volte individuelle et regagner la grande piste pour s'y mettre en file. Répéter ce mouvement pour remettre les cavaliers dans l'ordre naturel. Les cavaliers ont attention, en exécutant ce mouvement, de se régler sur le conducteur de tête, pour conserver l'allure, l'alignement et l'intervalle. »

Observation. — « Avec les chevaux de carrière, on fait prendre une volte entière assez allongée, au lieu de la demi-volte, et l'on reste à la même main. »

Sixième figure. — « *Par quadrille doublez (dans la longueur).* Chaque quadrille exécute successivement le mouvement ; les cavaliers des deux reprises passent les uns dans les autres, se laissent mutuellement à droite et se réglant sur le conducteur de leur quadrille, lequel passe en dehors. (Ce mouvement se commande lorsque les premières quadrilles de chaque reprise se trouvent, à la même hauteur, en file sur les petits côtés).

« Lorsque les cavaliers de chaque quadrille des reprises opposées se sont mutuellement dépassés, on commande :

« Dans chaque quadrille doublez individuellement.

« Doubler individuellement, ce qui met en file les quatre cavaliers de chaque quadrille, le dernier cavalier en tête. Les quadrilles se croisent mutuellement dans cet ordre en colonne, pour rejoindre le grand mur, qui leur fait face, et s'y remettre en file (même figure). Répéter le même mouvement pour remettre les cavaliers dans l'ordre naturel. Si l'on ne veut pas renverser l'ordre des cavaliers dans les quadrilles, alors, après le doublé individuel qui les met en file, et lorsque la tête de chaque quadrille est près d'arriver sur la grande piste, on commande un troisième doublé individuel qui met les quadrilles en colonne, la gauche en tête ; elles terminent le mouvement comme il a été détaillé. On les remet la droite en tête, en répétant la même figure. »

Septième figure. — « *Par demi-reprise en cercle.* — L'écuyer se place au centre du manège, et lorsque les conducteurs de chaque reprise, en file sur les grands côtés, sont arrivés à la hauteur de l'avant-dernier cavalier de la reprise opposée, il fait mettre en cercle par demi-reprise. Il se forme ainsi quatre cercles à égale distance de l'écuyer ; chaque conducteur doit décrire un cercle dont la circonférence se rapproche le plus possible de celle des deux cercles qui l'avoisinent, les conducteurs des premières demi-reprises réglant le mouvement de manière à arriver ensemble sur la ligne du doublé et sur la piste. Après plusieurs tours, on leur fait reprendre le large. »

Huitième figure. — « *La spirale.* — Les deux reprises s'étant réunies, et se trouvant en file sur la même colonne, se mettre en cercle. Le cercle formé et régulier, le conducteur de la quadrille de tête se dirige trois pas en dedans du cercle et continue à tourner en le rétrécissant, conservant toujours trois pas d'intervalle à la main du dehors, jusqu'à ce que la spirale soit formée de quatre lignes circulaires : alors le conducteur prend un changement de main en dedans du cercle et vient, en l'augmentant progressivement, repasser dans l'intervalle des lignes circulaires ; arrivé sur la plus grande circonférence, il prend le large dans le milieu de la grande piste. On répète ce mouvement à l'autre main. Il est essentiel que chaque cavalier suive exactement celui qui le précède, passe par les mêmes points, conserve avec soin son intervalle de trois pas du côté du dehors et fasse changer de pied sans jeter les hanches en dehors. »

Observations. — « L'on fait exécuter ces huit figures au pas, au trot et au galop, et l'on ne fait prendre les lances que lorsque les cavaliers sont bien sûrs de cette exécution. Alors on fait faire le maniement de la lance en marchant aux différentes allures et exécuter les mouvements du dard. On recommence dans la carrière l'exécution des différentes figures, avec maniement de la lance et du dard.

« Lorsque les cavaliers ont la lance, dans la première figure, ils font haut la lance, le salut, haut la lance, et lance en arrêt.

« Dans la cinquième figure, ils croisent la lance en avant au moment du doublé individuel, et font haut la lance, pour la demi-volte individuelle, remettant la lance en arrêt sur la piste. Dans la septième figure, lorsque les quatre cercles sont formés, l'écuyer fait faire alternativement haut la lance, croiser la lance en dehors, haut la lance, croiser la lance en dedans, haut la lance et porter la lance pour reprendre le large. Dans ces mouvements, les lances doivent être éloignées, et tenues horizontalement et à la même hauteur quand on les croise. Enfin, on exerce les cavaliers aux différentes courses. »

Courses de la bague avec la lance et de la tête avec la lance ou le sabre.

Course de la bague. — « Faire haut la lance, et, lorsqu'on arrive à trente ou trente-cinq pas du poteau, croiser la lance en avant par degrés, la tenant le plus horizontalement possible, dirigeant la pointe vers la bague; en approchant, allonger le galop de toute sa vitesse, et pointer la bague sans faire de mouvement de bras pour l'enlever; faire ensuite haut la lance et reprendre le galop ordinaire. »

Course de la tête à terre. — « On place la tête au milieu du manège ou à un tiers de mètre en dedans de la piste, sur une éminence d'environ 20 à 22 centimètres, que l'on forme avec le sable de l'arène. Faire haut la lance, et, à trente ou trente-cinq pas de la tête, croiser la lance en avant par degrés, la tenant le plus horizontalement possible, et dirigeant la pointe vers la tête; se pencher doucement le long de l'épaule droite du cheval sans déranger l'assiette, en évitant de prendre un point d'appui sur les rênes; allonger le galop de toute sa vitesse, et pointer la tête en baissant vivement le tronçon de la lance par un mouvement de la paume de la main et de l'avant-bras, afin d'enlever la tête par ce mouvement de bascule; se redresser en faisant haut la lance, et reprendre le galop ordinaire. »

Course de la tête au poteau. — « Se préparer comme à la course de la bague, mais en tenant le poignet un peu en tierce; le ramener en quarte au moment où l'on pointe la tête, et porter un peu le bras à droite, pour avoir la facilité, en faisant haut la lance, d'enlever la tête. »

Manière de déposer les objets enlevés. — « Prendre deux voltes, la lance toujours haute, vis-à-vis de la personne à qui l'on veut rendre hommage; arrêter ensuite bien droit devant elle, saluer et faire couler à terre la bague ou la tête enlevée; marcher ensuite par des pas de côté pour rejoindre la piste diagonalement et s'y redresser. »

Course de la tête à terre avec le sabre. — « Mettre le sabre à la main, et, l'allure du galop étant bien réglée, faire le moulinet; en arrivant sur la piste de la tête, faire haut le sabre, comme il a été dit pour faire haut la lance; à douze ou quinze pas de la tête, abaisser le poignet à hauteur du genou, dirigeant la pointe vers la tête, la lame presque horizontale, le dos en l'air; se pencher en même temps sur l'épaule droite du cheval, avec les précautions recommandées ; allonger le galop de toute sa vitesse, et, en arrivant sur la tête, la pointer tout à coup en appuyant la paume de la main sur la poignée du sabre pour faire lever la pointe, et enlever la tête ; se redresser en faisant haut le sabre, reprendre le galop ordinaire, et venir déposer la tête enlevée, comme il est dit pour la course de la lance. »

Observations. — « Si l'on pointe avec à-coup, on manque la tête ou on la jette en avant ; si on tire sur les rênes, on amène le cheval trop en dedans ; si, en se penchant, on perd l'équilibre et que l'on presse le cheval avec la jambe du dedans, on s'éloigne de la tête. Que l'on enlève ou non la tête, il faut toujours élever le sabre de toute la longueur du bras, pour éviter les accidents et conserver la belle attitude du mouvement. »

Course du dard. — « Le cavalier saisissant le dard comme il est dit pour le premier mouvement, se met en cercle à droite autour de la tête de Méduse qui est placée sur le chandelier de bois vers les deux tiers du manège, et à la gauche des personnes à qui on rend les honneurs. Exécuter successivement, en marchant en cercle, les deuxième, troisième, quatrième, cinquième et sixième mouvements du maniement du dard, et. le sixième mouvement exécuté, marcher large pour joindre la piste du grand mur en face les personnes à honorer ; en y arrivant, changer de pied, pour marcher à main gauche le long du mur. Après avoir passé le second coin de droite, prendre un changement de main, en se dirigeant sur la tête de Méduse, de manière à la laisser à sa droite ; allonger le galop et exécuter le septième mouvement du maniement du dard ; à dix ou douze pas, lancer le dard et continuer le changement de main en ralentissant l'allure. »

Observations. — « C'est l'attitude martiale et la manière aisée et vigoureuse dont le cavalier manie le dard, qui lui donnent plus ou moins de grâce dans l'exécution des courses. »

Exécution du carrousel.

Première partie. — « 1° Entrée dans la carrière (première figure) avec salut de la lance au pas ; 2° Deuxième figure, au pas ; 3° Troisième figure au trot ; 4° Quatrième figure, ou serpentine dans la largeur, au trot. »

Deuxième partie. — « 1° Faire ranger chaque reprise à l'extrémité de la carrière, se faisant face. La première demi-reprise se porte en avant jusqu'au milieu du manège, la lance en arrêt. Arrivé au centre, doubler individuellement à gauche, pour joindre le grand mur et marcher à main gauche ; partir de suite au galop, et, en arrivant sur le grand côté, en face des personnes à honorer, prendre une demi-volte individuelle et suivre la piste à main droite, les cavaliers prenant entre eux une distance de six pas ;

2° Course de la bague, s'il y a deux poteaux, les nombres impairs courent les bagues du premier, les nombres pairs celles du second poteau. Chaque cavalier, après avoir couru, vient déposer la bague et se ranger à sa place; 3° Les autres demi-reprises exécutent successivement les mouvements qui viennent d'être détaillés pour la première, ne se mettant en mouvement qu'au signal du commandant du carrousel; 4° Chaque demi-reprise fait la course de la tête du poteau, d'après les mêmes principes que la course de la bague; 5° Course de la tête à terre, également par demi-reprises, d'abord avec la lance, ensuite avec le sabre; 6° Courses du dard, par demi-reprises. La demi-reprise marche par un et se met en cercle à droite autour de la tête de méduse; au commandement du chef du carrousel, elle part au galop, exécute les mouvements du dard, et marche large; en arrivant sur la piste, les cavaliers prennent douze pas de distance au lieu de six, et exécutent successivement la course comme elle est expliquée, après quoi ils viennent se ranger. »

Troisième partie. — « 1° Faire rompre les reprises et exécuter la cinquième figure au galop; 2° Sixième figure au galop; 3° Septième figure au galop, en exécutant, au commandement du chef du carrousel, les mouvements de lance; 4° Faire doubler la seconde reprise pour prendre la queue de la première, et exécuter la huitième figure (la spirale) au galop; 5° Quatrième figure (la serpentine) au galop dans la longueur. Si la carrière est large, avoir soin de décrire les demi-voltes successives au centre de la carrière sans trop se rapprocher des grandes pistes; 6° Les reprises étant en file et au pas, répéter la première figure et sortir de la carrière comme on y est entré. »

Leçons de voltige. — *Première leçon.* — *Voltige de pied ferme.* — « Sauter à cheval et à terre. — Étant à cheval, s'enlever sur les poignets. — Étant à cheval, s'asseoir de côté. — Étant assis de côté, se remettre à cheval. — S'asseoir de côté en passant une jambe par dessus la croupe. — Les ciseaux. — Sauter à cheval d'un seul temps. — Autre manière de sauter à cheval. — Franchir le cheval de gauche à droite. — Franchir de droite à gauche. — Sauter à cheval, la jambe droite par dessus l'encolure. — A cheval, faisant face en arrière. — Sauter à cheval d'une seule main. »

Deuxième leçon. — *Voltige en prenant de l'élan.* — « Sauter à cheval par la croupe. — Sauter en croupe faisant face en arrière. — Sauter à cheval par le côté. — Même saut, la jambe droite par dessus l'encolure. — Franchir le cheval de gauche à droite. »

Troisième leçon. — *Voltige au galop.* — « Sauter à cheval et à terre. — Saut de dame. — Les ciseaux. — Sauter à cheval face en arrière. »

Voltige militaire. — *Première leçon.* — *Les cavaliers sans armes.* — « Première partie, de pied ferme. — Sauter à cheval et à terre. — Sauter en croupe et à terre. — Sauter en croupe, le cheval étant monté. — Sauter à terre. — Deuxième partie, le cheval en mouvement. — Sauter à cheval et à terre. — Sauter en croupe et à terre, le cheval étant monté. »

Deuxième leçon. — « *Le cavalier en armes, casque ou schako.* — Première partie, de pied ferme. — Sauter à cheval et à terre. — Sauter en croupe et à terre. — Sauter à cheval et à terre, le sabre à la main. — Sauter en croupe et à terre, le sabre à la main, le cheval étant monté. »

Deuxième partie. — « Le cheval en mouvement. — Manière de faire monter un fantassin en croupe derrière un cavalier. »

Nous nous sommes abstenu de commentaires, pensant que le seul exposé des principes admis par le cours de l'École suffirait à montrer les idées d'alors ; il y aurait cependant bon nombre de remarques à faire : ainsi la voltige est présentée comme un complément d'instruction au lieu d'en être une préparation.

Passons aux principes de dressage :

« Pour dresser un jeune cheval, il faut observer comme règles générales, et sans lesquelles cette instruction réussira difficilement :

« 1° De ne jamais manquer de patience et de ne corriger, dans aucun cas, par un mouvement de colère ;

« 2° De ne rien exiger qui soit au-dessus des forces de l'animal, lui donnant des leçons courtes, qu'il suive, qu'il entende bien avant de passer à d'autres ;

« 3° De ne demander que le moins possible et toujours par degrés, ne rendant qu'après avoir obtenu ce qu'on exige du cheval, mais aussi lui donnant, immédiatement après, la récompense due à son obéissance et à sa docilité ;

« 4° De se servir toujours des mêmes moyens pour obtenir la même action, afin de ne pas mettre le cheval dans le cas de les confondre, ce qui le rendrait incertain ;

« 5° De ne jamais entreprendre de corriger deux défauts à la fois ; car on risquerait de le faire se défendre, par la contrainte où on le mettrait ;

« 6° D'avoir sans cesse égard à la force, à la souplesse, au caractère, aux habitudes, à la franchise, à la mémoire, à la conformation, pour exercer conséquemment aux dispositions qu'on aperçoit dans le sujet qui travaille.

« L'expérience a prouvé que l'exercice de la longe, bien donné, développe, assouplit le cheval, augmente ses forces et accélère de beaucoup son instruction. Mais il ne faut pas se dissimuler que cette leçon devient pernicieuse sous la conduite d'un homme qui ignore ce que c'est qu'aplomb et souplesse dans l'animal, et qui n'a pas l'habitude de se servir du caveçon et de la chambrière. Il n'est que trop facile d'en abuser.

« C'est sans doute en raison de ces graves inconvénients, qu'ont fait si rarement usage de la longe pour dresser les chevaux dans la cavalerie. Mais puisque le cours d'équitation militaire est destiné à répandre l'instruction théorique et pratique propre à faire disparaître les inconvénients, il est probable qu'on appréciera mieux désormais un moyen qui donne des résultats prompts et certains dans les mains d'un bon instructeur. Généralement, tous les chevaux qui se présentent avec confiance, qui annoncent de la docilité et qui se servent bien de leurs membres, n'ont pas besoin de la leçon de la longe. Elle doit être réservée pour les chevaux paresseux, chargés d'épaules, bas du devant ; ceux qui se ploient difficilement, qui ne veulent pas souffrir le cavalier ; enfin, pour les chevaux vicieux, qui se retiennent, pointent ou ruent. La longe doit avoir environ 8 mètres (24 pieds) de longueur, et ne pas être trop grosse, afin que son poids ne fatigue pas le cheval.

« La chambrière doit être plus souvent une aide qu'un moyen de châtiment.

« Il doit y avoir entre l'action de la longe et celle de la chambrière le même accord qu'on a recommandé entre l'action des aides et celle des jambes du cavalier, et qui constitue ce qu'on appelle *l'accord des aides.*

« En général, le cheval doit avoir cinq ans pour être soumis au travail des leçons qui vont suivre. Avant cet âge, on doit se contenter de s'occuper de son éducation préparatoire, de le faire promener ; cependant, s'il est fort et bien conformé, on pourra lui donner la première leçon de quatre à cinq. »

Première leçon. — Connaissance des aides pour le jeune cheval qui n'a pas besoin du travail sur le cercle à la longe. — Le cheval sera sellé et en bridon.

« On lui placera aussi le caveçon ; mais on substituera à la grande longe, une légère longe en corde, de six à sept pieds de longueur. On s'en sert pour amener le cheval au manège, et pour lui faire faire quelques tours le long des murs, afin de l'habituer à les suivre sans en être effrayé, l'arrêtant souvent pour le caresser.

« Lorsqu'il aura pris un peu de confiance, on lui donnera la leçon du montoir.

« Lorsqu'on voit le cheval tranquille et confiant au montoir, on lui fait faire quelques pas en avant, étant monté. Le cavalier devra avoir dans chaque main une gaule, qu'il tiendra le petit bout en bas portant le long des bottes, le gros bout sortant un peu de la main du côté du pouce ; il frappe sur ses bottes avec les deux gaules en même temps. Si le bruit qu'elle produisent ne suffit pas, il en touche le cheval derrière les sanglès, très légèrement d'abord, augmentant progressivement l'effet des gaules jusqu'à ce que le cheval obéisse.

« Enfin, si ces moyens sont insuffisants, l'écuyer qui dirige la leçon en chef vient aider le cavalier avec la chambrière.

« Cette première leçon est très importante, parce que, aussitôt que le cheval obéit à la pression des jambes, le cavalier peut prévenir beaucoup de fautes et la plupart des défenses.

« Pour faire tourner le cheval, celui qui tient la longe l'attire dans la nouvelle direction, et celui qui le monte ouvre beaucoup la rêne du côté où l'on tourne.

« Pour exécuter les changements de main, on conduira diagonalement le cheval d'un grand mur à l'autre.

« A la fin de la leçon on apprend au cheval à reculer, avant de le renvoyer à l'écurie. Le sous-officier qui tient la longe la laisse d'abord sans effet ; se plaçant en face du cheval, il saisit de chaque main une rêne de bridon, et portant les deux bras en avant, il fait agir le mors afin de faire reculer le cheval ; s'il s'y refuse, il place les deux rênes du bridon dans la même main, tandis que l'autre main donne avec la longe de légères secousses du caveçon, ou bien touche doucement avec une gaule sur les jambes de devant. »

— *Travail à la grande longe pour les chevaux qui doivent être débourrés et assouplis sur le cercle.*

« On ne sellera pas le cheval les premières fois qu'on l'exercera à la longe.

« Le cavalier qui monte le jeune cheval doit avoir de la tenue et être assez instruit pour remédier aux fautes des chevaux.

« Des actions moelleuses et progressives feront obéir le cheval sans surprise et avec confiance.

« Pour arrêter et reculer, l'action de *scier du bridon* peut être employée avec un grand avantage, en la proportionnant à la sensibilité du cheval.

— *Deuxième leçon.* — *Marcher au trot.* Dans cette première partie de la leçon, le cavalier se servira encore de deux gaules comme dans la leçon précédente.

« La leçon du trot a toujours été regardée avec raison comme celle dont on pouvait tirer le plus de fruit, premièrement, parce qu'elle assouplit le cheval, et en second lieu, parce que le trot, par la nature de ses mouvements, oblige les chevaux à faire agir leurs muscles, ce qui les fortifie, procure du liant aux ressorts, et facilite la distribution des forces nécessaires à chaque action.

« L'objet principal qu'on doit chercher à atteindre en équitation, est de mettre l'homme et le cheval d'aplomb, et de les y maintenir le plus longtemps possible. En dressant le jeune cheval, il faut donc commencer à s'occuper de le mettre droit et d'aplomb dès cette seconde leçon, mais sans trop exiger à la fois ; ce ne sera que dans les leçons suivantes qu'il sera permis de chercher à obtenir davantage.

« La bouche du cheval devient bonne à proportion que les rênes opèrent d'une façon juste et précise. On se bornera d'abord à former de temps en temps quelques demi-arrêts, en tenant les jambes moelleusement près, pour amener peu à peu le cheval à se soutenir. Mais il faut éviter avec le plus grand soin de talonner continuellement des mains et des jambes, ou, ce qui est encore plus pernicieux, de chercher à rejeter tout le poids du cheval sur les jambes de derrière. »

— *Deuxième partie. — Confirmer le cheval dans l'obéissance aux aides et marche circulaire.*

« Le doublé prépare le cheval à obéir aux aides des mains et des jambes, lorsqu'il sera hors des murs du manège.

« Les changements de main rompent la routine. Passer de l'arrêt au pas, du pas à l'arrêt, changer d'allure, allonger, ralentir, sont des opérations qui, faites à propos, donnent de l'aplomb au cheval et l'assurent dans l'obéissance.

« On se servira du reculer comme d'un avis, et en quelque sorte d'un châtiment pour le cheval qui ne se soumet pas aux effets des rênes, soit pour ralentir soit pour arrêter.

« Lorsque les jeunes chevaux ont acquis assez de force, il est bon de leur faire faire de temps en temps deux ou trois tours de manège au trop allongé, mais sans trop les presser.

« L'éperon concourt puissamment à donner au cheval la finesse ; mais il ne faut pas se presser de l'employer sur les jeunes chevaux ; si une fois ils y avaient résisté, il serait bien difficile d'y remédier ensuite.

« Un trop grand degré de finesse des aides serait un défaut dans le cheval de troupe. On ne cherchera donc à donner cette qualité qu'aux chevaux destinés au travail du manège.

« Pour tout cheval de troupe, il faut que les allures soient franches et bien déterminées, qu'il réponde juste aux aides sans être trop susceptible, et qu'il prenne un bon appui de la main, afin qu'il n'en craigne pas le soutien dans les mouvements d'ensemble, ni la pression des jambes qui agissent quelquefois trop vivement dans le rang. »

— *Troisième leçon. — Première partie. — Marche circulaire au trot, marche de côté au pas, et premiers principes de galop.*

« La leçon de galop devra la première fois être donnée individuellement, en se servant des moyens indiqués à l'instruction pratique ; on profitera du passage des coins pour faire partir le cheval, ou bien on déterminera le départ au galop en augmentant graduellement l'allure du trot. Il faut alors élever un peu plus les mains en donnant un peu plus d'action à celle du dehors et fermer les jambes progressivement.

« Le galop sera d'abord modéré, sans mettre cependant le cheval sur les hanches. On aura soin de faire décrire un grand arc de cercle au passage des coins ; on exercera les jeunes chevaux à allonger et à ralentir cette allure.

« Dès qu'on aura commencé à les exercer au galop, on finira toujours les chevaux au pas avant de terminer le travail.

« On ne devra pas non plus oublier de les former en peloton et de les rompre par quatre et par deux, au pas et au trot, afin de les habituer à marcher en troupe. »

— *Deuxième partie. — Travail dans la carrière et promenades au dehors.*

— *Quatrième leçon. — Première partie. — Le cheval en bride.* — « Les premières fois, les rênes de la bride seront flottantes et la gourmette sera accrochée d'une maille plus longue qu'elle ne doit l'être, afin que le mors n'agisse pas sur la bouche du cheval.

« Lorsque le cheval supportera le mors sans impatience, on ajustera la gourmette au point convenable. Alors le cavalier, tenant les rênes de la bride d'une main, et celles du filet de l'autre, se servira du filet comme d'un interprète pour bien faire concevoir au cheval ce qu'on exige de lui avec la bride : car on doit toujours se servir d'une aide ou d'un moyen connu pour donner la connaissance de celui qui est ignoré.

« Les pas de côté sont indispensables au cheval de troupe, pour s'aligner de pied ferme, et c'est à ces mouvements que doit se borner l'instruction du cheval de guerre sous ce rapport. »

— *Deuxième partie. — Travail au galop et dans la carrière.* — « On reprendra dans la carrière le travail de toute la leçon, et l'on achèvera d'habituer les chevaux au maniement et au bruit des armes.

« Enfin, on exercera les chevaux à se porter sur un peloton à pied qui aura fait feu sur eux. »

— *Cinquième leçon. — Première partie. — Travail dans le manège.* — « On joindra à ces mouvements le changement de main au galop et le départ au galop sur la ligne du milieu, observant encore de faire toujours passer au trot avant d'exécuter le changement de pied et de ne faire ce changement du galop au galop qu'avec les chevaux de manège. On n'oubliera pas de faire tracer une piste intérieure à toutes les allures. »

— *Deuxième partie. — Travail au dehors, en peloton; saut de la barrière, de la haie et du fossé.*

« La leçon du saut doit être donnée dans tous ses degrés avec infiniment de ménagement. On se servira de chevaux dressés à sauter pour montrer la route aux autres et les encourager, et les premières leçons seront toujours données séparément à chaque cheval. Dans les premières leçons, après avoir préalablement fait franchir l'obstacle par un cheval dressé, pour donner de la confiance à celui qu'on exerce, on le présentera devant le fossé. Celui qui tient les rênes le franchira, puis appellera le cheval de la voix, du geste, et en lui présentant une poignée d'avoine, un morceau de de pain, etc. L'écuyer se servira de la chambrière pour déterminer le cheval à sauter, mais n'en viendra au châtiment qu'à la dernière extrémité. Avant même de l'employer, on pourra mettre au cheval un caveçon, qui aura trois longes. Celui qui tient la longe du milieu saute alors le premier; les longes de côté sont tenues chacune par un homme, pour empêcher le cheval de se jeter à droite ou à gauche, ou de s'échapper.

« Lorsque le cheval sautera franchement en main, on le fera monter pour lui donner cette leçon, mais par un cavalier sûr de sa position et de ses aides. Il faut laisser les rênes de la bride lâches en sautant. Les jeunes chevaux ne sauteront d'abord qu'une fois par jour; mais il ne faut pas permettre qu'ils rentrent à l'écurie sans avoir sauté. Pour cela, il faut employer tous les moyens qu'on pourra imaginer, pour y amener celui qui s'y refuse sans le châtier. »

— Dressage des sauteurs : *Première leçon des piliers.* — Se ranger. — *Deuxième leçon des piliers.* — Donner dans les cordes. — *Troisième leçon des piliers.* — S'enlever des extrémités antérieures. — *Quatrième leçon des piliers.* — Répétition de la précédente, le cheval monté. — *Cinquième leçon des piliers.* — Enlever de l'arrière-main, sauts et cabrioles. — *Des sauteurs en liberté.*

Cette première partie du Cours de Saumur traite enfin : des défauts des chevaux en général et des moyens d'y remédier.

Le titre Ier de l'emploi du cheval ayant traité avec le plus grand détail tout ce qui est relatif au cheval de selle et au travail de l'équitation, le titre II indique les *autres services auxquels on peut appliquer les chevaux,* tels que le trait et le bât : cette connaissance a paru nécessaire, même aux officiers de cavalerie, pour compléter les études qui se rapportent à l'emploi du cheval.

La troisième partie du Cours d'Équitation traite de la *conservation* du cheval ; on y considère d'abord le cheval en santé, et ensuite le cheval malade.

L'article 1er traite *des différentes espèces d'aliments,* considérés dans leurs effets sur l'organisation du cheval.

L'article 2 est consacré à examiner *la nature de l'air, l'influence des saisons, les changements de température* comme causes agissantes sur la santé des chevaux.

L'article 3 traite des *habitations.*

L'article premier des *Soins à donner au cheval en santé* traite de la manière d'administrer la nourriture aux chevaux.

Dans l'article 2, on parle des soins appelés *pansage.*

L'article 3 traite en détail de la *ferrure*, et est une application de l'examen du pied, donné dans la première partie.

Nous nous arrêterons à cet article pour examiner en passant les idées dirigeantes de l'École de cavalerie à l'égard de la maréchalerie.

« *L'ajusture* est au fer ce qu'est à la chaussure de l'homme la tournure particulière à chacun des souliers. Elle doit remplir ordinairement deux intentions ; l'une d'empêcher que, dans aucun cas, quelle que soit la largeur du fer, il n'appuie sur la sole, et l'autre de présenter au terrain une surface plus ou moins bombée, afin que le pied y éprouve, par un léger mouvement de balancement d'avant en arrière, un appui moins fatigant pour les articulations qu'il n'arriverait sans cela ; ce qui n'est, au reste, qu'une imitation de la conformation du dessous des pieds du cheval qui a marché un certain temps sans fers.

« *L'épaisseur* des fers doit avoir le quart de la longueur de la pince.

« *Les proportions de l'ajusture* seront telles, que le fer sera relevé, dès la seconde étampure, d'une fois son épaisseur, et en éponge de la moitié de cette mesure.

« On tire ordinairement à la pince des fers postérieurs un *pinçon* qui garantit la corne de cette partie. Quelquefois aussi on lève à l'éponge extérieure un *crampon ;* mais lorsqu'on lève ce crampon à la branche externe du fer de derrière, on doit toujours en lever un plus petit à la branche interne; ce petit crampon s'appelle *mouche,* sa hauteur empêche le pied d'être de travers et ne met pas le cheval dans le cas de se couper. »

Le cours décrit ensuite une série de fers particuliers, en indiquant leurs usages :

« *Fer à la florentine. — Fer à pince tronquée. — Fer à éponges tronquées. — Fer à demi-branche dit à la turque. — Fer à étampures irrégulières. — Fer à éponges réunies. — Fer mi-couvert. — Fer à une branche couverte. — Fer à branches couvertes. — Fer à planche. — Fers à bosses. — Fer à long bec. — Fers à tous pieds.* »

Suivent quelques observations sur le ferrage.

« Pour que les clous pénètrent dans la corne et soient disposés à sortir sans blesser l'animal, on les ajuste à l'avance, c'est-à-dire que le maréchal les redresse, les affile et donne à leur pointe une légère direction courbe, qui les prépare à sortir plutôt qu'à pénétrer dans le pied.

« On doit veiller à ce que *celui qui pare le pied pose son instrument à plat,* afin d'enlever la corne également, sauf, bien entendu, le rapport de l'ajusture avec les talons et la pince, mais sans creuser la sole, la fourchette et surtout les talons.

« Il est également recommandé de *laisser poser le moins possible le fer chaud sur la corne;* ce qui est le contraire de l'habitude de presque tous les maréchaux, qui l'y mettent tout rouge, parce que cela leur épargne la peine de la couper. On ne doit tout au plus que laisser le fer chaud imprimer sa forme sur la corne, afin d'être assuré qu'il porte également partout.

« *Le fer doit garnir* (c'est-à-dire déborder) d'environ une fois son épaisseur en dehors, à commencer de la dernière étampure jusqu'à l'extrémité de l'éponge, et être juste en pince et en dedans.

« Quant à l'*action de parer* habituellement la sole et la fourchette, c'est une erreur de croire qu'il ne faille jamais y toucher; mais c'est agir sans principes que d'en retrancher beaucoup, ainsi que de la paroi, parce qu'on expose par là l'ongle à être facilement blessé par les clous de rue, les chicots, et à se déchirer si le fer dont il est armé vient à se détacher peu de temps après y avoir été fixé. Il faut éviter aussi d'évider les talons, rien ne contribuant plus à faire resserrer le pied postérieurement et à aggraver l'encastelure.

« Pour *l'intervalle à mettre entre une ferrure et une autre*, on doit se guider sur la longueur que peut avoir acquis le pied, plutôt que sur l'épaisseur qu'a conservée le fer; car il y a des chevaux qui ne l'usent presque pas. On doit donc, tous les mois, ou toutes les cinq semaines au plus, faire parer la corne inutile et remettre le fer s'il est encore bon, ce que l'on nomme un *rassis*, en ayant soin que cette opération se fasse pour les quatre pieds à la fois, afin que l'animal reste dans son aplomb. On recommande de ne pas enlever, avec la râpe ou autre instrument, l'enduit extérieur de la corne que forme son gluten, parce que cela entraîne le dessèchement du pied et tous les accidents qui en sont la suite. »

Nous relevons les principes donnés pour la *ferrure des pieds défectueux ou qui pèchent par défaut de proportions, de direction*, etc.

Pieds trop grands ou volumineux. — « Parer avec ménagement toutes les parties, diminuant cependant un peu la circonférence de l'assiette; employer un fer ordinaire, plutôt léger que pesant, étampé, maigre, qui garnisse très peu en dehors, et très juste en dedans. »

Pieds larges ou évasés. — « Ne parer presque pas la sole, la fourchette et les points d'appui; employer un fer un peu plus couvert, un peu plus mince, et étampé un peu plus maigre que le fer ordinaire; choisir des clous à lame déliée. »

Pieds trop petits. — « Abattre de la paroi, mais toucher peu à la sole, et ménager la fourchette et les arcs-boutants, surtout si les pieds sont disposés à se resserrer; employer un fer ordinaire, presque sans ajusture, qui garnisse un peu autour du pied, excepté du côté interne : il faut tenir en outre la corne humectée en l'oignant de temps en temps avec quelques corps gras, en laissant par avance les pieds longtemps à l'action de l'humidité. »

Pieds longs en pince. — « Retrancher de la pince le plus possible, mais peu des talons, à moins d'une hauteur excessive; parer comme à l'ordinaire la sole et la fourchette; employer un fer ordinaire, mais dont la pince soit un peu plus relevée (c'est-à-dire ajustée), surtout si l'animal est sujet à buter; faire garnir légèrement le fer vers les talons, et ferrer très juste en pince. »

Pieds trop courts en pince. — « Parer beaucoup les quartiers, les talons et la fourchette, mais peu la pince qui pèche par trop de brièveté; employer un fer ordinaire dont les éponges soient amincies et plutôt courtes que longues : il ne doit jamais y avoir de crampons. Si l'animal bute, il faut tenir la pince du fer un peu allongée et plus ou moins relevée. »

Pieds à talons trop hauts. — « Parer également toute la face intérieure du pied, mais abattre davantage les talons, afin de rejeter un peu plus l'appui sur eux; employer un fer dont les étampures soient un peu plus portées vers les talons, et laisser le fer garni un peu en pince, pour favoriser l'accroissement de cette partie. »

Pieds à talons bas. — « Parer la pince, légèrement les quartiers, et ne pas toucher aux talons ; employer un fer dont les étampures soient portées un peu plus vers la pince, qui sera tenue un peu courte, afin de soulager les parties postérieures. »

Pieds encastelés et à talons serrés. — « Parer beaucoup les quartiers et les talons, mais à plat, et ne pas toucher à la fourchette ni aux arcs-boutants ; employer un fer à éponges tronquées ou raccourcies, et humecter souvent les pieds avec des corps gras. Si le cheval doit marcher sur le pavé, employer un fer à éponges réunies. »

Pieds pinçards ou rampins. — « Diminuer beaucoup la hauteur des quartiers et des talons, ainsi que de la fourchette, mais du moins ménager la pince ; employer un fer à pince un peu épaisse et prolongée et dont les éponges aient un peu moins d'épaisseur que dans le fer ordinaire ; ne chercher à ramener les talons à la hauteur convenable, que par plusieurs ferrures successives. »

Pieds plats ou combles. — « Ne retrancher de la paroi que la circonférence et toucher très peu à la sole et aux talons ; employer un fer plus ou moins couvert, selon la gravité du défaut, et ayant aussi plus d'ajusture.

« Quand les talons sont très bas et faibles, on emploie un fer couvert à éponges réunies. »

Pieds panards. — « Abattre le côté externe du pied beaucoup plus que l'autre, mais point assez cependant pour les mettre tous deux égaux, à moins qu'il n'y ait qu'une légère différence entre eux ; employer le fer ordinaire si le défaut est peu sensible ; s'il l'est beaucoup, employer un fer qui ait une bosse sur le milieu de l'éponge interne. »

Pieds cagneux. — « Employer les moyens contraires à ceux ci-dessus, c'est-à-dire abattre du côté interne et placer la bosse sur le milieu de l'éponge externe. »

Pieds gras ou mous. — « Parer bien également et veiller à ce que les clous ne pressent et n'échauffent pas la corne ; employer pour cela un fer léger un peu couvert et des clous à lame peu forte. »

Pieds secs ou maigres. — « Employer d'abord continuellement tous les moyens propres à opérer le ramollissement de la corne et à obvier à la sécheresse de l'ongle. Abattre le plus qu'il sera possible de la circonférence du pied ; employer un fer léger avec peu d'ajusture et qui garnisse légèrement, et des clous à lame déliée. »

Pieds dérobés. — « Retrancher, autant que possible, toute la mauvaise corne, parant bien également le bord inférieur de la muraille ; employer un fer étampé dans les endroits où la corne est assez bonne pour supporter les lames des clous, qui dans ce cas doivent être assez longs et déliés. »

Pieds à fourchette grasse ou molle. — « La ferrure, quelque bien pratiquée qu'elle soit, n'est pas toujours dans le cas de parer aux suites d'une fourchette grasse ; les soins de propreté, les substances dessicatives, telles que le vinaigre, l'extrait de Saturne, etc., sont les meilleurs moyens de parvenir à ce but. »

Pieds à fourchette maigre ou sèche. — « Parer bien à plat la fourchette et les talons, mais sans les creuser, et graisser fréquemment les parties postérieures de l'ongle, sont les moyens les plus convenables. »

Chevaux courts jointés ou droits sur leurs membres. — « Abattre, selon la gravité du défaut, les quartiers, les talons, ainsi que la fourchette, mais ne pas toucher à la pince qui, presque toujours, est trop courte dans ce cas : employer un fer ordinaire dont les éponges soient courtes et minces et la pince un peu plus relevée que de coutume. »

Chevaux brassicourts, arqués ou bouletés. — « Parer le pied comme dans le cas précédent, en abattant néanmoins un peu plus des talons ; employer un fer dont la pince soit un peu prolongée et plus ou moins relevée, selon le degré d'usure du membre.

« *Nota.* — Dans les deux cas qui viennent d'être cités, ce n'est que progressivement et par plusieurs ferrures successives, qu'il faut ramener l'appui un peu plus vers les talons : le faire tout d'un coup serait exposer les tendons à un tiraillement très prononcé et dangereux. »

Chevaux longs jointés. — « On emploie les procédés contraires à ceux indiqués ci-desus ; on retranche de la pince et on ménage les quartiers et les talons, sans cependant y laisser de mauvaise corne ; on emploie un fer à bosses au milieu des éponges. »

Cheval qui se couche en vache. — « Parer le pied également partout, excepté du côté interne, où on laisse le talon un peu plus haut que de l'autre, afin de pouvoir y incruster l'éponge du fer ; employer un fer dont l'éponge interne soit raccourcie, et incruster l'extrémité de cette éponge dans le talon, de manière qu'elle soit au niveau de la corne. »

Cheval qui se coupe. — « Une ferrure ordinaire, mais très juste du côté interne, suffit assez souvent lorsque le cheval se coupe peu; mais si ce défaut est grave, il faut examiner avec quelle partie de la branche interne du fer l'animal se coupe, tenir cette partie un peu moins large que les autres et ne pas y pratiquer des étampures. »

Des chevaux qui forgent. — « Dans la plupart des causes, on reconnaît des défauts de conformation. Quand l'animal est jeune, on développe son avant-main par l'exercice du cercle, on y joint le fer à bec lorsque les épaules n'ont pas tout le jeu qu'on peut désirer.

« Enfin, on ferre les pieds de devant et ceux de derrière, dans l'intention de hâter le lever des premiers et de retarder celui des seconds; on y parvient en abattant beaucoup les talons des pieds antérieurs et la pince des pieds postérieurs; les talons de ceux-ci doivent être ménagés, afin que, leur extension en arrière étant assurée, ils quittent le sol moins vite, et ceux de devant plus promptement que le moyen contraire. »

Dans l'article 4, on apprend au cavalier la manière la plus convenable de *seller*, de *brider* et de *placer l'équipement* que doit porter le cheval.

L'article 5 fait connaître le travail auquel un cheval peut être assujetti.

Enfin, on considère le cheval en campagne.

Le titre II, *de la conservation du cheval*, se rapporte au cheval malade.

Dans la IVe partie du Cours d'équitation, on traite des *races* et *haras*, des *remontes* et des *réformes*.

On apprend dans l'article 1er la manière d'examiner les chevaux et de juger leurs qualités, tant à l'écurie qu'au dehors, dans l'état de repos et de mouvement. On fait connaître toutes les *ruses* employées par les maquignons pour cacher les défauts des chevaux, soit en les présentant dans les marchés, dans les foires, chez les marchands, soit même chez les habitants qui les élèvent. L'article 4 indique les *soins qu'exigent les jeunes chevaux*. L'article 5 contient tout le détail du *travail pratique* destiné à leur instruction.

École de Cavalerie

Courses de Têtes et de Bagues

AUBRY : *Cours d'Équitation de Saumur.*

V

Les équitations étrangères en 1830. — Parallèle de l'équitation française et de l'équitation allemande, École de Versailles et École d'Eyrer. — Le harnachement de la cavalerie française : selle à la royale, selle hongroise. — Selle anglaise. — Suppression du manège de Versailles. — La mode équestre de 1830. — Steeple-chase et courses au clocher. — La Croix-de-Berny : MM. le comte de Vaublanc, capitaine Allouard, de Saint-Pol, de Normandie, comte Le Coulteux, comte et vicomte de Montécot, du Bouëxic, de la Mothe, comte de Tournon, Mackensie-Grieves, vicomte Artus Talon, vicomte A. de Lauriston, duc de Grammont, de Saint-Germain, marquis de Saint-Sauveur, comte de Cossette, marquis de la Bigne, etc. — Aubert. Traité raisonné d'équitation : délaissement de l'équitation académique ; attaques contre l'anglomanie ; les douze principes de la position à cheval ; leçon de la longe ; les expressions dont on doit se servir pour rectifier la position de l'élève ; leçon du ballotteur ; tout dans la belle position pour le commençant ; tout dans le sentiment du temps de jambe pour l'écuyer ; quelques principes de l'auteur ; le surfaix d'enrênage allemand ; dressage à la longe ; dressage à l'aide des piliers ; le dressage de M. Moré, écuyer de l'école allemande ; les figures du manège d'académie ; départ au galop, le cheval droit ; changement de pied ; du bridon joint à la bride ; collier pour démontrer sur quel pied le cheval galope ; le temps à saisir ; la meilleure méthode pour dresser les chevaux à tous les usages. — État-major et officiers élèves de l'École en 1830. — La promotion des récompenses nationales. — Essai du mors annulaire du colonel de Brack. — Le colonel de Morell, commandant l'École. — L'anniversaire des journées de juillet. — Inspection du général de Sparre. — Inauguration du travail individuel dans les reprises de manège. — Réorganisation de la cavalerie : six escadrons par régiment ; cavalerie légère, cavalerie de ligne, cavalerie de réserve ; fusil des dragons ; escadrons de tirailleurs aux lanciers ; escadrons de lanciers aux chasseurs. — Réorganisation du service général de la remonte. — Etat-major et officiers-élèves de l'École en 1831.

Bien que nous ne voulions pas entreprendre l'étude des équitations étrangères, et que, pour l'équitation française, nous cherchions à nous restreindre le plus possible à l'équitation militaire, il est cependant nécessaire de dire quelques mots seulement des équitations des autres pays, pour montrer ce qu'elles enseignaient à l'époque où nous en sommes. Nous avons prouvé que l'équitation italienne avait été leur souche commune, et nous les avons laissées à leurs divergences en indiquant leurs tendances respectives. Nous ne pouvons pas nous étendre, mais après avoir étudié les transformations successives des idées équestres en France, après les avoir suivies jusqu'au moment de leur formule par le Cours d'Équitation de l'École de cavalerie que nous venons d'exposer, il nous semble être temps de rappeler ce qu'étaient devenues les équitations étrangères.

Il faut bien le dire, toutes avaient subi plus ou moins complètement l'abandon que nous avons constaté en France après ce grand enthousiasme qui avait été universel. L'époque mouvementée qui avait ensuite bouleversé l'Europe tout entière n'était pas propice au retour des goûts équestres, puis l'anglomanie se répandant et devenant une mode dominante avait détourné les esprits de l'étude de l'équitation proprement dite.

En 1830, il n'y a plus guère que deux écoles qui subsistent comme principes dirigeants : l'école française et l'école allemande.

L'école italienne, longtemps stationnaire et même rétrograde, s'est laissé devancer par ses copistes, à tel point qu'elle a dû plus tard les copier à son tour.

L'école espagnole, elle aussi, trop longtemps stationnaire, s'est fait un particularisme de ses chevaux spéciaux : les chevaux andalous.

Quant à l'école anglaise, elle a dévié, comme nous l'avons dit, en prenant une autre spécialité : l'équitation dite sportive.

Reste donc l'équitation française et l'équitation allemande; quelques lignes de parallèle suffiront à en montrer les différences essentielles.

D'abord les Allemands, plus soucieux que nous de l'art du manège, avaient moins cédé aux exagérations de l'anglomanie dont se plaignaient avec raison tous nos écuyers. L'instruction équestre, dans les académies d'équitation, était toujours restée la base de l'enseignement, et partant, les principes de tenue et de conduite avaient continué à caractériser l'équitation allemande. Aussi, cette rectitude de tenue et de position s'offrant en comparaison avec le laisser-aller des anglomanes, faisait-elle taxer les cavaliers allemands de raideur ; on leur reprochait volontiers d'avoir une équitation guindée et mécanique.

Si nous faisons une concession aux détracteurs des Allemands en reconnaissant que ceux-ci sont en général un peu raides, nous devons dire que leurs cavaliers sont très minutieusement instruits des principes d'équitation et leurs chevaux remarquablement dressés.

Le système français connu sous le nom d'*École de Versailles*, avait pour caractère principal la grâce et la finesse ; la position de l'homme était aisée et agréable ; la jambe tombait naturellement de son propre poids. Du reste, beaucoup de vague dans l'exposé des principes, peu de moyens indiqués. On arrivait, après beaucoup de temps, à des résultats fort élémentaires ; il y avait peu de difficultés résolues ; les chevaux n'étaient point gâtés, mais ils restaient à peu près ce que la nature les avait faits. Quant au cavalier, peu d'entrain, de l'assiette, de la fixité dans les défenses, mais ignorance complète de la manière d'employer le cheval dans le plus grand développement de ses moyens.

D'après le système allemand, ou l'*École d'Eyrer*, à Gœttingue, le cavalier, plus près de son cheval, aussi bien placé, mais instruit, avec beaucoup de détails et de précision, des effets de main et de jambes, obtenait beaucoup plus de ses chevaux, en les fatiguant moins; il les dressait, les façonnait, et pouvait les rendre doux, francs et commodes, même pour une main inhabile. Meilleure pour le cavalier, et surtout pour le cheval, cette méthode se recommandait par les résultats qu'on obtenait de son application dans l'armée hanovrienne.

D'après les principes de l'école allemande, le corps du cavalier se partage en trois parties, dont l'une est immobile et deux sont mobiles : la partie immobile comprend les cuisses, les fesses et les hanches. Le haut du corps doit être droit, un peu incliné en arrière, afin de résister à la propension naturelle qu'ont les cavaliers de se porter en avant. Les épaules doivent être en arrière et pendantes, pour faire avancer la poitrine. Le dos doit être dans son aplomb habituel, mais un peu cambré. Les bras doivent être maintenus près du corps, sur lequel ils restent collés sans effort, afin de donner plus de solidité aux mains et plus d'obéissance à leurs effets. L'assiette se prend sur trois points : l'enfourchure et les pointes des fesses. Les cuisses, tournées sur leur plat, pour adhérer complètement à la selle, tombent perpendiculairement. La jambe, pliée au genou, doit se maintenir derrière la sangle, le talon étant placé plus bas que la pointe des pieds.

L'école française limite la partie immobile entre les deux articulations de la cuisse, tandis que l'école allemande, d'accord avec les anciens écuyers, comprend encore, comme parties immobiles, le bassin et les hanches.

D'après l'école française, la tête et le haut du corps doivent être libres et droits; d'après l'école allemande, ces parties doivent être inclinées en arrière tout en étant libres et droites.

Bohan, copié par Saumur, condamnait la position allemande parce qu'elle a l'inconvénient de faire perdre l'équilibre et de porter les genoux en avant, à moins que le cavalier ne redresse les reins ou ne serre les genoux pour résister à l'entraînement.

L'École de Saumur prescrit l'effacement des épaules pour faire ouvrir la poitrine et éviter qu'elle porte en avant. Les Allemands, au contraire, veulent la poitrine légèrement proéminente, aussi prescrivent-ils le dos un peu cambré.

D'après l'école française, les bras doivent être libres et tomber naturellement; l'école allemande veut qu'ils soient maintenus près du corps pour avoir plus de fermeté.

L'école française veut que l'assiette se prenne sur deux points, les deux ischions, qui doivent être glissés le plus en avant possible. L'école allemande prescrit l'assiette sur trois points, les deux ischions et l'enfourchure.

L'assiette française fait asseoir davantage le cavalier sur les fesses; d'après l'assiette allemande, il est un peu plus sur l'enfourchure, et la position du haut du corps en acquiert plus de rigidité.

Les cuisses, selon l'école française, doivent s'allonger par leur propre poids et celui des jambes; celles-ci doivent tomber naturellement, entraînées par le poids des pieds qui, sans étriers, pendent de chaque côté, un peu plus bas que le talon.

L'école allemande veut plus de fermeté aux cuisses et aux jambes; c'est à cet effet qu'elle prescrit de maintenir les jambes derrière la sangle, et les talons plus bas que la pointe des pieds.

Cette comparaison nous amène à conclure que la méthode française est basée uniquement sur la souplesse et l'équilibre, tandis que la méthode allemande, tout en prescrivant l'une et l'autre de ces qualités, exige une certaine rigidité dans la tenue.

En 1830, la cavalerie française a encore deux selles tout à fait différentes. On emploie la selle à la royale pour la grosse cavalerie et les dragons, et la selle hongroise pour la cavalerie légère. Les selles des officiers ne sont pas tout à fait semblables à celles de la troupe; n'ayant pas de charge si lourde à porter, on leur a donné plus de légèreté.

La raison de la différence des selles suivant la différence des armes tient à plusieurs causes. La première est l'origine des régiments de grosse cavalerie et de ceux de cavalerie légère. La grosse cavalerie, dont l'origine remonte à la gendarmerie française, a conservé la selle à la royale qui vient de la selle à piquer. La cavalerie légère, originaire de la Hongrie, a conservé la selle hongroise. Une autre cause alléguée tient au genre de service de l'une et de l'autre cavalerie. La selle hongroise, plus légère, permet de laisser le cheval sellé plus longtemps, ce qui convient à la cavalerie légère. D'un autre côté, on prétend que le cheval est plus promptement sellé avec la selle et l'équipement à la hongroise qu'avec la selle et l'équipement à la française. Or, la cavalerie légère, exposée aux surprises et aux alertes, a dû être pourvue de selles qui permettent d'équiper le cheval avec célérité. Mais il n'est pas encore parfaitement prouvé que la selle hongroise ait cet avantage sur la selle à la française.

Il est, de plus, un genre de selles qui, généralement adoptées par les amateurs de l'exercice du cheval, n'avait point encore été admis dans les manèges, ni appliqué au service de la cavalerie ; Saumur n'en avait que quelques-unes pour monter les chevaux de carrière à l'extérieur : c'est la selle anglaise.

La selle anglaise a eu beaucoup de peine à prendre en France, et si elle a réussi tout d'abord comme objet de mode, il lui a fallu bien du temps pour triompher de la répugnance des écuyers.

C'est aujourd'hui la selle de promenade et de chasse de tout cavalier civil ou militaire, et la selle française n'est plus qu'une tradition au manège de Saumur. Ainsi vont les temps et les usages.

Aussi légère que solide, la forme dégagée de la selle anglaise est tout au profit de la beauté du cheval, que les autres selles couvrent et entravent par des courroies et par des liens multipliés.

Elle va facilement à un grand nombre de chevaux et n'est que peu susceptible de blesser. La solidité du siège est si grande, que dans une selle vieille, mais bien faite, on distingue à peine les endroits où les pointes des fesses portent habituellement, avantage que n'a pas la selle française, si facilement rompue par le cavalier. Quoique la manière de trotter à l'anglaise contribue pour beaucoup à ménager le siège, l'expérience prouve néanmoins que la selle anglaise a réellement cet avantage sur les autres.

Quoiqu'il en soit, on en connait de deux sortes en Angleterre : la selle rase et la selle de chasse. Les quartiers sont rembourrés dans celle-ci et plats dans l'autre.

L'incontestable légèreté des selles rases fait que ce sont les seules employées dans les courses ; mais pour les chasses, les promenades et les voyages, les quartiers matelassés deviennent d'un secours indispensable.

On commençait à désirer que les avantages de construction de cette selle pussent être appliqués à la selle de cavalerie ; mais pour cela, il fallait y faire d'importantes modifications, et l'on fit bien des essais infructueux.

L'arçon de la selle de la grosse cavalerie et des dragons est composé de douze pièces en bois.

Les parties de devant sont les deux pointes et les deux lièges. Celles de derrière sont les deux pointes, les deux pontets et les deux pointes du troussequin. Ces parties sont réunies par deux bandes qui servent à donner la forme à la selle.

Les deux pointes de devant se terminent en arcade, et forment la liberté du garrot, que l'on appelle ordinairement *collet*. Les deux lièges qui sont collés sur les deux pointes de devant servent à contenir les cuisses de l'homme et à les empêcher d'aller en avant.

Les deux pointes de derrière réunies par un pontet ont la forme d'un demi-cercle et servent à empêcher que le cheval soit blessé sur le rognon. Dans ces deux pointes sont pratiquées deux mortaises destinées au passage des courroies de charge.

Les deux pointes du troussequin réunies par un autre pontet sont collées sur les pointes de derrière et forment le troussequin qui sert à empêcher le cavalier d'aller trop en arrière et à le garantir de la charge. Dans le pontet du troussequin est également pratiquée une mortaise servant au passage de la courroie de charge du milieu.

Les parties en fer sont la bande du collet servant à raffermir les lièges, la bande de garrot, la bande de rognon, la contre-bande et la chape de croupière servant à fixer la croupière.

Les bandes de garrot et de rognon et la contre-bande servent à renforcer les pointes de devant et de derrière.

Comme accessoires : les porte-étrivières ; les chapes de contre-sanglon ; les boucles enchapées pour le poitrail ; les plaques en fer, pour supporter les fontes ; le crampon, pour la courroie de manteau du milieu, avec un anneau pour la courroie de porte-crosse.

Le faux-siège est formé de sangles croisées, clouées sur l'arçon.

Les quartiers servent à couvrir les boucles de sangle et empêchent les ardillons d'écorcher les jarrets du cavalier. Le jonc du siège est un liseré de cuir qui sert à réunir les quartiers au siège, et à en couvrir la couture. Les galbes sont les deux petites bandes de cuir qui servent à réunir les quartiers et à en couvrir la couture ; au-dessus du galbe de devant est le crampon de la courroie du milieu pour attacher le manteau.

Les battes sont formées des lièges rembourrés et couverts de cuir, et servent à empêcher le cavalier de se porter trop en avant. Le troussequin, rembourré et couvert de cuir, sert à contenir les fesses du cavalier.

Le porte-fer sert à fixer un fer de cheval ajusté. Les courroies de charge servent à assujettir le porte-manteau. Les courroies de manteau servent à fixer les pointes du manteau et les musettes contre les fontes.

Les panneaux servent à empêcher le cheval d'être blessé par l'arçon : ils sont divisés en longes, formant aux extrémités la liberté du garrot et celle du rognon, en pointes de devant et de derrière, en mamelles, en ouvertures, servant à rembourrer les panneaux ; en portes, lesquelles facilitent au cavalier le moyen d'être plus rapproché de son cheval.

Les blanchets servent à renforcer les quartiers. Les courroies en cuir servent à recevoir les attaches qui fixent le coussinet à la selle. Les trousse-étriers sont deux morceaux de cuir destinés à tenir les étriers relevés. Les contre-sanglons servent à recevoir les boucles des sangles ; ils sont au nombre de huit, dont six servent habituellement : les deux autres sont seulement de précaution.

La fonte sert à recevoir le pistolet. L'étui de hache est destiné à porter une hache de campagne. La fonte et le porte-hache sont fixés à la selle par un chapelet qui les réunit, et aux montants du poitrail par les ronds de fonte. Les courroies de chapelet qui se fixent par-dessus les battes, servent à assujettir le chapelet à la selle.

A l'enchapure des étriers se trouvent deux passants, dont un sert à maintenir les étrivières dans l'œil de l'étrier, et l'autre à recevoir l'extrémité de l'étrivière qu'on y passe plusieurs fois.

Le poitrail a deux côtés. Au milieu des montants se trouvent les ronds de fonte servant à fixer la fonte et le porte-hache.

La croupière sert à empêcher la selle d'aller trop en avant ; elle se divise en longe, fourchette et culeron.

Le coussinet sert à empêcher le cheval d'être blessé par la charge. Il est formé par deux petits panneaux, maintenus par des pièces de cuivre qui les recouvrent. Ces panneaux offrent une ouverture pour les rembourrer. La bordure renforce le coussinet, les attaches en cuir fixent le coussinet aux courroies de l'arçon.

Les sangles se divisent en première sangle, deuxième sangle, surfaix et travers.

La schabraque sert à recouvrir la selle et le manteau ; elle se divise en deux parties : le devant couvre les fontes et le manteau ; le derrière forme la housse qui garantit l'habit du cavalier de la sueur du cheval ; le siège est en peau de mouton, les entrejambes sont en cuir noir. Les passants donnent passage aux courroies de charge du manteau ; la schabraque est bordée par un galon.

Le surfaix de schabraque sert à maintenir la schabraque sur la selle. Il est en cuir noir, ayant une boucle à une de ses extrémités et un contre-sanglon à l'autre ; les passants servent à maintenir l'extrémité du contre-sanglon.

L'arçon de la selle de cavalerie légère dite à la hussarde comprend quatre pièces en bois. Ces pièces sont l'arcade de devant, surmontée du pommeau, les bandes, l'arcade de derrière, surmontée de la palette, et les huit chevilles.

Les pièces en fer qui garnissent l'arçon sont : les croissants, qui servent à soutenir les arcades, et les rivets, qui servent à maintenir les deux crampons des courroies de charge.

Une bordure en cuivre sert à conserver le contour de la palette et de l'arcade de derrière. A la partie supérieure des bandes et aux arcades se trouvent aussi six petits trous qui servent au passage de lacets roulés, servant à fixer les parties latérales du siège.

Au pommeau se trouve un crampon en cuir destiné à recevoir la courroie du milieu qui sert à assujettir le manteau.

Il existe à la palette une mortaise pour la troisième courroie de charge.

La croupière sert à empêcher la selle d'aller trop en avant.

La fausse martingale, avec son œillet, sert au passage de la sangle et du surfaix, et empêche l'un et l'autre de glisser en arrière. La couture qui réunit la fausse martingale aux montants est recouverte par deux cœurs en cuir sur l'un desquels est fixé un cœur en cuivre destiné à porter le numéro du régiment.

La schabraque ne diffère de celle de la grosse cavalerie que par les pointes de derrière, qui sont plus longues. La selle à la hussarde repose sur une couverture ployée en douze ou en seize selon sa grandeur.

Le manège de Versailles, qui avait repris quelque peu de son ancienne splendeur avec la Restauration, fut impitoyablement supprimé par la révolution de 1830. Les écuyers et les piqueurs formés à cette belle école furent encore une fois dispersés, et leurs talents n'eurent plus même de crédit auprès des anglomanes de la nouvelle mode. Quant à tous ces beaux chevaux de haute école, à tous ces sauteurs de piliers et en liberté du manège de Versailles, s'ils avaient un grand prix pour une académie d'équitation, ils n'avaient que peu de valeurs commerciales, aussi la plupart furent-ils vendus pour la peau, douze, quinze et vingt francs.

C'est ainsi que disparut subitement la dernière académie d'équitation, celle qui avait fait si longtemps école en France comme à l'étranger, et dont l'enseignement, classique par excellence, caractérisait la pure équitation française. Ce n'est pas qu'elle eût démérité, car, à la veille de sa chute, elle faisait encore l'admiration de tous, et un écuyer des plus autorisés en parlait dans les termes les plus élogieux :

« *Il n'y a pas de manège où l'on parle moins que celui de Versailles, et il n'y en a pas où l'on monte mieux à cheval. Cela tient à trois principales causes : 1° à ce que les élèves commencent très jeunes; 2° à ce qu'ils restent longtemps en selle à piquet sur de véritables chevaux d'école ; 3° à ce qu'ils ont sans cesse sous les yeux des reprises d'écuyers qui leur servent de modèles.* »

Mais le manège de Versailles a été sacrifié à la mode. Un autre écuyer, fidèle aux saines doctrines de la vieille équitation française, M. Aubert, l'exprime en exhalant ses regrets contre l'anglomanie de cette époque :

« *Tel est, dans notre pays, l'empire de la mode, qu'on ne peut aujourd'hui se montrer à la promenade en bottes à l'écuyère, sans être montré au doigt et pris souvent pour un gendarme. Or, beaucoup de gens sont persuadés qu'un très ample pantalon de coutil, de grands éperons qui traînent à terre en marchant, et un gourdin à la main, sont, pour monter à cheval, d'une impérieuse nécessité et surtout d'un goût exquis, comme mise ; il ne faudrait plus qu'une pipe pour compléter cette tenue équestre.* »

Le progrès s'est accompli ; de nos jours, la pipe est de rigueur.

Le steeple-chase a servi de transition et de prétexte à cette transformation de l'équitation française. Après la révolution de 1830, une jeunesse riche, élégante et appartenant à un certain milieu social, profita de ce mouvement politique pour prendre en main la direction de la mode et de la fashion parisienne. Elle arrivait aux affaires — que l'on veuille bien nous passer cette expression passablement hasardée — imbue des habitudes anglaises. Jetant loin d'elle les errements de la vieille tradition française, elle opéra à son tour une révolution dans l'ordre d'idées dont elle était l'expression. On fonda le Jockey-Club. Le pompeux cérémonial de la vénerie fut relégué au Cabinet des Antiques, l'habit rouge et les bottes à revers remplacèrent l'uniforme galonné, le lampion et les bottes à chaudron. Puis, comme il fallait bien encore fonder quelque chose, le steeple-chase, jusqu'alors inconnu en France, même de nom, fit brusquement son apparition sous le patronage de quelques cavaliers hardis, aventureux, ayant fait — à huis clos — leur indispensable apprentissage en Angleterre.

A son origine, la course au clocher n'était courue que des chasseurs de renard ; c'est-à-dire des gentlemen. Pour exercer leurs chevaux avant l'ouverture de la saison, ou pour se rendre compte de leurs qualités respectives, on se réunissait dans une contrée connue pour présenter de sérieuses difficultés. On avisait un clocher, dans le lointain, et on le prenait pour poteau d'arrivée. Puis les coureurs partaient chacun suivant la ligne qui lui convenait, en affrontant au train qu'il voulait toutes les chances diverses de cette route inconnue. Le premier arrivé au clocher était proclamé le vainqueur de la course.

Dans ce temps, ce sport était donc le partage exclusif des gentlemen-riders. Cet exercice rentrait, d'ailleurs, beaucoup plus dans leurs aptitudes que dans celles des jockeys de profession. Un steeple-chase de cette nature, en effet, doit être monté dans un style se rapprochant plus de l'équitation ordinaire que de la spécialité du jockey.

Aussi en consultant attentivement les vieilles gravures anglaises, voit-on tous les cavaliers de steeple-chase de cette époque bien assis dans leurs selles, leurs chevaux embouchés avec des mors de bride, en un mot les uns et les autres étant agencés en vue du but auquel ils voulaient atteindre. En course plate, au contraire, tout est calculé pour tirer la quintessence de la vitesse de l'animal. L'effort d'un cheval ne dure et ne peut durer que quelques minutes; mais il n'est pas nécessaire d'être un homme de cheval bien complet pour s'imaginer la figure que pourrait faire un jockey sur une selle de trois ou quatre livres, droit sur ses étriers, emmené à travers pays par un cheval avec un filet et tirant à plein bras; tous les deux n'en auraient pas pour trois minutes.

Il y a bien loin de l'organisation toute primordiale de la course au clocher à la physionomie du steeple-chase de nos jours, qui ne présente plus que l'aspect d'une course déguisée.

Cette transformation fort regrettable s'est opérée progressivement à mesure que les chevaux de pur-sang ont pris part à ces luttes autrefois réservées à des chevaux de demi-sang ou d'origine non tracée au stud-book.

La *Croix-de-Berny* fut, en France, le berceau du steeple-chase.

Les manèges ne tardèrent pas à être négligés, puis délaissés, enfin complètement abandonnés. A cela il y aurait eu au moins compensation, si le nouvel état de choses eût conservé la physionomie qu'il affectait à son début : au lieu d'écuyers fins et savants, comme MM. le marquis de la Bigne, le chevalier d'Abzac, le vicomte d'Aure et Baucher, nous aurions eu d'intrépides et aventureux cavaliers possédant une pratique pouvant tenir lieu de la science, tels que d'abord *MM. le comte de Vaublanc, capitaine Allouard, de Saint-Pol, de Normandie, comte Le Coulteux*, formant la première génération de ces transformations de l'équitation française proprement dite; puis, après eux, *MM. le comte et vicomte de Montécot, du Bouëxic, de la Mothe, comte de Tournon, Mackensie-Grieves;* enfin, la dernière pléiade, plus nombreuse encore, composée de *MM. le vicomte Artus Talon, vicomte A. de Lauriston, duc de Grammont, de Saint-Germain, marquis de Saint-Sauveur, comte de Cossette, marquis de la Bigne*, etc.

Mais comme nous l'avons dit, le steeple-chase avait changé de but, sa manière de faire n'était déjà plus la même. Sous l'influence de l'envahissement de la course, les obstacles s'étaient abaissés, le train était devenu excessif; les véritables sauteurs, c'est-à-dire ceux capables de porter un homme à travers pays, faisaient place à des chevaux de course, de classe médiocre, escamotant un obstacle peu sérieux dans leur foulée de galop. Dans ces conditions, le steeple-chase devait bientôt être abandonné des gentlemen-riders pour devenir le partage exclusif des jockeys de profession. En effet, pour courir ces épreuves, le jockey doit être aussi sévèrement entraîné que le cheval lui-même, sinon il lui devient impossible de prendre part à la lutte; il serait battu à la moitié du parcours, quelle que puisse être son habileté.

En 1830, nous devons signaler un traité d'équitation qui se rattache à l'équitation militaire et à l'équitation académique par la double qualité de son auteur, écuyer de l'École d'État-Major. TRAITÉ RAISONNÉ D'ÉQUITATION D'APRÈS LES PRINCIPES DE L'ÉCOLE FRANÇAISE, *par A. Aubert, ex-professeur-écuyer de l'École royale d'application pour les officiers d'état-major.*

M. Aubert commence par se plaindre du délaissement de l'équitation académique : « *Malheureusement, l'anglomanie est le mal du pays; c'est surtout depuis que tout le monde va à cheval à l'anglaise, c'est-à-dire ridiculement et sans aucune règle ni principe, que personne n'apprend à conduire les chevaux sûrement et habilement. Je ne pouvais donc choisir une époque plus défavorable pour publier un Traité d'Équitation, que celle où tant de gens influents n'ont que des paroles moqueuses pour le manège et les écuyers français, et citent avec extase les jockeys anglais comme le beau type du cavalier modèle.* »

C'est avec raison que M. Aubert pose comme premier principe que l'on doit considérer l'assiette comme la base fondamentale de toute équitation. Et pour démontrer la nécessité de la belle position, il ajoute : « *Il est encore bien prouvé qu'un homme bien à cheval, régulier dans sa position, a fort peu de chose à faire pour avoir de bonnes aides.*

« *Mais il ne suffirait pas d'expliquer l'arrangement que doivent avoir toutes les parties du corps à cheval, selon les règles de la bonne école et applicables seulement à un homme très bien fait, dont toutes les proportions seraient parfaitement justes; il faut nécessairement s'étendre et suivre les variations qu'offrent aux yeux des vrais connaisseurs la conformation particulière à chaque élève.*

« *Aussitôt que l'élève est à cheval, l'écuyer doit commencer par le placer droit dans la selle, le plus près possible du pommeau, en lui expliquant tout de suite l'avantage d'une bonne assiette, comme base de la position. Il ajoutera beaucoup à la clarté de la démonstration, s'il sait joindre à propos l'expression du geste. Le geste et le toucher sont deux moyens qui facilitent beaucoup la leçon de tous les excercices du corps.*

« *Douze principes généraux servent à établir la belle position du cavalier : 1° la tête haute et libre entre les deux épaules; 2° la poitrine bien ouverte sans être saillante; 3° la pointe des épaules en arrière et d'aplomb sur les hanches; 4° le haut du corps, dit buste, aisé, libre et droit; 5° les bras sur la ligne du corps, tombant naturellement à deux pouces des hanches; 6° les coudes tombant naturellement ni en avant ni en arrière des hanches; 7° l'avant-bras et le poignet sur une ligne horizontale; 8° les reins moelleusement soutenus et un peu ployés; 9° l'assiette chargée du poids du corps bien au milieu de la selle, les fesses chassées en avant sous la base; 10° les cuisses assez tournées en dedans pour être collées à plat sur la selle, sans serrer les genoux; 11° les jambes libres et assurées tombant naturellement près le corps du cheval, un peu inclinées en arrière, sans étriers et perpendiculairement, quand elles sont portées par les étriers; 12° les pieds tombant d'aplomb sur la ligne des jambes, la pointe un peu plus basse que le talon, sans étriers et de niveau avec les étriers.* »

De la leçon de la longe. — « *Elle a pour but d'habituer l'écolier à conserver sa position au pas et au trot, de lui apprendre à faire tourner son cheval aux deux mains, à le porter en avant, à l'arrêter, à changer ses rênes de main, selon les changements de piste, à les ajuster, etc., etc.*

« *Je ne parle pas, quant à présent, du bridon d'école séparé à deux mains, parce que je suis ici le principe du manège d'académie, qui veut que les leçons de longe soient données avec la bride seule. Dans le manège militaire, on donne les premières leçons en bridon parce qu'on est souvent obligé de débourrer les hommes et les chevaux en même temps, chose qui serait impossible avec la bride.*

« *On doit souvent rappeler aux commençants de porter l'assiette en dedans, de peser sur la fesse du dedans, d'avancer l'épaule et la hanche du dehors, en effaçant celles de dedans.* »

M. Aubert indique les expressions dont il faut se servir pour rectifier la position de l'élève : « *Levez la tête. — Ne la renversez pas. — Ne l'appuyez pas sur l'une ou l'autre épaule. — Laissez-la libre entre les deux épaules. — Ne la levez pas avec affectation:*

« *Ouvrez la poitrine en portant les épaules en arrière. — Ne rendez pas la poitrine saillante. — Effacez vos épaules. — Portez la pointe des épaules en arrière. — Baissez également vos épaules. — Ne levez pas les épaules.*

« *N'écartez pas les bras du corps. — Ne levez pas les coudes. — Ne serrez pas les coudes au corps. — Laissez tomber les coudes naturellement sur les hanches.*

« *Laissez-vous asseoir. — Laissez-vous porter naturellement sur les fesses. — Chargez l'assiette du poids du corps. — Chassez l'assiette en avant pour vous rapprocher le plus possible du pommeau de la selle.*

« *Tournez les cuisses en dedans du haut de la hanche pour les mettre sur leur plat. — Ne serrez pas les cuisses. — N'ouvrez pas les cuisses.*

« *Assurez vos jambes. — Observez que vos jambes ne peuvent être en bonne position et servir avec justesse qu'autant qu'elles sont relâchées et abandonnées à leur propre poids.*

« *Soyez souple et liant sans mollesse. — Ferme et assuré sans raideur. — Recherchez une position gracieuse et régulière en évitant l'affectation. — Dans ces dernières leçons de longe, l'élève apprendra à rassembler son cheval.*

« *Si nous l'avons conduit jusqu'ici plutôt par routine que par raisonnement, il n'en aura pas moins les deux choses les plus essentielles : bien placé et assis. Bien entendu qu'il ne pourra encore posséder ce qu'on appelle de la grâce.* »

L'auteur conseille un sauteur spécial pour confirmer la position du commençant : « *Si l'élève est encore un peu emprunté, les leçons sur les* « *balloteurs* » *dissiperont bientôt ce léger défaut.* »

Et il ajoute : « *L'élève conduit comme je l'ai indiqué à cette seizième leçon, sera mis en liberté à la fin de la reprise et toujours sur un cheval d'École.*

« *On devra lui recommander tout de suite trois choses principales : 1° d'observer sa distance (la longueur d'un cheval entre lui et son chef de file) ; 2° d'entrer dans les coins ; 3° d'empêcher son cheval de tourner avant le chef de file dans les doublés, voltes, etc. Il faudra le rappeler encore à avancer le côté du dehors en effaçant celui du dedans.*

« *Il reste, pour compléter la position de l'élève, qu'il tienne le bridon dans la main de dedans qui, jusqu'alors, est restée libre. Je ne parle pas des étriers, que je ne lui donne que vers la quarantième leçon. Ce bridon lui devient maintenant indispensable, parce qu'après quelques leçons en liberté, il doit apprendre à tenir son cheval placé ou dans le pli.* »

M. Aubert nous indique ses sources : « *Les développements qui vont suivre, sont en partie empruntés à Mottin de la Balme. J'ai soigneusement conservé, pour la tenue des rênes et le travail des mains, les traditions de l'École de Versailles. Quant à mon système d'enseignement, je ne le tiens que de moi seul. Ce système se résume dans peu de mots :* TOUT DANS LA BELLE POSITION QUAND ON COMMENCE. — TOUT DANS LE SENTIMENT DU TEMPS DE JAMBE PAR LEVÉE ET FOULÉE QUAND ON ASPIRE A DEVENIR ÉCUYER CONSOMMÉ. »

Et quant à l'art de dresser les chevaux pour tous les usages, il l'analyse encore par ces trois mots : *méthode, patience* et *douceur.*

Relevons quelques principes de l'auteur :

« *Point de bonne main sans une assiette et une position bien assurées.*

« *Ce n'est pas avoir une bonne main que d'avoir les rênes lâches.*

« *Si la fixité de la main est nécessaire pour mener des chevaux parfaitement dressés, sa mobilité ne l'est pas moins avec ceux qui prennent de l'appui ou qui ont une ardeur excessive.*

« *La seule main de la bride ou le mors n'a de puissance directe et déterminante que pour arrêter et non pour tourner.*

« *Ce ne sont pas les chevaux qui résistent à la bride par mauvais vouloir, ce sont les cavaliers qui ont la main dure, mal placée et l'emploient mal.* »

M. Aubert énumère les aides du cavalier, ce sont : « *la main, les jambes, l'appel de langue ou la voix, la gaule, et enfin l'assiette quand il est vraiment homme de cheval.* »

Il conseille le surfaix d'enrênage allemand : « *Il y a peu de temps qu'on connaît en France le surfaix d'enrênage, que j'appelle aussi surfaix à l'allemande parce que, en effet, il vient des manèges d'Allemagne.*

« *Je sais qu'on ne se sert pas du surfaix d'enrênage au manège de Versailles, et que chez plusieurs écuyers il y a un peu de prévention contre tout ce qui se rattache à la méthode allemande. Il faut cependant se rendre à l'évidence ; du moment où une chose est reconnue bonne et utile, il me semble qu'on doit l'adopter sans s'embarrasser de quel pays elle vient.*

« *Il y a deux manières de faire agir les rênes de ce surfaix. La première, sur les anneaux du caveçon de longe ; la seconde sur les anneaux mêmes du bridon ; c'est ainsi que je me sers de ces rênes, après les avoir employées une fois ou deux sur les anneaux du caveçon comme moyen préparatoire. Mais il faut, avant tout, avoir un gros bridon joint à sa brisure par un anneau portant un jouet, ce qui rend le bridon de trois pièces.* »

M. Aubert pousse très loin le travail à la longe, aussi prévient-il la critique : « *Il se trouve des gens qui pourront m'adresser cette question : Quel beau mérite y a-t-il donc à pouvoir dresser des chevaux sans les monter? Voici ma réponse : tous les jeunes chevaux ont besoin d'être mis en mouve-*

ment par un exercice réglé et modéré, afin de développer leurs forces; cette vérité n'a pas besoin d'être appuyée par des commentaires, mais il en est un grand nombre qui sont trop faibles pour pouvoir porter le cavalier, même le plus léger, ce qui met dans cette alternative, ou de retarder beaucoup leur éducation pour les conserver, ou de les user en les dressant.

« On pourrait, au besoin, se passer de martingale pour dresser toute espèce de chevaux, mais il faudrait employer un temps bien plus long, et il n'y aurait d'autre mérite que celui de la difficulté vaincue; et s'il fallait en dresser beaucoup en même temps, comme dans les compagnies des gardes, où les piqueurs en montent jusqu'à 25 par jour, on ne pourrait jamais s'en tirer. Les agens ou aides-supplémentaires sont à l'art de dresser les chevaux, ce que sont les différents outils pour les artisans. Quand je vois des gens qui, sans aucune connaissance en équitation, sans manège, sans caveçon de longe, sans bridon, etc., veulent se mêler de dresser des chevaux, ils me semblent aussi peu raisonnables qu'un homme qui, sans être maçon ni charpentier, voudrait se bâtir une maison sans autres outils qu'un couteau et un marteau. »

Il est partisan du dressage dans les piliers pour tous les chevaux : « *On peut regarder les piliers comme l'aide la plus puissante pour mettre les chevaux aux airs qui leur donnent le plus de grâce et de brillant, tels que le passage, le piaffer, la courbette, le terre-à-terre. Quant à moi, je m'en sers indistinctement pour tous les chevaux que je dresse, non pas pour leur apprendre à sauter, mais pour les asseoir sans avoir recours au mors, pour leur donner du passage en leur faisant beaucoup plier les articulations pour leur donner du brillant, et cette intelligence aimable que Pluvinel appelle avec raison de l'esprit. »*

Dans ces deux théories, M. Aubert s'appuie sur les principes de l'école allemande, dont il cite avec admiration un des représentants :

« M. Moré, maître de manège de Genève, se servait de la longe avec beaucoup d'art; dressait presque tous les chevaux de manège les mieux finis, sans presque les monter, et par le seul enrênage. Tous étaient mis longtemps dans les piliers, au passage et au piaffer; il en eut plusieurs qui travaillaient dans ces airs au moyen d'une longue paire de guides qu'il faisait agir en marchant derrière eux; ils passaient ainsi les coins d'une manière admirable. »

M. Moré était l'élève et le successeur de M. Klemen, écuyer prussien, qui fut l'élève du grand Frédéric.

L'auteur nous dit les raisons de la disparition de ces bons chevaux

normands si renommés autrefois, et dont le type commençait à disparaître à son époque.

« *On a dit avec raison que depuis longtemps on ne voyait plus ces bons chevaux normands, étoffés et légers en même temps, que l'on désignait par modèle de la maison du roi. Ce n'est pas l'espèce qui a disparu, ce sont les soins préparatoires qui disposaient les individus à ce type particulier de conformation et d'allures.* »

M. Aubert nous énumère les figures dont il compose le manège civil ou manège d'académie ; *le doublé; le changement de main; le contre-changement de main; la volte ou demi-volte; la volte renversée; les faux-doublés; les huit de chiffre; les cercles; la serpentine ou serpenteaux.*

Nous relevons en passant une singulière remarque au sujet du départ au galop sur le bon pied, le cheval droit : « *Ce ne sera que lorsque les élèves seront arrivés vers le dernier degré d'avancement où ils pourront atteindre comme élèves, et après qu'ils auront travaillé le temps nécessaire, qu'on pourra leur expliquer comment il est possible de déterminer le cheval non dressé, le premier venu, le cheval de charrette comme celui de pure race, à partir de tel ou tel pied, aussi souvent et partout où l'on voudra, dans le manège comme dehors, dans la ligne droite comme sur les cercles, sans avoir besoin de faire obliquer l'épaule en dehors et parfaitement droit.* »

M. Aubert ajoute avec raison à propos du changement de pied au galop : « *Je dois avertir qu'il n'y a rien de si faux, de si contraire aux principes de la bonne école, que ce mouvement de corps que font certains écuyers dans le moment où leur cheval change en l'air. Ce déhanchement qu'affectent particulièrement les cavaliers qui n'ont point été formés au manège, croyant aider le cheval à changer de pied, ne l'aide nullement dans cette action, il ne fait que rendre le cavalier ridicule aux yeux des connaisseurs. Que le cheval parte du trot ou du pas au galop, il doit toujours être le plus droit possible d'épaules et de hanches, et passer imperceptiblement et sans secousse, de l'une ou l'autre de ces allures au galop rassemblé. C'est pourquoi la règle généralement établie depuis des siècles, est de prévenir le cheval au galop, en le rassemblant dans la main et les jambes, en l'élevant du devant, en l'asseyant sur les hanches; c'est ce que les anciens écuyers appelaient le beau partir.* »

Pour déterminer le galop du pied droit : « *Supposant le cheval suffisamment rassemblé, il faut commencer : 1° à diriger les épaules un peu à gauche, en portant la main de la bride de ce côté et en fermant un peu la jambe gauche; il faut en même temps conserver le cheval dans le pli à droite par la rêne de dedans du bridon; conséquemment les épaules se trouvent un eu rapprochées du mur, et les hanches un peu en dedans de la piste, le ieval placé obliquement de droite à gauche. Il suit de cette direction, que in épaule droite est un peu plus avancée que la gauche, et conséquemment lus disposée à entamer le terrain pour galoper du pied droit; 2° Fermer la umbe droite à propos et au degré nécessaire pour déterminer le galop, mais uns lâcher la jambe gauche, de manière que la main de la bride et la jambe e dehors préparent le départ; et c'est la jambe de dedans qui le détermine. insi le cheval part du pied droit sur l'action des deux jambes fermées, mais elle de dehors a commencé un peu plus tôt que l'autre. De même que je l'ai ndiqué dans le chapitre sur les changements de pied, il faut peser sur l'asiette à gauche, afin d'alléger le côté droit et faciliter son développement our le départ.*

Nous retrouvons là les principes de l'École de Versailles qui cnt fait aaître de si longues discussions pour savoir quelle était la jambe qui déterninait le départ au galop.

« *Revenant à ce que j'ai avancé que, hors du manège, il n'y avait ni bon ni mauvais pied, je dois avertir encore que le cheval qu'on oblige à ne galoper que du pied droit s'use beaucoup plus promptement et inégalement que si, suivant ses facultés naturelles, on le laissait aller tantôt d'un pied, tantôt de l'autre.* »

— Du bridon joint à la bride, et de son avantage pour donner le pli.

— « *Je fais placer la main du bridon plus bas que celle de la bride parce que cette position est la plus gracieuse, et celle adoptée par les écuyers qui ont fait modèle de position. Il est incontestable que le bridon joint à la bride a apporté un grand perfectionnement et beaucoup plus de facilité dans les opérations de la main, surtout pour donner ce pli dont j'ai démontré l'impérieuse nécessité.* »

M. Aubert distingue, dans ses chevaux dressés en sauteurs, les ballotteurs, les sauteurs de piliers et les sauteurs en liberté.

Il a inventé un instrument pour indiquer au cavalier sur quel pied son cheval galope. M. Aubert a le tort de tomber assez souvent dans des naïvetés quelquefois un peu ridicules. Ainsi l'album de planches qui accompagne le texte, et dont les gravures sont faites dans un but démonstratif, est tout ce qu'il y a de plus naïf.

« *Le collier que j'ai inventé pour les reprises d'épreuve est très simple et atteint parfaitement son but; il ne gêne aucunement le cheval, se met et s'ôte à volonté, n'étant fixé que par une ou deux petites boucles sur le garrot; il est disposé de manière à cacher entièrement l'épaule du cheval à celui qui le monte, quand même il se pencherait sur l'encolure pour voir de quel pied il galope, et il la laisse voir à découvert à ceux qui sont à pied et qui doivent juger si le cavalier sent ou ne sent pas son galop; ils n'ont pas besoin pour cela d'être écuyers ni même connaisseurs.* »

M. Aubert démontre malgré lui que tous les procédés sont bons pourvu qu'ils soient raisonnés et qu'ils soient le résultat de l'accord des aides; l'aide déterminante n'est plus, en effet, qu'une question secondaire.

« *J'ai été élève écuyer pendant plusieurs années au manège Amelot, dirigé par trois écuyers qui avaient une grande réputation, MM. Le Roux frères et Chapelle. Chacun de ces écuyers employait un moyen différent pour déterminer le galop. M. Le Roux, l'aîné, faisait partir ses chevaux par la seule jambe de dedans; son frère employait la seule jambe de dehors, et M. Chapelle les deux à la fois; de manière que quand nous voulions ne pas manquer les reprises de galop, il nous fallait toujours, nous, élèves, avoir présent à la mémoire, si le cheval que nous montions était du rang de tel ou tel écuyer, afin d'employer le même moyen que lui, autrement il partait faux ou désuni. Tous disaient bien qu'il y avait un temps à saisir, mais jamais ils ne s'expliquaient sur ce temps, qui restait pour nous un secret impénétrable.* »

— Observation sur la meilleure méthode pour dresser les chevaux à tous les usages; moyens de les conserver longtemps tout en exigeant d'eux beaucoup de service et d'agrément.

« *J'ai dit qu'un écuyer médiocre qui apportera de la méthode et de la patience dans son travail, pourra dresser des chevaux très agréables en les conservant, tandis que l'écuyer très habile dans l'exécution, s'il n'a ni méthode ni patience, n'en dressera aucun et les abîmera tous. C'est chose très utile sans doute que d'assouplir le jeune cheval sur les cercles pour tourner aux deux mains, de le faire marcher de deux pistes, changer de pied au galop; de le mettre à courbettes, etc. Il faut du talent, de l'habitude du métier pour l'amener à ce degré, mais ce n'est là que la partie mécanique de l'art, et l'animal peut exécuter tous ces mouvements tant bien que mal par crainte des châtiments, sans amour, sans se plaire dans son air, et puis se refuser tout à coup aux aides et tourner en défense tout ce qu'il a appris au manège. Le grand art pour bien dresser les chevaux, c'est surtout d'agir sur leur moral; c'est de se rappeler sans cesse le précepte d'un célèbre auteur :* « *L'écuyer doit aimer les chevaux et s'en faire aimer.* »

« *Il est vraiment pénible que dans un temps aussi éclairé que le nôtre, il y ait encore des écuyers dont les leçons, calquées sur celles des temps de barbare ignorance, qui tendent toujours à montrer le jeune cheval qu'on dresse comme un ennemi qu'il faut combattre en le tenant dans une crainte continuelle, quand il faut au contraire le considérer comme un enfant qu'il faut instruire en lui inspirant la plus grande confiance.*

« Le meilleur système pour dresser les chevaux s'analyse par ces trois mots : méthode, patience et douceur. Et pour ce qui est du mécanisme des allures, de l'agrément et de la noblesse, tout dans la marche de deux pistes; c'est-à-dire que du moment où le cheval est dans la juste balance des talons, le cavalier peut tout obtenir. Cette grande vérité, c'est encore Laguérinière qui nous l'enseigne.

« Maintenant si vous voulez amener le cheval aux airs relevés, ou seulement le préparer à franchir les obstacles, comme son élévation du sol ne peut être qu'en raison directe de la flexion de ses articulations, et comme cette flexion se fait plus facilement quand il est dégagé du poids de l'homme, au passage et au piaffer, il faudra d'abord le mettre dans les piliers pour l'exercer à ces deux airs sans effort ni contrainte, le reste viendra seul, et l'on sera étonné de tout ce que l'on pourra en obtenir en procédant de cette manière. »

1830

ÉTAT-MAJOR DE L'ÉCOLE

De Laitre	Maréchal de camp.
De Morell	Colonel.
Dupont, dit Saint-Victor	Lieutenant-colonel.
Benard, dit Fleury	Chefs d'escadrons.
Defieux de Montaunet	
De Laporte	Major.
Dauransan	Aumônier.
Laneau	
Clère	Capitaines majors.
Salmon	
Boutin	Capitaine-trésorier.
Gouvigneaux	Capit. d'habillement.
Vuillaume	S.-lieut. porte-étend.
Jacquinot de Presle	Cap. prof. d'art milit.
Dupont	Lieut.-profess. adj.
Champet	Cap. éc. dir. du haras.
Renaux	
Tartas	
De Salleton	
Coataudon	Capit. instructeurs.
Bourzac	
Delherm de Notival	
Jacquemin	
Oudet	Lieut. sous-écuyer.
Préveraud de la Boutresse	S.-lieut. s.-écuyer.
Bécoeur	Chirurgien-major.
Morgon	Chirurg. aides-maj.
Manson	
Lavigne	Vétérin. en premier.
Havoux	Vét. en 2e, pr. de mrie
Lenck	Vétérinaire en 2e.

ÉCUYERS CIVILS

Cordier	Ecuyer en chef.
Flandrin	Ecuyer professeur.
Deleuze	Ecuyer de 1re classe.
Rousselet	Ecuyer de 2e classe.
Le Roy	Ecuyers de 3e classe.
Beucher de Saint-Ange	

OFFICIERS D'INSTRUCTION

Première Division.

Mussot	Lieut., 1er carabin.
Monier	S.-lieut., 3e chasseurs
Daumas	S.-lieut., 2e chasseurs
Petit	Lieut., 12e dragons.
Gasser	S.-lieut., 5e dragons.
Rodellec du Porzic	Lieutenant, école.
Arquembourg	Lieut., 6e hussards.
Darnoux	Lieut., 9e chasseurs.

Première Division (Suite).

Guillaumot	S.-lieut., 3e hussards.	Sheldon	Lieut., 1er chasseurs.
Guiselin	S.-lieut., 10e cuirass.	Mavet	Lieutenant, école.
Faucon	S.-lieut., 8e cuirass.	Planta de Longueterre	Lieut., 6e dragons.
Révy	S.-lieut., 8e dragons.	Garnier	Lieutenant, école.
Campenet	Lieut., 13e chasseurs.	Bagien	Lieut., 8e chasseurs.
Rothé	Lieut., 15e chasseurs.	Pinard	S.-lieut., 16e chass.
Hoffmann	Lieutenant, école.	Bouchard	Lieut., 5e dragons.
Bouly	Lieut., 4e cuirassiers.	De la Bonninière de Beaumont	S.-lieut., 2e carabin.
Moulin	Lieut., 10e chasseurs.	Manon	S.-lieut., 1er cuirass.
Charonnet	S.-l., train des équip.	Daimé	S.-lieut., 12e chass.
Bonneville	S.-lieut., 7e cuirass.	Mathis	Lieut., 9e dragons.
Chebrou de Lespinatz	S.-lieut., 5e cuirass.		
Lemenetz de Kerdelleau	S.-lieut., école.		

Deuxième Division.

Rame	S.-lieut., 2e carabin.	De Beurmann	S.-lieut., 2e artillerie.
Gallais	Lieut., 5e dragons.	Bordes	S.-lieut., 8e dragons.
Lapp	S.-lieut., 13e chass.	Dupille	S.-lieut., 4e chasseurs
Couanon	Lieut., 4e cuirassiers.	Adam	Lieut., 8e cuirassiers.
Vallot	S.-lieut., 8e chasseurs	Viausson	Lieut., 9e artillerie.
Lami	S.-lieut., 1er carabin.	Chantan de Vercly	S.-lieut., 4e artillerie.
Rampon	S.-lieut., 4e dragons.	Frémin Dumesnil	Lieut., 3e artillerie.
De Cambray	S.-lieut., 16e chass.	Hebert	S.-lieut., 7e artillerie.
Denoncin	Lieutenant, école.	Lagès	S.-lieut., 6e chasseurs
De Montfort	S.-lieut., 10e dragons	Lebrun	Lieut., 11e chasseurs.
De Loë	S.-lieut., 9e chasseurs	Frumy d'Argillières	Lieut., 3e cuirassiers.
D'Espiennes	Lieut., 3e hussards.		

SOUS-LIEUTENANTS ÉLÈVES

Première Division.

Pavin de la Farge.	De Marin de Montmarin.	Durand.	De Folleville.
Galand de Longuerue.	De Pierre de Bernis.	Formigier de Genis.	De Cassagne.
De Monti de Rézé.	Payen de Chavoi.	Colin de la Brunerie.	Gras de Preigne.
Bernay de Favancourt.	Green de Saint-Marsault de Chatelaillon	De Montesson.	D'Olive.
De Jourdan.	De Froment.	De Terrasson.	De Pina Saint-Didier.
Albert.			

Leblanc.
Beral de Sédaiges. } Non classés, venus des sous-officiers.

Deuxième Division.

Tournois de Bonnevalet.	Cordier.	Castalin.	Harscouet de Saint-Georges.
De Maumigny.	De Riencourt.	Becquet.	De Bréda.
Poilloue de Saint-Périer.	Duffour.	Bonnamy Bellefontaine.	Jacobet de Soulanges.
De l'Espinasse.	Tupigny.	Duroc Brion.	Audren de Kerdrel.
De Blanchaud.	De Fleury.	De Kermenguy.	Lavallée de Pimodan.
Carpentier.	Delagoutte.	Girard de Charnacé.	
	De Leray de Marnesia.		

Au commencement de 1831, il vint à l'École, pour suivre les cours, cinquante, puis trente sous-lieutenants qui avaient été nommés sur la proposition de la commission des récompenses nationales.

Au mois de mai 1831, on mit en essai à l'École un *mors annulaire*, inventé par le lieutenant-colonel de Brack, du 8e chasseurs, permettant de ne pas débrider ni pour faire manger ni pour faire reposer les chevaux.

Le 18 juin, le *colonel de Morell* fut nommé au commandement de l'École. C'était encore un héros du premier Empire. Entré à l'École militaire de Fontainebleau le 20 octobre 1805, il en sortait le 23 septembre 1806, avec le grade de sous-lieutenant au 6e cuirassiers. C'est à ce titre qu'il fit la campagne de Pologne et de Prusse en 1807. En 1808, il est en Allemagne. Il fait la campagne de 1809 en Autriche, successivement comme lieutenant adjudant-major, puis capitaine au 4e cuirassiers; il a deux chevaux tués sous lui à Essling et il est blessé à Wagram. Le 8 octobre 1811, il est fait chevalier de la Légion d'honneur. En 1812, il fait la campagne de Russie, et est blessé à la Bérésina; en 1813, il fait la campagne d'Allemagne et, le 5 septembre 1813, est nommé chef d'escadron, toujours au 4e cuirassiers.

Le commandant de Morell se signale tout particulièrement dans la campagne de France, en 1814. Il est blessé à Vauchamp; il est mis à l'ordre du 6e corps d'armée pour avoir enlevé, à Brienne, un bataillon hongrois, avec soixante cuirassiers. A Champaubert, il prend six pièces de canon après avoir traversé une division russe à la tête de trois pelotons. Il est nommé officier de la Légion d'honneur. Le 17 décembre, il est fait chevalier de Saint-Louis.

Il fait encore la campagne de 1815, et est blessé à Waterloo d'une balle à la tête. Il est licencié le 20 décembre 1815.

Le 5 avril 1816, il est nommé major des chasseurs de la Sarthe. Le 7 janvier 1818, il est mis en non-activité sur sa demande. Le 24 juin de la même année, il est nommé chef d'escadron de remplacement au 5e escadron des cuirassiers du Dauphin, et le 17 octobre 1818, aux cuirassiers de Berry. Le 18 mai 1819, il est remis en activité. En 1823, il fait la campagne d'Espagne et, le 18 août, est nommé lieutenant-colonel à la suite de l'affaire de la Puebla. Le 11 septembre de la même année, il est lieutenant-colonel à la suite du régiment des cuirassiers de Berry; puis, le 18 novembre, au 3e régiment des chasseurs des Ardennes; enfin, le 12 mars 1824, aux cuirassiers de la Reine. Le 31 décembre 1826, il vient à l'École de cavalerie comme lieutenant-colonel commandant en second. Le 17 décembre 1814, il avait été fait chevalier de l'ordre de Saint-Louis; le 31 mai 1831, il fut nommé commandeur de la Légion d'honneur.

Des fêtes eurent lieu pour l'anniversaire des journées de juillet. Le 27, jour consacré au deuil en commémoration des victimes de la Révolution, les officiers et fonctionnaires de l'École portèrent le crêpe au bras. Le 28, il fut donné un carrousel à trois heures et quart. La troupe était rangée sur le parapet des petites écuries, du côté de la rue Saint-Nicolas. Les officiers des divisions et les personnes invitées étaient placées dans le couloir Beaurepaire ; le couloir Saint-Nicolas était affecté aux gardes nationaux en uniforme ; le parapet des petites écuries du côté de la rue Beaurepaire aux vétérans et soldats de la ligne. Le balcon était réservé pour les autorités et offficiers de l'état-major.

Le soir, il y eut bal, réjouissances et danses publiques.

Le 29, revue générale de l'École en grande tenue. A cinq heures du soir, banquet patriotique auquel les officiers, sous-officiers et cavaliers souscripteurs se rendirent musique en tête.

Au mois d'octobre, l'inspection générale fut passée par le *général de Sparre ;* le 9, l'École donna un carrousel en cet honneur.

Ce ne fut qu'à la fin de 1831 que les exercices d'équitation devinrent individuels ; jusque-là, on montait en reprises soudées et condamnées aux mouvements successifs qui ne faisaient travailler que le conducteur de chaque reprise.

Les jeunes chevaux furent aussi dressés individuellement et menés fréquemment à l'extérieur.

Ces innovations avaient leur importance, elles portèrent leur fruit.

A un point de vue plus général, l'année 1831 fut fertile en réorganisations. L'ordonnance du 19 février réorganisa la cavalerie et mit à *six* escadrons les régiments, savoir : carabiniers, 2 ; cuirassiers, 10 ; dragons, 12 ; lanciers, 6 ; chasseurs, 14 ; hussards, 6. Total : 50.

Une *cavalerie de ligne*, c'est-à-dire demi-lourde et demi-légère, est instituée, mais trop nombreuse pour n'être pas fréquemment employée comme cavalerie légère ; aussi sa dénomination est-elle vague et même fausse. Des *fusils*, mais sans baïonnette, sont rendus aux dragons ; c'est une demi-mesure ; des escadrons de tirailleurs sont attachés aux régiments de lanciers, des escadrons de lanciers aux régiments de chasseurs ; c'était à peu près même chose sous des noms inutilement divers ; c'était constituer des corps métis, des armes bâtardes.

Enfin, une cavalerie de réserve était créée.

Par ordonnance du 11 avril, le régime des remontes fut également revisé et le nombre de dépôts fut porté provisoirement à quinze.

Les deux premiers articles de l'ordonnance étaient ainsi conçus :

Article premier. — « La remonte des troupes de la cavalerie et de « l'artillerie, la remonte du train des parcs d'artillerie et du génie, celle des « équipages militaires, sont, à l'avenir, réunies sous la dénomination de « service général de la remonte. »

Art. 2. — « Le service de la remonte comprendra : 1° L'achat de che-

« vaux indigènes propres au service de la guerre ; leur séjour dans les « établissements appelés dépôts de remonte ; les soins à donner pour les « faire passer progressivement, et sans risque, au régime militaire ; la « livraison et la conduite de ces chevaux aux divers auxquels ils sont « destinés ;

« 2° L'achat de poulains présumés propres au service militaire, leur « éducation dans les dépôts de remonte, jusqu'à l'âge où ils peuvent être « mis à la disposition des corps. »

On le voit, les dépôts de remonte ont surtout été institués en vue des éleveurs, et pour offrir un débouché assuré aux chevaux indigènes de toute espèce.

1831

ÉTAT-MAJOR DE L'ÉCOLE

De Morell	Colonel.
Duport Saint-Victor	Lieutenant-colonel.
Bénard, dit Fleury	Chefs d'escadrons.
De Georges de Guillaumont	Chefs d'escadrons.
Longuet	Chefs d'escadrons.
De la Porte	Major.
Daurensan	Aumônier.
Renaux	Capit. instructeurs.
Tartas	Capit. instructeurs.
Champet	Capit. instructeurs.
De Salleton	Capit. instructeurs.
Bourzac	Capit. instructeurs.
Delherm de Novital	Capit. instructeurs.
Gaudin	Capit. instructeurs.
Jacquemin	Capit. instructeurs.
Oudet	Cap. éc. dir. du haras
Coataudon	Capitaines-majors.
Salmon	Capitaines-majors.
Lavergne	Capitaines-majors.
Gouvigneaux	Capitaine-trésorier.
Conrard	Lieut. d'habillement.
Lonclas	Cap. prof. d'art milit.
Vuillaume	S.-lieut., porte-ét.
Gasser	Lieut., sous-écuyer.
Brifaut	S.-lieut., sous-écuyer
Bécoeur	Chirurgien-major.
Manton	Chirurg. aid.-majors
Morgon	Chirurg. aid.-majors
Lavigne	Vétérin. en premier.
Havoux	Vét. en 1er, pr. de mre
Lenck	Vétérinaire en 2e.

ÉCUYERS CIVILS

Cordier	Écuyer en chef.
Flandrin	Écuyer professeur.
Delebuze	Écuyer de 1re cl.
Rousselet	Écuyer de 2e classe.
Le Roy	Écuyers de 3e classe.
Beucher de Saint-Ange	Écuyers de 3e classe.

OFFICIERS D'INSTRUCTION

Première Division.

Rame	S.-lieut., 2e carabin.
Gallais	Lieut., 5e dragons.
Lapp	S.-lieut., 8e chasseurs
Lami	Lieut, 1er carabin.
De Cambray	Lieut., 11e chasseurs.
Rampon	S.-lieut., 4e dragons.
Vallot	Lieut., 3e chasseurs.
Chantan de Vercly	Lieut., 4e artillerie.
De Loé	S.-lieut., 4e chasseurs
Bourdes	S.-lieut., 8e dragons.
De Montfort	Lieut., 10e dragons.
Dupille	Lieut., 4e lanciers.
Beurmann	Lieut., 2e artillerie.
De Noncin	Lieut., 4e cuirassiers.
Viausson	Lieut., 9e artillerie.
D'Espiennes	Cap., 3e hussards.
Hébert	S.-lieut., 7e artillerie.
Adam	Lieut., 8e cuirassiers.
Couanon	Lieut., 4e cuirassiers.

Deuxième Division.

Berger	S.-lieut., 3e cuirass.
Bournigal	Lieut., 12e dragons.
Le Bourva	Lieut., 7e chasseurs.
Schott	S.-lieut., 6e hussards.
Gaigneron de Marolles	S.-lieut., 11e chass.
Ménessier	Lieut., 8e cuirassiers.
Chousserie	S.-lieut., 5e lanciers.
Stadelhoffer	S.-lieut., 7e cuirass.
Chorteuil Beaupré	S.-lieut., 6e dragons.
Tippel	S.-lieut , 6e cuirass.
Vasseur	S.-lieut., 2e carabin.
Duvrac	Lieut., 10e dragons.
Lecomte Dolonde	Lieut., 9e dragons.
Thérémin	S.-lieut., 5e hussards.
Gillet	S.-lieut., 10e cuirass.
Fems de Lacombe	S.-lieut., 8e dragons
Bruno	S.-lieut., 2e cuirass.
Prisset	S.-lieut., 3e hussards
D'Hombres	Lieut., 2e hussards.
Marquer	S.-lieut., 2e lanciers.
Bely	S.-lieut., 1er hussards
Billotte	S.-lieut., 8e chass.
Chabod	S.-lieut., 3e dragons.
Fornier	S.-lieut., 11e dragons
Blot	S.-lieut., 1er dragons
Matharel de Fresnes	Cap., 5e chasseurs.
Dencausse de Labattu	Lieut., 3e lanciers.
Rigau	S.-lieut., 10e chass.
Monthors	S.-lieut., 5e cuirass.
Larrieu	S.-lieut., 1er chass.
Dumousseau	S.-lieut., 2e dragons.
Lenormand de Bretteville	S.-lieut., 4e cuirass.
Prost Deschamps	S.-lieut., 13e chass.
Brun	S.-lieut., 4e chasseurs
Damiguet de Vernon	S.-lieut , 1er lanciers.
Roux Laborie	S.-lieut., 6e lanciers.
Bouvier	S.-lieut., 9e cuirass.
Darralde	S.-lieut., 2e chasseurs

SOUS-LIEUTENANTS ÉLÈVES

Première Division.

Tournois de Bonnevallet.
Cordier.
Poilloue de Saint-Perrier.
De L'Espinasse.
Duffour.
Blanchaud.
Bonnamy.
Tupigny.
Carpentier.
De la Goutte.
Duroc-Brion.
Lans de Boissy.
Costalin.
Becquet.
De Bréda.
De Riencourt.
Leray de Marnésia.

Deuxième Division.

PREMIER PELOTON

Lahure.
Ney.
De Brenont d'Ars.
Delard.
Gibon.
Estienne.
Sorbt.
Pradié.
Brahaut.
De Bréhan.
Rabau de Helmstatt.
Lachèvre.
De Béville.
Cyvot.
Haussmann.
Grare.
Germain.
Boncompagnon.
Javart.
Soubeyran.
Bailly.
Morgan de Belloy.
Lacroix de Pisançon.
De Villers.
Vidalène.
Regnault.
Bonnefond.
Coste-Champeron.
Duguevre.
Clément.
Barthou de Montbas.
Girard.
Tissérand.
Chevallier.
Lepinet.

DEUXIÈME PELOTON

Desvaux.
Poyen.
Charpentier.
Vincent.
Bouvattier.
Crocquet de Belligny.
Niox.
Mallet.
Devaux.
Witasse de Fontaine.
Burthe Dannelet.
Pernot.
Penard.
Juin.
Florion.
Dutertre Veteuil.
Fenay.
Pron.
Saint-Alary.
Allard.
Aufrère de Lapreugne.
Boursier.
Ladoucette.
Rabiat.
Renouard.
Mornier.
Vaillant.
Martin.
Le François.
Noel.
Gigleux.
Brunet.
Daresne.
Fourcault Pavant (non classé).

TROISIÈME PELOTON

Ameil.
De Wall.
Croquet de Belligny.
Marigny de Maudeville.
Verillon.
Lemort.
Besnard.
Deval.
Celeyron.
Bertrand de Lhosdissnière.
Cossonnier.
Saitaire.
Brusset.
Cheval.
Gauquelin d'Espallières.
Doussin.
Veron.
Demay.
Besnard.

École de Cavalerie

Serment de fidélité à S. M. Louis-Philippe

Revue sur le Chardonnet

VI

Remise d'une épée d'honneur au colonel de Morell. — Les troubles du 5 juin 1832. — Anniversaire des journées de juillet. — Inspection du général de Sparre. — Réception du nouvel étendard. — Le colonel de Morell nommé général. — Le pantalon d'ordonnance remplace le pantalon à fausses bottes. — La selle à la Rochefort. — État-major et officiers-élèves de l'École en 1832. — La fête du roi en 1833. — Inspection du général Grouvel. — Le fusil de dragon remplace le mousqueton à l'École. — L'équitation de Saumur. — Les influences divergentes de MM. d'Aure et Baucher. — La mode équestre en 1833. — Les privilèges du pur sang. — Création de la Société d'encouragement. — Le haras de Meudon, le duc d'Orléans et le duc de Guiche. — Grognier : Précis d'un cours d'hygiène vétérinaire. — État-major et officiers-élèves de l'École en 1833. — Les consignes et les tenues de l'École en 1834. — Inspection du général de Préval. — Le colonel Duport, dit Saint-Victor, commandant l'École par interim. — Le commandant Renaux, écuyer en chef. — Suppression du sixième escadron des régiments de cavalerie. — Vogely : Cours théorique et pratique d'hippiatrique à l'usage de MM. les officiers des troupes à cheval. Flore fourragère. — État-major et officiers-élèves de l'École en 1834. — L'anniversaire des journées de juillet en 1835. — Adresse au Roi. — Nouvelles réformes à l'École. — Inspection du général de Sparre. — Équitation du dandy. — Les hommes de cheval de 1835. — Dialogues sur l'équitation, par MM. Baucher et Pellier. — Lancosme-Brèves. De l'Equitation et des Haras : Il faut raisonner d'abord ; définition de l'équitation ; les forces à combattre ; la patience est indispensable ; les principes sont invariables, l'application seule diffère ; deux moteurs principaux ; trois opérations connexes, force, position et mouvement ; os organes passifs, muscles agents actifs ; l'appui ; le corps du cavalier devient une partie du cheval et un levier mobile ; il faut obtenir la contraction des muscles préposés au mouvement qu'on demande et éviter celle de leurs antagonistes ; théorie du mouvement ; actions des mains et des jambes ; le rassembler ; résumé des effets de la main et des jambes. — Perrier. Des moyens d'avoir les meilleurs chevaux : aplomb naturel du sabot, son influence sur les membres ; nouvelle théorie de l'élasticité du pied ; principes de ferrure ; réfutation des mauvais usages ; la ferrure anglaise. — État-major et officiers-élèves de l'École en 1835. — Nouvelles adresses de l'École au roi, au sujet des attentats de 1836. — Port de la moustache et de la royale. — L'École de Versailles en 1836. — État-major et officiers-élèves de l'École en 1836.

Le 4 janvier 1832, les escadrons de l'École furent réunis en armes et en grande tenue à pied sur le Chardonnet pour assister à la remise d'une épée d'honneur offerte par le Conseil municipal et la garde nationale de Saumur au colonel de Morell. Les officiers de l'état-major et les officiers-élèves non employés dans les escadrons étaient placés devant la grille de l'École pendant le défilé de la troupe.

Le 5 juin, en raison des troubles, l'École envoya à Angers un détachement de 4 officiers et 67 sous-officiers et cavaliers, commandés par un capitaine. Le 12, on en fit partir un autre de 7 officiers et 57 sous-officiers et cavaliers, commandé par un chef d'escadron.

Le dernier dimanche de juillet, une grande revue de l'École fut passée par le colonel commandant, à huit heures du matin, sur le Chardonnet, en l'honneur de l'anniversaire de Juillet. A deux heures, il y eut un carrousel, et le soir le quartier fut illuminé.

Ce fut au mois de juillet que le choléra asiatique, qui avait pénétré en Europe, frappa Saumur ; après six semaines d'invasion et de recrudescence, le mal cessa vers la moitié d'août.

Au mois de septembre, l'inspection générale de l'École fut passée par le *général de Sparre*. Le carrousel de fin d'année eut lieu le dimanche 16, à trois heures de l'après-midi.

Le dimanche 14 octobre eut lieu la cérémonie de réception du nouvel étendard. L'École monta à cheval en grande tenue à midi et demi. L'étendard fut remis par le général inspecteur.

Le 15, le colonel de Morell, commandant l'École, fut nommé maréchal de camp.

Comme détail de tenue, nous avons à citer, cette année-là, la circulaire du 13 décembre, qui rétablissait l'usage du pantalon d'ordonnance au lieu du pantalon à fosses bottes.

Nous avons aussi à signaler une innovation dans le harnachement : La selle à la Rochefort est un des progrès les plus réels qui aient été obtenus en fait de harnachement. Cette selle est toute dans son arçon, qui participe de la selle à lames sèches et de la selle à panneaux. Les avantages consistent tous à peu près dans la disposition des bandes qui reproduisent autant que possible la contre-partie du dos du cheval.

Les bandes répartissent le fardeau sur plus de points de la longueur, et elles le circonscrivent en largeur sur les muscles qui tapissent l'épine dorsale. C'est toujours un faux siège et une matelassure formant le siège.

1832

ÉTAT-MAJOR DE L'ÉCOLE

De Morell	Colonel commandant	Oudet	Cap.-éc. dir. du haras
Duport Saint-Victor	Col. command. en 2e.	Coataudon	
Benard, dit Fleury	Lieutenant-colonel.	Salmon	Capitaines-majors.
De Georges de Guillomont		Lavergne	
Longuet	Chefs d'escadrons.	Couvigneaux	Capitaine-trésorier.
Renaux		Jacquier	Lieut. d'habillement.
De Laporte	Major.	Vuillaume	S.-lieut. porte-étend.
Rousselet	Ch. de bn pr. d'art mil.	Gasser	Lieut. sous-écuyer.
Daurensan	Aumônier.	Brifaut	S -lieut. sous-écuyer
Tartas		Bécoeur	Chirurgien-major.
Champet		Manson	Chirurg. aide-major.
De Salleton		Morgon	
Delherm de Novital	Capit. instructeurs.	Lavigne	Vétérin. en premier.
Gaudin		Havoux	Vét. en 1er, pr. de mrie
Jacquemin		Lenck	Vétérinaire en 2e.
Conrard			

ÉCUYERS CIVILS

Cordier	Écuyer en chef.	Rousselet	Écuyer de 2e classe.
Flandrin	Écuyer professeur.	Le Roy	Écuyers de 3e classe.
Deleuze	Écuyer de 1re classe.	Beucher de Saint-Ange	

OFFICIERS D'INSTRUCTION

Première Division.

Gaigneron de Marolles	Lieut., 11e chasseurs.	Billotte	S.-lieut., 8e chasseurs
Schott	Lieut., 6e hussards.	Blot	S.-lieut., 1er dragons.
Bournigal	Lieut., 12e dragons	Fénir de la Combe	S.-lieut., 8e dragons.
Lebuirvat	Lieut., 7e chasseurs.	Prisset	S.-lieut., 3e hussards.
Berger	S.-lieut., 3e cuirass.	Larrien	S. lieut., 1er chass.
Leconte-Dolonde	Lieut., 9e dragons.	Prost-Deschamps	S.-lieut., 13e chass.
Bruno	Lieut., 2e cuirassiers.	Matharel de Fiennes	Capit., 5e chasseurs.
Duvrac	Lieut., 10e dragons.	Bély	S.-lieut., 1er hussards
Vasseur	S.-lieut., 2e carabin.	Dumousseau	S.-lieut., 2e dragons.
Thérémin	S.-lieut., 5e hussards.	Brun	S.-lieut., 4e chasseurs
Choiseul-Beaupré	S.-lieut., 6e dragons.	Le Normand de Bretteville	S.-lieut., 4e cuirass.
Rigau	S.-lieut., 10e chass.	Bonthors	S.-lieut., 5e cuirass.
Marquer	S.-lieut., 2e lanciers.	Stadelhoffer	S.-lieut., 7e cuirass.
Darniguet de Vernon	S.-lieut., 1er lanciers.	Chabod	S.-lieut., 3e dragons.
Tippel	S.-lieut., 6e cuirass.	Gillet	S.-lieut., 10e cuirass.
Fornier	Lieut., 11e dragons.	Chousserie	S.-lieut., 5e lanciers.
D'Hombres	Lieut., 2e hussards.		

Deuxième Division.

Guiselin	Lieut., 10e cuirassiers	Descoubès	Lieut., 13e chasseurs.
D'Espinassy de Venel	Lieut., 5e lanciers.	Bonnamy	Lieut., 5e artillerie.
Merlier	S.-lieut., 4e chasseurs	Thorel	S.-lieut., 11e dragons
De Marseul	Lieut., 3e cuirassiers.	Lemaire de Marne	S.-lieut., 5e lanciers.
Legualès	S.-lieut., 2e chasseurs	Ambert	Lieut., 10e dragons
Grain	S.-lieut., 3e cuirass.	De Gray	S.-lieut., 1er cuirass.
Guel	Lieut., 6e dragons.	Berteaux	Lieut., 8e artillerie.
Besson	S.-lieut., 1er hussards	Ducasse	S.-lieut., 2e artillerie.
Schmidt	S.-lieut., 7e dragons.	De Beine	S.-lieut., 14e chass
Serres	S.-lieut., 4e cuirass.	Chevalier	S.-lieut., 3e artillerie.
Chardetron	S.-lieut., 8e dragons.	L'Espaul de la Haye	S.-lieut., 9e dragons.
Chadeysson	Lieut., 2e hussards.	Yvelin de Béville	S.-lieut., 10e chass.
Chapotin	Lieut., 11e artillerie.	Courtain-Duplessis	Lieut., 7e chasseurs.
Courand	S.-lieut., 2e lanciers.	Briant	S.-lieut., 13e chass.
Durruthy	S.-lieut., 5e hussards.	Moureau	S.-lieut., 11e chass.
Vatar Desaubiez	S.-lieut., 1er carabin.	Saucerotte	Lieut., 4e lanciers.
Martin	S.-lieut., 1er chass.	Amyot	Lieut., 4e dragons.
Guays	S.-lieut., 7e cuirass.	Adon	Lieut., 5e dragons.
Piquet Vignolles de Juillac	Lieut., 3e chasseurs.	Marguerou	S.-lieut., 6e cuirass.
Klein	S.-lieut., 1er lanciers	Guilley	S.-lieut., 8e cuirass.
Lebon	S.-lieut., 12e dragons	Latouche	Lieut., 4e hussards.
Touchon	S.-lieut., 6e lanciers.	Mauboussin	S.-lieut., 9e chasseurs
Bernard	S.-lieut., 3e hussards	Chalmette	S.-lieut., 3e dragons.
Ingrès	S.-lieut., 6e chasseurs	Jacquier	Lieut., 3e dragons.
Jannot	Lieut., 5e chasseurs.	Lambert	S.-lieut., 5e cuirass.
Geoffroy	S.-lieut., 3e cuirass.	Sallée-Duqueroy	S.-lieut., 1er dragons.
Figié	S.-lieut., 1er chass.	Halbout	S.-lieut., 6e hussards

OFFICIERS ÉLÈVES

Première Division.

Desvaux.	Poyen.	Bourattier.	Clément.
Ney.	Lahure.	Marigny de Maudeville.	Morgan de Belloy.
Estienne.	Rolland.	Ladoucette.	Gauquelin-Despallières
Delard.	Soret.	Boncompagnon.	Lacroix de Pisançon.
Brahaut.	Gibon.	Germain.	Regnault.
Verillon.	Raban de Helmstadt.	Ameil.	Pernot.

Première Division (Suite).

Grare.
Vincent.
Pradié
De Wall.
Juin.
De Brémont d'Ars.
De Villers.
Bailly.
Devaux.
Lachèvre.
Perrard.
Lemort.
De Beville.
Besnard.
Florion.
Lefebvre.
Feray.
Lefrançois.
Boursier.
Haussmann.
Jovart.
Vaillant.
Duguevre.
Celeyron.
Martin.
Renouard.
Cheval.
Barthon de Monibas.
Chevalier.
Rabiat.
Pron.
Allard.
Dutertre de Véteuil.
Tisserand.
Soubeyran.
Niox.
Vidalène.
Girard.
Mourrier.
Croquet de Belligny.
Burthe-Dannelet.
Lepinet.
Doussin.
Bonnefond.
Saint-Alary.
Mallet.
Daizeye.
Charpentier (non classé)

Deuxième Division.

Manuel.
Perrot.
Delaporte.
Joannès.
Clerc.
Croquet de Belligny.
Barbier.
De Lessan.
De Sade.
Dellard.
Laurens Desondes.
Boutet de Mazug.
Vexiau.
Duhesme.
Aufrère de la Preugne.
D'Halmont.
Bourboulon.
Grenet de Florimond.
D'Ayala.
Delalande.
Drouillet de Sigalas.
Cossonnier.
Puthabilier de Leyrac.
Davesne.
De Labarbée.
De Maigret.
Bruneau de Vitry.

Le 1er mai 1833, jour de la fête du Roi, l'École eut une grande revue et les militaires de tous grades furent invités par le général à voir le portrait du Roi, nouvellement offert à l'École.

Le 5 septembre, le *général Grouvel* arriva à Saumur pour passer l'inspection générale de l'École. Le carrousel de fin d'année eut lieu le 14, à deux heures de l'après-midi.

Le 5 octobre, d'après l'instruction ministérielle sur les exercices à pied et à cheval des dragons, les mousquetons et porte-mousquetons furent retirés à la deuxième division du 1er escadron de l'École et remplacés par des fusils et des porte-crosses. Cette instruction fit dès lors partie du travail de toutes les divisions d'élèves.

En 1833 l'équitation était toujours dirigée à l'École par les mêmes écuyers civils dont M. Cordier était le chef. M. Cordier particulièrement a fait de nombreux et très bons élèves ; mais on reprochait à ses sous-ordres d'être plus pratriciens que professeurs. Quant à M. de Saint-Ange, qui remplaça M. Flandrin dans la chaire d'hyppologie, il se distingua surtout par son cours qui fut longtemps le catéchisme de Saumur comme celui de Vallon l'est encore aujourd'hui.

Mais en dehors de Saumur l'équitation française commençait déjà à subir deux influences opposées qui devaient entrer en lutte et se partager le monde hippique. Nous voulons parler de MM. d'Aure et Baucher. Nous nous réservons d'analyser ces deux grandes personnalités équestres au moment où elles entreront en cause à Saumur même. Nous nous contenterons pour le moment de signaler leur importance déjà prépondérante dans des sens absolument opposés : M. d'Aure représentant la tradition de Versailles mais non plus avec son rigorisme, au contraire avec de nombreuses concessions à l'équitation hardie dans le goût d'alors, ce qui le fait le représentant d'une équitation plus particulièrement d'extérieur. M. Baucher représentant l'opposé, l'équitation purement de manège, beaucoup plus savante, pour ainsi dire toute spéciale.

Quant à l'équitation de la plus grande masse de tous les gens qui montent à cheval plutôt par genre que par goût, elle est en 1833, comme toujours, uniquement dirigée par la mode du moment.

Au bâton rustique a succédé la canne luisante, garnie de glands de soie ou d'or. La pipe et les gants blancs glacés sont devenus de rigueur à cheval.

Le goût du sport s'est accentué, mais malheureusement en subissant cette déviation que nous avons signalée déjà : les réunions de courses se transforment en réunions de parieurs, et les amateurs d'équitation sont déjà en minime partie sur le turf.

C'est en vain que la Société d'encouragement pour l'amélioration des chevaux va essayer de lutter, elle sera débordée et devra faire des concessions aux tendances générales.

Il nous faut cependant signaler ici l'aurore des priviléges accordées au sang.

Le premier arrêté ministériel sur les courses où il soit réellement question de pur sang paraît être de 1832.

La Société d'encouragement pour l'amélioration des chevaux en France se forma vers la fin de 1833 et parut suivre l'impulsion qu'avait donnée la nouvelle administration des haras. Mais la Société exagéra la doctrine du pur sang en proscrivant le sang arabe, tandis que le Stud-Book français, créé par l'administration des haras, lui faisait une sorte de demi-concession en établissant entre les races anglaise et arabe une distinction qui ne se trouve point dans le Stud-Book anglais.

Toutefois, si des fautes furent faites dans ces temps difficiles, on profite aujourd'hui des études approfondies qui furent commencées à cette époque. Des essais heureux furent également tentés. C'est ainsi que les organisations de la Société d'encouragement, en rendent un hommage mérité au haras de Meudon, qui marchait sous la direction habile et puissante de S. A. R. le duc d'Orléans, dans la voie du progrès, à la tête des éleveurs français du pur sang, n'oubliant pas M. le duc de Guiche, qui en fut le fondateur, et qui, trois ans après, remportait des couronnes dans nos courses.

En 1833, nous avons à signaler un ouvrage d'hippiatrique dû au célèbre professeur *Grognier : Précis d'un cours d'hygiène vétérinaire.*

1833

ÉTAT-MAJOR DE L'ÉCOLE

De Morell	Maréchal de camp.	Champet	Capitaines-majors.
Duport Saint-Victor	Colonel.	Coataudon	
De Georges de Guillomont	Chefs d'escadrons.	Lavergne	
Longuet		Oudet	Cap. éc. dir. du haras
Renaux		Monier	Lieut., s.-écuyers.
De Laporte	Major.	Gasser	Lieut.,
Rousselet	Ch. de bon pr. d'art mil.	Brifaut	S.-lieut.,
Daurensan	Aumônier.	Gouvigneaux	Capitaine-trésorier.
Tartas	Capit.-instructeurs.	Jacquier	Lieut. d'habillement.
De Salleton		Vuillaume	S.-lieut. porte-étend.
Gaudin		Bécoeur	Chirurgien-major.
Delherm de Novital		Manson	Chir. aides-majors.
Jacquemin		Morgon	
Rothé		Lavigne	Vétérinaire en 1er.
Dubos		Havoux	Vét. en 1er, pr. de mrie
Conrard		Lenck	Vétérinaire en 2e.

ÉCUYERS CIVILS

Cordier	Écuyer en chef.	Le Roy	Écuyer de 2e classe.
Flandrin	Écuyer-professeur.	Beucher de Saint-Ange	Écuyer de 3e classe.
Rousselet	Écuyer de 1re classe.		

OFFICIERS D'INSTRUCTION

Première Division.

D'Espinassy de-Venel	Lieut., 5e lanciers.	Ducasse	Lieut., 2e artillerie.
Guiselin	Lieut., 10e cuirass.	Touchon	S.-lieut., 6e lanciers.
Merlier	S.-lieut., 4e chass.	Amiot	Lieut., 4e dragons.
Guel	Lieut., 6e dragons.	Piquet Vignolles de Juillac	
Le Gualès	S.-lieut., 2e chass.		Lieut., 3e chasseurs.
Schmidt	Lieut., 7e dragons.	Klein	S.-lieut., 1er lanciers.
Martin	Lieut., 8e chasseurs.	Saucerotte	Lieut., 4e lanciers.
Chardeyron	S.-lieut., 8e dragons.	De Beine	S.-lieut., 14e chass.
Besson	S.-lieut., 1er huss.	De l'Espaul de la Haye	S.-lieut., 9e dragons.
De Marseul	Cap., 3e ch. d'Afrique.	Bernard	S.-lieut., 3e huss.
Grain	S.-lieut., 3e cuirass.	Ingrès	S.-lieut., 6e chass.
Bonnamy	Lieut., 5e artillerie.	Jannot	Lieut., 5e chasseurs.
Chapotin	Lieut., 11e artillerie.	Moureau	S.-lieut., 11e chass.
Geoffroy	S.-Lieut., 2e cuirass.	Desaubier	S.-lieut., 1er carabin.
Guays	S.-lieut., 7e cuirass.	Mauboussin	S.-lieut., 9e chass.
Chadeysson	Lieut., 2e hussards.	Margueron	Lieut., 6e cuirass.
Serret	S.-lieut., 4e cuirass.	De Beville	Lieut., 10e chass.
Courand	S.-lieut., 2e lanciers.	Chalmette	Lieut., 2e dragons.
Durruthy	S.-lieut., 5e huss.	Adou	Lieut., 5e chasseurs.
Thorel	Lieut., 11e dragons.	Lemaire de Marne	S.-lieut., 3e lanciers.
Lebon	Lieut., 12e dragons.	Jacquier	Lieut., 3e dragons.
Guilley	S.-lieut., 8e cuirass.	De Latouche	Lieut., 4e hussards.
Descoubès	Lieut., 12e chasseurs.	Figié	S.-lieut., 1er chass.
Chevalier	Lieut., 3e artillerie.	Duquerroy	Lieut., 1er dragons.
De Gray	S.-lieut., 1er cuirass.	Courtain-Duplessis	S.-lieut., 7e chass.
Briant	S.-Lieut., 3e chass.	Lambert	S.-lieut., 5e cuirass.

Deuxième Division.

Glespreau	Lieut., 2e carabin.	Jobin	Lieut., 7e cuirass.
Cobus	S.-lieut., 10e chass.	Lamolèze	S.-lieut., 6e chass.
Lafuste	Lieut., 4e chasseurs.	Clément de la Roncière	Lieut., 1er lanciers.
Baudry de Balzac	Lieut., 11e chass.	Delbée	S.-lieut., 2e cuirass.
Michaux	S.-lieut., 8e dragons.	Gauthier	S.-lieut., 4e dragons.
De Lascours	Lieut., 9e chasseurs.	Delfosse	Lieut., 7e artillerie.
Courièges	S.-lieut., 5e dragons.	Bocave	Lieut., 9e artillerie.
Ambert	Lieut., 10e dragons.	Shée	S.-lieut., 3e lanciers.
Massieu	S.-lieut., 10e cuirass.	Duret	Lieut., 1er artillerie.
Duhaut	S.-lieut., 5e cuirass.	Doresmieulx	S.-lieut., 1er ch. d'Af.
Berail	Lieut., 7e dragons.	Hodiesne	S.-lieut., 1er huss.
Saguez	S.-lieut., 3e cuirass.	De Laroque Latour	Lieut., 3e hussards.
De Lahamayde	Lieut., 6e cuirass.	Roche	Lieut., 6e artillerie.
Bouvet	Lieut., 4e artillerie.	Ruault	S.-lieut., 8e chass.
Raimond	S.-lieut., 5e huss.	Paterne	S.-lieut., 2e huss.
De Costes	S.-lieut., 9e dragons.	Guérin	Lieut., 6e dragons.
Grand	Lieut., 1er dragons.	Plan de Sieys de Vignes	S.-lieut., 4e huss.
Souham	Lieut., 3e dragons.		

OFFICIERS ÉLÈVES

Première Division.

Perrot.	De Lessan.	Florimond.	Labarbée.
Manuel.	Clerc.	De Sade.	D'Ayala.
De Laporte.	D'Halmont.	Duresme.	De Leyrac.
Joannès.	De Lalande.	De Sigalas.	De Mazug.
Barbier.	De Lapreugne.	Bourbolon.	Davesne.
De Belligny.	Vexiac.	De Maigret.	Desondes.
Dellart.	Cossonnier.		

Deuxième Division.

De Saint-Balmont.	Bon de Lignim.	De Calonne.	Tachereau-Despictières
Pourcet.	Dausier.	Maloteau de Guerne.	De Cambis.
Desvaux de Saint-Maurice.	Le Pic.	Mengin.	Le Fournier d'Yauville.
Odart de Rilly.	D'Aviau de Piolant.	Michel.	Goislard de Villebreme.
Hainglaise.	Gentil de Ladreuille.	Chabiel de Morière.	Latour d'Auvergne.
	De Grave.		

La nouvelle ordonnance sur le service intérieur fut mise en vigueur au mois de février 1834, sauf quelques modifications particulières à l'École, auxquelles nous faisons quelques emprunts pour montrer les consignes de cette époque :

Tout officier porté malade est tenu de garder la chambre. S'il est seulement exempt des exercices équestres, il doit prendre part aux leçons théoriques et rester présent à toutes les leçons pratiques.

Les quatre tenues prescrites à l'École sont :

1° *Tenue du matin,* pour les officiers et écuyers : redingote d'ordonnance ou habit-veste de l'École, bonnet de police, pantalon d'ordonnance et bottes.

Tenue d'écurie, pour la troupe, gilet d'écurie, bonnet de police, pantalon de toile, souliers ou bottes sans éperons.

2° *Petite tenue.* Pour les officiers de l'état-major et écuyers : frac, épée, chapeau, pantalon d'ordonnance et bottes. Pour les officiers d'instruction : celle de leur régiment ou celle des officiers-élèves de l'École. Pour les officiers-élèves : habit-veste, épaulettes, shako couvert sans cordon, pantalon d'ordonnance, bottes et sabre. Pour la troupe : habit-veste, épaulettes, shako sans cordon, pantalon, bottes et sabre.

3° *Grande tenue*. Pour les officiers : habit-veste, casque ou shako avec plumet ou pompon, cordon de shako, sabre et giberne, pantalon et bottes d'ordonnance. Pour les écuyers : frac, chapeau, aiguillettes, culotte blanche ou de drap bleu, bottes à l'écuyère. Pour la troupe : habit-veste avec épaulettes, shako avec plumet ou pompon, cordon de shako, pantalon et bottes.

Les gants de peau et la dragonne d'or sont de rigueur pour la grande tenue et dans toutes les réunions générales.

4° *Tenue de travail*. Pour le travail militaire, la tenue d'ordonnance; pour le travail de manège, Officiers : habit-veste sans épaulettes, chapeau, culotte de drap bleu, bottes à l'écuyère, gants de peau et cravache; Troupe : gilet d'écurie, culotte de drap bleu, chapeau, bottes à l'écuyère, gants de peau et cravache.

La selle anglaise n'est permise que pour la promenade, mais elle doit toujours être garnie de la housse garance, du chaperon en peau d'ours ou de tigre, pour l'état-major, avec le poitrail et la croupière en cuir noir, ainsi que la bride d'uniforme. La bride anglaise est défendue. Les écuyers, maîtres et sous-maîtres de manège ne peuvent monter les chevaux de manège à l'extérieur sans être dans la tenue ordonnée et avec d'autres équipements que ceux d'uniforme pour les officiers de manège.

Chaque officier d'instruction ou élève est obligé de monter aux exercices militaires le cheval qui lui appartient.

Les officiers ne peuvent monter leurs chevaux hors des exercices qu'en vertu d'une permission, soit spéciale, soit individuelle, soit générale et commune à toute la division, lorsque l'autorisation générale n'a point encore été accordée aux officiers de cette division.

Dans tous les cas, les officiers ne peuvent monter à cheval qu'une heure et demie après le repas des chevaux et doivent en être descendus une heure avant les pansages, à moins d'en avoir obtenu la permission du capitaine-major de semaine.

Tout officier non monté est tenu d'assister à pied à tous les exercices équestres de la division; il ne sera désigné pour monter un cheval d'armes qu'après que tous ceux qui ont des chevaux indisponibles en auront été pourvus de préférence.

Nul officier ne peut conserver des chevaux en ville s'il n'en a obtenu l'agrément du maréchal de camp.

Défense est faite à tous les officiers d'introduire des chiens dans l'établissement et de se faire suivre par eux soit dans les écuries, soit sur le terrain d'exercice au moment où l'instruction a lieu.

Il est défendu à MM. les officiers-élèves d'avoir des chambres en ville.

Le 15 septembre 1834, *le général de Préval* arriva à Saumur pour passer l'inspection générale de l'École, qui se termina par le carrousel le 28 et par la revue d'honneur et la prestation de serment qui eurent lieu le lendemain.

Le général de Préval fit, au sujet de l'équitation, les mêmes remarques que ses prédécesseurs, c'est-à-dire que les principes enseignés au manège devaient être en rapport avec les données du règlement d'exercice, de même que la position et les moyens de conduite. Il insista sur ce point que les sauteurs, dont l'exercice était très en honneur alors, devaient être montés en liberté par les élèves et aussi bien en selles françaises qu'en selles à piquer.

Le 30 décembre, le général de Morell donnait sa démission et quittait l'École, emportant dans sa retraite prématurée des regrets d'autant plus vifs qu'elle était due à des événements affreux qui avaient affligé tout le monde.

Le *colonel Duport*, dit *Saint-Victor*, avait déjà pris le commandement de l'École depuis le 8 décembre.

Le colonel Saint-Victor avait débuté comme simple cavalier, le 26 janvier 1804, au 19e dragons, où il avait pris successivement tous ses grades jusqu'à celui de lieutenant, y compris, faisant la campagne de 1805 comme brigadier, celle de 1806 comme sous-officier, celle de 1807 comme sous-lieutenant. Le 1re octobre 1807, il était nommé chevalier de la Légion d'honneur. En 1808, il va en Espagne, où il prend son grade de lieutenant ; il devient aide de camp du général Davenay. En 1809, il fait la campagne d'Autriche comme lieutenant au 6e cuirassiers. Le 8 octobre 1811, il passe capitaine dans ce même corps. C'est avec ce grade qu'il fait les campagnes de 1812, 1813 et 1814. La chance ne l'a pas favorisé, bien qu'il ait eu un cheval tué sous lui, le 16 octobre 1813, à la bataille de Wachau. Le 1er juillet 1814, il est passé au 1er cuirassiers. Le 12 octobre 1815, il est nommé capitaine commandant breveté chef d'escadron au 2e cuirassiers de la garde royale. Le 17 novembre 1819, il est chef d'escadron aux dragons du Rhône. Le 25 avril 1821, il est nommé officier de la Légion d'honneur, et chevalier de Saint-Louis le 17 août 1822. Il fait la campagne d'Espagne en 1823, il en rapporte la décoration de Saint-Ferdinand. Le 27 juillet 1825, il vient comme chef d'escadron à l'École.

En 1834, l'écuyer en chef du manège de Saumur était le *commandant Renaux*.

Le commandant Renaux, élève du Prytanée le 3 décembre 1803, entrait à l'École de Saint-Germain le 20 février 1811. Nommé lieutenant au 2e lanciers de la garde le 20 février 1813, il faisait en cette qualité la campagne de Saxe. Le 21 décembre de la même année, il était nommé lieutenant aux grenadiers éclaireurs de la vieille garde, puis aide de camp du général Saint-Geniès. En 1814, il faisait la campagne de France, et, le 7 mars, il était blessé d'un coup de feu à la hanche gauche, à l'affaire de Craonne. Il faisait la campagne de 1815 comme lieutenant aux grenadiers à cheval de la garde. Il n'eut pourtant son grade de capitaine que le 8 janvier 1823, aux chasseurs de la Sarthe, et fit, à ce titre, la campagne d'Espagne. Enfin, le 24 janvier 1827, il venait à l'École de cavalerie comme capitaine instructeur.

Une décision ministérielle étant venue supprimer les deux premiers écuyers civils, le commandant Renaux hérita de la direction du manège. Il y continua les principes de ses devanciers.

De 1834 à 1836 parurent successivement diverses décisions ministérielles qui supprimèrent les professeurs d'art et d'histoire militaire, de musique, de dessin, le secrétaire archiviste, l'aumônier, un des chirurgiens, trente-deux cavaliers, quarante maréchaux et trompettes et vingt-cinq chevaux de manège. L'écuyer en chef et l'écuyer professeur furent remplacés par trois chefs d'escadrons. Le vent était aux réformes.

Nous avons dit que la cavalerie française avait été réorganisée par l'ordonnance constitutive du 19 février 1831 ; elle subit la réduction du 6e escadron dans chaque régiment, en 1834.

Un cours d'hippiatrique était prescrit pour les corps de cavalerie. C'était un officier, ou un vétérinaire, qui était chargé de faire ce cours aux officiers, et parfois aussi aux sous-officiers. Un programme dressé par les soins de l'École d'Alfort et envoyé à tous les corps par le Ministre de la guerre établissait les bases de cet enseignement.

Le cours d'équitation militaire publié en 1830 par l'École de cavalerie de Saumur répondait parfaitement à la question. Cependant, un vétérinaire militaire, M. Vogely, entreprit de rédiger, sous une forme plus succincte, une sorte de manuel basé sur le programme. Cet ouvrage parut en 1834, sous le titre : COURS THÉORIQUE ET PRATIQUE D'HIPPIATRIQUE A L'USAGE DE MES-

SIEURS LES OFFICIERS DES CORPS DE TROUPES A CHEVAL, *rédigé par Félix Vogely, vétérinaire militaire.*

M. Vagely publia, en 1836, un nouvel ouvrage d'hippiatrique, sous le titre : FLORE FOURRAGÈRE OU TRAITÉ COMPLET DES ALIMENTS DU CHEVAL, A L'USAGE DE MESSIEURS LES OFFICIERS DE TROUPES A CHEVAL *et de toutes les personnes qui s'occupent de l'étude de cet animal, etc.* Nous n'y relevons que les deux sentences empruntées au célèbre professeur Grognier, et dans lesquelles l'auteur se résume, en manière de conclusion prophétique : « *Dans aucun pays on ne donne tant de foin aux chevaux qu'en France; nulle part l'espèce n'est si dégradée.* » — « *Un jour viendra où le son sera banni de l'alimentation du cheval, et le foin y sera considérablement réduit.* »

1834

ÉTAT-MAJOR DE L'ÉCOLE

DE MORELL	Maréchal de camp.	GAUDIN DE VILLAINE	Capit. instructeurs.
DUPORT, dit SAINT-VICTOR	Colonel.	DELHERM DE NOVITAL	
BENARD, dit FLEURY	Lieutenant-colonel.	JACQUÉMIN	
DE GEORGES DE GUILLOMONT	Chefs d'escadrons.	ROTHÉ	
LONGUET		DUBOS	
RENAUX	Chef d'E.écuy.en chef	CONRARD	
DE LAPORTE	Major.	OUDET	Cap. écuy. dir. du har.
ROUSSELET	Ch. d'esc. prf. d'art m.	MONIER	Lieut. sous-écuyer.
CHAMPET	Capitaines-majors.	GASSER	Lieut. sous-écuyer.
COATAUDON		BRIFAUT	S.-lieut. sous-écuyer
LAVÈRGNE		BÉCOEUR	Chirurgien-major.
GOUVIGNEAUX	Capitaine-trésorier.	MORGON	Chirurg. aide-major.
JACQUIER	Lieut. d'habillement.	LAVIGNE	Vétérin. en premier.
VUILLAUME	S.-lieut. porte-étend.	HAVOUX	Vét. en 1er, pr. de mrie
TARTAS	Capit. instructeurs.	LENCK	Vétérinaire en 2e.
DE SALLETON			

ÉCUYERS CIVILS

ROUSSELET	Ecuyer de 1re classe.	BEUCHER DE SAINT-ANGE	Ecuyer de 3e classe, prof. d'hippiatrique.
LE ROY	Ecuyer de 2e classe.		

OFFICIERS D'INSTRUCTION

Première Division.

GUESPEREAU	Lieut., 2e carabin.	DUBET	Lieut., 1er artillerie.
BAUDRY DE BALZAC	Lieut., 11e chasseurs.	DUHAUT	S.-lieut., 5e cuirass.
COBUS	S.-lieut., 10e chass.	D'ELBÉE	S. lieut., 2e cuirass.
LAFUSTE	Lieut., 4e chasseurs.	ROCHE	Lieut., 6e artillerie.
MASSIEU	S.-lieut., 10e cuir.	DE COSTES	Lieut., 9e dragons.
DE LASCOURS	Lieut., 9e chasseurs.	BOCAVE	Lieut., 9e artillerie.
MICHAUX	S.-lieut., 8e dragons.	SUÉE	S.-lieut., 3e lanciers.
SOUHAM	Lieut., 3e dragons.	SAGUEZ	S.-lieut., 3e cuirass.
BOUVET	Lieut., 4e artillerie.	DORESMIEUX	S.-lieut., 1er ch. d'Af.
DE COURRÈGES	S.-lieut., 5e dragons.	CLÉMENT DE LA RONCIÈRE	Lieut., 1er lanciers.
GRAND	Lieut., 1er dragons.	RUAULT	S.-lieut., 8e chass.
BERAIL	Lieut., 7e dragons.	LAMOLÈRE	S.-lieut., 6e chass.
AMBERT	Lieut., 10e dragons.	PATERNE	S.-lieut., 2e huss.
RAIMOND	S.-lieut., 5e huss.	LA ROQUE LATOUR	Lieut., 3e hussards.
DE LA HAMAYDE	Lieut., 6e cuirass.	GUÉRIN	Lieut., 6e dragons.
DELFOSSE	Lieut., 7e artillerie.	HOSDIENNE	S.-lieut., 1er huss.
JOBIN	Lieut., 7e cuirass.	PLAN DE SIÈYES DE VIGNES	Lieut., 4e hussards.

Deuxième Division.

Ramond	S.-lieut., 10e drag.	André	S.-lieut., 5e artillerie
Dupont	S.-lieut., 12e drag.	Cavayé	Lieut., 3e ch. d'Afriq.
Laffitte	Lieut., 3e artillerie.	De la Renomière	Lieut., 4e hussards.
Grosskval	S.-lieut., 3e cuirass.	Pouzin	S.-lieut., 7e cuirass.
Cordier	Lieut., 6e hussards.	De Salles Rouget	S.-lieut., 4e chass.
Bremond d'Ars	Lieut., 7e dragons.	Jolly	Lieut., 5e hussards.
Lioult	S.-lieut., 11e chass.	Guimet	Lieut., 9e dragons.
Ratouis	S.-lieut., 9e chass.	Fressange-Dubal	S.-lieut., 6e dragons.
Bietrix	Lieut., 5e dragons.	D'Allonville	Lieut., 14e chasseurs.
Desprès	S. lieut., 4e cuirass.	De Caene	S.-lieut., 8e drag.
De Tanouarn	Lieut., 10e artillerie.	Durand de Noilliac	Lieut., 7e dragons.
Jouhaut de Labachellerie	S.-lieut., 1er ch. d'Af.	Genest de Bouillon	S.-lieut., 1er chass.
Chauvet	S.-lieut., 5e chass.	Maussion	Lieut., 6e lanciers.
Thérouanne	Lieut., 12e artillerie.	De Montaignac	Lieut., 8e dragons.
Crespin	S.-lieut., 2e ch. d'Af.	Michel	S.-lieut., 4e chass.
Amiot	Lieut., 1er carabin.		

OFFICIERS ÉLÈVES

Première Division.

De Pourcet.	Odard de Rilly.	Lepic.	De Calonne.
De Saint-Balmont.	Desvaux de Saint-Maurice.	Le Fournier d'Yauville.	Chabriel de Morière.
Goislard de Villebreme.	Hainglaise.	Tachereau-De-pictières	De Latour d'Auvergne.
Gentil de Labreuille.	Dausies.	Moloteau de Guern.	Mengin.
Bon de Lignim.	Michel.	De Cambis.	De Grave.
Daviau de Piolant.			

Deuxième Division.

Dufaur de Pibrac.	Dupar.	De Montalembert.	De Laurencin-Baufort.
De Vanssay.	De Gilède.	Olry.	Goubier de Petiteville.
De France.	Hellouin de Menibur.	De Laroche.	De Pradier-Dagrain.
De Lahaye.	De Costaz.	Vion de Gaillon.	Richard de Latour.
De Bethune.	Schlinker.	Hue de Mathan.	Landry.
Dumas de Salvert.	Renouard de Sainte-Croix.	Savary de Rovigo.	Dufretay.
De Malinguehem.	Aubert.	Roger de Chalabre.	Dupin.
Rosetti.	Maillard de Landreville.	Floret.	
Leforestier de Vandœuvre.			

En 1835, l'anniversaire des journées de juillet fut fêté de la manière suivante : le lundi 27, la musique de l'École se réunit à celle de la garde nationale pour exécuter des symphonies funèbres sur la place de la Comédie, à sept heures du soir. Le mardi 28, un carrousel eut lieu à six heures du soir. Le mercredi 29, le réveil fut sonné en musique au quartier et dans la ville. Une grande revue eut lieu à cinq heures et demie du soir, et, à la retraite, le quartier fut illuminé.

Dès qu'on eut appris l'attentat du 28 juillet, l'École envoya une adresse au roi :

« Sire,

« L'exécrable attentat auquel Votre Majesté et les Princes, vos fils, n'ont échappé que par un hasard providentiel, a répandu dans tous les cœurs un sentiment d'indignation et d'horreur. Honte éternelle aux misérables qui ont pu méditer, préparer et accomplir cette œuvre infernale de destruction ! Il ne sont pas Français, la France les répudie et appelle sur des assassins la juste vindicte de la loi.

« Pour nous, soldats, nous venons, dans ces circonstances, renouveler à Votre Majesté l'hommage de notre dévouement; il est aussi pur que déterminé. Vous nous trouverez toujours prêts à combattre les ennemis de Votre Majesté, qui sont aussi ceux de la France, partout où ils se présenteront. Fasse le Ciel que ce ne soit désormais que dans une guerre extérieure et sur un champ de bataille véritable. »

En 1835, le vent des réformes souffle encore; c'est la suppression d'un chef d'escadrons et d'un capitaine. Puis la suppression du cours d'art militaire qui existait depuis 1826 sous la direction du capitaine Jacquinot de Presles. Le capitaine instructeur Jacquemin fut provisoirement chargé de professer un abrégé de ce cours pendant une année.

Le 4 octobre, le *général de Sparre* arrivait à Saumur pour passer l'inspection générale de l'École. La revue d'honneur eut lieu le 15, à midi, sur le Chardonnet.

En 1835, l'équitation subit toujours la mode anglaise et la jeunesse dorée qui se qualifie du nom de sportmenn accentue ses ridicules.

Le dandy est l'écuyer du grand et beau monde, l'homme par excellence de l'équitation, celui qui raisonne le mieux, celui qui sait tout, parle de tout. Il n'est pas de chevaux qu'il ne puisse dresser; il ne croit pas aux talents supérieurs; il conteste, par conséquent, celui des plus grands écuyers, et s'imagine que, sortis de leur manège, ils ne sont plus capables de rien.

L'équitation du dehors est, selon le dandy, le *nec plus ultrà* de la science. Il est vrai que, dans le manège, la pointe de ses pieds irait heurter contre les murs, et qu'il lui faut un champ plus vaste pour contenir ses coudes arrondis.

Mais, heureusement, à côté de cela, les véritables hommes de cheval font tous leurs efforts pour ramener le goût dans le droit chemin.

Nous citerons : MM. le baron d'Aubigny, Cler, le baron de Curnieu, éleveur distingué, on lui doit une traduction de Xénophon, enrichie de notes instructives, et un ouvrage d'équitation des plus remarquables; le baron Daru, Gatoryes, le baron de Grandmaison, Gaussen, remarquable par son calme et ses connaissances approfondies; Hippolyte, neveu de M. Pellier, le comte d'Imécourt, le marquis de Miramon, que distingue une hardiesse peu ordinaire; le comte de Montigny, écuyer des haras, qui parut avec distinction à Saumur et qui a écrit tant d'ouvrages instructifs sur l'équitation; le comte de Tournon, connu pour sa solidité et sa jolie position; MM. Rull, Villars, cavaliers instruits et dévoués à la science; le comte de Rochefort, qui écrivit un ouvrage sur l'équitation, et qui fut, sans contredit, une des célébrités équestres de l'armée; le vicomte James O'Hégerty, également distingué dans cette science; Roger, ancien officier, cité avec raison pour sa patience, sa douceur et sa grande expérience; Chaillou, Chabot, Morel, Henri Baucher, jeune homme rempli de tact, de jugement, de patience, qui donnait les espérances les plus brillantes, et qui seconda le beau talent de son père.

Nos coureurs de steeple-chasse et nos chasseurs sont : le baron de Vaublanc, Denormandie, le marquis de Mac-Mahon, le comte d'Hinnisdal.

Nous pourrions ajouter à ces noms ceux de MM. le marquis et le comte de l'Aigle, le marquis et le comte de Croix, le comte de Blangy, le comte Edgard Ney, Caccia, Henri de Lacorye, le comte de Beaurepaire, le baron Le Coulteux, le comte Rostain de Pracomtal, de Morny, le comte de Vallon, le comte de Nieuwkerke, le marquis de Perthuis, de Saint-Cay, de Saint-Paul, le comte Max de Béthune, le comte de Jouffroy, etc., etc. Encore la plupart de ces messieurs ont-ils brillé dans nos manèges.

Parmi les anciens pages : le comte Antonin de Noailles, le comte du Lau d'Allemans, le prince de Chalais.

Citons encore le comte de Beauregard, le comte de Saint-Mauris, le comte de Périgord, le comte Max et le comte Ch. de Béthune-Sully, le comte de Wall, le marquis de Saint-Vallier, le comte de Montegnard, le comte de Mac-Carthy, le marquis de Coislin, le comte de Cotte, le comte de Sainte-Aldegonde, le marquis Duplessis-Bellière, le comte de Ségonzac, le comte de Montbrun, le marquis de Sennevois, le comte de Marolles, etc., etc.

Mais parmi ceux qui ont pris l'intérêt le plus sincère à la science, il faut nommer le comte Hocquart. Longtemps dévoué à l'élève des chevaux, il n'y renonça que faute d'être compris par les hommes du pouvoir. L'équitation fut pour lui le but où tendaient tous ses soins et tous ses sacrifices; c'est lui qui créa, sous la direction du vicomte O'Hégerty, un établissement qui pouvait être une des planches de salut de la science équestre. Un grand nombre d'amateurs, comprenant la portée des louables intentions du comte Hocquart, se réunirent et fondèrent un club connu sous le nom de Club des Chasseurs. Parmi ces messieurs, on distingue MM. le marquis de Coislin, président du club; le marquis de Saint-Mars, le baron de Curnieu, vice-présidents; le prince de Wagram, le comte de Plaisance, le comte de Cossé, le comte de Champchevrier, le comte de Labédoyère, le comte de Saint-Roman, le marquis de Miramont, le comte de Pontalba, le baron Daru, le comte Édouard de Perregaux, le baron d'Aubigny, le vicomte de Labarthe, le comte de Vallon, le marquis de Quinsonnas, M. de Bignan, le capitaine Treewhitt; MM. Brunet-Denon, Henri de Lacaye, de Ligier, le comte de

Chabrillan, le comte de Valanglard, le baron de Stockhausen, le baron de Lotsbeck, le marquis de Ligneries, etc., etc., tous cavaliers ou chasseurs remarquables.

Quant aux chefs de manège de Paris à cette époque, c'étaient : MM. Charles Pellier, Kuntzmann, le Blanc, Fitte, Weber, Latrille, etc.

C'est en 1835 que MM. Baucher et Pellier, qui professaient au même manège, s'associent pour publier leurs *Dialogues sur l'Équitation.*

Le premier dialogue se fait entre le grand Hippo-Théo, dieu des quadrupèdes, un cavalier et un cheval. On devine le genre de cette causerie équestre un peu ridicule dans sa forme.

Nous avons dit déjà que nous reviendrions sur les deux personnalités les plus marquantes, MM. d'Aure et Baucher, au moment de leur passage à notre zénith, qui est Saumur.

Mais un des écuyers, écrivains les plus militants de cette époque, est certainement M. de Lancosme-Brèves, qui a beaucoup écrit sur l'équitation.

Sorti des pages de S. M. le Roy Charles X, en 1829, et du premier régiment de carabiniers, en 1830, il s'est constamment occupé d'équitation. Élève des écoles de Versailles et de Paris, sous les meilleurs écuyers, il a puisé dans leurs leçons et leurs exemples de bons principes qu'il a comparés entre eux et discutés avec lui-même. Il écrivit d'abord un gros livre intitulé : DE L'ÉQUITATION ET DES HARAS.

Nous allons essayer d'en tirer un résumé des principes de l'auteur :

« *Quand l'intelligence est éclairée, les moyens d'exécution ne sont plus qu'une affaire de temps et de pratique; les bons résultats ne sauraient manquer de se produire.*

« *L'équitation est une science qui traite de l'équilibre et du mouvement du corps du cheval; elle peut aussi recevoir la définition suivante : l'équitation est la représentation des lois qui régissent la puissance musculaire; trouvez le moyen de faire jouer les muscles préposés au mouvement que vous voulez obtenir, et le mouvement s'obtiendra.*

« *Les positions du cheval variant à l'infini, il oppose au cavalier des forces innombrables et différentes à combattre.*

« *Il faut n'exiger du cheval qu'un travail proportionné à sa puissance musculaire, autrement dit à sa force, et, pour arriver à un bon résultat, la patience est nécessaire, indispensable même.*

« *La tête du cheval présente un poids au bout d'un bras de levier qui est mobile; par conséquent, suivant la marche qu'il prend, la tête influe sur la masse de l'animal.*

« Lorsque la vitesse n'est pas exigée, la position de la tête doit être autant que possible rapprochée de la perpendiculaire.

« Il n'y a pas de mouvement possible sans contraction de muscles; mais ils se contractent aussi dans le travail pour éviter aux articulations un mouvement qui leur est pénible ou contraire.

« Les principes équestres sont invariables, l'application seule diffère; les règles qui donnent l'application des principes sont invariables et applicables à tous les chevaux.

« Il existe chez le cheval deux moteurs principaux qui sont en lutte perpétuelle; la différence du plus fort moteur entraîne la masse de l'animal, c'est ce qui constitue le mouvement.

« La science positive donne à tout individu les moyens de dresser un cheval bien construit et sain. L'écuyer doit dresser tous les chevaux.

« Le travail du cavalier est basé sur trois opérations connexes : la force, la position et le mouvement. La force donne l'impulsion nécessaire au mouvement, la position le fait obtenir.

« Les moyens les plus doux sont les meilleurs pour anéantir les forces instinctives du cheval, qu'on ne doit jamais provoquer à des luttes imprudentes.

« Dans les allures ordinaires, l'appui doit être pris par le cheval sur lui-même, au risque de compromettre la légèreté.

« La sensibilité de la bouche n'influe pas sur l'équilibre; c'est l'équilibre qui influe sur la bouche.

« Pour parvenir au juste emploi de force nécessaire à la tenue, on recommandera le liant le plus complet.

« En raison du déplacement de certaines parties du corps du cheval, le cavalier fait des oppositions avec son corps, aide ou s'oppose au mouvement.

« Les deux centres de gravité de l'homme et du cheval ne doivent faire qu'un. Mais le principe change si le cheval est à l'état de révolte.

« Ne confondons pas le centre de la masse avec le centre de gravité : le premier n'est que le point géométrique et invariable qui divise la masse en deux parties égales, tandis que la place du dernier dépend de l'équilibre.

« Si la région lombaire n'est pas suffisamment assouplie, elle évite de se prêter au travail, et les dernières vertèbres dorsales supportent alors tout le choc.

« La pression des jambes du cavalier sur les côtes du cheval diminue la capacité de la poitrine et gêne la respiration.

« Il faut toujours chercher à obtenir la contraction des muscles préposés

aux mouvements qu'on demande, et éviter avec soin de faire contracter les antagonistes de ces muscles, autrement on paralyserait l'effet de la contraction des premiers. De prime abord, le principe paraît difficile à mettre à exécution; mais il ne faut pas oublier que le cavalier agit principalement sur des masses entières d'agents actifs qui ont leurs antagonistes présentant également des masses. Il ne suffit donc que de bien distinguer le rôle de chacune de ces régions.

« *Un cheval se défend de mille manières, mais il ne manifeste ses défenses qu'en passant par deux mouvements; c'est au cavalier à sentir celui des deux qui commence la lutte et à le paralyser.*

« *Les rênes du bridon possèdent quatre propriétés. La bride produit aussi plusieurs effets; mais quel que soit l'effet, il est uniforme, et tend toujours à faire fléchir.*

« *La force d'opposition enlevant toute la force instinctive de l'animal et le réduisant, en quelque sorte, à l'état de simple machine, un cheval mis au repos y persistera, à moins qu'une cause étrangère ne l'en tire.*

« *Une seule force ne peut avoir la propriété d'assouplir le cheval; il faut le concours de deux forces dont la première sollicite l'avant-main, la seconde l'arrière-main. Le rôle de la première est de donner la position qui permet le mouvement; elle ne doit avoir un effet quelconque que pour équilibrer l'autre force. La seconde sollicite le mouvement en même temps qu'elle prépare à la position; elle doit donc précéder.*

« *Lorsque le cavalier dispose de deux forces ensemble, une qui pousse, l'autre qui retient, la justesse et le rapport relatif de ces deux aides produisent le mouvement régulier.*

« *La main et les jambes doivent agir constamment sur le cheval de la même manière qu'agit l'organisation musculaire, c'est-à-dire que la main ou la jambe ne doit pas agir seule. La main ou la jambe qui donne la position ou qui fait obtenir le mouvement, est toujours soutenue par la main ou la jambe opposée. Si les rênes sont dans une seule main, celle-ci doit produire les deux effets.*

« *Pour se rendre entièrement maître des forces du cheval et pour arriver plus sûrement au rassembler parfait, il faut s'attacher à mobiliser les parties immobiles et à immobiliser les parties mobiles.*

« *Si le cheval, sans qu'il y ait ralentissement dans sa marche, se raidit d'encolure, il faut opposer à l'encolure même force, mais se garder de se servir des jambes, qui augmenteraient cette contraction; l'emploi des jambes dans cette occasion n'est nécessaire que pour empêcher le ralentissement de l'allure.*

« Remarquons ici qu'en faisant précéder les jambes, on obtient deux effets favorables : le premier est d'agir directement sur les muscles abdominaux ; le deuxième sur les côtes, qui facilitent par leur resserrement la contraction des muscles qui les soutiennent.

« Le cheval dont l'équilibre est parfait est léger à la main.

« A celui qui dit que son cheval exige un mors particulier, on peut répondre que son cheval est hors de ses aplombs.

« La main du cavalier est-elle exercée et possède-t-elle le tact nécessaire pour agir convenablement sur le levier de la bride ? Les jambes sont-elles dirigées par une intelligence habile ? Le mors le plus simple est alors le meilleur ; mais si le cavalier est ignorant, aucun mors, simple ou compliqué, ne pourra le sauver des dangers auxquels expose toujours un cheval fougueux.

« Tout écuyer doit savoir :

« 1° Que les jambes servent à soutenir les hanches, à conserver l'allure, à l'augmenter, en d'autres termes, qu'elles donnent et entretiennent l'impulsion ;

« 2° Que la main s'empare de cette impulsion, et la distribue suivant l'intelligence qui la dirige ;

« 3° Que les jambes n'ont rien à faire quand l'impulsion est suffisante, à plus forte raison quand elle est trop forte ;

« 4° Qu'il est des cas où les jambes précèdent la main, et d'autres où la main précède les jambes ;

« 5° Que la position des jambes varie suivant ce que l'on demande ;

« 6° Que les jambes ont seules la propriété de ramener l'encolure.

« Le cavalier qui possédera à fond tous ces principes et qui en fera l'application exacte, pourra s'emparer de toutes les forces de l'animal et les faire agir à sa volonté ; l'éducation du cheval qu'il voit dressé en moins de trois mois cessera alors d'être pour lui un sujet d'étonnement. »

Ces quelques citations suffisent à montrer à quel point de vue élevé se place M. de Lancosme-Brèves pour poser ses principes. C'est l'anatomie qui sert de base à toutes ses théories et c'est toujours scientifiquement qu'il raisonne de l'équitation. C'est un écuyer savant, trop savant peut-être ; mais il ne faut pas oublier qu'il avait fort à faire à son époque pour aider au triomphe des principes de l'ancienne école sur les ridicules innovations, qui se flattaient de n'en pas avoir et de dispenser leurs adeptes d'une étude souvent fastidieuse et toujours mortifiante pour les prétentions orgueilleuses.

En 1835, nous avons à enregistrer un ouvrage important de maréchalerie.

Le livre de *M. Perrier,* vétérinaire au 2e carabiniers, est intitulé : Des Moyens d'avoir les meilleurs chevaux, *ou de l'importance de la forme et de l'aplomb naturel du sabot du cheval pour la conservation de ses qualités.*

Ce livre n'est que la première partie d'un travail qui forme un Traité spécial et raisonné sur la ferrure pratique la plus convenable à la conservation des qualités du cheval. M. Perrier fait connaître les *mouvements du sabot*, ainsi que les *modifications* qu'il éprouve lorsque sa forme et son aplomb sont altérés ; il passe en revue *les inconvénients qui résultent de ces défauts de forme et d'aplomb* pour les membres; enfin il embrasse des considérations : *1° Sur les bases d'une bonne ferrure ; 2° Sur les causes de la dégénérescence de nos chevaux, 3° Enfin sur les moyens de réparer le mal et de perfectionner les races.*

Après avoir jeté un coup d'œil rapide sur la forme et la construction du pied du cheval, l'auteur traite de l'*aplomb naturel du sabot et de l'influence de cet aplomb sur celui des membres.* Les principes émis sur ces deux points scientifiques forment la base de toute la théorie suivie dans le courant de l'ouvrage; d'après ces principes, le pied gouvernerait toutes les articulations supérieures, et la conservation de son intégrité préviendrait toute altération de ces mêmes articulations.

Perrier nie non seulement les idées de Bray-Clark sur l'élasticité, mais il nie aussi les théories généralement admises en France sur ce sujet, qu'il veut décrire à sa manière : « *Lors de l'appui, le pied se dilate de la pince jusqu'au milieu des quartiers et se resserre des quartiers jusqu'aux talons ; la sole s'affaisse dans sa moitié antérieure et en arrière se creuse; la fourchette a pour rôle d'adoucir cette contraction des parties postérieures du sabot, etc...* » Mais il ne donne aucune explication à l'appui de cette prétendue découverte.

Il blâme fortement la ferrure anglaise et en énumère longuement les inconvénients. Quant à la ferrure qu'il conseille, c'est, à peu de chose près, les théories de Bourgelat — plus spécieuses que pratiques, — mais comme il conseille de parer la pince en laissant intacts les talons, il a obtenu quelques succès avec sa ferrure au moyen de laquelle il prétend tout guérir. Il a eu d'ailleurs ses fervents enthousiastes.

1835

ÉTAT-MAJOR DE L'ÉCOLE

De Morell	Maréchal de camp.	Gaudin de Villaine	Capit. instructeurs.
Duport Saint-Victor	Colonel.	Delherm de Novital	Capit. instructeurs.
Renard-Fleury	Lieutenant-colonel.	Jacquemin	Capit. instructeurs.
De Georges de Guillomont	Chefs d'escadrons.	Rothé	Capit. instructeurs.
Longuet	Chefs d'escadrons.	Dubos	Capit. instructeurs.
Renaux	Chef d'E. écuy. en chef	Conrard	Capit. instructeurs.
De Laporte	Major.	Oudet	Cap. écuy. dir. du har.
Champet	Capitaines majors.	Monier	Lieut. sous-écuyer.
Coataudon	Capitaines majors.	Gasser	Lieut. sous-écuyer.
Lavergne	Capitaines majors.	Brifaut	S.-lieut. sous-écuyer.
Gouvigneaux	Capitaine trésorier.	Becœur	Chirurgien major.
Jacquier	Lieut. d'habillement.	Morgon	Chirurg. aide-major.
Vuillaume	S.-lieut. porte-étend.	Lavigne	Vétérin. en premier.
Tartas	Capit. instructeurs.	Havoux	Vét. en 1er, pr. de mrie
De Salleton	Capit. instructeurs.	Lenck	Vétérinaire en 2e.

ÉCUYERS CIVILS

Rousselet	Écuyer de 1re classe.	Beucher de Saint-Ange	Écuyer de 3e classe, prof. d'hippiatrique.
Le Roy	Écuyer de 2e classe.		

OFFICIERS D'INSTRUCTION

Première Division.

Dupont	S.-lieut., 12e dragons	Fressange-Dubal	S.-lieut., 6e dragons.
Lafitte	Lieut., 3e artillerie.	Jolly	Lieut., 5e hussards.
Cordier	Lieut., 6e hussards.	Amiot	Lieut., 1er carabin.
Chauvet	Lieut., 5e chasseurs.	Ratouis	S.-lieut., 9e chasseurs
Therouanne	Lieut., 12e artillerie.	D'Allonville	Lieut., 14e chasseurs.
Brémond d'Ars	Lieut., 7e dragons.	De Caen	S.-l., 8e chasseurs.
De Tanouarn	Lieut., 10e artillerie.	Guimet	S.-lieut., 9e dragons.
Crespin	S.-l., 2e ch. d'Afrique	Michel	S. l., 4e chasseurs.
Lioult	S.-l., 11e chasseurs	Gilet de la Renomière	Lieut., 4e hussards.
André	S.-lieut., 5e artillerie.	Cavayé	Lieut., 3e ch. d'Afriq.
Grosseval	S.-lieut., 3e cuirass.	Genest-Debouillon	S.-l., 1er chasseurs.
Jouhault de la Bachellerie	S.-l., 1er ch. d'Afrique	Durand de Noillac	Lieut., 7e chasseurs.
Ramond	S.-l., 10e dragons.	Maussion	Lieut., 6e lanciers.
Desprès	S.-lieut., 4e cuirass.	Biétrix	Lieut., 5e dragons.
Pauzin	S.-lieut., 7e cuirass.	De Salles-Rougé	S.-lieut., 4e chass.

Deuxième Division.

Ohier	Lieut., 11e artillerie.	Petut	Lieut., 9e artillerie.
Noel	Lieut., 2e carabiniers	Goll	S.-lieut., 4e cuirass.
Moucheton de Gerbrois	Lieut., 3e chasseurs.	Choiseul-Beaupré	Lieut., 6e dragons.
Piat	S.-l., 8e chasseurs.	Bégougne de Juniac	Lieut., 1er chasseurs.
Hellouin de Menibus	Lieut., 1er artillerie.	Cambriel	S.-l., 2e ch. d'Afrique.
Lefrançois	Lieut., 6e artillerie.	Collin de la Brunerie	Lieut., 4e hussards.
Duportail	Lieut., 8e dragons.	Travot	Lieut., 5e chasseurs.
Albène	Lieut., 12e chasseurs	Loiseau	S.-l., 5e dragons.
Garnier-Kerruault	Lieut., 14e artillerie.	De Bininger	S.-l., 9e dragons.
Tenassin	S.-lieut., 3e artillerie.	De Trimond	Lieut., 13e artillerie.
Soubzmaigne	S.-l., 10e dragons.		

OFFICIERS ÉLÈVES

Première Division.

Richard de Latour.	Savary de Rovigo.	Maillard de Landreville	Gouhier de Petiteville.
De France.	Dumas de Salvert.	Aubert.	Floret.
Rossetti.	Obry.	Roger de Chalabre.	De Laroche.
Dufaur de Pibrac.	Dufrétay.	Renouard de Sainte-Croix.	Laurencin-Beaufort.
De Bethune.	Hellouin de Menibus.	Dupin.	Hue de Mathan.
Delahaye.	Schlinker.	Landry.	Pradier d'Agrain.
De Gilède.	Demalinguehen.	Vion de Gaillon.	De Montalembert (non classé).
Costaz.	Leforestier de Vandœuvre.		
De Vanssay.			

Deuxième Division.

De Boucher.	Beylié.	Decheppe.	Clerembault.
Gicquel.	Dufaur de Pibrac.	Vilatte.	Milliet.
Dupas.	Lebel.	De Francq.	Fenin.
Luette de Lapilorgerie.	De Bernis.	Dupaty-Mercier.	Desréaux.
Dupas Jean.			

En apprenant l'attentat du 25 juin 1836, l'École s'empressa d'envoyer au Roi une nouvelle adresse pour l'assurer de son indignation et de son dévouement.

Il est assez curieux de rappeler incidemment dans cet historique certaines restrictions militaires qui font contraste avec la latitude permise de nos jours. Ainsi, au mois d'août 1836, l'École recevait communication de la décision ministérielle prescrivant aux officiers supérieurs et aux adjudants-majors le port de la moustache et de la royale, et maintenant le port de la moustache comme par le passé pour les officiers et militaires de tous les autres grades.

Le 18 septembre le *général de Sparre* arriva à Saumur pour passer l'inspection générale de l'École. Le dimanche 1er octobre fut le jour du carrousel, qui eut lieu à deux heures. Le mardi 3, revue d'honneur à pied, en grande tenue, à midi.

Le 31 décembre, l'École envoya une adresse au Roi à l'occasion du nouvel attentat dirigé contre sa personne.

Depuis bien longtemps, il n'existe plus d'académies d'équitation en France protégées par la munificence du souverain, et placées sous la surveillance du grand écuyer qui avait passé une partie de sa vie au manège et qui tenait à honneur d'être l'un des plus habiles cavaliers formés à l'École de Versailles. Cette école existe encore à l'époque où nous en sommes: mais elle n'est plus que l'ombre de ce qu'elle fut autrefois; c'est plutôt une vieille ruine, que le goût du jour tolère, qu'un monument que l'on tient à conserver dans ses belles proportions; elle est uniquement destinée aux pages et aux autres élèves de la maison du roi, et n'exerce aucune espèce d'influence sur les manèges publics de Paris et des autres villes de la France.

1836

ÉTAT-MAJOR DE L'ÉCOLE

Duport, dit Saint-Victor.	Colonel.	Gouvigneaux.	Capitaine trésorier.
Benard, dit Fleury.	Lieutenant-colonel.	Villemejeanne.	S.-lieut. adj. au trés.
Renaux	Chef d'esc. écuy. en ch.	Jacquier.	Capit. d'habillement.
Schaaff.	Ch. d'esc. instr. en ch.	Cadic.	S.-lieut. porte-étend.
De Laporte	Major.	De Salleton.	Capit. instructeurs.
Champet	Capit. adjud.-majors	Gaudin de Villaine.	Capit. instructeurs.
Coataudon.	Capit. adjud.-majors	Delherm de Novital	Capit. instructeurs.
Lavergne	Capit. adjud.-majors	Jacquemin	Capit. instructeurs.

ÉTAT-MAJOR DE L'ÉCOLE (Suite).

Dubos	Capit. instructeurs.	Becoeur	Chirurgien-major.
Conrard		Morgon	Chirurg. aide-major.
Oudet	Cap. éc. dir. du haras	Lavigne	Vétérin. en premier.
Monier	Lieut. sous-écuyer.	Havoux	Vét. en 1er, pr. de mrie
Gasser	Lieut. sous-écuyer.	Berger	Vétérinaire en 2e.
Brifaut	Lieut. sous-écuyer.		

ÉCUYERS CIVILS

Rousselet	Écuyer de 1re classe.
Beucher de Saint-Ange	Ecuyer de 3e classe, prof. d'hippiatrique.

OFFICIERS D'INSTRUCTION

Première Division.

Ohier	Lieut., 11e artillerie.	Duportail	Lieut., 8e dragons.
Moucheton de Gerbrois	Lieut., 3e chasseurs.	Soubeiraigne	S.-lieut., 10e dragons
Noel	Lieut., 2e carabiniers	Hellouin de Menibus	Lieut., 1er artillerie.
Petiet	Lieut., 9e artillerie.	Begougne de Juniac	Lieut., 1er chasseurs.
Garnier Kernault	Lieut., 14e artillerie.	Goll	S.-lieut., 4e cuirass.
Piat	S.-lieut., 8e chass.	De Choiseul-Beaupré	Lieut., 6e dragons.
Lefrançois	Lieut., 6e artillerie.	Cambriel	S.-l., 2e ch. d'Afrique
Travot	Lieut., 5e chasseurs.	Loiseau	S.-lieut., 5e dragons.
Albène	Lieut., 12e chasseurs	De Bininger	S.-lieut., 3e dragons.
Terrassin	Lieut., 3e artillerie.	De Trimond	Lieut., 13e artillerie.

Deuxième Division.

Margain	Lieut., 10e cuirass.	Simon de la Mortière	Lieut., 7e chasseurs.
Geoffroy	Lieut., 2e cuirassiers.	Guitry	Lieut., 13e artillerie.
Susane	Lieut., 12e artillerie.	Bonisset	S.-lieut., 5e dragons.
Veillet	Lieut., 6e lanciers.	D'Azemar	Lieut., 1er chasseurs.
De Crozé	Lieut., 2e chasseurs.	Lemaire	S.-lieut., 11e chass.
Demolon	Lieut., 4e artillerie.	Sibille	Lieut., 6e artillerie.
De Gironde	Lieut., 6e cuirassiers.	Lepic	S.-l., 3e ch. d'Afrique
Delpoux de Nafines	Lieut., 8e dragons.	Debonnaire de Forges	Lieut., 5e chasseurs.
Dumas	Lieut., 4e lanciers.		

OFFICIERS ÉLÈVES

Première Division.

De Boucher.	Dupas.	Beylié.	Gicquel.
Luette de Lapilorgerie.	Decheppe.	Lebel.	Dupas, Jean.
Fenin.	Dufaur de Pibrac.	Villatte.	De Francq.
Milliet.	De Pierre de Bernis.	Mercier-Dupaty.	Desréaulx.

Deuxième Division.

Harmand.	Demazenod.	Saulnier de Pringy.	Brame.
Muyart de Vonglaux.	Tournadre.	Dandigné.	Esnault de Chantore.
Maupas.	Fantou.	Derousse.	Lemoine-Desmares.
Gueneau de Montbeillard.	De Montalembert.	De Saint-Légier de la Souzade.	Lacour.
Carpentier.	De Chavaudon.		Bonet.

École de Cavalerie

Enseignement Équestre

Des haras
Des remontes

VII

Le commandant Champet, écuyer en chef. — Sixième anniversaire des journées de juillet. — Inspection du général Cavaignac. — État-major et officiers-élèves de l'École en 1837. — Général de Brack, commandant l'École. — Inspection du général de Sparre. — Visite du comte d'Aure à Saumur. — Premiers essais de ferrure à froid. — État-major et officiers-élèves de l'École en 1838. — M. Rousselet, écuyer en chef. — La fin de Lutzen. — Essais de mousquetons se chargeant par la culasse. — Essai d'une nouvelle bride. — Anniversaire des journées de juillet. — Carrousel. — Inspection du général Latour-Maubourg. — Inondations de 1839. — Modifications de la selle hongroise. — La selle d'artillerie est donnée aux cuirassiers et aux dragons. — État-major et officiers-élèves de l'École en 1839. — Nouveau règlement de l'École en 1840. — Les critiques du comte d'Aure contre Saumur. — Circulaire ministérielle contre Louis Bonaparte. — Inspection du général d'Audenarde. — Inauguration de la Carrière du Carrousel. — Les précautions contre l'inondation. — Essai du hache-paille Muller. — Nouveaux essais de mousquetons se chargeant par la culasse. — Le général de Brack quitte l'École. Les progrès accomplis sous son commandement. — Le général de Prévost, commandant l'École. — La banquise de 1840. — M. Riquet : Considérations sur la maréchalerie, ferrure podométrique. — Les remontes en 1840. — Fondation de l'École des haras du Pin. — État-major et officiers-élèves de l'École en 1840. — Abrégé du Cours d'équitation de Saumur. — Règlement pour l'exercice de la voltige. — Le chapeau en bataille et le chapeau en colonne. — Inspection du général Oudinot. — Onzième anniversaire des fêtes de juillet. — Inauguration du carrousel de troupe. — Le commandant de Novital, écuyer en chef. — L'organisation de la cavalerie en 1841. — Rodet. Ferrure sous le point de vue de l'hygiène. — Riquet. Quelques considérations sur la ferrure podométrique. — Etat-major et officiers-élèves de l'École en 1841. — Organisation de l'École d'après le règlement de 1842. — La fête du Roi. — Essai à l'École du dressage Baucher. — M. Baucher et son équitation. Dictionnaire d'équitation. Dialogues sur l'équitation. Passetemps équestres. Critique de la position de M. Baucher. Méthode d'équitation basée sur de nouveaux principes : Détruire les forces instinctives du cheval et les remplacer par des forces transmises. Assouplissements d'avant-main, flexions de la machoire, affaissement de l'encolure, flexions de l'encolure, ramener; dimensions du mors; assouplissements de l'arrière-main, flexions et mobilisation de la croupe, du reculer ; emploi des forces du cheval par le cavalier, des changements de direction ; de la concentration des forces du cheval par le cavalier, des attaques, du rassembler, du galop ; du piaffer; dressage complet en deux mois, progression. Résumé complet des principes d'équitation, force, opposition, impulsion. Seize airs de manège nouveaux. Les chevaux de haute-école de M. Baucher : Buridan, Partisan, Capitaine, Topaze, Neptune, Godolphin, Fortunatus, Robert de Normandie.

Le 1er mai 1837, le chef d'escadrons *Champet* fut nommé écuyer en chef.

Le commandant Champet, garde du corps le 1er octobre 1814, avait été licencié le 1er novembre 1815, après avoir fait la campagne de Belgique avec les princes. Le 7 février 1816, il avait été replacé comme sous-lieutenant aux chasseurs de Vaucluse, où il était passé lieutenant le 11 avril 1821. Capitaine le 26 février 1823 aux chasseurs de la Vendée, il avait fait la campagne d'Espagne. En 1825 il était venu à Saumur comme capitaine d'instruction, dans cette première division d'élèves qui inaugura la nouvelle École, et parmi lesquels il fut des meilleurs. Aussi le 29 avril 1826 avait-il été rappelé comme capitaine écuyer. En prenant la direction du manège, en 1837, il continua les méthodes établies et soutint les traditions équestres.

Le sixième anniversaire des journées de juillet fut célébré le 28 par un service funèbre auquel assista un escadron en armes. Cet escadron vint prendre l'étendard chez le colonel et se rendit, précédé de la musique, à l'église Saint-Pierre. Tous les officiers, en grande tenue, accompagnèrent en cortège le colonel à la messe.

Le soir, la musique joua des fanfares devant l'étendard jusqu'à la retraite.

Le lendemain 29, le réveil fut sonné en musique au quartier et dans la ville, un carrousel fut exécuté à quatre heures de l'après-midi.

Le dimanche 30, à onze heures et demie, tous les officiers se réunirent en grande tenue chez le colonel pour se rendre à la cérémonie à laquelle ils étaient invités par le maire de la ville et, à quatre heures, l'École était réunie en grande tenue à pied, pour être passée en revue conjointement avec la garde nationale, sur la promenade du Mail ou de la Bourse, comme on l'appelait encore, qui s'étendait sur le quai en face de l'Hôtel de Ville.

Le *général Cavaignac* arriva à Saumur le 14 septembre, pour passer l'inspection générale de l'École, qui se termina par un carrousel donné le 1er octobre, à deux heures et demie.

1837

ÉTAT-MAJOR DE L'ÉCOLE

Duport, dit Saint-Victor.	Colonel.	Delherm de Novital. . . .	Capit instructeurs.
Benard, dit Fleury. . . .	Lieutenant-colonnel.	Jacquemin.	Capit instructeurs.
Champet	Chef d'esc. éc. en chef	Martin de Boulancy . . .	Capit instructeurs.
Schaaff	Ch. d'esc., instr. en ch.	Oudet.	Capit instructeurs.
De Laporte.	Major.	Dubos.	Capit instructeurs.
Coataudon	Capitaines-majors.	Conrard.	Capit instructeurs.
Lavergne.	Capitaines-majors.	Schmidt.	Capit instructeurs.
De Marseul.	Capitaines-majors.	Oudet.	Cap.-éc., dir. du har.
Gouvigneaux	Capitaine-trésorier.	Monier.	Lieut. sous-écuyer.
Villemejeanne	S.-l., adj. au trésorier	Michaux.	Lieut. sous-écuyer.
Jacquier	Capit. d'habillement.	Brifaut.	Lieut. sous-écuyer.
Gadic.	Porte-étendard.	Lavigne.	Vétérin. en premier.
Becoeur.	Chirurgien-major.	Havoux.	Vét. en 1er, pr. de mrie
Morgon.	Chirug. aide-major.	Berger.	Vétérinaire en 2e.
Gaudin de Villaine . . .	Capit. instructeur.		

ÉCUYERS CIVILS

Rousselet	Écuyer de 1re classe.
Beucher de Saint-Ange.	Écuyer de 3e classe, prof. d'hippiatrique.

OFFICIERS D'INSTRUCTION

Première Division.

Geoffroy	Lieut., 2e cuirassiers.	Bonisset	S.-lieut., 5e dragons.
Susane	Lieut., 12e artillerie.	De Gironde	Lieut., 6e cuirassiers.
Margain	Lieut., 10e cuirassiers	Simon de la Mortière	Lieut., 7e chasseurs.
Guitry	Lieut., 13e artillerie.	Sibille	Lieut., 6e artillerie.
Demolon	Lieut., 4e artillerie.	Lemaire	S.-lieut., 11e chass.
Veillet	Lieut., 6e lanciers.	Debonnaire de Forges	Lieut., 5e chasseurs.
Delpoux de Nafines	Lieut., 8e dragons.	D'Azémar	Lieut., 1er chasseurs.
Dumas	Lieut., 4e lanciers.	Lepic	S.-l., 3e ch. d'Afrique

Deuxième Division.

De Jourdan	Lieut., 3e chasseurs.	Leroyer	S.-lieut., 8e lanciers.
Pradié	Lieut., 10e cuirassiers	Montagnier	S.-lieut., 8e chass.
Vuillaume	Lieut., 2e cuirassiers.	Pellieux	Lieut., 11e artillerie.
Saurimont	Lieut., 3e artillerie.	Flaget	S.-lieut., 4e cuirass.
Devillers	Lieut., 7e lanciers.	Chabert	S.-lieut., 6e chasseurs
De Lallemand de Mont	Lieut., 2e artillerie.	Gosse	S.-lieut., 6e hussards
Beruhard	S.-lieut., 10e dragons	Martin	S.-lieut., 4e chasseurs
Euzenou de Kersalaun	Lieut., 12e chasseurs.	Boittelle	S.-lieut., 5e lanciers.
Savignhac	Lieut., 9e artillerie.	Godard-Desmarets	Lieut., 5e lanciers.
De Lalande	S.-lieut., 6e dragons.		

OFFICIERS ÉLÈVES

Première Division.

Harmand.	Demazenod.	De Charaudon.	Lemoine-Desmares.
Muyart de Vouglans.	Gueneau de ontbeil-lard.	Derousse.	Brame.
De Maupas.	Fanton.	De Saint-Légier de la Sauraye.	Ernault de Chantore.
Tournadre de Nouilhat.	Saulnier de Praingny.	D'Andigné.	Lacour.
Carpentier.			

En 1837 il n'y eut pas de deuxième division d'officiers élèves.

En 1838, l'anniversaire des journées de Juillet fut célébré comme les années précédentes.

Le 2 septembre, le maréchal de camp *de Brack* reçut le commandement de l'École.

Tout le monde connaît le général de Brack par ses ouvrages militaires, surtout par ses *Souvenirs d'avant-postes de cavalerie légère.* Il faut citer encore à son actif une *Traduction de Decker*, et un *Traité sur la ferrure sans contrainte.*

Son livre des avant-postes est resté le bréviaire de tout officier de cavalerie, et c'est à juste titre qu'il peut réclamer la première place dans une bibliothèque militaire. D'ailleurs, s'il s'agissait ici de l'éloge du général de Brack, il suffirait d'écrire son nom. Mais, pour tenir notre programme, nous devons retracer rapidement les états de service du nouveau commandant de l'École.

Le général de Brack, élève à l'École militaire de Fontainebleau le 30 décembre 1806, était nommé sous-lieutenant au 7e hussards, le 9 avril 1807 ; c'est avec ce grade qu'il fit la campagne de Prusse et de Pologne. Nommé lieutenant le 29 avril 1809, il fut adjoint au général Colbert comme aide de camp et fit, dans cet emploi, les campagnes de 1812 et 1813. Le 3 mars 1813, il eut son grade de capitaine, et, le 10 août de la même année, il passa au 2e lanciers de la vieille garde comme capitaine chef d'escadron. Il fit ensuite les campagnes de 1814 et de 1815 et fut licencié le 15 septembre comme chef d'escadrons. Le 11 septembre 1830, il fut nommé lieutenant-colonel du 8e chasseurs ; puis, le 5 janvier 1832, colonel du 4e hussards ; enfin, maréchal de camp le 24 août 1838.

En prenant la direction de l'École de cavalerie, le général de Brack n'apportait pas seulement la sagacité et l'expérience du commandement, mais encore et parmi tant d'autres qualités militaires développées à la grande école qui l'avait formé, la renommée d'un esprit judicieux et instructif plein de séductions pour la jeunesse qu'il allait diriger. Cette réputation lui a survécu, elle captive encore l'admiration de tous les cavaliers, et elle subsiste comme une auréole glorieuse autour de son nom.

Le 13 septembre, le *général de Sparre* arriva à Saumur pour passer l'inspection générale de l'École. Le carrousel de fin d'année eut lieu le 24, à deux heures de l'après-midi, et la revue d'honneur le 26, à midi.

Le 24 novembre, l'École avait la visite du plus célèbre des écuyers d'alors, le comte d'Aure, qui devait plus tard prendre la direction du manége. On pense la sensation que fit cette visite dans un pareil milieu. En voici l'expression empruntée à un témoin :

« Notre École royale de cavalerie vient d'avoir une véritable solennité ; M. le vicomte d'Aure, cet écuyer si justement célèbre, dont la France est fière et l'étranger jaloux, a visité son manège, où, retenu par les instances du général commandant et celles des officiers et élèves, il a, avec la plus aimable obligeance, renouvelé cinq fois les miracles de son équitation à la fois si pure et si hardie. L'enthousiasme qu'il a produit est difficile à peindre, et sans le respect inspiré par le lieu, il se serait échappé un cri d'admiration.

« Il était curieux d'observer l'aspect du manège, tandis que l'écuyer unique dominait, magnétisait, pour ainsi dire, ployait à sa moindre volonté le cheval qu'il montait pour la première fois ; les tribunes étaient encombrées d'officiers et d'élèves au regard fixe, à la respiration suspendue ; puis, après les exercices, ces élèves, conviés par M. d'Aure, entourant son cheval, écoutant chacune des explications que suivait immédiatement l'exemple, tout cela complétait le spectacle le plus électriquement attachant auquel j'aie jamais assisté. C'était à la fois et la poésie de la science, et la domination du cirque, et l'admiration studieuse poussées à leur plus haute expression.

« Pour compléter l'émotion, MM. les officiers du manège, par un sentiment des plus vrais et des plus nobles, ont vivement touché le célèbre écuyer en lui disant : « Vous êtes notre maître, commandez-nous. » Puis, montés sur des chevaux simplement harnachés, ils en ont présenté un richement caparaçonné à M. d'Aure, qui a exécuté à leur tête une des savantes reprises de l'ancien manège de Versailles.

« En descendant de cheval, MM. les officiers du manège ont réclamé la cravache de M. d'Aure qu'ils ont aussitôt échangée contre une autre sur laquelle était inscrite l'expression de leur admiration.

« Puis, un dîner a été offert par M. le chef d'escadron Champet, commandant du manège, dans sa jolie maison, où l'hospitalité la plus franche s'allie à la grâce, à l'élégance, à la recherche la plus aimable ; MM. les officiers de l'École et l'élite de la société de Saumur y avaient été conviés. Au dessert, on a fait promettre à l'illustre écuyer de revenir. Espérons qu'il tiendra sa promesse ; la ville et l'École le réclament ; le premier des écuyers français doit ses exemples au seul manège qui puisse rendre à la France le goût de l'élève du cheval, et à l'armée la vraie science de l'équitation. »

C'est en 1838 que les premiers essais de la ferrure à froid ont été faits à Saumur ; l'école de maréchalerie était ouverte à toutes les expériences, et c'était un juge sans préventions.

1838

ÉTAT-MAJOR DE L'ÉCOLE

De Brack	Maréchal de camp.
Duport Saint-Victor	Colonel.
Benard, dit Fleury	Lieutenant-colonel.
Champet	Chef d'esc., éc. en ch.
Schaaff	Ch. d'esc., instr. en ch.
Sentuary	Major.
Coataudon	
Gasser	Capitaines-majors.
Lavergne	
Gouvigneaux	Capitaine-trésorier.
Jacquier	Capit. d'habillement.
Cadic	Porte-étendard.
Bécoeur	Chirurgien-major.
Morgon	Chirurg. aide-major.
Gaudin de Villaine	
Delherm de Novital	
Jacquemin	
Martin de Boulancy	Capit. instructeurs.
Dubos	
Conrard	
Schmidt	
Oudet	Cap. éc., dir. du haras
Michaux	
Brifaut	Lieut. sous-écuyers.
De Chaumontel	
Lavigne	Vétérin. en premier.
Havoux	Vét. en 1er, pr. de mrie
Séon	Vétérinaire en 2e.

ÉCUYERS CIVILS

Rousselet	Écuyer de 1re classe.
Beucher de Saint-Ange .	Écuyer de 2e classe, prof. d'hippiatrique.

OFFICIERS D'INSTRUCTION

Première Division.

De Jourdan.	Lieut., 3e chasseurs.	Flaget.	S.-lieut., 4e cuirass.
Pradié	Lieut., 10e cuirassiers	Chabert.	S.-lieut., 6e chass.
Vuillaume	Lieut., 2e cuirassiers.	Savignhac.	Lieut., 9e artillerie.
Euzenou de Kersalaun . .	Lieut., 12e chasseurs.	De Lalande.	S.-lieut., 6e dragons.
Saurimont	Capit., 3e artillerie.	Godard-Desmarets	Lieut., 5e lanciers.
Devillers.	Lieut., 7e lanciers.	Martin.	Lieut., 4e chasseurs.
De Lallemand de Mont. . .	Lieut., 2e artillerie.	Gosse	S.-lieut., 6e hussards.
Montagnier.	S.-lieut., 8e chasseurs	Pellieux.	Lieut., 1er artillerie.
Leroyer.	S.-lieut., 8e lanciers.	Boittelle.	S.-lieut., 5e lanciers.

Deuxième Division.

Desvaux	Lieut., 4e hussards.	D'Elbée.	Lieut., 2e cuirassiers.
De Vassoigne.	Lieut., 5e artillerie.	Bourbu.	Lieut., 9e dragons.
Séguin de Broïn.	Lieut., 13e artillerie.	Bodin.	Lieut., 6e artillerie.
Ameil.	Lieut., 1er cuirassiers.	Rigault d'Avocourt	Lieut., 6e chasseurs.
Allouveau-Montréal . . .	Lieut., 7e artillerie.	Frémicourt	S.-lieut., 7e cuirass.
Delacroix.	S.-lieut., 8e chasseurs	Lambert	S.-lieut., 4e lanciers.
Chappuis.	Lieut., 1er artillerie	De Lalande-Calan.	Lieut., 6e hussards.
Florion.	Lieut., 12e chasseurs.	Gautier.	Lieut., 12e artillerie.

OFFICIERS ÉLÈVES

Kadot de Sebeville.	Miron.	De Vassinhac d'Imecourt.	De Maillé.
Bobillier.	Sanson de Sansal.	Gayault de Maubranche.	Juncker.

La direction du manège était passée entre les mains de *M. Rousselet.*

M. Rousselet était un praticien hors ligne, qui montait ses chevaux très finement. Il avait surtout une finesse de main remarquable. Il laissait beaucoup de liberté à ses chevaux, et cependant, il en obtenait tout ce qu'il voulait.

On lui reprochait d'avoir une mauvaise position; mais s'il avait le corps en avant, c'était à cause d'une vieille blessure.

Le plus grand reproche à lui adresser était son manque d'aptitude au professorat. Il ne suffit pas de prêcher d'exemple. Il est vrai qu'en équitation il est assez rare de trouver des professeurs; il semble que les maîtres trouvent d'instinct les procédés, et rien n'est difficile à traduire en langage courant comme ces choses instinctives que les circonstances suggèrent.

On cite toujours de M. Rousselet un fait assez surprenant qui peint bien le tact particulier de cet habile écuyer.

Un jour, un cheval emporta son cavalier en sa présence; M. Rousselet se fit aussitôt amener le cheval, il le caressa, lui mit dans la bouche un fil de soie en guise de mors, le monta, et, après l'avoir lancé à toute allure, l'arrêta court, pour montrer que le cheval obéissait parfaitement à la main.

M. Rousselet a su rallier l'école du dedans et l'école du dehors; sa patience et son esprit d'observation lui ont toujours fait considérer le cheval comme un être sensible qu'il ne faut pas brusquer, auquel il faut laisser sa souplesse naturelle sans lui ôter le grand élan des forces instinctives.

L'habile écuyer avait coutume de dire : « Il faut accorder son instrument avant d'en jouer. »

Il proposait de supprimer la gourmette, dont l'effet est toujours opposé à celui du canon, et de lui substituer une muserole qui s'accrochât aux yeux de perdrix comme la gourmette, mais qui agit sur le nez du cheval dans le sens du canon, quand les branches le mettent en jeu.

Il n'a malheureusement pas écrit sa méthode d'équitation, et tous ses élèves ont été unanimes à en exprimer leurs regrets. C'est ainsi que l'un d'eux écrit : M. Rousselet nous représente l'écuyer sage, souvenir du passé, alliant avec succès l'école de manège avec l'école de campagne. Nouveau d'Abzac, n'ayant rien écrit, il laissera une réputation incontestée, mais qui viendra augmenter nos regrets; car l'élève qui entendra parler de son grand savoir demandera en vain qu'on lui analyse le travail de ce maître, et il fera comme nos pères, qui parlent toujours avec tristesse de l'admirable Nestier, ce sublime muet qui emporta sa science dans sa tombe. »

Voilà l'écuyer. Mais M. Rousselet n'avait pas un passé militaire moins glorieux. Parti comme simple cavalier au 22e chasseurs à cheval, le 29 septembre 1799, il avait fait les campagnes de l'an VIII et de l'an IX en Hollande, celles de l'an XII, de l'an XIII, de 1805, de 1806, de 1807, de 1808 en Allemagne, gagnant péniblement le grade de maréchal des logis, malgré tant de titres de gloire. Sous-lieutenant en 1809, il partait en Espagne où il restait jusqu'en 1812, prenant part de la façon la plus active à cette terrible guerre de la péninsule, mais pas toujours avec le charme qui couronne l'audace, car, le 20 septembre 1811, il était blessé devant Ciudad Rodrigo de cinq coups de sabre et d'un coup de feu. Le 11 août 1812, il obtint son grade de lieutenant au 3e chevau-légers de la garde. Il fit la campagne de 1813 en Allemagne, puis celle de France en 1814, et, le 22 mars de cette année, il était blessé d'un coup de feu à Arcis-sur-Aube. Aussi le 3 avril suivant était-il nommé chef d'escadron. Le 19 janvier 1815, il vint à Saumur comme sous-écuyer; le 28 mars 1822, il passa au même titre à l'école de Saint-Cyr et le 6 janvier 1824, il revint à Saumur. Il ne fut pas long à établir sa réputation équestre; on sait le reste.

Faisons place ici aux sincères lamentations d'un homme de cheval qui exhalait sa douleur en voyant un des plus beaux chevaux de l'Ecole, vendu à la criée, le 4 mai 1839 :

« Le *Lutzen*, étalon pur sang, a été vendu à la criée sur la place du Marché, ainsi que l'aurait été le plus vil cheval. En voyant ainsi ce pauvre animal, déchu de toute la gloire dont nous l'avions vu entouré, nous nous sentions pris d'une vive pitié pour l'état d'abjection auquel il était réduit. Nous nous reportions, malgré nous, à ces temps encore peu éloignés où nous le voyions, ses flancs vigoureux pressés par le général Oudinot, qui seul avait osé le monter, parcourir sous cet habile et intrépide écuyer la place d'Armes, lançant au loin des tourbillons de poussière. Nous regrettions que pour un noble et bel animal qui, pendant des années, fier sultan, s'était vu l'idole de tous, il n'y eût pas dans quelque coin de l'établissement, auquel il avait prêté sa part d'éclat, une place, quelqu'obscure qu'elle fût, où il pût loin de tous les regards, terminer au moins sans humiliation et sans honte les tristes années qui lui restent à vivre.

« Amené au marché, comme le coupable que l'on conduit au supplice, le *Lutzen* a été entouré d'un cercle d'hommes qui n'osaient l'approcher, bien que ses naseaux fussent comprimés et ses yeux fermés à la lumière. A son arrivée, le crieur public a fait entendre un roulement de tambour qui, pour un instant, sembla ôter au pauvre animal le sentiment de sa position, car nous le vîmes vivement tressaillir et soulever sa belle tête; puis ces mots furent prononcés :

« — A cent francs le *Lutzen*. » Un silence, puis une autre voix cria : « — A cent cinq. — Cent dix francs. — Cent quinze francs. »

« Encore un silence, puis : « — A cent seize francs. — A cent dix-sept francs. »

« Une voix bien faible, si faible qu'on ne put la retrouver, prononça : « — A cent dix-huit francs; » puis encore une fois, tout rentra dans le silence... — « Adjugé !... » hurla le crieur.

« Le sort de *Lutzen* était accompli. Il ne devait plus voir les vastes écuries dans lesquelles s'était écoulée une partie de son existence; ces esclaves qui, ainsi que les adorateurs des dieux égyptiens, le servaient naguère tremblants devant lui, et les genoux presque ployés. Heureux cependant dans sa détresse, le *Lutzen* a été acheté par un jeune officier de l'École de cavalerie, M. de V***, qui, depuis cette époque, a lui-même monté le *Lutzen* en présence de ses camarades. »

Ainsi, *Lutzen*, qui avait coûté quatorze mille francs, fut vendu cent dix-sept francs, un prix dérisoire.

Grandeur et décadence ! C'est vrai ! C'est pourtant le sort des meilleurs. Heureux ceux qui meurent au champ de course — leur champ d'honneur — pour échapper à la plus triste fin qui les attend aujourd'hui : traîner avec un nom glorieux un fiacre démodé sous le fouet d'un profane.

Que de choses à dire, en effet, sur la vie de ces braves animaux, qui sont nos amis. Mais on n'a pas le loisir de faire des fables, pas même une moralité, quand on fait de l'histoire ; il faut égrener philosophiquement le chapelet des faits qui se succèdent, en respectant leur incohérence ; c'est la leçon du temps.

Il faut signaler à cette époque une tendance d'armer la cavalerie de mousquetons se chargeant par la culasse. C'est dans ce but qu'on envoya des mousquetons Lepage en essai à l'École de cavalerie ; on demandait en outre de dresser une théorie pour ces nouvelles armes.

Qu'on n'oublie pas que nous sommes au mois de mai 1839, et cette remarque se passera de commentaires.

Un autre essai fut celui d'un nouveau modèle de bride proposé par le lieutenant-colonel Clère, du 4e hussards.

Pour les fêtes de Juillet de cette année-là, il y eut encore, comme d'habitude, le matin du premier jour, un service funèbre auquel assista toute l'École, le soir, un carrousel. Le lendemain, réveil en musique au quartier et dans la ville, le soir, revue de l'École et de la garde nationale à quatre heures.

Voici en quels termes un journal du temps rendait compte de ce carrousel.

« A trois heures, une foule impatiente se pressait aux portes de l'École, qui avait préparé un magnifique carrousel. En un instant, toutes les places ont été envahies. Dans la tribune de l'état-major, on remarquait les toilettes fraîches et gracieuses des jolies reines du Champ-Clos. A leurs pieds, à droite et à gauche, les gradins fléchissaient sous le poids des spectateurs, tandis que les balcons des maisons voisines, tout chargés de robes roses et blanches, s'avançaient plus légers que des corbeilles de fleurs. Mais, mieux que nous, vous connaissez le carrousel avec sa carrière en plein vent, ses têtes ondoyantes, ses joyeuses fanfares, ses drapeaux flottants, ses écussons armoriés, ses brillants cavaliers qui passent au galop sous les bouquets des femmes, courent la bague en preux chevaliers, lancent le javelot, se précipitent dans le dédale de la spirale et se jouent dans les charmants caprices de la serpentine. Qu'il nous suffise donc de vous dire que jamais carrousel n'a été plus brillant. Le soleil, ce roi légitime de toutes les fêtes, les plus élégants uniformes, la plus belle jeunesse de l'armée, un public heureux, et, par-dessus toutes choses, M. Rousselet montant l'*Effendi*, tout avait conspiré pour nous laisser de ces nobles luttes militaires autant de regrets que de souvenirs. »

Le *général de Latour-Maubourg* arriva à Saumur le 14 septembre, pour passer l'inspection générale de l'École, qui fut close le 28 par la revue d'honneur.

« Après les adieux du général de Latour-Maubourg, les officiers et sous-officiers de la première division montèrent à cheval et se rendirent chez leur célèbre professeur d'équitation, M. Rousselet, à qui ils offrirent une magnifique cravache d'honneur. M. Rousselet était le nom populaire de l'École ; c'était le nom qui représentait dans l'armée tout ce que la science équestre avait de plus accompli, tout ce que le mérite avait de plus modeste, tout ce que le commandement avait de plus paternel. »

Le 18 décembre, la crue de la Loire était parvenue seulement à $4^m,10$, et cependant le champ de foire, ainsi que plusieurs jardins du quartier de Nantilly, étaient déjà inondés, grâce au mauvais état de la bonde destinée à retenir les eaux du Thouet.

En 1839, un modèle d'arçon, rapporté de Prusse par M. le colonel de Courtigis, servit de type à de nouvelles modifications à la selle hongroise, les lames furent déversées, ou mieux gondolées, afin qu'elles emboîtassent plus exactement le garot ; le point d'attache des étrivières fut reporté en arrière, les arcades prirent plus d'inclinaison, la ferrure fut renforcée, mais rétrécie, et des chevilles en fer remplacèrent les chevilles en bois. Le coussin en basane fut aussi remplacé par un coussin en peau de veau, des quartiers fixés dans les lacets du loup recouvrirent les bandes en débordant un peu l'arçon.

Ces modifications ont contribué à le rendre lourd, fragile à l'extrême, d'un usage plus dangereux par l'absence de toute règle dans sa structure.

La selle d'artillerie fut, après quelques modifications, donnée à la cavalerie de réserve et aux dragons, en 1839, lors des armements occasionnés par la question d'Orient.

Cette selle est d'origine anglaise, elle était en usage dans l'artillerie depuis 1831. Elle consistait dans un arçon à prolongements, portant un troussequin à l'anglaise et dont le devant était à simple pommeau. L'arcade se terminait par deux pointes ; les panneaux étaient étroits, mais fort étendus.

C'était encore le tissu sanglé qui formait la base du siège, mais les cuirs de la selle étaient noirs.

Les avantages de la selle d'artillerie étaient dans les prolongements, devenus partie intégrante de l'arçon, et dans le rétrécissement des panneaux.

Ses inconvénients étaient ceux ci-après : 1° la longueur, qui était hors de proportion avec les chevaux d'armes ; 2° la teinte du cuir, qui assujettissait le cavalier à des soins constants ; 3° les panneaux, par l'impossibilité d'obvier à leur rapprochement du centre, ce qui ne laissait, le plus souvent, aucune liberté à l'épine dorsale et devenait une cause de blessures ; 4° enfin, les inconvénients déjà définis de la selle demi-royale.

1839

ÉTAT-MAJOR DE L'ÉCOLE

De Brack	Maréchal de camp.	Gaudin de Villaine	Capit. instructeurs.
Duport, dit Saint-Victor	Colonel.	Delherm de Novital	Capit. instructeurs.
Benard, dit Fleury	Lieutenant-colonel.	Jacquemin	Capit. instructeurs.
Champet	Chefs d'escadrons.	Martin de Boulancy	Capit. instructeurs.
Schaaff	Chefs d'escadrons.	Dubos	Capit. instructeurs.
Santuary	Major.	Conrard	Capit. instructeurs.
Lavergne	Cap. adjud. majors.	Schmidt	Capit. instructeurs.
Mussot	Cap. adjud. majors.	Oudet	Cap. éc., dir. du haras
Gasser	Cap. adjud. majors.	Michaux	Lieut. sous-écuy.
Gouvigneaux	Capitaine-trésorier.	Brifaut	Lieut. sous-écuy.
Jacquier	Cap. d'habillement.	De Chaumontel	S.-lieut. sous-écuy.
Cadic	Porte-étendard.	Havoux	Vét. en 1er, pr. de m[tie]
Bécoeur	Chirurgien-major.	Farges	Vétérin. en premier.
Bernet	Chirurg. aide-major.	Séon	Vétérinaire en 2e.
Recoeur	Chir. sous-aide-maj.		

ÉCUYERS CIVILS

Rousselet	Écuyer en chef.
Beucher de Saint-Ange	Écuyer de 2e classe, prof. d'hippiatrique.

OFFICIERS ÉTRANGERS

SUIVANT LES COURS DE L'ÉCOLE

Astrowski	Officier Polonais.	Turner	Officiers Américains.
Hussein	Officier Turc.	Kearney	Officiers Américains.
Eustis	Officier Américain.		

OFFICIERS D'INSTRUCTION

Première Division.

Desvaux	Lieut., 4e hussards.	Bourru	Lieut., 9e dragons.
Delacroix	S.-lieut., 8e chasseurs	Allouveau-Montréal	Lieut., 7e artillerie.
De Vassaigne	Lieut., 5e artillerie.	Florian	Lieut., 12e chasseurs.
Séguin de Broin	Capit., 13e artillerie.	Frémicourt	S.-lieut., 7e cuirass.
Ameil	Lieut., 1er cuirassiers	Bodin	Lieut., 6e artillerie.
D'Elbée	Lieut., 2e cuirassiers.	Gautier	Lieut., 12e artill. (non classé).
Chappuis	Lieut., 1er artillerie.		

Deuxième Division.

Rolland	Lieut., 2e lanciers.	Salvador	Lieut., 6e artillerie.
De Bair	Lieut., 11e artillerie.	Hatry	S.-lieut., 3e chasseurs
Bonnamy-Bellefontaine	Lieut., 8e lanciers	Patzuis	Lieut., 1er lanciers.
Canu	Lieut., 7e artillerie.	Boutet d'Egvilly	S. lieut., 11e chass.
Grain	Lieut., 3e cuirassiers.	Besençon	S.-lieut., 13e artillerie
Delard	Lieut., spahis d'Alger	Lagny	S.-lieut., 9e artillerie.
Gauthier	Lieut., 4e dragons.	Durand	Lieut., spahis de Bône
Boutin	S.-lieut., 8e chasseurs	Donuis	L.-L., train des équip.
Picard	Lieut., 1er ch. d'Afriq.	Boutet de Mazug	Lieut., 2e chasseurs.
Pernot	Lieut., 4e lanciers.		

OFFICIERS ÉLÈVES

Première Division.

Sanson de Sansal.
Kadot de Sebeville.
Miron.
Gayault de Maubranche.

Lambert.
Rigault d'Avocourt (lieut., 6e chasseurs).

De Lalande-Calan (lieut., 6e hussards).
Juncker.

De Vassinhac d'Imécourt.
De Maillé.
Bobillier (non classé).

Deuxième Division.

Devathaire de Guerchy.
Lejuste.
Tinant de Bury.
Du Boys de Riocour.
Dupressoir.

De Lacoste de Belcastel.
Huyn de Verneville.
De Tinteau.
Billet.
Tilliard.

Belin de Chantemèle.
Michel.
De la Roche Aymon.
Pajol.

Waternau.
Du Pasquier de Dommartin.
De Hay.

Un nouveau règlement de l'École parut en 1840; il traduisit le but recherché de la manière suivante :

L'institution de l'École royale de cavalerie a pour but de former les instructeurs des corps de troupes à cheval, d'instruire ceux des élèves de l'École spéciale militaire qui sont désignés pour la cavalerie, et de créer une pépinière de sous-officiers instructeurs.

On admet donc à l'École de cavalerie :

1° Pour former les instructeurs, un lieutenant ou sous-lieutenant par chaque régiment de cavalerie, d'artillerie ou d'escadron du train des équipages militaires.

Les cours suivis par ces officiers, qui prennent la dénomination d'officiers d'instruction, durent dix-huit mois.

2° Les sous-lieutenants sortant de l'École spéciale militaire et destinés au service de la cavalerie, ainsi que les sous-lieutenants d'infanterie qui passent dans la cavalerie par permutation. Ces officiers, qui prennent la dénomination d'officiers-élèves, suivent les cours pendant vingt et un mois.

3° Des brigadiers ou cavaliers des corps désignés à l'inspection générale de chaque année, comme susceptibles de suivre avec fruit les cours de l'École et de devenir, par la suite, de bons sous-officiers instructeurs. Leur séjour à l'École est de trente mois.

Une école de maréchalerie et une école de trompettes ont été annexées à l'établissement dans le but de fournir, aux corps de troupes à cheval, des maréchaux ferrants et des trompettes.

On admet comme élèves-maréchaux : d'abord des cavaliers tirés des corps et ayant déjà exercé la profession de maréchal ferrant. A défaut de ceux-ci, on reçoit des jeunes gens tirés des classes ou enrôlés volontaires exerçant cette profession et autorisés par le Ministre de la guerre. La durée des cours varie suivant le degré d'aptitude des élèves.

Sont admis comme élèves-trompettes, des enfants de troupe, des fils de gendarmes en activité, des fils de militaires retirés du service, et, jusqu'à concurrence du complet déterminé, des jeunes gens tirés de la classe civile. Les uns et les autres doivent être âgés au moins de dix-sept ans; l'admission est prononcée par le Ministre de la guerre.

L'École de cavalerie devient de plus en plus le foyer dirigeant de toutes les troupes à cheval. Cependant, dans son livre de l'*Industrie chevaline en France*, le comte d'Aure critique ce qui se fait à Saumur :

« Une bizarrerie remarquable est celle-ci : l'ordonnance qui règle la marche du manège défend à l'écuyer chargé de la leçon de monter à cheval avec ses élèves; comme si l'équitation ne s'apprenait pas bien plus vite par l'exemple et par une sorte d'enseignement mutuel que par un bavardage sacramentel.

« Les écuyers montent à cheval à huis clos; tous les deux jours, ils montent le même cheval pendant un quart d'heure et lui font faire le même travail; cette reprise d'écuyers a lieu le matin; chacun se place selon son grade. Les élèves, appelés à d'autres occupations au moment de ce travail, ne voient jamais leur professeur à cheval.

« Si l'ordonnance a voulu par là prendre des précautions en faveur de l'amour-propre des écuyers, elle leur a bien gratuitement adressé une injure. Ce n'est pas, à beaucoup près, la capacité qui manque à Saumur, c'est son emploi qui est mal réglé.

« Une autre anomalie, que je ne puis me défendre de signaler, consiste à ne se servir que de chevaux déjà brisés et routinés pour former des instructeurs dont la mission la plus importante dans les régiments sera de diriger l'éducation des jeunes chevaux. Habitués à un genre de chevaux qu'ils n'auront plus, heureusement pour eux, l'occasion de rencontrer dans le reste de leur carrière, les officiers reviennent à leurs régiments non seulement sans aucune notion pratique, mais encore sans avoir été témoins de la manière dont on procède à l'École pour le dressage des jeunes chevaux.

« L'ordonnance veut encore qu'on monte un certain laps de temps en bridon de façon que les chevaux, quand on les remet en brides, deviennent faux sous la main et peu propres à donner à l'élève ce tact et cette finesse de bride si essentiels à tout homme de cheval.

« Quelle que soit la promptitude ou la lenteur des progrès des élèves, ils restent tous soumis à la même règle, à la même progression dans le travail. Rien n'est établi pour permettre de pousser le plus loin et le plus rapidement possible celui doué de dispositions exceptionnelles, pas plus que pour avancer celui dont l'éducation est retardée.

« Croit-on avoir bien rempli son mandat lorsqu'on a soumis pendant deux ans des officiers à un pareil système d'instruction? Les principes d'équitation de toute la cavalerie doivent être ceux de l'École de Saumur, et les principes de l'École seront toujours ceux du commandant du manège. Il est donc de la plus haute importance de choisir, pour professer dans ce manège, des hommes spéciaux dont toute la jeunesse ait été employée à apprendre, et tout l'âge mûr à enseigner les vrais principes de l'équitation. »

M. d'Aure, dans ce dernier paragraphe, plaidait un peu trop visiblement sa cause, car on sait qu'il désirait beaucoup prendre la direction du manège de l'École. Il l'obtint peu de temps après, d'ailleurs, et l'on n'eut qu'à s'en féliciter, mais son opinion n'en reste pas moins par trop personnelle.

Au mois d'août, on lut à l'École rassemblée la circulaire ministérielle annonçant les mesures de répression prises contre la tentative de Louis Bonaparte. Nous transcrivons ce document, bien qu'il n'ait pas particulièrement trait à l'École, mais pour prouver une fois de plus ce que nous disions plus haut : que l'incohérence de l'histoire est la meilleure leçon de philosophie.

Voici cette pièce, datée de Paris, 7 août 1840, à 6 heures du soir :

« Général,

« Le territoire français a été violé par une bande d'aventuriers en armes, échappés des ports d'Angleterre, sous la conduite de Louis Bonaparte, devenu plus téméraire depuis le grand acte de clémence dont il a été l'objet. Les rapports publiés ce soir vous apprendront comment cette folle entreprise a échoué par la fermeté des officiers, sous-officiers et soldats de deux compagnies du 42e régiment, par la fidélité et la présence d'esprit de l'autorité civile, par le dévouement plein d'élan de la garde nationale, par l'active coopération de la gendarmerie, des troupes de la douane et de la marine.

« Sous l'invocation du grand homme dont la gloire est celle de la nation et dont le génie ne surpassa point le courage des soldats français, une poignée de factieux ont osé déployer, sur les plages de Boulogne, l'étendard de la révolte. Repoussés dans les flots qui venaient de les vomir, Louis Bonaparte et tous ses adhérents ont été pris, tués ou noyés. Un traître s'est rencontré dans nos rangs; il comptait parmi les officiers du 42e, dont l'honneur est trop pur pour en être obscurci. Il est dans les prisons avec ceux dont l'or l'avait corrompu.

« En apprenant les détails d'un pareil événement, en lisant de ridicules proclamations pour faire sortir les soldats de leur devoir, et signées de noms voués depuis longtemps au mépris public, l'armée s'affligera et s'indignera, comme la nation, de cette criminelle entreprise; mais elle se consolera en voyant que cette nouvelle occasion a permis aux troupes de manifester l'excellent esprit qui les anime et la fidélité qui les lie au drapeau national et à la dynastie de Juillet.

« Je vous prie, mon général, de porter à la connaissance des troupes sous vos ordres le contenu de la présente, en leur renouvelant la confiance que le gouvernement du Roi mettra toujours en elles pour résister à ses ennemis intérieurs et extérieurs. »

Le 18 septembre, le *général d'Audenarde* arriva à Saumur pour passer l'inspection général de l'École. Le 24, le carrousel fut exécuté par les officiers et sous-officiers des premières divisions. Ce fut l'inauguration de la nouvelle carrière derrière l'École, qui, depuis lors, a conservé cette destination et porte le nom de *Carrière du Carrousel.*

« Le carrousel que nous avons vu vendredi, dit un témoin, est un des plus beaux que nous ayons admirés; il avait lieu dans une immense carrière dressée pour cet objet dans les dépendances du haras de l'École, et il a tiré une partie de l'effet extraordinaire qu'il a produit de l'heureux choix de son emplacement.

« Autour de la lice, décorée d'emblèmes militaires, se pressait une foule élégante, au sein de laquelle l'or et les couleurs éclatatantes des uniformes brillaient par intervalles; la crête de la levée était couverte de nombreux spectateurs, et les sveltes peupliers de la prairie, les pentes verdoyantes et accidentée de la colline de Bournan, encadraient cette partie du tableau, fermé du côté opposé par la masse imposante des bâtiments de l'École. Les rayons du soleil, perçant la masse de nuages qui obscurcissaient le ciel, venaient par moment faire étinceler la pointe des lances, la lame des sabres, l'or des casques et enflammer l'acier des cuirasses éblouissantes. Et, dans l'arène, les coursiers au galop rapide, à la crinière ondoyante, à l'œil ardent, étonnés du spectacle qui les environne, bondissaient superbes, aspirant l'air à pleins naseaux, comme heureux des mille regards d'admiration fixés sur eux.

« Puis éclataient les fanfares retentissantes; la serpentine déroulait dans la carrière le réseau gracieux de ses courbes élégantes, et la spirale, enroulant ses anneaux rapides, faisait tournoyer sous les regards les mille reflets des armures et des uniformes... C'était un spectacle admirable. »

Le 18 octobre, le général inspecteur se fit l'interprète des sentiments de dévouement de l'École, à l'occasion du nouvel attentat dirigé contre la personne du Roi.

Le 18 novembre, la crue des eaux de la Loire faisant craindre une inondation qui envahit le Chardonnet et les écuries, le maréchal de camp prescrivit les précautions nécessaires.

Tous les chevaux des escadrons et des divisions d'officiers furent sellés immédiatement après le souper. Tous les palefreniers se rendaient à cette heure-là aux écuries pour y passer la nuit. Les paquetages étaient préparés, prêts à être chargés au premier signal. En cas d'alerte, les cavaliers devaient charger leurs chevaux et monter de suite à cheval avec armes et bagages; les capitaines commandants devaient réunir leurs escadrons devant les écuries pour les emmener; les chevaux de manèges devaient suivre sous la direction des écuyers.

Un officier et un sous-officier, désignés dans chaque escadron, devaient rester pour la surveillance des hommes laissés au quartier. Les capitaines commandants, les officiers attachés aux escadrons et les écuyers furent tenus d'y coucher.

Enfin, il fallut évacuer les casernements inondés. Il y eut trente centimètres d'eau dans le magasin à fourrages, vingt centimètres dans le grand manège.

C'est en 1840 que l'on fit à l'École l'essai du hache-paille Mullier.

On poursuivait aussi les essais de mousquetons se chargeant par la culasse. L'École de cavalerie en proposa un modèle, de l'invention d'un armurier de Saumur; la cartouche portait son amorce intérieure et ne revenait pas à plus de dix centimes toute confectionnée. Mais la commission d'examen chargée de faire exécuter des épreuves comparatives sur trois modèles de mousquetons de cavalerie légère à percussion et se chargeant par la culasse, proposa le rejet des deux modèles de mousquetons à tonnerre mobile et l'essai en grand du mousqueton Lepage, auquel des modifications étaient apportées.

De nouvelles expériences furent reprises à Saumur.

Le 11 décembre, le général de Brack quitta le commandement de l'École. Il est intéressant de rappeler à ce propos les progrès et les améliorations apportées par les soins de ce brillant chef de cavalerie.

A son arrivée, les élèves travaillaient pendant plus d'un an avec des chevaux en bridon et ne montaient les chevaux de carrière que pendant les derniers six mois de leur séjour à l'École; il fit abréger le travail en bridon et fit commencer le travail de carrière quatre mois après l'arrivée des élèves.

Les reprises de ce travail n'avaient lieu qu'au trot, et l'instruction se terminait par le saut d'une seule barrière. En introduisant de grandes allures, en multipliant les obstacles à franchir, et en prescrivant que les selles rases fussent seules en usage pour ce travail, il fit gagner l'équitation en franchise et en hardiesse.

Le carrousel, excellent exercice par lui-même, offrait des lacunes, puisque les officiers et les sous-officiers seuls étaient appelés à y paraître et qu'on n'y travaillait qu'individuellement. Il voulut que les cavaliers aussi y prissent une part active et y manœuvrassent par pelotons et escadrons. D'après cette pensée, le carrousel devint une sorte de solennité offrant un résumé de toute l'instruction équestre et manœuvrière.

Dans l'instruction théorique, on abusait du littéral au point de faire apprendre par cœur aux élèves le cours d'équitation militaire et les ordonnances sur le service intérieur, des places, etc. D'après ses ordres, on se borna à apprendre littéralement la seule ordonnance de cavalerie; pour toutes les autres, on n'exigea plus que le sens. Dès lors l'intelligence grandit en raison inverse des efforts de la mémoire, et le problème de faciliter l'étude en la rendant plus fructueuse fut résolu.

La manière de ferrer les chevaux difficiles présentait des dangers par les moyens de violence que l'on était obligé d'employer. Il introduisit la méthode Balassa par la ferrure sans contrainte; un abrégé de cette doctrine fit partie du manuel de maréchalerie.

Les fers étaient trop lourds; il les fit alléger.

Les maréchaux n'apprenaient pas à faire des clous; il combla cette lacune dans leur instruction.

Il exigea qu'avant de ferrer un cheval chaque maréchal fît l'application des principes reçus dans les théories en raisonnant, en présence du professeur, sur les défectuosités du pied ou des aplombs, et en indiquant comme conséquence la ferrure à employer dans les différents cas.

Il réforma tous les instruments de contrainte employés jusqu'alors.

Il ajouta à la tenue des maréchaux, et comme encouragement mérité, un ornement qu'ils désiraient depuis longtemps.

Il opéra une révolution complète dans la musique de l'École, qui pût dès lors fournir non seulement de bons trompettes, mais encore des brigadiers et trompettes-majors.

Un seul étalon, défectueux, taré, et dont tous les produits étaient manqués, existait au haras d'expérience de l'École; le but n'était pas atteint, car on ne pouvait calculer des croisements avec un seul étalon. Pour sortir de ce cercle vicieux, il fit réformer l'étalon, et les juments du haras allèrent chercher à Angers des accouplements appropriés, en attendant qu'il fût accordé une station d'étalons. Déjà, sur ses demandes motivées, un étalon pur sang anglais avait été acheté en Angleterre pour le haras de l'École.

Dans les réformes et les améliorations moins importantes, il y aurait à signaler la création de salles d'études chauffées et éclairées; l'amélioration commencée de toutes les écuries.

Les chevaux de manège avaient de mauvaises couvertures et de sales licols nullement en harmonie avec la beauté des chevaux et avec les autres accessoires d'un manège royal; il obtint des couvertures en drap d'une forme élégante et bien entendue, ainsi que des licols en buffle blanc.

Deux écuries modèles commençaient à s'élever à la place des mauvaises écuries que le gouvernement louait depuis 1786, au prix exorbitant de 3,580 francs par an.

Il fit reconnaître la nécessité de l'infirmerie-hôpital, dont une ignorance complète des besoins de l'École avait pu seule contester l'utilité, et obtint qu'un bâtiment convenable remplaçât les masures alors existantes.

Les chambres des officiers étaient d'immenses galetas qu'il était impossible de chauffer en hiver et où les élèves étaient tenus de loger par deux. Il obtint une distribution favorable tout à la fois au bien-être des individus et à l'isolement que réclame l'étude.

Le vaste terrain situé au sud du bâtiment principal ne servait que de parcours aux chevaux du haras; sans le distraire de cette destination, il y construisit une excellente carrière où les carrousels purent être exécutés sur une plus grande échelle et avec plus d'appareil et de pompe militaires.

Rien n'annonçait dans l'École le succès des officiers d'instruction ou élèves qui s'étaient distingués. Aucun souvenir honorable ou flatteur ne les rappelait à l'École. Il fit établir dans le salon du Roi des tables de marbre sur lesquelles furent gravés, en lettres d'or, les noms des premiers numéros de mérite de chaque division.

Toutefois, le général de Brack n'avait pas pu compléter son œuvre; mais il suffirait d'énumérer la suite de ses projets pour montrer qu'il avait demandé les progrès qui ont été accomplis après lui ou qui restent à faire : nécessité d'un chef d'escadrons directeur des études; urgence d'un cadre plus complet aux escadrons de l'École; nécessité d'achats de terrains pour les ressources du haras; augmentation du jardin botanique; besoin d'un amphithéâtre de dissection et d'une salle d'enseignement mutuel pour les maréchaux; construction d'un hôtel pour le commandant de l'École; création d'un musée de cavalerie pour remplacer la salle des modèles, etc.

Le maréchal de camp *de Prévost* prit le commandement de l'École.

Le général Chevalier de Prévost arrivait à l'École précédé de la renommée que lui faisaient ses beaux états de service. Les nombreuses campagnes auxquelles il avait pris part ajoutaient une autorité de plus à tous les titres qui l'avaient désigné comme chef de l'École de cavalerie.

Vélite aux chasseurs à cheval de la garde impériale le 1er août 1806, il avait fait aussitôt la campagne de Prusse de 1806 et de 1807, gagnant, le 13 juillet 1807, son grade de sous-lieutenant qui le faisait passer au 15e chasseurs. Il partait ensuite pour l'Espagne, où il fit les campagnes de 1808 et de 1809. Le 28 novembre de cette dernière année, il était grièvement blessé à l'affaire d'Alba de Cormès, d'un coup de feu qui lui traversait le bras droit au moment où le régiment était engagé dans le carré de l'infanterie ennemie.

En 1810 et 1811, il prenait part aux campagnes de Portugal, et, le 7 octobre 1810, il était blessé, au combat d'Otta, d'un coup de feu qui lui traversait la poitrine, en chargeant à la tête de son peloton sur la cavalerie anglaise.

Le 22 novembre 1811, il avait son grade de lieutenant; il quittait l'Espagne pour prendre part à la campagne de Russie, en 1812, en qualité d'aide de camp du général Meunier. Son courage, à Krasnoï, lui mérita la décoration de la Légion d'honneur, qu'il reçut des mains de l'Empereur, sur le champ de bataille. Il fit ensuite la campagne de l'Elbe en 1813. Le 28 juin 1813, il recevait le grade de capitaine. Il fit encore la campagne de France de 1814.

Le 12 octobre 1815, il fut placé comme capitaine commandant aux lanciers de la garde royale, et, le 18 juin 1817, recut le brevet de chef d'escadrons au même corps. Le 10 mars 1819, il passait aux dragons de l'Hérault. Il fit les campagnes de 1823 et 1824, en Espagne. Nommé lieutenant-colonel le 4 octobre 1823, il passa aux chasseurs du Morbihan. Par ordonnance du 10 février 1824, il reçut des lettres de noblesse héréditaire. Il eut une interruption, du 1er octobre 1830 au 30 avril 1831; à cette date, il rentra avec son grade au 2e chasseurs. Le 5 janvier 1832, il prit le commandement du 1er chasseurs comme colonel, et fit la campagne de Belgique. Le 27 avril 1838, il fut nommé commandeur de la Légion d'honneur. Le 16 novembre 1840 le faisait maréchal de camp.

L'hiver de 1840 fut tellement rigoureux que la Loire se gela tout entière. Le 27 décembre, emprisonnée depuis trois semaines sous un parquet de glace, elle rompit sa prison. A midi, un bruit sourd et prolongé se fit entendre, et la glace, arrêtée en face du quai de Limoges, se mit en mouvement, mais vint bientôt s'arrêter de nouveau aux piles du pont Cessart, où les glaçons s'amoncelèrent jusqu'à une certaine hauteur. Ce fut en petit la banquise que l'on devait voir juste quarante ans plus tard.

A partir du 31 décembre, le galon d'or des pantalons des officiers de cavalerie légère et du cadre de l'École fut supprimé et remplacé par une bande de drap.

C'est en 1840 que *M. Riquet,* vétérinaire principal, publia ses *Considérations générales sur la maréchalerie, suivies d'un exposé de la méthode de ferrure podométrique à froid et à domicile.*

Cette ferrure devait soulever un enthousiasme très grand comme toutes les innovations. Nous aurons à y revenir pour parler des essais qui en furent faits à Saumur.

M. Riquet avait pour but, en substituant le procédé à froid au procédé à chaud, de préserver les chevaux de la brûlure de la sole et d'éviter qu'ils soient conduits à la forge, où le bruit, le feu, la fumée les effrayent et causent des accidents.

A ce sujet il s'exprimait ainsi : « *Les observations recueillies pendant plusieurs années, les expériences raisonnées ayant prouvé que la ferrure par tâtonnement pouvait être remplacée par un procédé imité de celui employé par l'ouvrier qui chausse l'homme, l'art vétérinaire a doté la maréchalerie d'un instrument ingénieux et simple, à l'aide duquel l'ouvrier obtient sur nature le patron du pied du cheval qu'il doit ferrer, compare avec le patron le fer qu'il façonne, et se dispense d'apposer le fer brûlant sur l'ongle. Cette découverte proscrit la ferrure à chaud, perfectionne la ferrure à froid, abrège les opérations et assure ainsi l'infaillibilité de l'ouvrier, dont le coup d'œil, trop souvent imparfait, exposait auparavant le cheval à des conséquences trop graves.* »

Pour faciliter les opérations de la parure du pied, M. Riquet remplaçait le boutoir par le couteau anglais et une râpe perfectionnée.

L'instrument patron de M. Riquet consistait en une chaîne métallique de son invention qu'il nomma podomètre. D'autres podomètres furent successivement inventés, en France, par Dabrigeon, Laborde, Belle, Havoux, etc., en Allemagne, par Rusken, Van Blen, Stickler, etc.

Quant aux remontes de la cavalerie, les chiffres de l'importation et de l'exportation durant dix-huit années, à partir du 1er janvier 1823 jusqu'à la fin de 1840, donnent une différence énorme pour les achats à l'étranger.

Importation du 1er janvier 1823 au 31 décembre 1840 — 346,181; exportation durant ce même temps, 71,973; différence, 274,208.

D'où il résulte que nous avons demandé à l'étranger, année moyenne, durant ces dix-huit années, 15,233 chevaux, non compris un reste de 14 chevaux.

L'administration des remontes, voulant que les bénéfices arrivassent réellement à l'éleveur, s'empressa d'y porter remède; c'est elle qui a proclamé la première la nécessité des marchés annuels et réguliers; c'est elle qui a élevé progressivement les prix.

En 1840, son cercle d'action s'étendait à soixante-trois départements. « Soixante-trois départements, disent les organes officiels, sont explorés aujourd'hui, et les ressources sont si bornées dans ceux qui ne sont pas compris dans cette circonscription, et où il eût été trop dispendieux de placer des dépôts, que treize régiments qui y tiennent garnison, autorisés à acheter leurs chevaux directement, n'ont pu se procurer que deux chevaux depuis six mois, chose qui étonne, lorsqu'on sait que plusieurs dépôts d'étalons et le haras de Rozières sont placés au milieu de ces départements. »

Enfin le système de nos remontes est, en 1840, si peu exclusif, que l'achat direct par les corps a été conservé, comme on l'a déjà vu pour les régiments en garnison hors des circonscriptions des dépôts. Il était à désirer que pour les régiments hors de ces circonscriptions, il fut non seulement reconnu, mais encouragé, car il y aurait eu ainsi avantage pour les corps, sans conflit à craindre et sans frais considérables de déplacement.

L'École des haras fut fondée au Pin par ordonnance royale du 24 octobre 1840. Un arrêté ministériel du 25 du même mois fixa le mode d'admission, la durée du cours, le nombre des chaires, qui devait être de cinq, et la nature des sciences à enseigner, etc.

1840

ÉTAT-MAJOR DE L'ÉCOLE

De Brack	Maréchal de camp.	Lavergne	Capit. adjud.-majors
Benard, dit Fleury	Colonel.	Mussot	Capit. adjud.-majors
Duguesne	Lieutenant-colonel.	Gasser	Capit. adjud.-majors
Champet	Chefs d'escadrons.	Gouvigneaux	Capitaine-trésorier.
Schaaff	Chefs d'escadrons.	Jacquier	Capit. d'habillement.
Sentuary	Major.	Cadic	Porte-étendard.

ÉTAT-MAJOR DE L'ÉCOLE (Suite).

Bécœur	Chirurgien-major.	Oudet	Capit. écuyer, direct. du haras.
Champneuf	Chirurg. aide-major.	Rolland	Lieut. } sous-écuy.
Gaudin de Villaine	Capit. instructeurs.	Brifaut	Lieut. } sous-écuy.
Delherm de Novital	Capit. instructeurs.	De Chaumontel	S.-lieut. } sous-écuy.
Jacquemin	Capit. instructeurs.	Havoux	Vét. en 1er, pr. de mrie
Martin de Boulancy	Capit. instructeurs.	Farges	Vétérin. en premier.
Dubos	Capit. instructeurs.	Séon	Vétérinaire en 2e.
Conrard	Capit. instructeurs.		
Schmidt	Capit. instructeurs.		

ÉCUYERS CIVILS

Rousselet	Écuyer en chef.
Beucher de Saint-Ange	Ecuyer de 2e classe, prof. d'hippiatrique.

OFFICIERS ÉTRANGERS

SUIVANT LES COURS DE L'ÉCOLE

Buczinski	Sous-lieutenant Polonais.

OFFICIERS D'INSTRCTION

Première Division.

Rolland	Lieut., 2e lanciers.	Boutet d'Egvilly	S.-lieut., 11e chass.
Canu	Lieut., 7e artillerie.	Hatry	S.-lieut., 3e chasseurs
De Bar	Lieut., 11e artillerie.	Durand	Lieut., spahis de Bône
Delard	Lieut., 4e ch. d'Afriq.	Picard	Lieut., 1er ch. d'Afriq.
Boutin	S.-lieut., 8e chasseurs	Lagny	Lieut., 9e artillerie.
Grain	Lieut., 3e cuirassiers.	Besençon	S.-lieut., 13e artillerie
Bonnamy-Bellefontaine	Lieut., 8e lanciers.	Frémicourt	S.-lieut., 7e cuirass.
Gauthier	Lieut., 4e dragons.	Donius	S.-l., train des équip.
Pernot	Lieut., 4e lanciers.	Boutet-Demazug	Lieut., 2e ch. (non cl.)
Salvador	Lieut., 5e artillerie.	Patzuis	Cap., 1er lanc. (non cl.)

Deuxième Division.

Darnige	Lieut., 12e dragons.	Paty	S.-lieut., 7e lanciers.
Laurans-Desondes	Lieut., 9e cuirassiers.	Hennet	Lieut., 2e artillerie.
Vincent	Lieut., 5e cuirassiers.	Billion	Lieut., 9e artillerie.
Clerc	Lieut., 1er carabin.	Soleille	Lieut., 12e artillerie.
Delebecq	Lieut., 1er hussards.	Batailler d'Omonville	Lieut., 8e artillerie.
Vérillon	Lieut., 6e lanciers.	Barthon de Montbas	Lieut., 6e chasseurs.
Leclerc-Landremont	S.-lieut., 4e chasseurs	De Shée	Lieut., 3e lanciers.
Taschereau-Despictières	Lieut., 2e dragons.	Daru	Lieut., 4e hussards.
Grand	S.-lieut., 6e dragons.	Vilars-Doms	Lieut., 6e artillerie
Gabriel	S.-lieut., 2e cuirass.	Poirson	S.-l., 10e artill. (n. cl.)
Cossonnier	Lieut., 8e lanciers.	Delmas	Lt, 14e artill. (non cl.)

OFFICIERS ÉLÈVES

Première Division.

Devathaire de Guerchy.	De Lacoste de Belcastel	Dupressoir.	Du Pasquier de Dommartin
Tirant de Bury.	Michel.	Robillier.	Lejuste.
Du Boys de Riocourt.	Tilliard.	Pajol	De Tinseau.
Huyn de Verneville.	De la Roche-Aymon.	Billet.	Waternau.

Deuxième Division.

Belin de Chantemèle.	Borel.	De Tucé.	Mécusson.
Tillion.	D'Regel	D'Argis.	Mieulet de Ricaumont.
Sicaud de Saint-Priest.	Des Roys.	De Cambry.	Larivière.
De la Touche.	Chiquot.	Louaillier.	De Hay.
Marsaux.			

Le 11 mars 1841, le conseil d'instruction de l'École de cavalerie fut chargé de rédiger un abrégé du cours d'équitation professé à Saumur et dont l'usage serait ensuite prescrit dans les régiments, à l'exclusion de tout autre ouvrage de ce genre.

Le 3 juin, le conseil d'instruction était également chargé de rédiger un projet de règlement pour l'exercice de la voltige, qui était substituée dans les régiments de cavalerie aux exercices gymnastiques.

A partir du 20 avril, les officiers de l'état-major de l'École, à l'exception des écuyers, ne portèrent plus le chapeau en bataille que pour les revues et pour le travail de manège; le chapeau en colonne était réglementé pour le travail journalier.

Le 19 mai, le *général Oudinot*, inspecteur général des remontes, arriva à Saumur pour passer l'inspection de l'École. Ses observations portèrent principalement sur le haras :

« Sur les quarante-huit juments anglaises livrées à l'École, trente-sept sont jugées susceptibles d'être consacrées à la reproduction.

« Les étalons de l'École n'étant pas assez nombreux et les prairies étant insuffisantes pour nourrir ces juments et leurs produits, ces poulinières seront conduites aux dépôts de remonte de Caen et Guingamp pour être présentées à la saillie des étalons militaires qui se trouvent dans ces établissements. Ces juments y resteront en subsistance jusqu'à nouvel ordre et continueront à appartenir à l'École.

« Sept juments du haras seront également conduites, dans le même but, en Normandie et en Bretagne. L'École de cavalerie doit, par tous les moyens qui sont en elle, contribuer à la production et à l'amélioration de la race chevaline, etc. »

Le onzième anniversaire des fêtes de Juillet fut célébré comme les précédents : service funèbre, revue et carrousel!

Le 15 septembre, le général Oudinot arriva à Saumur pour passer l'inspection générale de l'École. Le 30, le carrousel de fin d'année eut lieu, à deux heures de l'après-midi, dans la nouvelle carrière.

Lorsque le général Oudinot créa le carrousel militaire, tout d'abord on pressentit une véritable révolution dans ces nouveaux exercices, et l'armée dut applaudir à cette heureuse innovation. On pouvait prévoir le carrousel de troupe, le véritable tournoi moderne. « Les exercices du carrousel de troupe ne pouvaient être empruntés à aucune époque. Saumur seul, à l'inspection de 1841, exécuta un travail analogue avec un escadron. C'est donc à l'École de cavalerie, et particulièrement au capitaine Dubos, que l'on fut redevable de l'introduction d'exercices qu'on ne pouvait trop propager, et sur lesquels le camp de Lunéville devait jeter un nouveau lustre. »

Les nouvelles figures et évolutions, dont le système était dû au capitaine Dubos, devaient être exécutées à Lunéville, en présence du duc d'Orléans, par deux escadrons de la division qui étaient sous les ordres du lieutenant général Oudinot, lorsque la mort du prince suspendit ces exercices.

En 1841, la direction du manège était passée entre les mains du *commandant de Novital.*

Le commandant Delherm de Novital, engagé le 1er mars 1815, comme volontaire royal dans la compagnie formée à Toulouse, avait été nommé sous-lieutenant aux chasseurs d'Angoulême le 28 juillet suivant. Lieutenant le 23 août 1823 au même régiment, devenu 17e chasseurs, il avait fait la campagne d'Espagne de cette année-là. Le 23 septembre 1827, il était nommé capitaine instructeur au 18e chasseurs, puis passait avec ce grade à l'École de cavalerie le 21 novembre de la même année. Le 11 novembre 1840, il rejoignait le 9e hussards comme capitaine d'escadron et passait chef d'escadrons, le 11 mars 1841, au 7e cuirassiers, et, le 4 avril suivant, au 5e lanciers. Le 27 juillet de la même année, il était revenu à Saumur. Il continua d'abord les principes de ses prédécesseurs; mais il devait devenir bientôt un des admirateurs les plus ardents des innovations de M. Baucher.

M. de Novital fut en effet un des premiers officiers de l'armée désignés officiellement pour étudier la méthode du novateur. Sa qualité d'écuyer en chef de l'École de cavalerie ne fut assurément pas la moindre des recommandations auprès de l'habile écuyer qui rêvait pour principal succès l'adoption de ses principes dans l'armée. M. Baucher déploya toutes ses séductions, et l'écuyer en chef de l'École revint enthousiasmé de ce qu'il avait vu. Dès lors, il pratiqua la nouvelle méthode pour son compte personnel, et il fut bientôt chargé d'en diriger les essais que nous verrons ordonnés à Saumur.

M. de Novital ne tarda pas à devenir un des plus remarquables élèves de Baucher; dès lors, il chercha de tous ses moyens à féconder les germes qu'avaient laissés à l'École royale de cavalerie les premiers essais qu'avait été appelé à y faire le savant écuyer, bien convaincu que la théorie est insuffisante pour arriver aux résultats positifs, qu'une pratique bien dirigée peut, seule, faire atteindre.

Mais l'interdiction des nouvelles doctrines frappa l'École et l'armée;

alors M. de Novital, en officier soumis avant tout aux devoirs que lui imposait la discipline, ne songea plus qu'à démontrer aux yeux ce qui lui était défendu d'enseigner par la parole.

On le vit choisir un des chevaux les moins brillants du manège, le dresser comme par enchantement, et, au bout de quelques semaines, paraître à la tête des écuyers, émerveillant tout le monde, par une série de tours de force inconnus avant lui à l'École de cavalerie, et exécutés avec la plus étonnante précision.

« Les nombreux étrangers qui visitaient chaque jour le magnifique établissement de Saumur ont emporté un brillant souvenir du travail élégant et gracieux d'Ourphali, ce chef-d'œuvre de l'art, qui semblait se jouer dans l'arène sous la main habile de M. de Novital, effleurant le sol, sans presque laisser l'empreinte de ses pieds; passant de la belle cadence du passage élevé et soutenu à l'inimitable allure du passage précipité, puis, après avoir décrit mille détours charmants, entremêlés de légères pirouettes, les rênes flottantes, emporter son cavalier, avec la vitesse de l'oiseau, autour de l'étroite circonscription de l'enceinte du manège. »

La composition de la cavalerie et l'organisation de ses cadres furent réglées par l'ordonnance du 8 septembre 1841. Elle se distingua dès lors en cavalerie de France et cavalerie d'Afrique.

La cavalerie employée sur le territoire, comprenait 54 régiments de 5 escadrons-compagnies sur le pied de paix et de 6 escadrons sur le pied de guerre. Elle se divisa : en cavalerie de réserve, formant 60 escadrons, dont 10 de grenadiers et 50 de cuirassiers ; en cavalerie de ligne, 100 escadrons, dont 60 de dragons et 40 de lanciers ; en cavalerie légère, 110 escadrons, dont 65 de chasseurs et 45 de hussards.

La cavalerie employée en Algérie comprenait 4 régiments, dits chasseurs d'Afrique, chacun de 6 escadrons, plus un corps de cavalerie indigène compris sous le nom de spahis, fixé à 20 escadrons par l'ordonnance constitutive du 7 décembre 1841.

La cavalerie était armée d'armes blanches et d'armes à feu. Les premières étaient le sabre droit pour la cavalerie de réserve et les dragons, et le sabre demi-droit pour les autres armes, et de plus pour les lanciers, la lance. Les secondes étaient le fusil court pour les dragons, le mousqueton pour la cavalerie légère, et le pistolet pour tous.

Nous avons à signaler en 1841 deux ouvrages de maréchalerie :

De la ferrure sous le point de vue de l'hygiène, ou de son influence sur la conservation des animaux et leur aptitude au travail, suivi des moyens d'agir sur la corne, par J.-B.-C. Rodet; et un nouveau plaidoyor en faveur de la ferrure à froid de *M. Riquet : Quelques considérations sur la ferrure vodométrique à froid.*

1841

ÉTAT-MAJOR DE L'ÉCOLE

De Prevost	Maréchal de camp.	Martin de Boulancy	Capit. instructeurs.
Bénard, dit Fleury	Colonel.	Dubos	Capit. instructeurs.
Deshayes	Lieutenant-colonel.	Conrard	Capit. instructeurs.
Morin	Chef d'escadrons.	Rame	Capit. instructeurs.
Delherm de Novital	Chef d'esc., éc. en chef	Monier	Capit. instructeurs.
Jarry	Major.	Michaux	Capit. instructeurs.
Mussot	Capit. adjud.-majors.	De Jourdan	Capit. instructeurs.
Gasser	Capit. adjud.-majors.	Oudet	Cap. éc., dir. du haras
Schmidt	Capit. adjud.-majors.	Brifaut	Lieut. sous-écuy.
Russinger	Capitaine-trésorier.	De Chaumontel	Lieut. sous-écuy.
Jacquier	Capit. d'habillement.	Dangeville	S.-lieut. sous-écuy.
Fourier	S.-l. porte-étendard.	Havoux	Vét. en 1er, pr. de mrie
Bécœur	Chirurgien-major.	Farges	Vétérin. en premier.
Saulnier	Chirurg. aide-major.	Hatin	Vétérinaire en 2e.

ÉCUYERS CIVILS

Rousselet	Écuyer de 1re classe.
Beucher de Saint-Ange	Écuyer de 2e classe.

OFFICIERS ÉTRANGERS

SUIVANT LES COURS DE L'ÉCOLE

Beall	Officiers Américains.	Newton	Officier Américain.
Hardee	Officiers Américains.	Ostrowski	Officier Polonais.

OFFICIERS D'INSTRUCTION

Première Division.

Vincent	Lieut., 5e cuirassiers.	Paty	S.-lieut., 7e lanciers.
Darnige	Lieut., 12e dragons.	Gabriel	S.-lieut., 2e cuirass.
Laurans-Desondes	Lieut., 9e cuirassiers.	Gontier	S.-lieut., 9e artillerie.
Delebecq	Lieut., 1er hussards.	Soleille	Lieut., 5e artillerie.
Clerc	Lieut., 1er carabiniers	Batailler d'Omonville	Lieut., 8e artillerie.
Leclerc-Landremont	S.-lieut., 4e chasseurs	Cossonnier	Lieut., 8e lanciers.
Taschereau-Despictières	Lieut., 2e dragons.	Barthon de Montbas	Lieut., 6e chasseurs.
Grand	S.-lieut., 6e dragons.	Billion	Lieut., 9e artillerie.
Hennet	Lieut., 2e artillerie.	Daru	Lieut., 4e hussards.

Deuxième Division.

Harmand	Lieut., 6e chasseurs.	De Rambert	S.-lieut., 5e lanciers.
Burand	Lieut., 6e hussards.	Gallet	Lieut., 1er lanciers.
De Boucher	Lieut., 1er chasseurs.	Clerc	Lieut., 1er artillerie.
Rouxel	S.-lieut., 8e chasseurs	Hardouin	S.-lieut., 3e cuirass.
Gorslard de Villebrème	Lieut., 1er lanciers.	Malotau de Guerne	Lieut., 7e hussards
Le Forestier de Vendeuvre	Lieut., 6e cuirassiers.	Jamet	S.-lieut., 13e artillerie
Boursier	Lieut., 4e dragons.	Lemaire	Lieut., 11e chasseurs.
De Wall	Lieut., 3e chasseurs.	Bossion	Lieut., 5e dragons.
Morel	S.-lieut., 2e artillerie.	Rollin de Courtaillet	S.-lieut., 2e cuirass.
Desvaux de Saint-Maurice	Lieut., 10e cuirass.	Colonna de Giovellina	Lieut., 11e dragons.
Dupin	Lieut., 9e hussards.		

OFFICIERS ÉLÈVES

Première Division.

Belin de Chantemèle.	D'Régel.	D'Argis.	Chiquot.
Tillion.	Marsaux.	Des Roys.	Louaillier.
De la Touche.	Borel.	Mecusson.	Larivière.
Sicaut de Saint-Priest.	De Cambry.	De Tucé.	

Deuxième Division.

Girard.	Menche.	Aurel.	De Marteville-Sampigny
Desfaudais.	De Savens.	De Latheulade.	Sautereau-Duport.
De Montarby.	Delasalle.	De Gramont de Guiche.	Halligon.
Delatte.	Letourneux.	Décazes.	De Lambot.
Mieulet de Ricaumont.	Marcellin.	Archambault de Beaune.	Mercier.
Esmez.	Ghins.		

D'après le règlement de 1842, l'École comprend à cette date :

Deux escadrons composés des brigadiers et cavaliers-élèves instructeurs venus des régiments de l'armée, et dont le cadre comprend pour chacun un maréchal des logis chef, quatre maréchaux des logis, un maréchal des logis fourrier et seize brigadiers titulaires. Chaque escadron est commandé par un des capitaines instructeurs, ayant sous ses ordres des lieutenants et sous-lieutenants détachés temporairement des divisions d'officiers d'instruction et d'officiers-élèves.

Il y a un troisième escadron composé d'une division d'élèves maréchaux ferrants et élèves trompettes, dont le cadre comprend un maréchal des logis chef, cinq maréchaux des logis, dont un maître de forges, un maréchal des logis fourrier, deux maréchaux des logis trompettes, six brigadiers trompettes et quatre brigadiers ouvriers maréchaux. Cet escadron est également commandé par un des capitaines instructeurs aidé de lieutenants d'instruction et de sous-lieutenants élèves. Le compte terminé de ces escadrons est au total de cinq cents hommes.

L'École se compose en outre de deux divisions d'officiers d'instruction dont l'effectif de chacune varie de trente à quarante, et de deux divisions d'officiers-élèves dont le chiffre varie également de vingt-cinq à trente-cinq.

D'un haras d'étude dont l'existence remonte à 1828 et qui, sous le ministère du duc de Dalmatie, vient de recevoir un accroissement assez considérable par suite de la donation faite par la ville de Saumur d'un terrain contigu aux propriétés de l'établissement militaire.

Enfin, il existe un personnel civil dont l'effectif est de cent quarante et qui varie suivant les besoins du service. Des palefreniers en composent la majeure partie.

Le 1er mai, jour de la fête du Roi, le réveil fut sonné en musique. A dix heures, les officiers et fonctionnaires de l'École se rassemblèrent au quartier, en grande tenue, pour de là aller à l'hôtel du général, se réunir aux autorités civiles et se rendre en cortège à l'église Saint-Pierre, où fut célébrée une messe solennelle.

Un escadron à pied, en grande tenue, vint prendre l'étendard avec la musique et se rendit également à l'église.

A une heure eut lieu, sur le quai de Limoges, une grande revue de l'École et de la garde nationale. Le soir, le quartier fut illuminé.

Dans les derniers jours de juin, le Ministre de la guerre ayant décidé que les chevaux de remonte de l'École seraient dressés d'après la méthode d'équitation de M. Baucher, quatorze jeunes chevaux furent mis à la disposition de l'écuyer en chef, M. de Novital, qui devait diriger cet essai. Ces chevaux furent montés par les sous-officiers titulaires, tous les jours, de trois à quatre heures de l'après-midi. Des rapports périodiques devaient être adressés au Ministre de la guerre pour y être centralisés avec les rapports de certains corps de cavalerie où la même méthode avait été également mise en essai.

Les officiers de l'état-major furent invités à assister à l'instruction de ces jeunes chevaux. Tout le personnel de l'École participa à cette expérience. On sait quelle sensation fit alors cette innovation dans le monde équestre.

Une recommandation à relever parmi les mesures prises pour l'exécution de cet essai et qui ne manque pas de piquant : « Les sous-officiers titulaires devront avoir des éperons à molettes aiguës. »

M. Baucher a été un admirable écuyer de haute école, c'est-à-dire que personne ne l'a surpassé, ni même égalé pour obtenir du cheval le maximum de ce qu'il pouvait donner, non pas d'effet utile, mais de grâce, de cadence, de souplesse, de précision dans les exercices variés et combinés pour le plaisir des yeux. Il a écrit les moyens par lesquels il avait cherché et obtenu ces résultats, et à ce point de vue, il a fait une théorie logique. Mais l'ambition aidant, il a voulu universaliser ses procédés, créer l'équitation de l'avenir, et il s'est trompé absolument. Entre les moyens de dressage employés pour un cheval uniquement destiné à la haute école, qui répète son rôle tous les jours, et ceux qui conviennent aux chevaux de guerre, de selle et de chasse, il y a un abîme.

Baucher, au cirque, excita une juste admiration, mêlée de quelque surprise et de naïvetés étonnantes qui indiquent bien l'état des esprits de cette époque au point de vue équestre.

« *Suivant les uns*, dit l'écuyer, *j'étais un nouveau Carter, habituant mes chevaux à l'obéissance en les privant de sommeil et de nourriture; selon d'autres, je leur liais les jambes avec des cordes et les tenais ainsi suspendus pour les préparer à une espèce de jeu de marionnettes; quelques-uns n'étaient pas éloignés de croire que je les fascinais par la puissance du regard. Enfin, une certaine portion du public, voyant ces animaux travailler en cadence, au son de la charmante musique de l'un de mes amis, M. Paul Cuzen, soutenait sérieusement qu'ils possédaient sans doute à un très haut degré l'instinct de la mélodie, et qu'ils s'arrêtaient court avec les clarinettes et les trombonnes. Ainsi le son de la musique était plus puissant sur mon cheval que je ne l'étais moi-même! L'animal obéissait à un* ut *ou à un* sol *bien détaché; mais mes jambes et mes mains étaient absolument nulles dans leurs effets. Croirait-on que de pareils non-sens étaient débités par des gens qui passaient pour cavaliers? Je conçois que l'on n'ait pas compris mes moyens, puisque ma méthode était nouvelle; mais avant de la juger d'une manière aussi étrange, on aurait dû, ce me semble, chercher au moins à la connaître.* »

En peu de temps, Baucher se posa en homme de progrès; sorti des rangs du peuple, simple travailleur voulant doter son pays d'un art nouveau, obligé pour se faire connaître de se servir du théâtre et d'y jouer ses pièces, comme Shakespeare et Molière. Il est juste de dire qu'il les jouait merveilleusement, mais la comparaison n'était pas modeste. « *A ceux qui prétendent que je ravale mon titre d'écuyer en le mettant en scène, je réponds que Molière et Shakespeare avaient aussi la bassesse de jouer leurs pièces en public, et qu'en suivant dans ma sphère obscure l'exemple de ces grands génies, je ne fais qu'obéir à leurs voix, qui nous crient sans cesse : Élevez votre intelligence sur la ruine des préjugés!* »

La presse se mit de la partie et apporta le concours de ce qu'elle nomme sans rire son sacerdoce.

Lisez les gazetiers du temps, vous y verrez qu'avant la venue du Prophète on ne savait pas monter à cheval, c'est écrit presque en toutes lettres ; à peine quelques vieux marquis en avaient la prétention, reste des anciens droits du seigneur; aujourd'hui, l'équitation nationale est née.

Baucher avait commencé par publier, en 1833, son *Dictionnaire d'équitation*. C'était une définition de tous les termes d'équitation avec sa manière de les comprendre ; mais cette œuvre ne pouvait pas faire connaître sa méthode, et ses admirateurs, comme ses détracteurs d'ailleurs, attendaient avec impatience un ouvrage qui présentât ses principes sous forme de doctrine.

Peu de temps après, l'écuyer écrivait, en collaboration avec M. Pellier, ses *Dialogues sur l'équitation*, qui, comme nous l'avons dit déjà, n'étaient qu'une œuvre fantaisiste ne répondant pas au vœu général.

Il fallut attendre jusqu'en 1842 pour voir paraître sa *Méthode d'équitation* que tout le monde équestre voulut connaître.

Mais, avant cela, M. Baucher avait publié ses *Passe-temps équestres*, qui n'étaient pas encore ce que le public attendait. Les gravures, cependant, qui représentaient M. Baucher sur ses chevaux de haute école, leur faisant exécuter les nouvelles figures dont il était le créateur, étaient bien faites pour augmenter encore l'impatience de ceux qui attendaient avec des sentiments si opposés la révélation du secret.

Est-ce avec intention ou non, que l'auteur écrivit dans un style de pythonisse, ces passe-temps équestres incohérents que les notes explicatives ne parviennent pas à rendre déchiffrables? Un exemple entre mille pour indiquer sa manière.

« CHANGEMENT DE MAIN. — *La conscience pure se fait voir sous toutes ses faces en conservant toujours les mêmes avantages.*

« *Note explicative. — Le cheval bien dressé doit conserver le même gracieux dans sa position, et la même facilité dans ses mouvements sur la ligne droite et sur la ligne de changements de main.* » La note est claire, mais l'oracle reste inintelligible.

Étourdi par le succès, Baucher perdit entièrement la notion juste de sa position pourtant fort belle d'écuyer de haute-école, exécutant avec un talent inimitable un travail extraordinaire, basé sur une théorie très personnelle comme corps de doctrine, s'enchaînant logiquement et s'adaptant d'un bout à l'autre au but donné. C'est pourtant quelque chose en ce monde que d'arriver à un résultat incontesté, par des moyens sûrs et que l'on peut indiquer loyalement aux autres. Mais il n'était pas satisfait; les mots de saltimbanque, d'écuyer de cirque, que des imbéciles, ou des jaloux, ne manquaient pas de prononcer sur son passage, au lieu de rencontrer son mépris, froissèrent douloureusement son orgueil.

Au lieu de répondre aux médiocrités rivales : « Faites ce que je fais, si vous pouvez; » il s'écria : « Je ne suis pas l'homme que vous croyez, je suis surtout un écuyer militaire, le but principal de mon ambition est l'application de mes principes à la cavalerie. » Et il partit pour Saumur avec une mission officielle.

Sa célébrité, l'intelligence, la clarté et l'ardeur avec lesquelles il exposait ses principes, et surtout son tact merveilleux dans l'application, charmèrent les officiers, enchantés d'avoir à travailler leurs chevaux avec une certaine initiative, et dans le but de faire, même des plus médiocres, de brillantes montures. Le maître le promettait.

C'était du reste bien séduisant de préférer aux enseignements arides de l'École, une théorie neuve, attachante, aboutissant rapidement à des résultats palpables, dont on ne chercha pas les conséquences au point de vue du métier. Le grand axiome « Tout pour la guerre », base des institutions militaires, fut aisément perdu de vue dans ce temps de paix profonde, où préparer des hommes et des chevaux pour la guerre aurait semblé une menace à l'Europe. Les événements ont dû nous convaincre depuis que le cheval est avant tout un engin de combat, et non pas un instrument de musique. La méthode fut très bien accueillie à Saumur pendant le séjour de Baucher.

Personnellement, ne comprenant pas, dans sa vanité, que cette mission était un grand honneur pour lui, M. Baucher fut hautain et maladroit avec l'Administration de la guerre, menaça deux fois de repartir pour Paris, avant même d'avoir commencé son cours, et renvoya « au dictionnaire » le général de Sparre, officiellement désigné pour inspecter sa mission. Il déclara sa méthode une et indivisible, refusa toute concession sur les points jugés militairement impraticables, et s'en revint à Paris le cœur ulcéré, sans avoir obtenu l'adoption officielle de son système.

Naturellement l'opposition s'empara de l'affaire, et le *National* saisit cette occasion pour donner au gouvernement une bonne leçon.

Avec ce brevet de victime politique, — considération assez recherchée, — M. Baucher rentra au Cirque où ses travaux retrouvèrent sans discussion la vie qui leur est nécessaire, c'est-à-dire la juste admiration du public. Cet élément de succès dure encore après lui au théâtre, et il y durera longtemps par tradition et à cause du cadre, qui convient. Là le cheval fait réellement tableau. — Nous n'avons pas à chercher pourquoi la haute-école, cette merveille de savoir et de talent, jadis si en honneur, n'est plus pratiquée par les gens du monde, et n'est pas utile aux militaires pour les formes actuelles du combat. Ce n'est plus qu'un spectacle, charmant spectacle pour ceux qui ont le sentiment du cheval ; voilà le fait, il faut bien le constater.

D'ailleurs, la position à cheval préconisée par M. Baucher ne convenait guère à nos cavaliers ; un écrivain militaire en fait la critique : « Le corps en avant ; la tête aussi, méditative et préoccupée ; les mains extrêmement basses et près du corps — je dis les mains, car presque toujours toutes les deux sont indispensablement occupées à produire des vibrations qui, de concert avec les effets des jambes, empêchent le cheval de sortir du ramener. — Je dis donc : les mains basses et toujours secouées par une sorte de titillation destinée à rendre et à reprendre, comme on disait autrefois.

« Le cavalier paraît assis sur l'enfourchure ; le genou est très plié ; la jambe, fortement inclinée d'avant en arrière, adhérant dans cette direction au corps du cheval, avec l'éperon très près du flanc, est presque continuellement en mouvement dans sa partie inférieure, pour exécuter de son côté des vibrations correspondantes à celles des mains, et maintenir le cheval ramené. Quant ces vibrations presque isochrones sont insuffisantes, l'éperon est employé par petits coups répétés. »

Mais arrivons à la méthode de dressage de M. Baucher. Son système n'est pas une pure innovation, c'est le retour aux assouplissements des anciens écuyers, mais mieux entendus, mieux raisonnés, et surtout plus logiquement gradués.

C'est en 1842 que M. Baucher publia sa méthode sous le titre : MÉTHODE D'ÉQUITATION BASÉE SUR DE NOUVEAUX PRINCIPES. Parcourons ce livre.

Voici ce que nous lisons d'abord sous le titre : « *Étude des forces du cheval ; de leurs causes et de leurs effets.* » — « *Si nous admettons une fois ces vérités : que l'éducation du cheval consiste dans la domination complète de ses forces ; qu'on ne peut disposer des forces qu'en annulant toutes les résistances ; et que les résistances ont leur source dans les contractions occasionnées par les vices physiques ; il ne s'agira plus que de rechercher les parties où s'opèrent ces contractions, afin d'essayer de les combattre et de les faire disparaître.*

« *De longues et consciencieuses observations m'ont démontré que, quel que soit le vice de conformation qui s'oppose, dans le cheval, à la juste répartition des forces, c'est toujours sur l'encolure que s'en fait ressentir l'effet le plus immédiat.*

« *A l'arrière-main, les parties où les forces se contractent le plus pour les résistances sont les reins et la croupe (les hanches).* »

L'assouplissement général du cheval est obtenu — selon la méthode Baucher — par des « *flexions* » opérées isolément sur chacune des parties de son corps.

Il commence par les « *flexions de mâchoire* », qui ont pour but de donner l'habitude au cheval de fléchir la mâchoire et de la ramener sous lui au plus imperceptible effet de mors, qui devient alors une *barrière infranchissable* que l'animal n'a plus jamais l'idée de franchir. On dirait qu'il a un fer rouge dans la bouche.

Puis vient le tour de l'encolure, que non seulement on « *flexionne* » alternativement à droite et à gauche, afin que, par sa raideur naturelle, elle ne puisse paralyser l'excessive mobilité de la mâchoire, mais encore qu'on « *affaisse* » à l'aide des deux rênes du filet croisées et agissant en sens contraire. En cela, le but est — l'assouplissement de la mâchoire et de l'encolure tour à tour obtenu — de faire tomber cette dernière comme si, en quelque sorte, elle était indépendante du tronc lui-même.

Donc « DES ASSOUPPLISSEMENTS D'AVANT-MAIN » d'abord. *Flexions de la mâchoire. — Affaissement de l'encolure. — Flexions latérales de l'encolure. — Flexions latérales de l'encolure, le cavalier étant à cheval. — Flexions directes de la tête et de l'encolure ou ramener.*

L'auteur parle ensuite de la bouche du cheval et du mors : *Je n'admets qu'une seule espèce de mors, et voici la forme et les dimensions que je lui donne pour le rendre aussi simple que doux. Branches droites de la longueur de six pouces, à partir de l'œil jusqu'à l'extrémité des branches; circonférence du canon, deux pouces et demi; liberté de la langue, deux pouces à peu près de largeur dans sa partie inférieure, et un pouce dans la partie supérieure. Il est bien entendu que la largeur seule devra varier suivant la bouche du cheval.*

Ensuite « ASSOUPLISSEMENTS DE L'ARRIÈRE-MAIN ». *Flexions et mobilisation de la croupe. — Du reculer.*

Résumé : TRAVAIL EN PLACE, LE CAVALIER A PIED. — AVANT-MAIN. — *1° Flexions de la mâchoire à droite et à gauche, en employant le mors de la bride; 2° Flexions perpendiculaires ou affaissement de l'encolure; 3° Flexions latérales de l'encolure avec les rênes du filet et celles de la bride.*

TRAVAIL EN PLACE, LE CAVALIER A CHEVAL. — AVANT-MAIN. — *1° Flexions et demi-flexions latérales de l'encolure avec les rênes du bridon et celles de la bride; 2° Flexions directes de la tête ou ramener avec les rênes du bridon et celles de la bride.*

ARRIÈRE-MAIN. — *3° Flexions latérales et mobilisation de la croupe autour des épaules; 4° Rotation des épaules autour des hanches; 5° Combinaison du jeu des deux extrémités du cheval ou reculer.*

Une fois l'avant-main du cheval ainsi désarticulé, on doit procéder à la même opération vis-à-vis de l'arrière-main. Seulement, dans cette entreprise, le dresseur, qui jusqu'ici s'était tenu à pied aux côtés du sujet, est à cheval.

Il faut avouer qu'en se mettant en selle, le cavalier non initié aux mystérieuses pratiques de la doctrine nouvelle, se trouve dans une assez singulière position. Car au lieu de sentir le cheval — ainsi que cela se passe d'ordinaire — tout disposé à raidir l'encolure et à se porter en avant, cette partie de son corps se replie sur elle-même, comme un traversin, au moment où il arrive en selle, et, les autres parties restant raides et immobiles, il monte en quelque sorte un bateau sur lequel n'agit plus le gouvernail !

Alors commence, pour le dresseur, une besogne assez difficile et désignée par M. Baucher sous le nom de « *pirouettes* » ; elle consiste : premièrement, à faire pivoter les hanches autour des épaules en les mobilisant progressivement, sans que celles-ci bougent de place ; en second lieu, à mobiliser les épaules autour des hanches, l'arrière-main restant également en place. Tous ces mouvements doivent s'obtenir avec une gradation lente, mais non interrompue, c'est-à-dire pas à pas et sans arrêt.

Pour coordonner les « *assouplissements partiels* », le travail de cette partie du dressage du cheval se termine par le « *reculer* », dont le but est de déraidir le rein, ou la cheville ouvrière de l'appareil mécanique de l'animal, chose fort simple à première vue, cependant d'une exécution assez délicate.

En effet, de même que la mobilisation des épaules autour des hanches, que M. Baucher appelle « *pirouettes renversées* » — lesquelles sont beaucoup plus difficiles à obtenir que celles des hanches autour des épaules — le « *reculer* » offre les mêmes dangers ; car le cheval désarmé sur la main, et assoupli sur ses hanches, a toujours une tendance naturelle à faire refluer sa masse en arrière ou, pour nous servir de l'expression technique, « à exécuter le mouvement sur un acculement. » Or, tel est dans le travail, soit à pied, soit à cheval, en place ou en mouvement, le plus grand écueil de l'application de la méthode Baucher, méthode de dressage assez compliquée pour exiger de l'exécutant un tact, une précision, un sentiment du cheval, pour tout dire, dont sont doués seulement les hommes ayant une aptitude naturelle, spéciale et partant fort rare.

L'acculement ! mais c'est un danger constant, et d'autant plus grave qu'il peut compromettre tous les bons résultats que l'on devait attendre de cette manière de dressage ! Aussi les plus habiles des élèves de M. Baucher, seuls, y ont-ils échappé et encore par des concessions, c'est en travaillant leurs chevaux, l'encolure basse et le rein haut. Ils escamotaient ainsi la grande difficulté, celle d'avoir son cheval sous soi, équilibré, d'aplomb, la tête placée et legère sur l'encolure haute ; quant aux autres, ils ont succombé sans exception.

On nous trouvera peut-être un peu sévère, mais lorsque l'on se pose, ainsi que M. Baucher l'a fait, « en redresseur de torts, » il faut être soi-même à l'abri de toute critique. Le « maître faisait tout cela, » diront quelques-uns de ses disciples clairsemés. Parbleu ! nous le savons bien, mais il était maître !

Une fois cette première partie de la méthode de M. Baucher mise en action — et, remarquez-le bien, le cheval n'a pas encore fait un pas en avant — la proposition « *détruire les forces instinctives* » se trouve démontrée et réalisée tant bien que mal. Il s'agit maintenant de parvenir au même résultat pour le second théorème : « *remplacer les forces instinctives par celles transmises* ». Ce n'est pas le plus facile. Bien plus, la solution est éminemment périlleuse, car si, ayant annulé les unes, on est impuissant à infuser les autres, il ne reste rien du tout !

Mais c'est ici que le réel talent et le véritable savoir du novateur, se révélaient dans toute leur puissance !

En effet, M. Baucher se trouvait en face d'un animal qu'il avait complètement désarticulé, décomposé, anéanti, au point qu'abandonné à lui-même, nous ne savons, en vérité, s'il eût été en état de prendre une direction quelconque. Il s'agissait donc de reconstituer tout cela, et M. Baucher y arrivait à l'aide de ce qu'il appelait « *des effets d'ensemble* », consistant dans une action combinée de la main et des jambes, dont le résultat était de forcer le cheval à engager le rein sous le centre de gravité et, en même temps, à élever l'encolure, la tête placée perpendiculairement et légère. Puis dans cette position l'écuyer le portait en avant !

Mais, dans ce travail, M. Baucher ne se bornait pas à des effets de jambes, il employait l'éperon jusqu'au sang ! Il exigeait qu'un cheval supportât ses attaques, répétées avec la rapidité d'une baguette sur un tambour, sans les accuser autrement que par des cessions de mâchoire.

Une fois le cheval décomposé de longue main par tous « les assouplissements partiels » et successifs, il était désarmé et devenait absolument une espèce de mécanique. Aussi, fort de cela, le professeur avait-il émis ce singulier aphorisme : « *L'éperon est une aide et non un moyen de correction!* » Comme tout ce qu'il disait, c'était à la fois vrai et faux.

En tout cas, M. Baucher arrivait promptement ainsi à ce que le cheval, sur une attaque vigoureuse de l'éperon à cinq pointes, se renfermait au lieu de se projeter en avant. C'était ce qu'il voulait, lui, M. Baucher ; seulement, le cheval — ce résultat obtenu — devenait sinon impossible à monter, au moins absolument désagréable, même pour un excellent cavalier peu au fait de cette manière de procéder.

Le rassembler était le couronnement de l'œuvre. Ce mot employé de temps immémorial dans tous les traités d'équitation, M. Baucher lui applique une signification toute particulière et personnelle. Il le définit ainsi : « *Le cheval étant assoupli, placé, léger, et supportant les attaques, concentrer à l'aide d'un effet d'ensemble prolongé, toutes les forces de l'animal entre les jambes du cavalier, qui, dès lors, ayant toutes ces forces transmises à sa disposition, en règle le jeu à son gré.* »

C'est là une formule purement mathématique ; mais que M. Baucher employât ou non les moyens qu'il professait – et parfois on pouvait en douter — il faut convenir qu'il jouait d'un cheval d'une manière transcendante, comme un excellent musicien d'un piano. L'animal, il est vrai, avait perdu toute initiative naturelle, mais l'écuyer graduait, réglait, ralentissait ou précipitait tous ses mouvements mathématiquement. C'était un cheval artificiel, absolument impropre à tout autre travail que celui de l'équitation de manège et seulement montable pour M. Baucher.

Revenons à son livre. A la suite des assouplissements, nous lisons ce titre : « L'emploi des forces du cheval par le cavalier. » — *Des changements de direction. — C'est en portant la main à droite et en faisant sentir la jambe droite, m'a-t-on dit et ai-je répété moi-même dans le principe, qu'on détermine son cheval à tourner à droite... La pratique, chez moi, a toujours précédé le raisonnement, et voici comment je me suis aperçu de la fausseté de ce principe. Je m'avisai alors de changer l'usage de mes aides, et d'appuyer la jambe du côté opposé à la conversion. En même temps, au lieu de porter de suite la main à droite pour déterminer les épaules, je formai d'abord, à l'aide de cette main, l'opposition nécessaire pour fixer les hanches et disposer les forces de manière à maintenir l'équilibre pendant l'exécution du mouvement. Ce procédé fut couronné d'un succès complet.*

De la concentration des forces du cheval par le cavalier. — *Des attaques. — L'éperon n'est pas une aide, mais un moyen de châtiment ; selon moi, c'est au contraire un auxiliaire puissant sans lequel il serait impossible de dresser complètement n'importe quel cheval.*

Je ne crains pas de développer un procédé que je considère comme l'un des plus beaux résultats de mes longues recherches sur l'équitation.

Il n'y a pas plus de différence dans la sensibilité des flancs des divers chevaux que dans leur sensibilité de bouche, c'est-à-dire que l'effet direct de l'éperon est, à infiniment peu de chose près, le même sur tous.

L'application bien entendue de ma méthode mettra le commun des hommes de cheval à même d'obtenir ces résultats, qui n'appartenaient autrefois qu'aux organisations équestres les plus favorisées.

Les oscillations ou l'éloignement de la croupe étant toujours la cause des résistances, l'éperon, en ramenant immédiatement les jambes de derrière vers le milieu du corps, arrête la détente des jarrets, qui pourraient s'opposer au juste rapport des forces et à la bonne répartition du poids.

Du RASSEMBLER. — *Je le dis hautement, le rassembler n'a jamais été compris ni défini avant moi, car on ne peut l'exécuter parfaitement qu'après avoir appliqué successivement les principes que je viens de développer pour la première fois. On sera convaincu de cette vérité, quand on saura que le rassemblement exige : 1° Assouplissement partiel et général de l'encolure et des hanches; 2° Un ramener parfait qui résulte de ces assouplissements; 3° L'absorption entière des forces du cheval par le cavalier.*

M. Baucher termine ses principes en détaillant le *piaffer*. C'était un de ces airs de haute école dont la fine exécution du maître avait tant émerveillé le public. Ce fut certainement la partie de l'ouvrage la plus feuilletée par les lecteurs avides d'y trouver le secret de faire « danser » leurs chevaux. Les premières lignes de l'article étaient d'ailleurs pleines de promesses : « *On peut amener tous les chevaux à piaffer.* » Nous allons transcrire cet article.

— Du PIAFFER. — *On peut amener tous les chevaux à piaffer. Lorsque le centre des forces se trouve disposé au milieu du corps, et lorsque le rassembler est parfait, il suffit, pour amener un commencement de piaffer, de communiquer au cheval, avec les jambes, une vibration légère d'abord, mais souvent réitérée.*

Après ce premier résultat, on mettra le cheval au pas, et les jambes du cavalier, rapprochées graduellement, donneront à l'animal un léger surcroît d'action. Alors, mais seulement alors, la main se soutiendra d'accord avec les jambes, et aux mêmes intervalles, afin que ces deux moteurs, agissant conjointement, entretiennent une succession de mouvements imperceptibles et produisent une légère contraction qui se répartira sur tout le corps du cheval.

On se contentera, dans les premiers jours, d'un commencement de mobilité des extrémités, en ayant soin de s'arrêter chaque fois que le cheval lèvera et reposera les pieds sans trop les avancer, pour le caresser.

Une fois la mobilité des jambes obtenue, on pourra commencer à en régler, à en distancer la cadence. Ici, encore, je chercherais vainement à indiquer avec la plume la délicatesse qui doit régner dans les procédés du cavalier. Il saisira le moment où le cheval se préparera à appuyer la jambe de devant sur le sol, pour faire sentir la pression de sa propre jambe du même côté et ajouter à l'inclinaison de l'animal dans le même sens. Si ce temps est bien saisi, le cheval se balancera lentement et la cadence acquerra cette élévation si propre à faire ressortir toute sa noblesse et sa majesté. Ces temps de jambe sont difficiles et demandent une grande pratique.

Baucher se résume après cela pour indiquer le temps et la répartition des leçons qu'il a indiquées. Il établit que deux mois de travail, à deux leçons d'une demi-heure chaque jour, c'est-à-dire *cent-vingt leçons*, suffiraient largement pour amener le cheval le plus neuf à exécuter régulièrement tous les exercices qui précèdent. « *Je tiens à deux courtes leçons par jour, l'une le matin, l'autre dans l'après-midi ; elles sont nécessaires pour obtenir d'excellents résultats.* »

Première leçon. — *Huit jours de travail. — Les vingt premières minutes seront consacrées au travail en place pour les flexions de mâchoires et d'encolure ; le cavalier à pied d'abord, puis ensuite à cheval. Les dix dernières minutes, il fera marcher son cheval au pas sans s'étudier à rechercher le cheval, mais en s'appliquant surtout à maintenir sa tête dans la position du ramener. Il se contentera d'exécuter un seul changement de main pour marcher autant à main droite qu'à main gauche. Le quatrième ou cinquième jour, avant de mettre son cheval en mouvement, commencer quelques légères flexions de croupe.*

Deuxième leçon. — *Dix jours de travail. — Les quinze premières minutes, assouplissements en place, y compris les flexions de la croupe ; puis on commencera le reculer. L'autre moitié de la leçon, marche directe en prenant une ou deux fois le trot à une allure très modérée. Pendant cette seconde partie du travail, on commencera de légères oppositions de mains et de jambes pour préparer le cheval à supporter les effets d'ensemble et donner de la régularité à ses allures. On commencera aussi les changements de direction au pas.*

Troisième leçon. — *Douze jours de travail. — Six ou huit minutes, flexions en place, celles de l'arrière-main devront être poussées jusqu'à compléter les pirouettes renversées. Reculer ; tout le reste de la leçon, perfectionner le pas et le trot, en commençant à cette dernière allure les changements de direction. Le cavalier arrêtera souvent le cheval, et continuera à veiller attentivement au ramener pendant les changements d'allures ou de direction, et commencera également le travail de deux pistes au pas, ainsi que la rotation des épaules autour des hanches.*

Quatrième leçon. — *Quinze jours de travail. — Après cinq minutes consacrées aux assouplissements en place, le cavalier répétera d'abord tout le travail de la leçon précédente ; il commencera de pied ferme les attaques pour confirmer le ramener et préparer le rassembler. Il renouvellera les attaques en marchant, et lorsque le cheval les supportera patiemment, il commencera le galop. Il se contentera d'exécuter dans le principe quatre ou cinq foulées seulement pour reprendre le pas et partir sur un pied différent, à moins que les dispositions du cheval n'exigent qu'on l'exerce plus souvent sur un pied que sur l'autre. En passant du galop au pas, on veillera avec soin à ce que le cheval prenne le plus tôt possible cette dernière allure sans trottiner, et tout en conservant légères la tête et l'encolure. On ne l'exercera au galop qu'à la fin de chaque leçon.*

CINQUIÈME LEÇON. — *Quinze jours de travail. — Ces derniers quinze jours seront employés à assurer la parfaite exécution de tout le travail précédent, et à perfectionner l'allure du galop jusqu'à ce qu'on exécute facilement les changements de direction, les changements de pied, du tact-au-tact et le travail de deux pistes. On pourra alors exercer le cheval au saut de la barrière, ainsi qu'au piaffer.*

Nous aurons en deux mois, et sur n'importe quel cheval, accompli une œuvre qui exigeait autrefois des années pour ne donner souvent que des résultats incomplets. Un écuyer, doué de quelque tact, comprendra bien vite les modifications qu'il devra faire dans l'application, suivant la nature particulière de son élève. Tel cheval, par exemple, exigera plus ou moins de persistance dans les flexions ; tel autre dans le reculer ; celui-ci, froid et apathique, nécessitera l'emploi des attaques avant le temps que j'ai indiqué. Tout ceci est affaire d'intelligence, et il n'est pas de travail équestrement possible qu'un écuyer, qui saura convenablement appliquer mes principes, ne puisse faire exécuter à son cheval.

La méthode Baucher est une arme d'une irrésistible puissance dans des mains habiles, mais d'un maniement périlleux dans des mains inexpérimentées. Aussi tous ses disciples — n'étant point déjà pourvus d'une grande expérience pratique du cheval — ont-ils été paralysés dès leurs premiers pas et ne sont-ils jamais devenus même des cavaliers ! C'est absolument comme si l'on eût demandé au premier venu d'exécuter, sans un travail préparatoire, un pas de deux sur la corde raide. Du reste, l'auteur a pris soin de définir sa méthode mieux que personne ne pourrait le faire. C'est — dit-il — « *un rasoir entre les mains d'un singe !* » Il s'agit donc de ne pas être un singe ; en équitation comme en bien d'autres choses, cela est peut-être plus difficile qu'on ne le pense.

Mais nous ne pouvons pas quitter la Méthode de M. Baucher sans dire un mot de son équitation de haute école, qui était incontestablement un triomphe qui pénétrait d'admiration ses plus sévères détracteurs.

L'écuyer nous cite lui-même les *seize airs de manège* qu'il a ajoutés au répertoire des anciens maîtres.

1° Flexion instantanée et maintien en l'air de l'une ou l'autre extrémité antérieure, tandis que les trois autres restent fixées sur le sol;

2° Mobilité des hanches, le cheval s'appuyant sur les deux jambes de devant pendant que celles de derrière se balancent alternativement l'une sur l'autre, la jambe postérieure qui est en l'air exécutant son mouvement de gauche à droite sans toucher la terre pour devenir pivot à son tour, sans que l'autre se soulève et exécute ensuite le même mouvement;

3° Passage instantané du piaffer lent au piaffer précipité, et vice versa;

4° Reculer avec une élévation égale des jambes transversales qui s'éloignent et se posent en même temps sur le sol, le cheval exécutant le mouvement avec autant de franchise et de facilité que s'il avançait et sans mouvements apparents du cavalier;

5° Mobilité simultanée et en place des deux jambes par la diagonale; le cheval, après avoir levé les deux jambes opposées, les porte en arrière pour les ramener ensuite à la place qu'elles occupaient et recommencer le même mouvement avec l'autre diagonale;

6° Trot à extension soutenue, le cheval, après avoir levé les jambes, les porte en avant en les soutenant un instant en l'air avant de les poser sur le sol;

7° Trot serpentin, le cheval tournant à droite et à gauche pour revenir à peu près sur son point de départ, après avoir fait cinq ou six pas dans chaque direction;

8° Arrêt sur place à l'aide des éperons, le cheval étant au galop;

9° Mobilité continue en place de l'une des extrémités antérieures, le cheval exécutant par la volonté du cavalier le mouvement par lequel il manifeste souvent de lui-même son impatience;

10° Reculer au trot, le cheval conservant la même cadence et les mêmes battues que dans le trot en avant;

11° Reculer au galop, le temps étant le même que pour le galop ordinaire; mais les jambes antérieures, une fois élevées, au lieu de gagner du terrain, se portant en arrière, pour que l'arrière-main exécute le même mouvement rétrograde aussitôt que les extrémités antérieures se posent sur le sol;

12° Changements de pied au temps, chaque temps de galop s'opérant sur une nouvelle jambe;

13° Pirouettes ordinaires sur trois jambes, celle de devant, du côté vers lequel on tourne, restant en l'air pendant toute la durée du mouvement;

14° Reculer avec temps d'arrêt à chaque foulée, la jambe droite du cheval restant en avant immobile et tendue de toute la distance qu'a parcourue la jambe gauche, et vice versa ;

15° Piaffer régulier avec un temps d'arrêt immédiat sur trois jambes, la quatrième restant en l'air ;

16° Changement de pied au temps, à des intervalles égaux, le cheval restant en place.

L'usage réel et positif du cheval — l'équitation du dehors — était absolument inconnu pour M. Baucher. Enfourcher le premier cheval venu, s'en servir vaille que vaille, était, à ses yeux, une hérésie monstrueuse, un crime de lèse-équitation ; il considérait ceux qui se livraient à cet exercice comme des postillons !

La question d'art, de haute école, l'absorbait au point de faire disparaître toute autre considération.

Non seulement son travail dépassait, comme difficultés et fini d'exécution, tout ce qui a pu ou pourra être fait avant et après lui, mais encore il l'appliquait indifféremment à n'importe quel cheval. Tous les chevaux étant égaux devant lui ; indistinctement, il obtenait d'eux les mêmes résultats. La qualité personnelle de l'animal, il est vrai, disparaissait, mais il y suppléait par son habileté propre, surtout par la puissance infaillible des moyens dont l'ensemble constituait sa méthode. Certes, il existait toujours une différence assez sensible dans la manière de faire de chacun d'eux. Il était impossible — on doit le comprendre — d'obtenir d'un carrossier, massif et lourd comme l'était *Buridan*, l'harmonieuse cadence, l'élasticité gracieuse d'un cheval de pur sang tel que *Partisan*, mais, entre ses mains, l'un et l'autre exécutaient absolument le même travail ; le « piaffer » de *Buridan* était aussi haut, aussi régulier que celui de *Partisan*, mais moins moelleux, moins élégant, voilà tout.

Nous ne saurions omettre ici de rappeler les divers chevaux que M. Baucher avait « bauchérisés », car tous, individuellement, furent autant d'œuvres signées de la main habile du maître. C'étaient :

Partisan, cheval de pur sang, qui restera comme la plus remarquable expression de sa méthode ;

Capitaine, petit cheval alezan, ayant beaucoup de sang, régulier, très puissant dans son arrière-main, exécutait son travail avec une énergie qui n'enlevait en rien l'harmonie des mouvements ;

Topaze, espèce d'animal de raccroc, ramassé à la foire de Chauny, n'avait ni sang ni construction. Une seule particularité le signalait à l'attention. Sa robe isabelle à crins blancs avait, comme celle de tous les chevaux entiers de ce poil, des reflets métalliques qui la rendaient étincelante sous les feux du lustre. Il n'avait ni moyens, ni qualités, et si M. Baucher ne l'avait rencontré, il était destiné à traîner la charrette d'un marchand des quatre saisons. Son travail, très curieux, se terminait par un « piaffer » des plus brillants, interrompu, à intervalles égaux et réguliers, par un « gratté » furieux des pieds de devant, qui était d'un effet très saisissant ;

Buridan, gros, épais carrossier du Yorckshire, ne pouvait — même avec les plus larges concessions — être regardé comme un cheval de selle. Il imitait *Partisan* comme une oie peut contrefaire un cygne, mais enfin, la contrefaçon était parfaite ;

Neptune, magnifique pur sang anglais, d'une violence, d'une finesse, d'une susceptibilité exceptionnelles. Son travail figurait le voyage d'un bateau en mer ! Tout y était : la sortie du port, le calme, la tempête, l'arrivée. Sauf *Partisan*, M. Baucher, au point de vue du plaisir des yeux, n'a rien produit de plus parfait ;

Godolphin, porte-choux sans allure, tout au plus bon à atteler à un fiacre, était monté par Mlle Pauline Cuzent, lorsque M. Baucher figurait avec elle un pas de deux dans lequel il prenait lui-même *Buridan ;*

Fortunatus, grand cheval de pur sang, provenant des écuries de Lord Seymour, assez bon cheval de courses, s'il n'avait eu un caractère détestable, mais défectueux dans son rein ; il était construit pour faire un travail de manège, comme un lansquenet pour dire la messe. Grâce à cette inépuisable ressource « le sang », M. Baucher en avait tiré un parti étourdissant ;

Enfin *Robert de Normandie*, carrossier de la plaine de Caen, tête informe, encolure chargée, poitrail large sans arrière-main, avec des jarrets impossibles, de plus, mauvais cœur. C'était en un mot une lourde machine sans aucune vapeur pour la faire mouvoir. Cependant on restait émerveillé en voyant travailler en cadence, sur la musique de *Robert le Diable*, cette nature épaisse et ingrate, que la science du maître avait si profondément transformée !

Voilà donc huit chevaux d'origine, de construction, de caractère, de qualité absolument disparates : tous exécutaient leur travail avec une régularité, un fini d'exécution également irréprochables ! Un pareil résultat n'est-il pas le plus grand éloge fait de la valeur individuelle de l'homme ?

Assouplissements

de l'avant-main et de l'arrière-main

BAUCHER

F. Baucher : *Méthode d'Équitation.*

VIII

L'Ecole prend le deuil du duc d'Orléans. — Inspection du général de Sparre. — Le carrousel en 1842; compte rendu du carrousel de troupe suivi d'un simulacre de combat à pied. — L'École de maréchalerie. — Le haras. — État-major et officiers-élèves de l'École en 1842. — Inondations en 1843. — L'École est évacuée. — Nouveaux essais de la méthode Baucher à Saumur. Officiers envoyés des régiments pour y participer. — Essais de la méthode Baucher à Berlin. — Interdiction de la méthode Baucher à Saumur. — Anniversaire des journées de juillet. — Service funèbre pour le duc d'Orléans. — Le duc et la duchesse de Nemours à Saumur; fêtes à cette occasion, le carrousel. — Inspection du général Dejean. — Les chevaux de l'École. — Essais comparatifs de ferrure à chaud et ferrure à froid. — L'École de maréchalerie en 1843. — Les étalons du haras. — Situation des vétérinaires. — Lancosme-Brèves : La Vérité à cheval. — Etat-major et officiers-élèves de l'École en 1843.

Le 15 juillet 1842, l'École apprit la mort du duc d'Orléans. En exécution des ordres ministériels, les officiers prirent immédiatement le deuil, qui consistait en un crêpe au bras et à l'épée. Un crêpe fut mis aussi à l'étendard et aux trompettes.

Un service funèbre eut lieu le 25, à dix heures du matin, à l'église Saint-Pierre; il fut commandé un détachement d'honneur composé d'un escadron à pied en grande tenue avec l'étendard et la musique; tous les officiers accompagnèrent le général à cette cérémonie.

En raison de ce deuil, il n'y eut pas de carrousel pendant les fêtes de Juillet, qui se bornèrent d'ailleurs, cette année-là, à un service funèbre pour les victimes des journées de Juillet, célébré le 28, auquel assistèrent tous les officiers de l'École et un escadron à pied avec l'étendard et la musique. Deux capitaines furent placés près du catafalque pendant toute la cérémonie.

Le 24 septembre, le *général de Sparre* arriva à Saumur pour passer l'inspection générale de l'École.

Le carrousel de 1842 soutint la brillante tradition des précédents; mais le carrousel de troupe produisit surtout un grand effet. Un compte rendu de l'époque en fait foi :

« Nous n'entendons pas donner un tableau complet de toutes les évolutions de ce carrousel de troupe; ce travail exigerait un cadre immense : nous ne parlerons que de celles qui nous ont paru plus saisissantes d'effet.

« Cette fois ce n'est plus seulement, comme en 1841, une division qui va exécuter, d'après les lois d'une savante théorie, les manœuvres les plus compliquées, les mouvements les plus hardis, les plus imprévus, les plus harmonieux ; c'est un escadron entier qui va nous offrir l'image vivante du combat isolé ou de la mêlée.

« L'escadron se range en bataille au centre de la carrière ; la ligne s'ébranle, s'ouvre par le milieu, exécute l'évolution crétoise pour présenter un double front ; puis chaque division se porte vers la piste, en traversant, en sens inverse, la moitié de la largeur de la carrière. Les deux divisions marchent ainsi parallèlement, mais dans une direction opposée. Arrivés à la même hauteur, les cavaliers font individuellement un à gauche, et les deux divisions se portent à la rencontre l'une de l'autre, traversent leurs lignes par les intervalles, en croisant le sabre : cette manœuvre, qui s'exécute alors dans la largeur, s'exécutera, modifiée dans une autre figure, sur la longueur de la carrière. C'est le début des évolutions qui vont nous faire assister aux scènes du champ de bataille.

« Les cavaliers se préparent à la marche circulaire. Deux roues d'hommes et de chevaux, formées chacune de deux doubles circonférences concentriques, ébranlent le sol et tourbillonnent comme deux sphères sur leur axe. Elles roulent comme si elles avaient à broyer la terre sous les pieds de leurs coursiers ; puis lorsque hommes et chevaux ont tournoyé dans cette trombe vivante, les sphères se brisent, leurs cercles externes s'ouvrent et fuient par la tangente, tandis que le cercle intérieur continue sa rotation : c'est une attraction puissante qui réagit sur les deux sphères. Changeant de système, les deux lignes s'allongent comme deux serpents, l'une vers l'autre, côtoient leurs flancs, enveloppent de nouveau les cercles intérieurs autour desquels elles commencent à graviter : c'est l'anneau de Saturne.

« A cette scène succède un tableau plus calme. Les deux escadrons s'avancent dans la longueur de la carrière comme s'ils allaient heurter, l'une contre l'autre, les têtes de leurs colonnes ; mais lorsqu'elles se rencontrent au milieu de la lice, les cavaliers se replient par deux, à droite et à gauche, et cette évolution confond heureusement les deux divisions marchant un instant sur quatre lignes perpendiculaires l'une à l'autre.

« Décrirons-nous le moulinet ? Chaque division se partage en quatre sections ; huit rayons tournent sur un même axe, encadrés dans un cercle de cavaliers : c'est encore une roue gigantesque dont les jantes vivantes se poursuivent avec fureur sans s'atteindre. Mais quatre rayons ralentissent leur course, tandis que les quatre autres les poursuivent, les pressent, et se laissent ensuite emporter par le même mouvement. Cependant le cercle s'élargit et absorbe les rayons qui se portent sur une circonférence de trente-quatre mètres de diamètre. Cette savante décomposition étonne les regards ; on voit par enchantement se former successivement deux, trois, quatre cercles intérieurs qui tourbillonnent comme le premier, mais chacun dans un sens inverse. L'œil est ébloui, fasciné ; chevaux et cavaliers ont le vertige et se précipitent, haletants, poudreux, échevelés, dans une pyrrhique fougueuse ; puis, soudain l'éclair brille au centre de cette masse de fer, d'hommes et de chevaux, à travers un nuage qui porte la tempête, la foudre tonne, la terre tremble. Les fourreaux d'acier résonnent sur les flancs des coursiers, les sabres se croisent, se heurtent ; c'est un combat terrible, une mêlée effroyable.

« Cette course impétueuse se brise tout à coup par la puissance de l'art. Les coursiers, emportés par une force irrésistible, obéissent à la main de leurs hardis cavaliers. La circonférence extrême sort de ce nuage de poudre et de poussière et se reforme en colonne ; les autres suivent ce mouvement, et bientôt la mêlée a disparu, et il ne reste plus rien de cette scène de désordre sublime. »

Le carrousel de 1842 s'était accru d'un spectacle nouveau, l'image d'un combat à pied. Laissons parler un témoin oculaire encore tout ému de ce qu'il a vu :

« L'admiration du spectateur, qui n'a cessé de s'accroître dans cette période rapide de mouvements variés, n'a pas encore atteint son apogée ; une nouvelle manœuvre, aussi imprévue qu'elle est intéressante, va s'offrir à ses regards et captiver encore son attention en multipliant dans son âme des sensations toujours aussi vives.

« Le dragon, confondu jusqu'ici dans un mélange de cavaliers de toutes armes, avec lesquels il rivalise de hardiesse et d'énergie, va désormais fixer sur lui tous les suffrages et être proclamé unanimement le héros de cette nouvelle lutte. Il s'enorgueillit de la confiance qu'il inspire par le double emploi qu'il occupe ; et cette confiance, dont il est lui-même pénétré, est le présage infaillible d'un heureux succès.

« Une troupe d'infanterie, dérobée jusqu'ici à tous les regards, annonce soudain sa présence par des feux de tirailleurs, qu'elle dirige sur la mêlée en désordre. Cette agression inattendue a été le signal d'une disposition offensive de la part de nos cavaliers. D'un air calme, ils ont mesuré le péril qui les menace, et chacun d'eux s'apprête à l'affronter avec toute l'impétuosité dont il est capable. Mais une issue, inaccessible à la cavalerie, peut servir de refuge aux troupes à pied, et dès lors paralyser les efforts les plus inouïs. Dans cette circonstance difficile, et qui semble réclamer les ressources de l'art, les dragons ont compris le but de leur institution : tous aspirent à s'en rendre dignes et se préparent, dans un nouveau genre de combat, à disputer la palme à l'infanterie elle-même !... Ils s'élancent à terre avec la rapidité de l'éclair, se forment en peloton et suivent au pas de course la deuxième division qui se précipite à la charge. Ce moment paraît décisif : il est sublime ! La brillante manœuvre, qui s'exécute avec une rare précision, a changé dans un instant la face du combat ; tous les regards se promènent avec inquiétude sur cette brûlante arène ; le spectateur interdit, fasciné par cet appareil menaçant, paraît avoir oublié son rôle : par la pensée, il se transporte sur le lieu de l'action et prend part à la lutte sanglante. Cependant la division a fourni sa course impétueuse ; l'infanterie, retranchée derrière la barrière, échappe à ce premier danger ; et semble défier l'impuissante bravoure de ses adversaires. Mais la division se retire, et ce mouvement rétrograde démasque le peloton de dragons, qui commence un feu rapide et nourri. Néanmoins l'infanterie, favorisée par sa position et par l'avantage du nombre, présente toujours des dispositions hostiles, et semble, par un suprême effort, vouloir rappeler la victoire ; elle revient à la charge et s'aventure en masse dans la carrière. Les dragons, étonnés de cette résistance, rejoignent leurs chevaux avec célérité, en un clin d'œil ils sont prêts à ressaisir l'offensive. L'escadron réuni s'ébranle ; les chevaux impatients s'élancent à la charge, leur course est aussi rapide que la pensée ; la terre frémit sous leurs pas ; l'infanterie trouve heureusement un asile contre cette attaque furieuse qui allait la balayer comme une effroyable tempête. »

L'École de maréchalerie poursuivait ses travaux de progrès ; depuis le livre de M. Riquet, on y faisait des essais de la ferrure à froid, et c'était d'après ces expériences que l'on devait en conclure le triomphe de l'un ou l'autre système de ferrure.

Pour juger de l'importance pour l'armée et pour le pays des travaux de l'École de maréchalerie, il suffira de dire que 60,000 fers ordinaires ou pathologiques, furent confectionnés en 1842 par les maréchaux-élèves ; que plus de 40,000 kilogrammes de fer furent fournis aux 25 forges de cet établissement et plus de 1,500 hectolitres de charbon de terre. 120,000 fers étaient constamment tenus en dépôt par l'école de maréchalerie, au château de Saumur. 7,000 chevaux avaient été ferrés par les élèves, soit d'après le système de ferrure à froid, soit par l'ancien système.

Le haras d'étude se repeuplait ; il allait devenir une des annexes les plus intéressantes de l'École. Au mois de mai 1842, le Ministre de la guerre y avait envoyé un magnifique étalon anglais, *Caravan*. La beauté de ce reproducteur justifiait la réputation qu'il s'était acquise sur les différents hippodromes de nos voisins d'outre-mer.

Au mois d'octobre, on annonça l'arrivée prochaine de quatorze étalons arabes achetés en Égypte. Les études de l'amélioration de nos races foncières par le sang arabe et le sang anglais allaient donc pouvoir se faire sous les yeux de toutes les générations successives d'officiers de cavalerie passant par Saumur.

1842

ÉTAT-MAJOR DE L'ÉCOLE

De Prévost	Maréchal de camp.	Dubos	
Bénard, dit Fleury	Colonel.	Conrard	
Deshayes	Lieutenant-colonel.	Rame	
Morin	Chef d'escadrons.	Monier	Capit. instructeurs.
Delherm de Novital	Chef d'esc., éc. en chef	Michaux	
Jarry	Major.	De Jourdan	
Mussot		Oudet	Cap. écuy. dir. du har.
Gasser	Capitaines majors.	Brifaut	Lieut.
Schmidt		Jocard	Lieut.
Russinger	Capitaine trésorier.	Fourier	S.-l. } sous-écuyers
Jacquier	Capit. d'habillement.	Dangeville	S.-l.
Fourrier	Porte-étendard.	Havoux	Vét. en 1er, pr. de mrie
Bécoeur	Chirurgien major.	Farges	Vétérin. en premier.
Saulnier	Chirurg. aide-major.	Hatin	Vétérinaire en 2e.
Martin de Boulancy	Capit. instructeur.		

ÉCUYERS CIVILS

Rousselet	Écuyer de 1re classe.
Beucher de Saint-Ange	Écuyer de 2e classe.

OFFICIERS ÉTRANGERS

SUIVANT LES COURS DE L'ÉCOLE

Ostrowski	Officier Polonais.
Egeberg	Officier Suédois.

OFFICIERS D'INSTRUCTION

Première Division.

Buraud	Lieut., 6e hussards.	Hardouin	S.-lieut., 3e cuirass.
Harmand	Lieut., 6e chasseurs.	Desvaux de Saint-Maurice	Lieut., 10e cuirassiers
Colonna de Giovellina	Lieut., 11e dragons.	Dupin	Lieut., 9e hussards.
Rouxel	S.-lieut., 8e chass.	Jallet	Lieut., 1er lanciers.
De Wall	Lieut., 3e chasseurs.	Rollin de Courtaillet	Lieut., 2e cuirassiers.
De Boucher	Lieut., 1er chasseurs.	Malotan de Guerne	Lieut., 7e hussards.
Leforestier de Vendeuvre	Lieut., 6e cuirassiers.	Bossion	Lieut., 5e dragons.
Boursier	Lieut., 4e dragons.	Lemaire	Lieut., 11e chasseurs
Morel	S.-lieut., 2e artillerie.	Clerc	Lieut., 1er artillerie.
De Rambert	S.-lieut., 5e lanciers.		

Deuxième Division.

Fénin	Lieut., 2e chasseurs.	Bruils	S.-lieut., 8e chasseurs
Kadot de Sédeville	Lieut., 9e dragons.	Pascal	S.-lieut., 6e hussards.
Tilmant	S.-lieut., 1er carabin.	Nicol	S.-lieut., 9e artillerie.
Raabe	S.-lieut., 6e lanciers.	Meynard	Lieut., 12e artillerie.
Fourier	S.-l p.-ét. à l'École.	Guyot de Saint-Rémy	Lieut., 2e lanciers.
Sanson de Sansal	Lieut., 2e dragons.	Dianous	S.-l., 4e esc. du train des équipages.
Valette	Lieut., 4e chasseurs.		
Deschamps	S.-lieut., 10e cuirass.	De Brémond d'Ars	Lieut., 9e hussards.
D'Hébrail	Lieut., 12e chasseurs	Poinot	S.-lieut., 7e artillerie.
Conchard Vermeil	Lieut., 10e artillerie.	Louis	S.-l., 4e dragons.
Borcy	S.-lieut., 6e dragons.	Michel	Lieut., 11e artillerie.
Floret	Lieut., 7e chasseurs.	Baudot	Capit., 2e carabiniers.
Hainglaise	Lieut., 7e dragons.	Richer	S.-l., 10e dragons.
D'Essantier	Lieut., 3e dragons.	Jamet	Lieut., 19e artillerie.
Bouchy	Lt, 1er esc. du t. des éq.	Dode	S.-l., 2e esc. du train des équipages.
De Lahaye	Lieut., 6e cuirassiers.		

OFFICIERS ÉLÈVES

Première Division.

Girard.	De Latheulade.	Sautereau-Dupont.	Marcellin.
De Montarby.	Delatte.	Halligon.	Aurel.
Desfaudais.	De Sarcus.	Decazes.	Archambault de Beaune.
Esmez.	Ghins.	De Gramont.	Letourneur.
Menche.	De Lambot.	Mieulet de Ricaumont.	De Marteville Sempigny.
Delassalle.			

Deuxième Division.

Du Preuil.	Schlosser.	Lherbette.	Lemerle de Beaufond. (non cl.)
Bonnet d'Assier.	Nérin.	De Symony.	Broutta. (non cl.)
Le Compasseur de Courtivron.	Bourgeois.	Bussière.	Dabet-Derville. (non cl.)
Huck.	Petit.	Lamy.	Forceville. (non cl.)
Mercier.	Guizol.	Loignon.	Alleaume. (non cl.)
Pingeon.	Pitoux.	Geille.	

Vers le milieu de janvier 1843, la crue des eaux de la Loire faisant craindre une inondation qui envahirait le Chardonnet et les écuries, les dispositions suivantes furent prescrites par le maréchal de camp commandant l'École :

Jusqu'à nouvel ordre tous les chevaux d'escadrons et des divisions d'officiers durent être sellés immédiatement après le souper des chevaux. Tous les palefreniers durent être rendus aux écuries à cette heure-là pour y passer la nuit.

Les porte-manteaux des cavaliers devaient être faits, les paquetages prêts à être chargés au premier signal. Les capitaines commandants, les officiers attachés aux escadrons et les écuyers étaient tenus de coucher au quartier. En cas d'alerte, on devait monter à cheval de suite avec armes et bagages. Les escadrons, réunis par leurs capitaines, devaient partir aussitôt, les chevaux de manège devaient les suivre sous la direction des écuyers.

Un officier et un sous-officier, désignés dans chaque escadron, devaient rester pour la surveillance des hommes laissés au quartier.

Dans la nuit du dimanche au lundi 16, les eaux de la Loire et celles du Thouet ayant crû avec une rapidité effrayante, la levée d'enceinte, au nord et au midi de l'École de cavalerie, inspira les plus grandes inquiétudes. Dès le matin du 16, on se hâta d'y porter secours, et on s'occupa surtout de la partie du midi dont la rupture paraissait plus imminente. Toute la journée on continua les travaux avec activité, bien qu'on eût craint tout d'abord l'insuccès et l'inutilité de tant de peines, car les eaux débordaient les bâtardeaux au fur et à mesure qu'on les élevait. On dut même, vers six heures du soir, abandonner la partie, car, outre que les matériaux manquaient, on sentait le sol trembler sous les pieds. D'un autre côté, dans la levée du nord, les eaux de la Loire qui avaient déjà fait des affouillements considérables, passaient par dessus la digue. Tout travail en cet endroit était actuellement impossible, il ne restait d'autre ressource que la fuite..... On battit la générale pour prévenir les habitants de se tenir sur leurs gardes; il était alors minuit et demi. A une heure, les deux levées étaient rompues et les eaux inondaient le Chardonnet et toute la ville.

Dès le matin le général avait envoyé, dans les quartiers hors d'eau, les chevaux et les juments du haras. Une heure avant la rupture des levées il fit partir les chevaux de manège et ceux des escadrons, qu'il dirigea sur Doué, Montreuil et Thouars. — Il n'y eut qu'une partie des officiers élèves qui restèrent au quartier.

Cette évacuation, cette fuite au milieu de la nuit, était tout ce qu'il y avait de plus lugubre. Nous n'entreprendrons pas de décrire ici l'effroi et la consternation qui régnaient alors dans la ville; mais qu'on se figure, et, tout à la fois, les cris des habitants s'enfuyant vers les lieux élevés, le bruit des chevaux et des charrettes entraînant avec peine, au milieu des eaux torrentielles, des femmes, des enfants, et les objets les plus indispensables, le son des clairons, le roulement des tambours, le tintement de cloches, et l'on n'aura encore qu'une faible idée de ce que fut Saumur dans cette triste nuit.

Cette crue fut la plus considérable depuis 1615; celle de pluviose an VII, n'était que de 6^{m},20; celle-ci s'éleva à 6^{m},70.

On ne pouvait communiquer dans la ville qu'à l'aide de bateaux. — Un service avait été régulièrement établi pour porter à domicile les secours nécessaires. Dans cette affreuse occurrence, tout dissentiment disparaissait.

La partie sud de la ville fut inondée en moins d'une demi-heure à la hauteur moyenne de deux mètres. Cette moyenne fut encore plus élevée pour les bâtiments et les dépendances de l'École. Grâce aux sages prévisions du général Prévost, commandant l'École, et à l'exacte exécution de ses ordres, les écuries furent évacuées à temps et les chevaux conduits dans divers cantonnements.

Dans cette malheureuse circonstance, les officiers, sous-officiers et cavaliers rivalisèrent de zèle et de dévouement, et plusieurs se signalèrent tout particulièrement.

M. Fourier, sous-lieutenant porte-étendard, était monté dans une des premières barques arrivées la nuit dans les rues inondées. De ce moment il ne cessa de porter des secours partout où des cris de désespoir se faisaient entendre. Souvent il lui fallut employer la prière pour déterminer le batelier à braver des courants dangereux; c'est ce qui, notamment, lui arriva le matin du 17, pour aller sauver un officier d'instruction, sa femme et leur propriétaire, dont l'habitation menaçait de crouler et d'où ils voyaient à chaque instant les murs de clôture des environs disparaître sous les eaux. On le vit à différentes fois acheter, à ses frais, du pain en assez grande quantité et le porter dans les rues écartées, dans les habitations isolées, aux personnes qui réclamaient des vivres et dont la plupart étaient nécessiteuses. Il fut aussi un de ceux qui firent de courageux efforts, pour sauver plusieurs chevaux de l'École des écuries de la ville où ils avaient été évacués.

C'est dans ce sauvetage des chevaux que se signalèrent aussi l'adjudant *Martin*, maître de manège, et le palefrenier *Drouchaud*. Ils déployèrent beaucoup de courage pour sauver les chevaux *Faquin*, *Mussito*, *Miss* et *Flora*, qui étaient restés des derniers dans les écuries de l'*Écu de Bretagne* et de la *Boule d'Or*. Le palefrenier Drouchaud se jeta deux fois à la nage pour ramener ces chevaux qui avaient de l'eau jusqu'au garrot.

Le sous-maître *d'Antras* se rendit, à cheval et à la nage, à l'écurie de M. Bataud, où il trouva les chevaux *King* et *Lottery*, qui avaient été obligés de monter des deux jambes de devant dans la mangeoire pour ne pas être complètement submergés.

Les juments de manège *Ariane* et *Stella*, submergées jusqu'au dessus du garrot, dans l'écurie de l'*Hôtel de la Promenade*, furent sauvées, non sans danger, par le sous-maître *Constant*.

Deux élèves maréchaux, *Broquet* et *Caraboeuf*, retirèrent des écuries de l'*Hôtel de Londres* cinq chevaux de manège, qui s'y seraient certainement noyés sans leur courageux dévouement.

Le 21, les hommes à pied restés au quartier reçurent l'ordre de se rendre à Doué, à l'exception de vingt hommes et un maréchal des logis maintenus comme garde de police.

Les officiers d'instruction et les sous-officiers d'artillerie partirent également pour Doué. La deuxième division d'officiers-élèves fut emmenée à Montreuil. La première se rendit à Baugé ; « il était recommandé aux officiers de ne pas oublier d'emporter leurs théories ».

Les divisions étant dispersées dans les cantonnements, il fut question un instant de réunir l'École au château de Thouars, mais les eaux baissèrent bientôt et l'on songea au retour.

Le général fit revenir d'abord les hommes non montés et les élèves maréchaux ferrants pour concourir aux travaux ayant pour but de combler la brèche de la Loire.

Les eaux s'étant retirées assez promptement et les chambres et les écuries ayant été convenablement assainies, les hommes et les chevaux commencèrent à rentrer au quartier dès le 30 janvier.

L'inondation et l'évacuation de l'École empêchèrent de reprendre, durant le mois de janvier 1843, les essais de la méthode Baucher, qu'il avait été prescrit de recommencer à cette date avec de nouveaux éléments. Tous les régiments de cavalerie et d'artillerie avaient reçu l'ordre de détacher à Saumur, à cet effet, leur capitaine instructeur et un cavalier montés, pour y concourir à ces essais, qui devaient avoir lieu sous la direction de M. Baucher fils, et sous la direction du général de Sparre. Ces officiers devaient rester deux mois et demi à Saumur et être logés dans les bâtiments de l'École.

Ces essais ne purent commencer qu'au mois de février, et les officiers détachés rejoignirent leurs régiment le 1er avril.

M. Baucher ne se borna pas à expérimenter sa méthode sur les chevaux de la cavalerie française, il fit de même dans toutes les nations européennes, notamment à Berlin. Laissons la parole sur ce sujet au prince de Hohenlohe :

« Baucher s'était engagé, alors qu'il était au cirque Dejean, à Berlin, à enseigner son système à un certain nombre d'officiers dans un cours de trente leçons..., parce qu'il s'était aperçu que son livre avait été mal compris. Qu'on ne pût apprendre à monter en si peu de temps, il le savait aussi bien que vous et moi. Il était au contraire l'ennemi de la précipitation dans le dressage des chevaux, et son mot favori était : *Plus vous allez lent* « sic », *plus vous irez vite!* Je reconnus, pendant le temps que je montai avec lui, que personne ne lui nuisait plus que ceux qui montaient d'après son livre sans l'avoir compris. La pauvreté de la langue lui a joué de mauvais tours : il demande, comme tout vrai cavalier, que le cheval soit *entre la jambe et la rêne,* et conclut logiquement qu'il doit être *en avant* de la jambe et *en arrière de la main.*

« Mais ce qu'il appelle *en arrière de la main,* c'est être *dans les rênes,* selon nos écuyers ; où nous disons que le cheval est *en arrière de la main,* Baucher dit qu'il est *en arrière de la jambe.* C'est la même chose en d'autres termes. — Baucher avait une pince tout à fait extraordinaire, l'action de ses jambes était telle que ses chevaux étaient *coupés en deux* sans qu'il usât de l'éperon. Il arrivait ainsi à conduire son cheval à rênes flottantes... Je dois d'ailleurs reconnaître que Baucher supposait à chaque cavalier la même puissance de jambes qu'à lui-même... C'est pourquoi tous ceux qui ne montent que d'après son livre mettent le plus souvent leurs chevaux en arrière de la main, au sens où nous le comprenons, et perdent la réputation du maître en rendant leurs chevaux rétifs.

« — Il attache une grande importance à l'assouplissement des hanches. Quant à l'assouplissement du rein, il le considère comme une illusion. — Aussi ses chevaux, avec leurs dos courbes, portent-ils la tête entre les jambes et ont-ils l'encolure si mal assouplie.

« — L'équitation de Baucher est donc plutôt du dressage artificiel que du vrai dressage.

« — Dans tous les cas, il s'entendait à la perfection à saisir les dispositions propres de chaque cheval et son raisonnement. Il se mettait pour ainsi dire dans la cervelle du cheval ; il parlait pour ainsi dire au cheval la langue du cheval. Il n'employait pas les aides comme un élément de force, mais comme un moyen de se faire comprendre. Il récompensait le cheval chaque fois qu'il avait fait preuve d'obéissance.

« A tout prendre, il a fait sensation, il a ramené l'attention sur l'art de l'équitation à l'époque du règne de l'anglomanie, il a provoqué la réflexion et la discussion. Et quand bien même il aurait toujours eu tort, quand il n'aurait fait qu'amener ses adversaires à retrouver la vraie voie, à la faire rechercher, ce serait déjà un bien grand mérite. »

Ce fut partout d'ailleurs cette même sensation violente, produite par le nouveau système de Baucher, et il s'ensuivit une polémique équestre dont nous reparlerons à propos de son antagoniste, le comte d'Aure, que nous verrons prochainement à la tête du manège de l'École de cavalerie.

Mais les partisans du système Baucher n'entendaient pas rester dans la limite d'essai qui avait été autorisée, c'est-à-dire la *Méthode de dressage,* et plusieurs des élèves de l'Ecole qui avaient assisté à cet essai voulurent appliquer en outre la méthode d'équitation du maître. Les résultats furent peu heureux et inspirèrent de telles craintes pour la suite, qu'un ordre ministériel vint interdire toute application de ces principes équestres à l'École, au lendemain même des essais de la méthode de dressage.

Un des officiers de l'École, écrivain distingué, en exprime son sentiment :

« Du moment que la méthode d'équitation de M. Baucher (1842) nous est tombée entre les mains, nous aurions été justement effrayés, non pas des assouplissements et des flexions qu'elle prescrit, en restant toutefois dans une juste mesure, comme il convient pour des chevaux qui doivent travailler dans le rang, endurer ses à-coup et qu'il faut diriger vers les exercices individuels, sans doute, mais aussi vers la marche directe et vers la charge, ce qui demande encore une limite dans la souplesse de l'encolure et dans la finesse des aides.

« Mais nous l'eussions été, non sans motif, du néologisme dont son livre menace les traités antérieurs, utiles à consulter, de son langage bien moins simple que celui de nos ordonnances ; enfin de son équitation de cirque, des seize airs de manège de son invention dont il nous donne l'explication, au nombre desquels figurent le *reculer au trot et au galop* et autres tours de force de même nature, qui démontrent incontestablement l'habileté de M. Baucher, les ressources de ses chevaux de tête, et expliquent la juste admiration des spectateurs du cirque, sans que cela établisse le moins du monde, que l'application en soit prudente et opportune pour nos manèges militaires.

« Nous aurions donc été justement effrayés, disons-nous, de l'influence de ces prodiges, de tout ce qu'ils ont de prestigieux sur l'opinion, et de cette équitation tendant à l'extraordinaire ; nous aurions même conçu de vives alarmes pour ces pauvres chevaux soumis à leur tour aux épreuves de cavaliers durs, improvisés et inhabiles à bien saisir les nuances d'un système difficile dans l'application ; nous n'aurions pas été plus tranquilles quant aux résultats de cette méthode sur les évolutions qui demandent des chevaux calmes, de moyenne sensibilité, et non des chevaux trop travaillés qui seraient inévitablement inquiets dans les rangs.

« Nous sommes bien assurés qu'il ne sera rien pris en considération, en théorie et en pratique, qui ne soit réellement concevable et praticable pour des hommes de recrue, d'une intelligence restreinte, trop souvent étrangers au cheval, qu'on garde sept ans ou plus et moins encore l'appel des classes ayant souffert jusqu'à ce jour des retards plus ou moins longs, non comprises les non valeurs qui réduisent encore ce temps bien minime. Ce n'est pas l'habileté de M. Baucher qui est en question. C'est pour nous un fait constant et établi ; mais ce qui est très contestable, c'est que cette équitation ménage autant les chevaux que la nôtre ; c'est qu'elle s'adapte aussi bien au travail du rang ; c'est surtout qu'elle puisse être appliquée par les recrues que la loi nous donne, pour un temps qui suffit à peine à la méthode actuelle, quoique beaucoup plus simple.

« Les chevaux eux-mêmes s'en trouveront infiniment mieux et dureront bien davantage, si l'on éloigne tout ce que l'équitation a d'académique, pour se renfermer dans tout ce qui est militaire ; au surplus, nous ne sommes plus au temps où M. Turpin de Crissé faisait entendre ses justes doléances ; nous avons bien marché ainsi depuis la réorganisation de 1815, époque où l'on soutenait encore d'étranges systèmes ; aujourd'hui, l'équitation est bien comprise ; on s'attache à placer les cavaliers commodément à cheval, à leur donner la facilité de conduire leurs chevaux par les moyens les plus simples, et en les fatiguant le moins possible, à leur donner de la hardiesse, bien nécessaire, sans doute, à un homme de guerre ; à régulariser les allures, à leur donner de l'étendue, à établir enfin l'union intime de l'homme et du cheval à toutes les allures.

« Mais personne ne songe aujourd'hui à transformer en manège d'académie un manège militaire, à établir de l'analogie entre la position de l'écuyer, qui pourrait être plus étudiée, sans dommage pour sa personne et celle du combattant à cheval, qui doit être familier à former toutes espèces d'attaques, comme à employer toute espèce de défenses ; personne n'imagine d'exhumer de l'oubli qui devait en faire justice à jamais, ces tours de force sans résultats, ces éternels pas de côté, qui n'ont d'autre but pour le cheval d'escadron que de le rendre inquiet, de l'empêcher de souffrir la pression du rang et de marcher droit.

« Enfin, quiconque a entrevu le but, préférerait consolider ses cavaliers dans les exercices du sabre et de la lance, en marchant, et dans le tir à la cible, du mousqueton et du pistolet, et insister sur la voltige militaire qui vient d'être adoptée, leçons dont on ne saurait contester les avantages, pour les cavaliers de toute arme, mais bien plus encore pour les troupes légères, dont l'adresse et la force individuelle ne saurait jamais être trop développée.

« Nous ferons remarquer que la mission de l'École de Saumur est moins de créer des écuyers que des hommes de cheval et de guerre, aptes à en former d'autres, et que cette mission elle l'a accomplie autant que l'époque actuelle l'a permis. Témoin ce combat où le *colonel Tartas*, sort des élèves et des rangs de l'état-major de l'École, tua l'un après l'autre, avec une merveilleuse adresse, deux chefs arabes qui l'avaient vigoureusement assailli, donnant ainsi, dès la première rencontre, la mesure de ce qu'on devait attendre de son habileté équestre et de sa bravoure. »

Le 28 juillet 1843, un service funèbre pour les victimes de Juillet fut célébré dans l'église Saint-Nicolas. Un escadron en grande tenue, à pied, partit du quartier musique en tête pour aller chercher l'étendard chez le maréchal de camp et se rendit ensuite à l'église, à dix heures.

Tous les officiers accompagnaient le général à la cérémonie, et deux des capitaines se placèrent de chaque côté du catafalque.

Le 4 août, un nouveau service funèbre fut célébré pour le repos de l'âme de S. A. R. le duc d'Orléans. Les mêmes dispositions furent prises que pour la cérémonie du 28 juillet.

Le duc et la duchesse de Nemours arrivèrent à Saumur le 8 août. Un escadron à cheval en grande tenue, avec une avant-garde et une arrière-garde de douze lanciers, partit du Chardonnet à une heure de l'après-midi pour aller à un kilomètre des faubourgs, sur la route du Mans, au devant de LL. AA. RR., et les escorter jusqu'à leur hôtel.

Un autre escadron, également à cheval, vint attendre sur la place du Marché, faisant face à la Loire, la droite appuyée à l'angle du *Café des Voyageurs* et sur l'alignement des maisons.

L'état-major de l'École, les officiers d'instruction et les deux premières divisions d'officiers élèves se rendirent à cheval à la barrière, au devant de LL. AA. RR.

La troisième division d'officiers-élèves se réunit à pied sur la place du Marché, à la droite de l'escadron de service.

Dès le matin, la garde nationale à cheval et la gendarmerie de l'arrondissement étaient allées attendre les princes à Vivy, commune limitrophe de l'arrondissement. LL. AA. RR. y arrivèrent à deux heures. Le sous-préfet, à la tête des membres du Conseil d'arrondissement, prononça un discours.

Après avoir répondu avec bonté à cette courte allocution, le prince exprima le désir que la garde nationale formât son escorte et le précédât pour entrer dans la ville.

Sur toute la route, les gardes nationales des communes environnantes étaient échelonnées. Toutes avaient à leur tête, le maire, l'adjoint et le Conseil municipal. Les princes montrèrent partout la plus grande affabilité.

LL. AA. RR. arrivèrent aux portes de la ville à deux heures et quart

Elles furent reçues par l'administration municipale. Le maire de Saumur leur adressa un discours.

Mgr le duc et Mme la duchesse de Nemours quittèrent alors leur voiture de voyage : le prince monta à cheval et la princesse dans une calèche découverte mise à sa disposition par M. le général Prévost. LL. AA. RR. firent ainsi leur entrée dans la ville, accompagnées non seulement de l'École de cavalerie, mais encore d'un brillant état-major, dans lequel se trouvaient MM. les lieutenants-généraux comte Dejean, comte de Sparre, Trézel, les maréchaux de camp Ordener et Boyer, ainsi que plusieurs officiers supérieurs et autres venus de différents corps.

Pendant ce temps-là, l'artillerie de la garde nationale, placée en tête du pont Napoléon et au Château, saluait l'entrée de LL. AA. RR. par une salve de vingt et un coups de canon.

La garde nationale formait une haie qui s'étendait depuis l'entrée des ponts jusqu'à l'*Hôtel du Belvéder;* le prince la passa immédiatement en revue et exprima hautement ce qu'il ressentait de bonheur en voyant dans la population une si vive sympathie pour la dynastie de Juillet.

Mme la duchesse de Nemours, qui avait précédé le prince de quelques instants, fut reçue par des jeunes filles de la ville qui lui offrirent leurs hommages et lui adressèrent quelques mots pleins de délicatesse et d'esprit, auxquels la princesse répondit avec une aménité et un à-propos admirables.

Après la revue, les différentes autorités de la ville furent admises à présenter leurs hommages.

Mgr le duc de Nemours se rendit ensuite sur le Chardonnet pour y passer en revue l'École, qui s'y était réunie au complet.

Le second jour, 9 août, de sept heures à onze heures du matin, le prince assista au travail du manège académique et de carrière des officiers-élèves et officiers d'instruction des 1re et 2e divisions, lequel fut suivi de la voltige académique exécutée par les mêmes officiers. Après quoi, S. A. R. visita l'école de maréchalerie, où près de cent élèves maniaient le marteau et forgeaient en même temps. Ensuite eut lieu le cours de maréchalerie.

Pour terminer, le prince fit faire devant lui et suivit avec beaucoup d'intérêt l'application simultanée des deux systèmes de ferrures en usage à l'École, celui de la ferrure à chaud et celui de la ferrure podométrique.

Pendant ce temps, Mme la duchesse avait visité l'hospice de la Providence et l'école des jeunes filles. Partout, la population se précipitait sur son passage pour la saluer.

De midi à quatre heures, le duc assista aux théories sur l'ordonnance et sur le cours d'équitation faites aux officiers d'instruction et aux officiers-élèves ; de quatre heures à six heures, au travail pratique du manège académique exécuté : une première reprise par les sous-officiers titulaires et les sous-maîtres de manège ; une seconde reprise par les capitaines de l'état-major ; et une troisième reprise par les écuyers.

Ces trois reprises furent suivies du travail des sauteurs en liberté par les sous-maîtres de manège.

S. A. R. fut on ne peut plus satisfaite. Mme la duchesse de Nemours était venue honorer de sa présence ces exercices équestres, qui parurent lui faire grand plaisir.

Le soir il y eut un grand bal que les princes honorèrent de leur présence.

Le troisième jour, 10 août, de sept à dix heures du matin, le prince visita les écuries, examina les chevaux, particulièrement ceux du manège et du haras, les juments poulinières et leurs produits dont plusieurs donnèrent lieu, de sa part, à des observations très judicieuses. S. A. R. visita aussi l'école des trompettes.

Trois heures de l'après-midi était l'heure marquée pour le carrousel militaire, véritable bouquet de la fête.

« Dès midi la foule se pressait aux abords de l'École. De toutes parts on demandait à entrer, mais en vain ; la consigne demeurait inflexible. Cependant à une heure les grilles s'ouvrirent, et la foule se précipita comme un torrent sur les gradins élevés autour de la carrière.

« Le prince et la princesse arrivèrent exactement à l'heure dite, et prirent place dans la tribune qui leur avait été préparée sur un des grands côtés de la carrière, au sud de l'École. LL. AA. RR. y admirent plusieurs dames, plusieurs officiers généraux et hauts fonctionnaires. A droite et à gauche de cette tribune, et sur les autres côtés de la carrière, des gradins avaient été établis sur lesquels, dès une heure, environ 6,000 personnes s'étaient déjà placées. Parmi elles un grand nombre étaient venues de 30 à 40 lieues. Un chiffre au moins égal d'autres personnes qui, faute de place, n'étaient point sur les gradins, s'étaient massées sur la levée d'enceinte, en face et à 50 pas de la carrière.

« On amena d'abord dans la lice le superbe étalon *Caravan*, et plusieurs poulains qui y gambadèrent en liberté pendant quelques instants. Ensuite commença le carrousel des officiers. Cette reprise, composée de 48 officiers d'instruction et élèves des premières divisions, appartenant aux divers régiments de l'armée dont ils portaient les brillants uniformes, était commandée par M. le chef d'escadron de Novital, chargé de la direction du manège. On ne peut se faire une idée, à moins de l'avoir vu, de l'étonnante dextérité avec laquelle ces officiers exécutèrent la course des bagues, la course des têtes à terre et l'exercice du javelot. Leur adresse à manier en même temps leurs chevaux, dont la beauté et la vigueur commandaient l'admiration, ne fixait pas moins l'attention des spectateurs, particulièrement de ceux à qui des connaissances spéciales permettaient d'apprécier le mérite de la haute équitation qui se faisait à toutes les allures dans l'exécution des nombreuses figures.

« Après le carrousel des officiers, vint celui non moins remarquable de la troupe, exécuté par un escadron de cavaliers élèves, commandé en deux reprises par MM. les capitaines Michaux et Dubos. Rien de plus habile, rien de plus varié; de plus surprenant que les manœuvres exécutées par cette troupe au milieu du cliquetis des sabres, des coups de pistolets et des détonations des pièces d'artillerie, et s'agitant en mille directions. On a particulièrement remarqué des commandements suivis de vivats en l'honneur du Roi, du prince et de la princesse, avec accompagnement du feu tonnant de deux pièces de 6. Cet épisode était électrisant.

« Il nous faudrait la science militaire et le talent équestre des savants capitaines qui commandaient au manège, pour bien rendre compte de tant de brillantes évolutions, pour dire la course des bagues à la lance, celle des têtes, celle des têtes ramassées à terre à la pointe du sabre et au galop de charge, le jet du javelot, et ces combats simulés, au sabre et à la lance, ces demi-voltes par lesquelles les cavaliers s'attaquaient et semblaient fuir, puis, prenant du champ, se lançaient de nouveau sur leurs adversaires et s'enfuyaient encore; et ces escadrons tourbillonnant comme deux roues sur un essieu, puis s'allongeant comme d'immenses serpents pour se replier ensuite et marcher sur quatre lignes perpendiculaires.

« Et tous ces mouvements, si difficiles, si compliqués, furent exécutés avec une telle précision qu'on resta ébahi d'admiration et sur le succès de tant de jeunes hommes, et sur le savoir des maîtres qui leur avaient tant appris.

« Et ces belles manœuvres acquirent encore plus d'éclat que jamais par la présence des deux augustes spectateurs et de leur suite brillante. Chacun des combattants aspirait à déposer aux pieds de la princesse le prix de la victoire qu'il avait remportée : un signe approbateur était pour lui la plus douce récompense.

« Puis quel est le jeune soldat qui ne serait ému à l'aspect d'un tableau si ravissant, la tente princière élégamment parée, la carrière décorée de trophées militaires, une foule innombrable parée des toilettes les plus riches, les plus variées ; d'un côté l'École dont les mille fenêtres étaient devenues autant de tableaux vivants, agréablement variés ; de l'autre, un long rideau de verdure formé par une belle plantation de peupliers d'Italie ; puis, aux pieds de ces arbres, une population immense, debout sur le versant de la levée, et enfin, comme partageant ce groupe, un admirable trophée d'armes.

« Tout dans ce spectacle, unique au monde, concourait à rendre plus magnifiques, plus admirables les joutes brillantes des jeunes combattants. »

Le 11 août, à 9 heures du matin, LL. AA. RR. quittèrent Saumur accompagnées et escortées comme à leur arrivée, se dirigeant sur Angers.

Avant de monter à cheval, Monseigneur le duc de Nemours réunit dans la cour de l'hôtel le corps d'officiers de l'École et lui adressa de touchants adieux.

Le *général Dejean*, qui avait accompagné les Princes dans leur visite, revint le 16 septembre à Saumur, pour passer l'inspection générale de l'École. La revue d'honneur eut lieu le 30.

Pour donner une appréciation des chevaux de l'École à cette époque, nous ne saurions mieux faire que de prendre le rapport du vétérinaire en premier sur ce sujet.

Nous transcrivons textuellement, tant pour respecter l'opinion d'un homme de l'art, que pour montrer les petits préjugés et les modes qui dirigeaient le goût équestre de l'époque.

« Les chevaux de l'École se divisent naturellement en deux catégories : 1° chevaux de manège ; 2° chevaux d'armes et de troupe.

« Les premiers forment avec le haras cette belle collection de chevaux de tous les degrés de sang, que l'on pourrait subdiviser encore en chevaux de manège proprement dit et chevaux de carrière. Ils sont fournis presque exclusivement savoir : ceux du manège, par la Navarre et le Limousin, ceux de la carrière, par l'Angleterre et la Normandie. Enfin le haras de l'École y sert aussi annuellement quelques produits qui sont répartis, selon leur force, entre le manège et la carrière.

« Le cheval navarrin, qui est presque tout arabe, est en majorité au manège. Il a beaucoup de sang, et, comme ses ancêtres, il est sobre, dur, souple, vif et léger, et d'une destination toute spéciale pour le manège. Aussi y réussit-il à merveille quand il n'est pas croisé à l'anglais qui l'effile, le grandit et lui fait perdre une partie de ses qualités primitives. En général il est délicat sur l'acclimatation et la nourriture, et doit être attendu; sa durée moyenne est d'environ neuf ans.

« Le cheval limousin, et notamment l'ancienne race, est presque tout arabe aussi. Moins sobre que le navarrin, délicat comme lui sur l'acclimatation et la nourriture, et plus long à se faire, il est tout aussi léger, tout aussi dur, plus souple encore peut-être et plus gracieux que lui. Les principaux exemples de longévité au manège ont été fournis par des chevaux limousins. Quelques-uns ont vécu jusqu'à vingt et vingt-cinq ans. Leur durée moyenne est d'environ dix ans et demi.

« Deux chevaux auvergnats existent encore au manège. Jadis ce pays fournissait quelques chevaux à l'École : ils eurent de la durée et rendirent des services presque pareils à ceux du Limousin, avec lesquels ils ont beaucoup d'affinité.

« Les produits du haras de l'École, versés au manège, ont généralement beaucoup de sang et de distinction; ils sont excessivement brillants et énergiques; mais presque tous sont issus de *Lutzen,* étalon anglais, et, comme lui, ils sont généralement un peu grêles et manqués par les membres. Leur durée moyenne n'a été jusqu'à présent que d'environ cinq ans.

« Quelques chevaux de l'Anjou et de la Normandie existent aussi au manège; mais, à peu d'exceptions près, leur conformation s'oppose à ce qu'ils rendent de bons services dans cette destination spéciale.

« Enfin quelques chevaux espagnols, très anciens à l'École, y ont fait un long et très bon service : malheureusement, on ne pourra pas les y remplacer.

« Les chevaux de carrière étaient originairement presque tous anglais, et ce n'est qu'alors que la carrière a été très brillamment montée : car, reconnaissons-le, le type élégant, le brillant, l'excellent cheval de carrière ne se trouve guère qu'en Angleterre ou chez les marchands de chevaux anglais : c'est là, bien plus sûrement encore qu'en Normandie, et surtout qu'en Allemagne, qu'il faut aller chercher le hunter, ou cheval à grandes allures, qui trotte et saute avec franchise et qui convient à la haute spécialité de l'équitation hardie et presque exclusive de l'École de cavalerie.

« Le haras, partie intégrante du manège, possède deux étalons de pur sang, 42 juments poulinières et 67 poulains de tout âge. *Caravan,* quoique déjà fortement ruiné, est un bon et beau cheval; et Farmington, quoique excessivement mou, a fait de jolis produits. Parmi les juments du haras, 9 sont de pur sang, 31 sont de demi-sang, et 2, venant des remontes de troupe, étaient pleines à leur arrivée.

« En général, et présentement, le manège n'est pas très bien monté : beaucoup de chevaux vieillissent et attendent la réforme, quelques autres sont plus ou moins manqués des membres, et enfin certains autres sont trop communs et manquent de sang.

« Relativement à leur origine, ils se répartissent ainsi :

« Pour le manège, 40 navarrins ; 26 limousins ; 2 auvergnats ; 34 du Haras ; 3 espagnols ; 16 normands ou angevins ; 14 anglais : Total 135, dont 90 entiers.

« Pour la carrière, 25 ont une origine anglaise ; 9 sont normands ; 6 sont du Haras ; 6 allemands, et un de l'Anjou : Total 47, dont 3 entiers.

« Dans l'origine de l'École, alors qu'elle faisait elle-même ses remontes, les chevaux d'armes ou de troupe étaient en grande partie achetés chez des marchands, et ceux qui subsistent encore de cette époque attestent qu'ils furent bons. Depuis, et à l'exception des deux bonnes remontes qui furent envoyées à l'École par le dépôt de Calais, ces chevaux sont presque tous angevins ou normands.

« Le cheval de l'Anjou, ainsi qu'on le sait, est un cheval amélioré ; il a un peu de sang, est dur, rustique, et d'un bon service ; sa durée moyenne est d'environ sept ans et trois mois.

« Le cheval normand (nous ne parlons que de celui des remontes), que l'on a tant vanté et contre lequel d'autres ont tant de fois lancé l'anathème, a, comme tous les autres, ses défauts et ses qualités. Sans contredit, il est commun (car l'éleveur de ce pays répugne au croisement avec le sang), lymphatique et mou, long à se faire, et, plus qu'aucun autre, prédisposé à se ruiner du rein, et à devenir morveux. Mais, bien choisi et surtout amélioré, ce cheval, une fois fait, a une santé de fer ; ses services sont bons et sa longévité excessivement grande, puisqu'elle dépasse presque celle de tous les chevaux de troupe et atteint parfois près de huit ans.

« Les chevaux anglais envoyés de Calais, comme chevaux d'armes et de troupe, ont généralement de la distinction et du cachet de race : ils sont assez brillants de conformation et d'allures, mais trop souvent minces de membres. Presque tous ont été gravement malades après leur arrivée et ont eu consécutivement des capelets énormes.

« La composition par race de ces chevaux se répartit ainsi :

« Chevaux d'armes, 28 anglais ; 25 normands ; 14 angevins : total 67.

« Chevaux de troupe, 107 angevins ; 118 normands ; 52 anglais ; 4 navarrins ; 2 auvergnats ; 1 limousin ; 1 allemand : total 285. »

Nous extrayons du même rapport quelques passages relatifs aux essais comparatifs de ferrure à froid et de ferrure à chaud qui furent alors pratiqués à l'École, ainsi qu'une description sommaire des ateliers de maréchalerie en 1843. C'est une bonne fortune de trouver, pour traiter un tel sujet, l'opinion d'un contemporain particulièrement autorisé en la matière :

« Les deux modes de ferrures, celui à chaud et celui à froid, sont en usage à l'École de cavalerie, et cela à titre de comparaison sous le rapport de la solidité.

« Dès 1839, alors que la ferrure à froid venait d'être préconisée par un de nos confrères, l'École s'empressa de soumettre à une expérimentation comparative la ferrure à froid et celle à chaud. Un maréchal habile et habitué à cette ferrure, fut détaché au 7e dragons, d'où était émanée la nouvelle méthode. Ce praticien fut chargé de la direction de ce système : un certain nombre de chevaux furent soumis à ses expériences. Ces mêmes chevaux étaient conduits tous les jours à quelques lieues de la ville dans des terrains accidentés. Les rapports des fers perdus ou cassés de la ferrure à froid à la ferrure à chaud furent alors comme 3 est à 1 environ.

« Depuis, ces études ont été continuées avec soin, et, à dater de l'inspection générale de 1841, il a été enjoint de ferrer tous les chevaux d'armes et de troupe par les deux modes à la fois, savoir : le diagonal droit, à chaud, et le gauche, à froid. Depuis, soit que les maréchaux se soient habitués et aient acquis plus d'habileté pour pratiquer la ferrure à froid, qui est en principe plus difficile que l'autre, soit que les chevaux usent moins, ne travaillant ici que sur le sable où leurs fers sont moins ébranlés que quand ils marchent et trottent sur le pavé, la ferrure à froid a gagné en solidité sans atteindre peut-être complètement celle de la ferrure à chaud. Depuis le 1er janvier 1843, jusqu'au 1er juillet, sur une masse de 3,272 pieds ferrés à froid et autant à chaud, il y a eu 16 fers détachés par la ferrure à froid, savoir : 13 perdus et 3 cassés ; tandis que 8 fers seulement ont été perdus par la ferrure à chaud.

« *Ateliers de maréchalerie en 1843.* — Les ateliers de maréchalerie, qui sont excessivement vastes, sont pourvus de 25 forges, savoir : 12 forges doubles ou à deux foyers, avec soufflets simples et en l'air, et d'une forge simple, destinée à la confection des clous. Ces foyers sont appliqués par paires à un mur longitudinal et de refend qui partage l'atelier en deux parties égales. Chaque forge a son enclume et tous les instruments nécessaires pour forger. Il y a en outre quelques bigornes supplémentaires pour ajuster. Deux cours et quatre hangars sont attenants à la maréchalerie pour y ferrer les chevaux à l'abri. Enfin un jardin renfermant quelques plantes les plus usuelles en médecine, et une table de démonstration, avec tous les fers connus et quelques pièces anatomiques et pathologiques, servent aux démonstrations du vétérinaire professeur. »

Quatorze étalons syriens, achetés en Égypte, avaient été tout d'abord destinés au haras de l'École, mais les fatigues de la traversée forcèrent de les arrêter à Tarbes. On n'en envoya que deux à Saumur : *Kohel-Saadan* et *Karchâne,* qui arrivèrent au mois de septembre ; on envoya 12 poulinières choisies dans les écuries du manège pour être saillies par les autres. Le haras de l'École reçut encore, cette année-là, un étalon normand nommé *Hercule,* un étalon de pur sang anglais, le *Royal Georges,* et un étalon venant d'Aurillac, nommé *Félix.*

La science vétérinaire prenait tous les jours une importance plus grande à l'École de cavalerie ; la considération accordée aux représentants de cette science s'en accrut d'autant. L'ordonnance du 1er mars 1826 avait déjà remplacé l'appellation de maréchal-vétérinaire par le titre de *vétérinaire;* mais le rang était resté le même.

Le service intérieur du 2 novembre 1833 plaça encore le vétérinaire en premier après les adjudants, et le vétérinaire en deuxième après les maréchaux des logis; ils étaient mis sous la tutelle du capitaine-instructeur alors que les maréchaux-experts n'étaient contrôlés que par le chef de corps.

L'ordonnance du 18 mars 1843 fixa le cadre constitutif des vétérinaires militaires de la façon suivante : 6 vétérinaires principaux ; 100 vétérinaires en premier ; 124 aides-vétérinaires ; 32 sous-aides-vétérinaires.

L'emploi de *sous-aide-vétérinaire* était dévolu aux élèves militaires de l'École d'Alfort qui avaient reçu le diplôme de vétérinaire, et, en cas d'insuffisance, aux élèves civils sortis avec le diplôme des écoles vétérinaires.

Mais quelque élogieux que fussent les termes de l'ordonnance, les vétérinaires restaient encore relégués aux derniers grades de la hiérarchie. Ainsi, le vétérinaire en premier prenait rang après les officiers; l'aide-vétérinaire prenait rang après les adjudants sous-officiers et avant les maréchaux des logis chefs; le sous-aide prenait rang après les maréchaux des logis chefs et avant les maréchaux des logis.

En 1843, le comte Savary de Lancosme-Brèves publia un nouvel ouvrage : *La vérité à cheval.* C'était une réponse aux attaques qu'on avait lancées contre son livre de l'Équitation et du Haras, mais cette critique visait plus particulièrement M. Albert Cler, qui venait d'écrire une satyre intitulée : *La comédie à cheval.*

1843

ÉTAT-MAJOR DE L'ÉCOLE

Prévost	Maréchal de camp.	Dubos	Capit instructeurs.
Deshayes	Lieutenant-colonel.	Conrard	Capit instructeurs.
Morin	Chef d'escadron.	Rame	Capit instructeurs.
Delherm de Novital	Ch. d'esc., éc. en chef	Monier	Capit instructeurs.
Jarry	Major.	Michaux	Capit instructeurs.
Gasser	Capit. adjud.-majors	De Jourdan	Capit instructeurs.
Schmidt	Capit. adjud.-majors	Delbecq	Capit instructeurs.
Rolland	Capit. adjud.-majors	Brifaut	Lieut. sous-écuyers
Russinger	Capitaine trésorier.	Jocard	Lieut. sous-écuyers
Delzant	Capit. d'habillement.	Dangeville	S.-l. sous-écuyers
Fourier	Porte-étendard.	Havoux	Vét. en 1er, pr. de mrie
Bécoeur	Chirurgien-major.	Farges	Vétérin. en premier.
Saulnier	Chirurg. aide-major.	Hatin	Vétérinaire en 2e.
Oudet	Cap. éc. dir. du haras		

ÉCUYERS CIVILS

Rousselet	Écuyer de 1re classe.
Beucher de Saint-Ange	Écuyer de 2e classe.

OFFICIERS ÉTRANGERS

SUIVANT LES COURS DE L'ÉCOLE

Kyrowitz	Officier Bulgare.
Harbon	Capitaine Danois.

OFFICIERS D'INSTRUCTION

Première Division.

Fénin	Lieut., 2e chasseurs.	Floret	Lieut., 7e chasseurs.
Kadot de Sébeville	Lieut., 9e dragons.	Bouchy	Lieut., 1er esc. train des équipages.
Fourier	S.-l., 7e cuir., état-major de l'École.	Meynard	Lieut., 12e artillerie.
Deschamps	Lieut., 10e cuirass.	Bruils	Lieut., 4e ch. d'Afriq.
Conchard-Vermeil	Lieut., 10e artillerie.	Dianoux	S.-l., 4e esc. train des équipages.
Hainglaise	Lieut., 7e dragons.		
Tilmant	Lieut., 1er carabiniers	De Brémond d'Ars	Lieut., 9e hussards.
Borcy	Lieut., 6e dragons.	Louis	Lieut., 4e dragons.
Raabe	S.-lieut., 6e lanciers	Poinot	Lieut., 7e artillerie.
Valette	Lieut., 4e chasseurs.	Jamet	S.-l., 13e artillerie.
D'Hébrail	Lieut., 12e chasseurs	Richer	S.-lieut., 10e dragons
D'Eyssantier	Lieut., 13e dragons.	Pascal	S.-lieut., 6e hussards.
Michel	Lieut., 11e artillerie.	Dode	S.-l., 3e esc. train des équipages.
Sanson de Sansal	Lieut., 2e dragons.		
Nicol	Lieut., 2e artillerie.	Guyot de Saint-Rémy	Lieut., 2e lanciers.
De Lahaye	Lieut., 6e cuirassiers.	Baudot	Cap., 2e carab., n. cl.

Deuxième Division.

Cravin	S.-lieut., 7e cuirass.	Delolme Felzins de Gironde	S.-lieut., 2e dragons.
Torel	Lieut., 8e dragons.	Tanier	Lieut., 7e hussards.
Avril	Lieut., 8e artillerie.	Gontier	Lieut., 13e chasseurs
De Lacoste de Belcastel	Lieut., 9e hussards.	Huyn de Verneville	Lieut., 10e chasseurs
Guesnau de Montbeillard	Lieut., 3e chasseurs.	Gicquel	Lieut., 11e chasseurs.
Riboud	Lieut., 6e dragons.	Bachelier	Lieut., 4e hussards.
De Chaumontel	Lieut., 4e lanciers.	Soret	Lieut., 8e cuirassiers.
Digard	S.-lieut., 1er carabin.	Bayot	S.-lieut., 3e hussards
Wolff	S.-l., 1er cuirassiers.	Rittier	S.-lieut., 1er lanciers.

Deuxième Division (Suite).

Delatte	Lieut., 3e artillerie.
Hatry	Lieut., 3e chasseurs.
Chaussée	S.-l., 4e chasseurs.
Stael de Holstein	Lieut., 12e chasseurs
Fourcheut-Montrond	Lieut., 12e artillerie.
Vergne	S.-l., 14e artillerie.
Dupressoir	Lieut., 11e dragons.
Montagut	Lieut., 6e artillerie.
Crouzet	Lieut., 11e artillerie.
Martin	S.-lieut., 7e dragons.
De Fontaine	S. l., 7e chasseurs.
His	S.-l., 5e chasseurs.
Lefèvre-Desnoettes	S.-l., 6e cuirassiers.
Ariès	S.-l., 4e cuirassiers.
Alphandery	S.-lieut., 3e dragons.

OFFICIERS ÉLÈVES

Première Division (*Sous-Lieutenants*).

Du Preuil	2e cuirassiers.
Nérin	3e lanciers.
Bonnet d'Assier	6e cuirassiers.
Huck	6e lanciers.
Lecompasseur de Courtivron	7e lanciers.
Pingeon	5e cuirassiers.
Schlosser	2e carabiniers.
Petit	1er lanciers.
Bourgeois	12e dragons.
Mercier	6e lanciers.
Pitoux	6e chasseurs.
Lognon, dit Charlemagne	2e cuirassiers.
Lamy	11e chasseurs.
Lemerle de Baufond	5e cuirassiers.
Daret-Derville	1er dragons.
Guizol	6e hussards.
Broutta	10e cuirassiers.
Lherbette	10e dragons.
Forceville	2e chasseurs.
Bussière	12e dragons.
Grille	4e dragons.

Deuxième Division (*Sous-Lieutenants*).

Barbault	1er dragons.
Leroy	1er dragons.
De Simony	6e dragons
De Ferron de Quengo	11e dragons.
De Loynes d'Auteroche	6e dragons.
Lecourt de Béru	1er chasseurs.
De Rouot	9e dragons.
Gervais	7e cuirassiers.
Wolbert	10e cuirassiers.
Desmé de Lisle	8e cuirassiers.
Maillart de Landreville	8e chasseurs.
Fonbert de Villers	4e dragons.
De Crespin de Billy	1er hussards.
D'Hautpoul	9e hussards.
Dulac	6e dragons.
Dangibaud	2e dragons.
Oudinot de Reggio	11e dragons.
Martin de Lagarde	5e chasseurs.
De Saint-Geniès	7e hussards.
D'Hailly	8e dragons.
Bouyn	9e cuirassiers.
Martin de la Bastide	7e chasseurs.
Alleaume	2e chasseurs.
De Percin Northumberlan	6e lanciers.
De Remisson d'Hauteville	3e dragons.
De Villardi de Montlaur	6e chasseurs.
Stockly	5e lanciers.
Brice	3e cuirassiers.
Philpin de Piepape	5e cuirassiers.
De La Loyère	4e dragons.
Clément	13e chasseurs
Foache	8e lanciers.
Boulade	2e cuirassiers.
Delandes	8e dragons.
Assant	7e lanciers.
Nicolas	9e dragons.

Troisième Division (*Sous-Lieutenants*).

Genot de Lavergne	1er carabiniers.
Clairin	1er carabiniers.
Raymont Saint-Germain	2e carabiniers.
Boulard	4e cuirassiers.
Hazard	4e cuirassiers.
Carrelet	9e cuirassiers
Féline	10e cuirassiers.
Gatte	1er dragons.
Espanet	2e dragons.
Jacquot	4e dragons.
Cartry	6e dragons.
Delacombe	7e dragons.
De Fraynel	8e dragons.
Cherals	9e dragons.
Dupont	9e dragons.
De Linières	12e dragons.
Bonie	2e lanciers.
De Dreux Nancré	2e lanciers.
Legendre	3e lanciers.
Rouher	3e lanciers.
De Cheppe	5e lanciers.
De Lespée	5e lanciers.
Jacquet	7e lanciers.
D'Adhémar	7e lanciers.
De Laporte	2e chasseurs.
Esselin	3e chasseurs.
Dubessey de Contenson	4e chasseurs.
D'Aure	6e chasseurs.
Loret	8e chasseurs.
Huyn de Verneville	10e chasseurs.
Fourès	11e chasseurs.
Vacquier	2e hussards.
Duval de Dampierre	2e hussards.
Versigny	5e hussards.
De Lajaille	5e hussards.
De Ginestous	6e hussards.
Boré-Verrier	8e hussards.
De Baufranchet de la Chapelle	9e hussards.

Haute École

BAUCHER

BAUCHER : *Souvenirs équestres.*

IX

Visite d'un lieutenant du génie américain. — Inondations de 1844, l'École est évacuée. — La fête du Roi. — Un pari de marche de résistance. — Essais de harnachement nouveau modèle. — Franconi à Saumur. — Assaut équestre entre M. Franconi et l'écuyer en chef de l'École. — Anniversaire des journées de Juillet. — Le haras. — Inspection du général de Sparre. — Essai comparatif de mousquetons. — Le littéral. — M. Flandrin : Quelques observations à M. Baucher sur les essais de sa méthode à Saumur, 1844. — Quelques observations sur l'état de la question. — État-major et officiers-élèves de l'École en 1844. — Le général Budan de Russé, commandant l'École. — Fête du Roi. — Interdiction ministérielle des essais de la méthode Baucher. — Nouveaux essais de mousquetons. — Le bonnet de police à visière. — Le cheval Auzoux. — Interdiction de fumer dans les rues. — La ferrure à froid est pratiquée à l'exclusion de toute autre. — Inspection du général d'Audenarde. — Le cours d'équitation doit être modifié. — Le carrousel de fin d'année. — Les armes à percussion remplacent les armes à silex. — Règlement de l'École du 7 novembre 1845 : Organisation, personnel, tenue, cours, emploi du temps, conditions d'admission et de sortie. — Adoption de la rènette anglaise. — Selles et brides modèles 1845. — Morve et farcin à l'École. — Les chevaux de l'École en 1845. — Les conclusions sur la ferrure à froid. — Cardini. Dictionnaire d'hippiatrique et d'équitation, 1845 : mors préparatoire pour les jeunes chevaux ; mors à simple canon brisé ; mors à la Condé ; mors à l'anglaise ; mors à gorge de pigeon ; mors à bec de canne ou pas d'âne. — État-major et officiers-élèves de l'École en 1845.

Au mois de février 1844, *M. Halleck, lieutenant du génie dans l'armée des États-Unis,* vint visiter l'École.

Au commencement de mars, la recrudescence subite des eaux de la Loire exigea de nouvelles précautions. La troupe fut consignée au quartier jusqu'à nouvel ordre et les officiers durent s'y rendre tous les soirs après leur dîner, pour y recevoir les ordres que les circonstances rendraient nécessaires.

Le 2, le général commandant l'École ordonna qu'on se tint prêt à partir au premier signal ; on distribua le pain pour deux jours. On partit le lendemain.

La Loire, à l'échelle du pont Cessard, avait monté jusqu'à 6m,10. Les quartiers bas furent inondés, et, dans toutes les rues où l'eau s'était répandue l'année précédente, on s'était hâté de vider les appartements du rez-de-chaussée et de transporter au premier, meubles et marchandises. Pendant vingt-quatre heures, la ville fut dans une sorte de stupeur. Des affouillements considérables s'étaient faits à la levée vis-à-vis du grand manège, l'eau jaillissait en abondance et se répandait dans le Chardonnet. Heureusement la Loire baissa rapidement ; le 4 mars, il y avait déjà une différence de $0^m,50$. Mais il survint ensuite une nouvelle hausse des eaux du Thouet, qui fit ajourner le retour de l'École. Les détachements ne rentrèrent que le 9, à l'exception des chevaux du haras, dont les écuries étaient submergées.

Le 1er mai, jour de la fête du Roi, le réveil fut sonné en musique au quartier général, au quartier et dans la ville. A neuf heures, les officiers se rassemblèrent en grande tenue pour escorter le général à l'église Saint-Pierre, où fut célébrée une messe solennelle à laquelle assista un escadron en armes, la musique et l'étendard; à midi, l'École fut passée en revue sur le quai de Limoges. Le soir, le quartier fut illuminé.

On parla beaucoup de l'École de cavalerie dans ce mois de mai, à propos d'une marche de résistance, exécutée par un des officiers, qui avait fait le pari d'aller, à pied, de Saumur à Tours, en passant par Chinon, et revenir à Saumur, sans boire ni manger. Il était, en effet, parti le dimanche 19 mai, à quatre heures du matin, après un copieux déjeuner, et était rentré en ville le 21, à midi, en parfaite santé, ayant ainsi parcouru en 56 heures une distance de 144 kilomètres.

Au mois de juin, il fut mis en essai à l'École vingt-six harnachements nouveau modèle, envoyés par ordre du Ministre de la guerre.

Les épreuves furent faites dans plusieurs promenades successives et suggérèrent les observations suivantes : « Inconvénient de la suppression « de la sous-gorge de la bride ; — le buffle, comme garniture de l'arçon, doit « être moins bon que la vache, attendu qu'étant plus poreux et conservant « l'humidité, il devient un agent destructeur du bois, de la ferrure et de la « nervure de l'arçon ; — les six pointures auraient été mieux appréciées si « l'on ne s'en était occupé qu'après plusieurs mois d'essai des selles ; — les « branches postérieures du fourchet de la sangle et du contre-sanglon « doivent être plus longues que les branches antérieures, d'après la confor- « mation du cheval ; — la manière de placer la gourmette paraît n'avoir « pas été bien comprise ; — les mamelles de siège sont généralement trop « prolongées ; — les sacoches sont placées trop en arrière et touchent les « genoux du cavalier ; — le mousqueton s'échappe de sa botte aux allures « vives ; — la batterie détériore le bout du porte-manteau et la besace ; — « il manque un anneau pour attacher la longe ; — les mamelles des arçons « ne sont point assez prononcées et leurs extrémités trop peu renversées ; « — les porte-étrivières sont placés trop en avant. »

Ce nouveau genre de harnachement, dont les essais avaient commencé dès 1842, était basé sur le principe de la selle Rochefort et devait être adopté, après quelques petites modifications, sous le nom de modèle 1845.

A la fin de juillet, M. Franconi vint donner plusieurs représentations équestres à Saumur. Le général l'autorisa à installer son cirque dans le petit manège, et les représentations eurent lieu le soir, à la lumière. La foule des spectateurs fut toujours beaucoup trop nombreuse pour le petit nombre de places dont on disposait. On conçoit du reste l'attrait de cette exhibition dans un milieu tel que Saumur surtout, si l'on pense que M. Franconi représentait toute la finesse de l'ancienne méthode d'équitation. Et à ce moment de bauchérisation à outrance, où l'on se livrait, avec toute la fougue du fanatisme, à toutes les attaques contre l'ancien système, c'était bien une occasion de donner cours à toutes les critiques. D'autre part, M. Franconi, dans ses conversations avec les officiers, ne se faisait pas faute de ridiculiser la méthode Baucher; répétons le mot qui avait cours alors « que cette methode était la désarticulation du cheval, plutôt par des mécaniciens que par des écuyers », et c'étaient des discussions sans fin.

Un matin, le commandant de Novital, qui était un des fervents bauchéristes, amena son cheval à M. Franconi en le priant de le monter. On fit échange de bons procédés. M. Franconi offrit au commandant sa jument, la *Norma*, une merveille de haute école. M. Franconi monta, bien entendu, avec sa méthode, ce cheval bauchérisé, et lui fit exécuter tout le travail perfectionné qu'il savait tirer d'un cheval. M. de Novital, de son côté, après avoir tâté sa nouvelle monture, exécuta également une brillante reprise.

Les deux antagonistes ne voulurent pas cependant se faire de concessions et crurent au contraire avoir trouvé de la sorte des arguments nouveaux pour leurs controverses, lorsque cette démonstration prouvait péremptoirement que pour un écuyer habile ayant le sentiment de l'équitation, les procédés ne sont rien, mais le tact fait tout.

Et cependant, M. Franconi dit dans sa méthode : « *La haute école est* « *l'art de faire exécuter à un cheval tous les airs de manège connus jusqu'à ce* « *jour. Elle repose d'une part sur l'équilibre du cheval, et, de l'autre, sur le* « *tact et le sentiment de l'écuyer. L'équilibre prend naissance dans l'allure* « *artificielle. Le tact est représenté par l'accord des aides.* »

Le 27 juillet, un service funèbre fut célébré, à 9 heures du matin, dans l'église Saint-Pierre, pour les victimes des journées de Juillet. Un escadron à pied en grande tenue et en armes, la musique et l'étendard y assistèrent. Trois capitaines se tinrent pendant toute la durée de l'office auprès du catafalque. Tous les officiers et fonctionnaires de l'École, en grande tenue, faisaient cortège au général.

Le 28, le réveil fut sonné en musique dans la cour du Roi, au quartier général et sur la place de la Bilange.

A une heure de l'après-midi, il y eut une grande revue de toute l'École et de la garde nationale sur le quai de Limoges.

Le 29, un carrousel eut lieu à trois heures de l'après-midi.

Le Haras de l'École perdait de sa faveur, c'était le contrecoup d'une sourde irritation de l'administration des Haras. Au mois de septembre, on reçut l'ordre de verser cinq étalons à Angers; on n'en garda que deux, *Caravan* et *Karchâne*.

Le 19 septembre, le *général de Sparre* arriva à Saumur pour passer l'inspection générale. Le carrousel de fin d'année eut lieu le 3 octobre. Le soir du même jour, à huit heures, un concert au profit des pauvres de la ville, fut donné à l'École, dans le salon du Roi. Ce concert fut organisé par Mme de Sparre, qui le rehaussa de son merveilleux talent de cantatrice.

Le 21 décembre, toutes les dispositions furent prises à l'École pour faire, d'après les ordres du Ministre, des essais comparatifs entre des mousquetons du modèle alors en service et 50 mousquetons de ce même modèle mis au système percutant et modifiés pour en faciliter le chargement et le tir à cheval. Une commission mixte fut constituée dans laquelle entrèrent un chef d'escadrons et un capitaine d'artillerie. C'était la condamnation des armes se chargeant par la culasse qui se préparait par une mesure mixte.

En 1844 déjà, on remarquait l'abus du littéral dans les théories de l'École, ce qui faisait traîner les cours en longueurs fatiguantes pour tous et inutiles pour cette réunion d'élèves intelligents. Qu'on songe seulement que la deuxième division d'officiers mettait *neuf* mois à apprendre seulement le travail à pied et les leçons à cheval.

Quant à l'équitation, on continuait à Saumur à être officiellement opposé à la méthode Baucher, et les partisans du nouveau système, très nombreux parmi cette jeunesse enthousiaste, étaient obligés de cacher leurs essais, d'ailleurs infructueux pour la plupart. Mais on aimait à en parler et surtout à tenter l'expansion de l'écuyer en chef, qu'on savait en être un représentant très convaincu.

Cependant les anciens écuyers de l'École appuyaient la résistance aux principes du novateur. C'est ainsi que *M. Flandrin*, l'ancien professeur d'hippologie, y ajoutait les récriminations de sa science en écrivant, en 1844 : *Quelques observations à M. Baucher sur les essais de sa Méthode à Saumur, et sur sa Méthode elle-même.* Nous y relevons le passage suivant :

« *Le vice radical de votre système est patent; ce système, beaucoup trop exclusif, inapplicable à un cheval de guerre, est inexplicable par les lois naturelles de l'anatomie et de la mécanique, les seules bonnes cependant à consulter dans un exercice où la physique joue le principal rôle.* »

M. Flandrin publia encore, en 1852, une autre brochure sous la rubrique consacrée : *Quelques observations sur l'état de la question.*

1844

ÉTAT-MAJOR DE L'ÉCOLE

Prévost	Maréchal de camp.	Dubos	Capit. instructeurs.
Deshayes	Colonel.	Rame	Capit. instructeurs.
Gogien	Lieutenant-colonel.	Monier	Capit. instructeurs.
Morin	Chef d'escadron.	Michaux	Capit. instructeurs.
Delherm de Novital	Chef d'esc., éc. en ch.	Delebecq	Capit. instructeurs.
Jarry	Major.	Darnige	Capit. instructeurs.
Gasser	Capitaines-majors.	Buhaud	Capit. instructeurs.
Schmidt	Capitaines-majors.	De Jourdan	Capitaine écuyer.
Rolland	Capitaines-majors.	Brifaut	Lieut. sous-écuy.
Russinger	Capitaine-trésorier.	Jocard	Lieut. sous-écuy.
Delzant	Officier d'habillement	De Constant	S.-lieut. sous-écuy.
Legoupil	Porte-étendard.	Havoux	Vét. en 1er, pr. de mrie
Majesté	Chirurgien-major.	Farges	Vétérin. en premier.
Andrieu	Chirurg. aide-major.	Négrié	Aide-vétérinaire.

ÉCUYERS CIVILS

Rousselet	Écuyer de 1re classe.
Beucher de Saint-Ange	Écuyer de 2e classe.

OFFICIERS D'INSTRUCTION

Première Division.

Cravin	Lieut., 7e cuirassiers.	Delatte	Lieut., 6e artillerie.
Avril	Lieut., 8e artillerie.	De Stael de Holstem	Lieut., 12e chasseurs.
De Lacoste de Belcastel	Lieut., 9e hussards.	Hatry	Lieut., 3e chasseurs.
Torel	Lieut., 8e dragons.	Crouzet	Lieut., 11e artillerie.
Riboud	Lieut., 6e dragons.	Martin	S.-lieut., 7e dragons.
De Chaumontel	Lieut., 4e lanciers.	Lefèvre-Desnoettes	S.-lieut., 6e cuirass.
Wolff	S.-lieut., 1er cuirass.	Alphandery	S.-lieut., 3e dragons.
Gontier	Lieut., 13e chasseurs.	De Fontaines	S.-lieut., 7e chasseurs
Digard	Lieut., 1er carabin.	Fourcheut-Montrond	Lieut., 12e artillerie.
Tanier	Lieut., 7e hussards	Dupressoir	Lieut., 11e dragons.
Guéneau de Montbeillard	Lieut., 9e chasseurs.	Hiat	S.-lieut., 5e chasseurs
Huyn de Verneville	Lieut., 10e chasseurs	Bachelier	Lieut., 4e hussards.
Rittier	Lieut., 1er lanciers.	Chaussée	S.-lieut., 4e chasseurs
Gicquel	Lieut., 11e chasseurs.	Delolm Felzins de Gironde	S.-l., 2e drag. non cl.
Bayot	S.-lieut., 8e hussards	Aries	S.-l., 4e cuir. non cl.
Soret	Lieut., 8e cuirassiers.	Vergne	Lt, 14e artill. non cl.
Montagut	Lieut., 6e artillerie.		

Deuxième Division.

Girard	Lieut., 7e lanciers.	Geffroy	S.-l., 4e esc. du train des équipages.
Tillion	Lieut., 9e dragons.		
Borel	Lieut., 1er hussards.	De Cugnac	Lieut., 10e artillerie.
Vallory	S.-lieut., 13e chass.	Le Doulcet	S.-lieut., 8e hussards
Lavoye	Lieut., 12e chasseurs	Gindre	S.-l., 4e esc. du train des parcs.
Massot	Lieut., 9e artillerie.		
Léveillé	Lieut., 5e artillerie.	Moris	S.-l., 3e esc. du train des parcs.
Pouzol	Lieut., 2e hussards.		
Dupré des Ysles	S.-lieut., 11e artillerie	Sève	S.-lieut., 8e lanciers.
Potié	Lieut., 12e artillerie.	De Boyer de Fonscolombe	Lieut., 6e cuirassiers.
Galle	Lieut., 4e artillerie.		

OFFICIERS ÉLÈVES

Première Division (*Sous-Lieutenants*).

Assant	7e lanciers.
Leroy	1er dragons.
Wolbert	10e cuirassiers.
Barbault	1er dragons.
Lecourt de Béru	1er chasseurs.
De Loynes d'Auteroche	6e dragons.
De Ferron	11e dragons.
De Rouot	9e dragons.
Maillart de Landreville	8e chasseurs
De Symony	6e dragons.
Fombert de Villers	4e dragons.
Martin de Lagarde	5e chasseurs.
Alleaume	2e chasseurs.
Bouyn	9e cuirassiers
De Percin Northumberland	6e lanciers
Desmé de Lisle	8e cuirassiers.
Dangibaud	2e dragons.
De Villardi de Montlaur	6e chasseurs.
De Saint-Geniès	7e hussards
Dulac	6e dragons.
Gervais	7e cuirassiers.
Martin de Labastide	7e chasseurs.
Clément	13e chasseurs.
De la Loyère	4e dragons.
D'Hailly	8e dragons.
Philpin de Piépape	5e cuirassiers.
D'Hautpoul	9e hussards.
Boulade	2e cuirassiers.
Delandes	8e dragons.
Foache	8e lanciers.
De Renusson d'Hauteville	3e dragons.
Stockly	5e lanciers.
Nicolas	9e drag. } non classés
De Crespin de Billy	1er huss } non classés

Deuxième Division (*Sous-Lieutenants*).

Vacquier	2e hussards.
De Lignières	12e dragons.
Espanet	2e dragons.
Boré-Verrier	8e hussards.
Chevals	9e dragons.
Féline	10e cuirassiers.
Loret	8e chasseurs.
Carrelet	9e cuirassiers.
Delespée	5e lanciers.
Bonie	2e lanciers.
Gatte	1er dragons.
Rouher	3e lanciers.
De Taynel	8e dragons.
Fourès	11e chasseurs.
Genot de la Vergne	1er carabiniers.
D'Aure	6e chasseurs.
Hazard	4e cuirassiers.
Cartry	6e dragons.
De Dreux Nancré	2e lanciers.
Jacquet	7e lanciers.
Esslin	3e chasseurs.
De Laporte	2e chasseurs.
Legendre	3e lanciers.
D'Adhémar	7e lanciers.
De Ginestous	6e hussards.
Jacquot	4e dragons.
Dupont	9e dragons.
Clairin	1er carabiniers.
Versigny	5e hussards.
Du Val de Dampierre	2e hussards.
Dubessey de Contenson	4e chasseurs.
Huyn de Verneville	10e chasseurs.
De Beaufranchet de Lachapelle	9e hussards.
De Lajaille	5e huss. } non classés
Delacombe	7e huss. } non classés
Raymond Saint-Germain	2e carab. } non classés

Troisième Division (*Sous-Lieutenants*).

Rogier	2e lanciers.
Le Compasseur de Courtivron	7e cuirassiers.
Pocquet de Livonnière	8e chasseurs.
De Saint-Jean de Pointis	7e hussards.
Casseirol	5e hussards.
De Tailfumyr de Saint-Mexent	6e lanciers.
Bonvoust	3e chasseurs.
Pottier	1er cuirassiers.
Deville	8e hussards.
De Laurens Hercular	2e chasseurs.
Auchier	8e cuirassiers.
De Salignac Fénélon	7e lanciers
Asselin de Crevecoeur	4e lanciers.
Macors de Gaucourt	9e chasseurs.
Landais	2e dragons.
Grancour	8e hussards.
Lemotheux-Duplessis	9e cuirassiers.
De Renusson d'Hauteville	2e hussards.
De Saint-Priest	5e chasseurs.
De Vouges de Chanteclair	6e chasseurs.
De Ravinel	10e chasseurs.
O'Brien	7e chasseurs.
Grandin	8e cuirassiers.
Deschamps	8e lanciers.
De Berny	7e hussards.
Senot	8e lanciers.
Wathiez	3e dragons.
Colomb d'Ecotay	2e cuirassiers.
De Boyer de Fonscolombe	4e lanciers.
De Cheppe	5e lanciers.
Rivet	12e chass., non classé

Le 24 avril 1845, le maréchal de camp *Budan de Russé* prit le commandement de l'École.

Entré à l'École militaire de Fontainebleau, le 18 septembre 1805, le général Budan de Russé avait été nommé sous-lieutenant au 14ᵉ chasseurs le 23 septembre 1806. Il alla aussitôt rejoindre l'armée d'Italie, puis passa à l'armée d'Allemagne, avec laquelle il fit la campagne de Prusse de 1807, celle de Danemark en 1808, et celle d'Autriche en 1809. Il se signala plusieurs fois dans cette dernière campagne : à Eckmühl où il eut son colbach et ses habits couverts de coups de sabre; à Essling où il chargea avec succès à la tête de quelques hommes; à Raab où, à la tête de quarante chevaux, il enleva des prisonniers à une colonne ennemie. Après la bataille de Wagram, la plupart des officiers étant tués ou blessés, il eut le commandement de son régiment, qu'il conserva jusqu'au 12 juillet. Le 23, il était fait chevalier de la Légion d'honneur. En 1810, il fut envoyé en Illyrie, et en 1811 en Espagne, où il resta jusqu'en 1814. Le 31 juillet 1811, il avait été nommé lieutenant au 24ᵉ chasseurs. Le 8 octobre de la même année, il était revenu à son ancien régiment, le 14ᵉ chasseurs, comme adjudant-major. Le 8 avril 1813, il avait été breveté pour prendre rang de capitaine et était devenu titulaire de la 11ᵉ compagnie le 8 juin de cette année. Le 21, à la bataille de Vittoria, où il fut blessé d'un coup de feu à la cuisse gauche, il mérita par sa conduite d'être proposé pour la croix d'officier de la Légion d'honneur; mais il ne devait obtenir cette distinction que le 13 octobre 1814. Ce fut toujours avec le grade de capitaine qu'il fit la campagne de France de 1814, puis celle de 1815. Le 10 octobre de cette dernière année il passa comme capitaine commandant aux hussards de la garde royale. Le 30 octobre 1816, il fut nommé chef d'escadrons, puis, le 7 janvier 1824, major. Le 11 août 1830, il recevait le brevet de lieutenant-colonel et était licencié. Replacé avec son grade au 5ᵉ dragons, le 7 juillet 1833, il fut nommé colonel du 7ᵉ dragons le 25 avril 1835, commandeur de la Légion d'honneur le 22 mai 1839; il fut nommé général le 14 avril 1844. Le 24 avril 1845, il prenait le commandement de l'École.

La fête du Roi fut célébrée le 1ᵉʳ mai par une messe solennelle à l'église Saint-Pierre, à huit heures et demie. Tous les officiers, en grande tenue, y assistèrent, faisant cortège au général; un escadron en armes avec la musique et l'étendard fut commandé de service pour cette cérémonie. A une heure de l'après-midi, l'École fut passée en revue sur le quai de Limoges.

Par une décision du 24 juin 1845, le Ministre de la guerre mit fin aux essais de la méthode Baucher dans l'armée, donnant pour considérants que « ce système, ainsi que les principes d'équitation qui en sont inséparables,

« considérés exclusivement sous le point de vue militaire et de leur application aux chevaux de troupe, ne pouvaient être suffisamment bien « enseignés aux cavaliers, qui restaient trop peu de temps sous les drapeaux pour devenir des écuyers capables de les comprendre et de les « appliquer; que le système Baucher rendrait les chevaux de troupe trop « fins et trop suceptibles pour pouvoir supporter la pression et la gène du « rang, et qu'enfin, exiger d'un cheval de troupe une instruction plus « étendue que celle de l'ordonnance de 1829, et plus de susceptibilité que « n'en comportait le genre de service qu'il était appelé à faire, serait incompatible avec les exigences des manœuvres et des évolutions ».

Cette décision ajoutait : « Toutefois, comme le travail d'assouplissement, borné aux mouvements que le cavalier étant à pied peut faire « exécuter à son cheval, est de nature à être utile en certains cas, par « exemple pour les chevaux d'une nature rebelle ou d'une conformation « vicieuse, le Ministre a décidé qu'il pourrait être fait usage des moyens « préparatoires d'assouplissement compris dans la première partie de la « première leçon de l'instruction du 17 décembre 1842, en laissant à « l'expérience des chefs de corps et des capitaines instructeurs le soin de « déterminer en quels cas et jusqu'à quels points ces moyens seront « employés, pourvu qu'ils ne dépassent pas le travail que le cavalier, étant « à pied, peut faire exécuter à son cheval. »

De nouveaux essais de mousquetons commencèrent le 29 juin à l'École. Il s'agissait encore d'essais comparatifs, mais cette fois c'était vingt mousquetons d'un modèle proposé par la commission mixte présidée par le général de Sparre, dont dix à canons rayés et dix à canons lisses, à juger en parallèle avec vingt mousquetons du modèle en service mis au système percutant et modifiés pour en faciliter le chargement et le tir à cheval. Les épreuves avaient pour but de reconnaître quel était celui des deux systèmes qui était le mieux approprié au service de la cavalerie.

C'est le 17 juillet que parut pour la première fois, à Saumur, le nouveau bonnet de police à visière ordonnancé par la décision du 16 mai de la même année.

Ce fut à la fin de juillet 1845 que le Ministre de la guerre envoya à l'École un modèle du cheval artificiel du docteur Auzoux. Cette merveille fait encore aujourd'hui l'admiration des élèves et facilite au dernier point l'étude de l'anatomie. Quels services ne faut-il pas compter à son actif pour l'enseignement de l'hippologie, cette science fondamentale de l'officier de cavalerie. Les squelettes de chevaux qui figurent dans toutes les salles de théorie peuvent, il est vrai, en revendiquer une part. Rien n'a été négligé à l'École pour cet enseignement théorique.

Le 4 août, le Ministre de la guerre notifiait au général commandant l'École une mesure de discipline qui nous semblerait bien exorbitante aujourd'hui. C'était l'interdiction aux officiers de fumer dans les rues, « considérant cette habitude comme un manque de convenances! ».

En exécution de l'instruction ministérielle du 30 juillet, substituant la ferrure à froid à la ferrure à chaud dans les corps de troupes à cheval, le 16 septembre, le général fit connaître à l'École, par voie de l'ordre, les prescriptions arrêtées pour la ferrure podométrique et ordonna, en conséquence, que les chevaux ne seraient plus désormais conduits à la forge et qu'ils seraient ferrés sur place à l'écurie. Conséquemment aussi, la ferrure podométrique dut dès lors être professée au cours d'équitation militaire et à la maréchalerie, à l'exclusion de tout autre.

Le 21 septembre, le *général d'Audenarde* arriva à Saumur pour passer l'inspection générale de l'École. Parmi ses remarques, il signala le *Cours d'équitation militaire* professé à l'École comme devant être modifié, parce qu'il n'était plus à la hauteur des progrès de la science hippique. Le carrousel de fin d'année eut lieu le dimanche 5 octobre; le lendemain, la revue d'honneur.

C'est le 19 octobre que les escadrons de l'École changèrent définitivement leurs armes à silex contre des armes à percussion. Une commission fut aussitôt constituée afin d'examiner le projet d'instruction théorique pour la charge et les feux de ces nouvelles armes.

Le 7 novembre 1845, parut un nouveau règlement de l'École qui posa ainsi qu'il suit les données de l'institution :

L'École royale de cavalerie est instituée pour perfectionner les officiers des corps de troupes à cheval dans toutes les connaissances nécessaires à l'officier de cavalerie, et spécialement dans les principes de l'équitation; pour instruire les élèves de l'École spéciale militaire qui sont destinés au service de la cavalerie; former des instructeurs appelés à reporter dans les régiments un mode d'instruction uniforme ; et créer, dans le même but, une pépinière de sous-officiers instructeurs.

Elle est également destinée à former des maréchaux-ferrants et des trompettes pour les corps de troupes à cheval.

Il y aura à l'École de cavalerie : Deux divisions d'officiers d'instruction; une division de sous-officiers d'instruction; deux divisions d'officiers élèves ; une division d'élèves-instructeurs de cavalerie de réserve ; une division d'élèves-instructeurs de dragons; une division d'élèves-instructeurs de lanciers ; une division d'élèves-instructeurs de cavalerie légère ; une division d'élèves maréchaux-ferrants; une division d'élèves trompettes.

Le complet des divisions d'officiers et sous-officiers d'instruction et d'élèves de l'École de cavalerie est déterminé ainsi qu'il suit ;

Pour les deux divisions d'officiers d'instruction	100
Pour la division de sous-officiers d'instruction	40
Pour les deux divisions d'officiers-élèves.	108
Pour les quatre divisions d'élèves-instructeurs.	303
Pour la division d'élèves-maréchaux-ferrants.	100
Pour la division d'élèves trompettes	100

Le cadre constitutif est composé ainsi qu'il suit :

1 officier général commandant; — 1 colonel commandant en second; — 1 lieutenant-colonel; — 1 chef d'escadron instructeur; — 1 major; — 12 capitaines-instructeurs, dont 3 commandant les escadrons; 3 remplissant les fonctions d'adjudants-major, 4 chargés des cours des 4 divisions d'officiers, 1 chargé du cours spécial des sous-officiers d'instruction, et 1 pour le suppléer s'il y a lieu. — 1 capitaine-trésorier ; — 1 capitaine d'habillement ; — 1 sous-lieutenant porte-étendard ; — 2 vétérinaires en premier, dont un professeur de maréchalerie ; — 1 aide-vétérinaire ; — 5 adjudants sous-officiers, dont 3 pour le service des escadrons, 1 maître de musique, et 1 vaguemestre chargé, en outre, du service de la bibliothèque ; — 2 trompettes-majors instructeurs ; — 4 maréchaux des logis chefs, dont 3 pour le service des escadrons, et 1 maître maréchal-ferrant ; — 13 maréchaux des logis, dont un maître d'escrime ; — 3 maréchaux des logis fourriers ; — 6 brigadiers trompettes sous-instructeurs ; — 4 brigadiers maréchaux-ferrants ; — et 3 brigadiers prévôts d'armes.

Les fonctions du service du manège académique et du haras d'études constituent des emplois militaires ou civils, dont la hiérarchie est fixée ainsi qu'il suit, et auxquels sont attribués les grades ci-après, s'ils sont conférés à des militaires, savoir : 1 écuyer, chef d'escadrons ; — 5 écuyers, dont 1 chargé des détails du haras d'études, capitaines ; — 2 sous-écuyers, 1 lieutenant et 1 sous-lieutenant ; — 1 maître de manège, adjudant sous-officier ; — 4 sous-maîtres de manège, 1 maréchal des logis chef et 3 maréchaux des logis.

Le service de santé est composé de la manière suivante : 1 chirurgien-major ; — 1 chirurgien aide-major ; — 2 chirurgiens sous-aides ; — 1 pharmacien aide-major ; — 1 adjudant d'administration en premier ; — 3 infirmiers-majors ; — et 7 infirmiers.

Les officiers et autres militaires composant le cadre constitutif de l'École portent l'aiguillette.

Les officiers et sous-officiers d'instruction conserveront, seuls, l'uniforme du régiment d'où ils sont détachés.

Chaque année, un lieutenant-général est chargé de l'inspection générale de l'École. Il assiste aux examens de sortie et préside, pendant ces examens, le conseil d'instruction. En cas de partage égal des voix, sur le mérite et le classement des élèves, sa voix est prépondérante.

Cours d'instruction. — L'instruction de l'École de cavalerie est toute militaire et basée sur les ordonnances et les règlements en vigueur pour les troupes à cheval ; elle comprend :

1° L'ordonnance sur le service intérieur des troupes à cheval ;

2° L'ordonnance sur l'exercice et les évolutions de la cavalerie ;

3° L'ordonnance sur le service des places ;

4° L'ordonnance sur le service en campagne, appliqué sur le terrain, autant que possible, et surtout pour les reconnaissances ;

5° Un cours d'équitation militaire, comprenant la réunion de toutes les connaissances théoriques et pratiques, relativement au cheval et à son application aux exercices et travaux de l'art militaire ;

6° La voltige, l'escrime et la natation ;

7° Un cours élémentaire de comptabilité pour les élèves instructeurs ;

8° Un cours de maréchalerie et un cours d'hippiatrique élémentaire et pratique pour les élèves maréchaux ferrants ;

9° La sonnerie de l'ordonnance et la musique militaire pour les élèves trompettes.

Il existe à l'École un haras d'études et un manège académique.

Le nombre des chevaux de manège ou de carrière à entretenir à l'École, est fixé par le Ministre secrétaire d'État de la guerre, d'après les besoins du service.

Les cours d'instruction sont divisés en deux années.

Les officiers et sous-officiers d'instruction et les élèves des diverses catégories nouvellement admis, suivent les cours de la première année : lorsqu'ils ont satisfait aux examens qui ont lieu à la fin des cours, ils suivent ceux de la deuxième année.

Les officiers et autres militaires, suivant les cours de l'École, peuvent être autorisés par le Ministre secrétaire d'État de la guerre, à doubler une année d'études.

Nul n'est admis à passer plus de trois ans à l'École.

Un conseil d'instruction est chargé de la haute direction de l'enseignement à l'École. Il propose les changements qu'il juge útile d'y apporter et règle la marche des études.

Il est chargé des examens de passage des cours de la première année d'étude à ceux de la seconde, et des examens de sortie de l'École.

Officiers et sous-officiers d'instruction. — Les officiers d'instruction sont choisis dans les régiments de cavalerie et d'artillerie, ainsi que dans les escadrons du train des parcs et des équipages militaires.

Tous les ans, les inspecteurs généraux désignent les lieutenants ou sous-lieutenants susceptibles de suivre, avec fruit, comme officiers d'instruction, les cours de l'École de cavalerie. Ces officiers doivent être âgés de moins de trente-deux ans, s'ils sont lieutenants, et de trente ans, au plus, s'ils ne sont que sous-lieutenants.

Les sous-officiers d'instruction sont choisis dans l'artillerie. Tous les deux ans des sous-officiers des régiments d'artillerie et des escadrons du train des parcs sont désignés par les inspecteurs généraux pour être détachés de leurs corps comme sous-officiers d'instruction.

Les lieutenants, sous-lieutenants et les sous-officiers détachés de leurs corps, comme officiers et sous-officiers d'instruction, amènent leurs chevaux à l'École et s'en servent pour les exercices militaires.

Les officiers et sous-officiers d'instruction qui, à l'époque de la première inspection générale qui suit leur admission à l'École, n'ont pas montré les dispositions nécessaires, rentrent à leurs corps, sur la proposition de l'inspecteur général et sur l'ordre du Ministre secrétaire d'État de la guerre.

Les officiers d'instruction de cavalerie concourent pour l'avancement, au tour du choix, sur la proposition de l'inspecteur général de l'École, avec les officiers des corps d'où ils sont détachés.

Le lieutenant d'instruction de cavalerie qui, à sa sortie de l'École, a obtenu le premier numéro d'examen, est présenté au Roi pour un emploi de capitaine instructeur et, à défaut, pour le premier emploi de capitaine à pourvoir, quelle que soit la subdivision de l'arme où survient la vacance, s'il a l'ancienneté de grade exigée par la loi pour obtenir de l'avancement.

Le lieutenant d'instruction de cavalerie sortant avec le numéro 2, obtient aux mêmes conditions, le deuxième emploi de capitaine-instructeur et, à défaut, le deuxième emploi de capitaine à pourvoir, si la division dont il fait partie se compose de plus de trente officiers.

Le sous-lieutenant d'instruction, classé le premier à l'examen de sortie, est également présenté au roi, à la première promotion, pour un emploi de lieutenant à pourvoir au tour du choix, quels que soient le régiment et la subdivision de l'arme où la vacance a lieu, pourvu qu'il ait l'ancienneté de grade exigée par la loi.

Les officiers et sous-officiers d'instruction admis à doubler les cours de 2e année, ne sont compris que pour ordre, pendant leur 3e année d'études, dans la division dont ils suivent les cours, et ils ne sont pas classés, lors des examens de sortie, avec les autres officiers et sous-officiers d'instruction qui forment cette division.

Officiers-élèves. — Les élèves de l'Ecole spéciale militaire nommés sous-lieutenants de cavalerie, et les lieutenants et sous-lieutenants d'infanterie qui passent dans la cavalerie, par permutation, et qui n'ont pas déjà servi deux ans dans cette dernière arme, ne peuvent être admis à y servir, comme officiers, qu'après avoir suivi les cours et satisfait aux examens de sortie de l'École royale de cavalerie.

En conséquence, les uns et les autres sont dirigés sur cette École, comme officiers-élèves détachés des régiments où ils ont été nommés.

Un nombre de chevaux d'armes proportionné à celui des officiers-élèves est affecté au service de ces officiers.

Les sous-lieutenants-élèves provenant directement de l'École spéciale militaire ont droit, d'après la priorité de leur numéro de mérite, à l'examen de sortie de l'Ecole de cavalerie, et, selon leur aptitude physique, de choisir un des régiments entre lesquels les sous-lieutenants-élèves de la même promotion ont été répartis, et où ils n'ont été classés qu'à titre provisoire pendant la durée des cours.

Le sous-lieutenant-élève qui obtient le premier numéro aux examens de sortie, est présenté au Roi pour le premier emploi de lieutenant à pourvoir, au tour du choix, dans le régiment sur lequel il est dirigé.

Ceux de ces officiers qui, après avoir doublé une année, ne satisfont pas aux examens de passage aux cours de l'année suivante, ou aux examens de sortie, sont mis en non-activité par retrait d'emploi, pour inaptitude au service de la cavalerie. Ils concourent ensuite pour être appelés à l'activité dans l'arme de l'infanterie.

Élèves instructeurs. — Les divisions d'élèves-instructeurs se composent : 1° de brigadiers ou cavaliers détachés des régiments de cavalerie et du corps des équipages militaires, sur la proposition des inspecteurs généraux; 2° d'engagés volontaires.

Les uns et les autres, pour être admis à l'École en qualité d'élèves-instructeurs, doivent être âgés de 18 à 22 ans au plus ; savoir lire et écrire; savoir l'orthographe et les quatre premières règles de l'arithmétique.

Les jeunes gens qui ne sont pas liés au service militaire, ne peuvent être admis à l'École, comme élèves-instructeurs, qu'en contractant un engagement volontaire, conformément aux dispositions de la loi du 21 mars 1832. Cet engagement n'est reçu que sur la production d'un certificat d'acceptation délivré par le commandant de l'École de cavalerie, et indiquant la subdivision de l'arme à laquelle le candidat est reconnu propre, d'après sa constitution physique. Immatriculés dans les régiments de cette arme, ces jeunes gens y comptent comme détachés à l'École, de même que les brigadiers et cavaliers admis sur la proposition des inspecteurs généraux.

Les divisions d'élèves-instructeurs forment deux escadrons.

Les élèves-instructeurs qui, après six mois de présence à l'École, n'ont pas montré les dispositions nécessaires pour en suivre les cours, sont, sur la demande du commandant de l'École, renvoyés à leurs régiments.

Tout cavalier instructeur peut être promu à la première classe et en porter alors les marques distinctives, lorsqu'il a satisfait à l'examen qui a lieu six mois après l'ouverture des cours de première année. A la fin de cette première année, les élèves qui ont satisfait aux examens de passage aux cours de deuxième année, sont nommés brigadiers, soit à des emplois de cadre des escadrons de l'École, soit à des emplois qui leur sont réservés dans les régiments où ils comptent.

Les élèves-instructeurs ayant satisfait aux examens de sortie, sont nommés à des emplois de maréchal des logis qui leur ont été réservés dans les régiments où ils comptent et sur lesquels ils sont alors dirigés.

Ceux qui n'ont pas satisfait à ces examens sont renvoyés à leurs corps, comme brigadiers, pour y occuper les emplois qui leur ont été réservés, à moins qu'ils n'aient obtenu l'autorisation de continuer à suivre les cours, soit pendant six mois, soit pendant une troisième année.

Les deux élèves instructeurs sortant de l'École avec le grade de maréchal des logis et classés les deux premiers à la suite de l'examen de sortie, sont présentés au Roi, lorsqu'ils ont l'ancienneté de grade exigée par la loi, et s'ils sont portés sur le tableau d'avancement, pour deux des sous-lieutenances vacantes dans les régiments de la subdivision de l'arme à laquelle ils appartiennent, et qui ne sont pas dévolues aux sous-officiers de ces mêmes corps.

Élèves maréchaux ferrants et élèves trompettes. — La division d'élèves maréchaux ferrants et celle d'élèves trompettes forment un escadron constitué.

La division d'élèves *maréchaux ferrants* se compose : 1° de militaires détachés des corps de troupes à cheval, comptant au plus un an de service et ayant exercé la maréchalerie avant leur incorporation ; 2° d'engagés volontaires âgés de moins de vingt-deux ans, et de jeunes gens appelés en vertu de la loi du recrutement.

Les uns et les autres doivent avoir la taille exigée pour la cavalerie légère, savoir lire et écrire, et avoir, de même que les militaires détachés des régiments, un commencement d'instruction pratique de la maréchalerie. Ils sont immatriculés dans les régiments où ils comptent comme détachés à l'École.

La division des *élèves trompettes* se recrute parmi les enfants de troupe de toutes armes et parmi les enfants des militaires du corps de la gendarmerie ; les uns et les autres doivent être âgés de quinze à dix-sept ans.

Les élèves trompettes provenant des enfants de troupe, continuent de compter à l'effectif de leur corps pendant la durée des cours.

En cas d'insuffisance des deux modes de recrutement ci-dessus indiqués, des jeunes gens de la classe civile, sachant lire et écrire, et choisis de préférence parmi ceux ayant atteint leur dix-septième année, sont admis à l'École, comme élèves trompettes, avec le consentement de leur père, mère ou tuteur, et sur un certificat d'acceptation du commandant de l'École.

Lorsqu'ils ont accompli leur dix-huitième année, les élèves trompettes sont tenus de contracter un engagement, conformément à la loi, et de s'obliger, en même temps, à servir dans un corps, comme trompettes ou musiciens, au moins pendant trois ans, à dater du jour de leur sortie de l'École.

Dans son ordre du 8 novembre, le général commandant l'École s'exprimait ainsi, en recommandant aux maréchaux l'usage de la rènette anglaise :

« L'École de cavalerie doit, pour justifier le but de son institution, prendre l'initiative du progrès, non seulement en ce qui concerne l'instruction et l'équitation militaire, mais encore en ce qui est relatif à la maréchalerie. En conséquence, on devra procéder immédiatement à des essais sur la substitution de la rènette anglaise au boutoir. Les inconvénients et les dangers du boutoir sont trop connus pour qu'on ne s'efforce pas d'en supprimer l'usage. »

Une des meilleures innovations de 1845, c'est l'adoption de la *selle modèle 1845* qu'on étudiait déjà depuis 1842. Nous avons déjà dit les observations qu'on avait faites après un essai au mois de juin 1844.

La selle du modèle 1845 est la consécration du principe Rochefort ; on peut dire qu'elle dût le jour aux désastreux effets de la selle hongroise, modèle 1839.

Elle se compose : d'un arçon à bandes sèches établi sur trois pointures-mères qui se subdivisent en six ; c'est là le principal inconvénient.

L'arçon de la cavalerie de réserve a des bandes allongées au delà du troussequin, afin de former un prolongement sur lequel vient s'appuyer le porte-manteau ; celui de la cavalerie de ligne et légère porte une palette destinée à soulever le porte-manteau ; cet accessoire a permis de réduire la longueur des bandes, qui ne se prolongent pas au delà du niveau de la palette.

Le siège de cette selle, comme les précédents, a pour base le tissu sanglé et une matelassure. Les quartiers sont courts.

Les inconvénients résultent à peu près tous de l'interprétation, d'ailleurs fort divergente, mais toujours fausse, que l'on a faite des modèles-types.

Les avantages résultent de sa simplicité, de sa légèreté, et surtout de la disposition des bandes de l'arçon, qui peuvent suivre dans leur affaissement les muscles sur lesquels elles posent.

La bride modèle 1845 a deux montants de chaque côté, dont un à boucles pour le mors, l'autre cousu au filet; une sous-gorge est fixée au frontal; elle porte sur le dessus de la tête une gourmette de rechange.

En enlevant les montants de bride, on forme un bridon d'abreuvoir pour la route. Le licol, dit à la hussarde, s'attache au dessus de tête de la bride par un crochet et un dé.

En 1845, comme les années précédentes d'ailleurs, la morve et le farcin firent des ravages dans les écuries de l'École : les vétérinaires attribuèrent ces épidémies à la mauvaise qualité des fourrages.

La variété des espèces chevalines en service à l'École augmentait de jour en jour. On commençait à devenir moins exclusif et l'on essayait les différents chevaux. C'est ainsi que l'on compte cette année-là : 164 normands; 124 poitevins; 64 navarrins; 36 limousins; 47 du haras; 25 de Boulogne; 57 de Calais; 25 d'achats directs; 8 allemands; 1 espagnol; 2 étalons et 49 poulains — sans compter 37 chevaux des officiers d'instruction.

Le manège avait reçu cette même année 33 chevaux d'Auch, tous entiers, relativement petits, d'une taille de 1m,50 en moyenne, et auxquels on pouvait reprocher comme défaut général d'être grêles de membres.

Le haras avait fourni un contingent de 10 chevaux, généralement jolis et coquets, mais aussi peu membrés et de trop petite taille.

Le meilleur appoint était une remonte de 15 normands bien conformés et d'une taille variant de 1m,55 à 1m,60.

Quant à la ferrure, les ordres les plus formels avaient enjoint de pratiquer exclusivement la ferrure à froid à l'École. Les conclusions du vétérinaire en premier au sujet de cette mesure étaient les suivantes :

« La supériorité de cette ferrure s'établit aujourd'hui par des succès avérés. De plus, il est démontré que les ouvriers deviennent ici, par sa pratique exclusive, bien plus promptement habiles. Et nous pensons que, partout comme à l'École, cette méthode de ferrure, incontestablement supérieure à la ferrure à chaud, au point de vue militaire, devra être accueillie avec faveur par tous les bons esprits.

« Citons une circonstance qui nous paraît inductive ; les seimes, qui font la désolation du manège et qui ont été assez fréquentes aussi aux escadrons, nous ont semblé diminuer. Est-ce à la ferrure à froid que nous sommes redevables de cette diminution ? S'il en est ainsi, ce ne sera pas le moindre des services qu'elle aura rendus. »

Nous n'ajouterons pas de commentaires. Nous récusons toute compétence pour ramener une question qui a été tranchée ; mais il n'est pas sans intérêt de relater quelques pièces du procès.

Nous devons citer à l'actif de l'année 1845 un ouvrage de compilation ayant particulièrement trait à notre sujet, nous voulons dire le *Dictionnaire d'hippiatrique et d'Équitation* de *Cardini.* C'est un résumé très complet, mais qui ne peut cependant faire autorité. Nous nous contenterons de lui emprunter la description des mors qu'il dit être en usage.

— Mors préparatoire pour les jeunes chevaux. — *Ce mors, à canons brisés et sur une ligne droite, à branches courtes et à gourmette plate, a beaucoup de rapport, pour son effet, avec le mors du bridon, et se rapproche des autres mors par sa construction. D'un effet très doux pour les jeunes chevaux, il dispense de l'usage du gros bridon avec le mors de bride, ce qui gêne la bouche et retarde l'instruction de l'animal. On l'emploie aussi avec avantage pour les chevaux qui ont la bouche égarée, les barres hautes et tranchantes, la langue mince et le canal trop creux.*

— Mors à simple canon brisé. — *Ce mors, ayant un peu de liberté de langue, des branches à buade et à gourmette courte, est d'un degré supérieur au précédent, et peut lui succéder dès que le cheval commence à goûter le mors. On peut même l'employer après la leçon du bridon, pourvu que les branches soient un peu plus longues que celles du mors préparatoire. Les canons, qui seront gros vers les banquets, iront en diminuant jusqu'au pli, afin de donner un peu de liberté à la langue. On peut, avec ce mors, refaire une bouche gâtée par une mauvaise main ou par une mauvaise embouchure.*

— Mors dit à la Condé. — *Ce mors, dont on se sert actuellement dans la cavalerie, est à gorge de pigeon, liberté montante, gourmette ronde ou plate, suivant le cas. Il convient à tout cheval dont la bouche est douée d'une sensibilité ordinaire. Ses branches contournées sont fixées et consolidées inférieurement par une barre qui remplace la chaînette. Les branches de ce mors peuvent recevoir toutes sortes de directions, aussi bien que les branches non contournées, et l'on peut y adapter toutes les embouchures déjà décrites.*

— Mors à l'anglaise. — *Les pièces de ce mors ayant peu de fer et ses branches étant droites, il en résulte qu'il est très léger ; on peut néanmoins en disposer l'embouchure comme celle de tous les autres mors.*

— Mors à gorge de pigeon. — *On embouche ordinairement avec ce mors les chevaux dont les barres sont sensibles et qui ont la langue épaisse, sans que le canal soit assez large pour la loger. Construit à simples branches sur la ligne, à tire-bouchon et à gourmette plate, ce mors, dont les canons portent autant sur les barres que sur la langue, sans que ces parties en éprouvent la moindre gêne, facilite la juste compression de la gourmette sur la barbe. La bonne conformation de ce mors, qui est doux au premier degré, permet de l'adapter à toutes les bouches bien faites. Il convient essentiellement à l'usage de la cavalerie.*

— Autre mors à gorge de pigeon. — *Ce mors, à liberté montante, à branches droites et à tire-bouchon, produit plus d'effet que le précédent, parce que sa liberté montante le laisse agir plus directement sur les barres. Il convient aux chevaux communs qui pèsent à la main, à ceux dont les barres sont rondes et charnues, et la barbe sensible. Les canons talonnés agissent en plein sur les barres, et les branches courtes ne laissent faire à la gourmette qu'un effet très doux sur la barbe. Cet effet peut être encore diminué au besoin en garnissant la gourmette d'un cuir. Ce mors convient aussi aux chevaux qui portent la tête basse, pour la leur faire soutenir. Il serait extrêmement dur si, au lieu de branches courtes, on lui en donnait de longues et de hardies.*

— Mors à bec de canne ou pas d'âne. — *Ce mors, à branches droites et à gourmette ronde, est destiné aux chevaux qui ont la bouche très fendue, les barres sensibles, la barbe ronde et charnue, parce que l'embouchure, portant beaucoup plus sur la langue que sur les barres, laisse agir la gourmette sur la barbe au plus haut degré de pression. Par sa direction montante, le bec de canne empêche le canon de porter sur les crochets ; mais, à moins que ce ne soit pour soutenir et lever la tête d'un cheval qui pèse à la main, il faut éviter que l'angle formé par le mors soit aigu, sans quoi il offenserait le palais.*

Quant à la ferrure, Cardini n'y consacre qu'un article très court où il décrit les fers d'après Girard, en donnant des dessins très imparfaits du pied.

1845

ÉTAT-MAJOR DE L'ÉCOLE

Budan de Russé . . . . . Maréchal de camp.
Deshayes . . . . Colonel.
Jacquemin . . . . Lieutenant-colonel.
Delherm de Novital . . . Chef d'esc., éc. en chef
Martin de Boulancy . . . Ch. d'esc., instr. en ch.
Jarry . . . . Major.
Gasser, Schmidt, Rolland . . . Capit. adjud.-majors.
Russinger. . . . . . . Capitaine-trésorier.
Delzant . . . . Capit. d'habillement.
Le Goupil . . . . S.-l. porte-étendard.
Majesté . . . . Chirurgien-major.
Andrieu . . . . Chirurg. aide-major.

Rame, Monier, Michaux, Delebecq, Darnige, Buraud, Harmand . . . Capit. instructeurs.
De Jourdan, Brifaut . . . Capitaines écuyers.
Cravin . . . . Lieut. } sous-écuy.
Martin . . . . S.-lieut. } sous-écuy.
Havoux . . . . Vét. en 1er, pr. de m^rie
Farges . . . . Vétérin. en premier.
Négrié . . . . Aide-vétérinaire.

ÉCUYERS CIVILS

Rousselet . . . . Écuyer de 1re classe.
Beucher de Saint-Ange . . . Écuyer de 2e classe.

OFFICIERS D'INSTRUCTION

Première Division.

Girard . . . . Lieut., 7e lanciers.
Tillion . . . . Lieut., 9e dragons.
Lavoye . . . . Lieut., 12e chasseurs.
Borel . . . . Lieut., 1er hussards.
Vallory . . . . S.-lieut., 13e chass.
Potié . . . . Lieut., 14e artillerie.
Pouzol . . . . Lieut., 2e hussards.
Geffroy . . . . S.-l., 4e esc. du train des équipages.
Leveillé . . . . Lieut., 12e artillerie.
Gindre . . . . S.-l., 4e esc. du train des parcs.
Galle . . . . Lieut., 4e artillerie.
Moris . . . . S.-l., 3e esc. du train des parcs.
Dupré des Isles . . . . . Lieut., 11e artillerie.
Le Doulcet . . . . S.-lieut., 8e hussards.
De Cugnac . . . . Lieut., 10e artillerie.
Sère . . . . S.-lieut., 8e lanciers.

Deuxième Division.

De Montarby . . . . . . Lieut., 3e hussards.
Belin de Chantemèle . . . Lieut., 11e chasseurs.
De Latheulade . . . . . Lieut., 6e cuirassiers.
Marsaux . . . . Lieut., 4e dragons.
Dangeville . . . . Lieut., 5e dragons.
Le Porquier de Vaux . . . Lieut., 8e hussards.
De Narp . . . . Lieut., 3e artillerie.
Rebola . . . . Lieut., 8e cuirassiers.
Heina . . . . Lieut., 7e cuirassiers
Delavoux . . . . Lieut., 2e carabiniers.
Girod de Resnes . . . . . Lieut., 6e artillerie.
Rambaud . . . . Lieut., 1er lanciers.
Frevol de Ribains . . . . Lieut., 4e cuirassiers.
De Lambot . . . . Lieut., 5e hussards.
Fiaux . . . . Lieut., 1er artillerie.
Trousset . . . . Lieut., 6e chasseurs.
Duchesne . . . . Lieut., 6e dragons.
Revel . . . . Lieut., 11e artillerie.
Chéguillaume . . . . . . Lieut., 6e artillerie.
Rolland . . . . Lieut., 2e artillerie.
Hantson . . . . S.-lieut., 3e chass.
Le Goupil . . . . S.-l., 6e huss., porte-étend. à l'École.
Desmarquais . . . . . . Lieut., 11e artillerie.
Guinon . . . . Lieut., 4e esc. du train des équipages.
Gasselin de Richebourg . . S.-l., 3e cuir. (n. cl.).

OFFICIERS ÉLÈVES

Première Division (Sous-Lieutenants).

Le Compasseur de Courtivron . . . . . . 7e cuirassiers.
De Saint-Jean de Pointis . 7e hussards.
Pocquet de Livonnière . . 8e chasseurs.
Bonvoust . . . . 3e chasseurs.
Casseirol . . . . 5e hussards.
De Laurens Hureular . . . 2e chasseurs.
Auchier . . . . 8e cuirassiers.
De Tailfumyr de Saint-Mexent . . . . . . 6e lanciers.
Pottier . . . . 1er cuirassiers.
Deville . . . . 8e hussards.
De Vouges de Chanteclair . 6e chasseurs.
De Salignac Fenelon . . . 7e lanciers.

Première Division (*Sous-Lieutenants*) (Suite).

Dubessey de Contenson	4e chasseurs.
Lemotheux-Duplessis	9e cuirassiers.
Landais	2e dragons.
Asselin de Crevecoeur	4e lanciers.
De Saint-Priest	5e chasseurs.
Grancour	8e hussards.
De Berny	7e hussards.
O'Brien	7e chasseurs.
De Boyer de Fonscolombe	4e lanciers.
De Beaufranchet de la Chapelle	9e hussards.
Colomb d'Ecotay	2e cuirassiers.
Macors de Gaucourt	9e chasseurs.
De Ravinel	10e chasseurs.
Huyn de Verneville	10e chass. (a redoublé)
Senot	8e lanciers.
Wathier	3e dragons.
Deschamps	8e lanciers.
Grandin	8e cuir. } non classés.
De Boyer de Fonscolombe	6e cuir. } non classés.

Deuxième Division (*Sous-Lieutenants*).

L'Hotte	2e lanciers.
D'Hautefort	4e cuirassiers.
Compagnie	6e chasseurs.
Thomas de Dançourt	8e cuirassiers.
Ollivier	8e lanciers
Rivet	12e chasseurs.
De Renusson d'Hauteville	2e hussards.
Audenet	6e cuirassiers.
Du Val de Dampierre	4e hussards.
Hisson	6e chasseurs.
Laroche	2e chasseurs.
Gombaud-Séréville	8e chasseurs.
De Boerio	6e lanciers.
Sahuqué	1er carabiniers.
Lebon-Desmottes	2e carabiniers.
Du Bouexic de Guichen	7e lanciers.
De Bailliencourt, dit Courcol	13e chasseurs.
Doridant	5e cuirassiers.
Huck	6e lanciers.
Gadel	11e chasseurs.
Pierre	12e dragons.
Lambert Deschamps de Morel	7e cuirassiers.
Lallemand	4e chasseurs.
De Gressot	6e cuirassiers.
Oreille	13e chasseurs.
De Salignac-Fenelon	3e dragons.
Polinière	8e lanciers.
Friant	7e dragons.
De Forceville	4e dragons.
Law de Lauriston	1er lanciers.
De Barbançois	11e dragons.
Durey de Noinville	6e hussards.
Oberkampf	10e cuirassiers.
Brissand de Maillet	2e cuirassiers.
De Louvencourt	13e chasseurs.
Delafolie	9e dragons.
Carayon-Latour	6e hussards.
Rigonaud	9e dragons.
De Gail	5e chasseurs.
Lemaitre	2e lanciers.
Tailfumyr de Saint-Mexent	10e cuir. } non classés
De Reinach	3e lanc. } non classés

École de Cavalerie

Les Figures du Carrousel

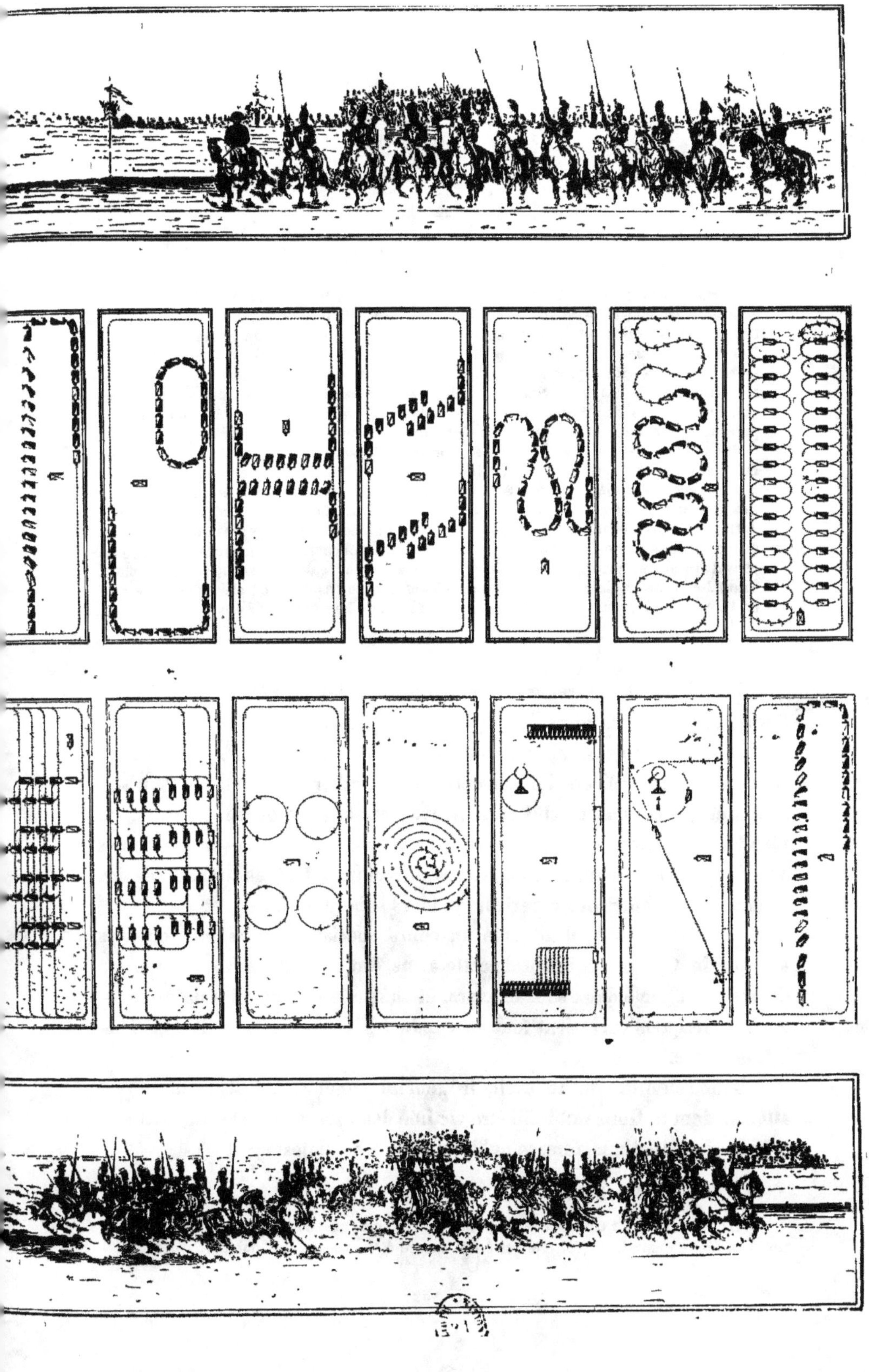

X

Cours spécial pour les sous-officiers d'artillerie. — Adresse au Roi. — Fête du Roi — Nécessité d'un nouveau cours d'équitation pour l'École. — Théorie pour les armes à percussion. — Collections anatomiques. — Anniversaires de Juillet. — Visite de Soliman Pacha. — L'atelier d'arçonnerie. — Inspection du général Marbot. — Crue de la Loire, l'École est prête à partir. — Un capitaine et deux sous-officiers détachés à Vincennes. — Conclusions sur l'emploi de la rènette anglaise. — Selle de gendarmerie, modèle de 1846. — État-major et officiers-élèves de l'École en 1846. — Durée des cours en 1847. — Augmentation du personnel de l'arçonnerie. — Création d'un jardin botanique. — Un cheval arabe offert par le duc d'Aumale. — Le comte d'Aure, écuyer en chef. Son équitation. — Traité d'équitation du comte d'Aure : Théorie des oppositions ; action des poids et des contre-poids : système des aplombs. Première année, Basse-école : commencer à la longe en selle à piquet ; posture de l'homme à cheval ; position de la main. Deuxième année, Haute-école : Actions du mors ; effet des rênes ; effet des jambes ; aplomb du corps ; parallèle de l'équitation anglaise et de l'équitation allemande ; de l'embouchure ; des moyens de mettre un cheval au galop : principes généraux ; passage du coin ; galop à droite, le cheval placé. Travail composé : Moyens de fermer ou d'aller sur les pas de côté ; changement de pied en l'air ; têtes à queue. — Parallèle des deux écoles de Baucher et d'Aure.

Jusqu'à 1846, les régiments d'artillerie et les escadrons du train des Parcs étant les seuls corps dans l'armée qui eussent à envoyer des sous-officiers à l'École de cavalerie, ces sous-officiers étaient admis à suivre les cours faits aux officiers de cavalerie et d'artillerie réunis. Le Ministre reconnut que cet état de choses ne pouvait pas être maintenu sans qu'il en résultât de graves inconvénients pour la discipline et pour les saines doctrines militaires qui s'opposent à cette communauté de travail sur les mêmes objets, entre des supérieurs et leurs subordonnés.

A partir de 1846, il fut créé un cours spécial pour les sous-officiers d'artillerie. Chaque régiment de cette arme dut dès lors envoyer tous les deux ans à l'École deux sous-officiers, et chaque escadron du train un sous-officier, lesquels suivraient tous ensemble les cours de première et deuxième année.

Dans son ordre du 18 avril, le général annonça à l'École le nouvel attentat dont le Roi avait failli être victime deux jours auparavant, et donna communication d'une adresse qu'il envoyait à Sa Majesté :

« Sire,

« L'École royale de cavalerie a été profondément indignée en apprenant qu'après seize ans d'un règne réparateur, Votre Majesté pût encore être exposée aux poignards des assassins. Attenter à votre vie, c'est attenter aux institutions, à la prospérité de la patrie, c'est nous frapper tous au cœur dans nos sentiments de gratitude pour vos bienfaits.

« Vous avez su réaliser pour le peuple français les vœux de bonheur et de bien-être que faisait le plus populaire de vos aïeux, faut-il aussi que, comme Henri IV, vous soyez en butte aux plus odieux attentats.

« Mais la Providence veille sur Votre Majesté d'une manière bien manifeste, et nous disons avec une pieuse reconnaissance cette vieille devise dont la vérité ne fut jamais plus satisfaisante : Dieu protège la France ! »

Le 1er mai, jour de la fête du Roi, le réveil fut sonné en musique au quartier-général, au quartier et dans la ville. A dix heures, les officiers et fonctionnaires de l'École, en grande tenue, allèrent prendre le général pour se réunir en cortège aux autorités civiles et assister à la messe solennelle qui fut dite à l'église Saint-Pierre. Un escadron à pied, avec l'étendard et la musique, fut commandé de service.

A midi, grande revue sur le quai de Limoges. Le soir, la ville et le quartier furent illuminés.

Le conseil d'instruction de l'École de cavalerie, dans sa séance du 11 mai 1846, reconnut à l'unanimité la nécessité de la complète révision du cours d'équitation de l'École, et, le 5 juin 1846, une décision ministérielle ordonna ce travail, qui fut confié à M. de Saint-Ange, écuyer-professeur depuis vingt-six ans. Ce professeur émit l'opinion que cette révision ne pourrait se faire et qu'elle était beaucoup plus difficile que la rédaction d'un nouveau cours se renfermant à peu près dans le cadre du premier. Aussi personne ne l'entreprit et les choses en restèrent là.

Le conseil d'instruction de l'École avait une autre tâche; le Ministre l'avait chargé de préparer un projet de théorie provisoire pour la charge et les feux des armes à percussion en service dans les corps de troupes à cheval.

A la fin de juin, les collections anatomiques de l'École, si utiles à l'instruction démonstrative, s'augmentèrent d'un modèle d'homme écorché; d'une collection d'organes propres à montrer comment s'opèrent dans toute l'espèce animale les fonctions de la digestion, de la circulation, de l'innervation et de la respiration; d'un œil et d'une oreille de très grandes dimensions; d'une collection de tares osseuses; et d'une collection de trente mâchoires pour l'étude de l'âge. Toutes ces pièces si précieuses pour l'étude ne sont pas restées inutiles ; elles ont beaucoup servi, elles servent encore beaucoup aujourd'hui ; leur piteux état l'atteste d'ailleurs.

A l'occasion des anniversaires de juillet, le 28, le réveil fut sonné en musique dans la cour du Roi, au quartier général et sur la place de la

Bilange. Un service funèbre pour les victimes des journées de Juillet fut célébré dans l'église Saint-Pierre à dix heures et demie. Un escadron en armes avec l'étendard et la musique y assista. Tous les officiers et fonctionnaires de l'École, en grande tenue, s'y rendirent en cortège, accompagnant le général. Deux capitaines se tinrent aux coins du catafalque pendant toute la cérémonie.

A midi, l'École fut passée en revue avec la garde nationale sur le quai de Limoges.

A trois heures, il y eut carrousel; le soir, retraite en musique et illuminations.

Le 20 août, Soliman Pacha vint visiter l'École de cavalerie. Cette visite continua pendant la journée du lendemain, qui fut couronnée par un carrousel de la troupe, précédé du travail de carrière des sous-officiers de manège et titulaires, saut des barrières et des haies.

Le 17 septembre, on commença l'organisation du cadre de l'atelier d'arçonnerie. Un maréchal des logis, maître arçonnier, et un brigadier furent placés sous les ordres de M. Cogent, auquel était confiée la direction des travaux de cette nouvelle annexe de l'École.

Le 23 septembre, le *général Marbot* arriva à Saumur pour passer l'inspection générale de l'École. Le carrousel de fin d'année eut lieu en sa présence, le 4 octobre, à deux heures de l'après-midi. La revue d'honneur fut passée le 6. Le général Marbot fit quelques observations sur le Cours d'équitation militaire et sur le Manuel de maréchalerie alors en usage dans l'École. Ces observations étaient en substance :

« 1° Que le cours d'équitation militaire était trop scientifique, sous quelques rapports, et plus propre à former des vétérinaires que des écuyers.

« 2° Que le cours de maréchalerie était au-dessus de la portée des élèves auxquels il était fait ; en ce sens qu'il importait surtout de leur enseigner comment ils devaient traiter les chevaux atteints des maladies les les plus ordinaires, telles que la fourbure, les tranchées, etc., au lieu de s'attacher principalement à leur apprendre à connaître les plantes médicinales et diverses opérations de chirurgie, sans leur indiquer quels sont les cas où il faut employer ces médications. »

Au mois d'octobre, la crue des eaux de la Loire fit craindre une nouvelle inondation ; aussi, le 21, le général commandant l'École dictait-il les mesures de précautions nécessaires. On se tint prêt à partir au premier signal sur les cantonnements désignés : Beaufort, Longué, La Ronde, Fontevrault, Le Coudray, Montreuil et Doué.

Au mois de novembre, un capitaine et deux sous-officiers de l'École de cavalerie furent envoyés à l'École de tir de Vincennes pour y assister aux expériences relatives au tir des armes à feu en usage dans la cavalerie.

Nous avons dit que dès le mois de novembre 1845, on avait mis en essai la ferrure à la rènette, dite ferrure à l'anglaise et opérée par un seul ouvrier. Voici les conclusions du rapport qui fut fait à la suite de cette expérience :

« Sans doute, on n'a point pour but de préconiser la ferrure anglaise aux dépens de la ferrure française, et moins encore de la lui substituer ; mais on veut probablement, et avec raison, non seulement que le maréchal militaire, sortant de l'École, ne reste étranger à rien de cé qui a trait à sa profession, mais encore qu'augmentant et variant de plus en plus ses connaissances, il puisse, ainsi que cela est si souvent nécessaire, dans les régiments, se mettre à même, autant que possible, de seconder et même de suppléer parfois, dans quelque partie du service, les vétérinaires. »

Quant au mode de ferrure, si les discussions avaient été tranchées « militairement », au profit de la ferrure à froid, ces discussions étaient plus chaudes que jamais dans le public, comme le témoignent les écrits de cette époque. Et la ferrure podométrique divisait alors les hippiatres et les maréchaux, comme la méthode Baucher divisait le monde équestre.

Un nouveau modèle de selle fut affecté à la gendarmerie en 1840. Il ne différait de la selle demi-royale, qu'il remplaça, que par la disposition du troussequin, lequel était de forme anglaise. Cette selle n'était pas moins lourde que sa devancière, et si son troussequin était plus gracieux, il était assurément moins commode.

1846

ÉTAT-MAJOR DE L'ÉCOLE

Budan de Russé	Maréchal de camp.	Rolland	
Deshayes	Colonel.	Dupont	
Jacquemin	Lieutenant-colonel.	Delebecq	
Delherm de Novital	Ch. d'esc., éc. en chef	Darnige	Capit. instructeurs.
Martin de Boulancy	Ch. d'esc., instr. en ch.	Buraud	
Jarry	Major.	Harmand	
Deheyne	Capitaine-trésorier.	Fénin	
Delzant	Cap. d'habillement.	Jorel	
Legoupil	S.-l., porte-étendard	De Jourdan	
Majesté	Chirurgien-major.	Brifaut	Capitaines écuyers.
Andrieu	Chirurg. aide-major.	De Chaumontel	
Trudeau	Sous-aides-maj.	Cravin	Lieut. sous-écuy.
Raoult des Longs Champs		Guérin	S.-lieut. sous-écuy.
Destouches	Pharmac. aide major	Havoux	Vét. en 1er, pr. de mne
Gasser		Farges	Vétérin en premier.
Monier	Capit. instructeurs.	Sipière	Aide-vétérinaire.
Michaux			

ÉCUYERS CIVILS

Rousselet	Écuyer de 1re classe.
Beucher de Saint-Ange	Écuyer de 2e classe.

OFFICIER ÉTRANGER

SUIVANT LES COURS DE L'ÉCOLE

Ibrahim Effendi	Officier Égyptien.

OFFICIERS D'INSTRCTION

Première Division.

De Montardy	Lieut., 3e hussards.
De Narp	Lieut., 3e artillerie.
Dangeville	Lieut., 5e dragons.
Belin de Chantemèle	Lieut., 11e chasseurs.
Marsaux	Lieut., 4e dragons.
De Latheulade	Lieut., 6e cuirassiers.
Le Porquier de Vaux	Lieut., 8e hussards.
Frévol de Arbains	Lieut., 4e cuirassiers.
Delaroux	Lieut., 2e carabiniers.
Girod de Resnes	Lieut., 6e artillerie.
Rebola	Lieut., 8e cuirassiers.
Duchesne	Lieut., 6e dragons.
De Lambot	Lieut., 5e hussards.
Trouttet	Lieut., 6e chasseurs.
Rambaud	Lieut., 1er lanciers.
Fiaux	Lieut., 4e artillerie.
Heina	Lieut., 7e cuirassiers.
Chéguillaume	Capit., 6e artillerie.
Rolland	Lieut., 2e artillerie.
Hantson	S.-lieut., 3e chass.
Guinon	Lieut., 4e escadron du train des équipages
Desmarquais	Lieut., 10e artillerie.
Revel	Lieut., 11e artillerie.

Deuxième Division.

Vacquier	Lieut., 2e lanciers.
Létuvé	Lieut., 7e chasseurs.
Schlosser	Lieut., 2e carabiniers
Masse	Lieut., 13e chasseurs
Nérin	Lieut., 8e lanciers.
Lucas de Missy	S.-lieut., 1er carabin.
Desfaudais	Lieut., 10e cuirassiers
Roussel	Lieut., 8e artillerie.
Du Ferron	Lieut., 7e cuirassiers.
Pingeon	Lieut., 5e cuirassiers.
Delatte	Lieut., 9e cuirassiers.
Marchesné	Lieut., 9e artillerie.
Vincent	S.-lieut., 10e chass.
De Simony	Lieut., 6e drag. (n. cl.)
Esmez	Lieut., 11e drag. (rentré au corps).

OFFICIERS ÉLÈVES

Première Division (*Sous-Lieutenants*).

L'Hotte	1er lanciers.
D'Hautefort	4e cuirassiers.
Rivet	12e chasseurs.
Lallemand	4e chasseurs.
Compagnie	6e chasseurs.
Ollivier	8e lanciers.
Gadel	11e chasseurs.
Hisson	6e chasseurs.
Du Bouexic de Guichen	7e lanciers.
De Bailliencourt, dit Courcol	13e chasseurs.
Laroche	2e chasseurs.
Doridant	5e cuirassiers.
De Borrio	6e lanciers.
Pierre	12e dragons.
De Gressot	6e cuirassiers.
Lambert-Deschamps de Morel	7e cuirassiers.
Sahuqué	1er carabiniers.
Gombaud-Séréville	8e chasseurs.
Huck	6e lanciers.
Friant	7e dragons.
Polinière	8e lanciers.
Adenet	6e cuirassiers.
De Renusson d'Hauteville	2e hussards.
Lebon-Desmottes	2e carabiniers.
Tailfumyr de Saint-Mexent	10e cuirassiers.
Law de Lauriston	1er lanciers.
Oreille	13e chasseurs.
Carayon-Latour	6e hussards.
Thomas de Dancourt	8e cuirassiers.
Brissand de Maillet	2e cuirassiers.
De Salignac-Fénelon	3e dragons.
De Louvencourt	13e chasseurs.
Oberkampf	10e cuirassiers.
De Forceville	4e dragons.
Rigonaud	9e dragons.
De Gail	5e chasseurs.
De Reinach	3e lanciers.
De Barbançois	11e dragons.
Delafolie	9e dragons.
Durey de Noinville	6e hussards.
Grandin	7e chasseurs.
Du Val de Dampierre	4e hussards.
Gosselin de Richebourg	3e cuirassiers.
Lemaitre	2e lanc. (non classé.)

Deuxième Division (Sous-Lieutenants).

Cornat	1er carabiniers.	Le Grand Dusaulle	8e chasseurs.
Genestet de Planhol	7e dragons.	Petiet	2e lanciers.
Thorton	8e dragons.	Guichon	9e chasseurs.
Flogny	12e chasseurs.	De Mauret	6e cuirassiers.
Burtin	7e chasseurs.	Duboisberranger	10e dragons.
Peschart de Maizey	1er dragons.	Frémond de la Merveillère	5e chasseurs.
Muel	4e cuirassiers.	De Barbançois	5e dragons.
Droz	2e dragons.	Gerboré	7e lanciers.
Pesme	6e dragons.	De Foucauld	9e hussards.
Bailly	4e lanciers.	De Reviers de Mauny	10e cuirassiers.
Berdolle de Goudourville	5e hussards.	Lemotheux-Duplessis	6e chasseurs.
Boutard	3e chasseurs.	Vallée	2e chasseurs.
De Biré	6e hussards.	De Sers	7e hussards.
Boumal	4e chasseurs.	Davillier	9e cuirassiers.
Gay de Vernon	1er hussards.	Calmètes-Vallés	3e dragons.
Pussin	6e chasseurs.	De Chastenet de Puysegur	8e hussards.
Chardigny	13e chasseurs.	Robert	8e cuirassiers.
Perrot de Chezelles	10e chasseurs.	Picard	2e carabiniers.
De Danoys de Tourville	3e hussards.	Desfontaines d'Azincourt	1er carabiniers.
Gourlez-Delamotte	6e lanciers.	De Perthuis de Laillevault	12e dragons.
Willerwall	5e lanciers.	Bertrand	11e dragons
Rey	1er chasseurs.	Codieu	3e lanciers.
Thabaud-Fontenel	1er lanciers.	Leforestier de Vendeuvres	6e cuir. (non classé.)

En 1847, la durée des cours de l'École fut fixée à 21 mois, du 1er janvier au 1er octobre de l'année suivante.

Le 22 janvier, le personnel de l'atelier d'arçonnerie fut augmenté, son cadre s'accrût de quatre brigadiers.

On était toujours préoccupé à l'École de multiplier de plus en plus les objets de démonstration et de comparaison. C'est dans ce but d'intérêt pour l'instruction que fut créé, le 4 février, au haras d'étude, un jardin botanique comprenant une flore médicale vétérinaire et une flore fourragère.

Ce fut également au mois de février qu'arriva à Saumur le magnifique cheval arabe offert au manège par le duc d'Aumale. Tous les amateurs s'empressèrent d'aller admirer ce bel étalon.

Ce fut le 13 mars que le *comte d'Aure* prit la direction du manège comme écuyer en chef. La célébrité de ce grand homme de cheval était universelle, aussi son arrivée à Saumur fit-elle une profonde sensation dans l'École et dans le public. De nombreux spectateurs se donnèrent rendez-vous aux leçons du brillant écuyer. On avait vu M. Baucher à l'œuvre, il tardait de voir son fameux antagoniste.

Le comte d'Aure, élève de d'Abzac, fut le dernier maître de l'École de Versailles. C'est par lui que le manège de Saumur se rattache à cette École célèbre.

Le comte d'Aure, rejeton d'une famille du Béarn alliée aux comtes de Toulouse, d'Aragon, de Cominges, aux ducs d'Astes et de Gramont, était né à Toulouse en 1799. Admis successivement au Prytanée militaire de La Flèche et à l'École de Saint-Cyr, d'où il sortit en 1813 comme sous-lieutenant d'infanterie, il passa ensuite dans les gardes du corps. C'est alors qu'il fut détaché au manège de Versailles sous les ordres du vicomte d'Abzac. En 1817, Louis XVIII l'attacha à sa maison en qualité d'écuyer, fonction qu'il conserva jusqu'en 1830.

Au départ de Charles X, il donna sa démission; il se mit alors à la tête du mouvement qui poursuivait l'équitation du dehors et le saut d'obstacles.

Son professeur, M. le chevalier d'Abzac, le jugeait peut-être sévèrement en disant de lui : « Ce ne sera jamais qu'un casse-cou! » Ce pronostic de l'illustre écuyer avait une certaine justesse d'appréciation, il est impossible de ne pas en convenir. Doué d'aptitudes naturelles tout à fait exceptionnelles, ayant une solidité invraisemblable, jouissant d'une très grande puissance de jambes, par dessus tout d'une audace sans limites, M. le vicomte d'Aure, dès le début de son éducation équestre, se trouva mal à l'aise dans l'inflexible rigidité de l'enseignement de l'école de Versailles. Il se pliait difficilement à l'obligation de monter un à un tous les degrés de cette sage et savante gradation. En un mot, il sentait en lui la puissance de les franchir d'un bond, et ne pouvait se résigner à contenir son impétuosité. Aussi, secouait-il le joug chaque fois que cela lui était possible.

Ces incartades, il est vrai, lui valurent parfois de très sévères admonestations d'un maître dont la patience n'admettait aucune transaction avec les principes et la tradition.

Dès qu'il se sentit affranchi de cette autorité, M. le vicomte d'Aure donna un libre essor à son initiative; il fonda un manège. Entouré du prestige de l'École de Versailles, toute la jeunesse de l'époque accourut près de lui. Mais, bien qu'en donnant la leçon, il s'appuyât d'une main sur la chambrière de M. le chevalier d'Abzac, qu'il conservait comme une précieuse relique, si l'ombre du maître eût surgi de terre, elle lui eût probablement arraché ce souvenir et s'en serait servi pour lui apprendre à mettre l'étiquette de son nom sur les audaces qu'il conseillait à ses élèves!

Toute la théorie de M. le vicomte d'Aure peut se résumer en cette courte et simple formule : « Regardez-moi, et faites de même! »

Tout, chez lui, tout était instinctif, individuel, en un mot, d'initiative et d'inspiration.

On doit donc considérer, à juste titre, M. le vicomte d'Aure comme l'une des plus éminentes personnalités que les annales de l'équitation française puissent jamais enregistrer. Mais il ne saurait être pris pour l'expression ni d'un principe, ni d'un enseignement, à plus forte raison d'une école quelconque.

En cherchant bien, nous ne pouvons trouver, pour le caractériser, un mot plus significatif que celui « d'improvisateur ». Le travail à première vue fut toujours son côté le plus brillant, celui qu'il affectionnait le mieux; mais, au point de vue de l'École de Versailles, c'était presque la négation de la science. On lui amenait un cheval réputé pour être d'une excessive difficulté, d'une nature intraitable, aussitôt il le montait. Tout d'abord, il s'engageait une lutte pendant laquelle l'écuyer résistait aux défenses les plus désespérés de l'animal, celui-ci ne tardait pas à prendre le respect de l'adversaire dont il ne pouvait se débarasser.

L'animal une fois dominé, M. d'Aure, à l'aide de l'assiette et des jambes, se l'envoyait sur la main, où il le recevait toujours en plein mors de bride, les rênes de filet nouées et ballantes. C'était d'ailleurs la manière qu'il conseillait à ses élèves, en leur répétant sans cesse : « Poussez, poussez vos chevaux sur la main. »

Après l'avoir ballotté ainsi durant quelques minutes, il finissait par le fixer, le rein engagé sous lui, l'encolure haute, la tête demi-placée dans un équilibre faux évidemment, mais sur lequel il le « pianotait » avec une justesse et une précision vraiment merveilleuses.

L'un des « airs » qu'affectionnait le plus le célèbre écuyer était de partir au plein galop, d'un bout de son manège à l'autre, à croire qu'il allait se briser contre le mur au pied duquel il exécutait une volte vertigineuse pour reprendre la piste sur l'autre main et à la même allure!

Ah! par exemple, les chevaux ne supportaient pas longtemps un pareil exercice ; on ne tardait pas à voir les jarrets s'agrémenter promptement d'éparvins, de courbes et de jardons. Mais, de cela, il ne s'occupait guère, car il était peu tendre pour les chevaux comme pour les hommes. Il en prenait d'autres, voilà tout.

Un jour, au Haras du Pin, il visitait les étalons. Arrivé devant la stalle du fameux *Eylau* — le meilleur des produits du célèbre reproducteur anglais *Napoléon*, comme il fut aussi un des héros du turf français à ses débuts, — M. le vicomte d'Aure s'extasia sur ce magnifique animal, en disant qu'il devait être merveilleux à monter.

— Je vous l'offrirais bien — répondit le directeur — mais, depuis trois ans qu'il est uniquement employé à la reproduction, il n'a pas eu de selle sur le dos.

— Oh! si ce n'est que cela, ça n'y fait rien! répliqua M. le vicomte d'Aure.

Il suffit d'être la moitié d'un cavalier pour savoir qu'avec n'importe quel cheval, dans ces conditions, « ça y fait » toujours quelque chose ; à plus forte raison avec un étalon de pur sang n'ayant pas été sanglé depuis aussi longtemps. Mais l'idée de M. le vicomte d'Aure était que cela ne devait rien y faire ! On sella donc *Eylau*, et, au milieu d'une nombreuse assistance, anxieuse de voir comment allait se terminer une aussi téméraire entreprise, il fut amené dans le manège. Tout en n'étant pas un mauvais gueux, ayant même, comme presque tous les chevaux de pur sang, un caractère très généreux, *Eylau* n'en était pas moins un cheval avec lequel on ne pouvait prendre impunément de trop grandes libertés. Il se mit donc à bondir d'une telle façon, qu'à moins d'être — comme M. le vicomte d'Aure — vissé sur sa selle, n'importe qui eût été voir promptement de quelle couleur était le plafond. Quand *Eylau* fut devenu plus calme, comme il était après tout, de haute et grande qualité, le professeur lui fit exécuter un travail de haute école d'un tel fini qu'il se termina au milieu des applaudissements les plus enthousiastes de l'assemblée.

Le comte d'Aure s'est toujours distingué par une grande puissance d'exécution et une grâce particulière. « Je me rappellerai toujours avec un sentiment de plaisir et d'admiration, dit un de ses élèves, les deux charmants chevaux *le Sana* et *le Cerf*, que M. d'Aure travaillait avec tant de perfection. Le *Danseur*, dompté par lui, était un cheval d'une nature irascible et d'une structure herculéenne. Son premier maître n'avait pu en obtenir un service même ordinaire : M. le vicomte d'Aure se chargea de son éducation, et en fit un cheval d'école. »

Du reste, la manière — nous ne dirons pas la méthode — de M. le vicomte d'Aure était essentiellement pratique. Il s'attachait surtout à faire des cavaliers hardis, entreprenants, doués de cette tenue, de cette audace, de ce mépris du danger sans lesquels un homme de cheval ne saurait jamais être complet.

M. le vicomte d'Aure était l'ennemi né de l'équitation savante, et sa doctrine pouvait se résumer en ceci : « En avant ! toujours en avant et encore en avant ! » Aussi simplifiait-il ses leçons autant que possible. D'ordinaire, elles se bornaient à des doublés, des changements, et contre-changements de main aux trois allures, et parfois seulement pour ses élèves les plus forts, à un travail sur deux pistes, très simple et très large.

Cet écuyer, en reconnaissant combien il importe à un cavalier de bien sentir ses chevaux, a dirigé avec raison l'attention des élèves de ce côté ; il fut le premier qui introduisit au manège de Versailles une sorte de reprise d'épreuve : les pages les plus avancés étant rangés à une des extrémités du manège, défilaient l'un après l'autre en partant au galop sur la ligne droite du milieu, et n'importe sur quel pied. Si le cheval était parti du pied droit, l'élève, quand il était arrivé vers les piliers, devait terminer la ligne par une volte à droite et prouvait par là qu'il avait senti son galop. S'il faisait la volte à gauche, c'était la preuve incontestable qu'il s'était trompé.

Ce moyen est bon sans doute, mais il peut prêter encore à la supercherie ; l'élève regarde souvent et furtivement à l'épaule avant de faire la volte et s'il laisse son cheval tourner à sa volonté, il est certain que celui qui a vieilli dans le manège, le fera toujours juste, choisissant de préférence le côté où il se trouve plus à son aise et sur lequel il ne risque pas de tomber, ce qui peut arriver par la volte prise à faux.

On a généralement improuvé M. d'Aure, qui parvint à faire des reprises complètement à faux et d'une admirable régularité. On n'a vu dans ce travail que de la bizarrerie, sans faire la part de la grande difficulté vaincue.

On lui a reproché de n'être pas bon professeur, c'est à tort ; mais il est certain qu'il ne prodiguait pas ses conseils et qu'il fallait être d'une certaine force pour en profiter. Il prêchait surtout d'exemple.

Bref, le comte d'Aure voulait une équitation déployée, qui allât de l'avant ; il assaisonna l'équitation anglaise à la vieille école un peu morte ; il voulait le cheval libre de son cou, la tête en avant de la verticale comme le cheval dans son pré ; il développait avant tout les forces instinctives du cheval.

Comme on lui reprochait d'exiger l'emploi des deux mains pour conduire, il fit et prôna les assouplissements en marchant.

Il encouragea les chasses, les courses, donna l'exemple des luttes avec des chevaux non dressés, et en même temps, comme il n'ignorait aucun secret de l'équitation de manège, il la pratiquait avec une grâce particulière.

Il a fait partager, aux casse-cou mêmes, le goût de l'équitation et a promulgué que le véritable écuyer était celui qui, de toutes manières, montait le mieux à cheval.

Son livre, qui fut réglementé à l'École de cavalerie, porte en lui le cachet d'improvisation qui était le propre du comte d'Aure. Au talent d'assouplir et de faire parade, il a joint celui de conserver l'allure, le brillant, la force et la vitesse.

« *Pour mettre l'équitation à la portée de toutes les intelligences, il faut la dépouiller de toute espèce de charlatanisme et, la rapprochant de sa nature, ne pas l'astreindre à ces règles générales qui ne peuvent être appli-*

cables à tout le monde; l'enfant ne peut être à cheval comme l'homme de cinq pieds, celui-ci comme un plus grand...

« *L'équitation instinctive doit être la base de la nôtre, l'art corrige avec plus de discernement, tire un meilleur parti du cheval lorsqu'on sait avec connaissance de cause l'approprier à divers services et le ménager plus ou moins en raison de sa construction, de sa vigueur, ou de ses imperfections.* »

Le comte d'Aure était le plus élégant cavalier qu'on put voir; il avait surtout une habileté de main très remarquable ; aussi le port de tête de tous ses chevaux était-il des plus gracieux. Quand il était en public, il mettait une certaine coquetterie à feindre de ne pas s'occuper de ses rênes, bien qu'à l'ordinaire, il en fit un jeu très savant : il tirait alors sa tabatière et prenait négligemment une prise au moment le plus difficile de ses mouvements.

Cherchons maintenant les principes de l'écuyer dans ses écrits :

C'est en 1834 que le *comte d'Aure* fit paraître son TRAITÉ D'ÉQUITATION, qu'il dédia à Lord Seymour, son meilleur élève.

C'était une *simplification* de l'équitation que tant d'autres voulaient compliquer.

La *théorie des oppositions* est excellente, et dans elle se trouve renfermé tout l'art de l'écuyer.

L'*action des poids et des contre-poids* était connue depuis longtemps, mais jamais on n'en avait fait une application aussi juste et aussi précise, non seulement dans le travail du galop qui, de cette manière, se trouve très simplifié et se rapproche davantage de la nature du cheval, mais encore dans le *système des aplombs*, système créé par M. d'Aure et dont les effets sont des plus heureux.

La méthode du comte d'Aure est trop avantageusement connue pour qu'il y ait lieu d'entreprendre de la faire connaître. Nous nous contenterons d'en rappeler quelques principes en parcourant son traité.

PREMIÈRE ANNÉE. — BASSE ÉCOLE. — *Le travail de la basse école consiste à fixer la posture, à savoir diriger un cheval droit devant soi et à prendre de la solidité. On doit donc, pour donner de la confiance, commencer à la longe sur la selle à piquet.*

Posture de l'homme à cheval. — *Le cavalier doit être assis d'aplomb, les reins souples, afin de suivre les mouvements du cheval; les épaules effacées et non pas reculées, la tête d'aplomb sur les épaules; éviter que le menton ne se porte en avant, mouvement qui jette les épaules en arrière, et qui, dans ce cas, fait remonter les genoux; les cuisses sur leur plat et bien tombantes;*

fixer les genoux en cherchant à les baisser, les assurer en allongeant les jambes et baissant un peu les talons, en sorte que les muscles de l'intérieur de la cuisse puissent, en se contractant, fixer les parties qui doivent rester immobiles.

Généralement, une bonne tenue s'acquiert plus par le liant, la souplesse et l'équilibre que par la force des points d'appui.

Position de la main. — Le cheval en bride. — *Quand le cheval est en bride, les deux rênes se tiennent dans la même main; dans la main gauche quand le cheval marche à la droite, et dans la main droite lorsqu'il est à gauche.*

La bride étant dans la main gauche, les rênes sont séparées par le petit doigt, la rêne gauche en dessous. Lorsqu'on les tient dans la main droite, on les prend à pleine main, le bouton sortant en dessous, c'est-à-dire du côté du petit doigt.

Deuxième année. — Haute école. — *Le travail de la haute école fait connaître d'une manière précise et détaillée les moyens à employer pour savoir exiger avec discernement et obtenir d'un cheval dressé ce qui peut tendre à sa conservation en même temps qu'à la sûreté du cavalier. Lorsqu'ils auront suivi un travail de cette nature, les élèves devront se trouver aptes à appliquer sur les jeunes chevaux les procédés dont ils auront usé sur les chevaux faits.*

On doit rechercher dans un cheval de service : 1° Qu'il marche droit et d'aplomb, afin que le cavalier soit placé dessus commodément; 2° qu'il soit franc, souple et liant, afin qu'identifié en quelque sorte avec l'homme, il comprenne toutes ses volontés.

Pour atteindre ces deux points, qui sont le fond de toutes les équitations, il est essentiel d'employer les moyens les plus simples.

Action du mors; effet des rênes. — *Chaque rêne agit de trois façons sur la bouche : la première tend à faire reculer le cheval en tirant également en arrière sur les branches du mors; la deuxième est la pression sur l'encolure et sur un côté de la bouche qui fait que, sentant une résistance de ce côté, le cheval fuit cette pression et tourne du côté opposé; la troisième est l'ouverture de cette rêne qui, en s'écartant, agit sur toute la bouche, et établit un mouvement d'attraction auquel la tête cède pour aller du côté où elle est attirée.*

Effet des jambes. — *Les jambes servent à mettre un cheval en mouvement. Elles contiennent l'arrière-main, ou lui donnent une direction quelconque : elles agissent sur cette partie comme les rênes sur la bouche et* *l'encolure, c'est-à-dire que, lorsqu'elles tomberont également près des aides, elles maintiendront droite l'arrière-main ; mais si, au contraire, une jambe offre plus de résistance que l'autre, l'arrière-main, cédant à cette pression, fuira du côté opposé.*

L'accord bien entendu des mains et des jambes renferme tout l'art de l'équitation, et le bon écuyer se reconnaît à la précision et à la justesse qu'il met dans ce travail.

Première leçon. Effet des rênes séparées. — Deuxième leçon. Effet des deux rênes s'accordant ensemble. — Troisième leçon. Effet des jambes séparément. Changement de direction par les jambes.

Aplomb du cheval. Accord des mains et des jambes. — *Lorsque le cheval est au repos, les membres portant un poids égal, pour qu'il se mette en mouvement, il faut qu'il y ait inégalité dans les appuis.*

Que l'on veuille avancer ou reculer, la partie qui poussera la masse tendra toujours, par son action, à surcharger celle qui marche la première.

La main et les jambes doivent balancer leur appui et leur action en raison du plus ou du moins de rapidité des allures, en sorte que, raccourci ou allongé, le cheval trouve un soutien qui le tienne le plus possible en équilibre.

Le soutien fixe, mais léger, qu'on laisse prendre sur le mors, s'appelle mettre un cheval dans la main; plus la tête se place perpendiculairement, mieux il est dans la main, parce que le mors a alors toute son action.

Quand un cheval est fixé dans la main, il cherche l'appui du mors; il se croit abandonné dès qu'il cesse de le sentir. Ainsi, lorsque l'on veut pousser un cheval en avant, les jambes agissent et la main soutient; si l'on veut l'asseoir ou le faire reculer, la main agit et les jambes soutiennent.

Cet accord est aussi nécessaire dans le travail des deux rênes ou des deux jambes. Quand une rêne agit, l'autre doit soutenir. Quand la jambe gauche se ferme pour agir, la jambe droite doit se fermer pour offrir une résistance qui soutienne le cheval, règle, ralentisse ou rectifie l'action de la jambe gauche.

Le comte d'Aure examine ensuite les causes qui portent un cheval sur l'avant-main, et donne les moyens propres à rétablir l'équilibre naturel. De même pour les raisons qui portent un cheval sur l'arrière-main.

L'auteur se résume très clairement en mettant en parallèle l'équitation anglaise et l'équitation allemande ; la première de course, la deuxième de manège ; la première recherchant la vitesse et mettant le cheval sur les épaules, la deuxième recherchant la légèreté et mettant le cheval sur les

hanches. Il conclut : *Nous devons rechercher dans notre équitation un intermédiaire, et faire en sorte de nous rapprocher des principes anglais sans en adopter ce qu'ils ont de mauvais, de même que nous devons modifier le système allemand, qui est celui dont nous nous sommes le plus rapprochés.*

A propos de l'*embouchure*, l'auteur dit : *D'après la manière dont je conçois l'action du mors et des divers effets de rênes, je fais en général peu de cas des mors brisés et de ces inventions qui ne produisent guère que l'effet d'un bridon ou qui n'agissent que partiellement dans la bouche d'un cheval. Ces avantages sont pour moi des inconvénients, parce que je considère comme essentielle la propriété qu'offrent les mors fixes, de pouvoir assujettir la tête d'une manière positive.*

Des moyens de mettre un cheval au galop. — *Pour marcher à droite, sachant qu'à cette main l'épaule droite est plus élevée et plus avancée que la gauche, il faut faire agir la bride de façon à obtenir ce résultat. On élèvera la main afin de porter le poids des épaules sur l'arrière-main et asseoir le cheval, ce qui le disposera à prendre le galop ; on tirera ensuite la rêne gauche qui, agissant sur l'épaule gauche, la ralentira et, par conséquent, dégagera la droite et la mettra en avant; qu'on remarque bien : « on tirera sur la rêne gauche. » Pendant que la main dispose les épaules, les jambes doivent agir pour pousser le cheval en avant, et l'on doit placer l'arrière-main de manière à ce que ses mouvements s'accordent avec ceux de l'avant-main. Le côté droit de l'arrière-main devant être aussi plus avancé, il faut présenter une plus grande résistance du côté gauche afin qu'en poussant les hanches de gauche à droite, ce côté marche le premier.*

C'est l'action de la rêne et de la jambe gauche qui, par leur résistance sur ce côté, déterminent le galop à droite, la rêne et la jambe droite rectifiant l'action qui vient de gauche.

Chez un cheval dressé, on s'embarque ainsi au galop sans qu'à l'œil il paraisse de travers ; une résistance un peu plus forte suffira pour la faire partir à une main plutôt qu'à une autre ; mais on ne peut le déterminer à une main, et l'y maintenir juste que par les oppositions.

L'ancienne équitation, dans l'éducation de ses jeunes chevaux, était obligée comme nous, pour les mettre au galop, de les placer de travers et d'user d'oppositions en raison de la main où l'on voulait les mettre ; mais elle n'admettait pas ce principe dans un cheval dressé ; elle en intervertissait en quelque sorte l'ordre, puisqu'au lieu d'employer la jambe du dehors pour déterminer l'allure, la jambe du dedans seule devait avoir cette propriété.

Elle basait ses raisons sur ce que, marchant à une main, le cheval devait s'y trouver placé, et que la jambe droite pouvant redresser les hanches en même temps qu'elle poussait le cheval en avant, il suffisait de ralentir l'épaule gauche avec la rêne gauche pour déterminer le galop à droite, et, du moins, de cette façon, il partait placé. On ne peut admettre un semblable moyen parce qu'il n'est pas infaillible, et que dans une foule de cas, la jambe droite, loin de pouvoir servir à mettre un cheval à droite, est pour l'écuyer le seul moyen à sa disposition pour l'embarquer ou le maintenir à gauche. C'est l'éternelle discussion qui reparaît.

Le comte d'Aure donne maintenant la progression à suivre pour parfaire le dressage d'un cavalier, et à ce propos il dit :

Ménager un jeune cheval, c'est savoir établir un travail suivi et raisonné et n'exiger que d'après ses moyens et en raison du service auquel on veut l'employer. Le cheval de manège doit être en quelque sorte sacrifié pour enseigner tout le parti qu'on peut tirer de ces animaux, en même temps qu'on s'éclaire sur l'emploi des moyens pour user de leurs ressources avec ménagement.

Dans ses *principes généraux*, l'auteur établit que *le travail ordinaire se fait sur le large et sur les cercles ; le cheval doit être placé en raison du sens où il parcourt les différentes lignes qui forment une reprise.*

En marchant à main droite, la bride doit être dans la main gauche ; l'épaule du cavalier s'avancera de manière à se mettre en face de la tête du cheval, afin d'être plus tourné vers le côté de dedans, où il est censé avoir à faire, et pour résister à la force centrifuge qui tend toujours à reculer le côté du dehors.

Dans les divers changements de main, on prendra la bride du côté opposé à celui où l'on marche. Cet usage est nécessaire dans une école parce qu'ainsi la main qui ne tient pas la bride sert à agir sur la rêne de dedans, et contribue à assouplir, et à placer l'encolure du cheval dans le pli où il doit tourner.

Une fois hors du manège et le cheval dressé, la bride doit rester dans la main gauche, et par les simples oppositions de cette main, on le place indistinctement à droite ou à gauche, en raison de la volonté du cavalier, qui a besoin d'avoir la main droite toujours libre.

Toutes les fois qu'on change de direction, il faut, avant de tourner, marquer des temps d'arrêt qui préviennent le cheval et le préparent à marcher dans un autre sens.

Il faut autant que possible, selon moi, s'abstenir de l'usage du filet, afin que, sachant se passer de ce secours, on ait toujours une main libre. Il est pourtant nécessaire sur le cheval qui n'est pas encore fait à la bride ; il sert à donner la connaissance des effets des rênes, du mors, et à offrir un point d'appui sur la main, etc...

Pour le passage des coins, il fait les recommandations suivantes : *Pour prendre l'habitude de marquer des temps d'arrêt à chaque tournant, une fois arrivé à quelques pas du coin, la main se placera dans la direction de l'angle du mur vers lequel on marche ; ce mouvement, qui fera porter l'avant-main du cheval à gauche, obligera l'élève, arrivé dans le coin, à marquer un temps d'arrêt pour rassembler son cheval et le disposer à en sortir ; cet arrêt marqué et le cheval rassemblé, la main se portera à droite pour sortir du coin et suivre la nouvelle direction.*

Une fois que le cheval sentira ce travail, on passera les coins en maintenant les chevaux à la main à laquelle ils marchent, etc...

Il explique ensuite : *Le changement de main. — Le travail sur les cercles au pas et au galop. — Les changements de main en cercle au pas et au galop. — Le trot sur les cercles. — Le galop ordinaire sur le large. — Le départ au galop, le cheval droit.*

Il arrive enfin au *galop à droite, le cheval placé à cette main.* — Après avoir rappelé qu'il a montré qu'en pliant l'encolure à droite on pouvait ralentir le développement de l'épaule droite et faciliter celui de la gauche, il dit que si l'on s'y prenait ainsi pour placer à droite un cheval qu'on veut mettre au galop à cette main, il partirait infailliblement à gauche.

Il faut nécessairement obtenir ce pli d'une manière différente et de telle sorte qu'en pliant l'encolure à droite et portant la tête de ce côté, l'épaule gauche soit toujours plus chargée et plus en arrière que la droite.

Ce travail s'opèrera principalement par l'action de la rêne droite. Cette rêne doit marquer sur la barre droite une résistance de devant en arrière qui reculera la tête plus à droite qu'à gauche et pliera par ce moyen l'encolure à droite ; cette position obtenue, la rêne droite, par un mouvement de continuité, en même temps qu'elle ramènera la tête et la placera à droite, marquera une résistance de droite à gauche qui empêchera le cheval de tourner et lui maintiendra le bout du nez sur la ligne de l'épaule droite, en rejetant alors sur l'épaule gauche toute la pesanteur de la partie inférieure de l'encolure. Une fois cette position de l'avant-main obtenue, les jambes agiront comme cela a été détaillé, en ayant soin de laisser le moins possible les hanches en dedans.

Le comte d'Aure traite alors du *Travail composé. — Marche oblique et sur les hanches.*

Pour les « *Moyens de fermer ou d'aller sur les pas de côté* », il dit : *Ainsi voulant appuyer de droite à gauche, je marque un arrêt de la bride et je ferme mes jambes pour rassembler le cheval et le mettre en action. Ce mouvement exécuté, je marque un arrêt et une pression de la rêne droite afin d'arrêter le mouvement de l'épaule droite; cette épaule étant arrêtée agira nécessairement sur la hanche gauche qui, au lieu de se porter en avant si l'on avait laissé la liberté à l'épaule, étant repoussée par elle, reculera ou s'échappera à gauche. Dans ce mouvement, en fermant la jambe droite pour pousser la hanche droite à gauche, je déterminerai le mouvement à gauche de la hanche gauche, déjà provoqué par l'arrêt de la rêne droite, et je mettrai en mouvement l'épaule gauche qui, trouvant une résistance dans la main et une pression lui venant de droite, ne pouvant se porter en avant, s'échappera à gauche, étant poussée par le mouvement de la hanche droite.*

Une fois mis en mouvement dans cette nouvelle direction, ce sera au cavalier à balancer l'action de ses aides.

Si le cheval pousse trop précipitamment ses hanches à droite, on atténuera ce mouvement par l'action de la jambe droite en diminuant celle de la gauche; si l'épaule ne se porte pas assez à droite, ou l'on écartera la rêne droite ou l'on portera la main gauche dans cette direction.

Il est bon pour apprendre à un cheval à marcher ainsi de le mettre vis-à-vis un mur; la tête étant maintenue, la main n'aura pas besoin d'une action aussi grande et il recevra plus froidement cette leçon. On peut même commencer ce travail sans monter le cheval, afin qu'il apprenne à bien croiser ses jambes.

L'avantage que l'on retire du travail des pas de côté est incalculable, dit M. d'Aure ; *il contribue à mettre le cheval sur les hanches et à l'assouplir; il dégage les épaules et donne à l'animal un liant qu'il ne peut avoir que lorsqu'il n'a été conduit que droit devant lui.*

Changement de pied en l'air. — *Le cheval étant à droite, je veux le passer à gauche; j'use du moyen indiqué, seulement je fais agir simultanément mes mains et mes jambes. Ainsi galopant à droite, au moment où je veux passer à gauche, je marque un arrêt de la bride assez fort pour arrêter le développement de l'épaule droite qui marche la première, et en même temps je fais agir mes jambes avec plus d'action, en exigeant plus de la droite que de la gauche, afin de pousser la hanche gauche à gauche.*

Le cheval qui, par l'arrêt simple de la bride, se serait arrêté, si la jambe du cavalier n'avait pas continué d'agir, se rassemblera; alors la main agissant plus sur l'épaule droite que sur la gauche, cette dernière poussée en avant par l'action des jambes et étant moins arrêtée que la droite, passera nécessairement devant celle-ci, et enfin l'arrêt qui empêchera le développement de l'épaule droite, contribuera à faire échapper à gauche la hanche gauche, mouvement déjà commencé par l'action plus forte de la jambe droite du cavalier.

Il s'agit maintenant des *Têtes à la queue. — Il est une foule de cas où il faut savoir exécuter le tête à queue. C'est une erreur de croire qu'il s'exécute toujours aux dépens de l'arrière-main. On doit, au contraire, loin de trop le restreindre, donner à l'arrière-main une liberté qui lui permette d'agir. Par exemple, marchant au galop à droite au moment où je veux exécuter, je rassemble et ralentis le cheval pour le mettre dans la main et le préparer; je l'arrête insensiblement, la main très basse, afin de l'engager à baisser la tête, ce qui tend à élever les hanches et à les dégager, et tout en arrêtant, je porte la main à droite en faisant alors agir vigoureusement mes deux jambes, afin de rejeter sur l'avant-main le poids que l'arrêt de préparation et le commencement du tournant auraient pu jeter sur le derrière; en même temps je fais, avec la résistance plus forte de la jambe droite, échapper l'arrière-main à gauche, à mesure que l'avant-main est portée à droite. Une fois que le mouvement est indiqué, la main reste fixe dans la nouvelle direction, et la jambe gauche maintient la hanche gauche pour qu'elle ne dépasse pas la ligne de l'épaule.*

L'essentiel dans l'exécution de ce mouvement est de bien préparer son cheval.

Ainsi, en décomposant ce travail, on voit qu'au point de départ, le cheval est plus sur les hanches que sur les épaules, et, à la fin de la tête à queue, il doit être, au contraire, plus sur les épaules que sur les hanches.

Pour le *dressage du jeune cheval*, l'auteur ne donne que des directives un peu vagues. Cette lacune se ressent un peu du caractère tout personnel de M. d'Aure, qui aimait particulièrement les improvisations. Ce n'est pas à dire pour cela qu'il ne fût pas capable de diriger un dressage méthodique; mais s'en est-il jamais donné la peine?

Cette courte analyse du système du comte d'Aure nous impose un rapprochement forcé avec le système Baucher. C'est dans ces deux écuyers que se personnifie l'école contemporaine. Tous deux, ils ont créé un système auquel ils ont attaché leur nom. Par leurs discussions, ils ont tenu longtemps le monde hippique en suspens, et c'est entre ces deux systèmes qu'oscillent tous les écuyers.

Il sembla que Baucher créait en quelque sorte une équitation de toutes pièces dans laquelle le cheval devenait un instrument harmonieux entre les mains et les jambes de l'écuyer.

Le triomphe de Baucher fut son dressage du cheval *Partisan*. C'était un cheval d'origine anglaise qu'on avait cru indomptable. Le fini de son éducation démontra le contraire; Baucher le montait en haute école; et loin que la privation d'une liberté dont il abusait auparavant l'eût rendu informe, il excitait l'admiration générale; toutes ses poses étaient devenues gracieuses et tous ses mouvements réguliers.

Baucher était un génie séduisant qui a fait des fanatiques ; mais c'était un génie spécial qui se mettait en travers de tout ce qui avait été fait en équitation jusqu'alors. Son cerveau était une mine d'idées équestres; il y en a eu en lui plus que dans tous ses prédécesseurs réunis. Il a écrit beaucoup et par expérience; seulement, comme il lui fallait recourir à des intermédiaires pour rédiger ses œuvres, son langage n'est pas toujours très explicite.

Il n'est pas besoin d'ajouter que Baucher montait très finement; il était fort bien placé des jambes, mais peu gracieux; quant à ses chevaux, ils étaient tous parfaitement mis.

Baucher, c'est l'équitation des forces transmises. Le cheval n'exécute un mouvement avec légèreté qu'à la suite d'une position donnée; s'il est des forces qui s'opposent à la position donnée, il faut les annuler d'abord, pour les remplacer par celles qui pourront seules la déterminer.

Donc il faut l'absorption entière des forces du cheval par le cavalier, de telle sorte que l'animal devienne un instrument docile attendant pour fonctionner l'impulsion qu'il plaît de lui communiquer.

Baucher s'empare des forces du cheval par les assouplissements de la mâchoire, de l'encolure, des reins, des hanches, par le ramener (position verticale de la tête avec mobilité de la mâchoire), enfin par les attaques. Puis il arrive au rassembler qui réunit au centre de gravité toutes les forces du cheval. Il n'y a plus alors qu'à donner l'impulsion pour obtenir le mouvement. Mais là est souvent la déception. L'animal se mettant en marche sort de la position donnée, ou s'il y est vigoureusement maintenu il s'y arrête; se sentant renfermé entre l'éperon et la main, il n'ose ni avancer ni reculer et si le cavalier suivant la méthode veut lui maintenir la tête, le cheval recule, ou se cabre et se précipite sur la main pour la forcer. Voilà le danger des attaques, si difficiles en outre à bien exécuter.

Baucher, du reste, les préconise moins que plusieurs de ses élèves, Raabe surtout, qui a exagéré le maître dans ce sens.

En résumé, cette méthode remarquable pour l'homme de tact est pleine d'écueils pour la plupart. Elle prend trop sur les chevaux, qu'elle réduit à l'état de machines automatiques.

Que dit M. d'Aure de la position du cavalier, préconisée par Baucher? *Baucher veut le cavalier sur l'enfourchure, le corps en avant et les jambes placées jusqu'aux flancs, position qui serait parfaitement incommode pour les chasses et les longues routes militaires.* Pourtant M. d'Aure est aussi un écuyer de manège; mais il dit : *Que le manège est un moyen, mais non un but; qu'il faut savoir en user avec discrétion. Il ajoute que tout cheval soumis aux règles seules du manège, pourra y faire de fort jolies choses, mais ne sera au dehors qu'un exécrable cheval.*

D'Aure veut développer les moyens naturels du cheval, lui faire comprendre ce qu'on lui demande, mais en le rendant en quelque sorte responsable de ses mouvements, il s'en rapporte à ses instincts par une équitation déployée.

A *l'école d'Aure* qui dit : « *Poussez sur la main* », on a pu reprocher d'aller trop vite.

A *l'école Baucher* qui dit : « *Rendez léger par les jambes et l'éperon* », on a pu reprocher d'aller trop doucement.

La première peut rendre le cheval lourd à la main. La deuxième peut le mettre en arrière de la main. En tout cas, la deuxième mal employée est plus dangereuse que la première. Toutefois ces deux méthodes sont susceptibles de se combiner et de se corriger mutuellement.

Comme Baucher, par exemple, on demandera pour un travail serré la tête verticale et l'encolure revenant sur elle-même. Pour un travail plus déployé, la position de l'un et de l'autre devra varier.

Ce mélange des deux méthodes est le thème de l'enseignement actuel de Saumur, et c'est dans cet esprit, plus ou moins mitigé de l'une et de l'autre, que peuvent se résumer les méthodes des différents écuyers qui se sont succédés depuis lors à l'École de cavalerie.

École de Cavalerie

M. le comte d'AURE, Écuyer en Chef

AUBRY : *Histoire pittoresque de l'Équitation.*

Courbett
Marche oblique au galop
Trot

XI

Service intérieur du manège. — Une nouvelle rédaction du cours d'Équitation est décidée. — La fête du Roi. — Les quatre tenues de l'École. — Anniversaires de Juillet. — Théorie du manège académique. — Dupont. Éléments abrégés d'un cours d'équitation militaire : Connaissance du cheval ; embouchement; dressage; hygiène; ferrure; premiers soins à donner au cheval malade. Flexions d'encolure. Résumé du travail des jeunes chevaux. Haras sauvages. — Inspection du général Boyer. — Création de brigadiers palefreniers. — Concours pour la place de professeur de maréchalerie. — Transformation des selles hongroises du modèle de 1840. — Les chevaux du manège. — D'Elbée. Progression nouvelle pour l'école du cavalier à cheval. — État-major et officiers-élèves de l'École en 1847. — Proclamation de la République. — Inauguration du drapeau de la garde nationale. — Adhésion à la République. — Séance du comité démocratique au manège. — Service funèbre pour les victimes de Février. — Les listes électorales de l'École. — Inauguration d'un arbre de la liberté. — Élections de l'École. — Mesures de sûreté pendant les élections de l'arrondissement. — Les escadrons de guides formés à Lunéville. — Deux escadrons de guides formés à Saumur. — La selle des guides. — Incendie du magasin à fourrage. — Élections de mai. — Détachement de la garde nationale envoyé à Paris. — Service funèbre pour les victimes de Juin. — Revue sur le Chardonnet. — Inspection du général Ordener. — Installation de l'hôpital de l'École. — Nouvelles élections. — Promulgation de la Constitution. — Fixation de la durée du cours des officiers-élèves de la deuxième division. — Élection du président de la République à l'École. — État-major et officiers-élèves de l'École en 1848. — Anniversaire de la réunion de l'Assemblée nationale. — Mesures de sûreté à l'occasion des élections de mai 1849. — Le président de la République à Saumur. — Le choléra. — Inspection du général Korte. — Essai d'une bride-muselière. — Manuel de maréchalerie. Connaissances exigées des maréchaux. Fers utiles et usités ; fers utiles peu usités ; fers nuisibles et à rejeter ; fers étrangers. Conditions d'une bonne ferrure. Ferrures exceptionnelles. — État-major et officiers-élèves de l'École en 1849.

Le 1er avril 1847, le nouveau règlement du service intérieur du manège, rédigé par le conseil d'administration, fut mis en vigueur. Le plus bel éloge à faire de cette mesure d'ordre, c'est de dire qu'elle a cours aujourd'hui encore, sauf quelques petites modifications exigées par l'augmentation considérable des heures occupées.

Le 25 février, une nouvelle décision ministérielle était encore venue ordonner la revision du Cours d'Équitation de l'École. Les membres du corps enseignant de l'École furent alors chargés de faire leurs rapports sur cette question.

Le 24 avril, le conseil d'instruction de l'École se réunit et reçut communication du résumé fait par son secrétaire des vingt rapports qui avaient été rédigés. Il fut décidé à l'unanimité que les première et troisième parties, mal subdivisées et entachées d'hérésies nombreuses, en désaccord avec les saines doctrines qui avaient prévalu depuis 25 ans, étaient à refaire complètement, que les deuxième et quatrième parties demandaient aussi à être essentiellement modifiées dans le fond et la forme, et n'étaient plus en rapport avec les progrès des sciences équestre et hippique.

Ce résumé si explicite des opinions de tout le corps enseignant de l'École et de son conseil d'instruction, confirmait la pensée émise par M. l'écuyer-professeur de Saint-Ange, dans la séance du 11 mai 1846, de la nécessité absolue de procéder à la rédaction d'un nouveau Cours. Mais l'exécution de cette décision allait être encore suspendue jusqu'en 1850.

Le 1er mai, jour de la fête du Roi, le réveil fut sonné en musique. A onze heures, tous les officiers et fonctionnaires de l'École, en grande tenue, escortaient le général à l'église Saint-Pierre, où fut célébrée une messe solennelle à laquelle assista un escadron en armes, avec l'étendard et la musique.

A quatre heures et demie, l'École et la garde nationale furent passées en revue sur le quai de Limoges. Le soir, la ville et le quartier furent illuminés; la musique joua sur la place de la Comédie. Le lendemain le général donnait un bal.

Le 24 mai, parut le nouveau règlement de l'École; il prescrivait quatre tenues différentes que nous transcrivons :

Tenue du matin. — Pour les officiers : bonnet de police, habit veste ou capote, pantalon. Les officiers d'instruction doivent porter l'uniforme de leur régiment, excepté dans les exercices militaires, où ils doivent prendre la veste de manège en usage à l'École. Pour les sous-officiers du cadre : bonnet de police, habit veste, pantalon de cheval. Pour les sous-maîtres de manège : veste et chapeau de manège, culotte et bottes à l'écuyère avec éperons noirs, cravache d'ordonnance. Pour les sous-officiers d'instruction : bonnet de police, habit veste et pantalon de cheval à l'uniforme de leurs corps. Pour les élèves instructeurs : bonnet de police, habit veste et pantalon de cheval. Pour la troupe : bonnet de police, veste d'écurie, pantalon de cheval.

Petite tenue. — Pour les officiers du cadre : frac avec épaulettes et aiguillettes, chapeau, pantalon de drap et épée. Pour les officiers d'instruction : petite tenue de leurs corps. Pour les officiers-élèves : habit veste, épaulettes, shako couvert avec pompon de laine écarlate, pantalon de drap, sabre avec ceinturon et dragonne en cuir noir. Pour les sous-officiers du cadre : habit veste, épaulettes, aiguillettes, shako couvert, pantalon d'ordonnance et sabre avec ceinturon et dragonne en cuir noir. Pous les sous-maîtres de manège : frac brodé avec aiguilettes, chapeau, pantalon de drap et épée. Pour les sous-officiers d'instruction : petite tenue de leurs corps. Pour les élèves instructeurs : shako couvert, habit veste, épaulettes, pantalon de cheval et sabre.

Grande tenue. — Pour les officiers du cadre : shako découvert avec cordon, habit veste, épaulettes et aiguilettes, pantalon de drap, giberne, sabre avec dragonne d'or. Pour les écuyers et les sous-écuyers : frac brodé, épaulettes et aiguillettes, chapeau, culotte blanche, épée, bottes à l'écuyère avec éperons dorés. Pour les officiers d'instruction : la grande tenue de leurs corps. Pour les officiers-élèves : même tenue que pour les officiers du cadre. Pour les sous-officiers du cadre : shako découvert avec cordon, habit veste, épaulettes et aiguillettes, pantalon de drap, giberne, sabre. Pour les sous-maîtres de manège : frac brodé, aiguillettes, chapeau, culotte blanche, épée, et bottes à l'écuyère, avec éperons de cuivre bruni. Pour les sous-officiers d'instruction : la grande tenue de leurs corps. Pour les élèves instructeurs : shako découvert avec cordon, habit veste, épaulettes, pantalon de drap, sabre.

TENUE DE MANÈGE. — La tenue de manège se compose pour tout le monde : du chapeau de manège, de la veste de manège, de la culotte de drap bleu, des bottes à l'écuyère, avec éperons noirs, et de la cravache d'ordonnance. Pour les examens, on ajoute les épaulettes sur la veste. Les écuyers ont le frac au lieu de la veste. Les capitaines-instructeurs, le frac avec épaulettes et aiguillettes, et la culotte blanche.

Les fêtes anniversaires de Juillet furent remises cette année-là au 1er août. Le réveil fut sonné en musique dans la cour du Roi, au quartier général et sur la place de la Bilange. Un service funèbre pour les victimes des journées de Juillet fut célébré dans l'église Saint-Pierre, à 11 heures, un escadron en armes, l'étendard et la musique y assistèrent. Tous les officiers et fonctionnaires de l'École, en grande tenue, crêpe au bras et à l'épée, se rendirent chez le général, où se réunit le cortège avant d'aller à l'église. Deux capitaines se tinrent aux coins du catafalque pendant toute la cérémonie.

A midi et demi, l'École et la garde nationale furent passées en revue sur le quai de Limoges. A cinq heures, il y eut carrousel. Le soir, retraite en musique et illuminations.

La diversité de l'enseignement du manège académique dans les régiments était signalée déja depuis longtemps par les généraux inspecteurs. Pour remédier à cet inconvénient, le Ministre de la guerre chargea le conseil d'instruction de l'École de Cavalerie, le 27 août, de préparer un projet de théorie spéciale du manège académique pour les corps de troupes à cheval.

C'est en grande partie cette prescription qui inspira à M. Dupont, capitaine à l'École, son ouvrage d'équitation qu'il publia en 1847. « ÉLÉMENTS ABRÉGÉS D'UN COURS D'ÉQUITATION MILITAIRE, *par A. Dupont, capitaine instructeur à l'École de cavalerie de Saumur.* »

Ce livre, destiné particulièrement aux officiers et aux sous-officiers des corps de troupes à cheval, renferme, dans des résumés très succincts, ce qui est indispensable à la connaissance du cheval, à son emploi et à sa conservation. Les articles concernant l'âge, l'embouchement, le dressage, l'hygiène, y compris la ferrure, y sont traités avec tout le développement nécessaire ; on y a joint l'instruction ministérielle sur la conduite des chevaux en remonte, avec quelques annotations. Un chapitre spécial fait connaître les règles pratiques à observer pour conserver la santé du cheval dans toute les positions où le cavalier peut se trouver. Enfin une nomenclature détaillée des diverses affections, instruit le cavalier sur les premiers soins à donner à son cheval en cas de maladie et en même temps sur les moyens d'en éviter les causes. Ces éléments abrégés du COURS D'ÉQUITATION MILITAIRE comprenaient : 1° *La connaissance du cheval*; — 2° *L'embouchement et le dressage; 3° L'hygiène; 4° La ferrure et les premiers soins à donner au cheval malade.*

C'était donc aussi bien un abrégé d'hippologie que d'équitation.

La méthode de dressage des jeunes chevaux est basée sur les trois premières leçons de l'ordonnance, sur le cours d'équitation de l'École et sur les traités d'équitation du comte d'Aure. Il y est cependant ajouté quelques remarques ayant trait à l'emploi des *flexions d'encolure.*

Voilà donc un premier essai de fusion des deux méthodes. « *En vertu d'une décision ministérielle du 24 juin 1845, les mouvements compris dans la première partie de la première leçon de la méthode provisoire du 17 décembre 1842 sont applicables, dans certains cas, à l'instruction des chevaux de remonte : il a donc paru utile de rapporter ici pour le bridon, et plus loin pour la bride, les plus simples de ces mouvements.*

En bridon : Travail en place, le cavalier étant à cheval; flexions latérales de l'encolure.

En bride : Travail en place, le cavalier à pied. Affaissement de l'encolure par la flexion directe de la mâchoire.

Voici d'ailleurs le *résumé du travail des jeunes chevaux* :

TRAVAIL PRÉPARATOIRE. — *Leçons du montoir et promenade avec le harnais.*

TRAVAIL EN BRIDON, *première et deuxième leçons. — Première partie. — Leçon du montoir. — Flexions latérales de l'encolure. — Marcher. — Arrêter. — Ralentir le pas. — Allonger le pas. — Passer du pas au trot. — Passer du trot au pas. — Changement de direction dans la largeur du manège.*

Deuxième partie. — Changement de direction dans la longueur du manège. — Changement de direction diagonal. — Marche circulaire. — Changement de main sur le cercle. A droite, à gauche. — Demi-tours à droite et à gauche, les cavaliers marchant à la même hauteur. — Demi-tours à droite et à gauche, les cavaliers marchant en colonne. — Reculer et cesser de reculer. — Leçon du pas de côté, la tête au mur.

TRAVAIL EN BRIDE, *troisième leçon. — Première partie. — Travail en place, le cavalier étant à pied. — Travail en place, le cavalier étant à cheval. — Exécution de la première partie du travail en bridon. — Exécution progressive de la deuxième partie du travail en bridon. — Pli de l'encolure à droite et à gauche avec la bride. — Étant de pied ferme, partir au trot. — Marchant au trot, arrêter. — Passer successivement de la tête à la queue de la colonne. — Leçon des pas de côté. — Passer du trot au grand trot, et du grand trot au trot. — Travail individuel.*

Deuxième partie. — Leçon du galop sur des lignes droites et en cercle. — Leçon des pas de côté. — Travail individuel. — Saut du fossé et de la barrière. — Exécution de la première partie de la troisième leçon avec le sabre seulement. — Maniement du sabre, de pied ferme et en marchant. — Travail individuel et isolé. — Instruction du pistolet, de pied ferme et en marchant. — Exercice du sabre. — Travail individuel et isolé. — Instruction du fusil, de pied ferme et en marchant. — Travail individuel et isolé. — Exécution de la deuxième partie de la troisième leçon. — Instruction des feux à poudre. — Travail individuel et isolé.

ÉCOLE DU PELOTON. — *Ruptures par quatre et formations en bataille. — Doublements et dédoublements. — Marche du peloton en bataille; quelques conversions. — Travail isolé. — Tirailleurs en exécutant les feux à poudre. — Travail avec armes et bagages.*

Résumé des leçons nécessaires d'après le travail qui précède : *Première et deuxième leçons* (première et deuxième partie, 2-10) (12) ; *troisième leçon* (première et deuxième partie, 16-18) (34); *quatrième leçon* (12); *école du peloton* (12). Total, 70.

A propos de la *ferrure*, l'auteur dit que les *maréchaux doivent être en état de donner les premiers soins à un cheval malade ou blessé; par conséquent, il est nécessaire qu'ils soient pourvus d'une trousse de chirurgie, contenant: une flamme, une paire de ciseaux courbes, un bistouri, une spatule sonde, une aiguille à séton, une rainette et une feuille de sauge double.*

Nous n'avons rien de particulier à relever dans la méthode de ferrure de l'auteur, qui ajoute d'ailleurs : « *Voyez, pour plus de développements, le Guide du maréchal par Lafosse, et la méthode Balassa* .» Ce qui montre que les principes de Lafosse étaient encore les principes dirigeants. Il est bien entendu que le guide du maréchal dont il question est une réédition. Elle avait été faite en 1845. M. Dupont parle également de la ferrure à froid, qui avait été l'objet de l'instruction du 30 juillet 1845.

Parlant des *haras*, l'auteur les distingue en haras sauvages, haras parqués et haras domestiques. « *Les haras sauvages sont ceux où les chevaux, abandonnés en liberté dans un endroit circonscrit, se nourrissent du produit du sol et restent étrangers à l'homme jusqu'au moment où l'on veut s'en emparer. Tels sont en France, ceux des landes de Bordeaux et des marais de la Camargue. Les haras parqués sont de grands établissements où les chevaux jouissent aussi, en liberté, des avantages des haras sauvages, sans en avoir tous les inconvénients; la Russie, l'Allemagne et l'Espagne sont les seuls pays où il existe de ces grands haras.* »

Le *général Boyer* arriva le 19 septembre à Saumur pour passer l'inspection générale de l'École. Le carrousel de fin d'année eut lieu sous sa présidence, le 3 octobre, à deux heures de l'après midi.

Pour rendre plus efficace la surveillance des palefreniers, on créa, le 12 octobre, des brigadiers palefreniers qui furent sous les ordres immédiats des sous-maîtres du manège.

Le 20 octobre, un concours pour la place de professeur de maréchalerie fut ouvert à Saumur, les séances furent publiques et eurent lieu au haras en présence d'un conseil d'instruction constitué en jury d'examen. Ce concours fut clos le 25 octobre, et les onze vétérinaires en premier qui étaient venus y prendre part retournèrent à leurs postes.

L'atelier d'arçonnerie annexe de l'École jouait déjà un rôle important. C'était à Saumur qu'étaient fabriqués les nouveaux modèles de harnachement; c'était aussi à Saumur que l'on étudiait les transformations reconnues nécessaires aux anciens modèles. C'est ainsi qu'en 1847, on exécuta la transformation des selles hongroises du modèle de 1840.

Pendant l'année 1847, le manège reçut 58 chevaux, 11 du haras, 8 de Normandie, le reste d'achat direct ou du dépot de remonte d'Auch. On avait encore à se plaindre du manque de taille des chevaux d'Auch et du haras.

Au mois d'avril 1847, il parut une PROGRESSION NOUVELLE *pour l'école du cavalier à cheval, par d'Elbée, capitaine instructeur au 2e régiment de cuirassiers.*

L'auteur explique dans ses préliminaires que le but de cette progression est de rendre plus facile pour l'homme de recrue l'étude de l'équitation, dont les commencements surtout présentent tant d'obstacles à vaincre. *Persuadé qu'on ne surmonte les difficultés qu'à la condition de les combattre une à une, nous avons pensé que les quatre leçons de l'école du cavalier devaient être divisées de la manière suivante: 1re leçon, Étude de la position, de pied ferme; 2e leçon, Étude de la position, en marchant; 3e leçon, Conduite du cheval; 4e leçon, Équitation militaire, maniement des armes, etc. De plus, nous croyons que la méthode employée pour l'instruction du soldat dans les chambres peut être utilement appliquée à l'instruction du cavalier au manège. L'homme, pour profiter des leçons qu'on lui donne, doit pouvoir se rendre compte de l'extérieur du cheval, du mécanisme des différentes allures et connaître sa propre conformation. Nous avons donc joint à cette progression des tableaux qui contiennent les nomenclatures et les définitions nécessaires. Nous avons donc substitué, dans les trois premières leçons, le travail du manège civil au travail militaire; en voici la raison : les commandements militaires exigent une rapidité d'exécution à laquelle l'homme de recrue ne peut être habitué dès les premiers jours; c'est donc toujours au détriment des chevaux et sans profit pour l'élève que l'instructeur obtient cette spontanéité de mouvements; le cavalier inexpérimenté, surpris par le commandement, ne rassemble pas son cheval, le brusque, l'irrite, le met sur les jarrets. Nous avons substitué deux séances, d'une heure ou de trois quarts d'heure, à la leçon de deux heures que prescrit l'ordonnance. — Les hommes de recrue, surtout dans les premiers temps de leur instruction, se fatiguent vite, et il est difficile d'obtenir que leur attention se soutienne pendant toute la durée d'une longue leçon.*

Pour ne pas nous étendre trop sur un ouvrage qui n'a pas eu de caractère officiel, nous allons nous contenter de relever le sommaire des leçons.

Première leçon. — Première partie. — 8 séances : Flexion des reins pour servir à l'extension du buste; flexion des membres supérieurs; mobilisation des membres supérieurs; flexion des mains; mobilisation de la tête. — *8 séances :* Rotation et extension des cuisses; flexion des jambes; mobilisation des pieds. — *14 séances :* Exercice général pour toutes les parties. Total, 30 séances.

Deuxième partie. — 20 séances : Exercices avec des poids dans les mains; pression des genoux; déplacement du tronc. — *10 séances :* Manière de tenir les rênes du bridon; allonger et raccourcir les rênes du bridon; croiser et séparer les rênes; effet de chaque rêne du bridon; flexions latérales de la tête et de l'encolure; effet de chaque jambe; flexions latérales de la croupe; défiler. Total, 30 séances.

Deuxième leçon. — Première partie. — 10 séances : Sauter à cheval; moyens de conserver la position sur le cheval, au pas, au trot, au galop; marcher au pas; passer les coins, ralentir l'allure; arrêter; marcher au trot; marcher au pas; changer de main dans la largeur du manège; marcher au galop; marcher au trot, au pas: sauter à terre.

Deuxième partie. — 20 séances : Position de la main gauche (main de bride); ajuster les rênes de la bride; marcher au pas; rallentir l'allure; arrêter; changer de main; marcher au trot, au galop; sauter à terre; défiler.

Troisième leçon. — Première partie. — 5 séances : Effets du mors dans la bouche du cheval; flexions de la mâchoire, le cavalier à pied; effets de chaque rêne du filet; flexion latérale de la tête et de l'encolure avec le filet, le cavalier à pied; effets de chaque rêne de la bride; flexion latérale de la tête et de l'encolure avec la bride, le cavalier à pied; effets de chaque rêne du filet et de la bride; flexion latérale de la tête et de l'encolure, le cavalier à cheval; des aides; usage du filet; prendre le filet dans la main droite; lâcher le filet; rapports qui doivent exister entre les mains et les jambes du cavalier; opérations exécutées par la main de la bride; opérations exécutées par les jambes. — *10 séances :* Rassembler le cheval; marcher; passer les coins; arrêter, marcher au trot; marcher au pas; doubler successivement dans la largeur ou la longueur du manège; changer de main diagonalement; changer de main dans la largeur ou dans la longueur du manège; doubler individuellement; reculer. — *15 séances :* Rotation de la croupe autour des épaules; marche circulaire; changement de main sur le cercle; reprendre la marche directe; volte successive; demi-volte successive; volte et demi-volte individuelle; étant de pied ferme, partir au trot; étant au trot, arrêter; passer du trot au grand trot, et du grand trot au trot; effets diagonaux; demi-hanche, la tête au mur; changer de main diagonalement en tenant la demi-hanche. — *20 séances :* Partir au galop; étant au galop, marcher au pas; étant de pied ferme, partir au galop; étant au galop, arrêter; marche circulaire au galop; saut du fossé et de la barrière; travail individuel.

Deuxième partie. — 15 séances : Usage des étriers; longueur des étrivières; position du pied dans l'étrier; travail de la première partie avec les étriers; changement de pied du galop au galop; changement de pied en dedans du cercle au galop; partir au galop sur le cercle. — *5 séances :* De l'éperon.

Quatrième leçon. — Travail militaire. — La progression de cette leçon est semblable à celle de la quatrième leçon dans l'ordonnance. Cette leçon est donnée au dehors. — Le travail a lieu une fois par jour, et la durée des séances est d'une heure et demie. Chaque semaine, deux séances d'une heure sont employées à l'étude des tableaux.

1847

ÉTAT-MAJOR DE L'ÉCOLE

Budan de Russé	Maréchal de camp.	Rolland	Capit. instructeurs.
Deshayes	Colonel.	Dupont	Capit. instructeurs.
Jacquemin	Lieutenant-colonel.	Delebecq	Capit. instructeurs.
Martin de Boulancy	Chef d'escadrons.	Buraud	Capit. instructeurs.
Jarry	Major.	Harmand	Capit. instructeurs.
Deheyne	Capitaine-trésorier.	Fenin	Capit. instructeurs.
Delzant	Capit. d'habillement.	Torel	Capit. instructeurs.
De Lagorrès	S.-lieut. porte-étend.	Girard	Capit. instructeurs.
Majesté	Chirurgien-major.	Cravin	Capit. instructeurs.
Andrieu	Chirurg. aide-major.	Darnige	Capitaines écuyers.
Gaudaire	Chirurg. s. aide-maj	Brifaut	Capitaines écuyers.
Raoult des Longschamps	Chirurg. s. aide-maj	De Chaumontel	Capitaines écuyers.
Destouches	Pharmac. aide-major	Guérin	S.-lieut. sous-écuyer
Gasser	Capit. instructeurs.	Havoux	Vét. en 1er, pr. de mrie
Monier	Capit. instructeurs.	Farges	Vétérin. en premier.
Michaux	Capit. instructeurs.	Sipière	Aide-vétérinaire.

ÉCUYERS CIVILS

D'Aure	Écuyer en chef.	Beucher de Saint-Ange	Éc. de 1re cl., dir. du h.
Rousselet	Écuyer de 1re classe.	Bachon	Sous-écuyer.

OFFICIERS ÉTRANGERS

SUIVANT LES COURS DE L'ÉCOLE

Ibrahim Effendi	Officiers Égyptiens.	Prieto	Major dans la cavalerie chilienne.
Chaffey Effendi	Officiers Égyptiens.		
Ahmet-Adjela Effendi	Officiers Égyptiens.		

OFFICIERS D'INSTRUCTION

Première Division.

Letuvé	Lieut., 7e chasseurs.	Roussel	Lieut., 10e artillerie.
Vacquier	Lieut., 2e lanciers.	Desfaudais	Capit., 10e cuirassiers
Schlosser	Lieut., 2e carabiniers	Vincent	S.-lieut., 10e chass
Nérin	Lieut., 3e lanciers.	Du Ferron	Lieut., 7e cuirassiers.
Lucas de Missy	Lieut., 1er carabiniers	Delatte	Lieut., 9e cuirass.
Masse	Lieut., 13e chasseurs.	Marchesné	Lieut., 9e artillerie.

Deuxième Division.

Lussan	Lieut., 2e artillerie.	De Villardi de Montlaur	Lieut., 2e dragons.
Chaumette	Lieut., 3e artillerie.	Allmacher	Lieut., 3e dragons.
Delcros	Lieut., 4e artillerie.	De Longueil	S.-lieut., 4e dragons.
Faguret	Lieut., 8e artillerie.	Guepratte	Lieut., 7e dragons.
Sadourny	Lieut., 10e artillerie.	Landremont	S.-lieut., 12e dragons
De Bouchepórn	Lieut., 11e artillerie.	Gayraud	Lieut., 2e lanciers.
Lebas	S.-lieut., 13e artillerie	Carrelet	Lieut., 3e lanciers.
Janisset	S.-l., 4e esc. du train des équipages.	Piat	S.-lieut., 6e lanciers.
		Assant	Lieut., 7e lanciers.
Mercier	Lieut., 4e cuirassiers	Pitoux	Lieut., 6e chasseurs.
Desmé de Lisle	Lieut., 8e cuirassiers.	Barbier	Lieut., 7e hussards.

OFFICIERS ÉLÈVES

Première Division (Sous-Lieutenants).

Cornat	1er carabiniers.
Genestet de Planhol	7e dragons.
Burtin	7e chasseurs.
Flogny	12e chasseurs.
Thorton	8e dragons.
Pesme	6e dragons.
De Biré	6e hussards.
Perrot de Chezelles	10e chasseurs.
Berdolle de Goudourville	5e hussards.
Frémond de la Merveillère	5e chasseurs.
Calmètes-Vallès	3e dragons.
Petret	2e lanciers.
Boutard	3e chasseurs.
Pussin	6e chasseurs.
Rey	1er chasseurs.
Chardigny	13e chasseurs.
Bailly	4e lanciers.
Gay de Vernon	1er hussards.
Gerbore	7e lanciers.
Le Danoys de Tourville	3e hussards.
Picard	2e carabiniers.
Duboisberranger	10e dragons.
Legrand-Dusaulle	8e chasseurs.
Lemotheux-Duplessis	6e chasseurs.
Robert	8e cuirassiers.
Guichou	9e chasseurs.
De Foucauld	9e hussards.
Baumal	4e chasseurs.
Vallée	2e chasseurs.
Willerwal	5e lanciers.
De Reviers de Mauny	10e cuirassiers.
De Perthuis de Laillevault	12e dragons.
De Barbançois	5e dragons.
Muel	4e cuirassiers.
De Chastenet de Puységur	8e hussards.
Peschart de Maizey	1er dragons.
De Mauret	6e cuirassiers.
De Sers	7e hussards.
Bertrand	11e dragons.
Desfontaines d'Azincourt	1er carabiniers.
Codieu	3e lanciers.
Delapierre	2e hussards.
Droz	2e dragons } n. classés
Davillier	8e cuirass. } n. classés
Leforestier de Vendeuvre	Lt, 6e cuir. } n. classés

Deuxième Division (Sous-Lieutenants).

Gouvilliez	1er cuirassiers.
Vidal de Lauzun	6e dragons.
Rominger	7e dragons.
Bouthier	8e dragons.
Cartier d'Aure	9e dragons.
Roze	10e dragons.
Gaume	11e dragons.
Conquère de Monbrison	12e dragons.
Bernard	1er lanciers.
Archambault	2e lanciers.
Marchant	3e lanciers.
Bourdillon	4e lanciers.
De Liniers	5e lanciers.
Dagout	6e lanciers.
Guiot	7e lanciers.
Siochan de Kersabiec	8e lanciers.
Lecouteulx de Canteleu	1er chasseurs.
Chaneyron	3e chasseurs.
Allavène	4e chasseurs.
Nava	5e chasseurs.
Innocenti	6e chasseurs.
Goujon	7e chasseurs.
De Sonis	8e chasseurs.
Robillot	9e chasseurs.
Beranger	10e chasseurs.
De Roquefeuil	11e chasseurs.
Lescot	12e chasseurs.
Boucherot	1er hussards.
De Laporte	2e hussards.
De Campora de Pezzana	4e hussards.
Chrétien de Tréveneuc	5e hussards.
Maguin	6e hussards.
Christin	8e hussards.
Fremiot	9e hussards.
Joly	1er chass. d'Afrique.
De la Moussaye	2e chass. d'Afrique.
De Labrousse	3e chass. d'Afrique.
Constant d'Yauville	4e chass. d'Afrique.
De Peyronnet	2e spahis.
De Joybert	3e spahis.
De Grasse	3e spahis.

Le 28 février 1848, le général annonça à l'École, dans son ordre, la déchéance du gouvernement royal et la proclamation de la République.

Le 30, à neuf heures du matin, l'École prit les armes et se rendit à pied en grande tenue sur la place de l'Hôtel-de-Ville, à la revue qui fut passée à la garde nationale de Saumur pour l'inauguration du drapeau de la milice citoyenne.

Le 7 mars, l'École et la garnison de Saumur se rassemblèrent à pied en grande tenue dans la cour du centre de l'École pour y entendre la lecture d'une nouvelle proclamation de la République. Immédiatement après la revue, les officiers se réunirent dans le grand salon de l'École pour signer les listes d'adhésion.

Trois comités électoraux avaient été constitués à Saumur.

Le comité central Démocratique tint une de ses séances, le mardi soir 14 mars, dans un des manèges de l'École. Plus de trois mille citoyens assistaient à cette réunion.

Le 21, à onze heures du matin, un service funèbre pour les victimes des journées de Février fut célébré à l'église Saint-Pierre. Un escadron en armes y assista avec l'étendard et la musique ; tous les officiers en grande tenue, crêpe au bras et à l'épée, y accompagnèrent le général.

Le dimanche 2 avril, à une heure de l'après-midi, l'École se réunit, à pied, en grande tenue et en armes, aux autorités civiles pour assister à l'inauguration d'un arbre de la liberté, qui fut planté sur la place de l'Hôtel-de-Ville.

Les élections militaires de l'École furent fixées au samedi 15 avril. Pour les préparer, les listes électorales furent déposées, pendant les journées du 12 et du 13, dans une salle de théorie, sous la garde d'un maréchal des logis, à la disposition des électeurs ; les présidents de section eurent plusieurs réunions.

Le 15, tout travail fut suspendu. Les électeurs de l'École se réunirent à 7 heures du matin dans la cour du centre ; chaque chef de section plaça ses hommes par ordre du contrôle et les conduisit dans la salle de vote pour y déposer leur bulletin.

Sur la réquisition du sous-commissaire du gouvernement près l'arrondissement de Saumur, et dans le but de maintenir, pendant la durée des élections, l'ordre et la sécurité dans les communes rurales dont les habitants venaient déposer leur vote à Saumur, des patrouilles à cheval eurent lieu pendant les journées des 23, 24 et 25 avril. Il y eut chaque jour 14 patrouilles, chacune de 12 cavaliers, sous les ordres d'un lieutenant. Sept partaient le matin à sept heures et rentraient à midi ; les sept autres partaient à midi pour rentrer à six heures. Ces patrouilles, dont les itinéraires étaient tracés, rayonnaient dans la campagne autour de Saumur.

Le 24 avril, les cadres inférieurs des 3e, 4e et 5e escadrons de guides formés à Lunéville furent constitués à Saumur, et ils partirent le 28 pour Lunéville. Trois capitaines instructeurs de l'École furent nommés capitaines dans ces escadrons et trois adjudants y furent nommés sous-lieutenants.

Le 1er mai, ce ne furent plus seulement les cadres, mais les deux premiers escadrons de guides tout entiers qui furent formés à Saumur.

Les selles que l'on donna aux guides ne différaient de la selle à palette du modèle 1845 que par la forme des quartiers, qui étaient plus étendus et assemblés au cuir mince recouvrant le siège par une couture à jonc.

Cette selle n'avait d'autres avantages sur la précédente que la nuance fauve du cuir et la disposition des quartiers, qui préservaient le pantalon non basané de tout frottement contre le cheval.

Le dimanche 7, vers deux heures de l'après-midi, tout Saumur était sur pied. Une épaisse fumée s'élevait au-dessus de la ville ; le feu dévorait le vaste magasin à fourrages de l'École de cavalerie.

Ce bâtiment, nouvellement construit, était rempli de foin, de paille et d'avoine. En un clin d'œil il disparut dans les flammes qui, subitement et sans qu'on eût rien aperçu auparavant, s'élevèrent de plus de 10 mètres au-dessus des toits. La sentinelle, qui veillait à la garde du bâtiment et du fourrage, maints promeneurs qui, comme d'usage le dimanche, n'avaient cessé d'aller et venir sur la levée, n'avaient rien vu qui annonçât ce terrible sinistre.

Le feu avait pris tout à coup une telle intensité, que malgré la promptitude des secours apportés par l'École, malgré l'empressement des habitants et le zèle des pompiers de la ville, il fut impossible de sauver la plus minime quantité de fourrage, et de conserver la moindre partie du bâtiment, les murs exceptés.

L'incendie était-il dû à la malveillance ou à quelque incurie ? C'est une question à laquelle personne n'osait répondre catégoriquement. Cependant il était difficile de croire que la malveillance y fut étrangère. Le feu s'était manifesté partout à la fois, les flammes s'élevaient de tous côtés en même temps.

On prit aussitôt des mesures de précaution. On mit un piquet de 25 hommes commandé par un lieutenant d'instruction, ayant pour le seconder au besoin un officier-élève. Ce piquet devait être relevé de deux heures en deux heures jusqu'à nouvel ordre. Le surplus des escadrons devait se tenir prêt à prendre les armes au premier signal. L'École était consignée et des hommes à cheval furent commandés de service pour faire des patrouilles dans la ville pendant la nuit.

Pendant les journées des 28 et 29 mai, les nouvelles listes électorales furent mises à la disposition des militaires électeurs de l'École, qui étaient invités à en prendre connaissance et à faire opérer les rectifications nécessaires.

Le 30 eut lieu une réunion préparatoire, et le 31 le vote régulier qui se fit par sections électorales.

A la fin de juin, malgré les heureuses nouvelles de Paris, les gardes nationales de toutes les communes environnantes arrivèrent à Saumur pour marcher sur Paris. C'était un élan inexprimable.

Le détachement mobilisé par Saumur rentra le 30. La garde nationale tout entière, la troupe de ligne étaient sous les armes, l'École était à cheval, les autorités civiles, toute la ville, en un mot, était réunie sur la route.

Tous, musique en tête, étaient allés à leur rencontre jusqu'à la hauteur du château de Launay, sur la route de Villebernier.

Arrivés sur la place de la Billange, le maire, le colonel de la garde nationale, le général commandant l'École complimentèrent successivement les braves jeunes gens. Puis le défilé eut lieu.

Le 6 juillet, à onze heures, il fut célébré un service funèbre en honneur des victimes de Juin. L'École y assista. Un escadron de service fut commandé à cet effet, il prit l'étendard. Les officiers, en grande tenue, crêpe au bras et au sabre, se joignirent en cortège au général.

Le dimanche 9, dans l'après-midi, la garde nationale, l'École de cavalerie, les escadrons des guides, la troupe de ligne furent réunis en carré sur le Chardonnet, pour être passés en revue.

Le détachement des volontaires tenait la tête de la légion. Un sabre d'honneur fut offert au lieutenant-colonel Dumas, qui avait conduit ce détachement à Paris.

Le 10 août, le *général Ordener* arriva à Saumur, pour passer l'inspection générale de l'École. La revue d'honneur eut lieu le 19.

Au commencement de septembre, la ville abandonna à l'École une parcelle de terrain, dans la rue Beaurepaire, pour y construire l'hôpital projeté. Ce sont les bâtiments de l'hôpital qui servent aujourd'hui de mess aux officiers.

Le 10, tous les militaires de l'École furent appelés à prendre part aux élections municipales, en déposant leur vote comme précédemment.

Le 18 novembre, l'École prit les armes et se réunit à pied et en grande tenue, sur la place de l'Hôtel-de-Ville, à une heure, pour assister, avec la garde nationale, à la promulgation de la Constitution.

Pendant la lecture du maire, le canon de la compagnie d'artillerie de la garde nationale répondait, par intervalles, à celui du château.

« Après le défilé, une division, avec la musique, se rendit à l'église Saint-Pierre pour assister au *Te deum;* tous les officiers y accompagnèrent le général.

Le soir, la ville et le quartier furent illuminés.

La sortie extraordinaire des divisions au mois d'avril avait apporté de la perturbation dans la marche normale des études ; aussi, le 20 novembre, le Ministre décidait-il transitoirement que les officiers-élèves de la deuxième division feraient, à Saumur, un séjour effectif de vingt-sept mois ; d'où il suivait, qu'arrivés en juillet 1848, ils seraient répartis dans leurs corps respectifs le 1er octobre 1850.

L'élection du président de la République eut lieu, pour l'École de cavalerie, le lundi 11 décembre, à 8 heures du matin, à l'Hôtel-de-Ville et dans l'ordre suivant : 1° l'état-major et le petit état-major, 2° les officiers d'instruction, 3° les officiers-élèves de la première division, 4° les officiers-élèves de la deuxième division, 5° les sous-officiers d'instruction, 6° les escadrons par ordre de numéros. Les électeurs militaires votèrent sans cartes, les capitaines de chaque division ou escadron prirent place au bureau pendant la durée du vote de leur division ou escadron, pour constater l'identité des votants.

1848

ÉTAT-MAJOR DE L'ÉCOLE

Budan de Russé	Général de brigade.
Jacquemin	Colonel.
Lavergne	Lieutenant-colonel.
Schmidt	Chef d'escadrons.
Jarry	Major.
Beyer	Capitaine trésorier.
Delzant	Capit. d'habillement.
De Lagorrée	S.-l. porte-étendard.
Majesté	Chirurgien-major.
Andrieu	Chirurg. aide-major.
Gaudaire	Chir. s.-aides-majors.
Raoult des Longs Champs	
Destouches	Pharmac. aide-major
Michaux	Capit. instructeurs.
Rolland	

Dupont	Capit. instructeurs.
Delebecq	
Harmand	
Torel	
De Chaumontel	
Girard	
Fourier	
Letuvé	
Gasser	Capitaines-écuyers.
Darnige	
Brifaut	
Guérin	Lieut. sous-écuyer.
Farges	Vétérin. en premier.
Hatin	Vét. en 1er, pr. de mle
Sipière	Aide-vétérinaire.

ÉCUYERS CIVILS

D'Aure	Écuyer en chef.
Rousselet	Écuyer de 1re classe.
Beucher de Saint-Ange	Écuyer de 1re classe.
Bachon	Sous-écuyer.

OFFICIERS ÉTRANGERS

SUIVANT LES COURS DE L'ÉCOLE

Kutchuk-Hussein-Bey	Officier Égyptien.
D'Orchimont	Officier Suédois.

OFFICIERS D'INSTRUCTION

Première Division.

Assant	Lieut., 1er lanciers.
Pitoux	Lieut., 6e chasseurs.
Carrelet	Lieut., 3e lanciers.
Prat	S.-lieut, 6e lanciers.
Gayraud	Lieut., 2e lanciers.
Guepratte	Lieut., 7e dragons.
Sadourny	S.-lieut., 10e artillerie
Barbier	Lieut., 7e hussards.
Allmacher	Lieut., 3e dragons.
Mercier	Lieut., 4e cuirassiers.
Landremont	S.-lieut., 12e dragons
Desmé de Lisle	Lieut., 8e cuirassiers.
Villardi de Montlaur	Lieut., 2e dragons.
Chaumette	Lieut., 3e artillerie.
Fagueret	Lieut., 8e artillerie.
De Boucheporn	Lieut., 11e artillerie.
Delcros	Lieut., 4e artillerie.
Lebas	S.-l., 13e artillerie.
De Longueil	S.-lieut., 4e dragons.
Lusson	Lieut., 2e artillerie.
Janisset	S.-l., 4e esc. du tr. des équipages (non cl.).

Deuxième Division.

Jeuffrain	Lieut., 3e artillerie.
Bonnefin	Lieut., 4e artillerie.
Warnesson	S.-lieut., 6e artillerie.
Renard	Lieut., 7e artillerie.
Archambault de Montfort	Lieut., 10e artillerie.
De Carmejane	S.-lieut., 13e artillerie
Espanet	Lieut., 1er carabiniers
Wolbert	Lieut., 2e carabiniers
D'Herisson	S.-lieut., 3e cuirass.
Duchateau	Lieut., 2e dragons.
Massol	Lieut., 4e dragons.
Launey de Tanville	S.-lieut., 5e dragons.
Raymond Saint-Germain	Lieut., 9e dragons.
Marty	Lieut., 10e dragons.
Compagnie	Lieut., 2e lanciers.
Hazard	Lieut., 3e lanciers.
Vergnes	S.-lieut., 5e lanciers.
Huck	Lieut., 6e lanciers.
Alleaume	Lieut., 2e chasseurs.
Durand	S.-l., 4e chasseurs.
Fourès	Lieut., 2e hussards.
Delachère	S.-l., 2e ch. d'Afrique
Bazoche	Lieut., 3e ch. d'Afriq.
De Louche	S.-l., 4e ch. d'Afrique

OFFICIERS ÉLÈVES

Première Division (Sous-Lieutenants).

Vidal de Lauzun	1er cuirassiers.
Allavène	2e lanciers.
De Grasse	9e hussards.
Bouthier	6e lanciers.
Innocenti	12e dragons.
Archambault	3e lanciers.
Cartier d'Aure	5e lanciers.
Marchant	4e lanciers.
Bernard	8e lanciers.
Goujon	7e chasseurs.
Conquère de Monbrison	9e dragons.
Maguin	1er lanciers.
Gaume	6e chasseurs.
Roze	6e dragons.
Siochan de Kersabiec	7e lanciers.
Charreyron	1er hussards.
Gouvillier	8e hussards.
Bourdillon	6e hussards.
De la Moussaye	3e chasseurs.
Dagout	1er chasseurs.
De Roquefeuil	11e chasseurs.
De Liniers	10e chasseurs.
De Labrousse	9e chasseurs.
De Joybert	2e hussards.
Guiot	11e dragons.
De Sonis	5e hussards.
Vata	12e chasseurs.
Boucherot	4e chasseurs.
Joly	8e chasseurs.
De Peyronnet	5e chasseurs.
Lecouteulx de Canteleu	1er carabiniers.
Chrétien de Tréveneuc	10e dragons.
Frémiot	8e dragons.
Christin	1er chass. d'Afrique.
Béranger	3e chass. d'Afrique.
Lescot	2e chass. d'Afrique.
De Laporte	4e chass. d'Afrique.
Robillot	2e spahis.
Constant d'Yanville	3e spahis.

Deuxième Division (Sous-Lieutenants).

Chomereau de Saint-André	1er cuirassiers.
De Talhouet de Boisorhand	2e cuirassiers.
Delandes	3e cuirassiers.
Dubaret	5e cuirassiers.
Redoul	6e cuirassiers.
Lobstein	7e cuirassiers.
De Cools	8e cuirassiers.
Lambert	10e cuirassiers.
Deshautschamps	1er dragons.
Thibaut de Menonville	2e dragons.
Donnat	3e dragons.
Simon de la Mortière	4e dragons.
Courtois	5e dragons.
Butsch	6e dragons.
De Mauduit	7e dragons.
Roques	8e dragons.
De Moucheron	9e dragons.
Lenez-Cotty de Brécourt	10e dragons.
Ponte-Puybaudet	11e dragons.
Coquebert de Montbret	12e dragons.

Deuxième Division (Sous-Lieutenants) (Suite).

De Bonne	1er lanciers.
Buisset	2e lanciers.
De Huitmuids	3e lanciers.
Baillaud	5e lanciers.
Chandellier	6e lanciers.
Cabanes	7e lanciers.
D'Anselme	8e lanciers.
Duron	1er chasseurs.
Bignon	2e chasseurs.
Palanque	3e chasseurs.
Cravin	4e chasseurs.
Jaquin	5e chasseurs.
Poissonnier	6e chasseurs.
De Curel	7e chasseurs.
De Boisdenemets	8e chasseurs.
Michau	9e chasseurs.
Bachelu	10e chasseurs.
Gerhardt	11e chasseurs.
Gaillard	12e chasseurs.
De Bardin	13e chasseurs.
Bourveux	1er hussards.
Humbert	3e hussards.
Chenu de Mangou	4e hussards.
Thomas	5e hussards.
D'Audiffret	6e hussards.
Grandjacquet	7e hussards.
De Dion	8e hussards.
D'Hébrard	9e hussards.
Jacques	2e chass. d'Afrique.
Pinochet	3e chass. d'Afrique.
De Chastenet de Puységur	9e cuirassiers.
Joleaud	4e chass. d'Afrique.
Boucher	1er spahis.
Rampillon	2e spahis.
Vast-Vimeux	3e spahis.
Roux	2e carabiniers.
Lulé-Dejardin	4e cuirassiers.
Boby de Lachapelle	3e dragons.

Troisième Division (Sous-Lieutenants).

Bohin	1er carabiniers.
Despetit de la Salle	2e carabiniers.
De Berthois	1er cuirassiers.
Pelletier de Chambure	2e cuirassiers.
Boubée de Gramont	3e cuirassiers.
Loysel	4e cuirassiers.
Grenier	5e cuirassiers.
Herrenschmidt	6e cuirassiers.
Malbos	7e cuirassiers.
Bugnot	8e cuirassiers.
Pinard	9e cuirassiers.
Boutault de Russy	10e cuirassiers.
Augey-Dufresse	1er dragons.
De Montarby	2e dragons.
Painchaud	3e dragons.
Fleuriot de Langle	4e dragons.
Thomas	5e dragons.
Prevost de la Boutelière	6e dragons.
Bullès	7e dragons.
Dupré	8e dragons.
Cassin de Kainlis	9e dragons.
Escoffier	10e dragons.
Delaris-Cambell	11e dragons.
D'Ussel	12e dragons.
Hémart	1er lanciers.
Bossant	2e lanciers.
Montarsolo	3e lanciers.
Moraux	4e lanciers.
Bossan	5e lanciers.
Mariani	6e lanciers.
Daniel de Laganerie	7e lanciers.
Perrault de la Motte de Montrevost	8e lanciers.
De Beaulaincourt	1er chasseurs.
De Peloux	2e chasseurs.
Marcq	3e chasseurs.
Boulligny	4e chasseurs.
Gombaud de Séréville	6e chasseurs.
Grateloup	7e chasseurs.
De Lamartinière	8e chasseurs.
Martin de Labastide	9e chasseurs.
Steiner	10e chasseurs.
Gilg	11e chasseurs.
De Nettancourt	12e chasseurs.
De Castellane	13e chasseurs.
Pinot	1er hussards.
Verninac	2e hussards.
Ligier	3e hussards.
De Kerouartz	4e hussards.
Deveny-Darbouse	5e hussards.
Martinon	6e hussards.
Dubuquoy	7e hussards.
D'Abadie de Nodrest	8e hussards.
Thibault	3e hussards.

Le 4 mai 1849, jour anniversaire de la réunion de l'assemblée nationale, le réveil fut sonné en musique au quartier, chez le général, et sur la place de la Bilange.

A dix heures et demie, tous les officiers et fonctionnaires de l'École, en grande tenue, allèrent prendre le général pour se réunir aux autorités civiles et se rendre au *Te Deum* qui fut chanté à l'église St-Pierre. Un escadron en armes, avec l'étendard et la musique, assista à cette cérémonie.

A midi, l'École fut passée en revue avec la garde nationale, sur le quai de Limoges.

Le soir il y eut retraite en musique, la ville et le quartier furent illuminés.

A l'occasion des élections qui eurent lieu le 13 et le 14 mai, il fut commandé un piquet à pied pour être prêt à marcher à la première réquisition de l'autorité civile. Des patrouilles à cheval, sous les ordres d'un officier, furent envoyées sur les différentes routes d'Angers, de Tours, de la Flèche, de Montreuil, de Doué, de Fontevrault, pour inspirer confiance aux populations par la surveillance qu'elles exerçaient. Ces patrouilles, fortes de huit hommes, ne devaient pas quitter les routes, qu'elles devaient parcourir au pas à une distance de six kilomètres au plus et rentrer ensuite au quartier.

Les 7, 8, 14 et 22 juillet, les élections départementales eurent lieu à l'École, toujours dans les mêmes formes.

Le dimanche 29, à trois heures de l'après-midi, un convoi spécial amena le Président de la République. Il était accompagné de plusieurs Ministres, du Président de la Chambre, des députés de la Loire-Inférieure, d'un certain nombre d'autres des départements voisins, et de divers généraux.

Le Président de la République fut reçu à la gare par le sous-préfet, le maire, le général commandant l'École, le colonel de la garde nationale, et plusieurs autres fonctionnaires publics. Il passa en revue le piquet de la garde nationale et celui de la ligne, et au bout d'un quart d'heure il se remit en route.

Il devait s'arrêter plus longtemps à son retour d'Angers et de Nantes.

En effet, le 31, il arriva à Saumur à quatre heures de l'après-midi. L'École, à cheval, l'attendait au débarcadère du chemin de fer, rangée en bataille sur la route d'Angers. La garnison du château était placée à l'entrée de la route de Longué; la garde nationale, sur l'ancienne route d'Angers et sur la route de Tours. Les garde nationales rurales étaient sur la nouvelle route d'Angers, à la droite de l'École. C'était un chiffre d'au moins 7,000 hommes de troupe.

Le cortège, composé des autorités civiles et militaires, parmi lesquelles l'amiral du Petit-Thouars, occupait une tente construite vis-à-vis un débarcadère. Tous les maires et grand nombre d'adjoints des communes de l'arrondissement, revêtus de leurs écharpes, étaient venus se réunir aux autorités de la ville.

Le convoi était annoncé pour une heure et demie, mais le Président de la République, parti de Nantes à neuf heures du matin, avait rencontré à chaque pas sur la route une affluence telle qu'il avait dû non seulement marcher au pas, mais s'arrêter même parfois assez longtemps. Puis dans le trajet, divers accidents avaient relenti sa marche. Un postillon avait été renversé de cheval, une roue de la voiture s'était brisée, et plus loin un cheval s'était abattu et avait presque été tué. Pour qui a connu la route de Nantes à Angers à cette époque, les difficultés de voyage se comprennent facilement.

A quatre heures, le canon du château annonça l'arrivée du convoi présidentiel.

Le Président était accompagné de M. Dupin, président de l'assemblée, de M. de Falloux, ministre de l'instruction publique, de M. Rulhière, ministre de la guerre, des Ministres du commerce et des travaux publics, du général Bedeau, du général Tartas, dont le nom n'était point oublié à l'École de cavalerie, de tous les représentants du département et des départements voisins, du préfet de Maine-et-Loire, du général Gérard, de M. Denjoi et d'une foule de notabilités parisiennes.

Au moment où il descendit de wagon, le sous-préfet, le maire, les adjoints, le général commandant l'École, et le Conseil municipal, se portèrent en avant sur l'estrade pour le recevoir.

Aucune harangue ne fut prononcée : quelques paroles furent échangées seulement. Le Président, serrant la main du maire, s'excusa du retard indépendant de sa volonté. Pendant ce court espace de temps, la population s'émouvait, et l'on entendait les cris de : vive Napoléon ! vive le Président ! vive la République !

Le Président et les Ministres montèrent à cheval et le cortège se mit en marche au milieu des acclamations populaires.

D'abord l'École, sa musique en tête et précédée d'un peloton de lanciers avec son avant-garde. Ensuite l'état major, les écuyers, l'escadron d'officiers, et le 1er escadron marchant par sections. Puis la cavalerie de la garde nationale. Plusieurs pelotons de la garde nationale précédés des sapeurs, des tambours et de la musique. Le Président de la République et son cortège, à cheval. Le cortège à pied formé des autorités municipales et des personnes invitées. De chaque côté du cortège, des pelotons de gardes nationaux marchant sur deux rangs. Le reste de la garde nationale marchait par pelotons. Les gardes nationales rurales, la garnison du château, puis le deuxième escadron de l'École avec son arrière-garde.

Le cortège suivit la rue Saint-Nicolas, entra dans le Chardonnet, où les troupes prirent leur place de bataille.

« Il est impossible de dire quel fut l'enthousiasme pendant ce parcours assez long. Il ne le serait pas moins de faire le tableau de cette partie de la ville pendant le trajet : les fenêtres, les trottoirs, les mansardes, les toits, encombrés de spectateurs, des drapeaux flottants de toute part, une forêt de mâts pavoisés, des emblêmes, des inscriptions décorant toutes les maisons.

« A l'entrée du Chardonnet, s'élevaient glorieusement deux pyramides ornées de trophées d'armes. La grille de l'École était pavoisée de distance en distance; partout les emblêmes militaires les plus élégants.

« Dès son arrivée à l'École, le Président se rendit au salon d'honneur, où il reçut la visite officielle de toutes les autorités et des corps constitués de l'arrondissement; après quoi, il passa, à cheval et au pas, devant le front des troupes formant le carré dans toute l'étendue du Chardonnet. Partout, il fut salué des cris de : « Vive Napoléon ! Vive la République ! »

« Cette vaste esplanade bordée de quatre grandes lignes de troupes, le président de la République la traversant au galop, suivi d'un brillant état-major, une foule immense stationnant dans les contre-allées, les députés, les autorités civiles au balcon de l'École, tout cet ensemble offrait un coup d'œil ravissant dont le Président lui-même parut aussi surpris qu'enchanté. »

Aussitôt après la revue, toutes les classes d'instruction exécutèrent leur travail habituel sous les yeux du Président, qui visita ensuite l'atelier d'arçonnerie, la maréchalerie, les écuries du manège auxquelles on avait fait prendre la grande tenue, et ensuite le haras, en se rendant au carrousel.

Deux vedettes à cheval se tenaient de chaque côté de la porte de la grille d'honneur.

« La tribune présidentielle s'élevait au midi, vis-à-vis de celle de l'état-major; sur les quatre côtés étaient construits des gradins destinés aux autres personnes. En tout, il y avait au moins cinq mille places, toutes occupées.

« Les quatre angles de la carrière étaient remplis par quatre toiles représentant les quatre âges de l'équitation. Un magnifique trophée d'armes élevé sur la levée d'enceinte, faisait tableau. Tout autour, et groupée en amphithéâtre, apparaissait une multitude innombrable et joyeuse, témoignant de temps en temps ses sympathies et son enthousiasme par des applaudissements prolongés. Les toilettes les plus riches, les plus élégantes, les plus variées donnaient aux gradins élevés tout autour de la carrière une physionomie pittoresque. »

Tous les exercices furent l'objet d'applaudissements unanimes du Président, des Ministres, et de toutes les personnes éminentes qui les entouraient,

A la fin du carrousel, le Président de la République distribua de sa main des décorations à plusieurs officiers et sous-officiers de l'École, et des prix aux officiers et sous-officiers qui s'étaient signalés dans les exercices de ce concours équestre.

Il y eut ensuite, au grand manège, un banquet offert par la ville.

« L'aspect de la salle était vraiment féerique. A l'extrémité, des attributs d'agriculture rappelaient les productions du pays. La table, surmontée de distance en distance de magnifiques orangers et citronniers, semblait dressée au milieu d'un beau jardin, sous un ciel méridional.

« Quatre cent cinquante couverts étaient dressés dans cette vaste salle. Pendant le banquet, la musique de l'École exécuta des symphonies. »

Le Président, prince Louis-Napoléon, répondit, dans les termes suivants, au toast qui lui fut porté par le maire de Saumur :

« Messieurs,

« De toutes les villes que j'ai traversées depuis que j'ai quitté Paris, Saumur n'est pas la plus grande, mais elle n'est pas la moins importante. Car ce n'est pas seulement par son admirable position, par son commerce, qu'elle se distingue, mais c'est encore par son patriotisme.

« Ce sentiment est entretenu par la célèbre École qui y est établie. Dans cet établissement, où se forment de si bons officiers, on n'apprend pas seulement à monter à cheval, mais on acquiert ces habitudes de discipline, d'ordre et de hiérarchie qui constituent le bon citoyen. Ici, l'esprit militaire est encore dans toute sa force et, Dieu en soit loué ! il n'est pas prêt de s'éteindre. N'oublions pas que cet esprit militaire est, dans les temps de crise, la sauvegarde de la Patrie.

« Dans la première révolution, l'empereur l'a dit, tandis qu'à l'intérieur tous les partis se décimaient et se déshonoraient réciproquement par leurs excès, l'honneur national s'était réfugié dans nos armées.

« Faisons donc tous nos efforts pour garder intact, pour développer encore cet esprit militaire, car, croyez-le, si les produits des arts et des sciences méritent toute notre admiration, il y a quelque chose qui le mérite encore davantage : c'est la religion du devoir, c'est la fidélité au drapeau.

« A la ville de Saumur et à l'École de cavalerie ! »

A dix heures et demie, le Président ouvrait le bal offert par les officiers de l'École. Le premier quadrille fut dansé par le Président avec Mme Louvet, M. de Falloux avec Mme de La Chapelle, M. Lanjuinais avec Mlle Budan de de Russé, et M. Louvet avec Mme Jacquemin. Ce bal, quoique improvisé, fut des plus brillants, il se prolongea jusqu'à quatre heures du matin.

Dès le lendemain matin, le Président de la République était sur pied : il recevait le collège et les dames religieuses de Sainte-Anne, le corps d'officiers de la garde nationale et le corps d'officiers de l'École de cavalerie.

A neuf heures et demie, il monta à cheval et se rendit à l'embarcadère, accompagné, comme la veille, par la garde nationale et l'École. La ville tout entière se retrouva sur son passage, depuis l'hôtel du maire jusqu'au chemin de fer. Comme le jour précédent, il fut accueilli par des vivats unanimes. Pendant le trajet, le canon ne cessa de tonner du haut des remparts du château.

Le choléra fit son apparition à Saumur dans les premiers jours de septembre. A partir du 6, on distribua du vin aux sous-officiers et cavaliers pendant tout le temps que dura le fléau.

Le *général Korte* arriva le 17 à Saumur pour passer l'inspection générale de l'École. Le carrousel de fin d'année eut lieu le jeudi 27, à trois heures. La revue d'honneur fut passée le 29, à huit heures du matin.

Le 12 octobre, les sections électorales des militaires appartenant aux départements de la Gironde, de la Seine-Inférieure et de l'Yonne furent réunies à l'École à l'effet d'élire un représentant du peuple pour chacun de ces départements.

Nous ne parlerons plus dorénavant de ces élections militaires qui étaient passées dans les mœurs de l'époque.

Le 26 octobre, il fut mis en essai à l'École deux brides muselières de l'invention de M. Vuillemot, brides destinées à dompter les chevaux vicieux et rétifs.

Cette bride consistait principalement dans une muserole qui se plaçait sur la partie médiane des ailes du nez; elle était garnie d'une paire de rênes, et la traction qu'on exerçait sur ces rênes faisait sortir de la boîte de la muserole deux pistons ellipsoïdes qui comprimaient les cavités nasales et déterminaient le ralentissement de l'allure du cheval, puis son arrêt, en restreignant sa respiration, sans pouvoir toutefois la suspendre complètement.

Le conseil d'instruction de l'École de cavalerie avait été chargé de rédiger un *Manuel de maréchalerie* pour l'usage des élèves maréchaux; ce manuel fut approuvé par décision ministérielle en date du 31 octobre 1849.

Il devint dès lors le catéchisme obligé de tous les maréchaux de l'armée.

Ce manuel était rédigé par demandes et par réponses; sous une forme sommaire et précise; la transcription de la table des matières suffira pour montrer quelles étaient les connaissances exigées des maréchaux.

Définition de la maréchalerie. — Connaissances que doit posséder un maréchal. — Qualités que doit posséder un maréchal.

CONNAISSANCES PRÉLIMINAIRES. — *Du squelette* : Définition et division du squelette; de la tête ; du tronc ; des membres. — *De l'extérieur* : Nomenclature des principales parties extérieures ; subdivision et description des parties principales. — *Anatomie du pied* : Division du pied, des parties contenues, os du pied, os naviculaire, articulation du pied, capsule synoviale, gaîne synoviale, ligaments articulaires, cartillages latéraux, tendons, coussinet plantaire, chair du pied, vaisseaux, nerfs ; des parties contenantes, paroi ou muraille, sole, fourchette, glômes, périople ; des qualités et propriétés du pied, différence des pieds antérieurs et postérieurs ; qualités d'un bon pied, avantages d'un pied bien conformé, propriétés du pied, sensibilité du pied, élasticité du pied. — *Des aplombs* : Définition et importance des aplombs, manière d'examiner les aplombs de profil, manière d'examiner les aplombs de face, manière d'examiner les aplombs par derrière. — *Des proportions* : Ce qu'on entend par proportions ; proportions des pieds.

Connaissances essentielles. — *De la maréchalerie en général* : De l'atelier, de la forge, des ustensiles, outils et instruments, du fer métal, de l'acier, des différentes espèces de charbon. — *Confection des fers* : Du lopin, du fer de cheval, action de forger, des principaux fers connus, fers utiles et usités, fers utiles et peu usités, fers nuisibles et à rejeter, fers étrangers ; des clous du cheval. — *Action de ferrer* : Précautions préliminaires, manière de lever les pieds, manière de déferrer, parer le pied, prendre la mesure et la forme du pied, ajustement du fer, manière de présenter et d'attacher le fer, ferrure à la rénette dite à l'anglaise ; avantages et inconvénients de la ferrure. — *Des différentes ferrures* : Ferrures hygiéniques ou méthodiques, défectuosités modifiant la ferrure ; ferrures exceptionnelles, pied trop court en pince, creux, à talons hauts, pinçard, rampin, bot, long, long en pince, à talons bas, plat, comble, cagneux, bas du quartier externe, panard, bas du quartier interne, trop grand, évasé, trop petit, pieds inégaux, pied cerclé, encastelé, à talons serrés, de travers, mou, gras et faible, dérobé, à talons faibles, à fourchette grasse, à fourchette maigre, cheval droit jointé, bouté et bouleté, brassicourt et arqué, sous lui du devant, campé du derrière, cheval long-jointé, campé du devant, à jarrets coudés, sous lui du derrière, à jarrets trop ouverts, trop serré dans ses membres, à genoux trop ouverts, clos ou jarreté, trop ouvert dans ses membres, à genoux de bœuf, qui se coupe, qui forge, qui se couche en vache ; ferrures pathologiques.

Connaissances accessoires. — *Des maladies et opérations chirurgicales qui réclament les soins du maréchal* : Des accidents occasionnés par la ferrure, de la piqûre, de l'enclouure, de la retraite, pied serré par les clous, pied trop serré ou comprimé par le fer, de la bleime, du coup de rogne-pied ou de boutoir, de la sole brûlée ; des maladies particulières du pied, des talons foulés, de la sole battue et foulée, de l'oignon, de l'étonnement du sabot, de la fourbure, de la fourmillière, du croissant, du clou de rue, de la seime, du javart, du faux-quartier, de l'avalure, de la fourchette échauffée, de la fourchette pourrie, du crapaud ; des atteintes, enchevêtrures, crevasses ; effort du sabot ; blessures occasionnées par le harnachement ; des coliques ; des saignées, sétons, vésicatoires ; manière d'abattre les chevaux. — *Notions sur les plantes médicinales, et précautions à prendre dans l'administration des remèdes* : Des plantes médicinales ; médicaments à administrer à l'intérieur ; des boissons, des breuvages, des décoctions, des infusions, des gargarismes, des lavements, des électuaires, opiat, des mastigadours ; médicaments à administrer à l'extérieur ; des lotions, des fomentations, des douches, des fumigations, des collyres, des frictions, des liniments, des onctions, des charges, des cataplasmes, des onguents, des emplâtres. — *De l'âge, des robes, des tares* : Des dents et de la connaissance de l'âge ; des robes, et de quelques particularités ; des signalements, des tares. — Ferrure sans contrainte (méthode Balassa).

Le manuel de 1849 n'avait pas de planches accompagnant le texte. Nous ne pouvons pas relever tous les principes de ce guide ingénieux ; il faut nous borner à définir son enseignement.

La table nous a montré qu'il divisait les fers qu'il décrit en : fers utiles

et usités, fers utiles et peu usités, fers nuisibles et à rejeter, et fers étrangers.

Il classe dans les *fers utiles et usités :* le fer de mulet, — le fer à la turque, — le fer à mamelle interne étroite, — le fer à lunette, — le fer à demi-lunette, — le fer à éponges épaisses, — le fer à pince épaisse, — le fer à pince prolongée, — le fer à large pinçon, — le fer à plusieurs pinçons, — le fer à caractère, — le fer couvert, — le fer demi-couvert, — le fer à une branche couverte, — le fer à deux branches couvertes. — le fer à pince couverte, — le fer à bosse, — le fer à planche, — le fer à plaque, — le fer à pince tronquée, — le fer semelle.

Dans les *fers utiles peu usités :* le fer à botte, — le fer à tous pieds, — le fer brisé en pince et doublé en cuir, — le fer à dessolure, — le fer à patin, — le fer à bec relevé, — le fer à prolongement sur la fourchette.

Dans les *fers nuisibles et à rejeter :* le fer échancré, — le fer à bec horizontal, — le fer à patins et anneaux, — le fer à pantoufle, — le fer gêneté, — le fer à trois gros crampons, — le fer à crampons vissés, — le fer à coulisse, — le fer à deux rangées d'étampures, — le fer à double charnière, — le fer à crémaillère, — le fer articulé en pince et sans étampure, — le fer articulé en pince avec un rebord, — l'hippo-sandale hermétique, — le fer couvert et à bord renversé, — le fer à fourchette postiche, — le fer à branches réunies obliquement, — le fer à prolongement intérieur, — le fer à cercles, — le fer à pinçons sur les éponges.

Dans la quatrième catégorie, *fers étrangers,* nous relevons la description des quatre fers suivants :

1° *Le fer anglais* est peu couvert; il porte, sur sa face inférieure, une rainure profonde, dans laquelle sont pratiquées les étampures ; son ajusture a lieu aux dépens de la moitié du fer environ;

2° *Le fer allemand* est très épais, couvert, muni de gros crampons, très pesant, étampé gras, forgé et ajusté irrégulièrement ;

3° *Le fer algérien* a la pince presque carrée, les branches droites, les éponges contournées en dedans, chevauchant l'une sur l'autre sans être soudées ; il est pourvu de six étampures rondes ;

4° *Le fer espagnol* porte un rebord à la face inférieure de la rive externe; sa branche interne est droite; l'externe, au contraire, se contourne vers l'éponge, de dedans en dehors ; il est généralement étampé gras. Le fer de devant, comme celui de derrière, est privé d'étampures en pince.

Nous n'entrerons pas dans le détail des principes donnés pour la ferrure ordinaire ; nous avons dit déjà quelles étaient les idées dirigeantes de l'École à ce sujet, nous en transcrirons seulement le résumé que nous trouvons comme réponse à cette question : *Quelles sont les conditions d'une bonne ferrure?*

Pour obtenir une bonne ferrure, il faut :

1° Mettre des fers couvrant les talons seulement, mais ne les dépassant jamais ;

2° Donner au fer une garniture suffisante;

3° Le tenir juste en dedans, surtout en mamelle et en quartier, afin que le cheval ne se coupe pas ;

4° Tenir les étampures assez éloignées des éponges pour faciliter l'élasticité, qui a lieu principalement aux talons.

Sous le titre *Ferrures exceptionnelles*, nous trouvons la description des principaux défauts du pied et celle des fers propres à y remédier ; nous allons relever les principes sommaires de ferrure présentés pour ces différents cas :

1° PIED TROP COURT EN PINCE. — Ménager la pince, faire garnir légèrement le fer dans cette partie, et laisser les éponges un peu courtes et terminées en biseau.

2° PIED CREUX, A TALONS HAUTS. — Parer les quartiers et les talons à fond et ménager la pince. Fer relevé en pince et dépassant légèrement cette partie, ainsi que toute l'étendue de la paroi ; les éponges un peu tronquées et amincies.

3° PIED PINÇARD. — Ménager la pince et parer les talons à fond, afin de rejeter l'appui sur les parties postérieures. Fer un peu plus couvert et plus épais en pince que le fer ordinaire ; les éponges plus minces et les étampures un peu plus éloignées de la pince.

4° PIED RAMPIN. — Conserver la pince dans toute sa force, abaisser progressivement les talons et mettre un fer à pinçon large et haut. Les étampures un peu éloignées de la pince, près des éponges.

5° PIED BOT. — Parer à plat, ménager la pince et employer un fer à pince prolongée et relevée, suivant la gravité du cas.

6° PIED LONG. — Raccourcir la pince autant que possible, parer les quartiers et les talons bien à plat, sans diminuer la sole ni la fourchette. Fer étampé maigre en pince et plus gras sur les branches, qui garniront autant que possible.

7° PIED LONG EN PINCE. — Raccourcir le plus possible la pince et ménager les talons, naturellement bas dans ces sortes de pied. Le fer doit différer du fer ordinaire par les étampures plus maigres en pince, les branches et les éponges plus épaisses. Les lames des clous seront minces, et les têtes des clous petites en pince, augmentant insensiblement de grosseur jusqu'aux talons.

8° PIED A TALONS BAS. — La ferrure de ces pieds doit avoir pour but de rejeter le poids du corps sur les parties antérieures du pied. Diminuer la longueur de la pince, en ménageant les autres parties. Fer demi-couvert, dont les branches et les éponges auraient un peu plus d'épaisseur, ou bien le fer à deux bosses, avec deux têtes de clous postiches, pour empêcher le pied de basculer.

9° PIED PLAT. — Retrancher régulièrement le bord inférieur de la paroi et laisser toute la force à la sole et à la fourchette. Fer léger et un peu couvert ; l'ajusture plus prononcée que dans le fer ordinaire, les clous minces de lame et brochés avec ménagement.

10° PIED COMBLE. — Abattre avec précaution le bord inférieur de la paroi, en se servant de préférence du rogne-pied et de la râpe, et laisser les autres parties du pied dans toute leur force.

Fer couvert, et si la défectuosité provient de la fourbure, pratiquer une rainure au bord de la sole de pince, dans laquelle on enchâssera le bord du fer, ce qui a pour but de l'empêcher de se porter en avant ; l'appui, dans ces sortes de pieds, se faisant principalement en talons.

La conformation plus ou moins défectueuse de ces pieds indiquera le degré d'ajusture nécessaire. Les éponges du fer auront toujours plus d'épaisseur que dans celui ordinaire.

11° PIED CAGNEUX. — Abattre le quartier interne, mettre un fer juste en dedans, donner plus de garniture au dehors, et employer de ce côté des clous à têtes plus grosses. Si le cheval se coupe, le fer aura moins de couverture en mamelle interne, et sera privé d'étampure dans cette partie.

12° PIED BAS DU QUARTIER EXTERNE. — Parer le quartier le plus élevé, en ménageant le plus bas ; la branche externe du fer sera plus épaisse, ou pourvue de bosses, ou bien elle sera attachée avec des clous à tête grosse.

13° Pied panard. — Parer à fond le quartier du dehors, et ménager autant que possible le quartier du dedans. Fer léger et juste en dehors. Si le cheval ne se coupe pas, la branche interne doit garnir légèrement. Si le quartier du dedans est beaucoup plus bas que celui du dehors, on peut pratiquer une bosse à la branche interne, et mettre une tête de clou rivée sur le bout de l'éponge, ou employer le fer à éponges réunies. Les têtes de clous toujours plus fortes en dedans qu'en dehors.

14° Pied bas du quartier interne. — Parer le quartier le plus élevé, en ménageant le plus bas ; la branche interne du fer plus épaisse ou pourvue de bosses, ou bien attachée avec des clous à tête grosse.

15° Pied trop grand. — Diminuer, autant qu'il est possible, la circonférence du bord inférieur de la paroi, avec la râpe ; ménager la fourchette et les talons ; fer léger, un peu couvert, avec des clous à lame mince.

16° Pied évasé. — Seulement parer la paroi, ménager la sole ; un fer léger et un peu couvert, avec des clous à lame mince et broché maigre.

17° Pied trop petit. — Parer bien à plat, sans toucher à la sole, ni à la fourchette, ni aux arcs-boutants. Le fer léger et garnissant un peu tout autour du pied ; les clous déliés de lame, et employer souvent l'onguent de pied.

18° Pieds inégaux. — La ferrure des pieds inégaux est subordonnée à la constitution de chaque pied.

19° Pied cerclé. — Fers légers, un peu couverts, avec plus d'ajusture que dans les fers ordinaires, et des clous à lame mince.

20° Pied encastelé. — Parer les quartiers et les talons bien à plat, sans toucher aux arcs-boutants ni à la fourchette ; amincir quelquefois, avec la râpe, la face externe de la paroi des quartiers et des talons ; fers à éponges tronquées, terminées en biseau, n'ayant que six étampures ; ou bien encore un fer à éponges réunies, dont quelquefois la traverse est pourvue à son centre de deux prolongements qui lui sont perpendiculaires, afin de favoriser l'appui sur toute la fourchette. Ces moyens sont secondés par l'usage des corps gras.

21° Pieds a talons serrés. — Les pieds à talons serrés ayant beaucoup de ressemblance avec ceux encastelés, on leur appliquera la même ferrure.

22° Pied de travers. — La ferrure qui convient au pied de travers sera subordonnée à la nature et au siège de la difformité, et toujours en vue de rendre l'appui égal.

23° Pied mou, gras et faible. — Ménager la paroi, ainsi que la sole, et appliquer un fer léger, prenant exactement le contour du pied ; les étampures percées maigres et très espacées. Des clous à lame mince, brochés et rivés à petits coups.

24° Pied dérobé. — Abattre, avec précaution, tous les éclats de la paroi avec le rogne-pied et la râpe, et se servir du fer à étampures irrégulièrement placées. Ce fer sera mince et un peu couvert, pour protéger la sole souvent affaiblie ; lorsque la corne sera trop dérobée, on y lèvera trois pinçons, dont un en pince et deux sur les mamelles ; les clous seront à lame mince.

25° Pieds a talons faibles. — Ménager ces parties en parant le pied ; fer à branches réunies, portant, autant que possible, sur la fourchette par sa traverse.

26° Pied a fourchette grasse. — Fer à plaque qui préserve la fourchette de toute saleté, et, le plus souvent, fer à éponges épaisses ou à branches réunies.

27° Pied a fourchette maigre. — Ménager cette partie en parant le pied, et mettre un fer qui laisse les talons très à l'aise.

28° Cheval droit-jointé. — Le fer aura un peu plus d'ajusture, garnira en pince, et les éponges seront terminées en biseau.

29° Cheval bouté et bouleté. — Ne pas toucher à la pince, parer à fond les quartiers et les talons. Fer à pince prolongée et un peu relevée, mince en éponge.

30° Cheval brassicourt et arqué. — Diminuer insensiblement les talons à chaque ferrure ; un fer plus ou moins prolongé et relevé en pince, suivant le degré de déviation des membres.

31° CHEVAL SOUS LUI DU DEVANT. — Le cheval sous lui du devant est sujet à buter ainsi qu'à forger. On doit, en parant le pied, abaisser les quartiers et les talons et avoir soin de ménager la pince. Le fer aura peu d'ajusture, les éponges seront tenues un peu courtes et taillées en biseau.

32° CHEVAL CAMPÉ DU DERRIÈRE. — Le cheval campé du derrière, prenant son appui principalement en pince, il faut, en pa ant, ménager la pince, abaisser les talons et appliquer un fer mince en éponge, un peu relevé en pince; les clous de cette partie seront à tête forte;

33° CHEVAL LONG-JOINTÉ. — Parer la pince autant que possible, conserver, dans toute leur force, les quartiers et les talons, et mettre un fer dont les branches et les éponges soient un peu plus épaisses et plus longues que celles ordinaires; les têtes des clous, petites en pince, augmenteront progressivement de grosseur jusqu'aux éponges.

34° CHEVAL CAMPÉ DU DEVANT. — Raccourcir la pince, laisser les quartiers, ainsi que les talons, dans toute leur force, et appliquer un fer mince et relevé en pince, avec un peu d'épaisseur aux branches et aux éponges.

35° CHEVAL A JARRETS COUDÉS. — Le cheval qui a les jarrets coudés, étant sujet à forger, on doit raccourcir la pince autant que possible, conserver les quartiers et les talons dans toute leur force, lever un petit pinçon, ayant soin de bien l'enchâsser dans l'épaisseur de la paroi; les branches et les éponges auront un peu plus d'épaisseur que dans le fer ordinaire.

36° CHEVAL SOUS LUI DE DERRIÈRE. — Le cheval, qui est sous lui de derrière, s'attrape fréquemment les membres antérieurs. Tenir la pince courte, les talons hauts et bien incruster le pinçon dans la paroi; quelquefois, il faut le supprimer.

37° CHEVAL QUI A LA POINTE DES JARRETS TOURNÉE EN DEHORS (jarrets trop ouverts). — Le cheval qui a la pointe des jarrets tournée en dehors fait son appui sur le quartier externe; pour rétablir l'aplomb, parer le quartier interne, conserver l'externe et tenir le fer juste en dedans, principalement vers la mamelle, qui sera arrondie; on donne assez de garniture en dehors; si le défaut est porté à un trop haut degré, on lèvera un crampon au bout de l'éponge externe.

38° CHEVAL TROP SERRÉ DANS SES MEMBRES. — Le cheval trop serré dans ses membres fait ordinairement son appui en dehors, ce qui affaiblit le quartier externe. On doit le ferrer de façon à élever le quartier externe pour reporter l'appui en dedans; le fer sera juste de ce côté, les clous de la branche externe auront plus d'épaisseur et la fixer avec des clous à tête forte.

39° CHEVAL CLOS OU JARRETÉ. — Cette défectuosité rend ordinairement le cheval panard. Abattre le quartier externe et ménager l'interne, ainsi que la mamelle; appliquer un fer avec un petit crampon arrondi à l'éponge du dedans, et employer, pour la branche du même côté, des clous à tête plus forte; si le défaut est porté au plus haut degré, on ajoutera à la branche interne une bosse dirigée obliquement.

40° CHEVAL TROP OUVERT DANS SES MEMBRES. — Dans cette défectuosité, l'appui a particulièrement lieu en dedans, ce qui fatigue le quartier interne. Il faut avoir la précaution de porter l'appui sur le quartier externe, en le parant autant que possible; on fixera le fer avec des clous à tête grosse à la branche interne, et petite à la branche externe.

41° CHEVAL QUI A LES GENOUX DE BOEUFS. — Dans cette défectuosité, l'appui a lieu particulièrement en dedans, ce qui fatigue le quartier interne. Il faut, en le ferrant, parer le quartier externe, en ne touchant pas au quartier interne; la branche interne du fer sera plus épaisse et munie d'une ou deux bosses.

42° CHEVAL QUI SE COUPE. — La première attention du maréchal doit se porter sur la cause qui a produit la blessure. En général, amincir la paroi, du côté interne; bien enchâsser les têtes de clous dans les étampures, et bien incruster les rivets dans la paroi.

Si le cheval se coupe des quartiers ou des talons, on emploiera le fer à branche interne privée d'étampures, plus ou moins tronquée, et dont on abat fortement la carre; cette branche sera légèrement incrustée dans la corne.

Si le cheval se coupe de la mamelle, on appliquera le fer à mamelle interne étroite et privé d'étampures.

Quelquefois on est obligé de mettre des bosses à la branche interne et d'employer le fer à la turque.

43° Cheval qui forge. — Pour le pied de devant, un fer à éponges tronquées, relevées et incrustées dans l'épaisseur des talons; ce fer aura peu d'ajusture. Pour le pied de derrière, fer à pince tronquée, relevée et incrustée dans l'épaisseur de la paroi; lever deux pinçons sur les mamelles.

Si l'animal forge en voûte, on doit tenir le fer de devant plus dégagé que le fer ordinaire.

44° Cheval qui se couche en vache. — Fer à éponge interne tronquée. On l'incruste dans l'épaisseur du talon, de manière que le cheval ne puisse se toucher le coude qu'avec la corne. On peut aussi employer le fer à éponges réunies.

Nous ne parlerons pas des ferrures pathologiques.

1849

ÉTAT-MAJOR DE L'ÉCOLE

Budan de Russé	Général de brigade.	Colonna de Giovellina	Capit. instructeurs.
Jacquemin	Colonel.	Torel	
Lavergne	Lieutenant-colonel.	De Chaumontel	
Schmidt	Chef d'escadrons.	Girard	
Jarry	Major.	Lavoye	
Beyer	Capitaine trésorier.	Vacquier	
Fourier	Capit. d'habillement.	Guepratte	
Berton	S.-l. porte-étendard.	Assant	
Majesté	Chirurgien-major.	Gasser	Capitaines écuyers.
Andrieu	Chirurg. aide-major.	Darnige	
Gaudaire	Chir. s.-aide-major.	Brifaut	
Raoult des Longchamps		Guérin	Lieut. sous-écuy.
Destouches	Pharmac. aide-major	Cartier d'Aure	S.-lieut. sous-écuy.
Rolland	Capit. instructeurs.	Cogent	S.-l., dir. de l'arçonn.
Dupont		Farges	Vétérin. en premier.
Delebecq		Hatin	Vét. en 1er, pr. de mrie
Harmand		Sipière	Aide-vétérinaire.

ÉCUYERS CIVILS

D'Aure	Écuyer en chef.	Bachon	Écuyer de 2e classe.
Beucher de Saint-Ange	Écuyer de 1re classe.		

OFFICIERS D'INSTRUCTION

Première Division.

Bazoche	Lieut., 3e ch. d'Afriq.	Massol	Capit., 4e dragons.
Duchateau	Lieut., 2e dragons.	De Carmejane	Lieut., 12e artillerie.
Compagnie	Lieut., 2e lanciers.	De la Chère	Lieut., 2e ch. d'Afriq.
Alleaume	Capit., 2e chasseurs.	Espanet	Lieut., 1er carabiniers
Hazard	Lieut., 3e lanciers.	Durand	S.-lieut., 4e chasseurs
Wolbert	Lieut., 2e cuirassiers.	Warnesson	Lieut., 1er artillerie.
Huck	Lieut., 6e lanciers.	Renard	Lieut., 7e artillerie.
Launey de Tanville	Lieut., 5e dragons.	Jeuffrain	Lieut., 6e artillerie.
Archambault de Montfort	Lieut., 10e artillerie.	D'Hérisson	Lieut., 3e cuirassiers.
Fourès	Lieut., 2e hussards.	Bonnefin	Lieut., 9e d'artillerie.

Deuxième Division.

Dauvet	S.-lieut., 1er artillerie
De Beaulaincourt	Lieut., 3e artillerie.
Poizat	Lieut., 4e artillerie.
Mayer de Brissac	Lieut., 5e artillerie.
Delherbe	Lieut., 7e artillerie.
Trigant de Latour	Lieut., 8e artillerie.
De Lajaille	Lieut., 9e artillerie.
Perot	Lieut., 11e artillerie.
Pongerard	Lieut., 12e artillerie.
Brocard	S.-l., 14e artillerie.
Bonnefoux	S.-l., 4e esc. du train des équipages.
Verneau	S.-lieut., 1er carabin.
Nicolas	Lieut., 2e carabin.
De Garnier des Garets	S.-l., 1er cuirassiers
Joseph	S.-lieut., 2e cuirass.
Poulle	Lieut., 3e cuirassiers.
Thomas de Dancourt	Lieut., 4e cuirassiers.
Dubernet	S.-lieut., 5e cuirass
Theret	S.-lieut., 6e cuirass.
Eicher	Lieut., 7e cuirassiers.
Robert	S.-lieut., 8e cuirass
Championeulle	S.-lieut., 9e cuirass
Dulac	Lieut., 1er dragons.
Foache	Lieut., 3e dragons.
De Bavre	Lieut., 3e dragons.
Laborde	S.-lieut., 4e dragons.
Carlier	S.-lieut., 5e dragons.
Ducrest	Lieut., 7e dragons.
Bérail	Lieut., 8e dragons.
Tacail	S.-l., 9e dragons.
De May	S.-l., 10e dragons.
Lebreton	S.-lieut., 1er lanciers.
Florand	S.-lieut., 3e lanciers.
Koenig	Lieut., 4e lanciers.
De Renusson d'Hauteville	Lieut., 5e lanciers.
Lallemand	Lieut., 6e lanciers.
Chevals	Lieut., 7e lanciers.
Faizan	S.-lieut., 8e lanciers.
Verdun	Lieut., 1er chasseurs.
Pollard	Lieut., 2e chasseurs.
Demangeon	S.-lieut., 3e chass.
Fradin	S.-lieut., 8e chass.
Dutrieu	S.-lieut., 9e chass.
De Liniers	Lieut., 10e chasseurs.
Vogelin	S.-l., 11e chasseurs
De Renusson d'Hauteville	Lieut., 12e chasseurs.
Guignebert	S.-l., 13e chasseurs.
Barbenault	S.-l., 1er hussards.
Kerchner	S.-l., 2e hussards.
Charmeux	Lieut., 4e hussards.
Sodmon	S.-l., 5e hussards.
Pique	S.-l., 6e hussards.
Tacussel	S.-l., 8e hussards.
De Vernejoul	Lieut., 9e hussards.
Guiot	S.-l., 1er chass. d'Afr.
De Louche	S.-l., 4e chass. d'Afr.

OFFICIERS ÉLÈVES

Première Division.

Dubaret.
Bignon.
De Cools.
Reboul.
Buisset.
De Bonne.
Donnat.
Jacques.
De Moucheron.
D'Hébrard.
Lenez-Cotty de Brucourt.
Deshautschamps.
Cravin.
Humbert.
Buron.
De Talhouet de Boisorhand.
Poissonnier.
Chomereau de Saint-André.
Gerhardt.
Poute-Puybaudet.
Chandellier.
Roques.
Coquebert de Montbret.
Delandes.
Palanque.
Lulé-Dejardin.
Michau.
De Bardin.
Thibaut de Menonville.
Vast-Vimeux.
D'Audiffret.
Courtois.
Baillaud.
Simon de La Mortière.
Gaillard.
Joleaud.
D'Anselme.
Butsch.
Boucher.
De Dion.
Bauvreux.
Cabanes.
Roux.
De Boisdenemets.
Lobstein.
Lambert.
De Huitmuids.
Boby de La Chapelle.
Grandjacquet.
Bachelu.
De Mangon.
De Mauduit.
De Chastenet-Puységur.
De Curel.
Thomas.

Deuxième Division.

De Lamartinière.
De Berthois.
Montarsolo.
Bossaut.
Cassin de Kainlis.
Boulligny.
Verninac.
Bohin.
Augey-Dufresse.
D'Ussel.
Prevost de La Boutetière.
Daniel-Laganerie.
Malbos.
Bullès.
Thibault.
Despetit de La Salle.
Dupré.
De Montarby.
Pinard.
Bugnot.
Martin de Labastide.
Loysel.
Fleuriot de Langle.
Pinot.
De Peloux.
Grenier.
Escoffier.
Gombaud de Séréville.
Bossan.
Hémart.
Thomas.
Grateloup.
De Kerouartz.
Rampillon.
Martinon.
Moraux.
Steiner.
De Castellane.
Mariani.
De Nettancourt.
Pinochet.
Deveny-Darbouse.
Ligier.
Marcq.
Perrot de La Motte de Montrevost.
De Beaulaincourt.
Gilg.
D'André.
Pelletier de Chambure.
Jacquin.
De Rességuier.
Lefranc de Pompignan. }
Gibert. } n. cl.
Boubée de Grammont. }

Ecole de Cavalerie

Passage de bac à St-Florent

Embuscade sur la route de Doué

XII

Service anniversaire en 1850. — Nouvelle explication des boiteries. — Dispositions arrêtées à l'École en cas de troubles. — La catastrophe du pont d'Angers. — Visite du général de Castellane. — Le général de Goyon, commandant l'École. — Nouveau recrutement des élèves instructeurs. — Anniversaire de l'assemblée constituante. — Mors Guérin. — Suspension des travaux de l'arçonnerie. — Premières courses d'officiers. — Inspection du général Korte. — Création des courses de Saumur. Programme et résultats. — Licenciement de l'École des trompettes. — La selle Cogent — Le cours d'hippologie de M. Saint-Ange. — Nouvelles tentatives de M. Baucher pour faire adopter sa méthode dans l'armée. — Essai à l'École de fers en cuir. — Vatel : fer en tranches clouées sur une semelle. — Parry William : fer cousu. — Giron de Buzaringue : fer en caoutchouc vulcanisé. — Sempastous : fer en deux morceaux. — Miles. Le pied du cheval : fer à étampures unilatérales ; fer replié en talons. — État-major et officiers-élèves de l'École en 1850. — Adoption du cours d'hippologie de M. Saint-Ange, complété par le traité d'équitation du comte d'Aure : connaissance du cheval, os, muscles, mécanisme, qualités, circulation, extérieur, méthode d'examen du cheval, force inerte, force musculaire, théorie de la similitude des angles ; hygiène, accidents maladifs, tares, alimentation, acclimatation, ferrure à chaud, ferrure à froid, ferrure à la rénette ; industrie chevaline, des races étrangères et indigènes, de la reproduction et de l'élevage, des haras, des courses et des remontes ; traité d'équitation. — Service commémoratif en février 1851. — Le carnaval à Saumur. — Mesures de sûreté en cas de troubles politiques. — Anniversaire de l'Assemblée nationale. — Le Ministre de la guerre à Saumur. — Courses et carrousels. — Inspection du général Korte. — Les ouvrages de maréchalerie en 1851. Le traité du pied, de M. Bouley : parer en donnant la forme naturelle du pied, chevaux qui se coupent, etc. — État-major et officiers-élèves de l'École en 1851.

Le 24 février 1850, à onze heures du matin, il fut célébré à l'église Saint-Pierre un service commémoratif, pour l'aniversaire des journées de Février ; les officiers de l'École, les autorités constituées et les députations de la garde nationale y assistèrent. Un escadron en armes, avec l'étendard et la musique, fut commandé de service. Un capitaine fut désigné pour tenir un des cordons du catafalque.

La science de l'hippologie était toujours l'objet principal des études théoriques, à l'École, et les ressources ne faisaient certes pas défaut à cet enseignement fondamental. Pourtant les données n'étaient pas encore certaines, et l'on pouvait s'étonner de voir varier les théories avec les professeurs. Il est intéresssant pour notre étude de relever, en passant, quelques décisions de l'autorité supérieure venant trancher les dissidences, et imposer son arbitrage médiateur.

Le 11 avril, par exemple, on lisait à l'ordre : « L'importante théorie des boiteries du cheval a donné lieu, depuis de longues années, à un schisme très regrettable dans l'enseignement.

« Or, assurer l'uniformité des principes dans toutes les branches de l'instruction étant le but principal de l'institution de l'école, il importe de faire cesser immédiatement toute dissidence dans le professorat.

« En conséquence, et conformément aux derniers écrits de MM. Lecoq et Barthélemy aîné, d'accord aussi avec les autorités les plus considérables de la science vétérinaire, MM. les écuyers professeront à l'avenir la doctrine de l'élévation du corps, pendant l'appui des membres postérieurs comme des membres antérieurs malades, ainsi que l'exacerbation et non plus l'inversion des symptômes dans l'allure du trot. »

Le 16 avril, des ordres étaient donnés pour les dispositions à prendre en cas d'émotions populaires. Les officiers et sous-officiers devaient au premier signal se rendre aux écuries et se tenir prêts à monter à cheval ; des cartouches seraient distribuées. Le service des bouches à feu de la section d'artillerie devait être assuré. Les escadrons devaient être réunis dans la cour du centre. A la sonnerie à cheval, toute l'École devait se masser en colonne serrée dans le Chardonnet.

Le 20 avril, le *général de Castellane*, commandant supérieur des 12ᵉ, 14ᵉ et 15ᵉ divisions, vint visiter l'École.

L'escorte du général, commandée par un capitaine, se rendit à la gare, à neuf heures du matin. L'École se réunit à cheval, en grande tenue, sur le Chardonnet. Les officiers à pied et le 3ᵉ escadron étaient rangés sur la chaussée, tournant le dos à la grille du quartier. Un bataillon du 11ᵉ léger, qui arrivait à ce moment à Saumur, prit place avec les troupes de la garnison.

Un incident se produisit pendant la revue. Des cris séditieux s'étant fait entendre, le général fit charger la foule après trois sommations. Ce ne fut qu'une légère bousculade.

Dans l'après-midi, le général vit les écuries du manège, l'arçonnerie, la maréchalerie, le travail académique décomposé en deux reprises d'officiers-élèves, deux reprises d'officiers d'instruction, une reprise des capitaines, une reprise des écuyers, sauteurs dans les piliers, sauteurs en liberté, voltige, etc.

Du manège, le général se rendit au quartier qu'il visita. Il vit ensuite l'école des trompettes et le haras.

Un carrousel devait avoir lieu ; par un sentiment de haute convenance, en raison du malheureux événement qui avait décimé le 11ᵉ léger, il n'eut pas lieu. Un bataillon, presque tout entier, de ce régiment avait été précipité dans la Maine, par la rupture d'un pont suspendu. D'un mouvement spontané, des cavaliers, des sous-officiers, des officiers, avec le colonel, allèrent à Angers rendre les derniers devoirs à leurs frères d'armes du 11e léger.

Le général de Castellane revint le dimanche 21, à neuf heures du matin. Un piquet de cavalerie, colonel en tête, alla à sa rencontre jusqu'à la gare.

A deux heures, alors que la troupe de ligne, l'École à cheval et la garde nationale étaient rangées en bataille, sur le quai de Limoges, le général, entouré d'un nombreux état major, déboucha par le quai Saint-Nicolas, et entra au galop dans le carré formé sur la place par les troupes réunies. Il parcourut d'abord tous les rangs, à cette allure, puis il descendit de cheval, et passa son inspection.

L'inspection terminée, le général remonta à cheval, et l'on commanda le défilé qui se fit avec une précision admirable.

Le général de Castellane quitta la ville le lundi matin à neuf heures. On tira pour son départ cinq coups de canon, comme à son arrivée.

Le 24 avril, le *général de Goyon*, prit le commandement de l'École.

Entré à Saint-Cyr le 10 septembre 1819, le général de Goyon avait été nommé sous-lieutenant aux chasseurs des Pyrénées, le 1er octobre 1821. Il fit la campagne d'Espagne de 1823, dont il rapporta la décoration de Charles III. Nommé lieutenant le 23 décembre 1825, il passa au 1er cuirassiers. Le 25 mars 1826, il était décoré chevalier de Malte. Il vint faire un cours d'officier d'instruction, à l'École de cavalerie, du 14 mars 1827 au 1er octobre 1828. Le 4 juillet 1830, il était nommé capitaine. Réformé le 21 mars 1831, il eut une interruption d'un an; il fut replacé au 4e hussards. Le 20 avril 1838, il fut mis à la disposition du Ministre des affaires étrangères pour une mission diplomatique en Espagne, dont il rapporta la décoration de commandeur de l'ordre d'Isabelle la catholique. Le 15 janvier 1839, il passait en qualité de major au 1er hussards. Le 28 avril 1841, il était fait chevalier de la Légion d'honneur. Le 7 mars 1843 lui apportait le grade de lieutenant-colonel au 12e dragons. Le 28 août 1846, il passait colonel au 2e dragons. Le 28 juillet 1848, il était nommé officier de la Légion d'honneur, et commandeur le 25 juin 1849. C'est après avoir été promu général, le 15 avril 1850, qu'il vint prendre le commandement de l'École.

Nous laissons à la suite de nos notes de montrer ce que le nouveau commandant a fait pour le progrès de l'institution dont il avait la direction.

Le décret du 29 avril 1850 modifia le mode de recrutement des cavaliers élèves instructeurs, en ce sens qu'il supprima les élèves de la classe civile.

Les élèves instructeurs, à dater de cette époque, furent exclusivement fournis par les corps.

La durée des cours était de deux ans; les examens de sortie ainsi que les départs eurent lieu deux fois par an; il étaient calculés de manière à posséder toujours à l'École des élèves de dix-huit mois d'études après chaque départ.

Cette catégorie d'élèves subit quatre examens; le premier après six mois d'études, pour obtenir le titre de cavalier de première classe; le deuxième, six mois plus tard, pour obtenir le grade de brigadier; le troisième, six mois après pour obtenir un des emplois de maréchal-des-logis élève instructeur, accordé aux cinq premiers numéros de chaque escadron; enfin un dernier examen précédait la sortie pour constater l'aptitude au grade de sous-officier.

L'élève qui n'avait pas satisfait à l'examen de sortie, quittait l'École comme brigadier ou simple cavalier; il pouvait être autorisé exceptionnellement à y prolonger son séjour pendant six mois.

Les deux premiers numéros de chaque départ étaient présentés de droit pour le grade de sous-lieutenant, quand ils réunissaient les conditions d'ancienneté exigées par la loi.

L'anniversaire de la réunion de l'assemblée constituante fut célébré par une fête nationale, qui eut lieu le 4 mai. A onze heures et demie, un *Te Deum* solennel fut chanté à l'église Saint-Pierre. Les officiers se réunirent en grande tenue à la sous-préfecture, pour de là se rendre en cortége à l'église. Un détachement de cinquante hommes en armes, avec la musique et l'étendard, fut commandé de service.

Le 27, le lieutenant-écuyer Guérin dota l'École et son musée d'un mors, résultat de ses études et dont l'ingénieuse construction faisait parfaitement comprendre l'action de ce moyen de conduite sur les barres du cheval; ce mors prit le nom de mors de démonstration; il en fut fait trois, un pour le cabinet des modèle, et deux qui furent mis à la disposition des écuyers pour les cours.

Le conseil d'instruction fit à ce sujet un rapport au Ministre pour demander qu'un mors semblable fut confectionné pour chaque corps.

Une décision ministérielle du 13 juillet prescrivit de suspendre toute confection d'arçons jusqu'à ce qu'il fut statué, après essai, sur l'adoption du dernier modèle de harnachement. Pendant ce chômage de l'atelier d'arçonnerie, les ouvriers firent leur service les uns à la remonte, les autres à la maréchalerie.

C'est au mois d'août de cette année 1850, que l'on vit pour la première fois des officiers de l'École prendre part aux courses d'Angers. C'étaient quatre officiers de l'École de cavalerie et un sportman angevin, rival bien digne de leur disputer la victoire. Cette innovation ne se passa pas sans critiques.

« Et quoi ! dira-t-on, des officiers de cavalerie ?

« La chose est nouvelle, oui, mais au moins convenez qu'elle est naturelle, surtout lorsque le turf est hérissé de barrières et d'obstacles, quand il représente presque le champ de bataille, avec ses difficultés et accidents de terrain, quand il s'agit de faire de l'équitation, de courir, non avec une vitesse phénoménale, mais une vitesse mesurée, qui n'exclut pas les moyens de conduite, de domination du cheval ; oh ! alors le turf est le patrimoine de l'officier de cavalerie, il est naturel qu'il y prenne sa place, qu'il y dispute la victoire à tous les concurrents, et qu'il y soit vainqueur. En résumé, le fait est que M. d'Aure, sous-écuyer, fils de M. d'Aure, écuyer en chef à l'École de cavalerie, est arrivé le premier, non sans avoir eu maille à partir avec ses rudes adversaires : M. de la Boutetière l'a suivi de près, puis M. de Resseguier, puis M. de la Salle, qui avait engagé la partie par un saut dont on ne saurait évaluer la hauteur. »

L'inspection générale de l'École fut passée en 1850 par le *général Korte*, qui arriva à Saumur le 17 septembre.

C'est cette année-là que les *courses de Saumur* furent crées. Elles sont passées dans les habitudes comme une nouvelle tradition, et l'École y a toujours pris part depuis, malgré des restrictions momentanées. Les nombreux et brillants succès des officiers ont démontré l'utilité de ces exercices, qui sont considérés aujourd'hui comme un couronnement classique de l'enseignement équestre, digne pendant du carrousel.

Le précédent d'Angers ne fut pas, comme on le pensera, sans influence sur cette création, et le général de Goyon en fut le plus zélé promoteur ; il eut l'heureuse pensée de faire courir huit des plus beaux chevaux du manège, qui furent tirés au sort par les officiers.

Cette course présentait d'autant plus d'intérêt, que les chevaux qui couraient — tous pur sang — avaient été élevés pour la plupart au haras de Saumur.

Voici les résultats des courses militaires :

Course des chevaux de manège. — Prix : une paire de pistolets et une cravache d'honneur. — Remporté par *Catin*, jument montée par *M. de Lajaille*, lieutenant d'artillerie, en 2 minutes 53 secondes. — Arrivé second, *Quiroga*, cheval monté par *M. de Linières*, en 2 minutes 58 secondes.

Course de barrières (gentlemen riders). — Prix : 800 francs. — Remporté par *Figaro*, cheval à M. le comte du Boberil, monté par *M. de Laporte*, en 2 minutes 7 secondes. —

Arrivé second, *Élancé*, cheval à M. de Courtivron, monté par *M. Cornat*, lieutenant d'instruction, en 3 minutes 7 secondes 1/5.

Autre *Course de barrières* (gentlemen riders). — Prix : 600 francs. — Remporté par *Ennui*, jument à *M. Loyer*, montée par lui-même, en 2 minutes 42 secondes. — Arrivé second, *Austerlitz*, cheval à M. Henri, monté par *M. Foucault*, en 2 minutes 43 secondes.

Hippolite, arrivé second dans la course au trot, était monté par *M. Pollard*, lieutenant au 2e chasseurs.

L'*École des trompettes*, dont la création remontait à 1731, qui avait rendu de si utiles services à l'armée et qui n'avait presque pas cessé de faire partie des Écoles depuis 1809, fut licenciée par décret du 19 septembre 1850.

Ce décret reçut son exécution le 23 octobre ; on constitua aussitôt le cadre des trompettes de l'École devant former la musique.

Le 21 novembre, l'atelier d'arçonnerie commença la confection de deux cents harnachements du modèle présenté par M. Cogent, directeur de l'atelier, pour être essayés dans les corps des garnisons de Paris et Versailles. Une commission de cinq officiers du cadre de l'École fut constituée pour prononcer la réception ou le rejet de ces harnachements.

Ce sont les inconvénients du loup de la selle hongroise et du fond en tissu de sangle des autres modèles, qui donnèrent naissance à la selle dite *selle en bois*, dont les bandes, le pommeau, le troussequin et le siège ne faisaient plus qu'un seul tout homogène et invariable.

Cette union intime de la charpente de la selle avait été obtenue en taillant l'arçon dans un bloc de peuplier. Le tout était revêtu de peau de cheval parcheminée qui adhérait entièrement au bois et lui assurait une extrême solidité.

La palette, surchargée par le poids oscillant du porte-manteau, était un levier dangereux ; on avait supprimé cette pièce fragile.

De cette suppression découlait l'unité du modèle. Le point de suspension du porte-manteau n'existant plus, cet effet venait s'appuyer sur le prolongement des lames de l'arçon qui bornaient le pontet et protégaient la région lombaire contre tout frottement.

La selle en bois donnant une assiette invariable, on put supprimer la matelassure.

L'appareil qui constituait la selle proprement dite se composait d'une espèce de housse en cuir qui portait avec elle les sacoches et la sangle, et se plaçait sur l'arçon.

Les avantages de cette selle, qui devint plus tard le modèle 1852, étaient les suivants :

Elle était plus légère de 4 kilog. que celle du modèle 1845 ; — elle était, à l'abri de toute fracture; — plus facilement réparable en campagne; — coûtait beaucoup moins cher que tous les modèles précédents; — exempte de toute déformation et assurait conséquemment au cavalier une assiette invariable; — d'une confection simple; — elle ne tournait pas, quoique peu sanglée; — elle défiait l'humidité; — ne demandait qu'un entretien insignifiant; — et ne provoquait pas l'usure du pantalon. Mais on pouvait lui reprocher d'être très dure.

Nous avons dit que déjà, depuis 1845, on trouvait le *cours d'équitation de l'École* insuffisant, comme rédaction, et que plusieurs commissions réunies dans le but de l'examiner, l'avaient jugé comme devant être refait plutôt que remanié. Et pourtant rien ne fut décidé jusqu'en 1850. Les cours étaient cependant professés, mais chaque écuyer remplissait, à sa manière, les lacunes du texte officiel, et empruntait au *Cours d'hippologie* que M. de Saint-Ange avait rédigé.

Les professeurs et les élèves donnèrent une haute marque d'approbation à cet ouvrage, en s'empressant à l'envi d'y souscrire pour faciliter et provoquer son impression et avoir ainsi une base d'étude qui leur manquait.

Cette irrégularité dans l'enseignement, nuisant à l'unité si essentielle de l'instruction, fut signalée par le général de Goyon, commandant l'École, à son inspecteur général, le général de division Korte, et, sur le rapport de ce dernier, une commission fut composée, par ordre ministériel, et convoquée le 2 décembre 1850. Cette commission, après avoir étudié elle-même l'ouvrage soumis à son examen, exprima le vœu d'avoir une nouvelle opinion du conseil d'instruction de l'École.

En 1850, après plus de dix années de polémique et de publicité, M. Baucher se retourna encore vers l'armée. « *Je dois le dire cependant, si j'étais soutenu par la confiance de pouvoir un jour être utile à mon pays, c'était l'armée surtout qui préoccupait ma pensée. Elle compte, sans nul doute, dans ses rangs, beaucoup d'écuyers habiles, etc.* »

Cette fois, le ton est moins élevé, quelques éloges s'insinuent dans le discours, on fait des avances gracieuses aux colonels : « *Ce n'est pas moi, du reste, à tracer, à MM. les Colonels, tous les moyens à suivre pour mettre ma méthode en pratique; il me suffit d'avoir posé et expliqué mes principes. MM. les officiers instructeurs suppléeront d'eux-mêmes aux détails d'application qu'il serait trop long d'énumérer.* »

Enfin, on fait les promesses suivantes : « *Je mets en fait que si ma méthode est adoptée et bien comprise dans l'armée, où la pratique journalière du cheval est une nécessité de métier, on verra surgir, parmi les officiers et les sous-officiers, des capacités équestres par milliers. Il n'est pas un seul d'entre eux qui, avec une heure d'étude par jour, ne puisse être bientôt à même de donner en moins de trois mois, à n'importe quel cheval, l'éducation et les qualités suivantes :*

« 1° Assouplissement général; — 2° Légèreté parfaite; — 3° Position gracieuse; — 4° Pas régulier; — 5° Trot uni, cadencé, étendu; — 6° Reculer aussi facile et aussi franc que la marche en avant; — 7° Galop fait sur les deux pieds et changement de pied du tact au tact; — 8° Travail facile et régulier sur les hanches, y compris les pirouettes ordinaires et renversées; — 9° Saut du fossé et de la barrière; — 10° Piaffer; — 11° Temps d'arrêt au galop, à l'aide des jambes soutenues préalablement et d'un léger appui de la main. »

En 1850, l'École de maréchalerie de Saumur imagina un mode particulier de ferrure, qui consistait à employer des fers en cuir, dont le poids était à peine sensible, et qui avait l'avantage de mieux se prêter aux mouvements d'expansion du pied. Ces fers, percés de huit étampures, étaient fixés, sous le pied, par des clous à vis ; on leur adaptait aussi des pinçons pour les consolider. Il résulta, des essais qui furent faits sur ce système, et notamment à l'école d'Alfort, que cette ferrure n'avait pas de solidité. Dans les temps humides, le cuir se gonflait et ne tardait pas à se déchirer. Dans les temps secs, il ne résistait pas davantage à l'usure et durait à peine deux ou trois jours.

L'année 1850 produisit plusieurs ouvrages de maréchalerie. Parmi eux, nous citerons celui de *M. Vatel : Rapport sur l'ouvrage de M. Perrier*. Pour rentrer dans l'ordre d'idées des essais cités plus haut, nous parlerons d'un essai tenté par M. Vatel.

Après avoir reconnu les désavantages du fer en cuir, on avait cherché à combiner le fer articulé avec les semelles en cuir. Pour obvier au principal inconvénient qu'il présente et augmenter sa durée, M. Vatel proposa de fixer, à la surface du cuir, des pièces de fer, dans lesquelles les clous étaient introduits. Pour le confectionner, on coupait un fer ordinaire en tranches et l'on adaptait les différentes pièces à la surface du cuir où elles étaient rivées. Un pareil système de ferrure ne pouvait être admis, il était trop coûteux et peu solide. Il avait, en outre, l'inconvénient de laisser porter sur la sole les différentes pièces dont il se composait et de produire les mêmes effets qu'un fer sans ajusture.

C'est d'ailleurs dans ce même ordre d'idées encore que *M. Parry*

William, dans sa *Nouvelle ferrure sans clous*, proposait un fer cousu en *caoutchouc vulcanisé.*

Quant à *M. Sempastous*, son fer en deux morceaux était surtout conçu dans le but de démontrer la transformation du sabot, et il en fit l'essai sur deux poulains du haras de Pompadour.

Parmi les ouvrages étrangers, nous citerons, comme le plus important: *Le pied du cheval*, de *William Miles.*

James Turner, s'inspirant des idées de Bracy-Clark sur l'élasticité du pied et sur la gène que les clous apportent à la dilatation du sabot, avait essayé de remplacer la ferrure usuelle par la ferrure *unilatérale.*

M. Miles, gentleman anglais, grand amateur de chevaux, trouvant que Turner, par son fer unilatéral, avait rempli toutes les conditions nécessaires pour ne pas gêner l'élasticité du pied, chercha à répandre ce système de ferrure comme une œuvre bienfaisante.

Dans cette intention, il publia, en 1850, un petit opuscule où il avance que ses expériences sur l'élasticité lui ont prouvé que le pied se dilate de 1/16 de pouce en pince, et que, chez certains sujets, la dilatation atteint 1/8, et même 1/4 de pouce en talons (le pouce anglais est de 0^{m},25).

D'après lui, l'ongle doit être abattu et aminci, de manière que la corne morte soit enlevée et que la sole cède sous le doigt jusqu'aux arcs-boutants, siège ordinaire des bleimes. Il ne faut pas toucher à la fourchette, qui se dessécherait et ne formerait plus un coussin arrondi et élastique.

Il recommande le fer à siège suffisamment épais, couvert, sans garniture, percé de cinq étampures et à pince relevée comme le fer français.

1850

ÉTAT-MAJOR DE L'ÉCOLE

De Goyon	Général de brigade.	Colonna de Giovellina	Capit. instructeurs.
Jacquemin	Colonel.	Torel	
Lavergne	Lieutenant-colonel.	De Chaumontel	
Schmidt	Chef d'escadrons.	Girard	
Coutant	Major.	Lavoye	
Beyer	Capitaine-trésorier.	Vacquier	
Fourier	Cap. d'habillement.	Assant	
Berton	S.-l., porte-étendard	Guépratte	
Majesté	Chirurgien-major.	Darnige	Capitaines écuyers.
Bécœur	Chirurg. aide-major.	Brifaut	
Gaudaire	Chir. s.-aides-majors	Guérin	Lieut. sous-écuyers
Raoult des Longchamps		Cartier d'Aure	S.-l.
Destouches	Pharmac. aide major	Andlauer	S.-l.
Rolland	Capit. instructeurs.	Cogent	S.-l. dir. de l'arçonn.
Dupont		Farges	Vétérin. en premier.
Delebecq		Hatin	Vét. en 1er, pr. de m^{tie}
Harmand		Sipière	Aide-vétérinaire.

ÉCUYERS CIVILS

D'AUBE . . . . Écuyer en chef.
BEUCHER DE SAINT-ANGE . Écuyer de 1re classe.
BACHON . . . . Écuyer de 2e classe.

OFFICIERS D'INSTRUCTION

Première Division.

EICHER. . . . . Lieut., 7e cuirassiers.
GUIOT . . . . S.-l., 1er ch. d'Afriq.
LALLEMAND. . . . . Lieut., 6e lanciers.
CHEVALS. . . . . Lieut., 7e lanciers.
POLLARD. . . . . Lieut., 2e chasseurs.
DULAC. . . . . Lieut., 1er dragons.
DE BEAULAINCOURT . . . . Lieut., 3e artillerie.
DE RENUSSON D'HAUTEVILLE. Lieut., 12e chasseurs.
TACUSSEL . . . . S.-lieut., 8e hussards.
DEMANGEON . . . . S.-l., 3e chasseurs.
JOSEPH. . . . . S.-l., 2e cuirassiers.
DE LINIERS. . . . . Lieut., 10e chasseurs
PÉROT. . . . . Lieut., 11e artillerie.
DAUVET . . . . Lieut., 1er artillerie.
DE LAJAILLE . . . . Lieut., 10e artillerie.
VOGELIN. . . . . S.-lieut., 11e chass.
PORZAT . . . . Lieut., 13e artillerie.
KERCHNER . . . . S.-l., 2e hussards.
LABORDE. . . . . S.-l., 4e dragons.
KŒNIG . . . . Lieut., 4e lanciers.
CHAMPIGNEULLE. . . . . . S.-lieut., 9e cuirass.
TACAIL. . . . . S.-l., 9e dragons.
MAYER-BRISSAC . . . . . . Lieut., 12e artillerie.
DE VERNEJOUL. . . . . . . Lieut., 9e hussards.
POULLE. . . . . Lieut., 3e cuirassiers.
PIQUE. . . . . S.-l., 6e hussards.
DE GARNIER DES GARETS. . . S.-lieut., 1er cuirass.
BROCARD . . . . Lieut., 14e artillerie.
VERNEAU. . . . . S.-lieut., 1er carabin.
FAIZAN . . . . S.-lieut., 8e lanciers.
CARLIER. . . . . S.-l., 5e dragons.
LEBRETON . . . . S.-l., 1er lanciers.
DE MAY . . . . S.-l., 10e dragons.
PONGÉRARD . . . . Lieut., 10e artillerie.
FRADIN . . . . S.-lieut., 8e chass.
BONNEFOUX . . . . S.-l., 4e esc. du train des équipages.
GUIGNEBERT. . . . . S.-l., 13e chasseurs.
DELHERBE . . . . Lieut., 11e artillerie.
BARÉNAUT . . . . S.-l., 1er hussards.
DE RENUSSON D'HAUTEVILLE. Lieut., 5e lanciers.
CHARMEUX. . . . . Lieut., 4e hussards.
BÉRAIL . . . . Lieut., 8e dragons.
ROBERT . . . . S. l., 8e cuirassiers.
DE BANE. . . . . Lieut., 3e dragons.
VERDUN . . . . Lieut., 1er chasseurs.
FLORAND. . . . . S.-l., 3e lanciers.
DUCREST. . . . . Lieut., 7e dragons.

Deuxième Division.

DUPORT. . . . . Lieut., 9e artillerie.
BLANCHARD . . . . Lieut., 11e artillerie.
GOUJIS . . . . Lieut., 11e artillerie.
LANTY . . . . Lieut., 14e artillerie.
GOMBAUD DE SÉRÉVILLE . . Lieut., 1er carabiniers.
MAURIN . . . . Lieut., 2e carabiniers.
DU BOUEXIC DE GUICHEN . . Lieut., 6e cuirassiers.
CLAIRIN. . . . . Lieut., 9e cuirassiers.
DE BAILLIENCOURT DE COURCOL. . . . Lieut., 7e dragons.
INNOCENTI. . . . . Lieut., 12e dragons.
ALLAVÈNE. . . . . Lieut., 2e lanciers.
LIASSE. . . . . Lieut., 4e lanciers.
COLOMB D'ECOTAY . . . . . Lieut., 8e lanciers.
CORNAT. . . . . Lieut., 4e chasseurs.
BERTRAND. . . . . Lieut., 6e chasseurs.
CALMÈTES-VALLÈS . . . . . Lieut., 7e chasseurs.
GAY DE VERNON . . . . . . Lieut., 8e chasseurs.
BAUMAL . . . . Lieut., 9e chasseurs.
D'HAUTEFORT . . . . Lieut., 11e chasseurs
LECOMTE . . . . Lieut., 2e hussards.
BRISSAUD-DEMAILLET . . . Lieut., 4e hussards.
BORÉ-VERRIER . . . . Lieut., 5e hussards.
CHAUFOUR. . . . . Lieut., 9e hussards.
L'HOTTE. . . . . Lt, 1er esc. des guides
FRANCHET-DESPEREY. . . . S.-l., 3e ch. d'Afrique

OFFICIERS ÉLÈVES

Première Division.

DE LAMARTINIÈRE.
DE BERTHOIS.
MONTARSOLO.
MALBOS.
BOHIN.
D'USSEL.
VERNINAC.
BOULLIGNY.
HÉMART.
CASSIN DE KAINLIS.
ESCOFFIER.
BULLÈS.
PINOT.
DE NETTANCOURT.
AUGEY-DUFRESSES.
GRENIER.
DUPRÉ.
DANIEL-LAGANERIE.
DE MONTARBY.
LOYSEL.
PINARD.
MARIANI.
THIBAUT.
LIGIER.
BOSSAN.
FLEURIOT DE LANGLE.
PREVOST DE LA BOUTETIÈRE
BUGNOT.
MARTIN DE LABASTIDE.
DE CASTELLANE.
BOUBÉE DE GRAMMONT.
DESPETIT DE LA SALLE.
RAMPILLON.
GIBERT.
MARTINON.
GRATELOUP.
DE KEROUARTZ
LEFRANC DE POMPIGNAN.
MARCQ DE SAINT HILAIRE.
MORAUX.
DE BEAULAINCOURT.
PERREAULT DE LA MOTTE DE MONTREVOST.
THOMAS.
GOMBAUD DE SÉRÉVILLE.
DEVENY-DARBOUSE.
DE RESSEGUIER.
GILG.
PINOCHET.
PELLETIER DE CHAMBURE.
DE PELOUX.
STEINER.
JACQUIN.
D'ANDRÉ.

Deuxième Division.

Loizillon.	Bruneau.	Legendre.	Castex.
Du Dresnay.	Guyot.	D'Ollone.	Hergault.
Bonie.	Perigord de Villechenon	Jouvenot.	Ducheyron.
Ferrus.	De Batz.	De Cugnon d'Alincourt.	Desbarats.
Edoux.	Lebleu.	Delavau.	Destor.
Lemyre de Vilers.	Deberly.	Castanier.	Mutel.
Voilquin.	Dijols.	De Vergés.	De Pina.
Charpentier.	De Narbonne Lara.	Leques.	Du Cauzé de Nazelle.
De Gourcy.	Gamet de Saint-Germain.	Blanche.	Auger de Kernisan.
Jardel.	Duhoux de Hennecourt.	Destut d'Assay.	Thoreau.
Dombrat.	De Malherbe.	Andrieu.	De Courtivron.
Oudan.	Tarnier.	De Courtois.	Duchatel.
Joly.	De Comargue.		

Le 2 janvier 1851, le conseil d'instruction de l'École émit le vœu, à l'unanimité, de l'adoption de l'ouvrage de M. de Saint-Ange.

Le titre de *Cours d'Hippologie* a été substitué à celui de de *Cours d'équitation militaire*, parce qu'il indique d'une manière plus explicite que le dernier les sujets d'étude qu'il comprend, savoir : 1° *La connaissance du cheval*; — 2° *l'hygiène*, — 3° *l'industrie chevaline*.

La quatrième partie, rédigée par M. d'Aure, écuyer en chef, est désignée sous le titre de *Traité d'équitation*.

L'article qui traite des os les a spécialement examinés au point de vue de leurs fonctions de leviers, pour bien faire comprendre que, selon qu'ils remplissent certaines conditions mécaniques plus ou moins avantageuses, on doit en inférer les qualités d'étendue et de puissance dans les mouvements.

On a déduit les mêmes conséquences de l'étude des muscles, en les envisageant bien moins sous le rapport de leur organisation anatomique que sous celui des formes plus ou moins accentuées, qu'ils dessinent à l'extérieur, puisqu'elles révèlent au connaisseur la force du système musculaire.

Après avoir expliqué le mécanisme des actes de la vie d'entretien, l'auteur s'est appliqué à faire connaître les symptômes extérieurs qui indiquent la manière dont le cheval digère, respire, s'entretient, et il en a déduit les qualités de fond et d'haleine qui lui sont propres.

L'article de la *circulation* a démontré que les qualités du cheval dit de pur sang, s'expliquent par la nature particulière de ce fluide chez les animaux d'élite et qu'elles élèvent leurs facultés au plus haut degré de puissance qu'elles puissent atteindre.

Dans l'étude anatomique du pied, on a mis en lumière la théorie de l'élasticité de cet organe, parce qu'elle se rattache à celle de la ferrure.

Le IIe titre de la première partie, *de l'extérieur*, a renfermé dans les premiers chapitres, de l'âge, du pied, des proportions, des aplombs, de la force inerte, des allures, etc., etc., tous les enseignements de détails qui conduisent l'élève à l'appréciation d'ensemble qu'enseigne le chapitre intitulé, *Méthode d'examen du cheval* ou *leçons pratiques d'extérieur*.

Un chapitre consacré à la force inerte, explique le rôle qu'elle remplit conjointement avec la force musculaire dans la production des mouvements.

La théorie de la similitude des angles, qui est due à M. le général Morris, a été placée à la suite de l'article des aplombs, dont elle est un complément indispensable.

La méthode d'examen du cheval, qui termine l'extérieur, apprend à le juger avec calme, ordre, progression dans ses lignes, ses formes, ses mouvements et ses facultés.

Les ouvrages sur l'extérieur qui avaient paru jusque-là n'avaient donné aucun principe sur ce sujet.

L'*hygiène*, qui est une des branches de la science hippique qui intéresse le plus l'officier de cavalerie, a été étudiée, non seulement au point de vue de la santé, mais encore sous celui des moyens dont elle dispose pour développer les facultés du cheval et lui créer un tempérament fort et robuste.

Sous le titre d'*accidents maladifs*, on a indiqué les symptômes des affections qui atteignent le plus souvent le cheval, et auxquels il importe d'administrer les premiers soins curatifs, en cas d'absence du vétérinaire. Parmi les agents hygiéniques, l'air a été placé au premier rang, parce qu'il importe de bien se pénétrer qu'il exerce la plus grande influence sur les qualités du sang et que de celle-ci dérive toute la valeur du cheval.

L'article de l'*alimentation*, qui fait suite à celui des aliments, règle la quantité et la qualité de la nourriture à donner aux animaux, en raison de l'âge, du tempérament, de la vitesse et de la lenteur des allures, de la durée du travail et du repos.

On a aussi consacré un chapitre à l'*acclimation*.

La question des variétés de races a été résolue par l'étude des causes que produisent les climats et les localités.

On s'est attaché à démontrer l'influence toute puissante du travail sur l'aptitude du cheval à y résister.

L'article de la *ferrure* a été traité avec toute l'extension que comporte l'intérêt de cette instruction. Après avoir décrit la *ferrure à chaud* et la *ferrure à froid*, on a fait ressortir les motifs de l'adoption de cette dernière dans la cavalerie. On a aussi décrit la *ferrure à la rénette*.

En donnant une idée générale des accidents maladifs auxquels le cheval est le plus sujet, l'auteur n'a pas entendu faire de la médecine vétérinaire, il s'est borné simplement à enseigner les premiers soins curatifs, que l'officier de cavalerie doit savoir administrer pour arrêter le mal aussitôt qu'il survient. Ces remèdes d'ailleurs ne peuvent jamais porter préjudice à la santé des animaux. Les *tares* ont été l'objet d'une étude spéciale, en raison de l'importance de bien distinguer les premiers symptômes qui les révèlent ; on a insisté aussi sur l'examen des causes occasionnelles qui les produisent.

Dans l'histoire rapide qu'on a tracée des maladies, on a fait remarquer que plusieurs d'entre elles sont dues à des influences de localités, afin qu'on sache y soustraire les animaux.

On a signalé les symptômes des maladies contagieuses, pour apprendre seulement à les reconnaître et prendre les mesures de précaution nécessaires à empêcher leur contagion.

La troisième partie, à laquelle correspondait la quatrième dans le *cours d'équitation*, a été refaite complètement ; on n'a pas pu même en conserver le cadre.

Elle comprend trois titres : 1° *des races étrangères et indigènes ;* 2° *de la reproduction et de l'élevage ;* 3° *des haras, des courses et des remontes.*

Ier Titre. — La définition du pur sang devait être le point de départ de l'étude des races, puisqu'il est la source à laquelle il faut toujours recourir, quand on veut relever les races dégénérées de leur abâtardissement.

Le cheval arabe s'est présenté le premier à l'étude, comme prototype améliorateur des races. On l'a montré dans son pays natal, où il a conservé ses qualités originelles, parce qu'on l'a préservé de toute mésalliance avec les races étrangères à sa famille propre, et qu'on a évité de le croiser, contrairement à l'opinion des anciens hippologues et naturalistes, et de M. Buffon lui-même, qui regardaient les croisements comme le moyen nécessaire pour empêcher l'abâtardissement des races.

On a ensuite étudié tous les dérivés du cheval arabe, modifiés dans leurs formes et leurs facultés, par l'influence des climats sous lesquels ils vivent.

Le vrai savoir ne devant pas admettre les opinions conventionnelles de mode et de caprice, on a écarté dans ces enseignements les idées de préférence systématique en faveur du cheval anglais et du cheval arabe, et on s'est occupé d'établir d'une manière rationnelle les qualités relatives à ces deux types.

En examinant le pur sang anglais, qui est un des métis du cheval arabe, on l'a dépeint sous le rapport des transformations qu'il a subies par l'influence du climat de l'Angleterre, et surtout par les soins intelligents de la science de l'élevage.

Les races françaises ont été étudiées au point de vue de ce qu'elles doivent être aujourd'hui pour satisfaire aux besoins de la cavalerie et du commerce.

On s'est appliqué à faire connaître les pays d'élève, qui fournissent les remontes de la cavalerie.

IIe Titre. — Les principes généraux sur lesquels on a établi l'art de la reproduction sont : qu'il faut approprier les espèces à améliorer aux ressources du sol qui les nourrit et aux besoins de la consommation ; que l'art de faire naître est moins difficile encore que celui de bien élever, car c'est par l'intelligence des moyens qu'enseigne plus particulièrement l'élevage, qu'on parvient à faire de bons chevaux.

IIIe Titre. — Les haras du gouvernement, les courses, les remontes ont été envisagés comme moyens de subvention dont dispose l'État pour venir en aide à la reproduction ; en effet, les haras achètent ou produisent des étalons types améliorateurs, que l'industrie privée ne saurait prévenir en raison de leur prix trop élevé.

En se reportant au but d'utilité de l'institution des courses, on a démontré qu'elles devaient suppléer à l'insuffisance de notre jugement sur la valeur du cheval, en nous montrant la supériorité des animaux, qui avaient fait preuve de fond, de vitesse et d'haleine dans les luttes de l'hippodrome et qui, à ce titre, offraient la meilleure des garanties de leur aptitude à faire de bons étalons.

L'article des remontes a tracé les devoirs si difficiles à remplir de l'officier acheteur, devoirs de capacité, de probité, de zèle, puisqu'il doit acheter de bons chevaux et sauvegarder les intérêts de l'État.

On a donné un spécimen du journal qu'il doit tenir de ses observations, relativement aux ressources chevalines du pays qu'il exploite et des améliorations dont il est susceptible.

Quant à la partie équestre, comprise sous le titre : *Traité d'équitation*, elle était due, comme nous l'avons dit déjà, à M. le comte d'Aure, l'écuyer en chef. Nous ne reviendrons pas sur ses principes, que nous avons déjà fait connaître.

Le lundi 24 février 1851, il fut célébré, à onze heures du matin, dans l'église Saint-Pierre, un service commémoratif auquel assistèrent les autorités constituées et des députations de la garde nationale. Un escadron en armes, avec l'étendard garni de crêpes et la musique, fut commandé de service. Tous les officiers, en grande tenue, se réunirent au général pour se rendre en cortège à la cérémonie. Un capitaine fut désigné pour tenir un des cordons du catafalque.

En 1851, le carnaval fut fort gai à Saumur. Le jour du mardi gras, une cavalcade fut organisée par l'École, parcourut les rues de la ville en faisant une quête pour les pauvres. Ce fut une très joyeuse fête en même temps qu'une grande œuvre de bienfaisance.

Le 10 avril, le général commandant l'École, en rappelant les conséquences des derniers troubles politiques, arrêtait les mesures suivantes en prévision de nouvelles émotions populaires :

Les forces de l'École devaint être divisées en deux parties : 1° une colonne mobile prête à se porter et à agir partout où besoin serait ; 2° réserve pour la défense de l'École proprement dite.

La colonne mobile, sous les ordres du général, devait se composer des deux divisions d'officiers d'instruction ; de la 1re division d'officiers-élèves ; des deux premiers escadrons d'élèves-instructeurs au complet de cent deux hommes montés par escadron ; de la section d'artillerie, dont les pièces seraient servies par les sous-officiers d'instruction ; du reste des sous-officiers d'instruction formant le soutien à cheval de l'artillerie ; de la moitié de la deuxième division d'officiers-élèves armés de fusils, servant de soutien à pied de l'artillerie, avec une fourragère pour les transporter rapidement si les circonstances l'exigeaient.

La réserve, sous les ordres du colonel, devait se composer de l'autre moitié de la deuxième division des officiers-élèves ; de l'excédant des escadrons et des arçonniers armés de mousquetons ou fusils.

L'écuyer en chef était chargé de la défense de ses écuries avec son personnel et les palefreniers armés. M. l'écuyer de Saint-Ange était chargé de la défense du haras dans les mêmes conditions.

De nuit comme de jour, on serait prévenu par des trompettes envoyés en ville, sous escorte, si cela était nécessaire, afin d'assurer l'exécution de la sonnerie de la générale, qui serait l'annonce de toute prise d'armes pour répression.

On tint les cartouches prêtes à distribuer. On fit charger les coffres des pièces de gargousses à mitraille. Les sabres furent repassés.

Le 4 mai, jour anniversaire de la réunion de l'Assemblé nationale, un *Te Deum* solennel fut chanté à midi dans l'église Saint-Pierre, un détachement de cinquante hommes en armes y assista avec l'étendard et la musique. Tous les officiers de l'École, en grande tenue, se réunirent à l'état-major général, où les autorités civiles et militaires se rassemblèrent également pour marcher en cortège avec le général et assister au *Te Deum.*

A midi et demi, une grande revue de la garde nationale, des troupes de la place et de l'École, fut passée sur le quai de Limoges.

Cependant, comme on était toujours inquiet de l'attitude de la population, pendant la revue, le poste de l'École fut doublé, des cartouches lui furent remises, les armes furent chargées. Des factionnaires furent placés aux portes du haras et du côté de la levée; des patrouilles furent faites pour prévenir toute surprise.

A la rentrée de la revue, l'escadron qui y avait figuré à cheval fut consigné au quartier avec ses officiers, les chevaux dépaquetés mais restant sellés.

Le soir, de huit heures à minuit, cet escadron fournit des patrouilles de quinze hommes commandées par un sous-officier et dont cinq hommes, un brigadier compris, avaient le fusil, les autres le sabre seulement, qu'ils portaient à la main. Les hommes armés de fusils avaient les armes chargées. Ces patrouilles, dont le but était de maintenir l'ordre et d'éviter ou réprimer les collisions, devaient parcourir particulièrement les petites rues, de la rue de la Liberté à l'École, et ne devaient se porter de l'autre côté de la rue de la Liberté que s'il y avait lieu.

Les sous-officiers de planton aux ponts avaient avec eux chacun un brigadier et un cavalier, armés comme eux, et devant leur servir à faire prévenir de ce qui pouvait se passer.

Depuis longtemps le *général Randon*, ministre de la guerre, désirait visiter Saumur; il se faisait fête de revoir l'École où il avait commencé son éducation militaire comme sous-lieutenant, en 1816.

Il arriva le 6 septembre pour assister aux courses et au carrousel; mais il voulait aussi mettre à profit sa visite pour étudier dans tous les détails les différentes branches de l'instruction militaire.

Le lundi 7, à 8 heures du matin, le Ministre passa en revue l'École en grande tenue sur le Chardonnet; le général Oudinot et le général de Carrière y assistèrent.

Les courses de cette journée furent très brillantes; le Ministre de la guerre s'en montra très satisfait et distribua lui-même les prix aux vainqueurs des courses militaires, dont nous transcrivons les résultats :

Cinquième course. — Prix : un sabre, de la valeur de 200 francs, offert aux officiers de l'École de cavalerie. Course au trot. Distance 4 kilomètres. — Cinq chevaux engagés. —

Prix remporté par *Cannais*, monté par *M. Baumal*, en 10 minutes 4 secondes. — Arrivé second, *Fanfaron*, monté par *M. Blanchard*, en 10 minutes 10 secondes. — *Bonne* et *Stuck* sont arrivés troisièmes, en 10 minutes 24 secondes.

Sixième course. — Prix : une paire de pistolets de 300 francs, offerts par la Société des Courses aux officiers de l'École de cavalerie. Course de haies au galop. — Sept chevaux étaient engagés. — Prix remporté par *Joconde*, monté par *M. de Villers*, en 3 minutes 35 secondes. — Arrivé second, *Juibas*, monté par *M. Charpentier*, en 3 minutes 36 secondes. — *Ariane* et *Norfolk* sont arrivés, l'un en 3 minutes 42 secondes, l'autre en 3 minutes 46 secondes. — *Normand*, que montait *M. Oudan*, n'a pas achevé la course; l'un des étriers s'étant détaché au milieu de la course, le cavalier a été renversé.

Cette course a été des plus brillantes : M. le Ministre de la guerre, pour témoigner à MM. les concurrents son admiration, a voulu lui-même offrir un prix pour une seconde course.

Joconde, le vainqueur, n'a pas concouru à cette seconde épreuve. Quatre chevaux étaient engagés. *Ariane*, montée par *M. de Gougis*, a remporté le prix, en 2 minutes 40 secondes. — Arrivé second, *Norfolk*, monté par *M. Lhotte*, en 2 minutes 44 secondes.

Neuvième course. — Course de haies de Gentlemen riders. — Prix : 600 francs, offert par la Société des Courses, pour chevaux de chasse de toute provenance, n'ayant jamais été entraînés, à l'exclusion des chevaux de pur sang. — Distance 2 kilomètres. Six haies à franchir, d'une hauteur de 1m,20. Poids, 75 kilogrammes. — Trois chevaux engagés. — Prix remporté par *Paquita*, jument appartenant à M. Chevalier, montée par *M. d'Esperey*, en 3 minutes 36 secondes. — Arrivé second, *King*, à *M. Cornat*, en 3 minutes 44 secondes. — *Figaro*, arrivé troisième, en 3 minutes 45 secondes.

Dernière course. — Course de haies de Gentlemen riders. — Prix : 600 francs, offert par la Société des Courses, pour chevaux de toute provenance; distance, 2 kilomètres. Six haies à franchir, d'une hauteur de 1m,20. Poids, 70 kilogrammes. Les chevaux nés en Angleterre porteront 3 kilogrammes de surcharge. — Cinq chevaux étaient engagés. — Le prix a été glorieusement disputé; le jury et tous ceux qui entouraient la tribune du jury ont adjugé le prix à *Aphra*, montée par *M. Ol. d'Aure*, arrivée en 2 minutes 30 secondes. — *Miss Born*, montée par *M. de Coataudon*, est arrivée seconde, mais si près d'*Aphra*, que quelques spectateurs lui accordaient le prix.

Le soir, le Ministre présida au carrousel, qui fut également très brillant.

Le lendemain 8, toute la journée fut consacrée à l'inspection de l'École. Le Ministre vit d'abord le travail militaire, chaque classe d'instruction à sa leçon; puis au manège, une reprise de chaque division; également à la carrière. Ce fut ensuite le tour des théories et des cours d'équitation; enfin, la visite du haras.

La journée fut couronnée par un steeple-chase, et le Ministre quitta Saumur.

L'inspection générale de l'École par le *général Korte* commença le 22 septembre; le carrousel de fin d'année eut lieu le 28 septembre, à trois heures.

En 1851, nous avons également à signaler plusieurs ouvrages de maréchalerie : *Rossignol : Rapport sur la ferrure d'après le système Perrier; J. Ambert : De la ferrure des chevaux; Anker : Réflexions sur l'organisation, l'utilité et l'importance du sabot.*

Mais celui qui prime tous les autres, c'est le *Traité de l'organisation du pied du cheval*, de M. *H. Bouley*, directeur d'Alfort. Parmi tant d'écrits du même auteur, celui-ci est des plus marquants.

Le traité du pied, de M. Bouley, que tout le monde vétérinaire connaît, est le dernier mot de la science, au sujet de l'organisation et des fonctions du pied du cheval; anatomie, élasticité et formation de l'ongle, dont les expériences appartiennent à M. Renault, sont traitées d'une façon si complète, que l'on peut dire que toutes les règles de la ferrure raisonnée en découlent. Citons comme une des plus importantes : *La sécrétion de la corne est en raison inverse des pressions qu'elle supporte.* On sent par là que M. Bouley s'est inspiré, en plusieurs endroits, de Bracy-Clark.

Mais le savant professeur, préoccupé d'éviter les exagérations de l'hippiatre anglais, n'a pas reconnu au pied toute l'élasticité dont il est réellement doué.

En ce qui concerne la manière de parer le pied, M. H. Bouley recommande de restituer au sabot sa forme naturelle, celle qu'il « *aurait prise de lui-même, si naturellement il avait frotté et s'était usé sur le sol... Donc, il faut que le maréchal ait le soin... de ménager plus de hauteur au quartier et à la mamelle internes qu'à la mamelle et aux quartiers externes, et d'abattre plus la pince que les talons, car lorsque le pied use naturellement, il se raccourcit bien plus en avant qu'en arrière et plus aussi en dehors qu'en dedans.* »

Tout en recommandant de parer autant que possible, sans éveiller toutefois la sensibilité des parties vives, il reconnaît qu'une « *dernière raison s'oppose souvent à ce que les sabots soient parés aussi à fond que cela devrait être, c'est que cette manière de faire augmente les chances immédiates de claudication... Il est clair, en effet, que plus en raccourcissant la corne, on se rapproche des parties vives, et plus on court le risque d'éveiller leur sensibilité; que plus courte la paroi a été coupée, plus il y a de chances, pour que les clous qu'on doit y brocher compriment et blessent...* »

D'après M. Bouley « *Les chevaux panards et cagneux se coupent généralement par la partie de leurs sabots qui se projette en dedans de la ligne verticale c'est-à-dire les premiers par le talon interne du membre en action, et les seconds par la mamelle du même côté.*

Pour remédier au défaut de se couper, il donne les indications suivantes : « *Renouveler la ferrure plus souvent que ne le comporte l'usure des fers, quand cette usure ne s'effectue que lentement; — Parer les pieds également de manière à conserver la justesse des aplombs, et les raccourcir autant que le permet, sans dommage, la conformation de l'ongle. — Amincir avec la râpe l'épaisseur du quartier interne et appliquer un fer à branches également épaisses, en ayant soin d'arrondir avec la lime la rive inférieure de la branche interne, ainsi que l'angle externe de l'éponge du même côté, et fixer le fer sous le pied, de manière que cette branche interne ne dépasse pas la corne du quartier et du talon correspondant, et même reste placée en dedans.* »

Enfin, il donne, comme dernière et plus puissante ressource, celle qui consiste dans l'application de fers à branches inégalement épaisses; fer à la turque ou fer à la turque renversée.

1851

ÉTAT-MAJOR DE L'ÉCOLE

De Goyon	Général de brigade.	De Chaumontel	Capit. instructeurs.
Jacquemin	Colonel.	Girard	Capit. instructeurs.
Lavergne	Lieutenant-colonel.	Lavoye	Capit. instructeurs.
Michaux	Chef d'escadrons.	Fourier	Capit. instructeurs.
Coutant	Major.	Vacquier	Capit. instructeurs.
Beyer	Capitaine-trésorier.	Assant	Capit. instructeurs.
Gros	Capit. d'habillement.	Guépratte	Capit. instructeurs.
Jauchène	S.-lieut. porte-étend.	Eicher	Capit. instructeurs.
Majesté	Chirurgien-major.	Darnige	Capitaines écuyers.
Bécœur	Chirurg. aide-major.	Brifaut	Capitaines écuyers.
Raoult des Longchamps	Chirurg. s.-aide-maj.	Guérin	Capitaines écuyers.
Gaudaire	Chirurg. s.-aide-maj.	Cartier d'Aure	Lieut. sous-écuy.
Destouches	Pharmac. aide-major	Andlauer	S.-lieut. sous-écuy.
Dupont	Capit. instructeurs.	Cogent	S.-l., dir. de l'arçonn.
Delebecq	Capit. instructeurs.	Farges	Vétérin. en premier.
Harmand	Capit. instructeurs.	Hatin	Vét. en 1er, pr. de m^{rie}
Torel	Capit. instructeurs.	Sipière	Aide-vétérinaire.

ÉCUYERS CIVILS

D'Aure	Écuyer en chef.	Bachon	Écuyer de 2e classe.
Beucher de Saint-Ange	Écuyer de 1re classe.		

OFFICIERS ÉTRANGERS

SUIVANT LES COURS DE L'ÉCOLE

De Petron	Officier Suédois.
Moreira	Écuyer de l'École de cavalerie portugaise.

OFFICIERS D'INSTRUCTION

Première Division.

L'Hotte	L^{t}, 1er esc. des guides	Gombaud de Séréville	Lieut., 1er carabiniers
Cornat	Lieut., 4e chasseurs.	Franchet-Desperey	Lieut., 4e ch. d'Afriq.
Du Bouexic de Guichen	Lieut., 6e cuirassiers	Chaufour	Lieut., 9e hussards.
D'Hautefort	Lieut., 11e chasseurs.	Bertrand	Lieut., 6e chasseurs.
Gougis	Lieut., 11e artillerie.	Baumal	Lieut., 9^{e} chasseurs.
Liasse	Lieut., 4^{e} lanciers.	Colomb d'Ecotay	Lieut., 8^{e} lanciers.
Innocenti	Lieut., 12e dragons.	Lecomte	Lieut., 2e hussards.
Thornton	Lieut., 4e cuirassiers.	Bussaud-Demaillet	Lieut., 4e hussards.
Blanchard	Lieut., 11e artillerie	Lanty	Lieut., 14e artillerie.
De Bailliencourt	Lieut., 7e dragons.	Duport	Lieut., 12e artillerie.
Allavène	Lieut., 2e lanciers.	Clairin	Lieut., 9e cuirassiers.
Gay de Vernon	Lieut., 8e chasseurs.	Maurin	Lieut., 2e cuirassiers.
Boré-Verrier	Capit., 5e hussards.		

Deuxième Division.

Buisson	Lieut., 1er artillerie.	Clemencet	Lieut., 10e dragons.
Commaux	Lieut., 2e artillerie.	Marchal	S.-lieut., 12e dragons
Perret	S.-lieut., 3e artillerie.	Robillard	S.-lieut., 1er lanciers
Boissonnet	Lieut., 8e artillerie.	Archambault	Lieut., 3e lanciers.
Chaumonot	Lieut., 9e artillerie.	Gadel	Lieut., 6e lanciers.
De Bonne	Lieut., 2e cuirassiers.	Poncin	S.-lieut., 1er chass.
Castel	S.-lieut., 3e cuirass.	Gérard	Lieut., 2e chasseurs.
Dequen	S.-lieut., 4e cuirass.	Simon	Lieut., 4e chasseurs.
Deshautschamps	Lieut., 5e cuirassiers.	Goujon	Lieut., 7e chasseurs.
Benoit	S.-lieut., 6e cuirass.	De Sainct-Marc	S.-lieut., 8e chass.
Laurent	S.-lieut., 7e cuirass.	D'Huart	Lieut., 10e chasseurs.
Robert	Lieut., 8e cuirassiers.	Vata	Lieut., 12e chasseurs.
Cuvellier	S.-lieut., 10e cuirass.	Rey	Lieut., 3e hussards.
De Roquemaurel	Lieut., 1er dragons.	Chardigny	Lieut., 5e hussards.
De Cools	Lieut., 3e dragons.	De Foucauld	Lieut., 6e hussards.
De Wenzel	S.-lieut., 4e dragons.	Frémion	Lieut., 8e hussards.
Morin	S.-lieut., 5e dragons.	Berniard	S.-l., 1er ch. d'Afriq.
Berton	S.-lieut., 7e dragons.	Brice	Lieut., 2e ch. d'Afriq.
Terriez	S.-lieut., 8e dragons.	Livio	S.-l., 4e ch. d'Afrique.
De Poul	Lieut., 8e dragons.	De Beaufremont	Lieut., 1er spahis.
Gerhardt	Lieut., 9e dragons.	Fémeliaux	Lieut., 2e spahis.

OFFICIERS ÉLÈVES

Première Division.

Guyot.
Loizillon.
Lemyre de Vilers.
Bonie.
Edoux.
Leques.
Ferrus.
Lebleu.
Bruneau.
Gamet de Saint-Germain.
Oudan.
Dijols.
De Cugnan d'Alincourt
Ducheyron.
Du Dresnay.
De Batz.
Desbarats.
Castanier.
Delavau.
Auger de Kernisan.
Destor.
De Narbonne.
Tarnier.
Thoreau de Lévaré.
Charpentier.
Pengord de Villechenon
De Commargue.
Voilquin.
Blanche.
Jardel.
Dombrat.
Duhoux de Hennecourt.
Mutel
Destut d'Assay.
Hérard du Cauzé de Nazelle.
De Gourcy.
Andrieu.
De Malherbe.
De Courtois.
Deberly.
De Vergès.
D'Ollone.
De Pina.
Jouvenot.
Joly.
De Courtivron
Duchatel } non cl.
Castex } non cl.
Legendre } non cl.

Deuxième Division.

Du Gralet du Dubouchage
De Nattes.
Le Rebours.
Dugon.
Laroche.
Pean.
De Vathaire.
Etienne.
Bocandé.
Gelez.
De Lascous.
Lanoir.
Klein.
Brincourt.
Vathaire du Fort.
Baillard.
Chomereau de Brantigny
De Sonis.
Bayard de la Vingtrie (Edmond).
Blandin.
Versin.
Bué.
Manès.
Tessié.
Cointet.
Urguette.
Du Bois.
Bayard de la Vingtrie (Jules).
Girard.
Beaumont.
Berchon-Desessards.
D'Albis de Belbès.
Clicquot.
Vallet de Villeneuve.
Pujade.
Rouchaud.
De Pignerolle.
Desmerliers de Longueville.
Lafontaine de Fontenay.
Longuefosse.
Rey.
Baignol.
Rothwiller.
Lefebure de Saint-Ildephont et d'Ormesson.
Savin Delarclause.
Dubois de Saran.
Stahl.
Caffaro.
Martin.
Barroy.
Olivier.
Bigot de la Touanne.

École de Cavalerie

Le CHARDONNET

XIII

Le général de Goyon, aide de camp du président de la République. — Le carnaval à Saumur. — L'étalon *Caravan*. — Expériences d'embarquement en chemin de fer. — La fête des drapeaux. — Le général de Rochefort, commandant l'École. — L'École prête serment à la Constitution. — Bénédiction et réception de l'étendard. — Visite du général de Saint-Simon. — Adoption officielle des cours d'équitation et d'hippologie de MM. d'Aure et de Saint-Ange. — Essai de la méthode d'instruction du colonel Rigault de Rochefort. — Visite du prince Jérôme Bonaparte. — Courses et carrousel. — Inspection du général Korte. — Un exercice de service en campagne. — Vote de l'École pour le rétablissement de l'Empire. — Proclamation de l'Empire. — M. de Montigny, écuyer civil à l'École. Son équitation : assiette ; fixité des mains et des jambes ; assouplissements pour arriver à la ligne droite ; dressage à la cravache ; piaffer et passage moyens gymnastiques ; effets latéraux ; accord des bipèdes diagonaux ; décontraction dans le mouvement ; le cheval d'armes. Manuel de l'éleveur ou méthode simplifiée du dressage des chevaux : Utilité du travail à la longe ; caveçon, longe et surfaix d'enrênement ; moyen de conduire le cheval et de le porter en avant par la traction ; des allures et de quelques moyens préparatoires ; de la selle ; position de l'homme à cheval. — L'équitation de Saumur. — Essai de la tonte des chevaux. — Les progressions de l'école à pied et de l'école à cheval de l'ordonnance, révisées par le conseil d'instruction de l'École de cavalerie. — Mors régulateur de M. Casimir Noël de Meaux. — Rey. Traité de maréchalerie : Nouvelle théorie de la dilatation du pied ; l'épaisseur du fer ; inconvénient des crampons ; ajusture ; parer ; ferrures des pieds défectueux. — Beaufils. Fer désencasteleur. — État-major et officiers-élèves de l'École en 1852. — La remonte en 1853. — Fête du mariage de l'Empereur. — Le carnaval à Saumur. — Inauguration de cours pratiques à l'arçonnerie, la maréchalerie, le haras et le jardin botanique. — Visite d'un officier saxon et d'un officier bavarois. — Procession de la Fête-Dieu. — Inauguration du steeple du Chemin-Vert. — L'atelier d'arçonnerie est maintenu à Saumur. — Visite du Ministre de la guerre. — La fête de l'Empereur. — Selle de 1845 modifiée.

Le 19 février 1852, le général de Goyon fut nommé aide de camp du Prince Président de la République, il conserva néanmoins le commandement de l'École.

Le carnaval de 1852 ne fut pas moins fêté que celui de 1851.

Le samedi 21 février eut lieu un bal de souscription donné au bénéfice des pauvres, dans les salons de l'École.

Le dimanche, ce fut une cavalcade donnée par l'École.

Nous avons parlé de la beauté de l'étalon *Caravan*, qui faisait l'orgueil du haras. *Caravan* avait une véritable réputation ; aussi ne s'étonnera-t-on pas que l'administration des haras l'ait emprunté pour faire saillir les juments de pur sang qui se trouvaient à Chantilly.

Sur de nouveaux ordres du Ministre de la guerre, on prit des mesures à l'École pour faire exécuter des expériences d'embarquement et de débarquement de troupes en chemin de fer, au moins une fois par semaine. Ces expériences commencèrent au milieu d'avril. A chaque fois, un rapport analytique devait être établi pour rendre compte de l'opération, du temps employé, des difficultés présentées, et pour proposer les modifications jugées utiles dans le réglement. Le Ministre de la guerre recommandait de soigner cette instruction, dans le but de la répandre dans toute la cavalerie.

Le 7 mai, une députation de l'École de cavalerie, composée du colonel commandant en second, de l'écuyer et l'instructeur en chef, d'un capitaine instructeur, d'un sous-écuyer, du porte-étendard, de deux officiers-élèves, d'un sous-maître, d'un maître ouvrier, d'un prévôt d'armes et de deux maréchaux ferrants, partit pour Paris par voie ferrée. Cette députation devait assister, le 10, à la fête militaire du Champ-de-Mars, pour la distribution des drapeaux, et recevoir l'étendard de l'École.

Le 10 mai 1852, *le général de Rochefort* prit le commandement de l'École.

Le général de Rochefort avait débuté, dans la carrière militaire, le 26 février 1817, comme garde du corps, il avait le rang de lieutenant le 1er mai 1821. En 1823, il fit la campagne d'Espagne, en qualité d'officier d'ordonnance du général Borelli; le 28 juillet, il fut cité à l'ordre de l'armée pour s'être particulièrement distingué à l'affaire de Campillo de Arenas. Le 21 août, il était fait chevalier de la Légion d'honneur. Après une interruption de dix mois, le lieutenant de Rochefort fut replacé, le 11 novembre 1824, aux dragons du Doubs (2e régiment). Le 18 septembre 1830, il fut nommé capitaine et passa, avec son grade, le 18 octobre 1831, au 8e régiment de dragons. Un mois après, il était réformé sur sa demande. Le 6 mai 1834, il fut relevé de sa position de réforme, et considéré comme étant en mission pour service, à titre d'inventeur d'un nouveau modèle de selle, et le 29 octobre 1840, il fut replacé au 9e hussards. Chef d'escadrons au 1er régiment de carabiniers le 26 février 1843, il était nommé officier de la Légion d'honneur le 15 avril 1846, puis lieutenant-colonel le 8 novembre 1847. Colonel au 1er régiment de lanciers le 16 avril 1850, il était fait commandeur de la Légion d'honneur le 12 décembre 1851. C'est avec le grade de colonel qu'il vint à l'École de cavalerie comme commandant en second, le 19 février 1852.

Le général de Rochefort fit beaucoup pour l'École; il ne négligea rien pour en étendre la réputation, et son nom est resté, à Saumur, entouré d'une légende des plus flatteuses.

Le 23 mai, à huit heures du matin, l'École fut réunie, en grande tenue à pied, dans la cour du centre, pour être passée en revue par le général.

Immédiatement après, les officiers furent appelés à prêter le serment prescrit par la Constitution.

Les escadrons furent formés de manière à présenter les trois côtés d'un carré. Au moment de prêter serment, les officiers se placèrent sur un rang, à dix pas en avant de la ligne des escadrons. La musique était placée au centre de la cour, derrière le général.

Après la lecture du serment, dont la formule était : « *Je jure obéissance à la Constitution et fidélité au Président* », chaque officier prononça successivement : « Je le jure. »

Le 30, à onze heures et demie, l'École fut réunie, en grande tenue de service, pour aller assister à la messe et à la bénédiction de l'étendard. Cette cérémonie eut lieu à Saint-Nicolas. Immédiatement après la messe, l'École monta à cheval, pour être passée en revue dans la cour du centre, et le général procéda à la réception de l'étendard.

Le général avait invité, à cette fête toute militaire, les autorités de Saumur. Toutes, après la cérémonie religieuse, s'étaient rendues au grand salon de l'École et avaient pris place au balcon. Toutes les fenêtres étaient garnies de dames également invitées.

A une heure précise, le général, sur un cheval remarquablement beau, qu'il maniait avec une habileté qui frappa tout le monde, arriva au galop avec son état-major; et, après avoir salué, se plaça au milieu du carré. En remettant l'étendard, le général prononça quelques paroles bien senties, d'une éloquence toute militaire qui, dites avec énergie et conviction, soulevèrent des applaudissements unanimes. Les escadrons allèrent ensuite se ranger en bataille dans le Chardonnet, et, lorsque les autorités furent placées devant la grille, le défilé commença.

Le 17 juin, le *duc de Saint-Simon, lieutenant-général* et sénateur, vint visiter l'École.

Les écuyers, en grande tenue, les élèves des divers cours d'instruction montèrent à cheval devant lui.

Le lendemain, à une heure, une revue eut lieu, en son honneur, dans la grande cours de l'École. Immédiatement après, des manœuvres furent exécutées dans le Chardonnet, sous le commandement du général de Rochefort.

Le 1er août, le général annonça à l'École que le Ministre de la guerre avait définitivement adopté, pour l'instruction, les cours d'équitation et d'hippologie de MM. d'Aure et de Saint-Ange. Ces cours devinrent des livres classiques pour toute la cavalerie.

D'après les ordres du Ministre de la guerre, la méthode d'instruction de la cavalerie du colonel Rigault de Rochefort fut mise en essai à l'École de cavalerie, à partir du 14 août. Cette méthode fut expérimentée par un peloton de 36 hommes pris dans la classe de départ, sous la direction d'un capitaine.

Le 16 août, à midi, le prince Jérôme Bonaparte arriva, à Saumur, avec le prince son fils et un aide de camp. Ils étaient accompagnés de M. le préfet de Maine-et-Loire, du général commandant à Angers, de l'inspecteur général de police et de plusieurs autres fonctionnaires.

L'École tout entière à cheval, les autorités civiles, la garnison du château allèrent l'attendre au chemin de fer.

Le Prince était en costume de maréchal de France, et son fils en simple habit bourgeois.

Il monta aussitôt à cheval, ainsi que sa suite, parcourut les rangs de l'École rangée en bataille sur le viaduc, et se rendit au salon d'honneur, où il reçut toutes les autorités. Le général de Rochefort lui présenta le corps d'officiers.

Il y eut alors carrousel. L'arrivée du maréchal prince Jérôme dans la tribune d'honneur, fut saluée par deux coups de canon; deux autres coups furent tirés pendant le carrousel de la troupe, et enfin, deux coups annoncèrent la fin des exercices.

Pendant tout le temps du carrousel, un piquet à cheval, commandé par un officier, se tint dans la cour de l'ouest; deux vedettes furent placées de chaque côté de la grille. La garde de police était commandée par un lieutenant d'instruction, ayant sous ses ordres un officier-élève.

L'École avait été décorée et pavoisée de trophées militaires.

Les courses de Saumur eurent lieu les 5 et 7 septembre. Entre les deux jours de courses, le carrousel.

Nous relevons les résultats des courses militaires.

PREMIER JOUR DE COURSES

Sixième course. — Course de haies, courue par les officiers de l'Ecole. Une paire de pistolets donnée par la Société des Courses. Six chevaux engagés. Arrivé premier, *Angevin*, monté par *M. Marchal*, en 3 minutes 3 secondes. Cet excellent cavalier était vivement pressé par *M. de Beaumont* qui, montant *Lamarque*, arriva en 3 minutes 4 secondes.

DEUXIÈME JOUR

Troisième course. — Course plate de MM. les officiers. — Prix : sabre donné par la Société des Courses. — Poids : 70 kilogrammes. — Quatre chevaux engagés. — Arrivé premier *Quiroga*, monté par *M. Beignol*, en 2 minutes 41 secondes. — Deuxième, *Lamarque*, monté par *M. de Beaumont*, en 2 minutes 43 secondes.

Cinquième course. — Steeple-chase pour MM. les officiers d'instruction et élèves. — Premier prix : un sabre d'honneur donné par le général de Rochefort, commandant l'École de cavalerie. Deuxième prix : un nécessaire donné par trois membres de la Société.

Cette course, la plus belle de toutes, sans contredit la plus émouvante, a été courue par dix officiers, divisés en deux pelotons de cinq cavaliers chacun.

Dans le premier peloton, est arrivé : premier, *Indocile*, monté par *M. de Beaufremont*, en 3 minutes 8 secondes. — Deuxième, *Alector*, monté par *M. Ghérardt*, en 3 minutes 10 s.

Dans le deuxième peloton est arrivé : première, *Senora*, montée par *M. du Bouchage*, en 3 minutes 32 secondes.

Le *général Korte* arriva le 20 septembre à Saumur pour passer l'inspection générale de l'École. Le carrousel de fin d'année eut lieu le 26, à deux heures de l'après-midi.

Le 27, toute l'École monta à cheval et les deux pièces de canon furent attelées, pour exécuter devant l'inspecteur général une démonstration militaire, dont nous transcrivons ici le thème :

Un détachement posté à Terrefort doit défendre l'arrivée de Saumur, par le pont Fouchard. Ce détachement fait couronner par ses vedettes et ses petits postes, les rochers qui traversent la lande du Marsoleau au bois de Marson.

Un détachement ennemi a pour mission de défendre Marson et de forcer le passage pour arriver à Saumur. Il prend position, sa troupe adossée au bois du Feu, après avoir reconnu et occupé ce bois. Un peloton d'infanterie occupe le petit bois de Marson, où il se tient caché. Il détache un peloton en reconnaissance; ce peloton attaqué par les vedettes et les petits postes de Terrefort, se disperse en tirailleurs et bat en retraite lentement, se dirigeant sur Marson.

Le détachement de Terrefort descend dans la plaine et poursuit la reconnaissance de Marson ; l'infanterie, cachée dans le petit bois, soutient la reconnaissance dans sa retraite en faisant feu sur les tirailleurs. Le détachement de Terrefort oppose des forces supérieures au peloton d'infanterie qui opère sa retraite dans le taillis.

Le détachement de Terrefort continue sa poursuite ; quand il arrive à six cents mètres, les tirailleurs de Marson sont ralliés et les deux pièces d'artillerie exécutent sur lui un ou plusieurs feux; il continue cependant sa marche offensive. Quand il n'est plus qu'à trois cents mètres des pièces, il détache une division en fourrageurs pour s'en emparer. Cette division fait demi-tour à cent pas des pièces étant repoussée par le feu de l'infanterie.

Quand cette division est presque ralliée, le corps principal de Marson s'ébranle et charge celui de Terrefort ; il s'arrête quand il en est à cent pas. Les détachements envoient chacun deux pelotons en tirailleurs.

Le détachement de Terrefort, continuant sa retraite, s'engage dans le défilé du bois du Marsoleau, un escadron se mettant en bataille face à l'ennemi pour protéger l'entrée du défilé; il exécute une charge qui fait faire demi-tour à cet ennemi. Ensuite cet escadron opère lui-même son passage du défilé, le détachement de Marson n'ose pas le poursuivre, présumant le bois gardé par des forces supérieures, et craignant de tomber dans une embuscade.

Quand tout le détachement de Terrefort a disparu, celui de Marson fait demi-tour pour rallier son artillerie et son infanterie, qui sont restées en arrière du chemin tracé pour aller à Marson. Ce ralliement est à peine terminé que l'ennemi qui a tourné la position, reparaît sur le coteau de Saint-Florent.

La batterie d'artillerie va aussitôt s'appuyer au bois du Feu et décharge ses pièces sur le détachement de Terrefort. Le détachement de Marson fait face à l'ennemi plaçant son infanterie en avant, en bataillon carré; le détachement de Terrefort charge sur l'infanterie et fait demi-tour à 100 mètres, étant repoussé par un feu meurtrier.

Le détachement de Marson charge de nouveau celui de Terrefort, déjà compromis par le feu de l'infanterie; il s'arrête à cent pas de lui. Chaque détachement établit alors une ligne de tirailleurs; le détachement de Marson retrograde jusqu'à l'extrémité du terrain, celui de Terrefort charge sur les pièces d'artillerie et s'en empare.

Un parlementaire est envoyé par le chef de la colonne de Marson, l'armistice est conclu.

Ce fut ce même jour que l'École apprit, par la voie de l'ordre, le complot dirigé contre la personne du Prince Président de la République, et la saisie d'une machine infernale à Marseille.

Le 20 novembre, l'École prit part au vote de toute la France sur le sénatus-consulte relatif au rétablissement de l'Empire.

La proclamation de l'Empire eut lieu le 5 décembre. La messe fut dite à l'heure habituelle, deux escadrons à pied y assistèrent, en grande tenue. Après la messe les troupes, les autorités et une foule nombreuse se réunirent sur la place de l'Hôtel-de-Ville.

Une estrade pavoisée s'élevait adossée au mur de la façade de la mairie. C'est de là que, entouré des autorités et fonctionnaires de tous les ordres, et d'un grand nombre de dames, le sous-préfet lut la proclamation.

La compagnie de pompiers, la troupe de ligne, l'École tout entière, à cheval, étaient formées en carré sur la place. Au centre, le général de Rochefort, accompagné d'un brillant état-major, commandait à cheval les troupes réunies qu'il devait ensuite passer en revue.

Lorsque les pièces de canon, en batterie, à la tête du pont, eurent tiré deux salves, le sous-préfet se leva et, la tête nue, proclamant l'Empire, termina sa lecture par le cri de : Vive l'Empereur ! qui fut répété avec enthousiasme et plusieurs fois, dans la tribune, par les soldats sous les armes et par la foule immense qui couvrait la place et le quai de Limoges.

Le général de Rochefort passa ensuite la revue des troupes, qui s'établirent en ligne sur le quai. Après la revue eut lieu le défilé : c'est alors que les soldats témoignèrent, avec un élan indicible, leur sympathie pour l'Empire : au moment où ils passaient devant le général, ils levaient leurs sabres et criaient de toute la force de leurs poumons : Vive l'Empereur ! Vive Napoléon III !

L'intérieur de la ville offrait partout l'aspect d'une fête : aux fenêtres, dans toutes les rues flottaient les couleurs nationales, et le soir, les principaux monuments étaient illuminés.

C'est en 1852 que *M. de Montigny* vint remplacer M. Rousselet, qui prenait sa retraite. Nous devons à la notoriété de ce célèbre écuyer de signaler son passage à l'École de cavalerie, bien qu'il n'ait jamais eu la direction principale du manège. M. de Montigny est trop connu par ses nombreux ouvrages d'équitation, pour qu'il ne soit pas superflu d'analyser sa personnalité équestre. Qu'il suffise de dire que le nouveau professeur, bien qu'ancien élève de d'Aure, avait travaillé avec Baucher, et qu'un long séjour en Autriche avait sensiblement modifié, sur certains points, les idées reçues de son premier maître.

Au surplus, laissons à M. de Montigny le soin de se définir lui-même : « *Élève du comte d'Aure et de Baucher, première et deuxième phase, j'ai passé des années en Autriche, et je connais à fond l'École allemande haute et basse. J'ai donc, comme professeur à l'École de Saumur et à l'École des haras, rapproché l'enseignement allemand de celui de mon pays, et les résultats acquis prouvent que j'ai été dans le vrai, en obtenant : 1° plus d'assiette qu'en Allemagne, mais moins de rigidité dans la tenue ; 2° plus de fixité de mains et de jambes, et surtout plus de jambes qu'on en avait à Saumur avant mon arrivée.*

« *Je ne me sers des assouplissements que pour arriver à la ligne droite sans inflexion.*

« *Je ne me sers pour mon dressage que de la cravache, et j'obtiens par elle un rassembler complet avec juments, chevaux entiers et hongres.*

« L'éperon n'est plus alors qu'une question secondaire et non un système.

« Le piaffer et le passage sont pour moi des moyens gymnastiques; mon cheval doit garder toute son initiative, il n'est pas étreint, mais dominé et toutefois ses mouvements, quels qu'ils soient, doivent résulter d'une position donnée et déterminante.

« Les effets latéraux, jambes et rêne du même côté, sont ma base d'opération, mon moyen de décontraction.

« Un cheval, mis par moi, part au galop à droite par opposition de rêne gauche, mais sans pli, puis par opposition de rêne droite.

« Il appuie avec opposition, puis par opposition; il tourne de même à droite par rêne gauche; bref, il peut être conduit par une ou par deux rênes.

« Il galope à droite en tournant à gauche, et reste indéfiniment sur le pied où il est, tant que la position n'est pas changée. Ceci est du d'Aure et c'est le désideratum du cheval d'armes. Ce qui est de moi, c'est l'effet latéral et l'accord des bipèdes diagonaux.

« C'est derrière que je cherche ma légèreté et je ne cherche qu'en mouvement la décontraction. Je veux un cheval constamment sous la main et en contact avec ma pensée par le fil conducteur (les rênes). Si je puis, à mon gré, disposer du balancier (l'encolure), si je puis le baisser et l'élever selon les nécessités, j'ai le vrai cheval d'armes, de chasse et de promenade.

« Or, au piaffer même, je veux que mon cheval cherche et trouve ma main. Même dans la descente de main, véritable détente d'un arc dont il faut ménager la force, j'entends que mon cheval, en affaissant l'encolure, en abaissant la tête, suive ma main : alors je puis le reprendre tout-à-coup et rencontrer à nouveau ses forces.

« Je veux que le cheval d'armes pressente son cavalier, qu'il soit ramené, franc, mobile, coulant dans les jambes, cédant avec facilité aux moindres pressions, supportant sans défense une attaque, volontaire ou involontaire, donnant dans la main, et assez fixé sur cette main pour répondre facilement à ses justes déplacements. Le cheval d'armes bien dressé doit pouvoir être monté, indistinctement ou à peu près, par tous les cavaliers; qu'on exige plus, qu'on exige moins, il doit être docile, sans contraintes. »

En 1849, M. de Montigny avait publié une méthode de dressage, sous le titre : MANUEL DE L'ÉLEVEUR OU MÉTHODE SIMPLIFIÉE DE DRESSAGE DES CHEVAUX *au montoir et au trait par M. de Montigny, ancien officier de cavalerie hongroise, ex-ecuyer professeur à l'École d'état-major, professeur à l'École nationale des haras.*

C'est dans cet ouvrage de M. de Montigny, que nous allons chercher à compléter les principes qu'il a professés à Saumur, car tout écuyer modifie un peu son enseignement dans le cours de sa carrière.

Première partie. — Dressage au montoir des chevaux pris dans les conditions les plus avantageuses. — De l'éducation du cheval jusqu'à l'âge de deux ans.

De l'utilité du travail à la longe : *C'est la base de l'éducation du jeune cheval, aussi exige-t-il, dans son application, un discernement et une sagesse, faute desquels il devient dangereux dans des mains inhabiles. La longe doit, comme on le sait, favoriser le développement des allures, assouplir, équilibrer et particulièrement soumettre le jeune cheval.* Le caveçon, la longe, le surfaix d'enrènement sont les instruments dont se sert M. de Montigny pour ce travail.

— Moyen de conduire le cheval et de le porter en avant par la traction. — *Ce chapitre a pour but une leçon fort importante et partout négligée; aussi voit-on si peu de chevaux dociles à conduire, si peu qui acceptent sans reculer l'action du bridon et du caveçon, pour les maintenir ou les diriger. Cependant, un peu de soin pendant quelques jours lèverait complètement ces difficultés. Après avoir amené le cheval sur le terrain d'exercice, ce qui ne se fait pas sans lui avoir mis le caveçon, on se placera devant lui en lui rendant une brassée de longe, et on commencera à exercer progressivement une traction de cette longe, dans le but de l'amener à soi en lui parlant. Le cheval fera presque toujours un effort en sens inverse; on persévèrera dans la traction au même degré que précédemment; mais aussi, comme le cheval, plus puissant que l'homme, pourrait triompher dans la lutte, on donnera l'extrémité de la longe à tenir à un ou deux hommes, qui n'auront d'autre mission que de seconder la puissance inerte de traction de la longe, pour la rendre égale à la résistance que le cheval opposera, et d'attendre patiemment que, cédant à la persistance des hommes qui l'attirent, il se porte docilement en avant. On le flattera alors, et on recommencera ce travail pendant un quart d'heure environ, ce qui, infailliblement, amènera dès la première leçon un résultat sensible. Il pourra arriver que certains chevaux, de nature plus sauvage ou plus irritable, se secoueront avec colère et chercheront à se soustraire en se renversant : il ne faudra, cependant, dans aucun cas, lâcher et rendre la longe, mais persévérer, quand même, dans la lutte pour en sortir triomphant. Les chevaux, d'ailleurs, peuvent, comme nous l'avons démontré, bondir et même tomber sans courir grand danger sur un sol aussi mou que celui de leur carrière. Une fois cette première leçon bien donnée, il est rare que le cheval résiste aussi violemment, et après quelques jours on pourra procéder à une autre analogue, mais au moyen du bridon et de la cravache. On saisira l'extrémité des rênes de ce bridon après avoir dérêné le cheval, et les ayant fortement assujetties dans la main gauche, on le frappera de la droite de très petits coups de cravache sur le poitrail et les épaules, dans le but de le mettre en mouvement, tandis que, se tenant devant lui, on le tirera à soi de la main du bridon. On aura soin de faire tenir la longe pendant ce travail, où elle n'agira que si le cheval cherche à reculer à coups de cravache. Lorsque, au contraire, il aura cédé, on le laissera marcher quelques pas, on l'arrêtera en opposant le bridon et on le flattera, puis on recommencera cette leçon pendant quelques minutes chaque jour.*

Du fouet. — Manière de procéder dans l'exercice sur le cercle.

Des allures et de quelques moyens prétatoires : *Lorsqu'on se propose de mettre à la longe un cheval bien conformé, on devra, en cherchant à lui imprimer une bonne position de tête, régulariser ses allures et développer ses moyens naturels dans un équilibre et une harmonie dont il se ressentira toujours. La position à donner à la tête du cheval est la base de tout bon dressage. La tête et l'encolure ont une influence évidente sur tous les mouvements, et bien distincte, selon qu'elles tendent à s'élever ou à s'abaisser. Si donc la tête et l'encolure sont par trop hautes, l'effort résultant de leur contraction fait refluer le poids du corps sur les reins et les jarrets; si elles sont convenablement affaissées, l'avant-main se trouve par là même un peu surchargée, sa puissance ne peut réagir que sur tout l'animal, et, en particulier, sur les hanches. Après de nombreuses discussions sur ce point, tous les hommes de l'art, ou la majeure partie, sont d'accord pour donner à la tête du cheval une position tout à fait perpendiculaire au sol (ce que nous appellerons ramener). L'encolure sera soutenue et arrondie gracieusement dans sa partie supérieure. Il faudra donc enrêner le jeune cheval progressivement, de manière à l'amener à la position prescrite ci-dessus; et pour lui en faciliter les moyens, recourir dans les commencements à quelques assouplissements ou flexions de tête ou d'encolure. Il sera bon de procéder à l'écurie au suivant exercice : après avoir relevé les rênes du bridon sur l'encolure, on se placera à l'épaule gauche du cheval, et, saisissant la rêne droite, par dessus le cou du cheval avec la main droite, on prendra de la main gauche la rêne gauche à quelques pouces de l'anneau du bridon. Alors on tirera progressivement sur la rêne droite, de manière à amener peu à peu, et sans saccade, la tête du cheval dans la direction de l'épaule droite. On évitera soigneusement que le cheval recule, ce qui arriverait infailliblement si la force employée dans la flexion était ou trop brusque ou plus grande que la résistance présentée par* *l'animal. On se contentera les premières fois d'un pli incomplet, mais qui, exercé chaque jour pendant quelques minutes, finira par amener sans efforts le nez du cheval jusqu'à l'épaule. Il va sans dire que cette flexion sera pratiquée aux deux mains, et particulièrement à celle où on trouvera le plus de raideur et de contraction. Comme les jeunes chevaux ont souvent une disposition très grande à affaisser leur encolure, ce qui s'explique naturellement par leur position habituelle dans l'herbage, il sera bon, après avoir soumis quelques instants le poulain à l'exercice que nous venons de prescrire, de se placer en face de lui, et, saisissant le bridon à droite et à gauche par les anneaux, d'élever ainsi la tête et l'encolure du jeune cheval, aussi haut que les bras peuvent s'étendre, afin d'exercer ainsi les muscles à ce soutien et à cette élévation inaccoutumée. On pourra répéter cette leçon pendant quelques minutes, rabaissant et relevant la tête après un petit intervalle nécessaire à la décontraction.*

— De la durée et de la progression de la reprise.

— De la selle. — *Je conseillerai une espèce de panneau, rembourré et flexible, de la forme d'une selle anglaise; une croupière et des étriers pourront y être adaptés, et il sera recouvert d'une peau de mouton. La partie antérieure de cette espèce de chabraque sera soutenue par un bourrelet assez prolongé pour donner de la fixité aux genoux. Cette peau serait consolidée sur le panneau par un surfaix, présenterait à l'extérieur l'aspect d'un paquetage militaire fort léger, et donnerait confiance au cavalier, qui pourrait se servir utilement de ses jambes, sans abuser de la puissance nuisible de ses poignets. Cette selle n'a rien de coûteux ni de difficile à exécuter; chaque éleveur pourrait la faire confectionner sous ses yeux par un bourrelier de village. Je suis entré dans ce détail, parce que je regarde le choix et l'appropriation des harnais dont on se sert pour l'éducation du cheval comme une des causes premières de réussite.*

— Du poids du cavalier. — Leçon du montoir (proprement dit).

— Position de l'homme à cheval. — *La position du cavalier a une influence directe sur les allures, je dirai plus, sur la soumission du cheval. L'homme qui se cambre trop et porte son corps trop en arrière, ne peut pas se servir de ses jambes. Il charge inégalement son cheval, ne règle aucun de ses mouvements, ne lui transmet aucune action, et le laisse à peu près libre de se défendre. Le cavalier vraiment solide, facile à porter, énergique et puissant, juste et moëlleux, sera droit au centre de son cheval. Naturellement assis, sans se cambrer ou creuser les reins, ni se voûter en faisant le dos rond, il aura l'air à son aise, ses genoux seront adhérents à la selle, ses jambes fléchies sans effort derrière les sangles, ses talons bas, ses pieds un peu engagés dans les étriers et appuyés à plat dessus. Les jambes seront fixes, calmes, les pointes des pieds ne chercheront point à rentrer en dedans, mais, au contraire, ce seront les genoux et les cuisses qui seront tournés sur leur plat, de manière à ce que ces parties soient, autant que possible, et sans interruption, en contact avec le cheval, et à ce que la pression ou l'adhérence s'étende depuis la hanche jusqu'au bas du mollet. Les étriers ne doivent être ni longs ni courts; mais, lorsque le cavalier a la jambe et la cuisse convenablement placées, descendre un peu au-dessus du talon. Avec de tels étriers, un cavalier peut trotter à l'anglaise, et, sans être raccroché, emprunter au besoin à son étrier un énergique appui dans un bond de gaieté ou une défense. La position des bras et des mains est aussi d'une grande importance; car le plus ou le moins d'élévation des poignets, comme le plus ou moins de contraction, décide de la bonne ou mauvaise position de la tête du cheval, comme de l'appui plus ou moins grand qu'il prend sur la main. Les coudes doivent tomber sur les hanches bien naturellement et s'y appesantir, évitant cet affreux ballottement si ordinaire chez les mauvais cavaliers. Les avant-bras doivent être pliés à angle droit avec le coude, et les poignets fermés sans force ni roideur au bout du bras. L'élévation des poignets se modifie un peu selon la disposition de la tête du cheval et l'action des rênes; mais, dans aucun cas, le déplacement des poignets ne doit être de nature à faire remarquer un cavalier pour ses mains très hautes ou très basses. (La position dans les courses au galop est une question tout à fait étrangère à celle que nous traitons dans ce moment). Le bridon sera pris à deux mains et à pleine main. Les pouces seront bien allongés et bien fermés sur les rênes. Les deux poignets à la même hauteur, un peu en avant du pommeau de la selle, les rênes assez courtes pour ne pas avoir besoin de mettre les coudes en arrière en arrêtant son cheval. Le bridon n'a point assez de puissance pour imprimer au jeune cheval cette position ramenée dont nous avons parlé. Son action la plus ordinaire pendant le mouvement est plutôt d'élever la tête et l'encolure; d'où il résulte qu'un cavalier expérimenté, à moins d'avoir un poulain dont le devant soit particulièrement bas et abaissé, se donnera de garde d'élever trop les mains, et aura, comme nous le dirons plus tard, recours, dans les commencements, à la martingale à anneaux, au double bridon pour améliorer la position de son cheval, et lui donner sur la main l'appui constant qu'il doit avoir.*

— Des aides en général. — Porter le cheval en avant, le tourner, l'arrêter. — Trot à la française et à l'anglaise. — De la cravache, des éperons, des coups de talon et de l'appel de langue. — Cheval à la longe monté. — Du reculer. — Du galop. — Travail sur la ligne droite. Quand faut-il le commencer. — Utilité de trotter les chevaux à la main. — Des épreuves ou courses d'essai au trot. — Du mors, de la bride, du bridon, de la martingale et de la selle, au point de vue des courses au trot. — Dressage des jeunes chevaux au saut de la barre et du fossé. — Du point d'appui. Manière de le donner.

Deuxième partie. — Manière de lever les pieds des chevaux difficiles et, en général, de les adoucir lorsqu'ils sont méchants. — De la position de la tête du cheval. — De l'acculement. — Des défauts héréditaires. — Manière d'adoucir les chevaux méchants, vieux et jeunes. — Des chevaux qui bondissent par défense. — Des chevaux difficiles à dresser par vice de conformation. — Encolures et têtes défectueuses; chevaux portant au vent. — Des encolures courtes et épaisses. — Des rênes allemandes, de leur avantage pour les chevaux qui se dérobent ou présentent de grandes résistances latérales. — Chevaux faibles de reins. Défenses qui peuvent en résulter. — Chevaux devenus rétifs par la mauvaise éducation. — Moyen infaillible d'habituer promptement les chevaux difficiles au montoir. — Des chevaux, dits couailleux, ou qui remuent la queue à chaque pression de jambes. — Des chevaux peureux. — Des chevaux qui pointent ou se cabrent. — D'une manière plus commode de tenir les rênes de bride, dite à l'allemande. — De la manière de faire connaître les jambes isolément au cheval dont on veut finir l'éducation.

Cette simple énumération suffit à montrer le point de vue auquel se place l'auteur.

On sait que le comte d'Aure était peu éclectique et surtout peu tolérant pour les partisans de Baucher, dont il avait absolument interdit la méthode.

Il faut dire que les expériences de Baucher, à Saumur, y avaient laissé un certain nombre d'adeptes, par trop fanatiques, qui avaient apporté une sorte de perturbation dans l'enseignement et dans la pratique. Poussée ainsi à l'extrême, cette méthode ne pouvait, sans inconvénient, être généralisée dans l'armée, elle était un danger; le comte d'Aure avait donc été obligé de réagir énergiquement contre une tendance très marquée.

Cependant il était resté, à Saumur, quelques représentants convaincus des idées nouvelles, entre autres le capitaine Guérin, beau et puissant cavalier, et quelques sous-maîtres intelligents. Ces cavaliers conservaient donc, sans oser les transmettre ouvertement, les idées du maître et l'enseignement, au fond, était partagé en deux camps.

Toutefois, l'idée dirigeante était, bien entendu, à la méthode d'Aure, représentée d'abord par son auteur, écuyer en chef, et par ses élèves : M. Bachon, le fils d'Aure, le capitaine d'Arniges, le lieutenant Andlauer, etc.

M. de Montigny prit le plus sage parti. Il résolut, sans heurter les idées de son chef, de marier l'ancienne et la nouvelle école, les traditions académiques de l'une et les principes rationnels de l'autre.

Le capitaine Guérin entra lui-même dans cette voie, délaissant les effets de force et l'abus des éperons.

Mais le principal fruit du commandement du comte d'Aure fut que l'on commença à donner aux exercices du dehors un développement sérieux. Des terrains d'obstacles furent installés. Les chevaux de carrière, plus nombreux et plus appropriés aux sauts variés de ces obstacles, donnèrent aux élèves l'entrain et la confiance nécessaires à l'équitation sportive, la meilleure école de l'équitation militaire quand elle est bien entendue.

Pendant l'année 1852, le général de Rochefort fit faire l'essai de la tonte sur les chevaux de l'École, et un rapport fut fourni à la commission d'hygiène hippique.

C'est en 1852 que les *progressions de l'école à pied et de l'école à cheval de l'ordonnance, revisées par le conseil d'instruction de l'École de cavalerie*, furent publiées à Saumur et devinrent un guide pour tous les instructeurs dans la cavalerie. C'étaient quatre petites brochures : 1° *Les leçons du cavalier à pied;* 2° *L'école de peloton à pied;* 3° *Les écoles de peloton et d'escadron à cheval, et de dragons pour combattre à pied;* 4° *L'école du cavalier (les 4 leçons) à cheval.* Chaque mouvement était accompagné des observations jugées nécessaires pour assurer la bonne exécution du mouvement.

Mais, en somme, pour quelques détails utiles ajoutés au texte de l'ordonnance, que de vétilles dictées par pur esprit de formalisme.

Nous ne relèverons dans l'école du cavalier que le préambule de la première leçon :

PROGRESSION DE L'ÉCOLE DU CAVALIER A CHEVAL. — *Première leçon.* — Tous les mouvements de la première partie de cette leçon doivent être donnés avec le plus grand soin, car c'est presque toujours des habitudes que le cavalier y prend que dépend son instruction future ; aussi doit-on, lorsque l'instructeur la donne à plusieurs cavaliers à la fois, faire exécuter tous les mouvements individuellement, réunissant toujours l'exemple aux principes, et faire souvent reposer, afin d'amener le cavalier de recrue, peu à peu, à l'amour du travail, et profiter des moments de repos pour le questionner sur les instructions qu'il lui auront été données.

Le peu de mouvements que l'on exige dans les commencements de la deuxième partie de cette leçon, doit faire voir à l'instructeur combien il est urgent, avant tout, d'affermir les cavaliers dans leur position et dans l'emploi de leurs aides aux passages des coins.

Si, avant de faire changer d'allures et changer de main, l'instructeur veut faire reposer, il fait arrêter et exécuter un à-droite lorsque les cavaliers se trouvent au milieu de l'un des grands côtés, et les fait arrêter hors de la piste ; pour recommencer le travail, il fait exécuter un à-gauche, en donnant, pour la première fois, l'explication entière.

Pour faire la plus grande partie des commandements, l'instructeur se place au milieu du manège, à trois ou quatre mètres de la piste, à laquelle il tourne le dos, place qu'il doit conserver pour suivre les explications et commander le changement de main ; pour les à-droite, les à-gauche, les demi-tours, il se place sur la ligne du milieu, à l'une des extrémités.

Lorsqu'on fait individuellement allonger et raccourcir les rênes, on donne l'explication du premier mouvement, puis on commande *Repos*, à tous les cavaliers, excepté au premier, auquel on fait exécuter le mouvement plusieurs fois, si c'est utile, avant de passer au suivant. On commande *Repos* au premier.

Après l'exécution individuelle du premier mouvement, commander *Garde à vous*, puis faire exécuter le premier mouvement à tous les cavaliers à la fois, donner l'explication du deuxième mouvement et commander *Repos*.

Passer à chaque cavalier et lui faire exécuter les deux mouvements qu'on a fait individuellement. Pour faire croiser et séparer les rênes, on suit la même marche, excepté que le cavalier, ayant exécuté le mouvement de croiser les rênes, conserve cette position au commandement *Repos*.

Après l'exécution individuelle, commander *Garde à vous*, donner l'explication de séparer les rênes, commander *Repos*, et faire exécuter individuellement.

L'instructeur, donnant la leçon, doit avoir une courroie, afin de démontrer chaque mouvement à mesure qu'il le détaille.

C'est en 1852 que parut un *mors régulateur* inventé par *M. Casimir-Noël de Meaux*, sur lequel M. de Montigny fit un rapport avantageux le 17 mars. Nous en transcrivons la critique de M. Raabe :

« L'inventeur de ce mors vraiment extraordinaire, crée une méthode d'équitation nouvelle, tout aussi extraordinaire que le mors. *Notice sur la bride à mors régulateur, combiné d'après une découverte physiologique : On peut, ainsi que je l'ai proposé à la Société protectrice des animaux, prendre un certain nombre de jeunes chevaux et les faire diriger immédiatement par les plus ignorants en équitation.*

« Voilà qui est avantageux pour les ignorants en équitation. Avec cette innovation, un cavalier sera plutôt formé qu'un fantassin. Quelle immense progrès pour les troupes à cheval, surtout avec la nouvelle position de la main de la bride. *En tenant la main fixée sans rendre et sur la ceinture même*, ce doit être aussi commode que gracieux.

« *L'équitation enseignée en vingt-cinq minutes avec la bride à mors régulateur, sans gourmette et à rênes croisées.*

« Nous ne sommes plus étonné s'il faut moins de temps à M. Casimir-Noël de Meaux pour former un cavalier qu'un fantassin ; peste, vingt-cinq minutes!!!

« Le mors n'a pas de gourmette, dit l'inventeur, il n'a que le cuir sous barbe qui limite l'effet de bascule du mors, que fait de plus la gourmette ordinaire? Le point d'appui du mors sera plus éloigné du point de la résistance que dans le mors en usage, voilà tout. (Ce n'est pas nouveau.)

« *Que l'on veuille bien adopter*, nous dit l'inventeur, *comme règle générale, etc. Avec la bride à mors régulateur, qui donne aux chevaux une même bouche, aux cavaliers une même main, il faut opposer aux résistances du cheval une main fixe et immobile; c'est par la main tenue fixée que l'on évite les contractions inopportunes des muscles de la mâchoire, et non pas en rendant la main.* On pourrait fixer les rênes après la selle, ce serait un bon moyen de fixité et d'immobilité.

« *Car si, avec ce mors, on rendait sur les résistances, l'on rentrerait alors dans les conditions de la bride ordinaire, etc., l'effet serait nul.* Raison de plus pour accepter la fixité et l'immobilité d'un point d'attache des rênes après la selle.

« Il faut donc fixer la main sans rendre, et sur la ceinture même, etc..... Nous persistons à préférer l'autre mode de fixité, car la main collée à la ceinture n'est pas assez immobile.

« Résumé de la méthode : *Ainsi en fixant la main et en laissant au poids du corps la facilité de son appui direct, le résultat sera immédiat. L'appui direct du poids du corps de l'homme à cheval, c'est l'assiette.* C'est très heureux que M. Casimir-Noël de Meaux nous la laisse.

« Puis viennent les rênes croisées, vieille idée rejetée avec raison. La rêne croisée tendue met en désaccord la direction donnée à la tête du cheval, pour le mouvement, avec la position forcée que reçoit la masse. La rêne gauche, croisée sous l'encolure et allant s'attacher à la branche droite du mors, fléchit un peu l'encolure à droite et tire le poids à gauche, en inclinant l'avant-main du cheval de ce côté. Cet effet est irrationnel.

« Nous ne suivrons pas plus loin M. Casimir-Noël de Meaux, il n'est pas assez sérieux dans ses écrits, pour que nous puissions faire une analyse de sa méthode; nous renvoyons donc le lecteur aux nombreux ouvrages de cet inventeur.

« Un dernier passage nous éclaire sur les résultats obtenus par M. de Montigny, au haras du Pin, à l'aide du mors régulateur. Mais le cheval est dressé, non pas parce que sa bouche est faite, mais bien parce que sa bouche étant faite, c'est-à-dire ayant par elle-même la faculté de céder moelleusement et d'une manière progressive à l'obstacle de la main tenue fixée, les forces du cheval n'ont plus qu'un seul appui, le seul utile, celui donné par la nature. »

En 1852 parut un Traité de maréchalerie vétérinaire *comprenant l'étude de la ferrure du cheval et des autres animaux domestiques, sous le rapport des défauts d'aplomb, des défectuosités et des maladies du pied, par A. Rey, professeur de clinique, pathologie chirurgicale, jurisprudence et maréchalerie, à l'école vétérinaire de Lyon.*

L'ouvrage de M. Rey est une compilation très complète et présentant un résumé très instructif et fort bien entendu de la question; mais nous n'y trouvons que peu d'idées nouvelles à souligner.

M. le professeur Rey a émis l'opinion discutable que le rôle de la fourchette consiste à empêcher les talons de se rapprocher. Il admet, à tort, que le pied, pendant le poser, tout en se dilatant en arrière et en bas, se resserre dans sa partie supérieure, et que, pendant le lever, le mouvement contraire a lieu. Le rôle du coussinet plantaire est passé sous silence.

A propos du fer de devant, il écrit : « *L'épaisseur est partout la même, excepté à l'extrémité des éponges, où elle est moitié moindre.* »

Au sujet des inconvénients des crampons, l'auteur expose « *qu'ils écrasent les talons en reportant sur eux une partie du poids du corps, attendu qu'ils reçoivent le premier appui du pied* ».

Au sujet de l'ajusture, il dit que « *la face inférieure du fer sera relevée en bateau; en pince dans son tiers antérieur de l'épaisseur du fer seulement...* ».

Sur la manière de parer le pied, il blâme avec raison les maréchaux habiles qui parent trop les pieds, et, contradiction singulière, il dit plus loin que « *la flexibilité de la corne que l'on presse avec le doigt indique les limites de l'opération* ».

Au sujet de la position du fer sous le pied, l'auteur, en n'admettant la garniture que du côté externe, rejette le poids sur le côté interne, qui se trouve ainsi écrasé.

M. Rey décrit de nombreux fers successivement recommandés; parmi ceux dont il se montre partisan, bon nombre sont inutiles et même nuisibles, par exemple : les fers à bords renversés, à tous pieds, à la turque, les fers à bosses, etc.

A propos des ferrures à appliquer aux pieds défectueux, il s'élève avec énergie contre la pratique de lever des crampons ou de laisser les éponges épaisses aux fers destinés aux pieds à talons bas, mais, par contre, recommande, pour le pied à talons hauts, d'employer un fer épais en pince, mince en éponge, de ménager la pince et d'abattre les talons; pour le pied panard, il prétend que le cheval est exposé à se couper avec l'éponge interne, et recommande l'usage du fer à la turque ou du fer à bosse; pour le cheval cagneux, il affirme qu'il se coupe avec le quartier, la mamelle ou la pince;

pour le cheval arqué, il abat les parties postérieures du pied, et met un fer épais en pince, mince d'éponges; pour le cheval court-jointé, il pare les talons, ménage la pince, et met un fer épais en pince, mince d'éponges; pour les chevaux rampins et pinçards, il diminue les talons, et met un fer épais en pince et mince d'éponges; pour le cheval qui forge, il abat les talons des pieds de devant; pour le cheval qui trousse, il retarde le lever des pieds antérieurs et accélère celui des extrémités postérieures, en baissant les talons devant et en les raccourcissant derrière, et met un fer à pince mince aux pieds antérieurs et épaisse aux postérieurs; pour les chevaux de manège, il abat les talons pour accélérer le lever, augmenter le soutien et diminuer le temps d'appui, etc.

L'ouvrage de M. Rey a compté longtemps parmi les classiques des écoles.

C'est en 1852 que *M. Beaufils*, vétérinaire à Corbeil, inventa, contre l'encastelure, un fer en acier, presque aussi épais que large, muni de deux oreillons, en dedans des éponges. Le fer étant préparé pour le pied, est ouvert d'environ dix millimètres, sur la bigorne de l'enclume, puis serré avec un étau spécial et fixé au pied.

En retirant l'étau, la compression cesse de s'exercer sur les branches, le fer, en raison de l'élasticité du métal, reprend ses dimensions premières et écarte les talons. Deux ou trois ferrures semblables suffisent, d'après l'inventeur, pour guérir l'encastelure.

1852

ÉTAT-MAJOR DE L'ÉCOLE

De Rochefort	Général de brigade.	De Chaumontel	Capit. instructeurs.
Nazon	Colonel.	Girard	Capit. instructeurs.
Schmidt	Lieutenant-colonel.	Lavoye	Capit. instructeurs.
Michaux	Chef d'escacrons.	Fourier	Capit. instructeurs.
Coutant	Major.	Vacquier	Capit. instructeurs.
Beyer	Capitaine-trésorier.	Assant	Capit. instructeurs.
Casse	Capit.-d'habillement.	Guépratte	Capit. instructeurs.
Jauchène	S.-l. porte-étendard.	Eicher	Capit. instructeurs.
Majesté	Médecin principal	Pollard	Capit. instructeurs.
Bécœur	Chirurg. aide-major.	Guiot	Capit. instructeurs.
Farge	Vétérin. en premier.	Darnige	Capitaines écuyers.
Hatin	Vét. en 1er, pr. de mrie	Guérin	Capitaines écuyers.
Géraud	Aide vétérinaire.	Cartier d'Aure	Lieut. sous-écuyers
Dupont	Capit. instructeurs.	Andlauer	S.-l. sous-écuyers
Harmand	Capit. instructeurs.	Cogent	Lt, dir. de l'arçonn.

ÉCUYERS CIVILS

D'Aure	Écuyer en chef.	Bachon	Écuyer de 1re classe
Beucher de Saint-Ange	Ecuyer de 1re classe.	De Montigny	Ecuyer de 2e classe.

OFFICIER ÉTRANGER

SUIVANT LES COURS DE L'ÉCOLE

Quillinan. . . . . Officier Portugais.

OFFICIERS D'INSTRUCTION

Première Division.

De Cools.	Lieut., 3e dragons.	Vata	Lieut., 12e chasseurs.
Gerhardt.	Lieut., 9e dragons.	De Foucauld	Lieut., 6e hussards.
Boissonnet.	Lieut., 8e artillerie.	Buisson.	Lieut., 1er artillerie.
Rey.	Lieut., 3e hussards.	Bemiard	S.-l., 1er ch. d'Afriq.
Deshautschamps.	Lieut., 5e cuirassiers.	Commaux	Lieut., 2e artillerie.
De Wenzel.	S.-lieut., 4e dragons.	Goujon.	Lieut., 7e chasseurs.
Castel.	Lieut., 3e cuirassiers	Laurent	S.-lieut., 7e cuirass.
Chardigny	Lieut., 5e hussards.	Fremion	S.-lieut., 8e hussards
Archambault	Lieut., 3e lanciers.	Morin.	S.-lieut., 5e dragons.
Poncin.	Lieut., 1er chasseurs	Berton.	Lieut., 7e dragons.
Gadel.	Lieut., 6e lanciers	Clémencet.	Lieut., 10e dragons.
Robert.	Lieut., 8e cuirassiers.	Dequem	S.-lieut., 4e cuirass.
De Bonne.	Lieut., 2e cuirassiers.	De Sainct-Marc.	Lieut., 8e chasseurs.
De Roquemaurel	Lieut., 1er dragons.	Femeliaux	Capit., 2e spahis.
Benoit.	Lieut., 6e cuirassiers.	D'Huart.	Lieut., 10e chasseurs.
Marchal.	S.-lieut., 12e dragons	Livio.	S.-l., 4e ch. d'Afriq.
Cuvellier	S.-lieut., 10e cuirass.	Penet	Lt, 3e artill. } n. classés
Gérard.	Lieut., 2e chasseurs.	Chaumonot.	Lt, 9e artill. } n. classés
Terriez.	Lieut., 8e dragons.	De Poul	8e dragons. } permut.
Brice.	Lieut., 2e ch. d'Afriq.	De Beauffremont.	1er spahis. } permut.
Robillard.	S.-lieut., 1er lanciers		

Deuxième Division.

Hisson.	Capit., 10e cuirassiers	Bresson.	Lieut., 8e dragons.
Vicat.	Lieut., 1er artillerie.	Perrot	S.-lieut., 9e dragons.
Debray.	Lieut., 2e artillerie.	Cordreaux	S.-lieut., 10e dragons
Champy	Lieut., 5e artillerie.	Guiot.	Lieut., 11e dragons.
Duterme	Lieut., 6e artillerie.	Laurent	S.-lieut., 12e dragons
Debourgues.	Lieut., 7e artillerie.	Guérin	Lieut., 1er lanciers.
Tardif.	Lieut., 8e artillerie.	Zeller	Lieut., 3e lanciers.
Morand.	Lieut., 9e artillerie.	Bloume	S.-lieut., 4e lanciers.
Boissonnade	Lieut., 13e artillerie.	Marchant.	Lieut., 5e lanciers.
Boniface.	Lieut., 14e artillerie.	Bouthier.	Lieut., 6e lanciers.
Laget	Lieut., 3e esc. du train des équipages.	Gems de Lorborie.	Lieut., 1er chasseurs.
		De Quelen	S.-lieut, 7e chasseurs
Picard	Lieut., 2e carabiniers	Buisset.	Lieut., 8e chasseurs.
Millard.	S.-lieut., 3e cuirass.	Rambourg.	S.-lieut., 9e chasseurs
Humbert.	Lieut., 4e cuirassiers.	Bonneau	S.-lieut., 11e chass.
Robert d'Eshougues. . . .	Lieut., 5e cuirassiers.	Saulnier.	Lieut., 12e chasseurs.
Bugnottet	Lieut., 7e cuirassiers.	De Louvencourt	Lieut., 13e chasseurs.
Baillaud	Lieut., 8e cuirassiers.	Kabis.	Lieut., 1er hussards.
Adenet.	Lieut., 9e cuirassiers.	D'Hébrard	Lieut., 4e hussards
Methé-Fonrémis	S.-lieut., 1er dragons	Helleboid	S.-lieut., 5e hussards
Grillet.	Lieut., 2e dragons.	Dozon	Lieut., 9e hussards
Jacques.	Lieut., 5e dragons.	Radet	Lieut., 1er ch. d'Afriq.
Fauche	S.-lieut., 6e dragons.	Fourest.	Lieut., 2e ch. d'Afriq.
Jouve de Guibert	Lieut., 7e dragons.	Lamothe	Lieut., 3e ch. d'Afriq.

OFFICIERS ÉLÈVES

Première Division.

Savin-Delarclause.	Péan.	Pujade.	De la Vingtrie (Edmond).
Beaumont.	D'Albis.	De la Vingtrie (Jules).	Martin
De Lascous.	Lanoir.	De Pignerolle.	De Nattes.
De Villeneuve.	Le Rebours.	Du Bois.	Gelez
Olivier.	Rey.	De Brantigny.	Versin.

Première Division (Suite).

Clicquot.	Dugon.	Longuefosse.	De Sonis.
Klein.	De Saran.	Girard.	Tessié.
Dubouchage.	Vathaire du Fort.	Stahl.	Urguette.
Barrot.	Vathaire (Georges).	Manès.	Rothwiller.
De Fontenay.	Bué.	De Longueville.	Rouchaud.
Desessards.	Étienne.	Laroche.	Baillard.
Brincourt.	Bocandé.	Caffaro.	De Saint-Ildephont (non classé).
Cointet.	Blandin.	Baignol.	

Deuxième Division.

Nassoy.	Cramzel de Kerhué.	Druet.	Kosel.
Baillod.	De Gargan.	Morin.	Roustain.
De Langle.	Aubert.	Santerre.	De Maynard.
De Gourcy.	Kiéner.	Danloux.	Visseq.
Brulin.	Loysel.	Defodon.	Sonis.
Lucas.	Ducouedic de Kererant.	De Perrinelle-Duenoy.	D'Espagne de Vernevelles
Masson de Morfontaine.	Schneider.	Albaret.	Leps.
Volf.	Dursus.	Lardenois.	Villatte.
De Novion.	Delgrange.	Cholet.	Révial.
Maréchal.	Charme.	Christin.	Bigot de la Thouanne.
Chauvet.	Blondiaux.	D'Urbal	De Saint-Perne.

En 1852, l'École avait dû fournir au régiment des guides 144 chevaux, dont 27 chevaux de tête pris dans la carrière. Les chevaux versés en retour étant échangés pour la seule raison de non-conformité de robes (tous les chevaux des guides devant être bais, sans balzanes ni marques) n'offraient pas, par ces seules conditions, de bien sérieuses garanties de qualités; aussi le général de Rochefort fit-il tous ses efforts pour obtenir une meilleure remonte du manège. On lui objectait toujours la décision ministérielle qui restreignait les achats aux chevaux nés ou élevés en France. L'intention de cette décision était incontestablement excellente; mais dans le cas particulier de l'École, elle n'offrait pas les ressources nécessaires à l'enseignement équestre. Enfin, à force de batailler, le général obtint l'autorisation de faire acheter par M. d'Aure dix chevaux anglais, au prix moyen de 1,500 francs. Ces chevaux arrivèrent à l'École le 6 janvier.

Du reste, le Ministre envoya à Saumur le *général Descarrières*, inspecteur général des remontes, pour s'assurer des besoins en chevaux et proposer les mesures utiles.

Le 30 janvier, jour du mariage de l'Empereur, il fut célébré une messe à laquelle toute l'École assista. Un escadron fut commandé de service.

Le jour du mardi gras, il y eut encore une cavalcade organisée par l'École, au profit des pauvres.

Le dimanche 6 février, dans la même intention, il fut donné un bal travesti dans les salons de l'École, qui furent, à cet effet, magnifiquement décorés d'attributs militaires. Le vestibule et l'escalier resplendissaient de faisceaux d'armes et de cuirasses qui jetaient des éclairs sous les lumières, au milieu de leurs cadres de feuillages et de fleurs.

Le 26 février, le général, dans le but de faire profiter les différentes catégories d'élèves des précieuses ressources d'instruction de l'École de maréchalerie, de l'atelier d'arçonnerie ainsi que du haras d'étude, décida que pendant les six derniers mois du séjour à l'École, les officiers d'instruction recevraient chaque semaine une leçon d'application sur ces diverses matières.

Le professeur de maréchalerie, le directeur de l'arçonnerie et celui du haras devaient assister à ces théories pour aider les capitaines écuyers de leurs connaissance spéciales.

Les élèves instructeurs durent être également initiés à ces différentes applications pendant leur deuxième année de séjour.

Dès lors, ces connaissances pratiques prirent place dans les programmes d'examen de fin de cours.

Le 19 avril, on y ajouta un cours de botanique appliquée à l'étude des plantes fourragères.

Au mois de février, l'École reçut la visite de plusieurs officiers étrangers ; ce fut d'abord M. *de Carlowitz*, officier saxon, puis M. *de Knott*, capitaine bavarois.

Au mois de mai, le Ministre de la guerre, consulté sur la question de savoir si l'autorité militaire devait paraître aux processions de la Fête-Dieu, répondit que le gouvernement verrait avec plaisir que l'armée s'associât à l'élan général.

« L'École impériale de cavalerie devant donner l'exemple de tous les bons sentiments », le général assista à la procession et invita les officiers, fonctionnaires et militaires de tous grades, à l'accompagner en grande tenue, en laissant liberté pleine et entière à tous de se rendre ou de ne pas se rendre à cette invitation. Un piquet avec la musique fut commandé pour cette cérémonie religieuse.

Le 19 juin eut lieu l'inauguration du *steeple du chemin vert*. A quatre heures du soir, toutes les divisions montèrent à cheval et se réunirent dans l'allée du Chardonnet, devant les écuries du manège, sauf cependant les officiers ou sous-officiers qui avaient été exclus du saut d'obstacles par les écuyers de leur division, soit par manque de préparation de leur part, ou manque de préparation de leurs chevaux. Les officiers élèves de deuxième division n'avaient pas le droit non plus d'y concourir.

Le général et les officiers de l'état-major prirent la tête des divisions et l'on se rendit au chemin vert, précédé de la musique, qui alla se placer vis-à-vis du milieu des obstacles. Une grande quantité de spectateurs s'étaient donné rendez-vous à cette fête de sport. Le général passa le premier les obstacles, puis derrière lui les écuyers, les instructeurs et les sous-maîtres. Ensuite, vinrent les divisions, par deux. D'abord, les deux divisions de lieutenants d'instruction, la première division d'officiers-élèves, les sous-officiers du cadre, les sous-officiers d'artillerie et les deux divisions de cavaliers.

Le 23 juin, l'atelier d'arçonnerie, dont les travaux avaient été momentanément suspendus, fut définitivement maintenu à Saumur. La décision ministérielle portait qu'il serait exclusivement affecté à la fabrication des arçons et que l'on procéderait de suite à son installation, au moyen de la location de bâtiments situés sur le quai Saint-Nicolas.

Le 4 juillet, à six heures du soir, le maréchal de Saint-Arnaud, ministre de la guerre, arriva à Saumur. L'École à cheval alla au devant de lui à la gare.

Dès que, de l'esplanade du château, on aperçut le train sur la voie, le canon annonça l'arrivée de Son Excellence. Dix-neuf coups de canon furent tirés par les deux pièces de l'École.

Le maréchal fut reçu à la gare par le préfet, le général de Rochefort, le sous-préfet, le maire et les adjoints de Saumur, accompagnés du Conseil municipal.

Après avoir échangé quelques mots avec ces diverses autorités, il monta à cheval et, entouré d'un brillant état-major, il se rendit au salon d'honneur de l'École, où l'attendaient les différents corps constitués de la ville et presque tous les maires de l'arrondissement. La division de lanciers formait l'escorte du Ministre.

Après la visite de corps, les officiers remontèrent à cheval pour reconduire le maréchal à l'hôtel Budan.

Le lendemain matin, dès sept heures, un détachement à cheval se rendit à l'hôtel, au devant du Ministre de la guerre qui, accompagné de M. le général de Carrière, du général commandant le Prytanée impérial de la Flèche, et de plusieurs officiers d'état-major, vint, à cheval, sur le Chardonnet, où la troupe de ligne, l'École et la compagnie de pompiers de la ville étaient rangées en bataille pour être passées en revue. Le général de Rochefort commanda, en personne, diverses manœuvres et évolutions, qui furent exécutées avec une précision admirable. Puis vint le défilé, qui eut lieu au galop. Au fur et à mesure qu'il s'exécutait et quand les pelotons passaient devant le maréchal, tous, élevant leurs armes, criaient : Vive l'Empereur! Vive le maréchal!

A huit heures, il y eut manège académique pour les capitaines instructeurs. A huit heures vingt-cinq, sauteur et voltige pour les sous-officiers titulaires. A huit heures trente-cinq, manège académique des écuyers. A neuf heures, carrousel. A une heure et demie, visite de l'arçonnerie, de la maréchalerie et des écuries du manège. A deux heures et demie, visite du grand manège et des écuries de la troupe. A trois heures, visite des haras. A trois heures et demie, visite des bâtiments de l'École. A quatre heures et demie, départ pour le steeple du Chemin-Vert, la division de lanciers servant d'escorte au Ministre, avec avant-garde et arrière-garde.

Cette soirée de mardi fut, pour la ville, une véritable fête. Dans les rues principales, les maisons étaient pavoisées et, dès trois heures, les magasins, les chantiers même étaient déserts. Les habitants des campagnes voisines affluaient vers la ville, et tous allaient se ranger dans le chemin bas de Chacé, pour assister au steeple-chase.

Un coup de canon annonça l'arrivée du Ministre. Il prit place, avec son état-major, dans une tribune élevée en face des obstacles.

Le général de Rochefort franchit, le premier, tous les obstacles avec l'habileté d'un écuyer consommé; après lui, M. d'Aure et les écuyers du manège, puis les capitaines et ainsi successivement dans l'ordre hiérarchique, les divisions ayant leurs écuyers à leur tête.

Les officiers de l'École avaient invité le maréchal à un déjeuner de bivouac, mais il ne put accepter et, en chargeant le général de l'excuser, il le chargea aussi de transmettre ses chaleureux compliments pour tout ce qu'il avait vu et admiré.

Le lundi 15 août, jour de la fête de l'Empereur, les pièces d'artillerie de l'École, servies par des sous-officiers d'instruction sous le commandement d'un lieutenant d'artillerie, furent conduites, dès cinq heures du matin, sur le quai Saint-Nicolas, où elles tirèrent vingt-et-un coups de canon.

L'après-midi, il y eut grande revue des troupes de la garnison sur le quai de Limoges. Avant cette revue, le général, accompagné des officiers de l'École, se rendit à la messe de midi, à Saint-Nicolas; un escadron à pied avec la musique et l'étendard y assistèrent. La revue eut lieu à une heure.

Après la revue, le corps d'officiers, réuni aux autorités civiles et militaires de la ville, se rendit à l'église Saint-Pierre pour y entendre un *Te Deum*. Un escadron à pied assista à cette cérémonie, où il prit place à la suite de l'infanterie et de la gendarmerie.

A huit heures du soir, les pièces de l'École tirèrent encore vingt et-un coups de canon. La musique se rendit sur la promenade et y joua jusqu'à neuf heures et demie.

Le 21 août, l'atelier d'arçonnerie reçut l'ordre de continuer à fabriquer les arçons modèle 1845, au faux siège en sangles, mais modifié dans quelques détails seulement, l'Empereur ayant rejeté l'adoption de l'arçon tout en bois, modèle 1852, qui avait été mis en essai dans un régiment de cavalerie.

Les rectifications apportées, en 1853, à la selle de 1845 consistaient :

1° Dans l'addition de dés chappés, destinés à donner attache, de chaque côtés des bandes, à trois contre-sanglons de sangle, dont un double;

2° Dans l'augmentation de la longueur des arçons, déjà si longs, de la cavalerie de réserve;

3° Dans la teinte du cuir qui était fauve;

4° Dans le prolongement des quartiers et dans l'application à l'arçon de faux quartiers destinés à feutrer les boucles de la sangle;

5° Dans la substitution de sangles à six boucles aux sangles en cuir bifurquées et à une seule boucle.

Le siège est également composé d'une matelassure sur faux siège, mais ce siège est en cuir au lieu d'être à côtes comme celui de 1845.

Les bandes ou lames sont sèches, c'est-à-dire sans panneaux; elles sont enveloppées simplement de vache, qui est mise sur la chair; les quartiers sont longs, conséquence de l'adoption du pantalon à basanes n'arrivant qu'aux genoux.

Ces rectifications ayant compliqué et alourdi outre mesure le harnachement, alors que chacun demandait qu'on le simplifiât, il en résulta qu'une commission fut chargée, en 1854, d'examiner la question et demanda la mise à nouveau en essai du système de 1852 (selle et bride) avec des modifications importantes dans le contact.

École de Cavalerie

Grand'garde à Marson

Passage de défilé, route du Petit Dolmen

XIV

Courses et carrousel. — Inspection du général Chalendar. — Visite d'un général et d'un colonel autrichiens. — Règlement de l'École du 17 octobre 1853 : les cinq catégories de l'École ; école de maréchalerie ; atelier d'arçonnerie ; haras d'étude ; école de dressage ; salle de modèle ; travail militaire ; travail de manège ; travail de carrière. — Cavaliers de remonte. — Les étriers en fer poli. — Cours de langues étrangères. — La fête de l'Impératrice. — Visite d'un officier danois. — L'hôtel du commandement. — Ducas : Dressage à la cravache. — État-major et officiers-élèves de l'École en 1853. — Organisation d'une section de cavalerie à Saint-Cyr en 1854. — Remonte de l'École. — Le carnaval à Saumur. — Fabrication de 11,000 arçons. — Le capitaine Raabe : Manuel équestre. Résumé de la nouvelle équitation. Examen critique du cours d'équitation de M. d'Aure : réfutation du dressage du jeune cheval ; analyse des deux écoles d'Aure et Baucher ; l'équitation militaire ; le jokey anglais ; les attaques ; dressage à la cravache.

Les courses de 1853 eurent lieu les 4 et 6 septembre ; le 5, ce fut le carrousel.

PREMIER JOUR DE COURSES

Prix de consolation (Gentlemen riders). — 300 francs donnés par la Société des Courses. Pour tous chevaux, à l'exception de ceux qui auraient gagné sur un hippodrome, dans un steeple-chase ou dans une course de haies. Entrées : 25 francs, pour le deuxième arrivant. — Distance, 2,000 mètres, sans condition de poids ni de temps. — Arrivée première, en 2 minutes 40 secondes, *La Perfide*, appartenant à M. Pollard, montée par *M. Dursus*, officier élève. — Arrivé deuxième, en 2 minutes 45 secondes, *Ubatte*, à *M. Delavau.*

Prix du Ministre de la guerre. — Une paire de pistolets. Pour chevaux de pur sang appartenant à l'École de cavalerie, et montés par des officiers. — 2,000 mètres. — 4 chevaux engagés. — Arrivé premier, en 2 minutes 25 secondes, *Triton*, monté par *M. de Sonis.* — Arrivé deuxième, en 2 minutes 38 secondes, *Quiroga*, monté par *M. de Cholet.*

Prix donnés par le commerce de détail de Saumur reconnaissant, aux sous-officiers de l'École ; 1er prix, un nécessaire ; 2e prix, une cravache. — Steeple-chase de sous-officiers montant leurs chevaux d'armes (1,500 m.), 12 obstacles à franchir ; sans condition de poids.

Cette course fut faite en deux pelotons, le premier peloton ayant 200 mètres d'avance. Chaque peloton avait un prix qui lui était affecté. Toutefois, si deux chevaux du second peloton arrivaient les premiers au but, les prix leur appartiendraient. Si, au contraire, les chevaux du premier peloton arrivaient au but avant ceux du second, le premier cheval du deuxième peloton aurait le prix affecté à sa section. — 4 chevaux engagés par peloton. — Arrivé premier dans le premier peloton, *M. Séguin.* — Arrivé deuxième, et premier dans le second peloton, *M. Roques.*

Dans cette course, au saut de barrière, la selle a glissé sur la croupe du cheval ; ce sous-officier, plein d'énergie et de sang-froid, a poursuivi sa course à poil, franchissant les autres barrières, et est arrivé second.

Autre prix offert par le commerce de détail. — Un poignard. — Sous-officiers d'artillerie. — 19 chevaux engagés. — Arrivé premier, *M. Resclauze* ; arrivé deuxième, *M. Jestach.*

DEUXIÈME JOUR DE COURSES

Prix offert par l'Empereur. — Une coupe de Sèvres de 200 francs. — Course plate d'officiers. — 4 chevaux engagés. — Arrivée première, en 2 minutes 35 secondes, *Riche*, montée par *M. Champy*, lieutenant au 6e d'artillerie. — Arrivée deuxième, en 2 minutes 40 secondes, *Cœline*, montée par *M. Chauvet*, officier élève.

Course de haies par des officiers de l'École. — Deux prix : le premier donné par l'Empereur, coupe de Sèvres de 400 francs ; le deuxième, une paire de pistolets donnés par S. E. le Ministre de la guerre. — 7 haies à franchir. — 7 chevaux engagés. — 2,000 mètres à parcourir. — Arrivé premier, en 2 minutes 45 secondes, *Indocile*, monté par *M. Gargan*, officier-élève. — Arrivée deuxième, en 2 minutes 47 secondes, *Ariane*, montée par *M. d'Hébrard*, lieutenant au 4e hussards.

Steeple-chase (Gentlemen riders). — 500 francs. Pour tous chevaux, à l'exception des chevaux de pur sang ; le même steeple-chase que pour les officiers ; entrée, 25 francs, pour le second arrivant ; poids, 75 kil. — 8 chevaux engagés. — Arrivé premier, en 3 minutes 10 secondes, *Robert*, à M. Bouton-Levêque, monté par *M. Voisin*. — Arrivé deuxième, en 3 minutes 12 secondes, *Paquita*, à M. d'Aure, monté par *M. de Cholet*.

La Société des Courses, pour témoigner aux sous-officiers d'artillerie sa satisfaction sur la manière dont ils avaient couru le dimanche précédent, leur offrait un nouveau prix : une cravache.

M. Resclauze, qui avait gagné le prix dimanche, ne concourt pas. — 10 chevaux sont engagés. — Arrivé premier, *Hydalga*, monté par *M. Mauny*. — Arrivée deuxième, *l'Hôtesse*, montée par *M. Paulle*.

Steeple-chase des officiers. — Deux objets d'art. — Les officiers montent leurs chevaux d'armes (1,500 mètres), 12 obstacles à franchir, sans condition de poids.

Cette course est faite en deux pelotons, le premier peloton ayant 200 mètres d'avance. Chaque peloton a un prix qui lui est affecté. Toutefois, si deux chevaux du second peloton arrivaient les premiers au but, les prix leur appartiendraient. Si, au contraire, les chevaux du premier peloton arrivaient au but avant ceux du second, le premier cheval du deuxième peloton aurait le prix affecté à sa section. — 17 chevaux engagés. — Premier peloton, arrivé premier, *Bancal*, monté par *M. Lucas*, officier-élève. — Deuxième peloton, arrivé premier, *l'Hygie*, montée par *M. Flourest*, sous-lieutenant au 2e chasseurs d'Afrique. Cet officier, jeté sur l'encolure de son cheval au saut du deuxième obtacle, s'est remis en selle, a sauté deux autres obstacles sans étriers et, grâce à son énergie et à son habileté, a su regagner les devants et arriver vainqueur.

Le 10 septembre, le *général de Chalendar* arriva à Saumur pour passer l'inspection générale de l'École.

Le *lieutenant général Tablonowski*, prince et grand chambellan de S. M. l'Empereur d'Autriche, envoyé en mission en France par son souverain pour assister aux manœuvres des camps d'instruction, accompagné de *M. le baron de Leykam*, colonel de hulans, profita de la fin des travaux de l'inspection passée par le général de Chalendar, pour visiter l'École de cavalerie. A la revue d'honneur à laquelle ils assistèrent, ces illustres personnages furent frappés de la belle tenue des troupes et particulièrement de l'escadron d'officiers où figuraient tous les uniformes de la cavalerie française. L'École, en manœuvrant à la voix de son général, prouva encore, dans cette circonstance, qu'elle n'était pas plus étrangère au mécanisme des évolutions qu'à l'instruction de détail; cette revue, où figuraient les deux pièces d'artillerie de l'École, fut terminée par une charge et un défilé au galop.

Les différentes catégories d'élèves leur furent ensuite présentées au manège académique, ainsi que les capitaines instructeurs de l'École; ce travail fut terminé par une reprise des écuyers, à laquelle prit part le général de Rochefort.

Après le déjeuner, le prince autrichien visita, avec un intérêt bien marqué, les travaux de l'atelier d'arçonnerie et de l'École de maréchalerie; l'utilité de ces deux institutions sembla produire sur les visiteurs étrangers une vive impression.

Le général leur présenta ensuite quelques divisions d'officiers aux cours théoriques, tant sur l'ordonnance que sur l'hippologie, pour les convaincre que rien à l'École n'était superficiel et que l'instruction des élèves était toute raisonnée.

A 4 heures et demie eut lieu un steeple-chase; — plus de cent soixante officiers et sous-officiers, à la tête desquels s'était placé le général de Rochefort, franchirent une série d'obstacles d'une grande difficulté.

Cette journée déjà si bien remplie fut terminée par un grand dîner, offert dans le salon d'honneur, par le général commandant l'École, et présidé par l'inspecteur général.

Après le dîner, tous les officiers de l'École vinrent prendre part à un punch auquel ils avaient été conviés par le général de Rochefort.

Le lendemain, les illustres visiteurs assistaient au carrousel de fin d'année, pendant lequel ils ne cessèrent de donner des marques de la plus vive approbation.

Le règlement de l'École de cavalerie du 17 octobre 1853 modifia ainsi qu'il suit l'organisation de l'École :

Considérant que l'École de cavalerie doit avoir pour mission de former des instructeurs destinés à reporter dans les corps un mode d'enseignement uniforme, en ce qui concerne les principes d'équitation et les autres connaissances qui se rattachent à l'arme de la cavalerie;

Qu'il importe de faire subir à son organisation actuelle les modifications pour que le but de l'institution soit complètement atteint, etc., etc. :

L'instruction à l'École de cavalerie doit être toute militaire et basée sur les ordonnances et règlements en vigueur pour les troupes à cheval; elle comprendra :

1° L'ordonnance sur le service intérieur des troupes.

2° L'ordonnance sur l'exercice et les évolutions de la cavalerie.

3° L'ordonnance sur le service des places.

4° L'ordonnance sur le service en campagne, appliqué sur le terrain, autant que possible, surtout pour les reconnaissances.

5° Un cours d'équitation militaire et académique, comprenant la réunion de toutes les connaissances théoriques et pratiques que comportent le bon et utile emploi du cheval, son dressage, et son application aux travaux de la guerre et aux différents exercices du manège civil.

6° Un cours d'hippologie ayant pour objet d'enseigner sur la nature même, au moyen du haras d'étude institué à l'École, les principes qui doivent servir dans les accouplements et les croisements, ainsi que dans l'élevage des poulains, d'expliquer les phases de la dentition, de faire connaître les conditions de conformation qui, dès le jeune âge, annoncent pour l'avenir le bon et solide cheval, les procédés à suivre pour amener progressivement le poulain à subir, sans se défendre, le joug de l'homme, et afin de familiariser les officiers et les élèves avec toutes les connaissances qui sont indispensables à l'officier de remonte. Ce cours comprend aussi des notions sur le harnachement, dont les éléments de démonstration sont puisés à l'atelier d'arçonnerie, qui est et demeure institué à l'École pour confectionner les arçons nécessaires à l'équipement des troupes à cheval des diverses armes.

7° La voltige, l'escrime et la natation.

Le nombre des chevaux de manège et de carrière à entretenir à l'École est fixé par le Ministre secrétaire d'État de la guerre, d'après les besoins du service ; celui des chevaux à dresser est fixé à cent au moins. Ces derniers chevaux, dès que leur éducation est complète, sont livrés, d'après les ordres du Ministre secrétaire d'État de la guerre, à titre onéreux ou gratuit, aux officiers qui ont besoin de se remonter et plus particulièrement aux officiers du corps d'état-major, aux officiers d'artillerie et aux officiers d'infanterie.

Ces officiers peuvent aussi exercer leur choix parmi les chevaux des autres catégories, lorsque le commandant de l'École n'y voit pas d'inconvénient.

Sont appelés à suivre les cours de l'École : 1° des officiers d'instruction ; 2° des sous-officiers d'instruction ; 3° des brigadiers élèves instructeurs.

Le complet des divisions d'officiers, de sous-officiers et de brigadiers élèves instructeurs, est déterminé ainsi qu'il suit :

Officiers d'instruction, deux divisions, effectif, 100. — Sous-officiers instructeurs, une division, effectif, 40. — Brigadiers élèves instructeurs, quatre divisions, effectif, 240.

Les cours d'instruction sont divisés en deux années.

Les officiers d'instruction, les sous-officiers d'instruction et les brigadiers instructeurs nouvellement admis, suivent les cours de première année ; lorsqu'ils ont satisfait aux examens qui ont lieu à la fin de ces cours, ils suivent ceux de la deuxième année qui précèdent la sortie.

Les officiers et autres militaires suivant les cours de l'École peuvent être autorisés, par le Ministre secrétaire d'État de la guerre, en cas d'interruption pour cause de maladie dûment constatée, à doubler une année d'études.

Nul n'est admis à passer plus de trois ans à l'École.

Les officiers d'instruction sont choisis dans les régiments de cavalerie et d'artillerie, ainsi que dans les escadrons du train des parcs et des équipages militaires.

Tous les ans, les inspecteurs généraux désignent les lieutenants ou sous-lieutenants susceptibles de suivre avec fruit, comme officiers d'instruction, les cours de l'École de cavalerie. Ces officiers doivent être âgés de moins de trente-six ans, s'ils sont lieutenants, et de trente-quatre, au plus, s'ils ne sont que sous-lieutenants.

Les sous-lieutenants d'instruction sortant de l'École spéciale militaire doivent avoir passé au moins deux ans à leur régiment avant de pouvoir être envoyés à l'École comme officiers d'instruction.

Les sous-officiers d'instruction sont choisis dans l'artillerie.

Tous les deux ans, des sous-officiers des régiments d'artillerie et des escadrons du train des parcs sont désignés par les inspecteurs généraux pour être détachés de leurs corps comme sous-officiers d'instruction.

Les lieutenants, les sous-lieutenants et les sous-officiers, détachés de leurs corps comme officiers et sous-officiers d'instruction, amènent leurs chevaux à l'École et s'en servent pour les exercices militaires.

Les officiers et les sous-officiers d'instruction qui, après six mois de séjour à l'Ecole, n'ont pas montré les dispositions nécessaires, rentrent à leur corps.

Les officiers d'instruction de cavalerie concourent pour l'avancement au tour du choix, sur la proposition de l'inspecteur général de l'École, avec les officiers des corps d'où ils sont détachés.

Le lieutenant d'instruction de cavalerie qui, à sa sortie de l'École, a obtenu le premier numéro d'examen, est présenté à l'Empereur pour le premier emploi de capitaine instructeur à pourvoir, quelle que soit la subdivision de l'arme où survient la vacance, s'il a l'ancienneté de grade exigée par la loi pour obtenir de l'avancement.

Le lieutenant d'instruction de cavalerie sortant avec le numéro deux obtient, aux mêmes conditions, le deuxième emploi de capitaine instructeur, si la division dont il fait partie se compose de plus de trente officiers.

Le sous-lieutenant d'instruction classé le premier des officiers de son grade, à l'examen de sortie, et pourvu que son numéro ne soit pas au-dessous de dix, dans le classement général des officiers des deux grades, est également présenté à l'Empereur, à la première promotion, pour un emploi de lieutenant à pourvoir au tour du choix dans le régiment auquel il appartient.

Les brigadiers élèves instructeurs sont désignés chaque année par les inspecteurs généraux dans les régiments de cavalerie et les escadrons des équipages militaires, parmi les sujets doués de plus d'aptitude pour l'équitation et les plus méritants par leur conduite, leur instruction, leur zèle et leur intelligence; les brigadiers portés au tableau d'avancement de leurs corps, sont présentés de préférence pour cette destination.

Les brigadiers élèves instructeurs ne peuvent être admis à l'École que jusqu'à l'âge de vingt-cinq ans. Ils y sont envoyés d'après les ordres du Ministre secrétaire d'État de la guerre, le 1er avril de chaque année. Ils continuent de compter à leurs corps, d'où ils sont considérés comme détachés, et y laissent leurs chevaux.

Les divisions de brigadiers élèves forment deux escadrons. Ces deux escadrons sont commandés par des capitaines du cadre constitutif de l'École, ayant sous leurs ordres des officiers d'instruction.

Les brigadiers élèves, quoique manœuvrant dans le rang, continuent de porter les marques distinctives de leur grade et jouissent de la solde qui y est affectée dans les cuirassiers. Les galons en laine des brigadiers d'escadrons sont divisés par une soutache en argent.

Les brigadiers élèves instructeurs qui, après six mois de présence à l'École, n'ont pas montré les dispositions nécessaires pour en suivre les cours, sont, sur la demande du commandant de l'École, renvoyés à leur régiment.

Lorsqu'ils ont satisfait aux examens de sortie, les brigadiers élèves sont nommés à des emplois de maréchaux des logis qui leur ont été réservés dans les régiments où ils comptent, et sur lesquels ils sont en conséquence dirigés.

Toutefois, ceux qui ont été classés dans le premier tiers aux examens de passage de première en deuxième année, et qui se sont particulièrement distingués par leur zèle et leur bonne conduite, peuvent être nommés à cette date à des emplois de maréchaux des logis au titre de leur corps et pour occuper les emplois du cadre des escadrons de l'École; ils reçoivent la solde de leur grade et en portent les marques distinctives.

Les brigadiers élèves qui n'ont pas satisfait aux examens de sortie, sont renvoyés à leurs corps comme brigadiers, à moins qu'ils n'aient obtenu, par exception, l'autorisation de continuer à suivre les cours, soit pendant six mois, soit pendant une troisième année.

Les brigadiers élèves classés aux examens de sortie avec les dix premiers numéros de mérite sur la liste des maréchaux des logis, sont portés supplémentairement sur le tableau d'avancement au grade de sous-lieutenant dans leur corps, aussitôt qu'ils y ont accompli les deux ans de grade de sous-officier exigés par la loi du 14 avril 1832.

Le cadre constitutif de l'École est composé ainsi qu'il suit :

1 officier général commandant, — 1 colonel commandant en second, — 1 lieutenant-colonel, — 1 chef d'escadrons, — 1 major, — 10 capitaines instructeurs, dont 3 commandant

les escadrons, 2 remplissant les fonctions d'adjudant-major, 2 chargés des cours des deux divisions d'officiers, 1 chargé du cours spécial des sous-officiers d'instruction, 1 pour seconder l'écuyer en chef à l'école de dressage des jeunes chevaux, 1 pour suppléer, en cas d'empêchement, les officiers ci-dessus, — 1 capitaine trésorier, — 1 capitaine d'habillement, — 1 directeur de l'atelier d'arçonnerie, du grade de lieutenant ou de capitaine, — 1 adjoint au trésorier, du grade de lieutenant ou de sous-lieutenant, — 1 porte-étendard, lieutenant ou sous-lieutenant, — 1 vétérinaire de 1re ou de 2e classe, — 1 aide-vétérinaire, — 4 adjudants sous-officiers, dont 3 pour le service des escadrons, 1 vaguemestre chargé en outre du service de la bibliothèque, — 5 maréchaux des logis chefs, dont 3 pour le service des escadrons, 1 maréchal ferrant, 1 maître arçonnier, — 13 maréchaux des logis, dont 1 maître d'escrime, 4 maréchaux des logis fourriers, dont 1 attaché à l'atelier d'arçonnerie, — 1 brigadier trompette, — 2 brigadiers maréchaux ferrants, — 2 brigadiers arçonniers, — 3 brigadiers prévôts d'armes.

Les fonctions dans le service du manège académique et du haras d'études constituent des emplois militaires ou civils, dont la hiérarchie est fixée ainsi qu'il suit ;

1 écuyer en chef, chef d'escadrons, — 5 écuyers, dont 1 peut être chargé de la direction du haras d'études et de professer le cours d'hippologie, capitaines, — 3 sous-écuyers, lieutenants ou sous-lieutenants, — 1 maître de manège, adjudant sous-officier, — 4 sous-maîtres de manège, 1 maréchal des logis chef et 3 maréchaux des logis.

La direction du haras d'études et l'enseignement hippologique peuvent être confiés à un professeur civil ou militaire non écuyer, ou à un vétérinaire militaire.

Le service de santé est composé de la manière suivante :

1 médecin principal ou major, chef du service, — 1 médecin major de 1re ou de 2e classe, — 1 médecin aide-major de 1re ou de 2e classe, — 1 pharmacien major ou aide-major, — 1 officier comptable du service des hôpitaux, — 3 infirmiers majors, et 7 infirmiers.

Les officiers et autres militaires composant le cadre constitutif de l'École portent l'aiguillette. La capote dont les officiers de l'état-major de l'École font usage est remplacée par la tunique. L'habit de cheval, le shako de carton, le shako de grande tenue, la giberne et le cordon de shako sont retranchés de leur tenue.

L'uniforme que portaient les cavaliers élèves est conservé pour les brigadiers élèves instructeurs.

Les officiers et sous-officiers d'instruction conservent seuls l'uniforme du régiment d'où ils sont détachés.

Chaque année, un général de division est chargé de l'inspection générale de l'École. Il assiste aux examens de sortie et préside, pendant ces examens, le conseil d'instruction. En cas de partage égal des voix sur le mérite et le classement des élèves, sa voix est prépondérante.

En résumé, l'École comprend sept catégories :

1° *Officiers d'instruction ;* — 2° *Sous-officiers d'instruction;* — 3° *Brigadiers élèves-instructeurs ;* — 4° *Élèves maréchaux ferrants ;* — 5° *Ouvriers arçonniers;* — 6° *Haras d'étude ;* — 7° *École de dressage.*

Les annexes de l'École de cavalerie sont représentées par l'École de maréchalerie, l'École d'arçonnerie, le Haras d'étude, l'École de dressage et la Salle des modèles.

École de maréchalerie. — La quatrième catégorie se composait donc d'ouvriers sous le titres d'élèves maréchaux ferrants. Leur instruction comportait :

1° L'étude théorique d'un manuel de maréchalerie, embrassant la connaissance des fers, aciers et charbons, l'art de forger, la confection et la propriété des différents fers, l'anatomie du pied, des notions sur l'extérieur du cheval, les aplombs, etc..., l'art de ferrer, les opérations chirurgicales bornées à celles qui dépendent de la maréchalerie, des notions sur les plantes médicinales les plus usuelles, la préparation des breuvages, lavements, etc., et les précautions à prendre dans leur administration ;

2° La pratique de toutes les connaissances théoriques qui précèdent ;

3° L'instruction primaire du premier degré, comprenant la lecture, l'écriture et le calcul ;

4° L'instruction militaire, se bornant à la pratique de l'école du cavalier à pied et à cheval ;

5° L'escrime et la natation.

Cette École, dirigée par un vétérinaire de première classe, habile professeur de maréchalerie, jetait ses lumières et son expérience dans cette classe d'hommes destinée à reporter dans les régiments l'instruction qu'elle avait puisée à l'École, et se répandait ensuite dans toute la France, où elle reportait les bienfaits de cette instruction après sa libération définitive.

Atelier d'arçonnerie. — La 5e catégorie d'élèves comprenait les ouvriers arçonniers. L'École d'arçonnerie, instituée en 1846, avait déjà produit les plus heureux résultats ; non seulement elle avait fait triompher de toutes les controverses et de la manière la plus évidente le système de la selle à la Rochefort, auquel il avait été seulement apporté quelques modifications de détail. Non seulement l'École d'arçonnerie fournissait à la cavalerie des arçons irréprochables sous le rapport de la main-d'œuvre, mais les élèves de toutes les catégories y trouvaient encore une source féconde de renseignements dans une question qui intéresse à un si haut point la conservation de la cavalerie.

Haras d'étude. — Le haras d'étude renfermait tous les éléments nécessaires pour compléter l'instruction des officiers et des sous-officiers en ce qui concernait la connaissance du cheval depuis sa naissance jusqu'à l'âge le plus avancé, et produisait de précieuses ressources pour le manège qui en utilisait les produits à la carrière ou au travail académique, suivant leur degré d'aptitude.

Cette utile annexe de l'École de cavalerie, dont la création était due au général Oudinot, avait déjà produit les plus heureux résultats non seulement dans l'intérêt de l'amélioration de la race chevaline de la localité, mais aussi des autres parties de la France, car de nombreux exemples démontraient que les officiers qui s'adonnaient à cette étude avec goût et intérêt, devenaient d'excellents officiers de remonte et des éleveurs distingués lorsqu'ils étaient rentrés dans la classe civile.

Le haras d'étude comprenait alors : un étalon pur sang arabe, un étalon pur sang anglais, douze à quinze poulinières de races perfectionnées. Chaque année, il naissait de dix à douze poulains qui étaient mis en service à l'âge de quatre ans; l'expérience démontrait que les chevaux fournis par le haras n'étaient pas exposés aux maladies occasionnées chez les chevaux de remonte par le changement de régime et l'acclimatement; elle avait également démontré que les chevaux provenant du haras d'étude avaient une longévité double de celle des chevaux fournis par les remontes.

École de dressage. — L'École de dressage instituée à Saumur par le décret de réorganisation comprenait les chevaux qui, ayant présenté trop de finesse et d'irritabilité pour être utilisés dans les rangs de la cavalerie ou de l'artillerie, étaient envoyés à l'École pour y être soumis à un dressage méthodique ; il arriva fréquemment que ces chevaux, qui eussent été perdus pour l'armée et que l'on eût été obligé de réformer, firent par la suite des chevaux de carrière, des chevaux d'officiers ou des chevaux de troupe et même des poulinières, suivant leur aptitude spéciale. Cette catégorie comprenait trente et quelques chevaux par an.

L'effectif de l'École de dressage, étant de cent cinquante chevaux, était complété par des jeunes chevaux de la remonte, propres à monter des officiers.

Cette École était sous la direction de l'écuyer en chef, qui avait sous ses ordres un capitaine-instructeur, ainsi que les officiers et sous-officiers nécessaires pour ce service.

Tous les élèves de l'École concouraient au dressage des jeunes chevaux, considéré à juste titre comme une branche des plus importantes de l'instruction.

Chaque mois, il était adressé au Ministre de la guerre une situation des chevaux de l'École de dressage, où les sujets étaient indiqués par genre d'aptitude.

A l'École de cavalerie, l'équitation se divisait en *travail militaire*, pour l'exécution de l'ordonnance sur l'exercice et les évolutions ; en *travail de manège académique*, qui comprenait la haute école, la voltige, les sauteurs et le dressage des jeunes chevaux ; enfin, en *travail de carrière*, qui se faisait à l'extérieur sur les chevaux de grandes allures et qui comprenait le franchissement des obstacles de toutes natures et les courses de vitesse au trot et au galop.

Quoique les officiers et sous-officiers admis à suivre les cours de l'École n'y vinssent que pour se perfectionner, ils recommençaient leur instruction théorique et pratique par les premiers éléments pour arriver progressivement aux dernières difficultés, comme s'ils débutaient dans la carrière. Cette marche méthodique et progressive avait l'incontestable avantage de leur faire perdre les mauvaises habitudes qu'ils pouvaient avoir contractées et d'établir une grande uniformité de principes, de position et de conduite.

Comme, d'après le nouveau règlement, il ne devait plus venir à Saumur d'élèves instructeurs, pour assurer le pansage des chevaux d'escadrons on détacha cinquante cavaliers de remonte à l'École. Ce détachement devait grossir peu à peu avec les besoins du service et devenir ce qu'il est aujourd'hui, la portion centrale de la compagnie.

Le 26 octobre, le général fit appliquer à l'École la nouvelle décision ministérielle au sujet des étriers :

« Les corps et établissements de cavalerie feront usage d'étriers en fer poli. Les étriers en service qui sont vernis en noir seront polis immédiatement par les soins des cavaliers et sans frais. »

Le 1er novembre, un cours de langue allemande et anglaise fut institué à l'École; le professeur était M. Zatwarnichy. Le prix était fixé par mois, pour l'un ou l'autre cours, pour les officiers à dix francs, pour les sous-officiers et cavaliers à cinq francs. Chaque cours avait lieu trois fois par semaine pendant une heure.

Nous ne saurions passer sous silence que dans ce mois de novembre, l'École, en présence de la misère publique, prit l'initiative d'une souscription mensuelle en faveur des indigents.

Le 14, une messe fut célébrée à Saint-Nicolas, pour la Sainte-Eugénie, fête de l'Impératrice. Tous les officiers y accompagnèrent le général; un escadron fut commandé de service avec la musique.

Au mois de décembre, l'École fut visitée par *M. de Pfaff*, officier danois, chargé par son gouvernement d'en étudier l'organisation.

C'est en 1853 que l'on construisit un hôtel pour le général commandant l'École.

Nous devons signaler en 1853 le dressage à la cravache de M. Ducas, écuyer militaire d'une rare habileté, qui pratiquait cette gymnastique à Bordeaux. Il s'en servait pour préparer le rassembler et le piaffer.

1853

ÉTAT-MAJOR DE L'ÉCOLE

De Rochefort	Général de brigade.	Coutant	Major.
Nazon	Colonel.	Beyer	Capitaine-trésorier.
Schmidt	Lieutenant-colonel.	Casse	Capit. d'habillement.
Michaux	Chef d'escadrons.	Jauchène	S.-lieut. porte étend.

ÉTAT-MAJOR DE L'ÉCOLE (Suite).

Majesté	Médecin principal.
Morgon	Médecin aide-major.
Farge	Vétérin. en premier.
Hatin	Vét. en 1er, pr. de mrie
Géraud	Aide-vétérinaire.
Harmand	Capit. instructeurs.
De Chaumontel	Capit. instructeurs.
Girard	Capit. instructeurs.
Lavoye	Capit. instructeurs.
Fourier	Capit. instructeurs.
Vacquier	Capit. instructeurs.
Assant	Capit. instructeurs.
Nérin	Capit. instructeurs.
Eicher	Capit. instructeurs.
Pollard	Capit. instructeurs.
Guiot	Capit. instructeurs.
Chevals	Capit. instructeurs.
Darnige	Capitaines écuyers.
Guérin	Capitaines écuyers.
Andlauer	S.-lieut. s.-écuyers.
Barada (Duthil)	S.-lieut. s.-écuyers.
Cogent	Lt, dir. de l'arçonn.

ÉCUYERS CIVILS

D'Aure	Écuyer en chef.
Beucher de Saint-Ange	Écuyer de 1re classe.
De Montigny	Écuyer de 2e classe.

OFFICIER ÉTRANGER

SUIVANT LES COURS DE L'ÉCOLE

Quillian	Officier Portugais.

OFFICIERS D'INSTRUCTION

Première Division.

Bouthier	Lieut., 6e lanciers.
Humbert	Lieut., 4e cuirassiers
D'Hébrard	Lieut., 4e hussards.
Kabis	Lieut., 1er hussards.
Buisset	Lieut., 8e chasseurs.
Adenet	Lieut., 9e cuirassiers.
Guérin	Lieut., 1er lanciers.
Bresson	Lieut., 8e dragons.
Hisson	Capit., 10e cuirassiers
Debourgues	Lieut., 7e artillerie.
Champy	Lieut., 5e artillerie.
Saulnier	Lieut., 12e chasseurs.
Boissonnade	Lieut., 13e artillerie.
Grillet	Lieut., 2e dragons.
Jacques	Lieut., 5e dragons.
Vicat	Lieut., 1er artillerie.
Methé-Fonrémis	S.-lieut., 1er dragons
Baillaud	Lieut., 8e cuirassiers.
Bonneau	Lieut., 11e chasseurs.
Debray	Lieut., 2e artillerie.
Bugnottet	Lieut., 7e cuirassiers.
Duterme	Lieut., 6e artillerie.
Bloume	Lieut., 4e lanciers.
Jouve de Guibert	Lieut., 7e dragons.
Marchant	Lieut., 5e lanciers.
Guiot	Lieut., 11e dragons.
Picard	Lieut., 2e carabin.
De Quélen	S.-lieut., 2e carabin.
Morand	Lieut., 9e artillerie.
Perrot	Lieut., 9e dragons.
Gérus de Laborie	Lieut., 1er chasseurs.
Cordreaux	S.-lieut., 10e dragons
Radet	S.-lieut., 1er ch. d'Af.
Laurent	S.-lieut., 12e dragons
Boniface	Lieut., 14e artillerie.
Helleboid	S.-lieut., 5e hussards
De Louvencourt	Lieut., 8e hussards.
Rambourg	Lieut., 9e chasseurs.
Fourest	S.-lieut., 2e ch. d'Af.
Dazon	S.-lieut., 9e hussards.
Tardif	Lieut., 13e artillerie.
Millard	S.-l., 3e cuir. (n. class.)
Zeller	Lt, 3e lanc. (n. class.)
Lamothe	S.-l., 3e ch. d'Afrique. (n. class.)
Robert d'Eshougues	Lt, 5e cuir. (n. class.)

Deuxième Division.

Jaubert	Lieut., 3e artillerie.
Chaulet d'Outremont	Lieut., 5e artillerie.
Le Roy	Lieut., 6e artillerie.
Allan	Lieut., 7e artillerie.
Labori	S.-lieut., 9e artillerie.
Dupuy	Lieut., 12e artillerie.
Deshautschamps	Lieut., 12e artillerie.
Doucet	S.-lieut., 13e artillerie
De Novion	Lieut., 14e artillerie.
Giblat	S.-l., 2e esc. du train des équipages.
Laget	Lieut., 4e esc. du train des équipages.
Léaux	Lieut., 2e carabiniers
Chomereau de Saint-André	Lieut., 1er cuirassiers
Cravin	Lieut., 3e cuirassiers
Varin	S.-lieut., 5e cuirass.
De Ravel	S.-lieut., 9e cuirass.
Semont	Lieut., 10e cuirassiers
Wright-Prévost de Saint-Hilaire	Lieut., 3e dragons.
Chomel	Lieut., 4e dragons.
Bresson	Lieut., 5e dragons.
Guyot	Lieut., 6e dragons.
Lobstein	Lieut., 7e dragons.
Delacour	S.-lieut., 9e dragons.
Augey-Dufresse	Lieut., 10e dragons.
Loubleaux	Lieut., 12e dragons.
Ruinart	S.-lieut., 3e lanciers.
Caillard	Lieut., 4e lanciers.

Deuxième Division (Suite).

Siochan de Kersabiec	Lieut., 7ᵉ lanciers.	Brandeis	Lieut., 12ᵉ chasseurs.
Durande	Lieut., 1ᵉʳ chasseurs.	Donnat	Lieut., 1ᵉʳ hussards.
Poissonnier	Lieut., 1ᵉ chasseurs.	De Berthois	Lieut., 4ᵉ hussards
De Monerie	Lieut., 6ᵉ chasseurs.	Christin	Lieut., 1ᵉʳ ch. d'Afriq.
De Villeneuve-Bargemont	S.-lieut., 7ᵉ chasseurs	Broquère	S.-l., 2ᵉ ch. d'Afrique.
Thiéry	S.-lieut., 8ᵉ chasseurs	Dutiller de Villars	Lieut., 3ᵉ ch. d'Afriq.
De Labrousse	Lieut., 9ᵉ chasseurs.	Daudel	S.-l., 4ᵉ ch. d'Afrique
Harmignies	Lieut., 10ᵉ chasseurs	Pigeon	Lieut., 2ᵉ spahis.
Deschars	S.-lieut., 11ᵉ chass.		

OFFICIERS ÉLÈVES

Première Division.

Cramezel de Kerhué.
Aubert.
De Gargan.
Marécaal.
Baillod.
Lardenois.
Danloux.
De Novion.
Masson de Morfontaine.
Dursus.
Schneider.
Chamet.
Roustain.
De Maynard.
Delgrange.
Kosel.
Cholet.
Charme.
Morin.
Blondiaux.
Visseq.
D'Urbal.
Leps.
Lucas.
Christin.
De Gourey.
Sonis.
Druet.
Loysel.
Nassoy.
De Langle.
Kiéner.
Albaret.
Defodon.
D'Espagne de Vernerelles.
Ducouedic de Kererant.
Santène.
Brulin.
Lefebure de Saint-Ildephont. (n. cl.)
Révial. (n. cl.)
Villatte. (n. cl.)
De Perinelle-Dumay. (n. cl.)
Volf. (n. cl.)
De Saint-Pern. (n. cl.)

Deuxième Division.

Bascher (Lieut.).
Tondon.
Fiéron.
Grandin.
De Vaugiraud.
Morel.
Bourboul.
De la Bonninière de Beaumont.
Vernier.
Salvage de Clavières.
Clerc.
Duringe.
Goulden.
Marquier d'Aubonne.
Amos.
Chatelot.
Demont de Benque.
Desroys.
Cullet.
Moreau-Revel.
De Viel d'Espeuilles.
Le Caron de Troussures
Rolland.
Lagrange.
Martin de Boulancy.
Renaudot.
Legendre.
Effantin.
Bemeral-Francheville.
De Hainault de Cantelou
Dufaud.
Richaud.
Daignan Fornier La Chaux.
De Virieu.
Lyonnard de la Guennerie.
Gatian de Clérambault.
Rimoz de la Rochette.
Ballet
Bertrand-Geslin.
Patigel.
Hamot.
De Barrin.
Zeude.
Deshorties.
Boppe.
Carron.
De Trévelec.
Chomet de Saint-James.
Poinçon de la Blanchardière.
Dufou.
Martigné.
De Vaugiraud (Joseph).
Terré.
Mayou de la Débuterie.

En 1853, la guerre étant imminente, l'Empereur trouva que les officiers destinés à la cavalerie mettaient beaucoup trop de temps à terminer leur instruction, en consacrant deux ans à l'École de Saint-Cyr et vingt et un mois à l'École de cavalerie. En conséquence, il ordonna qu'un manège fut créé à l'École de Saint-Cyr et qu'on y organisât une section d'élèves de cavalerie qui suivraient l'instruction de cette arme, en même temps que les cours scientifiques de l'École.

Cette création fonctionna à partir de 1854, et c'est le 1ᵉʳ janvier 1854 que vint, à Saumur, la dernière division d'officiers-élèves, qui en sortit le 1ᵉʳ novembre suivant.

Ce fut l'École de cavalerie qui fournit, à Saint-Cyr, les chevaux, tant d'escadrons que de manège, nécessaires à l'instruction de la nouvelle section de cavalerie. Ce fut une diminution subite dans l'effectif des chevaux de l'École, diminution d'autant plus sensible que bon nombre d'autres chevaux réclamaient une réforme urgente, et que cet effectif ne comptait que 561 chevaux au lieu de 628, qui était le chiffre normal. Il fallut pourvoir au plus vite au remplacement, surtout avec la nouvelle organisation des cours.

Une décision ministérielle du 4 février 1854 arrêta, à cet effet, les mesures suivantes :

1° Envoi de 30 chevaux au moins, déjà façonnés au service, tirés des régiments de réserve et de ligne ;

2° Formation de l'École de dressage au moyen de chevaux achetés, au titre des officiers, dans les dépôts de Caen et d'Alençon;

3° Choix au dépôt de Tarbes, par un officier de l'École, de 25 chevaux de cinq ans, susceptibles d'être employés au service du manège;

4° Autorisation à des officiers de l'École de participer aux opérations des comités de remonte dans les dépôts de Caen et de Tarbes;

5° Achat, par le général Descarrières, inspecteur général des remontes, dans les ventes aux enchères, de *Chéri,* d'un certain nombre de chevaux de race anglaise, propres au service de la carrière;

6° Ordre aux dépôts de Caen et d'Alençon de procurer, à l'École, 15 chevaux français réunissant les mêmes conditions.

En 1854, l'École fêta encore le carnaval par une cavalcade au profit des pauvres.

Ce fut dans cette même intention de charité qu'eût lieu, le lundi 27 février, dans les salons de l'École, un bal travesti où se montrèrent le brio et l'entrain habituels de la colonie militaire.

Dans le but de réaliser très promptement des approvisionnements de harnachement de cavalerie, le Ministre de la guerre avait décidé, le 22 février, qu'il serait établi, dans un délai de quatre mois, 11,000 arçons par des fabricants de Paris. La surveillance de cette fabrication fut confiée à deux officiers d'administration qui vinrent, à Saumur, étudier l'organisation, le mécanisme et la comptabilité de l'atelier d'arçonnerie.

Dans notre esquisse rapide de l'équitation militaire, nous avons le devoir d'être éclectique, et nous devons signaler, sans autres commentaires que des détails explicatifs, les diverses choses qui s'y rapportent.

C'est dans cet ordre d'idées que nous relaterons la perturbation jetée dans le monde équestre par l'ouvrage du capitaine Raabe, réfutation tellement visible du cours d'équitation de Saumur, que son auteur en fut réprimandé par le Ministre de la guerre. C'est que ce cours d'équitation du comte d'Aure avait une consécration officielle ; on se rappelle que le Ministre de la guerre en avait ordonné et dirigé la rédaction. Le capitaine Raabe, partisan, même exagéré, du système Baucher, était naturellement l'ennemi de cette méthode ; il s'était créé une nombreuse clientèle d'admirateurs avec ses tours de force d'équitation et, soit par fanatisme, soit par esprit d'indépendance — le fond de son caractère — il avait écrit, d'une plume acérée, ses principes équestres, qui devaient fatalement représenter une attaque en règle contre les principes du système d'Aure.

En 1845, M. Raabe avait publié son *Manuel équestre*. C'était l'époque des expériences de Baucher, et ce fut, dit-il, « *pour ramener dans la bonne voie ceux qui s'en étaient écartés* ».

En 1847, il publia, sous la forme d'une brochure autographiée, son *Résumé de la nouvelle équitation*, une sorte de réponse aux critiques.

En 1854, il publie : EXAMEN DU COURS D'ÉQUITATION *de M. d'Aure, écuyer en chef de l'École de cavalerie.*

« *Tant que le livre de M. d'Aure n'a été que l'œuvre d'un simple particulier, qu'il était loisible à chacun d'avoir sur un rayon de bibliothèque, respectant le droit des gens, nous avons gardé le silence ; mais ce livre étant devenu un ouvrage classique, qui, dorénavant, sera destiné à faire foi, comme toute œuvre autorisée par le Conseil d'Instruction, nous avons cru de notre conscience d'en relever les nombreuses erreurs.*

« *Nous pensons faire quelque chose d'utile pour la science équestre, pour la cavalerie surtout, en signalant les inqualifiables anomalies d'un ouvrage qui, destiné à combattre la méthode de M. Baucher, va peut-être lui prêter un puissant concours et devenir son plus ferme appui.*

« *Notre travail se divise en trois parties : Dans la première, nous réfutons le système de dressage du jeune cheval, exposé dans le cours d'Équitation de M. Aure. Cette critique, où nous ne faisons en quelque sorte que signaler les erreurs, nous amène naturellement à la deuxième partie de notre livre, partie qui est de beaucoup la plus importante et dans laquelle nous analysons les deux écoles de MM. Baucher et d'Aure.*

« *Dans la troisième partie, enfin, nous traitons de l'Équitation militaire et donnons un moyen d'arriver à l'uniformité.*

« *Sans autre préambule, le texte de M. d'Aure en main, nous entrons en matière.* »

Nous nous contenterons de transcrire les sommaires de M. Raabe.

« PREMIÈRE PARTIE. — *Éducation et dressage du jeune cheval, à l'aide du caveçon. — Réduction et critique. — Travail en cercle, jockey anglais ou homme de bois. — Le ramener et les attaques sont admis. — Pourquoi le cheval refuse les pas de côté. — La chambrière. — Trois personnes pour un cheval. — La cravache. — Le maître d'école. — Deux mors de bride. — Cinquième jambe. — Acculement. — Les piliers. — La martingale. — Durée du dressage. — Récapitulation des instruments nécessaires pour le dressage. — Distinction entre le dresseur et le monteur. — M. d'Aure sait monter, mais ne dresse pas. — MM. les capitaines instructeurs sont chargés du dressage.*

DEUXIÈME PARTIE. — *Analyse des Écoles de MM. d'Aure et Baucher. — Métaphysique. — Deux moyens de dominer le cheval. — La douleur, la force. — Supériorité de l'éperon. — Erreur de M. le vicomte d'Aure, sur les moyens d'action de la nouvelle école. — Centre de gravité. — Ancienne théorie erronée admise par M. d'Aure. — Aplomb. — Distinction entre l'aplomb régulier et l'aplomb irrégulier.*

Théorie des forces. — Forces musculaires. — Force d'inertie. — Forces instinctives. — Forces soumises. — Forces concentrées. — Le cavalier fait usage de plusieurs forces. — Force mouvante. — Force de pression. — Force d'impulsion. — Force accélératrice. — Force régulatrice. — Force résultante. — Impulsion. — Consisterait dans la raideur de l'encolure, selon M. d'Aure. — Détente des jarrets. — Beaux jarrets. — Point d'appui. — Fixe et léger dans l'École de M. Baucher. — Variable et puissant dans l'école de M. d'Aure. — L'aplomb du cheval est faussé. — Peut être comparé à une brouette.

Mécanique animale. — Rôle des forces à la montée, à la descente. — Singulière théorie de M. d'Aure. — Lorsque le cheval est fatigué, son poids l'aiderait à marcher. — Chevaux de diligence. — Supériorité de la force musculaire du cheval sur la force de pesanteur. — Mécanique animale par M. Mignon. — Le cavalier modifie l'équilibre. — Le cheval rétablit la régularité de l'aplomb. — Machine imitant le cheval. — Production du mouvement. — Position extrême donnée au centre de gravité, par M. d'Aure.

Ralentissement et arrêt. — Dangereux principes de M. d'Aure. Principes de la nouvelle école. — Principes variés du cours d'équitation. — Comparaison de l'arrêt de l'homme avec celui du cheval.

Reculer. — Reculer ou acculer le cheval. — Principes variés du cours d'équitation. — Pas en arrière de l'homme. Des assouplissements. — Appréciation des assouplissements par M. de Saint-Ange.

De la masse. — Action déterminée de la masse, par M. de Saint-Ange.

Assouplissement de l'encolure. — Utilité de cet assouplissement. — Con-

tradiction dans les principes de M. d'Aure. — Souplesse de l'encolure : moyen facile à chercher. — Systèmes divers d'enrênement. — Variété de mors. — Le mors dit régulateur. — Éducation des chevaux par M. Magne. — Le ramener de Xénophon. — M. Rousselet. — Du cheval de troupe. — Véritable martyr. — Différence entre le cheval souple et le cheval dit assoupli.

Assouplissement des hanches, des épaules et des reins. — Pirouettes ou demi-tours. — Travail de la croupe. — Assouplissement général. — Chevaux de luxe d'attelage. — Cheval abusant du point d'appui. — Cheval perçant.

Attaques. — Attaques de M. d'Aure. Manière de faire usage des éperons. L'éperon est un châtiment. — Doit rester aux flancs. Critique par un élève de M. d'Auvergne. Attaques de M. Baucher. — L'éperon est un aide. — Emploi raisonné de l'éperon. — Progression. — Recherches sur l'effet physiologique produit par l'éperon. — Point fixe offert par la poitrine. — Diaphragme. — Expériences faites par M. Duchesne (de Boulogne). — Nouveaux éléments de physiologie, par M. le chevalier Richerand. — Deux positions bien distinctes où doivent se faire sentir les éperons. — Cavaliers arabes. — Le chabir. Abd-el-Kader. — Les Arabes sont des barbares en équitation, selon M. le vicomte d'Aure. Lettre de M. d'Aure à M. le général Daumas. M. d'Aure trouve l'équitation arabe très bonne. — L'équitation arabe doit devenir celle de l'École de cavalerie. — Cavalier arabe apprenant la haute école. — Effets divers produits par les éperons. — Cheval qui se défend. — Le secret. — Roueries équestres. — L'éperon empêchant le cheval de tirer la langue, de corner. — Attaques comme moyen d'assouplir le cheval. Ramener. — Récompenses de la main. — Extension et abaissement de l'encolure. — Progression de l'École du cavalier à pied servant à l'éducation du cheval. — Attaques comme moyen de modifier l'instinct du cheval. — Attaques comme moyen de conserver la régularité de l'aplomb. — Vitesse factice. — Ce qui distingue l'homme de cheval de l'écuyer. — Position naturelle de la tête. — Bouche dure. — Le ramener des Arabes. — Mise en main. Marche de l'homme. — Attaques comme moyen de rassembler le cheval. — Effets diagonaux. — Être dans la main et dans les talons, selon M. de Laguerinière. — Phœnix.

Rassembler. — Rassembler de M. d'Aure — Idem en place, au pas, au trot et au galop. — Le cheval s'asseoit. — Flux et reflux de la masse. — Rassembler de M. Baucher. Travail préparatoire du rassembler. — Exécution du rassembler. — Le cheval ne s'asseoit pas. — L'homme à la perche. — Le danseur de corde. — Instabilité de l'équilibre. Régularité de l'aplomb. — Rassembler de M. de Laguerinière. — Le cheval assis.

Conduite. — Conduite d'après les principes de M. d'Aure. Théorie des contre-poids. — Comment les femmes se servent de deux éperons. — Conduite d'après les principes de M. Baucher. — Effets d'ensemble. — Rêne directe. — Rêne contraire. — Mécanisme des aides. — Sentiment de la main. — Déplacement du centre de gravité. — Oppositions simples ou composées. — Main savante.

De la cravache. — Manière de la tenir. Son utilité. — La cravache, baguette magique. — Travail nouveau. Le cheval est mis au piaffer en vingt-cinq leçons.

Du tourner. — Théorie de M. d'Aure. — La cause efficiente et déterminante. — Réfutation. — La masse détermine. — Doubler. — Plusieurs sortes.

Du galop. — Mécanisme de l'allure. — Galop à quatre temps. — Idem à trois temps. — Erreur du dessinateur des planches du cours d'hippologie. — Galop gaillard. Galop à deux temps dit de course. — Position extrême donnée au centre de gravité par M. de Saint-Ange. — Mécanisme de la course. — Gerboise et Coati. — La course ne serait pas une allure particulière, dit M. de Saint-Ange. — Ce n'est pas l'opinion de M. Lecoq. — Saut régulier. — Des courses. — Opinion d'Abd-el-Kader sur le training. — Quant faut-il stimuler le cheval pour le faire courir. — Action raisonnée des aides pour l'allure du galop. — Principes opposés des auteurs. — Départ au galop d'après les cours d'équitation militaire de 1830. — Idem d'après M. d'Aure. — Idem d'après M. Baucher. — Les principes ou actions varient pour provoquer le départ. — La position statique, le placer ne varie pas, MM. de Laguérinière, Rousselet et Baucher. — Finesse de tact. — Chevaux dressés à l'allure du pas. — Ce que c'est que le tact. — MM. Coupé, Gervais, Jardin, d'Aure et Baucher. — La connaissance de l'ordre de lever dans le galop est inutile d'après M. de Saint-Ange. — Équitation ancienne. — Idem perçante. — Idem raisonnée. — Positions données au cheval par ces systèmes divers imitées par l'homme. — Pirouette d'un danseur. — Les appuis du cheval imités par les pieds de l'homme.

Quelques remarques sur la vitesse des allures. — Base de sustentation servant d'unité de mesure. — Longueur d'un pas aux différentes allures. — Relation entre l'étendue du pas de l'homme à celui du cheval. — Vitesse de la course. — Tableau indicatif des vitesses exigées par les règlements. — Prix impérial de 1853. — Cheval vendu quarante-cinq mille francs. — Grand prix impérial de 1853. — Une curieuse lutte de vitesse et de fond entre une jument et une locomotive. — Vitesse des allures dans la cavalerie française. — Idem dans la cavalerie suédoise. — Nouvelles longueurs du pa et du galop justifiés. — Vitesse comparée entre la cavalerie française et la cavalerie suédoise. — Vitesse des allures d'après Girard. — Vitesse de la marche de l'homme. — Marche et course de l'homme comparées à celles du cheval. — Temps employé par l'homme et le cheval pour parcourir la lieue. — Comparaison entre la vitesse et le mécanisme de l'homme et la vitesse et le mécanisme du cheval.

Quelques observations sur l'allure au pas. Mécanisme de l'allure au pas. — Nouvelle théorie, en contradiction avec MM. Goiffon, Vincent et Lecoq. — Mécanisme à l'allure d'après M. Lecoq. — Borelli. — Dugès. — Marche de deux hommes imitant celle du cheval. — Grande question équestre à propos d'une petite différence de mécanisme. — Comment l'on dresse les chevaux à l'allure du pas. — Mécanisme de l'allure du pas d'après M. de Saint-Ange. — Erreur du dessinateur des planches du cours d'hippologie. — Pas détraqué. — Les balancements de l'encolure et les balancements des bras de l'homme. — Chevaux attelés.

Du trot. — Ce qui différencie les trots divers. — Le grand trot. — Traquenard. — Critique d'un élève de M. d'Auvergne. — Petit cheval grand trotteur. — Du trot de manège. — M. Flandrin. — Le Dada de M. d'Aure selon M. Flandrin. — Comparaison énoncée. — Marine à propos d'équitation. — Curieuse théorie des centres de gravité de l'homme et du cheval par M. Flandrin.

Haute École. — Rassembler. — Cheval bien dressé d'après M. Richard. — L'équilibriste. — Effets diagonaux. — Passage. — Piaffer. — Idem en arrière. — Idem lent. — Idem précité. — Décomposition des effets diagonaux. — Travail préparatoire à la Haute École. — Comment l'éperon excite et calme le cheval. — Curieuse manière de tenir le cheval monté au repos. — Bourgelat. — Distinction entre l'écuyer-professeur et l'écuyer. — Moyen de connaître sur quel pied le cheval galope. — Jambette. — Pas et trot espagnol. — Gratter le sol. — Ronds de jambes. — Théorie des effets diagonaux par M. Baucher. — Changement de pied d'après M. d'Aure. — Turban. — Partisan. — Changement de pied du tact au tact. — Idem aux deux temps. — Idem au temps. — Changement de pied d'après M. Baucher. — Idem en l'air. — Chevaux qui changent plus souvent qu'on ne le désire. — Changement de pied d'après M. Guérin. — Cinq foulées sans quitter le sol. — Cheval sautant à cloche-pied. — Changement de pas de l'homme.

Relation entre le pied de l'homme et les quatre pieds du cheval. — La semelle d'un soulier à propos d'équitation — Mécanisme du pied de l'homme servant de méthode d'équitation. — Le pied de l'homme comparé à un pied de cheval. — Opinion de M. Baucher sur le changement de pied, d'après les principes de M. Guérin. — MM. de Saint-Ange et Rousselet. — Courbette. — Galop en arrière. — Pirouettes au galop. — Passade. — Passage balancé. — Le renvers des Allemands. — Les chevaliers de la Table ronde. — Ronds et moulinets du cirque. — Variation de la base de sustentation. — Pas de basque. — Balancé des hanches. — Pirouettes sur trois jambes. — Cheval campé. — Rassembler complet. — Mobilité d'un bipède diagonal. — Action progressive des aides pour le travail de haute école. — Lettre de M. Baucher.

TROISIÈME PARTIE. — *Équitation militaire. — Manière d'arriver à l'uniformité. — Gymnastique. — Premiers principes d'équitation enseignés au cavalier à pied : tels que : A cheval. — Position du cavalier à cheval. — Maniement des rênes de bridon. — Aperçu du mécanisme des aides. — Mouvements préparatoires à la main de la bride. — Assouplissement du poignet gauche. — Position de la main de la bride. — Manière d'accrocher la gourmette. — Mécanisme des aides. — Bride anglaise. — Progression à suivre dans l'instruction du cavalier.*

Des deux systèmes d'équitation M. le chevalier Chatelain. — Les détracteurs de la nouvelle école. — Critique de M. le vicomte d'Aure. — L'Empereur honore et encourage l'équitation. Quelques observations à M. Flandrin. — Petits chevaux se battant contre les ours. — Hygiène. — Ressources alimentaires. — Les planches, les madriers réduits en copeaux et la terre glaise. — Le prétendu maître et le soi-disant adjoint. — Cri d'alarme de M. Flandrin. — La nouvelle école fait aimer le cheval. — Opinion de M. le général de Létang à ce sujet. — Primes. — Carrousels. — Prix d'équitation. Avantages de la nouvelle école. — L'École de cavalerie. — Lettre de M. d'Aure. — Partisan. — Honorable récompense décernée à M. Baucher par S. M. I. Napoléon III. — Le Cours d'équitation de M. d'Aure. — Jugement du Moniteur de l'armée sur le livre de M. d'Aure. — Brochure de M. d'Aure. — Une école militaire doit-elle se créer des professeurs civils. — L'école de M. d'Aure représente-t-elle les principes de l'École de Versailles. — Opinion de M. Aubert à ce sujet. — Le mors extraordinaire invente par M. Casimir Noël, de Meaux. — Rapport à ce sujet par M. de Montigny. — Le mors régulateur perfectionné par cet écuyer à l'aide de la muserolle. — Les chevaux assez bien mis et tout à fait mis. — Méthode d'équitation de M. Casimir Noël, de Meaux, aussi extraordinaire que son mors de bride. — Les systèmes de MM. d'Aure et Baucher en présence. — Hommage à Baucher. — Postface de l'auteur.

Relevons cependant quelques observations de l'auteur. — « *Le jockey anglais ou homme de bois ne présente qu'une force brutale et inintelligente.*

« *Toujours pousser le cheval sur la main, toujours le placer irrégulièrement doit nécessairement provoquer sa sensibilité et abuser de ses forces.*

« *En prescrivant les attaques, M. d'Aure se met complètement en opposition avec les principes prescrits par l'ordonnance de la cavalerie, lesquels considèrent l'éperon, non comme une aide, mais comme un châtiment, dont on ne doit se servir que rarement et à l'instant même où le cheval commet la faute.*

« *Nous venons de voir que les attaques de M. d'Aure, qui sont admises, sont autrement puissantes que celles enseignées par M. Baucher; cependant ces dernières sont condamnées. Combien de temps faudra-t-il associer la longe et la chambrière aux aides.*

« *Le cavalier imbu des principes de Saumur, quand il est jeune, souple, hardi, courageux, s'étonne que sa volonté ne soit pas de suite subie par le cheval; après quelques effets mesurés, viennent de suite les effets de forces, des coups; arrive alors la colère, et, comme le cheval à bon dos, tout est mis sur son compte; quelquefois, pour sauvegarder son amour-propre froissé, le cavalier donne une explication à sa manière; celle de : — Je ne sais pas ce que ce cheval a aujourd'hui, — se reproduit très souvent. La faute en est cependant beaucoup au cavalier; car toutes ses actions étaient-elles régulières pour être couronnées par le succès? Nous ne le pensons pas, et, loin de professer des effets de force comme le Cours d'équitation, voici ce que nous faisons nous-même :*

« *Nous nous assurons si le cheval est à l'aise dans son harnachement, puis, sans brusquerie, une fois en selle, nous partons de ce principe.*

« *Cherchons la souplesse de l'encolure par l'action des jambes, des éperons s'il est possible, agissant sur le diaphragme; puis, la mobilité de la croupe, en employant les éperons plus en arrière, sans nous occuper de la direction de la marche; ceci obtenu, ordonnons, mais pas avant. S'il arrive qu'une nouvelle défense se produise, c'est encore le même principe. Soyons généreux aussitôt que l'obéissance se manifeste le moindrement, et bientôt, en effet, ces chevaux dits méchants nous prouvent au contraire qu'ils sont bien bons de s'être laissé maltraiter.*

« *Rarement le châtiment devient nécessaire, mais comme le secret est très simple, rarement aussi l'on y croit; cela tient, sans doute, à ce que ces principes ne se trouvent pas dans le Cours d'équitation de M. d'Aure.* »

Le capitaine Raabe commandait alors un escadron du 6e dragons, qui partit bientôt pour la guerre de Crimée. Ce départ éteignit, pour le moment, cette polémique équestre renouvelée des luttes de M. Baucher. M. Raabe continua là-bas ses prodiges, et il trouva un brillant champion dans l'armée anglaise, le capitaine Nolan, qui fit plus d'un assaut équestre avec lui. Mais les échos de cette remarquable rivalité n'arrivèrent que bien affaiblis jusqu'en France, dominés par le bruit des batailles et par bien d'autres nouvelles plus absorbantes. Aussi les traits auxquels nous faisons allusion ne sont-ils connus que du plus petit nombre, et, pour la plupart, le capitaine Raabe fut oublié.

Cependant, nous ne voudrions pas laisser supposer que les talents équestres fussent les seuls mérites de cet officier; M. Raabe était, au contraire, un capitaine commandant remarquable, ayant un grand ascendant sur ses hommes et de grandes qualités militaires; mais à coup sûr, ses talents équestres, mieux que tout autre don, le mettaient hors de pair.

Revenu en France, le capitaine Raabe reprit sa lutte de système au point où il l'avait laissée, et, par la particularité de sa méthode et son refus de concessions, il se fit le nom que tout le monde connaît.

M. Raabe a particulièrement préconisé le dressage à la cravache : — « *La cravache est d'un grand secours pour activer le rassembler complet ;* « *entre les mains d'un homme doué de tact et de patience, elle devient* « *une baguette magique. Ce travail forme l'homme de cheval, donne le tact* « *et met en évidence le rassembler naturel, pris par le cheval de lui-même,* « *lequel est vraiment gracieux. L'écuyer arrive à pouvoir abandonner le* « *cheval sous le seul poids des rênes, et l'animal, de lui-même, très gracieu-* « *sement, se met à piaffer en cadence, sans colère ni impatience, il semble se* « *plaire à faire le beau. Avec le temps, on arrive encore à le mettre au galop* « *sur place sans employer pour cela la moindre force. — Le cheval ainsi* « *dressé ne présente plus de résistance lorsqu'il est monté, il comprend et obéit* « *à toutes les actions des aides.* »

École de Cavalerie

Le Haras

XV

Ferrure à chaud. — Nouveau pantalon de cheval. — Fers pour l'armée d'Orient. — Machine à fabriquer des fers du brigadier Potelet. — Agrandissement de l'arçonnerie. — L'ouvrage du général Daumas. — Visite d'un capitaine norvégien. — Mme Isabelle. — Courses et carrousel. — Inspection du général de Bourjolly. — Remonte du manège. — Victoire de l'Alma. — Nouvelle théorie du sabre et de la lance. — Vétérinaires stagiaires. — Position des vétérinaires. — Mme Isabelle à Saumur; sa méthode : le surfaix cavalier; les leçons; manière d'apprendre au cheval à lever les jambes; pas d'équilibre décomposé en avant et en arrière; leçons d'éperon; pirouette sur les hanches; pour grandir le cheval; principes d'équitation. — Remonte de l'Ecole. — Interdiction des chasses à courre de l'École. — Nouveau modèle de sabre pour la cavalerie. — Selle et bride 1854, nouvelle chabraque. — Jarrier; fer désencasteleur. — Duluc; fer étroit. — Mavor; fer étroit. — Etat-major et officiers élèves en 1854. — Menaces d'une inondation. — Nouvelles expériences de dressage de Mme Isabelle. — Visite d'un aide-de-camp du roi de Portugal. — Résultats des expériences de Mme Isabelle. — Construction d'une nouvelle écurie. — Mille arçons pour la Suède. — Le dressage de M. de Montigny. — Visite du roi de Portugal. — Le capitaine Guérin, écuyer en chef. — Courses et carrousel. — Inspection du général de Bourjolly. — Visite d'un général espagnol. — L'arçonnerie fabrique des selles du nouveau modèle. — Remonte du manège. — Lancosme-Brèves. Guide de l'ami du cheval : histoire, science et pratique de l'équitation. — Baron de Curnieu : Leçons de science hippique générale. — Etat-major, officiers-élèves et vétérinaires stagiaires de l'École en 1855.

La substitution de la ferrure à chaud à la ferrure à froid fut prescrite par une circulaire ministérielle du 22 mars 1854, dont voici les termes :

« Général, une instruction du 30 juillet 1845 a prescrit l'adoption, pour tous les corps de troupes à cheval, de la ferrure à froid; mais l'expérience ayant démontré que la ferrure à froid manque de solidité, par suite de l'extrême difficulté d'obtenir l'exacte et complète juxtaposition du fer et du pied; que cet inconvénient existe surtout pour les chevaux de taille, dont les pieds plus volumineux exigent des fers plus lourds, ainsi que pour ceux qui doivent exercer, par la nature du travail auquel ils sont assujettis dans les terrains difficiles, une force de traction destructive de la ferrure; que néanmoins il n'est pas douteux que la ferrure à froid ne puisse s'appliquer avec succès aux chevaux légers, dont les pieds sont petits et la corne résistante, tels que ceux des pays méridionaux; d'où il suit que la pratique de la ferrure à froid est très avantageuse à la cavalerie légère, surtout en campagne, j'ai décidé, conformément à l'avis des comités de la cavalerie et de l'artillerie réunis :

« Que la ferrure à froid ne serait plus la seule appliquée dans les corps de troupes à cheval et que, sans être abandonnée, elle deviendrait l'exception au lieu d'être la règle.

« Que, dans les régiments de cavalerie légère, et même de ligne, un certain nombre de chevaux par escadron, désignés par le vétérinaire en raison de leur provenance et de la conformation de leurs pieds, continueraient à être ferrés à froid.

« Que MM. les inspecteurs généraux auraient à s'assurer, dans la cavalerie légère surtout, que les maréchaux sont exercés à la ferrure à froid avec assez de suite pour les mettre en état de la bien pratiquer en campagne.

« Que, dans la cavalerie de réserve, dans l'artillerie et le train, corps qui sont toujours remontés en chevaux de taille et de force, on reviendrait définitivement à la ferrure à chaud. »

Par suite de l'adoption pour la cavalerie du nouveau modèle de harnachement composé d'une selle en cuir fauve et d'une chabraque échancrée sur la selle, une décision ministérielle du 13 mai prescrivit la substitution du pantalon de cheval basané en drap, avec fausses bottes en cuir, du modèle déterminé pour le régiment des guides, au pantalon de cheval tout basané en cuir dans l'entre-jambe.

Le Ministre de la guerre ayant approuvé les projets d'agrandissement de l'atelier d'arçonnerie, les travaux commencèrent le 29 juin.

Ce fut aussi à cette date que le conseil d'instruction de l'École fut chargé par le Ministre d'examiner l'ouvrage du *général Daumas : Principes généraux du cavalier arabe*, à l'effet de savoir si, dans son opinion, ce livre pourait être utilisé et répandu dans les corps de cavalerie.

Au mois d'août, l'École fut visitée par *M. Stabell*, capitaine de la cavalerie norvégienne.

La fête du 15 août fut célébrée comme l'année précédente.

Le 28 juin, on prit des mesures pour faciliter les travaux de l'atelier de maréchalerie, qui devait fabriquer un nombre considérable de fers pour l'armée d'Orient, ainsi que pour renouveler la réserve habituellement déposée au château.

Ce fut à cette occasion qu'un brigadier maréchal, nommé *Potelet*, présenta le projet d'une machine à fabriquer des fers; mais le temps pressait, et comme il eut fallu d'abord construire la machine et l'expérimenter, le Ministre de la guerre préféra aider à la fourniture de l'École de maréchalerie en passant des marchés dans les villes du Midi, trouvant ainsi un bénéfice dans la réduction des frais de transport.

Le 29 juillet, le comte d'Aure, écuyer en chef de l'École de cavalerie, était convoqué à Paris pour faire partie d'une commission qui se réunit au manège de l'École d'état-major, sous la présidence du général Regnault de Saint-Jean-d'Angély, commandant de la garde. Cette commission, qui eut plusieurs réunions, avait pour but d'apprécier la méthode de dressage des jeunes chevaux, dont une écuyère, *Mme Isabelle*, était l'auteur, et de proposer la rédaction d'un texte « disposé en leçons progressives, de manière à rendre l'application de cette méthode aussi facile que possible dans les corps de troupes à cheval ».

A l'occasion des courses de 1854, l'Empereur envoya deux prix pour les officiers de l'École. Ces prix étaient : un service à thé en porcelaine de Sèvres, fond agathe, décors en or, composé de quinze pièces. Et un vase étrusque également en porcelaine de Sèvres, fond bleu au grand feu, décors en or et platine.

Les courses eurent lieu les 3 et 5 septembre ; le carrousel, le 4.

Les courses militaires donnèrent les résultats suivants :

PREMIER JOUR DE COURSES

Quatrième course. — Un prix (objet d'art) ; course au trot pour les officiers de l'École de cavalerie, sur leurs chevaux, sans condition de temps ni de poids ; distance 2,100 mètres. — Quatre chevaux engagés. — Arrivée première, en 4 minutes, *Panthère*, montée par *M. Varin.* — Arrivé deuxième, *Stuck*, monté par *M. Grandin.*

Cinquième course. — Prix de consolation (Gentlemen riders), 300 francs donnés par la Société des Courses, pour tous chevaux, à l'exception de ceux qui auraient été dans une écurie d'entraînement et de ceux qui auraient gagné sur un hippodrome, dans un steeple-chase ou dans une course de haies ; entrée 25 francs, qui appartiennent au deuxième arrivant ; distance 2,000 mètres, sans condition de poids ni de temps. — Quatre chevaux engagés. — Arrivé premier, *Birdcatcher*, à M. de Charnacé. — Arrivé deuxième, *Le Pô*, monté par *M. Jaubert.*

Sixième course. — Course de haies (Gentlemen riders), 600 francs offerts par la Société des Courses, pour chevaux de toute provenance, à l'exclusion des chevaux de pur sang ; entrée, 25 francs pour le fonds de courses ; distance, 2,100 mètres, 7 haies à franchir, hauteur 1m,20 ; poids, 75 kilog. ; le deuxième arrivant retire sa mise. — Neuf chevaux engagés. — Arrivée première, *Thérésine*, montée par *M. de Périgaux.* — Arrivée deuxième, *Paquita*, montée par *M. de Labrousse.*

Septième course. — Steeple-chase d'officiers, prix donné par M. le Maréchal ministre de la guerre, course faite sur leurs chevaux, soit d'armes, soit propriété particulière. — Sept chevaux engagés. — Arrivée première, *Anémone*, montée par *M. Deshorties.* — Arrivée deuxième, *Camériste*, montée par *M. Bopp.*

Huitième course. — Deuxième steeple-chase (un vase étrusque donné par l'Empereur). — Huit chevaux engagés. — Arrivée première, *Perfide*, montée par *M. Renaudeau.* — Arrivée deuxième, *Lutteuse*, montée par *M. du Tillet.*

DEUXIÈME JOUR

Deuxième course. — Un objet d'art ; course au trot pour tous chevaux, soit d'armes, soit appartenant aux officiers, soit à toute autre personne étrangère à l'École. — 10 francs d'entrée ; moitié pour le fonds de courses, moitié pour le deuxième arrivant. — Poids, 75 kilog. — 4,000 mètres à parcourir. — Tout cheval prenant le galop, qui ne subit pas immédiatement un temps d'arrêt marqué, est mis hors de course. — Cinq chevaux engagés. — Arrivé premier, en 8 minutes 22 secondes, *Protecteur*, monté par *M. Poissonnier.* — Arrivé deuxième, *N...*, monté par *M. O'Diette.*

Quatrième course. — Un objet d'art ; course plate par les officiers de l'École de cavalerie, sur des chevaux nés au haras de Saumur. Poids, 65 kilog., sans condition de temps. — Trois chevaux engagés. — Arrivé premier, en 2 minutes 50 secondes, *Alpha*, monté par *M. Dandel.* — Arrivé deuxième, en 2 minutes 52 secondes, *Triton*, monté par *M. de Novion.*

Sixième course. — Course de haies ; objet d'art donné par l'Empereur ; course par les officiers de l'École ; 7 haies à franchir ; 2,000 mètres à parcourir. — Cinq chevaux engagés. — Arrivé premier, *Catin*, monté par M. *de la Brousse.* — Arrivé deuxième, *Normand*, monté par *M. Dufresse.*

Septième course. — Steeple-chase d'officiers. — Premier prix (objet d'art), donné par S. Exc. M. le Maréchal ministre de la guerre. — Deuxième prix, un nécessaire. — Les officiers, dans cette course, montent des chevaux de carrière. — 3,000 mètres ; 12 obstacles à franchir. — Neuf chevaux engagés. — Arrivé premier, le cheval monté par *M. Lajet* et lui appartenant. — Arrivé deuxième, *Sans-Pareil*, monté par *M. Bascher*.

L'inspection générale de l'École commença le 25 septembre; elle fut passée par *le général Le Pays de Bourjolly*. Le carrousel de fin d'année eut lieu le 28, à quatre heures du soir. Le steeple-chase eut lieu le 29, dans l'après-midi; le lendemain, revue d'honneur.

Le général de Bourjolly appuya la demande de l'École, afin d'obtenir des chevaux anglais et de nouvelles poulinières. Cette demande reçut satisfaction le 28 octobre. Il fut envoyé à l'École vingt-cinq chevaux anglais pour la carrière et six poulinières de même race pour le haras. On envoya également de Tarbes vingt-cinq chevaux entiers pour le manège.

Le dimanche 8 octobre, vingt et un coups de canon, tirés par les artilleurs de l'École, annoncèrent à la ville la victoire de l'Alma. Plus d'un verre se leva ce jour-là en honneur des heureux camarades de Crimée.

Au mois d'octobre, le général de Rochefort institua sous sa présidence une commission d'étude, qu'il chargea de rédiger une *nouvelle théorie sur l'exercice du sabre et de la lance*, dans le but de compléter l'instruction de l'ordonnance de 1829, à ce sujet, qu'il trouvait insuffisante « pour donner au cavalier isolé tous les avantages de son arme ». On voit figurer dans cette commission M. de Montigny, écuyer civil, « comme ayant une connaissance approfondie de l'exercice du sabre ». Le général recommandait le combat simulé comme complément de l'instruction individuelle : « Pour cet exercice, les cavaliers sont armés de sabres en bois ou de lances également en bois et garnies de tampon. Ils sont revêtus d'une cuirasse en bois, d'une cotte articulée, d'un gantelet garni d'un parement articulé et d'un casque avec visière à masque. Ces divers objets sont aussi en bois recouvert de cuir. L'instruction est d'abord donnée à pied ; elle est répétée à cheval. »

C'est au mois d'octobre 1854 qu'il fut décidé que tous les vétérinaires nommés à l'avenir à des emplois d'aide de deuxième classe passeraient par Saumur, pour y faire un stage de six mois à un an, pour se familiariser avec la pratique de la médecine vétérinaire militaire, sous les ordres du vétérinaire, chef du service de l'École, et pour acquérir les principes de l'équitation sous la direction des écuyers.

Il fut arrêté que les aides vétérinaires seraient logés à l'École; qu'ils assisteraient aux revues de santé des chevaux, et notamment à la visite des chevaux présents aux infirmeries ou désignés pour y entrer; qu'ils seraient exercés sous la direction du vétérinaire chef de service ou de l'aide vétéri-

Tableau chronologique

des Fers les plus usités de 1820 à 1852

[illegible] 184 Fer à pince couverte.

185 Fer à une branche couverte pour pied cagneux.

186 Fer à une éponge couverte.

187 Fer à une éponge élargie au marteau.

188 Fer à deux éponges couvertes.

189 Fer demi couvert.

190 Fer très couvert, ajusture en écuelle.

191 Fer très couver ajusture en écue et crampons.

192 Fer à planche couvert.

193 Fer entièrement couvert.

194 Fer à plaque clouée à la face inférieure du fer.

195 Fer à plaque traversée par les clous.

196 Fer à plaque incomplète.

197 Fer à traverse droite rivée à la face supérieure, pour improviser un fer à planche en route.

198 Fer à planche à angle rentrant ou à branche courbée.

199 Fer à planche à cha

200 Fer à la turque.

201 Fer à la turque renversée.

202 Fer postérieur à pince tronquée pour cheval qui forge.

203 Fer antérieur à mamelle rétrécie.

204 Fer postérieur à mamelle tronquée.

205 Fer à éponge nourrie.

206 Fer à la marchande.

207 Fer à la Batière pou long.

208 Fer Pinçard.

209 Fer pour pied rampin.

210 Fer à pinçon large et élevé pour seime en pince.

211 Fer à bec en mamelles.

212 Fer articulé avec vis en pince.

213 Fer à trois pinçons retenant un cercle en acier destiné à entourer le sabot et à pointes pénétrant d'arrière en avant dans la paroi.

214 Fer articulé à six pin ceillets en éponges p passage d'une cour en cuir maintenue pa arêtes des pinçon antérieurs.

215 Fer antérieur à caractère, étampures symétriques.

216 Fer postérieur à caractère, étampures symétriques.

217 Fer à caractère étampures irrégulières.

218 Fer à deux bosses.

219 Fer à crampons ordinaires et grappe en pince (Pays du Nord).

220 Fer à crampons et grappes en mamelles (Franche-Comté).

221 Fer à crampons et clous à la savoyarde rivés en mamelles (Savoie).

222 Fer à étampures ro crampons de différe formes.

223 Fer à un crampon longitudinal.

224 Fer à planche à crampon longitudinal (lame de cuir ou de gutta-percha).

225 Fer articulé avec crampon se fixant par une vis et des pinçons dont deux, de forme particulière embrassent les éponges du fer.

226 Fer antérieur droit de mulet à la provençal.

227 Fer postérieur droit de mulet à la provençale.

228 Fer de mulet à la provençale et à éponges entalonnées.

229 Fer Anglo-Allema

[illegible] 230 Fer Turner, face inférieure.

231 Fer Turner, face supérieure.

232 Fer Turner de derrière avec crampons.

233 Turner. Pied ferré avec semelle.

1834 234 Roland. Fer articulé en branches et ressort.

1837 235 Godwin. Fer à ajusture renversée et enpantouflé.

236 Godwin. Fer artic

[illegible] 237 Defays. Fer à pantoufle expansive.

238 Defays. Fer à pantoufle expansive, face supérieure.

239 Fer en huit morceaux sur une plaque de cuir.

240 Vatel. Fer en huit morceaux.

1844 241 Fer Marocain.

1849 242 Fer à planche et amincissement, de feu (pour sei

243 Fer à plaque à charnière.

244 Fer antérieur à éponges en biseau pour cheval qui forge.

245 Fer à deux éponges tronquées.

246 Fer antérieur à éponges tronquées et tronqué aussi en voûte.

247 Clous à glace et crampons (Fer antérieur droit).

248 Clous à glace et crampons (Fer postérieur gauche).

1850 249 Fer Defays modifié.

250 Fer Defays modifié, ferré avec l'instru agissant.

251 Fer à pantoufle avec talus fait à la lime.

252 Sempastous. Fer en deux morceaux.

253 William Parry. Fer sans clous.

254 William Parry. Pied ferré.

[illegible] 255 Fer du Duché de Nassau (Rey).

256 Fer Autrichien.

257 Fer Russe.

258 Fer Turc.

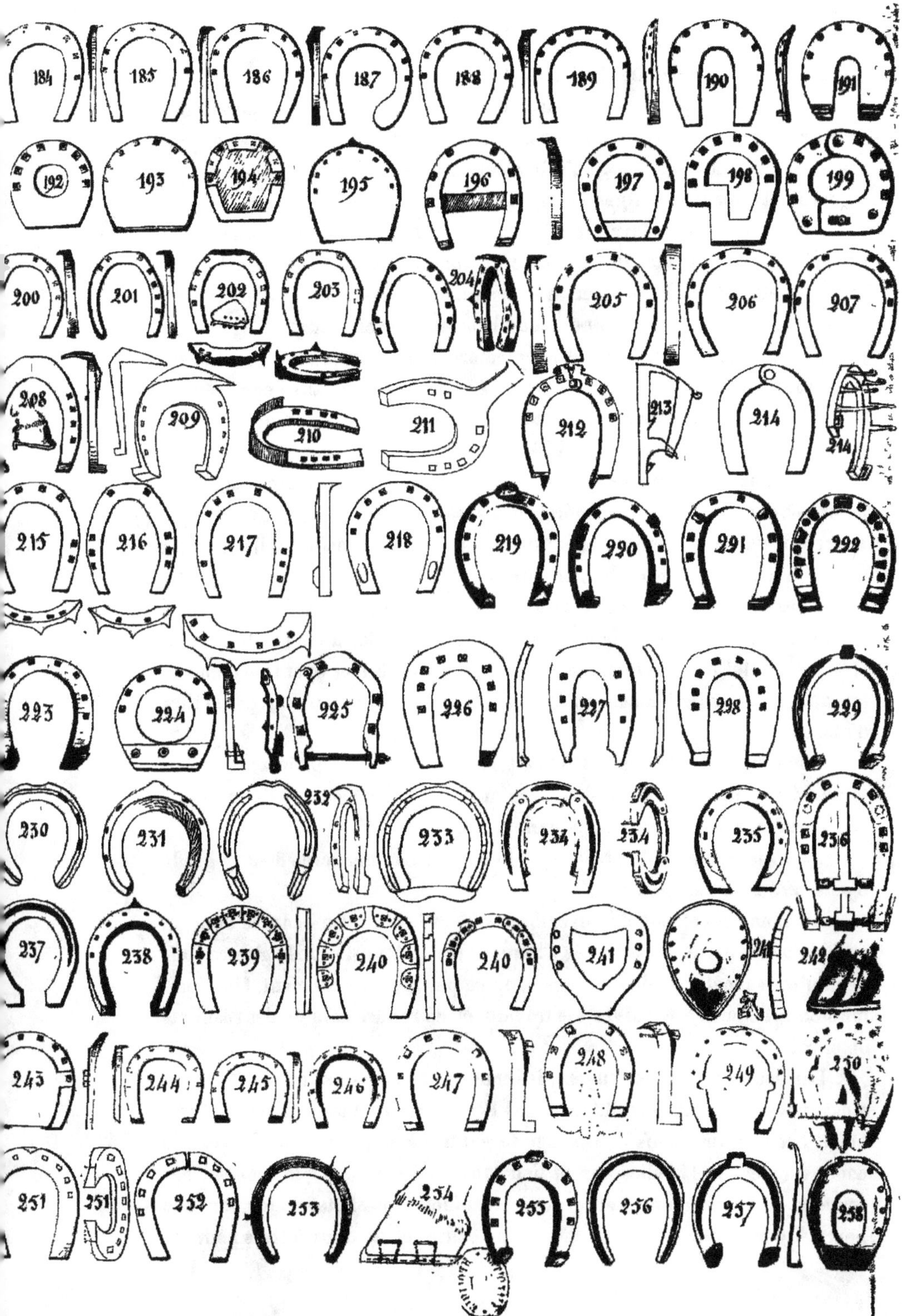
184
185
186
187
188
189
190
191
192
193
194
195
196
197
198
199
200
201
202
203
204
205
206
207
208
209
210
211
212
213
214
214
215
216
217
218
219
220
221
222
223
224
225
226
227
228
229
230
231
232
233
234
234
235
236
237
238
239
240
240
241
241
242
243
244
245
246
247
248
249
250
251
251
252
253
254
255
256
257
258

naire de l'École à formuler le diagnostic des maladies, à indiquer le traitement qu'elles comportent et à pratiquer les pansements et les opérations; qu'ils assisteraient aux manœuvres, évolutions, marches militaires et promenades des chevaux, ainsi qu'à la réception des chevaux de remonte, où ils seraient appelés à rédiger les signalements.

La maréchalerie devait être aussi de leur part l'objet d'une étude spéciale. Ils seraient chargés des cours théoriques faits aux maréchaux ferrants, et ils devaient profiter de l'enseignement que le haras d'étude permettait de donner sur la production de l'élevage des chevaux.

Un note ministérielle du 10 septembre 1853, disposant qu'un certain nombre de médicaments seraient préparés par les vétérinaires eux-mêmes, les aides stagiaires devraient s'exercer à ces diverses manipulations et seraient chargés en outre de tenir à tour de rôle les régistres d'infirmerie.

Six mois après leur arrivée à l'École, les aides vétérinaires stagiaires subiraient un examen du général, qui ferait connaître au Ministre de la guerre si, par leur manière de servir et par la pratique acquise, ils devaient rentrer à leur corps ou prolonger leur stage.

Nous dirons à ce propos que le sort des vétérinaires de l'armée s'était amélioré. En 1852, ils avaient enfin obtenu le bénéfice de la loi du 19 mai 1834, sur l'état des officiers, mais la décision prise à leur égard ne comportait aucune assimilation aux grades militaires et ne leur conférait pas le titre d'officier.

Le décret du 12 juin 1852 avait restitué aux vétérinaires des corps toute la plénitude de leurs droits en matière de médecine; le capitaine n'intervenait plus que comme supérieur militaire.

La décision de 1854, prescrivant le stage à Saumur, crée donc le grade d'*aide vétérinaire stagiaire*.

Au commencement de novembre, Mme Isabelle, cette écuyère dont on avait déjà tant parlé, fut envoyée à Saumur par le Ministre de la guerre pour démontrer sa méthode de dressage adoptée par le gouvernement. Une commission fut chargée de suivre ses travaux et de rendre compte des résultats obtenus.

Les écuyers et sous-écuyers, les maîtres et sous-maîtres de manège, ainsi que les sous-officiers titulaires de l'École, suivirent les cours de Mme Isabelle. Les chevaux neufs du manège furent mis à sa disposition. Les leçons commencèrent le 14, elles eurent lieu tous les jours dans le manège des écuyers, de midi à une heure pour les officiers de l'état-major, de une heure à deux pour les sous-officiers du cadre, et de deux à trois pour les officiers d'instruction, qui eurent à les appliquer sur vingt-cinq chevaux de carrière choisis parmi ceux ayant besoin d'être confirmés.

Le système de Mme Isabelle était basé sur la méthode Baucher et se pratiquait à pied, au moyen d'un surfaix-cavalier à enrênement et d'une cravache dans le pommeau de laquelle il y avait un éperon renfermé dans un étui.

L'enrênement se produisait sur les diagonaux en même temps que le cavalier, à pied toujours, faisait sentir l'éperon du côté opposé à l'enrênement, donc à droite quand le cheval était enrêné à gauche et inversement. On devait obtenir de cette manière le ramener et de la souplesse dans l'avant-main et surtout du geste dans les membres antérieurs. En même temps, avec la mèche de la cravache on frappait la croupe pour engager les membres postérieurs sous la masse et obtenir la mobilité de l'arrière-main.

DRESSAGE PAR LE SURFAIX-CAVALIER *des chevaux de cavalerie, d'attelage et de course en six et douze leçons. — Nouvelle méthode par Mme Marie Isabelle, approuvée et achetée par Son Excellence le Ministre de la guerre, pour être mise en usage dans toutes les écoles de dressage de l'armée. — Adoptée par Sa Majesté l'Empereur Nicolas, pour être mise en usage dans toute la cavalerie de l'armée russe.*

Nous relevons quelques idées émises par Mme Isabelle dans sa préface, et qu'elle donne comme base de son système : *Pour qu'un cheval soit bien placé, parfaitement droit, la tête doit être perpendiculaire; et pour obtenir cette position sans fatigue et sans souffrance pour l'animal, il est nécessaire, avant de le placer, de l'assouplir à la jonction de la tête au cou, à droite et à gauche. Cet assouplissement a pour résultat de diminuer considérablement les glandes salivaires et de faciliter la position de la tête.*

Lorsque les rênes sont fixées séparément l'une de l'autre, elles ont pour effet inévitable de développer énormément les glandes salivaires et de rendre la jonction de la tête au cou si roide, que par la suite il devient presque impossible de placer le cheval à droite ou à gauche. Cette manière de fixer les rênes est diamétralement opposée à ce qu'on doit faire pour arriver au résultat qu'on désire obtenir.

Il y a une chose indispensable pour dresser un cheval, sans laquelle il est impossible de réussir, c'est une grande fixité de main, afin de forcer le cheval à obéir, sans jamais peser à la main et tirer sur les rênes. Si les rênes sont en caoutchouc ou en toute autre matière élastique, l'action produite est tout à fait opposée à celle qui est nécessaire pour dresser un cheval, car, dans ce cas, elles cèdent chaque fois que le cheval tire dessus, et il contracte l'habitude, lorsqu'il est monté, de tirer constamment pour tâcher de les arracher de la main du cavalier....... Alors j'inventai le cavalier de fer; j'avais combiné tous ses effets de manière à produire exactement la main du meilleur écuyer, mais avec une grande supériorité résultant de sa fixité et de ses effets directs sur les glandes salivaires, dont il diminue considérablement la grosseur. De plus, il rend la bouche parfaite, augmente la vitesse des allures du cheval, et lui donne un gracieux, une élégance, qu'on n'a jamais pu obtenir avec les autres méthodes.

Ainsi, selon moi, le surfaix-cavalier a résolu le problème du dressage, car il l'a mis à la portée de tout le monde, avec les immenses avantages de diminuer les dangers pour le cavalier, de dresser le cheval sans lui faire éprouver la plus légère fatigue, et d'augmenter ses moyens d'une manière considérable.

Les *instructions préliminaires* résument à peu près la progression de ce dressage :

Pour suivre une progression aussi rapide, il est indispensable que le cheval ait au moins cinq ans.

Avant de dresser le cheval, on doit le monter en bridon et en couverture. deux heures par jour pendant quinze jours.

On le promènera dans les rues et sur les grandes routes, et on aura soin de le caresser chaque fois que quelque chose paraîtra l'inquiéter.

Si c'est un cheval d'une nature craintive, on le tiendra à la main, à côté d'un vieux cheval bien doux.

Si le cheval est monté pendant tout le cours du dressage, on doit, pendant les six premières leçons, le monter seulement un quart d'heure avant la fin de chaque leçon, et avec les six dernières, une demi-heure. Le cavalier aura soin d'exiger très peu de chose à la fois, et de cesser immédiatement chaque fois qu'on aura obtenu un bon travail.

Si, au contraire, le cheval a été dressé sans être monté, le cavalier lui fera répéter tout le travail du dressage par le surfaix-cavalier, en suivant la même progression, mais en ayant soin d'exiger beaucoup moins à la fois.

Comme le dressage surexcite toujours un peu le cheval, lorsqu'il est dressé, il est préférable, avant de rien lui demander, de le promener au pas trois heures par jour, en bridon et en couverture, afin de lui donner le temps de se calmer.

Si le cheval n'a que quatre ans et qu'il n'ait pas encore été monté, on lui donnera six leçons par le surfaix-cavalier, avant de le monter en bridon et en couverture.

A la première leçon, on lui mettra la selle, le surfaix-cavalier et la bride, et on fixera les quatre rênes du surfaix-cavalier aux premiers trous.

On fera marcher le cheval au pas d'équilibre décomposé en avant et en arrière pendant une demi-heure, et ensuite au pas, sur une ligne droite pendant vingt minutes.

A la seconde leçon, on fixera les quatre rênes aux troisièmes trous, et on répètera le travail de la première leçon.

A la troisième leçon, on fixera les quatre rênes aux cinquièmes trous ; on fera marcher le cheval au pas d'équilibre décomposé en avant et en arrière, puis au trot sur une ligne droite. Cette leçon doit durer une heure.

Aux quatrième, cinquième et sixième leçons, on répétera le travail de la leçon précédente, en raccourcissant, à chaque leçon, les quatre rênes de deux trous. Chacune de ces leçons ne doit pas durer plus d'une heure.

Pendant le cours de ce travail préparatoire, on montera le cheval à la fin de chaque leçon; ensuite, on le promènera en bridon et en couverture, à la main, à côté d'un vieux cheval, une heure le matin et une heure le soir; si, au bout de huit jours, le cheval est confiant, on le montera; si au contraire il est craintif, on continuera de le promener en main, à côté d'un vieux cheval, jusqu'à ce qu'il n'ait plus peur.

Les six premières leçons doivent être répétées chacune successivement pendant deux jours de suite; ce qui fait en tout trente leçons.

Comme les forces d'un cheval ne sont pas entièrement développées à quatre ans, il faut le dresser sans le fatiguer, que la progression soit beaucoup plus lente que pour les chevaux plus âgés.

Pendant la première moitié du dressage, le cheval sera monté au pas et au trot, pendant un quart d'heure seulement avant la fin de la leçon.

Pendant l'autre moitié, on le montera à toutes les allures pendant une demi-heure, et le cavalier aura bien soin, dans les divers mouvements qu'il lui fera exécuter, de ne jamais exiger de lui que ce qu'il peut faire très facilement; s'il rencontre quelques mouvements dont l'exécution soit difficile, il doit les lui faire répéter au surfaix-cavalier, jusqu'à ce qu'ils lui soient devenus très faciles, avant de les lui demander étant monté.

L'invention du surfaix-cavalier était certainement une chose très bonne en elle-même, et donnant de très bons résultats; mais le tort de Mme Isabelle était d'en vouloir faire une panacée universelle. Est-ce utopie d'inventeur ou charlatanisme, toujours est-il que l'écuyère promettait monts et merveilles de son invention, et la conseillait pour réduire toutes les difficultés. Aussi n'est-ce pas seulement le dressage du cheval de selle qu'elle traite dans son ouvrage; mais le dressage des chevaux d'attelage, le dressage des chevaux de course, le dressage des chevaux qui forgent, le dressage des chevaux qui sont sous eux du devant et le dressage des chevaux qui reculent difficilement. Enfin dans un chapitre intitulé : *Leçons auxquelles on se réfère dans le cours des divers dressages qui précèdent,* Mme Isabelle explique ses procédés. Nous allons les citer en transcrivant quelques-uns :

Manière de seller et de brider le cheval et de placer le surfaix-cavalier. — Précautions à prendre et moyens à employer avec les jeunes chevaux, qui n'ont jamais été sellés ni bridés. — Manière d'enrêner un cheval au surfaix-cavalier.

— Manière d'apprendre au cheval à lever les jambes. — *On placera la selle et le surfaix-cavalier sur le cheval et on fixera les quatre rênes aux deuxièmes trous. Le cavalier se placera à l'épaule gauche du cheval, il lui prendra la jambe gauche sous le genou, et la lèvera très doucement ; il grandira progressivement le mouvement, puis il lui posera la jambe par terre. Aussitôt que le cheval la donnera de lui-même à l'approche de la main du cavalier, il faudra avoir soin de bien le caresser.*

Ensuite le cavalier prendra la rêne gauche de bride de la main droite, et de l'autre main, il lèvera la jambe gauche du cheval, en faisant en même temps sentir un petit effet de la rêne gauche de bride. A mesure que le cheval répondra à l'effet de la rêne, on diminuera l'effet de la main et on continuera jusqu'à ce qu'il donne la jambe sur l'effet seul de la rêne ; s'il la donne trop mollement ou s'il y met de la mauvaise volonté, on le frappera sur l'avant-bras avec la cravache, jusqu'à ce qu'il obéisse.

Il ne faut pas essayer de faire lever au cheval l'autre jambe, avant qu'il ait parfaitement compris.

Cet exercice est très important pour assouplir les épaules et donner de beaux mouvements à l'avant-main ; on est certain, en employant ce moyen, de réussir avec tous les chevaux, même avec ceux qui ont les épaules droites.

Ce travail doit durer une demi-heure ; lorsqu'il sera terminé, on donnera au cheval une poignée d'avoine pour le récompenser.

— Moyens à employer pour conduire le cheval au manège. — Pas d'équilibre décomposé en avant et en arrière. — « *Le cheval étant placé sur la piste à main gauche, le cavalier tiendra la longe flottante de la main gauche, et la rêne gauche du filet à huit centimètres du menton du cheval ; il tiendra la rêne gauche de bride, de la main droite, à la même distance. Il tirera doucement le cheval en avant par un petit effet de la rêne gauche du filet. Aussitôt que le cheval aura avancé le pied gauche de devant et le pied droit de derrière, le cavalier arrêtera le second pied de devant par un léger effet de la rêne gauche de bride, en faisant précéder l'action de la main par le mot : Holà! La main du filet fera avancer un pied de devant, et le cavalier comptera : un; la main de la bride retiendra le second pied et le fixera au sol, en disant : Holà! et on ne comptera rien; la main du filet fera partir l'autre pied, et on comptera : deux, ce qui marquera un mouvement à deux temps. Le cavalier comptera donc : un, deux, ce qui formera la cadence. Ainsi le cheval ne devra jamais lever un pied sans que la main qui tient la rêne du filet le lui demande. S'il avance un pied de lui-même, il faudra le lui faire reculer immédiatement, jusqu'à ce qu'il attende qu'on le lui demande. On continuera de compter: un, deux, pendant tout le temps que durera la leçon. Il faudra que le cavalier compte assez haut pour fixer l'attention du cheval. Il marchera au pas le plus allongé possible, en règlant le pas de son cheval sur le sien. Il aura soin de ne faire parcourir aux membres diagonaux, que la longueur du terrain indispensable pour que le cheval ne sorte pas de ses aplombs, et il fera bien attention à ce que les deux membres latéraux qui soutiennent le cheval se rapprochent également du centre de gravité.*

A main droite, employer les moyens inverses.

— Pas d'équilibre décomposé en arrière. — Leçon de cravache pour mobiliser l'avant-main et pour habituer le cheval au contact de la cravache sur toutes les parties du corps. — Leçon de chambrière. — Première leçon d'éperon.

— Comme toutes ces leçons se donnaient à pied, la cravache était munie à son pommeau d'un éperon qu'on recouvrait d'habitude avec un étui.

— Seconde leçon d'éperon pour faire partir le cheval sur les effet diagonaux. — Leçon de drapeau. — Leçon de tambour et de pistolet. — Leçon de musique. — Leçon de sabre. — Demi-tour à gauche, demi-tour à droite. — La pirouette sur les épaules.

— Pirouette sur les hanches. — « *On placera le cheval bien droit sur la piste à main gauche; s'il y en a plusieurs, on les placera à quatre mètres de distance les uns des autres. Après avoir fait faire au cheval des demi-tours à droite et des demi-tours à gauche pendant quatre leçons, on le fera marcher au pas pendant deux tours de manège, et on lui fera faire un à gauche; ensuite on le fera avancer dans l'intérieur du manège de manière que la croupe se trouve à quatre mètres de distance du mur.*

« *Le cavalier se placera face à la tête du cheval, il tiendra la longe de la main droite près du nez du cheval, et posera la main gauche à l'épaule droite.*

« *Une personne se placera à gauche du cheval à la hauteur des sangles, elle posera la main droite sur le milieu de la hanche, et la main gauche en avant des sangles.*

« Une seconde personne se placera à droite du cheval à la hauteur des sangles, elle posera la main gauche au milieu de la hanche et la main droite en avant des sangles.

« Avec la longe et par une pression de la main sur l'épaule, le cavalier dirigera le cheval à gauche pas à pas, de manière à décrire un cercle avec l'avant-main.

« Pendant ce travail, la personne placée à gauche du cheval laissera ses mains posées sans faire aucun mouvement, à moins que le cheval ne jette ses hanches de son côté. Dans ce cas, il faudrait le redresser immédiatement par une pression de la main sur la hanche, ou en frappant légèrement, si cela était nécessaire.

« La personne placée à droite devra, à chaque pas du cheval, faire une légère pression avec la main gauche sur la hanche pour contenir les hanches à leur place, de manière à pouvoir obtenir un pivot sur le membre postérieur droit.

« En résumé, il est bien entendu que la personne placée à gauche du cheval doit maintenir les hanches à leur place, et que la personne placée à droite doit les contenir.

— Travail de deux pistes décomposées avec l'aide de la longe et de la main. — *Changement de main de deux pistes avec l'aide de la longe et de la cravache. — Troisième leçon du travail de deux pistes. — Quatrième leçon du travail de deux pistes avec l'aide de l'éperon. — Pour faire partir le cheval au pas et au trot.*

— Pour grandir le cheval. — *« Le cavalier se placera face à la tête du cheval; il tiendra la longe de la main droite à six pouces du nez; il marchera en arrière en faisant le pas aussi long que possible; il fera marcher le cheval au pas et lui relèvera la tête de temps en temps par une petite saccade donnée avec le caveçon de bas en haut; et chaque fois qu'il aura obéi, on aura bien soin de le caresser.*

« Aussitôt qu'il relevera la tête et l'encolure sur un effet imperceptible du caveçon, le cavalier se placera à l'épaule gauche; il tiendra de la main gauche la longe flottante et la rêne gauche du filet à dix centimètres de la bouche, de la droite les rênes de bride croisées, légèrement tendues, et la cravache à l'épaule, à la hauteur du cercle en cuivre, la pointe en bas.

« Chaque fois que le cheval baissera la tête, le cavalier la lui fera relever instantanément par une légère saccade de la rêne gauche du filet

donnée de bas en haut et un petit coup de cravache donné simultanément à l'épaule.

— Pour faire reculer. — Pour faire connaître au cheval l'effet des rênes pour le départ au galop. — Pour rassembler le cheval. — Pour faire sauter le cheval. — Pour faire sauter le cheval étant monté. — Leçon progressive de montoir pour les chevaux neufs.

— Leçon d'équitation. — Nous ne nous arrêterons pas aux leçons d'équitation de Mme Isabelle ; nous relèverons cependant une de ses idées pour en montrer le raisonnement spécieux :

« *L'abus du bridon ruine le cheval et perd la main du cavalier. Cet abus est une des causes du petit nombre de bons cavaliers et de bons chevaux qu'on possède en général dans les armées. Dans toutes les écoles de cavalerie où je fus appelée, j'ai été à même de m'en convaincre, j'y ai vu souvent de beaux et bons chevaux ruinés complètement dans l'espace de deux mois.*

« *Tout cela provient d'une lacune dans l'instruction, car l'emploi du bridon n'a jamais été défini. On s'en sert et voilà tout : chacun fait par imitation ce qu'il a vu faire, sans se rendre nullement compte du pourquoi. En faisant remarquer à des instructeurs de mérite les funestes résultats de l'abus du bridon, ils les reconnaissent eux-mêmes en disant que cela était fâcheux, mais que malheureusement il n'y avait aucun moyen pour l'éviter.....*

« *Je crois nécessaire d'expliquer ce que j'entends par l'abus du bridon : c'est une espèce de dressage préparatoire généralement en usage dans les Écoles de cavalerie et dans les régiments. Ce travail consiste à faire exécuter par des effets de force, à de jeunes chevaux non équilibrés, tous les mouvements de l'ordonnance de cavalerie. Dans ce travail, le cavalier fait emploi d'une force considérable des jambes et de la main, qui produit constamment le flux du poids de l'arrière-main et le reflux de l'avant-main. Chaque fois que le cheval reçoit par les jambes du cavalier l'impulsion de se porter en avant, il se trouve arrêté instantanément dans son élan par l'emploi d'une force égale de la main, qui lui donne une impulsion rétrograde ; l'animal, ne sachant alors que faire, roidit ses extrémités sous lui et se rassemble pour s'élancer de nouveau ; mais la main du cavalier l'arrête, et ce sont les genoux et les jarrets qui reçoivent alternativement un choc qui les brise. Le bridon ayant pour effet de grandir le cheval, il est très dangereux de s'en servir pour lui faire exécuter un travail quelconque avant d'avoir assoupli les jarrets ; s'ils sont assouplis, ils fléchissent naturellement sans la moindre fatigue, tandis que dans le cas contraire ils se brisent.* »

A dater du 8 décembre, les officiers du cadre de l'École furent dispensés

de suivre la méthode de dressage de Mme Isabelle, dont les cours furent répartis ainsi qu'il suit :

De onze heures à midi, les sous-officiers d'artillerie. De midi à une heure et demie, les sous-officiers du cadre. De une heure et demie à trois heures, les officiers d'instruction.

A la fin de décembre, Mme Isabelle recommença une nouvelle épreuve de sa méthode sur des chevaux rétifs ou sur ceux dont l'instruction laissait à désirer.

La plupart des chevaux du manège avaient de l'âge ; il fallut les remplacer. Aussi du mois de septembre 1853 au mois de septembre 1854, le manège reçut quatre-vingt-huit chevaux presque tous normands et tarbes. L'École de dressage en reçut quarante-quatre.

En 1854, la chasse à courre ayant été, sans autorisation, introduite à l'École, comme moyen d'instruction, défense formelle fut faite de se livrer à cet exercice de vénerie, « *qui ne pouvait que détourner des études essentielles et sérieuses, en donnant aux officiers d'instruction le goût d'un plaisir dont ils ne pourraient jouir que par exception, dans le cours de leur carrière militaire.* »

En 1854, les modèles de sabre de la cavalerie furent modifiés. Après plusieurs modifications successives, dont la fréquence montre combien il est difficile de trouver un modèle satisfaisant, on en était arrivé à donner en 1854, aux carabiniers, aux cuirassiers et aux dragons, un sabre droit, à lame de un mètre de longueur pour la cavalerie de réserve et 0m,975 pour les dragons. La cavalerie légère conservait le sabre qu'elle avait reçu en 1822, à lame courbe de 0m,920 de longueur.

La nouvelle selle était maintenant en usage ; elle prit le nom de selle du modèle 1854.

Cette selle avait un arçon du genre de ceux des selles anglaises actuelles du manège, avec ses parties en bois nervées et entoilées, des porte-étrivières en fer et son siège matelassé.

Elle participait de l'arçon hongrois par la disposition de ses bandes, du modèle 1845, et par la configuration de ces mêmes bandes, et de la selle à panneaux, par la possibilité d'isoler une blessure et de déplacer les points de contact selon la nécessité.

Les bandes de la nouvelle selle étant postiches, prenaient le nom de panneaux ; ces panneaux étaient en liège.

Les avantages secondaires de ce harnachement consistaient : 1° dans le siège suffisamment doux, mais indéformable et d'ailleurs uniforme qu'il offrait au cavalier ; 2° dans l'impossibilité de rognoner un cheval par la pression du porte-manteau; 3° dans la manière dont la fixité de la charge était assurée et répartie, ce qui la rapprochait du centre de gravité, évitait les ballottements et dégageait la main de la bride; 4° dans la manière dont le cuir de la selle était préparé; 5° enfin dans la possibilité de se passer de la couverte en garnison pour monter à cheval.

Cette selle avait d'abord six pointures, mais on les réduisit à trois vers 1866. Les lames ont également subi une transformation.

La schabraque fut complètement transformée; au lieu d'une seule pièce en peau de mouton ou plutôt de plusieurs morceaux cousus ensemble, recouvrant tout le paquetage, elle se composa de deux parties en drap, le couvre-fontes recouvrant tout le paquetage de devant, et le tapis de selle, également en drap. L'équipement du cheval était complété par un porte-manteau, une besace à habit et un bissac retombant en arrière de l'assiette du cavalier.

La bride modèle 1853, qui remplaçait celle du modèle 1845, n'avait qu'un montant de chaque côté; le dessus de tête, à deux contre-sanglons, recevait le montant et la sous-gorge, un frontal très large recouvrait celui du licol.

Le licol avec frontal avait aussi un dessus de tête bifurqué, le côté montoir avait deux contresanglons, l'autre côté un seul et une sous-gorge se bouclant à un des contre-sanglons du côté montoir; cette sous-gorge passait dans l'alliance.

Un filet à clavette s'engageait dans les anneaux carrés du licol et formait ainsi bridon d'abreuvoir. Cette bride et ce licol étaient très compliqués, celui-ci trop peu solide.

C'est en 1854 que *M. Jarrier*, maréchal à Blois, inventa son fer désencasteleur.

C'est un fer ordinaire étroit, ajusté à plat et à l'extrémité interne des branches duquel son tirés deux petits pinçons verticaux en oreilles de chat. Pour appliquer ce fer, après avoir creusé une logette à la face interne des arcs-boutants que l'on sépare complètement de la fourchette par quelques coups de boutoir, on écarte de force les talons au moyen du désencasteleur, instrument qui est composé essentiellement de deux griffes articulées en compas, qu'une vis écarte ou rapproche à volonté. Les praticiens ont modifié cet étau, mais le principe subsiste. Les talons écartés et maintenus dans cette position par l'instrument, on attache le fer de manière que les oreillons s'adaptent exactement aux logettes, que l'on a pratiquées à l'intérieur des arcs-boutants; l'écartement des talons obtenu par l'instrument est ainsi maintenu par le fer, et après quelques renouvellements de ferrure, l'infirmité est totalement vaincue; seulement on est obligé de renouveler la ferrure tous les huit ou quinze jours, si l'on ne veut pas que le traitement dure de longs mois.

Les avantages de cette ferrure sont: que tous les maréchaux peuvent confectionner le fer; que l'étau est facile également à fabriquer et peu coûteux; qu'elle donne une dilatation rapide que l'opérateur peut exactement guider.

Les inconvénients sont: que cette ferrure ne peut être employée que pour les pieds à talons hauts et un peu creux; que les pieds se dérobent, car on referre souvent; que ce procédé est peu commode pour les chevaux difficiles; qu'il peut produire des bleimes par la compression et des seimes par la dilatation; enfin qu'il fait quelquefois boiter le cheval au début.

A partir de 1854, ont paru en France et l'étranger différents systèmes de ferrure caractérisés par une étroitesse considérable du fer.

Tous ces fers sont à peu de chose près carrés, avec ou sans pinçons, sans ajustures ni garniture, et à étampures étroites et pyramidales.

Les uns s'appliquent à plat sur le bord inférieur de la paroi; d'autres s'y incrustent d'une faible quantité, ou sont placés dans une rainure pratiquée pour les recevoir.

En 1854, *M. Duluc*, vétérinaire à Bordeaux, a commencé à faire usage des fers étroits et carrés, pour donner plus d'assurance à la marche des chevaux sur le pavé glissant de cette ville. D'après l'inventeur, deux à quatre clous et deux pinçons suffisaient pour fixer solidement son fer sous le pied.

M. Duluc préconisa plus tard un fer étroit, à planche interrompue et à bord interne taillé en biseau, dont le vide central est garni d'une plaque de liège.

Cette ferrure réussit, paraît-il, à empêcher les glissades, et convient surtout aux chevaux à pieds bleimeux et sensibles, qui tiennent mal le pavé. D'après l'inventeur, ce fer aurait encore l'avantage de dilater les talons des pieds resserrés, par suite de l'appui constant qu'il offre à la fourchette.

A la même époque *M. Mavor*, vétérinaire à Londres, a employé un fer patenté, plus épais que large. Il le faisait appliquer à chaud de manière à obtenir une légère incrustation dans la corne.

Ce fer ne portait pas de rainure; les étampures étaient faites pour recevoir des clous anglais, ou à tête allongée de forme pyramidale.

M. Mavor recommandait sa ferrure pour être utilisée sur des terrains glissants, et pour les pieds plats.

1854

ÉTAT-MAJOR DE L'ÉCOLE

De Rochefort	Général de brigade.
Schmidt	Colonel.
Michaux	Lieutenant-colonel.
Darnige	Chef d'escadrons.
Beyer	Major.
Lardeur	Capitaine trésorier.
Casse	Capit. d'habillement.
Cressin	Lt adjoint au trésor.
Jauchène	Lieut. porte-étend.
Majesté	Médecin principal.
Lefèvre	Médecin aide-major.
Hatin	Vétérin. en premier.
Guémard	Aide-vétérinaire.
De Chaumontel	Capit. instructeurs.
Fourier	Capit. instructeurs.
Vacquier	Capit. instructeurs.
Nérin	Capit. instructeurs.
Eicher	Capit. instructeurs.
Guiot	Capit. instructeurs.
Chevals	Capit. instructeurs.
Humbert	Capit. instructeurs.
Archambault	Capit. instructeurs.
De Bonne	Capit. instructeurs.
Guérin	Capitaines écuyers.
Pollard	Capitaines écuyers.
Cartier d'Aure	Capitaines écuyers.
Cogent	Cap., dir. de l'arçonn.
Léaux	Lieut. sous-écuy.
De Novion	S.-lieut. sous-écuy.
Barada (Duthil)	S.-lieut. sous-écuy.

ÉCUYERS CIVILS

D'Aure	Écuyer en chef.
Beucher de Saint-Ange	Écuyer de 1re classe.
De Montigny	Écuyer de 1re classe.

OFFICIER ÉTRANGER

SUIVANT LES COURS DE L'ÉCOLE

Weber	Sous-lieutenant de dragons suisses.

OFFICIERS D'INSTRUCTION

Première Division.

Leaux	Lieut., 2e carabiniers, s.-écuyer à l'École.
Auget-Dufresse	Lieut., 10e dragons.
Donnat	Capit., 1er hussards.
Sémont	Capit., 9e dragons.
Broquère	Lieut., 2e ch. d'Afriq.
Allau	Lieut., 14e artillerie.
Poissonnier	Lieut., 4e chasseurs
Daudel	Lieut., 4e ch. d'Afriq.
De Labrousse	Capit., 9e chasseurs.
Cravin	Capit., 3e cuirassiers.
De Berthois	Capit., 4e hussards.
Chomereau de Saint-André	Capit., 1er cuirassiers
De Ravel	S.-l., cuir. de la garde
Chomel	Capit., 4e dragons.
Wright-Prévost de Saint-Hilaire	Lieut., 3e dragons.
Harmignies	Lieut., 10e chasseurs.
Chaulet d'Outremont	Lieut., 5e artillerie.
Jaubert	Lieut., 14e artillerie.
Labori	Lieut., 9e artillerie.
Le Roy	Lieut., 3e artillerie.
Varin	S.-lieut., 5e cuirass.
De Monerie	Lieut., 6e chasseurs.
Brandeis	Lieut., 12e chasseurs.
Deschard	S.-l., 11e chasseurs.
Siochan de Kersabiec	Capit., 7e lanciers.
Caillard	S.-lieut., 4e lanciers.
De Villeneuve-Bargemont	S.-l., 7e chasseurs.
Doucet	Lieut., 4e artillerie.
Giblat	Lieut., 2e escadron du train des équipages
Bresson	Capit., 5e dragons.
Ruinart	S.-lieut., 3e lanciers.
Thiéry	Lieut., 8e chasseurs.
Dutillet de Villars	Capit., 1er spahis.
Pigeon	Lieut., 2e spahis.
Durande	Lieut., 1er chasseurs.
Loubleaux	Lieut., 12e dragons.
Loget	Lieut., 4e esc. du train des équipages.
De Novion	Lt, 14e artill. non cl.
Dupuy	Lt, 4e artill. non cl.

Deuxième Division.

Villate	Lieut., 3e artill. à pied
Dolisie	Lieut., 7e artill. mont.
Chastang	S.-l., 9e artill. montée
Dupré	S.-l., 9e artill. montée
Ragonneau	Lieut., 10e art. mont.
De Saint-Phalle	Lieut., 16e art. mont.
Meurdra	Lieut., 14e art. à chev.
Dejean	Lieut., 16e art. à chev.
Montonier de Belmont	Lieut., 6e pontonniers
Noirtin	S.-l., 1er esc. du train des équipages.
Morhigné	S.-l., 2e esc. du train des équipages.
Périer	S.-l., 3e esc. du train des équipages.
Margantin	S.-l., 5e esc. du train des équipages.
Michel	S.-l., 5e esc. du train des équipages.
Pagès	S.-lieut., 1er carabin.
Collignon	Capit., 3e cuirassiers.
Pinot	Lieut., 3e cuirassiers.
Assier de Montferrier	S.-l., 3e cuirassiers.
Boulligny	Lieut., 4e cuirassiers.
Grenier	Lieut., 5e cuirassiers.
Dessort	Lieut., 6e cuirassiers
Fourier	S.-l., 7e cuirassiers.
Robineau	S.-l., 8e cuirassiers.
Steiner	Lieut., 9e cuirassiers.
Pinard	Lieut., 1er dragons.
Loysel	Lieut., 2e dragons.
Speitel	Lieut., 3e dragons.
Bohin	Lieut., 4e dragons.
Goyon	Lieut., 5e dragons.
Fleuriot de Langle	Lieut., 7e dragons.
Ducos	Lieut., 8e dragons.
Adam	S.-lieut., 10e dragons
Sautelet	Lieut., 12e dragons.
Palanque	Lieut., 3e lanciers.
Malbos	Lieut., 4e lanciers
Quirins	Lieut., 5e lanciers.
Tabernacle	S.-lieut., 6e lanciers.
Berthier	Capit., 6e lanciers.
Thibaut de Ménonville	Lieut., 8e lanciers.
Durget	S.-l., 1er chasseurs.
Fontaine	S.-l., 4e chasseurs.
De Girardin	S.-l., 8e chasseurs.
Martinon	Lieut., 9e chasseurs.
De Saint-Hermine	S.-l., 10e chasseurs.
Colné	Lieut., 12e chasseurs.
Savin-Delarclause	Lieut., 1er hussards.
Eon	Lieut., 3e hussards.
Pissonnét de Bellefonds	S.-lieut., 5e hussards
De Montarby	Lieut., 6e hussards.
Klotz	Lieut., 7e hussards
Quéneau	S.-l., 1er ch. d'Afrique
Rampillon	Lieut., 3e ch. d'Afriq.
Barada (Duthil)	S.-l., 11e chasseurs. (s.-écuyer à l'École).

OFFICIERS ÉLÈVES

Première Division.

Tondon.
Zeude.
Grandin.
Boppe.
Daignan Fornier La Chaux.
Chatelot.
Carron.
Deshorties.
Desroys.
Berneval-Francheville.
Renaudot.
Clerc.
Morel.
Marquier d'Aubonne.
De Vaugiraud (Gabriel).
Bascher.
Effantin.
Dufaud.
Legendre.
Salvage de Clavières.
Martin de Boulancy.
De Viel d'Espeuilles.
Rimoz de Larochette.
De Hainault de Canteloup
Lagrange.
De Barrin.
Fieron.
Richaud.
Goulden.
Moreau-Revel.
Bertrand-Geslin.
Duringe.
Lyonnard de la Girennerie.
Cullet.
Dumont de Benque.
Gatian de Clerambault.
Patizel.
Terré.
Poinçon de la Blanchardière.
Rolland.
Mayou de la Débutrie.
De la Bonninière de Beaumont
Choinet de Saint-James.
Amos.
De Vaugiraud (Maxime).
Le Caron de Troussures.
Hamot.
Vernier.
De Trevelec.
Ballet.
Dufou.
Bourroul.
De Virieu.
Brulin.

Deuxième Division.

Dulac.
Roullet.
Hely d'Oissel.
Minot.
De la Laurencie.
Dauphinot.
Lenfumé de Lignières
Sampayo.
Urtin.
Jouve.
Simard de Pitray.
Desachy.
De Briey.
Lacoste de l'Isle.
Saulnier.
Lot
Le Mintier de Saint-André.
Poupon.
De Sibert-Cornillon.
Gosse de Serlay.
Delauzon.
De Bèze.
Baudet.
Pariset.
Petit de l'Hérault.
Moreton de Chabrillan.
Witz.
Grandin.
Marmod.
Jacquemin.
De Maussion.
De Grammont.
Vallet.
Bonnéville.
De la Fernonays
Baigneux de Courcival
Alliot.
Durand.
Rosier.
Merlet.
Michonet.
De Bancarel.
Letenneur.
De Bonneval.
Renault.
Henckel.
De Castillon Saint-Victor
De Mandat de Grancey.
De Mangeat.
Bonnefons.
Mangin.
De Lesguern.
Dufilhol.
Guillabert (non classé).

Au mois de février 1855, on fut menacé d'une inondation, il fallut s'y préparer. Le 26, la troupe fut consignée au quartier. Les selles furent paquetées dans les chambres, de manière à être prêt à monter à cheval au premier signal. Les escadrons et les divisions devaient se rendre à Doué, Montreuil, Allonnes, Bourgueil, Longué, Beaugé, Beaufort. Le pain devait être pris pour deux jours.

L'instruction des chevaux de l'École de dressage commença le 1er mars; une moitié de ces chevaux fut donnée à Mme Isabelle, pour être soumis à sa méthode. L'essai allait recommencer.

L'écuyère s'était attaquée aussi aux chevaux rétifs, sans plus de succès. Elle sentait la critique grossir autour d'elle, aussi avait-elle usé de ses influences pour faire ajourner la vente de trois chevaux réformés, afin d'en terminer le dressage. C'étaient trois chevaux rétifs, parmi lesquels se trouvait le fameux *Marengo*, la pierre d'achoppement principale de l'écuyère. La nouvelle phase de ses exploits était encore moins probante, malgré le renfort de musique qui était l'accompagnement préconisé par cette dame.

Le 18 avril, un aide-de-camp du roi de Portugal, le *capitaine de Canha Salgado*, vint visiter l'École de cavalerie.

Après avoir parcouru, avec le plus grand intérêt, les escadrons, le haras, l'école de maréchalerie, il assista au travail de manège, exécuté d'abord par les sous-officiers d'artillerie de l'École, ensuite par les officiers d'instruction, puis par les sous-maîtres de manège. Il y eut ensuite une reprise des écuyers, dirigée et commandée par le comte d'Aure. Après les saluts d'usage, commença un travail de haute école qui excita l'admiration même de ceux qui le connaissaient depuis longtemps.

Enfin, pour terminer, on voulut montrer le dressage des chevaux confiés à Mme Isabelle. « Ce fut simplement pitoyable; les égards qu'on doit à une dame, quand même, nous empêchent de répéter le mot dont s'est servi l'officier portugais pour juger une méthode qui offrait de pareils résultats. »

Le 27 avril, le Ministre de la guerre annonçait au général commandant l'École que la mission de Mme Isabelle était terminée, et que les procès-verbaux de la commission chargée de suivre ses travaux, ainsi que toute la correspondance ayant trait aux essais de la méthode, allaient être soumis à l'examen et à l'appréciation du Comité de cavalerie.

Les diverses épreuves de cette méthode pratiquées à Saumur, avaient été couronnées de la plus complète déception. Mme Isabelle s'en défendait hardiment, et ce fut le sujet d'une longue polémique dans les journaux. Elle s'en prenait à une prétendue opposition qui lui aurait été faite et allait jusqu'à citer *Marengo*, le cheval terrible de l'époque, comme un triomphe de soumission. Elle prétendait s'en être fait suivre comme d'un chien; mais le jour où l'on avait voulu le faire monter, personne n'avait voulu se dévouer pour la démonstration.

L'annexion d'une école de dressage à Saumur, rendait encore plus insuffisant le casernement de l'École, et particulièrement les écuries. Le Ministre autorisa, au mois d'avril, la construction d'une écurie pour cent trente-deux chevaux.

Au commencement du mois de mai, les travaux de l'arçonnerie pour le compte de l'État furent suspendus, et l'on se mit à confectionner, pour le gouvernement suédois, cinq cents selles complètes, dites en bois du modèle 1852, cinq cents arçons nus et mille fontes en bois. Pour aider à cette entreprise, on envoya à l'École quarante ouvriers selliers, pris dans les régiments de cavalerie stationnés le plus près de Saumur.

Le 8 juin, le Ministre de la guerre approuvait la publication d'un ouvrage de M. de Montigny ayant pour titre : *Progression du dressage des jeunes chevaux d'armes*. C'est un des nombreux et remarquables ouvrages du célèbre professeur. Celui-là est né à Saumur, nous devions relever son extrait de naissance.

Le 13, *le Roi de Portugal* arriva à Saumur. L'École en grande tenue, à cheval, se réunit à cinq heures du matin pour aller recevoir Sa Majesté au chemin de fer. Les deux pièces de canon, servies par les sous-officiers d'artillerie, furent mises en batterie sur le quai Saint-Nicolas et tirèrent vingt-cinq coups de canon.

Le Roi, escorté par toute l'École, avec un peloton de lanciers en avant-garde, se rendit au salon d'honneur pour recevoir les autorités et la visite de corps.

Les hommes à pied des escadrons, les élèves maréchaux, les arçonniers et les cavaliers de remonte formaient la haie dans la cour d'honneur.

Pendant cette visite, les escadrons se formèrent en bataille sur le Chardonnet, l'artillerie à la gauche, et en sortant du salon d'honneur Sa Majesté passa la revue de l'École.

Le Roi visita ensuite le haras d'étude, puis il se rendit au manège, où se succédèrent plusieurs reprises : 1° les sous-officiers titulaires; 2° les officiers de l'état-major; 3° les sauteurs en liberté; 4° les écuyers; 5° le saut des haies par les deux divisions d'officiers d'instruction, les sous-officiers titulaires et les élèves instructeurs.

Pendant le déjeuner du Roi, la musique joua dans la cour de l'hôtel. Deux vedettes à cheval et deux factionnaires en grande tenue étaient placés devant la porte.

Dans l'après-midi, Sa Majesté vit la maréchalerie, l'arçonnerie, les bâtiments de l'École et les écuries du manège.

A une heure et demie, il y eut carrousel; d'abord carrousel des officiers, puis saut des haies et carrousel de la troupe. A cinq heures et demie, l'École monta de nouveau à cheval en armes, pour reconduire Sa Majesté au chemin de fer; l'artillerie reprit position sur le quai et tira vingt-cinq coups de canon.

Le 4 août, le *capitaine Guérin* fut nommé écuyer en chef en remplacement de M. d'Aure.

Engagé volontaire le 18 novembre 1836 au 1er lanciers, le nouvel écuyer en chef était venu à l'École de cavalerie comme élève instructeur, le 9 novembre de l'année suivante. Il n'avait pas tardé à se signaler par son aptitude à l'équitation, aussi devait-il être tout désigné pour faire un sous-maître de manège. Il passa brigadier le 24 avril 1839, puis successivement fourrier et maréchal des logis. Il fut nommé sous-maître le 23 janvier 1841. Il fut l'objet d'une bienveillance toute particulière de la part de M. Rousselet, qui l'appréciait beaucoup. Quand Baucher vint à Saumur, le jeune sous-maître fut tout à fait séduit par la nouvelle méthode, mais il n'osa pas tout d'abord céder à son penchant, tant par reconnaissance pour son premier maître que par confiance dans les principes qu'il en avait reçus. Il fallut la parole de M. Rousselet pour l'y déterminer; mais quand celui-ci lui eut dit : « Voilà une méthode qui fera son chemin », M. Guérin s'y adonna avec l'ardeur d'un néophyte.

Ce fut une conversion absolue. M. Baucher, qui en fut témoin, s'occupa plus spécialement du jeune converti, dont il fit un des meilleurs de ses élèves.

M. Guérin, nommé sous-lieutenant le 2 mars 1845, retourna au 1er lanciers; mais un an après, le 29 mars 1846, il était rappelé à l'École comme sous-écuyer. En passant lieutenant, 11 avril 1848, il retourna encore à son régiment, et le 6 mai 1850 il revenait comme sous-écuyer à l'École, où il passa capitaine écuyer le 10 juillet 1851. Et en 1855 il prenait la succession du comte d'Aure dans la direction du manège.

Donc M. Guérin était sous-écuyer quand M. le comte d'Aure fut nommé écuyer en chef. C'était une bien mauvaise note d'être bauchériste auprès de M. d'Aure, qui avait prononcé l'anathème du bauchérisme. Néanmoins le grand écuyer n'employa pas les persécutions contre M. Guérin, il se contenta de le plaisanter sur sa religion et fit si bien qu'il arriva à lui inculquer un esprit de concession et de tolérance qu'il n'avait pas eu le courage d'adopter lui-même. Aussi vit-on M. Guérin peu à peu établir la fusion entre les systèmes des deux chefs d'école, au grand bénéfice de ceux qui furent ses élèves.

Devenu écuyer en chef, il s'attacha à cette rénovation et mit un certain orgueil à en donner des preuves éclatantes en se montrant aussi brillant à l'extérieur qu'au manège, et en suivant une chasse à courre par exemple sur un cheval qu'il montait la veille en haute école entre quatre murs. Il professait avec clarté et était certainement un professeur remarquable. Malheureusement les partis étaient trop tranchés à cette époque pour qu'il pût avoir des résultats immédiats dans cette entreprise de fusion. C'était à ses successeurs qu'il était dû d'en obtenir la consécration.

M. Guérin a écrit plusieurs petits livres sur l'équitation — parmi lesquels : *l'École de cavalerie au manège* — développement des quatre leçons à cheval de l'Ordonnance de 1829. Ses œuvres se sentent fatalement des phases que sa méthode éclectique a suivies, et dont nous avons esquissé l'analyse. Nous aurons l'occasion d'y revenir en parlant de sa *Méthode de dressage*, qu'il publia en 1860.

Les courses annuelles de Saumur eurent lieu le dimanche 2 septembre et le mardi 4.

PREMIER JOUR DE COURSES

Quatrième course. — Prix, un objet d'art. — Course au trot pour les officiers de l'École de cavalerie, sur leurs chevaux, sans condition de temps ni de poids. — Neuf chevaux engagés. — Arrivée première, *Desdemona*, montée par *M. Palanque*. — Deuxième, *Pucelle*, montée par *M. Steiner*.

Septième course. — Steeple-chase d'officiers (objet d'art). — Course faite par MM. les officiers, sur leurs chevaux, soit d'armes, soit propriété particulière. — Première division : Première, *Uranie*, montée par *M. Pigouche*; deuxième, *N..*, monté par *M. Rivière*. — Deuxième division : Première, *Lutteuse*, montée par *M. Brault*; deuxième, *Agnès*, montée par *M. Coutures*.

DEUXIÈME JOUR DE COURSES

Deuxième course. — Un objet d'art. — Course au trot pour tous chevaux, soit d'armes, soit appartenant aux officiers, soit à toute autre personne étrangère à l'École. — 10 francs d'entrée, moitié pour le fonds de courses, moitié pour le deuxième arrivant ; poids, 75 kilog.; 4,000 mètres à parcourir. — Tout cheval prenant le galop, qui ne subira pas immédiatement un temps d'arrêt marqué, sera mis hors de course. — Trois chevaux engagés. — Arrivés en même temps, en 7 minutes 48 secondes, *Protecteur* et *Bécassine*, le premier appartenant à l'École, monté par *M. Cador*, le second appartenant à *M. Étienne*, monté par le propriétaire. Ces deux chevaux s'étaient suivis de si près, qu'à l'arrivée les avis se trouvaient partagés ; le jury décida qu'un prix serait donné à l'un et à l'autre.

Quatrième course. — Un objet d'art. — Course plate par les officiers de l'École de cavalerie, sur des chevaux nés au haras de Saumur. — Poids, 65 kilog., sans condition de temps. — Six chevaux engagés. — Premier, *Triton*, monté par *M. de La Servette*. — Deuxième, *Alpha*, monté par *M. de Maillé*.

Cinquième course. — Course de haies, un objet d'art donné par l'Empereur. — Course par les officiers de l'École de cavalerie ; 7 haies à franchir ; 2,000 mètres à parcourir. — Six chevaux engagés. — Première, *Lucile*, montée par *M. de Berthier*. — Deuxième, *Muscadin*, monté par *M. Loysel*.

Sixième course. — Objet d'art, 300 francs. — Steeple-chase d'officiers montant des chevaux de carrière ; 3,000 mètres à parcourir ; 12 obstacles à franchir. — Dix chevaux engagés. — Premier, *Normand*, monté par *M. Ducas*. — Deuxième, *Guibas*, monté par *M. de Boisdenemetz*.

Septième course. — Steeple-chase d'officiers et gentlemen ridders, 500 francs. Pour chevaux âgés de quatre ans au moins, à l'exception des chevaux de pur sang ; 63 kilog. ; cinq ans et au-dessus, 71 kilog. — Tout cheval ayant gagné un ou plusieurs prix de 600 francs, entrées comprises, portant 3 kilog. de surcharge ; un ou plusieurs prix de 1,000 francs, entrées comprises, 5 kilog. ; un prix supérieur à 1,000 francs, 10 kilog. ; 50 francs d'entrées ajoutés au prix ; le deuxième arrivant retirant sa mise (sans condition de temps). — Quatre chevaux engagés. — Premier, *Va-nu-pieds*, à *M. Émile Ferrand*, monté par lui. — Deuxième, *Perfide*, à M. Polard, montée par *M. Palanque*.

L'inspection générale commença le 8 septembre ; elle fut passée par le général *Le Pays de Bourjolly*. Le carrousel de fin d'année eut lieu le 10, à deux heures de l'après-midi. Le 12, la revue d'honneur fut passée à 7 heures du matin.

Au mois de novembre, *le général espagnol don Francisco de Paula Guajardo*, envoyé en France par son gouvernement pour étudier les perfectionnements apportés dans l'arme de la cavalerie, vint visiter l'École en détail.

Le 22 novembre, l'atelier d'arçonnerie reçut l'ordre de se mettre à confectionner trois cent quatre-vingts selles, schabraques, brides, porte-manteaux et bissacs de nouveaux modèles.

Le manège continuait à se remonter ; du mois d'octobre 1854 au mois de septembre 1855, il reçut quatre-vingt-douze chevaux, le plus grand nombre du dépôt de Paris, les autres de Caen et de Tarbes. L'École de dressage recevait dans le même laps de temps cent trente-sept chevaux pour la plupart, jeunes chevaux venant de Caen, ou rétifs, envoyés des régiments.

Le haras s'augmentait d'un étalon syrien, *le Richan*, très beau cheval, mais étalon médiocre, et de sept poulinières.

M. Savary de Lancosme-Brèves a été une personnalité équestre trop marquante, pour que nous laissions passer un de ses ouvrages sans le signaler. En 1855, *le comte de Savary de Lancosme-Brèves* fit paraître son GUIDE

DE L'AMI DU CHEVAL, revue scientifique, historique et pratique. L'auteur, comme l'indique le sous titre de son ouvrage, examinait concurremment la science, l'histoire et la pratique de l'équitation. Quelques mots de sa préface suffiront à définir son but.

« *Nous n'admettons pas comme suffisantes à l'instruction des méthodes, qui n'ont point pour base la science la plus rigoureuse, et nous ajouterons qu'en partant du principe que nous avons posé et soutenu depuis quinze années, à savoir que l'équitation est une science exacte, tous les problèmes doivent être résolus à la satisfaction de l'homme de cheval. Nous croyons qu'un cavalier doué d'un tact ordinaire, quelle que soit sa conformation, pourra dresser ses chevaux s'il veut bien nous lire attentivement. Nous lui apprendrons à disposer des leviers et des puissances du cheval en se rendant maître du système nerveux. Aussi suivrons-nous dans tous ses travaux le précieux animal, que nous étudierons consciencieusement à la guerre, aux courses, à la chasse, au tirage; nous ferons l'application de notre théorie sur les chevaux qui retiennent leurs forces et sur ceux qui les livrent avec trop de véhémence.* »

Cet ouvrage de M. de Lancosme-Brèves est une œuvre très remarquable d'esprit d'analyse et de méthode, à la fois savante et simple, complète et précise. Il est bien dommage qu'elle n'ait pas été terminée.

Nous ne pouvons malheureusement pas nous y arrêter sans sortir de notre cadre de l'équitation militaire, pas même sous le couvert des influences qu'elle a pu en subir, car c'est une étude générale de l'équitation qui n'a pas eu la consécration qui lui était due. Et puis nous avons déjà longuement analysé la personnalité de son auteur, bien qu'il ne soit pas militaire.

D'ailleurs, M. de Lancosme-Brèves nous fournira encore l'occasion de parler de lui. Pour son « Guide de l'ami du cheval », nous allons nous contenter de citer les entêtes de chapitre, en passant cependant la partie historique pour nous borner à l'enseignement de l'auteur. C'est le moins que nous puissions faire pour un livre qui s'impose comme un des plus intéressants et des plus instructifs parmi tous ceux qui ont été écrits sur l'équitation.

PREMIER VOLUME. — SCIENCE. — *De l'équitation considérée comme science.* — *L'équitation est une science exacte.* — *Action du cavalier sur la pensée du cheval.* — *Travail des nerfs.* — *Considérations générales sur les facultés intellectuelles du cheval.* — *Du travail chez le cheval; de l'intelligence; de l'instinct; de la mémoire; de l'expression, produits des trois facultés intellectuelles: la volonté, la sensibilité, la contractibilité.* — *Introduction à l'étude des organes du cheval.* — *De la peau, organe du tact.* — *De l'oreille, organe de l'audition.* — *De l'œil, organe de la vision.* — *Des narines, organe de l'odorat.* — *De la langue organe du goût. — Des signes qui indiquent les facultés intellectuelles du cheval, de sa manière de s'exprimer, et des différentes causes qui agissent sur le système nerveux. — Résumé. — Résumé pratique d'un organe avec les masses nerveuses ; marche saisissable du travail de l'encéphale et de ses éclaireurs ; commencement d'application. — Exemples divers. Épilogue. — Appareil de nutrition ; de l'influence du cavalier sur la digestion, l'absorption, la secrétion, la respiration, la circulation. — Trait d'union entre les appareils de sensation, de locomotion et de nutrition.*

PRATIQUE. — *Éducation et dressage. — Première partie. De l'éducation, naissance du poulain. — Première année. Soins et précautions, sevrage du poulain, commencement d'éducation. — Deuxième année. Considérations générales. — Instruments de dressage ; continuation d'éducation et de dressage. — Troisième année. Le cheval à l'âge de deux ans accomplis. — Troisième année. Introduction au dressage, allures, attitudes, station. — De la station. — Disposition particulière du squelette. — Base de sustentation, ramener, rassembler. — Allures, le pas, le trot. — Le galop, la galopade, le galop de chasse, le galop de course.*

DEUXIÈME VOLUME. — SCIENCE. — *Considérations générales. — Introduction à l'appareil de locomotion. — Forces. — Centre de gravité. — Leviers. — Organes passifs et actifs de la locomotion. — Première partie, agents passifs. — Agents actifs de la locomotion. Jeu des puissances musculaires. — Rachis. — L'ilio-spinal. — Ses principales fonctions et son importance. — Action du cavalier sur ce muscle et sur ses congénères. — Région cervicale. — Les puissances. — Leur point d'appui. — Les flexions sont des moyens d'instruction et, accessoirement, d'assouplissement. — Des mouvements d'encolure. — Rapport existant entre les puissances du rachis. — Leviers. — Les rênes représentant les muscles. — Nombre et disposition des puissances de l'encolure. — La volonté du cheval est le mobile du mouvement. — Deux sortes de volonté chez le cheval. — Il faut s'en emparer. — Résumé. — Considérations préparatoires à l'instruction du cheval pour arriver à son assouplissement. — Gradation dans le travail. — Influence du cavalier sur l'animal par le travail de l'encolure. — Du rapport entre elles des régions supérieures du rachis. — Du rapport de celles-ci avec les épaules. — Tableau synoptique de quelques puissances communes à plusieurs régions. — Considérations sur le travail des extenseurs mis en présence des fléchisseurs. — Condition du travail des puissances musculaires. — Des moyens de paralyser leur action. — Exemple. — Considération sur le travail des muscles fessiers et des muscles fléchisseurs du corps, et des membres mis en présence des extenseurs. — Muscles fléchisseurs du rachis et muscles abdominaux. — Leur travail. — Du poids et de la force contractive. — Région axilaire. — Régions costale, abdominale, diaphragmatique. — Puissance du cavalier sur ces régions. — Muscles peaussiers. — Revue rétrospective. — Résumé. — Théorie équestre basée sur la connaissance du système nerveux. — Principes fondamentaux. — Conclusion. — Analyse de l'ouvrage de l'équitation et des haras, par M. le baron de Curnieu.*

PRATIQUE. — *Allures défectueuses. — L'amble. — L'aubin. — Le traquenard. — Le pas relevé. — Introduction au dressage. De la marche, centre de gravité. — Défenses du cheval. Coucher. — Reculer. — Cabrer. — Saut. — Ruer. — Des agents nécessaires à la conduite du cheval. — Mâchoire inférieure. — Des dents molaires. — La bouche, les barres. — Les crochets. — Les incisives. — La bride. — Le bridon. — Le paleron. — Considérations pratiques sur la tenue de l'homme à cheval pour arriver à la solidité et à l'aisance. — Réfutation des principes et des moyens nouveaux donnés par Baucher. — Cinq points indispensables à connaître. — Trot en arrière pendant un kilometre, en cinq minutes vingt-cinq secondes.*

En 1855, parut encore un autre ouvrage d'équitation de grand mérite : LEÇONS DE SCIENCE HIPPIQUE GÉNÉRALE, *ou Traité complet de l'art de connaître, de gouverner et d'élever le cheval, par le baron de Curnieu.*

Nous n'entrerons pas dans le détail de ce livre, mais nous citerons les divisions de son étude pour montrer l'influence instructive qu'il put avoir sur l'équitation.

Notions de zoologie. — Coup d'œil sur l'organisation des vertébrés. — Classification des vertébrés. — Des bimanes. — Des quadrumanes. — Des carnassiers. — Des insectivores. — Des carnivores. — Des marsupiaux. — Des rongeurs. — Des édentés. — Des pachydermes. — Des ruminants. — Zoologie du cheval. — Des allures. — Des robes. — Mœurs et habitudes du cheval à l'état sauvage. — La tête. — Des membres. — Des pieds. — Des races. — Tableaux synoptiques. — Des divers animaux employés par l'homme, soit pour porter, soit pour traîner des fardeaux. — Genre cheval. — Équitation du Nord. — Équitation orientale. — École italienne. — École espagnole. — École allemande. — École anglaise. — École française. — Aperçu historique. — Du choix des chevaux. — Choix d'un cheval de guerre. — Chasses à courre. — Des steeple-chase. — Allemagne. — Courses au trot. — Du cheval employé au tirage. — Des voitures en général. — De l'attelage. — Traité de la manière de mener les voitures. — Des voitures, sous le rapport de la commodité de celui qui les mène. — Attelages de plusieurs chevaux. — Accessoires dont on se sert généralement pour les attelages. — De ce qu'on appelle pièces de sûreté. — Pièce de sûreté contre les chevaux vicieux. — Plate-longe au mors et daugas. — Performances. — Vitesse. — Performances d'équitation. — Course et marche forcées. — Performances de voiture. — Un mot oublié sur les voitures. — Énumération de certaines causes auxquelles ont doit attribuer tout ce que l'on voit de peu satisfaisant dans l'emploi du cheval en France.

1855

ÉTAT-MAJOR DE L'ÉCOLE

DE ROCHEFORT	Général de brigade.	GUIOT		
SCHMIDT	Colonel.	CHEVALS		
MICHAUX	Lieutenant-colonel.	HUMBERT	Capit. instructeurs.	
DARNIGE	Chef d'escadrons.	ARCHAMBAULT		
BEYER	Major.	KABIS		
LARBEUR	Capitaine-trésorier.	BOULLIGNY		
CASSE	Capit. d'habillement.	GUÉRIN	Capit. écuyer en chef.	
CRESSIN	Lieut. adj. au trésor.	POLLARD		
DARIOT	S.-lieut. porte-étend.	DE BONNE	Capitaines écuyers.	
MAJESTÉ	Médecin principal.	LÉAUX		
HATIN	Vét. en 1er, pr. de mrie	COGENT	Cap. dir. de l'arçonn.	
VALLON	Vét. en 1er, dir. du h.	JAUCHÈNE	Lieut.	
PATAA	Aide-vétérinaire.	BARADA (DUTHIL)	Lieut.	
DE CHAUMONTEL		DE NOVION	Lieut.	s.-écuyers.
VACQUIER	Capit. instructeurs.	CADOR	S.-lieut.	
NÉRIN		PIÉTU	S.-lieut.	
EICHER				

OFFICIERS ÉTRANGERS

SUIVANT LES COURS DE L'ÉCOLE

SPARRE		D'AKERHIELM	Officiers Suédois.
SYLVAN	Officiers Suédois.	SYLVAN	
D'ESSEN		HABOR	Officier Norvégien.

OFFICIERS D'INSTRUCTION

Première Division.

DESSORT	Lieut., 6e cuirass.
THIBAUT DE MÉNONVILLE	Lieut., 8e lanciers.
PINOT	Capit., 3e cuirassiers
MALBOS	Lieut., 4e lanciers.
DUCOS	Lieut., 8e dragons.
EON	Lieut., 3e hussards.
BARADA (DUTHIL)	Lieut., 11e chass., s.-écuyer à l'Ecole.
COLNÉ	Lieut., 12e chasseurs.
GRENIER	Capit., 5e cuirassiers
LOYSEL	Lieut., 2e dragons.
PALANQUE	Cap., 4e ch. d'Afrique
VILLATE	Capit., 4e artillerie.
SAVIN DE LARCLAUSE	Capit., 1er hussards.
ROBIN	Capit., 4e dragons.
TABERNACLE	S.-lieut., 6e lanciers.
FLEURIOT DE LANGLE	Lieut., 7e dragons.
PINARD	Capit., 1er dragons.
DE MONTARBY	Lieut., 6e hussards.
DE SAINT-PHALLE	Lieut., 4e artillerie.
ROBINEAU	S.-lieut., 8e cuirass.
MEURDRA	Lieut., 3e artillerie.
FOURIER	Lieut., 7e cuirassiers.
SPEITEL	Lieut., 3e dragons.
CHASTANG	Lieut., 5e artillerie.
MARTINON	Lieut., 9e chasseurs.
DUPRÉ	Lieut., 9e artillerie.
PISSONNET DE BELLEFONDS	Lieut., 5e hussards.
DOLISIE	Lieut., 7e artillerie.
DE SAINT-HERMINE	S.-lieut., 10e chass.
FONTAINE	S.-lieut., 4e chass.
SAUTELET	Lieut., 12e dragons.
DURGET	S.-lieut., 1er chass.
KLOTZ	Lieut., 7e hussards.
RAGONNEAU	Lieut., 10e artillerie.
QUIRINS	Lieut., 5e lanciers.
DE GIRARDIN	Lieut., 2e ch. d'Afriq.
QUERREAU	S.-l., 1er ch. d'Afriq.
RAMPILLON	Cap., 3e ch. d'Afriq.
GOVON	Capit., 5e dragons.
PAGÈS	Lieut., 1er carabin.
BERTHIER	Capit., 6e lanciers.
COLLIGNON	Cap., 3e cuir. } non cl.
STEINER	Cap., 9e cuir. } non cl.
ASSIER DE MONTFERRIER	S.-l., 11e ch. } non cl.
DEJEAN	Lt, 13e artill. } non cl.

Deuxième Division.

LE BOURG	Lt, 6e artill.-pontonn.
ALLARD	Lieut., 7e artill. mont.
LEBAS	Lieut., 7e artill. mont.
LAIVRET	S.-l., 9e artill. mont.
PRUPION	Lieut., 15e artill. à ch.
VIDAL	Lieut., 2e carabiniers
MATTER	S.-lieut., 3e cuirass.
SAVALLE	Lieut., 4e cuirassiers.
DROUET	S.-lieut., 5e cuirass.
PINOT	S.-lieut., 6e cuirass.
DOMBRAT	Lieut., 7e cuirassiers.
TARNIER	Lieut., 10e cuirassiers
DE BOISDEMETS	Lieut., 1er dragons.
BONAFOUS	S.-lieut., 2e dragons.
PEYRON	Lieut., 3e dragons.
MOLVAUT	S.-lieut., 5e dragons.
DUCOS	Lieut., 8e dragons.
CLICQUOT	Lieut., 9e dragons.
DE SAINT-LÉGIER DE LA SAUZAYE	Lieut., 11e dragons.
DE PELACOT	S.-lieut., 12e dragons
LABORDE	Lieut., 2e lanciers.
MARTIN	S.-lieut., 3e lanciers.
PESCHART DE MAIZEY	Lieut., 4e lanciers.
DESCHAMPS	S.-lieut., 7e lanciers.
DANIEL-LAGANERIE	Lieut., 8e lanciers.
ANDRIEU	Lieut., 1er chasseurs
AUBRY	Lieut., 2e chasseurs
LOUVEL	Lieut., 4e chasseurs.
EYMERY	Lieut., 5e chasseurs.
DUTERTRE	Lieut., 6e chasseurs.
VIÉNOT	Lieut., 7e chasseurs.
BEQUET	Lieut., 8e chasseurs.
LONGUEFOSSE	Lieut., 9e chasseurs.
FORFILLIER	S.-lieut., 10e chass.
CHARVET	S.-lieut., 11e chass.
DE CUGNON D'ALINCOURT	Lieut., 12e chasseurs
DE COMA	Lieut., 3e hussards.
BUÉ	Lieut., 5e hussards.
LEMYRE DE VILERS	Lieut., 6e hussards.
PEILLARD	Lieut., 9e hussards.
DE PARSEVAL	Lieut., 2e ch. d'Afriq.
SÈVE	S.-lieut., 2e spahis.
DE VALORI	S.-l. 8e ch. } permut.
RITTER	Lt, 4e ch. } permut.

VÉTÉRINAIRES STAGIAIRES

BEYHAMER.
DRECQ.
LIAUTARD.
GARRIC.
BLANC.
DARDENNE.
DURAND.
BIZOT.
LAPOUSSÉE.
DECRET
FLAMENS.
LABEDAN.

XVI

Mille selles pour la Suède. — Représentations données au théâtre par l'École. — Le carnaval à Saumur. — Visite du premier aide-de-camp de l'ambassadeur de Suède. — Restrictions pour les courses. — Naissance du Prince Impérial. — Inspection du général Reibell. — Visite de deux personnages anglais. — Visite d'un commandant, d'un capitaine danois, et d'un officier d'ordonnance du Prince Royal de Suède. — Inondation en 1856. — Baptême du Prince Impérial. — Visite d'un officier saxon et d'un officier américain. — Cavaliers de remonte. — Insurrection de Brion. — Visite du Ministre de la guerre du Brésil. — Mille arçons hongrois. — Visite du maréchal Pélissier. — Courses et carrousel. — Inspections du général Descarrières et du général Grand. — Visite de deux capitaines russes. — L'armement des officiers. — Nouveaux arçons pour les chevaux de la garde. — La nouvelle selle d'artillerie. — Expériences du désencasteleur Jarrier. — La remonte de l'École en 1856. — Gerhardt : dressage à la cravache. — Le pari de M. de Lancosme-Brèves : un kilomètre au trot en arrière. — Fourès : fer à étais. — État-major, officiers élèves et vétérinaires stagiaires de l'École en 1856. — Commission de bienfaisance organisée à l'École. — Suppression de l'abonnement de la ferrure. — Comptable de l'arçonnerie. — Visites de deux capitaines hanovriens et d'un colonel danois. — Visite du ministre de la marine du Bey de Tunis. — Visite du grand duc Constantin et d'un colonel russe. — Essai d'un traitement pour les seimes. — Visite d'un général et d'un capitaine portugais. — Courses et carrousel. — Un sauteur remarquable. — Expériences de téléphonie. — Essai de la méthode de dressage de M. Holzing, officier badois. — Essais de la méthode de M. Thomann pour réduire les chevaux rétifs. — Essai d'un nouveau mode de pansage. — Nouvel essai dans l'armée du désencasteleur Jarrier, avec modèles de pieds fournis par l'école de maréchalerie. — État-major, officiers et vétérinaires élèves de l'École en 1857. — Nouveaux essais de M. Thomann ; sa méthode. — Adresse à l'Empereur. — La portion centrale de la compagnie de remonte à Saumur. — Essai du désencasteleur Jarrier à Saumur. — Mesures contre les exagérations équestres. — Les chevaux donnés aux vétérinaires stagiaires. — Visite du maréchal Baraguay d'Hiliers. — Essai d'un harnachement danois. — Essai d'un autre harnachement. — La fête du 15 août et l'inauguration du portrait de l'Empereur. — Courses et carrousel. — Inspection du général Grand. — Nouvelle interdiction d'entraîner les chevaux. — Visite d'un major norvégien et d'un général russe. — Un capitaine de l'École se noie par accident. — État-major, officiers et vétérinaires élèves de l'École en 1858.

Le 1er février 1856, l'atelier d'arçonnerie entreprit de nouveaux travaux pour le gouvernement suédois ; il s'agissait de livrer mille selles du système Cogent. Cette commande était un éloge de plus à l'arçonnerie de Saumur.

Dans les premiers mois de l'année, plusieurs représentations théâtrales furent données au profit des pauvres par les officiers et sous-officiers de l'École ; ce furent le motif de véritables ovations pour les acteurs, dont quelques-uns aussi s'étaient faits auteurs pour la circonstance ; les pauvres n'eurent qu'à s'en louer.

Le 3 février il y eut, pour fêter le carnaval, un magnifique bal travesti chez le général de Rochefort et, le 5, une superbe cavalcade dont l'École fit encore les frais.

M. le *comte de Piper*, premier aide-de-camp de l'ambassadeur de Suède, arriva à Saumur. Il était chargé par son gouvernement de commander à l'arçonnerie les selles dont nous avons parlé. Il visita l'École dans ses plus petits détails. Il assista à une reprise dans le manège, et à une grande revue passée en son honneur.

On sait quelle importance et quel attrait donnait aux courses de Saumur la participation de l'École de cavalerie. On peut en juger par ce qui se passe aujourd'hui. Aussi l'on comprendra la sensation que fit une décision ministérielle du 7 mars interdisant d'une manière absolue de faire concourir les officiers et sous-officiers de l'École aux steeple-chase et aux courses plates. Le général commandant l'École s'efforça de démontrer l'utilité de ces exercices comme complément de l'instruction équestre et obtint, à grand peine, « l'autorisation pour les officiers et sous-officiers de se livrer à l'occasion des courses aux exercices du saut des haies et des barrières, sans entraînement préalable, bien entendu ».

Le 16 mars, une salve de 101 coups de canon, tirée sur le quai Saint-Nicolas par les pièces de l'École, annonça la naissance du Prince impérial. Ce fut un jour de fête qui se termina par des illuminations en ville et aux bâtiments de l'École.

Le dimanche suivant, 23 mars, un *Te Deum* fut chanté à une heure et demie à l'église Saint-Pierre. Il y eut d'abord une revue générale sur le quai de Limoges. Après la revue, le corps d'officiers, réuni aux autorités civiles et militaires, se rendit à l'église métropolitaine. Un escadron de service assista à la cérémonie avec la gendarmerie et la garnison d'infanterie.

Le *général Reibell* arriva à Saumur le 25 mars, pour passer l'inspection générale de la division de brigadiers instructeurs qui devaient quitter l'École, le 1er avril. Son ordre d'inspection fut un éloge pompeux pour tout ce qu'il avait vu.

Le 3 mai, un haut dignitaire anglais, *lord Trealauney*, accompagné du *colonel d'Oullembourg*, vint visiter l'École. Il assista à tous les exercices du manège et de carrière. Le lendemain dimanche, à une heure et demie, eut lieu, en son honneur, un carrousel où, si l'on veut, une reprise de manège, qui fut suivie de manœuvres des escadrons.

Le soir, l'état-major de l'École prit part à un grand dîner donné à l'hôtel Budan, et pendant le repas la musique de l'École se fit entendre.

Peu de jours après, l'École avait encore la visite de deux autres officiers étrangers de distinction. C'étaient M. *Faaborg*, commandant d'état-major dans l'armée du Danemark, et M. *de Leuhussen*, capitaine, officier d'ordonnance du Prince royal de Suède.

Un peu plus tard vint aussi M. *de Schested*, capitaine de cavalerie dans l'armée danoise, chargé par son gouvernement d'étudier l'organisation de l'École.

Vers le milieu de mai, la Loire inspira de sérieuses inquiétudes à Saumur et dans tous les environs : on craignait pour plusieurs levées, principalement pour la levée d'Enceinte, dans les parties où elle s'était rompue en 1843. Dans la nuit du 15 au 16, la circulation fut interrompue à l'embranchement de la route de Candes et de Fontevrault. Tout le reste du mois se passa en alertes.

L'École fut consignée, les officiers durent se tenir prêts à monter à cheval. Les porte-manteaux et les paquetages furent préparés dans les chambres. Le 2 juin, à quatre heures du soir, on fit partir les chevaux de manège, l'école de dressage, l'infirmerie et les chevaux du vert, conduits par les élèves-maréchaux, les cavaliers de remonte et les arçonniers. Les chevaux du haras furent évacués, partie sur Bagneux, partie sur la Croix-Verte.

A sept heures du soir, on fit charger tous les chevaux restants, les hommes couchèrent dans les écuries, la bride au bras. Les officiers, en tenue de route, passèrent la nuit au quartier.

Le 3 juin, la Loire étant arrivée à 6 mètres 30 et les eaux continuant à grandir, les divisions d'officiers et sous-officiers et les escadrons de troupe partirent, à quatre heures du soir, pour les cantonnements désignés.

Les journées des 4 et 5 feront bien tristement époque dans l'histoire de Saumur. Jamais on ne pourra dire tout ce qu'elles ont causé d'effroi et de ruines ; 1843, tout effrayant qu'il fut à cause des ruptures des levées, ne peut être comparé à ces désastreuses journées.

L'inquiétude et l'agitation étaient au comble. — A chaque instant on entendait répéter les nouvelles les plus alarmantes : les digues menaçaient de tous côtés, en amont, en aval de Saumur ; les levées du Thouet n'étaient ni assez solides, ni assez élevées. Tous ces récits, qu'enfantait la frayeur, jetaient la consternation et la mort dans tous les esprits. On avait malheureusement oublié de murer les deux ouvertures qui, des maisons Budan et Mulot, donnaient sur le chemin de halage ; l'eau s'engouffrait par là et venait se briser sur la maison qui fait l'angle de la rue de la Fidélité et de la rue de la Petite-Bilange. Tout le quartier Saint-Nicolas fut inondé d'autant plus vite que la Loire, plus haute que le quai Saint-Nicolas, y déversait ses eaux torrentielles. Le quai de Limoges tout entier était également envahi, de sorte que les rues Saint-Jean, de la Tonnelle, du Puits-Neuf, et toutes celles qui sont plus basses, devinrent bientôt de vastes lacs traversés de courants dangereux. On établit promptement un service de bateaux, et tous les habitants purent se procurer les choses nécessaires à la vie.

La ville en fut quitte pour quelques heures de captivité ; dès la soirée du mercredi 4, les eaux baissèrent dans les rues avec une grande rapidité et laissèrent quelques passages libres. La Loire baissait aussi dans son lit, et cette baisse subite jeta l'épouvante dans l'esprit de beaucoup de personnes. — On pressentait quelque grand malheur en amont. Ces pressentiments devinrent bientôt une affreuse réalité. — On apprit, en effet, dans la soirée, qu'une rupture de plus de 200 mètres avait eu lieu à la Chapelle-sur-Loire, que le fleuve avait renversé les maisons, détruit les récoltes, entraînant avec lui des centaines de millions. — Le torrent avançait à pas de géant dans la Vallée, il couvrait de ses flots Chanzé, Bourgueil, et allait successivement envahir toute cette magnifique vallée de l'Authion qui s'étend de la Chapelle à Angers.

Le jeudi, à quatre heures du matin, les eaux avaient traversé la route de Saumur au Mans.

Sans perdre un instant, l'autorité civile et l'autorité militaire organisèrent un service de sauvetage. — Plus de cent bateaux, montés par des marins expérimentés, allaient arracher au torrent les malheureux fermiers, qui, pour appeler au secours, tiraient sans cesse des coups de fusil.

Qui pourrait dire les scènes d'horreur et de destruction de ces affreuses journées ? Qui se figurera cette innombrable population effarée, hommes, femmes, enfants, les uns terrifiés, les autres étouffés par les larmes et les sanglots, emportant quelques parties de leur mobilier, et fuyant en toute hâte devant une masse d'eau qui les menaçait, disaient-ils, comme un mur de six pieds d'élévation. Qui dira l'anxiété de ces femmes, de ces vieillards, refugiés sur les toits de leurs chaumières ébranlées, attendant une mort horrible, inévitable?

Les animaux, effrayés par le roulement des eaux, fuyaient en poussant des cris épouvantables ; les bœufs, les vaches disparaissaient entraînés par le torrent qui les devançait.

A chaque instant, les chaumières en pisé, les maisons en tuffeaux, s'affaissant sous les eaux, venaient ajouter encore à la désolation. Les plus grandes inondations d'autrefois, celles dont l'histoire nous a conservé le souvenir, n'ont jamais eu ce caractère de désolation générale.

Les malheureux inondés bivaquaient pêle-mêle, hommes, femmes, enfants, avec leurs animaux qui, comme eux, manquaient de nourriture.

Une tristesse profonde était peinte sur la figure de ces pauvres gens, amaigris par trois jours d'une souffrance morale que rien ne peut rendre.

A Saumur, c'était même spectacle; les pauvres fermiers voisins de la ville avaient attaché leur bétail dans les rues, sur les places, partout. — L'autorité militaire s'empressa d'offrir les écuries de l'École, et les habitants recueillirent dans leurs maisons un grand nombre des victimes du désastre.

Toute la journée, au fur et à mesure que les toues amenaient les inondés à la Croix-Verte, les ecclésiastiques de la ville et les sœurs de charité ne cessaient de leur distribuer, au nom de l'autorité, tous les secours possibles en pain, viande et vin.

L'École de cavalerie, qui avait donné de nombreuses preuves de courage et de dévouement pendant les inondations, voulut aussi prendre sa part des secours d'argent dans le but de soulager l'infortune des victimes de ce fléau. Une souscription fut ouverte et une grosse somme fut bientôt réunie.

Le 22 juin, le détachement de l'École cantonné à Longué ne pouvait pas encore rentrer à Saumur par la voie directe, la grande route de la Ronde et tous les chemins de la vallée étant encore submergés. Ce détachement fut fractionné en quatre colonnes qui rallièrent Saumur en faisant le tour par Beaugé, Suette, Brissac, Doué et Saumur. C'étaient les chevaux du manège; la dernière colonne n'arriva que le 1er juillet.

Le 15 juin, à l'occasion du baptême du Prince Impérial, il fut tiré vingt et un coups de canon, au lever et au coucher du soleil. A une heure de l'après-midi, toute l'École fut passée en revue, en grande tenue, à pied, sur le quai de Limoges, et le soir il y eut partout des illuminations.

Au mois de juillet, l'École de cavalerie eut encore la visite d'officiers étrangers qui venaient en étudier l'organisation. C'était, cette fois, un officier saxon, le *capitaine Freyberg*, directeur de l'École d'artillerie à Dresde, puis un officier américain, M. *Mahan*, professeur militaire aux États-Unis.

Le détachement de cavaliers de remonte faisant le service de l'École allait toujours en s'augmentant. Au mois de juillet 1856, il se composait déjà de deux cent-soixante-cinq hommes commandés par un officier et détachés de la 2e compagnie de cavaliers de remonte.

A la fin de juillet, le département des Deux-Sèvres fut terrorisé par les actes de pillage de l'affiliation qu'on a appelée la Mariane. L'autorité invoqua le secours de l'École. Dans la commune de Brion, près de Montreuil, frontière de ce département, le maire et les gendarmes ayant été menacés par les émeutiers, le général y envoya, le 22 juillet, un escadron dont les hommes reçurent dix cartouches chacun. L'École fut consignée au quartier et l'on se tint prêt à fournir du renfort.

Le calme fut heureusement rétabli sans effusion de sang.

Dans les premiers jours d'août, l'École fut encore honorée de la visite d'un étranger de distinction, l'ancien ministre de la guerre du Brésil, M. *de Souza e Mello*.

La fête de l'Empereur fut célébrée comme de coutume.

A la fin d'août, l'atelier d'arçonnerie se mit à la confection de 1,000 arçons hongrois destinés au régiment des chasseurs de la garde.

Le 5 septembre, Saumur prit un air de fête et de triomphe : toutes les maisons étaient pavoisées, et, dans les rues de Bordeaux, d'Orléans, jusqu'à la gare, ce n'était qu'oriflammes.

Ce n'était pas seulement jour de courses; mais on attendait le Maréchal *Pélissier*, dont la renommée, si grande déjà, venait d'être encore nouvellement rehaussée par les succès du siège de Sébastopol.

A l'entrée nord du pont s'élevait un arc de triomphe surmonté d'écussons et de trophées. Au milieu on lisait, entre autres inscriptions, celles-ci : A l'Empereur, à l'Armée, au Maréchal Pélissier!

Les courses de ce jour-là eurent lieu sans le Maréchal, qui n'arrivait que dans la soirée ; ce fut néanmoins une brillante réunion.

La *troisième course* fut une course militaire dont le prix était un objet d'art.

Quatre kilomètres, au trot, par les officiers de l'École, sur les chevaux de l'État, sans considération de temps ni de poids. — Sept chevaux engagés. — Arrivée première, *Redoutable*, montée par *M. Desser*. — Deuxième, *Lucrèce*, montée par *M. Ducos*.

Après les courses, tout le monde se porta au devant du Maréchal.

A trois heures, toute la ville était sur pied; chacun allait prendre place aux balcons, aux fenêtres, sur les trottoirs, dans les rues que devait traverser le maréchal Pélissier, duc de Malakoff. Quelques instants avant quatre heures, l'École entière, avec la musique, la garnison du château, les autorités de tous ordres, les fonctionnaires, se rendaient aussi à la gare pour recevoir l'illustre vainqueur de Sébastopol.

Après les cris mille fois répétés de : Vive l'Empereur! Vive le duc de Malakoff! Vive l'Armée! le Maréchal monta en voiture jusqu'à l'hôtel du maire, au milieu d'une foule innombrable. Là, après quelques instants de repos, il reçut, selon l'usage, les autorités, les fonctionnaires de la ville et les membres du clergé; puis se rendit chez le général de Rochefort et à l'École.

« Le soir, presque toutes les maisons étaient illuminées; depuis la gare jusqu'à l'extrémité de la rue de Bordeaux, des lustres formés par des verres de couleur étaient suspendus de distance en distance. Des lanternes vénitiennes entouraient la Promenade.

« Enfin, la journée se termina par un très beau feu d'artifice, dont la principale pièce était la tour de Malakoff, sur le sommet de laquelle on voyait flotter les drapeaux des nations belligérantes; des bombes, suivies de violentes détonations, étaient lancées sur cette tour, et, pour mieux représenter la grande lutte de Crimée, pendant que le feu jaillissait de toutes parts, le canon tonnait. Cette pièce à peine terminée, de magnifiques feux de bengale brillèrent au milieu des arbres de la Promenade et des beaux marronniers plantés sur la rive droite de la Loire : on eût dit un vaste incendie sur les deux rives. »

Le lendemain 6 eut lieu le carrousel.

Dans la tribune d'honneur, on remarquait le Maréchal, le général Morris, son aide de camp, et, pour représenter le Ministre de la guerre, son aide de camp, le colonel Castelnau, le préfet, le sous-préfet, le maire, les adjoints, plusieurs membres du Conseil général et beaucoup d'autres personnes

L'aide de camp du Ministre de la guerre avait été chargé d'apporter les prix offerts par le Ministre : une paire de pistolets, une cravache, une lunette de campagne et les *Œuvres* de Napoléon III.

Les courses militaires du deuxième jour donnèrent les résultats suivants :

Quatrième course. — Un objet d'art. — Six haies à franchir. — 2,100 mètres à parcourir, par MM. les officiers de l'École de cavalerie, sur des chevaux de l'État. — Six chevaux engagés. — Arrivé premier, *M. de Longuefosse*, montant *Franc-Picard.* — Deuxième, *M. Destor*, montant *Rivoli.*

Cinquième course. — Un objet d'art de 300 francs. — Steeple-chase d'officiers, montant des chevaux de carrière; 3,000 mètres à parcourir. — Dix obstacles à franchir. — Dix chevaux engagés. — Arrivé premier, *Scher-Ken,* monté par *M. Traverse.* — Arrivé deuxième, *Magicien*, monté par *M. Molvaut.*

Sixième course. — Prix (objet d'art). — Steeple-chase. — 2,500 mètres à parcourir, et dix obstacles à franchir, par les sous-officiers de l'École de cavalerie, soit sur les chevaux de l'État, soit sur les chevaux qui leur appartiennent. — Dix chevaux engagés. — Arrivé premier, *Marengo*, monté par *M. Chaverondier.* — Arrivé deuxième, *Dandit*, monté par *M. de la Cervette.*

L'École, dans ces courses, fut plus remarquable que jamais. Les coureurs firent preuve d'une adresse au-dessus de tout éloge. Ainsi, entre autres exemples, *Canrobert,* monté par *M. Péan*, se dérobe au milieu de la course, saute par dessus la corde et tombe sur les genoux; son cavalier le relève; il a perdu les étriers, et pourtant il ressaute par dessus la corde, puis, doublant de vitesse, il approche de très près ses camarades, en franchissant tous les obstacles.

Dans le steeple-chase, sur dix chevaux, six coururent presque de front.

Enfin, le steeple-chase des sous-officiers ne fut pas moins brillant que les autres courses. — On crut un instant que les dix concurrents arriveraient en même temps. — Les chevaux franchissaient les obstacles avec une ardeur sans égal. — Parmi eux se trouvait un cheval, longtemps réputé indomptable, et depuis parfaitement dompté; *Marengo*, cet animal de célèbre mémoire qui, au su de toute l'École, était resté aussi sauvage après qu'avant les essais de Mme Isabelle, *Marengo*, monté par un jeune sous-officier qui l'avait dressé avec une habileté, une persévérance, un courage plus qu'ordinaires, *Marengo*, retenu en partant à cinquante pas derrière ses concurrents, arriva premier, en aussi bon état que s'il n'avait pas couru.

Les courses terminées, le Maréchal passa en revue, sur l'hippodrome même, l'École de cavalerie et la troupe de ligne, après quoi le défilé eut lieu.

Le 8 septembre, le *général Descarrières* arriva à Saumur pour passer l'inspection générale de l'École de dressage et du détachement de cavaliers de remonte.

Le 11, le *général Grand* arriva à son tour pour passer l'inspection générale de l'École. La revue d'honneur eut lieu le 30.

Au commencement d'octobre, deux capitaines de l'état-major russe, MM. *Anitchkoff* et *Berens*, vinrent visiter l'École.

Le 6 octobre, une commission fut constituée à l'École pour étudier le modèle des armes devant constituer l'armement des officiers de cavalerie.

La confection des harnachements destinés aux chasseurs de la garde, quiavait été suspendue, fut reprise le 29 novembre par l'atelier d'arçonnerie mais sur des bases nouvelles. Il ne s'agissait plus d'arçons hongrois, mais bien de mille arçons du nouveau modèle, mille mors de brides, deux mille étriers et deux mille gourmettes.

La longueur excessive de la selle d'artillerie du modèle 1831 avait donné lieu au modèle 1856. Ce modèle ne différait pas du premier quant à l'arçon, mais les panneaux étaient plus courts, ils ne dépassaient pas la ligne du troussequin et laissaient les prolongements de l'arçon hors de contact.

Les quartiers, les sacoches, enfin tout l'appareil de la selle était semblable à celui du modèle 1853 de la cavalerie, et l'ensemble présentait les mêmes inconvénients de lourdeur et de complication.

C'est en 1856 que l'on expérimenta dans l'armée le *Désencasteleur Jarrier*. Ces expériences furent faites au 2e carabiniers et au 12e chasseurs, sous la surveillance de la commission d'hygiène hippique. L'École de maréchalerie ne resta pas en retard sur ces essais.

Du mois d'octobre 1855 au mois d'octobre 1856, le manège reçut 79 chevaux; principalement de Paris et de Tarbes; il possédait alors 243 chevaux, et l'école de dressage 106.

Le haras comptait 1 étalon, 12 poulinières et 30 poulains.

Nous devons, dès à présent, dire quelques mots d'un écuyer militaire, dont nous aurons à analyser les ouvrages, M. *Gerhardt*, qui déjà pratiquait sa nouvelle méthode dans l'armée.

C'est en voyant le travail de M. Ducas, dont nous avons parlé, que le colonel Gerhardt avait été frappé de l'application qu'on pourrait faire du dressage à la cravache au dressage des chevaux de remonte.

Il était alors capitaine-instructeur du 1er lanciers, et il avait depuis quelque temps adopté la méthode Baucher pour son usage personnel, avec le secours des livres du maître. Mais convaincu de l'immense danger de faire pratiquer les *attaques* par les hommes de troupes, convaincu également de l'inconvénient grave d'assouplir la mâchoire et l'encolure (mais surtout cette dernière) sans toucher directement à l'arrière-main, il n'osait l'appliquer aux chevaux de remonte.

Ce n'est qu'en 1856, à l'organisation des lanciers de la garde impériale, où il avait été envoyé avec son grade, qu'il put enfin mettre ses idées en pratique, en les appliquant aux chevaux de troupe, ainsi qu'il l'entendait. Son nouveau colonel, homme fort intelligent, émerveillé des résultats qu'il avait obtenu dans le dressage d'une trentaine de chevaux *rétifs* envoyés de différents régiments, lui donna carte blanche pour l'avenir et, à partir de ce moment et avec l'approbation du général Morris, commandant la division de cavalerie de la garde, tous ses chevaux de remonte furent soumis à sa progression de dressage, telle que plus tard elle fut publiée dans son manuel d'équitation.

Ce fut en 1857 que, profitant du séjour de son régiment à Paris, et pour parachever son instruction équestre, le capitaine Gerhardt, élève du comte d'Aure, put se mettre entre les mains de Baucher. Comme il pratiquait la nouvelle méthode depuis quelques années déjà, il se trouvait dans les meilleurs conditions pour tirer bon parti des excellentes leçons de ce maître.

Il suivit plusieurs cours complets du célèbre écuyer, et il nous affirme de la manière la plus formelle, faisant appel au besoin à tous les anciens élèves de Baucher (1857-58), qu'il n'y a jamais été question d'*assouplissements* au moyen de la cravache.

Ceci est important à noter, car M. Baucher devait plus tard revendiquer cette idée de débourrage à la cravache.

C'est en 1856 que M. de Lancosme-Brèves, dont nous avons déjà beaucoup parlé, mit en exécutien son fameux pari de trot en arrière.

Il avait annoncé que, monté sur John Bull, cheval anglais de chasse, il parcourrait une distance d'environ un kilomètre au trot en arrière. C'était là une passe d'armes unique dans les annales et les audaces de la science équestre. La nouvelle se répandit dans un cercle d'hommes spéciaux qui, confiant dans l'habileté du comte de Lancosme, se rendirent sur les lieux pour être les témoins de cette tentative. Il s'ensuivit une sorte de défi dont la solution excitait vivement la curiosité de tous.

Le 28 juin, le comte de Lancosme-Brèves partit du rond-point des Champs-Élysées, se mit d'abord au pas, à reculons, jusqu'au portique du palais de l'Industrie; là son cheval prit le trot en arrière, en observant une vitesse progressive jusquà l'obélisque, qui était le but de sa course et où il arrive en cinq minutes trente-sept secondes, forçant tous les chevaux présents à prendre le trot pour le suivre.

On pense que l'on parla beaucoup de ce pari dans le monde équestre, d'autant qu'il était une preuve donnée par son auteur, à l'appui d'une théorie qu'il érigeait comme base de son dressage : *l'influence du déplacement du poids du corps du cavalier sur l'équilibre du cheval.*

M. de Lancosme-Brèves devait obtenir bientôt l'autorisation d'expérimenter dans l'armée son système de dressage. Nous en reparlerons.

La réputation de M. de Lancosmes-Brèves n'était plus à établir, mais ce tour de force la grandit encore et, chose bizarre, l'école d'Aure, comme l'école Baucher, revendiqua son héros pour un des siens. C'est qu'en effet, transfuge de l'École de Versailles, par ses origines, il est devenu un des plus fervents adeptes de la méthode Baucher, pour le moment du moins, car plus tard, ne voulant procéder de personne, il déclara ne relever que de lui-même. C'est un petit faible qu'il faut passer à tous ceux qui ont eu le talent de se faire un caractère avec les conseils de leurs maîtres.

Nous avons parlé des essais du fer Jarrier; nous devons signaler, en cette année 1856, l'apparition d'un autre désencasteleur.

Le *fer à étais*, de M. le vétérinaire *Fourès*, consiste en un fer à planche dont la traverse, plus large que d'ordinaire, est entaillée de chaque côté, de manière à laisser, entre les deux échancrures, une partie centrale suffisamment résistante.

Dans ces entailles glissent à coulisse deux étais ayant la forme de pinçons et qui sont destinés à s'appliquer en dedans des arcs-boutants. Le mouvement leur est communiqué par des vis, dans un sens ou dans l'autre.

Le fer Fourès présente de nombreuses difficultés de confection; aussi l'inventeur a-t-il cherché à le simplifier. Dans le second modèle, la planche du fer présente en dessous deux encoches, devenant plus profondes vers son centre, où elles s'adossent contre une partie pleine. Chaque encoche loge une vis qui a, dès lors, une direction oblique et ascendante, et traverse la corne des talons préalablement troués.

1856

ÉTAT-MAJOR DE L'ÉCOLE

DE ROCHEFORT	Général de brigade.
SCHMIDT	Colonel.
MICHAUX	Lieutenant-colonel.
DARNIGE	Chef d'escadrons.
BEYER	Major.
LARDEUR	Capitaine trésorier.
CASSE	Capit. d'habillement.
CRESSIN	Lieut. adjoint au trés.
DARIOT	S.-l. porte-étendard.
MAJESTÉ	Médecin principal.
GANTELOUBE	Médecin aide-major.
MAJESTÉ	Médecin s.-aide-maj.
HATIN	Vét. en 1er, pr. de mrie
VALLON	Vét. en 1er, dir. du h.
PATAA	Aide-vétérinaire.
DE CHAUMONTEL	
VACQUIER	Capit. instructeurs.
NÉRIN	
EICHER	
GUIOT	
CREVALS	
HUMBERT	Capit. instructeurs.
ARCHAMBAULT	
KABIS	
BOULLIGNY	
GUÉRIN	Capit. écuyer en chef
POLLARD	
DE BONNE	Capitaines-écuyers.
LÉAUX	
COGENT	Cap. dir. de l'arçonn.
JAUCHÈNE	Lieut.
BARADA (DUTHIL)	Lieut.
CADOR	Lieut. — sous-écuyers
GRANDJEAN	S.-l.
PIÉTU	S.-l.

OFFICIERS ÉTRANGERS

SUIVANT LES COURS DE L'ÉCOLE

HÅBOR	Officier Norvégien.
SPARRE	Officier Suédois.
OBÉDÉANO	Capitaine Turc.
DOLAFIELD	
MARDECAI	Officiers des États-Unis.
CLELAN	

OFFICERS D'INSTRUCTION

Première Division.

JAUCHÈNE	Lieut., 10e cuirassiers
DE CUGNON D'ALINCOURT	Lieut., 12e chasseurs
LONGUEFOSSE	Lieut., 9e chasseurs.
DE PARSEVAL	Lieut., 2e ch. d'Afriq.
DOMBRAT	Lieut., 7e cuirassiers.
DE COMA	Lieut., 3e hussards.
LOUVEL	Lieut., 4e chasseurs.
LABORDE	Lieut., 2e lanciers.
MARTIN	S.-lieut., 3e lanciers.
ALLARD	Lieut., 7e artillerie.
VIDAL	Lieut., 2e carabiniers.
LAURET	Lieut., 9e artillerie.
DE BOISDENEMETS	Lieut., 1er dragons.
DANIEL LAGANERIE	Lieut., 8e lanciers
LEMYRE DE VILERS	Lieut., 6e hussards.
BEQUET	Lieut., 8e chasseurs.
DUTERTRE	Lieut., 6e chasseurs.
DE SAINT-LÉGER DE LA SAUZAYE	Lt, drag. de la garde.
TARNIER	Lieut., 10e cuirassiers
PINOT	S.-lieut., 6e cuirass.
EYMERY	Lieut., 5e chasseurs.
MOLVAUT	S.-lieut., 5e dragons.
AUBRY	Lieut., 2e chasseurs.
FORFILLIER	S.-lieut., 10e chass.
CADOR	Lieut., 8e hussards.
CLIQUOT	Lieut., 9e dragons.
ANDRIEU	Lieut., 1er chasseurs.
PEILLARD	Lieut., 5e cuirassiers.
DROUEL	S.-lieut., 5e cuirass.
CHAUVET	S.-lieut., 11e chass.
MATTER	Lieut., 3e cuirassiers.
BUÉ	Lt, lanciers de la garde
DUCOS	Lieut., 8e dragons.
LEBOURG	Lieut., 16e artillerie.
LEBAS	Lieut., 9e artillerie.
SAVALLE	Lieut., 4e cuirassiers.
DE PÉLACOT	Lieut., 12e dragons.
SÈVE	S.-lieut., 2e spahis.
PEYRON	Lieut., 3e dragons.
VIÉNOT	Lieut., 7e chasseurs.
DESCHAMPS	Lt, 7e lanc. — n. class.
RITTER	S.-l., 4e ch. — n. class.

Deuxième Division.

Vatié	S.-l., esc. du train des équipages.	Martin de Boulancy	Lieut., 1er lanciers.
Laclède	S.-l., cuir. de la garde	Graff	S.-lieut., 2e lanciers.
Vidil	S.-l., guides de la g.	Riffard	S.-lieut., 3e lanciers.
Schubler	Lieut., 7e d'artillerie.	Edoux	Lieut., 5e lanciers.
Bry	Lt., 10e artill. mont.	Gérard	Lieut., 6e lanciers.
Reynaud	S.-l., 15e artill. à ch	Desroys	Lieut., 7e lanciers.
Hoquet	S.-l., 2e carabiniers.	Lagrange	Lieut., 8e lanciers.
Littaut	S.-lieut., 1er cuirass.	Leloutre	Lieut., 1er chasseurs.
Petitjean-Delagarde	S.-lieut., 2e cuirass	Duverney	S.-l., 2e chasseurs.
Bourlon	Lieut., 3e cuirassiers.	Saintotte	S. l., 3e chasseurs.
Morin	S.-lieut., 3e cuirass	Canonge	S.-l., 4e chasseurs.
Bonfils-Lapoujade	S.-lieut., 4e cuirass.	De Carbonnières	Lieut., 5e chasseurs.
Péan	Lieut., 5e cuirassiers.	D'Urbal	Lieut., 6e chasseurs.
Wachter	S.-lieut., 7e cuirass.	De Valori	S.-l., 8e chasseurs.
Blot	S.-lieut., 8e cuirass	Gourdon	S.-l., 8e chasseurs.
Burluraux	S.-lieut., 10e cuirass.	Lamothe	S. -l., 9e chasseurs.
Destor	Lieut., 1er dragons.	Meiffren	Lieut., 10e chasseurs
Dubois	Lieut., 2e dragons.	Chapelan	S.-l., 12e chasseurs.
Rohmer	Lieut., 4e dragons.	Laurent	S.-l., 2e hussards.
Deserce	Lieut., 5e dragons.	De Saint-Roman	Lieut., 5e hussards.
François	S.-lieut., 6e dragons.	Traverse	Lieut., 5e hussards.
Gros	Lieut., 8e dragons.	Blondeau	S.-l., 6e hussards.
Delavau	Lieut., 9e dragons.	Dubory	S.-l., 4e ch. d'Afriq.
Guillemin	Lieut., 11e dragons.	Gumberteau	Lt., 1er esc. du train des équipages.
Barbaud	S.-lieut., 12e dragons		

VÉTÉRINAIRES STAGIAIRES

Goubaux.	Pelletier.	Voyer.	Gillibert.
Landrin.	Dupont.	Roydor.	Bobichon.
Lemaitre.	Jarrijon.	Caussé.	Baccou.
Contour.	Duguiot.	Kopp.	Dupuis.
Ecoiffier.	Sorbière.	Dubourdeaux.	Hoog.
Bouchard.	Fachet.	Salle.	Viricel.

Au mois de janvier 1857, une commission de bienfaisance fut organisée à l'École pour soulager les pauvres de la ville et les aider à vivre. Ce bureau de charité recueillit beaucoup d'aumônes et fit beaucoup de bonnes œuvres.

Au mois de février, le Ministre de la guerre prit, à l'égard de l'École de cavalerie, deux décisions qu'il est important de signaler.

L'abonnement de la ferrure était retiré à l'adjudant maître-maréchal, et, dès lors, ce service devait être régi par voie économique. Pour ce faire, sans revenir sur une décision antérieure, le Ministre nommait l'adjudant actuel, appelé Simon, au grade de sous-lieutenant, en lui donnant le titre de professeur de maréchalerie pratique.

D'autre part, un comptable spécial, d'abord adjudant d'administration, bientôt officier, était attaché à l'atelier d'arçonnerie.

Dans la deuxième quinzaine de février, les visites de marque se succédèrent pour ainsi dire sans interruption.

D'abord, deux capitaines Hanovriens, MM. *Rudorff* et *de Bock*, puis, M. *de Hegermann Lindencrone*, colonel de la cavalerie danoise.

Au mois d'avril, ce fut le *Ministre de la marine du Bey de Tunis*. Il était accompagné du général Thomas, d'un officier d'ordonnance et d'un interprète.

Le général de Rochefort fit les honneurs de l'École : reprise de manège, saut des barrières, etc.

Le 18 mai, dès sept heures du matin, les abords de la gare étaient remplis de curieux pour attendre le *Grand Duc Constantin*; ce n'est qu'à 9 heures que son train entra en gare. A cette heure, du chemin de fer au quartier de cavalerie, la foule était compacte. Grand nombre d'étrangers étaient accourus, désireux de voir le jeune prince qui, dans un banquet auquel assistaient nos illustres maréchaux de Crimée, s'était montré si gracieux pour la France victorieuse.

S. A. I. fut reçue à la gare par le général de Rochefort et les autorités de la ville. Il monta immédiatement en voiture et se rendit dans le Chardonnet, où l'attendaient, rangées en bataille, les troupes de toutes armes. Son arrivée fut saluée par vingt et un coups de canon. Il passa rapidement la revue, et visita l'arçonnerie et la maréchalerie, puis il assista à une reprise d'écuyers conduite par le général lui-même. Prenant ensuite place à la tribune d'honneur, il admira les escadrons dans ces belles évolutions qui font toujours partie du carrousel. Aux escadrons succédèrent les officiers et sous-officiers, qui exécutèrent, après plusieurs figures de manège, les courses de bagues et de têtes.

Le Prince remonta aussitôt en voiture, et regagna le chemin de fer. Il était resté une heure et demie à Saumur. L'École le reconduisit jusqu'à l'embarcadère.

Le Grand-Duc exprima au général tous ses regrets de ne pouvoir s'arrêter plus longtemps, et lui annonça qu'il chargerait le colonel *Albedinsky* de visiter l'École en détail. Le colonel vint en effet dans la deuxième quinzaine de juin.

Une décision ministérielle du 14 juillet prescrivit de faire à l'École des expériences, sur plusieurs chevaux, d'un mode de *traitement des seimes* présenté par M. Vidal, aide-vétérinaire. Ce traitement était approuvé par la commission d'hygiène ; un rapport analytique sur la valeur et l'efficacité de cette méthode devait être fourni par les vétérinaires de l'École.

Le traitement de M. Vidal comprenait deux indications principales. La première consistait à employer un fer qui permît aux parties du pied leurs libres mouvements de dilatation et de resserrement. Pour les seimes en pince : fer dit à pince prolongée... ; pour les seimes quartes : fer à planche.

La deuxième indication était relative à l'emploi d'un médicament propre à modifier avantageusement la sécrétion du bourrelet : mélange de deuto-chlorure de mercure et de térébenthine...

Huit ou dix jours devaient suffire pour la guérison.

A la fin de ce mois, l'École eut encore des visites flatteuses, celle du général *Barreiros*, de l'armée portugaise, puis celle du capitaine *de Cunha de Salgado*, de la même nationalité.

Le 15 août fut fêté comme de coutume.

Les courses eurent lieu le 30 août et le 1er septembre, entre ces deux jours, le carrousel.

PREMIER JOUR DE COURSES

Première course. — Prix : un objet d'art. — Quatre kilomètres au trot, par les officiers de l'École de cavalerie, sur chevaux de l'État, sans condition de temps ni de poids. — Quinze chevaux engagés.

Arrivée première, *Inconnue*, montée par *M. Barbaud.* — Deuxième, *Lucrèce*, montée par *M. Betting.*

Cinquième course. — Une cravache d'honneur donnée par la Société des Courses. — Course de haies (Gentlemen riders), pour chevaux entiers, hongres et juments de demi-sang, nés et élevés dans l'arrondissement de l'Ouest, à l'exclusion des chevaux de pur sang. — Poids : quatre ans, 60 kilog. ; cinq ans, 66 kilog. ; six et sept ans, 72 kilog. — Le vainqueur de deux courses avec obtacles, de la valeur de 500 francs chacune, portera 3 kilog. de surcharge ; celui d'une course de 1,000 francs portera 5 kilog. ; de deux prix de la même valeur, 7 kilog. ; d'un prix de 2,000 francs, 10 kilog. ; entrées comprises pour tous les prix. Les certificats de naissance et de résidence et autres conditions sont fixés par l'arrêté du 3 mai 1856. — Entrées, 50 francs, à partager entre les deux premiers arrivants. — Deux chevaux partant, ou point de course. — Deux chevaux engagés.

Arrivée première, *Perfide*, au capitaine Pollard, montée par *M. Renaudot.* — Deuxième, *Enfantine*, à *M. Piétu*, montée par lui-même.

Sixième course. — Un objet d'art de 300 francs, donné par la ville et la Société des Courses. — 1,500 mètres à parcourir. — Huit haies à franchir ; par MM. les officiers de l'École de cavalerie, sur leurs chevaux d'armes. — Huit chevaux engagés.

Arrivée première, *Adèle*, montée par *M. Naulot.* — Deuxième, *Pirouette*, montée par *M. Versin.*

Septième course. — Un objet d'art de 300 francs, donné par la Ville et la Société des Courses. — 1,500 mètres à parcourir. — Huit haies à franchir, par MM. les officiers de l'École de cavalerie, sur des chevaux de carrière. — Onze chevaux engagés.

Arrivée première, *Clara*, montée par *M. Gourdon.* — Deuxième, *Rivoli*, montée par *M. Wachter.*

Le carrousel eut lieu le 31 août, le Ministre de la guerre s'excusa de ne pouvoir y assister ; il s'y fit représenter par le *général Campenet*, directeur de la cavalerie.

DEUXIÈME JOUR DE COURSES

Deuxième course. — Un objet d'art. — Course au trot pour tous chevaux. — 10 francs d'entrée, moitié pour le deuxième arrivant ; poids, 75 kilog. — 4,000 mètres à parcourir. — Tout cheval prenant le galop, qui ne subira pas immédiatement un temps d'arrêt marqué, sera mis hors de course. — Trois chevaux engagés.

Arrivé premier, *Protecteur*, monté par M. *Cador*. — Ce cheval était parti 150 mètres plus loin que les deux autres. — Deuxième, *Lucrèce*, montée par *M. Piétu*.

Quatrième course. — Un objet d'art, donné par S. Exc. le Maréchal ministre de la guerre. 2,000 mètres à parcourir. — Six haies à franchir, par MM. les officiers de l'École de cavalerie, montant des chevaux de l'État. — Six chevaux engagés.

Arrivé premier, *Franc-Picard*, monté par *M. Leloutre*. — Deuxième, *Douce*, montée par *M. de Saint-Roman*.

Cinquième course. — Un objet d'art, donné par M. le général de Rochefort, commandant l'École de cavalerie. — 2,000 mètres à parcourir, six haies à franchir, par MM. les sous-maîtres de manège, montant des chevaux entiers. — Six chevaux engagés.

Arrivé premier, *Clytus*, monté par *M. Dorneau*. — Deuxième, *Pic-du-Midi*, monté par *M. Serres*.

Septième course. — Prix : un objet d'art. — 1,500 mètres à parcourir. — Huit haies à franchir, par MM. les sous-officiers d'artillerie, montant leurs chevaux d'armes. — Onze chevaux engagés.

Arrivé premier, *Acel*, monté par *M. Bonnichon*. — Deuxième, *Galop*, monté par *M. Serres*.

Huitième course. — Un objet d'art. — 1,500 mètres à parcourir. — Dix obstacles à franchir, par les sous-officiers du cadre de l'École de cavalerie, sur des chevaux de l'État.

Arrivé premier, *Pégase*, monté par *M. Marie*. — Deuxième, *Téméraire*, monté par *M. Ozanne*.

Le 2 septembre, tout Saumur alla voir une curiosité hippique présentée par un professeur d'équitation de Nantes, M. Henri Carriès. C'était le cheval *Cerf-Volant*, le plus remarquable sauteur qui eut paru jusque-là. Il sautait une barrière de 2m,10 de hauteur, fixée entre deux poteaux; une barrière de 1m,65 et 3 chevaux de front; et des tonneaux, les uns sur les autres, jusqu'à la hauteur de 2 mètres.

Le 16, le *général Grand* arrivait à Saumur pour passer l'inspection générale de l'École.

Ce fut en sa présence qu'eurent lieu, le 21, des expériences d'un langage téléphonique proposé par un inventeur pour servir à communiquer à la guerre.

« Qu'on se figure une langue téléphonique pratiquée à l'aide de trois sons seulement, et qui a pour organe trois instruments de guerre, tels que le clairon, le tambour ou le canon.

« Qu'on se figure également une langue télégraphique formée de trois disques, trois fanaux ou trois fusées de couleurs différentes qui se marient intelligemment aux trois sons, et vous aurez une idée complète du système de correspondance inventé par M. Sudre. »

Au commencement d'octobre, le Ministre de la guerre envoya à l'examen du conseil d'instruction de l'École, un *Traité sur l'art de dresser les chevaux de remonte, par M. de Holzing, officier badois en retraite*, en demandant un avis motivé sur l'efficacité des moyens proposés.

Tout en rendant justice à certains bons côtés de cet ouvrage, le conseil conclut en déclarant que la moitié au moins des officiers d'instruction qui venaient de finir leurs cours aurait traité la question du dressage du cheval de troupe, avec une supériorité incontestable sur l'officier badois.

Du reste, ce fut ce qui décida le commandant Guérin a publier sa méthode de dressage.

Le 7 octobre, un ancien officier de cavalerie, M. *Thomann*, arriva à l'École pour expérimenter, par ordre du Ministre, une méthode de son invention, au moyen de laquelle il prétendait réduire, dans plusieurs cas, les chevaux rétifs à l'obéissance la plus absolue.

Une commission fut constituée pour suivre ces expériences et en rendre compte dans un rapport. Tous les officiers furent en outre invités à assister à ces essais, qui eurent lieu tous les jours à midi, dans l'ordre suivant.

1° Chevaux difficiles à ferrer; 2° chevaux difficiles à faire les crins; 3° chevaux difficiles au montoir; 4° chevaux qui refusent de quitter le rang; 5° chevaux difficiles à seller; 6° chevaux difficiles à atteler et qui se refusent à tirer; 7° étalons dangereux pour l'homme ou pour les juments au moment de la monte.

Un autre essai fut mis en pratique à la même date, à l'École de cavalerie, par ordre du Ministre. Il s'agissait d'un *nouveau mode de pansage* proposé par M. *Jovard*, aide-vétérinaire du régiment des chasseurs de la garde et signalé comme plus simple, plus efficace, plus inoffensif et moins coûteux. Les objets propres à cette opération étaient réduits au nombre de quatre, savoir : Une brosse en chiendent, une époussette de toile, une éponge et une curette de bois.

L'essai devait avoir lieu comparativement sur cent chevaux, cinquante seraient pansés avec le nouveau procédé et cinquante avec la même méthode. Il devait durer jusqu'au mois d'avril, après quoi une commission instituée à cet effet, devait donner son appréciation dans un rapport.

Au mois de décembre, le Ministre de la guerre avisa l'École de cavalerie que, sur la proposition de la commission d'hygiène hippique, il remettait en essai le désencasteleur Jarrier, cette fois, dans tous les corps de l'intérieur et de l'Algérie, et il donna l'ordre à l'École de maréchalerie de préparer quatre-vingt pieds munis du modèle de fer indispensable à l'opération, pour les envoyer aux régiments dans le but de guider les vétérinaires et les maréchaux dans l'application de la méthode.

1857

ÉTAT-MAJOR DE L'ÉCOLE

De Rochefort	Général de brigade.
Schmidt	Colonel.
Michaux	Lieutenant-colonel.
Darnige	Chef d'escadrons.
Guérin	Chef d'esc., éc. en chef
Beyer	Major.
Lardeur	Capitaine-trésorier.
Gasse	Cap. d'habillement.
Cressin	Lieut. adjoint au trés.
Dariot	S.-l., porte-étendard
Majesté	Médecin principal.
Canteloube	Médecin aide-major.
Hatin	Vét. en 1er, pr. de mme
Vallon	Vét. en 1er, dir. du h.
Goyeau	Aide-vétérinaire.
Vacquier	Capit. instructeurs.
Nérin	Capit. instructeurs.
Eicher	Capit. instructeurs.
Guiot	Capit. instructeurs.
Chevals	Capit. instructeurs.
Humbert	Capit. instructeurs.
Allavène	Capit. instructeurs.
Kabis	Capit. instructeurs.
Archambault	Capit. instructeurs.
Boulligny	Capit. instructeurs.
Pollard	Capitaines écuyers.
De Bonne	Capitaines écuyers.
Léaux	Capitaines écuyers.
Jauchène	Capitaines écuyers.
Cogent	Cap. dir. de l'arçonn.
Barada (Duthil)	Lieut. sous-écuyers
Cador	Lieut. sous-écuyers
Grandjean	S.-l. sous-écuyers
Piétu	S.-l. sous-écuyers
Simon	S.-l. attaché à l'École de maréchalerie.

OFFICIER ÉTRANGER

SUIVANT LES COURS DE L'ÉCOLE

De Biel	Lieut. des gardes à cheval de l'armée suédoise.

OFFICIERS D'INSTRUCTION

Première Division.

De Saint-Roman	Lieut., 5e hussards.
Desroys	Lieut., 7e lanciers.
Leloutre	Lieut., 1er chasseurs.
Guillemin	Lieut., 11e dragons.
Péan	Lieut., 5e cuirassiers.
Traverse	Lieut., 5e hussards.
Bublurаux	S.-l., 10e cuirassiers
Piétu	S.-l., 2e hussards.
Delavau	Lieut., 9e dragons.
Dubois	Lieut., 2e dragons.
Vidil	S.-l., guides de la g.
Laclède	S.-l., 1er cuir. de la g.
Lagrange	Lieut., 8e lanciers.
Destor	Lieut., 1er dragons.
D'Urbal	Lieut., 6e chasseurs.
Littaut	S.-l., 1er cuirassiers.
Wachter	S.-l., 7e cuirassiers.
Edoux	Lieut., 5e lanciers.
Guimberteau	Lt., 1er esc. du train des équipages.
Martin de Boulancy	Lieut., 1er lanciers.
Barbaud	S.-l., 12e dragons.
Gérard	Lieut., 6e lanciers.
Saintotte	S.-l., 3e chasseurs.
Morin	S.-l., 3e cuirassiers.
Gourdon	Lieut., 8e chasseurs.
Rohmel	Lieut., 4e dragons.
Chapelan	S.-l., 12e chasseurs.
Hoquet	S.-l., 2e cuirassiers.
Vatié	Lieut., esc. du train des équip. de la g.
Lamothe	S.-l., 9e chasseurs.
Schuhler	Lieut., 7e artillerie.
Blot	S.-l., 8e cuirassiers.
Reynaud	Lieut., 15e artillerie.
François	S.-l., 6e dragons.
Petitjean-Delagarde	S.-l., 1er carabiniers.
Bonfils Lapoujade	S.-l., 4e cuirassiers.
Graff	S.-l., 2e lanciers.
Meiffren	Lieut., 10e chasseurs.
De Carbonnières	Lieut., 5e chasseurs.
Duverney	S.-l., 2e chasseurs.
Bry	Lieut., 10e artillerie.
Canonge	S.-l., 4e chasseurs.
Dubort	Lieut., 5e cuirassiers.

Deuxième Division.

Klein	Lt, 2e cuir. de la garde
Versin	Lt, drag. de l'Impér.
Dubuquoy	Lt, chass. de la garde
Guibe	Lt, guides de la garde
Vauchaussade de Chaumont	S.-l., 1er cuir. de la g.
Nieps	S.-l., lanc. de la garde
Moret	Lieut., 2e artill. à pied
Michel	Lieut., 7e artill. mont.
Keim	Lt, 10e artill. montée
Besançon	Lt, 12e artill. montée
Blanc	Lieut., 3e artill. mont.
Perrot	S.-l., 4e artill. à pied
Karles-Kind	S.-l., 5e artill. à pied
Chorin	Lieut., 9e artillerie.

Deuxième Division (Suite).

De Condé	Lieut., 8e artill. mont.
Benoit	S.-l., 9e artill. mont.
Barrez	Lieut., 10e art. mont
Dupont	S.-l., 11e artill. mont.
Marion	Lieut., 13e art. mont.
Chouzat	Lieut., 14e artill. à ch.
Stahl	Lieut., 15e artill. à ch.
Maréchal	Lieut., 5e lanciers.
Margo	Lieut., 2e chasseurs
Olivier	Lieut., 3e chasseurs.
Dorant	Capit., 12e chasseurs.
Zeude	Lieut., 1er hussards.
De Vaugiraud	Lieut., 2e cuirassiers.
Grandin	Lieut., 3e cuirassiers
Morel	Lieut., 5e cuirassiers.
Renaudot	Lieut., 6e cuirassiers.
Schneider	Lieut., 7e cuirassiers.
Minot	Lieut., 9e cuirassiers.
Kiener	Lieut., 2e dragons.
Rimoz de La Rochette	Lieut., 3e dragons.
Pujade	Lieut., 5e dragons.
Effantin	Lieut., 7e dragons.
*Dulac	Lieut., 11e dragons.
Lot	Lieut., 1er lanciers.
Deshorties	Lieut., 2e lanciers.
Berneral-Francheville	Lieut., 4e lanciers.
Robert	Lieut., 6e lanciers.
Charme	Lieut., 8e lanciers.
Delorme	Lieut., 7e chasseurs.
Hautcœur	Lieut., 8e chasseurs.
Lardenois	Lieut., 11e chasseurs.
Alliot	Lieut., 3e hussards.
Allemand	Lieut., 4e hussards.
Boulanger	Lieut., 3e hussards.
Roustain	Lieut., 6e hussards.
Paqueau	S.-l., 1er carabiniers.
Leclerc	S.-l., 2e carabiniers.
De Masin	Lieut., 1er cuirassiers
Clerc	Lieut., 4e cuirassiers.
Ducauzé de Nazelle	S.-l., 5e cuirassiers.
Lamayzon	S.-l., 8e cuirassiers.
Devarenne	S.-l., 10e cuirassiers.
Roques	S.-l., 1er dragons.
Desgrées-Duloü	S.-l., 4e dragons.
Deperry	S.-l., 6e dragons.
Domas	S.-l., 8e dragons.
Pereuilh	S.-l., 9e dragons.
Thouvenin	S.-l., 10e dragons.
Betting	S.-l., 12e dragons.
Duflos	S.-l., 3e lanciers.
De Marsay	S.-l., 6e lanciers.
Cavayé	S.-l., 7e lanciers.
De Lagué de Salis	S.-l., 8e lanciers
Mercier	S.-l., 1er chasseurs.
Séguin	S.-l., 4e chasseurs.
Cotte	S.-l., 5e chasseurs.
Carré	S.-l., 6e chasseurs.
Naulot	S.-l., 9e chasseurs.
Lyautey de Colombe	S.-l., 10e chasseurs.
Audibert	S.-l., 12e chasseurs.
Troussellé	S.-l., 2e hussards.
De Vaudrimey Davoust	S.-l., 3e hussards.
De Colbert	S.-l., 6e hussards.
Du Bois	S.-l., 7e hussards.
Carron	S.-l., 8e hussards.
Jouve	S.-l., 1er ch. d'Afriq.
Braun	S.-l., 2e ch. d'Afriq.
De Lafontaine de Fontenay	S.-l., 3e dragons.
Lafouer de la Caffinière	S.-l., 4e lanciers.

VÉTÉRINAIRES STAGIAIRES

Ecoiffier.
Pelletier.
Dupont.
Duguiot.
Sorbière.
Fachet.
Roydor.
Robichon.
Baccou.
Dupuis.
Hoas.
Viricel.
Liautard.
Lescot.
Faucon.

Les rapports faits sur les expériences de M. Thomann, à l'École de cavalerie, avaient été tellement élogieux, que le Ministre décida que ces expériences seraient reprises, à nouveau, au commencement de janvier 1857, et qu'une commission serait chargée de libeller les moyens pratiques professés par ce praticien, de manière à pouvoir y recourir, tant dans les corps de cavalerie qu'à l'École, quand le besoin s'en ferait sentir.

Les séances eurent lieu tous les jours dans le petit manège.

La méthode de dressage de M. Thomann, pour les chevaux difficiles ou vicieux, reposait entièrement sur la douceur et la patience et sur la manière progressive de procéder. Nous allons en dire quelques mots.

On commençait toujours par un travail à la longe, puis on passait à certaines manœuvres, ayant pour but d'apprendre au cheval à se porter en avant, à arrêter, à reculer, à appuyer, enfin à se camper légèrement.

Pour tous ces préliminaires, le cheval, muni d'un caveçon ou d'un bridon, ou simplement d'une bride, était placé sur une piste contre un mur, de façon à borner ses mouvements d'un côté et dans un coin, s'il avait de la tendance à reculer. L'instructeur était armé d'un manche de chambrière.

Le camper était considéré comme un moyen de paralyser les défenses du cheval.

Pour approcher le cheval et arriver à le seller, par exemple, s'il était vicieux, on le maintenait à distance par l'emploi d'un bâton protecteur, de quatre pieds environ, qui s'attachait, par une de ses extrémités, à l'anneau du caveçon ou à la barrette de la bride.

L'instructeur commençait toujours par carresser toutes les parties du cheval avec la gaule, en prévenant ses défenses et le rappelant constamment à l'obéissance à l'aide de légères saccades imprimées *latéralement* au mors de bride.

Il était bien entendu que l'instructeur parlait toujours au cheval en modulant sa voix selon l'attitude de l'animal.

Les attouchements avaient lieu ensuite avec la main et devenaient peu à peu une sorte de massage, toujours dans le sens du poil.

Pour les chevaux tout à faits méchants, on commençait, avant d'approcher la main, à caresser la tête avec une petite pelle en bois, espèce de main factice, dont le manche était dissimulé sous l'avant-bras. On la raccourcissait peu à peu, jusqu'à arriver à toucher avec la main les parties primitivement caressées avec la pelle.

Quand le cheval avait l'habitude de ruer, on l'enrênait à l'anneau de surfaix. Cet enrènement se pratiquait à l'aide d'une corde qui glissait dans l'anneau et se fixait, par chacune de ses extrémités, à un anneau du filet; cette corde, prise dans le sous-gorge, était déviée ainsi de sa direction et rapprochée des ganaches. Si, dans cet attirail, le cheval voulait ruer, il se donnait lui-même une saccade sur la commissure des lèvres, etc.

En apprenant l'attentat du 14 janvier, dirigé contre l'Empereur et l'Impératrice, le général de Rochefort envoya à l'Empereur l'adresse suivante, au nom de l'École.

« Sire,

« La pensée ne peut s'arrêter sur l'odieux attentat auquel viennent d'échapper d'une manière miraculeuse l'Empereur et l'Impératrice, mais l'âme s'élève vers le ciel pour le remercier.

« C'est avec ces sentiments, Sire, que votre fidèle École de cavalerie vient déposer aux pieds de Votre Majesté l'expression de son dévouement.

« Pourquoi nos bras ne sont-ils pas appelés à seconder nos cœurs !

« Pourquoi nos corps ne peuvent-ils former un rempart impénétrable devant Vos Majestés !

« Mais une puissance plus forte vous sert d'égide, Sire !

« Non, Dieu ne voudra pas que le défenseur de la religion ; que celui qui a sauvé la Société en domptant l'anarchie ; que le génie sous l'inspiration duquel naissent chaque jour des merveilles ; que le Souverain qui a porté si haut le nom et la gloire de la France, et que son auguste compagne, dont le noble cœur vole au devant de toutes les infortunes, succombent sous les coups de vils assassins.

« Oui, Sire, Dieu vous protège ! Dieu protège l'Impératrice et le Prince Impérial !

« Dieu protège la France ! »

Un *Te Deum* fut chanté à l'église de Saint-Pierre pour remercier la Providence. Toutes les autorités civiles et militaires, les divers fonctionnaires de la ville, l'École et la garnison du Château y assistèrent.

L'installation à l'École de la portion centrale de la 2e compagnie de remonte avait été décidée ; on commença, le 8 février, les aménagements nécessaires aux bâtiments pour loger ce nouveau contingent.

Le dimanche 14 février, il y eut, chez le général, un bal travesti qui fut le commencement des fêtes du carnaval. La cavalcade traditionnelle ne put pas avoir lieu le mardi gras à cause du mauvais temps ; elle fut remise au lendemain.

Le 18 mars, l'École était informée par le Ministre de la guerre qu'elle était appelée à concourir aux expériences du « désencasteleur Jarrier », reprises dans les corps de troupes à cheval. Ces essais commencèrent aussitôt et se poursuivirent jusqu'au 1er janvier 1859, sous la surveillance d'une commission constituée à cet effet.

A cette époque, comme toujours, les élèves de l'École — par goût de l'équitation — se livraient aux essais de dressage les plus variés sur leurs chevaux. Mais, à cette époque plus qu'à toute autre, les divers systèmes en vogue étaient on ne peut plus contradictoires. Les uns cherchaient à « baucheriser », les autres, enthousiastes de la méthode Raabe, éperonnaient à outrance, sans compter l'exploitation de toutes les ficelles de cirque et des méthodes plus ou moins aventurées, garantissant de la haute école parfaite en plus ou moins de leçons. Le général voulut réagir contre ces tendances et, dans son ordre du 3 avril, il rendit les écuyers responsables de leurs élèves, même en dehors du service, pour réprimer « ces excentricités équestres ». Il fut défendu de la manière la plus formelle d'employer, même dans les promenades isolées, d'autres principes que ceux du livre d'enseignement en usage à l'École.

Les aides vétérinaires stagiaires n'avaient pas alors, pas plus que maintenant d'ailleurs, de chevaux attitrés. Quand ils devaient paraître aux revues à cheval, on leur donnait des chevaux de carrière. Le 10 avril, le général de Rochefort obtint du Ministre que ceux qui seraient jugés assez avancés en équitation pourraient choisir des chevaux parmi ceux disponibles à l'École de dressage et qu'ils les emmèneraient à la fin de leur cours.

Le 20 avril, le *Maréchal Baraguay-d'Hiliers* arriva à Saumur. L'École monta à cheval à sept heures du matin pour aller au-devant de lui à la gare dans l'ordre suivant : Une avant-garde de six hommes et un brigadier, la musique, les officiers de l'état-major de l'École, puis les divisions avec l'étendard.

L'escadron d'officiers se rangea en bataille face au chemin de fer, les deux autres escadrons à sa gauche. L'infanterie fit face à la ville, les hommes à pied formèrent la haie dans l'intérieur de la gare.

Le maréchal arriva à huit heures. Il fut reçu par le général de la Motte-Rouge, le général d'Angell et le général de Rochefort, commandant l'École. Il monta à cheval et se rendit à l'hôtel Budan, où il trouva le sous-préfet à la tête des autorités civiles, qui l'accueillirent aux cris de Vive l'Empereur !

Les pièces d'artillerie de l'École, placées sur le quai à hauteur des écuries du manège, tirèrent treize coups de canon pendant le trajet de la gare à l'hôtel.

Le Maréchal se rendit ensuite à l'École, où il reçut la visite du corps des officiers dans le salon d'honneur. Il passa ensuite la revue des troupes sur le Chardonnet, visita le quartier, le haras d'études, les écuries du manège, l'école de maréchalerie et l'atelier d'arçonnerie. Il vit ensuite plusieurs reprises au manège : les officiers d'instruction de première division sur les chevaux de manège; les capitaines instructeurs; les écuyers; le sauteur dans les pilliers monté par les sous-officiers titulaires et les officiers d'instruction, la voltige; les sauteurs en liberté; le saut des haies dans la carrière.

En retournant à son hôtel, le Maréchal fut accompagné par les officiers de l'état-major et une escorte de cinquante hommes commandés par un capitaine.

Après déjeuner, le général visita le château, puis se rendit à la gare. Le même cortège lui fut fait, l'artillerie le salua encore de 13 coups.

Au mois de juin, on commença, à l'École, un essai prescrit par le Ministre de la guerre, l'essai d'un harnachement présenté par M. *Barth, major dans la cavalerie danoise*. Une commission fut formée pour surveiller et analyser ces expériences. L'essai fut fait successivement avec des chevaux d'escadrons et de carrière.

Le 14 août, c'était l'essai d'un autre harnachement établi par le maître sellier du 5e chasseurs.

Tandis que les populations bretonnes témoignaient à leurs illustres hôtes tout leur dévouement au gouvernement impérial, les habitants de l'Anjou s'empressaient de donner à la fête de l'Empereur le plus d'éclat possible, et Saumur n'était pas en arrière dans ces manifestations.

« Le 15 août, la ville présentait un brillant aspect; les rues étaient encombrées d'étrangers, et l'on admirait de tous côtés les costumes les plus riches et les plus variés de l'Anjou, du Poitou et de la Touraine.

« Dès le matin, la voix du canon avait mis sur pied la population. A l'issue de la messe, les cloches appelaient au *Te Deum* les fidèles pour s'associer par la prière à la famille impériale, prosternée dans le sanctuaire vénéré de Sainte-Anne-d'Auray, et rendre grâce à Dieu des bienfaits qu'il avait accordés à la France. La foule était nombreuse, les autorités civiles et militaires, tous les fonctionnaires avaient pris place autour du grand autel de Saint-Pierre. Avant le *Te Deum*, l'École de cavalerie et la garnison du Château avaient été réunies sur le quai de Limoges et passées en revue.

« A la sortie de l'église, après le *Te Deum*, les autorités civiles, sur l'invitation de M. le général de Rochefort, se rendirent à l'École, où devait se faire l'inauguration du portrait de l'Empereur, donné par Sa Majesté elle-même.

« Les officiers de tous grades et les sous-officiers étaient réunis avec tout le cortège dans le salon d'honneur; là, le général prit la parole et prononça une chaleureuse allocution, interrompue vingt fois par les bravos sympathiques de son auditoire. »

Le 29 août fut le premier jour des courses de Saumur.

Troisième course. — Un objet d'art. — 2,000 mètres à parcourir, par MM. les officiers de l'École de cavalerie, sur des chevaux entiers. — Huit chevaux engagés. — Arrivé premier, *Edwin*, monté par *M. Alliot*. — Deuxième, *Washington*, monté par *M. Roustain*.

Quatrième course. — Une cravache d'honneur, donnée par la ville et par la Société des Courses. — Course de haies (Gentlemen riders), pour chevaux entiers, hongres, et juments de demi-sang, nés et élevés dans l'arrondissement de l'Ouest, à l'exclusion des chevaux de pur-sang. — Poids : Quatre ans, 60 kilog.; cinq ans, 66 kilog.; six et sept ans, 72 kilog. — Le vainqueur de deux courses, avec obstacles, de la valeur de 500 francs chacune, portera en plus 3 kilog. de surcharge; celui d'une course de 1,000 francs portera 5 kilog.; de deux prix de la même valeur, 7 kilog.; d'un prix de 2,000 francs, 10 kilog. (entrées comprises pour tous les prix). — Les certificats de naissance et de résidence et autres conditions sont fixés par l'arrêté du 3 mai 1856. — Entrées, 10 francs, à partager entre les deux premiers arrivants. — Deux chevaux partant ou point de course. — Trois chevaux engagés.

Première, *Perfide*, à M. Pollard, montée par *M. Renaudot*, lieutenant d'instruction. — Deuxième, *Incertaine*, à *M. Julien Robin*.

Cinquième course. — Prix, un objet d'art. — 2,000 mètres à parcourir, par MM. les officiers de l'École de cavalerie, montant des chevaux de carrière. — Six haies à franchir. — Six chevaux engagés.

Arrivé premier, *Coco*, monté par *M. Roque*. Deuxième, *Franc-Picard*, monté par *M. Devarenne*.

Sixième course. — Un objet d'art. — 2,000 mètres à parcourir, pour MM. les officiers de l'École de cavalerie, montant leurs chevaux d'armes. — Huit obstacles à franchir. — Onze chevaux engagés.

Arrivée première, *Enfantine*, montée par *M. Piétu*. — Deuxième, *Émir*, monté par *M. Roque*.

Le carrousel eut lieu le 30, avec la même affluence de spectateurs que de coutume. Le ministre de la guerre, qui devait y assister, s'était fait excuser ; le *général Daumas* le représentait, et ce fut lui qui distribua les prix offerts par le Ministre.

Le deuxième jour des courses, mardi 31 août, donna les résultats suivants :

Première course. — Un objet d'art. — Course au trot pour tous chevaux. — 10 francs d'entrée, moitié pour le deuxième arrivant. — Poids, 75 kilog. — 4,000 mètres à parcourir. — Tout cheval prenant le galop, qui ne subira pas immédiatement un temps d'arrêt marqué, sera mis hors de course.

Deux chevaux seulement étaient engagés ; l'un, *Protecteur*, à *M. Cador*, lieutenant écuyer à Saumur, l'autre à *M. Callier*, de Nantes. — *Protecteur* est arrivé premier, en 8 minutes 40 secondes. — *Sophie* est arrivée deuxième, en 8 minutes 55 secondes.

Quatrième course. — Un objet d'art, donné par la ville et la Société des Courses. — 2,000 mètres à parcourir, par MM. les officiers de l'École de cavalerie, sur des chevaux entiers. — Six haies à franchir. — Quatre chevaux engagés.

Premier, *Pic-du-Midi*, monté par *M. Chavrondier*. — Deuxième, *Décemvir*, monté par *M. Esnault*.

Cinquième course. — Un objet d'art. — 2,000 mètres à parcourir, par MM. les officiers de l'École de cavalerie, sur des chevaux de carrière. — Huit chevaux engagés. — Huit obstacles à franchir.

Cette course a fait l'admiration de tous les spectateurs. — Les huit cavaliers ont parcouru le turf en franchissant les obstacles avec une intrépidité admirable. — Plusieurs chevaux se sont dérobés, mais, ramenés sur la voie par les cavaliers, ils ont rapidement achevé leur course.

Première, *Clara*, montée par *M. Delorme*. — Deuxième, *Rivoli*, monté par *M. Michel*.

Sixième course. — Un objet d'art. — 2,000 mètres à parcourir, pour MM. les sous-officiers de l'École de cavalerie, en paquetage. — Huit chevaux engagés. — Huit obstacles à franchir.

Il n'y a pas eu moins d'élan, moins d'entrain dans cette course que dans les précédentes. — Encore des chevaux dérobés. L'un d'eux au lieu de franchir une haie, a sauté un fossé, en s'élançant d'une distance de trois mètres environ. Le cavalier l'a ramené sur la voie, a franchi aisément tous les obstacles.

Première, *Alerte*, montée par *M. Brault*. — Second, *Chandor*, monté par *M. Jacquet*.

Septième course. — Prix de 500 francs donné par le chemin de fer d'Orléans. — Steeple-chase (Gentlemen riders) pour chevaux entiers, hongres et juments, de tout âge et de toute provenance, à l'exclusion des chevaux de pur sang et de ceux qui auraient été dans une écurie d'entraînement. — Poids commun, 72 kilog. — Entrée, 20 francs, pour le deuxième arrivant. — Deux chevaux partant, ou pas de course. — 3,000 mètres à parcourir. — Douze obstacles à franchir.

Cette course a été incontestablement la plus intéressante, et par les difficultés à vaincre, et par la manière dont le prix a été disputé.

Première, *Perfide*, appartenant à M. le capitaine Pollard et montée par *M. Renaudot*, lieutenant d'instruction. — Deuxieme, *Maryboy*, à M. Boulon, montée par *M. de Lignières*, lieutenant d'instruction.

M. de Lignières ne connaissait pas du tout le cheval qu'il montait, et, pourtant, il a si brillamment disputé le prix que les spectateurs, qui n'étaient pas vis-à-vis le poteau du juge, ont cru un instant qu'il était arrivé premier.

Huitième course. — Un objet d'art. — Steeple-chase offert à MM. les officiers de l'École de cavalerie. — 3,000 mètres à parcourir. — Dix obstacles à franchir.

Cette course avait été offerte dimanche aux officiers étrangers de l'École ; mais aucun engagement n'ayant été fait le premier jour des courses, le prix a été offert à MM. les officiers de l'École, pour le second jour.

Premier, *Émir*, monté par *M. Roque*, sous-lieutenant d'instruction. — Deuxième, *Jacynthe*, montée par *M. Dulac*, lieutenant d'instruction.

Le *général Grand* arriva à Saumur, le 15 septembre, pour passer l'inspection générale de l'École. Comme en 1856, il renouvela la défense formelle de livrer les chevaux de l'École aux épreuves de l'entraînement et des courses plates :

« Ces déplorables exercices, sans aucune utilité pour l'instruction, ne « peuvent avoir pour résultat que la ruine des meilleurs chevaux de l'École « et devenir la cause des accidents les plus graves, compromettant l'avenir « des officiers. Les prix donnés par Son Excellence le Ministre de la guerre « sont destinés aux cavaliers les plus adroits à manier leurs armes et leurs « chevaux dans les exercices militaires, et non à encourager les luttes éner- « vantes de l'hippodrome. »

Au mois de novembre, l'École fut encore visitée par des officiers étrangers : d'abord un officier norvégien, M. *Smith*, major de cavalerie, puis un général russe, le baron *de Medem*.

Le général de Rochefort avait présenté au ministère de la guerre un nouveau modèle de lances ; au mois de novembre, le Ministre fit confectionner à Châtellerault cent armes de ce modèle et les mit en essai dans quatre régiments de lanciers.

Le 29 décembre, un accident affreux jeta le deuil et la consternation dans l'École et dans toute la ville. Le capitaine Jauchêne se noya dans la Loire. Il était allé, selon son habitude, après l'exercice de carrière, faire prendre un bain de jambes à son cheval de dressage au bas du quai Saint-Nicolas. Malheureusement il s'était trop avancé vers la limite extrême de la cale, l'animal perdit pied et disparut sous l'eau, entraînant son cavalier avec lui. Malgré les prompts secours que s'empressèrent de lui porter quelques mariniers et autres personnes présentes, il fut impossible de le sauver ; la violence du courant l'avait fait disparaître avant qu'on eût pu l'atteindre. Après deux heures de recherches, on retrouva son cadavre. Le cheval s'était retiré seul.

A la fin de l'année 1858, une décision ministérielle fixa la tenue de l'École, en même temps que celle des régiments de cavalerie.

Les *officiers et les sous-officiers d'instruction* conservent l'uniforme du régiment dont ils sont détachés.

Brigadiers-élèves. — Habit d'ordonnance en drap bleu foncé ; basques courtes ; épaulettes en laine écarlate, leurs brides en drap garance ; boutons en étain. Pantalon d'ordonnance en drap garance, avec passe-poil en drap bleu foncé. Pantalon de cheval. Veste en drap bleu foncé ; collet en drap du fond avec patte en drap garance, ayant un petit bouton d'uniforme au milieu de sa pointe. Shako : carcasse en carton, hauteur 150 millimètres par devant, et 205 millimètres par derrière ; calot en vache vernie noire ; bourdaloue en cuir verni noir ; manchon en drap garance ; coutures recouvertes d'un cordonnet de 2 millimètres, en laine blanche ; galon de pourtour supérieur en laine blanche, largeur 20 millimètres ; cocarde aux couleurs nationales ; pompon demi-sphérique ; plumet pour la grande tenue, en plumes de coq retombantes, forme dite en saule pleureur, bleu foncé, avec un tiers de plumes blanches au sommet ; cordon de shako, dit fourragère, en laine écarlate ; couvre-shako en toile vernie noire. Bonnet de police du modèle général à visière, en drap garance, bandeau et passe-poil bleu foncé. Giberne et porte-giberne. Ceinturon en buffle blanc.

Shabraque avec galon en cul-de-dé en laine garance (largeur 40 millimètres) ; une grenade découpée en drap garance à chaque angle postérieur.

Pour les *brigadiers d'escadrons*, les deux galons de laine distinctifs de leur grade sont séparés par une soutache en argent, de 3 millimètres de large.

Les *sous-officiers* qui font partie du cadre constitutif de l'École portent en outre, sur l'épaule droite, des aiguillettes en laine écarlate semblables, quant à la forme et aux dimensions, à celle des officiers dudit cadre.

Musiciens. — Habillement semblable à celui de la troupe. Contre-épaulettes en fil blanc, la raie du milieu écarlate. Shako. Cordon du shako en fil blanc. Plumet blanc avec partie supérieure en plumes bleu foncé. Ceinturon et dragonne. Giberne porte-musique.

Cadre de l'École. — Officier général commandant. — Aiguillettes d'or sur l'épaule droite.

Autres officiers. — Habit-frac en drap bleu foncé, passe-poil en drap garance ; coupe et dimensions du frac d'officier de dragons. Pantalons d'ordonnance et de cheval comme pour les officiers de cavalerie. Tunique en drap bleu foncé. Bonnet de police de la troupe ; tresses en argent. Chapeau du modèle général, galon de bord en soie noire à festons et à crête. Porte-épée, dit sautoir, en cuir verni noir pour porter l'épée avec le frac. Dragonne d'épée en or. Épée du modèle d'état-major, à ciselures. Harnachement semblable à celui des officiers d'état-major. Tapis en drap garance, avec galon en poil de chèvre de même couleur. Épaulettes en argent.

Fonctionnaires du service du manège académique et du haras d'étude.

Officiers. — Grande tenue : habit semblable au frac, en drap bleu ; boutons dorés ; grenades en or ; brides d'épaulettes en or ; épaulettes et aiguillettes en or ; le tour du collet et celui des parements ornés d'une baguette dentelée, brodée en or, cannetille, paillettes et filé. Pantalon en tricot de coton blanc, demi-collant, pour porter dans la botte, fait à grand pont. Bottes à l'écuyère avec éperons dorés. Épée. — Petite tenue : frac sans baguettes dorées. Pantalon d'ordonnance en drap bleu foncé, sans aucun passe-poil et sans bandes. Pantalon de cheval en drap bleu foncé, demi-collant pour mettre dans la botte. Bottes à l'écuyère avec éperons dorés. Petites bottes, avec éperons en cuivre poli, pour porter sous le pantalon d'ordonnance. Tunique, bonnet de police entièrement en drap bleu, tresses et la fausse jugulaire en or.

Sous-officiers. — *Adjudant maître de manège.* Frac, boutons dorés, brides d'épaulettes en galon d'argent comme l'épaulette, traversée dans toute sa longueur d'une raie garance. Pantalon d'ordonnance en drap bleu foncé. Tunique. Chapeau. Épaulettes et aiguillettes. Épée sans dragonne. — *Maréchal des logis chef et maréchal des logis sous-maître de manège.* Même uniforme que les maîtres de manège. Pas d'épaulettes. Aiguillettes mélangées de filé d'or et de poil de chèvre bleu foncé, attachées sur l'épaule par un petit trèfle. Bonnet de police tout en drap bleu foncé. Épée non dorée.

Fonctionnaires civils. — Même tenue que les écuyers militaires. Bonnet de police semblable ; les tresses indicatrices de grade remplacées par une baguette brodée en or semblable à celle que chacun d'eux, selon son rang, porte au collet de l'habit de petite tenue. Jamais de dragonne d'aucune espèce. Aiguillettes en or, s'attachant sur l'épaule droite par un petit trèfle ; sur l'épaule gauche, aucune épaulette, patte, bride, bouton, ni ornement quelconque.

Tenue de manège. — *Sous-officiers et brigadiers.* — L'habit d'ordonnance pour les sous-officiers, et la veste d'écurie pour les brigadiers, leur servent de veste de manège. Pantalon demi-collant, à brayette, en drap bleu foncé, sans passe-poil ni bande, se portant dans les bottes. Chapeau dit à l'écuyère, en feutre noir et ras, sans aucun bord ni galon. Ganse simulant deux rangées d'écailles, estampée sur une lame de cuivre plaquée d'argent, retenue par un gros bouton d'uniforme. Cocarde en poil de chèvre. Ce chapeau se porte toujours de la manière dite en bataille. Bottes à l'écuyère en cuir noir, à tiges molles, genouillères rapportées et en cuir plus ferme, montant au milieu de la rotule et échancrées à la hauteur du jarret, pour en permettre la flexion. Éperons dits à la chevalière, en fer poli. Cravache en baleine, recouverte en boyau noir.

Les sous-officiers d'instruction font également usage de cette tenue de manège pour les exercices journaliers.

Tous les officiers font usage de la même tenue de manège que les sous-officiers, telle qu'elle vient d'être décrite. L'habit d'ordonnance, et pour les hussards et chasseurs d'Afrique, le dolman de petite tenue, servent de veste de manège.

Les officiers du cadre constitutif de l'École, attachés spécialement au manège académique et au haras d'étude, ainsi que les écuyers civils, portent, comme grande tenue de manège, l'habit, le pantalon de tricot blanc, les bottes à l'écuyère à éperons dorés et le chapeau à l'écuyère. En petite tenue de manège, le pantalon est bleu, demi-collant, et les éperons des bottes à l'écuyère sont en fer poli.

1858

ÉTAT-MAJOR DE L'ÉCOLE

De Rochefort	Général de brigade.	Humbert		Capit. instructeurs.
Schmidt	Colonel.	Allavène		Capit. instructeurs.
Michaux	Lieutenant-colonel.	Archambault		Capit. instructeurs.
Darnige	Chef d'escadrons.	Kabis		Capit. instructeurs.
Guérin	Ch. d'esc., éc. en ch.	Pinot		Capit. instructeurs.
Prévost	Major.	Boulligny		Capit. instructeurs.
Lardeur	Capitaine trésorier.	Dessort		Capit. instructeurs.
Schmidt	Capit. d'habillement.	Pollard		Capitaines écuyers.
Cressin	Lieut. adjoint au trés.	De Bonne		Capitaines écuyers.
Dariot	S.-l. porte-étendard.	Léaux		Capitaines écuyers.
Majesté	Médecin principal.	Jauchène		Capitaines écuyers.
Canteloube	Médecin aide-major.	Cogent	Cap., dir. de l'arçonn.	
Hatin	Vét. en 1er, pr. de mrie	Barada (Duthil)	Lieut.	sous-écuyers
Vallon	Vét. en 1er, dir. du h.	Cador	Lieut.	sous-écuyers
Goyeau	Aide-vétérinaire.	Grandjean	S.-l.	sous-écuyers
Eicher	Capit. instructeurs.	Piétu	S.-l.	sous-écuyers
Guiot	Capit. instructeurs.	Simon	S.-l. attaché à l'École de maréchalerie.	
Chevals	Capit. instructeurs.			

OFFICIERS ÉTRANGERS

SUIVANT LES COURS DE L'ÉCOLE

De Biel, lieutenant des gardes à cheval de l'armée suédoise.
Ochlwang, lieutenant au 2e dragons badois.
Téléman, Cadet de cavalerie de la principauté de Moldavie.

OFFICIERS D'INSTRUCTION

Première Division.

Grandin	Lieut., 3e cuirassiers.
Delorme	Lieut., 7e chasseurs.
De Vaugiraud	Lieut., 2e cuirassiers.
Berneval-Francheville	Lieut., 4e lanciers.
Zeude	Lieut., 1er hussards.
Lardenois	Lieut., 11e chasseurs.
Dulac	Lieut., 11e dragons.
Versin	Lt, drag. de l'Impér.
Naulot	S.-l., 9e chasseurs.
Carron	Lieut., 8e hussards.
Olivier	Lieut., 3e chasseurs.
Morel	Lieut., 5e cuirassiers.
Betting	S.-l., 12e dragons.
Renaudot	Lieut., 6e cuirassiers.
Roustain	Lieut., 6e hussards.
Duflos	S.-l., 3e lanciers.
Keim	Lieut., 8e artillerie.
Hautcoeur	Lieut., 8e chasseurs.
Effantin	Lieut., 7e dragons.
Dubuquoy	Lt, chass. de la garde
Alliot	Lieut., 3e hussards
Devarenne	S.-l., 10e cuirassiers.
Deshorties	Lieut., 2e lanciers
Michel	Lieut., 7e artillerie
Clerc	Lieut., 4e cuirassiers.
Klein	Lt, 2e cuir. de la garde
Lot	Lieut., 1er lanciers.
Minot	Lieut., 9e cuirassiers
Séguin	S.-l., 4e chasseurs.
Leclerc	S.-l., 2e carabiniers.
Schneider	Lieut., 7e cuirassiers.
Dorant	Capit., 12e chasseurs.
Charme	Lieut., 8e lanciers.
Cavayé	S.-l., 7e lanciers.
Cotte	S.-l., 5e chasseurs.
Pujade	Lieut., 5e dragons.
Chorin	Lieut., 6e artillerie.
Guibé	Lieut., guides de la g.
Mercier	S.-l., 1er chasseurs.
De Condé	Lieut., 4e artillerie.
Roques	S.-l., 1er dragons.
Marion	Lieut., artill. de la g.
Robert	Lieut., 6e lanciers.
Maréchal	Capit., 5e lanciers.
Margo	Lieut., 2e chasseurs.
Thouvenin	S.-l., 10e dragons.
Braun	S.-l., 2e chass. d'Afr.
Kiéner	Lieut., 2e dragons.
Desgrées-Dulou	S.-l., 4e dragons.
Movet	Lieut., 5e artillerie.
Pereuilh	S.-l., 9e dragons.
Troussel	S.-l., 2e hussards.
Stahl	Lieut., 15e artillerie.
Lyautey de Colombe	S.-l., 10e chasseurs.
Nieps	S.-l., lanciers de la g.
Karles-Kind	Lieut., 5e artillerie.
Jouve	S.-l., 1er chass. d'Afr.
Vauchassade de Chaumont	S.-l., 1er cuir. de la g.
Boulanger	Lieut., 3e hussards.
Deperry	S.-l., 6e dragons.
Lamayzon	S.-l., 8e cuirassiers.
Dupont	Lieut., 11e artillerie.
Paqueau	S.-l., 2e cuirassiers.
Barrez	Lieut., 10e artillerie.
De Masin	S.-l., 1er cuirassiers.
Carré	S.-l., 6e chasseurs.
Domas	S.-l., 8e dragons.
Du Bois	S.-l., 7e hussards.
Perrot	Lieut., 4e artillerie
Besançon	Lieut., 12e artillerie.
Ducauzé de Nazelles	S.-l., 2e cuir. de la garde (non cl.)
De Vaudrimey Davoust	S.-l., 3e huss. (non cl.)
De Colbert	S.-l., 6e huss. (non cl.)
De Lafontaine de Fontenay	S.-l., 3e drag. (non cl.)
De Marsay	S.-l., 6e lanc. (non cl.)
Audibert	S.-l., 12e ch. (non cl.)
De Lagué de Salis	S.-l., 8e lanc. (non cl.)
Lament	S.-l., 2e huss. (non cl.)
Benoit	Lt, 9e artill. (non cl.)

Deuxième Division.

Mirande	Lt, art. à pied de la g.
Aubert	Lieut., 1er cuir. de la g.
Lassallette	S.-l., 2e cuir. de la g.
Contamin	S.-l., 2e cuir. de la g
Hubert	S.-l., drag. de l'Imp.
De Cavailhès	S.-l., lanciers de la g.
Peyrault de Latour	S.-l., chass. de la g.
Chauveau	S.-l., guides de la g.
Maringer	Lieut., 9e artillerie.
Sacre	Lieut., 3e artillerie.
Berliat	Lieut., 5e artillerie.
Doré	Lieut., 6e artillerie.
Cavalier	Lieut., 7e artillerie.
Pigouche	Lieut., 11e artillerie.
Vallantin	Lieut., 17e artillerie.
Girard	S.-l., 4e esc. du train des équipages.
Bassuet	S.-l., 1er carabiniers.
Ournac	S.-l., 2e carabiniers.
Foyelet	S.-l., 1er cuirassiers.
Challot	Lieut., 2e cuirassiers.
Lemaitre	S.-l., 3e cuirassiers.
Fournier d'Arthel	S.-l., 4e cuirassiers.
D'Outhoorn	S.-l., 4e cuirassiers.
Bobillier	S.-l., 5e cuirassiers.
Bobin	Lieut., 6e cuirassiers

Chauveau de Bourdon	S.-l., 7e cuirassiers.
Lebrun	S.-l., 8e cuirassiers.
Villebois	S.-l., 9e cuirassiers.
Defodon	Lieut., 10e cuirassiers
Leplus	S.-l., 1er dragons.
Terré	Lieut., 2e dragons.
Legros	S.-l., 3e dragons.
De Montravel	S.-l., 4e dragons.
Debigny	S.-l., 6e dragons.
Laferrière	S.-l., 7e dragons.
Dalguerre	S.-l., 8e dragons.
Foucauld	S.-l., 9e dragons.
Ramond	S.-l., 10e dragons.
Salaman	S.-l., 11e dragons.
Vanveen	S.-l., 12e dragons.
Chassande-Patron	S.-l., 1er lanciers.
Adam	S.-l., 2e lanciers.
Poniatowski	S.-l., 3e lanciers.
Louer de la Caffinière	S.-l., 4e lanciers.
Blondiaux	Lieut., 5e lanciers.
Letenneur	Lieut., 6e lanciers.
Delauzon	Lieut., 7e lanciers.
Carré	Lieut., 8e lanciers.
Aubert	S.-l., 1er chasseurs.
Vienne	S.-l., 3e chasseurs.
Caffaro	Lieut., 4e chasseurs.
Du Feil	S.-l., 5e chasseurs.
Autric	S.-l., 6e chasseurs.
De Pignerolle	Lieut., 8e chasseurs.
Choinet de Saint-James	Lieut., 9e chasseurs.
Besnier	S.-l., 10e chasseurs.
Mailly	S.-l., 11e chasseurs.
Rothwiller	Lieut., 12e dragons.
De la Laurencie	Lieut., 1er hussards.
Aubenas	S.-l., 2e hussards.
De Salles de Hys	S.-l., 3e hussards.
Lenfumé de Lignières	Lieut., 4e hussards.
Bertrand-Geslin	Lieut., 5e hussards.
Lauer	S.-l., 6e hussards.
De Cointet	Lieut., 7e hussards.
Madon	S.-l., 8e hussards.
Coutanceau	S.-l., 1er ch. d'Afriq.
Varroquier	S.-l., 2e ch. d'Afriq.
Rinaldini	S.-l., 3e ch. d'Afriq.
Demont de Lavallette	S.-l., 2e spahis.
Lemonnier	S.-l., 3e spahis.

AIDES-VÉTÉRINAIRES STAGIAIRES

Faucon.
Gombault.
Bugniet.
Scheff.
Monceaux.
Couthures.

XVII

Le carnaval à Saumur. — Départ du général de Rochefort pour l'armée d'Italie. — Visite de quatre officiers danois. — Victoire de Magenta. — Le général Bruno, commandant l'École. — Victoire de Solférino. — Le conseil d'instruction est chargé de rédiger un travail individuel. — La fête de l'Empereur. — Courses et carrousel. — Visite du Ministre de la guerre. — Inspection du général Dupuch de Feletz. — Visite de trois officiers italiens. — Projet d'un mess pour les officiers. — Gerhardt. Manuel d'équitation : travail préparatoire au moyen de la cravache ; le plagiat de Baucher ; principaux moyens ; analyse de la progression du dressage ; aide-mémoire de chaque leçon ; répartition de chaque leçon ; travail militaire. — État-major, officiers et aides vétérinaires stagiaires en 1859. — Mise en essai à l'École de la nouvelle instruction provisoire sur le travail individuel. — Visite d'un officier sarde et de trois officiers américains. — Départ de dix aides vétérinaires stagiaires. — Essai de la nouvelle méthode du commandant Guérin. — Guérin. Dressage du cheval de guerre, des chevaux rétifs et des sauteurs : exposé de la méthode : choix de l'instructeur ; choix des cavaliers ; précautions à prendre pour harnacher les jeunes chevaux ; ajuster au cheval le mors qu'il doit avoir ; ajuster la selle ; considérations sur l'âge et sur la nature des jeunes chevaux ; de l'instruction en bridon et en bride ; de la récompense et du châtiment ; de la leçon de la longe à trotter ; l'homme de bois ; considérations sur les assouplissements ; leçon préparatoire ; instruction en bridon ; leçon de la cravache ; mobilisation de la mâchoire ; flexion latérale de l'encolure ; leçon du montoir ; mettre pied à terre ; flexion d'affaissement ; flexion d'élévation ; flexion du ramener. Assouplissement de pied ferme, le cavalier en selle : flexions latérales de l'encolure ; affaissement de l'encolure ; flexion d'élévation ; flexion du ramener ; assouplissement de l'arrière-main ; de l'éperon ; travail au galop ; travail en bride ; mobilisation de la mâchoire ; flexion de l'encolure à droite par torsion du mors ; affaissement de l'encolure ; flexion d'élévation ; flexion de l'encolure par les actions combinées des rênes du filet avec celle de la bride ; de la position de la tête du cheval. Travail de pied ferme, le cavalier à cheval : flexions latérales de l'encolure ; affaissement de l'encolure ; flexion d'élévation ; rotation de l'arrière-main autour de l'avant-main ; rotation de l'avant-main autour de l'arrière-main ; mise en main ; effets d'ensemble de pied ferme ; du reculer ; du pas ; flexions en marche ; affaissement de l'encolure en marchant ; mise en main en marchant ; travail au trot ; passage du coin ; pas de côté sur les diagonales ; descente de main et des jambes ; de l'éperon ; du galop ; du changement de pied ; changement de pied sans changer d'allure ; conseils pour le dressage des chevaux rétifs ; dressage des sauteurs.

L'époque du carnaval était toujours une occasion de fêtes à Saumur. Le dimanche 6 mars 1859, il y eut un bal travesti chez le général. Le lendemain, c'était la traditionnelle cavalcade.

Pendant l'année 1859, eut lieu, comme on le sait, la guerre d'Italie ; toute la jeunesse militaire de Saumur, ardente et fiévreuse aux échos des batailles, frémissait d'impatience.

Le mardi 8 juin, le général de Rochefort reçut l'ordre de partir immédiatement pour l'Italie. Il avait le commandement d'une brigade dans le 4e corps, division du général Niel.

« M. de Rochefort reçut des témoignages de sympathie de toute l'École et de la ville entière.

« Après la revue, un vieux cavalier de remonte, à l'œil pétillant, la moustache retroussée, le front couvert de rides, le type de ce soldat français dont l'allure atteste l'énergie et la franchise, s'avança d'un pas ferme vers son général et, lui présentant un sabre, se fit en ces termes l'interprète de la compagnie :

« Mon général, je viens au nom de la compagnie entière et comme doyen des cavaliers de remonte, vous offrir ce sabre. Nous savons qu'il sera bien porté. Que Dieu vous protège et protège l'Empereur ! Vive l'Empereur ! Vive le général ! »

M. de Rochefort, tout ému, reçut dans ses bras ce vieux soldat, le remercia de son témoignage de confiance et lui dit avec effusion qu'il saurait répondre à leur attente.

Au défilé de la revue, les cris de Vive le général de Rochefort ! étaient mêlés à ceux de Vive l'Empereur ! Toute la journée, l'hôtel du général fut envahi par ses nombreux amis, qui venaient lui exprimer leurs vœux.

« Le jeudi soir, à neuf heures, M. de Rochefort quitta Saumur. Les officiers, en corps, l'escortèrent avec des torches jusqu'à la gare ; plus de cinq à six mille personnes, tant civiles que militaires, se trouvèrent réunies sur la place du chemin de fer. Avant de descendre de cheval. M. le général adressa quelques paroles.

« Sa voix fut couverte des cris de Vive l'Empereur ! Vive le général ! Vive l'armée d'Italie ! Au moment où il entra dans la salle, la foule se précipita dans la gare et le conduisit jusque sous la marquise. Là, plusieurs soldats lui serrèrent la main ; M. de Rochefort, tout ému, les remercia et leur dit qu'il se rappellerait toute sa vie d'avoir été à la tête de l'École de cavalerie. Puis, s'adressant à quelques-uns des habitants, il ajouta qu'il n'oublierait jamais son séjour à Saumur.

« Aussitôt MM. les officiers se portèrent, armés de torches, sur le passage du train et saluèrent une dernière fois M. de Rochefort des cris de Vive le général ! »

Quatre officiers danois vinrent visiter l'École pendant le mois de juin : MM. *Hœberg*, lieutenant-colonel d'infanterie ; *Moltke* et *Goltschalk*, lieutenants de cavalerie, et *Moltke*, lieutenant d'artillerie.

Le dimanche 12, un *Te Deum* fut chanté, à une heure de l'après midi, à l'église Saint-Pierre pour la victoire de Magenta. Tous les officiers y assistèrent, deux escadrons, dont un formé par la division des sous-officiers d'artillerie, furent commandés de service avec l'étendard.

Le 25 juin, toutes les punitions furent levées et le quartier fut illuminé en honneur de la victoire de Solferino. Le dimanche suivant, 3 juillet, un *Te Deum* en actions de grâces fut chanté dans l'église Saint-Pierre à deux heures de l'après-midi. Tous les officiers en grande tenue de service y accompagnèrent le général. Un escadron de service y servait de garde à l'étendard.

Le *général Bruno*, récemment nommé au commandement de l'École, prit son commandement le 17 juin.

Le général Bruno était entré au service le 25 décembre 1818 comme élève à l'École spéciale militaire de Saint-Cyr. Nommé sous-lieutenant à la suite le 1er octobre 1821, il était placé, le 3 janvier suivant, au 44e régiment d'infanterie de ligne. Le 5 avril, il passait au 9e régiment et faisait la campagne d'Espagne de 1823. Il fit partie de l'armée d'occupation pendant les années de 1824, 1825 et 1826, et, le 27 décembre de cette dernière année, il passait avec son grade au 4e régiment d'infanterie de l'ex-Garde Royale. Licencié avec le brevet de lieutenant le 11 août 1830, il fut replacé le 16 décembre de la même année au 47e régiment d'infanterie. Le 25 janvier 1831, il passait avec son grade au 2e régiment de cuirassiers. Le 27 décembre 1833, il était nommé capitaine instructeur au 8e dragons, puis chef d'escadrons au 2e cuirassiers le 1er avril 1843. Lieutenant-colonel le 13 juin 1848 au 8e dragons, il passait colonel au 6e dragons le 26 décembre 1851, puis au 8e le 7 janvier 1852. Ce fut le 26 mai 1859 qu'il fut nommé général, et, le 10 juin suivant, il venait prendre le commandement de l'École.

Le Ministre de la guerre, reconnaissant que le travail individuel de la troupe, sans lequel l'instruction de la cavalerie reste incomplète, était négligé dans beaucoup de régiments, avait décidé que, sans apporter aucune modification à l'ordonnance du 6 décembre 1829, il serait établi, sous la direction du Conseil d'instruction de l'École, un travail individuel supplémentaire pour être annexé à l'ordonnance en vigueur et exécuté d'une manière uniforme dans tous les corps de cavalerie, à la suite de chaque leçon, à partir de la troisième, et de chaque article de l'école de peloton. Pour répondre à cette décision, une commission fut constituée et commença son étude dans les premiers jours de juillet.

La fête de l'Empereur fut célébrée comme de coutume. Revue sur le quai de Limoges à huit heures et demie du matin. *Te Deum* ensuite à l'église Saint-Pierre. Le soir, illuminations et réjouissances publiques.

Les courses annuelles eurent lieu le dimanche 4 septembre et le mardi 6. Le lundi c'était le carrousel.

Les courses militaires du dimanche furent remises au mardi, l'École attendant le Ministre de la guerre, le Maréchal Randon, qui devait arriver à quatre heures.

A quatre heures, le général Bruno, accompagné de tout le corps d'officiers à cheval, le préfet de Maine-et-Loire, le sous-préfet de Saumur, le maire et les autorités judiciaires, se rendirent à la gare pour recevoir le Ministre de la guerre. Le défilé du cortège eut lieu au milieu de toute la population, qui occupait les abords de la gare et des deux ponts.

En arrivant au quartier, les réceptions officielles eurent lieu dans les salons de l'hôtel du général.

Les pièces d'artillerie, disposées dans le Chardonnet, tirèrent chacune deux coups de canon au moment où le Ministre mit pied à terre.

Le lendemain lundi, dès sept heures du matin, le Ministre commençait sa visite de l'École. Il vit d'abord, au manège, les sous-officiers titulaires, la reprise des capitaines, les sauteurs dans les piliers et en liberté, et la reprise des écuyers. Il visita ensuite, dans les plus grands détails, l'atelier d'arçonnerie, l'école de maréchalerie et le haras d'études. Toutes les écuries étaient en grande tenue avec tresses.

Pendant le séjour du Ministre, tout le personnel conserva toujours la grande tenue, qui était réglementaire à partir de midi.

Le carrousel eut lieu le 5 septembre.

« Le carrousel donné par l'École de cavalerie a eu lieu au milieu d'un concours plus nombreux que de coutume. La présence de M. le Maréchal Randon donnait à cette réunion, toujours si brillante, plus d'éclat et plus de pompe, en même temps qu'elle excitait l'émulation des jeunes officiers qui joûtaient si habilement dans la carrière : on savait que M. le Ministre devait lui-même distribuer les prix aux vainqueurs.

« Ce sont les escadrons qui, commandés par MM. les capitaines Archambault et Chevals, ont commencé ces manœuvres pleines d'intérêt pour ceux même qui n'ont pas la science hippique. Ils ont été remplacés dans la lice par MM. les officiers qui, sous le commandement de M. le chef d'escadrons Guérin, ont exécuté les plus savants exercices d'équitation. Après eux sont venus MM. les sous-officiers, qui ont brillamment sauté les barrières. »

Cinq coups de canon furent tirés pendant le carrousel : un au commencement et un à la fin du carrousel de la troupe, un pendant la mêlée, un au commencement et un à la fin du carrousel des officiers.

Tableau chronologique
des Fers les plus usités de 1853 à 1872

259 Fer Syrien.

560 Fer Arabe province de Constantine.

1854 { 261 Fer Jarrier.

1856 { 262 Fourès. Fer avec vis traversant la paroi.

1857 { 263 Beaufils. Fer en acier avec oreilles.

1858 { 264 Renault. Fer à javart avec crochet.

1859 { 265 Crampon Defays.

1860 { 266 Watrin. Fer désencasteleur.

267 Fourès. Fer à étais mobiles.

268 Fer Fourès modifié.

269 Fer Laporte, école de Maréchalerie.

270 Goodenough. Fer en fonte malléable.

1861 { 271 Fer à étampures unilatérales. Ferrure Turner présentée par le docteur Guyton.

272 École de maréchalerie. Barbier. Fer à ressort.

273 Fer Poncet.

274 Bonnard. Fer Barbier à ressort à une branche rivé.

275 Bonnard. Fer Barbier à une seule branche.

276 Mercier. Fer à ressort.

1863 { 277 Fer à planche ressort et crampons.

278 Fer Poncet.

279 Vachette. Barrage de la seime quarte avec agrafe.

280 Fer arabe (Merche).

1864 { 281 Barrage de la seime quarte avec des clous dont les extrémités sont traversées par un fil fort.

282 Crampons Thuilard.

1865 { 283 Fer Charlier (face inférieure).

284 Fer Charlier (face supérieure).

285 Fer Charlier avec crampons rectangulaires.

286 Pied ferré avec le fer Charlier.

287 Fer Charlier à planche interrompue.

288 Alasonière. Fer anglais avec le Frog-stay.

289 Alasonière. Fer français avec l'arête-fourchette.

290 Loutreuil. Fer à éponges obliques.

291 Einsidel. Fer antérieur à glace, gorge très profonde, crampon circulaire acéré.

292 Einsidel. Fer postérieur à glace.

293 Clous Delpérier.

1866 { 294 Crampon Naudin.

295 Crampon Moser.

296 Crampon Latrille.

297 Fer à rebord, circulaire, étampures rondes.

298 Fer de Withers.

1868 { 299 Dupon. Fer à planche avec plaque de cuir.

300 Peillard. Fer élastique.

301 Clou Contela.

1869 { 302 École de Maréchalerie. Fer en cuir cousu sur un fer mécanique à rainure (face inférieure).

303 École de Maréchalerie. Fer en cuir, cousu sur un fer mécanique à rainures (face supérieure).

304 Fer antérieur à branche droite.

305 Fer postérieur à branche droite.

306 Fer à la turque à étampure en éponge.

307 Goubaux. Fer à tous pieds sans pinçons, étampé sur les deux faces.

308 Fer Laquerière.

309 Goyau. Fer à herse pour constater l'affaissement et l'exhaussement alternatif de la sole dans la marche.

310 Goyau. Fer à herse, face supérieure.

311 Goyau. Fer à tous pieds articulé en pince, imitation Peillard.

312 Fer Belge avec étais fixe (Goyau).

313 Fer mécanique à étampures rondes et rainure interrompue (Goyau).

314 Patin anglais (Goyau).

315 Fer Fleming.

316 Grappe Fleming.

317 Fleming. Crampon prismatique, crampon en acier soudé dans le crampon du fer. — Crampon à vis à tête pyramidale. — Crampon à vis à tête rectangulaire. — Crampon rectangulaire se terminant en prisme.

318 Ajustures d'après Dominik.

319 Crampon Judson à cheville ronde (Dominik).

320 Dominik. Barrage de la seime quarte au moyen d'une vrille et de clous.

321 Dominik. Pied fourbu paré à la râpe.

322 Dominik. Ferrure à glace.

323 Dominik. Crampons à chevilles carrées ou triangulaires.

324 Dominik. Crampons à chevilles rectangulaires.

325 Dominik. Fer allemand.

326 Rafraîchisseur Furlong (Dominik).

327 ayer. Ajusture inverse. (Dominik).

328 Fer Thacker. Clous brochés transversalement à la paroi (Dominik).

329 Patin Sachs (Dominik).

330 Fer pour patin Sachs (Dominik).

331 Patin Harris (Dominik).

332 Patin Sivert (Dominik).

333 Patin Wheeler (Dominik).

334 Crampon Judson.

335 Crampon Judson. Tête en obus.

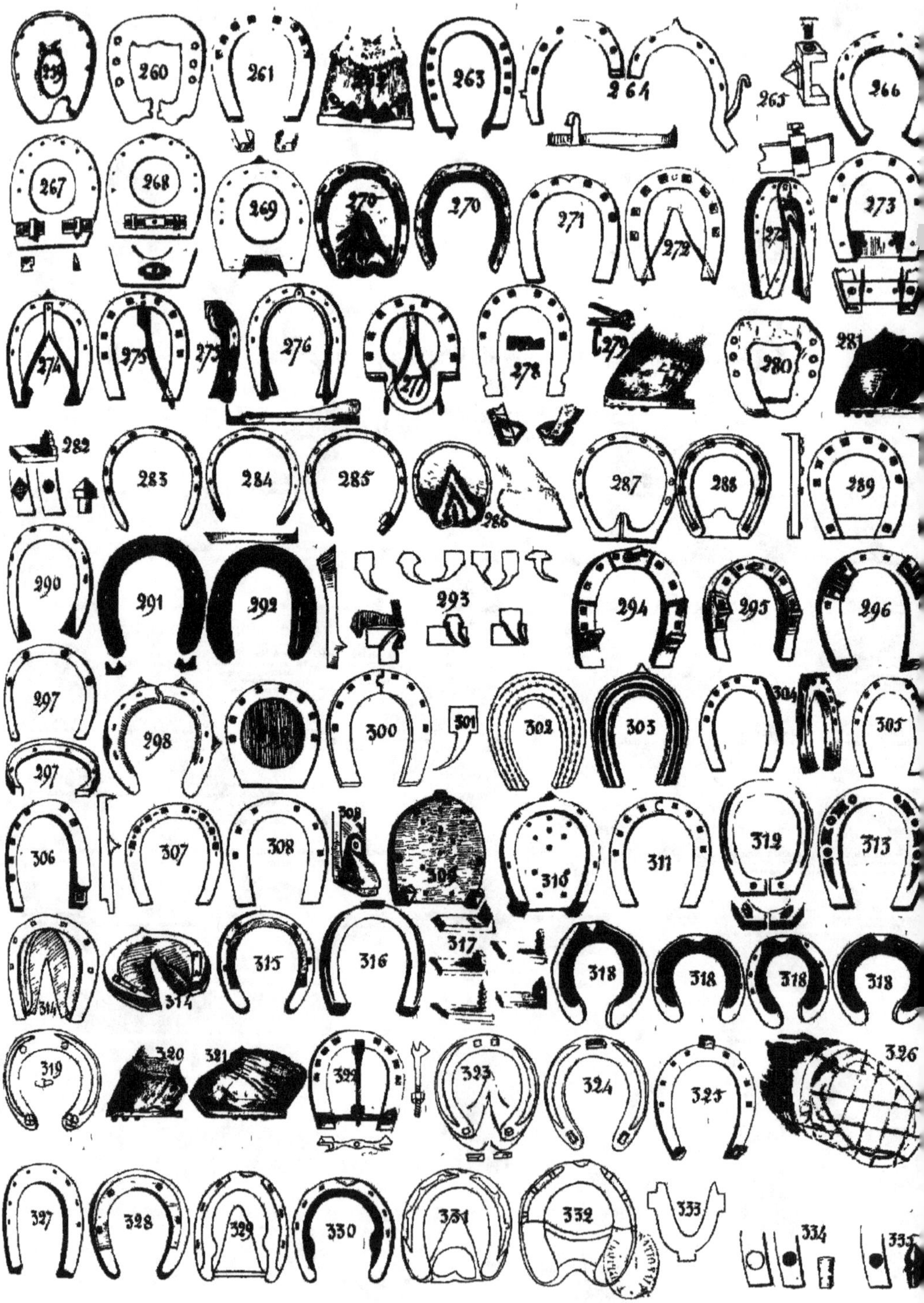

260
261
263
264
265
266
267
268
269
270
270
271
272
272
273
274
275
275
276
277
278
279
280
281
282
283
284
285
286
287
288
289
290
291
292
293
294
295
296
297
297
298
300
301
302
303
304
305
306
307
308
308
309
310
311
312
313
314
314
315
316
317
318
318
318
318
319
320
321
322
323
324
325
326
327
328
329
330
331
332
333
334
335

Le mardi, à sept heures et demie du matin, il y eut revue de toute l'École en grande tenue à cheval. Cette inspection eut lieu individuellement au pas, au trot et au galop. Ensuite les deux escadrons défilèrent successivement au trot et au galop.

Après la revue, les officiers se transportèrent au steeple du chemin de Chacé et franchirent avec succès les obstacles sous les yeux du Maréchal.

A une heure de l'après-midi, le Ministre se rendit aux courses, à cheval, accompagné du plus grand nombre des officiers.

DEUXIÈME JOUR DE COURSES

Deuxième course. — Course de haies, 500 francs, donnés par le chemin de fer d'Orléans. — Pour MM. les officiers français ou étrangers, montant leurs chevaux ou ceux de leurs amis (les chevaux de pur sang et ceux qui auraient été dans une écurie d'entraînement sont exclus). — Sans condition de poids. — Entrée, 20 francs, pour le deuxième arrivant; deux chevaux partant ou pas de course. — 2,100 mètres. — Six haies à franchir. — Trois chevaux engagés.

Arrivée première, ***Négresse***, montée par ***M. Piétu***. — Deuxième, ***La Brosse***, montée par ***M. Jacquemin***.

Troisième course. — Prix de M. le Maréchal ministre de la guerre. — Pour MM. les officiers d'instruction, montant des chevaux de carrière. — Six haies à franchir. — Huit chevaux engagés.

Arrivée première, *Clara*, montée par ***M. Roullet***. — Deuxième, *Caribert*, monté par ***M. Chauveau***.

Quatrième course. — Prix de la Ville. — Pour MM. les maîtres et les sous-maîtres de manège. — Six haies à franchir. — Six chevaux engagés.

Arrivé premier, ***Dix***, monté par ***M. Chaverondier***. — Deuxième, ***Marie-Louise***, montée par ***M. Esnault***.

Cinquième course. — Prix de S. Exc. M. le Maréchal ministre de la guerre. — Pour MM. les officiers d'instruction, franchissant huit haies, sur leurs chevaux d'armes. — Six chevaux engagés.

Arrivé premier, ***Buridan***, monté par ***M. Piétu***. — Deuxième, ***Alarme***, monté par ***M. Lauer***.

Sixième course. — Prix des Dames. — Pour MM. les officiers d'instruction, franchissant huit haies, sur des chevaux de carrière. — Dix chevaux engagés.

Arrivée première, ***Ogive***, montée par ***M. de Bourdon***. — Deuxième, ***Rivoli***, monté par ***M. Boudet***.

Septième course. — Prix de la Ville. — Pour MM. les sous-officiers du cadre de l'École, sur des chevaux de troupe. — Huit haies à franchir. — Douze chevaux engagés.

Arrivée première, ***Agnès***, montée par ***M. Laroche***. — Deuxième, ***Alerte-Grise***, montée par ***M. Braut***.

Huitième course. — Prix de la Ville. — Pour MM. les sous-officiers d'artillerie, sur leurs chevaux d'armes, chargés. — Huit haies à franchir. — Huit chevaux engagés.

Arrivé premier, ***Avare***, monté par ***M. Lafond***. — Deuxième, ***Zagaie***, montée par ***M. Roset***.

Le Ministre de la guerre quitta Saumur le mercredi matin à neuf heures, toute l'École en grande tenue à cheval avec l'étendard l'accompagna. Les pièces d'artillerie, en batterie sur le quai, lui rendirent les honneurs par une salve de dix-neuf coups de canon.

Le 7 septembre, le *général Dupuch de Feletz* arriva à Saumur pour passer l'inspection générale de l'École. La revue d'honneur eut lieu le 20.

Au commencement de novembre, l'École fut visitée par des officiers italiens : MM. *Afan de Rivera* et *Russo*, capitaines, et M. *Pinto*, contrôleur militaire.

On avait déjà étudié l'idée d'établir un mess et un casino militaire pour les officiers de l'Ecole de cavalerie, on reprit cette idée en 1859. Une commission fut constituée ; mais on n'obtint pas encore de résultat. Ce projet ne devait aboutir que beaucoup plus tard.

Le nom du *colonel Gerhardt* est trop connu en équitation pour que nous laissions passer inaperçu son *Manuel d'équitation,* qu'il publia en 1859.

M. Gerhardt confia d'abord son manuscrit à M. Baucher. Le grand maître se disposait précisément à publier la onzième édition de ses œuvres. Il retourna le manuscrit quelques jours après, en l'accompagnant d'une lettre approbative qui figure en tête du *Manuel d'équitation* du colonel Gerhardt (à cette époque capitaine).

M. Baucher s'était constamment prononcé de la façon la plus formelle contre le *travail préparatoire au moyen de la cravache,* qui constituait une théorie toute nouvelle, indépendamment de la forme originale que le colonel Gerhardt lui avait donnée. On a donc lieu d'être surpris de trouver ces exercices de gymnastique hippique dans la onzième édition de la méthode Baucher, sans que son auteur les eût jamais enseignés auparavant et surtout sans que le colonel Gerhardt fût nommé par lui. Mais par un sentiment de haute déférence pour le maître, le colonel Gerhardt ne lui en fit aucune observation.

Mais sa surprise fut bien plus grande quand, l'année suivante, en revenant à Paris, il vit tous les élèves de Baucher, tous nouveaux, du moins pour la plupart, travaillant leurs chevaux, à pied, non pas à la cravache, mais... avec la chambrière !

Le *Manuel d'équitation* du capitaine Gerhardt avait pour but principal de présenter une progression raisonnée et pratique de la méthode Baucher et, à ce titre, il était certainement sous la dépendance du maître; mais M. Gerhardt y avait ajouté une chose personnelle à lui : son dressage à la cravache, et c'est pour nous, au point de vue historique de l'équitation, la chose marquante du livre.

Manuel d'équitation *ou essai d'une progression pour servir au dressage prompt et complet des chevaux de selle et particulièrement des chevaux d'armes, précédé d'une analyse raisonnée du Bauchérisme, par A. Gerhardt, capitaine instructeur des lanciers de la garde impériale.*

Comme l'indique son titre, cet ouvrage a pour base le système Baucher, c'en est une simplification raisonnée; l'auteur, d'ailleurs, explique son but dans sa préface :

« *Un grand nombre de cavaliers, civils ou militaires, d'instructeurs même, pratiquent, avec plus ou moins de succès, les principes de la nouvelle école; mais chacun les interprète à sa manière, et, s'ils sont arrivés à des résultats satisfaisants, ils ne les ont obtenus le plus souvent qu'après des tâtonnements sans nombre qui, maintes fois, ont fait chanceler leur foi, en provoquant chez le cheval des défenses toujours attribuées à la méthode, pourtant bien innocente de ces mécomptes.*

« *C'est que beaucoup de cavaliers, malgré de nombreux avertissements, persistent à vouloir pratiquer la méthode sans maître, ne se servant que du livre, qui, dans ce cas, devient tout à fait insuffisant.*

« *Ce qui leur manque, à ces cavaliers, c'est une progression résuman scrupuleusement la pensée de l'éminent professeur, une sorte de manuel, un guide pratique à la portée de tous et surtout exempt des opinions personnelles (fort respectables du reste) de tous ceux qui, à tort ou à raison, prétendent perfectionner la méthode.*

« *La méthode de dressage, a-t-on dit précédemment, consiste en une série d'assouplissements ayant pour objet de faire céder toutes les parties du cheval soit directement, soit indirectement, à l'action isolée d'abord, puis combinée des aides du cavalier.*

« *Ne jamais chercher à combattre deux forces à la fois et surtout ne rien demander sur l'ombre d'une résistance sont deux principes fondamentaux.*

« *Les principaux moyens dont dispose la méthode pour amener le cavalier à se rendre maître de toutes les forces du cheval, pour en user ensuite suivant sa volonté, sont :*

« *1° Le travail préparatoire de la cravache; — 2° les flexions de la mâchoire et de l'encolure; — 3° l'effet d'ensemble et la descente de main; — 4° les pirouettes et le travail sur les hanches; — 5° le reculer; — 6° la concentration des forces au moyen des éperons.*

« *Le but que se propose l'école de M. Baucher est de s'emparer des forces du cheval par l'assouplissement (non par la fatigue) et de déterminer l'équilibre.*

« *Pour arriver à faire céder facilement toutes les charnières, toutes les articulations qui composent la machine, il faut nécessairement assouplir en particulier chacun des organes qui agissent sur elles, et pour cela il faut procéder par ordre. On commence par les muscles des mâchoires pour les motifs indiqués précédemment, et, à cet effet, on n'emploie que des moyens doux qui, toutefois, n'excluent point une certaine fermeté; point de force, point de brutalité, point de lutte avec le cheval; les oppositions des mains sont exactement proportionnées aux résistances du cheval qui, alors, cède facilement aux effets du mors, sans jamais chercher à s'y soustraire par la violence. Les mors durs sont donc absolument rejetés pour ce travail.*

« *Après la mâchoire, on passe à l'encolure, en agissant avec la même gradation.*

« *Le cavalier, étant maître de la tête et de l'encolure, de manière à pouvoir leur donner les positions réclamées pour les mouvements qui vont suivre, commence l'assouplissement des hanches en les faisant tourner, pas à pas, autour des épaules maintenues en place, n'exigeant d'abord que peu de perfection dans l'exécution de ce travail.*

« *Il use de la même prudence pour assouplir les épaules, en obligeant celles-ci à tourner autour des hanches.*

« *Enfin, il complète plus tard ces assouplissements en place par le travail progressif et méthodique du reculer, qui agit plus particulièrement sur les muscles du dos, du rein et de la croupe.*

« *C'est des oppositions judicieuses des aides qu'on produit l'équilibre des forces musculaires, et, par suite, ce qu'il est convenu d'appeler l'équilibre relatif. L'ayant obtenu de pied ferme (ce qui se traduit par la légèreté à la main et à l'aisance dans les mouvements), on cherche à l'obtenir successivement à toutes les allures, d'abord sur une piste, ensuite sur deux. Et voilà le cheval dressé suivant la méthode de M. Baucher.*

« *Maintenant, veut-on un cheval de troupe? On lui donnera une souplesse relative; on fera un instrument grossier pour des mains grossières. Demande-t-on un cheval de promenade, un cheval d'officier léger et gracieux, on poussera un peu plus loin les assouplissements et la concentration des forces.*

« *Enfin, réclame-t-on un cheval de tête, un cheval destiné aux hautes difficultés de l'art, on lui appliquera la méthode dans tous ses détails et avec tous ses raffinements.*

« *Il est urgent de faire des séances courtes, surtout dans les premiers temps, pour éviter la fatigue.*

« *Les cavaliers isolés, qui pourront à volonté choisir l'heure et fixer la durée de leur travail, feront bien d'exercer leurs chevaux deux fois par jour, matin et soir, pendant trois quarts d'heure chaque fois.*

« Quant aux chevaux de remonte, le service militaire ne permettant pas toujours de les faire travailler deux fois, les premières séances seront d'une heure et pourront être portées progressivement à une heure et demie.

« Soixante séances suffisent largement pour le dressage des chevaux de troupe ; toutefois, à moins de pénurie de chevaux ou de besoins imprévus, on fera bien de les garder plus longtemps, de même qu'on aura attendu le plus tard possible pour commencer leur instruction. En cas de besoins imprévus, on exercera les chevaux deux fois par jour, et il sera facile d'obtenir, en trente jours de travail et sans aucune fatigue, une éducation plus complète que celle qu'on donnait par les anciens errements en six ou huit mois. »

Nous allons relever la progression indiquée par M. Gerhardt :

PREMIERE LEÇON

1° Travail préparatoire de la cravache. — *Faire venir le cheval à soi au moyen de la cravache. — Préparer le ramener. — Faire ranger les hanches. — Préparation au reculer. — Faire marcher sur deux pistes. — Préparer le rassembler.*

2° Flexions de machoire et d'encolure. — *Flexion préparatoire d'affaissement. — Première flexion fondamentale (latérale de la mâchoire et de l'encolure). — Deuxième flexion fondamentale (affaissement de l'encolure). — Troisième flexion fondamentale (directe de la mâchoire, ramener). — Quatrième flexion fondamentale (latérale de l'encolure). — Flexions complémentaires. — Leçon du montoir. — Première flexion à cheval (latérale de l'encolure). — Deuxième flexion à cheval (directe de la mâchoire et de l'encolure, ramener).*

3° Marcher au pas et changer de main.

4° Pirouettes sur les épaules et sur les hanches. — *Pirouette renversée (croupe autour des épaules). — Pirouette ordinaire (épaules autour des hanches).*

5° Effets d'ensemble. — *Effets diagonaux.*

Récapitulation de la première leçon (environ dix séances). — Aide-Mémoire. — *Amener les chevaux au manège et les disposer sur la ligne du milieu. — Jusqu'à ce qu'ils répondent parfaitement au travail préparatoire de la cravache, y employer le commencement de chaque séance. — Habituer surtout le cheval à ranger ses hanches au moindre contact et sans déplacer son avant-main.*

Le travail de la première leçon est réparti de la manière suivante :

1° Consacrer les trois ou quatre premiers jours exclusivement au travail de la cravache et aux flexions à pied : d'abord la flexion préliminaire d'affaissement (n'en pas abuser) ; ensuite exécuter, toujours dans l'ordre prescrit, les quatre flexions fondamentales ; ne pas insister sur les flexions latérales de l'encolure pour les chevaux de troupe.

2° Pendant deux ou trois jours, après vingt minutes de travail à pied, donner la leçon du montoir, individuellement et avec le plus grand soin, et dès que les chevaux restent calmes sous le cavalier, commencer les flexions à cheval. Terminer chaque séance par quelques tours sur la piste, n'exigeant du cheval que la position du ramener.

3° Pendant trois ou quatre jours encore, après une demi-heure consacrée au travail à pied, à la leçon du montoir et aux flexions à cheval, faire exécuter les pirouettes de pied ferme, en les décomposant pas à pas, et terminer les séances par la leçon de l'effet d'ensemble, donnée d'abord homme par homme, les cavaliers étant arrêtés sur la piste (à main gauche), et répétée ensuite en marchant à l'une ou à l'autre main.

DEUXIÈME LEÇON

1° Pirouettes en marchant. — *Pirouette renversée. — Pirouette ordinaire.*

2° Marcher au trot. — *Changement de main.*

3° Travail sur les hanches *(au pas). — Travail sur les hanches au pas. — Demi-volte ordinaire. — Contre-changement de main. — Demi-volte renversée. — Changement de main renversé. — Épaule en dedans. — Épaule en dehors.*

4° Marche circulaire.

5° Travail individuel *(au pas).*

Récapitulation de la deuxième leçon (environ douze séances). — Aide-Mémoire. — *Les dix premières minutes de chaque séance, consacrées au travail en place (travail préparatoire de la cravache, flexion de mâchoire et d'encolure, etc.). — Mettre les cavaliers en colonne sur la piste, avec trois mètres de distance.*

1° Faire quelques pirouettes sur les épaules et sur les hanches, les cavaliers étant arrêtés sur la piste. Répétition de ces pirouettes en marchant. Entrecouper ce travail de quelques marches au trot. Changement de main après avoir fait passer au pas (deux séances).

2° Répétition du travail précédent, en y ajoutant le changement de main au Changement de main complet sur les hanches au pas.

3° Répétition des pirouettes en marchant. Passer du trot au grand trot et vice *Changement de main complet sur les hanches. Demi-volte ordinaire. Contre-changement de main. Demi-volte renversée. Changement de main renversé. Épaule en dehors, épaule en dedans. Marche circulaire. Travail individuel au pas (huit séances environ).*

Les cavaliers isolés exécuteront ces divers mouvements avec le plus grand soin, en se conformant d'ailleurs à la progression ci-dessus.

TROISIÈME LEÇON

1° Travail sur les hanches et travail individuel *(au trot).*

2° Toucher des éperons. — *Toucher des éperons (première phase).*

3° Répétition des pirouettes *et des mouvements sur les hanches sans le secours des jambes.*

4° Descente de main et de jambes

5° Principes du reculer. — *Reculer individuel. — Reculer en reprise.*

Récapitulation de la troisième leçon (environ huit séances). — Aide-Mémoire. — *Les cinq premières minutes de chaque séance sont consacrées au travail en place.*

1° Exécuter le travail sur les hanches au trot, en suivant la progression indiquée à la deuxième leçon. Terminer chaque séance par le travail individuel au trot, conformément aux principes prescrits (quatre séances environ).

2° Répétition du travail précédent. Toucher délicat des éperons, deux ou trois fois au plus dans chaque séance (deux séances).

3° Ajouter, aux exercices des pirouettes précédentes, la répétition du travail sur les hanches, sans le secours des jambes. Descente de main, de pied ferme, au pas, au trot. Principes du reculer (deux séances).

QUATRIÈME LEÇON

1° Effet d'ensemble avec pression des éperons.

2° Principes du galop. — *Départs individuels et successifs. — Travail au galop en reprise.*

3° Changement de pied. — *Changement de pied en l'air sur un changement de direction.*

4° Travail sur les hanches *(au galop). — Travail sur les hanches. — Changement de pied après le changement de direction. — Épaule en dehors et épaule en dedans. — Demi-volte ordinaire. — Contre-changement de main. — Demi-volte renversée — Changement de main renversé. — Changement de pied sur la ligne droite.*

5° Du rassembler. — *Effets préliminaires du rassembler. — Piaffer.*

Récapitulation de la quatrième leçon (environ quinze séances). — Aide-Mémoire.

1° Répétition du travail sur les hanches au pas et au trot ; toucher fréquent des éperons sans soutien de main (première phase). Effets d'ensemble avec contact des éperons, après l'exécution de chaque mouvement et en marchant au pas sur la piste. Départs individuels et successifs au galop, sur le pied du dedans. Reculer (éviter l'acculement) (quatre séances).

2° Exécution de quelques mouvements sur les hanches, au pas et au trot ; quelques effets d'ensemble avec toucher des éperons, d'abord en marchant, ensuite de pied ferme. Départs successifs et alternatifs sur le pied du dedans et sur le pied du dehors. Quelques tours au galop sans arrêter, à l'une et à l'autre main, individuellement, puis en reprise (quatre séances environ).

3° Perfectionnement du travail sur les hanches, au pas et au trot, fréquents départs au galop, alternativement sur l'un et l'autre pied. En passant au pas, après chaque départ, attaques délicates en marchant, avec soutien de main (phase intermédiaire), et suivies d'un effet d'ensemble avec pression des éperons. Changement de pied à la fin d'un changement de direction diagonal (7 séances environ). Préparation à la haute école : travail sur les hanches au galop. Départs au moyen de la jambe directe. Changement de pied sur la ligne droite. — Effets de rassembler, pendant cinq minutes seulement. — Piaffer. — Le temps consacré à ce travail sera en raison directe du degré de tact du cavalier, et dépendra aussi de la nature et de la conformation du cheval.

Il est nécessaire d'ajouter que M. Gerhardt a eu soin de souligner, dans la progression de chacune de ses leçons, les choses qui ne doivent pas être demandées au cheval de troupe.

Dans un appendice, l'auteur parle des chevaux exceptionnels : *Cheval qui se cabre ; — qui rue ; — qui s'accule ; — qui s'emporte ; — qui se dérobe ; — qui bat à la main ; — qui porte au vent ; — qui s'encapuchonne.*

Enfin, dans une deuxième partie intitulée : *Travail militaire*, il ébauche une sorte d'école de peloton qu'il propose pour remplacer celle de l'ordonnance :

Habituer les chevaux aux armes et maniement des armes à toutes les allures. — 1° Faire quitter le peloton individuellement et par file ; — 2° Marches en bataille et conversions ; — 3° Charge individuelle et charge par peloton ; — 4° Sauts d'obstacles ; — 5° Habituer les chevaux aux bruits de guerre. — Feux du mousqueton et du fusil.

1859

ÉTAT-MAJOR DE L'ÉCOLE

BRUNO	Général de brigade.	GUÉRIN	Ch. d'esc., écuy. en ch.
SCHMIDT	Colonel.	LARDEUR	Capitaine-trésorier.
ROLLAND	Lieutenant-colonel.	SCHMITT	Capit. d'habillement.
DARNIGE	Chef d'escadrons.	ROUYER	Lieut. adjoint au trés.
PRÉVOST	Major.	DARIOT	S.-lieut. porte-étend.

ÉTAT-MAJOR DE L'ÉCOLE (Suite).

Majesté	Médecin principal.	Boulligny	
Rustégho	Médecin aide-major.	Dessort	Capit. instructeurs.
Hatin	Vét. en 1er, pr. de mrie	Grandin	
Vallon	Vét. en 1er, dir. du h.	De Bonne	
Lescot	Aide-vétérinaire.	Léaux	Capitaines écuyers.
Eicher		Leloutre	
Chevals		Cogent	Cap., dir. de l'arçonn.
Humbert		Barada (Duthil)	Lieut.
Allavène	Capit. instructeurs.	Cador	Lieut.
Archambault		Lenfumé de Lignières	Lieut. s.-écuyers.
Kabis		Grandjean	Lieut.
Pinot		Piétu	S.-l.

OFFICIERS D'INSTRUCTION

Première Division.

Challot	Lieut., 2e cuirassiers.	Legros	S.-lieut., 3e dragons.
Caffaro	Lieut., 4e chasseurs.	Vallantin	Lieut., 17e artillerie.
Lemaitre	S.-lieut., 3e cuirass.	Bobillier	S.-l., 2e cuir. de la g.
Bassuet	S.-lieut, 1er carabin.	Choinet de Saint-James	Lieut., 9e chasseurs.
Adam	S.-lieut., 2e lanciers.	Sacre	Lieut., 4e artillerie.
Laferrière	S.-lieut., 7e dragons	Lassallette	S.-l., 2e cuir. de la g.
Ramon	S.-lieut., 10e drag.	Aubenas	S.-lieut., 2e hussards
Berliat	Lieut., 5e artillerie.	Villebois	S.-lieut., 9e cuirass.
Chauveau de Bourdon	S.-lieut., 7e cuirass.	Varroquier	S.-lieut., 2e ch. d'Af.
Leteneur	Lieut., 6e lanciers.	Chauveau	S.-l., guides de la g.
Derigny	S.-lieut., 6e dragons.	Aubert	S.-lieut., 1er ch. d'Af.
Terré	Lieut., 2e dragons.	Vanven	S.-lieut., 12e dragons
Bobin	Lieut., 6e cuirassiers	Demont de Lavallette	Lieut., 2e spahis.
Blondiaux	Lieut., 5e lanciers.	Defodon	Lieut., 10e cuirass.
Vienne	S.-lieut., 3e chasseurs	Leplus	S.-lieut., 1er dragons
De Salles de Hys	S.-lieut., 3e hussards	Lebrun	S.-lieut., 8e cuirass.
Salaman	S.-lieut., 11e drag.	Lauer	S.-lieut., 6e hussards
Fournier d'Arthel	S.-lieut., 2e hussards	Rinaldini	Lieut., 3e ch. d'Afriq.
Lenfumé de Lignières	Lt, 4e huss. (s.-écuyer à l'Ecole).	Le Monnier	Lieut., 3e spahis.
		Fovelet	S.-lieut., 1er cuirass.
Coutanceau	S.-lieut., 1er ch. d'Af.	De Montravel	S.-lieut., 4e dragons.
Carré	Lieut., 8e lanciers.	Doré	Lieut., 6e artillerie.
Delauzon	Lieut., 7e lanciers.	Poniatowski	S.-lieut., 3e lanciers.
Ournac	S.-lieut., 2e carabin.	Foucauld	S.-lieut., 9e dragons.
Rothwiller	Lieut., 12e chass.	DuTeil	S.-lieut., 5e chass.
Maringer	Lieut., 1er artillerie.	De la Laurencie	Cap. 1er huss.
Bertrand-Geslin	Lieut., 5e hussards.	De Pignerolle	Cap. 8e chass. n. cl.
Dalguerce	S.-lieut., 8e dragons.	Louer de la Caffinière	S.-l, 4e lanc.
Autric	Lieut., 6e chasseurs.	De Outhoorn	S.-l., 4e cuir.

Deuxième Division.

PREMIÈRE SECTION

Gaillard	Lieut., 1er dragons.	Brisson	Lt, 1er cuir. de la g.
Roullet	Lieut., 2e carabin.	Decq	Lieut., 9e artillerie.
Jouvenot	Lieut., 2e hussards.	Fortin	Lieut., 6e chasseurs.
Leclerc	Lieut., 3e dragons.	Tournier	Lieut., 3e cuirassiers.
Poupon	Lieut., 10e dragons.	Demont de Bencque	Lieut., 1er cuirass.
Urtin	Lieut., 5e cuirass.	Durand	Lieut., 9e chasseurs.
Fiéron	Lieut., 10e cuirass	Jacquemin	Lieut., 1er carabin.
Jouve	Lt, 1er cuir. de la g.	Wothfrom	Lieut., 5e artillerie.
Vignal	Lieut., 7e cuirassiers	Velly	S.-lieut., 5e cuirass.
Thiou	Lieut., 13e artillerie.	Delagreverie	Lieut., 11e artillerie.
Chatelot	Lieut., 6e lanciers.	Gros	Lieut., 16e artillerie.
Jacquemin	Lieut., 5e hussards.	Reynaud	Lieut., 2e spahis.
Gatian de Clérambault	Lieut., 8e chasseurs.		

DEUXIÈME SECTION

Baissade	S.-lieut., 4e hussards	De Foulque	S.-lieut., 2e cuirass.	
Chevillot	S.-l., 1er esc. du train des équipages.	Heymann	Lieut., 8e lanciers.	
		Mulot	S.-lieut., 6e hussards	
Bigot de la Touanne	S.-lieut., 2e lanciers.	Kammerer	S.-lieut., 5e lanciers.	
Pennet	S.-lieut., 4e dragons.	Ponte de Puybaudet	S.-lieut., 9e dragons.	
Lombard	S.-lieut., 9e cuirass.	De Fritsch	S.-lieut., 1er lanciers	
Bondet	S.-lieut., 12e chass.	De Chamborant de Périssat	S.-lieut., 2e hussards	
Destremont	S.-lieut., 7e chasseurs	Paploré	S.-l., 2e chass. d'Af.	
Richond	S.-lieut., 5e dragons	Boulmagne	S.-lieut., 4e lanciers.	
Pairou	S.-lieut., 7e hussards	Rigodi	S.-l., 1er chass. d'Af.	
Leclère	S.-l., 3e chass. d'Af.	Haignière	S.-l., chass. de la garde.	n. cl.
Marin	S.-lieut., 12e dragons			
Jannot de Moncey	S.-lieut., 3e hussards	Mazet	S.-l., guides de la garde.	n. cl.
Mazure	S.-lieut., 11e dragons			
Marceron	S.-lieut., 8e dragons.	Van Schalkwyck Boisaubin	S.-l., 8e cuir.	n. cl.
Lemaire	S.-lieut., 7e dragons.	Anglas	S.-l., 5e lanc.	n. cl.
Chaussade	S.-l., 4e esc. du train des équipages.	Riquet	S.-l., 7e lanc.	n. cl.
		Lepescheux-Dohautbourg	S.-l., 1er huss.	n. cl.

AIDES-VÉTÉRINAIRES STAGIAIRES

Crozat.	Thiébaux.	Delpérié.	Badinier.
Barthelet.	Condamine.	Pourrat.	Larroutuzou.
Durand.	Fieuzet.	Lafosse.	Betmale.
Trouillet.	Dupui.	Etchecoin.	Ribert.
Imberti	Campariol.	Renoud.	Jacoppé.
Moinard.	Carrey.	Rigaud.	Jouves.
Devic.	Delahaye.	Gavet.	Marcel.
Defrère.	Clerc.	Herpin.	Corroy.
Grémeaux.	Dumoulin.	Bernadot.	

Dès les premiers jours de janvier 1860, on mit en application, à l'École, la *nouvelle instruction provisoire sur le travail individuel.* Un registre fut ouvert sur lequel devaient être consignées toutes les observations ou propositions que pouvait faire naître ce nouveau procédé d'instruction.

L'enseignement équestre participa à cette application; il était prescrit que les mouvements du travail individuel fussent autant que possible compris dans les leçons du manège.

Au commencement de mars, l'École fut visitée par plusieurs officiers étrangers, savoir : un officier sarde, M. *Farini*, et trois officiers américains : le *capitaine Seymour* et les *lieutenants Peyram* et *Helton*.

A la fin du même mois, pour assurer le service hygiénique de plusieurs régiments de cavalerie qui devaient changer de garnison, dix aides vétérinaires stagiaires furent dirigés sur ces corps.

Le 23 avril, vingt-cinq chevaux de carrière furent soumis à l'essai de la *nouvelle méthode de dressage du commandant Guérin*, écuyer en chef. Une commission fut constituée pour suivre cette expérience et en faire un rapport.

Nous avons dit que les essais des différents systèmes de dressage à l'École de cavalerie avaient décidé le commandant Guérin, écuyer en chef, à écrire sa méthode. Nous allons en transcrire les principales données :

DRESSAGE DU CHEVAL DE GUERRE, *suivi du dressage des chevaux rétifs, des sauteurs au pilier et en liberté, par A. Guérin, chef d'escadrons, écuyer en chef de l'École impériale de cavalerie.*

Dans l'avant-propos, l'auteur expose très nettement son but et sa manière de voir :

« L'instruction du jeune cheval, quel que soit le genre de travail auquel on le destine, exerce, on n'en saurait douter, une influence immense sur sa longévité et sur la qualité de ses services.....

« Le dressage du jeune cheval commence au moment où l'armée le prend à la ferme.....

« L'officier intelligent et capable trempe la fibre et continue le développement des formes et de la santé.....

« Au régiment aussi, l'officier continue ou rectifie l'éducation première du jeune cheval, en donnant une bonne direction à ses instincts...

« Et en effet, le dressage bien entendu et approprié d'après l'espèce au tempérament, à l'âge, à la force, à la conformation et au caractère du jeune cheval, assure au cavalier une soumission telle que sa monture se complaît, pour ainsi dire, dans l'obéissance; de là résulte la ponctualité dans le travail individuel, l'exactitude du travail d'ensemble, la régularité des manœuvres et, partant, la force de la cavalerie.

« Si maintenant on examine l'influence du dressage, au point de vue économique, on comprendra bientôt que là où il y a obéissance, il y a absence de luttes, que là où il n'y a pas de luttes il n'y a pas d'à-coups, causes certaines des tares, pas de forces dépensées en pure perte et, par conséquent, conservation.

« Observateur dévoué des nécessités équestres de la cavalerie, je me suis bien convaincu de ces vérités, que le cheval de troupe doit ajouter à ses aptitudes morales et physiques pour la guerre, la douceur à l'écurie, la docilité au montoir; il faut qu'il sache rester en place et isolé, se porter franchement en avant à la pression des jambes, et, à l'attaque vigoureuse des éperons, tourner à droite et à gauche, à toutes les allures, à la moindre indication de la main de la bride, savoir arrêter, reculer, appuyer à droite et à gauche sans résistance, supporter sans se tourmenter le poids, les chocs, le bruit des armes et la pression du rang; en sortir sans hésiter; être franc au passage des différents obstacles et marcher sur des hommes placés en avant et exécutant des feux.

« Pour arriver à ces résultats, il faut employer des moyens coordonnés.

« La meilleure méthode est celle qui procède sans cesse du simple au composé...

« *En publiant cette brochure, mon but a été de me rendre utile aux jeunes instructeurs qui, pleins de zèle, se laissent souvent entraîner à des inutilités au préjudice de l'essentiel. Que l'écuyer attaque de front toutes les difficultés de la haute école, qu'il éloigne de lui, autant que faire se pourra, la limite du possible, qu'il cultive avec amour la poésie de l'équitation, en étendant son intelligence équestre, rien de mieux; mais vouloir inoculer, en quelque sorte, aux masses ce sentiment exquis, ce tact indéfinissable qui n'est le partage que de quelques hommes d'élite, comme les D'Abzac, les Rousselet, les d'Aure, etc., et de ces intelligences équestres qui n'appartiennent qu'à des géants comme M. Baucher, c'est plus qu'une erreur, c'est une faute grave, qui entraîne avec elle les plus funestes résultats.*

« *De même, il faut au soldat des vêtements, des armes et un harnachement simple et solide, de même il lui faut une instruction équestre qui, renfermée dans de sages et brèves limites, repose sur des principes vrais, à la portée de son intelligence et dégagée de toute superfluité.*

Tout le livre serait à transcrire, mais nous ne le pouvons pas; nous allons suivre les différents paragraphes en notant, au courant de la plume, leurs points saillants :

Notions préliminaires. — Choix de l'instructeur. — *Il ne suffit pas de monter à cheval soi-même d'une manière remarquable pour être apte à diriger l'instruction des chevaux de remonte : cette mission importante réclame des connaissances et des qualités sérieuses. Connaître le cheval, se bien rendre compte de l'influence du mode de création et d'élevage en France, posséder l'hygiène, avoir l'esprit observateur, être doux et patient, avoir le don de se bien faire comprendre des hommes attachés aux jeunes chevaux, faire naître en eux l'intelligence et l'amour de la chose, exécuter soi-même, en le démontrant, ce qui ne serait pas compris, telles sont les qualités que doit réunir tout instructeur.*

Choix des cavaliers. — *Les cavaliers les plus intelligents, reconnus doux de caractère et d'une heureuse conformation, devront être choisis pour dresser les jeunes chevaux.*

Ajuster au cheval le mors qu'il doit avoir. — *Pour déterminer d'une manière rationnelle le mors qu'il convient de donner à tel ou tel cheval, il faut consulter bien plus scrupuleusement sa conformation générale, son plus ou moins de sang, que d'étudier seulement la manière d'être des parties de la bouche qui doivent recevoir les effets du mors, car des principes vrais appliqués à la partie peuvent être modifiés par l'examen du tout.*

Ajuster la selle. — *Les instructeurs ne sauraient trop apporter de soins* *dans l'appréciation des différentes pointures, car la conservation des chevaux, en route et en campagne, dépend en grande partie de cette première opération.*

Si, ce qui arrive souvent, un jeune cheval se crispe et fait le gros dos lorsque la selle est fixée, il faut bien se garder de le faire marcher, car, après s'y être refusé d'abord, il partirait par des bonds, pourrait s'échapper, s'abattre ou se lancer contre les murs; dans ce cas, le caresser beaucoup, chercher à le mobiliser en lui faisant faire un pas ou deux au plus, en arrière, à droite, à gauche, mais jamais en avant.

DE L'INSTRUCTION EN BRIDON OU EN BRIDE. — *L'âge du jeune cheval oblige à l'emploi du bridon, ou autorise à passer outre, pour en commencer l'instruction avec la bride.*

DE LA RÉCOMPENSE ET DU CHATIMENT. — *La moindre manifestation d'obéissance de la part du cheval doit toujours être récompensée comme une soumission entière, car elle y conduit tout droit. La meilleure récompense est de cesser d'exiger, la voix et les caresses de la main complètent la première.*

Le châtiment ne doit être employé que dans le cas d'une résistance calculée de la part du cheval, qui se refuse à l'obéissance; mais il ne faut jamais en faire usage lorsque l'hésitation reconnaît pour cause la frayeur que peut lui inspirer un objet ou un son quelconque, car ce serait ajouter les souffrances physiques produites par le châtiment aux souffrances morales de la frayeur, et déterminer souvent des défenses dans lesquelles le cheval, luttant par la force, serait le vainqueur. Or, lui révéler sa puissance, c'est s'assurer l'insuccès.

DE LA LEÇON DE LA LONGE A TROTTER. — *Mal compris, le travail à la longe exténue le cheval, le raidit, détraque ses allures, fatigue ses reins, ses jarrets, ses boulets et fait qu'il craint l'homme, quand, au contraire, tous les efforts de celui-ci doivent tendre à familiariser le cheval et à le rendre confiant. Pour la leçon à la longe, le cheval doit être en bridon et surfaix, mais sans être enrêné, ou mieux avec l'homme de bois. L'avantage de l'homme de bois est d'apprendre au jeune cheval à supporter l'appui du mors, de le soutenir et d'éviter, par l'élasticité des ressorts, les à-coups qu'occasionnerait un objet fixe auquel les rênes seraient attachées. Les rênes sont bouclées aux ressorts supérieurs pour les chevaux à encolure courte et droite ou pour ceux qui baissent trop la tête; on les bouclera aux ressorts inférieurs pour ceux qui ont la tête trop élevée.*

Pour les premières leçons, les rênes devront être demi flottantes; à mesure que le cheval goûtera le mors, on augmentera la tension des rênes, mais sans excès, de manière à obliger le cheval à se grandir et à prendre du soutien dans son allure.

Lorsque l'on met le jeune cheval à la longe, il ne faut jamais réprimer les élans de gaieté qu'il témoigne par des galops précipités, des bonds et des ruades, car c'est un indice de santé; il faut laisser cet excès de vie se dépenser, et bientôt, devenant plus calme, le cheval recevra sa leçon avec fruit.

S'il est besoin d'infliger une correction ou bien si le cheval prend le galop, on emploiera les ondulations horizontales plus ou moins fortes et précipitées de la longe, jusqu'à ce que le cheval ait repris le trot. Les ondulations verticales ne doivent être mises en usage que dans le cas où on veut infliger au cheval une correction sévère, à la suite d'une défense ou d'un acte de méchanceté, car ces ondulations ont un effet terrible par la douleur qu'elles occasionnent et par les à-coups qui en sont la conséquence.

Considérations sur les assouplissements. — *Si, quand on a étudié la conformation du cheval, son âge et sa force acquise, les assouplissements bien compris et judicieusement employés, ont l'avantage de conduire à la juste répartition du poids et de soumettre promptement le cheval à l'obéissance, employés sans discernement et avec excès, les assouplissements enlèvent au cheval le soutien moelleux et égal de l'ensemble de la mâchoire, et font naître des défenses occasionnées par une partie trop molle et trop faible pour recevoir les effets d'une autre trop raide et trop puissante. Donc, l'emploi des assouplissements doit être subordonné à la conformation du cheval sur lequel on opère.*

Leçon préparatoire. — Instruction en bridon. — *Le temps qui y sera consacré aura pour résultat de familiariser le cheval aux assouplissements de la mâchoire et de l'encolure, à la leçon du montoir, au poids et aux actions simples du cavalier, aux assouplissements de l'arrière-main, et de favoriser le développement des jeunes chevaux par des promenades longues au pas et au petit trot, de manière à les mettre dans des conditions de force et de santé les plus favorables à recevoir avec promptitude les leçons du véritable dressage, qui, d'après les très justes prescriptions ministérielles, ne doit être commencé que lorsque les chevaux ont cinq ans révolus.*

Leçon de la cravache. — *Pour cette leçon, le cavalier se place à gauche, un peu en avant de la tête du cheval et lui faisant face à droite; le cavalier place ensuite la cravache horizontalement avec la main droite, les ongles en dessous, en avant du poitrail du cheval, la mèche à gauche, il saisit les rênes du bridon à 16 centimètres de la bouche du cheval avec la main gauche, les ongles faisant face à droite. Ces dispositions étant prises, le cavalier attire légèrement le cheval à lui et il le frappe en même temps, mais sans force, à coups répétés de cravache sur le poitrail. A ces actions, le cheval cherchera, le plus ordinairement, à s'éloigner du cavalier, mais celui-ci, sans les augmenter ni les diminuer, les continuera, et bientôt, se sentant poursuivi dans toutes les positions qu'il a cherché à prendre, le cheval se portera en avant vers le cavalier, qui cessera alors toute action et caressera le cheval. Quelques minutes consacrées à ce travail assureront l'immobilité du cheval auprès du cavalier.*

Mobilisation de la machoire. — *La tête et l'encolure sont le gouvernail de la mâchoire, dont il est indispensable de s'assurer l'obéissance avant de monter le cheval; c'est donc par des leçons à pied que le cavalier doit commencer l'instruction de sa monture. Pour assouplir la mâchoire, le cavalier, placé à gauche du cheval, prend la rêne droite du bridon avec la main gauche par dessous l'encolure, à 16 centimètres de la bouche du cheval, et la rêne gauche avec la main droite de la même manière. Le cavalier éloigne ensuite les poignets l'un de l'autre, de façon à comprimer la mâchoire postérieure comme dans un nœud, ayant soin d'employer très peu de force. Si le cheval n'obéit pas immédiatement, il faut attendre, sans augmenter ni diminuer l'effet des poignets, que la mâchoire s'ouvre, ce qui indique que le cheval a cédé; le cavalier doit alors cesser d'agir et caresser le cheval pour lui faire comprendre qu'il a répondu à ce qui lui était demandé.*

Flexions latérales de l'encolure. — *Pour fléchir l'encolure à droite, le cavalier, à pied, est placé à gauche et à la hauteur de l'épaule du cheval; il saisit avec la main droite la rêne droite par dessus l'encolure, appuie cette rêne près du garrot, pour allonger le bras de levier et faciliter le pli de l'encolure, il saisit avec la main gauche la rêne de ce côté, à 16 centimètres de la bouche du cheval, pour régulariser les effets de la rêne droite. Le cavalier, ainsi préparé, opère une tension égale des deux rênes, pour obtenir préalablement la cession de la mâchoire. Cette mobilité obtenue, le cavalier diminue un peu l'effet de la rêne gauche, élève un peu la main de ce côté en la rapprochant de la joue du cheval, et il continue son premier effet sur la rêne droite pour attirer la tête à droite et pour provoquer le pli de l'encolure du même côté. Le cavalier doit rendre et caresser le cheval aussitôt qu'il a obtenu le moindre pli de l'encolure. Après avoir répété plusieurs fois ce qui vient d'être détaillé, le cavalier se place à droite du cheval pour demander le même pli à gauche.*

Leçon du montoir. — *Ce travail a pour double but de promener les chevaux et de se rendre compte de la manière dont ils porteront la tête et l'encolure afin de déterminer le mode d'assouplissement qu'il conviendra plus particulièrement d'employer pour chacun.*

Flexion d'affaissement. — *La flexion d'affaissement est d'un impérieux besoin pour les chevaux bas du derrière, qui ont les reins et les jarrets faibles, le garrot élevé, l'encolure longue et qui portent au vent. Elle offre la ressource de pouvoir amener sur l'avant-main une partie du poids, qui, par suite de cette vicieuse conformation, a une tendance à toujours surcharger les parties postérieures, déjà trop faibles. Pour obtenir l'affaissement de l'encolure, le cavalier prend les rênes du bridon, comme il a été indiqué, pour mobiliser la mâchoire, puis il abaisse les poignets de manière à amener peu à peu le cheval à descendre le nez près de terre et à l'y maintenir jusqu'à ce qu'une indication de rêne lui relève la tête. Pour s'assurer de la soumission complète, il faut, lorsque la tête est abaissée, faire marcher le cheval, l'arrêter et le reporter à pas lents en avant, ayant soin de provoquer la mobilité incessante de la mâchoire.*

Flexion d'élévation. — *La flexion d'élévation convient à tous les chevaux à ganaches fortes, à encolure droite, courte et charnue, ou bien à ceux qui, en baissant la tête, rouent leur encolure et s'encapuchonnent. Pour habituer le cheval à élever la tête et l'encolure, le cavalier se place à sa gauche, le côté droit à hauteur de la pointe de l'épaule. Il saisit avec la main droite, les ongles faisant face à gauche, la rêne droite du bridon à 16 centimètres de la bouche et la rêne gauche à la même distance avec la main gauche, les ongles faisant face à droite. Le cavalier, ainsi préparé, élève verticalement les poignets, de manière à faire porter les canons du mors de bridon sur la commissure des lèvres; aussitôt que le cheval élève la tête, le cavalier cesse d'agir. En répétant cette action plusieurs fois de suite, on obtient bientôt une élévation convenable.*

Flexion du ramené. — *Il ne faut employer la flexion du ramené qu'avec un grand discernement et seulement pour ceux des jeunes chevaux qui portent exagérément au vent. En faire usage pour les autres, dont la tête est à peu près bien placée, serait s'exposer à les faire s'encapuchonner. Pour la flexion du ramené, le cavalier se place et tient les rênes comme il est prescrit pour la flexion de la mâchoire; puis, lorsque celle-ci est mobile, le cavalier attire la tête du cheval vers le poitrail en rapprochant horizontalement les mains vers cette partie.*

Assouplissement de pied ferme, le cavalier en selle. — Flexions latérales de l'encolure. — *Pour fléchir l'encolure à droite, le cavalier, tenant une rêne de bridon dans chaque main, tire légèrement d'avant en arrière sur la rêne droite, et il soutient un peu de la rêne gauche. Aussitôt que le cheval aura cédé, ce qui se reconnaît au soutien de la tête et à la mobilité de la mâchoire, le cavalier devra rendre et caresser. Il faut être sobre de flexions laté-*

rales avec les chevaux à encolure longue et déliée, la souplesse naturelle de cette partie étant suffisante dès que le cheval a compris qu'il doit céder à la moindre indication de la rêne. Il n'en est pas de même des chevaux à encolure massive, que l'on ne saurait trop assouplir.

AFFAISSEMENT DE L'ENCOLURE. — *Pour obtenir l'affaissement de l'encolure, le cavalier ajuste ses rênes de manière à sentir la bouche du cheval, et il fixe les mains aussitôt qu'il a conscience du moindre contact du mors sur les barres. Tout d'abord, le cheval manifeste de l'hésitation, mais bientôt on le voit fixer son attention, jouer avec le mors et baisser un peu la tête; dans ce cas, le cavalier doit sur-le-champ rapprocher les mains du garrot et caresser son cheval. En recommençant quelquefois cette leçon, le cheval descendra le nez jusqu'à terre aussitôt que les rênes agiront.*

FLEXION D'ÉLÉVATION. — *Pour donner cette leçon, le cavalier, après avoir ajusté ses rênes, porte les poignets en avant, de manière à opérer avec efficacité. Il fait agir alternativement chaque rêne de bas en haut pour obliger le cheval à élever la tête et l'encolure. Quand il a obéi, le cavalier cesse d'agir.*

FLEXION DU RAMENÉ. — *Le cavalier, après avoir ajusté ses rênes, place les poignets aussi bas que possible et agit sur les rênes de façon à sentir l'appui du mors. Aussitôt qu'il a conscience de ce contact, le cavalier fixe ses poignets et attend que le cheval ait obéi.*

ASSOUPLISSEMENTS DE L'ARRIÈRE-MAIN. — *Pour faire ranger les hanches à droite, le cavalier tenant une rêne de bridon dans chaque main, et sentant la bouche du cheval, glisse la jambe gauche en arrière en la serrant un peu; le cheval ayant fait un pas de l'arrière-main à droite, le cavalier replace la jambe et caresse son cheval. Si l'on veut ranger les hanches à droite et qu'il arrive que le cheval n'obéisse pas, il faut, les rênes étant un peu tendues, fixer la main droite, pour résister, de la rêne de ce côté et ouvrir un peu la rêne gauche, en portant la main gauche en arrière, de manière à réagir sur l'arrière-main pour seconder l'effet de la jambe gauche. Si ce moyen ne suffit pas, il faut frapper avec la cravache quelques coups légers derrière la botte de ce côté. On emploira les moyens inverses si c'est de la jambe droite que le cheval résiste.*

Les jeunes chevaux sachant marcher, arrêter, repartir et exécuter correctement les demi-pirouettes renversées, l'instructeur fera exécuter successivement tous les mouvements de la première et de la deuxième leçon de l'ordonnance, en exigeant toujours plus de régularité. On terminera la leçon de chaque jour par le travail individuel au pas, et enfin, par la leçon de pied ferme qui sera composée, pour chaque cheval, des assouplissements correspondant aux résistances qu'il aura présentées.

De l'éperon. — *L'éperon n'est pas un aide, dit l'ordonnance de cavalerie, c'est un moyen de châtiment, etc. Qu'ont donc voulu les rédacteurs de l'ordonnance de cavalerie qui, tout aussi bien que moi, connaissaient le pincer délicat de l'éperon, indiqué par de la Guérinière, pour grandir le cheval et lui donner plus de tride dans ses allures? Ils ont voulu que l'homme de guerre ne connût l'emploi de l'éperon que comme moyen énergique pour pousser son cheval en avant et non pour le renfermer et le grandir. Mais, avant de donner la progression à suivre, il faut appeler ici l'attention des instructeurs sur la faute que l'ordonnance a commise en disant : « Appuyer ferme les éperons derrière les sangles et les y laisser jusqu'à ce que le cheval ait obéi. » Si l'on se conformait à ce principe, on verrait le plus grand nombre des jeunes chevaux ruer, s'acculer, se renverser et devenir rétifs. L'emploi de l'éperon doit être instantané et répété avec plus ou moins de rapidité et de force, selon que l'on veut pousser son cheval en avant avec plus ou moins de vitesse ou que l'on veut le corriger plus ou moins rigoureusement. A cet effet, lorsque les chevaux sont au pas et calmes, sur la piste, l'instructeur prescrit aux cavaliers de se lier des cuisses, des jarrets et des gras des jambes, de rendre un peu les mains pour ne pas contrarier l'effet que l'on va produire et de baisser, comme convulsivement, la pointe des pieds, afin de toucher légèrement le cheval avec les éperons, mais de façon qu'ils ne restent pas au poil. Si, à cette attaque, les chevaux obéissent franchement, il faut que les cavaliers se relâchent et les caressent.*

Travail au galop. — *Pour être dans les conditions les plus favorables à l'obtention du galop juste, mettre les cavaliers en cercle entre les pistes et à 2 mètres de distance les uns des autres, prendre le trot, allonger l'allure et laisser s'échapper au galop.*

Travail en bride. — *Lorsque les cavaliers seront à cheval, l'instructeur les mettra en mouvement et il leur prescrira de ne conduire leurs chevaux qu'avec le filet. Il fera exécuter quelques mouvements au pas et au trot. Quand les chevaux seront remis au pas, calmes et en colonne, l'instructeur fera ajuster les rênes de la bride sans abandonner celles du filet, et il indiquera de faire de très légères oppositions de la main de la bride, pour faire sentir l'effet du mors. C'est alors que l'instructeur verra quelques chevaux accepter franchement le mors de bride; ils auront alors la mâchoire mobile, la tête et l'encolure liantes; d'autres élever l'encolure et tendre le nez; quelques-uns battre à la main; enfin, il en est qui s'appuieront sur le mors, en* *tendant ou baissant l'encolure ; et c'est de ces différentes attitudes que l'instructeur devra conclure la nécessité d'insister sur les assouplissements propres à entretenir les belles dispositions et sur ceux qui devront faire cesser les mauvaises. Pendant ces oppositions de la main de la bride, les cavaliers devront toujours tenir les jambes près, pour éviter le ralentissement de l'allure. Ils auront soin de rendre de la main aussitôt que les chevaux auront cédé de la mâchoire. S'ils résistent, l'instructeur fera cesser cette leçon jusqu'à ce qu'il ait fait procéder aux assouplissements nécessaires.*

Mobilisation de la machoire. — *L'action de mobiliser la mâchoire a pour but de provoquer la décontraction des muscles (masseter et crotaphite), à l'aide desquels le cheval résiste au lieu de céder aux actions du mors de bride. Pour mobiliser la mâchoire, le cavalier se place à gauche et un peu en arrière de la tête du cheval. Il prend, avec la main droite, la rêne droite de la bride à 16 centimètres de la branche du mors et par dessous la rêne gauche, qu'il saisit de la main gauche, de la même manière et à la même distance que la rêne droite. Le cavalier étend ensuite moelleusement le bras gauche en avant et un peu à droite, puis il rapproche en même temps la main droite de sa poitrine, de manière à faire basculer le mors et à faire porter le canon droit sur la barre droite. Aussitôt que ce résultat est obtenu, le cavalier doit, dans la même attitude, attendre que le cheval ait obéi, ce qu'il indique en ouvrant la bouche. Il faut alors cesser d'agir et caresser le cheval. — On doit répéter cette leçon jusqu'à ce que le cheval cède sans résistance à cet effet de torsion du mors. — Le cavalier passe ensuite à l'instruction de la barre gauche.*

Flexion de l'encolure a droite par torsion du mors. — *Pour cette leçon, le cavalier sollicite d'abord la mobilité de la mâchoire, puis il continue l'effet de torsion du mors, afin de déterminer le cheval à fléchir l'encolure à droite. Pour peu qu'il obéisse, le cavalier doit céder, le caresser et recommencer, de manière à amener le cheval à porter franchement sa tête vers l'épaule, et à l'y maintenir jusqu'à obéissance complète.*

Affaissement de l'encolure. — *Pour l'affaissement de l'encolure, le cavalier se place à gauche et à la hauteur de la tête du cheval, lui faisant face. Il saisit la rêne gauche de la bride avec la main droite, à 16 centimètres des branches du mors, les ongles en dessous et la rêne gauche du filet, du même côté, avec la main gauche, à la même distance et de la même manière que la rêne droite. Le cavalier agit ensuite sur les rênes en éloignant les poignets de haut en bas, de manière qu'à partir de leur point d'action, elles figurent les deux côtés d'un angle dont le sommet est à la bouche du cheval et l'ouverture vers le sol. — Déjà habitué à céder des mâchoires, le cheval ne tardera pas à ouvrir la bouche; alors les mors de la bride et du filet resteront presque sans action; mais le cavalier devra continuer moelleusement son effet de haut en bas, et aussitôt qu'il s'apercevra que le cheval baisse un peu la tête, il devra cesser toute action, sans à-coup, et le caresser.*

Flexion d'élévation. — *Pour l'assouplissement d'élévation, le cavalier se place et se prépare comme il a été dit pour la flexion d'affaissement, avec cette différence qu'il saisit les deux rênes de la bride au lieu d'une seule. Le cavalier porte ensuite la main gauche de droite à gauche et diagonalement de bas en haut, pour empêcher le cheval de rapprocher la tête du poitrail, et au même moment, il porte la main droite horizontalement en arrière afin de provoquer la mobilité de la mâchoire.*

Flexions latérales de l'encolure par l'action des rênes du filet. — Flexions de l'encolure par les actions combinées des rênes du filet avec celles de la bride. — Ici l'auteur est obligé de convenir que sa méthode d'assouplissement a quelquefois des résultats désastreux en présence des exigences de l'équitation militaire, qui oblige le plus souvent à ne se servir que d'une main pour conduire le cheval. — *J'ai souvent vu des chevaux auxquels on avait fait des flexions avec les rênes de la bride, s'arrêter court et porter la tête à la botte gauche du cavalier, lorsque celui-ci portait la main à droite. Or, il ne faut pas se le dissimuler, nos cavaliers n'ont et n'auront jamais assez de savoir pour éviter l'inconvénient que je viens de signaler. Mon expérience m'autorise à proposer un moyen, qui m'a toujours réussi et qui remplit le vœu de l'ordonnance. Pour donner cette leçon, le cavalier se place à gauche du cheval, comme pour les flexions précédentes. Il saisit, avec la main droite, la rêne droite du filet, par dessus l'encolure, et la rêne gauche de bride à 16 centimètres du mors, avec la main gauche. Le cavalier sollicite la flexion de l'encolure par la tension de la rêne du filet, à laquelle le cheval est déjà soumis; puis, au moment où la flexion commence, le cavalier opère une légère traction sur la rêne gauche de bride, dans le sens que cette rêne doit avoir lorsque le cavalier est en selle, mais ayant soin, pour éviter l'hésitation, de laisser plus d'effet à la rêne du filet, dont l'action est connue. — En répétant cette instruction, on arrivera progressivement à faire agir simultanément les deux rênes, et bientôt le cheval portera franchement la tête du côté opposé à celui où se produira, sur les barres, le plus grand effet du mors de bride.*

De la position de la tête du cheval. — *Pour que la tête du cheval soit au degré d'élévation voulu, il faut que les parties des barres qui reçoivent les effets du mors de bride soient à hauteur et sur le prolongement d'une ligne horizontale qui passerait par le centre de gravité du cheval, c'est-à-dire à peu près vers le tiers supérieur de la poitrine. Dans une pareille attitude, le moindre déplacement du poids en avant est reçu par la main, comme le plus léger effet rétroactif du mors réagit sur le centre de gravité. Les conséquences sont : pour le cheval, grâce et légèreté; et pour le cavalier, conduite facile de la monture. La leçon du ramené et de la mise en main, à pied, concourt puissamment à ce résultat, quand elle est donnée avec intelligence. Pour ramener et fixer la tête du cheval dans la position verticale et au degré d'élévation convenable, le cavalier prend les rênes de la bride avec la main droite, les ongles en dessous à 16 centimètres des branches du mors, et la rêne gauche du filet avec la main gauche et à la même distance. Le cavalier agit ensuite comme pour l'affaissement de l'encolure, auquel le cheval est déjà soumis; mais, au moment où les barres arrivent un peu au dessus de la partie supérieure du poitrail, la main gauche du cavalier, qui a dû agir de haut en bas et en avant, doit cesser son action pendant que la main droite, au contraire, doit se soutenir à la hauteur du point indiqué et se porter horizontalement vers le poitrail, de manière à solliciter le rapprochement du menton du cheval vers cette partie.*

TRAVAIL DE PIED FERME, LE CAVALIER A CHEVAL. — FLEXIONS LATÉRALES DE L'ENCOLURE AVEC LE FILET. — *Actions combinées des rênes de bride avec celles du filet pour obtenir la même flexion. — Pour cet assouplissement, le cavalier saisit la rêne droite du filet avec la main droite, et la rêne gauche de la bride avec la main gauche; il détermine ensuite le pli de l'encolure à droite, avec la rêne de ce côté, et au moment où commence ce pli, le cavalier fait sentir légèrement l'action de la rêne gauche de la bride. Lorsque le cheval a l'encolure fléchie, il faut le maintenir dans cette attitude et lui faire faire une mise en main, en augmentant un peu l'effet de la rêne gauche.*

AFFAISSEMENT DE L'ENCOLURE. — *Pour provoquer l'affaissement de l'encolure, le cavalier ajuste ses rênes de manière à sentir la bouche du cheval, mais aussi avec assez de légèreté pour ne pas lui imprimer un mouvement rétrograde; il exerce alors une pression bien marquée des doigts sur les rênes, en conservant la main fixe.*

FLEXION D'ÉLÉVATION. — *Pour cet assouplissement, le cavalier porte la main de la bride en avant, de manière à fermer l'angle formé par les branches du mors et les rênes, afin que l'action produite agisse le plus possible de bas en haut.*

ROTATION DE L'ARRIÈRE-MAIN AUTOUR DE L'AVANT-MAIN *(pirouette renversée).*

— Lorsque le cheval est devenu obéissant aux jambes, l'instructeur fait répéter les assouplissements de l'arrière-main, en exigeant le placé du cheval, c'est-à-dire que pour la pirouette renversée à droite, par exemple, le cavalier place la tête et l'encolure un peu à droite. — Ces actions, rêne droite et jambe gauche, constituent l'effet diagonal qui, répété aux deux mains, a une influence immense sur la soumission du cheval.

Rotation de l'avant-main autour de l'arrière-main *(pirouette ordinaire). — Pour faire exécuter la pirouette ordinaire, le cavalier tient les rênes de la bride et celles du filet, comme il est prescrit pour la pirouette renversée, il agit ensuite comme pour porter son cheval en avant; mais, au moment où la masse s'ébranle, le cavalier s'empare des forces déplacées au profit de la direction à droite qu'il donne aux parties antérieures du cheval, en ouvrant la rêne droite et en appuyant les deux rênes gauches contre l'encolure. Au même instant, le cavalier glisse la jambe gauche un peu en arrière, et il la ferme de manière à maintenir les hanches en place.*

Effets d'ensemble de pied ferme. — *L'effet d'ensemble a pour but de grouper les forces du cheval autour du centre de gravité, de le raccourcir, pour ainsi dire, dans les aides, de diminuer sa base de sustentation, de rendre son équilibre plus instable, de lui faire vousser sa colonne vertébrale en contre-haut, comme un arc tendu, et, en un mot, de le préparer à un mouvement quelconque; l'ensemble de ces différents résultats constitue le rassemblé militaire. — Pour faire un effet d'ensemble, le cavalier tient les jambes près, ajuste ses rênes de manière à sentir un peu la bouche du cheval, puis il augmente progressivement la pression des jambes, afin de provoquer le cheval à engager ses extrémités postérieures sous la masse, et il fixe la main pour s'opposer au mouvement en avant.*

Du reculer. — *Pour obtenir le reculer, le cavalier ajuste ses rênes de bride et prend celles du filet, comme il est prescrit à la mobilisation de l'arrière-main, afin d'en combattre la résistance; il fait ensuite un effet d'ensemble pour rassembler son cheval. Ce résultat obtenu, le cavalier augmente la pression des jambes, afin de porter sur les extrémités antérieures une partie du poids qui était en arrière, et au moment où il sent la masse s'ébranler en avant, il s'empare, avec la main, des forces déplacées dans ce sens, la fait agir moelleusement en arrière, et la marche rétrograde a lieu.*

Flexions en marche. — *L'instructeur fait exécuter ce travail avec le filet, dans le but d'obtenir la souplesse et l'obéissance, indispensables à toute bonne équitation.*

Affaissement de l'encolure en marchant. — *Les chevaux marchant au pas, l'instructeur prescrit de demander l'affaissement de l'encolure. Pour cette leçon, les cavaliers continuent d'avoir les jambes près, ils prennent l'extrémité des rênes qu'ils élèvent avec la main gauche et placent, de champ, la main droite sur les rênes, à la hauteur du garrot, de manière à sentir l'appui du mors. Aussitôt que le cheval baisse un peu la tête, le cavalier doit immédiatement cesser d'agir avec la main droite, descendre la gauche jusqu'au pommeau et relâcher un peu les jambes.*

Mise en main en marchant. — *Le cavalier militaire devant toujours être assez près de ses aides pour déterminer ou faire cesser instantanément le mouvement commandé, il serait nuisible qu'il n'y eût pas un rapport immédiat entre la main et la bouche du cheval. Ce rapport s'entend, les rênes étant ajustées, du sentiment incessant qui doit exister entre la bouche du cheval et la main du cavalier, sentiment qui doit commencer et finir au minimum du contact des canons sur les barres, de manière que le cavalier puisse imprimer au cheval, sans retard et sans à-coup, ses propres volontés. Deux difficultés se présentent pour établir le rapport régulier de la main du cavalier avec la bouche du cheval; ou en arrière de la main, le cheval refuse l'action du mors, en rapprochant son menton du poitrail; pour combattre ce défaut, il faut que le cheval soit embouché haut, que le mors ait des branches courtes, des canons gros et que la gourmette soit un peu serrée; ou hors de la main, il tire sur les rênes. Dans l'un comme dans l'autre cas, l'effet d'ensemble amène le cheval à la position régulière. Pour corriger le premier défaut, il faut mettre le cheval à une allure un peu vive, par un grand emploi des jambes et avoir la main très légère pour que, ses effets étant moins sévères, le cheval prenne confiance et accepte le contact des canons sur les barres. Dans le second cas, il faut au contraire marcher lentement, se servir des jambes avec puissance et avoir la main immobile.*

Effets d'ensemble en marchant. — Arrêter et repartir. — Demi-pirouette renversée (ou ordinaire) et repartir. — Passage du coin. — *Le jeune cheval se présente de deux manières pour passer un coin. Dans un manège, où les murs limitent l'espace, le cheval cherche, le plus ordinairement, à tourner trop tôt, ce qui n'a pas lieu sur un terrain libre, ou il attend l'indication du cavalier pour changer de direction. Cependant le manège est préférable pour arriver promptement à la régularité du passage du coin. Quelquefois, si le cavalier n'y prend garde, le cheval arrive franchement la tête au mur qui lui est opposé, et alors le passage du coin, devant être forcément exécuté sur un arc de cercle trop restreint, rend le mouvement pénible au cheval. Pour déterminer le cheval à entrer sur les différents arcs de cercle, la direction devra lui être indiquée par la rêne du filet du côté vers lequel on tourne, et cet effet sera suivi de l'appui de la rêne opposée de la bride contre l'encolure. A mesure que le cheval se montrera obéissant, le cavalier diminuera l'action du filet, pour amener le cheval à obéir à l'effet isolé de la bride. Pour passer régulièrement un coin à droite, le cavalier prépare son cheval par un effet d'ensemble et le maintient parfaitement droit. Au moment d'entrer sur l'arc de cercle, le cavalier agit un peu sur la rêne droite du filet et porte la main de la bride à droite, pour déterminer la tête et l'encolure du cheval dans cette direction. La jambe droite du cavalier conserve la même action que pendant la marche rectiligne et forme, en quelque sorte, le pivot autour duquel le cheval doit décrire son arc de cercle, pendant que la jambe gauche, glissée un peu en arrière, maintient les hanches et les oblige à passer par les mêmes points que les parties antérieures, qui doivent être redressées, successivement, à la sortie du coin.*

PAS DE COTÉ SUR LES DIAGONALES. — *On doit commencer cette leçon sur des lignes diagonales qui permettent au cheval de gagner du terrain en avant, lui rendent la marche de côté moins pénible et assurent, par cela même, plus de soumission que si, dans le principe, on le faisait appuyer la tête au mur comme le veut l'ordonnance de cavalerie. Le cavalier détermine le cheval en avant par une pression égale des jambes; mais, au moment où la masse s'ébranle, le cavalier forme un demi-arrêt, ouvre la rêne droite, appuie les deux rênes gauches près du garrot et glisse la jambe gauche un peu en arrière, pour déterminer le cheval à appuyer à droite, mais sans éloigner la jambe droite, qui doit entretenir le mouvement en avant et modifier les effets de la jambe gauche.*

DESCENTE DE MAIN ET DES JAMBES. — L'auteur la comprend un peu au rebours de l'interprétation qu'on lui donne généralement aujourd'hui, c'est-à-dire le relâchement de l'encolure et des hanches. « *On entend, par descente de main, l'acte du cavalier qui, après un effet d'ensemble, consiste à laisser les rênes s'allonger par degrés pour s'assurer si le cheval est bien confirmé dans les principes de l'attitude qui lui a été donnée et qu'il doit conserver. Pour opérer la descente de main, le cavalier tient les rênes de la bride et place la main droite comme il est prescrit pour demander l'affaissement de l'encolure; il fait ensuite un effet d'ensemble, et quand le cheval y a répondu, le cavalier retire la main droite de dessus les rênes et il descend la gauche jusqu'au pommeau de la selle, mais il continue à avoir les jambes près pour contenir l'arrière-main du cheval. Si le cheval tend la tête et l'encolure, ce qui arrive assez ordinairement pendant les premières leçons, le cavalier doit le ramener doucement à la position, et recommencer jusqu'à ce que le cheval marche plusieurs pas, après la descente de main, sans changer d'attitude. Quand le cheval est arrivé à ce soutien moelleux des parties antérieures, le cavalier relâche progressivement les jambes, après la descente de main, pour s'assurer de la soumission de l'arrière-main. Si le cavalier sent cette partie s'éloigner en arrière, il la rapproche par l'effet d'ensemble et il recommence la descente de main et de jambes jusqu'à ce que le cheval marche quelques pas, dans l'attitude d'équilibre, sans le secours des aides.*

Du galop. — *L'ordonnance, dans sa théorie sur le galop, a pris l'effet pour la cause, en s'occupant de la disposition des épaules du cheval pour assurer le départ au galop sur tel ou tel pied. La régularité et la justesse de cette allure sont subordonnées à la répartition du poids sur l'arrière-main et à la manière dont fonctionne cette partie du cheval pour projeter la masse en avant... Mais on sait que des deux membres postérieurs, le gauche est plus spécialement destiné à projeter la masse en avant pour produire le galop à droite ; de même que le droit joue le plus grand rôle dans le galop à gauche. Il est donc rationnel de combiner l'emploi des aides de manière à donner au cheval l'attitude qu'il prend de lui-même, instinctivement, pour galoper à droite ou à gauche, et de négliger complètement les épaules, dont l'ordre des mouvements n'est que l'effet d'une cause qui a son siège dans l'arrière-main. Le cheval ayant déjà galopé sur la ligne courbe, pendant son instruction en bridon, l'instructeur mettra de préférence le cavalier en cercle afin d'en être assez près pour lui donner les explications et pour surveiller l'emploi de ses aides. L'instructeur fera mettre le cheval au petit trot, et quand il le verra calme et d'aplomb, il prescrira au cavalier de grandir peu à peu son cheval par un effet d'ensemble, de le maintenir placé à droite, avec la rêne droite du filet, de porter moelleusement la main de la bride un peu en arrière à gauche, de peser sur la fesse de ce côté sans y pencher le corps, et d'augmenter progressivement la pression des jambes en faisant primer la gauche pour déterminer son cheval au galop à droite.*

Du changement de pied. — *Le changement de pied, qui pendant longtemps a été considéré comme une difficulté équestre, ne faisait pas partie de l'instruction du cheval de troupe; il peut aujourd'hui être exécuté avec facilité et avantage par tous les chevaux; aussi l'ai-je introduit dans ce manuel. Lorsque le cheval sait, sans hésiter, partir au galop sur l'un ou l'autre pied, l'instructeur fait donner la leçon du changement de pied en changeant d'allure. A cet effet, le cavalier, marchant à main droite, met son cheval au petit trot et, aussitôt qu'il a passé le deuxième coin du manège, il le met au galop à droite, puis il le remet au trot. Il le place pour le galop à gauche, le fait partir, le remet de nouveau au trot, le détermine encore à droite et ainsi de suite, en diminuant peu à peu le nombre des temps de trot pour multiplier les départs au galop, mais en ayant le plus grand soin de subordonner la répétition des départs au calme absolu du cheval. — On répète le même travail à main gauche.*

Changement de pied sans changer d'allure. — *Le cheval étant calme et léger au galop à droite, pour le faire changer de pied, le cavalier le place à gauche, et au moment où le bipède diagonal gauche pose à terre, le cavalier marque, avec la main de la bride, un temps d'arrêt d'avant en arrière à droite, pèse sur la fesse de ce côté en assurant le haut du corps, pour porter sur le membre postérieur droit du cheval le poids que le gauche avait à supporter et à projeter; puis, il ferme la jambe droite un peu en arrière au moment où le membre antérieur droit est près d'achever le temps de galop à droite, et le cheval change de pied. Le cavalier doit baisser un peu la main et caresser son cheval aussitôt qu'il sent le changement de pied s'opérer.*

Travail de manège. — Sauts des obstacles. — Faire prendre les armes. — Habituer les jeunes chevaux aux bruits de guerre. — Dans un article spécial, l'auteur donne quelques conseils pour le dressage des chevaux rétifs. — Quant au dressage du sauteur dans les piliers, c'est absolument la méthode de M. d'Aure ; aussi nous ne la répéterons pas.

Mais pour les sauteurs en liberté, l'auteur met en avant une utopie que nous croyons devoir transcrire. Il exprime le désir de voir adopter cinq ou six sauteurs par régiment.

« *Le travail sur les sauteurs en liberté est l'exercice le plus attrayant pour les cavaliers jeunes, comme il est aussi le plus séduisant pour les spectateurs. Ayant la conviction que l'on pourrait aisément avoir cinq ou six sauteurs en liberté, par régiment, j'ai introduit cette instruction dans ce manuel afin de contribuer, si faire se peut, à développer le goût de l'équitation. — Pour bien monter un sauteur en liberté, il ne faut pas être un cavalier ordinaire. On doit savoir mettre en application tous les moyens de la conduite raisonnée du travail du manège et l'associer à un ou plusieurs sauts exécutés avec cadence et mesure dans lesquels le cavalier déploie hardiesse, souplesse, grâce et vigueur. Les meilleurs cavaliers choisis dans les pelotons modèles seront appelés à dresser les sauteurs en liberté. Ces chevaux doivent être bien conformés, légers d'encolure et choisis parmi ceux qui sont le mieux mis et qui ont le plus de sang. Ils devront être dressés aux piliers avec le plus grand soin.* »

Nous avons fait une bien longue transcription de la méthode du commandant Guérin ; mais cela nous a semblé indispensable pour plusieurs raisons majeures. C'est d'abord que son auteur est l'écuyer en chef de l'École de cavalerie ; ensuite qu'elle représente l'enseignement de Saumur à cette époque ; qu'elle réalise un exemple de cette idée de fusion de l'École d'Aure et de l'École de Baucher ; enfin qu'il était nécessaire de préciser dans quelle mesure les principes de Baucher s'étaient infusés dans l'ancienne méthode.

Car, — on a pu le voir, — la méthode de dressage du commandant Guérin ouvrait au système Baucher les portes de l'École de cavalerie, qu'il n'avait pas encore réussi à forcer. Et c'est à ce titre surtout que cette innovation mérite d'être étudiée.

Il ne faut pas l'oublier, le commandant Guérin avait été un des plus fanatiques partisans de la nouvelle méthode, et c'est en profitant de la latitude accordée par le Ministre de la guerre « d'user au besoin de ses assouplissements pour le dressage des chevaux de l'armée », que l'écuyer en chef intronisa à l'École le système du maître.

C'est à tort que l'on a voulu en conclure le triomphe de la nouvelle École sur l'ancienne. Pour rester dans la note juste, il faut constater simplement la fusion désirée et fatale des deux tendances divergentes, fusion que réclamait comme concession l'enthousiasme général, et dont l'échéance avait été retardée uniquement par l'opposition systématique du comte d'Aure, mais qui devait se réaliser aussitôt qu'il ne serait plus là.

Nous nous serions passé de ces commentaires, s'ils ne nous avait pas semblé utile de souligner — au point de vue historique — cette transformation expérimentale.

Travail préparatoire de la cravache
et
Flexions d'encolure

GERHARDT

A. Gerhardt : *Manuel d'Équitation.*

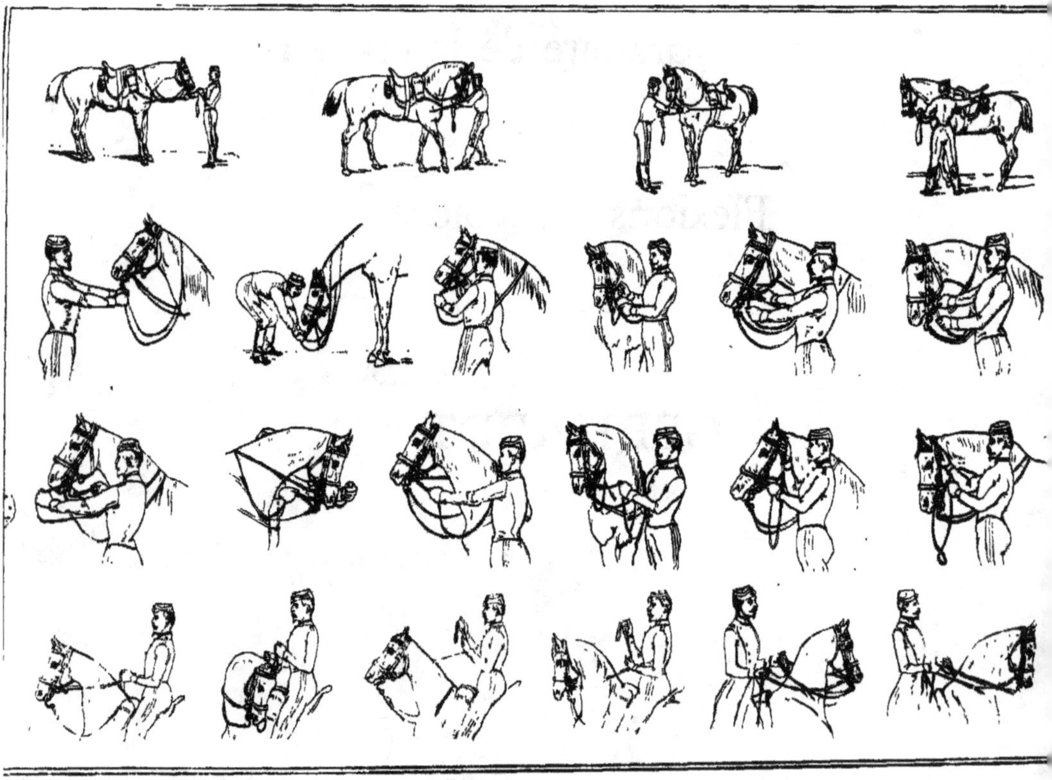

XVIII

Visite de deux officiers belges. — Nouveau règlement de l'École en 1860 : réduction de la durée des cours à douze mois ; répartition des divisions ; réduction du nombre des brigadiers élèves ; cavaliers élèves ; création d'un cours d'art militaire ; dispositions spéciales pour le classement de sortie. — Programme des conditions d'admission des cavaliers élèves à Saumur. — La situation des vétérinaires en 1860. — Le cours des vétérinaires stagiaires à Saumur ; programme d'admission. — Le directeur de l'arçonnerie est changé. — Les arçons doivent être livrés avec leur faux-siège. — Visite du maréchal Baraguay d'Hiliers. — Essai de la méthode de dressage du commandant Guérin dans les régiments. — Visite d'un capitaine américain. — Annexion de la Savoie et du comté de Nice. — Création des cavaliers de manège. — Service funèbre pour S. A. I. le prince Jérôme. — Essai, à l'École, du maniement du sabre et de la lance du capitaine Gerhardt. — Visite de deux officiers italiens. — L'École est chargée d'examiner un projet d'instruction de tir pour le fusil de dragon. — Les courses et leurs vainqueurs. — Le carrousel de 1860, compte rendu. — Envoi d'un capitaine et de deux sous-officiers à l'École de Vincennes. — Envoi du maître d'escrime à Paris pour étudier l'escrime du sabre du général Dupleix. — Un étalon syrien à l'École. — Organisation des cavaliers de manège. — Visite d'un officier russe. — Humbert : guide de l'instructeur. — Expériences de la méthode d'équitation et de dressage de M. de Lancosme-Brèves. La centaurisation : dressage des recrues en soixante-quinze séances. Extraits des rapports : agents de la conduite ; agents de la solidité ; souplesse et liant ; harmonie des deux instincts ; harmonie des deux intelligences ; union physique ; la marche du centre de gravité ; travail de la main, du buste et des jambes ; positivisme de l'équitation et unité dans l'instruction ; dombelles ; guide-filet ; guide-bride ; nombre et genre de leçons données aux hommes de recrue et aux jeunes chevaux ; enseignement ; différence entre la théorie de centaurisation et les principes de l'ordonnance ; avantages généraux de l'enseignement ; facilité de transmettre la théorie de cette école à la cavalerie. — Polémique contre M. de Lancosme-Brèves ; ses propres réfutations : d'auriens et bauchéristes ; critique de la méthode Baucher ; l'auteur résume ses principes. — Watrin : fer à oreilles obliques. — Goodnough : fer mécanique. — État-major, officiers et vétérinaires élèves de l'École en 1860.

Le 10 mai 1860, deux officiers belges, le *major Frantzen* et le *capitaine Groutars*, du 2e lanciers, vinrent passer quelque temps à l'École pour en étudier l'organisation.

Le 20 mai 1860, parut une décision impériale qui modifiait le décret du 17 octobre 1853 portant réorganisation de l'École impériale de cavalerie.

Nous relèverons quelques passages du rapport du Ministre de la guerre à l'Empereur.

« L'École impériale de Saumur a pour but de compléter l'officier de cavalerie. Il y trouve tout ce qui développe et fortifie les facultés, les instincts militaires ; des professeurs d'élite lui enseignent l'art de l'équitation, qui est le point de départ et la condition essentielle de cette instruction individuelle, si nécessaire au perfectionnement du cavalier ; au haras d'étude, il se pénètre des bonnes méthodes à suivre pour le croisement des races, pour l'élevage du cheval de guerre ; à l'atelier d'arçonnerie, il entre dans tous les détails du harnachement ;

enfin, il met en pratique sur le terrain ces principes invariables qui doivent présider à l'instruction des régiments et la maintenir dans une rigoureuse homogénéité.

« Mais, pour que ces enseignements divers portent tous leurs fruits, il faudrait que les officiers qui sont appelés à l'École impériale de cavalerie fussent choisis parmi ceux qui, réunissant certaines aptitudes particulières, auraient demandé cette destination à l'inspection générale.

« Malheureusement, les choses ne se passent pas ainsi ; à défaut d'un nombre suffisant d'officiers se présentant spontanément pour être envoyés à l'École de cavalerie, les inspecteurs généraux doivent, dans certaines proportions, avoir recours à des désignations d'office pour compléter les divisions de l'École.

« Cette situation est regrettable, et, si elle se prolongeait, elle ne manquerait pas d'abaisser le niveau de l'instruction que les officiers de cavalerie viennent puiser à l'École de Saumur.

« Mieux vaudrait, à mon sens, avoir moins d'officiers à l'École de cavalerie, mais n'y compter que des sujets d'élite, ayant le feu sacré de l'officier de cavalerie et recherchant comme une faveur tout ce qui les initie à la science si variée, si profonde de leur noble métier.

« Plusieurs raisons expliquent le peu d'empressement que les officiers mettent à entrer à l'École de Saumur, malgré les avantages qui leur sont assurés ; la plus réelle de ces raisons, peut-être, est la longue durée des cours, qui y sont suivis pendant vingt et un mois.

« Un bon officier n'aime pas à être aussi longtemps éloigné de son corps ; il y a pour lui, au point de vue de l'avancement, un inconvénient sérieux à manquer à deux inspections générales ; les notes qui lui sont données à l'École de cavalerie, les propositions même dont il peut y être l'objet, ne compensent pas ce qu'il perd, aux yeux de ses chefs, par sa longue absence du régiment.

« Il me paraît préférable de restreindre à un candidat par régiment le nombre des brigadiers qui sont envoyés à l'École de cavalerie, et de décider qu'à l'avenir ceux qui rempliront les conditions exigées, à la sortie de l'École, seront nommés au grade de sous-officier par leurs chefs de corps respectifs.

« Enfin, pour maintenir à peu près au même chiffre l'effectif des élèves, je crois qu'il serait très utile de rendre à l'École de cavalerie la faculté de recevoir, sous certaines conditions d'aptitude, des enrôlés volontaires, qui voudraient débuter ainsi dans la carrière militaire et entrer plus tard dans les régiments avec l'instruction spéciale que l'on acquiert à l'École impériale de cavalerie.

« Pour résumer les considérations qui précèdent, et sur l'avis conforme du comité consultatif de la cavalerie, j'ai l'honneur de proposer à Votre Majesté de vouloir bien approuver les dispositions ci-après, modificatives du décret du 17 octobre 1853, portant réorganisation de l'École impériale de cavalerie :

« 1° La durée des cours d'instruction de l'École impériale de cavalerie est réduite à une année ; leur ouverture est fixée au mois d'octobre.

« L'enseignement actuel est augmenté d'un cours d'art militaire appliqué à l'arme de la cavalerie.

« 2° L'École de cavalerie comprend :

« Une division de lieutenants instructeurs ; — une division de sous-lieutenants d'instruction ; — une division de sous-officiers et une division de brigadiers élèves instructeurs ; — une division de cavaliers élèves.

« 3° Les lieutenants instructeurs sont choisis dans les régiments de cavalerie et d'artillerie, ainsi que dans les escadrons du train d'artillerie et des équipages militaires, parmi les lieutenants qui se présentent volontairement à l'inspection générale.

« 4° Les sous-lieutenants d'instruction sont désignés, dans les régiments de cavalerie, parmi les sous-lieutenants sortis de l'École impériale spéciale militaire, comptant une année au moins de service au régiment ; les officiers qui, par permutation, sortent d'une arme autre que celle de la cavalerie, suivent les cours de cette division.

« 5° Les sous-officiers élèves instructeurs sont choisis parmi les sous-officiers des corps de troupes à cheval, à raison d'un sous-officier pour deux régiments de cavalerie ou d'artillerie et pour deux escadrons du train d'artillerie ou des équipages militaires. Ils doivent être âgés de moins de trente ans, et sont désignés, de préférence, parmi ceux qui figurent au tableau d'avancement pour le grade de sous-lieutenant.

« 6° Les brigadiers élèves instructeurs sont désignés, chaque année, par les inspecteurs généraux, à raison d'un brigadier par régiment de cavalerie, et choisis parmi les sujets doués d'une aptitude particulière pour l'équitation et qui se distinguent par leur conduite, leur instruction, leur zèle et leur intelligence ; les brigadiers portés au tableau d'avancement de leurs corps sont présentés de préférence ; ils peuvent être admis à l'École jusqu'à l'âge de vingt-cinq ans.

« 7° L'École reçoit par voie d'engagement volontaire des jeunes gens âgés de vingt et un ans au plus, qui se destinent au service de la cavalerie ; ils ne sont admis à l'École qu'après avoir subi un examen devant une commission, qui les classe par rang d'aptitude.

« 8° Les engagements volontaires pour l'École de cavalerie sont contractés à Saumur un mois au plus avant l'ouverture du cours, et sur la présentation d'un certificat de classement et d'acceptation délivré par le commandant de l'École. Le nombre de ces engagements est limité à cinquante par an.

« 9° Le lieutenant instructeur de cavalerie, d'artillerie, ou du corps du train d'artillerie ou des équipages militaires, qui, ayant l'ancienneté de grade exigée par la loi pour obtenir de l'avancement, a été classé le premier à l'examen de sortie de l'École, est présenté à l'Empereur pour le premier emploi de capitaine instructeur à pourvoir dans son arme, sans préjudice des droits du lieutenant instructeur classé le premier à la fin de l'année précédente et qui n'aurait pas encore été nommé, à ce titre, à l'emploi de capitaine instructeur.

« Le lieutenant instructeur de cavalerie sortant avec le numéro 2, obtient aux mêmes conditions le deuxième emploi de capitaine instructeur, si la division dont il fait partie se compose de plus de trente officiers.

« Les lieutenants instructeurs de cavalerie sortis avec les numéros 3, 4 et 5 sont portés de droit sur le tableau d'avancement de leurs régiments pour le grade de capitaine.

« 10° Le sous-lieutenant d'instruction de cavalerie, classé le premier de sa division, est également présenté à l'Empereur, à la première promotion, pour un emploi de lieutenant à pourvoir au tour du choix dans le régiment auquel il appartient.

« Les sous-lieutenants de cavalerie ayant obtenu les numéros 2, 3, 4 et 5 de leur division, sont portés de droit sur le tableau d'avancement de leurs régiments pour le grade de lieutenant.

« 11° Le sous-officier élève instructeur de cavalerie, d'artillerie, ou du corps du train d'artillerie, ou des équipages militaires, qui a été classé le premier de sa division, obtient le premier emploi de sous-lieutenant revenant au premier tour dans son régiment, ou sur l'ensemble de l'arme pour l'artillerie, le train d'artillerie et celui des équipages militaires.

« Le sous-officier élève de cavalerie classé le deuxième de sa division, est également pourvu du premier emploi de sous-lieutenant revenant au premier tour dans son corps, si la division dont il fait partie compte plus de trente élèves.

« Le même avantage est accordé au sous-officier de cavalerie ayant obtenu le numéro 3, si la division compte plus de cinquante élèves.

« 12° Les brigadiers élèves instructeurs qui satisfont aux examens de sortie, sont nommés, à leur rentrée au corps, à l'emploi de maréchaux des logis, qui leur a été réservé à cet effet. Ces nominations sont faites par les chefs de corps, sur la communication qu'ils auront reçue, par les soins du commandant de l'École, des résultats desdits examens.

« Les brigadiers élèves instructeurs dont l'instruction militaire et équestre n'est pas jugée suffisante, rentrent à leur corps comme brigadiers.

« 13° Les cavaliers élèves bien notés pour leur zèle et leur conduite, et qui ont satisfait aux examens de sortie, sont envoyés dans des régiments de cavalerie, pour être nommés brigadiers par leurs colonels respectifs ; les cinq premiers seront portés sur le tableau d'avancement pour le grade de maréchal des logis, aussitôt qu'ils rempliront les conditions voulues.

« Ceux qui n'ont pas été jugés admissibles sont dirigés, comme simples cavaliers, sur des régiments.

« 14° Par exception aux dispositions des deux paragraphes qui précèdent, les brigadiers élèves instructeurs et les cavaliers élèves qui n'ont pas satisfait aux examens de sortie, peuvent être autorisés, sur la proposition du commandant de l'École, à doubler leur année d'études.

« 15° Les lieutenants et sous-lieutenants d'instruction qui font actuellement partie de la deuxième division, et les brigadiers élèves instructeurs qui termineront au 1er octobre prochain leur première année de cours, continueront à l'École leur deuxième année d'études, dans les conditions et avec les avantages déterminés par le décret du 17 octobre 1853.

« L'École de cavalerie ne recevra pas de sous-lieutenants d'instruction ni de brigadiers élèves en 1860. »

Ainsi donc, un cours de *Cavaliers élèves*, à l'École de cavalerie, était institué ; nous allons transcrire le programme d'admission :

DES CONDITIONS D'ADMISSION, COMME CAVALIER ÉLÈVE, A L'ÉCOLE IMPÉRIALE DE CAVALERIE

« L'examen des jeunes gens de la classe civile, qui demandent à suivre les cours de l'École impériale de cavalerie, comme cavaliers élèves, est passé à Saumur, du 15 au 20 octobre de chaque année, devant une commission composée comme il suit, savoir :

« Le lieutenant-colonel de l'École, président ; le major, le capitaine trésorier, deux capitaines instructeurs, membres.

« Les conditions d'admission sont les suivantes :

« 1° Être âgé de dix-sept ans au moins et de vingt et un ans au plus, au 24 octobre de l'année courante, et en justifier par un extrait d'acte de naissance.

« 2° Être porteur : 1° d'un certificat délivré par le commandant du dépôt de recrutement du département du candidat, ou de l'officier de gendarmerie le plus voisin de sa résidence, et constatant l'aptitude physique du postulant pour l'arme de la cavalerie ; 2° un certificat de bonnes vie et mœurs, délivré dans les formes prescrites par l'article 20 de la loi du 21 mars 1832 ; 3° du consentement des père et mère ou tuteur, si le candidat a moins de vingt ans accomplis.

« 3° Savoir lire et écrire, connaître l'orthographe, les quatre premières règles de l'arithmétique et les principes élémentaires de la grammaire française.

« 4° Avoir effectué, entre les mains du receveur particulier des finances de la ville de Saumur, pour le compte du Trésor, le versement d'une somme de deux cents francs, destinée à couvrir l'État des dépenses d'entretien à l'École et d'achat des livres d'instruction.

« La commission d'examen fixe un nombre de points représentant le maximum des connaissances exigées, et elle donne pour chacun des examinés son chiffre d'appréciation ; elle détermine également le chiffre qui entraîne le refus d'admission.

« Les 21 et 22 octobre, la commission établit la liste générale du classement, par ordre de mérite, des examinés.

« Les cinquante premiers numéros de cette liste reçoivent, le 23 octobre, du général commandant l'École, un certificat d'acceptation autorisant leur engagement dans l'armée française.

« Les candidats porteurs du certificat d'acceptation effectuent, le 25, le versement des deux cents francs ci-dessus prescrit et remettent, dans la journée, au commandant de l'École, le récépissé constatant ce versement ; ils contractent, le 25, à la mairie de Saumur, leur engagement volontaire (pour sept années), et entrent à l'École le même jour. Les cours commencent le 31 dudit mois.

« La durée des cours est d'une année.

Quant aux vétérinaires, leur situation avait été définitivement réglée, par un décret impérial du 14 janvier 1860, à la suite d'un rapport du maréchal Randon à l'Empereur, dont voici un extrait :

« Le vétérinaire qui est chargé à l'École de cavalerie de préparer les jeunes stagiaires à la pratique de leur art dans l'armée, ne pouvant être choisi que parmi les sujets les plus méritants, surtout lorsqu'il réunit, comme cela a lieu aujourd'hui, à cette importante fonction, celle de directeur du haras d'études, je propose de lui donner la qualité de vétérinaire principal. Par ce motif, je porte de quatre à cinq le nombre des vétérinaires principaux. »

Extrait du Décret impérial qui modifiait l'organisation du corps des vétérinaires militaires :

« Les aides-vétérinaires stagiaires sont choisis parmi les aides-vétérinaires diplomés des écoles vétérinaires qui, âgés de moins de trente ans, auront justifié de bonnes notes sous le rapport de l'instruction et de la moralité, et auront satisfait aux épreuves d'un examen d'admission devant une commission spéciale.

« Ils sont envoyés à l'École de cavalerie pour y recevoir, pendant un an au plus, des principes d'équitation et être initiés à la pratique de la médecine vétérinaire militaire et au service réglementaire.

« Leur classement à cette École a lieu d'après le numéro de mérite qu'ils ont obtenu à l'examen d'admission. »

Nous devons donner ici, comme complément, le programme d'admission, comme vétérinaire stagiaire, qui fut publié pour le concours du 1er mai :

« Nul ne peut être admis à concourir à l'emploi d'aide-vétérinaire stagiaire, s'il ne remplit les conditions suivantes :

« 1° Avoir obtenu le diplome de vétérinaire dans une des écoles vétérinaires de France; — 2° Justifier de sa moralité; — 3° Réunir les qualités physiques requises pour le service militaire ; — 4° N'avoir pas dépassé l'âge de trente ans à l'époque de l'ouverture du concours; — 5° Avoir satisfait à un examen d'admission ; — 6° Souscrire l'engagement d'honneur de servir pendant au moins six ans dans l'armée, à l'expiration du stage.

« Nature des épreuves : 1° Une composition sur un sujet de pathologie, d'hygiène, d'extérieur et de ferrure; — 2° Une épreuve orale sur une des parties comprises dans le paragraphe précédent ; — 3° Un examen pratique auprès d'un cheval sain ou malade.

« Après la dernière épreuve, la commission d'admission procède, en séance particulière, au classement des candidats, par ordre de mérite.

« Le classement général est établi d'après les chiffres d'appréciation obtenus par les candidats; en cas d'égalité de deux candidats, il est fait une nouvelle lecture de leurs compositions en séance de la commission qui prononce sur le rang définitif de chacun d'eux.

« Mode d'exécution des épreuves : les épreuves auront lieu devant une commission désignée par le Ministre. Il est accordé quatre heures pour rédiger la composition écrite, sans livres ni notes, sous la surveillance d'un membre de la commission ; la question est la même pour tous les candidats.

« Pour traiter la question orale, il est accordé quinze minutes de réflexion.

« Au commencement de la séance, chaque candidat tire la question orale, qui est numérotée par le président dans l'ordre que le sort a fixé pour son audition; elle lui est remise dans le cabinet de réflexion, quinze minutes avant l'épreuve.

« La durée de l'examen pratique est fixée à quinze minutes au plus.

« Pendant leur séjour à l'École de cavalerie, les aides-vétérinaires stagiaires sont soumis à la discipline militaire ; ils reçoivent des appointements annuels de 1,200 francs, augmentés du cinquième, soit 1,440 francs.

« Ils ont droit, en outre, à une indemnité de première mise d'équipement, fixée à 400 francs, et payable après qu'ils ont souscrit l'engagement indiqué plus haut.

« Les aides-vétérinaires stagiaires qui ont subi d'une manière satisfaisante l'examen de sortie sont nommés aides-vétérinaires et attachés à des corps de troupes à cheval ; il leur est alloué un supplément de première mise de 550 francs.

« Ils ont droit, dans ce nouveau grade, à une solde de 1,800 francs, et ils jouissent des prérogatives accordées aux vétérinaires militaires par le décret du 14 janvier 1860.

« Les aides-vétérinaires stagiaires qui ne seront pas jugés aptes au service militaire seront licenciés.

« Le nombre des emplois d'aides-vétérinaires stagiaires vacants n'étant que de 40, les concurrents sont prévenus qu'ils ne seraient susceptibles d'être admis dans le cadre des stagiaires qu'autant qu'ils seraient dans les quarante premiers sur la liste des admissibles par ordre de mérite, établie par la commission d'examen. »

Le 23 mai, un maître arçonnier civil, *M. Comte*, remplaça dans la direction de l'atelier d'arçonnerie de Saumur le capitaine Cogent, retraité. La haute direction de cet atelier fut donnée à l'écuyer en chef.

Il fut prescrit, à la même date, de fournir désormais les arçons garnis de leurs faux siège en sangle, opération qui serait faite par le maître sellier de l'École. L'expérience avait démontré que l'aplomb des arçons était souvent faussé par l'application des sangles du faux siège.

Le 28 mai, *le maréchal Baraguey d'Hilliers* arriva à Saumur, à neuf heures du matin. Il reçut immédiatement la visite des officiers et fonctionnaires de l'École, en grande tenue, à l'hôtel Budan. Une garde de cinquante hommes avec l'étendard se rendit également à l'hôtel.

A midi, l'École fut passée en revue, en grande tenue à cheval.

Le Ministre de la guerre décida que l'on ne se bornerait pas à l'essai fait à l'École de la méthode de dressage du commandant Guérin, et que les corps devaient y participer dans une certaine mesure. Quatre régiments de cavalerie choisis dans les garnisons les plus proches de Saumur, les 9e et 12e dragons, 4e et 7e lanciers, reçurent l'ordre, à la fin de mai, de détacher à l'École de cavalerie, pendant trois mois, chacun un officier et un sous-officier, qui devaient étudier cette méthode de dressage et en rapporter les principes dans leurs corps.

Dans les premiers jours de juin, un officier des États-Unis, *le capitaine Wood*, vint visiter l'École.

A l'occasion de l'annexion de la Savoie et du comté de Nice à l'Empire français, un *Te Deum* fut chanté à l'église Saint-Pierre, à deux heures de l'après-midi, le 18 juin. Tous les officiers, en grande tenue, y accompagnèrent le général. Un escadron fut commandé de service avec la musique et l'étendard. Une salve de vingt et un coups de canon fut tirée au commencement de la cérémonie.

A l'issue du *Te Deum*, il y eut une grande revue de l'École à pied et des autres troupes de la garnison, sur le quai de Limoges.

Le 25 juin parut une décision impériale qui créait des *cavaliers de manège*, pour remplacer les cavaliers de remonte dans les écoles militaires. Le conseil d'administration de l'École de cavalerie fut consulté sur l'uniforme à donner à ces nouveaux militaires.

Le mardi 10 juillet, une assistance pieusement recueillie était présente au service funèbre célébré pour le repos de l'âme de S. A. S. Mgr le prince Jérôme. Les autorités militaires et civiles occupaient le chœur avec les membres du tribunal. Les fonctionnaires des diverses administrations avaient pris place dans les chapelles latérales, l'état-major de l'École dans la grande nef. Un piquet d'infanterie était rangé sous le transept et à la suite un détachement de l'École. Un riche catafalque avait été dressée. A plusieurs reprises, la musique de l'École se fit entendre pendant la célébration de l'office.

Nous avons parlé avec éloge de l'équitation du capitaine Gerhardt; le 16 juillet, le Ministre de la guerre soumettait au conseil d'instruction de l'École un travail de cet officier sur le maniement de la lance et du sabre, ainsi que le matériel approprié aux exercices, qui y étaient indiqués, avec mission de l'examiner et d'en faire un rapport analytique.

A la fin de ce mois, l'École était visitée par deux officiers italiens, MM. *Nagle*, capitaine d'artillerie, et *Scarpati*, contrôleur d'armes, au service du roi de Naples.

La fête du 15 août fut célébrée comme de coutume.

Le 21 septembre, le Ministre de la guerre chargea une commission, qui fut constituée à l'École, d'examiner un projet d'instruction de tir du fusil de dragons à l'usage de la cavalerie, préparé par la commission permanente de Vincennes.

La lettre du Ministre disait :

« Je ne me dissimule pas que la masse des officiers, imbue de cette opinion que la cavalerie doit agir par le choc et par l'arme blanche, ne considère l'arme à feu que comme un accessoire de minime valeur offensive, utile seulement dans des combats corps à corps ou pour des signaux; mais c'est une erreur que l'expérience fera disparaître, et j'attache une haute importance, persuadé que je suis des immenses services qu'il peut rendre, à faire donner au tir, dans les régiments de cavalerie, une précision qui lui a manqué jusqu'ici. »

On expérimenta ce projet dans tous les détails, en le faisant exécuter sur le terrain par des sujets intelligents.

Les courses de Saumur eurent, en 1860, leur éclat habituel ; mais le lieu de réunion avait été changé. On inaugura cette année-là l'hippodrome des prairies de Varrains.

Le 9 septembre fut le premier jour de courses ; nous n'y relèverons que les courses militaires.

Troisième course. — Un objet d'art. — Pour MM. les officiers d'instruction, franchissant huit haies, sur leurs chevaux d'armes.

Cette course, et les deux suivantes, ont été très bien menées et présentaient beaucoup d'intérêt. — Huit chevaux étaient engagés.

Arrivé premier, *Belge*, montée par *M. Brecard.* — Deuxième, *Tamara*, monté par *M. Riquet.* — Troisième, *Domino*, monté par *M. Jacquemin.* — Quatrième, *Philidor*, monté par *M. de Boisson.*

Quatrième course. — Un objet d'art. — Pour MM. les officiers d'instruction, franchissant huit haies, sur des chevaux de carrière.

Quinze cavaliers étaient en rang au départ ; les premiers obstacles ont été franchis par quatre ou cinq à la fois.

Arrivé premier, *Centaure*, monté par *M. Maille.* — Deuxième, *Rivoli*, monté par *M. Jouvenot.* — Troisième, *Légère*, montée par *M. Riquet.* — Quatrième, *Lavallière*, montée par *M. Stirbey.*

Cinquième course. — Un objet d'art. — Pour MM. les sous-officiers titulaires de l'École impériale de cavalerie, franchissant huit haies, sur leurs chevaux d'escadrons. — Treize chevaux engagés.

Arrivée première, *Alerte*, montée par *M. Reméré.* — Deuxième, *Chandor*, monté par *M. Jacquet.* — Troisième, *Ogive*, montée par *M. Dardard.* — Quatrième, *Euphirus*, monté par *M. Fagot.*

Sixième course. — Course de haies. — 1,000 francs (Gentlemen riders). — Pour chevaux entiers, hongres et juments, de quatre ans et au-dessus, de toute espèce et de tout pays. — Poids commun : 67 kilog. 1/2. — Distance : 3,100 mètres environ. — Huit haies de 1^{m},10.

Arrivée première, *Surprise*, à M. J. Boutton, montée par *M. de Lignières.* — Deuxième, *Brassia*, à M. Ch. Bray, monté par *M. le comte de Saint-Sauveur.*

Septième course. — Prix du chemin de fer, 500 francs (steeple-chase). — Pour MM. les officiers français ou étrangers, montant leurs chevaux ou ceux de leurs amis (les chevaux de pur sang et ceux qui auraient été dans une écurie d'entraînement sont exclus), sans condition de poids. — Entrée, 20 francs, pour le deuxième arrivant. — Deux chevaux partant ou pas de course. — 3,000 mètres environ. — Douze obstacles. — Deux chevaux engagés.

Arrivée première, *Maryboy*, montée par *M. de la Touanne.*

Le carrousel continuait d'être le couronnement des cours de l'École, et c'était toujours l'occasion d'une fête très goûtée ou se donnaient rendez-vous tous les amateurs d'équitation.

Nous transcrivons ici quelques mots d'un compte rendu du carrousel de 1860 :

« Le carrousel se divise en deux parties complètement différentes les unes des autres pour les costumes et la nature des mouvements qui y sont exécutés.

« La première partie, connue sous le nom de carrousel de la troupe, se compose de figures aussi intéressantes par la forme et la difficulté que par la précision avec laquelle elles sont exécutées.

« La deuxième partie, connue sous la dénomination de carrousel des officiers, se compose de quatre quadrilles de douze exécutants, montés sur des chevaux entiers du manège, chaque quadrille ayant une couleur différente, tant pour la manière dont les chevaux sont caparaçonnés, que pour les oriflammes des chevaliers.

« Les courses de bagues, de têtes et de javelots, sont précédées et entrecoupées de figures dans lesquelles les officiers de première division déploient une adresse qui dénote le perfectionnement de leur instruction équestre et le talent de leurs instructeurs.

« Le salut et le franchissement des obstacles terminent cette fête militaire à nulle autre pareille, pendant laquelle les vainqueurs, distingués par un brassard en rubans, reçoivent les prix qui ont été accordés par l'Empereur, le Ministre de la guerre, la ville ou le général commandant l'École. »

Le 11 septembre fut le deuxième jour de courses.

Quatrième course. — Un objet d'art. — Pour MM. les officiers d'instruction, montant des chevaux de carrière. — Six haies à franchir. — Cinq chevaux étaient engagés.

Arrivé premier, *Coco*, monté par *M. Latour*. —Deuxième, *Clara*, montée par *M. Gaillard*.

Cinquième course. — Objet d'art. — Pour MM. les sous-maîtres de manège de l'École impériale de cavalerie, montant des chevaux de carrière. — Six chevaux étaient engagés.

Arrivé premier, *Alma*, monté par *M. Ezémard*. — Deuxième, *Caribert*, monté par *M. Mallet*.

Sixième course. — Objet d'art. — Pour MM. les sous-officiers d'artillerie, sur leurs chevaux d'armes chargés. — Huit haies à franchir.

Cette course a été parfaitement menée : quinze chevaux étaient en ligne au départ. Plusieurs se sont dérobés aux obstacles.

Fermière, montée par *M. Bricka*, est arrivée première, et *Tamarin*, monté par *M. Lacroix*, est arrivé second.

Septième course. — Steeple-chase (Gentlemen riders), handicap. — 1,000 francs.

Pacha, à M. de Lignières, est arrivé premier. *Naughty-boy* est arrivé second. *Brassia*, troisième.

Pour faciliter l'étude du projet d'instruction sur le tir dans la cavalerie, qui devait être faite à l'École, le Ministre ordonna, le 9 octobre, d'envoyer pendant quelques semaines à l'École de tir de Vincennes un capitaine et deux sous-officiers du cadre.

En outre, le maître d'escrime et son meilleur prévôt d'armes furent dirigés sur Paris, pour y suivre pendant un mois la méthode d'enseignement de l'escrime du sabre du général Dupleix.

Le 30 octobre, le haras reçut un étalon syrien, *Abou-Arkoub*, acheté à

Constantinople. C'était un cheval bai cerise de huit ans, d'une taille de 1m,50. Les papiers d'origine signés des pachas auxquels il avait appartenu, portaient que sa mère était garantie de pure race et donnaient pour son signalement : « œil rond, encolure longue, oreilles aigues comme un roseau. »

C'est le 2 novembre que parut le règlement ministériel déterminant l'*organisation des cavaliers de manège*, créés par la décision impériale du 25 juin.

ART. 1er. — Les cavaliers de manège sont admis sur la proposition des inspecteurs généraux, s'ils sont encore liés au service, ou sur celle des généraux divisionnaires, après constatation de leur bonne conduite antérieure et de leur aptitude, s'ils n'appartiennent plus à l'armée.

ART. 2. — Ils sont soumis à la discipline militaire. Leur renvoi pour inaptitude ou inconduite est prononcé par le Ministre.

C'est également au Ministre qu'il appartient de prononcer la rétrogradation ou la cassation des maréchaux des logis et brigadiers.

ART. 3. — Les cavaliers de manège reçoivent une commission ministérielle.

ART. 4. — La nomination des cavaliers de manège au grade de brigadier, et celle des brigadiers au grade de maréchal des logis, est faite par le Ministre.

ART. 5. — La solde des cavaliers de manège, exclusive de toute autre prestation en deniers ou en nature (sauf l'uniforme de grande tenue), est payable par quinzaine et à terme échu.

Elle est fixée, par jour, comme il suit :

	EN STATION	A L'HOPITAL	EN CONGÉ
Cavaliers	2 fr. 50	1 fr. 25	0 fr. 75
Brigadiers	3 00	1 75	1 00
Maréchaux des logis	3 50	2 25	1 25

Les cavaliers de manège qui sont logés dans les bâtiments militaires, subissent une retenue de 0 fr. 25 par jour.

En cas d'absence irrégulière, les cavaliers de manège sont privés de solde.

ART. 6. — Une retenue journalière de 0 fr. 25 est exercée sur la solde de présence et d'absence des cavaliers de manège, pour en former une masse individuelle qui reste leur propriété, et dont le montant pourvoit à l'acquittement du prix des fournitures qui leur sont faites, tant pour la petite tenue que pour les effets de linge et chaussure dont ils ont besoin.

ART. 7. — Le complet de la masse est fixé à 100 francs.

ART. 11. — Un capitaine-écuyer, dans chaque École, exerce, pour la partie administrative, à l'égard des cavaliers de manège, les fonctions de capitaine-commandant.

ART. 12. — Les cavaliers de manège peuvent être autorisés, par le général commandant l'École, à se marier.

ART. 13. — L'uniforme des cavaliers de manège est régi par les articles suivants :

ART. 14. — Les effets de grande tenue leur sont fournis au compte du budget particulier de l'établissement : une tunique, un pantalon d'ordonnance, une casquette, un ceinturon blanc, un sabre du modèle de la cavalerie de ligne.

La grande tenue est complétée par un col noir et une paire de bottines éperonnées, achetées au compte des hommes.

ART. 15. — La petite tenue est à la charge des cavaliers. Elle leur est fournie par le conseil d'administration : une veste, un pantalon de cheval, un bonnet de police, une calotte d'écurie, une blouse d'écurie, un col, des souliers.

A la fin de novembre, un officier russe, *le capitaine Raschkowski*, vint visiter l'École.

En 1860, l'inspection générale de l'École, fut passée par *le général Feray*.

C'est en 1860 que parut le GUIDE DE L'INSTRUCTEUR *comprenant un recueil d'observations sur l'ordonnance du 6 décembre 1829, avec un questionnaire,* écrit par *M. Humbert, officier supérieur, ex-capitaine instructeur à l'École de cavalerie.*

C'était un ouvrage fort bien fait, une sorte de catéchisme raisonné de l'ordonnance ; mais nous ne reviendrons pas sur le règlement de 1829, dont nous avons donné un aperçu à sa date.

C'est également en 1860 que l'on commença, dans certains régiments de cavalerie, des expériences de la méthode d'équitation de M. de Lancosme-Brèves, dont nous avons eu l'occasion de faire déjà l'éloge à plusieurs reprises.

Ces expériences, ordonnées par le Ministre de la guerre, commencèrent le 29 février ; les détachements d'expérimentation étaient composés de *jeunes recrues* et de *chevaux neufs* appartenant au 1er et au 2e régiment de carabiniers.

Les hommes furent jugés suffisamment instruits pour passer à l'école d'escadrons, après *soixante-quinze séances ;* ils retournèrent à Versailles le 8 juin.

Ce furent ces principes que M. Lancosme-Brèves publia sous le titre de : LA CENTAURISATION *pour arriver promptement à l'exécution des mouvements de l'ordonnance.*

Au lieu de développer cette méthode nous empruntons les rapports de la commission chargée de l'expérimenter.

Extrait du procès-verbal de la Commission. — Résumé du travail et exposé succinct de la méthode de M. de Lancosme-Brèves :

« La Commission chargée de suivre les expériences de M. de Lancosme-Brèves sur sa méthode d'équitation et de dressage, a cru devoir établir une comparaison entre la base des principes de l'ordonnance qui ne reconnait, en équitation, que deux aides dans la conduite du cheval, la *main* et les *jambes*, et ceux de M. de Brèves, qui ajoute le concours du poids du corps. Il appelle ces trois moyens *agents de la conduite*, et l'action des *cuisses* et des genoux, *agents de la solidité*.

« La Commission s'est assurée, dans le courant des trente premières leçons, de la progression suivie. Faisant marcher de front la théorie et la pratique, M. de Lancosme-Brèves explique d'abord au cavalier ce qu'il appelle agents de la solidité, agents de la conduite. Il l'exerce ensuite au travail séparé de chaque agent et au travail réuni des trois agents.

« La *centaurisation*, c'est-à-dire l'union morale et physique du cavalier avec son cheval, tel est le but constant que s'est proposé l'instructeur ; aussi a-t-il dû s'attacher à bien faire comprendre que la *souplesse* et le *liant* pouvaient seuls conduire à ce résultat ; que la *force* et la roideur produiraient inévitablement fatigue chez le cavalier, défense de la part du cheval ; que le cavalier devait toujours faire une opposition égale (et non pas *supérieure*) à la résistance présentée par le cheval. Comme application de ces principes, M. de Lancosme-Brèves a constamment fait répéter plusieurs figures équestres, qui sont la clef de l'exécution de tous les mouvements. De là, progrès et souplesse inespérés chez l'homme et le cheval.

« Trois sciences gouvernent le cheval principalement : la physiologie, l'anatomie, la mécanique. Toutes les trois ont fourni à M. de Brèves des règles parfaitement applicables et d'une compréhension très facile.

« La physiologie lui a inspiré qu'il ne pouvait y avoir entre le cheval et le cavalier, l'un et l'autre ignorants, l'entente nécessaire au succès du dressage complet, qu'autant qu'il y aurait entre l'animal et l'homme *une union morale*, et pour cela il a travaillé, tout d'abord, à établir *harmonie des deux instincts, harmonie des deux intelligences*. Son attention a donc été d'apprendre au cavalier, chargé de se lier à son cheval et de le dresser, ce qu'étaient l'*instinct*, l'*intelligence*, l'*expression*. Il s'est attaché, par des exemples faciles à comprendre et pris dans les habitudes de l'existence commune de l'homme et du cheval, à faire concevoir au cavalier que le cheval a, comme lui, des facultés intellectuelles, et, dans le courant de ces trente leçons, il a trouvé, à chaque instant, le moyen de montrer qu'il y a toujours, chez le cheval non éclairé, une résistance involontaire et qui entraîne, de la part de l'homme chargé de son éducation, l'obligation de parler à son intelligence ; que, sans cette distinction, il y aura toujours lutte entre les deux, puis, comme conséquence, usure pour le cheval.

« La *structure du cheval* (anatomie) fournissant la connaissance du jeu des muscles sur les os de l'animal, M. de Brèves s'est appliqué à ne pas faire exécuter un mouvement au cheval et au cavalier, à ne pas donner une position à l'un et à l'autre, qui ne fussent commandés par le jeu des articulations. Il s'est étudié à éviter les défenses du cheval en liant le cavalier au corps de l'animal. Ce travail, qu'il n'a pu donner scientifiquement qu'à la Commission, il l'a donné pratiquement au cavalier, et c'est dans ce travail et le rapport intime qu'il établit constamment entre les points de contact de l'homme et du cheval, que se trouve la principale clef de sa méthode ; aussi a-t-il mis dans la tête du cavalier que, s'il devait y avoir harmonie entre les facultés intellectuelles du cavalier et celles du cheval, il devait y avoir harmonie dans les mouvements de l'un et de l'autre pour arriver à l'*union physique*.

« Aussi a-t-il mis une persistance et une surveillance de tous les instants dans l'exécution du travail des trois agents, la main, le corps et les jambes, travail qu'une théorie de quelques lignes a gravé dans la mémoire des cavaliers.

« De telle sorte que la Commission a pu s'assurer, par les questions adressées à chacun d'eux, et par leurs réponses, que cette étude est passée chez eux à l'état instinctif, au point que chaque cavalier, dans chaque mouvement, fait fonctionner ses trois agents sans efforts apparents et, pour ainsi dire, par habitude. Ainsi l'union physique et l'union morale des deux êtres marchent ici journellement à l'accomplissement du problème de la centaurisation la plus complète, et, selon l'expression de l'auteur, il semblera bientôt qu'il n'y a plus chez les deux êtres qu'une seule intelligence, qu'un seul centre de gravité.

« La *mécanique* a fourni naturellement à M. de Lancosme-Brèves, ainsi qu'il l'indique dans ses ouvrages, l'ordre et l'harmonie dans le travail du cheval et du cavalier. C'est la *marche du centre de gravité* du cheval, déjà indiquée par lui en 1842, et donnée plus complètement en 1855 et 1857, qui a dicté le travail de la *main*, du *buste* et des *jambes* ; ainsi :

« 1° La *main* est chargée de mettre l'avant-main dans la position voulue pour le mouvement, — de diriger et de régler la masse, — de la laisser aller ou de l'arrêter.

« 2° Le *corps du cavalier* est chargé d'entrer dans les mouvements du centre de gravité ou de s'y opposer (travail prévu invariablement dans l'exécution de tous les mouvements du cheval) ; le corps du cavalier concourt à modérer, à déterminer l'animal à volonté par la position qu'il prend imperceptiblement sur la selle.

« 3° Les *jambes* sont chargées de donner la position à l'arrière-main et l'impulsion à l'animal.

« Le travail des agents du cavalier est *invariable* d'un cheval à un autre ; le *degré seul varie* suivant la sensibilité et l'équilibre de l'animal, principes absolus chez M. de Lancosme-Brèves, et qui assurent le *positivisme de l'équitation* et l'*unité dans l'instruction*, but principal de la théorie militaire.

« Les instruments nouveaux dont se sert M. de Brèves pour parler à l'intelligence du cavalier et lui donner une sage application de sa force, sont :

« Les *dombelles*, qu'il met dans la main du cavalier pour localiser sa force, faire qu'un effort de bras, par exemple, ne vienne pas influer sur tout le corps et le rendre roide en tout ou en partie.

« Son *guide-filet* et son *guide-bride*, instruments ingénieux par lesquels il apprend au cavalier à pied tous les effets de la main sur la bouche du cheval.

« Aussi la Commission attribue-t-elle la *mise en main* et la souplesse des chevaux à trois causes principales :

« La première, la connaissance du travail de main que donnent ces instruments par une instruction claire et facile à retenir.

« La seconde, le concours incessant des trois agents, calculé d'après la marche du centre de gravité de l'animal.

« La troisième, enfin, l'observation constante, par l'instructeur, des règles que dicte l'appareil nerveux de l'animal dans ses rapports de sensation et de locomotion.

« En résumé, le travail des trente premières leçons a donné les résultats suivants :

« Les hommes ont le corps et les jambes parfaitement placés ; ils se servent de leurs agents sans déranger pour cela ni leur assiette, ni leur position, et ils sont en état d'exécuter, avec toute la régularité désirable, les mouvements des hanches et le reculer, mouvements difficiles pour le jeune cheval ; ils savent galoper sur l'un et l'autre pied, et s'enlèvent sans effort à cette allure.

« Enfin, cavaliers et chevaux possèdent une instruction de beaucoup supérieure à celle qu'ils acquièrent d'habitude dans nos régiments.

« Un pareil résultat est évident, incontestable, et parle de lui-même..... Est-il besoin de rien dire de plus en faveur d'une méthode qui n'est nullement en contradiction avec les principes de l'ordonnance, en tous points applicable à l'instruction de la cavalerie et qui habitue les hommes à conduire les chevaux avec patience et douceur ?

« *Paris, le 15 avril 1860.*

« Signé : De Mauduit, capitaine au 6e régiment de dragons ; Effantin, capitaine au 7e dragons, rapporteur ; de la Jaille, chef d'escadron au 7e dragons ; d'Avocourt, lieutenant-colonel au 6e dragons. — Le général, président du Comité de la cavalerie, président de la Commission. »

Extrait et clôture des procès-verbaux de la Commission chargée d'examiner la méthode d'équitation de M. de Lancosme-Brèves :

« La Commission a cherché, dans son premier rapport, à présenter la base fondamentale de l'école de M. de Lancosme-Brèves. Elle a signalé les résultats obtenus dans les trente premières leçons. Il lui reste à compléter son travail en présentant :

« 1° Le nombre et le genre de leçons données aux hommes de recrue et aux jeunes chevaux ; 2° La division de l'enseignement du maître ; 3° La différence qui existe entre la théorie de la centaurisation de M. de Lancosme-Brèves et les principes de l'ordonnance ; 4° Les avantages qui résulteraient de l'adoption de cette méthode ; 5° La facilité de transmettre la théorie de cette école à la cavalerie.

« 1° *Nombre et genre des leçons données aux hommes de recrue et aux jeunes chevaux.* — M. de Lancosme-Brèves a développé ses théories dans les quarante premières séances ; et, au bout d'un certain temps, indiqué dans le procès-verbal des séances, il en a confié la surveillance aux deux sous-officiers.

« Pendant les vingt premiers jours, il a fait une répétition orale de la leçon du matin et la préparation de celle du lendemain ; le temps consacré était environ d'une demi-heure. Cette répétition n'était autre que le questionnaire expliqué, tel qu'il existe dans la *Théorie de centaurisation*, et la manière de se servir des dombelles, du guide-bridon et du guide-bride.

« Les deux sous-officiers, MM. de Vérac et Zimmermann, qui, la Commission se plaît à le reconnaître, ont montré dans tout le cours de ce travail beaucoup de zèle et d'intelligence, étaient initiés, dans les répétitions du soir, en même temps que les recrues, à la méthode de l'instruction. Ils répétaient eux-mêmes, les premiers, l'exposé de la leçon, puis venait le tour de chaque cavalier. L'application des principes donnés était immédiatement faite par l'un d'eux, sur un cheval froid ou avec les instruments sus-énoncés. Le lendemain, tous les cavaliers faisaient, sur leurs chevaux, l'application de la leçon de la veille et des précédentes, de telle sorte que M. de Lancosme-Brèves, dans ces trois mois, a formé tout à la fois, et les uns par les autres, *instructeurs, hommes et chevaux*.

« 2° *De l'enseignement*. — L'enseignement a été divisé ainsi qu'il suit : Position de l'homme à cheval ; — division du cheval en avant-main et en arrière-main ; — agents de la solidité, — leurs fonctions ; — agents de la conduite, — leurs fonctions ; — facultés intellectuelles du cheval ; — aides ou agents auxiliaires ; — manière de parler à l'intelligence du cheval ; — théorie des dombelles, du guide-bridon et du guide-bride ; — puissances musculaires de l'animal, — ses défenses ; — mouvements de l'ordonnance exécutés d'après le travail des trois agents, dans l'ordre indiqué, mais avec la répétition plus fréquente de certains de ces exercices.

« Pour l'exécution de ces mouvements, et pour y préparer le cheval, M. de Lancosme-Brèves n'a nullement fait usage des flexions, soit de mâchoire, soit d'encolure et de croupe.

« La souplesse acquise a été obtenue en marche ; elle découle, naturellement et forcément, du travail des trois agents dans l'exécution de chaque mouvement...

« Les mouvements choisis pour le travail ont été, dans le commencement, des changements de main, contre-changements de main, voltes, demi-voltes, ordinaires et renversées, etc., pour arriver ensuite à la spirale, à la serpentine et aux figures les plus serrées du manège et du travail individuel.

« 3° *De la différence qui existe entre la théorie de centaurisation de M. de Lancosme-Brèves et les principes de l'ordonnance.*

« La Commission appuie son opinion sur la simplicité de la méthode et des moyens employés pour la mettre en pratique, ainsi que sur les excellents résultats qui en sont la conséquence. Cette méthode ne change en rien ni la progression, ni les détails de l'instruction du cavalier à cheval. Elle les complète, les rend plus clairs, en introduisant les éléments qui y manquent...

« Elle comprend une instruction orale de quelques minutes. Pendant les premiers jours du travail, instruction très simple, qui initie le cavalier aux notions les plus élémentaires du jeu des organes du cheval. Elle lui apprend à connaître et aimer cet animal...

« La différence principale réside donc dans la leçon préparatoire qui consiste à interroger souvent l'élève sur tout ce qu'il lui importe de savoir, théoriquement et pratiquement.

« M. de Lancosme-Brèves conserve tous les mouvements de la théorie ; il n'en change aucun ; seulement, il insiste plus particulièrement sur certains déjà indiqués, et dont on a rendu compte au procès-verbal des séances.

« 4° *Avantages généraux de l'enseignement*. — Les avantages généraux de l'enseignement peuvent se résumer ainsi : 1° Économie de temps dans l'instruction des hommes et des chevaux, puisqu'au lieu de cent quatre-vingts journées de travail, les cavaliers sur lesquels on a expérimenté en ont eu soixante-quinze ;

« 2° Avantage de pouvoir dresser l'un par l'autre, en cas d'urgence ;

« 3° Amélioration dans les résultats, en ce que les hommes et les chevaux sont mieux dressés qu'ils ne le sont d'habitude dans les régiments, après un temps beaucoup plus long de travail. Les hommes sont plus avancés en ce qui concerne leur métier. Ils ont l'intelligence plus développée par une méthode attrayante et facile à retenir.

« Les chevaux sont en parfait état de conservation à la fin de leur instruction. Ils n'ont été soumis à aucun moyen de dressage pouvant nuire à leur impulsion naturelle, les rendre irritables et même rétifs. Ils ont une grande confiance dans leurs cavaliers, ce que l'on voit par leur air de tranquillité et la manière dont ils donnent leur force.

« Le troisième agent offre l'avantage marqué et incontestable de ménager la puissance musculaire de l'animal, en faisant bénéficier la force contractive d'une partie du poids du cavalier...

« 5° *Facilité de transmettre la théorie de cette école à la cavalerie.* — M. de Lancosme-Brèves ayant prouvé qu'on peut, en moins de trois mois, arriver au dressage complet et simultané de cavaliers de recrue et de chevaux neufs, la Commission pense qu'il serait facile et très désirable de prendre les mesures nécessaires pour transmettre cette théorie à la cavalerie.

« Dans ce but, elle propose d'envoyer, pendant le temps nécessaire, M. de Lancosme-Brèves à Saumur, École qui a toujours eu le privilège de donner à la cavalerie l'impulsion et l'uniformité dans l'instruction, et d'y répandre les bonnes traditions équestres. Dans cet établissement, qui possède des ressources de tous genres, M. de Brèves ferait l'application de ses principes... »

M. de Lancosme-Brèves est une personnalité trop marquante en équitation pour que nous passions sous silence la polémique qui fut soulevée à son sujet. Son éclectisme raisonné tourna contre lui. Les d'auriens l'accusèrent d'être un renégat de l'école de Versailles, les bauchéristes d'être un disciple incomplet de Baucher. M. de Brèves s'est défendu lui-même de ces accusations, nous transcrivons ses propres arguments, qui ne seront pas sans importance pour notre étude.

« *Il est difficile d'expliquer les attaques qui me sont adressées par quelques partisans exaltés de M. Baucher, puisque malgré mon désaccord avec lui sur un grand nombre de questions, j'ai joint mes efforts à ceux de ses plus fervents disciples, pour conjurer l'insuccès général de sa méthode en France et à l'étranger, insuccès mérité, si on veut la sortir de son véritable cadre, celui du dressage. Si la question me concernait seul, je garderais encore le silence, tant j'ai de considération pour le talent personnel du maître ; mais il s'agit ici des progrès de l'équitation, et admettre son travail tel qu'il le donne, sans aucune critique, c'est s'associer à une instruction nuisible, c'est conduire soi-même tout cavalier crédule à de fâcheux résultats.*

« *Je vais donc m'exprimer nettement sur la nouvelle équitation de M. Baucher. Je tiens à montrer que nos deux écoles sont entièrement distinctes, et qu'il y a, entre celle de ce maître et la mienne, la même différence qu'entre le périmètre du Champ-de-Mars et celui du Cirque. Après cette déclaration franche et claire, provoquée par la conduite de nos adversaires à mon égard, j'espère que MM. les partisans de la méthode Baucher ne chercheront plus à confondre les principes de leur maître avec ceux que je professe. Il est sans doute impossible de ne pas quelquefois se rencontrer sur certains principes; mais il n'en est pas moins réel que notre point de départ et nos résultats ne sont pas les mêmes, ainsi que je vais l'expliquer.*

« Les principes de tenue et de solidité présentés par M. Baucher sont, selon moi, contraires à toutes les lois de l'aisance, de la solidité et de la grâce à cheval; ils nuisent à la parfaite union qui doit exister entre le cavalier et l'animal. Cette première partie de la méthode est, je le dis avec regret, entièrement manquée.

« Les principes applicables au dressage du cheval sont très remarquables et conduisent à l'équilibre; mais, imparfaitement démontrés, ils diffèrent peu de ceux des anciens maîtres.

« L'annihilation des forces instinctives du cheval avant d'avoir appris aux élèves : 1° le point de départ de ces forces; 2° la manière de les gouverner, est un vide regrettable dans l'instruction donnée par M. Baucher, et qui doit nuire à tout l'avenir équestre d'un jeune homme.

« La mise en main par les attaques n'est applicable que par ceux qui sont non seulement de bons cavaliers, mais, en outre, familiarisés avec les principes anciens, etc.

« En un mot, la méthode Baucher, isolée, ne fera que des cavaliers disgracieux, taquins, fâcheux pour le cheval, qu'ils rendent rétif; acceptée comme appendice, elle est d'une utilité incontestable, si on la dépouille de ses erreurs, et les expériences nous prouvent chaque jour que les cavaliers qui savent en faire une bonne application, avaient préalablement appris à monter à cheval avant de chercher à l'appliquer.

« Comment en serait-il autrement? La méthode Baucher est un résumé philosophique de l'équitation des écuyers anciens, présenté sous une forme nouvelle par un praticien hors ligne dans sa spécialité. Et ne lit pas qui veut dans ce livre où le génie, si longtemps méconnu, des Frédéric Grison, des de la Broue, etc., se reflète à chaque instant.

« M. Baucher, on le sait, n'est qu'un homme de manège. Il n'a donc réellement étudié que cette partie de l'équitation, et c'est sur ce terrain seulement que nous devons l'examiner, si nous voulons lui être favorable.

« Le point de départ de sa méthode est une pensée heureuse, une pensée logique, l'auteur recherche la connaissance du dressage par l'examen des causes et des effets... Son travail le conduit peu à peu à des principes de dressage dont l'application bien faite doit éclairer l'intelligence de l'animal; mais M. Baucher, partant de son propre fond, à l'instar de nos grands maîtres, est sans cesse à côté de la cause qui produit l'effet..., et si sa pratique et son

esprit le servent à souhait pour lui-même, celui qui veut le suivre dans l'application s'arrête là où il passe avec facilité... Pourquoi? Parce que, instinctivement et à son insu, il fait souvent ce qu'il ne dit pas, et, très souvent aussi, le contraire de ce qu'il dit, tellement il est difficile de savoir expliquer les secrets de la science, quand on ne prend pour guide que son propre jugement, basé sur une pratique qui n'est même pas complète.

« *Examinons succinctement une des applications du système Baucher et voyons quelles sont, pour la plupart du temps, les conséquences qu'amène, pour le cavalier, la mauvaise interprétation de principes excellents, mais mal présentés.*

« *L'élève doit, après avoir assoupli son cheval, après l'avoir mis dans la main, chercher à lui donner la position voulue pour le mouvement à obtenir... Rien de plus rationnel que ces recommandations renouvelées de tous les bons écuyers, travail préparatoire qui demande, pour être bien exact, un excellent cavalier... J'ai ouvert souvent l'ouvrage de M. Baucher pour y trouver l'explication des trois recommandations précédentes; une seule y est expliquée, le silence règne sur les autres, et c'est en vain que j'ai cherché: rien ne guide l'élève dans son travail. Poursuivons...; celui-ci doit donc découvrir lui-même la position; dès qu'il croit l'avoir trouvée, il place la tête de l'animal renfermée sur l'éperon, s'il a pu appliquer le mécanisme des attaques, et demande le mouvement, en donne l'impulsion, ce qui est très normal... C'est alors que la déception arrive; aussitôt que le cheval se met en marche, il sort de la position, ou s'il y est rigoureusement maintenu, il perd toute impulsion, il s'arrête. Tel est le résultat journalier obtenu sans cesse par les meilleurs élèves de M. Baucher. Nous avons signalé l'effet produit..., disons maintenant la cause.*

« *L'animal, sentant ses forces renfermées entre l'éperon et l'opposition de la main du cavalier, n'ose ni avancer, ni reculer, il reste immobile. Et si le cavalier, conséquent avec la méthode, veut le décider en maintenant la tête, l'animal recule ou se cabre, ou bien il se précipite sur la main pour la forcer.*

« *Et remarquons, en outre, que le cavalier est bien plus embarrassé qu'on ne peut le supposer, s'il n'est élève que de M. Baucher, car il doit être roide, s'il a suivi exactement les principes du maître, notamment celui qui, selon moi, empêche d'acquérir de l'aisance et de la solidité à cheval. « C'est par la force que l'élève arrivera à être liant, et non par l'abandon tant et si inutilement recommandé », principe pernicieux et qui doit être rejeté bien loin. Revenons au cavalier et à son cheval.*

« *Pour sortir de ce dilemme équestre ou plutôt pour faire partir son cheval, le cavalier est très heureux de retrouver les principes de l'École de Versailles, qui apprenait à ses élèves comment il faut porter son cheval en avant. Mais le baucheriseur, proprement dit, se décourage et reste sans moyens de défense, livré à un animal devenu son maître. Aussi vouloir citer le travail remarquable de plusieurs officiers de l'armée, comme une preuve de l'excellence de la méthode Baucher, ne prouve absolument rien; les bons cavaliers savent toujours remplir, sans hésiter, les lacunes d'une théorie mauvaise ou incomplète, à plus forte raison quand ces cavaliers sont des écuyers sortis de l'École de Saumur. Et parce que ces derniers travaillent eux-mêmes avec un fond de science qui leur appartient, dira-t-on pour cela que leur succès vient de la méthode Baucher, tandis qu'il est plus vrai de dire qu'il est, avant tout, le résultat des bons enseignements de MM. Rousselet, d'Aure, Saint-Ange, Guérin et Briffaut, etc..., qui ont mis ces officiers en état d'appliquer toutes les méthodes connues ou à connaître.*

« *Comme conséquence de ma critique, je dirai qu'il est impossible d'opérer de la même manière sur tous les chevaux; il en est auxquels on peut donner, sans inconvénient, la position du rassembler avant le départ, d'autres celles du ramener, et d'autres enfin auxquels il ne faut donner de position qu'après l'allure prise.*

« *Nous ne craignons pas d'avancer que, malgré la sage recommandation de prendre la mise en main et la position sur une force communiquée, il est souvent impossible à un cavalier, s'il n'est pas maître, de conserver au départ, à de certaines natures de chevaux, l'impulsion avec la position. Nous parlons ici du cheval au dressage, car l'animal entièrement mis accepte toujours le ramener et le rassembler avant le départ; mais jusqu'au dressage complet, nous dirons qu'il est des chevaux auxquels il convient de demander la position dans le mouvement, bien que le bon mouvement soit la conséquence de la bonne position. L'école ancienne agissait généralement ainsi, l'examen critique que je fais de ses principes me le confirme sans cesse et l'expérience que j'acquiers chaque jour me conduit à lui donner souvent raison.*

« *M. Baucher base, en grande partie, sa méthode sur la force; c'est par la douleur qu'il soumet le cheval à l'obéissance, et c'est principalement sur la force contractive qu'il cherche à agir; mais, selon moi, avant que le cerveau soit suffisamment éclairé. Mon travail au contraire s'adresse particulièrement aux facultés intellectuelles et embrasse l'ensemble des appareils du système nerveux; je n'ai jamais recours à la douleur qu'après avoir complètement éclairé l'animal, et tandis que M. Baucher emploie encore la force et la con-*

trainte, j'emploie la douceur et la persuasion. M. Baucher peut dire le contraire, mais il s'abuse lui-même, ainsi que nous saurons le prouver. Cette différence entre nos systèmes tient au genre de spécialité de chacun de nous ; ce maître travaille pour obtenir des sujets soumis et passifs, réduits à l'état de machine automatique, son but est de tirer le plus grand parti du cheval entre quatre murs ; mon travail tend à conserver à mes chevaux le feu brillant de ses forces instinctives, tout en les soumettant à mon empire ; le travail de M. Baucher peut être très serré, mais il prend trop sur les chevaux, tandis que le mien les conserve et ne les fatigue jamais.

« *La position de la tête des chevaux de M. Baucher pendant tout son travail et quelle que soit leur structure, est toujours perpendiculaire; celle de la tête des miens l'est également pendant le travail de la haute école, mais tous mes chevaux étant dressés pour le manège et le dehors, ils reprennent à volonté la position de la tête exigée par leur conformation, le besoin de respirer, le plus ou moins de vitesse de l'allure, etc., etc.; car, selon moi, on a trop souvent abusé de la position de tête ramenée du cheval rassemblé.*

« *Tout en accordant à M. Baucher le mérite d'être entré le premier de nous dans une voie nouvelle, j'ai regretté ses erreurs, en les combattant avec la courtoisie d'un homme qui s'inclinera toujours devant les grands talents, quelle que soit la mesure de leur justice à son égard; mais j'ai dû séparer mon école de la sienne, quand j'ai vu qu'il ne cherchait à appliquer à l'équitation du dehors, qu'il ne connaît pas, les principes réservés à la haute école, car il ne s'agit pas d'apprendre à s'emparer des forces du cheval, il faut d'abord apprendre à les diriger, ce qui souvent est plus difficile que les annihiler.*

« *Comment un cavalier peut-il avoir la prétention de combattre utilement les forces instinctives du cheval, quand il ne sait pas faire la distinction des forces provenant du fait de l'instinct d'avec celles provenant du fait de l'intelligence de l'animal? Et remarquons bien que la méthode du maître reste complètement muette sur ces premières questions. Néanmoins, nous croyons être complètement dans le vrai en disant que la méthode Baucher est appelée à rendre service à l'équitation, en ce qu'elle perfectionnera ceux qui savent déjà monter à cheval, mais que là s'arrêtera son effet, et remarquons encore qu'elle ne leur donnera qu'un demi-savoir. — Elle peut être, malgré les erreurs qu'elle contient, et je l'ai proclamé souvent, une œuvre excellente dans les annales de l'équitation, mais elle ne constitue pas plus le compendium de celle-ci, qu'une très belle plante ne représente, à elle seule, les produits de l'horticulture. En effet, son point de départ et son point d'arrivée nous donnent-ils ce que nous trouvons dans l'étude du système nerveux, pris pour guide par le cavalier, à savoir l'origine des sensations et l'origine des mouvements. Loin de là, son auteur se trompe sur lui-même, sur toutes ces questions.* »

C'est en 1860, que *M. Watrin*, vétérinaire en 1er au 3e lanciers, inventa son *fer à oreilles obliques*.

Le pied doit être paré suivant un plan perpendiculaire à la direction des tendons. — M. Watrin inventa dans la suite un instrument fort ingénieux, qui avait pour but de suppléer le coup d'œil et indiquer mathématiquement le véritable aplomb de l'ongle. — Une entaille légère est faite entre la fourchette et l'arc-boutant, afin de permettre l'application en cet endroit des oreilles du fer.

Celui-ci, présenté à chaud, sous le pied, et ayant marqué la place de ses oreilles, est refroidi, fixé sur le sabot et ouvert par un désencasteleur puissant. Des coups secs sont frappé, sur la pince, pour faire tomber l'étau dilatateur et empêcher le fer de revenir à ses dimensions primitives; l'opération faite, on constate qu'il existe un léger jour entre le talon et l'éponge du fer. Lors de l'appui du membre sur le sol, cette disposition force la muraille à suivre le plan incliné, jusqu'à la surface plane des branches, et communique au sabot un mouvement excentrique, analogue à celui qu'il possède naturellement.

Après plusieurs jours, plus ou moins suivant les cas, on est obligé de dilater de nouveau le fer; parce que le pied, qui s'est élargi, ne glisse plus sur les pinçons.

D'après M. Watrin, cette dilatation s'étend à toute la hauteur de la paroi en arrière; elle est surtout accusée au bourrelet qui fait saillie et sécrète, alors, un cercle de corne plus large et plus épais. Ce cercle, à mesure qu'il descend, finit par rendre au pied ses dimensions normales et, partant, le plus souvent l'intégrité de ses fonctions.

En résumé, on peut dire que ce fer, dont les effets sont lents, mais surs, ne fait pas boiter le cheval en traitement.

C'est également en 1860 que parut *le fer Goodnougt*, fabriqué à la mécanique. Ce fer, en métal doux très malléable, est moitié plus épais en en pince qu'en éponges; il porte une large rainure anglaise interrompue par cinq crampons, celui de pince beaucoup plus fort; il a l'ajusture anglaise sur les deux faces. Les fers de devant et de derrière sont de même couverture et épaisseur.

Ce fer est léger, bon marché, peut être adapté au pied sans feu ni forge et empêche les glissades ; mais étant d'un fer doux il est d'une usure rapide, surtout derrière.

Cette ferrure, autour de laquelle on a fait beaucoup de bruit, et qui a d'ailleurs fort bien réussi aux chevaux de roulage, soumis à des allures lentes, ne peut pas se recommander pour les chevaux de selle. Elle est cependant pratiquée dans l'armée américaine concurremment avec la ferrure anglaise ordinaire.

1860

ÉTAT-MAJOR DE L'ÉCOLE

BRUNO	Général de brigade.	ALLAVÈNE	Capit. instructeurs.
CORDIER	Colonel.	ARCHAMBAULT	Capit. instructeurs.
ROLLAND	Lieutenant-colonel.	KABIS	Capit. instructeurs.
DARNIGE	Chef d'esc. instruct.	PINOT	Capit. instructeurs.
GUÉRIN	Ch. d'esc. écuy. en ch.	BOULLIGNY	Capit. instructeurs.
PRÉVOST	Major.	DESSORT	Capit. instructeurs.
LARDEUR	Capitaine trésorier.	GRANDIN	Capit. instructeurs.
SCHMITT	Capit. d'habillement.	DE BONNE	Capitaines écuyers.
ROUYER	Lieut. adjoint au trés.	LÉAUX	Capitaines écuyers.
DARIOT	S.-lieut. porte-étend.	LELOUTRE	Capitaines écuyers.
MAJESTÉ	Médecin principal.	DUTHIL	Capitaines écuyers.
BERNARD	Médecin aide-major.	CADOR	Lieut. } s.-écuyers.
VALLON	Vétérinaire principal	LENFUMÉ DE LIGNIÈRES	Lieut. } s.-écuyers.
HATIN	Vétérin. en premier.	GRANDJEAN	Lieut. } s.-écuyers.
LESCOT	Aide-vétérinaire.	PIÉTU	S.-l. } s.-écuyers.

OFFICIERS ÉTRANGERS

SUIVANT LES COURS DE L'ÉCOLE

PRINCE STIRBEY (fils)		LEWENHAUPT	Lieut. de la cavalerie suédoise.
HANS HELMATH LUTTICHAU	Lieut. des gardes à cheval danoises.	CRETZEANO	Officier Valaque.
CONSTANTIN VRABIÉ	Officiers Moldaves.	ALI KHAN	Lieut. de l'armée persane.
JOUVARA	Officiers Moldaves.		
ROZETTI	Officiers Moldaves.		

OFFICIERS D'INSTRUCTION

Première Division.

ROULLET	Lieut., 2e carabin.	DEMONT DE BENCQUE	Lieut., 1er cuirassiers
GAILLARD	Lieut., 1er dragons.	GATIAN DE CLÉRAMBAULT	Lieut., 8e chasseurs.
BAISSADE	S.-lieut., 4e hussards	RICHOND	S.-lieut., 5e dragons.
CHEVILLOT	S.-l., train de la garde	KAMMERER	S.-lieut., 5e lanciers.
POUPON	Lieut., 10e dragons.	DECQ	Lieut., 9e artillerie.
LECLERC	Lieut., 3e dragons.	JACQUEMIN	Lieut., 1er carabin.
BONDET	Lieut., 12e chasseurs.	BIGOT DE LA TOUANNE	S.-lieut., 2e lanciers.
URTIN	Lieut., 5e cuirassiers.	DE LA GRÉVERIE	Lieut., 11e artillerie.
LECLÈRE	S.-lieut., 3e ch. d'Af.	PENNET	S.-lieut., 4e dragons.
THIOU	Lieut., 15e artillerie.	MARCHEON	S.-lieut., 8e dragons.
FIÉRON	Lieut., 10e cuirassiers	FORTIN	Lieut., 6e chasseurs.
MARIN	S.-lieut., 11e dragons	POUTE DE PUYBAUDET	Lieut., 9e dragons.
CHATELOT	Lieut., 6e lanciers.	WOHLFROM	Lieut., 5e artillerie.
LOMBARD	S.-lieut., 9e cuirass.	DRU	Lieut., train de la g.
ARNOUS-RIVIÈRE	S.-lieut., 11e chass.	DE FOULQUE	Lieut., 2e cuirassiers
BRISSON	Lt, 1er cuir. de la g.	GROS	Lieut., 20e artillerie.
VIGNAL	Lieut., 7e cuirassiers.	TOURNIER	Lieut., 3e cuirassiers.
JOUVE	Lt, 1er cuir. de la g.	RIQUET	S.-lieut., 7e lanciers.
PEFFAUT-DELATOUR	S.-l., chass. de la g.	JANNOT DE MONCEY	S.-lieut., 3e hussards.

Première Division (Suite).

Heymann	Lieut., 8e lanciers.	Pairon	S.-lieut., 7e hussards
Lepescheux-Duhautbourg	S.-lieut., 1er hussards	Rigodit	S.-l., 1er chass. d'Af.
Chaussade	Lieut., 4e esc. du train	Mazure	S.-lieut., 11e dragons
Paploré	S.-lieut., 2e ch. d'Af.	Velly	S.-lieut., 5e cuirass.
Mazet	S.-l., guides de la g.	Boulmagne	S.-lieut., 4e lanciers.
De Chamborant de Périssat	S.-lieut., 2e hussards	Jouvenot	Capit., 2e hussards.
De Fritsch	S.-lieut., 1er lanciers	Jacquemin	Capit., 5e hussards.
Reynaud	Lieut., 2e spahis.	Durand	Lieut., 9e chasseurs.

Deuxième Division.

De la Bigne	Lieut., 2e cuir. de la g.	Baudet	Lieut., 7e cuirassiers.
Janin	Lieut., 4e hussards.	Esquer	S.-lieut., 2e hussards
Hault	S.-lieut., 6e lanciers.	Stiltz	Lieut., 4e artillerie.
Yvon	S.-lieut., 6e chass.	Legendre	Lieut., 7e chasseurs.
Cocus	S.-lieut., 7e hussards	Faivre	S.-lieut., 6e chass.
Rapp	S.-l., 1er ch. d'Afriq.	De Santerre	S.-l., chass. de la g.
Duhammeau	S.-lieut., 1er dragons	Brasiler	Lieut., 8e artillerie.
Brécart	S.-lieut., 11e chass.	Mersié	S.-lieut., 4e cuirass.
Froment	S.-lieut., 13e artillerie	Albrech	Lieut., 6e artillerie.
De Boysson	S.-lieut., 2e lanciers.	Clapeyron	S.-lieut., 8e spahis.
De Jessé	S.-lieut., 7e dragons.	Cocteville	S.-lieut., 8e dragons.
Riva	S.-lieut., 4e dragons.	Gondre	Lieut., 1er artillerie.
Tiret	S.-lieut., 5e lanciers.	Charlochet	Lieut., 4e artillerie.
De Pontchalon	Lieut., 9e chasseurs.	Martin	Lieut., 3e esc. du train des équipages.
De Bonnegarde	S.-lieut., 5e hussards		
De Verrière	S.-lieut., 10e dragons	Schmell	Lieut., 3e dragons.
Pistoye	Lieut., 1er chasseurs.	Soulary	S.-lieut., 2e chass.
Duhautbourg	S.-lieut., 8e cuirass.	Maille	S.-l., chass. de la g.
Langlois	Lieut., artill. de la g.	Mauger	Lieut., 17e artillerie.
De Lesguern	Lieut., 8e chasseurs.	Goupil	S.-lieut., 9e dragons.
Courtiel	S.-lieut., 9e chass.	Morel	S.-lieut., 9e lanciers.
Bonn	S.-lieut., 10e cuir.	Billeroy	S.-l., guides de la g.
Lannes	Lieut., 12e dragons.	André	Lieut., 9e artillerie.
Jacquot	S.-lieut., 4e chass.	Murjas	Lieut., 15e artillerie.
Schurr	S.-l., guides de la g.	Deloriolle	S.-lieut., 3e chass.
Coillot	Lieut., 5e artillerie.	Duval	S.-l., 3e ch. d'Afrique.
Deniot	S.-lieut., 5e dragons.	De Viellechaize	S.-lieut., 10e chass.
Cochard	S.-lieut., 1er carabin.	De la Salle	S.-lieut., 3e lanciers.
D'Ollone	Lieut., 5e chasseurs.	De Barrès	S.-lieut., 3e hussards
Edel	Lieut., 4e lanciers.	Lemoussu	Lieut., 4e esc. du train des équipages.
Jenny	S.-lieut., 1er lanciers.		
Sorel	S.-lieut., 11e dragons	De Saint-Victor	S.-lieut., 1er spahis.
Brugière	Lieut., 2e ch. d'Afriq.	D'Ollembourg	S. lieut., 8e cuirass.
Colson	Lieut., 3e artillerie.	Boyer	S.-lieut., 2e cuirass.
Viennois	Lieut., 16e artillerie.	Arveuf	Lieut., 2e artillerie.
De Tussac	S.-lieut., 1er hussards	Clemencet	S.-l., drag. de l'Imp.
Poinfier	S.-lieut., 8e hussards	Trespaillé	Lieut., 10e artillerie.
Rutle	Lieut., 11e artillerie.	Floesse	S.-lieut., 2e dragons.
Alemand	Lieut., 2e carabiniers	Roger	S.-lieut., 12e chass.
Augier	Lieut., 6e dragons.	D'Esplane	S.-lieut., 2e hussards

AIDES-VÉTÉRINAIRES STAGIAIRES

Barrier.	Dreux.	Rebeyrolles.	Issartel.
Garnier.	Giffard.	Janel.	Camoin.
Quin.	Pesqué.	Gruet.	Marinèche.
Chaillous.	Chevalier.	Gillibert.	Pacque.
Nicouleau.	Camus.	Fesquet.	Pelous.
Abert.	Massias.	Daroy.	Heme.
Maurel.	Gillard.		

Tableau chronologique

des Fers les plus usités de 1872 à 1884

336. 1872. Bourgeac. Fer postérieur pour cheval qui forge.
337. 1873. Fer mécanique à gorge large et profonde à la face inférieure.
338. Burden (Amérique). Fer avec évidement en branches progressif vers les talons.
339. Fer à crampon circulaire au milieu de la branche du fer.
340. Peschel. Fer à crampon circulaire double ajusture anglaise renversée.
341. Gray de Sheffield. Fer à double rainure.
342. Gray de Sheffield. Fer à plusieurs rainures.
343. Gray de Sheffield. Fer dentelures transversales.
344. Gray de Sheffield. Fer à crampon circulaire au bord externe et dentelures transversales.
345. Gray de Sheffield. Fer à crampon circulaire externe et dentelures transversales.
346. Gray de Sheffield. Fer à crampon circulaire au bord externe et dentelures transversales.
347. Crampon Duplessis.
348. 1874. Raulet. Traitement de la seime quarte.
349. Talfumière. Fer à planche pour talons bas.
350. Tallumière. Fer à planche pour talons serrés.
351. Demi fer (mécanique) Tips.
352. Crampon Duplessis.
353. Fuzelier. Crampon claveté.
354. Fuzelier. Crampon triangulaire.
355. Fuzelier. Crampon avec épaulement.
356. 1876. Crampon Gérard.
357. Fer Gérard.
358. Rémond de Decize. Ferrure à glace.
359. Grappe Lodrici.
360. 1877. Fer à crampon circulaire externe et étampures particulières.
361. Patin Engelhardt-Dinkelsbühl.
362. 1878. Colin. Traitement de la seime carte et de l'encastelure.
263. Buffer. Patin hanovrien Hartmann.
364. Buffer. Fer pour patin hanovrien (face supérieure).
365. Buffer. Fer pour patin hanovrien (face inférieure).
366. 1879. École de Maréchalerie. Botte ferrée.
367. Crampon à vis, tenon cylindrique.
368. Crampon à vis avec boutonnière.
369. Crampon à vis tenon fendu.
370. Fer écossais antérieur (face inférieure).
371. Fer écossais antérieur (face supérieure).
372. Fer écossais postérieur.
373. 1880. École de Maréchalerie. Barthes. Fer demi-couvert avec ajusture anglaise.
374. École de Maréchalerie. Pied avec atteinte. Fer à planche, talus à la lime et sifflet.
375. Fer anglais postérieur tronqué en pince et en voûte pour chevaux de chasse et de steeple.
376. Fer avec plaque en cuir rivée en éponges.
377. Decroix. Crampon à tête pyramidale et à tenon conique. Éponge taraudée.
378. Crampon à vis, tête cylindrique.
379. Crampon à vis, forme bouchon émeri.
380. Crampon à vis, tête pyramidale.
381. Fer russe.
382. 1881. Fer geneté avec petits coins interposés entre les oreilles du fer et le pied.
383. École de Maréchalerie. Dangel. Fer demi-couvert avec siège en cuir rivé en éponges.
384. Crampons Humbert.
385. Crampons à mortaise taraudée avec vis et éponge à rainure.
386. 1882. École de Maréchalerie. Dangel. Fer pour cheval qui se croise à l'écurie.
387. Fer pour cheval qui se frappe à l'écurie.
388. Fer à plaque rivée à la face supérieure du fer.
389. Thévenot. Fer à traverse.
390. Fer ondulé. Villes d'Italie (Goyau).
391. Fer à dentelures transversales. Villes d'Italie (Goyau).
392. Fer à saillies pyramidales Villes d'Italie (Goyau).
393. Fer à saillies coniques Villes d'Italie (Goyau).
394. Hipposandale des chasseurs du Nord de l'Angleterre (Goyau).
395. Crampon Baldenweck (Goyau).
396. Maréchal de Tou... Crampon imitation Gérard.
397. Clou triangulaire Lenoir.
398. Vasselin. Étampure d'attente à la rive interne de l'éponge.
399. 1883. Cousin. Traitement de la la seime quarte.
400. Cousin. Traitement de seimes quartes successives.
401. Guizot. Fer en corne de mouton fondue.
402. Rocher. Fer mécanique en acier.
403. Mende. Ferrure d'hiver.
404. École de Berlin. Fer à clous.
406. Ernst et Schneider. Fer mécanique à éponges nourries et tampon de caoutchouc dans une mortaise creusée en éponges.
406. Crampon Cailard.
407. Crampon Cailard avec cuir au tenon et entaille sur le fer avec clef.
408. Crampon Cailard cuir avec rivet et entaille sur le fer avec clef.
409. 1884. École de Maréchalerie. Duplessis. Fer ordinaire un peu plus dégagé et plus épais avec ajusture anglaise.
410. École de Maréchalerie. Duplessis. Fer un peu plus dégagé et plus épais que le fer ordinaire, étampures rectangulaires et ajusture anglaise.
411. École de Maréchalerie. Fer antérieur plus épais et plus dégagé que le fer ordinaire, rainure anglaise en branches, ajusture anglaise.
412. École de Maréchalerie. Fer postérieur, plus épais et plus dégagé que le fer ordinaire, rainure anglaise en branches, ajusture anglaise.
413. École de Maréchalerie. Dangel. Fer à planche avec talus en éponges.
414. École de Maréchalerie. Fer à planche anglais, avec rainures sur la traverse.
415. École de Maréchalerie. Dangel. Fer à planche avec rainures.
416. Fer antérieur à mamelle tronquée avec protecteur Lacombe.
417. Fer avec protecteur Bellamy.
418. Fer antérieur à une éponge tronquée, avec protecteur Bellamy, pour cheval qui se couche en vache.

336
337
338
339
340
341
342
343
344
345
346
347
348
349
349
349
350
351
351
352
353
354
355
356
357
358
359
360
361
361
362
363
364
365
366
367
368
369
370
371
372
373
374
375
376
377
378
379
380
381
382
383
384
385
386
387
388
389
390
391
392
393
394
395
396
397
398
399
400
401
402
402
403
403
404
405
406
407
408
409
409
410
410
411
411
412
412
413
414
415
416
417
417
418

XIX

Règlement de l'organisation de l'atelier d'arçonnerie; son nouveau directeur. — Une jument poulinière syrienne. — Étude comparative à l'École sur les moyens des chevaux anglais et des chevaux normands. — Le général Crespin, commandant l'École. — La selle Gudin, modèle 1861; la bride. — L'atelier d'arçonnerie fabrique deux cents selles d'essai nouveau modèle. — M. Auzoux à Saumur. — Les prix de courses envoyés par le Ministre de la guerre. — Les courses de Saumur et leurs vainqueurs. — Visite du Ministre de la guerre. — Inspection du général Feray. — L'équitation du temps. — Barbier : fer à fourchette artificielle. — Fer Mercier. — État-major, officiers et vétérinaires élèves de l'École en 1861. — Les résultats de l'étude comparative des chevaux anglais et chevaux normands à l'École de cavalerie. — Création d'un jardin potager à l'École. — Modification à la selle modèle 1861. — L'atelier d'arçonnerie reçoit d'importantes commandes. — Une nouvelle jument syrienne est envoyée à l'École. — Prix de courses de Saumur et leurs vainqueurs. — Inspection du général Dupuch de Feletz. — Essai à l'École de la méthode de dressage du capitaine Bonie : deux périodes, l'une avant cinq ans, l'autre après; conseils à l'instructeur; notions préliminaires et promenades à l'extérieur; travail à pied, porter le cheval en avant, reculer, rotation des hanches autour des épaules, mobilisation de la mâchoire; travail à cheval en place, travail de l'avant-main, travail de l'arrière-main; travail à cheval en marchant, marcher au pas sur la ligne droite, arrêter, changement de direction, appuyer dans le changement de direction diagonal, appuyer la croupe au mur, reculer, travail à volonté au pas, faire sortir les chevaux du rang, travail au trot, préparation au galop (à pied), habituer les chevaux au feu, aux armes et aux bruits de guerre; dressage : travail au galop, départ au galop, changement de pied, de l'éperon, saut du fossé et de la barrière, allongement et ralentissement des allures; travail en peloton, chevaux difficiles à dresser, travail à l'extérieur et entraînement, terrains accidentés. — L'école de maréchalerie est chargée de fournir un approvisionnement à l'expédition du Mexique. — Indigènes arabes, cavaliers élèves à l'École. — Instructions sur le travail individuel dans la cavalerie : travail individuel des recrues; travail individuel des hommes admis à l'école d'escadron. — Principes de ferrure : tournure, longueur, épaisseur, couverture, étampures, garniture, ajusture, poids des fers, crampons, ferrure proprement dite, faire porter le fer. — Benjamin : fer à ressort d'une seule branche. — État-major, officiers et vétérinaires élèves de l'École en 1862.

Le 4 février 1861 parut le *Règlement sur l'organisation de l'atelier d'arçonnerie*, qui reçut en même temps un nouveau directeur, le *lieutenant Person*.

Au commencement de février arriva à l'École une belle jument poulinière syrienne achetée à Constantinople au Serdar-Ekrem Omer Pacha. Elle se nommait *Kohéil-el-Adjouz*.

C'est au mois de février 1861 que le maréchal Randon, ministre de la guerre, donna l'ordre à l'École de cavalerie de faire une étude comparative des moyens des chevaux anglais et des chevaux normands. Cette étude devait durer un an ; nous en donnerons le résultat à sa date.

Le 21 mars, le *général Crespin* prit le commandement de l'École ; l'écuyer en chef était toujours le commandant Guérin.

Le général Crespin avait débuté dans la carrière militaire en 1831, comme engagé volontaire au 4e dragons. Le 28 décembre, il passait maréchal des logis-chef au 2e chasseurs d'Afrique, où il prit successivement tous ses grades, celui de sous-lieutenant le 9 avril 1833, celui de lieutenant le 30 mai 1837, celui de capitaine le 2 janvier 1839. Il fit toutes les campagnes d'Afrique depuis 1832 jusqu'à 1845 et s'y distingua brillamment. Il fut cité à l'ordre de la division d'Oran pour sa belle conduite à l'affaire du 31 août 1832. Le 10 novembre de la même année, il fut blessé d'un coup de feu au travers du pied gauche et d'un coup de yatagan au bras droit au combat de Sidi-Schab-Haal, près Oran, et cité à l'ordre de la division pour sa belle conduite. Il fut encore cité à l'ordre à l'affaire du 6 août 1833, dans les montagnes de Taffrah-Houy, où il eut un cheval tué sous lui le 12 avril 1842, sur les bords de la Taffna. Il eut encore un cheval tué sous lui le 10 octobre 1842, dans un combat contre les Flithas, à l'est de Mostaganem, et le 10 juin 1844, l'ordre de l'armée le citait encore pour s'être fait particulièrement remarquer dans un combat contre les Marocains sur l'Oued-Mouillah, qui eut lieu le même jour que la bataille d'Isly. Son séjour en Afrique n'avait été interrompu que par un cours de lieutenant d'instruction qu'il était venu faire à Saumur, du 31 mars 1834 au 28 octobre 1835. Il avait été nommé chevalier de la Légion d'honneur le 19 mars 1843. Le capitaine Crespin passa par permutation au 5e cuirassiers le 27 mars 1845, et fut nommé chef d'escadron au 5e hussards le 9 octobre 1848. Le 7 juin 1850, il était fait officier de la Légion d'honneur. Lieutenant-colonel au 7e cuirassiers le 7 janvier 1832, il passa colonel au 6e cuirassiers le 1er mai 1854 et fit à la tête de son régiment toute la campagne de Crimée. Le 29 mars 1856, il prenait le commandement des dragons de la Garde impériale et, le 14 mars 1857, était fait commandeur de la Légion d'honneur. En 1859, il fit la campagne d'Italie, et le 7 mars 1861, nommé général de brigade, il vint prendre le commandement de l'École de cavalerie.

Une nouvelle selle fut établie en 1861 ; on la fit dériver du modèle hongrois, et ses données furent fournies par le général Gudin, dont elle prit le nom.

Cette selle diffère essentiellement du modèle 1854. Son arçon est à bandes sèches. Ses parties en bois ne sont ni nervées ni entoilées; seule la palette du troussequin subit ces deux opérations. Une mortaise, pratiquée dans chaque bande, remplace les porte-étrivières en fer. Le siège, dit à loup, se compose de deux parties principales, confectionnées en cuir de bœuf noirci passé au suif, reliées l'une à l'autre par deux piqûres longitudinales. Ce siège, étroit sur le devant, bifurqué derrière pour donner de l'assiette au cavalier, est tendu sur l'arçon au moyen de lanières en cuir hongroyé, qui permettent de le descendre au degré voulu. Un coussinet en cuir de vache fauve graissée, doublé de peau de cheval jaune, recouvre le loup. Ce coussinet, qui forme quartiers, est le complément indispensable du siège, qui y est tracé par une piqûre. Sur son milieu sont pratiquées d'autres piqûres transversales, dont les intervalles, rembourrées de crin, forment des sortes de boudins qui atténuent la dureté du loup.

La sangle, en cuir noir, d'une même largeur, passe dans les quartiers du coussinet et les fait adhérer aux flancs du cheval ; le contresanglon entre dans une forte boucle à rouleau de soixante millimètres de largeur ; cette sangle est attachée à l'arçon par des lanières de cuir hongroyé.

La selle doit reposer sur un tapis de feutre très épais, pour préserver le dos du cheval de son contact immédiat. En route, la couverture est mise sous le tapis.

Les arçons ont trois pointures.

La schabraque en drap feutre, bordée d'un galon de drap de quatre centimètres, se divise en deux parties : le couvre-fonte et le croupelin.

La bride 1861, en cuir noir, ne comporte que deux montants, avec boucles doubles, dans la couture desquels s'engage un dé demi-rond qui reçoit le T de la chaînette du mors du filet. Le dessus de tête est simple, c'est-à-dire non bifurqué comme celui de 1853 ; il reçoit une gourmette qui garantit le cheval d'un coup de sabre, en même temps qu'elle peut être utilisée en remplacement de celle du mors. Le dessus de tête porte une agrafe pour se rattacher au licol.

Les rênes de bride sont à fortes rênes, avec un fouet à l'extrémité.

Les rênes du filet sont à martingale. Le filet est à chaînettes avec T. Le mors, dit à col de cygne, avec bossettes en cuivre. Le licol, dit à la hussarde, a sa sous-gorge et sa sous-barbe en cuir ployé formant boudin ; l'alliance porte deux anneaux, afin de donner plus de fixité au licol tout en laissant au cheval beaucoup d'aisance dans ses mouvements de tête. La longe est en cuir.

Le 8 juin, l'atelier d'arçonnerie reçut l'ordre de confectionner deux cents selles d'essai, nouveau modèle.

Au mois de juillet, M. Auzoux vint à Saumur pour initier les capitaines du cadre et les vétérinaires au maniement de chacune des pièces composant son cheval élastique, et à son mode d'enseignement.

A l'occasion des courses qui eurent lieu le 11 et le 13 août, le Ministre de la guerre envoya quatre prix : 1° une selle complète, avec bride et tapis de selle ; 2° une paire de pistolets de tir, avec boîte et accessoires ; 3° une trousse de voyage garnie ; 4° une cravache.

Les résultats de ces journées de courses furent les suivants :

PREMIER JOUR DE COURSES. — DIMANCHE 11 AOUT 1861.

Troisième course. — Un objet d'art. — Pour MM. les lieutenants et sous-lieutenants, sur leurs chevaux d'armes. — Premier, *M. Massiet*, montant *Cabriole*. Deuxième, *M. Lagournerie*. — Troisième, *M. Rourèze*.

Quatrième course. — Un objet d'art. — Pour MM. les sous-maîtres de manège, montant des chevaux de carrière. — Cinq chevaux étaient engagés. — Premier, *Rivoli*, monté par *M. Esnault*. — Deuxième, *Triomphant*, monté par *M. Azemar*.

Cinquième course. — Un objet d'art. — Pour MM. les lieutenants et sous-lieutenants, montant des chevaux de carrière. — Neuf chevaux partant. — Première, *Légère*, montée par *M. de Querhoënt*. — Deuxième, *Centaure*, monté par *M. de Kersabiec*.

Sixième course. — Deuxième prix de S. Exc. M. le Ministre de la guerre, pour MM. les lieutenants et sous-lieutenants d'instruction, sur des chevaux de carrière. — Sept chevaux engagés. — Première, *Demoiselle*, montée par *M. de Kermartin*. — Deuxième, *Franc-Picard*, monté par *M. Dutreil*.

Septième course. — Steeple-chase (Gentlemen riders). — 2,500 francs. — Pour chevaux de toute provenance. — Distance : 4,000 mètres environ. — Vingt obstacles à franchir. — Premier, *Pacha*, monté par *M. de Lignières*. — Deuxième, *Trembleur*, monté par le *capitaine Hunt*. — Troisième, *Auricula*.

DEUXIÈME JOUR DE COURSES

Deuxième course. — Course de haies (Gentlemen riders). — 1,000 francs. — Pour chevaux entiers, hongres et juments, de quatre ans et au-dessus, de toute espèce et de tout pays. — Poids commun, 67 kilog. 1/2. — Distance, 2,100 mètres environ, et douze haies de 1m,10 à franchir. — Cinq engagements ou pas de course. — Première, *Surprise*, montée par *M. de Lignières*. — Deuxième, *Jonian*, au général Fleury.

Quatrième course. — Un objet d'art. — Pour MM. les sous-officiers titulaires, montant leurs chevaux d'armes. — Huit chevaux engagés. — Première, *Alerte-Grise*, montée par *M. Remeré*. — Deuxième, *Favorite*, montée par *M. Malapert*.

Cinquième course. — Un objet d'art. — Pour MM. les sous-officiers élèves instructeurs, montant leurs chevaux d'armes. — Premier, *Baisse*, monté par *M. de la Vergne*. — Deuxième, *Fermier*, monté par *M. Gardeur*.

Sixième course. — Un objet d'art. — Pour MM. les officiers de l'École, montant leurs chevaux d'armes ou ceux appartenant à des officiers de l'École, à l'exclusion des chevaux de pur sang. — Cinq chevaux engagés. — Première, *Campine*, monté par *M. Piétu*. — Deuxième, *Cabriole*, montée par *M. Massiet*.

Septième course. — Course improvisée, pour tous les chevaux d'armes qui se trouvaient sur l'hippodrome, sans distinction de race. — Premier, *M. Rouvèze*. — Deuxième, *M. Cunit*.

Huitième course. — Grand steeple-chase (Gentlemen riders). — 5,000 francs. — Pour chevaux entiers, hongres et juments, de quatre ans et au-dessus, de toute espèce et de tous pays. — Distance, 4,000 mètres environ et vingt obstacles. — Premier, *Trembleur*, monté par *M. Roque*. — Deuxième, *Franc-Picard*, monté par le *capitaine Hunt*.

Le 20 octobre, le *général Féray* arrivait à Saumur pour passer l'inspection générale de l'École.

Saumur, cette année-là, eut encore la visite du Ministre de la guerre.

Arrivé à Saumur le vendredi 20 septembre, dans l'après-midi, le *Ministre*, accompagné du colonel *du Barail*, du 3e régiment de chasseurs d'Afrique, du lieutenant-colonel *Guepratte*, commandant le dépôt de remonte de Caen et de deux officiers d'ordonnance, fut reçu à la gare par le général Crespin, les officiers supérieurs de l'École et les autorités civiles.

« L'École toute entière était formée en bataille depuis la gare jusqu'à la place de la Bilange. Le maréchal Randon, monté sur un cheval de Tarbes, parfaitement dressé, était suivi d'un nombreux état-major, que formaient tous les officiers de l'École; il s'est rendu à l'hôtel du commandant au milieu d'une foule immense qui s'était formée sur son passage et aux cris de Vive l'Empereur !

« Deux coups de canons furent tirés par les pièces de l'École, quand le maréchal parut sur le Chardonnet.

« Après avoir mis pied à terre et reçu les autorités de la ville, le Ministre a voulu voir d'abord le haras d'études, a visité ensuite les écuries et les manèges.

« Le lendemain, dès sept heures du matin, il était à cheval sur le terrain d'exercice, pour apprécier le degré d'instruction de toutes les catégories d'élèves ; il a plusieurs fois témoigné sa satisfaction, et particulièrement sur les exercices nouvellement introduits dans l'instruction.

« Tous les élèves, indistinctement, savent, en lançant leurs chevaux au galop le plus allongé, ajuster et faire feu du fusil sur la cible, placer le fusil à la grenadière, mettre le sabre à la main, et sauter le fossé et la barrière en prenant des têtes à terre.

« Après ces courses isolées ont eu lieu des charges en ligne dans le meilleur ordre, puis des charges en fourrageurs pour lesquelles les cavaliers, ayant mis préalablement le sabre dans la main de la bride, sont partis au galop à la position de haut le pistolet, ont fait feu dès qu'ils ont été tous en ligne, replacé le pistolet, et ont continué leur charge en donnant des coups de sabre.

« Son Excellence a témoigné alors sa plus vive satisfaction sur l'ordre et la vigueur avec lesquels se sont opérés ces différents exercices, et sur la portée que doit avoir sur toute la cavalerie cette extension heureuse donnée à l'instruction.

« Aussitôt ce travail terminé, les élèves ont été conduits aux obstacles, et, avec leurs chevaux d'armes, tous, capitaines instructeurs en tête, ont sauté avec énergie un fossé, un mur, une douve de dix pieds, un talus et une haie. M. le maréchal a plusieurs fois applaudi, même en battant des mains.

« De là, Son Excellence est entrée au manège, où MM. les lieutenants-instructeurs et sous-lieutenants d'instruction ont monté des chevaux faits et des jeunes chevaux à des degrés différents d'instruction. Ensuite ces mêmes officiers ont monté des chevaux de carrière, et tous successivement, capitaine écuyer en tête, sont venus franchir les obstacles.

« Enfin les exercices équestres ont été terminés par les sauteurs en liberté, montés par les sous-maîtres de manège.

« Le maréchal fit ensuite une longue visite à l'arçonnerie. »

Le lendemain 22, il quittait Saumur en y laissant les marques les plus élogieuses de sa satisfaction.

Mais ce n'était pas seulement du Ministre de la guerre que l'École recueillait des éloges, c'était aussi de tous les véritables amateurs d'équitation. Les exercices équestres de Saumur étaient toujours suivis avec grand intérêt par le public, et il s'y ajoutait en plus un attrait de curiosité depuis que l'art équestre s'était si bien évanoui qu'il semblait s'être réfugié au manège de l'École de cavalerie. On pouvait bien voir de temps en temps apparaître au cirque un écuyer vraiment digne de ce nom au milieu de tant d'autres présentant des chevaux automates dressés par trucs. A Saumur, tout en contenant les saines traditions du manège, on avait développé le goût de l'équitation hardie, tandis qu'en dehors de Saumur, sauf de rares exceptions, tous les cavaliers avaient pour suprême expression de leur goût équestre un cheval de promenade bien tranquille acheté le plus souvent tout dressé.

La réaction de l'audacieuse équitation de 1830 était bien calmée, et pour se dire encore anglomane on ne retournait pas au manège.

« A nous maintenant l'équitation du dehors, de ces gens qui ne veulent pas travailler dans les manèges et ne veulent pas pratiquer davantage en plein champ, car il ne faut pas croire que la haine de la demi-volte et du contre-changement de main de deux pistes entraîne jusqu'au full cry, au saut de fence, au furious speed; non, on trouve qu'il est ridicule de se casser le cou; on arrive, à force de prudence, à ne pas se mettre à l'eau sans savoir nager.

« Jamais les chevaux sages n'ont été aussi en vogue; on en demande partout à tout le monde, à toutes les races, à toutes les méthodes, il n'est pas de frénétique amateur du turf qui n'envoie son hack dans un manège borgne pour le mettre dans la main. »

C'est en 1861 que le chef d'atelier de l'école de maréchalerie, l'adjudant *Barbier*, inventa son *fer à fourchette artificielle*. C'est un fer geneté, à la voûte duquel est fixé un ressort en V qui agit sur les barres.

Un fer à ressort qui n'est plus employé, et qui était connu avant le fer Barbier, est le *fer Mercier*, dont le ressort fixé en pince suit le contour de la rive interne du fer et agit sur les barres; son effet est moins puissant. Citons encore le *fer à ressort en V, à planche et crampons*, qui n'a pas été adopté pour la pratique.

1861

ÉTAT-MAJOR DE L'ÉCOLE

Crespin	Général de brigade.
Gordier	Colonel.
Rouxel	Lieutenant-colonel.
Darnige	Chef d'escadrons.
Guérin	Ch. d'esc. écuy. en ch.
Humbert	Ch. d'esc., prof. d'art et d'hist. militaire.
Prévost	Major.
Landeck	Capitaine trésorier.
Schmitt	Capit. d'habillement.
Rouyer	Lieut. adj. au trésor.
Dariot	Lieut. porte-étend.
Majesté	Médecin principal.
Ducrest-Lorgerie	Médecin aide-major.
Vallon	Vétérinaire principal
Hatin	Vétérinaire en 1er.
Huau	Vétérinaire en 2e.
Allavène, Archambault, Kabis	Capit. instructeurs.
Pinot, Boulligny, Dessort, Grandin, Delorme, De Bonne	Capit. instructeurs.
Léaux, Leloutre, Dutilh	Capitaines écuyers.
Cador	Lieut. (s.-écuyers)
Lenfumé de Lignières	Lieut. (s.-écuyers)
Grandjean	Lieut. (s.-écuyers)
Piétu	Lieut. (s.-écuyers)
Yvon	Lieut. (s.-écuyers)
Chavekondier	S.-lieut. (s.-écuyers)
Poupon, Lemaitre	Lieut. instructeurs titulaires.
Person	Lieut. dir. de l'atelier d'arçonnerie.

OFFICIERS ÉTRANGERS

SUIVANT LES COURS DE L'ÉCOLE

Sterky, De Brakenhielm, De Lowenhaupt	Lieut. de cavalerie, Suédois.
Odobesko	S.-lieut. de cavalerie, Moldo-Valaques.
Toufesko	Lieut. de cavalerie, Moldo-Valaques.
Georgantas	Officier de cavalerie, Grec.

OFFICIERS D'INSTRUCTION

Première Division.

Horeau	Lieut., 11e chasseurs
Tisserant	Lieut., 9e dragons.
De Querhoent	Lieut., chass. de la g.
Vyan de Lagarde	Lieut., artill. montée de la garde.
Crotel	Lieut., 12e chasseurs
Fourcy	Lieut., 10e artillerie.
Patizel	Lieut., 7e hussards.
Jocteur de Monrozier	Lieut., 4e lanciers.
Visseq la Prade	Lieut., 7e chasseurs.
Perroud	Lieut., 8e artill. mont.
Delamain	Lieut., drag. de l'Imp.
Penet	Lieut., 17e artillerie.
Cerbon	Lieut., 7e artill. mont.
De Barrin	Capit., 6e chasseurs.
Dodemon	Lieut., 3e lanciers.
Poitou	Lieut., 8e chasseurs
Morel-Fourrier	S.-l., 4e esc. du train d'artillerie.
François	Lieut., 6e dragons.
Perin	Lt, 1er cuir. de la g.
Cazal	Lieut., 19e artillerie.
Pré	Lieut., 2e cuir. de la g.
Bertier	Lieut., 3e artillerie.
Lejeune	Lieut., 5e dragons.
Berger	Lieut., 9e artillerie.
Dumousseau	Lieut., 8e artill. mont.
Lespinois	Lieut., esc. du train des équip. de la g.

Deuxième Division.

Massiet	S.-lieut., 12e dragons
Henry de Kermartin	S.-lieut., 5e chass.
Monet	S.-lieut., 8e cuirass.
De Falguières	S.-lieut., 6e lanciers.
D'Eggs	S.-lieut., 4e cuirass.
Aousth de Rouvèze	S.-lieut., 9e chass.
De Benoist	S.-lieut., 1er cuirass.
De Lambertye	S.-lieut., 7e lanciers.
Perrodon	S.-lieut., 10e chass.
Bouaïssier de Bernouis	S.-lieut., 10e dragons
Siochen de Kersabiec	S.-lieut., 2e cuirass.
Manoel	S.-lieut., 5e lanciers.
Fanny	S.-lieut., 12e chass.
Cordier	S.-lieut., 11e chass.

Lenormant de Kergré. . .	S.-lieut., 3e hussards
Maillart de la Gournerie.	S.-lieut., 3e dragons.
Ponsveau.	S.-lieut., 7e dragons.
Bernard.	S.-l., lanciers de la g.
Dewerbier.	S. lieut., 8e lanciers.
Pouilleau	S.-lieut., 7e chass.
Regnault de Savigny. . .	S.-lieut., 1er carabin.
Say.	S.-lieut., 1er dragons
Dalien	S.-lieut., 5e hussards
Joleaud.	S.-lieut., 6e dragons.
De Bellegarde.	S.-lieut., 6e chass.
Du Bois de Beauchesne . .	S.-lieut., 10e cuirass.
Blondin de Saint-Hilaire	S.-lieut., 8e dragons.
De la Tour du Pinchambly de la Charce	S.-l., 1er ch. d'Afriq.
Kronn.	S.-lieut., 4e dragons.
Lasartigues	S.-lieut., 5e dragons.
Cuny	S.-lieut., 3e chass.
De Rafflis Saint-Sauveur	S.-lieut., 9e dragons.
Bernard-Dutreil.	S.-l., guides de la g.
Massino.	S.-l., guides de la g.
De Neukirchen de Nyvenheim	S.-lieut., 1er lanciers
Duverger de Cuy.	S.-lieut., 5e cuirass.
Savary-Duclos	S.-lieut., 7e hussards

AIDES-VÉTÉRINAIRES STAGIAIRES

Laguenière.	Légier.	Chouteau.	Tixier.
Logeay.	Durand.	Montagnac.	Barbaux.
Mangenot.	Foucher.	Lavalard.	Chevillard.
Baillet.	Charon.	Palle.	Paris.
Besnard.	Jéde.	Chevalier.	Foret.

Nous avons dit qu'en février 1861 une étude comparative sur les moyens des chevaux anglais et des chevaux normands avait été ordonnée à Saumur. Nous sommes arrivés à son échéance, et nous en empruntons le compte rendu à un journal du temps. Nous transcrivons sans commentaires, pour respecter les idées d'alors.

« Son Excellence M. le maréchal Randon, dit la *France hippique*, désirant se rendre compte de la valeur réelle des chevaux anglais et des chevaux normands employés à l'École de cavalerie de Saumur, pour le service de la carrière; sous le rapport de la vigueur, des allures et du fond, donna des instructions à M. le général commandant l'École, pour que l'étude comparative eût lieu, pendant un an, entre dix chevaux achetés par l'École à un marchand de Paris, et dix chevaux normands achetés par le dépôt de remonte de Caen.

« Le résultat de cette expérience vient d'être consigné dans le rapport suivant, adressé par le général Crespin, commandant l'Ecole de Saumur, à S. Exc. M. le maréchal Randon, qui a bien voulu nous en donner communication. Ce document intéressera nos lecteurs, et surtout nos éleveurs. — Il prouvera une fois de plus que la France peut, aussi bien que l'Angleterre, fournir de bons et beaux chevaux, et qu'avec un élevage rationel et des soins intelligents, elle peut rivaliser avec les autres pays étrangers, et même devenir, à son tour, le grand marché de l'Europe, puisqu'elle peut créer toutes les variétés de l'espèce chevaline.

« *École impériale de cavalerie. — Rapport sur l'étude comparative faite entre dix chevaux achetés par l'École à M. Perrault, marchands de chevaux, à Paris, et dix chevaux livrés par le dépôt de remonte de Caen, pour le service de la carrière :*

« Conformément aux prescriptions d'une dépêche de S. Exc. M. le Maréchal ministre de la guerre, en date du 28 février 1861, les dix chevaux anglais achetés par l'École à M. Perrault, et les dix chevaux livrés par le dépôt de remonte de Caen, dans le courant du mois de février 1861, pour le service de la carrière, ont été suivis à part et étudiés parallèlement jusqu'ici.

« Pendant les premiers mois d'examen, la supériorité semblait acquise aux chevaux anglais, parce que, habitués au travail et à peu près dressés au moment de l'achat, ils ont pu être mis en service quelques semaines après leur arrivée ; mais à mesure que les influences du régime et de l'acclimatation ont disparu, les chevaux normands ont pris peu à peu le dessus, et, aujourd'hui, quoique ces derniers, âgés de cinq ans en moyenne, n'aient pas atteint tout à fait leur complet développement, il est facile de conclure en faveur des chevaux français, car les anglais, plus âgés, ne peuvent que perdre, tandis que les autres ont encore à gagner.

« En résumé, comme vigueur, allures et énergie, les chevaux normands me paraissent l'emporter, jusqu'à ce jour, sur les chevaux anglais. »

C'est le 1er mars que le Ministre approuva l'établissement du jardin potager qui subsiste encore aujourd'hui à l'École, et qui est un précieux auxiliaire pour les ordinaires.

Les essais de la selle modèle 1861, dans les régiments de cavalerie et à l'École, conseillèrent de nombreuses modifications au modèle primitif. L'atelier d'arçonnerie en reçut aussitôt de très importantes commandes. Cette annexe de l'École de cavalerie s'affirmait comme une puissante ressource pour l'armée.

En juin, le haras de l'École reçut une nouvelle jument syrienne achetée également comme poulinière, par la mission militaire à Constantinople.

A l'occasion des courses qui eurent lieu le 17 et le 19 août, le Ministre de la guerre envoya quatre prix qui furent, comme l'année précédente : une boîte de pistolets, une selle complète avec bride et tapis de selle, une trousse, pièces plaquées, et une cravache.

PREMIER JOUR DE COURSES

Deuxième course. — Un objet d'art. — Pour MM. les lieutenants et sous-lieutenants, montant des chevaux de carrière. — Un talus de 1 mètre, une douve de 4 mètres, deux haies de 1m,20. — Quatorze chevaux engagés. — Première, *Déesse*, montée par *M. Arnous-Rivière*. — Deuxième, *Euphémie*, montée par *M. de Pointe*. — Troisième, *Témoin*, monté par *M. Bourseul*.

Troisième course. — Un objet d'art. — Pour MM. les lieutenants et sous-lieutenants, sur leurs chevaux d'armes. — Huit chevaux étaient en ligne. — Premier, *Ré-mi-fa*, monté par *M. Trémolet*. — Deuxième, *Actée*, montée par *M. des Isnards*.

Quatrième course. — Un objet d'art. — Pour MM. les sous-maîtres de manège, montant des chevaux de carrière. — Cinq chevaux partant. — Première, *Légère*, montée par *M. Serres*. — Deuxième, *Coco*, monté par *M. Mallet*. — Troisième, *Franc-Picard*, monté par *M. Triboulet*.

Cinquième course. — Steeple-chase militaire. — 800 francs et un objet d'art de 1,200 francs. — Pour tous chevaux appartenant *bona fide*, depuis le 1er janvier 1862, à des officiers en activité de service dans l'armée française, et servant comme chevaux d'armes, de chasse ou de promenade. — Première, *Olga*, montée par *M. de Lignières*. — Deuxième, *Charlatan II*, monté par *M. Paul de Warn*.

Steeple-chase (Gentlemen riders), de 4,500 mètres à parcourir, avec vingt obstacles à sauter, savoir : un talus de 1m,20, avec fossé derrière ; une haie de 1m,30, en fagots maintenus par une barre fixée à 60 centimètres de hauteur ; une douve de 3 mètres, à pan coupé ; une seconde haie comme la première ; un talus de 1m,20 ; un mur de même hauteur ; une seconde douve, semblable à la première, et deux barrières en planches de 1 mètre de hauteur. — Prix, 2,000 francs. — Trois cavaliers seulement sont entrés en lice, ce sont MM. *de Lignières*, montant *Surprise* ; *de Saint-Sauveur*, sur *Pacha*, et M. le lieutenant sous-écuyer

Chaverondier, montant pour la première fois, en steeple-chase, un cheval qu'il ne connaissait pas, *Discuté*, et qui est arrivé premier.

DEUXIÈME JOUR DE COURSES

Deuxième course. — Un objet d'art. — Pour MM. les sous-officiers élèves instructeurs, montant leurs chevaux d'armes, en tenue de route, les chevaux chargés. — Premier, *M. de Gourges*, montant *Céladon*. — Deuxième, *M. Delafont*, montant *Victorine*.

Troisième course. — Un objet d'art. — Pour MM. les sous-officiers titulaires de l'École impériale de cavalerie, montant leurs chevaux d'armes. — Première, *Douce*, montée par *M. Malapert*. — Deuxième, *Favorite*, montée par *M. Papillon*. — Troisième, *Candide*, monté par *M. Marie*.

Quatrième course. — Un objet d'art. — Pour MM. les officiers de l'École, montant leurs chevaux d'armes ou ceux appartenant à des officiers de l'École, à l'exclusion des chevaux de pur sang. — Quatre chevaux partant. — Première, *Blonde*, montée par *M. Haubt*. — Deuxième, *Flower*, monté par *M. Piétu*. — Troisième, *Coureuse*, montée par *M. Jaret*. — Quatrième, *Corvette*, montée par *M. de Montlivant*.

Septième course. — Steeple-chase (Gentlemen riders). — 2,000 francs. — Pour chevaux entiers, hongres et juments, de quatre ans et au-dessus, nés en France. — Poids commun, 75 kilog. — 4,500 mètres au moins et vingt obstacles. — Deux chevaux partant. — Premier, *Pollux*, monté à première vue par *M. Chaverondier*. — Deuxième, *Pacha*, dérobé, monté par *M. de Saint-Sauveur*.

Le *général Dupuch de Feletz* arrivait à Saumur le 15 octobre, pour passer l'inspection générale de l'École.

Le 15 octobre, le conseil d'instruction de l'École fut appelé à examiner *la méthode de dressage du capitaine Bonie*. Le Ministre, qui avait déjà à peu près adopté cette méthode, désirait avoir « la sanction du conseil d'instruction, et non une critique de ce travail ». Le capitaine Bonie fut envoyé à Saumur avec deux officiers de chacun des régiments de cavalerie de la garnison de Lyon, qui avaient été initiés à cette méthode et en avaient fait l'application.

D'une façon générale, la méthode Bonie était un retour aux idées du dressage à la cravache déjà mises en essai avec les principes du capitaine Gerhardt. Mais ces idées étaient présentées d'une façon plus simple et plus pratique.

La nouvelle méthode sagement graduée permet de ne pas attendre l'âge de cinq ans pour entreprendre le dressage du cheval de troupe, et de commencer, sans perdre un temps précieux, son instruction, dès son arrivée au régiment, en divisant le travail en deux périodes applicables, l'une avant cinq ans, l'autre après cet âge.

Dans la première, on developpe par une espèce de gymnastique la vigueur du jeune cheval en l'assouplissant. Dans la seconde, on complète l'instruction et on donne le fond et la vitesse par un entraînement progressif.

Parmi les conseils à l'instructeur et principes généraux, nous relevons :

La qualité essentielle du cheval de guerre est de se porter franchement en avant; on doit tout faire pour arriver à la lui donner. — On ne devra jamais rentrer un cheval à l'écurie avant qu'il se soit soumis à de justes exigences. — La progression sera rigoureusement suivie. — La souplesse de la mâchoire indique que le cheval est prêt à céder ; il faut donc, avant l'exécution de tout mouvement, s'assurer que cette souplesse existe.

Quelques traits principaux du reste.

Notions préliminaires et promenades à l'extérieur. *Il est indispensable pour la santé du jeune cheval qu'il soit au grand air le plus possible. L'instruction sera donc donnée de la manière suivante : Le travail commencera chaque jour par une leçon très courte donnée dans le manège (une demie heure environ). A la suite de cette leçon, les chevaux seront montés à l'extérieur, pendant une heure, ils resteront sellés et bridés; mais l'instructeur veillera à ce que les cavaliers les conduisent exclusivement avec le filet. Cette promenade se fera au pas. Le cheval marchera libre et s'habituera ainsi peu à peu aux objets extérieurs.*

Les jeunes chevaux étant souvent indisponibles, on se conformera, pour parcourir la progression, aux prescriptions suivantes : Le travail à pied sera exécuté pendant environ un mois : Le travail à cheval en place pendant quelques jours.

Le dressage du cheval. Première période. — Avant cinq ans. Se divise en trois parties : 1° Travail à pied ; 2° Travail à cheval en place ; 3° Travail à cheval en marchant au pas et au petit trot.

Le cavalier à pied apprécie bien plus facilement qu'à cheval les effets que produisent ses actions, etc.

Travail à pied. — *Le cheval est amené sur le terrain sellé et bridé, les rênes passées sur l'encolure.* — Porter le cheval en avant. *Le cavalier l'obtient en habituant le cheval à marcher à lui dès qu'il touche au poitrail avec la gaule.* — Reculer. *Pour l'obtenir, le cheval étant sur la piste, se placer à hauteur de l'épaule gauche, faisant face en arrière ; prendre les rênes de la bride dans la main gauche, le premier doigt entre les rênes, et rapprocher la main du cheval jusqu'à ce qu'il ait fait en arrière un pas, puis deux, trois, etc. ; à la moindre soumission, arrêter et carresser; reporter ensuite le cheval en avant à la gaule, arrêter et reculer de nouveau.* — **Rotation des hanches autour des épaules.** *La rotation des hanches autour des épaules prépare le cheval à céder à l'action des jambes du cavalier. Pour ranger les hanches à droite, fixer la main, appuyer la gaule au flanc gauche avec la main droite. Pour appuyer à droite, porter la main gauche dans la direction à suivre,* *appuyer la gaule au flanc gauche et déterminer le cheval.* — Mobilisation de la mâchoire. *Le cheval doit répondre aux rênes sans que le soutien de l'encolure soit diminué. Il est au contraire essentiel qu'elle reste assez ferme pour obtenir facilement les changements de direction, assez haute pour couvrir le cavalier, permettre une démarche aisée et faciliter les sauts d'obstacles. Toute flexion latérale d'encolure est donc sévèrement interdite. Le filet dans le dressage du cheval de guerre devant être souvent employé pour relever la tête, affermir l'encolure si elle manque de soutien, et fixer le cheval lorsqu'il montre de l'indécision ; toute flexion par le filet doit aussi être interdite.* — Bride. *Le cheval répond à la bride lorsqu'à l'appui du mors sur les barres, au lieu de forcer sur la main, il cède de la mâchoire. Pour l'habituer, à pied, à cette action sur la barre gauche, prendre la rêne gauche de la bride à seize centimètres de la branche avec la main droite, prendre la rêne gauche du filet avec la main gauche, faire agir les mains, celle qui tient le filet, de bas en haut, pour placer la tête en appuyant sur la commissure des lèvres, et celle qui tient la bride d'avant en arrière, pour faire ouvrir la mâchoire et annuler les résistances. Rendre alors et caresser. Après avoir agi sur chaque barre séparément, on réunira les rênes de la bride dans une seule main, pour agir sur les deux barres à la fois.*

—Travail à cheval en place. *Le travail en place continue à initier le cheval à la connaissance des aides; on exerce séparément l'avant-main et l'arrière-main.* — Travail de l'avant-main. Mobilisation de la mâchoire par les rênes de la bride. — *Ajuster les rênes de la bride de manière à faire sentir légèrement au cheval l'appui du mors sur les barres. Fixer les mains et serrer les doigts sur les rênes. On obtient ainsi une action isolée sur la mâchoire, sans agir sur le reste du corps du cheval. Aussitôt que la mâchoire se mobilise, rendre la main et caresser. Recommencer ensuite la même action.* — Travail de l'arrière-main. — *On l'obtient rapidement en se servant de la rêne du filet pour vaincre les résistances de la croupe; c'est-à-dire qu'en amenant la tête du cheval à gauche, on tend à faire tomber la croupe à droite et à aider beaucoup par conséquent l'action de la jambe gauche.*

Travail à cheval en marchant. — Marcher au pas sur la ligne droite. — Arrêter. — Changement de direction. *Le cheval, dirigé d'abord à droite ou à gauche avec le filet, on achève le mouvement avec la bride.* — Appuyer sans le changement de direction diagonal. *Ce mouvement, qui a déjà été exécuté à pied avec la gaule, a pour but d'entretenir la légèreté du cheval, de donner de la souplesse à ses articulations en faisant croiser les membres, et d'engager peu à peu son arrière-main pour le préparer au galop. Pour l'obte-*

nir, le cavalier marchant au pas et à main droite exécute un changement de direction diagonal. Il prend la position des rênes indiquée au travail en place pour la rotation des hanches, et lorsqu'il arrive à un ou deux pas de la piste, il appuie la rêne gauche du filet près du garrot, pour chasser les épaules à droite; il porte en même temps la jambe gauche en arrière, pour faire suivre les hanches, la jambe droite restant au corps, pour entretenir le mouvement en avant. — **Appuyer la croupe au mur : Premier pas des rotations des épaules autour des hanches.** *Ce mouvement est commencé sur la piste afin d'empêcher les hanches de se jeter en dehors. Le cheval étant à main droite et de pied ferme, porter franchement les deux mains à droite (bride et filet), fermer la jambe droite près des sangles et placer la jambe gauche très en arrière pour empêcher, s'il y a lieu, les hanches de s'échapper. Le cheval ayant un peu rangé les épaules vers la droite, le redresser sur la piste par le mouvement inverse et ainsi de suite en augmentant progressivement l'arc de cercle décrit par les épaules, sans toutefois dépasser la ligne perpendiculaire au mur.* — **Reculer.** — *S'assurer de la légèreté à la main et faire ensuite agir successivement les jambes en arrière, afin de mobiliser l'arrière-main qui doit commencer le mouvement et disposer un des membres postérieurs à quitter le sol.* — **Travail à volonté au pas.** — **Faire sortir les chevaux du rang.** *On se conformera à la progression suivante : Les chevaux marchant en file sur la piste, leur faire exécuter un à droite et arrêter. Faire avancer de quelques pas les numéros impairs, puis arrêter. Agir de même pour les numéros pairs. A mesure que les chevaux marquent de la franchise, répéter ce travail en les rapprochant progressivement jusqu'à ce qu'ils se touchent; cet exercice sera répété à chaque leçon.* — **Travail au trot** — **Préparation au galop (à pied).** *Pour que le cheval s'enlève facilement au galop, il faut que l'arrière-main s'engage sous la masse. Ce mouvement doit être préparé par un nouveau travail à pied. A cet effet, le cheval étant sur la piste à main gauche, le cavalier à pied détermine son cheval en avant avec la gaule, et lorsque l'allure est franche, il lève la main et touche à petits coups sur la croupe. Le cavalier active ainsi les hanches et force les membres postérieurs à s'engager sous la masse. Répéter fréquemment cet exercice. Lorsque le cheval n'obéit pas, abaisser la tête. Si le cheval recule, le chasser en avant avec la chambrière. Si le cheval manifeste une trop grande irritabilité au contact de la gaule, cesser son action. Avoir soin d'alterner ces effets d'engagé avec des mobilisations de mâchoire, pour ramener le calme chez le cheval.* — **Habituer les chevaux au feu, aux armes et aux bruits de guerre.**

— **Du dressage.** — *Le cheval ayant atteint l'âge de cinq ans, ses forces* *s'étant développées par les exercices sagement gradués qui précèdent, le moment est venu de lui demander tout ce qu'il peut et doit donner et de commencer le travail au galop.*

— **Travail au galop. Départ au galop.** *Si le cavalier veut faire galoper son cheval sur le pied droit, il faut que le bipède latéral droit devance l'autre, ce qui s'obtient en fermant la jambe gauche, pour imposer au cheval la position oblique qu'il prendrait instinctivement. Si alors le cavalier ajoute à la pression de la jambe gauche celle de la droite, pour communiquer une accélération d'allure suffisante, il enlève le cheval dans la position où il le trouve, c'est-à-dire le côté droit en avant du gauche, donc sur le pied droit. On donnera ensuite la même vitesse à tous les chevaux en les mettant en reprise en cercle. Enfin, on arrivera à diminuer la position oblique et à demander le départ au galop à peu près droit.* — **Changement de pied.** *Le changement de pied se demande quand le cheval s'enlève facilement au galop à droite et à gauche. A cet effet, le cheval étant sur la piste, le cavalier exécute un départ à droite et passe au pas, puis il exécute un départ à gauche et passe au pas, et ainsi de suite, en diminuant successivement le nombre de pas jusqu'à n'en plus faire qu'un seul entre chaque départ. Quand ces départs au galop se font facilement, on obtient le changement de pied par la combinaison des aides indiquée pour obtenir le départ opposé au pied sur lequel le cheval galope.*

— **De l'éperon.** *Pour donner la leçon de l'éperon, le cavalier portera d'abord le cheval en avant, et après avoir exercé une pression des jambes progressive qui rapprochera les éperons du corps du cheval, il arrivera à une attaque franche. Les éperons ne resteront jamais au corps, car la persistance de cette action douloureuse engagerait le cheval à s'arrêter plutôt qu'à obéir.*

— **Saut du fossé et de la barrière.** *Le cheval ne sera exercé à franchir les obstacles avec le cavalier en selle que lorsqu'il sautera en main sans hésitation.*

— **Allongement et ralentissement des allures.** *L'allongement et le ralentissement des allures étant d'une application constante, il importe d'y exercer le jeune cheval, en se pénétrant de ce principe qu'il trouve dans l'extension de son encolure un auxiliaire puissant et indispensable à l'allongement facile et complet de ses trois allures.*

— **Travail en peloton.** *Ce travail a pour but d'habituer les chevaux à la pression du rang. On fait marcher par deux, par quatre et par peloton, les cavaliers évitant de se serrer et même de se rapprocher botte à botte.*

— **Chevaux difficiles à dresser.** *Porter en avant le cheval qui se défend, doit être signalé au cavalier comme but principal de ses efforts.*

— **Travail à l'extérieur et entraînement.** *La première partie du dressage a fait un cheval docile, mais il ne deviendra réellement cheval de guerre qu'après avoir acquis au dehors du fond et de la vitesse par l'entraînement. Par ce mot, il ne faut pas comprendre le régime que l'on fait suivre au cheval de sang, et qui nécessite augmentation d'avoine, diminution d'embonpoint, suées de couvertures, etc., etc., toutes choses impraticables dans un régiment. Ce qu'il faut entendre par entraînement, c'est le développement des trois allures données à l'extérieur, c'est une vitesse et un fond relatifs, les chevaux restant en bon état. L'entraînement sera donné de la manière suivante : Le travail durera deux heures environ : une heure trois quarts de pas allongé, un quart d'heure de trot, et deux ou trois minutes de galop, ces allures étant entremêlées. Le pas sera exécuté de manière à étendre le plus possible les enjambées pour délier les articulations et rendre plus grande la puissance des muscles. On arrivera ainsi à développer cette allure et à en augmenter considérablement la vitesse, chose essentielle pour les muscles. Le trot, devant amener progressivement les poumons à leur plus grand jeu, sera d'abord exécuté pendant quelques minutes en augmentant peu à peu sa durée, de telle sorte qu'à la fin du dressage le cheval puisse trotter de suite au moins un quart d'heure. Cette allure arrivera ainsi à se développer et fera prendre au cheval le fond nécessaire pour parcourir de grandes distances sans fatigue. Ce résultat obtenu, si l'on considère que le galop a été rendu facile au cheval par le travail à l'intérieur, on comprendra qu'à la fin de l'instruction il pourra franchir sans peine, à cette dernière allure, quatre kilomètres.* La commission, réunie à Paris, a constaté que les chevaux, ainsi entraînés, avaient parcouru au galop, sans paquetage, il est vrai, 3,500 mètres en cinq minutes et fourni immédiatement après une charge de un kilomètre. *Le galop ne sera donné à l'extérieur qu'afin de développer la vitesse nécessaire pour la charge. La distance à parcourir sera très courte : 200 mètres. Les chevaux d'ardeur partiront isolés. Les chevaux froids seront réunis par deux, quatre ou six, de manière à s'animer entre eux. Dès le départ, le galop sera franc ; on aura soin, les premiers jours, de ne pas trop pousser l'allure ; peu à peu on allongera jusqu'à ce que la vitesse soit suffisante.*

— **Terrains accidentés.** *Pendant le dressage, le cavalier a dû substituer sa volonté à celle du cheval ; mais, en campagne, il peut souvent avoir besoin de se confier à l'instinct de sa monture. Il est donc nécessaire d'apprendre au cheval à reprendre son initiative. Le cavalier aura le plus grand soin de ne pas contrarier les mouvements de son cheval ; il lui laissera pleine liberté pour* *choisir son terrain et lui fera ainsi acquérir l'adresse particulière qui lui est nécessaire et que le dressage précédent n'a pu lui donner.*

Nous nous sommes plus particulièrement arrêté à transcrire ce qui a rapport à l'entraînement, parce que le capitaine Bonie est le premier écuyer militaire qui en ait parlé.

Les expériences de Saumur furent très satisfaisantes et leurs conclusions eurent une influence décisive sur la détermination du Ministre de la guerre à adopter la nouvelle méthode de dressage que nous verrons bientôt rendue obligatoire.

Le 18 décembre, l'École de maréchalerie reçut l'ordre d'expédier, le plus rapidement possible, au corps expéditionnaire du Mexique, 25,000 fers et 300,000 clous et de continuer à fabriquer 6,000 fers de mulets par mois, outre les fers de chevaux sortant ordinairement de ses ateliers. Voici encore une annexe de l'École de cavalerie qui se démontrait comme un précieux auxiliaire de l'armée.

En 1862, quatre jeunes indigènes du collège impérial arabe-français, âgés de dix-sept ans, furent envoyés à Saumur pour y suivre les cours de l'École pendant deux années : la première comme cavaliers-élèves, et la seconde comme brigadiers-élèves instructeurs. A leur sortie, ils devaient occuper des emplois de maréchaux des logis dans les régiments de spahis. Cette innovation se reproduisit pour ainsi dire régulièrement par la suite.

C'est en 1862 que parut l'Instruction sur le Travail individuel dans la cavalerie, dont on faisait l'essai déjà depuis longtemps.

Instructions sur le travail individuel dans la cavalerie. — *Tir du fusil et du pistolet. — Traité sur la ferrure. — Méthode de dressage du cheval de troupe.*

Nous extrayons quelques passages du rapport du Ministre de la Guerre à ce sujet :

« Sans doute, l'ordonnance du 6 décembre 1829 embrasse, dans son entier, l'instruction du cavalier; mais elle a principalement en vue les mouvements d'ensemble qui, sur un champ de bataille, amènent de si grands résultats.

« J'ai cherché, sans m'écarter des principes de l'ordonnance, à individualiser davantage l'instruction du cavalier, en le préparant, dès les premières leçons, et plus sérieusement qu'on ne l'a fait jusqu'à ce jour, au rôle qu'il doit jouer à la guerre.

« En effet, si, au lieu de n'être qu'une partie de ce tout qu'on nomme escadron ou régiment, le cavalier est appelé par son service ou par les éventualités de la guerre à agir isolément; s'il doit franchir des obstacles, se frayer un passage, lutter homme à homme, faire enfin non plus ce que lui commande la voix de son chef, mais ce que lui inspire le sentiment de sa force, de son intelligence et de son adresse; si le cheval aussi, n'étant plus comme encadré dans le rang et entraîné par le mouvement des autres, ne reçoit plus que de son cavalier la direction et l'impulsion, il est évident qu'ils ne surmonteront ces difficultés qu'autant que des exercices spéciaux les y auront longuement préparés.

« Il faut donc au cavalier une instruction graduelle, persévérante, pratique, qui développe l'essor de son initiative, lui apprenne à se servir utilement de ses armes, à manœuvrer son cheval isolément à toutes les allures et dans tous les terrains; il faut au cheval des exercices isolés, en libre carrière, qui développent son agilité, son adresse, et le rendent un instrument énergique et docile dans la main qui le conduit.

« Dès l'année 1859, Votre Majesté voulut bien m'autoriser à faire étudier, dans les corps de cavalerie, une instruction provisoire sur le travail individuel; elle a été suivie avec le soin le plus attentif; MM. les inspecteurs généraux ont recueilli toutes les observations des chefs de corps, et en constatant les bons résultats obtenus, ils m'ont signalé tout ce qui, dans le projet de règlement, devait être ajouté, retranché ou modifié. J'ai réuni de cette manière des documents nombreux, d'une incontestable autorité, qui ont servi de base à l'instruction définitive sur le travail individuel du cavalier. »

La commission chargée de rédiger l'instruction sur le travail individuel dans la cavalerie, était ainsi composée :

Le maréchal, Ministre de la guerre, président; — MM. les généraux de division : Grand, président du comité de cavalerie, Reyau, comte Gudin, Feray, Dupuch de Feletz, Morris, membres du comité; — d'Allonville, de Rochefort, Dubern, Bertin, marquis de Fortou, Genestet de Planhol, inspecteurs généraux de cavalerie; — le colonel Henry, le colonel de Gaujal, secrétaires.

« Perfectionner l'homme dans l'art de diriger sa monture, habituer les chevaux à se séparer les uns des autres et à céder à la volonté du cavalier, tel est le but principal du travail individuel.

« La présente instruction résume les diverses séries d'exercices qui tendent à obtenir ce double résultat.

« Le travail individuel préalablement enseigné aux lieutenants et sous-lieutenants doit être dirigé de manière à satisfaire beaucoup moins à une limite de temps qu'à l'observation des règles inséparables d'une bonne instruction, et les mouvements qui, dans le cours du travail, n'auraient pas été exécutés, ou dont l'exécution n'aurait pas été suffisamment correcte, doivent être entrepris ultérieurement, sans avoir égard à une corrélation avec certains mouvements de l'ordonnance.

« Dans cette prévision, et pour ne pas borner la latitude laissée aux instructeurs, les divers exercices de ce travail n'ont pas été groupés en articles correspondant à ceux de l'ordonnance, mais seulement présentés en suivant une échelle de difficultés.

« Exposé du plan suivi. — Les première et deuxième classes ne reprenant leur instruction à cheval qu'au 1er février de chaque année, on a choisi cette époque pour commencer l'instruction proprement dite du travail individuel.

« Un travail spécial est établi pour les hommes de recrue; ceux-ci sont préparés à suivre le travail exigé des anciens cavaliers et sont exercés graduellement à la conduite isolée de leur cheval, en appliquant d'eux-mêmes, à la fin de chaque séance, les principes qu'ils ont reçu dans le travail en troupe. Pour détruire cette contrainte, cette brusquerie d'exécution, qui souvent sont la conséquence des commandements militaires, les indications usitées au manège sont seules employées dans le travail individuel. Toutes les fois que la bonne exécution des mouvements exige qu'ils soient décomposés, on exerce seulement deux cavaliers à la fois, afin que l'instructeur puisse mieux rectifier les fautes et régler les allures; on évite aussi, surtout dans le travail au galop, de fatiguer les chevaux, ce qui arrive quand la leçon s'applique à un trop grand nombre d'hommes.

« La course des têtes a été subdivisée de manière à amener graduellement l'homme à parcourir une longue carrière, à une allure très vive, en pointant ou sabrant des têtes sur des chandeliers, à terre et en franchissant des obstacles.

« Pour donner aux lanciers l'émulation indispensable au développement de leur adresse, on a pensé que les moulinets et quelques coups jetés dans l'espace ne suffisaient pas, et l'on a eu recours à une instruction particulière, qui a pour but d'exercer les cavaliers au maniement spécial de leur arme.

« Travail individuel des recrues. — L'homme de recrue est préparé à recevoir les premiers principes de tenue à cheval par des exercices de voltige et de gymnastique, qui développent sa souplesse et le familiarisent avec le cheval.....

« Ce travail a pour but d'abandonner peu à peu l'homme à ses propres moyens, sans l'éloigner de l'instructeur, et de susciter l'emploi de ses aides au milieu de chevaux qui se croisent confusément.....

« Marcher. — Arrêter. — A droite, à gauche, demi-tours, de pied ferme et au pas. — Quart d'à-droite, quart d'à-gauche. — Reculer et cesser de reculer. — Passer du pas au trot et du trot au pas. — Changement de direction. — Marche circulaire par cavalier. — A droite, à gauche, demi-tours en marchant au trot. — Étant de pied ferme, partir au trot. — Marchant au trot, arrêter. — Passer du trot au galop. — Appuyer. — Répéter avec la bride les mouvements prescrits ci-dessus. — Travail au galop sur des lignes droites et en cercle.

« Les actions des rênes et des jambes, les changements d'allures, sont l'objet de l'attention constante de l'instructeur, et les principes en sont d'abord démontrés homme par homme, avant d'être appliqués par tous les cavaliers à la fois.....

« Lorsque les hommes de recrue ont été habitués, par l'école du cavalier, au juste emploi de leurs aides dans les mouvements les plus simples, et préparés à conduire leurs chevaux individuellement, ils sont admis à la deuxième série de ce travail, qui a pour but de perfectionner leur instruction individuelle par des mouvements plus corrects et plus variés.....

« L'instructeur dirige le travail individuel de manière à exécuter, dans le cours de l'école de peloton, la série des mouvements dont la progression est arrêtée ci-après :

« 1. Doublé individuel. — 2. Changement de main. — 3. Doublé individuel par rang. — 4. Changement de main par rang. — 5. Changement de direction en sens inverse. — 6. Changement de main en tenant les hanches. — 7. Travail en cercle. — 8. Volte individuelle. — 9. Demi-volte individuelle. — 10. Demi-tour individuel (sur place, sur les épaules, sur les hanches). — 11. Course de la tête. — 12. Saut du fossé ou de la barrière. — 13. Tir à la cible à blanc. — 14. Faire quitter le peloton par file.

« TRAVAIL INDIVIDUEL DES HOMMES ADMIS A L'ÉCOLE D'ESCADRON. — ..... Les cavaliers dont l'instruction est la plus avancée seront ainsi exercés au travail individuel, de manière qu'ils soient amenés graduellement à exécuter, dans le cours d'une année, toute la série des exercices prescrits, en tenant compte des progrès acquis dans le travail des années précédentes.....

« Ce travail est également mis en pratique par les lieutenants et sous-lieutenants, lorsqu'ils montent ensemble au manège, du 1er novembre au 1er février.

« *Première série.* — 1. Doublé individuel. — 2. Doublé par rang. — 3. Changement de main par rang. — 4. Travail au galop sur des lignes droites et en cercle. — 5. Changement de pied en changeant d'allure. — 6. Course de la tête. — 7. Saut du fossé et de la barrière. — 8. Tir à la cible à blanc. — 9. Charge individuelle.

« *Deuxième série.* — 1. Doublé successif par rang. — 2. Tracer une piste intérieure. — 3. Changement de main en tenant les hanches. — 4. Changement de pied sans changer d'allure — 5. Volte successive. — 6. Demi-volte successive. — 7. Course de deux têtes. — 8. Sauts d'obstacles. — 9. Tir à la cible à poudre. — 10. Charge individuelle. — 11. Faire quitter le peloton par file.

« *Troisième série.* — 1. Changement de direction en sens inverse. — 2. Demi-tours (sur place, sur les hanches, sur les épaules). — 3. Marche oblique individuelle en sens inverse. — 4. Changement de direction individuelle et en sens inverse. — 5. Passer de la tête à la queue en sens inverse. — 6. Course de trois têtes. — 7. Saut d'obstacles. — 8. Tir à la cible à poudre. — 9. Charge individuelle. — 10. Faire quitter le peloton par file.

« *Quatrième série.* — Les mouvements de tirailleurs de l'ordonnance sont répétés, s'il est possible, dans des terrains accidentés, en augmentant les distances et les intervalles. Pendant les feux, les cavaliers prennent la position du tireur à cheval prescrite dans l'instruction sur le tir. On exerce les cavaliers à faire feu du pistolet dans la charge en fourrageurs, à faire des moulinets et à donner des coups de sabre.

« *Travail à volonté.* — Les cavaliers se dispersent et se mêlent confusément ; ils travaillent en silence, en évitant de se grouper, et s'attachent à éviter les difficultés qu'ils ont pu rencontrer précédemment. Il s'exercent à manier leurs armes, se penchent à terre ou s'enlèvent sur les étriers, exécutent, en un mot, les mouvements qui peuvent développer leur agilité, leur adresse et leur habileté à conduire leurs chevaux.

« L'allure à laquelle les cavaliers doivent travailler est indiquée par des sonneries.

« A la sonnerie d'un demi-appel, les cavaliers se portent successivement vers les limites du terrain, font feu dans toutes les directions, s'attachant à bien ajuster et à rendre leurs chevaux très calmes.

« A un couplet du pas ordinaire, les cavaliers mettent pied à terre, habituent leurs chevaux à conserver l'immobilité devant eux, sans qu'il soit nécessaire de les tenir, répètent au besoin la leçon du montoir, et montent à cheval à un couplet de la sonnerie à cheval.

« A la sonnerie du ralliement des tirailleurs, les cavaliers mettent le sabre à la main et se rallient rapidement derrière leur chef de peloton.

« Lorsque les chevaux sont très dociles au montoir, l'instructeur peut aussi faire sonner le ralliement quand les cavaliers ont mis pied à terre. Dans ce cas, les cavaliers montent à cheval, mettent le sabre à la main et se rallient le plus promptement possible.

« *Cinquième série.* — Le travail de cette série se compose de mouvements combinés de manière à entretenir la variété dans l'instruction, à multiplier l'action des aides et à révéler au cavalier toutes les ressources qu'il possède dans le maniement de ses armes, dans la vitesse et la franchise de son cheval. — 1. Cercles individuels. — 2. Volte individuelle. — 3. Demi-volte individuelle. — 4. Volte (ou demi-volte) individuelle et en sens inverse. — 5. Cercle en sens inverse. — 6. Demi-pirouette. — 7. Course de la tête à terre. — 8. Saut d'obstacles et course des têtes. — 9. Saut d'obstacles et tir au galop. — 10. Tir au galop et course des têtes. — 11. Saut d'obstacles, tir au galop et course des têtes. — 12. Exercices divers.

Dans le titre quatrième, nous trouvons le détail des exercices du carrousel de troupe.

« *Les mouvements du carrousel ne font pas partie du programme d'instruction applicable à tous les cavaliers, mais il doivent être considérés comme des exercices militaires propres à occuper les loisirs que laisseraient des travaux plus sérieux et dans lesquels des cavaliers choisis sont admis à rivaliser d'adresse à manier leurs armes, de bonne tenue à cheval, et d'habileté à exécuter des figures de manège plus ou moins variées.*

« *Ces exercices sont exécutés de préférence dans les circonstances où la solennité peut exciter l'émulation des hommes de troupe et flatter leur amour-propre, de telle sorte que le choix des cavaliers pour le carrousel soit considéré comme une récompense décernée à ceux qui ont passé avantageusement par toutes les épreuves de l'instruction règlementaire.*

« *Le carrousel est divisé en trois parties qui doivent être exécutées autant que possible par trois escadrons différents.*

« *Chaque escadron est composé de quarante-huit files, sans guides particuliers ni serre-file.*

« *Afin de faire mieux comprendre les mouvements, le capitaine commandant les fait d'abord exécuter en les décomposant, puis au pas et enfin aux allures vives.*

« *Toutes les fois que des colonnes se croisent, les cavaliers qui se trouvent du côté extérieur exécutent des moulinets et les autres cavaliers prennent la position de : comme deuxième rang. — Haut le sabre.*

« *Toutes les fois que des colonnes décrivent des cercles concentriques, les cavaliers qui se trouvent sur le cercle intérieur remettent le sabre et tirent successivement des coups de pistolet.* »

Le travail individuel était une œuvre capitale et son adoption un véritable bienfait pour notre arme.

« Le travail individuel qui accélère les progrès du jeune cheval soumis au dressage méthodique est encore plus nécessaire au cavalier, car la plupart des charges finissant par des mêlées où le courage et l'adresse de l'homme de guerre assurent la victoire, il a souvent besoin de cette habileté équestre que peut seul donner cet exercice.

Quant à ce qui concerne la ferrure, l'instruction sur le travail individuel donne un résumé des meilleurs principes applicables à la maréchalerie militaire, nous allons en extraire les données les plus marquantes. « *Il est utile qu'un bon maréchal ferrant sache l'anatomie et la physiologie du pied.* » Alors suivent quelques principes anatomiques : 1° *Aplomb du pied; 2° élasticité du pied; 3° sécrétion cornée.*

« *L'ouvrier doit savoir varier sa ferrure suivant une foule de circonstances. Quoi qu'il en soit, la ferrure à clous et à chaud est la meilleure dans la majorité des cas; elle permet de confectionner le fer pour le pied; elle est d'une exécution plus facile, plus prompte, est moins dispendieuse, plus solide et, dans tous les cas, à la portée des ouvriers même médiocres.*

Puis viennent les explications pour :

1° *La tournure du fer.* — « En maréchalerie, le premier principe est de forger le fer pour le pied. »

2° *La longueur du fer.* — « Pour les chevaux de cavalerie, il ne faut pas que les éponges aient trop de longueur. »

3° *L'épaisseur du fer.* — « L'épaisseur du fer sera telle qu'elle puisse résister à l'usure au moins pendant un mois. Les fers couverts auront moins d'épaisseur que les fers dégagés. Une règle invariable, c'est l'épaisseur égale dans toute l'étendue du fer antérieur, soit pour conserver la rectitude des aplombs, soit pour gêner le moins possible l'élasticité du pied, soit enfin pour maintenir la régularité de la sécrétion cornée. Il est rare que cette indication soit remplie dans les régiments; les ouvriers donnent habituellement plus d'épaisseur à la branche externe; rarement les éponges ont l'épaisseur nécessaire. »

4° *Couverture du fer.* — « La couverture du fer doit être complètement relative au service, au poids du cheval, à la largeur du pied, à la conformation de la sole et à la nature du terrain sur lequel doit s'exécuter la marche. Les fers destinés aux petits pieds doivent être plus dégagés que couverts. Dans les pieds plats et combles, la couverture remplit un rôle protecteur, relativement à la conformation particulière de la sole. On peut ménager, selon les circonstances, une couverture appropriée, soit en pince, soit en mamelles ou en talons, suivant l'effet qu'on se propose d'obtenir. »

5° *Étampures.* — « Règle générale, les étampures seront le plus éloignées possible des éponges. Dans les fers légers, on peut supprimer au moins deux étampures, sans nuire à la solidité. Sous ce rapport, le fer à lunette de Lafosse est disposé de la façon la plus convenable à l'élasticité. La ferrure unilatérale de Turner peut également être essayée, avec chance de succès, sur les petits pieds disposés à l'encastelure. Quand on place des fers étampés sur la pince et la branche externe seulement, il est important de mettre des clous à tête plate, si on ne veut pas s'exposer a mettre le pied de travers, au moins jusqu'au moment de l'usure complète de la tête des clous. Les étampures des fers postérieurs peuvent être placées plus près des éponges. Si l'on adopte les clous à tête plate pour les fers antérieurs, ils auront l'avantage de mieux niveler le plan inférieur de la lame métallique et empêcheront le mouvement de bascule sollicité par la proéminence de la tête des clous ordinaires. En adoptant cette modification, on fera cesser bien évidemment l'action trop active du levier de la puissance sur les tendons et les ligaments, action qui ne cesse, dans la ferrure généralement pratiquée, qu'au bout de quelques jours, et cela après le nivellement de la tête des clous. Dans les fers à derrière, les clous à tête n'ont pas d'inconvénients, puisqu'ils se trouvent placés entre les crampons et une épaisseur plus grande de la pince. »

6° *Garniture du fer.* — « La garniture doit varier suivant une foule de circonstances.

Une garniture raisonnée a pour but de conserver au pied son assiette naturelle ; elle doit placer l'ongle dans les mêmes conditions que si l'usure avait eu lieu naturellement sur le sol : elle doit donc augmenter la surface de frottement, favoriser l'élasticité du sabot, concourir a la conservation des aplombs, amortir les réactions, qui ont alors un effet moins direct sur la région cutigérale, faciliter l'application des clous dans l'épaisseur de la muraille, prévenir enfin les piqûres et le serrement du sabot par les clous. »

7° *Ajusture du fer.* — « C'est une espèce de moulage, qui a non seulement pour but de permettre l'adaptation exacte du fer sur le contour du bord plantaire de la paroi, afin de la protéger contre l'usure, mais qui doit encore sauvegarder les propriétés du sabot, conserver l'intégrité de son aplomb, la pousse régulière de sa corne, et, en fin de compte, faciliter les allures. L'ajusture des fers antérieurs n'est pas la même que celle réservée aux postérieurs, ce qui tient à la différence des fonctions locomotrices. Depuis la rive interne de la pince jusqu'à l'extrémité des éponges, la face inférieure du fer à devant sera plane. La pince, depuis cette même rive interne, sera relevée d'une épaisseur de fer environ. Plus l'ajusture des fers destinés aux bons pieds sera plane, plus l'équilibre sera stable et mieux seront conservés les aplombs. L'ajusture exagérée, entre deux rives et en bateau, doit être sévèrement proscrite. »

8° *Poids des fers.* — « Ce poids est fixé, par une décision ministérielle, de la manière suivante : Pour la cavalerie légère, de 350 à 400 grammes. — Cavalerie de ligne, de 370 à 430 grammes. — Cavalerie de réserve, de 450 à 500 grammes. — Chevaux de trait, de 500 à 600 grammes. »

9° *Parties accessoires du fer.* — *Des crampons.* — « Ces appendices ne seront placés sur les fers antérieurs que le plus rarement possible. Pendant les hivers rigoureux, afin d'assurer la marche, prévenir les glissades et les chutes, il est préférable d'avoir recours à l'usage provisoire de clous à glace, qui peuvent être enlevés à volonté sans qu'il soit nécessaire de déferrer. »

Des pinçons. — On pourrait supprimer, sans inconvénient, les pinçons antérieurs ; mais, comme ils facilitent la présentation et l'application du fer, il est préférable de les conserver. »

De la ferrure proprement dite. — « On s'attache principalement à examiner l'aspect général du pied, sa forme, ses proportions, son aplomb et la nature de la corne. On s'assure en même temps de la régularité des deux quartiers, du plus ou moins d'élévation des talons, de leur écartement, et, enfin, de la régularité de l'assiette du pied. Après cela, on cherche à se rendre compte, à l'aide du vieux fer, de la manière dont l'usure a eu lieu. Il est également fort utile de donner un coup d'œil aux aplombs des membres antérieurs, et d'être fixé sur les allures du cheval que l'on doit ferrer.

« Les barres ne sont jamais amincies et parées, à moins qu'elles n'offrent une hauteur exagérée. Dans aucune circonstance on ne laissera pratiquer, sur un bon pied, cette opération désastreuse qui consiste à séparer la fourchette de la muraille. L'expérience a démontré que cette action d'ouvrir les talons est une des grandes causes du resserrement de ces parties et de l'encastelure. Enfin, le boutoir ne devra pas amincir la paroi en arrière des talons, comme cela s'observe journellement. L'ouvrier agira toujours avec la plus grande réserve, alors qu'il faudra abattre et parer la face plantaire du sabot ; il devra enlever ni trop ni trop peu ; il ménagera la sole et la fourchette, mais surtout les barres et les arcs-boutants. Dans tous les cas, les deux quartiers seront parés de manière à avoir la même hauteur, afin de ne pas mettre le pied de travers.

« On doit surveiller les ouvriers médiocres qui, généralement, laissent trop de longueur au sabot, dans la crainte qu'ils ont d'offenser le vif ou de brûler la sole. Cette pratique vicieuse, ajoutée souvent à une épaisseur exagérée du fer, est une cause de fatigue permanente pour les tendons, et un motif de tares assez graves pour nécessiter la réforme. D'un autre côté, il ne faut pas laisser abattre et parer l'ongle d'une manière demesurée, car il peut en résulter une sole foulée, battue, brûlée, l'étonnement du sabot, le resserrement des talons, des bleimes et même la fourbure. Sur les pieds postérieurs, le boutoir devra mettre sur le même plan : pinces, mamelles et talons.

« Dès que le pied est paré, l'ouvrier arrondit le bord tranchant de la surface plantaire et fait disparaître les quelques inégalités qui peuvent exister. Enfin, le pied est posé à terre ; il ne reste plus qu'à voir s'il est bien d'aplomb. »

Faire porter le fer. — « Avant de faire porter le fer à chaud, il est indispensable de le présenter à froid sur le pied ; car, bien qu'il soit ajusté à l'avance, le maréchal doit examiner s'il est nécessaire d'y apporter quelque modification.

« Afin de prévenir les accidents produits par l'action du calorique, il faut que le fer soit chauffé au rouge-cerise plutôt qu'au rouge-obscur. Le fer chaud doit rester le moins longtemps possible sur la face plantaire. La portion de corne carbonisée sera enlevée aussitôt. Si le pied est faible, à paroi-mince, si la sole a été trop parée, il est utile d'avoir recours, dans ce cas, à la ferrure à froid.

« Tels sont les principes généraux ; mais le pied peut parfois n'avoir pas conservé sa forme normale et son assiette régulière. C'est en parant convenablement la face plantaire et en donnant une épaisseur appropriée à la lame métallique, que l'ouvrier arrive à corriger les défauts. Dans cette circonstance particulière, le principe est renversé : c'est le pied qui doit être façonné pour le fer, afin de ne pas perpétuer, augmenter même ces défauts.

« La râpe ne devra servir qu'à niveler le bord inférieur de la paroi à sa jonction avec le fer, ainsi qu'à adoucir les rivets. La paroi ne sera râpée, dans aucun cas, au-dessus des rivets, afin de lui conserver son vernis naturel. L'abus de la râpe est trop généralement toléré. »

En 1862, M. *Benjamin*, vétérinaire à Paris, a modifié le fer à ressort pour le cas où on ne désire agir que sur un des côtés du pied ; il ne donne alors qu'*une seule branche* au ressort dont la palette est fixée à la pince du fer par deux rivets. Mais le fer à *ressort ordinaire* avec une de ses *branches rivée à l'oreille* du fer est préférable. On ne donne alors que moitié tension au ressort.

1862

ÉTAT-MAJOR DE L'ÉCOLE

Crespin	Général de brigade.
Cordier	Colonel.
Rouxel	Lieutenant-colonel.
Guérin	Ch. d'esc. écuy. en ch.
Guiot	Ch. d'esc., instr. en ch.
Humbert	Ch. d'esc., prof. d'art et d'hist. militaire.
Prévost	Major.
Lardeur	Capitaine trésorier.
Dessort	Capit. d'habillement.
Legros	Lieut. adj. au trésor.
Dariot	Lieut. porte-étend.
Trudeau, Ducrest-Lorgerie	Médecins majors.
Vallon	Vétérin. principal.
Hatin	Vétérinaire en 1er.
Huau	Vétérinaire en 2e.
Allavène, Pinot	Capit. instructeurs.

Boulligny, Desroys, Grandin, Delorme, De la Laurencie, Archambault	Capit. instructeurs.
De Bonne, Léaux, Leloutre, Roullet	Capitaines écuyers.
Person	Cap. dir. de l'arçonn.
Grandjean	Lieut. s.-écuyers
Piétu	Lieut. s.-écuyers
Haubt	Lieut. s.-écuyers
Chaverondier	S.-lieut. s.-écuyers
Javey	S.-lieut. s.-écuyers
Terré, Poupon, Lemaitre	Lieut. instructeurs

OFFICIERS ÉTRANGERS

SUIVANT LES COURS DE L'ÉCOLE

Sterky	Lieut. de cavalerie, Suédois.	
Casimir	S.-lieut. de cavalerie, Valaque.	
Gutierrez	Lieut. de cuirassiers	Espagnols.
Betarini	S. lieut. de hussards	Espagnols.
Arméro	S.-lieut. de hussards	Espagnols.
Ojéda	S.-lieut. de chasseurs	Espagnols.
Léon	S.-lieut. de lanciers	Espagnols.
Cistué	S.-lieut. de lanciers	Espagnols.

LIEUTENANTS D'INSTRUCTION

Mangin	Lieut., 11e dragons.
Duvivier	Lieut., 10e dragons.
Dariot	Lieut., 4e cuir., porte-étend a l'École.
De Lafontaine Solar	Lieut., 3e lanciers.
Bourseul	Lieut., 3e hussards.
Happich	Lient., 1er dragons.
Bonnefons	Lieut., 10e chasseurs
Fallet	Lieut., drag. de l'Imp.
Arnous-Rivière	Lieut., 11e chasseurs
Béna	Lieut., 18e artillerie.
Boutolle	Lieut., artill. à cheval de la garde.
Picory	Lieut., 12e dragons.
Trémoulet	Lieut., 10e artillerie.
Tafanel de la Jonquière	Lieut., 4e chasseurs.
Caternault	Lieut., 5e hussards.
Duhesme	Lieut., 6e chasseurs.
Danède	Lieut., 2e artillerie.
Langlois	Lieut., 12e artillerie.
De Moracin de Ramouzeus	Lieut., 7e hussards.
Birzumirnski	Lieut., 8e artillerie.
Lajousse	Lieut., 9e dragons.
Reibell	Lieut., 7e artillerie.
D'Aboville	Lieut., 13e artillerie.
Chapert	S.-lieut., 5e artillerie
Hachard	Lieut., 16e artillerie.
De Chalus	Lieut., artill. montée de la garde.
Graterbau de Négraval	Lieut., 10e cuir.

SOUS-LIEUTENANTS D'INSTRUCTION

Pagèze de Saint-Lieux.	Buisson.	Carrère de Nabat.	Larreu-Ladorie.
Duhamel de Canchy.	De Marolles.	Faralicq.	Lefébure de Sancy de Parabère.
De Coniac.	Du Hamel de Breuil.	Pelletier.	D'Hautpoul.
De Clauzade de Mazieux	Cerroy.	Rivet.	De Toulouse-Lautrec-Moufla.
Rogerol.	De Forsanz.	De Pins.	De la Bigne.
Baudel de Vaudrecourt.	De la Moussaye.	Guyon de Montlivault.	Dubois.
De Léautaud Donine.	Morin-Blotais.	De Plos de Plantevit.	Allègre.
Descharmes.	Jacquet d'Heurthaumont	Des Isnards.	Decrony.
Calonge	Harouard de Suarez d'Aulan.	De Thomas de Labarthe.	Quengo de Tonquedec de Crenolle.
Bourdeau de Fontenay.	Dejean.	Rothé.	De Christen.
Garié.	De Lignville.	Huquiné.	De la Pierre.
De Pierre de Bernis.	Le Sergeant d'Hendecourt.	De Rohan Chabot.	Dumas.
Passerat de Silans.	Roy de Vacquières.	Rolin.	Leclerc.
Maillard de la Gournerie.	De Pointe de Gevigny.	Pallud.	
Dubreil de Pontbriand.		Guérin d'Agon.	
De Nothomb.		Bizot.	

AIDES-VÉTÉRINAIRES STAGIAIRES

Vogt.	Bidaud.	Guilleminet.	Papillier.
Petbaux.	Vernant.	Lutrot.	Delaitre.
Salins.	Bénard.	Demion.	Barbillon.
Marotel.	Chaussignand.	Despages.	Lacaze.
Martin.	Dodard.	Bouvier.	Bommenel.

École de Cavalerie

Carrousel de Troupe

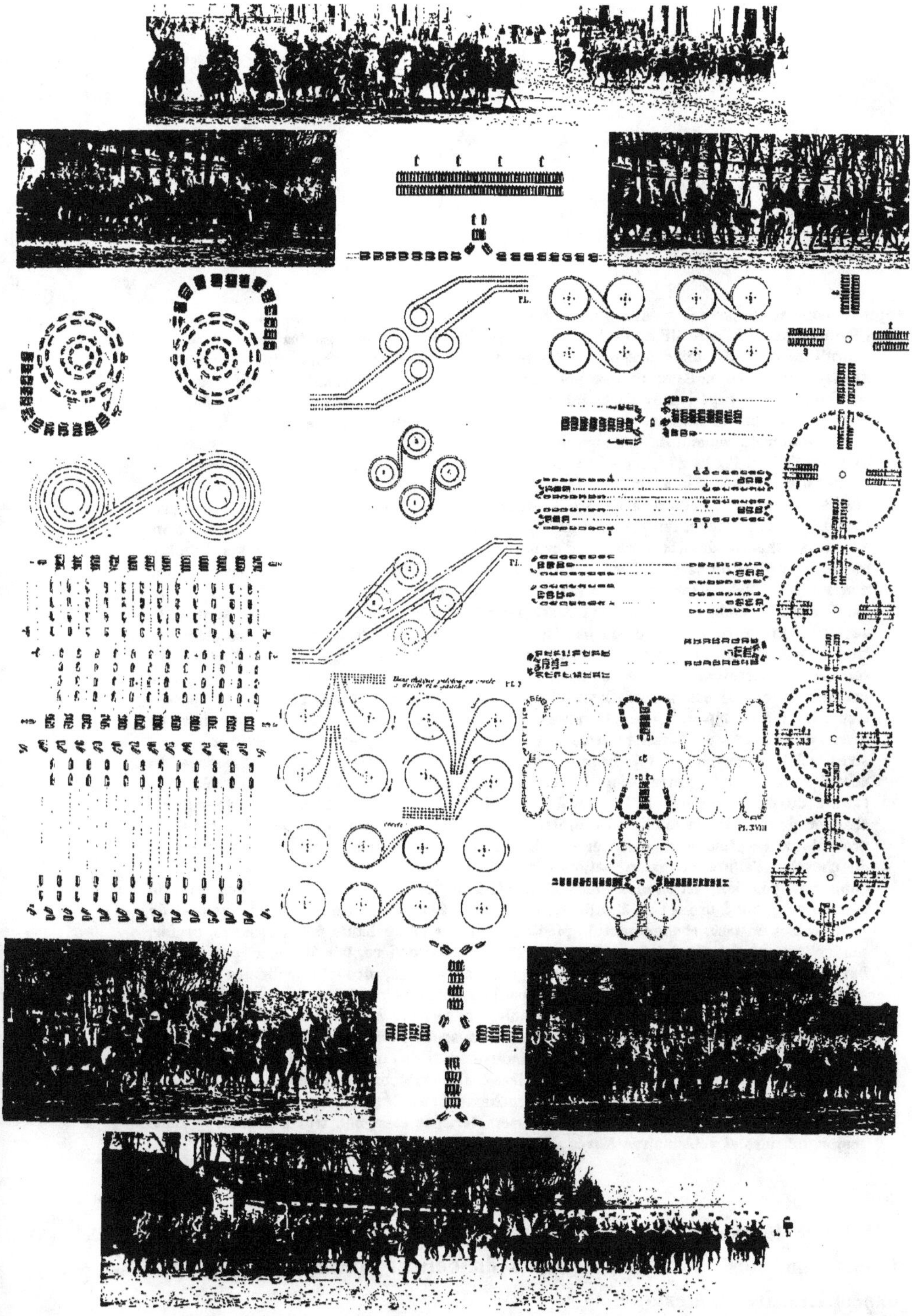

XX

Approvisionnements pour l'expédition du Mexique. — Steeple-chase militaire. — Expériences à Saumur de la ferrure Miles. — Les cours d'hippologie professés par les vétérinaires. — Fourniture de treize mille arçons. — Concours pour la place de professeur de maréchalerie. — Maintien à Saumur des premiers numéros des lieutenants d'instruction. — Conclusions des expériences de la ferrure Miles. — Visite du général Fleury. — Prix de courses offerts par le Ministre de la guerre. — Les courses de Saumur et leurs vainqueurs. — Inspection du général de Cassaignolles. — Les exercices de gymnastique pour la cavalerie. — Vallon. Cours d'hippologie : analyse ; qualités du cheval de guerre ; principes de ferrures, caractères d'un bon fer, fers pathologiques, caractères d'un pied bien ferré, causes qui peuvent rendre la ferrure mauvaise, avantages de la ferrure à chaud, ferrure anglaise, ferrure arabe, ferrure allemande. — Raabe. Méthode de haute école : locomotion du cheval, théorie des six périodes d'évolution d'un membre du cheval ; la vis d'Archimède ; éducation du cheval ; maniement du cheval, travail à la cravache ; reculer du cheval non monté ; effets divers produits par la cravache, sur la croupe, sur la hanche, sur le flanc, sur les jambes postérieures ; rassembler le cheval en place non monté ; apprendre au cheval en place à ranger ses hanches ; mobilité par bipède diagonal ; faire piaffer le cheval non monté ; faire exécuter jambette au cheval non monté ; pas espagnol ou de conscrit, le cheval non monté ; courbette ; enlever alternatif ; mécanisme du travail à la cravache le cheval non monté ; lever d'un membre antérieur ; lever d'un membre postérieur, lever d'un bipède diagonal ; rassembler et cadencer ; moyens violents ; mécanismes divers des actions du cavalier ; trois agents, jambes, rênes, masse ; trois actions successives, effet d'ensemble, effet diagonal, action stimulante ; progression du dressage du cheval copiée sur la progression de l'école du cavalier à pied ; maniement du cheval à l'allure du pas ; maniement du cheval à l'allure du trot ; trot à l'anglaise ; nécessité de changer de bipède diagonal ; rassembler de la haute école ; comparaison entre les effets produits par les attaques de ramener et celles de rassembler ; balance hippique ; maniement du cheval à l'allure du galop, action des aides pour rassembler, action des aides pour donner la position, action des aides pour stimuler l'enlever, action des aides pour la marche au galop à droite ; arrêt à droite ou parade ; changement de pied ; changement de pied du tact au tact ; changement de pied au temps ; airs de haute école, passage, piaffer, piaffer lent, piaffer précipité, piaffer en arrière, trot en arrière, faire balance, passage des barres au trot enlevé, courbette, pesade, galop en arrière, pirouette ordinaire au galop, volte et demi-volte au galop, passade, l'épaule en dehors au galop sur la ligne courbe, jambette, faire gratter le sol par un membre antérieur, pirouette renversée sur trois jambes, pirouette sur trois jambes, balancé des épaules dit pas de basque, balancé des hanches, moyens d'élargir ou de serrer les mouvements des membres antérieurs, extension de l'avant-main, rapprochement de l'arrière-main, rassembler complet, extension de l'avant-main partant du rassembler, rapprochement de l'avant-main sur l'arrière-main, extension de l'arrière-main partant du rassembler, pas espagnol, trot espagnol. — État-major, officiers et vétérinaires élèves de l'École en 1863.

Le 20 février 1863, l'atelier d'arçonnerie recevait l'ordre de confectionner au plus vite 3,000 entraves du dernier modèle pour le corps expéditionnaire du Mexique.

Le 26 mars, le Ministre de la guerre autorisa les officiers de l'armée à prendre part, avec leurs chevaux d'armes, à un steeple-chase couru sur chacun des hippodromes de Rennes, de Toulouse, de Nancy, de Moulins, de Saumur et du camp de Châlons, et pour lequel l'administration des haras offrait en prix un objet d'art d'une valeur de 1,200 francs.

Les officiers de l'École furent, comme on le pense, les premiers à réclamer leur part à ce concours.

Si le système de Turner eut un ardent défenseur de l'autre côté de la Manche, il a eu chez nous un ardent partisan dans M. le docteur Guyton, traducteur de l'ouvrage de Miles.

A la fin de mai, le docteur Guyton vint à Saumur avec l'assentiment du Ministre de la guerre pour démontrer et expérimenter le système de ferrure dit *système Miles*. Une Commission fut constituée pour donner son avis sur la valeur pratique de ce mode de ferrure.

Les expériences commencèrent aussitôt. Nous en dirons les conclusions à leur date.

Le 24 avril, le Ministre de la guerre donna l'ordre que les cours d'hippologie fussent dorénavant professés exclusivement par les vétérinaires, mais en présence des officiers écuyers. Le vétérinaire principal de l'École professait lui-même à la division des lieutenants d'instruction.

Le 30 avril, l'atelier d'arçonnerie reçut l'ordre de débiter 13,200 arçons. En enregistrant l'augmentation des commandes faites à l'atelier d'arçonnerie nous avons eu pour but de montrer son importance décroissante. A dater de maintenant nous ne parlerons plus que des plus importantes.

Pour remplacer le professeur de maréchalerie de l'École, M. Hatin, un concours eut lieu à Paris le 20 mai. La commission d'examen fut composée du président de la Commission d'hygiène hippique et des quatre vétérinaires principaux de l'intérieur, parmi lesquels M. Vallon, vétérinaire principal de l'École.

Le 9 juin, le Ministre de la guerre décidait que, chaque année, les premiers numéros des lieutenants d'instruction seraient maintenus à l'École en fin de cours, jusqu'à leur nomination de capitaine, pour aider et suppléer, en cas de besoin, les capitaines instructeurs.

Le 22 juillet, la commission chargée d'étudier le système de ferrure Miles donna les conclusions suivantes :

« Le fer de Miles présente une grande légèreté, en raison de sa rainure et de son ajusture en biseau. La disposition de ses étampures et le petit nombre de ses clous sont un avantage, ainsi que l'absence de garniture exagérée, qu'aucun avantage ne justifie dans la ferrure française ordinaire et dont la mesure, mal déterminée, est, à tort, laissée à la discrétion du maréchal, souvent inexpérimenté. Le cheval trouve un aplomb parfait en sortant de la forge ; il repose sur une surface plane, légèrement relevée en pince, et non sur une série d'aspérités plus ou moins irrégulières, représentées par les têtes de clous, comme cela a lieu dans la ferrure française ordinaire. La solidité de cette ferrure n'est pas moindre que celle de la ferrure française, pour les petits pieds surtout ; pour les grands, il serait possible d'ajouter un ou deux clous, tout en ménageant le même espace entre la dernière étampure et l'éponge, à la branche interne. La pratique de cette ferrure présente peu de difficulté.

« En résumé, il y a lieu, non de substituer la ferrure Miles à la ferrure française ordinaire d'une manière absolue, mais à prendre les avantages qu'elle présente en grande considération, et à l'expérimenter comparativement avec cette dernière sur une très grande échelle et sur des chevaux placés dans les conditions les plus diverses. »

Le Ministre de la guerre donna son approbation à ces conclusions et ordonna aussitôt des expériences dans plusieurs corps. Chacun de ces régiments dut envoyer à Saumur un maréchal-ferrant pour y être initié au mode de ferrure proposé.

Dans sa séance du 22 avril 1864, la Commission d'hygiène hippique s'est prononcée contre ce système de ferrure pour les motifs suivants :

« L'inventeur base tout son système sur des données incomplètes de physiologie ; sa ferrure est moins solide que la ferrure française, détériore davantage la paroi, dure moins longtemps, s'arrache avec plus de facilité, demande trois fois plus de temps, de combustible, de travail et d'adresse ; coûte au moins une fois plus cher ; exige, pour être pratiquée d'une manière convenable, des ouvriers excessivement habiles ; détermine plus de boiteries de pied et plus d'accidents que la ferrure ordinaire, etc., etc. »

Le 30 août, le général Fleury, aide-de-camp de l'Empereur, arriva à Saumur. Il inspecta le haras de l'École de Cavalerie, assista à une reprise de manège et aux exercices du sauteur en liberté. Il repartit le soir de ce même jour après s'être montré très satisfait de sa visite à l'École.

A l'occasion des courses qui eurent lieu les 6 et 8 septembre, le Ministre de la guerre accorda quatre prix : une selle anglaise avec bride, une cravache, un plateau ciselé avec ses accessoires, une lorgnette de courses.

PREMIER JOUR DE COURSES

Deuxième course. — Un objet d'art. — Pour MM. les lieutenants et sous-lieutenants, montés sur leurs chevaux d'armes. — 1,500 mètres, huit obstacles. — Onze chevaux partant. — Premier, *M. de Brye*, montant *Dangerousse*. — Deuxième, *M. de la Redorte* montant *Bernard*.

Troisième course. — Un objet d'art. — Pour MM. les lieutenants et sous-lieutenants, montant des chevaux de carrière. — Vingt chevaux partant. — Premier, *M. de Bourgogne*, montant *Athos*. — Deuxième, *M. de Roquefeuil*, montant *Dandy*. — Troisième, *M. de Benoit*, avec *Caribert*. — Quatrième, *M. de Cléric*, avec *Newcastle*.

Quatrième course. — Un objet d'art. — Pour MM. les sous-maîtres de manège, montant des chevaux de carrière. — Trois chevaux partant. — Première, *Déesse*, montée par *M. Serre*. — Deuxième, *Coco*. — Troisième, *Légère*, montée par *M. Perrussel*.

Cinquième course. — Steeple-chase militaire. — Un objet d'art de 1,200 francs. — Pour MM. les officiers en garnison à Saumur, à Angers, Tours, Vendôme, Poitiers. — Distance,

1,500 mètres — Poids à volonté. — Dix chevaux partant. — Premier, *M. Javey*, sous-lieutenant sous-écuyer, montant *Coureuse*. — Deuxième, *M. de Vergennes*. montant *Besme*.

DEUXIÈME JOUR DE COURSES

Deuxième course. — Un objet d'art. — Pour MM. les sous-officiers élèves-instructeurs, montant leurs chevaux d'armes. — Distance, 1,500 mètres et huit obstacles à franchir. — Première, *Bordure*, montée par *M. Rupert*. — Deuxième, *Martello*, montée par *M. Descat*.

Troisième course. — Un objet d'art. — Pour les sous-officiers titulaires de l'École, montant leurs chevaux d'armes.

Cinquième course. — Steeple-chase (Gentlemen riders). — 1,000 francs. — Pour chevaux entiers, hongres ou juments, de quatre ans et au-dessus, de toute espèce et de tout pays. — Poids commun, 67 kilog. 1/2. — Distance, 4,100 mètres environ et quinze obstacles à franchir. — Premier, *M. de Clauzade*, montant *Sébastopol*, appartenant à M. le capitaine Roullet. — Deuxième, *Pacha*, monté par *M. de Lignières*.

Sixième course. — Handicap libre. — Steeple-chase (Gentlemen riders). — Un objet d'art. — Pour tous chevaux, ayant couru aux courses de Saumur, autres que pur sang, et n'ayant pas gagné sur cet hippodrome en 1863. — Distance, 2,000 mètres, dix obstacles. — Dix-huit chevaux partant. — Premier, *M. Coste*, montant *Automédon*. — Deuxième, *M. Lemintier de Saint-André*, montant *Caribert*. — Troisième, *M. de Boysson*, montant *Coco*.

Le *général de Cassaignolles* arriva le 9 septembre à Saumur pour passer l'inspection générale de l'École.

Le 3 octobre, le conseil d'instruction de l'École reçut l'ordre de rédiger un projet de programme des exercices de gymnastique qu'il pourrait être utile de faire pratiquer spécialement par les cavaliers envoyés par les corps de l'École de Joinville.

C'est en 1863 que parut le COURS D'HIPPOLOGIE de *M. Vallon* alors vétérinaire principal de l'École.

L'ouvrage de M. Vallon est un recueil très complet de tout ce qui a trait au cheval; mais malheureusement un recueil trop scientifique et pas assez pratique pour les lecteurs auxquels il s'adresse. Et c'est surtout un livre trop volumineux.

Considéré comme un compendium résumant un rayon de la bibliothèque de l'officier de cavalerie, il est parfait; mais considéré comme cours d'hippologie, il est absolument à côté de son but.

C'eut été un excellent dictionnaire, on en a fait un catéchisme; c'était un livre à consulter, on l'a fait apprendre. Et l'on vit encore sur ce livre-là, aujourd'hui, parce qu'il n'y en a pas eu d'autre pour le remplacer, et l'on continue à le faire *réciter*.

Était-ce le but de l'auteur? Est-ce une mauvaise interprétation de ses adeptes?

Il n'en reste pas moins vrai que ce livre est fort bien fait — sa longévité en est une garantie — et qu'il répond bien, au point de vue théorique, à son exergue : « Rien de ce qui a rapport au cheval ne doit être étranger à l'officier de troupes à cheval. »

D'ailleurs, la simple transcription des grandes divisions de la table suffira à prouver ce que nous avons avancé.

« De l'organisation en général. — Des Tissus. — Des Liquides. — Des Gaz. — Des Fonctions. — *Appareil de la locomotion.* — *Des os, des articulations et des muscles en général.* — Des leviers. — *Du squelette et des muscles en particulier.* — De la tête. — De la colonne vertébrale. — De la poitrine. — Des membres. — Tableau synoptique des principaux muscles du cheval. — Statistique de la locomotion. — *Voix.* — *Innervation.* — Système nerveux ganglionnaire. — *Instincts.* — *Intelligence.* — *Passions.* — *Sens.* — Sens du toucher. — Sens du goût. — Sens de l'odorat. — Sens de l'ouïe. — De la vue. — *Digestion.* — Organes essentiels de l'appareil digestif. — Organes annexes de l'appareil digestif. — Mécanisme de la digestion. — Digestion des aliments. — Digestion des boissons. — *Absorption.* — *Circulation.* — Appareil circulatoire. — Mécanisme de la circulation. — *Respiration.* — Organes accessoires. — Organes essentiels. — Mécanisme de la respiration. — Phénomènes physiques de la respiration. — Phénomènes chimiques de la respiration. — *Nutrition.* — *Secrétions.* — Secrétion urinaire. — Fonctions de la peau. — Secrétion de la graisse. — Secrétion synoviale. — *Chaleur animale.* — *Génération.* — Organes génitaux du cheval. — Organes génitaux de la jument. — Mécanisme de la génération. — Extérieur. — *Régions du corps.* — De la tête. — De l'encolure. — Du tronc. — Des membres. — *Proportions.* — *Aplombs.* — Aplombs vus de profil. — Aplombs vus de face. — Aplombs vus par derrière. — *Mouvements.* — Des attitudes. — Des mouvements sur place. — Des mouvements qui ne produisent qu'un faible déplacement. — Des allures. — Mécanisme des allures naturelles. — Mécanisme des allures irrégulières. — Mécanisme des allures artificielles. — Défectuosités des allures. — *Age.* — Anatomie des dents. — Signes fournis par les dents pour la connaissance de l'âge. — Irrégularités dans l'ordre d'éruption et d'usure des dents. — Aberration dentaire. — Moyens employés pour rajeunir et pour vieillir les chevaux. — *Robes et signalements.* — Division des robes. — Particularités des robes. — Particularités qui peuvent se rencontrer sur toutes les parties du corps. — Particularités de la tête. — Particularités du tronc. — Particularités des membres. — Particularités indépendantes de la robe ou de la peau. — Des signalements. — *Choix des chevaux d'après les services.* — Cheval de selle. — Cheval de trait. — Hygiène. — Des âges. — Des sexes. — Des tempéraments. — *De l'air atmosphérique.* — Des modifications atmosphériques. — Des altérations de l'air. — *Des météores.* — *Des saisons.* — *Des climats.* — *Des écuries.* — *Des aliments.* — Des aliments en général. — Des aliments de distribution. — Des aliments de substitution. — Des aliments qui ne font partie ni de la ration ni des substitutions. — Préparation des aliments. — Effets des aliments. — Du vert. — *De l'eau.* — *Du harnachement.* — *Du pansage.* — *Des crins.* — *Des bains.* — *Des onctions.* — *Du tondage.* — *De l'exercice en général.* — *Promenades.* — *Routes.* — *Manœuvres.* — *Hygiène des jeunes chevaux en route.* — *Hygiène des jeunes chevaux en chemin de fer.* — *Hygiène des chevaux en campagne.* — *Castration et marques.* — Ferrure. — *Organisation du pied.* — Beautés du pied. — Défectuosités du pied. — *Lopins. Action de forger.* — *Fer.* — *Clous.* — *Instruments de ferrure.* — *Systèmes de ferrure.* — *Ferrure des pieds défectueux.* — *Des défauts d'aplombs et des défauts dans les allures.* — *Ferrures étrangères.* — Haras. — Établissements hippiques. — Encouragements donnés à l'industrie chevaline. — *Hérédité.* — *Choix des reproducteurs.* — *Différents modes de reproduction.* — Chaleurs. — Boute en train. — Étalon d'essai. — Monte. — Conception et gestation. — Mise-bas. — Avortement. — Allaitement. — Sevrage. — Élevage. — Races et Remonte. — Des races en général. — Des remontes en France. — Des races et des remontes françaises. — Circonscription du Midi. — Circonscription de l'Ouest. — Circonscription du Nord. — Population chevaline des départements que la remonte n'explore pas. — Remontes et races algériennes. — Chevaux étrangers. — Chevaux orientaux. — Races européennes. — Du mulet. — Maladies. — Des médicaments. — Opérations chirurgicales. — Des maladies. — Maladies de la tête. — Maladies de l'encolure. — Maladies du corps. — Vices rédhibitoires. — Lois concernant les vices redhibitoires dans les ventes ou échanges d'animaux domestiques. — Vices redhibitoires pour le cheval, l'âne et le mulet. — De la garantie. — Examen du cheval en vente. — Ruses des vendeurs. — Expressions souvent employées dans le langage hippique.

Nous ne pouvons pas nous borner à cette sèche transcription. Il faut nous arrêter plus longtemps sur le Cours d'hippologie de M. Vallon, qui représente les idées dirigeantes dans l'enseignement de l'hippiatrique, non seulement à son époque, mais encore à la nôtre, qui a eu la sanction d'une décision ministérielle le rendant classique pour toute l'armée, et qui depuis plus de vingt-cinq ans a servi de bréviaire aux générations successives de l'École de cavalerie.

Cet ouvrage, l'auteur le dit lui-même, n'est pas une œuvre personnelle, c'est une compilation, et c'est là son principal mérite. M. Vallon s'est assurément inspiré des travaux de ses devanciers MM. Flandrin et de Saint-Ange; mais son tort est d'avoir embrassé un champ trop vaste.

La partie scientifique était, nous l'avons dit déjà, de l'inutilité, à cause de sa sécheresse et, plus développée, elle eut été du superflu. Il eut fallu laisser au vétérinaire ce qui était essentiellement de son domaine. Ce reproche, que nous nous permettons, n'entame en rien la valeur de l'ouvrage qui reste, dans ses autres parties, un guide remarquable. Il est plus que probable que l'auteur a cédé à un programme trop étendu — et qui d'ailleurs subsiste encore —; mais il eut été plus profitable qu'il eut donné plus de développement à ses conseils pratiques dont les termes, quoique succints, nous révèlent une haute compétence.

Le chapitre du *choix des chevaux d'après les services* est particulièrement bien traité dans le cours d'hippologie, quoique trop écourté; nous en transcrivons *les qualités générales du cheval de guerre* :

Qualités générales. — Quelle que soit l'arme à laquelle on le destine, et le grade du cavalier qui le monte, le cheval de cavalerie doit être léger de l'avant-main; tête petite, bien attachée et expressive; encolure longue, bien musclée; garot plus élevé que la croupe; poitrail bien ouvert; poitrine ample; côte ronde; garrot bien sorti et se prolongeant fortement en arrière : rein court, large, droit et bien attaché; flanc bien cylindré; ventre moyennement développé : épaule longue, oblique et surtout bien musclée; avant-bras très musclé et long; genou large, long et vertical; canon court; tendon bien détaché, sec, net et nerveux; boulet large; paturon incliné à 45°. Croupe longue et bien musclée; rotule détachée du tronc; jarret large, épais, ni trop ouvert ni trop fermé, et surtout exempt de tares; pied excellent.

Le cheval de cavalerie doit avoir de bons aplombs, gages à peu près certains de solidité; de bonnes proportions, sans lesquelles les forces, inégalement distribuées, manquent dans quelques parties, ce qui rend les chevaux indociles, rétifs, difficiles à dresser, et en amène l'usure prématurée. De bonnes barres et une vue excellente sont des conditions indispensables.

Il ne doit être ni trop maigre ni trop gras. L'embonpoint indique un tempérament lymphatique. La maigreur est indice de souffrance.

Le cheval présentera tous les signes d'une bonne santé ; vigueur, gaieté, poli et brillant des poils, couleur rosée des muqueuses apparentes, bon appétit et accomplissement régulier de toutes les fonctions.

Il est bon que le cheval de cavalerie ait de la noblesse et de la distinction, mais il ne doit pas avoir trop de sang, ni surtout être trop irritable. Un demi-sang, pour la troupe, ou trois quarts de sang, pour les officiers, remplissent les conditions voulues. Les sujets chez lesquels se trouvent réunies les trois qualités : sobriété, rusticité et résistance aux fatigues, sont très aptes aux services de l'armée. Les chevaux tarbes et arabes les possèdent à un haut degré et leur doivent la réputation qu'ils se sont acquise pendant les guerres d'Algérie, de Crimée et d'Italie. Le cheval de guerre doit aussi être doux, docile et pas peureux.

Bien que M. Vallon n'ait rien innové en maréchalerie, nous transcrivons cependant quelques détails de son chapitre de la ferrure, parce qu'ils représentent évidemment les principes professés par l'École de maréchalerie à cette époque :

Caractères d'un bon fer. — Pour être bien fait, le fer doit être confectionné suivant la conformation du pied, les aplombs du cheval et les services que rend celui-ci. Il doit être assez long pour protéger le bord inférieur de la paroi et dépasser légèrement les talons ; être assez couvert pour revêtir toute la circonférence de la sole, sur une étendue de deux centimètres et sans être en contact avec elle ; les éponges doivent porter à plat sur les talons, et les étampures être distribuées régulièrement et éloignées des éponges ; la branche interne sera juste, tandis que l'externe aura un peu de garniture à partir des mamelles.

M. Vallon décrit et dessine plusieurs fers pathologiques :

Fer couvert, fer à la turque, fer à planche, fer à éponges tronquées, fer à mamelle tronquée, fer à étampures, fer à éponges épaisses, fer pincard, fer à pince tronquée, fer à pince prolongée, fer à étampures unilatérales, fer à dessolure, fer à branche tronquée, fer à plaque, fer à oignons, fer à éclisses, fer désencasteleur, fer à fourchettes artificielles.

Nous passerons de suite à ses principes de ferrure :

On reconnaît qu'un pied est bien ferré quand il présente les caractères suivants : *Le sabot a sa forme naturelle, une longueur convenable et porte sur le sol par toute sa face inférieure, à l'exception de la pince. — Les barres sont intactes. — La sole fléchit légèrement sous la pression du pouce. — On n'a enlevé de la fourchette que la corne qui se détachait d'elle-même. — Le fer a la forme du pied, en suit les contours, déborde légèrement en dehors, de la mamelle au talon, et est juste en dedans ; il a assez d'ajusture pour ne porter sur aucune des régions de la sole, et assez de couverture pour la protéger sur une partie de son étendue ; il s'applique exactement sur le bord inférieur de la paroi et dépasse légèrement les talons. — La tête des clous est reçue dans les étampures, qu'elle remplit bien, et s'élève peu au-dessus de la face inférieure du fer. — Les rivets sont sur la même ligne, convenablement éloignés du bord inférieur du pied et bien enchassés dans la paroi. — Aux fers de devant, les étampures sont disséminées loin des talons, pour que les clous n'en gênent pas les mouvements ; à ceux de derrière, cette disposition n'est pas nécessaire, par cela même que l'élasticité en est moins grande. — Si le pied est trop long, les aplombs sont irréguliers, et les tendons se fatiguent. Trop court, le pied est sensible, exposé à se déferrer, et prédisposé aux piqûres, aux contusions, aux bleimes, à la fourbure. — Quand le pied est inégal, les aplombs sont faussés et une partie du sabot est surchargée. — Un fer trop lourd nuit à la légèreté des mouvements progressifs, fatigue les tendons, expose le cheval à se couper et à se déferrer ; il exige l'usage de clous à lame forte qui font éclater la paroi et produisent des seimes. — Un fer trop léger s'use vite, et, une fois usé, se fausse et produit des compressions de la sole, qui engendrent des bleimes ; il demande à être renouvelé trop souvent. — Le fer trop épais a tous les inconvénients du fer trop lourd ; de plus, il expose le cheval à buter, à raser le tapis, aux contusions des membres antérieurs par les postérieurs. — Le fer trop mince présente les mêmes inconvénients que celui qui est trop léger. — Quand le fer est inégal, c'est-à-dire lorsqu'une de ses branches est plus forte que l'autre, le poids du corps n'est pas réparti régulièrement sur la face plantaire. — Si le fer est trop couvert, en outre qu'il est trop lourd, il rend les allures incertaines, facilite les glissades, produit des bleimes par suite de l'introduction de corps étrangers entre sa face supérieure et la sole. Par contre, s'il est trop étroit, le fer rend l'équilibre instable et ne protège pas assez la sole. — Si le fer est trop long en pince, aux pieds antérieurs, les mouvements sont ralentis, et le cheval bute ; si c'est aux membres postérieurs, il forge. Lorsque ce sont les branches du fer qui sont trop longues, les mouvements sont ralentis, le fer peut porter sur les talons et y faire naître des bleimes ; le cheval est exposé à se déferrer et à forger. — Le fer trop court ne protège pas assez les talons ; il amoindrit les points de contact avec le sol et fausse les aplombs. — Placer trop à gras les étampures, expose le pied à la piqûre, à l'enclouure ; si elles sont trop à maigre, les clous, ne plongeant pas assez dans la paroi, la corne s'écaille, s'éclate, et le fer perd de sa solidité. — Quand le fer a trop d'ajusture entre les deux rives, ses points de contact avec le sol sont diminués, partant la solidité est moins grande ; des corps étrangers s'introduisent facilement entre le pied et le fer ; des contusions et des bleimes surviennent. — Inversement, si le fer n'a pas assez d'ajusture, il porte sur la sole et peut la meurtrir. — Si le fer est ajusté en bateau, l'équilibre est instable, les aplombs irréguliers, la marche difficile et l'appui douloureux. Dans ce cas, la moitié postérieure du pied supportant seule la masse, il y a foulure des talons, tiraillement des tendons et des ligaments, froissements des abouts articulaires des rayons inférieurs des membres. — Le fer qui porte mal se fausse vite, manque de solidité et expose le pied aux meurtrissures. — Les crampons écrasent les talons et produisent des bleimes. Aussi ne faut-il en faire usage que dans des circonstances exceptionnelles. — Les pinçons latéraux trop forts amènent à la longue une déformation du sabot et peuvent même gêner l'élasticité du pied. — Trop forts ou trop gros, les clous serrent le pied, font éclater la paroi, occasionnent des seimes. Trop faibles, ils se courbent en traversant la corne et gênent le pied. Trop longs, ils sont difficiles à brocher. Trop courts, ils ne pénètrent pas assez dans la paroi. Pailleux, ils peuvent donner lieu à une retraite. Mal affilés, il n'est par rare de leur voir prendre une fausse direction. — Les rivets qui font une saillie trop prononcée exposent le cheval à se blesser.*

Avantages de la ferrure a chaud. — *1° Par elle, on parvient à mettre le fer en contact plus immédiatement avec le pied... — 2° La ferrure à chaud est d'une exécution plus rapide que la ferrure à froid... — 3° La ferrure à chaud est aussi d'une exécution plus facile que la ferrure à froid... — 4° On a reproché à la ferrure à chaud de produire des brûlures de la sole ; mais hâtons-nous de faire observer que cet accident n'est pas aussi fréquent et aussi grave qu'on le prétend...*

M. Vallon donne un aperçu de quelques ferrures étrangères :

Ferrure anglaise. — Le fer anglais est plus dégagé que le nôtre, d'épaisseur égale dans toute son étendue, excepté aux éponges, où elle est ordinairement un peu plus grande ; la rive interne est moins épaisse que l'externe ; l'ajusture est remplacée, à la face supérieure, par une sorte de talus qui s'étend du milieu du fer à la rive interne, et l'empêche de porter sur la sole ; la face inférieure est complètement plate, et présente, tout près du bord externe, une rainure destinée à recevoir la tête des clous. Les étampures sont pratiquées au fond de cette rainure avec un poinçon.

Clous. — La tête du clou a la forme d'une pyramide quadrangulaire, aplatie d'un côté à l'autre ; plane supérieurement, elle est reçue presque entièrement dans la rainure de la face inférieure du fer, de telle sorte que le clou fait à peine saillie quand la ferrure est récente.

Instruments. — Le boutoir et le rogne-pied sont remplacés par un couteau, de forme particulière, à lame courbée sur plat de largeur égale dans toute son étendue, recourbée à son extrémité libre, à la manière d'une renette, et ne coupant que d'un côté.

Manuel opératoire. — Le maréchal anglais n'a pas besoin d'un aide pour ferrer. Il tient lui-même le pied qu'il pare et sur lequel il veut appliquer le fer. S'il opère sur un pied de derrière, il le fait reposer sur sa cuisse; quand c'est un pied de devant, il le place entre ses cuisses, un peu au-dessus des genoux. Dans les deux cas, le pied est levé moins haut que dans notre manière de ferrer, et, par conséquent, le cheval souffre moins. Ce qui le prouve, c'est que les chevaux difficiles à ferrer par la méthode française restent tranquilles aussitôt qu'on les tient à la manière anglaise.

Pour mettre le fer chaud en contact avec le pied, le maréchal implante à frottement un poinçon dans une étampure et s'en sert comme d'une mouche. Quand il est assuré que le fer a la tournure du pied, il le refroidit, le débouche et le cloue sans le secours d'un aide.

Inconvénients. — On reproche à la ferrure anglaise de ne pas protéger assez la sole contre les inégalités du terrain et de l'exposer à se contusionner; de rendre les allures incertaines sur le pavé et d'occasionner souvent des glissades, en raison de l'étroitesse du fer; d'être moins solide et plus dispendieuse que la nôtre. On la considère généralement comme la cause des boiteries sans nombre et de tous les genres qu'on observe sur les chevaux qui y sont soumis.

Ferrure arabe. — Le fer est très mince, en fer très doux, de forme carrée, un peu plus long que large, plus antérieurement que postérieurement. Il a la pince fortement tronquée et les mamelles très saillantes et arrondies. Les branches sont larges, également couvertes dans toute leur étendue, reployées en dedans et terminées par des éponges superposées, mais non soudées. La branche externe porte un rebord levé à froid aux dépens de la partie inférieure. La cavité intérieure représente un quadrilatère presque régulier. Les étampures, au nombre de six, trois sur chaque branche, sont faites avec un emporte-pièce, et très larges. L'ajusture est en sens inverse de la nôtre.

Clous. — Les clous arabes ont la lame courte et très forte, la tête en forme de pyramide et aplatie, par conséquent tout à fait incapable d'être enchassée dans les étampures du fer, qui sont rondes.

Instruments. — Le brochoir est remplacé par un petit marteau, et le boutoir par une sorte de serpe, dont l'ouvrier se sert en la tirant à lui. Les tricoises ressemblent aux nôtres, mais sont si grossièrement faites qu'on ne parvient qu'avec peine à leur faire couper le bout des clous.

Les Arabes parent très peu le pied, laissent à la sole toute sa force et se gardent bien de toucher aux talons et à la fourchette, mais tronquent fortement la pince. Aussi quand le pied est ferré, au lieu d'être arrondi en pince, il est carré. Ils ferrent à froid, et le fer est moins large que le pied.

La ferrure arabe n'est pas aussi irrationnelle qu'on la dit; la légèreté du fer, sa forme, son ajusture, sont autant de causes qui favorisent l'élasticité du pied. En abattant la pince et en laissant aux parties postérieures du pied toute leur force, le maréchal arabe soulage les tendons et le boulet, qui est souvent long-jointé, et par conséquent exposé à des tiraillements incessants.

Ferrure allemande. — La ferrure allemande est usitée dans le nord de l'Europe, les fers allemands ressemblent aux nôtres par l'ajusture, et à ceux des Anglais par la rainure qu'ils portent sur la face inférieure; mais ils diffèrent des uns et des autres par leurs crampons. Ceux-ci, au nombre de deux, souvent de trois, et quelquefois de quatre, ont des formes et des dimensions variées, sont étirés aux dépens du fer, mais, le plus souvent, ils sont en acier et soudés à la face inférieure.

Malgré leurs inconvénients, les crampons sont indispensables dans les pays couverts de glace pendant sept ou huit mois de l'année, où les chevaux seraient sans cesse exposés à faire des glissades, s'ils n'étaient protégés par de tels fers. Loin donc de blâmer l'usage des crampons dans le Nord, il faut le regarder comme indispensable.

C'est également en 1863 que parut la méthode de haute école du capitaine Raabe. Ce livre fit beaucoup de bruit et, bien qu'il reste un peu en dehors de notre cadre d'étude, nous devons nous y arrêter.

Nous ne reviendrons pas sur la personnalité de son auteur, nous dirons seulement que sa caractéristique pourrait se représenter par le dressage à la cravache et à l'éperon. Nous avons déjà vu, avec MM. Gerhardt, Guérin et Bonie, la cravache employée comme moyen d'assouplissement ; mais ici les procédés diffèrent et ont une plus grande étendue.

M. Raabe ne se sert pas seulement de la cravache comme une aide préparatoire mais comme une aide déterminante. Les ignorants ont cru trouver dans cette méthode le moyen de suppléer à la science si pénible à acquérir et qui restait, malgré tout, le privilège du plus petit nombre. Ils ont cru pouvoir tourner la difficulté par ce procédé artificiel et suppléer ainsi au tact qui leur manquait, lorsqu'au contraire ils se créaient des difficultés plus grandes qui nécessitaient un tact plus développé. Ils espéraient ainsi hâter le dressage et ils l'ont retardé ; ils comptaient triompher plus facilement des résistances qui les arrêtaient, ils en ont créé de nouvelles. Et combien de chevaux rétifs ont été le résultat de ces malencontreuses copies d'un talent spécial.

MÉTHODE DE HAUTE ÉCOLE D'ÉQUITATION *avec Atlas par C. Raabe, écuyer-professeur, etc.*

Cette méthode se compose de trois livres. Dans le premier la *Locomotion du cheval* est analysée et scrupuleusement démontrée. Le mécanisme des allures est expliquée à l'aide de planches nombreuses.

Parmi les idées de l'auteur qui soulevèrent de nombreuses récréminations, il faut citer sa *théorie des six périodes concernant l'évolution entière d'un membre du cheval pendant la marche au pas de l'animal.* La photographie instantanée nous en a révélé bien d'autres.

« *Il en sera de même encore*, dit M. Raabe, *pour les nouvelles théories que nous consignons dans la locomotion, entre autres, celle concernant la marche du centre de gravité, laquelle selon nous, prouve que la vis d'Archimède n'est encore qu'une copie de la nature.* »

Le deuxième livre enseigne l'*Équitation du cheval.*

Le troisième livre fait connaître le *Maniement du cheval*, nous allons en transcrire les principaux caractères.

C'est d'abord le **Travail à la cravache**. — Marcher en avant, le cheval non monté. — Ramener, le cheval non monté et en marche.

— Reculer, le cheval non monté : *D'où vient le mouvement chez le cheval? toujours de son arrière-main. Donc c'est sur l'arrière-main que la cravache devra être appliquée pour que le cheval se meuve. Le cavalier fera usage de la cravache pendant le reculer, en frappant le sommet de la croupe, toutes les fois que le mouvement retrograde cessera, puis le mouvement créé, la main le dirigera. Cette manière d'obliger le cheval à se rassembler le provoque parfois à se défendre; il peut arriver que l'animal bourre sur la main, se lance en avant, frappe du devant, fasse, en un mot, telle défense qu'il y ait difficulté et même danger à ce que le cavalier conserve les rênes tel que cela est indiqué...*

— Effets divers produits par la cravache. Le cheval non monté et en marche. — *La cravache touchant le sommet de la croupe, la soulève, la rend mobile et ramène les extrémités postérieures en avant de leur ligne d'aplomb. — La cravache appliquée sur la hanche droite produit le lever du bipède diagonal gauche et engage le membre postérieur droit sous la masse. Le coup sur la hanche gauche produit le même effet pour le bipède diagonal droit. Le cavalier empêche le cheval d'avancer, puis le touche avec la cravache, soit sur la croupe, soit sur les jambes postérieures qui hésitent à s'engager : si l'animal frappe d'un pied de derrière, le cavalier le châtie rapidement en frappant le membre avant qu'il ne pose, si c'est possible.*

— Rassembler, le cheval en place, non monté au milieu du manège. — *Ce travail est plus difficile, l'absence du mur complique la situation; il convient de se servir d'une cravache suffisamment longue de 1m,50 environ ; plus que jamais il faut du calme, de la douceur, de la patience.*

— Apprendre au cheval en place à ranger ses hanches. — *Le cavalier, étant à gauche, place la tête avec la main gauche, et fait fuir doucement les hanches à droite en menaçant et touchant au besoin l'animal au flanc gauche avec la cravache.*

— Mobilité par bipède diagonal, le cheval en place non monté. — *Le cavalier placé en avant de la tête du cheval lui fait face et tient une rêne de bride dans chaque main; aussitôt qu'il attire à lui le cheval, celui-ci avance un bipède diagonal, le cavalier s'empresse sans brusquerie d'arrêter le mouvement en faisant l'opposition de mains nécessaire. Après un moment d'immobilité, le cavalier fait reculer ce même bipède en l'arrêtant aussi juste à l'instant où il est de nouveau à l'appui. Il y a ainsi un bipède diagonal, qui reste immobile pendant que l'autre bipède diagonal avance et recule alternativement d'une enjambée...*

Il faut habituer le cheval à se placer et à rester d'aplomb. Lorsqu'un membre antérieur est en arrière de son congénère, on place ces membres sur la même ligne transversale, en saisissant le cheval au garrot et en le poussant légèrement du côté du pied le plus avancé; si c'est un membre postérieur qu'il s'agit de faire avancer, c'est la croupe qu'il faut incliner légèrement du côté du membre le plus avancé.

— Faire piaffer le cheval, en place non monté. — *Le cheval dressé comme il vient d'être indiqué, menacé par la cravache et au besoin frappé légèrement sur la croupe, se rassemble, se cadence, piaffe avec la plus grande justesse et toute l'élégance dont il est doué. L'écuyer arrive à pouvoir abandonner les rênes et le cheval sous la cravache, sans même qu'elle le touche, de lui-même, très gracieusement, se met à danser en cadence, sans aucune colère ni impatience, il semble se plaire à faire le beau. Avec le temps on arrive encore à le mettre au galop sur place, sans employer pour cela la moindre force.*

— Faire exécuter jambette au cheval en place, non monté. — *Pour faire lever une jambe de devant, le cavalier, après avoir rassemblé le cheval, frappe avec la cravache sur le boulet du membre antérieur qu'il veut faire lever jusqu'à ce que l'animal obéisse. En retirant et rapprochant successivement la cravache, le cavalier amène l'animal à gratter le sol avec le pied menacé.*

— Pas espagnole ou de conscrit. Le cheval non monté en marche. — *Le cavalier provoque chez le cheval le mouvement en avant; à chaque pas il arrête, exige jambette du membre qui doit se porter en avant pour continuer la marche, et lorsque l'extension de ce membre se produit, il continue de même pour le pas suivant.*

— Courbette le cheval en place, non monté. — *Le cavalier oblige le cheval à se rassembler à un haut degré; quand les hanches sont très engagées sous le centre, la main de bride fait opposition au mouvement en avant, et la cravache, appliquée sur le haut du poitrail, amène le cheval à se lever du devant. Au moment de l'enlever, la main de la bride pèse sur la tête pour empêcher le cheval de la lever trop haut; la cravache menace et au besoin touche les canons des membres antérieurs pour les empêcher de s'étendre en avant, et la courbette est obtenue.*

— Enlever alternatif. Le cheval en place, non monté. — *Le cheval qui sait faire la courbette s'appuie rapidement sur le sol des membres antérieurs, quand la cravache menace ou touche le sommet de la croupe; si la cravache frappe sur la croupe au moment du poser des membres antérieurs, la croupe s'enlève à son tour sans ruade, c'est l'enlever alternatif. Pour obtenir l'enlever alternatif, le cavalier menace alternativement l'avant-main et l'arrière-main, ce qui provoque l'enlever successif de ces parties.*

— Mécanisme du travail à la cravache, le cheval monté. — *Il faut deux instructeurs, l'un en selle, l'autre à pied.*

— Lever du membre antérieur gauche. — *L'instructeur à cheval rassemble l'animal et produit l'effet diagonal gauche, celui à pied frappe sur le boulet d'un membre antérieur gauche jusqu'à ce que l'animal lève le membre frappé. Chaque fois que le cheval pose le membre à terre, les coups de cravache l'obligent à le lever de nouveau et plus tard à le maintenir en l'air. L'instructeur à cheval pique à droite, en accordant le coup d'éperon avec le coup de cravache de l'instructeur à pied; il arrive un moment où la cravache n'est plus nécessaire.*

— Lever du membre postérieur gauche. — *L'instructeur à cheval rassemble et produit l'effet diagonal droit, celui à pied frappe en arrière le canon du membre postérieur gauche en même temps que l'éperon gauche se fait sentir, et pour le reste comme précédemment.*

— Faire lever un bipède diagonal, le cheval monté. — *L'instructeur à cheval rassemble et produit l'effet diagonal gauche; il frappe de la cravache sur l'épaule gauche, en même temps qu'il pique de l'éperon à droite; l'intructeur à pied aide au mouvement en agissant sur le membre postérieur droit.*

— Rassembler et cadencer le cheval. Travail en marchant. — *L'instructeur à pied seconde celui à cheval en frappant de la cravache, soit sur la croupe, pour la faire soulever du sol, soit sur les canons des membres postérieurs, pour obliger le cheval à marquer davantage le soutien. Les membres antérieurs sont stimulés dans leur jeu ascensionnel, par l'instructeur à cheval, à l'aide de la cravache appliquée sur les épaules, s'il est besoin.*

Après avoir énuméré les avantages du dressage à la cravache pour les chevaux trop petits que le cavalier ne peut envelopper de ses jambes, pour les chevaux irritables, tels que les éperons agacent, l'auteur ajoute: *Avec des chevaux communs, froids, mous, lymphatiques, on est obligé parfois de substituer à la cravache une baguette rigide, laquelle est garnie de pointes, de petits clous, de manière à réveiller l'action engourdie du cheval. C'est un moyen énergique nécessité par le manque de sensibilité de l'animal. Nous avons dressé plusieurs chevaux, avec lesquels ces divers agents ne suffisaient pas. Malgré tout, l'animal persistait dans ses contractions, luttait avec une force d'inertie dont on ne peut se faire idée, et ne cédait enfin que vaincu par la persistance et la patience que nous mettions dans nos épreuves ; alors, le cheval, ruisselant de sueur, accablé de fatigue, se laissait choir sur les genoux, cédait de l'encolure, mais conservait toujours les dents serrées, les mâchoires contractées, comme si ces parties étaient sous l'empire d'une crise épileptique. Après plusieurs tentatives réitérées sans plus de succès, nous dûmes chercher et employer un moyen plus énergique encore que ceux signalés : celui de piquer le cheval sur la crête du garrot, avec un poinçon, nous a le mieux réussi ; on peut l'employer étant en selle.*

Tous ces expédients, à notre avis, peuvent se passer de commentaires.

Passons aux Mécanismes divers des actions du cavalier, dont nous allons prendre quelques notes.

Le cavalier dispose de trois agents principaux, et cela lui suffit pour réussir dans son entreprise : 1° les jambes ; — 2° les rênes ; — 3° la masse.

Pour faire fonctionner ces trois agents de manière à rendre sa volonté compréhensible pour le cheval, le cavalier a trois actions successives à produire qui sont : 1° un effet d'ensemble, pour avertir, prévenir l'animal, qu'il va lui être demandé un mouvement, une action ou l'immobilité ; 2° un effet diagonal qui dispose le cheval, le prépare, le place dans une attitude qui en engendrera forcément le mouvement qui découle naturellement de cette attitude ; 3° une action stimulante nommée : action des aides, laquelle incite le cheval à se mouvoir, ce qu'il fait en raison de la position qu'il possède et non en raison de l'action stimulante elle-même.

Pour le dressage, M. Raabe adopte une analogie assez singulière. *L'ordonnance de cavalerie à pied donne une progression pour l'instruction de l'homme de recrue qui sera également celle que nous allons prendre pour le maniement du cheval. Cette progression a sa raison d'être, elle donne de bons résultats ; il en sera de même pour le cheval.*

Et l'auteur suit mot à mot la progression de l'École du cavalier à pied, en mettant en regard les principes analogues se rapportant au cheval.

TRAVAIL SUR PLACE

DU CAVALIER	DU CHEVAL
Position du cavalier à pied........	*Position régulière du cheval en station.*
Tête à droite.................... Tête à gauche....................	*Flexions latérales de l'encolure.*
A-droite, à-gauche................ Demi-tour à droite.............. Quart d'à-droite................ Quart d'à-gauche................	*Pirouettes renversées et pirouettes ordinaires.*

TRAVAIL EN MARCHANT.

DU CAVALIER	DU CHEVAL
Pas ordinaire....................	*Apprendre au cheval à partir du pied droit et du pied gauche.*
Marquer le pas..................	*Passer progressivement de la mobilité à l'immobilité et vice versa.*
Changer le pas..................	*Marquer l'arrêt à droite ou à gauche d'un pied antérieur, et repartir du même pied.*
A-droite ou à-gauche............	*Doubler, marche circulaire, changement de main.*
Quart d'à-droite, quart d'à-gauche..	*Contre-changement de main.*
Pas accéléré....................	*Allonger le pas.*
Pas en arrière..................	*Reculer.*

— Maniement du cheval a l'allure du pas. — Travail de deux pistes sur la ligne diagonale en changement de main. — Appuyer la tête au mur. — L'épaule en dedans ou appuyer la croupe au mur. — Changement d'appuyer. — Travail de deux pistes sur la ligne courbe. — Demi-volte de deux pistes. — Volte renversée de deux pistes. — Contre-changement de main de deux pistes.

— Maniement du cheval a l'allure du trot. — *Trot à l'anglaise.*

M. Raabe est le premier des écuyers écrivains qui ait détaillé le mécanisme du trot de l'anglaise et qui ait démontré la nécessité de trotter tantôt sur un bipède diagonal, tantôt sur l'autre.

Dans le trot à l'anglaise, le corps de l'homme s'élève en même temps qu'un bipède diagonal lance le cheval et ne redescend qu'au moment où ce même bipède diagonal revient à l'appui. D'où il résulte que l'on peut trotter à l'anglaise sur le bipède diagonal droit ou sur le bipède diagonal gauche. Le cheval éprouverait une fatigue prématurée si le cavalier ne trottait pas à l'anglaise alternativement sur l'un et l'autre bipède diagonal. En alternant le trot à l'anglaise, en le trottant successivement à droite et à gauche, l'homme ménage beaucoup les forces du cheval, il le soulage. A la suite de chaque changement de trot à l'anglaise de droite à gauche ou de gauche à droite, il se manifeste pour l'animal le même phénomène que celui que nous éprouvons nous-mêmes quand nous portons un sac de nuit, par exemple : à tout instant nous le changeons de main, surtout s'il est lourd, et cela pour reposer le bras fatigué, plus notre trajet est long, plus nous sentons le besoin de changer le fardeau de main. Il en est de même pour le cheval, plus le temps employé à trotter l'anglaise sera long, plus la course au trot sera de longue durée, plus le cavalier devra alterner le trot de droite à gauche et vice versa.

— Rassembler de la haute école. — *Le rassembler de la haute école est beaucoup plus complet que celui nécessaire pour faire de l'équitation usuelle ;*

il place le cheval quand cela est nécessaire dans un équilibre tellement instable, à la volonté du cavalier, qu'il suffit à l'homme à cheval de s'incliner très légèrement dans la direction où il veut marcher avec ses quatre jambes, pour que le cheval s'empresse d'obéir comme s'il voulait lui-même exécuter les mouvements que l'homme lui demande; et cela à l'aide d'impressions sensibles sans doute pour l'animal, mais invisibles à l'œil du spectateur.

— **Comparaison entre les effets produits par les attaques de ramener et celles de rassembler.** — *Pour rassembler le cheval en station, il sera attaqué des deux éperons, très en arrière des sangles, jusqu'à ce qu'il s'engage fortement des extrémités postérieures sous le centre. Il sera beaucoup exercé aux pirouettes ordinaires et aux voltes de deux pistes, la croupe en dedans, ce qui favorise cet engagement des membres postérieurs. Les différentes allures seront progressivement ralenties le plus possible, le cavalier cherchera toujours à rendre les mouvements plutôt ascensionnels que progressifs. Les attaques pour rassembler le cheval diffèrent de celles qui servent à le ramener, en ce sens que ces dernières se pratiquent lorsque le cheval se raidit de l'encolure, tandis que celles pour rassembler ne s'emploient que lorsque l'encolure est liante.*

— **Rassembler ou balance hippique.** — *Trois choses établissent la perfection du rassembler dit alors : balance hippique : 1° la soumission complète du cheval ; 2° l'instabilité de l'équilibre ; 3° la régularité de l'aplomb.*

Maniement du cheval a l'allure du galop. — **Départ au galop à droite, le cheval étant de pied ferme.**

— **Action des aides pour rassembler le cheval.** — *Forte pression des jambes avec l'opposition voulue de la main pour rapetisser le plus possible la base de sustentation.*

— **Action des aides pour donner la position.** — *Affaisser l'arrière-main en augmentant encore la pression des jambes, la jambe droite primant pour engager davantage le membre postérieur droit; la jambe gauche plus en arrière que la droite pour contenir les hanches et maintenir le cheval droit. Faire en même temps opposition avec les rênes, la rêne droite primant dans la direction de la hanche gauche pour faire refluer le poids en arrière et à gauche et soutenir cette transposition de poids avec la jambe gauche.*

— **Action des aides pour stimuler l'enlever.** — *De l'opposition progressive et croissante des aides agissant diagonalement à droite, résulte la provocation des efforts musculaires de l'animal; il s'enlève, l'avant-main quitte terre, le membre gauche le premier, le membre droit le second, ce dernier lèvera plus haut que l'autre.*

— **Action des aides pour la marche au galop à droite.** — *Aussitôt l'en-*

lever de l'avant-main, les rênes doivent permettre à l'animal de s'élancer. Pour cela, la main rendra. L'action croissante des jambes stimule toujours le cheval; la jambe gauche, plus en arrière que la droite, incite le jarret gauche à détendre le premier, et le membre antérieur droit qui lui est opposé en diagonale, à s'étendre en avant, enfin la jambe droite seconde le jarret droit, qui se trouve un instant le support de tout l'édifice, puisqu'il lève le dernier. Après avoir basculé et ajusté son impulsion à l'ébranlement donné par le membre postérieur gauche, le membre postérieur droit quitte terre, en même temps que celui postérieur gauche appuie; ce dernier active l'impulsion commencée, et c'est pendant cet instant que le cheval dispose ses trois membres levés dans l'ordre de leurs posers successifs. Jusque-là l'animal n'a fait que mouvoir successivement ses quatre membres pour se disposer à l'allure du galop, il n'a pas encore quitté terre, un membre postérieur a toujours été en contact avec le sol; c'était le droit quand le gauche s'est porté en avant, c'est le gauche quand le cheval dispose ses trois autres membres de manière que le bipède latéral droit dépasse celui latéral gauche. Aussitôt le branle du galop imprimé diagonalement par le membre postérieur gauche, alors le cheval quittera terre des quatre pieds et le pas de départ sera achevé. La période en l'air qui termine ce premier pas de galop sera moindre qu'aux pas suivants.

Le premier pas de galop diffère de ceux qui suivent.

Nous avons dit que la période en l'air qui suit le premier pas était moindre à ce pas qu'aux suivants, le premier pas diffère à toutes les allures. Certaines écoles, y compris celle Impériale de cavalerie, admettent même qu'il est inutile de connaître ce mécanisme. Ceci n'a pas besoin d'être réfuté. Comment peut-on faire fonctionner régulièrement un mécanisme qu'on ne connaît pas?

— Départ au galop à droite. Le cheval marchant au trot. — Départ au galop à droite. Le cheval marchant au pas. — Le cheval, marchant au galop à droite, passer au trot à droite. — Le cheval, marchant au galop à droite, passer au pas à droite. — Ralentir étant au galop à droite.

— Arrêt au galop à droite ou parade. — *Par arrêter court, pour annuler la chasse, le cavalier rassemble avec énergie le cheval, puis il produit l'effet diagonal droit de ses aides, il augmente fortement la pression des jambes, il emploie même les éperons au besoin. Cette action attire et maintient les extrémités postérieures sous le centre; la main alors, mais pas avant, produit prestement un demi-temps d'arrêt et les jarrets se trouvent ainsi emprisonnés. Les deux membres antérieurs braqués en avant prêtent leur concours, et comme un bipède latéral devance un peu l'autre, même pendant l'appui, l'arrêt n'a* *rien eu de brusque, puisqu'il y a eu quatre arcs-boutants employés successivement.*

Changement de pied. — *Le changement de pied pour le cheval s'exécute d'après les mêmes lois physiques que le changement de pas pour l'homme. Le cheval marchant au galop à droite, pour le faire passer au galop à gauche sans interrompre l'allure du galop, le cavalier suit la progression suivante : 1° Il produit un effet d'ensemble qui rassemble le cheval, l'avertit ; 2° Il dispose ses aides diagonalement à gauche, ce qui prépare le cheval, le dispose pour le changement de pied ; 3° Il donne l'action en augmentant l'effet diagonal et en saisissant le temps, l'instant où le pied antérieur droit va se poser à terre, ce qui prescrit au cheval d'exécuter. Pour rendre l'action plus efficace, il incline doucement le corps à gauche, ce qui inclinera la masse en l'air de côté et obligera le cheval à étendre en avant les membres latéraux gauches pour s'étayer hors de son appui sur le sol du côté de l'inclinaison. En même temps que le cavalier s'incline pour modifier le branle du galop, il augmente la pression de la jambe droite, ce qui provoque l'extension du membre antérieur gauche et maintient sous le centre le membre postérieur droit, lequel appuiera le premier et marquera la première foulée du galop à gauche.*

— Changement de pied sans changer d'allure dit : du tact au tact. — *Le changement de pied du tact au tact se demande comme nous l'avons indiqué à l'article changement de pied. Quand le cheval exécute régulièrement ce mouvement à l'extrémité de la ligne diagonale d'un manège, on lui demande ce même travail en passant d'un cercle à un autre, et progressivement on diminue le diamètre de chaque cercle, c'est le 8 au galop. Ce travail étant devenu facile au cheval, on lui demande ce même changement de pied sur la ligne droite, ce qui est déjà une assez grande difficulté, surtout pour arriver à maintenir le cheval bien droit des épaules et des hanches. Ce dernier travail bien perfectionné, on passe aux changements de pied dit aux temps. Le changement de pied au temps exprime que le cheval doit changer la direction du branle du galop à chaque pas ; faire un pas de galop à droite suivi d'un deuxième pas au galop à gauche et ainsi de suite. C'est une des plus hautes difficultés de la Haute-École. Ce mouvement s'exécute d'après les principes indiqués, en employant les mêmes moyens que pour le changement de pied du tact au tact et en saisissant le temps chaque fois qu'un membre antérieur va poser à terre. Le cavalier incline la masse du côté du galop à prendre et fait usage de l'effet diagonal du même côté, à l'instant où le membre antérieur qui pose le dernier va produire sa foulée à chaque pas.*

Pour faciliter l'exécution des changements de pied au temps, on est obligé de suivre la progression suivante : Changement de pied dit : au temps. Changement de pied dit : au temps, le cheval galopant sur place. Travail de deux pistes, le cheval marchant au galop.

Nous allons transcrire quelques principes de l'auteur sur les Airs de Haute-École.

Passer de la mobilité à l'immobilité et vice versâ.

Passage. — *Pour mettre le cheval au passage, le cavalier emploie le jeu alternatif de ses aides inférieures pour produire les effets diagonaux alternatifs. Lorsque le travail de la cravache a été fait intelligemment, cet air de Haute-École s'obtient avec infiniment plus de facilité et est toujours plus gracieux.*

— Piaffer. — *Faire piaffer le cheval, c'est le faire passager sur place. Le piaffer, ainsi que les changements de pied au temps, constituent la pierre de touche qui dénote l'écuyer, quand ces airs sont le résultat de son travail et qu'ils ont été obtenus sans le secours des fouets et des pilliers.*

— Piaffer lent. — Piaffer précipité. — Piaffer en arrière. — *Ce travail présente encore plus de difficultés que les précédents, la main doit imprimer un petit mouvement rétrograde sur chaque pas du piaffer, ce qui constitue le trot en arrière.*

Trot en arrière. — *Quand le dressage du cheval est complet, on peut le faire piaffer en reculant : Celui-là a des périodes de projection égales en durée à celles d'appui.*

— Faire balance. — *Le cheval peut à la fois exécuter plusieurs airs de Haute-École, ainsi le cheval étant au passage, l'écuyer lui fait tenir les hanches sur la ligne courbe, la tête tournée en dedans ou en dehors du cercle et pendant le mouvement d'appuyer, il peut faire balancer le cheval par un effet de main portée alternativement de droite à gauche et vice versâ. La difficulté de ce mouvement compliqué consiste en ce que la main, tout en provoquant le balancer, doit cependant laisser gagner plus de terrain au cheval du côté vers lequel il appuie que du côté opposé. Elle doit (balancer) provoquer le balancement à droite, et à gauche juste au moment des posers successifs du pied gauche et droit antérieurs. Les jambes doivent entretenir le rassemblé, provoquer la cadence, et pousser réciproquement la masse selon que la croupe doit être deplacée latéralement ou retenue. Le cheval doit être plié du côté où il est dirigé, passer du pli à droite à celui à gauche selon qu'il appuie à droite ou à gauche...*

— Passage des barres au trot enlevé. — *On dispose à l'avance un certain nombre de barres en bois à environ quarante centimètres d'élévation au-dessus du sol, leur écartement varie entre un mètre et un mètre 50 centimètres, selon la taille et la force des chevaux... Progressivement on rapproche les barres, on les élève et quand le cheval sait les passer au pas, sans les toucher, il est apte à répéter le même exercice au trot et plus tard au grand trot.*

— Courbette. — *Pour faire exécuter la courbette, le cheval doit être préalablement rassemblé au plus haut degré, puis la main par un demi-temps d'arrêt, fait refluer l'avant-main d'avant en arrière; les membres postérieurs, maintenus sous le centre par une pression constante des jambes du cavalier, se trouvent chargés de la plus grande partie de la masse. Cette position donnée, vient l'action pour déterminer le cheval à s'enlever du devant. L'action principale doit être communiquée par les jambes; on les seconde en appliquant, s'il est nécessaire, la cravache sur l'épaule droite, la main reste fixe pour l'enlever aussitôt; elle rend légèrement afin de ne pas obliger le cheval à se cabrer, et les jambes augmentent encore leur pression pour provoquer les jarrets à soutenir énergiquement le cheval; les jarrets, très engagés sous le tronc, fonctionnent pour ainsi dire de bas en haut.*

— Pesade. — *En obligeant le cheval à lever plus haut du devant que pour la courbette, presque au cabrer, on obtient l'air nommé pesade.*

— Galop en arrière. — *En employant les mêmes moyens que pour obtenir la courbette, l'écuyer peut obtenir à chaque descente de l'avant-main, à l'aide d'un demi temps d'arrêt, un petit mouvement rétrograde, d'abord les extrémités antérieures puis de celles postérieures. La succession de ces diverses courbettes avec un reculer très lent constituent le galop en arrière, parce que l'ordre des foulées des extrémités sur le sol, quoique inverses, est à peu près semblables à celui qu'elles exécutent dans le galop.*

— Pirouette ordinaire au galop. — *La pirouette au galop se demande à peu près comme la courbette, seulement l'enlever du devant obtenu, la main le dirige sur la courbe qu'il doit parcourir, la jambe du dehors soutenant énergiquement le cheval. La position en arrière du haut du corps du cavalier, son inclinaison légère du côté du dedans de la pirouette, doivent aider le cheval dans son demi-tour rapide. On peut obliger le cheval à faire plusieurs tours de suite sur lui-même, et lui faire étendre en avant un membre antérieur, celui du côté du dedans du cercle, sans que l'animal le pose pendant ses rotations rapides sur les hanches.*

— Volte et demi-volte au galop. — *Ces mouvements peuvent s'exécuter d'une ou deux pistes.*

— Passade. — *Le cavalier qui fait parcourir à son cheval une ligne droite au galop allongé et qui le ramène sur cette même ligne, à l'aide d'une demi-pirouette, en répètant plusieurs fois cet aller et retour, exécute la passade; il peut même à la fin de chaque demi-pirouette provoquer un changement de pied, ce qui lui permet d'exécuter son travail le long du mur; cet exercice, bien exécuté, dénote un talent véritable et un cheval parfaitement mis. Pour agir avec progression dans les débuts, on exécute une demi-volte au lieu d'une demi-pirouette sur les hanches, la croupe tournée en dehors du cercle, l'avant-main décrivant une piste intérieure; c'est le galop à faire de deux pistes. Ce travail est considéré comme une haute difficulté, il faut qu'il soit exécuté avec beaucoup de légèreté pour ne pas être disgracieux. On désigne cette figure de manège de différentes manières; en Allemagne, c'est le renvers; dans les carrousels c'est : le serment des chevaliers de la table ronde; au cirque c'est : un moulinet face en dedans; si la face est tournée en dehors, le moulinet devient un rond.*

Le moulinet peut être changé de côté; le cheval qui appuyait à droite au galop peut être disposé et incité à appuyer à gauche; ce qui nécessite un changement de pied du tact au tact.

— L'épaule en dehors au galop sur la ligne courbe. — *Pour passer de l'épaule en dedans à l'épaule en dehors, sans discontinuer le galop, ni la continuation de la direction de la marche sur le cercle, le cavalier a plusieurs temps à saisir : 1° D'abord pour rassembler le cheval; 2° Un autre pour le grandir du devant; 3° Un autre pour diriger l'avant-main sur le cercle extérieur; 4° Un autre pour provoquer le changement de pied; 5° Un autre pour imprimer au cheval la nouvelle double courbe qu'il doit parcourir; 6° Un dernier enfin pour régler sa nouvelle marche et lui faire comprendre qu'il a bien exécuté.*

— Le 8 au galop d'une ou de deux pistes. — *Pendant ces changements de cercle, le cheval peut être maintenu l'épaule en dedans ou en dehors tout le temps nécessaire à faire un cercle ou une partie de cercle; lorsque le changement de pied s'effectue au point où les deux cercles sont tangents, c'est ordinairement pour parcourir les deux cercles entiers de la même manière, c'est-à-dire conserver pendant tout le 8 la croupe en dehors ou la croupe en dedans. Ce travail devient encore plus compliqué lorsque le changement de cercle s'exécute en dedans d'un des deux cercles, ce qui fait que le 8 se trouve enfermé dans un 0 ou moitié de 8.*

— Jambette. — *Pour faire jambette à gauche, le cavalier produit un effet diagonal gauche des aides, puis porte la main de la bride un peu à droite pour décharger le membre antérieur gauche du poids qui pèse sur lui. Cette position donnée l'action des jambes, la droite plus en arrière pour maintenir la croupe, provoque le cheval à se porter en avant, ce qu'il ne peut faire qu'en levant le membre antérieur gauche le premier ; aussitôt que ce membre quitte terre, le cavalier produit un nouvel effet d'ensemble pour obliger le cheval à soutenir en l'air le membre levé et pour l'empêcher en même temps d'avancer.*

— Moyen de faire gratter le sol par un membre antérieur. — *En répétant plusieurs fois de suite l'air de jambette du même côté, le cavalier amène le cheval à frapper le sol ou à gratter autant de fois que le membre a été détaché du sol.*

— Pirouette renversée sur trois jambes. — *Les pirouettes renversées s'exécutent à l'aide d'un effet diagonal; on provoque le lever d'un membre antérieur comme pour faire jambette, et par l'action des jambes on fait tourner la croupe autour des épaules; un effet de rassembler permanent maintient le membre antérieur au soutien étendu.*

— Pirouette sur trois jambes. — *En chargeant la croupe pour obliger les épaules, à l'aide d'un effet de rassembler pendant lequel la main de bride prime les jambes, on dispose le cheval pour le mouvement inverse à celui du précédent.*

— Balancé des épaules, dit : Pas de basque. — *Pour rendre les épaules mobiles, le cavalier produit un effet de rassembler de manière à placer le cheval un peu sur ses hanches, puis un effet diagonal provoque le lever d'un membre antérieur; dès que ce membre lève, la main incline doucement l'avant-main de son côté, alors le membre levé pose; aussitôt un autre effet diagonal, contraire au premier, provoque à son tour le lever de l'autre membre antérieur, la main de nouveau incline la masse du côté de ce membre qui pose comme le premier.*

— Balancé des hanches. — *Pour rendre les hanches mobiles, le mouvement est l'inverse de celui ci-dessus. Les membres antérieurs sont à l'appui et tenus immobiles par la main, les jambes se poussent alternativement la croupe à chaque foulée des pieds postérieurs, dont l'écartement est augmenté peu à peu.*

— Moyen d'élargir ou de serrer les mouvements des membres antérieurs. — *Pour élargir le mouvement des membres antérieurs, le forcer à se produire plus en dehors, le cavalier fait prendre au cheval l'attitude de jambette, à droite, par exemple, et fléchit alors l'encolure à droite, par l'effet direct et un peu en dehors de la rêne droite. Le membre antérieur droit, au* *soutien, suivra le mouvement de la tête; il s'éloignera, il s'élargira peu à peu du membre antérieur à l'appui du gauche...*

Lorsque le cavalier veut resserrer le mouvement des membres antérieurs, au lieu de plier l'encolure à droite, il appuie la rêne droite sur elle, en l'empêchant de fléchir à droite par l'effet de la rêne gauche.

En passant successivement du mouvement qui élargit à celui qui ressere, et vice versa, on arrivera à faire exécuter au cheval des ronds de jambes.

— **Extension de l'avant-main.** — *Le cheval étant en station régulière, le cavalier rend la main, et par des attouchements de la cravache à l'épaule et au besoin sur des membres antérieurs, il amène le cheval à se camper du devant, s'étendre, s'allonger, les membres postérieurs restant en place.*

— **Rapprochement de l'arrière-main.** — *Le cheval étant ainsi campé, la main fixe l'avant-main, et les jambes ramènent les membres postérieurs de plus en plus en avant, les éperons les attirent; l'éperon droit, le membre postérieur droit, l'éperon gauche, le membre postérieur gauche.*

— **Rassembler complet.** — *Le cheval monté et bien mis peut être amené à réunir ces quatre pieds, de telle sorte que les pinces des pieds postérieurs sont en contact avec les talons des pieds antérieurs; la cravache appliquée sur la croupe et même sur le membre postérieur, qui hésite à s'engager si en avant, est d'un grand secours.*

— **Extension de l'avant-main partant du rassembler.** — *Les quatre pieds ainsi réunis, la main rend et la cravache sur l'épaule droite provoque de nouveau l'extension de l'avant-main.*

— **Rapprochement de l'avant-main sur l'arrière-main.** — *Dans ce nouveau cas, ce sont les jambes qui fixent les membres postérieurs et la main qui ramène l'avant-main raccourcit le cheval, le cavalier favorise le mouvement en se redressant.*

— **Extension de l'arrière-main partant du rassembler.** — *Pour cela, il faut tenir les extrémités antérieures en place par un effet de jambes, et la rêne gauche doit faire reculer le membre postérieur droit; aussitôt qu'il pose, la rêne droite, à son tour, en opérant de la même manière, fait aussi reculer le membre postérieur gauche.*

— **Pas espagnol ou pas de conscrit.** — *Le pas espagnol n'est autre chose que l'air de jambette exécuté par le cheval en marche et à chaque pas.*

Le cheval étant en place dans l'attitude de jambette à gauche, par exemple, le cavalier provoque le mouvement en avant en faisant primer la jambe droite; le membre antérieur gauche va poser en avant, de la longueur de son extension. Au moment du poser du membre antérieur gauche un demi-temps d'arrêt, et aussitôt effet diagonal droit qui provoque jambette à droite, et ainsi de suite.

—Trot espagnol. — *Le trot espagnol s'obtient d'après les mêmes procédés.*

L'auteur ajoute : *Nous n'avons indiqué que quelques mouvements principaux de la haute école, ceux d'où découlent tous les* airs *si variés auxquels se prête le mécanisme du cheval.*

En voici quelques-uns : Galop sur trois jambes. — Élévation avec temps de soutien de chaque jambe de derrière. — Balancé du derrière et piaffer du devant au reculer. — Extension des jambes de devant et flexion des jambes de derrière. — Balancé latéral au piaffer, avec un mouvement régulier d'avant en arrière et d'arrière en avant, etc., etc.

Souplesse, légèreté et franchise, telles sont les règles principales desquelles il ne faut jamais s'écarter pour l'exécution correcte de la haute école.

Si nous nous sommes arrêté un peu longtemps sur la méthode de haute école de M. Raabe, c'est que son auteur compte parmi les écuyers les plus marquants de notre époque, tant par son talent que par ses écrits.

Nous avons eu déjà l'occasion de parler de lui, nous n'y reviendrons pas. L'exposé que nous venons de faire des procédés de M. Raabe pourrait également se passer de commentaires. Il suffit, croyons-nous, à montrer l'originalité de sa méthode. Mais la longue transcription que nous en avons faite pourrait laisser penser que nous lui accordons, dans cet examen des différentes méthodes équestres qui se sont succédées, une place d'honneur qui ne lui est pas due, car cette méthode pèche par le côté le plus essentiel : elle n'est pas pratique. Et s'il fallait résumer notre appréciation, nous dirions : Dressage mécanique secondé par un tact tout spécial.

Pas pratique? entendons-nous. Pas pratique pour l'équitation usuelle, pour l'équitation militaire particulièrement, mais très pratique pour le cirque.

Ce qu'on ne peut nier, c'est qu'elle est extrêmement originale, et qu'elle mérite à tous égards d'arrêter *longtemps* la curiosité. Voilà notre raison.

En effet, notre étude chronologique de l'équitation démontre le progrès amené lentement, successivement, avec bien des hésitations, mais toujours avec un perfectionnement sensible, surtout au point de vue pratique. Tandis que la méthode de Raabe, comme celle de Baucher, marque une note incohérente en exposant des principes qui semblent absolument nouveaux et font table rase du passé.

Nous avons suffisamment défini Baucher pour que ce rapprochement, tout démonstratif, ne nous impose pas une explication.

Nous ne voulons pas présenter M. Raabe comme un novateur, *nihil novi sub sole*, et, s'il faut trouver sa copie, nous n'avons qu'à rappeler les procédés de dressage de l'ancienne école italienne ; seulement M. Raabe ne se sert pas des *engins* de contension des premiers écuyers. Les moyens sont plus doux et surtout plus logiquement enchaînés : la cravache et les éperons, voilà ses instruments, et ses chevaux sont mis en haute école pour ainsi dire avant d'être montés. Les actions du cavalier en selle n'ont plus pour but que de rappeler au cheval les procédés dont on s'est servi à pied pour obtenir tel ou tel mouvement.

Nous avons voulu transcrire les préceptes de haute école parce qu'ils ont eu un grand retentissement et que M. Raabe a été le premier des écuyers à divulguer et expliquer ces tours de force équestres qui excitent toujours l'admiration et l'étonnement.

M. Raabe a voulu inculquer cette chose si difficile à traduire pour ne pas dire impossible, son tact personnel, son sentiment particulier de l'équitation. Il faut lui tenir compte de cette pensée, mais n'est-ce pas une utopie de vouloir faire de l'enseignement au delà de certaines limites, et le silence des autres écuyers sur les finesses de la haute école n'est-il pas une preuve de plus que les délicatesses de l'exécution ne sont pas toutes susceptibles d'être formulées.

1863

ÉTAT-MAJOR DE L'ÉCOLE

Crespin	Général de brigade.
Cordier	Colonel.
Rouxel	Lieutenant-colonel.
Guérin	Ch. d'esc. écuy. en ch.
Guiot de la Rochère	Ch. d'esc. instr. en ch.
Humbert	Ch. d'esc. prof. d'art et d'hist. militaire.
Prévost	Major.
Lardeur	Capitaine trésorier.
Dessort	Capit. d'habillement.
Legros	Lieut. adj. au trésor.
Dariot	Lieut. porte-étend.
Trudeau	Médecin major.
Majesté	Médecins aides-maj.
Louail	
Vallon	Vétérinaire principal.
Bernard	Vétérinaires en 1er.
Goyeau	
Bizot	Vétérinaire en 2e.
Allavène	Capit. instructeur.

Pinot		Capit. instructeurs.
Boulligny		
Delorme		
De la Laurencie		
Renaudot		
Longuefosse		
De Bonne		Capitaines écuyers.
Léaux		
Leloutre		
Roullet		
Person	Cap., dir. de l'arçonn.	
Grandjean	Lieut.	sous-écuy.
Piétu	Lieut.	
Haubt	Lieut.	
Chaverondier	Leut.	
De Clauzade de Mazieux	S.-lieut	
Javey	S.-lieut.	
Poupon	Lieut. instructeurs.	
Lemaitre		

OFFICIERS ÉTRANGERS

SUIVANT LES COURS DE L'ÉCOLE.

Meulengrath	Lieut. de dragons	Danois.
Hegermann Lindencrone	Lieut. de dragons	Danois.
Schested	Lieut. de hussards de la garde	Danois.
Marcher	Lieut. de hussards de la garde	Danois.
Nicolesco	S.-lieut. de lanciers, Moldo-Valaque.	
Gutierrez	Lieut. de cuirassiers	Espagnols.
Betarini	S.-lieut. de hussards	Espagnols.
Arméro	S.-lieut. de hussards	Espagnols.
Ojéda	S.-lieut. de chasseurs	Espagnols.
Léon	S.-lieut. de lanciers	Espagnols.
Cistué	S.-lieut. de lanciers	Espagnols.

LIEUTENANTS D'INSTRUCTION

Loth. . . . . 3e cuirassiers.
Chassande-Patron . . . . 1er lanciers.
De Boysson. . . . . 2e lanciers.
Gompertz. . . . . 6e hussards.
Laude . . . . 20e artillerie.
Zurlinden . . . . 19e artillerie.
Riols. . . . . Artillerie à cheval de la garde.
Guespéreau. . . . . 9e artillerie.
Charnier. . . . . 8e cuirassiers.
Leziart du Dezerseul. . . 8e lanciers.
Simon . . . . 8e chasseurs.
Lecucq. . . . . 1er dragons.
Schaedlen . . . . 11e artillerie.
Bourjat . . . . 16e artillerie.
Goullet de Rugy . . . . . 5e chasseurs.
Poulleau. . . . . 2e artillerie.
Michel. . . . . 18e artillerie.
Cerf. . . . . 6e artillerie.
Ducelliez . . . . 3e artillerie.

SOUS-LIEUTENANTS

De Benoist.
Javey.
De Roquefeuil.
Lion.
Passerat de La Chapelle
Triboudet.
De Briey.
De Bergevin.
Nairince.
De Bertier.
De La Rivière.
Renac.
Réméré.
De Clauzade de Mazieux.
Lemaire de la Neuville.
Cabrol.
D'Haranguier de Quincerot.
Jourdain.
Coste.
Hénin.
Mathieu de la Redorte.
De Belleville.
De Brossin de Méré.
Gaillard de Saint-Germain.
De Grollier.
Le Mintier de Saint-André.
Cuny.
De Lur-Saluces.
Geslin de Bourgogne.
Lenoir de la Cochetière
De Butler.
Ressayre.
Bruyère.
Franchetti.
De Pommayrac.
De Junquières.
Kreigener de Planta.
De Mont-Réal.
Lenormand de Kergré.
Gravier de Vergennes.
De Cléric.
Delplanque.
De Gérault de Langalerie.
Briot de la Mallerie.
Giraud.
Lompré.
Pourroi de Lauberivière de Quinsonas.
Lasneau de Latingy.
Lassime.
De La Hamayde.
Petitgrand.
De Jacquet de Boulliers.
Benoist.
De Campou.
Lartigue.
De Montesson.

AIDES-VÉTÉRINAIRES STAGIAIRES

François.
Viseux.
Poitte.
Hugel.
Evrard.
Jeoffroy.
Saintives.
Laborie.
Gauthier.
Gredde.
Beau.
Bouret.
Patan.
Peyrouze.
Perret.
Pernet.
Robin.

Haute École

RAABE

RAABE : *Méthode de Haute École.*

XXI

Une division d'officiers de gendarmerie à Saumur. — La nouvelle selle à palette. — Le commandant L'Hotte, écuyer en chef : théories équestres ; calme, en avant et droit ; équitation militaire ; haute école ; légèreté parfaite ; interdiction des allures artificielles ; Zegris, Sicambre, Laruns, Hamilton, Lézard, Austerlitz ; fluctuation des idées équestres. — Section d'ouvriers arçonniers. — Pose de la première pierre du théâtre. — Méthode d'escrime du sabre du colonel de Francq. — La méthode de dressage Bonie, à l'exclusion de toute autre. — Les prix de courses offerts par le Ministre. — Les courses de Saumur et leurs vainqueurs. — Le carrousel. — Inspection du général de Noue. — Quatre cavaliers élèves arabes. — État-major, officiers et vétérinaires élèves de l'École en 1864. — Les cours d'hippologie. — M. Watrin vient expérimenter son fer désencasteleur à Saumur. — Prix de courses offerts par le Ministre de la guerre. — Lesourses et leurs vainqueurs. — La reprise des trotteurs anglais de l'Ecole. — Inspection du général de Noue. — Expérience à l'École du fer Alasonière. — Nouveaux programmes des cours des lieutenants d'instruction et des sous-lieutenants. — Suppression du vétérinaire en premier. — Visite d'un officier autrichien. — Une reprise de vingt-cinq cent-gardes travaillant sans brides. — Loutreuil : fer à demi-pantoufle modifié. — Ferrure périplantaire Charlier. — Delpérier ; cloutage à rivets. — État-major, officiers et vétérinaires élèves de l'École en 1865. — Les cours d'hippologie. — Inauguration du théâtre de Saumur. — Carrousel de l'École à Paris. — Les courses et leur résultat. — Inspection du général de Goyon. — Les inondations. — Évacuation de l'École. — État-major, officiers et aides-vétérinaires élèves de l'École en 1866.

Le 15 février 1864, le Ministre de la guerre décida que les officiers d'infanterie admis dans la gendarmerie et placés dans le régiment de la garde impériale ou dans la garde de Paris seraient envoyés à l'École de cavalerie avant de passer, par avancement, dans les compagnies départementales.

Ces officiers, dont le nombre ne devait pas dépasser douze, recevraient pendant six mois une instruction spéciale dont la direction serait confiée à l'un des capitaines instructeurs de l'École et qui comprendrait :

1° Les principes d'équitation ; 2° les écoles du cavalier et du peloton à pied et à cheval ; 3° la connaissance de l'extérieur du cheval et des diverses parties du harnachement.

Ce cours spécial commença pour la première fois le 1er avril.

Le 4 mars, la selle à palette nue et à demi-contour en cuivre était adoptée tant pour les régiments de cavalerie de ligne que pour les régiments de cavalerie légère. L'atelier d'arçonnerie recevait l'ordre d'en fabriquer 4,000 arçons. De plus, cet atelier devait débiter le bois en grume de l'année de manière à préparer 17,500 arçons de modèle 1861, tant à troussequin qu'à palette, et 2,500 du modèle de gendarmerie.

Le 16 mars, le chef d'escadrons *L'Hotte*, qui commandait la section de cavalerie de Saint-Cyr, fut nommé *écuyer en chef* à l'École de cavalerie.

Le commandant L'Hotte avait débuté dans la carrière militaire le 20 novembre 1842 comme élève de l'École spéciale militaire. Le 1er octobre 1845, il fut nommé sous-lieutenant au 4e lanciers, passa, un an après, au 7e lanciers, où il prit son grade de lieutenant, le 11 avril 1848. A la formation des escadrons de guides, quelques jours après, il passa au 1er escadron. Après un cours de lieutenant d'instruction, où il se signala comme un officier hors ligne, il fut nommé capitaine instructeur au 1er cuirassiers, le 10 décembre 1851. Chef d'escadrons au 9e chasseurs le 25 juin 1858, il prit la direction de la section de cavalerie de Saint-Cyr le 5 janvier 1860. Au mois d'août suivant, il avait été fait chevalier de la Légion d'honneur.

Le commandant L'Hotte se fit une réputation méritée par l'étude de l'équitation, qu'il a poussée dans ses dernières limites, en prenant pour guides les grands maîtres de l'art français. Par un travail long et assidu, soutenu de cette volonté ferme qui le caractérise, il arriva, dans l'application, à des résultats d'une finesse parfaite et d'une perfection achevée. Sa liaison intime avec M. Baucher permet de dire qu'il fut son meilleur élève. Le travail de manège fit son succès et il le remit en honneur à l'École de cavalerie. Sous sa direction, les élèves prirent goût à travailler leurs chevaux, à les assouplir, à les rendre plus maniables et plus fins, trouvant la juste récompense de leur travail dans l'agrément de monter un cheval bien mis, qui obéit sans effort, pour ainsi dire à la seule volonté du cavalier.

L'exemple du maître eût suffi pour donner à ses élèves le goût de l'équitation assise. C'était avec une aisance parfaite et une impassibilité surprenante que l'écuyer en chef obtenait de ses chevaux les plus grandes difficultés de la Haute-École. Mais il interdisait formellement d'en essayer, parce que, telle qu'il la comprenait : « la légèreté parfaite » — la perfection du dressage, — elle ne pouvait être accessible qu'à certaines aptitudes d'élite.

« *La soumission du cheval repose sur la flexibilité de ses articulations, disons de ses ressorts, obtenue conjointement avec l'impulsion, qui est l'essence même du mouvement.*

« *Avec la flexibilité élastique des ressorts, unie à l'impulsion, l'extension des allures s'obtient avec autant de facilité que leur raccourcissement ou leur élévation.*

« *Le cheval devient un instrument docile auquel on peut demander tous les mouvements que comporte son organisation, tous les airs de manège que l'imagination des écuyers a pu enfanter.*

« Si la soumission du cheval se caractérise par la flexibilité de ses ressorts, d'autre part, le maintien de cette flexibilité, dans le cours du travail, est la preuve du juste emploi que le cavalier sait faire de ses aides, de leur complet accord avec l'organisation du cheval.

« De la flexibilité des ressorts, que doit posséder le cheval dressé, et de la justesse des actions du cavalier qui le monte, découle ce qu'on est convenu d'appeler « la légèreté *». La légèreté se rapporte donc à la fois au dressage du cheval et au talent du cavalier.*

« Elle en est le critérium.

« Que le cheval résiste de quelque part, que sa soumission ne soit pas complète, et la résistance se manifestera par la tension des ressorts, dont la conséquence sera une altération de la légèreté. Il en sera de même si le manque d'accord entre le cavalier et le cheval provoque chez celui-ci une résistance quelle qu'elle soit.

« Mieux donc le cheval aura été dressé, et plus habile sera le cavalier qui le monte, plus complète sera la légèreté.

« Dès lors, si la haute école est l'expression du cheval le mieux dressé et le mieux monté, si elle représente l'application la plus élevée de l'art, elle ne saurait prêter son nom à des mouvements, quelque brillants qu'ils puissent être, du moment où ils s'exécutent sans être accompagnés de la légèreté.

« La marque de haute école, de l'équitation savante, comme on voudra l'appeler, se trouve donc, non dans des mouvements plus ou moins extraordinaires, mais dans la parfaite légèreté, que les mouvements soient simples ou compliqués. »

Une autre raison qui lui faisait interdire la Haute-École, c'est qu'il comprenait mieux que personne le danger de cette recherche de la légèreté. N'avait-il pas vu autour de lui les nombreux échecs auxquels M. Baucher avait exposé ses adeptes pour avoir voulu généraliser son enseignement.

Il était le plus digne élève du maître et le plus élogieux pour sa méthode ; mais les difficultés dont il avait si brillamment triomphé lui avaient montré qu'il fallait demander la légèreté absolue non plus comme point de départ, mais comme couronnement du dressage. Et à ce point même le danger subsistait encore, car les extrêmes se touchent, et le trop de légèreté est bien souvent synonyme de rétivité.

Aussi posait-il « le mouvement en avant » comme une des premières données du dressage du cheval.

En effet, si le cavalier conserve toujours la possession du mouvement en avant, le cheval peut être allégeri, comme disaient les anciens maîtres, jusqu'au summum sans danger. Mais à quel point cette faculté échappera-t-elle au dresseur ? Tout cela dépend évidemment de son tact personnel.

« *Les théories équestres plus ou moins savantes sont utiles surtout à l'écuyer pour l'éclairer complètement dans la pratique de son art et l'aider dans son enseignement, car, en équitation, il faut savoir beaucoup pour pouvoir bien enseigner peu. Mais quoi qu'il en soit de la valeur de ces théories, elles ne sauraient rester présentes à l'esprit du cavalier lorsqu'il se trouve aux prises avec le cheval.*

« *Le cavalier ne peut alors avoir pour guide que la succession des buts à poursuivre, parce que, simples à envisager et peu nombreux, ils peuvent être toujours présents à son esprit. Quant aux moyens à employer pour les atteindre, ils varient à l'infini et comprennent pour ainsi dire tout l'art équestre.*

« *Ces buts peuvent s'exprimer en trois mots :* Calme, — En avant, — Droit *(pour le cavalier peu habile, au lieu de droit, je dirai :* Directions). *L'ordre dans lequel on doit les poursuivre est invariable, et il ne faut rechercher le suivant qu'après avoir atteint le précédent.*

« *Pour que le cheval puisse apprécier nos actions, y répondre avec justesse, il faut avant tout qu'il soit calme et confiant. Chacun n'a qu'à faire appel à ses souvenirs pour être assuré que tout travail entrepris sur un cheval irrité, impatient, inquiet, préoccupé de ce qui l'entoure ou en crainte de son cavalier, ne peut être que mauvais.*

« *Ce premier but, comparé aux deux suivants, offre ceci de particulier qu'il doit être complètement atteint, quelque soit le degré de soumission qu'on veuille par la suite imposer au cheval.*

« *Le cheval étant calme, il faut alors qu'il nous fournisse l'impulsion, c'est-à-dire qu'il nous livre ses forces locomotrices pour que nous puissions ensuite les exploiter. La marche franche en avant en est le premier témoignage, et elle caractérise le but offert au cavalier qui ne veut soumettre son cheval qu'à peu d'exigence. Mais pour le cavalier qui a de hautes visées, le but n'est atteint complètement que du jour où, dans toute situation, pendant l'exécution de tout mouvement, le cheval témoigne le désir de se porter en avant.*

« *Tant que le cheval reste un instant sur les jambes, lorsqu'on veut le déterminer en avant, au lieu de se montrer coulant, et comme insaisissable dans les jambes ; tant que dans la marche de deux pistes, la croupe est lourde, paresseuse, et que le cheval marque un instant d'hésitation pour se porter droit devant lui ; tant qu'il se couche dans la volte et ne passe pas instantanément de la pirouette au galop à la marche directe ; tant qu'il marque un temps d'arrêt pour passer du reculer au mouvement en avant, qu'il ne se porte pas droit devant lui sans y être sollicité, à l'instant même où cessent les actions déterminant le reculer, le but n'est pas complètement atteint. Les hanches, ce foyer de forces impulsives qui doivent vibrer sous la plus légère pression des jambes, ne sont pas suffisamment agissantes, diligentes, suivant l'expression de la Guérinière.*

« *Le fonctionnement parfait des forces impulsives ne peut évidemment être obtenu qu'à la longue, mais, ce qu'il importe, dans la marche progressive du dressage, c'est que la préoccupation de l'impulsion prenne toujours le pas sur les exigences qui vont suivre.*

« *Le cheval étant calme, et nous livrant ses forces, il s'agit de les régir. — Ici deux manières de faire se présentent, suivant que le cavalier est plus ou moins habile. Pour celui-ci, c'est par la répétition des changements de direction et des mouvements en général, qu'il parvient à plier le cheval à ses exigences. Cette manière de faire doit aussi être employée par tout cavalier qui veut limiter le dressage à l'emploi usuel du cheval. Quant à l'écuyer, s'il veut mener loin le dressage, c'est sur la recherche du cheval rigoureusement droit que doit reposer son travail.*

« *D'une manière générale, on peut dire que la soumission du cheval est complète du moment où le cavalier peut placer, maintenir les différentes régions du cheval dans une direction exactement déterminée, et la reprendre, instantanément après tout mouvement exigeant que le cheval s'en écarte. La ligne droite s'étendant de la tête aux hanches est choisie pour cette direction, d'abord parce qu'elle répond à la marche habituelle du cheval et qu'elle sert de trait d'union pour relier les différents mouvements, ensuite parce qu'elle présente une base d'autant mieux assurée qu'elle n'admet pas de degrés, qu'elle est une, et déterminée de la manière la plus absolue.*

« *Le cheval droit, exigeant le redressement de toutes les fausses inclinaisons et inflexions qui peuvent se produire de la tête aux hanches, caractérise pour ainsi dire l'exacte distribution du poids et le juste équilibre que se font les forces musculaires; l'harmonie des mouvements en découle.*

« *Par cela même que le cheval droit ne peut être obtenu que par la soumission complète de tous les ressorts, cette rectitude de position une fois acquise, le cavalier a le pouvoir de varier les mouvements à son gré.*

« *Tout travail juste, aisé et brillant, repose sur le cheval droit et les hanches vibrantes donnant facilement ce résultat qui doit toujours être ambitionné : le cheval allant et se maniant comme de lui-même.* »

Tout ceci, il ne faut pas l'oublier, se rapporte à la haute école, c'est-à-dire aux exigences les plus grandes et les plus délicates, à la fois, auxquelles le cheval puisse être soumis.

Quand l'écuyer se place au point de vue essentiellement militaire, il trace à l'enseignement des limites bien autrement restreintes :

« *J'ajoute que dans une école de cavalerie, toute l'instruction doit être dirigée vers un but utile. Or, les allures naturelles, seules, étant dans l'emploi du cheval de guerre, les allures artificielles doivent être proscrites. En parlant ainsi, je ne fais que rappeler l'opinion, affirmée de la manière la plus absolue par nos grands maîtres en équitation militaire, à l'époque où l'équitation française servait de modèle à toute l'Europe. Je veux parler des d'Auvergne, Mottin de la Balme, Bohan, Boisdeffre, Ducroc de Chabannes.*

« ..... *En thèse générale, du moment où un moyen équestre demande, pour être employé sans danger, un certain degré de délicatesse, il ne peut être livré à l'enseignement de l'instruction militaire et devenir le partage de l'homme de troupe. Pour le cavalier du rang, l'emploi des aides doit être ramené à sa plus grande simplicité.....*

« *L'expérience prouve que des reprises courtes et peu nombreuses donnent de meilleurs résultats que de longues reprises composées d'un trop grand nombre de cavaliers. Il y a donc avantage à multiplier les reprises, quitte à les faire moins longues.*

« *Il en serait autrement s'il s'agissait de l'entraînement, qui repose, pour le cheval, sur la continuité de l'exercice. Mais lorsqu'il s'agit de l'instruction du cavalier, du dressage du cheval, les résultats dépendent surtout du soin que l'écuyer met à surveiller chaque cavalier, à l'éclairer. A ce sujet, j'observerai qu'il est bon que l'écuyer emploie parfois des expressions faisant image, car, bien choisies, elles peuvent, mieux que toute autre, éclairer le sentiment de l'élève.* »

Le commandant L'Hotte se servait de ce langage imagé, c'est ainsi qu'il disait pour définir la descente de main :

« *Pour la descente de main, il faut agir sur les rênes comme si l'on avait dans les mains des tubes de verre fragile, et dans les bras des ressorts mollement trempés.* »

Il avait l'habitude, dès que les beaux jours arrivaient, d'emmener avec lui à l'extérieur deux élèves auxquels on désignait des chevaux de carrière, et alors commençait une causerie équestre à bâtons rompus, dans laquelle l'écuyer développait ses idées, toujours appuyées des exemples des anciens maîtres dont il avait minutieusement étudié les préceptes. Cet enseignement de péripatéticien était aussi cher aux élèves qu'au professeur.

Malheureusement l'écuyer en chef n'aimait pas assez à monter devant ses élèves, aussi était-ce un vrai régal pour eux lorsqu'une solennité quelconque, un carrousel ou une visite de distinction leur permettait de le voir à cheval, exécutant ces merveilles d'équitation qu'il obtenait de *Zégris* ou de *Sicambre*.

Ces deux dressages étaient encore une démonstration de l'écuyer, qui avait voulu prouver que l'on pouvait, avec le savoir, tirer parti de tous les chevaux.

Zégris était un cheval gris qu'il avait pris tout bonnement à un trompette du 1er cuirassiers ; sa légèreté était devenue proverbiale. Il exécutait vingt-quatre airs différents de Haute-École. Son squelette a été conservé à Saint-Cyr.

Sicambre, au contraire, était un cheval de pur sang anglais, superbe quand il passait de son Passage haut et brillant au trot allongé sans transition. Son squelette est à Saumur, où il conserve toujours l'auréole de sa légende.

Voilà les chevaux que l'écuyer en chef avait mis en Haute-École ; mais c'était une haute école parfaite.

Il en avait d'autres à son rang, mais poussés moins loin parce qu'il avait pour principe de n'entreprendre de la Haute-École qu'avec les chevaux lui appartenant. Les chevaux du manège qu'il montait n'en étaient pas moins remarquablement mis.

Ses favoris étaient : *Laruns*, tarbes, bai brun, remarquable dans son galop terre à terre, par lequel il finissait la reprise des écuyers ; il figure en tête de l'album de 1869; *Hamilton*, tarbes alezan ; *Lézard*, anglo-normand bai-brun, élevé au haras de l'École, admirablement mis et surtout très coulant.

Au carrousel, il conduisait le saut des haies avec *Carlotta*, une jument de carrière d'un très beau modèle.

Mais un dressage non moins élogieux pour l'écuyer en chef était celui du cheval *Austerlitz*, tarbes gris, mis dans les piliers à tous les airs des anciens maîtres, avec une finesse et une précision classique; il était même arrivé à lui faire exécuter le piaffer, la courbette et la ballotade, sans les cordes, en liberté dans les piliers. Et ce dressage n'avait pas été le moins difficile. Aussi l'écuyer en chef, devenu général, pouvait-il dire, en parlant des sauteurs conservés comme tradition à la jeune école : « Vous n'avez plus des sauteurs, mais des bondisseurs. » Et, faisant d'ailleurs la juste part des temps, il ajoutait :

« *Les sauteurs ne sauraient être dressés avec le soin qu'on y mettait autrefois, la succession des airs que comporte leur travail spécial demandant, pour être bien exécuté, un temps qu'on peut employer plus utilement aujourd'hui. Toutefois, pour amener les sauteurs au degré de soumission nécessaire à leur usage actuel, les mettre à même de répondre avec justesse et promptitude aux actions de l'écuyer, il faut que, dans les piliers comme dans le travail en liberté, ils satisfassent d'abord aux deux premières conditions signalées comme points de départ du dressage, c'est-à-dire qu'ils soient calmes, confiants et dans le mouvement en avant. Dans les piliers, le cheval doit donc, par son attitude, témoigner le désir constant de se porter en avant et sans pour cela peser sur les cordes.* »

Pour le dressage des chevaux obstinément rétifs, le commandant L'Hotte recommanda plus tard les rênes rigides, *qui sont d'un emploi facile et donnent de si prompts résultats...*

Digne émule des grands écuyers, le commandant L'Hotte a étudié le cheval de la manière la plus complète ; il représente dans l'armée française la personnalité équestre la plus marquante de notre époque. Sa réputation a été universelle. L'on a malheureusement à regretter qu'il n'ait jamais rien écrit sur un sujet qu'il possédait si bien et sur lequel il eût pu jeter la lumière que réclamaient les indécisions d'alors.

En effet, pour ne parler que de Saumur, la tradition de Versailles que M. d'Aure y avait ranimée, n'avait pas réussi à effacer le souvenir des tours équestres de M. Baucher, et l'inauguration de l'équitation d'extérieur avait déjà préparé les voies à l'enthousiasme exclusif de l'équitation anglaise. Ceux qui scrutaient plus spécialement la question des procédés se sentaient hésitants entre le système des assouplissements par flexions prôné par toute l'École Baucher et le desssage à la cravache innové par MM. Ducas, Gerhardt, Raabe, Bonie, etc. Le dernier ouvrage de Raabe surtout — sa Haute-École — semblait un trait de lumière, une révélation. C'était un secret nouveau dévoilé par le dressage à l'éperon. M. Guérin avait, comme nous l'avons dit, esquissé une fusion ; mais on la considérait plutôt comme un système de concessions.

Sans doute l'enseignement de l'École de cavalerie ne pouvait être qu'éclectique, mais il fallait une autorité indiscutable pour en régler la mesure.

Le commandant L'Hotte représentait l'homme qui pouvait trancher la question. Par sa vaste érudition équestre, par l'étendue de son talent d'exécution, il avait toutes les pièces du procès en main et pouvait sans scrupule se faire à la fois l'avocat et le juge. L'École de cavalerie d'autrefois n'avait-elle pas eu son cours d'équitation, qui était la définition de son enseignement ?

Mais, comme nous l'avons dit, il s'est renfermé dans une application qui a révélé sa haute compétence, sans jamais vouloir écrire ses idées qu'il n'a, d'ailleurs, communiquées qu'à quelques intimes. Et c'est presque dans la légende qu'il faut en rechercher les données. Car toute chose subit l'empreinte du temps, et la légende est l'inévitable patine des choses qui ont marqué.

Nous aurons l'occasion de revenir au commandant L'Hotte en le retrouvant comme général commandant l'École, et nous verrons alors qu'au lieu d'être confiné dans les hautes régions de l'équitation comme on l'a prétendu pour trouver une raison à son silence, il savait au contraire se mettre à la portée du plus petit horizon équestre, comme il l'a prouvé en s'occupant tout spécialement du dressage des cavaliers militaires lorsqu'il acclimata en France les principes du règlement autrichien. Et que, bien au contraire, loin de trouver au-dessous de lui la question des procédés d'instruction dans un plan aussi terre à terre, il a semblé s'y complaire en les analysant minutieusement.

Le général L'Hotte est une personnalité équestre incontestable et incontestée.

Le 25 avril parut une décision ministérielle qui réglait le recrutement et l'organisation d'une *section d'ouvriers arçonniers* affectée à Saumur. Jusque-là on avait dû demander les ouvriers au fur et à mesure des besoins. A dater de ce jour l'effectif était fixé à 100 hommes.

Le 20 juin eut lieu la pose de la première pierre du théâtre de Saumur.

Le procès-verbal de la cérémonie, écrit sur parchemin, fut roulé dans un tube de verre fermé à la lampe par les soins de M. Lambourg, émailleur. Ce tube, entouré de ouate et renfermé dans un manchon de plomb parfaitement soudé, fut placé sous la première pierre de la première colonne, à l'angle sud de la place de la Bilange.

Le 25 juin, le conseil d'instruction de l'École était chargé de faire expérimenter une *Méthode d'escrime du sabre du colonel de Francq*, ayant pour but d'exercer les cavaliers à parer les coups de tranchant en ripostant par des coups de pointe. Un rapport fut fourni, et peu de temps après le Ministre chargea le conseil de rédiger un projet de cette instruction.

Le 9 juillet, le Ministre de la guerre décida que la *Méthode de dressage Bonie* serait appliquée dans les corps de troupe, à l'exclusion de toute autre. Le texte de cette méthode fut publié au journal militaire officiel, précédé d'une chaude recommandation du Ministre, que nous transcrivons :

« Mise en essai après des expériences très satisfaisantes, faites en 1862 dans la division de cavalerie de l'armée de Lyon et à l'École de Saumur; en 1863, à Paris sous les yeux d'une commission composée de généraux de division, inspecteurs généraux : M. le général de division Reyau, président ; MM. les généraux de division comte Gudin, comte de Rochefort, Dubern et de Planhol, membres ; M. le colonel d'état-major Henry, secrétaire ; cette méthode a été appliquée, pendant le cours de cette dernière année, au camp de Lunéville, à Versailles, à Tarbes, dans quinze régiments. Les espérances que les premiers essais avaient fait concevoir se sont pleinement réalisées, et il est resté bien acquis que des chevaux entièrement neufs, mal conformés ou rétifs, ont été très rapidement dressés et que leurs allures se sont développées sensiblement.

« Les résultats obtenus jusqu'à ce jour font donc un devoir de continuer l'application de la méthode en tenant compte, toutefois, des modifications que l'expérience y a fait apporter.

« De longues années d'expériences ont révélé des procédés nouveaux dont il est utile de faire profiter l'arme de la cavalerie.

« Le perfectionnement du dressage du cheval de troupe est, d'ailleurs, une conséquence obligée de l'adoption du travail individuel, qui, imposant au cavalier des exercices plus variés que ceux du travail d'ensemble, exige, de la part de sa monture, une docilité plus grande et, partant, une éducation plus méthodique et plus soignée. »

A l'occasion des courses qui eurent lieu le 4 et le 6 septembre, le Ministre de la guerre envoya quatre prix : une selle anglaise avec bride, un nécessaire de voyage, une cravache, et une lorgnette de courses.

PREMIER JOUR DE COURSES

Deuxième course. — Un objet d'art. — Pour MM. les lieutenants et sous-lieutenants, montés sur des chevaux de carrière. — Seize chevaux partant. — Premier, *Dandy*, monté par *M. Benoit de Laumont.* — Deuxième, *Caribert*, monté par *M. de la Verpillière.* — Troisième, *Manchester*, monté par *M. Nadaud.*

Troisième course. — Un objet d'art. — Pour MM. les lieutenants et sous-lieutenants, montés sur leurs chevaux d'armes. — Sept chevaux. — Premier, *Armagnac*, monté par *M. de Cambiaire.* — Deuxième, *Diavolo*, monté par *M. Massiet.* — Troisième, *Amorce*, montée par *M. Liénard.*

Quatrième course. — Un objet d'art. — Pour MM. les sous-maîtres de manège, montant des chevaux de carrière. — Premier, *M. Burnol*, montant *Fille-de-l'Air.* — Deuxième, *M. Rossignol*, montant *Déesse.* — Troisième, *M. Mallet*, montant *Légère.*

Cinquième course. — Steeple-chase militaire. — Un objet d'art d'une valeur de 1,200 francs et 300 francs en espèce. — Pour MM. les officiers en garnison à Saumur, Angers, Tours, Vendôme, Poitiers et Nantes, montant leurs chevaux d'armes. — Distance, 1,500 mètres, avec huit obstacles à franchir. — Poids à volonté, chevaux de pur sang exclus. — Quatre chevaux partant. — Première, *Égérie*, montée par *M. d'Aubigny.* — Deuxième, *Cabriole*, montée par *M. Massiet.*

Sixième course. — Steeple-chase (Gentlemen riders). — 2,000 francs. — Pour chevaux entiers, hongres ou juments, de quatre ans et au-dessus, de toute espèce et de tous pays. — Distance, 4,500 mètres, vingt obstacles à franchir. — Huit chevaux engagés, trois partant. — Premier, *Sébastopol*, monté par *M. de Clausade.* — Deuxième, *Vangouard*, monté par *M. de Pierre.*

Le carrousel eut lieu, comme d'habitude, entre les deux jours de courses. Nous extrayons d'un journal du temps quelques lignes, qui traduisent l'expression de l'admiration générale pour le travail de haute école exécuté en cette circonstance par le nouvel écuyer en chef.

« Nous ne parlerons pas de ces exercices qu'exécute M. L'Hotte, et qui dénotent chez l'écuyer une grande patience, un grand tact dans le dressage et un grand empire sur le cheval. Nous rappellerons seulement son cheval, campé du devant et du derrière et se balançant, les quatre membres étant allongés, ou bien encore le cercle décrit par les pieds de derrière, et un seul de devant servant de point fixe. »

DEUXIÈME JOUR DE COURSES

Quatrième course. — Un objet d'art. — Pour MM. les sous-officiers élèves-instructeurs, montant leurs chevaux d'armes. — Vingt chevaux partant. — Première, *Ulmaire*, montée par *M. Varnet*. — Deuxième, *Sapho*, montée par *M. Sorbets*. — Troisième, *Dol*, monté par *M. Royer*.

Cinquième course. — Un objet d'art. — Pour MM. les sous-officiers titulaires, montant leurs chevaux d'armes. — Dix chevaux partant. — Premier, *Céladon*, monté par *M. Maron*. — Deuxième, *Clara*, montée par *M. du Murand*. — Troisième, *Anémone*, montée par *M. Laurent*.

Sixième course. — Steeple-chase — 1,000 francs (Gentlemen riders). — Pour chevaux entiers, hongres et juments, de quatre ans et au-dessus, de toute espèce et de tout pays. — Distance, 4,100 mètres et quinze obstacles. — Onze chevaux engagés, deux partant. — Premier, *Sébastopol*, monté par *M. de Clausade*. — Deuxième, *Cholet*, à M. de Maronnières.

Huitième course. — Prix de consolation : un objet d'art. — Steeple-chase (Gentlemen riders). — Distance, 2,000 mètres et dix obstacles. — Sept chevaux partant. — Première, *Déesse*, montée par *M. Massiet*. — Deuxième, *Dalila*, montée par *M. des Brosses*. — Troisième, *Manchester*, monté par *M. d'Aubigny*.

Le *général de Noue* arriva le 29 septembre à Saumur, pour passer l'inspection générale de l'École.

1864

ÉTAT-MAJOR DE L'ÉCOLE

Crespin	Général de brigade.	Pinot		
Cordier	Colonel comm. en 2e	Boulligny		
Rouxel	Lieutenant-colonel.	Dessort		
L'Hotte	Lt-col. écuy. en chef	Delorme	Capit. instructeurs.	
Guiot de la Rochère	Ch. d'esc. instr. en ch.	De la Laurencie		
Humbert	Ch. d'esc. prof. d'art et d'hist. militaire.	Renaudot		
		Longuefosse		
Prévost	Major.	Bobin		
Lardeur	Capitaine trésorier.	De Bonne		
Dariot	Capit. d'habillement.	Léaux	Capitaines écuyers.	
Probst	S.-l. adjoint au trés.	Leloutre		
Bizot	S.-lieut. porte étend.	Roullet		
Trudeau	Médec. maj. de 1re cl.	Charnier	Lieut. instructeur.	
Larail	Médec. aide-maj.	Grandjean	Lieut.	
Vallon	Vétérin. principal.	Piétu	Lieut.	
Bernard	Vétérin. en premier.	Chaverondier	Lieut.	s.-écuyers.
Goyau		De Claûzade de Mazieux	S.-l.	
Bizot	Vétérinsire en 2e.	Javey	S.-l.	
Person	Cap., dir. de l'arçonn.	Aubouin	S.-l., s.-dir. de l'arç.	

OFFICIERS ÉTRANGERS

SUIVANT LES COURS DE L'ÉCOLE

Nicolesco	Moldo-Valaque.	Arméro	Espagnols.
Georgantas	Grecs.	Ojéda	Espagnols.
Soutzo	Grecs.	Léon	Espagnols.
Gutierrez	Espagnols.	Cistué	Espagnols.
Betarini	Espagnols.		

OFFICIERS DE GENDARMERIE

Lefébure — Lieut.	Bonliech — Lieut.	Mailhé — Lieut.	Drouet — Lieut.
Chagrot — Lieut.	Caton — Lieut.	Serra — Capit.	Yung — Lieut.
Laloi — Lieut.			

LIEUTENANTS D'INSTRUCTION

Fradin de Bélabre.	Retournard.	Ozenne.	Huin — artill.
Tibet.	Jourdeuil.	Parlange — artill.	Demangeat.
Henry de Kermartin.	Courtiel.	Lezéas.	Jacob — artill.
Massiet.	Ramond.	François.	De la Cambiaire.

SOUS-LIEUTENANTS D'INSTRUCTION

Treymuller.	Fayolle.	Methlin.	D'Adhémar.
Roussonge.	Lacombe.	Liénard.	Zylof.
Benoist.	Vergne	De Bézarry.	De Pins.
Dupont.	Le Beschu de Champsavin	De Bizemont.	Violette.
Rozat de Mandres.	Philoche.	Mouly.	De Loynes du Houlley.
Laforgue de Bellegarde	Leroy de la Tournelle.	Du Blaisel.	Excelmans.
Durieux de Marsaguet.	Renault.	Darcy.	Lechevallier Lejumel de Barneville.
De Fontenay.	Collignon.	De Froissard.	De Caqueray de Fossencourt.
Belamy.	Grousset.	Leclerc de Laverpillière.	De Picquet de Vignolles de Juillac.
Henrys d'Aubigny.	Auvity.	Girod.	
Dassier des Brosses.	De Lafopcade.	Ancenay.	
Joannard.	Servat de Laisle.		
Nadaud.			

AIDES-VÉTÉRINAIRES STAGIAIRES

Canut.	Dangel.	Jousseaume.	Relier.
Juge.	Clerget.	Drouilly.	Bonnel.
Jaubart.	Rey.	Henriot.	Bariteau.
Coupard.	Malaret.	Prince.	

Par une décision du 23 février 1865 le Ministre de la guerre arrêta que les cours d'hippologie seraient faits à l'avenir de la façon suivante : aux lieutenants d'instruction et aux sous-lieutenants, par leurs capitaines écuyers ; aux sous-officiers élèves instructeurs, par le vétérinaire en premier, attaché à l'infirmerie de l'École ; aux brigadiers et aux cavaliers élèves, par le vétérinaire en deuxième ou l'aide-vétérinaire.

Au mois de mai, M. *Watrin*, vétérinaire en premier au 3e lanciers, fut envoyé à l'École pour initier les vétérinaires et les maréchaux à son système de ferrure ayant pour objet de remédier à l'encastelure. Nous avons déjà décrit le fer Watrin, nous n'y reviendrons pas.

A l'occasion des courses qui eurent lieu le 6 et 8 août, le Ministre envoya quatre prix : un harnachement anglais, un revolver, une cravache et un buvard.

PREMIER JOUR DE COURSES

Deuxieme course. — Un objet d'art. — Pour MM. les lieutenants et sous-lieutenants, montant des chevaux de carrière. — Dix-huit chevaux partant. — Première, *Cères*, montée par *M. de Moismont*. — Deuxième, *Cléopâtre*, montée par *M. Lannes de Montebello*.

Troisième course. — Un objet d'art. — Pour MM. les lieutenants et sous-lieutenants, montant leurs chevaux d'armes. — Douze chevaux partant. — Première, *Enfilade*, montée par *M. Arnal*. — Deuxième, *Boope*, montée par *M. Muller*.

Quatrième course. — Un objet d'art. — Pour MM. les sous-maîtres de manège, montant des chevaux de carrière. — Six chevaux. — Premier, *M. Blethner*, montant *Déesse*. — Deuxième, *M. Rossignol*, montant *Fille-de-l'Air*.

Cinquième course. — Steeple-chase militaire. — Un objet d'art, d'une valeur de 1,200 francs et 300 francs en espèces. — Pour MM. les officiers en garnison à Saumur, Angers, Tours, Vendôme, Poitiers, Nantes et Niort. — Distance, 1,500 mètres, huit obstacles. — Poids à volonté. — Six chevaux partant. — Premier, *M. d'Eggs*, montant *Varrior*. — Deuxième, *M. de Bellegarde*, montant *Aetius*. — Troisième, *M. de Saint-Vallier*, montant *le Hibou*. — Quatrième, *M. de Moismont*, montant *Estrade*.

DEUXIÈME JOUR DE COURSES

Première course. — Course au trot (Gentlemen riders). — Un objet d'art, d'une valeur de 400 francs, et 400 francs en argent. — Pour chevaux de tout âge et de toute espèce, nés en France. — Distance, 4,000 mètres. — Quinze chevaux. — Première, *Vénus*, montée par *M. O'Zou de Verrie*. — Deuxième, *Centaure*, monté par *M. Muller*. — Troisième, *Cunégonde*, montée par *M. Répécaud*. — Quatrième, *Photographe*.

Deuxième course. — Un objet d'art. — Pour MM. les sous-officiers élèves-instructeurs, montant leurs chevaux d'armes. — Quatorze chevaux partant. — Premier, *M. Erieau*, montant *Tempête*. — Deuxième, *M. Isvorano*, montant *Lady*. — Troisième, *M. Harris*, montant *Effroi*. — Quatrième, *M. Blain*, montant *Cactus*.

Troisième course. — Un objet d'art. — Pour MM. les sous-officiers titulaires, montant leurs chevaux d'armes. — Premier, *Céladon*, monté par *M. Marron*. — Deuxième, *Anémone*, montée par *M. Laurent*. — Troisième, *Apis*, monté par *M. Chevron*.

Cinquième course. — Steeple-chase. — 3,000 francs. — Pour chevaux hongres et juments de demi-sang, nés et élevés en France, âgés de quatre à huit ans inclusivement. — Quatre chevaux partant. — Distance, 4,000 mètres et vingt obstacles. — Première, *Giralda*, montée par *M. Lamplugh*. — Deuxième, *Beauregard*, à M. Jules Lecesne. — Troisième, *Malthonne*, monté par *M. de Clauzade*.

Sixième course. — Prix de consolation : objet d'art. — Steeple-chase (Gentlemen riders). — Distance, 2,000 mètres, dix obstacles. — Première, *Cléopâtre*, montée par *M. Lannes de Montebello*. — Deuxième, *Varrior*, monté par *M. d'Eggs*. — Troisième, *Dalila*, montée par *M. de Belforlès*.

A propos de ces courses, nous devons dire que l'École possédait alors une reprise de chevaux anglais trotteurs remarquables. On citait entre autres *Protecteur*, qui avait parcouru 4,000 mètres en 7 minutes 18 secondes.

L'inspection générale de l'École fut encore passée par le *général de Noue*, qui arriva le 29 septembre à Saumur.

Au mois de novembre, l'École reçut l'ordre du Ministre de la guerre d'examiner la *Nouvelle métode de ferrure* inventée par *M. Alasonière*, vétérinaire du dépôt de haras de Napoléon-Vendée, et d'en faire un rapport analytique.

D'après M. Alasonière, le coussinet plantaire et la fourchette ne concourent pas à l'écartement des talons, mais agissent au contraire comme moyens contentifs. Dans le pied non ferré, la fourchette touche le sol, il faut donc lui restituer cet appui : le fer Alasonière est un *fer à traverse*, mais la traverse est rivée sur les branches du fer.

Le programme des cours suivis par les lieutenants d'instruction était à peu près le même que celui des sous-lieutenants, de sorte que ceux-ci, en revenant à l'École, n'avaient guère qu'à repasser les matières déjà vues. Pour y remédier, le conseil d'instruction fut chargé, au mois de novembre 1864, de reviser ces programmes, qui furent fixés comme il suit par une décision ministérielle du 10 novembre 1865.

Lieutenants d'instruction. — 1° Bases de l'instruction (théorie) ; — 2° Révision *sommaire* (théorique et pratique) des écoles du cavalier à pied et à cheval, du 15 octobre au 15 janvier ; — 3° Écoles du peloton à pied et à cheval (théorique et pratique), du 15 janvier au 15 avril ; — 4° Écoles de l'escadron à pied et à cheval (théorique et pratique), du 15 avril au 15 juin ; — 5° Travail individuel (théorique et pratique) ; — Évolutions de régiment et tracé des lignes (en théorie seulement) ; — 7° Cours de tirs (théorie et pratique) ; — 8° Cours complet d'hippologie ; — 9° Méthode de dressage ; — 10° Cours de ferrure et de harnachement ; — 11° Cours complet d'art et d'histoire militaire ; — 12° Levés topographiques ; — 13° Équitation académique au manège ; — 14° Équitation de carrière ; — 15° Sauteurs, voltige, carrousel, saut d'obstacles ; — 16° Connaissance et appréciation pratique du cheval ; — 17° Application des leçons de dressage à plusieurs catégories de jeunes chevaux (carrière, manège, troupe) ; — 18° Leçon d'application sur la ferrure et le harnachement.

Nota. — Les études militaires (ordonnance) des lieutenants se terminent au 15 juin ; à partir de cette époque, ils n'ont plus qu'une séance de travail militaire par semaine (révision du cours) ; mais ils continuent leurs autres cours et sont employés comme instructeurs auprès des diverses classes d'élèves (cavaliers, brigadiers, maréchaux), auxquelles ils font les cours théoriques et pratiques, soit dans le service du manège, soit dans celui de l'instruction militaire proprement dite. Ils présentent eux-mêmes leurs élèves aux examens de fin d'année.

Sous-lieutenants d'instruction. — 1° Bases de l'instruction (théorie) ; — 2° Écoles du cavalier à pied et à cheval (théorie et pratique), du 15 octobre au 15 mai ; — 3° Écoles du peloton à pied et à cheval (théorie et pratique) ; l'école du peloton à pied marche conjointement avec les leçons à cheval ; l'école du peloton à cheval est terminée au 15 août ; — 4° Théorie sur l'école d'escadron à pied et sur les deux premiers articles de l'école d'escadron cheval, du 15 août au 1er octobre ; — 5° Travail individuel (théorie et pratique) ; — 6° Cours de tir (théorie et pratique) ; — 7° Abrégé du cours de ferrure et de harnachement ; — 9° Cours d'art militaire, — 10° Levés topographiques ; — 11° Équitation académique au manège ; — 12° Équitation de carrière ; — 13° Sauteurs, voltige, carrousel, sauts d'obstacles ; — 14° Dressage de jeunes chevaux de troupe.

Par suite du passage de l'enseignement hippologique entre les mains des écuyers, l'emploi de vétérinaire en premier fut supprimé,

Au mois de décembre, un lieutenant de cavalerie autrichien, *M. Fuchs*, vint visiter l'École.

Nous avons déjà parlé, à plusieurs reprises, du comte Savary de Lancosme-Brèves, en analysant ses nombreux écrits. On se rappelle que M. de Lancosme-Brèves prônait particulièrement l'avantage pour le cavalier de faire varier sa position pour répartir son poids en raison du mouvement à obtenir. Il en avait donné une preuve éclatante par le pari où il avait fait un kilomètre en arrière. Il l'avait écrit dans son traité de la centaurisation qui avait été l'objet d'expériences dans l'armée.

En 1865, une reprise composée de vingt-cinq cavaliers, cent-gardes, montant leurs chevaux de troupe, exécuta, sous la direction du comte de Lancosme-Brèves, tout le travail de l'École de peloton, les sauts et la charge comprise, sur le champ de Mars de Paris.

Lors de l'expérience finale, la bride et le filet furent déposés à terre; les cavaliers n'avaient donc que les diverses positions de jambes, les diverses répartions du poids du corps et la cravache pour agir sur leurs chevaux.

Ce résultat complet avait été obtenu en six semaines par les exercices gradués de l'instructeur, qui ne cessait de répéter à ses élèves : qu'il n'y avait pas d'équitation possible *sans l'union physique et morale entre le cavalier et sa monture*.

La serpentine était un des exercices auquel le comte de Lancosme-Brèves attachait la plus grande importance pour faire saisir ses principes.

C'est en 1865 que le maître maréchal de Saint-Cyr, *Loutreuil*, fit subir une double modification au fer Watrin, en donnant au poinçon toute la largeur d'une éponge légèrement couverte et en supprimant l'étau dilatateur.

Les avantages de ce *fer à demi-pantoufle modifié* sont de donner une dilatation lente produite par le poids du cheval, qui doit rester en service, car la descente des talons est favorisée par le travail. Ses inconvénients sont d'écraser très souvent les barres qui appuient sur les oreilles, d'amener des cercles, car la corne pousse par à-coup, et d'avoir besoin d'être renouvelé trop souvent.

Les fers étroits devinrent surtout à la mode, à partir de 1865, à la suite du bruit fait autour d'un nouveau système de ferrure de l'invention de M. Charlier, vétérinaire à Paris.

La *ferrure périplantaine Charlier* consiste essentiellement dans l'application méthodique d'une petite barre de fer ou d'acier, plus épaisse et plus large en pince et en mamelles qu'en quartiers et en talons, de la largeur à peu près de la muraille à sa surface supérieure, et percée de quatre à six estampures, rarement plus, laquelle s'adapte dans une entaille ou feuillure faite au bord inférieur de la paroi, au moyen de petits clous anglais à lame très déliée.

C'est, en un mot, une bordure artificielle solide remplaçant le bord inférieur de la muraille. Le boutoir, plus étroit, a ses bords relevés à angles droits, de $0^m,12$ de hauteur ; il est pourvu d'un guide régulateur placé dans son milieu, à la face inférieure de la lame, de manière à donner de chaque côté une largeur proportionnée à l'épaisseur de la muraille qu'on veut disposer à recevoir le fer. Ce boutoir ne sert absolument qu'à pratiquer la feuillure destinée à recevoir le fer, la sole, la fourchette, les arcs-boutants ne devant jamais être parés ; il peut être remplacé par une rainette plate à guide double ou simple.

Les avantages du fer Charlier sont d'être léger, solide sous le pied et sur le sol, de donner une dilatation par l'appui sur la fourchette, et de faire acquérir de la force et de la résistance à la sole. Les inconvénients sont l'outillage spécial, le fer qui doit être de première qualité, la difficulté de fabrication et d'application, l'usure plus rapide, la confection plus coûteuse, la difficulté de l'emploi des clous à glaces ou des crampons, la difficulté de referrer pendant les routes. Lorsque le fer se perd, le cheval boîte facilement.

Quant au *fer à planche Charlier*, il écrase la fourchette et même s'y enfonce, à cause de l'étroitesse de sa planche qui, en outre, interrompue dans son milieu, s'affaisse facilement.

C'est aussi en 1865 que M. Delpérier, vétérinaire à Paris, inventa son *cloutage à rivets* :

« Ces clous sont brochés sur la rive externe du fer sans qu'ils puissent pénétrer dans la corne et sont logés dans les étampures supplémentaires exécutées dans le fer, soit au moment où il est forgé, soit lorsqu'il est ajusté pour la ferrure. Ces étampures supplémentaires, au lieu d'être perpendiculaires au plan du fer, sont obliques en dehors, de manière à s'ouvrir sur le bord supérieur externe du fer. Dans ces étampures, on introduit le clou rivé, dont le collet remplit exactement l'étampure, et dont la tige, très courte et déliée, se fixe sur le fer lui-même. »

1865

ÉTAT-MAJOR DE L'ÉCOLE

Crespin	Général de brigade.	Dessort	Capit. instructeurs.
Cordier	Colonel.	Boulligny	Capit. instructeurs.
Rouxel	Lieutenant-colonel.	De la Laurencie	Capit. instructeurs.
L'Hotte	Lt-col. écuy. en chef	Renaudot	Capit. instructeurs.
Guiot de la Rochère	Ch. d'esc. instr. en ch.	Longuefosse	Capit. instructeurs.
Humbert	Ch. d'esc. prof. d'art et d'hist. militaire.	Bobin	Capit. instructeurs.
		Loth	Capit. instructeurs.
Prévost	Major.	Léaux	Capitaines écuyers.
Lardeur	Capitaine trésorier.	Leloutre	Capitaines écuyers.
Dariot	Capit. d'habillement.	Delorme	Capitaines écuyers.
Probst	S.-l. adjoint au trés.	Roullet	Capitaines écuyers.
Bizot	S.-lieut. porte-étend.	Charnier	Lieut. instructeurs.
Trudeau	Médec. maj. de 1re cl.	Courtiel	Lieut. instructeurs.
Brunet	Médec. maj. de 1re cl.	Jourdeuil	Lieut. instructeurs.
Merche	Vét. princ. dir. du h.	Grandjean	Lieut. sous-écuy.
Bernard	Vét. en 1er, pr. de mrie	Chaverondier	Lieut. sous-écuy.
Goyau	Vétérinaire en 1er.	De Clauzade de Mazieux	S.-lieut. sous-écuy.
Bizot	Vétérinaire en 2e.	Javey	S.-lieut. sous-écuy.
Person	Cap dir. de l'arçonn.	Laforgue de Bellegarde	S.-lieut. sous-écuy.
Aubouin	S.-l. s.-dir. de l'arç.		

OFFICIERS ÉTRANGERS

SUIVANT LES COURS DE L'ÉCOLE

Lewenhaupt	Suédois.	Bodmann	Badois.
Sodermark	Suédois.	Hadzi-Petro	Grec.
Nicolesco	Moldo-Valaque.		

OFFICIERS DE GENDARMERIE

SUIVANT UN COURS A L'ÉCOLE

Simonet — Capit.	Répécaud — Capit.	Potelleret — Lieut.	Monnier — Lieut.
Lubet — Capit.	Samuel — Lieut.	Pol — Lieut.	Renaud — Lieut.
Callet — Capit.	Louis — Lieut.	Pestel — Lieut.	Gérodias — Lieut.

LIEUTENANTS D'INSTRUCTION

Guérin d'Agon.	De Guizelin.	Barreau — artill.	Lannes de Montebello — artill.
Du Hamel de Canchy.	D'Eggs.	De Fritsch.	Lesur — artill.
De Coniac.	Chauveau de Bourdon.	Begouen.	Bassot — artill.
Aoust de Rouvèze.	Fournier d'Arthel.	De Peytes de Moncabrié.	De Boysson — artill.
Bilger.	Mazure.	Guérin — artill.	Gravelle — artill.
Du Bois de Beauchesne.	Bonnichon — artill.		

SOUS-LIEUTENANTS OFFICIERS ÉLÈVES

De Valentin de Latour	De Noue.	Arnal.	Tassin de Villiers.
De Belfortès.	Belgrand.	Mercier.	Des Roches de Chassay.
De Salignac-Fénélon.	Delherm de Novital.	De Maynard.	De Levesou de Vesins.
Raymond.	Richard.	De Pierre de Bernis.	Braccini.
Muller.	Lafeuillade.	Pesson-Maisonneuve.	Pons.
Clerc.	Ramotowski.	De Colleville.	Gris.
Menaut.	Bimbenet.	Lienas.	Ruault.
Beauvarlet de Moismont.	Papillon.	Levavasseur.	Mécret de Devise.
Bourdès.	De Pontac.	Elias.	Conte.
Répécaud.	De Lacroix de Saint-Vallier.	Hunault de la Chevallerie.	Chabert.
De Chalendar.			De Peyre.

AIDES-VÉTÉRINAIRES STAGIAIRES

Wiart.	Sergent.	Gaumet.	Brissy.
Minette.	Chesneau.	Thomas.	Boulay.
Julien.	Barret.	Servoles.	Véret.

A partir du 1er janvier 1866, les cours d'hippologie furent professés d'une manière générale par les écuyers et sous-officiers, et le deuxième emploi de vétérinaire en premier rétabli, à l'École par décision ministérielle du 22 décembre 1862, fut définitivement supprimé.

Le 5 avril, eut lieu l'inauguration du théâtre de Saumur.

Le 19, l'École donna un carrousel à Paris, au Pálais de l'Industrie. Nous empruntons quelques lignes du comte-rendu à un journal du temps :

« L'Empereur assistait à cette fête hippique donnée à l'occasion du concours hippique.

« La musique des guides, placée dans une galerie en face de la tribune impériale, a salué de ses fanfares l'arrivée de Sa Majesté, et immédiatement les chevaux primés par le jury ont fait leur entrée.

« Alors commença la fête militaire.

« Une barrière s'ouvre et l'on voit entrer dans l'arène, un par un, douze cavaliers au petit trop. Ils portent le costume spécial que l'on connaît, mélange charmant de la tenue militaire et de la tenue de manège : culotte blanche, grandes bottes, habit boutonné droit avec aiguillettes d'or, et le chapeau à claque posé carrément, en bataille. L'officier qui les commande et marche le premier porte deux épaulettes d'officier supérieur ; il est jeune, décoré de la Légion d'Honneur ; il manie son cheval avec une légèreté et une facilité extrêmes.

« Ce qui frappe chez ces douze cavaliers émérites, c'est l'élégance de l'assiette, la rectitude du torse et la perfection de la tenue. C'est la grâce un peu nonchalante des écuyers civils, corrigée par la raideur militaire.

« L'École de Saumur, — où l'on étudie toutes les méthodes, tous les systèmes, où l'on vient comme à un aréopage compétent soumettre toutes les idées nouvelles, — a conservé, comme l'arche sainte, les saines théories de la belle équitation française. Le vicomte d'Aure y a perpétué les traditions de l'École de Versailles, et Baucher, notre poète équestre, y a des adeptes et des admirateurs.

« Les douze cavaliers sont dans l'arène ; ils s'avancent et se rangent en ligne devant l'Empereur, le chapeau à la main. Il y a dans ce salut muet quelque chose de gracieux et de fier qui fait plaisir : c'est là comme un reflet de la vieille courtoisie française et espagnole.

« Les fanfares éclatent et voilà les douze cavaliers partis ; ils vont, ils viennent, décrivent des cercles en spirales, marchant de côté, changeant de pied, se mêlant, se croisant et se retrouvant toujours à leur place.

« Tout à coup, ils partent à fond de train dans un nuage de poussière, le sable vole sous les pieds des chevaux, on les entend arriver comme le tonnerre, et ils passent devant vos yeux comme une vision; puis, tous en ligne, ils accourent comme une avalanche, droit sur l'estrade du jury; à un commandement bref, maîtrisés brusquement en cette course furieuse, les chevaux s'arrêtent net à deux pas de l'Empereur, les naseaux fumants, les jambes frémissantes et plantées dans le sol, immobiles, et gravement, les cavaliers se découvrent comme à l'arrivée.

« On a placé des barrières volantes autour de la piste. Les douze cavaliers rentrent. Ils ont changé de chevaux. Les premiers étaient légers, souples, brillants et pomponnés, la crinière tressée et des bouffettes de soie aux oreilles. Ceux-ci sont plus grands et plus forts ; le harnachement est plus sobre. On sent à les voir qu'ils sont destinés à un travail qui exige plus de vigueur que de grâce. Ils sont quatre par quatre bien alignés; ils courent. Peu à peu, l'allure s'accélère, ils se précipitent et ils franchissent les haies en pelotons, puis, un à un, puis encore par rangs de quatre...

« Troisième entrée. — Ici c'est de la fantaisie. — Toujours les douze cavaliers, mais avec de nouveaux chevaux. Ce sont les sauteurs, bêtes rétives et capricieuses, promptes à la ruade et dressées à cet exercice dangereux. La crinière nattée, la queue nouée et attachée à la selle, harnachement de cuir blanc. Ils arrivent.

« Alors commence une série de cabrioles, de ruades, de sauts de mouton à désarçonner un centaure. Et, malgré ces bonds désordonnés, les cavaliers ne bronchent pas, immobiles, bien en selle et comme vissés sur leurs montures, ils ne changent pas de figure, — et cela dure un quart d'heure. C'est à peine si de temps en temps un écuyer rajuste son chapeau un peu dérangé de la verticale par cette folie hippique.

« Les voici en une seule ligne. Ils s'avancent au pas en face de la loge impériale. Un commandement, et les douze chevaux se cabrent à la fois : ils se tiennent tout droits, et les cavaliers se découvrent et saluent. Au galop ! et ils sortent de l'arène dans l'ordre qu'ils suivaient en entrant. La séance est levée.

« Ce qui a paru le plus vivement intéresser l'Empereur, son entourage et toute l'assemblée, ce sont les exercices de Haute-École faits devant la tribune impériale par le colonel L'Hotte, montant en selle anglaise un cheval qui semblait fort ordinaire, et duquel il a obtenu tout ce que les plus habiles écuyers de nos cirques, les Baucher, les Franconi et autres obtiennent de chevaux parfaitement mis. Le colonel L'Hotte, sans qu'on pût apercevoir chez lui le plus léger mouvement de main, le moindre dérangement de jambe, a fait, pour ainsi dire, danser son cheval au pas, au trot, au petit galop, avec une précision, une sorte de cadence et de rythme véritablement surprenante. Tout cela : pas de côté, recul, trot allongé ou raccourci, en marquant des temps d'arrêt, tout cela, disons-nous, était obtenu avec une telle finesse de moyens, que le cheval et le cavalier avaient l'air de faire la chose la plus naturelle et la plus simple. Pour nous, c'était l'idéal de la perfection. Nous nous croyions revenus aux beaux jours des d'Abzac et de la grande équitation militaire.

« Après les exercices de manège, le Ministre de la guerre a remis, au nom de l'Empereur, la croix d'officier de la Légion d'Honneur à M. le lieutenant-colonel L'Hotte, commandant les écuyers de Saumur; celle de chevalier, à M. le capitaine Delorme, et la médaille militaire à deux sous-officiers, sous-maîtres de manège, et à deux cavaliers de manège. »

Les courses annuelles eurent lieu les 26 et 28 août.

PREMIÈRE JOURNÉE DE COURSES

Deuxième course. — MM. les lieutenants et sous-lieutenants, montant des chevaux de carrière. — Dix-sept chevaux. — Premier, *M. de la Mortière*, montant *Janina*. — Deuxième, *M. de Valdan*, montant *Dandy*. — Troisième, *M. Heysch*, avec *Vaillante*.

Troisième course. — MM. les lieutenants et sous-lieutenants, montant leurs chevaux d'armes. — Cinq chevaux. — Premier, *M. de Saint-James*, montant *Bernard*. — Deuxième, *M. de la Mortière*, avec *Albuni*. — Troisième, *M. de Vaublanc*, avec *Noce*.

Quatrième course. — MM. les sous-maîtres de manège, montant leurs chevaux de carrière. — Première, *Fille-de-l'air*, montée par *M. Cornélis*. — Deuxième, *Cérès*, montée par *M. Mallet*. — Troisième, *Déesse*, montée par *M. Blethener*.

Cinquième course. — Steeple-chase militaire. — Un objet d'art, d'une valeur de 1,200 francs, et 300 francs en espèces. — Pour MM. les officiers en garnison à Saumur, Angers, Tours, Vendôme, Poitiers, Nantes, Niort. — Distance, 1,500 mètres, huit obstacles. — Poids à volonté. — Cinq chevaux. — Première, *Mimance*, montée par *M. de Vaublanc*. — Deuxième, *Aetius*, monté par *M. de Bellegarde*. — Troisième, *Corolle*, monté par *M. d'Aubigny*.

DEUXIÈME JOUR DE COURSES

Deuxieme course. — MM. les sous-officiers élèves-instructeurs, montant leurs chevaux d'armes. — Vingt-deux chevaux partant. — Premier, *M. de Cases*, montant *Bugles*. — Deuxieme, *M. Palazet*, montant *Séance*. — Troisième, *M. Guitry*, montant *Fourneau*. — Quatrième, *M. Kergorre*, montant *Cartouche*.

Troisième course. — Pour MM. les sous-officiers titulaires de l'École impériale de cavalerie, montant leurs chevaux d'armes. — Treize chevaux. — Premier, *M. Maron*, montant *Céladon*. — Deuxième, *M. Fabre*, montant *Odalisque*. — Troisième, *M. Laurent*, montant *Anémone*.

Sixième course. — Steeple-chase (Gentlemen riders). — Handicap, pour tous chevaux autres que ceux de pur sang, ayant couru aux courses de Saumur, et n'ayant pas gagné sur cet hippodrome en 1866. — Distance, 2,000 mètres et dix obstacles. — Neuf chevaux partant. — Premier, *M. de Bellegarde*, montant *Aetius*. — Deuxième, *M. Revcrony*, montant *Dalila*. — Troisième, *M. Heysch*, montant *Adèle*.

Le *général de Goyon* arriva le 24 septembre à Saumur, pour passer l'inspection générale de l'École. Cette inspection fut interrompue par les inondations, qui forcèrent d'évacuer les bâtiments militaires pour des cantonnements choisis à l'avance.

Le 29 septembre, à quatre heures et demie du soir, une dépêche annonçait une rupture de la levée au-dessus des Trois-Volets. Cette fatale nouvelle se répandit en ville en un instant, et chacun s'intéressa au sort de la Vallée.

C'était un spectacle navrant de voir arriver, à huit heures du soir, par une obscurité complète, sur la place de la Gare, les cultivateurs des communes adjacentes. Les femmes, les enfants conduisaient leur bétail; les charrettes étaient chargées de quelques meubles et d'un peu de fourrage. Tout augmentait l'horreur de la situation: la pluie tombait, la nuit était profonde. Beaucoup de familles campèrent sur la levée. D'autres se retirèrent sur les côteaux de Blou, Neuillé et Brain.

Le dimanche 30, à sept heures du matin, il y avait six mètres à l'échelle du pont. Deux renards s'étaient déclarés à la levée d'enceinte, vis-à-vis l'École de cavalerie, à l'extrémité du quai Saint-Nicolas. Ce point fut gardé toute la nuit; des sacs de terre et de fumier furent apportés à cet endroit. Pendant toute la journée, les travaux de défense furent entrepris sur un parcours de plus de deux lieues. L'École était sur le qui-vive, prête à partir au premier signal.

Jusqu'alors, il n'y avait que les bas quartiers dans lesquels l'eau était venue par infiltration. Tous les quartiers des ponts étaient sous l'eau. Dans certaines rues et dans quelques demeures, elle avait une hauteur de trois et quatres mètres, cette île n'étant protégée par aucun travail de défense.

Au Chapeau, une large voie d'eau s'était déclarée; le personnel du chemin de fer travaillait sans cesse sur ce point.

A deux heures, la Loire entrait sur les quais; la place de Notre-Dame-des-Ardillers était inondée, et on ne circulait plus qu'en bateau jusqu'à la place Saint-Michel.

L'École évacua Saumur et se rendit aux cantonnements suivants: A Montreuil, les officiers d'instruction et de gendarmerie, — à Doué, cent trente-cinq chevaux de manège et quatre-vingt-cinq chevaux de carrière, — à Thouars, quatre-vingt-quinze chevaux de carrière et quinze chevaux du 1er escadron, — à Saint-Cyr, la division des sous-officiers d'instruction, — à Fontevrault, le premier et deuxième escadron, — à Noyant, près Doué, le complément du deuxième escadron et le troisième, — à Brézé, l'école de dressage, — au Pont-Fouchard, le haras et l'infirmerie des chevaux, — à Bagneux, quarante-neuf chevaux des officiers du cadre. — Les hommes non montés des trois escadrons restèrent à Saumur.

Le rez-de-chaussée de l'École fut évacué; le matériel du manège fut monté au premier étage; l'outillage de l'arçonnerie et de la maréchalerie fût mis à l'abri de l'inondation; les ustensiles d'écurie furent montés dans les magasins à fourrage, la paille sèche de la litière mise dans les râteliers et les écuries fermées.

Sept heures du soir. — L'usine à gaz étant submergée, la ville était dans l'obscurité; les habitants étaient invités à éclairer les rues et chacun s'y rendait avec empressement.

Onze heures du soir. — La Loire montait toujours, elle marquait 6m,55, et toutes communications télégraphiques étant interrompue, on était isolé, et sans moyen de correspondance.

On apprenait en outre que, à quatre kilomètres, entre Saumur et Saint-Martin, le chemin de fer était rompu.

Immédiatement après le dernier train de Tours à Angers, le chemin de fer s'était affaissé tout à coup sur lui-même, et quelques heures plus tard se rompait entièrement sur 75 mètres de longueur, livrant en quelque sorte le val de l'Authion à l'irruption des eaux de la Loire.

La Loire se déversait entre la ligne du chemin de fer et la levée; elle remontait sur la voie, passait avec un courant épouvantable sous le tunnel de la gare, se joignait à un nouveau courant qui s'était établi au château de Briacé, et se répandait dans la campagne. L'inondation de la ville commença donc, mais sans pouvoir causer de désastres.

Le lundi matin à six heures, la hauteur de la Loire était de 6m,80, 0m,20 seulement au-dessous de la crue de 1856. Un courant s'était établi sous les portes de la maison Mulot, rue de la Petite-Bilange. On parvenait avec beaucoup de peine à l'arrêter.

Tandis qu'on lutte contre l'eau, surgit une étrange antithèse. Les cris: au feu! au feu! jettent l'alarme: on bat la générale. Un violent incendie vient de se déclarer dans une maison du Pont-Fouchard. Les pompiers y courent, mais il y a un mètre d'eau sur la grande route, il faut charger les pompes sur des charrettes. Enfin l'incendie est conjuré. Ce sinistre était dû à la présence de chaux qui avaient été éteintes par l'eau.

Lundi, à dix heures du matin. — La Loire est à 6m,48. On apprend la détresse des pays voisins, Gennes réclame du pain. Le sous-prefet, le procureur, le chef de gare, le conducteur principal des ponts et chaussées, le directeur du télégraphe, montent sur le bateau le *Blanzy* pour se rendre dans les cantons du nord-ouest, et leur porter des vivres. Vingt-cinq hommes du troisième escadron de l'École sont montés sur le même remorqueur pour les travaux qui seront jugés nécessaires.

Lundi à midi, 6^{m},88; à deux heures, une baisse de 0^{m},05. Le voyage du *Blanzy* a été couronné de succès, les communications télégraphiques sont rétablies avec Angers. On apprend dans tous les détails l'horreur de la situation: à Saint-Martin, sur une longueur de 50 mètres, la levée a été emportée; trois maisons ont été renversées par le courant, des arbres énormes disparaissaient dans ce gouffre, contre lequel l'homme était impuissant. Fort heureusement personne n'a été victime.

A Saumur, à la dernière heure, les pompiers, voyant qu'un courant très rapide traversait les rues de la Tonnelle et de l'Hôtel-de-Ville, avaient établi, avec des sacs de terre, une ligne de défense contre l'envahissement des eaux. Cette ligne venait de la rue du Tribunal et se terminait à l'extrémité du parapet, vis-à-vis de l'Hôtel-de-Ville. Grâce à ce système, la population de ce quartier avait été rassurée; bientôt la rapidité du courant avait diminué, et l'eau avait même complètement diparu dans les rues Saint-Jean et environnantes. Le mardi matin, la Loire baissa de 0^{m},60, et peu à peu les eaux se retirèrent.

Le 2 octobre, sur la demande du préfet de Maine-et-Loire, un détachement de vingt hommes montés, commandé par un maréchal des logis, fut envoyé de Noyant, où il était cantonné, à Angers.

Le 3 octobre, les détachements de l'École rentrèrent à Saumur.

1866

ÉTAT-MAJOR DE L'ÉCOLE

Crespin	Général de brigade.	Dessort		
Cordier	Colonel.	De la Laurencie		
L'Hotte	L^{t}-col. écuy. en chef.	Renaudot		
Nérin	L^{t}-col. instr. en chef.	Longuefosse		
Humbert	Ch. d'esc., prof. d'art	Bobin	Capit. instructeurs.	
	et d'hist. militaire.	Jouve		
De Liniers	Chef d'esc. instruct.	Loth		
Prévost	Major.	Fradin de Belabre		
Lardeur	Capitaine trésorier.	Léaux		
Dariot	Capit. d'habillement.	Delorme	Capitaines écuyers.	
Probst	S.-l. adjoint au trés.	Piétu		
Bizot	S.-l. porte-étendard.	Charnier		
Trudeau	Médec. maj. de 1re cl.	Courtiel	Lieut. instructeurs.	
Guimberteau	Médecin aide-maj. de	Jourdeuil		
	1re classe.	Chaverondier	Lieut.	
Merche	Vét. princ. dir. du h.	Du Bois de Beauchesne	Lieut.	
Bernard	Vét. en 1er, pr. de m^{rie}	De Clauzade de Mazieux	S.-l.	sous-écuyers
Bizot	Vétérinaire en 2e.	Henrys d'Aubigny	S.-l.	
Person	Cap., dir. de l'arçonn.	Javey	S.-l.	
Aubouin	Lieut. s.-dir. de l'arç.	Laforgue de Bellegarde	S.-l.	

OFFICIERS ÉTRANGERS

SUIVANT LES COURS DE L'ÉCOLE

MEDJID-KHAN	Officier Persan.	
DE BOHNSTEDT	Lieut. de cavalerie	Suédois.
LEUHUSEN	Lieut. de hussards	Suédois.

OFFICIERS DE GENDARMERIE

Lieutenants.		*Capitaines.*	
ARNOULD.	DEBELFORT.	RÉPÉCAUD.	CHAUVOT DE BEAUCHÊNE
SIMON.	BIZOT.	AZAÏS.	
DE RÉNEVILLE.	HÉRY.		
BÉRANGER.	BAULOT.		
DELACOUR.			

OFFICIERS D'INSTRUCTION

CAILLON, lieut.	ANFRYE, lieut. artill.	DEVOUVRES, artill.	DELATTE, s.-l. du train.
DUBOIS, lieut.	GUIBOURDAUCHE, l[t] train.	MICHARD, s.-l. du train.	PETIT-JEAN, lieut. train.
LE VAVASSEUR, lieut.	LOT, lieut.	VINSOT, s.-l. du train.	GIAFFERI, s.-l. du train.
JOANNES, s.-l. du train.	D'ESCLAIBES D'HUST, lieut.		

SOUS-LIEUTENANTS OFFICIERS ÉLÈVES

SALATS.	SIMON DE LA MORTIÈRE.	FABRE.	LANT DE CLAUZEL.
REVERONY.	DE GIRARDIN.	GUYON.	LOGERAIS.
DE SAINT-JAMMES.	GOULLET DE RUGY.	SPITZER.	VIÉNOT DE VAUBLANC.
HEYSCH.	DE RODELLEC DE PORZIC.	DE SALVAING DE BOISSIEU.	SOUIN.
LUGAN.	HOVIX DE VALDAN.	BERTHIER DE LASALLE.	

AIDES-VÉTÉRINAIRES STAGIAIRES

RAYMOND.	IMLIN.	BAILLY.	LENTHÉRIC.
NICOLAS.	BAUDOUIN.	AUGÉ.	DUPONTRUÉ.
CAVEL.	BONZOM.	PAPIN.	LAUPRÊTRE.
JACCOTIN.	BOUGRAS.	AUBERT.	PICHENEY.
VACQUIER.			

École de Cavalerie

Enseignement Équestre

XXII

Suppression du haras de l'École. — L'escrime à cheval dans tous les régiments de cavalerie. — Fabrication de 4,000 selles 1861 ; modification du loup. — M. Rul ; Kinésie équestre ; essai à Saumur et achat de la méthode. — Nouveau licol d'écurie. — Arçon en acier, Collin. — Instruction relative à l'enclouage et à l'enlèvement des pièces par la cavalerie. — Quatre prix pour le carrousel. — Courses. — Nouvelle instruction pour le combat à pied. — Nouveau mode d'attache de la têtière de bride. — Inspection du général Duhesme. — Officiers rappelés pour faire partie du corps expéditionnaire. — Chevaux de tête à entretenir par l'École de dressage. — Raabe : mode d'emploi de l'éperon. — Commandes à l'atelier d'arçonnerie. — Baucher, nouvelle manière : il renie une partie de ses premiers principes ; plus de flexions, plus d'attaques à l'éperon ; position de la tête ; mors de bridon. Opinion de M. de Montigny. — Merche : Étude sur les formes extérieures du cheval. — Witthers : fer en deux pièces. — Peillard : fer élastique. — État-major, officiers et vétérinaires-élèves de l'École en 1867. — Suppression de la musique de l'École. — Instruction sur le combat à pied. — L'escrime à cheval est obligatoire. — Les élèves-maréchaux ne restent plus qu'un an à Saumur. — Instruction pour le passage des cours d'eau à la nage. — Instruction pour le fusil transformé. — Nouvel outillage de l'atelier d'arçonnerie. — Quatre prix de carrousel offerts par le Ministre. — Interdiction de faire participer les chevaux d'armes aux courses. — Les courses de Saumur et leurs résultats. — Le carrousel. — Inspection du général Feray. — Expérience du trot à l'anglaise. — Le général Michel, commandant l'École. — Bernard : Modifications qu'il conviendrait d'apporter à la ferrure des chevaux de l'armée. — Coutela : clou Delperier modifié. — Dupon : ferrures à la gutta-percha. — État-major, officiers et vétérinaires de l'École en 1868. — Interdiction à tous les chevaux de l'État de paraître sur aucun hippodrome. — Assaut d'armes. — Modification du programme des cours des sous-lieutenants. — Laguenière : fer désencasteleur à pinçons mobiles. — Goyau ; traité pratique de maréchalerie. — Erdt : la ferrure rationnelle. — Gross et Meyer : l'art du maréchal ; fer à ajusture contraire. — Dominick : la ferrure rationnelle. — Fleming : fers et ferrures. — État-major, officiers et vétérinaires-élèves de l'École en 1869. — Visite de l'archiduc Albert d'Autriche. — Le vote du plébiscite. — Médailles remportées par l'École de maréchalerie. — Deux cloutières en essai. — Départ des divisions. — Le colonel Hainglaise prend le commandement de l'École. — État-major, officiers et vétérinaires-élèves de l'École en 1870. — Le personnel et les chevaux de Saint-Cyr sont transférés à Saumur. — L'École au château. — Formation de nouveaux régiments de cavalerie à Saumur. — Neuf pièces d'artillerie au château. — Départ du bataillon de mobiles de Saumur. — Les chevaux de l'École de dressage servent à remonter les régiments de cavalerie réorganisés à Saumur. — Départ du 6e lanciers. — Les bâtiments de l'École à la disposition des mobiles et mobilisés. — On propose d'inonder la Vallée. — Arrivée de 3,800 gardes nationaux de Cholet. — Revue des troupes de Saumur, 7,000 hommes environ. — Départ des mobiles et des mobilisés. — Formation de deux escadrons du régiment de gendarmerie de marche. — Installation d'un atelier de cartouches pour fusil à percussion. — Départ des mobilisés de Cholet pour le Mans. — Concentration de troupes à Saumur. — Transfert du matériel de l'École à Bordeaux. — Évacuation du personnel de l'École sur Angoulême. — Selle modèle 1870. — Gabarit pour les fers. — Brambilla : théories sur les défauts du pied. — Les ambulances de Saumur. — Les hommes de troupe et les chevaux de l'École sont versés dans les régiments en formation. — Projet de défense de Saumur. — L'École et l'atelier d'arçonnerie à Bordeaux. — Retour à Saumur. — Inspection du général de Maubranche. — Essai d'un règlement provisoire sur les exercices de la cavalerie. — Réorganisation de la cavalerie. — Suppression des lanciers. — Concours pour un carnet aide-mémoire. — Concours de dressage. — Brides en cuir fauve.

Le 22 février 1867, le haras de l'École fut supprimé.

Le 25 du même mois parut une décision ministérielle qui prescrivit, cette fois, pour tous les régiments de l'intérieur, l'expérimention de l'escrime à cheval, avec sabres de bois et lances à ressort, dont les essais avaient déjà été faits à l'École de cavalerie et dans plusieurs régiments.

Le 18 mars, l'atelier d'arçonnerie recevait l'ordre de confectionner 4,000 selles du modèle 1861, pour augmenter dans les limites nécessaires les ressources des magasins de l'État.

On avait reconnu qu'une cause du gauchissement des arçons provenait du mode adopté pour l'application du loup, on autorisa l'atelier à faire confectionner 50 moules en fonte, du modèle inventé par le directeur, qui serviraient à donner au loup, à l'état humide, la cambrure nécessaire.

Le 22 mai, le Ministre de la guerre informait l'École qu'il autorisait *M. Rul* à y expérimenter sa méthode d'équitation et de dressage. Le Conseil d'instruction devait dresser un rapport analytique de cet essai. M. Rul, auteur de la *Kinésie équestre*, avançait que depuis vingt-cinq ans il avait appliqué avec succès son système, en Belgique, en Prusse, en Autriche, en Italie, etc.

L'expérience fut assez satisfaisante pour que le Ministre de la guerre demandât à l'auteur de rédiger, sous l'approbation du Conseil d'instruction de l'École, une instruction de sa méthode dont la pratique serait vulgarisée, sous sa direction, dans les régiments de cavalerie.

Et le 17 octobre, le département de la guerre achetait 6,000 francs la propriété de cette méthode à M. Rul, à la condition que celui-ci fit, à ses frais, les déplacements nécessaires pour en diriger l'application dans les corps de troupe à cheval.

Le 19 juin, l'École d'arçonnerie reçut l'ordre de fabriquer un nouveau licol d'écurie à mettre en usage dans les corps de troupe. Elle recevait aussi l'ordre d'examiner et d'analyser un *arçon en acier* de l'invention du sieur *Collin*, domicilié à Reims. D'après son auteur, cet arçon devait trouver sa force dans la trempe de l'acier : « Les selles pour la grosse cavalerie, disait-il, pèseraient seulement 8 kilos. La seule précaution à prendre est pour la grosseur du ressort, afin qu'il ne se referme pas. Les deux trous ronds servent à faire pénétrer l'air et empêcher la sueur du cheval. Quand un cavalier aura fait usage de cette selle il pourra dormir dessus. »

La commission constata que cet arçon, au lieu d'être au-dessous du poids de la selle, le surpassait de 15 livres ; que la forme n'était aucunement en rapport avec la structure du cheval ; que l'agencement de toutes les ferrures constituait de grandes difficultés ; que le siège mettait le cavalier à 15 centimètres plus au-dessus de son cheval qu'il ne l'était dans la selle modèle 1861 ; que l'arçon ne présentait pas de garanties de solidité, etc.

Le 30 juin, le ministère de la guerre fit communiquer à tous les corps de troupes à cheval une instruction relative à l'enlèvement et à l'enclouage des pièces d'artillerie par la cavalerie. L'École eut naturellemeut sa part dans cet essai.

Nous ne transcrirons pas tout au long cette instruction, nous dirons simplement que pour l'enclouage les cavaliers devaient recevoir, en entrant en campagne, des clous spéciaux à cet effet. Un nota ajoutait qu'à défaut de clou on pouvait se servir d'un fragment de baguette de fusil ou de pistolet, ou l'introduction de cailloux durs pilés, même d'un tuyau de pipe (*sic*).

Pour l'enlèvement des pièces l'instruction disait : deux chevaux seront suffisants pour une pièce de 4, quatre pour une pièce de 12. Les moyens d'attelage sont : une courroie de charge qui devient point d'attache sur le cheval et la corde à fourrage qui devient trait. La courroie sert à attacher la corde à fourrage à la sangle de la selle, pour le cavalier de droite du côté montoir, pour celui de gauche du côté hors montoir, de manière que les traits soient entre les deux chevaux. Ces deux traits sont attachés par des nœuds coulants à la bouche de la pièce.

Le 2 août, le Ministre de la guerre envoya à l'École quatre prix pour le carrousel : un harnachement anglais, un revolver, une cravache et une lorgnette de course.

Les courses eurent lieu le 25 et le 27, le carrousel entre ces deux jours.

PREMIER JOUR DE COURSES

Première course. — Course au trot. — Un objet d'art. — Pour MM. les lieutenants et sous-lieutenants de l'École, montant des chevaux d'armes et de carrière. — Vingt-deux chevaux engagés. — Première, *Gizelle*, montée par *M. de Bourgogne*. — Deuxième, *Cunégonde*, montée par *M. Azéma*. — Troisième, *Antinoüs*, monté par *M. de Pérignon*.

Troisième course. — Steeple-chase. — Un objet d'art. — Pour MM. les lieutenants et sous-lieutenants montant des chevaux de carrière. — Seize partants. Premier, *M. de Sérésin*, montant *Dalila*. — Deuxième, *M. de Monspey*, montant *Velléda*. — Troisième, *M. Leynia*, montant *Minerve*.

Quatrième course. — Steeple-chase. — Un objet d'art. — Pour MM. les lieutenants et sous-lieutenants, montant leurs chevaux d'armes. — Premier, *Intrépide*, monté par *M. de Bellaing*. — Deuxième, *Paméla*, montée par *M. de Pérignon*.

Cinquième course. — Un objet d'art. — Pour MM. les sous-maîtres de manège, montant des chevaux de carrière. — Cinq chevaux partant. — Première, *Janina*, montée par *M. Burnol*. — Deuxième, *Fille-de-l'air*, montée par *M. Decases*. — Troisième, *Cléopatre*, montée par *M. Cornélis*.

Sixième course. — Steeple-chase militaire. — Un objet d'art, d'une valeur de 1,200 francs, et 300 francs en espèce. — Pour MM. les officiers en garnison à Saumur, Angers, Tours,

Vendôme, Poitiers, Nantes et Niort. — Distance, 1,500 mètres, avec huit obstacles à franchir. — Huit chevaux. — Première, *Active*, montée par *M. Javey*. — Deuxième, *Aetius*, monté par *M. de Bellegarde.*

DEUXIÈME JOUR DE COURSES

Deuxième course. — Un objet d'art. — Pour MM. les sous-officiers élèves instructeurs montant leurs chevaux d'armes. — Première, *Adastrie*, montée par *M. Fauche.* — Deuxième, *Dévorante*, montée par *M. Peuillard.* — Troisième, *Abaca*, monté par *M. de Bizemont.*

Troisième course. — Un objet d'art. — Pour MM. les sous-officiers titulaires de l'École impériale de cavalerie, montant leurs chevaux d'armes. — Premier, *M. Marie*, montant *Anémone*. — Deuxième, *M. Maron*, montant *Céladon*. — Troisième, *M. Chevron*, montant *Améthiste*.

Quatrième course. — Steeple-chase militaire. — Un objet d'art de la valeur de 1,200 francs, et 300 francs en espèces. — Pour tous les officiers en activité de service, résidant en France et n'ayant pas pris part au steeple-chase militaire du premier jour. — Distance, 1,500 mètres, avec huit obstacles à franchir. — Quinze chevaux partant. — Premier, *M. Chapuy*, montant *Paquita*. — Deuxième, *M. de Laurens*, montant *Active*. — Troisième, *M. de Clauzade*, avec *Aetius*.

Sixième course. — Prix de consolation : objet d'art. — Steeple-chase (Gentlemen riders). — Handicap, pour tous chevaux autres que chevaux de pur sang. — Distance, 2,000 mètres environ et dix obstacles. — Sept chevaux engagés. — Premier, *Stanislas*, monté par *M. de Bonardi*. — Deuxième, *Phrinée*, montée par *M. de Chauvelin.*

Le 9 septembre, le Ministre de la guerre chargea le Conseil d'instruction de l'École de rédiger une *nouvelle instruction pour le combat à pied* des cavaliers armés du fusil, pour remédier aux difficultés, depuis longtemps reconnues et signalées, des principes de l'instruction de 1831 sur les manœuvres des dragons.

Les principales modifications admises furent les suivantes : 1° L'instruction s'appliquera indistinctement à tous les hommes à cheval armés du fusil ; — 2° Cette arme sera toujours portée à la grenadière dès que le cavalier montera à cheval pour la manœuvre ; — 3° Chaque cavalier ne devra jamais tenir et conduire dans le rang qu'un seul cheval haut le pied (au lieu de quatre) ; — 4° Les hommes à pied seront rejoints, habituellement et selon les circonstances, par leurs chevaux au moment de remonter à cheval, au lieu d'aller les rejoindre souvent fort loin ; — 5° Ce sont les numéros impairs de chaque rang qui devront dans tous les cas rester à cheval.

Le 10 septembre, l'École d'arçonnerie recevait l'ordre du Ministre d'étudier un mode d'attache plus solide pour la bride 1861, qui n'avait pas de sous-gorge et se fixait au dé triangulaire du licol par une agrafe cousue sur la têtière. Une patte avec un bouton fut adoptée.

En 1867, l'inspection générale fut passée par le *général Duhesme*. Il fit largement les propositions pour l'avancement. Le cours des lieutenants d'instruction était composé de vingt officiers, il en proposa le tiers, c'est-à-dire les sept premiers, pour capitaine. Deux furent en outre proposés pour être maintenus à l'École comme instructeurs. Les sous-lieutenants étaient au nombre de quarante-quatre, un tiers également, c'est-à-dire les quinze premiers furent proposés pour lieutenants.

A la fin d'octobre, l'École reçut l'ordre de diriger immédiatement sur leurs corps les officiers appartenant aux 3e et 7e chasseurs, 4e et 18e hussards, 6e et 7e dragons, ces régiments étant appelés à faire partie du corps expéditionnaire en formation.

Par décision ministérielle du 13 novembre, l'École de dressage de Saumur dut entretenir en permanence vingt à trente chevaux pour la remonte des officiers sans troupes et d'infanterie.

Le 23, le Ministre de la guerre soumettait à l'examen du Conseil d'instruction de l'École diverses propositions qui lui étaient faites par M. Raabe au sujet d'un nouveau mode d'emploi de l'éperon.

« *Je soumets à Votre Excellence*, disait M. Raabe, *un moyen assuré, qui me réussit depuis nombre d'années, pour parfaire l'équitation réglementaire.*

« *J'ai la conviction qu'en modifiant l'ordonnance du 6 décembre 1829, pour le mode d'emploi de l'éperon, la cavalerie ferait un immense progrès.*

« *Cette modification ne changerait rien autre à l'ordonnance précitée.*

« *Ma manière d'employer les éperons consiste à les* presser progressivement *sur les flancs du cheval aux* trois positions *suivantes :*

« 1° Près des sangles, pour *ramener, dominer, ralentir* et *arrêter* à toutes les allures, *reculer*. La main de bride *agit modérément.*

« 2° Très en arrière des sangles, *pour assurer* la franchise de l'impression, *la main de bride* rendant. *Pour* rassembler, *la main de bride* ne rendant pas.

« 3° Au point-milieu des deux points extrêmes, *pour confirmer* la légèreté *du cheval soit à la main, soit aux jambes.*

« *Le cheval ainsi dressé est obéissant, franc et gracieux. Le mode d'emploi des éperons, avec les pirouettes et les pas de côté, donne des résultats rapides, faciles, complets.* »

Le conseil d'instruction émit les conclusions suivantes :

« Nul doute que M. Raabe, qui est un cavalier d'une grande habileté, n'obtienne et ne fasse obtenir par les cavaliers qu'il instruit de très bons résultats en employant l'éperon comme il l'indique.

« Mais cet emploi multiplié et varié de l'éperon ne peut sans de graves inconvénients être mis en usage par l'homme de troupe, principalement sur les chevaux irritables et les juments nerveuses. En outre, avec la manière de faire préconisée par M. Raabe, on doit craindre de voir les cavaliers peu habiles ; rendre incertaine chez le cheval la signification de l'emploi de l'éperon, tout en amoindrissant la puissance de ce moyen par excellence de provoquer l'impulsion.

« En thèse générale, du moment où un moyen équestre demande pour être employé sans danger un certain degré de délicatesse, il ne peut être livré à l'enseignement de l'instruction militaire et devenir le partage de l'homme de troupe. Pour le cavalier du rang, l'emploi des aides doit être ramené à sa plus grande simplicité, aussi pour lui, l'usage de l'éperon, au lieu d'avoir en vue des effets multiples, ne doit avoir qu'un but : augmenter l'impulsion. »

Le 25 novembre, l'atelier d'arçonnerie reçut une commande de deux mille trois cents arçons de cavalerie, mille arçons de gendarmerie et deux mille cinq cents mors de filet à clavier, du modèle 1861. Le 18 novembre, pour compléter les approvisionnements, il fut fait une nouvelle commande de cinq mille arçons de cavalerie.

C'est en 1867 que M. Baucher publia l'édition de ses œuvres complètes. Ceci nous fournit l'occasion de parler encore du célèbre écuyer. Comme nous n'y reviendrons pas, nous devons dire ce qu'il fut à sa fin.

Sur la fin de sa carrière, une révolution s'opéra dans l'esprit et partant dans les doctrines de M. Baucher. Cette sorte de conversion fut-elle due à un aveu tacite des dangers pratiques de sa première manière de faire ? ou bien, comme il était d'un grand âge, doit-on l'attribuer à l'affaissement progressif de l'une des intelligences les plus supérieures qui se soient jamais livrées à l'étude de l'équitation ? ou enfin, chercha-t-il dans cette transfiguration de lui-même à réveiller l'attention publique endormie par le silence qui, depuis longtemps, s'était fait autour de son nom ? Cette dernière supposition pourrait bien être la plus vraie, car M. Baucher, avant tout, était une nature essentiellement militante.

Toujours est-il que, reniant ses anciens errements, il devint ainsi son propre contradicteur, et le plus radical de tous. Il renonça tour à tour au « ramené », puis au « rassemblé », ces bases fondamentales de sa première doctrine ! La conséquence forcée de cette singulière apostasie était la suppression des « flexions » et des « attaques par l'éperon », les deux souverains auxiliaires, pour arriver à assouplir le cheval en partie d'abord, en son tout ensuite.

Aussi commença-t-il par substituer à l'étoile à cinq pointes perçantes comme des aiguilles une molette tout à fait ronde et inoffensive. Bientôt même, cette modification ne lui parut plus suffisante, cette sorte de pièce de dix sous fut enveloppée d'étoffe pour qu'elle fût encore moins agressive. Enfin — et c'était plus simple — il supprima tout à fait l'éperon !

Quant au « ramené », quant à la « légèreté » il n'en fut plus question. M. Baucher enseigna qu'on ne devait plus s'inquiéter de la position de la tête du cheval ; mieux encore, qu'il fallait toujours la tenir haute sans lui permettre jamais de revenir à la position perpendiculaire ; enfin, il préconisait de ne plus monter qu'avec un bridon !

M. Baucher ayant fini par s'apercevoir qu'à moins d'être en possession du tact tout particulier qu'il avait, sa méthode arrivait forcément à l'anéantissement complet du cheval, il s'était décidé à se jeter dans l'excès contraire.

Il est inutile d'ajouter après cela que sous ce nouveau jour M. Baucher n'est plus Baucher, ce n'est même plus une personnalité ; aussi n'insisterons nous pas. Nous nous contenterons de citer l'opinion de M. de Montigny sur le changement du célèbre écuyer.

« Baucher était un génie. Il m'a appris à raisonner, à chercher. Dans sa première école, il y avait du bon pour le cirque (pour vingt minutes de représentation) ; pour le dehors et l'équitation militaire, ce n'était rien, absolument rien. Dans la seconde école de Baucher, qui se rapprochait un peu de l'ancienne école, le cheval avait plus de perçant, mais l'arrière-main écrasée, le devant trop haut étaient contraires à l'équilibre horizontal et à la progression harmonieuse du cheval de service.

« Il y avait donc entre les deux époques de Baucher un mariage de convenance à faire : *In medio virtus.*

« La légèreté Baucher, absolue au dehors et au dedans, n'est qu'une chimère ou le privilège de certains chevaux doués d'un équilibre naturel. »

C'est en 1867 que *M. Merche*, vétérinaire principal à l'École publia son *Étude extérieure sur les formes du cheval.*

Comme inventions en maréchalerie, nous avons à signaler le fer de *M. Withers*, vétérinaire anglais, *fer en deux pièces* qui n'est qu'une modification du fer Sempastous.

A la même date, *M. Peillard*, capitaine de gendarmerie, exagérant beaucoup les inconvénients de la ferrure ordinaire proposa un fer articulé en pince par une échancrure en forme de V, fer qu'il appelait *fer élastique* ou ferrure physiologique. Ce n'est autre chose qu'un fer Sempastous ou Withers légèrement modifié. M. Peillard, adoptant une étampure rectangulaire, se servait des clous anglais.

1867

ETAT-MAJOR DE L'ÉCOLE

Crespin	Général de brigade.	Dessort.	Capit. instructeurs.
Hainglaise	Colonel.	De la Laurencie.	
L'Hotte.	Lt-col. écuy. en chef	Longuefosse.	
Nérin.	Lt-col. instr. en chef	Bobin.	
Humbert.	Ch. d'esc., prof. d'art et d'hist. militaire.	Loth.	
		Laferrière.	
De Liniers	Ch. d'es., inst. en chef	Desfrançois de Ponchalon	
Boulligny.	Major.	Delorme.	Capitaines écuyers.
Lardeur.	Capitaine trésorier.	Renaudot	
Dabiot	Capit. d'habillement.	Fradin de Bélabre.	
Probst	Lieut. adj. au trésor.	Piétu.	
Bizot.	S.-lieut. porte-étend.	Charnier	Lieut. instructeurs.
Person	Cap. dir. de l'arçonn.	Courtiel	
Aubouin.	Lieut. s.-dir. de l'arç.	Jourdeuil	
Trudeau	Méd. princ. de 2e cl.	De Clauzade de Mazieux	
Guimberteau.	Méd. aide-major.	Brenier	S.-lieut. s.-écuyers.
Merche	Vét. princ. dir. du h.	Henrys d'Aubigny	
Bernard.	Vét. en 1er, pr. de mrie	Javey	
Bonnet-Large	Vétérinaire en 2e.	Laforgue de Bellegarde	

OFFICIERS ÉTRANGERS

SUIVANT LES COURS DE L'ÉCOLE

Ewerloff }
Strahle } Lieut. de la cavalerie suédoise.

OFFICIERS DE GENDARMERIE

Capitaines.		*Lieutenants.*	
Panchet.	Jehl.	Mercier.	Thiriet.
Le Maitre.	Hentz.	Saux.	Bertrand.
Mazière.			

LIEUTENANTS D'INSTRUCTION

Fontaine de Cramayel.	Garié.	Philibert.	Duverger de Cuy.
Plessis.	Larnac, artill.	Baldit.	Moureau, artill.
De Benoist.	Guillot, train.	De Raity de Villeneuve de Vitré.	Dessolle, train artill.
Deboille.	De Bouteiller.	Delangle, artill.	Boullin Saint-Amand, train.
Leynia.	Junière, train artill.		
Berville.	De France, artill.		

SOUS-LIEUTENANTS

Delafont.	Moreau de Bellaing.	Amighi de Casanova.	Portalis.
De Chauvelin.	Rivoire.	De Morell d'Aubigny d'Assy.	De Bonardi.
Laprévote.	Le Moine de Margon.	Geslin de Bourgogne.	De Laurens Castelet.
De Junquières.	De Forsanz.	Azéma.	D'Astanières.
Joannès.	De Villeneuve.	De Monspey.	D'Hennezel.
Royer.	D'Andurain.	De Pérignon.	Bardy.
Branche.	De Ginestous.	Blouquier de Trélan.	Ricard.
De Lesparda.	De Goulaine.	Marguin.	De Chaine de Bourmont.
Desange de Bibal.	Duval.	De Juge Montespieu.	De Barral.
Moreau.	Mouchard de Chaban	Dumas de Marveille.	Du Parc.
Reynold de Sérésin.	Lagarde.		Walon.
Buffet.			

AIDES-VÉTÉRINAIRES STAGIAIRES

Wiart.	Bernard.	Fumet.	Dreuilh.
Léniez.	Lagriffoul.	Aureggio.	Burck.
Angot.	Baldenwerk.		

Ce fut le 1er janvier 1868 que la musique de l'École de cavalerie fut définitivement supprimée ; le cadre des trompettes fut fixé à un maréchal des logis trompettes, un brigadier, 13 trompettes et 4 élèves.

Le 26 janvier parut l'instruction sur la manière de combattre à pied des cavaliers armés du fusil, modifiant celle du 1er septembre 1831. Nous avons vu que le conseil d'instruction de l'École avait été chargé d'en rédiger le projet.

Le 28, une décision ministérielle rendit définitive et obligatoire pour tous les corps de cavalerie, les spahis exceptés, l'instruction sur l'escrime du sabre et de la lance à cheval.

Le 6 avril, le Ministre de la guerre, vu la réduction du temps de service de par la nouvelle loi sur le recrutement, réduisit à un an le cours des élèves maréchaux. Dix ouvriers de la division sortante devaient être conservés comme moniteurs et pour satisfaire aux besoins courants.

Le 8 mai, une décision ministérielle prescrivait la mise en essai d'une instruction provisoire pour exercer les hommes et les chevaux à passer les cours d'eau à la nage.

Le 3 juin, le Ministre de la guerre confia au Conseil d'instruction de l'École le soin de rédiger une instruction provisoire pour la charge, le maniement, le montage et le démontage du fusil de dragons transformé au chargement par la culasse.

Le 3 août, l'atelier d'arçonnerie fut doté par le Ministre d'un nouvel outillage à fabriquer les arçons dû à l'invention de sieur Tiré, mécanicien. C'était : 1° une machine à faire les assemblages avec ses accessoires ; 2° une machine à faire les mortaises pour le passage des étrivières dans les bandes d'arçons ; 3° 18 clefs de différentes grosseurs ; 4° une scie sans fin avec poulie.

Le 6 août, à l'occasion du carrousel annuel, le Ministre de la guerre fit hommage à l'École de quatre prix : un revolver, un harnachement anglais, un porte cigares et une cravache.

Mais le Ministre interdisait formellement aux officiers de prendre part aux courses avec leurs chevaux d'armes : « les courses militaires n'ayant produit depuis leur institution aucun résultat au point de vue de l'amélioration de l'instruction équestre de nos officiers, elles ont été définitivement abandonnées. »

En 1868, il n'y eut qu'un jour de courses à Saumur, par suite de la suppression des courses militaires, ce fut le 6 septembre. Le carrousel eut lieu le lendemain.

COURSES DE SAUMUR

Troisième course. — Steeple-chase (Gentlemen riders). — 1,000 francs. — Première, *Haydée*, montée par *M. Chaverondier.* — Deuxième, *Kamy*, monté par *M. d'Aubigny.*

Quatrième course. — Steeple-chase. — Handicap. — 2,000 francs. — Pour gentlemen ou jockeys. — Un seul cheval partant : *Haydée*, montée par *M. Chaverondier.*

Cinquième course. — Prix de consolation : 800 francs. — Steeple-chase (Gentlemen riders). Handicap. — 2,500 mètres et dix obstacles. — Premier, *Pistolet*, monté par *M. de Bellaing.* — Deuxième, *Volte-Face*, monté par *M. d'Aubigny.*

Le 2 octobre, le *général Féray* arriva à Saumur, pour passer l'inspection générale de l'Ecole; la revue d'honneur eut lieu le 11 ; le 12, le général inspecteur fit expérimenter en sa présence, par les sous-officiers titulaires, la charge du fusil et l'escrime du sabre, ainsi que certains mouvements de l'ordonnance, en employant le *trot à l'anglaise.*

C'est en 1868 que *M. Bernard*, vétérinaire en 1er, professeur de maréchalerie à l'École, publia son ouvrage intitulé : « *Modifications qu'il conviendrait d'apporter à la ferrure des chevaux de l'armée.* »

C'est cette même année que *M. Coutela*, vétérinaire en 1er, fit connaître le clou de son invention qui n'est autre que le *clou Delperier modifié*, avec un épaulement.

A la même date *M. Dupon*, vétérinaire militaire, fit connaître sa ferrure à la gutta-percha, avec le fer à planche, pour élargir les pieds encastelés. « La gutta-percha, ramollie préalablement à l'eau chaude et malaxée dans les doigts, est étendue sur toute la partie postérieure du pied... Le fer à planche est ensuite incrusté dans cette substance et broché, lorsque cette dernière a acquis une résistance complète. »

1868

ÉTAT-MAJOR DE L'ÉCOLE

CRESPIN	Général de brigade.
HAINGLAISE	Colonel.
L'HOTTE	L^t-col. écuy. en chef.
NÉRIN	L^t-col. instr. en chef
DE LINIERS	Chef d'esc. instruct.
ALLAVÈNE	Chef d'esc. prof. d'art et d'hist. militaire.
BOULLIGNY	Major.
LARDÉUR	Capitaine trésorier.
DARIOT	Capit. d'habillement.
PROBST	Lieut. adjoint au trés.
BIZOT	S.-lieut. porte-étend.
PERSON	Cap. dir. de l'arçonn.
AUBOUIN	Lieut. s.-dir. de l'arç.
TRUDEAU	Méd. princ. de 2e cl.
GUIMBERTEAU	Méd. aide-major de 1re classe.
MERCHE	Vét. princ. dir. du h.
BERNARD	Vét. en 1er, pr. de m^{rie}
BONNET-LARGE	Vétérinaire en 2e.

DE LA LAURENCIE		Capit. instructeurs.
LONGUEFOSSE		Capit. instructeurs.
ROBIN		Capit. instructeurs.
JOUVE		Capit. instructeurs.
LOTH		Capit. instructeurs.
LAFERRIÈRE		Capit. instructeurs.
TIRET		Capit. instructeurs.
DESFRANÇOIS DE PONCHALON		Capit. instructeurs.
RENAUDOT		Capitaines écuyers.
FRADIN DE BÉLABRE		Capitaines écuyers.
PIÉTU		Capitaines écuyers.
MASSIET		Capitaines écuyers.
CHARNIER		Lieut. instructeurs.
JOURDEUIL		Lieut. instructeurs.
LEPLUS		Lieut. instructeurs.
DE CLAUZADE DE MAZIEUX	Lieut.	s.-écuyers.
RÉPÉCAUD	Lieut.	s.-écuyers.
LAFORGUE DE BELLEGARDE	Lieut.	s.-écuyers.
HENRYS D'AUBIGNY	S.-l.	s.-écuyers.
JAVEY	S.-l.	s.-écuyers.
MOREAU DE BELLAING	S.-l.	s.-écuyers.

OFFICIERS ÉTRANGERS

SUIVANT LES COURS DE L'ÉCOLE

Baron de Höpken. . . . . Lieut. de la cavalerie suédoise.
Loupon. . . . . Lieut. de la cavalerie roumaine.

OFFICIERS DE GENDARMERIE

SUIVANT UN COURS A L'ÉCOLE

Capitaines.

Boixède-Danglade.
De Simorre.
Goussot.
Le Doyen.
Aimoy.
Loison.
Gautier.
Levêque.

Lieutenants.

Basset.
Mathieu.
Haristoy.
Leseurre.

LIEUTENANTS D'INSTRUCTION

De Briey.
Gaucher.
D'Abel de Libran.
Bouaissier de Bernouïs.
Van Schalkwyck de Boisaubin.
Lageon.
Gaudin.
D'Haranguier de Quincerot.
De Christen.
Cachelot.
Colinet de Labeau.
De Lancrau de Breon, artill.
Portalis.
Daguet.
Nicollet, artill.
D'Oullenbourg.
Beauregard, artill.
De Formel de la Laurencie.
Gravelle.
Varloud.
Flosse.
Durand, artill.
Moriot, train.
Chevalot.
Rothé.
Donnadieu, train.
Samin, artill.

SOUS-LIEUTENANTS

De Benoist.
Cuny.
Mirleau d'Illiers des Radrets.
Parenty.
De Villars.
Lardier.
De Masson d'Autume
D'Agoult.
De Maillier.
Pascaud.
De Montrichard.
De Ganay.
De Gérard.
De Fontane.
De Villers.
Lebrun.
Ledochowscki.
Boulé.
D'Hombres.
Lemercier de Maisoncelle-Vertille de Richemont.
Bouthol.
Pourtier.
De Tricornot.
De Laitre.
De Chabot.
De Mont-Réal.
Gelinet.
Burignot de Varenne.
Thoron.
Andréani.
Leplus.
Castelnau.
Thomas de Bosmelet.
Gros.
Taratte.
Lemasne.
Magre.

AIDES-VÉTÉRINAIRES STAGIAIRES

François.
Husson.
Roussel.
Puthoste.
Bordet.
Bellon.
Grosdemange.
Boelle.
Quétin.
Rouillard.
Haiblet.
Lemut.
Zimmerman.
Corps.

Au commencement de 1869, le *général Michel* vint prendre le commandement de l'École de cavalerie en remplacement du général Crespin, promu au grade de général de division.

Le général Michel avait débuté dans la carrière militaire le 5 novembre 1836, comme élève à l'École spéciale militaire. Il en sortit le 1er octobre 1838 avec le grade de sous-lieutenant au 1er hussards et vint faire un cours à Saumur jusqu'au 1er octobre 1840, d'où il passa avec son grade au 9e cuirassiers. Le 17 juillet 1842, il passait au corps de cavalerie indigène, escadron d'Oran, et resta de cette date au 18 août 1854 en Afrique, où il conquit non seulement ses grades, mais une réputation d'énergie justement méritée. Le 12 septembre 1843, il était cité dans le rapport du colonel Géry, commandant la colonne expéditionnaire de Mascara, pour sa belle conduite dans un combat livré aux Arabes. Le 23 juin 1844, il était nommé lieutenant, et le 14 août cité dans le rapport du général Bugeaud pour sa belle conduite à la bataille d'Isly. Le 11 septembre de la même année, il était encore cité dans le rapport du général Korte, commandant la colonne expéditionnaire d'Oran, pour sa belle conduite dans un combat livré aux Arabes. Le 3 août 1845, il passait au 2ᵉ spahis, et le 23 décembre il était nommé capitaine. Le 8 août 1847, il était fait chevalier de la Légion d'honneur. Le 20 novembre 1853, il se signalait encore au combat de Tigry et obtenait une citation à l'ordre pour la vigoureuse charge à fond conduite par lui et qui termina cette affaire. Le 4 février 1854, il était nommé chef d'escadrons ; le 20 avril suivant il passait dans le service des remontes. Le 18 août 1854, il est replacé au 5ᵉ chasseurs, mais il ne tarde pas à rechercher son ancienne vie d'Afrique ; le 26 septembre 1855, il passe avec son grade au 3ᵉ chasseurs d'Afrique. Le voilà de retour en Algérie où il va rester jusqu'au 23 février 1861. Le 18 juillet 1856, le commandant Michel se signale encore par sa bravoure et est cité à l'ordre de la division de Constantine pour la charge vigoureuse qu'il a faite à la tête de trois escadrons de cavalerie régulière et des goums, dans la plaine de Shikhra, contre les douars insurgés, et avoir, malgré une résistance opiniâtre, sabré et culbuté l'ennemi. Le 3 octobre suivant, il est nommé lieutenant-colonel au 2ᵉ spahis, puis colonel le 16 novembre 1859. Il est fait officier de la Légion d'honneur le 19 septembre 1860. Il prend le commandement du 4ᵉ lanciers le 25 janvier 1861, et le 26 août 1863 est fait commandeur de la Légion d'honneur. Colonel des chasseurs de la garde le 21 décembre 1866, il était nommé général de brigade le 27 février 1868, et le 28 décembre suivant recevait le commandement de l'École de cavalerie.

Le 23 juin 1869, le Ministre de la guerre rappela à l'École de cavalerie qu'il interdisait formellement aux officiers de figurer sur aucun hippodrome avec leurs chevaux d'armes, et à plus forte raison de faire participer les chevaux de carrière ou de manège de l'École à aucune course plate, ni même à aucun steeple-chase. De même que les années précédentes, il offrait quatre prix, mais pour les exercices du carrousel. Il n'y eut donc pas cette année-là de courses militaires.

Le 23 septembre, l'École donna un assaut d'armes dirigé par le maître d'escrime, l'adjudant Chavet. Cette fête eut lieu sous le pérystile de l'escalier d'honneur, admirablement décoré pour la circonstance.

Le 23 octobre, le programme des cours des sous-lieutenants fut modifié, le Ministre de la guerre ayant fait observer que l'on devait plutôt tendre à faire de ces jeunes gens des officiers de cavalerie que des instructeurs.

1° Bases de l'instruction. Enseigner seulement les articles 1, 2 et 9; ce dernier article ne devant pas être appris littéralement ; — 2° Leçons du cavalier à pied. Tous les mouvements relatifs au fusil étant modifiés pour s'adapter à la nouvelle carabine chassepot ; — 3° Leçons du cavalier à cheval. Tous les mouvements relatifs au fusil également modifiés ; — 4° École de peloton à cheval. Les mouvements par 4 ne seront ni enseignés ni appris jusqu'à nouvel ordre ; — 5° École de l'escadron à cheval. Les mouvements par 4 ne seront ni enseignés ni appris jusqu'à nouvel ordre. Les quatre articles de cette école seront appris et exécutés.

Observation générale : Pour toutes les branches de l'instruction ci-dessus indiquées, on n'apprendra *littéralement* que les explications qui doivent être données à la troupe. Toutefois, il y aura une exception pour toutes les progressions des leçons à pied et à cheval, des écoles de peloton et d'escadron, qui continueront d'être apprises littéralement.

6° Évolutions de régiment. Elles seront expliquées par le capitaine instructeur, et les officiers n'auront qu'à en rendre compte ; — 7° Travail individuel. Rendre compte ; — 8° Cours de tir. Suspendu jusqu'à nouvel ordre ; — 9° Cours d'hippologie. Supprimer le mot *abrégé* dans le titre de ce cours, auquel seront réunis les cours de ferrure et de harnachement ; — 10° Art militaire. On y ajoutera dix séances sur l'administration ; — 11° Levers topographiques ; — 12° Instruction équestre conservée sans aucune modification.

En 1869, l'École eut la visite d'un officier belge : le colonel *Ollivier*.

L'année 1869 fut fertile en ouvrages de maréchalerie. C'est à cette époque que *Laquerrière* fit paraître son *désencasteleur à pinçons mobiles*. C'est à cette date aussi que *M. Goyau*, vétérinaire principal, qui avait marqué comme professeur à Saumur et à Saint-Cyr, publia la première édition de son *Traité pratique de maréchalerie*, qui est certainement l'ouvrage le plus complet de l'époque. Pour tous ses chapitres il a puisé aux meilleures sources, mais c'est à lui que l'on doit une description précise des qualités du fer ordinaire et les règles mathématiques pour parer le pied d'aplomb et au degré voulu. On y trouve une foule d'excellents conseils pour tout homme de cheval. Le seul reproche à faire à ce livre, qui serait parfait sans cela, c'est son tour critique, quelquefois même acerbe, qui laisse incertaine l'opinion de ses lecteurs.

La maréchalerie n'était pas moins soigneusement étudiée à l'étranger. Nous avons à signaler en Allemagne l'ouvrage de *M. Erdt*, qui parut à Breslau sous le titre de *la Ferrure rationnelle*. Celui de *Gross et Meyer*, qui parut à Stuttgard sous le titre de *l'Art du Maréchal*.

Le fer à ajusture contraire du vétérinaire allemand Meyer est plus épais à la rive interne qu'à la rive externe, et le pied pose, à tout son pourtour, sur un plan incliné de dedans en dehors. Cette disposition, d'après l'inventeur, amène forcément la dilatation du pied.

Mais le plus marquant des ouvrages allemands est sans contredit la *Ferrure rationnelle* de *M. Dominick*, vétérinaire militaire, professeur à l'École de maréchalerie de Berlin. C'est le pendant du Traité de maréchalerie de Goyau. Notre cadre d'étude nous restreignant forcément, nous ne pouvons nous étendre sur ce sujet. Disons seulement en passant que M. Dominick est l'inventeur d'un appareil constatant la dilatation du pied, et des fameuses chevilles en tronc de pyramide entrant dans des mortaises rectangulaires, qui ont été adoptées comme ferrure réglementaire d'hiver pour l'armée allemande et qui ont été aussi expérimentées en France.

Cependant, pour dire vrai, nous devons ajouter que nos recherches nous ont fait découvrir ces mêmes chevilles dans un ouvrage allemand d'équitation du XVIIe siècle. M. Dominick les a-t-il exhumées en gardant le secret de leur incognito ou s'est-il seulement rencontré avec son ingénieux prédécesseur, c'est ce qui reste à savoir. Toutefois, cette coïncidence ne peut atteindre que l'amour-propre d'auteur de M. Dominick, qui reste malgré tout un savant professeur de maréchalerie, et auquel on doit toute une série d'idées nouvelles sur la ferrure, parmi lesquelles nous citerons ses aperçus sur les bleimes, les seimes, l'encastelure et la fourbure.

En Angleterre parut aussi un important travail sur la maréchalerie. C'est le livre de *M. Flemming*, vétérinaire militaire, ayant pour titre *Fers et Ferrures*, et qui représente l'histoire la plus complète de la maréchalerie ancienne et moderne. C'est l'œuvre d'un savant. La partie pratique est évidemment due à un homme du métier doublé d'un homme de cheval.

Il faut citer de M. Flemming, son rapporteur servant à mesurer l'inclinaison de la paroi pour conserver au cheval non plus des aplombs conventionnels, mais des aplombs naturels auxquels se sont faits ses tendons.

1869

ÉTAT-MAJOR DE L'ÉCOLE

MICHEL	Général de brigade.	DARIOT	Capit. d'habillement.
HAINGLAISE	Colonel comm. en 2e.	PROBST	Lieut. adjoint au trés.
L'HOTTE	Colonel écuy. en ch.	BONNET	S.-lieut. porte-étend.
NÉRIN	Lieut.-colonel instr.	PERSON	Cap. dir. de l'arçonn.
ALLAVÈNE	Chef d'esc. prof. d'art et d'hist. militaire.	AUBOUIN	Lieut. s.-dir. de l'arç.
		TRUDEAU	Méd. princ. de 2e cl.
GERHARDT	Chef d'esc. instruct.	CAHOURS	Méd. aide-major de 1re classe.
BOULLIGNY	Major.		
LARDEUR	Capitaine trésorier.	MERCHE	Vét. princ. dir. du h.

ÉTAT-MAJOR DE L'ÉCOLE (Suite).

Bernard	Vét. en 1er, pr. de m^{rie}	Renaudot		
Bonnet-Large	Vétérinaire en 2e.	Piétu		
Longuefosse		Massiet		Capitaines écuyers.
Bobin		Poullard		
Jouve		Aoust de Rouvèze		
Loth		Leplus	Lieut. instructeur.	
Jocteur de Monzorier	Capit. instructeurs.	De Clauzade de Mazieux	Lieut.	
Laferrière		Répécaud	Lieut	
Tiret		Laforgue de Bellegarde	Lieut.	
Desfrançois de Ponchalon		Javey	S.-l.	s.-écuyers.
		Pascaud	S.-l.	
		Ezemar	S.-l.	

OFFICIERS DE GENDARMERIE

SUIVANT LES COURS DE L'ÉCOLE

Bloz	Lieut.	Raguin	Lieut.	Giraud	Lieut.	Mairet	Capit.
Jolly	Lieut.	Le Pellerin	Lieut.	Duperré	Capit.	Ottaviani	Capit.
Desmontils	Capit.	Beaumont	Lieut.	Tozza	Capit.		

OFFICIERS D'INSTRUCTION

De Benoist	Lieut.	Lelong	L^{t}, artill.	Briot de la Mallerie	Lieut.	Dormeyer	S.-l., train.
Roulliès	Lieut.	De Mont-Réal	Lieut.	Pistollet de Saint-Ferjeux	Capit.	Lefilliatre	L^{t}, artill.
Rogerol	Capit.	De la Rivère	Lieut.	Collot	S.-l., train.	Moreau	Lieut., artill.
Jourdain	Lieut.	Guillaume	Lieutenant, artill.	Decrox	Lieut.	Pinte	Lieut., artill.
De Cleric	Lieut.	Massing	Lieut.	Julien	Lieut., artill.	Beaudouin-Douchain	Lieut., artill.
Kronn	Lieut.	Meert	Lieut., artill.	D'Arboussier	L^{t}, artill.	Vaillandet	S.-l., train.
Cuny	Lieut.	De la Pierre	Lieut.				
Cersoy	Lieut.						

SOUS-LIEUTENANTS

De Moulins de Rochefort.	Rouvray.	Serve.	Perrot de Chazelle.
D'Aviau de Piolant.	De Froissard de Broissia	De Selle.	De Levis-Mirepoix.
Baudens.	Escudier.	De Grand de Vaux.	De Rougé.
Trameson.	De Witte.	Daustel.	Maûr.
Garnier de Labareyre.	Fouraux.	Perrot de Chazelle.	D'Heillimer.
Orfaure de Tantaloup.	D'Hombres.	Sarrailh.	Choquet
Deruelle.	Delmas de Grammont.	De Sarret de Grozon.	Ogier d Ivry.
Burnez.	De Lacroue de la Mettrie.	Barbier.	Desmousseaux de Givré.
Du Broc de Segange.	Lagroy de Croutte de Saint-Martin.	De Reinach-Werth.	Allègre.
De Lur Saluces.		De Cossé Brissac.	Thibaut de Menonville.
Dupré.		De Milly.	Ogier d'Ivry.

AIDES-VÉTÉRINAIRES STAGIAIRES

Neumann.	Dague.	Callot.	Lauraint.
Blaise.	Rousseau.	Reynaud.	Henry.
Langard.	Cazalas.	Ausset.	

Le 7 février 1870, l'École de cavalerie eut la visite de l'*archiduc Albert d'Autriche*.

Bien que l'archiduc voyageât incognito sous le nom de comte de Friedek, l'état-major de l'École de cavalerie l'attendait le dimanche soir à la gare, et un piquet lui fit escorte jusqu'à l'hôtel Budan, où le prince descendit.

Le 8 au matin, l'oncle de l'empereur d'Autriche visita avec le plus grand intérêt les divers services de l'École. Le mauvais temps ayant empêché les exercices habituels du Chardonnet, le général Michel fit exécuter dans le grand manège une reprise des écuyers, qui fut suivie du travail des sauteurs en liberté et de reprises de différentes catégories d'élèves.

La précision de ces exercices surprit l'archiduc Albert, qui en exprima toute sa satisfaction.

L'après-midi, les manœuvres reprirent en sa présence; le prince put juger du degré d'instruction des différentes divisions d'officiers et d'élèves. Son appréciation, qui fut des plus favorables, avait pour les instructeurs de l'École une véritable valeur : l'archiduc Albert était, en effet, l'un des officiers généraux de l'armée d'Autriche les plus distingués. C'est lui qui avait remporté la victoire de Custozza.

Le prince Albert était accompagné de deux hommes également très compétents en cavalerie : son aide de camp le *général Edelsheim*, et le *colonel comte de Wlashem*. Le général Edelsheim était, on le sait, le grand réformateur de la cavalerie autrichienne, et ce sont ses propres principes que son ami le colonel L'Hotte est allé chercher en Autriche pour servir de base à nos réformes après 1870.

Le colonel L'Hotte monta devant l'archiduc son cheval si admirablement dressé auquel il fit exécuter une reprise de haute école. Ce travail frappa beaucoup le prince autrichien, qui en exprima publiquement son admiration.

A trois heures, l'archiduc, accompagné des officiers supérieurs de l'École, monta au château, qu'il visita, puis repartit à 4 heures pour Nantes.

Le 8 mai, toute l'École prit part au vote du plébiscite.

L'École de maréchalerie tenait toujours sa réputation; le 11 mai, elle remportait la grande médaille d'or au concours de maréchalerie de Valence. Deux médailles de bronze avaient été également accordées aux cloutières fabriquées dans les ateliers de l'École, et l'élève maréchal Cabarat avait obtenu le troisième prix pour la ferrure du mulet.

Le 28, un modèle de cloutière de campagne, présenté par deux élèves maréchaux de l'École, fut accepté par le Ministre pour être essayé dans les corps.

Au commencement de juin, l'École fut visitée par deux officiers prussiens : le capitaine d'état-major *von Lencke* attaché à un régiment de hulans, et le lieutenant de cavalerie *von Pfordten*.

Le 14 juillet, le Ministre de la guerre, en annonçant la déclaration de guerre, décida que tous les militaires détachés à l'École rejoindraient immédiatement leur corps par les voies ferrées. A défaut des examens de sortie habituelle, il devait être procédé d'urgence au classement des différentes catégories d'élèves, d'après les notes données pendant l'année 1868-1869.

Tous les élèves quittèrent l'École le 18. Cent chevaux d'armes furent dirigés sur le dépôt de remonte de Paris pour la remonte des officiers sans troupes. Les chevaux de manège entiers furent versés au 1er hussards à Niort et au 3e hussards à Chambéry. Soixante chevaux destinés à la remonte des officiers sans troupes furent dirigés sur le quartier général du 1er corps d'armée à Strasbourg.

Le 19, le général Michel céda le commandement de l'École au *colonel Hainglaise*, pour prendre le commandement de la 3e brigade de la division de cavalerie du 1er corps d'armée. Cette brigade était composée du 8e et 9e cuirassiers; son dévouement héroïque à Reischoffen est resté légendaire.

1870

ÉTAT-MAJOR DE L'ÉCOLE

Michel	Général de brigade.
Hainglaise	Colonel.
L'Hotte	Colonel écuy. en chef
Nérin	Lieut.-col. comm. les divisions d'officiers
Gerhardt	Chef d'esc. comm. les divisions de troupe.
Allavène	Chef d'esc. prof. d'art et d'hist. militaire.
Boulligny	Major.
Lardeur	Capitaine trésorier.
Dariot	Capit. d'habillement.
Probst	Lieut. adjoint au trés.
Bonnet	S.-lieut. porte-étend.
Longuefosse	Capit. instructeurs.
Bobin	
Jouve	
Loth	
Jocteur de Monrozier	
Tiret	
De Ponchalon	
Jourdeuil	
Leplus	Lieut. instructeur.
De Cléric	Lieut. instructeur.
Piétu	Capitaines écuyers.
Massiet	
Poullard	
De Rouvèze	
De Clauzade de Mazieux	Lieut. sous-écuyers.
Répécaud	
De Bellegarde	
Javey	S.-lieut. s.-écuyers.
D'Aviau de Piolant	
Ezemar	
Person	Cap. dir. de l'arçonn.
Aubouin	Lieut. s.-dir. de l'arç.
Labit	Offic. compt de l'arç.
Trudeau	Méd. princ. de 2e cl.
Meunier	Méd.-major de 1re cl.
Danyaud	Pharm. maj. de 1re cl.
Robert	Offic. d'adm. compt. de l'hôpital.
Casanova	Adjud. d'administrat.
Merche	Vétérinaire principal.
Bernard	Vét. en 1er, pr. de m^{rie}
Caussé	Vétérinaire en 2e.

OFFICIERS DE GENDARMERIE

Capitaines.

Mège. Jubault. Martin. Jordy. Donati. Madin. Haudebourt.

Lieutenants.

Chamoin.
Drevon.
Borges.
Secret.
Blanc.
Vienet.
Vigier.
Rossignol.
Leguey.
Brem.
Massicot.
Rouyer.
Rager.

Capitaines.

Morel.
Kluber.
Ganssail.

Lieutenants.

Carrière.
Chauvier.
Désormais.
Clerc.
Mayé.
Reiss.
Bonnaire.
Duneufgermain.
Dupias.
Thiébauld.

LIEUTENANTS D'INSTRUCTION

De Roquefeuil.
Poulléau.
De Clauzade de Mazieux
De Clauzade de Mazieux — Sous-écuyer.
Rozat de Mandres.
Richard.
Répécaud.
Cuny.
De Noue.
De la Moussaye.
Cabrol.
Ponneau.
Devoltz.
De Butler.
Vergne.
Pelletier.
Vignot — Artillerie.
Orbion — Artillerie.
Dubruy — Artillerie.
Berger — Train.
Le Pomellec — Artill.
Gravier de Vergennes.
Toret — Train, artill.
Dandignac — Artillerie.
Siffert — Train.
Doyen — Artillerie.
Lavenu — Artillerie.
Lassime.
Brussol.
De Piquet de Vignolles de Juillac.
Angenoust — Artillerie.

SOUS-LIEUTENANTS D'INSTRUCTION

De Sesmaisons.
Benoit.
Heurtault de Lammerville.
Morris.
Bouvier.
De Nouel.
De Renouard de Sainte-Croix.
Le Secq de Crépy.
Steiner.
De Hennezel d'Ormois.
Audéoud.
Hainglaise.
Bossion.
De Bizemont.
Du Boisguéheneuc.
Fournier de Boisairault
Masson.
De Maistre.
Courtès-Lapeyrat.
Ménétret.
Davy de Chavigné.
Davach de Thèze.
De Poulpiquet du Halgouet.
Renouard de Bussierre.
Millet.
Odent.
Micard.
Sève.
De Lachaise.
Pellé de Quéral.
Neuiller-Nogueira.
Petit.
Gamel.
De Préval.
De Montangon.
D'Auberjon.
De Marin de Montmarin.
De Fricon.
Jurine.
Guimet de Juzancourt.
De la Chère.
De Polignac.
Malet.
De Mieulle.
De la Roche-Aymon.
Harty de Pierrebourg.
Devezeaux de Rancougne.
De Dampierre.
De Pleurre.
Des Ligneris.
De Toustain.
Charbonnier de la Guesnerie.
De Vanel de Lisleroy.
De Lannay de la Mothaye
De Cambis-Alais.
Amiot.
De Maillart de Landreville.

AIDES-VÉTÉRINAIRES STAGIAIRES

Voinier.
Perrin (Ch.).
Romary.
Perrin (L.).
Broyer.
Poitevin.
Audais.
Perrey.
Paugoué.
Bourguet.

Le 27 août 1870, le personnel et les chevaux de la section de cavalerie de Saint-Cyr furent transférés à Saumur.

Le 3 septembre, les cavaliers de remonte et les arçonniers furent transférés au château pour laisser l'École aux divers régiments qui devaient venir s'y former.

En effet, le 15 du même mois, les débris de divers régiments de cavalerie, qui avaient pu échapper au désastre de Sedan, commencèrent à se réunir à Saumur pour former de nouveaux régiments.

Le 23, il arriva 130 hommes du 3ᵉ lanciers, 60 du 1ᵉʳ chasseurs à cheval et une vingtaine du 9ᵉ chasseurs; l'effectif en chevaux était de 150 chevaux et quelques mulets.

A la même date arrivèrent neuf pièces d'artillerie qui furent montées au château.

Le 24, le bataillon de mobile de Saumur, 1,200 hommes environ, quittait la ville pour gagner Bourges par les voies ferrées. Les plus chaleureuses ovations accompagnèrent les jeunes soldats saumurois jusqu'à la gare. Le bataillon de gardes mobiles, faisant partie du 29ᵉ régiment, devait entrer dans la composition du 15ᵉ corps d'armée. On sait la part brillante qu'il prit aux affaires de Coulmiers et d'Orléans.

Le 6ᵉ lanciers, reformé à Saumur sous les ordres du colonel Pollard, quitta la ville le 15 octobre.

Le 29, le Ministre de l'intérieur et de la guerre mit les bâtiments de l'École à la disposition des mobiles et mobilisés en formation dans la région.

On commençait à s'inquiéter, à Saumur, de l'approche de l'ennemi, et quelques utopistes proposèrent, pour s'en garantir, ni plus ni moins que d'inonder la vallée : « Les eaux ont assez monté pour permettre d'inonder la vallée de la Loire. Déjà les trois arches sur l'Authion sont barrées et l'eau se déverse à gauche et à droite dans les prairies. On espère qu'on pourra couvrir la campagne de 30 centimètres d'eau. La levée de Briacé sera coupée en amont, assez loin de Saumur. »

Le 2 novembre, il arriva à Saumur 3,800 gardes nationaux mobilisés de l'arrondissement de Cholet.

Le dimanche 6, à 9 heures du matin, le préfet de Maine-et-Loire passa la revue de la garde nationale de Saumur et de toutes les troupes présentes dans la ville; 7,000 hommes étaient rangés sur le quai de Limoges, depuis le square du théâtre jusqu'à Notre-Dame des Ardillers. Le soir, 1,200 mobiles quittèrent Saumur.

Le 9, ce fut le tour des gardes nationaux mobilisés de l'arrondissement.

Vers le milieu du mois, deux escadrons d'un régiment de gendarmerie de marche vinrent se former à Saumur. A la même date, on installa un atelier de cartouches pour fusil à percussion.

Le 14 décembre, les mobilisés de l'arrondissement de Cholet, jusque-là casernés à Saumur, prirent le chemin de fer pour gagner le Mans.

Au milieu du mois, différents corps de troupes se concentrèrent à Saumur. 1,500 francs-tireurs furent casernés au théâtre. Le total des troupes s'élevait à 12,000 hommes de tous corps et de toutes armes. La ville présentait un aspect extraordinaire.

4,000 hommes de cavalerie étaient attendus, ainsi que deux batteries de mitrailleuses. Des officiers du génie étaient venus inspecter les coteaux, ce qui faisait supposer un projet de défense. Mais on sait que le centre d'action se transporta au Mans.

Du 14 au 22 décembre, 15,500 hommes furent logés à Saumur tant chez les habitants que dans les divers casernements. On avait organisé autour de Saumur un service d'estafettes et d'éclaireurs.

Le 22, un bateau à vapeur, *le Mineur*, fut réquisitionné à Saumur pour transporter le matériel de l'École à Bordeaux. Le 26, les cadres de l'École, réduits à 6 officiers et 130 hommes de troupe (cavaliers de manège et arçonniers), évacuèrent la place de Saumur, se rendant à Angoulême, d'où à Bordeaux, le 31 janvier 1871. Ils ne devaient rentrer à Saumur que le 9 mai suivant.

Pendant la guerre de 1870, la France dut recourir à l'Angleterre pour compléter son matériel de harnachement. Les selles qui furent fournies étaient d'un modèle très simple. Ces selles à panneaux allaient à tous les chevaux. Les arçons, tout en bois de hêtre, étaient légers et s'appuyaient bien sur le dos des différents chevaux ; mais ils ont fait peu d'usage et ont demandé beaucoup de réparations, parce que, faits rapidement, on n'y avait pas mis toutes les ferrures nécessaires. Les lames, bien espacées, s'appliquaient bien sur le dos du cheval ; elles reposaient sur des panneaux descendant dans les quartiers comme dans la selle d'officier. Le siège était en cuir fort et cambré, fixé par de forts rivets devant et derrière. Il y avait à lui reprocher qu'il s'avachissait rapidement et que le cavalier se blessait alors au contact du bois. Les quartiers longs étaient également en cuir jaune, fort et fixé à l'arçon par des vis. La sangle, en cuir jaune de 80 millimètres de large, était bifurquée à ses extrémités.

En somme, cette selle était légère, et c'est elle qui a donné l'idée des bandes ou lames plus plates et plus évasées qui furent adoptées pour la selle de 1874.

La bride, assez simple, avait un licol large et solide ; le mors était à col de cygne et le filet, à clavette, s'engageait dans les anneaux carrés du licol.

Quant à la maréchalerie militaire, une décision ministérielle du 27 août 1870 y avait apporté une importante modification que nous devons relater : « les fers ne devaient plus être fabriqués d'après un poids déterminé, mais d'après des dimensions d'épaisseur et de largeur indiqués ».

A l'étranger, l'apparition des ouvrages des Goyau, des Flemming et des Dominick, avait donné de l'émulation à tous les hippiatres. En cette année 1870, nous avons à signaler le livre de *M. Brambilla*, professeur à l'École vétérinaire de Milan : *Théories sur les défauts du pied.*

Comme son titre l'annonce d'ailleurs, cet ouvrage est plus théorique que pratique. Nous ne releverons qu'une proposition de M. Brambilla, c'est un fer à ajusture inclinée dans le sens contraire à la déviation du pied.

Le 14 janvier 1871, le Conseil municipal de Saumur vota un crédit de mille francs pour les ambulances créées par la ville.

Le 19, l'École, qui s'était transportée à Angoulême, reçut l'ordre d'expédier les chevaux qui lui restaient sur différents corps de cavalerie : 10e cuirassiers à Niort; carabiniers à Lunel; 10e chasseurs à Libourne; 1er hussards à Maubourguet.

Le détachement de la 2e compagnie de cavaliers de remonte qui faisait le service à l'École fut dirigé, cadre compris, sur Perpignan, pour être versé au régiment des cuirassiers de l'ex-Garde.

Le 25, le colonel de la légion des mobilisés de Seine-et-Marne fut chargé de la défense de Saumur; des troupes furent envoyées de La Rochelle pour renforcer la garde nationale.

Au mois de février, l'École et l'atelier d'arçonnerie furent transportés à Bordeaux et installés au Tattersall et à l'établissement de la Renaissance. Et ce ne fut que dans les premiers jours de mai que l'École commença son retour à Saumur et vint y remplacer les batteries d'artillerie qui y étaient installées. Le personnel et le matériel de l'École de Saint-Cyr retourna également à cette École à la même date. L'atelier d'arçonnerie ne quitta Bordeaux qu'à la fin du même mois.

Les cavaliers de manège qui avaient été versés dans des dépôts de remonte revinrent à Saumur dans les premiers jours de septembre.

Le général *de Maubranche* vint à Saumur le 3 octobre pour passer la revue de l'École, alors commandée par le major.

Il y a longtemps que nous n'avons parlé des réglements d'exercices; c'est que, jusqu'à 1870, notre cavalerie avait vécu, malheureusement hélas, sur le réglement de 1829.

La guerre de 1870 avait montré quels services peut rendre une cavalerie instruite et bien dirigée, et fait voir combien les réformes étaient nécessaires en France. Cet ordre d'idées poussa beaucoup au travail.

Le comité de cavalerie avait préparé, en 1869 et 1870, la rédaction d'un *nouveau réglement d'exercices*; son impression avait été forcément ajournée par suite des événements. Le 10 août 1871, le Ministre de la guerre décida qu'il serait immédiatement publié et mis en pratique, *à titre d'essai*, dans les écoles militaires et les corps de cavalerie.

Le 4 septembre, une nouvelle décision ministérielle le rendit obligatoire au lieu et place de l'ordonnance de 1829 et des diverses instructions qui s'étaient succédées.

Il devait être fait, dans chaque régiment et école, des conférences dans lesquelles seraient discutées et étudiées les observations ayant trait à la mise en pratique du nouveau règlement, ainsi que les améliorations qui pourraient y être introduites. Nous y reviendrons au moment de la rédaction de son texte en 1872.

Le Ministre de la guerre prescrivait aussi l'application du service en campagne, en rappelant que cette instruction avait été trop négligée avant 1870, et il recommandait les observations de 1868 sur ce service. Mais nous devons quitter ce deuxième point de vue pour ne pas sortir de notre cadre déjà si étendu.

On commença aussi à réorganiser la cavalerie sur de nouvelles bases : 12 régiments de cuirassiers, 20 de dragons, 14 de chasseurs et 10 de hussards. Soit en tout, 56 régiments, dont 44 armés de fusils à longue portée et à tir rapide. Les lanciers étaient supprimés.

Nous avons deux mesures importantes à signaler dans cette réorganisation :

1° Le concours ouvert le 28 octobre pour l'établissement d'un *carnet aide-mémoire* à l'usage des officiers de cavalerie ;

2° La circulaire ministérielle du 20 novembre au sujet de *l'instruction équestre* dans les régiments de cavalerie, et de l'institution d'un *concours de dressage* de jeunes chevaux d'armes.

L'école de cavalerie devait bientôt reprendre le monopole de ces deux instructions.

Quant au harnachement, une décision ministérielle du 24 octobre substitua le cuir fauve au cuir noir, pour la confection des brides et des accessoires de selle.

Tableau chronologique

des Fers les plus usités de 1884 à 1889

1884

419 Dupon. Fer Lafosse modifié.

420 Trasbot. Fer pour seime en pince.

421 Ehelchovsky. Fer sans clous.

422 Fer en fonte à gorge large à la face inférieure, pour recevoir une bande de caoutchouc à frottement dur.

423 Patin contre les glissades, fourchette en caoutchouc vulcanisé sur plaque de cuir.

424 Patin Hédouin et Chéruau.

425 Patin Robert.

426 Patin Beucler (face inférieure).

427 Patin Beucler (face supérieure).

428 Champiot. Fer avec chevilles coniques et rectangulaires.

429 Crampon Montagnac.

430 Crampon Amelin.

431 Aureggio. Crampon, tenon carré dans mortaise ronde.

432 Aureggio. Cheville bouchon émeri.

433 Aureggio. Cheville fixée par son côté fileté. — Cheville fixée par son côté quadrangulaire.

434 Crampon à vis, tête transversale.

435 Crampon Benet.

1885

436 Fer anglais antérieur droit (face inférieure) essayé à l'École de Cavalerie.

437 Fer anglais antérieur droit. (face supérieure) essayé à l'École de Cavalerie

438 Fer anglais postérieur gauche, essayé à l'École de Cavalerie.

439 École de Maréchalerie. Dangel. Fer à planche et ressort.

440 Fer Poret (omnibus) antérieur droit (face inférieure).

441 Fer Poret antérieur droit (face supérieure).

442 Fer Poret postérieur gauche (face inférieure).

443 Fer Poret postérieur gauche (face supérieure).

444 Otto Pellikan (Vienne). Fer sans clous.

445 Zappa. Patin Pellegrini contre les glissades et desencasteleur (face inférieure).

446 Zappa. Patin Pellegrini (face supérieure).

447 Fer Luchaire (fer à la mécanique).

448 Crampon à vis perdue dans l'épaisseur du fer. — Crampon à vis creuse et tête saillante.

449 Ferrure à glace système Lepinte.

1886

450 École de Maréchalerie. Dangel. Fer au calibre, rainure à double pente en branches, ajusture anglaise.

451 École de maréchalerie. Dangel. Fer postérieur, rainure à double pente en branche. — Ajusture anglaise.

452 École de Maréchalerie. Dangel. Fer à planche et ressort à une branche vissée pour talons chevauchés.

453 Trasbot Fer Defays avec oreilles longues et obliques.

454 Maréchal de Douai. Fer à planche contre les glissades.

455 Maréchal de Douai. Fer à planche mobile pour pansement.

456 Fer en acier avec crampon circulaire externe interrompu et dentelûres transversales.

457 Fer Dejean. Étampures entaillées dans le bord externe de la gorge.

458 Fer à rainure anglaise et bande de caoutchouc.

459 Adam. Fer à planche interrompue, ajusture anglaise et plaque de liège (face inférieure).

460 Fer Adam, face supérieure.

461 Fer Suédois.

462 Patin Beckmann, tampon de corde.

563 Aguerre. Fer à espadrilles.

464 Fer à paillasson, contre les glissades, adopté dans l'armée allemande depuis 1886.

465 Large crampon à deux lames rabattues.

1887

466 Drouilh. Fer à dessolure fixé sur le pied pour éviter les percussions.

467 Knapp (États-Unis). Nouvel appareil pour déferrer.

468 Maréchal de Douai. Fer Fourès modifié (face supérieure).

469 Maréchal de Douai. Fer Fourès modifié. (face inférieure).

470 Fer à crampon circulaire se terminant par deux crampons en éponge.

471 Fer en fonte avec gorge large et profonde pour recevoir une corde à frottement dur (on peut y couler de la corne).

472 Bellon Frères. Ferrure à glace.

473 Appareil Bellon avec le fer.

474 Lungwitz. Appareil contre les glissades.

475 Lungwitz. Appareil contre les glissades.

476 Schubert. Cheville ovale avec clou de sureté.

477 Wrangel. Barrage de la seime en pince.

478 Wrangel. Fer à planche pour bleime.

479 Wrangel. Fer allemand à plaque.

480 Wrangel. Fer Charlier modifié.

481 Wrangel. Pied pour le fer Charlier modifié.

482 Wrangel. Fer à bec.

483 Russel. Fer en acier, imitation Beaufils. (Wrangel).

484 Neumann. Ferrure à glace (Wrangel).

485 Crampon Neüs (Wrangel).

1888

486 École de Maréchalerie. Durchon. Modification du Fer Thévenot action simultanée sur la fourchette et les talons.

487 École de Maréchalerie. Fer Chéré.

488 Lepinte. Fer désencasteleur à plan incliné.

489 Patin Vincent. Farges.

490 Aimée. Crampon douille à coulisse et vis.

491 Crampon à douille.

492 Crampon Fumet.

493 Crampon Laggrifoul.

494 Blanchard. Crampon à vis tenon en taraud et boutonnière.

495 Crampon Benet à queue d'aronde.

496 Crampon Chaumel.

497 Clou Bétier.

1889

498 Lenad. Fer Fourès modifié, les vis sont remplacées par des ressorts à boudins.

499 Enke. Fer pour bleimes, facilitant les pansements.

500 Crampon Masquelier.

501 Crampon en tronc de pyramide entrant dans une mortaise en queue d'aronde et fixé par une clavette.

419 420 420 421 422 423 424 425 426 427
428 429 430 431 432 433 434 435 436 437
438 439 440 441 442 443 444 444 445
446 447 448 449 449 450 450 451 451
452 453 454 455 456 457 458 459 460
461 462 462 463 464 465 466 467 468
469 470 471 472 473 474 474 475
476 477 478 479 480 481 482 483 484 485
486 487 488 489 490 491 492 493 494
495 496 497 498 499 500 501

XXIII

Réorganisation de l'École de cavalerie. — Le général Thornton, commandant l'École. — Le commandant de Lignières, écuyer en chef; introduction du cheval de pur sang au manège; dressage du cheval à tous les services; le goût du sport; courses plates; recrutement d'étalons pour les haras; renouvellement des chevaux de dressage; le point d'appui sur la main; équitation de manège et équitation d'extérieur; dressage sur la bride: les quatre rênes à l'extérieur; coup de sonnette; Bornéo, Aiguilleur, Probité, Méduse, Nicanor, Le Chat. — Effectif des chevaux de carrière. — Bases de la réorganisation de l'École : programme des cours; contingent des cavaliers de manège et de remonte; tenue; chapeau de manège; Conseil d'instruction. — Le dépôt du 8e dragons. — Arrivée d'une division de sous-lieutenants d'instruction. — Envoi de quatre pièces de canon. — Programmes des concours ouverts pour les emplois de l'École. — Les courses de Saumur. — Inspection du général du Barail. — Menace d'une inondation. — Fixation de la composition et de la durée des cours pour l'année 1873. Effectif des chevaux. Casernement. — Nouvelle menace d'inondation. — Règlement provisoire sur les exercices de cavalerie (1872) : Programme de revision. Bases d'instruction : règles d'intonation, voltige militaire, dressage des jeunes chevaux; instruction à pied; instruction à cheval. Choix et devoir des instructeurs. Gradation de l'instruction. Voltige. Travail préparatoire à pied. Travail à cheval : progression du travail préparatoire et des quatre leçons à cheval. — Jury des examens de sortie. — État-major, officiers et vétérinaires élèves de l'École en 1872. — Réorganisation de l'école de maréchalerie. — L'uniforme de l'École. — Rétablissement du haras. — Projet de faire débuter à Saumur les élèves des haras. — Visite du Ministre de la guerre. — Deux chevaux offerts au haras par le Ministre de la guerre. — Le piquet de messe. — L'École est consignée. — Inauguration du mess des officiers. — Deux officiers élèves se noient. — Modification aux selles de manège. — Courses et carrousel.

Au commencement de 1872, on s'occupa de réorganiser l'École de cavalerie. Le 12 février, le *général Thornton* en reçut le commandement.

Le général Thornton avait débuté dans la carrière militaire le 26 avril 1842 comme engagé volontaire au 59e d'infanterie. Le 10 novembre 1843, il entrait à Saint-Cyr, et en sortait le 1er octobre 1845, classé sous-lieutenant au 8e dragons. Après avoir suivi un cours à Saumur, du 1er janvier 1846 au 1er octobre 1847, il fut placé au 4e cuirassiers. Il passe lieutenant le 11 novembre 1848, vient faire un cours de lieutenant à Saumur, du 1er janvier 1850 au 1er octobre 1851, pendant lequel il passe capitaine, 30 septembre 1851. Il prend successivement les emplois de capitaine adjudant-major, capitaine instructeur, puis capitaine écuyer à Saint-Cyr, le 28 octobre 1853. Il part le 1er juin 1854 pour la campagne de Crimée en qualité d'officier d'ordonnance du général Morris, il reste en Orient jusqu'au 7 août 1856; le 2 avril de cette année, il a été nommé chef d'escadrons au 4e hussards. Passé au 1er cuirassiers de la garde, le 14 mars 1859, il part le 26 mai pour la campagne d'Italie; il y est fait chevalier de la Légion d'honneur le 11 juillet et en revient le 8 août. Lieutenant-colonel au 1er carabiniers, le 11 août 1862, il est nommé colonel du 7e chasseurs le 12 août 1866. Il fait partie du corps expéditionnaire de Rome du 4 novembre 1867 au 10 février 1868, et le 24 décembre 1869, il est fait officier de la Légion d'honneur. En 1870, il fait partie de l'armée du Rhin du 8 août au 9 septembre, et de l'armée de l'Est du 26 septembre jusqu'à l'entrée en Suisse. Le 3 octobre, il est fait général de brigade et prend le commandement d'une division d'infanterie dans les Vosges. Le 24 novembre 1870, il avait été nommé général de division au titre provisoire, mais la revision des grades le remit général de brigade, et ce fut le 12 février 1872 qu'il fut nommé au commandement de l'École de cavalerie.

Le général Thornton y a marqué comme organisateur. Sa haute compétence, ses grandes qualités militaires, sa droiture, sa bouillante ardeur, jusqu'à sa physionomie franche et sympathique, en ont fait l'un des chefs les plus aimés. Il avait le génie de ce commandement si difficile. Il sut donner la note juste à cette jeunesse dont l'exubérance souffrait du deuil de la France; il bannit l'insouciante confiance dans la fortune qui nous avait trahi et il mit à la place le sérieux que les circonstances commandaient, mais sans contrainte ni tristesse, et chacun se mit à l'œuvre avec la conviction du devoir qui s'imposait.

Nous n'entreprendrons pas de relever toutes les idées de réorganisation dont le général Thornton fut le promoteur, nous citerons comme l'une des plus marquantes l'introduction du cheval de pur sang anglais dans les écuries de l'École.

La direction du manège fut confiée au *commandant de Lignières.*

Le commandant Lenfumé de Lignières avait débuté dans la carrière militaire le 8 novembre 1851 comme élève de l'École spéciale militaire; il en sortit en octobre 1853 avec le grade de sous-lieutenant au 2e cuirassiers. Passé au 4e hussards le 28 décembre 1854, il fit la campagne de Crimée et fut nommé lieutenant le 22 septembre 1856. Étant venu faire un cours de lieutenant d'instruction à Saumur, il resta à l'École comme sous-écuyer le 19 octobre 1860, puis fut promu capitaine au 4e hussards le 11 décembre 1861. Nommé chef d'escadrons au 2e dragons, le 19 juillet 1870, il fit la campagne contre l'Allemagne du 26 juillet au 28 octobre et fut fait chevalier de la Légion d'honneur le 9 septembre. Prisonnier de guerre, il resta en captivité jusqu'au 7 avril 1871. Et ce fut le 27 février 1872 qu'il vint prendre la direction du manège de l'École de cavalerie.

Le commandant de Lignières avait une réorganisation à faire dans son service. Il fit plus encore : il fit des innovations.

Comprenant que l'équitation militaire ne devait pas se borner à cet enseignement qu'on avait, à juste titre, qualifié d'académique, il voulut faire œuvre de tout ce qui pouvait développer le goût du cheval, la hardiesse et les moyens de conduite. C'est ainsi qu'avec l'appui du général Thornton, il introduisit le cheval de pur sang dans les écuries de l'École et exigea que, par le dressage, on en fît aussi bien un cheval de manège accompli qu'on en faisait un vainqueur d'hippodrome.

C'était créer une nouvelle source d'études jusqu'alors inconnue à Saumur et, depuis lui, les reprises de chevaux de pur sang se sont continuées. Presque tous les chevaux de haute école des écuyers, ses successeurs, ont été des chevaux de pur sang.

Le commandant de Lignières avait porté la fougue de sa jeunesse sur tous les champs de courses; aussi tout d'abord, plus sportman qu'écuyer de manège, il prêcha surtout l'équitation d'extérieur et donna si bien le goût du sport qu'il en fit un engouement.

Ce fut lui qui rétablit à Saumur les courses plates qui avaient été supprimées. Mais les exagérations, qui soulignent toujours le côté mauvais d'une mesure quelque bonne qu'elle soit, firent penser que c'était un peu sortir de l'esprit de l'institution que de diriger l'instruction des cavaliers et des chevaux vers ce but final.

Envisagée sous ce jour, l'objection était sans réplique; mais telle n'était pas l'intention du nouvel écuyer en chef. Ces courses plates avaient pour objet plus particulier de mettre en relief les qualités des chevaux de pur sang introduits à l'École et d'en faire une sélection qui devait révéler les services à en attendre. Et c'est ainsi que l'administration des Haras vint y puiser plusieurs étalons, parmi lesquels nous rappellerons les noms des : *Aquilon*, *Sassafras*, *Tuilerie*, *Monsieur-le-Prince*, etc.

En même temps que les Haras y trouvaient leur avantage, l'École y trouvait le sien, en pouvant, de la sorte, renouveler les instruments de son étude, et fournir de nouveaux chevaux aux leçons du dressage, qui seront toujours la base de l'enseignement équestre.

Un autre reproche, plus justifié, qu'on fit à cette innovation, c'est que les officiers sortaient de Saumur plus sportmen que militaires et que cette équitation toute spéciale n'avait pas d'application directe dans leur métier d'officier de cavalerie.

Malgré tout, cette impulsion eut un mérite que l'on ne saurait contester, ce fut de donner à l'équitation de Saûmur une vigueur, un allant et un entrain, qui répondaient à la fièvre des circonstances. Ce fut un grand bien.

Mais il y avait encore un extrême à redouter ; toute innovation a besoin d'être sagement réglée pour se défendre des exagérations. Le défaut extrême de l'équitation de manège était d'exposer à mettre les chevaux en arrière de la main. Le défaut extrême de l'équitation d'extérieur, l'exagération du point d'appui sur la main, devait les rendre pesants. Si l'on avait compris que les allures devaient perdre en hauteur pour gagner en étendue, une juste mesure était à préciser.

Le point de départ de cette nouvelle équitation était, en effet, le point d'appui sur la main; ce qui permet les grandes allures, ou, tout au moins, les allures allongées. Cette manière de faire, plus simple en elle-même, plus pratique peut-être à certains points de vue, remplaçait les airs relevés du manège et les allures ralenties.

Il importe ici de s'entendre sur la valeur des mots : Quand la masse générale du cheval est projetée sur ses épaules avec un plus ou moins fort point d'appui sur la main et le rein nécessairement en arrière du centre de gravité, il est disposé pour les grandes allures et marche allongé, si doucement qu'il puisse avancer. Au contraire, s'il est équilibré, juste, sur ses quatre membres, comme dans l'ancienne manière française, ou rejeté sur les hanches d'après la méthode allemande, il est ralenti, si vite qu'il puisse marcher.

La différence de l'ancienne manière et de la nouvelle est tout entière dans ces deux équilibres contraires. L'un et l'autre peuvent être bien ou mal appliqués, et, dans cette hypothèse, ils ont, comme toute chose en ce monde, les qualités de leurs défauts et les défauts de leurs qualités.

Dans un certain rapport, les deux méthodes semblent donc exclusives l'une de l'autre; mais un véritable homme de cheval doit savoir indifféremment pratiquer les deux, le cavalier militaire surtout et l'officier plus particulièrement, qui a besoin de trouver dans son cheval la souplesse et la légèreté pour les manœuvres et la vitesse et la force pour les marches et la charge.

Le commandant de Lignières le comprit, et, tout en conservant un faible marqué pour l'équitation du dehors, il ne négligea pas cependant les leçons du manège pour enseigner aux élèves à se servir de leurs jambes comme d'un correctif destiné à engager l'arrière-main, à asseoir le cheval, à reprendre sa légèreté.

Mais, ce ne fut qu'un correctif, et l'enseignement se sentit un peu de cette incohérence. Les deux méthodes se côtoyaient sans se fondre. L'on ne montait pas au manège comme à l'extérieur. Ainsi au manège on ne se servait que de la bride, même pour le placer, les rênes de filet étaient toujours sur l'encolure ; le dressage était commencé de suite en bride. Au contraire, à l'extérieur, on menait le cheval à deux mains sur les quatre rênes, les rênes de fileten dehors, celles de bride en dedans séparées par l'annulaire.

L'écuyer en chef aimait les mors un peu durs parce que, disait-il, il fallait être sûr de trouver au besoin un moyen puissant et que le mors n'avait pas besoin d'être fait pour la bouche du cheval, mais que la main du cavalier devait se faire au mors. Il aimait aussi les éperons longs dont il donna la mode.

Certains principes même de position différaient absolument : les étriers se raccourcisssaient à l'extérieur quelquefois à l'excès et on allait en arriver peu à peu à Saumur à monter très court et assis en arrière. Les jeunes sous-écuyers, très enthousiastes de l'équitation sportive, devaient être les premiers à accuser cette tendance, et leur nouvelle position à cheval devait d'autant plus se remarquer que les écuyers de l'ancienne école conservaient à leurs côtés, comme un contraste frappant, la position classique un peu rigide.

Tout le monde s'efforçait évidemment de copier ce laisser-aller élégant dont l'écuyer en chef s'était fait un cachet, à lui ; mais évidemment aussi tout le monde dépassait le but. Certes, le modèle ne pouvait être mieux choisi ; le commandant de Lignières représentait le type parfait du cavalier militaire. Nul ne pouvait avoir son cachet à *donner un canter*. Nul mieux que lui ne savait mettre un cheval à l'obstacle, et tous ses chevaux étaient droits et francs. Quand il montait un cheval qui cherchait à dérober, il se servait de ce qu'il appelait son *coup de sonnette*, et le cheval était ramené avant d'avoir seulement devié. Cela consistait à faire une opposition de main saccadée avec les deux rênes droites si le cheval voulait se jeter à gauche, ce qui lui faisait marquer un temps d'arrêt, ramenait la tête à droite et rejettait les hanches à gauche, que la jambe gauche allait prendre aussitôt très en arrière ; et le cheval, remis droit, était pris dans les deux jambes et jeté de l'autre côté de l'obstacle. C'était remarquable à voir.

Le commandant de Lignières mit beaucoup de chevaux ; tous les chevaux du manège étaient d'ailleurs à dresser. Nous citerons parmi ses favoris *Bornéo*, son principal dressage, avec lequel il conduisait la reprise des écuyers ; *Aiguilleur*, *Probity*, *Méduse*, une grande jument noire qu'il affectionnait ; *Nicanor*, cheval noir d'une grande distinction qui fut très remarqué au carrousel de Saint-Cyr en 1875.

Le commandant de Lignières a fait beaucoup travailler les sous-maîtres, qui tous ont marqué après lui comme écuyers. Parmi les dressages qu'il dirigea, il faut rappeler un criterium de ses théories, *Le Chat*, qui figurait tout à la fois et aussi brillamment à la reprise des sauteurs, à la reprise des écuyers et sur les champs de courses.

Le 28 février, il fut décidé que l'effectif des chevaux de carrière de l'École serait porté à 120 pour les besoins de l'instruction. Les préparatifs de la réorganisation de l'École se poursuivaient ainsi peu à peu.

Enfin, le 7 avril, le Ministre de la guerre arrêta ainsi qu'il suit les bases de cette réorganisation.

Les cours pour la division des sous-lieutenants d'instruction et pour les officiers de gendarmerie devaient commencer le 1er mai 1872, et finir le 30 avril 1873.

Les *officiers de gendarmerie* devaient recevoir les instructions suivantes :

1° Principes d'équitation ; — 2° Écoles du cavalier et du peloton à pied et à cheval ; — 3° Connaissances de l'extérieur du cheval et des diverses parties du harnachement.

Le programme des cours des *sous-lieutenants* devait être le même que celui des années précédentes, avec les adjonctions suivantes :

Leçons d'application de ferrure et de harnachement. — Cours de comptabilité et d'administration. — Cours d'allemand. — Application sur le terrain du service en campagne.

Tous les officiers de cavalerie devaient amener deux montures à Saumur, leur cheval et celui de leur ordonnance. Le contingent des palefreniers et cavaliers de manège fut fixé à raison de un homme pour trois chevaux.

Le détachement des cavaliers de remonte devait compter quarante hommes.

Quant à la tenue, les dispositions suivantes étaient arrêtées provisoirement : les officiers et sous-officiers du cadre constitutif de l'École devaient faire usage de la tunique (modèle d'état-major), entièrement en drap bleu foncé, y compris les parements et le collet. Les boutons seraient blancs. Quant à la coiffure, il était laissé aux soins du commandant de l'École d'examiner quelle était celle qui conviendrait le mieux, du chapeau (dit à trois cornes) ou du schako de cavalerie légère.

Le chapeau de manège, en usage à l'ancienne École, fut maintenu avec les modifications suivantes : bord antérieur, 10 centimètres d'élévation, bord postérieur 14 centimètres, longueur des ailes 11 centimètres.

Le conseil d'instruction fut chargé d'examiner, dès sa constitution, toutes les propositions à faire relativement à l'instruction des troupes à cheval.

La présence à Saumur du dépôt du 8e dragons, qui occupait à l'École une partie du casernement, devait gêner quelque peu la réinstallation; il fut décidé qu'il quitterait la ville dans les premiers jours de l'été.

Le 1er mai arriva une division de *Sous-Lieutenants d'Instruction* composée : 1° de tous les sous-lieutenants de l'arme sans exception sortis de Saint-Cyr le 14 août 1870 et qui, pour la plupart, venaient de suivre, comme élèves externes, un cours supplémentaire à Saint-Cyr ; 2° de 63 sous-lieutenants choisis sans distinction d'origine à raison de un par régiment, spahis compris, parmi ceux dont l'instruction militaire et équestre avait besoin de se perfectionner.

Le 11, le Ministre de la guerre, dans le but de familiariser les officiers élèves de l'École avec la manœuvre du canon et l'enlèvement des pièces, décida : 1° que deux pièces de 4, et deux pièces de 8 rayées seraient immédiatement envoyées à Saumur ; 2° que l'instruction relative à la manœuvre de ces pièces serait confiée au chef d'escadrons d'artillerie assisté du garde détaché avec lui à Saumur.

Le 5 juillet parut le programme du concours pour un emploi de *professeur de topographie et d'art militaire* à l'École de cavalerie, qui devait avoir lieu le 8 août au ministère de la guerre. Devaient être admis à concourir : les chefs d'escadrons, majors et capitaines de cavalerie ou du corps d'état-major.

Les épreuves devaient consister en un examen oral, une question d'art militaire à traiter par écrit, un dessin topographique et une leçon mi-partie de topographie et mi-partie d'art militaire.

Le 20 parut, à son tour, le programme du concours ouvert pour les emplois de : *Instructeurs, écuyers, sous-écuyers.*

Les concours auront lieu à Saumur.

Sont admis à concourir, les capitaines, lieutenants et sous-lieutenants de cavalerie...

Les candidats devront, en outre, remplir les conditions suivantes :

Capitaines. — Un an de grade au moins, trente-cinq ans d'âge au maximum, avoir suivi les cours de l'École comme lieutenant instructeur.

Lieutenants et sous-lieutenants. — Trente-deux ans d'âge au maximum pour les premiers, vingt-huit ans pour les seconds.

Examen oral. — Connaissances spécifiées à l'article 6 des bases de l'instruction : 1° Administration ; — 2° Hippologie et équitation ; — 3° Art militaire ; — 4° Topographie.

Examen écrit. — Une question se rapportant plus spécialement à la nature des fonctions du candidat, et rapport relatif à la reconnaissance d'un terrain déterminé, avec croquis ou levé.

Examens pratiques. — Cette partie de l'examen consistera dans le commandement d'une troupe sur le terrain et dans une série d'épreuves équestres; les candidats aux emplois d'écuyer et de sous-écuyer auront, en outre, à donner la leçon au manège, à la carrière, au dressage; à présenter au jury un cheval dressé par eux et à monter devant lui des chevaux présentant des difficultés de conduite variées.

Les candidats, devant prouver qu'ils possèdent la connaissance complète des matières relatives à l'emploi qu'ils sollicitent, seront plus particulièrement interrogés sur l'équitation, le dressage et l'hippologie, s'ils se destinent aux fonctions d'écuyer, et sur le règlement d'exercices, s'ils doivent remplir les fonctions d'instructeurs.

Maîtres et sous-maîtres de manège et sous-officiers titulaires. — Le concours aura lieu à Saumur.

Examen oral. — Connaissances spécifiées à l'article 6 des bases de l'instruction : 1° Extérieur du cheval, hygiène, ferrure et harnachement; — 2° Histoire de France et Géographie de l'Europe; — 3° Arithmétique réduite aux quatre règles, aux fractions ordinaires et aux fractions décimales; — 4° Notions d'administration et de comptabilité.

Examen écrit. — Une dictée, un rapport sommaire sur une question se rattachant au service du sous-officier en garnison, en route et en campagne.

Exercices pratiques.

Les courses de Saumur furent rétablies et eurent lieu, avec le concours des officiers de l'École, le 25 août.

Première course. — Un objet d'art. — Pour MM. les officiers d'instruction, montant des chevaux de demi-sang, — 1,200 mètres environ. — Première, *Andromaque*, montée par *M. de la Mortière*. — Deuxième, *Agronomie*, montée par *M. de Saint-Geniès*. — Troisième, *Automédon*, monté par *M. de Canisy*. — Quatrième, *Acadine*, montée par *M. Paret*. — Cinquième, *Aubaine*, montée par *M. de Villaine*.

Deuxième course. — Un objet d'art. — Pour MM. les officiers, montant des chevaux de manège. — 2,000 mètres environ. — Première, *Malicorne*, montée par *M. de Damas*. — Deuxième, *Nicanor*, monté par *M. Wallon*. — Troisième, *Marygold*, montée par *M. de Seroux*. — Quatrième, *Azeb*, monté par *M. Pinot*.

Troisieme course. — Un objet d'art. — Pour MM. les officiers d'instruction, montant des chevaux de carrière. — 3,000 mètres environ. — Premier, *Canot*, monté par *M. Theremin d'Hame*. — Deuxième, *La Pie*, montée par *M. de Nexon*. — Troisième, *Saltimbanque*, monté par *M. de Messey*. — Quatrième, *Sommerives*, montée par *M. du Manoir*.

L'inspection générale de l'École fut passée par le *général du Barail*, qui arriva le 15 septembre et repartit le 25, en laissant un ordre des plus élogieux.

A la fin d'octobre, la crue considérable de la Loire fit craindre une inondation; le 24, tous les préparatifs furent faits pour évacuer l'École.

En attendant que la réorganisation des Écoles fût définitivement réglée, le Ministre de la guerre fit savoir, le 20 octobre, qu'il avait arrêté les dispositions suivantes pour l'École de Cavalerie :

1° La sortie des sous-lieutenants de cavalerie était fixée au 31 décembre suivant;

2° Les chevaux de ces officiers et ceux de leurs ordonnances seraient définitivement versés à l'École;

3° Cette division serait remplacée à Saumur par les nouvelles divisions d'instruction ci-après qui y suivraient un cours d'un an, du 1er janvier au 31 décembre 1873 :

Officiers	1re div. Officiers d'instruction (lieutenants et sous-lieut.).	104 élèves.
	2e — Officiers élèves (sous-lieutenants sortant de Saint-Cyr)........................	59
Troupe	Sous-officiers-élèves des corps de troupe à cheval.......	103
	Cavaliers élèves (engagés volontaires)................	120
Aides-vétérinaires stagiaires................................		20
Officiers de gendarmerie................................		12
	TOTAL................	418 élèves.

L'effectif des chevaux était fixé à 600, non compris ceux des officiers du cadre, savoir : chevaux de manège, 130; de carrière, 220; d'armes, 242; de fourgon, 8; auxquels s'ajouteraient les chevaux amenés à l'École par les officiers d'instruction et les sous-officiers élèves instructeurs.

Quant au casernement, il fut arrêté que les sous-lieutenants de cavalerie, dont la division serait composée des officiers élèves sortant de Saint-Cyr, seraient casernés à l'École et qu'un mess serait établi au lieu et place de l'hôpital-infirmerie.

Une circulaire ministérielle, du 31 octobre, fixa le programme et les conditions d'admission pour les jeunes gens de la classe civile demandant à suivre les cours de l'École de cavalerie, comme cavaliers élèves, pendant l'année scolaire de 1873. L'examen devait se passer à Saumur, du 16 au 17 décembre, devant une commission composée à cet effet.

Les conditions d'admission étaient les suivantes :

1° Être âgé de dix-sept ans au moins et de vingt et un au plus ; avoir la taille exigée pour servir dans la cavalerie légère (1m,64) ; — 2° Être reconnu par le Conseil d'administration de l'École, et d'après l'avis de l'un de ses médecins, apte au service de la cavalerie ; être muni d'un certificat de bonne vie et mœurs, du consentement légalisé des père, mère ou tuteur, d'un extrait du casier judiciaire ; — 3° Savoir parler et écrire correctement la langue française. Connaître la géographie générale, l'histoire de France, depuis Louis XIV jusqu'à 1815, l'arithmétique élémentaire, y compris les fractions ordinaires, les proportions et le système métrique, la géométrie élémentaire (les quatre premiers livres) ; — 4° Avoir effectué le versement de la somme de 200 francs.

La commission devait établir la liste générale de classement ; les cent-vingt premiers recevraient un certificat d'acceptation et contracteraient, à la mairie de Saumur, leur engagement volontaire pour cinq ans.

Les cours commenceraient le 1er janvier 1873; leur durée serait d'une année.

Les cavaliers élèves ayant satisfait aux examens semestriels seraient nommés brigadiers à l'École et, s'ils satisfaisaient aux examens de sortie, ils seraient envoyés dans les régiments de cavalerie, ave le grade de maréchal des logis.

Ceux dont l'instruction n'aurait pas été jugée suffisante, seraient dirigés sur un régiment comme brigadiers, ou même comme simples cavaliers.

Une recrudescence de la Loire fit encore craindre une inondation à Saumur; pendant plusieurs semaines on fut sur le qui-vive. Le maximum de crue fut le 12 décembre. Mais Saumur fut exempt cette fois des débordements qui désolaient les pays avoisinants.

Le règlement provisoire des exercices de la cavalerie fut daté du 5 mars 1872.

Ce règlement provisoire conserva les principes d'équitation donnés en 1829, tout en retranchant les longueurs et les règles d'exécution automatique.

L'école de peloton et d'escadron fut un peu simplifiée; le mécanisme des mouvements ne fut pas changé, mais l'arrangement des matières fut fixé dans un classement plus méthodique et mieux approprié à l'application sur le terrain.

On maintint encore les inversions, sous le prétexte qu'une méthode nouvelle ne donnerait pas plus de célérité.

Notons enfin l'adoption de la ligne de colonne.

Toutes les théories, nées du développement progressif de l'éducation militaire du soldat, ont eu, chacune en leur temps, leur raison d'être, mais elles conservaient forcément l'empreinte des époques et des auteurs différents qui les avaient produites : il en résultait de l'incohérence, des superfétations, souvent même des contradictions. Reviser ces différents règlements et substituer un code unique à cet ensemble volumineux et disparate, tel avait été le programme tracé, en 1869, au Comité consultatif de la cavalerie et aux commissions successivement appelées à le seconder ou à compléter son œuvre.

Ces considérations ne sont pas les seules qui aient inspiré les auteurs du nouveau règlement, car, sans préjuger de l'avenir, on pouvait admettre en principe que la base des lois nouvelles sur le recrutement tendant à diminuer la durée du service au profit de l'extension du nombre des appels, il devenait indispensable de condenser les matériaux servant à l'instruction militaire du soldat, afin de réaliser toute sa valeur tactique dans un minimum de temps; d'autre part, les expériences des guerres modernes obligeaient bien évidemment à développer l'adresse du combattant, au point de vue de son action individuelle, et la spontanéité ou la rapidité des mouvements d'ensemble, au point de vue de son action collective; enfin quelques changements d'une importance secondaire, relatifs à l'emploi des armes nouvelles ou l'arrangement méthodique des matières; quelques mouvements recommandés par l'expérience semblaient devoir être introduits dans un travail de remaniement aussi étendu.

Base de l'instruction. — La seule addition capitale, dans ces articles, consiste dans un exposé succinct des *règles d'intonations*, qui étaient déjà consacrées par l'usage.

Le *traité de voltige militaire*, qui, en 1842, avait été greffé sur l'ordonnance de 1829, sans en faire partie intégrante, a été remanié et introduit dans l'article 8, de manière à dispenser les instructeurs de recourir à une annexe dont l'importance pouvait, à tort, être considérée comme accessoire, tandis que la gymnastique est un auxiliaire puissant et indispensable de l'équitation.

L'article 9, *Dressage des jeunes chevaux*, a conservé la forme et l'essence de celui de l'ordonnance de 1829, qui lui-même était emprunté à l'ordonnance de 1788; on pourrait peut-être s'étonner que la rédaction de cet article fut restée étrangère aux nouveautés, que le temps a accumulées pendant une aussi longue période d'années, mais les auteurs du règlement ont cru agir sagement en passant sous silence des progrès dont ils ne méconnaissaient pas l'importance, mais dont ils redoutaient certains écueils, et ils se sont bornés à un exposé général de vérités communes à toutes les écoles d'équitation et réputées incontestables. Toutefois, on trouvera dans l'indication de certaines préparations, à pied, le germe d'une pratique à laquelle le tact des instructeurs pouvait donner tout le développement que leur habileté personnelle leur suggérerait.

Instruction a pied. — *L'instruction à pied* du nouveau règlement est précédée d'un travail gymnastique destiné à dépouiller l'homme de recrue de la roideur et de la gaucherie inséparables de ces débuts, et à le préparer, par l'assouplissement graduel des différentes parties du corps, aux leçons d'équitation.

Instruction a cheval. — L'instruction à cheval porte principalement l'empreinte des progrès survenus dans l'équitation militaire.

L'ordonnance de 1829 maintenant un double emploi entre les leçons à cheval et le travail individuel, il fallait opter entre ces deux règlements ou les fondre l'un avec l'autre; elle abondait en dispositifs presque oisifs, tels que ceux relatifs à la réunion ou la séparation des colonnes, et ces détails étaient sans profit pour l'instruction équestre de l'homme; elle prescrivait, dès le début, des commandements longs et sonores dont l'habitude avait fait une école d'intonation; elle avait substitué des généralités aux conseils attentifs, patients et particuliers à chaque homme, qui sont le propre des bons instructeurs. Toutes ces raisons ont paru suffisantes pour justifier une réforme radicale, et les nouvelles leçons à cheval sont devenues une véritable école d'équitation dans laquelle les principes de l'ordonnance de 1829 ont été conservés, mais dans laquelle les longueurs, les brusqueries et les règles d'exécution automatique ont été proscrites.

Tous les exercices qui, selon les termes même de l'ordonnance, doivent « *former des cavaliers adroits à conduire leurs chevaux et à manier leurs armes dans toutes les directions et toutes les allures* » ont donc trouvé place dans les leçons à cheval, et l'élément de l'instruction manœuvrière n'apparaît que dès l'école du peloton à cheval.

Comme toujours, nous nous bornerons à l'école du cavalier.

..... Les chefs d'escadrons surveillent, sous les ordres du lieutenant-colonel, l'un l'instruction à pied, un autre l'instruction à cheval.

Le capitaine instructeur est chargé de l'instruction à pied et à cheval des troisième et deuxième classes, jusqu'à l'école du peloton inclusivement. Il est chargé, en outre, d'exercer l'escadron d'instruction. Il a sous ses ordres des officiers et des sous-officiers en nombre suffisant.

..... L'instruction individuelle étant la base de l'instruction des escadrons, de laquelle dépend celle du régiment, on doit surveiller avec un soin particulier la classe des recrues et y attacher, autant que possible, dès les premières leçons, soit à pied, soit à cheval, les instructeurs les plus capables.

..... Le lieutenant-colonel arrête aussi la composition du peloton-modèle, auquel on peut admettre jusqu'à dix hommes de tout grade par escadron.

Le régiment est alors divisé, pour l'instruction, en trois classes, tant à pied qu'à cheval. Le première classe est composée de tous les sous-officiers et des brigadiers et cavaliers les plus instruits. La deuxième classe comprend les brigadiers et cavaliers qui le sont moins. La troisième classe se compose des recrues.

Quand les lieutenants et sous-lieutenants réunis travaillent à pied ou à cheval, ils sont habituellement commandés par le capitaine instructeur. Le colonel ou le lieutenant-colonel et, en leur absence, un chef d'escadron, préside à ce travail.

Le capitaine instructeur dirige spécialement le travail des instructeurs réunis et celui du peloton-modèle ; il est chargé de la théorie des lieutenants et sous-lieutenants, et particulièrement de celle des instructeurs. Il surveille la théorie des sous-officiers, brigadiers et élèves brigadiers.

Il est essentiel que les instructeurs aient toujours les mêmes hommes à instruire.

Les instructeurs se placent habituellement à une distance telle qu'ils puissent, d'un coup d'œil, embrasser l'ensemble de leur troupe, et s'en faire bien entendre.

Pour donner la leçon, les instructeurs prennent une attitude régulière ; ils ne se déplacent que pour les rectifications indispensables dans la position du cavalier, ou pour l'exécution des mouvements.

Ils doivent élever la voix en proportion de l'étendue de leur troupe, parler posément, articuler distinctement, mais sans affectation, s'arrêter à la fin de chaque phrase qui renferme un sens et appuyer plus particulièrement sur les commandements lorsqu'ils se présentent dans le détail, sans toutefois commander en détaillant.

Ils rappellent, en peu de paroles claires et précises, les explications qui n'ont pas été bien comprises, et, afin de ne pas surcharger la mémoire des cavaliers, ils se servent toujours des mêmes termes pour démontrer les mêmes principes.

Ils doivent toujours joindre l'exemple au précepte, soutenir l'attention par un ton animé et par des rectifications nominatives, concilier une grande patience avec la fermeté nécessaire et faire passer à un autre mouvement dès que celui qu'ils commandent a été exécuté d'une manière satisfaisante ; enfin, ils doivent se montrer de jour en jour plus exigeants sous le rapport de la précision et de l'ensemble.

Lorsqu'un sous-instructeur est attaché à une classe, il doit se borner à faire des rectifications individuelles à demi-voix ; pendant toute la durée du travail, on ne doit entendre que la voix de l'instructeur, soit pour les commandements, soit pour les explications, soit pour les observations générales.

Les instructeurs et les sous-instructeurs doivent éviter de parler à la fois, soit pour la même rectification, soit pour des rectifications différentes, afin de ne pas troubler les cavaliers.

Il faut soulager les cavaliers par des repos fréquents et de peu de durée ; on en profite pour les questionner et s'assurer que les leçons ont été bien comprises.

Dans les théories, on exige que les explications et les commandements soient faits comme si l'on était sur le terrain, et conformément aux règles qui suivent.

Il est de principe de ne donner des explications que lorsque la troupe est de pied ferme.

Toutes les fois que l'on veut détailler un mouvement, on en énonce d'abord le titre ; c'est l'indication. Le ton d'indication ne comporte aucune inflexion de voix ; il est moins élevé que le ton de commandement et plus élevé que celui d'explication. On expose ensuite les principes du mouvement ; c'est l'explication. On ne doit expliquer que les alinéas qui sont en lettres moyennes ; le petit texte concerne l'instructeur ; il y puise les observations les plus essentielles et y joint celles que son expérience lui suggère.

Dans les temps d'exercices qui se divisent en mouvements, l'exécution doit suivre l'explication successive de chaque mouvement. Il en est de même pour les exercices qui comprennent plusieurs temps non divisés ; ces temps sont expliqués et exécutés l'un après l'autre, afin de ne pas surcharger la mémoire des cavaliers.

Afin de rendre individuelle, autant que possible, l'instruction d'une classe comprenant plusieurs cavaliers, on explique complètement les mouvements composés, puis on les fait exécuter à chaque cavalier en particulier et successivement, tandis que les autres sont au repos.

Pour donner la leçon, les instructeurs appliquent la méthode suivante :

1° Exécution à droite, de pied ferme ou au pas, précédée des explications et des démonstrations ;

2° Répétition sans explication, mais avec indication, tant que le mouvement doit être décomposé ;

3° Exécution à gauche, précédée de l'explication entière modifiée, ou de la formule générale.

Depuis le 1er octobre jusqu'au 1er avril, le lieutenant-colonel réunit les capitaines une fois par semaine, pour la théorie sur les différentes parties de leur instruction. Le capitaine instructeur réunit, pour le même objet, les lieutenants et sous-lieutenants ; des officiers instructeurs réunissent également, à cet effet, les sous-officiers, brigadiers et élèves brigadiers. La théorie des instructeurs a lieu séparément, une fois par semaine.

Du 1er avril au 1er octobre, ces différentes théories ont lieu, pour les uns et pour les autres, deux fois par semaine.

Travail d'hiver. — Pendant les mois d'octobre, novembre et décembre, la première classe fait des marches militaires. Depuis le 1er janvier jusqu'au 15 mai, elle travaille trois fois par semaine, passant successivement aux deuxième, troisième et quatrième leçons et à l'école du peloton.

La deuxième classe prend part aux marches militaires de la première pendant les mois d'octobre, novembre et décembre ; elle travaille cinq fois par semaine, du 1er janvier au 15 mai.

La troisième classe travaille cinq fois par semaine.

Depuis le 1er avril jusqu'au 1er juillet, les lieutenants et sous-lieutenants montent ensemble au manège, une fois par semaine, sur leurs chevaux. Ceux qui ont besoin de se fortifier dans l'instruction sont adjoints aux officiers chargés des différentes classes ; ils n'en sont pas moins astreints à travailler avec les autres officiers les jours où ceux-ci se réunissent.

Les sous-officiers, les brigadiers et le peloton-modèle sont réunis une fois par semaine. La durée de chaque leçon est d'une heure et demie de travail, non compris les repos.

Les cavaliers sont exercés dans le manège lorsqu'il fait mauvais temps. Toutes les fois que le temps le permet, on les conduit dans la carrière. Les chevaux des maréchaux des logis chefs, des fourriers et des trompettes ne peuvent, sous aucun prétexte, être dispensés de participer aux différentes classes d'instruction.

En principe, tous les chevaux doivent être montés tous les jours. Ceux qui, en raison de l'effectif en hommes, n'auront pas pu l'être, seront réunis et promenés supplémentairement, dans un moment opportun de la journée.

Travail d'été. — Au 15 mai, les première et deuxième classes réunies passent à l'école de l'escadron; elles travaillent quatre fois par semaine. Aussitôt que ce travail commence, tous les officiers montent à cheval avec les escadrons.

On forme à cette époque l'escadron d'instruction. Il se compose de pelotons pris successivement dans les six escadrons, de manière que chaque peloton y passe à son tour avec son chef. Cet escadron est exercé par le capitaine instructeur, en dehors des jours affectés au travail d'escadron des première et deuxième classes.

La troisième classe continue son travail cinq fois par semaine.

A dater du 15 juin, on réunit les escadrons cinq fois par semaine, pour les exercer à tout ce qui est compris dans le titre de l'école du régiment.

Depuis le 1er septembre jusqu'au 1er octobre, le régiment est exercé alternativement aux évolutions et aux détails du service de guerre.

..... La cavalerie légère doit être tout particulièrement exercée au service des tirailleurs.

On réunit, une fois par semaine, les sous-officiers, les brigadiers et le peloton-modèle.

Gradation de l'instruction. — *Recrues.* — L'instruction des hommes de recrue commence par le travail à pied.

Quinze jours après leur arrivée au corps, on commence leur instruction à cheval, ayant l'attention de leur donner des chevaux sages et dressés.

Travail a cheval

École du cavalier.

Travail préparatoire			15 leçons.
1re leçon.	1re partie,	10 leçons	20 —
	2e —	10 —	
2e leçon.	1re —	15 —	30 —
	2e —	15 —	
3e leçon.	1re —	6 —	15 —
	2e —	9 —	
4e leçon.	1re —	Cette leçon marchant conjointement avec l'école du peloton à cheval, on y emploie le nombre de leçons qu'on juge nécessaires.	
	2e —		
		Total	80 leçons.

École du peloton.

1er article	15 leçons.
2e —	10 —
3e —	15 —
4e —	20 —
Total	60 leçons.

Il résulte de cette gradation que le cavalier, après 140 leçons ou journées de travail à cheval, doit être en état de passer à l'école de l'escadron.

Voltige. — *Travail de pied ferme.* — *Travail sans élan.* — Sauter à cheval. — Sauter à terre. — Sauter à terre et à cheval. — Étant à cheval, passer la jambe pour faire face à gauche, à droite ou en arrière. — Sauter à cheval de côté. — Etant assis de côté, se remettre à cheval ou franchir le cheval. — Franchir le cheval. — Sauter à cheval et franchir d'une seule main. — Les ciseaux. — *Travail avec élan.* — Sauter à cheval par le côté. — Franchir le cheval par le côté. — Poursuite. — Sauter à cheval par la croupe. — Sauter par la croupe et arriver à terre à l'épaule du cheval. — Sauter en croupe faisant face en arrière. — Sauter à genoux (ou debout) sur la croupe. — Franchir le cheval par la croupe. — Poursuite. — *Travail au galop.* — *Travail avec le surfaix.* — Sauter à cheval et à terre. — Étant à cheval, sauter à terre en passant la jambe droite par dessus l'encolure et sauter à cheval du même temps. — Sauter à terre et du même temps sauter de côté à gauche. — Sauter à terre et du même temps sauter de côté à droite. — Franchir de gauche à droite et de droite à gauche. — Remplacement. — Poursuite. — *Travail avec la selle.* — Sauter à cheval face en arrière. — Culbute sur la selle. — *Travail militaire.* — *Travail sans armes.* — Sauter en croupe. — Sauter à terre. — *Travail avec les armes.*

ÉCOLE DU CAVALIER À PIED. — Travail préparatoire. — *Assouplissement de la tête et des bras.* — Flexion de la tête. — Rotation de la tête à droite (ou à gauche). — Élévation du bras droit (ou gauche). — Élévation des bras. — Élévation alternative des bras. — Rotation du bras droit (ou gauche) en avant. — Rotation des bras en avant. — Rotation du bras droit (ou gauche) en arrière. — Rotation des bras en arrière. — Rotation à droite (ou à gauche) du poignet droit (ou gauche).

Assouplissement du rein. — Flexion du rein. — Rotation du rein à droite (ou à gauche).

Assouplissement des cuisses et des jambes. — Élévation de la cuisse droite (ou gauche). — Élévation alternative des cuisses. — Flexion de la jambe droite (ou gauche).

ÉCOLE DU CAVALIER À CHEVAL. — Travail préparatoire. — Sauter à cheval et à terre. — Position du cavalier à cheval. — *Maniement des rênes de bridon.* — Allonger les rênes. — Raccourcir les rênes. — Croiser les rênes dans une main. — Séparer les rênes. — Abandonner les rênes. — Reprendre les rênes. — Marcher à main droite (ou à main gauche). — *Assouplissement de pied ferme en marchant.* — Assouplissement de la tête et des bras. — Assouplissement du rein. — Flexion du rein en arrière. — *Assouplissement des cuisses et des jambes.* — Élévation des cuisses. — Flexion des jambes. — Extension des jambes. — Rotation des pieds. — Déplacement de l'assiette.

Première leçon. — Travail en bridon. — *Première partie.* — Monter à cheval et mettre pied à terre. — De l'usage et de l'effet des rênes et des jambes. — Rassembler son cheval. — Marcher et arrêter. — A droite (ou à gauche). — Demi-tour à droite (ou à gauche). — Quart d'à-droite (ou d'à-gauche). — Marcher à main droite (ou à main gauche). — Allonger le pas et le ralentir. — Passer du pas au trot et du trot au pas. — Changement de main. — Changement de main diagonal. — Changement de main dans la longueur. — Changement de main dans la largeur. — Doublé successif. — Marche circulaire. — Volte et demi-voltes successives. — Voltes successives. — Demi-voltes successives. — Demi-voltes successives renversées. — Allonger le trot et le ralentir. — Étant de pied ferme, marcher au trot, et, marchant au trot, arrêter. — Passer du trot au galop. — *Deuxième partie.* — De l'éperon. — Doublé individuel. — Demi-tour individuel. — Oblique individuel. — Volte et demi-volte individuelles. — Demi-volte individuelle. — Demi-volte individuelle renversée. — Demi-tour sur les épaules. — Demi-tour sur les hanches. — Appuyer à droite (ou à gauche). — Reculer et cesser de reculer. — Position du pied dans l'étrier. — Travail à volonté.

Deuxième leçon. — Travail en bride. — *Première partie.* — Monter à cheval et mettre pied à terre. — Position de la main de la bride. — Ajuster les rênes. — Prendre le filet dans les deux mains. — Lâcher le filet. — Des mouvements principaux de la main de la bride. — Travail de la première leçon avec la bride. — Rassembler son cheval. — Marcher. — Arrêter. — A droite (ou à gauche). — Demi-tour à droite (ou à gauche). — Quart d'à-droite (ou d'à-gauche). — Appuyer à droite (ou à gauche). — Reculer et cesser de reculer. — *Deuxième partie.* — Principes du galop. — Passer du pas au galop et du galop au pas. —

Passer du trot au galop et du galop au trot. — Étant de pied ferme, marcher au galop, et, marchant au galop, arrêter. — Travail au galop sur les lignes droites et en cercle. — Changements de pieds. — Sauts d'obstacles. — Travail à volonté.

TROISIÈME LEÇON. — TRAVAIL AVEC LES ARMES. — *Première partie.* — Monter à cheval et mettre pied à terre. — Travail de la deuxième leçon avec le sabre seulement. — Maniement des armes de pied ferme. — Exercice du sabre de pied ferme. — *Deuxième partie.* — Travail de la deuxième leçon avec toutes les armes. — Maniement des armes en marchant. — Exercice du sabre en marchant. — Saut d'obstacles. — Charge individuelle. — Travail à volonté.

QUATRIÈME LEÇON. — TRAVAIL COMPLÉMENTAIRE. — *Première partie.* — Travail sur les pistes à toutes les allures. — Doublé successif par trois. — Voltes successives par trois. — Demi-voltes successives par trois. — Demi-voltes successives renversées par trois. — Doublés successifs par trois, suivis d'une volte. — Doublés successifs par trois, suivis d'une demi-volte. — Doublé par trois dans la longueur. — Volte dans le doublé. — Changements successifs par trois. — Tir à la cible. — Tir en avant. — Tir à gauche. — Tir à droite. — Tir en arrière. — Tir continu dans toutes les directions. — Course des têtes. — Saut d'obstacles. — Travail à volonté. — *Deuxième partie.* — Escrime du sabre. — Travail de pied ferme. — Travail en marchant. — Attaque à droite. — Attaque à gauche. — Attaque par derrière. — Poursuite. — Combat individuel. — Un contre un. — Un contre deux. — Deux contre deux. — Rang contre rang. — Tir à la cible à balle.

En 1872, le jury des examens de sortie fut composé ainsi qu'il suit : général *du Barrail*, général inspecteur président ; *Boré Verrier*, colonel ; *Gauvenet dit Dijon*, lieutenant-colonel ; *Danloux*, *Dursus*, chefs d'escadrons ; *Guérin d'Agon*, *d'Abel de Libran*, capitaines. — Pour les vétérinaires : MM. *Lescot*, *Hugot* et *Merche*, vétérinaires principaux.

1872

ÉTAT-MAJOR DE L'ÉCOLE

THORNTON	Génér. comm. l'École
CASTANIER	Lt-col. comm. en 2e.
DESKOYS	Ch. d'esc. instr. en ch.
LENFUMÉ DE LIGNIÈRES	Ch. d'esc. écuy. en ch.
TORDEUX	Ch. d'esc. dir. des étud.
CLÉMENCET	Major.
BONNEFONT	Capitaine trésorier.
THOMASSIN	Capit. d'habillement.
DELORT	Lieut. adjoint au trés.
DE BAUD	Lieut. porte étend.
BRESSANGES	Lieut. adjudant maj.
HUMBEL	Cap. prof. adj. de topogr. et art milit.
SCHOENDOERFFER	Capit. prof. d'allem.
CHASSANDE-PATRON	Capit. instructeurs.
DU HAMEL DE CANCHY	
D'HARANGUIER DE QUINCEROT	
DE BOYSSON	
DE CLAUZADE DE MAZIEUX	Capit. instructeurs.
MOREAU DE BELLAING	
DE CLERIC	
LAFORGUE DE BELLEGARDE	Capitaines écuyers.
DE BENOIST	
DE BRIEY	
JOANNARD	
DE MARÇAIS	Lieut. sous-écuyers.
D'AVIAU DE PIOLANT	
TARNEAU	Médec. maj. de 1re cl.
MEUNIER	
BOURDOT	Médec. maj. de 2e cl.
MERCHIER	Pharm. maj. de 1re cl.
REMY	Officier comptable de 1re classe (hôpital).
MERCHE	Vétérin. principal.
BERNARD	Vét. en 1er, pr. de mrie
MAURICE	Vétérinaire en 2e.

OFFICIERS DE GENDARMERIE

CHAUMET	Lieut.
MAREAU	Capit
FLACON	Lieut
EPRON	Lieut.
COULON	Lieut.

SOUS-LIEUTENANTS D'INSTRUCTION

Première Division.

Trémeau.
Gaudin de Villaine.
De Brévol d'Audignac de Ribains.
Pinot.
Bouïc.
Mordacq.
De Saint-Mart.
Tristan de l'Hermite.
Dubern (Lucien).
Paret.
Paulze d'Ivoy de la Poupe
De Soudeyran.
De Damas.
De Biensan.

Toulau.
De Seroux.
Touzer du Vigier.
Merle.
Brochet.
Duplessis de Grénédan.
Lang.
Valicon.
Dimier de la Brunetierre
Dubern (Maxime) — Lt.
Lavaivre.
De Jacquelin-Dulphé.
Le Chanoine du Manoir.
De Séguin.
Hernnberger.

De Gérus.
Feuillant.
David.
Brunet.
Gautier.
Tissot de Mérona.
De Boysson.
Thérémin d'Hame.
Verdier.
De Poulpiquet du Halgouet.
De Clermont-Tonnerre.
Collinet de la Salle.
Louvenard.

Duplessis d'Argentré.
De Seroux.
Dufour.
Bresson.
Hubert de l'Isle.
Teilhard de Latérisse.
Jalabert.
Le More.
Delaporte.
Fromond.
D'Abzac.
De Chateignier.
Du Breton.
Clerc.

Deuxième Division.

Gay de Nexon.
Meneust.
Bothillon de la Serve.
Erieau.
Lancelot.
Jourda de Vaux de Foletier.
De Luppé.
Verchère de Reffye.
Carbonnel de Canisy.
Wallon.
Faure.
De Waldner de Freudstein.
De Messey.

Courler de Vregille.
Fredy de Coubertin.
De Merval.
Daumas.
D'Espinay de Saint-Luc.
Sibeud de Saint-Ferriol
Chabanaud.
Simon de la Mortière.
De la Chaise.
De Montécler.
Le Saulnier de Saint-Juan.
De Saint-Geniès.
Clavel.
Leman de Talancé.

Willemin.
Cavallier.
De Carné-Trécesson.
Labat.
De Lur-Saluces.
Caillard d'Aillères.
Harty de Pierrebourg.
Butler O'Madden.
Harduin.
Robiou.
De Lillo.
Astier.
Corbel-Corbeau de Vaulserre.

Louvel de Monceaux.
De Farémont.
Chuffart.
Hardouin.
Peler d'Anglade.
Marchal.
Schemel.
Hecquer d'Orval.
Depied.
Legendre.
Boppe.
Guépratte.
Yung.
Du Bourg.

AIDES-VÉTÉRINAIRES STAGIAIRES

Morice.
Meyer.

Richet.

Delafosse.

Cavanat.

L'École de maréchalerie, depuis la réorganisation de l'École de cavalerie après la guerre, avait été beaucoup réduite quand au nombre des élèves; on lui rendit ses anciennes fonctions et partant son importance.

Une décision ministérielle du 10 février fixa l'uniforme de l'École.

Cadre. — Officiers. — Tunique bleu foncé, collet orné à ses angles d'une grenade brodée en argent; brides d'épaulettes brodées en cannetille et paillettes d'argent; galons d'argent parallèlement au-dessus du parement de la manche. Pantalon garance bande noire. Épée du modèle d'état-major. Ceinturon verni. Aiguillettes et épaulettes en argent mat.

Fonctionnaires militaires du service du manège académique et du haras d'étude. — Officiers. — Grande tenue : tunique bleu foncé, boutons dorés; brides d'épaulettes, épaulettes et aiguillettes en or; grenade brodée en cannetille d'or et paillettes à chaque angle du collet; galons de grades en or. Pantalon bleu foncé. Épée du modèle d'état-major, avec dragonne en or. Ceinturon d'épée en cuir verni noir.

Sous-officiers. — *Adjudant maître de manège.* Tunique : brides d'épaulettes en galon d'argent, comme l'épaulette, traversée dans toute sa longueur d'une raie garance; galons d'argent; aux angles du collet, une grenade brodée en filé d'or, sans cannetille ni paillettes. Pantalon bleu foncé. Epée sans dragonne. — *Maréchal des logis chef et maréchal des logis sous-*

maître de manège. Même uniforme que les maîtres de manège. Aucune épaulette ni contre-épaulette sur la tunique; aiguillettes noir et or, attachées sur l'épaule droite par un trèfle; parement des manches coupé en pointe; galons en or façon lézardes. Épée non dorée.

Les officiers et sous-officiers du cadre constitutif de l'École, attachés spécialement au manège académique et au haras de l'École, portent, comme grande tenue de manège, la tunique, la culotte en tricot blanc, les bottes à l'écuyère à éperons dorés et le chapeau à l'écuyère. En petite tenue de manège, la culotte est bleue, demi-collante et les éperons des bottes à l'écuyère sont en fer poli.

Les officiers et les sous-officiers d'instruction conservent l'uniforme du régiment dont ils sont détachés.

Les officiers élèves, qui ne comptent que pour ordre dans les régiments, portent l'uniforme de l'École, mais sans les aiguillettes.

Cavaliers élèves instructeurs et hommes de troupe du cadre constitutif de l'École. — Tunique en drap bleu foncé. Les pans de derrière, doublés de rouge, sont relevés à cheval. Collet en drap bleu foncé, orné d'une grenade découpée en drap garance. Épaulettes en laine écarlate. Boutons en étain estampés en relief d'une grenade entourée de la légende : *École de cavalerie.* Les sous-officiers seuls feront usage du pantalon d'ordonnance. Pantalon de cheval pour les cavaliers élèves instructeurs et les soldats.

Veste en drap bleu foncé. Collet en drap du fond, orné à ses angles d'une patte en drap garance, avec un petit bouton d'uniforme au milieu de sa pointe. Pattes d'épaule en drap du fond. Bonnet de police, la visière inclinée à trente degrés au-dessous de l'horizon Giberne et porte-giberne. Ceinturon et plaque. Sabre de cavalerie légère.

Trompettes. — Même habillement que pour la troupe. Épaulettes en fil blanc.

Tenue de manège. — *Sous-officiers et cavaliers.* — La tunique d'ordonnance pour les sous-officiers et la veste d'écurie pour les cavaliers leur servent de veste de manège. Culotte bleu foncé dans les bottes à l'écuyère. Chapeau à l'écuyère.

Tous les officiers font usage de la même tenue de manège que les sous-officiers. La tunique d'ordonnance et, pour les chasseurs et hussards, le dolman, servent de petite tenue. La culotte bleu foncé demi-collante est en drap fin et, du reste, semblable à celle des sous-officiers et soldats. La cocarde du chapeau a la zone blanche en argent.

Le haras d'études fut rétabli le 13 février comme un complément nécessaire de l'instruction des officiers. Il devait comprendre : trois étalons : un de pur sang anglais, un demi-sang anglo-normand, un pur sang arabe; six poulinières : une pur-sang anglaise, une pur-sang arabe, une normande, une percheronne, une bretonne, une navarrine; et vingt poulains au maximum.

Le 3 mars, le Ministre de la guerre décidait que les jeunes gens aspirant à l'administration des haras devaient commencer leur instruction pratique à Saumur; mais cette mesure ne reçut pas exécution.

Le 7 avril, le Ministre de la guerre revint visiter l'École. Il arriva à Saumur par le train de 4 heures du soir. Les deux chefs d'escadrons et les capitaines-écuyers en grande tenue à cheval se rendirent à la gare pour accompagner le général.

L'escorte fut composée de deux pelotons de sous-officiers à cheval avec quatre trompettes. Le premier peloton marchait en colonne par quatre à trente pas en avant des voitures, ayant la gendarmerie pour avant-garde, et se rendit à l'École par la rue d'Orléans et la rue Beaurepaire. Le deuxième peloton, également en colonne par quatre, suivait derrière les voitures.

Toutes les divisions de l'École, en grande tenue, étaient placées sur le passage du Ministre dans la rue Beaureprire. Les officiers non employés et les vétérinaires attendaient dans la cour de l'hôtel du général.

Le *général de Cissey* parcourut immédiatement tous les bâtiments de l'École, les manèges, les écuries et les casernes.

Le soir, il y eut réception à l'hôtel du général Thornton.

Le lendemain, il n'y eut aucun changement dans les travaux des élèves. Le Ministre suivit l'ordre des études et des exercices. Sa visite avait principalement pour but de se rendre compte des améliorations à apporter à l'École, d'après le projet présenté par le général Thornton.

Le 15 avril, le Ministre de la guerre offrit au haras de l'École de cavalerie de Saumur deux chevaux superbes, *Byron* et *Redgauntlet*, sortant des écuries du duc de Beaufort, et qui avaient été payés chacun 10,000 francs.

Le 8 mai, le général commandant l'École décida qu'à l'avenir, il serait régulièrement commandé tous les dimanches un piquet de 40 cavaliers-élèves avec les trompettes, en grande tenue de service, pour assister à la messe de midi à l'église de Saint-Nicolas. Les deux chefs de pelotons devaient être pris parmi les officiers-élèves et le chef du détachement parmi les lieutenants d'instruction.

Le 25 mai, l'École fut consignée en prévision des troubles que pouvaient amener les événements politiques. Le lendemain, le général mettait à l'ordre la nomination du maréchal de Mac-Mahon à la présidence de la République.

Ce fut le 14 juillet que le mess des officiers de l'École commença à fonctionner.

Le 15, l'École fut frappée d'un deuil très douloureux par la mort de deux officiers-élèves : MM. *de Saint-Simon* et *d'Hotelans*.

« Après le déjeuner, ces messieurs avaient organisé une partie de canot. Il ventait assez fort, et tout faisait espérer une heureuse promenade. Malheureusement, la traversée ne devait pas se terminer ainsi ; tout à coup, devant le quai de Limoges, leur canot capota, et le courant, fort rapide, entraîna les deux naufragés qui nagèrent quelque temps, puis disparurent.»

Par décision ministérielle du 6 août, les selles françaises en usage au manège de l'École durent être confectionnées à l'avenir avec les modifications suivantes : La longueur du siège devait être augmentée de deux centimètres et celle des quartiers de dix centimètres.

Les courses de Saumur eurent lieu le 24 et le 26 août. Le 25, ce fut le carrousel.

PREMIER JOUR DE COURSES

Deuxième course. — Course plate. — Un objet d'art. — Pour MM. les officiers élèves de l'École de cavalerie, montant des chevaux de carrière. — 1,000 mètres environ. — Neuf chevaux partant. — Première, *Sommerives*, montée par *M. d'Hérouville*. — Deuxième, *Durtal*, montée par *M. Cabany*. — Troisième, *Coricolo*, monté par *M. Sordet*. — Quatrième, *Blainville*, monté par *M. de la Garenne*.

Quatrième course. — Course de haies. — Un objet d'art. — Pour MM. les officiers de l'École de cavalerie, montant des chevaux de carrière. — 2,000 mètres environ, dix haies à franchir. — Quatre chevaux partant. — Premier, *Ginger*, monté par *M. de Gontaut*. — Deuxième, *Perd'ta*. — Troisième, *Nicanor*.

A l'occasion du carrousel, le Ministre de la guerre envoya quatre prix à l'École : un revolver, une cravache, et deux jumelles de marine.

DEUXIÈME JOUR DE COURSES

Course militaire. — Quatre chevaux partant : *Lucie*, *Miss Dora*, *Guitare*, *Malicorne*, que montaient *MM. d'Amoy*, *de Lammerville*, *d'Oilliamson* et *du Ligondès*.

Tableau par genres
des
Brides les plus usitées
de 1800 à 1889

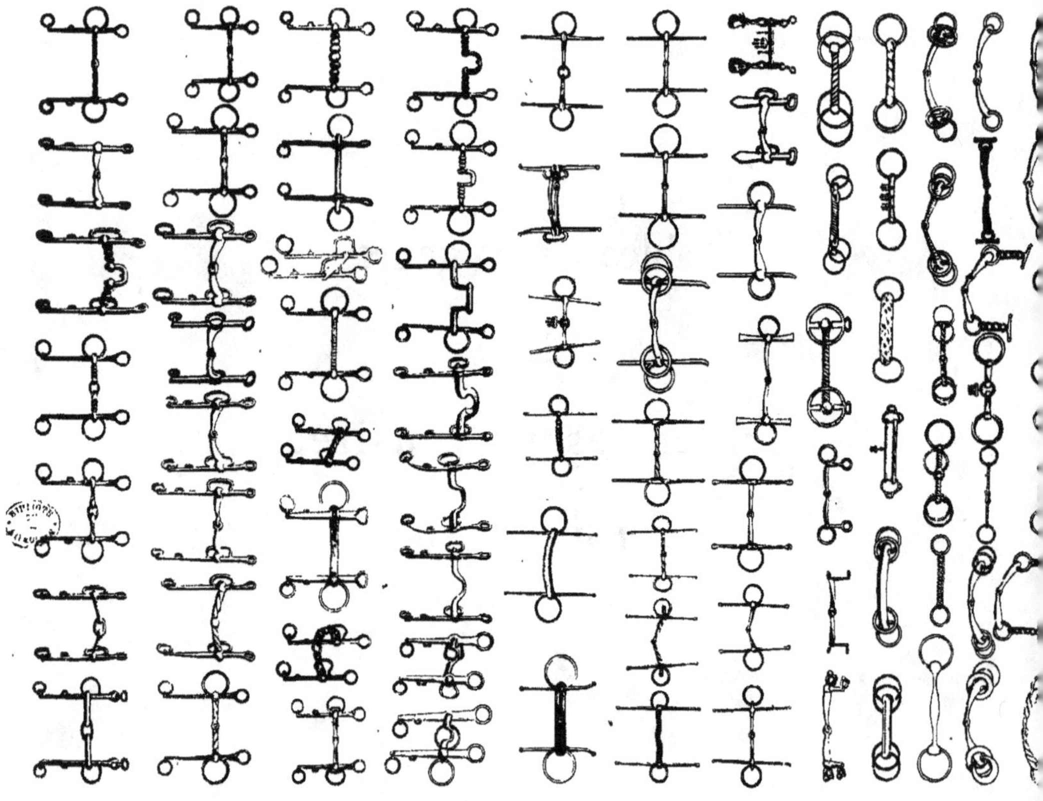

XXIV

Règlement sur l'organisation de l'École de cavalerie, 1873. Cadre constitutif. Divisions. Officiers de gendarmerie; officiers d'instruction de cavalerie et d'artillerie; officiers élèves; aides-vétérinaires stagiaires; sous-officiers instructeurs d'artillerie et des trains; sous-officiers de cavalerie élèves-officiers; cavaliers élèves; programmes des cours; examens et classement de sortie; annexes de l'École : école de maréchalerie, école de dressage. — Jury d'examen. — Prières publiques. — Cours de télégraphie. — On ajourne le transfert de l'École d'arçonnerie à Vernon. — La botte de Saumur est autorisée pour tous les officiers de cavalerie. — Création de quatorze régiments de cavalerie. — Essai de crampons chevilles à l'École de maréchalerie. — Essai des fers mécaniques Fuzellier. — État-major, officiers, vétérinaires et sous-officiers élèves de l'École en 1873. — Division d'engagés conditionnels. — Mort de deux officiers. — Élèves-officiers de 1874. — Visite du maréchal de Mac-Mahon. — Instruction militaire des élèves maréchaux. — Modification des effets de pansage. — Un nouveau manège. — Visite d'un officier russe. — Courses et carrousel. — Le commandant Dutilh, écuyer en chef. Mécanisme des assouplissements. Travail à la longe. Mors très doux. Gammes équestres. Pianoter. Rênes tendues. Élasticité de l'encolure. Mobilité de la mâchoire. Descentes de mains. Gymnastique équestre. Entraînement. Association de la légèreté et du point d'appui. Fusion des deux équitations. Ses chevaux : Tripolien, Betting, Le Drille, Déchéance, Augias. *Méthode de dressage.* Manière de placer les rênes dans les deux mains pour la conduite à quatre rênes et pour les assouplissements. Des assouplissements. Mécanisme. 1re série. Flexion de la tête à droite et à gauche. 2e série. Extension et flexion de l'encolure sur le plan médian. 3e série. Descentes de main latérales et redressement de la tête en arrière à droite et en arrière à gauche, etc. — M. de Montigny : ses ouvrages d'équitation. — Jury d'examen. — Engagés conditionnels versés dans la division des élèves-officiers. — Selle modèle 1874. — Essais comparatifs de la ferrure mécanique et de la ferrure ordinaire. — Talfumière : Deux nouveaux procédés de ferrure. — Dardenne : Fer à oreilles obliques. — État-major, officiers, vétérinaires et sous-officiers de l'École en 1874.

Le 30 août 1873 parut un nouveau Règlement ministériel sur l'organisation de l'École de cavalerie.

Objet et constitution des cours de l'École et des divisions d'instruction. — L'École de cavalerie est plus spécialement instituée en vue de compléter et de perfectionner l'instruction des lieutenants de cavalerie, désignés pour en suivre les cours. Elle demeure en outre chargée :

1° De poursuivre l'instruction des élèves de la section de cavalerie de l'École spéciale militaire; — 2° De donner à un certain nombre de sous-officiers, aspirant à l'épaulette, la somme de connaissance que tout officier de cavalerie doit posséder; — 3° De former des instructeurs appelés à reporter, dans leurs régiments, les méthodes d'instruction reconnues les meilleures; — 4° De former un certain nombre de sous-officiers capables et bons instructeurs; — 5° Enfin, d'initier au service régimentaire les aides-vétérinaires stagiaires nouvellements promus.

Dans ce but, cette École reçoit :

1° Des *officiers d'instruction de cavalerie* 2° Des *officiers d'instruction d'artillerie et des trains*	appelés à l'École pendant un an à dater du 15 octobre de chaque année.

3° Des *officiers élèves* (sous-lieutenants sortant de Saint-Cyr), appelés à l'École pendant un an, à dater du 1er novembre;

4° Des sous-officiers de cavalerie, *élèves officiers*, appelés pendant dix-huit mois, du 1er avril au 30 septembre de l'année suivante;

5° Des *sous-officiers élèves instructeurs d'artillerie et des trains*, appelés pendant un an, à dater du 15 octobre de chaque année;

6° Des *cavaliers élèves sous-officiers*, appelés pendant dix-huit mois. Pour les élèves de cette catégorie, les admissions ont lieu deux fois par an, le 1er avril et le 1er octobre;

7° Des *aides-vétérinaires stagiaires*, pendant un an, à partir du 15 octobre de chaque année.

L'Ecole de cavalerie reçoit aussi, à des époques et pendant une durée fixée par des instructions spéciales :

1° Des *officiers de gendarmerie* sortant de l'arme de l'infanterie, ou provenant des sous-officiers de l'arme à pied, appelés pour six mois, du 1er avril au 30 septembre :

2° Des *élèves maréchaux ferrants*, provenant des contingents ou des corps de troupe à cheval.

Cadre constitutif de l'École. — Le cadre constitutif de l'École est composé ainsi qu'il suit : 1 général de brigade commandant; — 1 colonel ou lieutenant-colonel, commandant en deuxième; — 1 major; — 1 capitaine d'habillement; — 1 capitaine trésorier; — 1 lieutenant ou sous-lieutenant porte-étendard et adjoint à l'habillement; — 1 lieutenant ou sous-lieutenant, adjoint au trésorier; — 7 commis d'administration (civils), dont un secrétaire du général.

Instruction militaire : 2 chefs d'escadrons, instructeurs en chefs; — 12 capitaines instructeurs.

Enseignement équestre : 1 chef d'escadrons, écuyer en chef; — 5 capitaines écuyers; — 7 lieutenants ou sous-lieutenants sous-écuyers.

Enseignement général : 1 chef d'escadrons, directeur des études et professeur de topographie et d'art militaire; — 1 capitaine, professeur adjoint au chef d'escadrons; — 1 capitaine, professeur d'allemand; — 1 professeur de grammaire et de style; — 1 professeur d'histoire et de géographie; — 1 professeur de législation, d'administration et de comptabilité (le major de l'École); — un professeur d'hygiène militaire (un médecin de l'École); — 1 professeur d'arithmétique et de géométrie; — 1 professeur de physique et de chimie appliquées à l'art militaire; — 1 professeur d'artillerie et de fortification.

Service et enseignement vétérinaire : 1 vétérinaire principal; — 1 vétérinaire en premier; 1 vétérinaire en deuxième.

Troupe : 3 adjudants sous-officiers, titulaires; — 1 adjudant vaguemestre; — 1 maréchal des logis trompette major; — 1 brigadier trompette.

Escadrons : Les hommes de troupes des différentes catégories sont répartis également dans deux escadrons, placés chacun sous les ordres d'un capitaine instructeur.

Manège : 1 adjudant, maître de manège; — 1 maréchal des logis chef, sous-maître de manège; — 4 maréchaux des logis, sous-maitres; — 2 palefreniers civils, sous-surveillants; — 27 palefreniers civils de 1re et 2e classe; — 2 cavaliers de manège, sous-officiers; — 6 cavaliers de manège, brigadiers; — 127 cavaliers de manège, cavaliers.

Salle d'escrime : 1 sous-officier, maître d'escrime; — 5 brigadiers, prévôts d'armes.

Maréchalerie : 1 chef d'atelier; — 4 sous-chefs d'atelier; — 10 maréchaux ferrants.

Ateliers : 1 chef armurier; — 1 maître sellier; — 1 maître tailleur; — 1 maître bottier; 27 ouvriers.

Service général, agents subalternes et civils : 1 lithographe; — 1 gardien de la bibliothèque; — 1 jardinier; — 5 portiers; — 7 hommes de peine.

Infirmerie : 1 sergent infirmier ; — 3 soldats infirmiers.

Cavaliers de remonte (écuries et école de dressage, soldats ordonnances) : 1 officier (lieutenant ou sous-lieutenant) ; — 4 maréchaux des logis ; — 1 brigadier-fourrier ; — 8 brigadiers ; — 215 cavaliers.

Chevaux : L'effectif en chevaux de l'École est composé et réparti comme il suit :

150 chevaux de manège ; 200, de carrière ; 270, d'armes ; 8, de fourgons ; total 628.

L'École dispose en outre de : 120 chevaux de l'école de dressage ; 60 chevaux amenés par les officiers d'instruction ; total, 180 ; total général, 808, plus 35 à 40 chevaux environ des officiers du cadre.

Officiers d'instruction de cavalerie. — Les officiers d'instruction de cavalerie sont choisis par les inspecteurs généraux, parmi les lieutenants remplissant, au point de vue de l'instruction générale et militaire, de l'éducation et de l'ancienneté de grade, les conditions voulues pour pouvoir, le cas échéant, obtenir le grade de capitaine au moment de leur sortie de l'École.

Les cours qu'ils suivent ont pour but de perfectionner leur instruction, tout en les préparant au professorat à exercer dans les régiments vis-à-vis des officiers et sous-officiers.

A cet effet, indépendamment des cours qui leur sont personnels, les lieutenants sont adjoints, selon les besoins et selon leurs aptitudes particulières, aux différents instructeurs ou professeurs, et exercent les fonctions de répétiteurs auprès des sous-officiers élèves officiers ou des cavaliers élèves sous-officiers.

Il est réservé au Ministre de prononcer l'inscription au tableau d'avancement de tous ceux qui ont satisfait aux examens de sortie avec la note *bien*, et de leur faire, dans la répartition de l'avancement au choix, une part aussi large que possible, en leur tenant compte du numéro de mérite obtenu à Saumur.

Les matières d'enseignement concernant les officiers d'instruction de cavalerie comprennent :

1° *Règlement sur les exercices de cavalerie.* — Aperçus généraux sur les ordonnances et les règlements depuis 1733 jusqu'à 1872. — Étude raisonnée du règlement provisoire de 1872. — Étude comparative de ce règlement et des instructions analogues en usage dans les différentes cavaleries européennes.

2° *Hippologie.* — Le cours d'hippologie se rapporte, d'une manière constante, à l'emploi du cheval. — Les institutions hippiques modernes. — Point de vue d'un cours à professer tantôt à des officiers, tantôt à des sous-officiers.

3° *Équitation.* — Histoire de l'équitation. — Exposé succinct des principales doctrines préconisées par les anciens écuyers. — Discussion des principes professés par les écuyers modernes. — Étude raisonnée de l'équitation militaire, comprenant l'équitation de manège, de carrière et de courses, l'escrime et le combat à cheval, le dressage du cheval de guerre, la voltige et l'emploi des sauteurs. — Exercices pratiques. — Ces officiers sont préparés à l'enseignement de l'équitation en donnant une partie de chaque leçon au manège et à la carrière, mais sous la direction immédiate du capitaine écuyer.

4° *Art militaire.* — Aperçus rapides sur les cavaleries grecque, romaine et gauloise. — Historique de la cavalerie pendant le moyen âge et jusqu'au commencement du XVIIe siècle ; exposé des œuvres de Maurice de Nassau. — Étude de la cavalerie au XVIIe et au XVIIIe siècle. Transformations apportées par Gustave-Adolphe, Charles XII, le maréchal de Saxe, Melfort, Frédéric le Grand et Seydlitz. — Régénération de la cavalerie française sous le ministère de M. le duc de Choiseul. — Discussion sur l'ordre prussien ou linéaire préconisé par Guibert, et sur l'ordre français ou perpendiculaire défendu par Bohan. — Emploi de la cavalerie dans les guerres de la Révolution et du premier Empire. — Rôle de la cavalerie considérablement agrandi, dans la guerre moderne..... — Faire choix d'une grande bataille rangée, de la bataille d'Austerlitz, par exemple, et préciser les positions prises par les différentes espèces de cavalerie, ainsi que leurs formations et leur emploi dans les phases principales de la bataille. — Examen comparatif de l'emploi des cavaleries française et étrangères dans les dernières guerres, particulièrement dans la guerre de 1870-1871. — Étude des armées européennes modernes, de leur cavalerie spécialement. — Inventions modernes étudiées au point de vue de la guerre. Chemins de fer, télégraphie électrique, etc. — Ordonnance de 1832 sur le service des armées en campagne. Comparaison avec les instructions en vigueur chez les puissances étrangères. — Emploi de la cavalerie comme arme de soutien de l'artillerie et de l'infanterie; notions générales sur ces deux armes et leurs tactiques. — Études particulières des petites opérations de la guerre. — Rôles des différentes espèces de cavalerie en liaison avec l'armée. — Un détachement de cavalerie, d'une force donnée, étant supposé marcher à l'ennemi en suivant un itinéraire désigné, préciser les dispositions à prendre : loin de l'ennemi, près de l'ennemi, pour l'attaque, pour la poursuite, pour la retraite, pour bivouaquer ou cantonner ; faire varier les données, en supposant même une combinaison des trois armes.

5° *Topographie.* — L'enseignement de la topographie se renferme dans ce qui peut être demandé en campagne à un officier de cavalerie, c'est-à-dire que cet enseignement ne dépasse pas les levers à vue.

6° *Fortification passagère.* — Ce cours se borne aux quelques notions sur les ouvrages de campagne qu'il importe à un officier de cavalerie de connaître, et aux connaissances pratiques que doit posséder l'officier commandant une troupe de cavalerie armée de carabines et qui peut être accidentellement appelée à défendre un poste, une maison, un village, à établir une barricade, etc.

7° *Législation et justice militaires. Administration et comptabilité des corps de troupe.* — Le cours prend pour base le programme fixé aux capitaines proposés pour officiers supérieurs.

8° *Escrime de l'épée et du sabre. Tir de la carabine et du revolver.* — Exercices pratiques.

Officiers d'instruction d'artillerie et des trains. — Les officiers d'instruction d'artillerie et des trains sont envoyés à Saumur dans le but d'acquérir les connaissances militaires et équestres, qui leur sont nécessaires comme instructeurs d'équitation et de conduite des voitures.

Ils forment une division distincte ; leurs cours comprennent : 1° Les règlements sur les services et les exercices de la cavalerie, dégagés de tout ce qui a trait aux exercices des tirailleurs ; — 2° L'hippologie ; — 3° L'équitation ; — 4° L'escrime de l'épée et du sabre, le tir de la carabine et du revolver.

De même que les officiers d'instruction de cavalerie, les officiers d'instruction d'artillerie peuvent, selon leurs aptitudes, être chargés de professer les cours d'arithmétique et de géométrie, de physique et de chimie, d'artillerie et de fortification.

Officiers élèves. — Les officiers élèves sont envoyés à Saumur dans le but d'y continuer leurs études, à partir du point où elles ont été laissées à Saint-Cyr.

Les officiers élèves qui ont satisfait aux examens de sortie sont appelés, dans l'ordre de leur classement, à choisir le régiment dans lequel ils désirent définitivement servir, sous la réserve de la condition d'aptitude, appréciée par l'inspecteur général.

Les sous-lieutenants élèves envoyés à l'École de cavalerie, après un séjour de deux années à l'École militaire, possèdent déjà un ensemble de connaissances très satisfaisant, qu'il s'agit beaucoup moins d'amplifier que de coordonner, afin que ces études cessent de rester à l'état spéculatif et presque sans profit pour les subordonnés futurs de ces officiers.

Ces études (en ce qui concerne les règlements de services et de manœuvres) doivent être poursuivies à partir du point où elles ont été laissées à l'École de Saint-Cyr. Mais leurs exercices pratiques continueront à embrasser, à tous les degrés, la direction et le commandement des classes d'instruction. Le service en campagne, en particulier, sera appliqué dans toute l'étendue que comporte l'organisation et l'effectif de l'École de cavalerie.

Les notions générales sur l'hippologie seront approfondies et complétées par des cours pratiques, par l'examen de tous les chevaux de l'École, par l'étude des haras, de l'élevage, des remontes, des races, etc.

Quant aux études qui appartiennent à l'instruction militaire générale de l'officier, on devra extraire des programmes de Saint-Cyr ce qui est surtout nécessaire à un officier de cavalerie. Les élèves ne seraient pas astreints à suivre de nouveaux cours, mais à mettre en ordre, dans un sens déterminé, leurs cahiers de Saint-Cyr ; à traiter, d'abord par écrit, puis dans une leçon orale, des sujets donnés ; à analyser et à commenter certains mémoires militaires puisés dans la bibliothèque de l'École ; à développer certaines études appropriées à la direction de leur esprit ; à exécuter de nombreuses applications de topographie, etc.

Enfin, l'équitation, le dressage, la pratique du service journalier et tout ce qui pourra disposer l'officier élève à son utilisation complète dès son arrivée au régiment, constitueront le fonds principal de son éducation et seront l'objet d'une pratique quotidienne.

Aides-vétérinaires stagiaires. — Les aides-vétérinaires nouvellement promus et qui ont satisfait aux examens, sont envoyés à l'École de cavalerie, pour y faire un stage d'un an, avant d'être dirigés sur les corps de troupe à cheval.

Ils sont placés spécialement sous la direction du vétérinaire principal, qui leur professe un cours d'hippologie et profite de tous les éléments d'instruction de l'École pour les initier à la pratique de la médecine vétérinaire et au service régimentaire.

Ils sont exercés à établir des rapports journaliers et de fin d'année, ainsi que toutes les écritures relatives à leur emploi dans les régiments.

Ils remettent, le 1er de chaque mois, au vétérinaire principal, un rapport détaillé sur une question de médecine vétérinaire ; ce rapport est conservé par lui, pour être mis sous les yeux de l'inspecteur général.

Ils reçoivent des leçons d'équitation, sur des bases conformes aux besoins de leur spécialité.

Sous-officiers de cavalerie élèves officiers. — Les sous-officiers élèves officiers, envoyés à Saumur sur la proposition des inspecteurs généraux et la désignation de la commission de classement, devant posséder une connaissance convenable des règlements militaires, de service et de manœuvres, le développement de leur instruction est principalement dirigé en vue de leur faire acquérir les connaissances générales et professionnelles exigibles de tout officier.

Les élèves de cette division subissent des examens semestriels.

Tous les sous-officiers élèves officiers qui satisfont, avec la note *bien*, aux examens de sortie, sont nommés de suite au grade de sous-lieutenant, ou inscrits en tête du tableau d'avancement, pour être nommés sous-lieutenants aussitôt que possible.

Leurs cours, purement militaires, doivent se borner à des exercices théoriques et pratiques, sur les règlements de manœuvres (jusqu'à l'école du régiment inclusivement), sur les différents services, et, surtout, sur celui en campagne; sur l'hippologie, l'équitation et le dressage. Les cours théoriques de cette sorte sont réglés de façon à n'employer environ que deux séances par semaine.

Les autres cours de cette division comprennent :

1° *Grammaire et style.* — Ce cours est fait seulement au point de vue pratique, au moyen de dictées, de rédactions et d'exercices de narration. — Citations choisies de mémoires militaires célèbres ou des ordres du jour de Napoléon Ier.

2° *Histoire.* — Introduction très sommaire à l'histoire de France jusqu'à Henri IV. — Détaillée jusqu'en 1850. — Transformation des grands États de l'Europe : Prusse, Autriche, Italie. — Étude spéciale des événements militaires : 1° Préliminaires, bataille de Rocroy, campagne de Turenne en Alsace ; 2° Valmy et Jemmapes, campagnes d'Italie, Marengo, Austerlitz, Iéna, Auërstadt, Eylau, Friedland, Wagram, Lutzen ; Campagne de France ; 3° Conquête de l'Algérie, Isly, campagne de Crimée, campagne d'Italie, campagne du Mexique, guerre de 1866 entre la Prusse et l'Autriche, guerre de 1870-1871.

2° *Géographie.* — Généralités sur l'Europe. — Étude politique et stratégique de l'Europe. — Statistique militaire détaillée de la France, étude géographique détaillée. — Idée générale au point de vue stratégique des campagnes de 1814 et 1870. — Frontière de l'Est. Campagne de 1870. — Rive droite du Rhin. Campagne de 1796 et de 1800. Weser et Elbe. Campagne de 1806 et 1866. Statistique militaire de la Prusse et de l'Allemagne. — Bassin du Danube jusqu'à Vienne. Campagnes de 1805 et 1809. — Statistique militaire de l'Autriche. — Bassin du Pô et de l'Adige. Campagne de 1796, 1800 et 1859. — Statistique militaire de l'Italie. —

Péninsule hispanique. — Géographie générale de la Russie. — Géographie générale de l'Angleterre. Colonies.

3° *Arithmétique.* — En entier.

Géométrie. — Théorèmes les plus nécessaires jusqu'aux volumes; dessin linéaire.

4° *Physique et chimie.* — Principaux phénomènes sans démonstrations scientifiques. Applications militaires. — *Physique.* — Lois de la pesanteur. — Ballons. — Dilatation des corps. — Principes de la machine à vapeur. — Électricité. Machines électriques. Piles. — Procédé pour mettre le feu aux mines par la pile. Projection de la lumière électrique à de grandes distances. Télégraphie électrique. Télégraphie optique. — Vitesse du son. Détermination de la distance d'une batterie. — Étude de la lumière. Miroirs. Prismes. Lentilles. Photographie. Lunettes.

Chimie. — Principes élémentaires de la nomenclature chimique. Symboles chimiques. — Air atmosphérique. Carbones. Préparation du charbon et du soufre pour la fabrication de la poudre à canon. — Salpêtres. Composition de la poudre à canon. Procédés. — Poudres fulminantes. Nitro-glycérine. Dynamite.

5° *Hygiène militaire*..... — 6° *Législation militaire*..... — 7° *Administration.*

8° *Artillerie.* — Des armes portatives en général. — Description détaillée et raisonnée de la carabine de cavalerie modèle 1866. — Principes généraux du tir. — Des armes blanches. Fabrication, etc. — Des bouches à feu en général. — De la poudre de guerre. — Des projectiles et des fusées. — Service des pièces. Notions de conduite. — Organisation d'une batterie de campagne. — Mode de destruction du matériel de guerre.

9° *Fortification.* — Principes généraux. — Définition et objet du profil. Étude du tracé. — Ouvrages les plus fréquemment employés. — Organisation défensive d'un poste militaire, d'une forêt, de murs, d'un village, d'un cours d'eau. Défenses accessoires. — Notions générales sur l'attaque et la défense. Construction d'un ouvrage sur le terrain. — Destruction des ouvrages d'art. Rôle de la cavalerie. — Description d'un front bastionné et des ouvrages extérieurs. — Dessins de quelques modèles de fortification.

10° *Topographie.* — Cours complet. — Description des instruments. Exécution d'un levé régulier et d'un levé expédié. Dessin.

11° *Art militaire.* — Méthode à suivre dans l'étude de l'art militaire. — Définition des principaux termes employés en tactique et en stratégie. — Organisation des forces militaires d'un État. — Notions sur les institutions militaires des grandes puissances de l'Europe. — Esquisse rapide des progrès de l'art militaire depuis l'invention de la poudre. Remarques sur la cavalerie. — De l'artillerie à cheval. Nouvelle méthode de guerre introduite par la Révolution française et l'Empire. — Étude particulière des trois armes. — De la cavalerie. Motifs de la division de la cavalerie en trois armes. — Armement de la cavalerie. — Ordres et évolutions. — Des charges. — Répartition de la cavalerie dans les armées. — Action de la cavalerie. — De la poursuite après la victoire. — De la retraite. — Du service de la cavalerie dans les sièges. — Des reconnaissances. — Des positions. — Cartes. Guides. Espions. Déserteurs, etc. — Des marches. — Études des formations et manœuvres de l'infanterie, de la cavalerie, dans les principales armées étrangères.

12° *Langue allemande.*

Sous-officiers instructeurs d'artillerie et des trains. — Les sous-officiers d'artillerie et des trains sont désignés par les inspecteurs généraux, à raison de un par régiment; ils doivent avoir répondu, d'une manière satisfaisante, aux questions comprises dans le programme de l'examen du deuxième degré et sur les quatre leçons à pied et à cheval.

Les cours comprennent : 1° Les règlements sur les différents services, et les quatre premiers titres du règlement sur les exercices de la cavalerie, dégagés de tout ce qui a trait au service des tirailleurs; — 2° Un abrégé du cours d'hippologie; — 3° Un abrégé du cours d'équitation; — 4° Le travail de manège, de carrière, voltige, etc.

Ces sous-officiers subissent des examens semestriels, ayant pour but de constater leurs progrès et leur aptitude à continuer leurs cours.

Cavaliers élèves sous-officiers. — Cette division est formée de jeunes gens admis à contracter un engagement volontaire à Saumur, dans les conditions déterminées par le programme suivant :

Conditions d'admission. — 1° Être âgé de dix-huit ans au moins et de vingt-quatre ans au plus, et en justifier par un acte de naissance ; avoir au moins la taille exigée dans la cavalerie légère (1m,64) ; toutefois, une tolérance de 4 centimètres pourra être accordée à tout candidat qui justifiera de conditions particulières d'aptitude pour l'exercice du cheval ;

2° Être reconnu par le Conseil d'administration de l'École, et d'après l'avis d'un de ses médecins, apte au service de la cavalerie ; être muni d'un certificat de bonne vie et mœurs, du consentement des père, mère ou tuteur, si le candidat a moins de vingt ans accomplis ; d'un extrait du casier judiciaire.

3° Savoir parler, écrire correctement la langue française ; posséder des notions générales d'histoire de France, plus spécialement depuis Louis XIV ; l'arithmétique élémentaire, y compris les fractions ordinaires et décimales, les proportions et le système métrique ; les éléments de la géométrie plane ;

4° Avoir effectué le versement d'une somme de 300 francs, destinée à couvrir les dépenses d'entretien à l'École.

Les cours commenceront le 1er avril et le 1er octobre ; leur durée sera de dix-huit mois.

Les cavaliers élèves sous-officiers subissent des examens semestriels. Ceux qui ont satisfait au premier examen sont nommés brigadiers à l'École et, après les examens du deuxième, le premier tiers de la subdivision reçoit le grade de maréchal des logis ; les deux autres tiers ne reçoivent ce grade qu'à leur sortie de l'École.

Les élèves n'ayant pas satisfait au premier examen semestriel ne peuvent recevoir le grade de brigadier qu'après avoir satisfait à l'examen suivant. Certains de ces élèves peuvent donc quitter l'École comme brigadiers, ou même comme simples cavaliers.

Les cavaliers élèves reçoivent, à leur arrivée, des chevaux d'armes, qui sont pansés par eux, tant qu'ils ne sont pas promus au grade de maréchal des logis.

Des cavaliers de remonte et des hommes de peine sont chargés du service des écuries et des corvées de propreté, afin de laisser aux élèves le temps nécessaire à leurs études.

Les cavaliers élèves forment trois subdivisions, se renouvelant de six mois en six mois, les 1er octobre et 1er avril, par fractions égales de quarante élèves.

Les cours de cette division comprennent :

Règlement d'exercices. — Étude raisonnée. — Récitation et aptitude à l'enseignement des titres I, II et III. Équitation. Manège. Voltige. Débourrage de jeunes chevaux. Escrime à l'épée et au sabre. Tir à la cible.

Règlement sur le service intérieur. — Règlement sur le service des places. — Règlement sur le service en campagne.

2° *Hippologie.* — Nomenclature détaillée des parties extérieures du cheval. — Généralités sur les fonctions. — Des allures. — De la bouche. — Du pied. — Des robes. — Des beautés et défectuosités des différentes parties du cheval. — Des tares. — Du harnachement. — Des aliments. — Des écuries. — Bivouacs. — Cantonnements. Routes.

3° *Travail de manège et de carrière.* — Instruction progressive à partir du deuxième semestre seulement.

4° *Législation militaire.* — Administration militaire.

5° *Artillerie.* — Abrégé du cours fait aux sous-officiers.

6° *Fortification.* — Définitions. — Retranchements rapides. — Ouvrages élémentaires. — Défenses accessoires. Utilité de reconnaître le terrain sur lequel on doit charger. — Défenses naturelles contre la cavalerie, l'infanterie ou l'artillerie. — Participation aux travaux pratiques exécutés par les sous-officiers.

7° *Art militaire.* — Propriétés générales des trois armes. Étude de la cavalerie. Organisation tactique. Répartition et rôle de la cavalerie dans une armée. Situations diverses d'une armée : en repos, en marche, en combat. 1° Système de protection d'une armée au repos. Avant-postes..... Service de jour. Service de nuit. — 2° Système de protection d'une armée en marche. Avant-garde. Arrière-garde. Flanqueurs. — Opérations qu'une troupe d'éclaireurs peut avoir à exécuter. — 3° Rôle de protection de la cavalerie sur le champ de bataille. — Opérations détachées. Détachements. Escortes. Partisans. Fourrages. Réquisitions. Embuscades et surprises. — Système de protection en usage dans les principales armées étrangères. Étude des uniformes et des habitudes propres à chaque nation.

8° *Topographie.* — Cours élémentaire.

9° *Allemand.*

Examens et classement des élèves. — Le mérite de chaque élève dans chacune des parties de l'instruction se constate et s'apprécie par des interrogations, dont le résultat s'exprime par une note moyenne.

Les notes de conduite s'expriment de même, à la suite d'une appréciation d'ensemble. Cette note définitive est donnée par le commandant de l'École.

Les diverses parties de l'instruction générale, celles de l'instruction militaire, ainsi que la conduite, ont chacune leur degré d'influence pour le classement des élèves.

Les influences respectives sont déterminées par des coefficients. Les examens de sortie sont passés devant des jurys désignés en dehors du cadre de l'École.

Le jury est subdivisé par l'inspecteur général en trois sous-commissions, qui se partagent les différentes matières de l'examen.

Le membre examinateur, toujours assisté du capitaine instructeur, du capitaine écuyer, ou du professeur du cours, suivant qu'il s'agit d'instruction militaire, équestre ou générale, interroge l'élève d'après un questionnaire, excepté en allemand. Outre le numéro du questionnaire, tiré au sort, l'examinateur a la faculté de poser à l'élève qu'il interroge *une* question supplémentaire, prise dans le questionnaire même, dans le cas où il le croit nécessaire pour s'éclairer davantage sur le degré de savoir de cet élève.

Pour obtenir les points de l'année ou ceux d'examen, on multiplie, pour chaque élève, les nombres représentant les notes obtenues, soit en instruction générale, soit en instruction militaire, et les notes de conduite, par les coefficients correspondant à chacun de ces éléments de classement.

Les notes de l'année qui se rapportent aux parties sur lesquelles les membres des jurys n'ont pas été appelés à examiner les élèves sont considérées, par rapport aux examens de sortie, commes notes finales d'examen.

Pour l'opération du classement, le général commandant l'École remet à l'inspecteur général des tableaux représentant, dans des colonnes distinctes, en regard du nom de chaque élève, le nombre de points attribués à chacun d'eux, par suite des notes de l'année : 1° Pour l'instruction générale ; 2° pour l'instruction militaire ; 3° pour la conduite.

Ces tableaux présentent, dans une colonne particulière, le total des points de l'année, revenant à chaque élève ; parallèlement, sont disposées autant de colonnes qu'il le faut pour l'inscription des points correspondant aux parties sur lesquelles portent les examens des membres des jurys ; enfin, une dernière colonne y est ouverte pour la totalisation des points revenant à chaque élève au titre de l'année et des examens de sortie, et qui concourrent également à l'établissement du classement définitif.

Pour les officiers élèves, les tableaux remis à l'inspecteur général doivent présenter à l'avance l'indication du dixième du total des points obtenus par l'élève à sa sortie de Saint-Cyr et comptant pour eux comme élément de classement par ordre de mérite des élèves.

On a calculé les différentes sommes de points représentant, dans chaque division, les notes générales de sortie, *très bien, bien, assez bien.....*

Le minimum de moyenne générale exigé pour qu'un élève soit considéré comme ayant satisfait aux examens de sortie et puisse être classé, est fixé à 8 pour l'instruction générale et à 10 pour l'instruction militaire.

Les élèves doivent, en outre, avoir obtenu dans chaque cours, en particulier, une moyenne au moins égale à 4 pour l'instruction générale et à 6 pour l'instruction militaire.

ANNEXES DE L'ÉCOLE DE CAVALERIE

ÉCOLE DE MARÉCHALERIE. — Des ouvriers en fer faisant partie des contingents annuels, ou des maréchaux ferrants provenant des régiments, sont désignés pour suivre les cours de l'école de maréchalerie.

Ces cours comprennent : 1° L'étude théorique et pratique du manuel de maréchalerie; — 2° L'instruction primaire du premier degré ; — 3° L'exécution des écoles du cavalier à pied et à cheval.

La durée des cours, qui ne peut excéder deux ans, varie selon le degré d'instruction acquis par les élèves, et selon les besoins des régiments et du fonctionnement de cette école, dont les élèves les plus anciens sont employés comme moniteurs auprès des plus nouveaux.

Les élèves qui ont obtenu les premiers numéros sont de préférence désignés pour les emplois vacants dans les écoles et les établissements de remonte.

L'effectif des élèves maréchaux ferrants est déterminé chaque année par le Ministre.

ÉCOLE DE DRESSAGE. — L'école de dressage, annexée à l'École de cavalerie, a surtout pour but de mettre à la disposition des élèves toutes les facilités désirables au point de vue du dressage des chevaux, lequel constitue un très bon élément d'instruction.

Cette annexe reçoit directement des dépôts de remonte un certain nombre de chevaux de tête. Ces chevaux, une fois dressés par les élèves, sont exclusivement réservés pour la remonte des officiers d'état-major et sans troupe ; mais ils peuvent aussi être versés à l'École, en échange d'un pareil nombre de chevaux de cette catégorie, en service depuis au moins un an.

Les chevaux difficiles des régiments peuvent également être envoyés dans cette annexe, pour y être soumis à un nouveau dressage méthodique, et servir de sujets d'études, plus particulièrement aux cavaliers élèves sous-officiers.

En 1873, le jury des examens de sortie fut composé ainsi qu'il suit : Général *Bonnemains*, président; *Petiet*, colonel; *Innocenti*, lieutenant-colonel; des chefs d'escadrons *Duhesme*, *Dupré*, *Roustain*, *de Benque;* capitaines *Ramond*, *Perrodon*, *de Noue*. Pour les vétérinaires, *MM. Lescot*, *Hugot* et *Merche*, vétérinaires principaux.

Le dimanche 9 novembre, à onze heures et demie, tous les officiers de l'École furent réunis, en grande tenue de service, chez le général, pour se rendre à l'église Saint-Pierre et y assister aux prières publiques pour la France, qui devaient y être dites sur la demande de l'Assemblée nationale. Une division de soixante brigadiers élèves, avec tous les trompettes, fut commandée de service.

Le 5 décembre, le Ministre de la guerre décida que les officiers détachés à l'École devaient y recevoir une instruction élémentaire de télégraphie, pour leur apprendre à se servir d'un télégraphe dont ils occuperaient la station, ou réparer une ligne qu'ils auraient trouvée coupée, etc.

Le programme de ce cours serait étudié par le Conseil d'instruction.

Le transfert de l'atelier d'arçonnerie de Saumur à Vernon avait été décidé en principe ; il fut ajourné jusqu'à nouvel ordre.

Le 29 décembre, le Ministre de la guerre décida que tous les officiers des troupes à cheval pourraient faire usage des bottes à l'écuyère (modèle adopté à l'École de cavalerie) pour tous les exercices à cheval, excepté ceux en grande tenue.

Dans cette année 1873, nous avons à enregistrer la création de quatorze régiments de cavalerie qui fut arrêtée le 29 septembre : six régiments de dragons, n°s 21 à 26 ; six régiments de chasseurs, n°s 15 à 20 ; deux régiments de hussards, n°s 11 et 12.

En 1873, l'École de maréchalerie de Saumur essaya d'établir une ferrure à glace à l'aide de chevilles triangulaires introduites dans des mortaises de même forme. Quoique les premiers essais eussent été très favorables, ils furent néanmoins suspendus et ne purent être repris pour des motifs indépendants des expériences elles-mêmes.

Les crampons chevillés dont nous avons parlé à propos de Dominick et Flemming faisaient pourtant leur chemin dans les armées étrangères.

L'École de maréchalerie expérimentait également des fers mécaniques proposés par un industriel de Saumur, M. Fuzellier. Quinze ferrures de ce genre étaient en essai sur des chevaux d'escadrons.

1873

ÉTAT-MAJOR DE L'ÉCOLE

THORNTON	Général de brigade.	DE BENOIST	Capitaines écuyers.
CASTANIER	Lieutenant-colonel.	DE BRIEY	
DES ROYS	Ch. d'esc. instr. en ch.	LAFORGUE DE BELLEGARDE	
LENFUMÉ DE LIGNIÈRES	Ch. d'esc. écuy. en ch.	D'AVIAU DE PIOLANT	Lieut. sous-écuyers.
TORDEUX	Ch. d'esc. dir. des ét.	DE MARCÉ	
CLÉMENCET	Major.	GAY DE NEXON	
HUMBEL	Cap. s.-dir. des études	PINOT	
SCHOENDOERFFER	Cap. prof. d'allemand	DE RIBAINS	
BRESSANGES	Lieut. adjud.-major.	TRÉMEAU	
CHASSANDE-PATRON	Capit. instructeurs.	PERSON	Ch. d'esc. dir. de l'arç.
DE BOYSSON		AUBOUIN	Lieut. s.-dir. de l'arç.
TIRET		TRUDEAU	Médecin principal.
DU HAMEL DE CANCHY		TARNEAU	Médecin major.
D'HARANGUIER DE QUINCEROT		BOURDOT	Médecin aide-major.
DE CLAUZADE DE MAZIEUX		MERCHE	Vétérinaire principal
DE CLERIC		BERNARD	Vét. en 1er, pr. de m^{rie}
MOREAU DE BELLAING		MAURICE	Vétérinaire en 2e.
JOANNARD			

OFFICIERS DE GENDARMERIE

BESSON	Lieut.	MARCHANT	Lieut.	FERRI	Lieut.	BAUDEUF	Capit.
DUNEUF-GERMAIN	Lieut.	CHRIST	Lieut.	NICOLAÏ	Capit.	JEUNEHOMME	Capit.
BOCHER	Lieut.	GRAVE	Lieut.	LELLEMENT	Sous-lieut.		

OFFICIERS D'INSTRUCTION

- De Mas Latrie. Lieut.
- De Sesmaisons. Capit.
- De Lammerville Lieut.
- Steiner Lieut.
- De Bréon. Lieut. artill.
- Du Ligondès Cap. artill
- De Beaumont. Lieut.
- Caffarelli. S.-lieut.
- Sève. Lieut
- De Villers. S.-lieut.
- Goiran. Lieut. artill.
- De Bussière Lieut.
- Malen. Lieut.
- Got Lieut.
- Azéma Capit.
- De Dainville. S.-lieut.
- Seigner Lieut.
- D'Andurain. Lieut.
- De Jouvencel. S.-lieut.
- Mariani. S.-lieut.
- De Pontac. Lieut.
- De Tricornot. Capit.
- De Lamolère. Lieut.
- Des Radrets Capit.
- De Préval Lieut.
- Daujon. Lieut. artill.
- De Vialar. S.-lieut.
- Communal S.-lieut.
- Bégnicourt. Lieut.
- De la Rue du Can, Lieut.
- Judice. Lieut. artill.
- De Heurtaumont. S.-l.
- Thomann. Lieut.
- Breton. S.-lieut.
- Caron. S.-lieut.
- Choquet Lieut.
- Gautrot Lieut.
- De Bizemont Lieut.
- Picard S. l. tr. équip.
- Verschneider Lieut.
- Gelinet Lieut.
- Baussaint Lieut.
- Harot. Lieut. artill.
- Billet S.-lieut.
- Troude. Lieut.
- De Trelan Lieut.
- Herissant Lieut.
- Champiot. Lieut. artill.
- De Lavalette. S.-lieut.
- De Bonnefons. Lt tr. éq.
- D'Arcy. Lieut.
- De Ferron. S.-lieut.
- Blanqué S.-lieut.
- Daumalle. S.-lieut.
- Karlskind. Lieut. artill.
- Béguin, S.-l. tr. équip.
- Briard. Lieut. artill.
- Boileau. Lieut. artill.
- De Montarby. Lt. artill.
- Warnet. Lieut. artill.
- De Noue. Lieut. artill.
- Chrétien. Lieut. artill.
- Boppe S.-lieut.
- Witschger. Lieut. artill.
- Hummel. Lieut. artill.
- Derognat. S.-lieut.
- Poidevin. Lieut. artill.
- Dodel Lieut. tr. équip.
- De Saint-Didier. Lieut.
- Grosswiller. S.-lieut.
- De Kergariou. Lieut.
- Tarpet. Lieut.
- Lenthéric. Lieut. artill.
- Bel. Lieut. pontonn.
- Lambert. Lieut. artill.
- Libert. S.-lieut.
- Dorizon Lieut.
- Wolff. S.-lieut.
- Froment. Lieut. artill.
- Gay. Lieut. artill.
- Mathiotte. Lieut. artill.
- Lenfant. Lieut. artill.
- Lanore S.-lieut.
- Marochetti. Lieut.
- Boulanger. S.-lieut.
- Noble S.-lieut.
- De Vassal S.-lieut.
- Courdier. Lieut. artill.
- Bruzeau. Lieut. artill.
- D'Arvieu. S.-lieut.
- Leclercq. Lieut. artill.
- Du Bourg S.-lieut.
- Yung S.-lieut.
- Fromont S.-lieut.
- Joannès Capit.
- Mouth. S.-lieut.

SOUS-LIEUTENANTS OFFICIERS ÉLÈVES

- Abeille.
- Delacour.
- De Gramont de Guiche.
- De Sainte-Marie.
- Picot de Vaulogé.
- Sordet.
- De Gontaut-Biron.
- Marette de la Garenne.
- Desfaudais.
- De Lestapis.
- Rocheron d'Amoy de Beauclerc.
- D'Angosse.
- Hébert.
- Sieyès.
- De Fontanges.
- Froger-Deschesnes.
- De Cahouet.
- Charlery.
- De Villeneuve-Bargemont.
- Duvivier.
- De Cabrières.
- Bouchard.
- D'Oilliamson.
- De Grailly.
- De Bastide.
- De Terrier-Santans.
- Duplessis de Pouzillac.
- Gaudin de Saint-Remy.
- Perrier.
- Rippol.
- Gentil de la Breuille.
- Cabany.
- Renard.
- Minot.
- Lesbre.
- De Dufourcq.
- Constantin.
- Fourcade.
- Domenech.
- Le Boucher d'Hérouville
- Grillet de Serry.
- Louvel.
- Ricard.
- West.
- De Roger de Saint-Julien
- De la Croix de Castries
- D'Ast de Novelé.
- De Place.
- Valleteau de Chabrefy.
- Ducrot.
- Broch d'Hotelans.
- De Montaignac de Chauvance.
- De Rouvroy de Saint-Simon.
- Cheronnet-Champollion
- Du Pré de Saint-Maur.
- De Polignac.

SOUS-OFFICIERS D'INSTRUCTION DE CAVALERIE

- Valentin.
- Colson.
- De Laurière.
- Gaubert.
- De Pelanne.
- Bertrand.
- Sénépart.
- Boitelle.
- Voirin.
- Petit.
- Pàgano.
- De Girmond.
- De Gontaut.
- Ruault.
- Vachon.
- Gossein.
- Bernaudat.
- Sicre.
- Busson.
- Merlin.
- Bel.
- De Flaghac.
- Farine.
- Doncœur.
- Michon.
- Martin.
- De Saint-Roman.
- Gerbaud.
- Dupont.
- Barthélemy.
- Latars.
- Comont.
- De Courson.
- Moulinas.
- De Marion.
- Vincent.
- Declèves.
- Vernaz.
- Verne.
- Brun.
- De Villebonne.
- De la Vauzelle.
- De Bouillé.
- Bois.
- Des Hons.
- Fauconnier.
- Deruelle.
- Ménard.
- Echard.
- De Vandière.
- Villers.
- De Raneuf.
- Havret.
- De Bousquet.
- De Padirac.
- Sokolnicki.

AIDES-VÉTÉRINAIRES STAGIAIRES

- Quétin.
- Chardin.
- Poret.
- Choisy.
- Thouvenin.
- Lebois.
- Beurnier.
- Alanore.
- Lafuste.
- Humbert.
- Méric.
- Décamp.
- Augier.
- Beltramelli.
- Capitant.
- Dop.
- Henriet.
- Wœrhling.
- Nougués.
- Bogenez.
- Wagner.
- Viaud.

Le 24 février 1874, une commission fut constituée à l'École pour établir un rapport détaillé sur le revolver modèle 1873, dans le but d'indiquer s'il satisfaisait à toutes les nécessités des manœuvres et du service de la cavalerie.

Le 5 mars, le Ministre de la guerre arrêta les dispositions suivantes à l'égard des engagés conditionnels d'un an de l'arme de la cavalerie qui avaient contracté ou contracteraient, avant l'expiration de leur premier engagement, un rengagement d'égale durée pour obtenir le brevet de sous-lieutenant auxiliaire à l'expiration de la deuxième année de service.

Ces militaires seraient réunis à l'École de cavalerie de Saumur, où ils formeraient une section à part. Ils devaient y être rendus le 21 mars.

Cette division, de vingt à trente élèves, comprit dans le principe des sous-officiers et des brigadiers suivant les mêmes exercices et les mêmes cours : exercices militaires et équestres, cours d'hippologie, de topographie, art militaire, fortification, allemand, français, histoire, géographie, arithmétique et géométrie.

Le dimanche 29, un affreux événement vint attrister l'École de cavalerie. « Deux jeunes sous-lieutenants officiers, MM. de Roserot, sous-lieutenant, et Desvignes de Davayé, se sont noyés dans l'étang du Bellay. Ces deux officiers, qui faisaient une partie de canot, ont sombré à cent mètres du rivage. En cet endroit, l'étang a 3^{m},50 de profondeur, et une couche épaisse de limon forme le lit de cette nappe d'eau. Ils ont été recouverts de vase et retenus par les plantes aquatiques. »

Conformément à la nouvelle institution d'un cours d'élèves officiers, tous les sous-officiers de cavalerie qui figuraient au tableau d'avancement de 1874, pour le grade de sous-lieutenant, furent dirigés, au nombre de cinquante-sept, sur l'École de Saumur, pour en suivre les cours jusqu'au 1er octobre, et en sortir avec le grade d'officier.

Le 4 mai, le maréchal de Mac-Mahon arriva à Saumur, à sept heures du soir. Les officiers supérieurs de l'École, quelques notabilités du pays, le reçurent dans la salle d'attente.

Le Président de la République descendit à l'*Hôtel Budan*, avec sa maison militaire.

Le lendemain matin, dès l'aurore, les pièces de l'École, mises en batterie sur le quai Saint-Nicolas, tiraient vingt et un coups de canon. A sept heures, une escorte composée d'une brigade de gendarmerie et d'un peloton de l'École, composé de douze sous-officiers d'artillerie et de douze sous-officiers de cavalerie, vint chercher le Maréchal à l'*Hôtel Budan*.

Le cortège se dirigea vers l'École de cavalerie, passant par la place de la Bilange, rue d'Orléans et rue Beaurepaire. Sur tout le parcours et malgré l'heure matinale, une foule nombreuse attendait le Maréchal.

Dans la cour d'honneur, les troupes, à pied, étaient rangées en bataille.

Le Maréchal passa rapidement devant les lignes, puis mit pied à terre pour passer la revue.

Après le défilé, il assista au saut du steeple établi dans la prairie du haras, au pied de la levée d'Enceinte. Il visita ensuite les divers services, puis vint assister à une reprise de manège, dirigée par le commandant de Lignières.

Après le déjeuner, le Maréchal président reçut les autorités civiles de Saumur.

A une heure, il se rendit à l'usine de M. Fuzellier, à la Croix-Verte. On sait que cet habile industriel venait de faire faire un grand pas à la maréchalerie. Il avait pris un brevet pour la fabrication mécanique de fers à cheval, moins coûteux et d'une plus grande résistance.

M. Fuzellier se disait en mesure d'en livrer dix mille par jour.

A deux heures, le maréchal de Mac-Mahon visita l'hospice général, puis revint à l'École, où il parcourut les ateliers de l'arçonnerie et de la maréchalerie, ainsi que les écuries, élégamment décorées en son honneur. En se retirant, il félicita le général Tornthon des résultats qu'il avait obtenus; il ne croyait pas qu'après la désorganisation qui avait suivi les années néfastes de 1870-71, on eût pu en si peu de temps ramener l'École de cavalerie à un degré aussi prospère..

A cinq heures, le maréchal de Mac-Mahon rentrait à l'*Hôtel Budan* et réunissait autour de lui les autorités de Saumur.

A huit heures, le canon était tiré, comme le matin, par l'artillerie de l'École.

Le Maréchal quitta Saumur à dix heures du soir.

L'instruction militaire des élèves maréchaux, par le fait même de leur recrutement, était à faire en entier; il fallut y pourvoir avec les maréchaux des logis titulaires comme instructeurs. Ces maréchaux furent exercés tro i fois par semaine, à cheval dans la carrière du manège des écuyers, à pied dans la cour d'honneur.

Il fallut bien reconnaître que ces conditions étaient non seulement défavorables, mais nuisibles à l'instruction de la maréchalerie.

Nous avons vu qu'il avait été déjà question de modifier les effets de pansage; une décision ministérielle du 16 juillet supprima l'étrille et la brosse en crin des effets de pansage, la brosse en chiendent dut y suppléer.

L'effectif toujours croissant de l'École réclamait un manège de plus; dans ce but, le Ministre de la guerre demanda, le 18 juillet, un subside de 200,000 francs au Conseil municipal de Saumur. Le Conseil vota 100,000 francs. Il fut décidé que ce nouveau manège serait construit dans l'angle nord-est du Chardonnet, parallèlement à la Loire, du côté des écuries du manège. C'est le manège Kellermann.

Au mois d'août, un officier de la cavalerie russe, le lieutenant *Wolkenan*, vint visiter l'École.

Les courses de Saumur eurent lieu le 23 et le 25 août; le carrousel le 24.

PREMIER JOUR DE COURSES

Première course plate. — Premier, *Le Gommeux*, monté par *M. de Barruel*. — Deuxième, *Hope*.

Deuxième course plate. — Première, *Guitare*, montée par *M. Coffinières de Nordeck*. — Deuxième, *Margrave*. — Troisième, *Timbale d'argent*.

Première course de haies. — Premier, *Nicanor*, monté par *M. Maunoury*. — Deuxième, *Le Chat*, monté par *M. de Rochefort*.

Prix du chemin de fer. — Premier, *Glos*, monté par *M. de Rochefort*. — Deuxième, *Orthodoxe*.

DEUXIÈME JOUR DE COURSES

Course plate, pour MM. les officiers, montant des chevaux de carrière. — Première, *Madrilène*, montée par *M. des Nétumières*. — Deuxième, *Étourneau*. — Troisième, *Blonde*. — Quatrième, *Belloca*.

Deuxième course. — Premier, *Saltimbanque*, monté par *M. de Chamisso*. — Deuxième, *Lucie*. — Troisième, *Malicorne*, montée par *M. de Lescure*. — Quatrième, *Paladine*.

Steeple-chase. — Couru par des chevaux de carrière montés par des officiers de l'École de cavalerie. — Quatre chevaux étaient engagés. — Premier, *Le Chat*, monté par *M. Pinot*. — Deuxième, *Perdita*, montée par *M. de Rochefort*.

Le 7 septembre, le *commandant Dutilh* fut nommé écuyer en chef en remplacement du commandant de Lignières.

Le commandant Dutilh avait débuté dans la carrière militaire le 3 novembre 1846, comme engagé volontaire au 1er hussards. Le 19 novembre, il venait comme cavalier de 2e classe à l'École de cavalerie. Successivement brigadier et maréchal des logis élève instructeur, il entra au manège comme sous-maître le 22 avril 1849. Nommé sous-lieutenant, le 31 octobre 1852, il passa aux guides, d'où il fut détaché à l'École de cavalerie comme sous-écuyer le 28 janvier 1853. Il fut nommé capitaine et maintenu à l'École comme capitaine écuyer le 25 janvier 1860, puis passa capitaine instructeur au 1er dragons le 29 novembre 1861. Il fut fait chevalier de la Légion d'honneur le 25 janvier 1869. Il fit la campagne de 1870 et fut prisonnier de guerre du 29 octobre 1870 au 2 juin 1871. Nommé chef d'escadrons au 5ᵉ dragons, le 14 novembre 1872, il prit le commandement du dépôt de remonte de Guéret le 27 décembre 1873. Et ce fut le 7 septembre 1874 qu'il vint prendre la direction du manège de l'École de cavalerie.

Le commandant Dutilh est certainement, parmi les écuyers en chef de l'École, celui qui a le plus marqué comme *professeur*. Il a fait des élèves, et des élèves passionnés. Si dans le peu qu'il a écrit il n'a pas laissé un mode d'enseignement facile à reproduire pour ceux qui ne l'ont pas entendu, pour ceux au contraire qui ont reçu ses leçons, rien n'a été obscur. Il avait des expressions qui faisaient image et une image durable, avec le mot humouristique y ajoutant un moyen mnémonique. On peut dire qu'il enseignait avec son tempérament, un tempérament méridional exubérant.

Il avait été huit ans sous-maître sous les ordres du comte d'Aure, et ce fut lui le premier, après le maître, qui expliqua et définit le mécanisme des assouplissements tels que celui-ci les comprenait. Le comte d'Aure n'expliquait pas ou expliquait peu, son élève avait senti cette lacune et bien que doué d'un doigté presqu'aussi habile, il ne voulut pas se borner à dire « voilà ce qu'il faut faire », il entreprit de raisonner les procédés, de les analyser et en un mot de les vulgariser.

Il réunissait souvent les écuyers et les sous-écuyers et leur faisait faire du dressage de tous les genres de chevaux sous sa direction.

Il recommandait le travail à la longe comme un des meilleurs assouplissements, et il donnait la leçon de la longe d'une façon remarquable.

A l'inverse de son prédécesseur, il préconisa les mors très doux, le mors brisé, le pelham, mais avec filet, car il rentrait dans ses principes de se servir des quatre rênes et particulièrement pour son dressage, dont la base était le jeu de l'encolure.

C'est aussi pour cela qu'il s'occupait beaucoup du maniement des rênes, qu'il appelait « *ses gammes équestres* », nécessaires pour apprendre à jouer de l'instrument et ayant aussi pour but de l'accorder, c'est-à-dire de chercher la position d'encolure convenant le mieux au cheval qu'on monte et au travail qu'on veut lui demander. Après un jeu de rênes très bien raisonné, il préconisait la tenue des quatre rênes dans une main, le filet encadrant les rênes de bride et l'autre main « *pianotant* ».

Ce qu'il voulait surtout, c'était les rênes tendues, l'élasticité de l'encolure et la mobilité de la mâchoire, « *le cavalier devant conserver constam-*

ment le sentiment de la bouche du cheval et la résistance devant produire l'effet de rênes en caoutchouc ». Il rentrait par conséquent dans son enseignement de pratiquer beaucoup les *descentes de main*, mais qu'il considérait comme un procédé et non un but comme on a voulu le dire ensuite. Et ce procédé ne répondait pas seulement à l'assouplissement de l'encolure pour le travail de manège, mais aussi bien pour amener la détente de l'encolure à l'obstacle.

La progression de dressage qu'il a laissée, est une méthode des plus sûres; il l'appelait sa *gymnastique équestre*, et elle donne des résultats certains. C'est une équitation coulante et pour ainsi dire naturelle, qui peut être poussée aussi loin qu'on veut la mener, les allures artificielles venant comme couronnement du dressage et devenant pour ainsi dire naturelles. Mais ce criterium a manqué au commandant Duthil, car le général L'Hotte, en prenant le commandement de l'École, rappela son interdiction formelle d'user des allures artificielles dans l'équitation militaire.

Néanmoins, le nouvel écuyer en chef a marqué comme auteur d'une véritable méthode, simple, précise et pratique. Tout ce qu'il a professé pour l'entraînement du jeune cheval de service est des plus remarquables. Aucun homme de cheval n'a mieux compris l'application des idées nouvelles appropriées au dressage du cheval d'armes. Personne n'a mieux défini l'appui sur la main associé à la légèreté qui résulte de l'assouplissement et de la répartition du poids. Il s'appliqua à la fusion intime des deux équitations qui, avant lui, se pratiquaient pour ainsi dire parallèlement, sans trait d'union. Les hommes comme les chevaux furent soumis à cette dualité d'aptitudes.

Ses chevaux étaient calmes, mais brillants lorsqu'il leur demandait de dépenser leur énergie, et par dessus tout aisés et francs dans leurs allures.

La façon dont le commandant Dutilh déployait son cheval en le faisant passer d'un trot ou galop ralenti à un trot ou galop allongé, tout en tenant des hanches sur un changement de main diagonal, était on ne peut plus remarquable et empreinte d'une perfection et d'un brio tout particulier. Il excellait à exécuter un changement de pied sur un changement de main diagonal, dans la plénitude de l'allure, par une seule opposition de rêne, ce qui faisait un mouvement très détendu au lieu de ce brusque saut de pie qu'accuse le cheval trop renfermé.

Nous rappellerons le nom des chevaux de l'écuyer en chef : *Tripolien*, cheval arabe, élevé au haras de l'École et qui était admirablement mis. *Betting*, grand cheval de pur sang anglais, alezan brûlé, remarquablement droit. *Le Drille*, pur sang anglais, alezan, avec lequel il conduisait la reprise des écuyers et qui fut très admiré au carrousel donné à Paris en 1876. *Déchéance*, *Augias*, demi-sang normand.

Enfin, pour achever de définir le nouvel écuyer en chef, nous devons transcrire quelques passages les plus marquants de sa méthode de dressage, bien qu'elle ne parut qu'en 1875.

Méthode progressive applicable au dressage du cheval de troupe, d'officier et d'amateur, par M. M.-F. Dutilh. — Manière de placer les rênes dans les deux mains pour la conduite à quatre rênes et pour les assouplissements.

Comme les assouplissements se font à l'aide de l'action isolée et combinée des quatre rênes, il est important d'indiquer la manière de les placer dans la main gauche, afin que le mécanisme en soit plus facile et pour éviter toute confusion d'action.

Pour faire placer les quatre rênes dans la main gauche, en les supposant abandonnées sur l'encolure du cheval, l'instructeur prescrit aux cavaliers de prendre le filet par le milieu à pleine main, avec la main gauche, et d'ajuster alors les rênes de bride dans cette même main sans avoir égard au filet, le second doigt, c'est-à-dire l'annulaire, entre les deux rênes de bride au lieu du petit doigt.

Faire placer la main gauche au-dessus du pommeau de la selle, à la position indiquée par l'ordonnance. De cette façon, les quatre rênes sont également tendues dans la main gauche; le petit doigt sépare les deux rênes gauches et agit particulièrement sur la rêne du filet qui, par rapport à la rêne de bride du même côté, est extérieure et supérieure. De la main droite, prendre la rêne droite du filet avec le petit doigt et l'annulaire réunis par dessus la rêne de bride, et cette dernière avec le médium et l'indicateur également réunis; en d'autres termes, deux doigts pour chaque rêne, celle du filet en dehors. Conserver cette main les ongles en dessous, le bras demi-tendu.

La conduite avec quatre rênes a l'avantage, en offrant au cheval l'appui du bridon qui lui est connu, de le conduire insensiblement et sans qu'il s'en doute, à l'action plus complexe du mors de bride agissant seul. L'effet du bridon, dans ce cas, est de produire une espèce d'enrênement qui encadre la tête et l'encolure dans le plan médian du corps.

L'instructeur fait répéter le même travail avec la bride seule, une rêne dans chaque main, comme les rênes du bridon. L'instructeur, pour la troisième fois, fera répéter les à-droite, les à-gauche, les changements de main et la marche circulaire, le cavalier tenant les rênes de la bride de la main gauche.

Des assouplissements. — *Les assouplissements ont pour premier but de rendre la tête légère sur l'encolure, d'habituer cette dernière à se détendre,* *droit devant elle, pour favoriser la locomotion, particulièrement les allures vives, et à revenir sur elle-même, en se rouant supérieurement, pour les mouvements cadencés ou raccourcis, pour les ralentissements ou changements d'allures et pour les arrêts.*

Abandonné à lui-même, le cheval se déplace habituellement de quatre manières différentes : en avant, en arrière, à droite et à gauche. Il en est de même de l'encolure et de la tête du cheval; leurs mouvements dans les directions que nous venons d'indiquer, précèdent toujours ceux de l'ensemble du corps, et leurs diverses attitudes favorisent l'exécution des mouvements dans le sens demandé.

M. Dutilh donne ensuite l'explication anatomique de ces mouvements avant d'exposer les principes équestres qu'il en déduit. Nous arrivons à la conclusion suivante : *la tête et les deux premières vertèbres de l'encolure sont les seules parties de la région cervicale que l'on doive assouplir.*

Il ne faut que monter une seule fois un cheval dont toute l'étendue de l'encolure a été soumise à des assouplissements latéraux, qui amènent la tête jusqu'à la botte du cavalier, pour bien se rendre compte des énormes difficultés qu'il présente dans sa conduite.

Pour nous, l'encolure est un gouvernail qui commande et règle tous les mouvements du cheval; elle est de plus un balancier puissant, suivant qu'elle se détend ou qu'elle revient sur elle-même, la quantité de poids qu'elle entraîne vers les épaules ou qu'elle fait refluer vers les hanches, est la cause efficiente de l'augmentation et du ralentissement des allures. C'est en vue de donner à l'encolure cette résistance élastique qui convient à ces deux importantes fonctions, que les assouplissements ont été indiqués.

Nous diviserons les assouplissements en quatre séries bien distinctes; la première série comprendra les déplacements latéraux de la tête sur l'encolure et son placé vertical sur le plan médian du corps; la deuxième, l'extension et le redressement de l'encolure sur le tronc. La troisième, les descentes de main latérales, à droite et à gauche, et le redressement de la tête en arrière à droite et en arrière à gauche. La quatrième, répétition du travail précédent en insistant sur les assouplissements commandés, soit par le défaut d'instruction du cheval, soit par l'ensemble de sa conformation.

Nous voyons déjà que M. Dutilh entend les assouplissements d'une tout autre façon que ses devanciers. Nous allons relever les principaux préceptes de son enseignement sur ce sujet.

Mécanisme. — 1re série. — *Les quatre rênes étant placées dans la main gauche, prendre la rêne droite du filet avec la main droite, à pleine main, et éloigner les poignets l'un de l'autre, par côté, en les faisant glisser sur les rênes. Serrer les doigts et placer les deux mains comme pour la position en bridon à l'école du cavalier. De cette manière, les rênes de bride sont toujours ajustées dans la main gauche, mais les rênes du filet sont plus courtes de quelques centimètres. Cette façon de tenir les rênes sera indiquée au cavalier pour le saut des obstacles, pour résister aux défenses en place d'un cheval rétif, pour combattre l'hésitation si habituelle d'un jeune cheval à la vue d'objets qu'il voit pour la première fois; elle convient également pour les assouplissements qui suivent :*

— **Flexions de la tête à droite et à gauche.** — *Pour fléchir la tête à droite, tirer lentement et moëlleusement sur la rêne droite, dans la direction de l'épaule droite à la hanche gauche; la rêne gauche régularise et limite le déplacement de la tête, et les deux mains se fixent au moment où il est effectué en attendant la mobilité de la mâchoire.*

Le déplacement latéral de la tête ne devra jamais dépasser le plan qui, parallèle à la ligne médiane du corps, passerait par la pointe de l'épaule.

Si la tête se baisse, élever les deux poignets en sciant légèrement du filet; si le cheval persiste, en plongeant ou en bourrant à la main, scier énergiquement d'abord, puis lentement, et cela pendant toute la durée de la résistance.

Le cheval, surpris par des actions brusques des mains, lève quelquefois la tête d'une manière désordonnée ; on doit alors recommencer et employer plus de moëlleux.

Si le bout du nez se déplace seul, et que le haut de la tête reste à gauche, il faut, pour redresser la tête, agir sur la rêne gauche de bas en haut, et en avançant un peu le poignet gauche, de manière à donner à cette rêne une action presque verticale. La tête haute, verticale, et la mâchoire mobile, tel est le résultat à obtenir; caresser aussitôt et demander le déplacement de la tête à gauche.

La place de la tête sur le plan médian s'obtient à l'aide des deux rênes légèrement tendues et une pression bien égale des deux jambes.

Exécuter ce travail aux deux mains, demander souvent, ne pas prolonger les exigences et caresser chaque fois que le cheval obéit.

Les premiers assouplissements, s'exécutant correctement avec le bridon, les répéter avec les deux rênes du même côté, également tendues. Exécuter ce travail d'abord sur le cercle, ensuite sur la ligne droite, et le continuer sur une ligne de deux pistes aux deux mains.

Même travail avec les rênes de bride seules. Les assouplissements seront demandés d'abord au pas, ensuite au petit trot.

— 2ᵉ série. — Extension et flexion de l'encolure sur le plan médian. — *Le cavalier, tenant les quatre rênes dans la main gauche, comme il est prescrit plus haut, agira de manière à étendre l'encolure de toute sa longueur, suivant le plan médian du corps.*

1° Action alternative sur la rêne droite du filet avec les deux derniers doigts de la main droite, et, sur la rêne gauche de bride, avec le petit doigt de la main de la bride ;

2° Action alternative sur les deux rênes droites et sur les deux rênes gauches ;

3° Action directe et simultanée sur la rêne droite du filet avec les deux derniers doigts de la main droite, et, sur la rêne gauche de bride, avec les deux premiers doigts de la même main ;

4° Action directe et simultanée, sur la rêne droite de bride, avec les deux derniers doigts de la main droite, et, sur la rêne gauche du filet, avec les deux premiers doigts de la même main ;

5° Action directe et simultanée sur les deux rênes du filet, la gauche tenue par les deux premiers doigts et la droite par les deux derniers de la main droite.

Nota. — *Cette dernière action se fera en élevant la main droite verticalement au-dessus du pommeau ou en le rapprochant du corps sur un plan horizontal, selon la position basse ou élevée de la tête et de l'encolure.*

6° Action simultanée sur les deux rênes de bride en prenant la position du mouvement préparatoire d'ajuster les rênes d'après l'ordonnance, et promenant la main gauche sur ces deux rênes maintenues d'une manière fixe par la main droite qui les tient au bouton coulant ;

7° Actions simultanées : 1° rêne droite du filet et deux rênes de bride ; 2° rêne gauche du filet et deux rênes de bride ; 3° rêne droite de bride et deux rênes de filet ; 4° rêne gauche de bride et deux rênes de filet.

Dans les mouvements qui précèdent, le rôle assez complexe de la main droite demande de l'adresse et du tact, et peut se comparer, pour ainsi dire, au doigté d'une main se promenant sur les cordes ou le clavier d'un instrument.

Cette alternative d'actions entre-croisées décide bientôt le cheval à céder de la mâchoire, à allonger la tête et progressivement l'encolure pour retrouver le contact du mors auquel il est habitué. Le cavalier suit le mouvement de la tête et de l'encolure en portant les mains en avant, et en suivant toujours le même mécanisme des rênes, afin de ne pas laisser la mâchoire se raidir. Il est important de signaler au cavalier la faute grave que l'on commet en rendant subitement de la main au premier signe d'obéissance pour engager le cheval à céder. Abandonné à lui-même, le cheval baisse la tête brusquement ou la déplace par côté et finit bientôt par battre à la main. Il faut suivre le mouvement de la tête en conservant toujours les rênes plus ou moins tendues pour ne pas laisser le cheval dans le vide; se contenter de peu les premières fois, et caresser pour recommencer de nouveau.

L'extension de l'encolure sera suffisante et bien exécutée toutes les fois que, sans augmenter ni ralentir l'allure, le cheval rapprochera le bout du nez de terre en avant, à la hauteur des genoux environ, et que la mâchoire sera mobile.

Ce premier résultat obtenu, élever les mains par degrés, et lentement, pour ramener la tête et l'encolure à la position normale.

Exécuter ces mouvements aux deux mains, au pas et au trot, sur la ligne droite, la ligne courbe et de deux pistes.

Ces deux mouvements ont pour but de donner du liant à l'encolure, de l'habituer à se détendre pour favoriser la locomotion, et à revenir sur elle-même pour ralentir, arrêter ou grandir les mouvements du cheval.

Ne pas craindre de les employer fréquemment avec les chevaux trop hauts du devant et à encolure haute et renversée, surtout si le train postérieur, qui est généralement écrasé, est taré ou prédisposé aux tares.

En être très sobre avec les chevaux hauts du derrière qui ont généralement le jarret droit, surtout si le garrot est bas et noyé, les épaules droites et sans mouvements, l'encolure courte, grêle et la tête forte. Avec les chevaux d'une conformation régulière, s'arrêter à point est le côté difficile de cette instruction comme de tous les assouplissements en général. Il est préférable de rester en arrière du résultat que de le dépasser; l'abus des assouplissements ayant l'inconvénient de mettre le cheval en arrière de la main et souvent de l'encapuchonner.

Les assouplissements seront généralement demandés en mouvement; on ne saurait trop recommander aux cavaliers d'associer l'action des jambes aux effets des rênes pour neutraliser l'action rétrograde de ces dernières et entretenir le cheval dans son allure.

La descente de main peut encore s'obtenir de la manière suivante: prendre les deux rênes du filet également tendues avec la main droite, les ongles en dessous, et agir sur ces deux rênes en élevant verticalement la main au-dessus de l'encolure. La tête s'étant élevée à un degré convenable, baisser lentement la main droite et agir horizontalement d'avant en arrière avec la main de la bride comme dans le travail précédent; suivre le mouvement de l'encolure en conservant les rênes légèrement tendues.

Pour redresser la tête et relever l'encolure, les deux mains agissent l'une après l'autre, lentement, et de bas en haut.

— 3e série. — Descentes de main latérales et redressement de la tête en arrière à droite et en arrière à gauche. — *Les descentes de main et le redressement de l'encolure sur le plan médian ayant pour but, en amenant le poids, tantôt sur l'avant-main et tantôt sur le train postérieur, de favoriser puissamment les augmentations, ralentissements ou changements d'allure, les arrêts et le reculer, on ne saurait trop s'attacher à leur parfaite exécution avant de commencer les descentes de main latérales.*

Les descentes de main latérales ont pour but d'habituer l'encolure à se détendre dans le sens des bipèdes diagonaux pour faciliter le galop sur tel ou tel pied. Avec les chevaux dont le galop est trop élevé du devant, il est important d'obtenir ces déplacements d'encolure pour dégager le train postérieur, qui est souvent écrasé.

Dans le cas où un cheval, galopant à droite, éprouve de la gêne à entretenir son allure, que le galop est pénible, saccadé et très près de terre du train postérieur, les hanches sont écrasées; les descentes de main latérales sont indispensables pour donner l'élévation qui convient à l'arrière-main pour harmoniser le mouvement.

L'excédant de poids amené vers les hanches oblige le cheval à un trop grand emploi de force, d'abord pour soulever la masse et ensuite pour la projeter en avant. Que cette attitude soit le résultat d'une conformation particulière au cheval, ou qu'elle naisse de l'intelligence dans l'emploi des aides, les résultats sont les mêmes: force employée en pure perte, ralentissement de l'allure, et, comme dernière conséquence de cette position, cause déterminante d'usure dans les membres postérieurs.

Si ce vice de position n'est que la conséquence de la maladresse du cavalier, qui, avec une main trop haute, agit avec force ou avec raideur, on peut presque instantanément retrouver l'harmonie de l'allure en recommandant au cavalier d'avoir la main souple, de la rapprocher du pommeau, d'allonger sensiblement les rênes et de continuer toujours la même action des jambes. Mais lorsque ce vice de position tient à la conformation du cheval, qui est beaucoup trop élevé du devant, par rapport au derrière, et dont l'encolure est haute et renversée, il est indispensable de se servir de l'encolure comme d'un balancier pour soulager les hanches: tel est le but de ces descentes de main.

— Mécanisme. — *Pour obtenir la descente de main latérale à droite, par exemple, le cavalier tenant les quatre rênes, comme il a été prescrit, place son cheval à droite et provoque la mobilité de la mâchoire en divisant les appuis sur l'embouchure. Dès que l'encolure se détend, le cavalier suit le mouvement de la tête en maintenant la rêne droite légèrement tendue pour que le déplacement ait lieu dans la direction du plan diagonal qui passerait par la hanche gauche et l'épaule droite.*

Les premières fois qu'on demande cette descente de main, il faut se contenter de peu. Caresser souvent et recommencer les jours suivants jusqu'à ce que le bout du nez arrive en avant à la hauteur des genoux : répéter le même travail à main gauche.

Les descentes de main latérales doivent se demander au pas et au petit trot sur des lignes droites, des lignes courbes et de deux pistes. On ne devra les exécuter au galop que lorsque les chevaux seront bien confirmés dans les deux premières allures. On peut, exceptionnellement, les exécuter de pied ferme avec des chevaux à encolure massive, tête lourde et mal attachée.

Les descentes de main s'exécutant correctement avec le filet et les deux rênes du même côté, on devra les répéter avec les rênes de brides seules.

Le redressement de la tête en arrière à gauche a pour but de charger le bipède latéral gauche et de favoriser le lever et l'extension des membres droits qui, dans le travail à main droite, doivent être les premiers engagés dans cette direction. Le placé de la tête à gauche et en arrière à droite charge le bipède latéral droit et facilite le lever et l'extension des membres gauches.

Cette instruction, donnée au cheval, est particulièrement applicable au mouvement de deux pistes, départs au galop et changements de pieds.

— **Mécanisme.** — *Comme pour les descentes de main sur le plan médian, le cavalier se servira d'abord des quatre rênes. Le cheval étant placé à droite, élever les deux mains au-dessus du pommeau, en arrière à gauche, pour amener la tête et la partie supérieure de l'encolure dans cette direction.*

Le déplacement de droite à gauche charge l'épaule gauche, et l'action d'avant en arrière donnée aux rênes amène une partie de ce poids vers la hanche gauche.

Le déplacement de la tête à gauche et en arrière à droite s'exécute suivant les mêmes principes et par les moyens inverses.

Les mouvements par côté de la tête s'obtiennent assez facilement; il n'en est pas toujours de même lorsqu'il s'agit de relever et de déplacer la partie supérieure de l'encolure, dans la direction des bipèdes latéraux droit ou gauche. L'attache de la tête, son volume et celui de l'encolure doivent être pris en considération.

Il arrive souvent aussi que le cheval se fixe sur le mors, et qu'il a plutôt une tendance à plonger sur la main qu'à redresser la tête; il ne comprend pas.

Il faut, dans ce cas, sans augmenter ni diminuer le degré de tension donnée aux rênes, diviser les appuis sur l'embouchure de la manière suivante : rêne droite de filet et rêne gauche de bride agissant ensemble; répondre aussitôt par l'action simultanée de la rêne gauche du filet et de la rêne droite de la bride.

Le cheval ne tarde pas à relâcher la mâchoire et avoir la tête légère; c'est alors qu'elle s'élève et que le cavalier lui donne l'attitude demandée.

Le poids de l'assiette, sur l'une ou l'autre fesse, doit être subordonnée aux mouvements de l'encolure et concourir à la répartition du poids sur tel ou tel bipède.

L'action des jambes doit être en parfaite harmonie avec les aides supérieures pour placer et pour maintenir les hanches à la position voulue.

Comme règle, l'action combinée des rênes et des jambes a lieu comme les allures du cheval, c'est-à-dire en diagonale; ce qui revient à dire que tout déplacement de la tête à gauche, par exemple, nécessite une action plus marquée de la jambe droite que de la jambe gauche, et vice versâ...

Le reste du livre du commandant Dutilh est surtout un exemple de progression journalière pour le dressage, un agencement de reprises que nous passerons sous silence.

Nous devons rappeler que ce petit livre n'est qu'un abrégé, considéré par son auteur même comme un simple aide-mémoire. Il s'était proposé de le développer, avec le concours de *M. de Montigny* (ils avaient été ensemble écuyers à l'École) ; mais cette rédaction ne fut jamais terminée. Avec cette collaboration, nous aurions eu certainement une méthode remarquable. Nous avons trop peu parlé de M. de Montigny, notre excuse est qu'il n'a figuré qu'en sous-ordre à l'École de cavalerie. Il est à propos de rappeler les titres de quelques-uns de ses nombreux ouvrages : *Manuel des piqueurs, cochers, grooms et palefreniers. — Équitation des Dames. — Du choix, de l'élevage et de l'entraînement des trotteurs. — Éducation et dressage du cheval. — Comment il faut choisir un cheval.* — Mais nous soulignerons particulièrement une petite merveille de simplicité et de précision : *Comment il faut dresser un cheval.*

M. de Montigny avait-il déjà en tête le projet de cette dernière méthode de dressage et n'a-t-il pas voulu en partager la gloire? On peut le supposer, et d'autant mieux, que ses idées diffèrent sur bien des points de celles du commandant Dutilh. Néanmoins, la progression de ce dernier demandait à être développée, pour être rendue accessible à tout le monde. Un de ses élèves, le capitaine *Sieyès*, qui avait été sous-écuyer sous ses ordres, eut l'heureuse idée de reprendre ce projet, et son livre, très précis et très complet, a paru en 1885. Nous en parlerons à sa date.

En 1874, le jury d'examens de sortie fut composé ainsi qu'il suit : le général *du Preuil*, inspecteur général, président ; le colonel *Boré-Verrier ;* le lieutenant-colonel *Robert ;* les chefs d'escadrons *Roullet*, *Dombrat*, *Lot*, *Retournard ;* les capitaines *Poullard*, *Garié*, *Dupré*. Pour les vétérinaires : MM. *Hugot*, *Goyau* et *Mitaut*, vétérinaires principaux.

Par décision ministérielle du 15 octobre, les engagés conditionnels d'un an qui, après avoir contracté un rengagement de quatre ans, avaient été envoyés à l'École de cavalerie pour suivre les cours des engagés conditionnels de deuxième année, ainsi que ceux de ces engagés conditionnels qui, à l'expiration de leur second engagement d'un an, contracteraient un rengagement pour faire cinq ans de service actif, durent être versés dans la division des élèves-officiers alors à Saumur, si toutefois ils avaient satisfait aux examens prescrits pour l'obtention du certificat au grade de sous-lieutenant auxiliaire.

C'est en 1874 que fut arrêté définitivement le modèle de la selle, en étude depuis 1872, et qui reçut la dénomination de selle modèle 1874.

En 1872, une Commission, composée de plusieurs généraux et d'officiers supérieurs, avait été chargée d'étudier un nouveau système de harnachement pour la cavalerie. Plusieurs types avaient été présentés ; celui qui paraissait devoir être adopté avait été mis en essai. Après quelques modifications, il fut adopté et reçut la dénomination de selle modèle 1874. Cette selle se différenciait des précédents modèles, particulièrement par la substitution du métal au bois dans la confection des arcades de devant et de derrière, que l'on fit en tôle d'acier, d'une épaisseur de 27/10 de millimètre ; puis par l'adjonction aux bandes de panneaux garnis de feutre, et par le remplacement du siège à loup par un siège complètement en cuir, de l'espèce dite à l'eau. La nouvelle selle a deux pointures et trois dimensions, selon les armes. Le siège est fixé par des rivets devant et derrière. Les quartiers sont en cuir jaune. Les contre-sanglons sont attachés à l'arçon par des lanières en cuir hongroyé. Les étrivières passent dans l'encastrement ménagé dans les lames. La sangle, dite mexicaine, est composée de vingt-quatre ficelles, reliées entre elles par trois traverses ; elle est bifurquée à ses extrémités. Les panneaux, en cuir de vache, sont garnis à l'intérieur de plusieurs épaisseurs de feutre.

La bride modèle 1874 est à licol pour la cavalerie de réserve et la cavalerie de ligne, et à collier pour la cavalerie légère. Le mors de bride est à branches droites, les canons sont de deux espèces : ou cintrés sans liberté de langue, ou à liberté de langue et talons.

Nous avons dit qu'on avait fait à l'École l'essai de fers mécaniques ; on fit naturellement des expériences comparatives. Une commission fut constituée à cet effet. Quinze chevaux furent ferrés, sur un bipède latéral, avec la ferrure ordinaire, et sur l'autre avec la ferrure mécanique. Les conclusions furent à l'avantage de cette dernière, bien qu'il fût constaté qu'elle s'usât légèrement plus.

En tout cas, on ne pouvait refuser à la ferrure mécanique d'être un allègement bien sérieux à la main d'œuvre et, sauf pour les cas spéciaux, de se présenter comme la ferrure de l'avenir. Qui n'a été frappé, en effet, de cette anomalie de la maréchalerie traditionnelle, à une époque où les machines, non seulement suppléent aux ouvriers, mais savent produire mieux que les plus habiles d'entre eux ?

Comme inventions nouvelles de maréchalerie, nous avons à citer, en 1874 : *Deux nouveaux procédés de ferrure* de *Talfumière*, maréchal à Caen. Ce sont deux fers à planche, l'un pour talons bas, l'autre contre l'encastelure, mais sans valeur pratique. Puis le traitement des seimes, par le *fer à oreilles obliques* de *M. Dardenne*.

1874

ÉTAT-MAJOR DE L'ÉCOLE

THORNTON	Général de brigade.
CASTAINER	Lt-col. comm. en 2e.
DUPRÉ	Ch. d'esc., instr. en ch.
BERTRAND-GESLIN	
LENFUMÉ DE LIGNIÈRES	Ch. d'esc. écuy. en ch.
TORDEUX	Ch. d'esc., dir. des ét.
MESPLE	Major.
THOMASSIN	Capit. d'habillement.
BONNEFONT	Capitaine trésorier.
DE BAUD	Porte-étendard.
CHASSANDE-PATRON	
DE BOYSSON	
TIRET	
DU HAMEL DE CANCHY	
DE BRIEY	Capit. instructeurs.
D'ABEL DE LIBRAN	
D'HARANGUIER DE QUINCEROT	
DE CLÉRIC	

MONET	
DE LA RIVIÈRE	
DE CLAUZADE DE MAZIEUX	Capit. instructeurs.
MOREAU DE BELLAING	
DE BENOIST	
LAFORGUE DE BELLEGARDE	
JOANNARD	Capitaines écuyers.
D'AVIAU DE PIOLANT	
DE WITTE	
HUMBEL	Cap. prof. d'art milit
SCHOENDOEFFER	Cap. prof. d'allemand
PESSON-MAISONNEUVE	Cap. prof. de grammaire et de style.
DE LA PANOUSE	Cap. prof. d'hist. et de géographie.
DUCHASSAING DE RATEVOULT	Cap. prof. d'arith. et de géométrie.
PERSON	Ch. d'esc. dir. de l'arç.
AUROUIN	Cap. s.-dir. de l'arç.

ÉTAT-MAJOR DE L'ÉCOLE (Suite).

De Marcé	Lieut.	s.-écuyers.	Trudeau	Médec. pr. de 1re cl.
Gay de Nexon	Lieut.	s.-écuyers.	Tarneau	Médec. maj. de 1re cl.
Pinot	Lieut.	s.-écuyers.	Le Cadre	Médec. aide-major de 1re classe.
De Frévol d'Aubignac de Ribains	Lieut.	s.-écuyers.	Goyau	Vétérinaire principal
De Damas	S.-lieut.	s.-écuyers.	Barthes	Vét. en 1er, pr. de mrie
Laperrine	S.-lieut.	s.-écuyers.	François	Vétérinaire en 2e.
Baroux	S.-lieut.	s.-écuyers.		

OFFICIERS DE GENDARMERIE

Première Division.

Carré	S-lieut.	Ottaviani	Capit.	Dumont	S.-lieut.	Rattier	Capit.
Willebois	Capit.	Bourrumeau	S.-lieut.	Durand	Capit.	Feuillaubois	Lieut.
Vidal	Capit.	Michelon	Capit.	Darcémont	S.-lieut.		

Deuxième Division.

Sousselier	Lieut.	Creutzer	Lieut.	Hinet	S.-lieut.	Torné	Lieut.
Loyer	Lieut.	Feuillaubois	Lieut.	Valantin	Lieut.	Martin	Lieut.
Bézu	Lieut.	Ruffet	Capit.	Lajous	Lieut.	Lebée	Capit.
Schiel	Lieut.						

LIEUTENANTS D'INSTRUCTION DE CAVALERIE

De la Chaise.
De Sainte-Croix.
De Hennezel.
Bougon.
De Villars.
D'Auberjon.
De Tantaloup.
Marion.
Odent.
De Maucroix.
De Bonardi.
Du Gardier.
De Bros.
Desvaulx.
Audéoud.
Guyon.
Lion.
De Mallet.
De la Chère.
Joannès.
De Crépy.
Des Isnard.
De Rochefort.
Mournaud.
De Lammerville.
De Brauer.
Poupart.

LIEUTENANTS D'INSTRUCTION D'ARTILLERIE

De Lamaze.
Maunoury.
Herment.
Bretenet.
Robert.
De Heussey.
De Villepin.
De Teyssière.
Guillemaut.
Chaumonot.
Hannan.
Servière.
De Dartein.
Kammerlocher.
Lefournier.
Mathieu.
Durel.
Martinache.
Perreton.
Julien.
Bésuchet.
Roos.
Fleuret.
Demangeon.
Sabin.

SOUS-LIEUTENANTS OFFICIERS ÉLÈVES

Ledort.
Virvaire.
De Vassal.
De Chaponay.
De Pontevès de Sabran.
De Ferluc.
Perrin.
Fleuret.
De la Roche-Aymon.
Martineau.
Carpentier.
Borthe.
Chassery.
Picot de Lapeyrouse.
De Brauer.
Desprez.
Champenois.
De Treverret.
Brémond.
Hay des Nétumières.
Le Mauff de Kerdudal
De Lescure.
Coffinières de Nordeck
De Chamisso.
De Lavaulx.
De Lur-Saluces.
De Boutiny.
De Partz de Pressy.
De Villaines.
Bestel.
Geslin de Bourgogne.
Marion.
De Barruel Saint-Pons.
Moreau de Bellaing.
Dupont-Delporte.
De Valicourt.
Paixhans.
Lagroy de Croutte de Saint-Martin.
Pouzet.
De Guibert.
De Lochner.
Marcotte.
Achard des Hautes-Noes
Mohamed ben Amar.
Le Bel.
Roserot.
Terme.
Desvignes de Davayé.

SOUS-OFFICIERS ÉLÈVES OFFICIERS

Feray.
Rousseau.
Strub.
Chapuis.
De Persan.
De Beauvoir.
De Martimprey.
Pierret.
Barthélemy.
Lebeaux.
Labruyère.
Gonnet.
Puig.
Wolff.
Maury.
Bordier.
Laroche.
De Montbas.
Rochebillard.
De Brunet.
Béhague.
De Courcival.
Mathieu.
Corniot.
Delamarre.
Breyh.
Dégros.
De Viel-Castel.
Azaïs.
Courty.
Develle.
Pigeot.
Couraux.
Weyer.
Lavoye.
De Bernis.
Desfeux.
De Lasseville.
Serciron.
Bertrand.
Pasquier.
Murat.
De Bertrand.
Joinnet.
Albrèche.
Mansion.
Bidau.
Henricet.
Morin.
Nouguiès.
Bonavita.
Raybaud.
Meyer.
Reynaud.
Lorson.
Plumecoq.

AIDES-VÉTÉRINAIRES STAGIAIRES

Jacoulet.
Leclerc.
Ingrand.
Savart.
Danizan.
Wahl.
Chenu.
Begné.
Frœlich.
Bellom.
Laporte.
Hédouin.
Thibaut.
Mongin.
Bourgeot.
Valiton.
Lalanne.
Batteux.
Hautain.
Salenave.
Bédognet.
Rigollat.
Gailleur.
Viatgé.
Jouet.
Fradet.
Decantes.

Tableau par genres
des
Brides les plus usitées
de 1800 à 1889

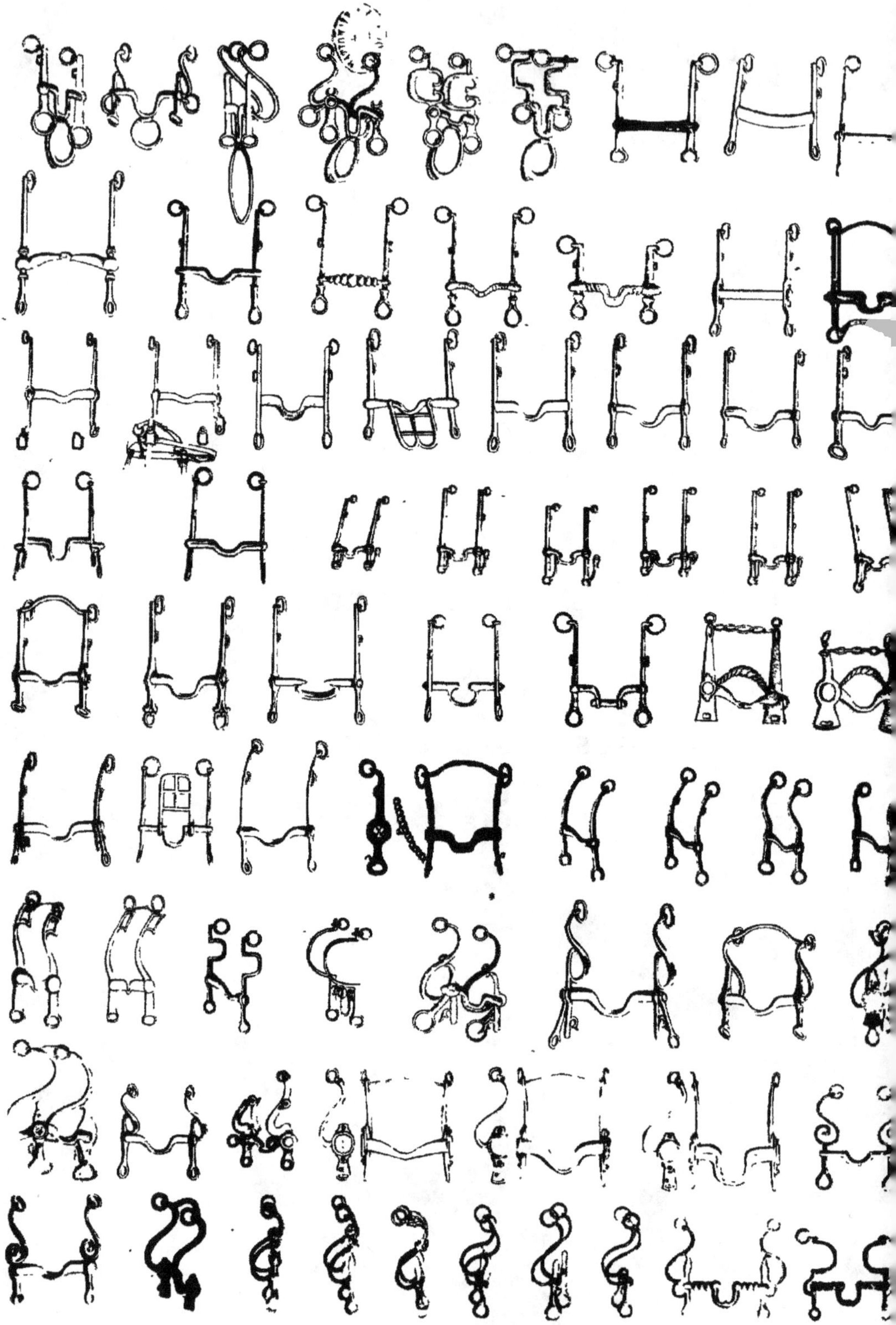

XXV

Suppression du shako et du sabre des cavaliers de manège. — Inauguration du tir couvert. — L'École au concours hippique de Nantes. — Abrégé d'hippologie à l'usage des sous-officiers et brigadiers. — Inspection du général du Barail. — Le sifflet Baduel. — Courses et carrousel. — Visite de trois officiers russes. — Le général L'Hotte, commandant l'École; son influence sur l'ordonnance de 1876; ses idées sur le dressage du cavalier militaire; influences respectives des lignes droites et du tourner, des reprises à distances fixes et à distances indéterminées, des jalons des carrés. Organisation de l'École. — Suppression des fontes de pistolet dans le harnachement des officiers de cavalerie. — Nouveau manuel de maréchalerie : principes pour parer le pied; ferrure des pieds défectueux et des vices d'aplomb. — Recrutement des maîtres maréchaux. Brevet. Programme des examens. Modifications de l'École de maréchalerie : désignation des élèves; durée des cours; prime de travail; examens semestriels; jury. — Règlement sur les écoles du peloton, de l'escadron et du régiment. — État-major, officiers, sous-officiers et vétérinaires élèves de l'École en 1875. — L'École donne un carrousel à Paris. — Courses et carrousel. — Jury d'examen de sortie. — Inspection du général du Barail. — Innovations à l'École : champ de tir dans les landes; steeple fermé sur le Chardonnet; obstacles libres; mangeoires en ciment; terre-pleins pour les pièces. — Règlement d'exercices, 1876 : expérimentation; bases des modifications. *Dressage* : direction, exécution, étendue, certaines préparations à pied sont admises, travail à la longe, saut d'obstacles, docilité au feu, voltige, chevaux rétifs ou difficiles. — Suppression de la progression du travail et gradation de l'instruction. Direction et responsabilité de l'instruction. Instruction par escadron. Modification des exercices du sabre. *École du cavalier à cheval* : suppression des procédés accessoires, direction, allure, indépendance du cavalier, assouplissements, usage des aides, allures vives, travail à la longe, voltige, trot enlevé, conduite à deux mains, transition des allures. — Modifications de la selle 1874. — Lourdel : grappes fixes. — Zundel : dictionnaire d'Arboval refondu. — État-major, officiers, sous-officiers et aides-vétérinaires stagiaires élèves de l'École en 1876.

Une décision ministérielle du 2 mars 1875 supprima le shako et le sabre des cavaliers de manège.

Ce fut dans les premiers jours de ce mois que le tir couvert, nouvellement construit dans le potager de l'École, fut inauguré.

Tous les écuyers, sous-écuyers et sous-maîtres se rendirent à Nantes, à l'occasion du concours hippique, pour les journées des 13, 14 et 15 mars, et montèrent, le dimanche 14, en grande tenue, devant le Ministre de la guerre. Il y eut une reprise d'écuyers, suivie d'une reprise de sauteurs. Pour les sauts d'obstacles, plusieurs écuyers reparurent, montant des chevaux de carrière, et la plupart en selles anglaises sans étriers; après eux, quelques lieutenants d'instruction et officiers-élèves, montant également des chevaux de l'École.

Le 2 avril 1875 parut un cours abrégé d'hippologie à l'usage des sous-officiers, des brigadiers et élèves brigadiers des corps de troupes à cheval, rédigé par les soins de la commission d'hygiène hippique et approuvé par le Ministre de la guerre.

Ce petit vademecum, très explicite, quoique très succinct, était orné de figures qui ajoutaient une grande clarté à sa valeur démonstrative. Nous nous contenterons d'en transcrire la table des matières :

L'inspection générale de l'École fut passée par le général du Barail. Parmi les remarques qu'il fit, nous relevons les suivantes à l'égard du cheval de pur sang, nouvellement introduit dans l'École. — « L'introduction du cheval de pur sang anglais, pour le manège, a été une innovation heureuse et qui, jusqu'à présent, a donné de très bons résultats. Ces chevaux peuvent être mis en dressage dès l'âge de deux ans, et ils offrent aux officiers qui en sont chargés une étude des plus attrayante. Toutefois, il ne faut pas se dissimuler que l'avantage du cheval de pur sang, comme cheval de service et comme cheval de guerre, n'est pas encore bien démontré. Si l'emploi de ce cheval à l'École, au manège, peut être considéré, dès à présent, comme un fait acquis et heureux, il n'est pas encore certain qu'il pourra rendre d'aussi bons services dans les régiments, au milieu de la troupe. D'après un ordre ministériel, dix de ces chevaux ont été remis, à titre d'encouragement, aux têtes de promotions des officiers d'instruction et des officiers élèves. Il sera fort instructif et intéressant de les suivre et de voir ce qu'ils deviendront dans les corps. »

Le général inspecteur exprima ses regrets sur l'abandon de l'École de dressage, et demanda qu'on reprît cette instruction qui était, pour l'École de cavalerie, un moyen d'étude parfait, et qui offrait l'avantage, en outre, de pourvoir, dans une juste proportion, à la remonte des officiers sans troupe et des écuries de l'École.

Ce fut le 16 août que parut l'instruction ministérielle qui réglementa l'emploi du *sifflet Baduel* comme aide du commandement; des signaux, au nombre de douze, étaient notés en musique ou par des signes conventionnels.

Les courses eurent lieu les 22 et 24 août; entre ces deux jours, le carrousel.

PREMIER JOUR DE COURSES

Première course. — Quatre chevaux partant. — Premier, *Le Gommeux*, monté par *M. de Beauchaine.* — Deuxième, *Tapioca*, monté par *M. de Nexon.*

Course de haies. — Quatre chevaux partant. — Première, *Guitare*, montée par *M. de Poly.* — Deuxième, *La Puce*, montée par *M. Levillain.*

Steeple-chase. — Première, *Andromaque*, montée par *M. Deschesnes.* — Deuxième, *Durtal.*

DEUXIÈME JOUR DE COURSES

Course plate. — 2,200 mètres. — Un objet d'art. — Pour MM. les officiers, montant des juments de pur sang. — Quatre chevaux partant. — Première, *Minima*, montée par *M. Duault.* — Deuxième, *Tapioca.*

Course de haies. — 2,000 mètres. — Un objet d'art. — Pour MM. les officiers, montant des chevaux du manège. — Premier, *Malicorne*, monté par *M. de Kergariou.* — Deuxième, *Guitare*, montée par *M. de Nexon.* — Troisième, *Fil-de-Soie*, monté par *M. de Brémond d'Ars.*

Steeple-chase. — 3,000 mètres et dix obstacles. — Un objet d'art. — Pour MM. les sous-écuyers, montant des chevaux du manège. — Premier, *Durtal*, monté par *M. de Canisy.* — Deuxième, *Andromaque.* — Troisième, *Miss Dora.*

Au mois d'octobre, l'École eut la visite de trois officiers russes : M. le colonel *Lewitzky*, aide de camp de S. M. l'Empereur de Russie, commandant du régiment des grenadiers à cheval de la garde russe, *M. de Naglovsky*, colonel du corps d'état-major général de la garde de S. M. l'Empereur de toutes les Russies, et M. le capitaine *Chrapovitzky.*

Le 21 septembre, le jury d'examens de sortie de l'École fut constitué ainsi qu'il suit :

Général *du Barail*, inspecteur général, président; lieutenant-colonel *Dupré*; chefs d'escadrons *de Briey*, *Versin*, *de Benque*, *de la Cotardière*; capitaines *Chapelan*, *Mouchet*, *Cabrié*. Pour les vétérinaires : MM. *Merche*, *Hugot* et *Duplessis*, vétérinaires principaux.

Ce fut le 30 novembre que le *général L'Hotte* prit le commandement de l'École.

Nous avons déjà défini la personnalité du général L'Hotte, en parlant de lui comme écuyer en chef. De nouveaux titres, ajoutés à ses antécédents, l'avaient désigné pour ce commandement. C'était lui, en effet, qui était allé chercher en Autriche les bases du nouveau règlement d'exercices alors à l'étude, règlement qui devait apporter tant de simplifications, depuis si longtemps désirées, et dont la routine avait empêché le triomphe. La plupart des innovations de l'ordonnance de 1876 doivent être attribuées au général L'Hotte. La mesure ne devait malheureusement pas être radicale, et le système de concessions au passé devait encore laisser bien des progrès à faire dans ce sens de simplifications.

C'est le colonel L'Hotte qui acclimata ces nouvelles manœuvres en France, en les expérimentant dans son régiment, qui devint le modèle de toute la cavalerie. Et si le général L'Hotte fut un habile écuyer, il fut aussi un habile instructeur.

L'école du cavalier, qui lui est due, est un petit chef-d'œuvre d'équitation simple et pratique pour le cavalier militaire. Nous devançons la date officielle de la nouvelle ordonnance pour donner à cette place quelques-unes des observations du général L'Hotte sur l'équitation militaire, et particulièrement le dressage des recrues.

Les instructeurs des régiments, sauf de rares exceptions, ne sont pas des savants en équitation. D'autre part, les moyens employés pour l'instruction doivent être choisis de manière à se trouver à la portée de tous les cavaliers du rang. De là, nécessité de procédés d'instruction d'une grande simplicité. Le règlement l'a prévu en prenant pour bases essentielles de ces procédés des lignes droites à suivre et les tourner qui les relient. Je parlerai d'abord des lignes droites, et ensuite des tourner.

On a dit que suivre la ligne droite était l'une des choses les plus difficiles en équitation. Il n'en est rien, il est bien plus difficile de maintenir un cheval sur un cercle dont le rayon est exactement déterminé. Mais ce qui est vrai, c'est qu'une ligne droite bien précisée, donnant une direction très facile à saisir, dès qu'un écart à cette direction se produit, le cavalier s'en aperçoit aussitôt.

Guidé alors pour ainsi dire par son seul instinct, le cavalier fait usage de ses mains et de ses jambes pour ramener le cheval dans la direction à suivre, et ces rectifications répétées conduisent peu à peu le cavalier à faire un juste emploi de ses aides, si son attention est soutenue.

Pour ce qui est du cheval, il ne suit pas lui-même ces lignes droites et le fait seul de le ramener dans la direction à suivre chaque fois qu'il s'en écarte, lui impose la soumission.

D'autre part, l'instructeur trouve dans les lignes droites à tenir, et qui sont déterminées pour lui d'une manière tout aussi précise que pour le cavalier, une base assurée pour faire ses observations, et rappeler au cavalier ce qu'il doit faire lorsqu'il le néglige.

Ceci dit des lignes droites, passons aux tourner. Il est dans l'instinct du cheval de les adoucir le plus qu'il le peut, et par suite, de réduire en un seul deux tourner qui se succèdent à courte distance. C'est ainsi que le cheval, livré à lui-même, ne suit pas plus le petit côté du carré qu'il ne fait un doubler. Son tourner s'étend d'un grand côté du carré à l'autre; pas un instant le cheval n'est sur la ligne droite et plus l'allure est vive, plus l'arc de cercle s'accentue.

Les progrès de l'instruction du cavalier et du dressage du cheval se caractérisent par le redressement progressif de cet arc de cercle. Il peut n'y avoir d'abord dans le doubler que quelques pas obtenus en ligne droite. lorsque le cheval arrive vers la ligne du milieu du carré, mais cette sorte de trait d'union, reliant ces deux larges tourner, doit peu à peu s'étendre jusqu'à ce que le doubler s'exécute ainsi que le prescrit le règlement.

Du moment où les lignes droites sont exactement tenues, les tourner exécutés régulièrement aux trois allures, on peut dire que le cavalier connaît assez l'emploi de ses aides et que le cheval y est assez soumis pour que l'un et l'autre satisfassent au service qui les attend. Les quelques mouvements nécessaires encore à l'emploi du cheval de troupe ne se présentent plus que comme choses accessoires.

Ce qui précède montre que les instructeurs, à défaut d'un savoir équestre étendu, avec de l'attention seulement, feront progresser l'instruction. Mais il faut que leur attention soit constante, et ils ne se montrent généralement pas assez pénétrés de cette nécessité. Que de fois, lorsque l'œil de l'instructeur ne les suit pas, l'on voit des cavaliers bien qu'exercés depuis longtemps, transformer en lignes courbes les petits côtés du carré et les doubler, se laissant aller ainsi à l'instinct du cheval, au lieu de lui imposer une direction. Alors, il n'y a profit ni pour l'instruction du cavalier, ni pour le dressage du cheval. Plus les procédés d'instruction sont simples, plus rigoureuse doit être leur application, et alors surtout il importe que l'instructeur n'envisage pas seulement l'exécution, mais bien la bonne exécution.

Les procédés d'instruction qui viennent d'être exposés se relient intimement au travail à distances indéterminées. Leur utile application réclame ce genre de travail; ils perdent leur valeur avec les reprises établies à distances courtes et fixes.

En effet, avec ces reprises, chaque cavalier suit machinalement, pour ainsi dire, celui qui le précède, lorsque les mouvements sont successifs, et si pour rendre le travail plus profitable on a recours aux mouvements individuels, d'autres inconvénients se présentent. Comme il est avant tout indispensable que les cavaliers qui doivent rentrer en même temps sur la piste, la gagnent avec un ensemble parfait, afin que chacun retrouve sa place dans la colonne, cette nécessité devient pour les cavaliers la préoccupation essentielle, et l'instructeur se trouve entraîné à porter son attention sur l'ensemble de la figure plutôt que sur la manière dont chaque cavalier conduit son cheval.

Ces inconvénients sont évités avec le travail à distances indéterminées, bien que tous les mouvements y soient individuels. Les uns s'exécutent à un point déterminé de la piste, les autres à un point quelconque, mais ils se font toujours individuellement, la préoccupation de l'ensemble n'apparaissant jamais.

Les reprises à distances fixes trouvent leur emploi dans le cours des exercices de cavaliers déjà habiles, lorsque les moyens d'exécution de chaque cavalier n'absorbent plus l'attention de l'instructeur. Ces reprises alors apportent de la variété dans le travail tout en satisfaisant davantage l'œil du spectateur. Mais en raison du temps limité donné à l'instruction des hommes de troupe, du degré d'habileté qu'il est possible de leur faire acquérir, ces reprises n'ont pas d'emploi dans leur instruction, autrement que comme préparation au travail d'ensemble, c'est-à-dire à l'école du peloton. Telles sont les limites étroites dans lesquelles le règlement renferme ce genre de travail.

Il y a encore lieu de remarquer que l'indépendance donnée à chaque cavalier par le travail à distances indéterminées enlève au « TRAVAIL A VOLONTÉ *» la valeur qui pouvait lui être attribuée lorsque les reprises se faisaient d'une manière constante à distances fixes. Aujourd'hui, le travail à volonté ne doit plus être considéré que comme un moyen de délassement pour les chevaux et les cavaliers.*

Le carré tracé en terrain libre au moyen de jalons est d'une grande utilité pour l'application des procédés d'instruction que je viens de développer. Leur valeur se trouve en effet de beaucoup réduite, lorsque la piste longe le garde-botte du manège ou d'une carrière fermée, car le cheval suit alors d'instinct le garde-botte, et ce n'est qu'au passage des coins que les cavaliers ont à faire appel à leurs moyens de conduite.

Pour se convaincre de la valeur, de l'importance du travail en terrain libre, il suffit de savoir qu'une fois la piste tracée par le pied des chevaux, la manière dont elle se présente révèle à la fois le degré d'instruction des cavaliers, l'attention qu'ils ont porté au travail, et celle de l'instructeur.

Si les cavaliers en sont au début de leur instruction et en tout temps, si, mal surveillés, ils le négligent, la piste se présente en ovale allongé. Lorsque l'instruction est un peu plus avancée et que la surveillance de l'instructeur s'exerce, chaque côté de la piste affecte une forme en S, j'en donnerai les raisons plus loin. Enfin, lorsque les quatre côtés se présentent chacun en ligne droite et se relient par des tourner serrés, on a la preuve de la bonne instruction des cavaliers, et on est assuré que chacun a fait son devoir. Tout officier qui a suivi avec attention l'instruction d'une classe de recrues a pu faire ces remarques.

La forme en S qu'affecte la piste à une certaine période de l'instruction des recrues est la conséquence de l'emploi incorrect que les cavaliers font de leurs aides. Le cheval, livré à lui-même, réduit comme je l'ai dit, en un seul, les deux tourner répondant à un petit côté. Il y parvient en entamant de loin le premier tourner et alors la piste affecte une forme ovale. Lorsque le cavalier commence à faire usage de ses moyens de conduite, il veut empêcher son cheval de tourner aussitôt, mais ne sachant pas régler ses actions, il les exagère, et au lieu de maintenir seulement le cheval sur la ligne à suivre, il le pousse en dehors. Arrive ensuite le tourner, et comme le cavalier n'est pas maître de ses aides pour le serrer suffisamment, le cheval gagne du terrain en dehors après avoir passé le piquet qui marque le tournant. Le piquet suivant, qui répond au milieu du côté, oblige alors le cavalier à se porter en dedans du carré et voilà la moitié de l'S formée. L'autre moitié se produira de même au tourner suivant. Une fois la piste indiquée ainsi, son incorrection se maintiendra avec d'autant plus de persistance que hommes et chevaux ont une tendance naturelle à suivre une ligne tracée.

Si le carré offre des avantages particuliers, le manège n'en a pas moins sa grande utilité. Ainsi, au début de l'instruction, l'homme de recrue s'y trouve plus en confiance et n'a pas à se préoccuper de la conduite du cheval, qui suit de lui-même le garde-botte : le jeune cheval y est plus calme, plus attentif. De plus, par les mauvais temps (ils sont fréquents et prolongés dans nos climats), les manèges deviennent indispensables. On a atténué alors l'inconvénient que j'ai signalé en faisant tracer fréquemment une piste intérieure à une distance déterminée du mur et en insistant sur le travail en sens inverse. Mais, dès que le degré de l'instruction le permet et que le temps en donne la possibilité, on doit, dans les régiments, travailler au grand air, l'instruction y gagnera, en même temps que la santé des hommes et des chevaux.

Le général L'Hotte a en outre marqué à l'École comme organisateur, il a su lui donner ce brio et ce cachet qui ont ajouté à sa vieille renommée l'éclat d'une physionomie toute nouvelle.

Une note ministérielle du 4 décembre supprima pour le harnachement d'officier dans l'arme de la cavalerie les fontes de pistolets et leur chaperon de cuir verni, et leur substitua des saccoches en vache jaune du modèle de celles de la troupe.

La chabraque étant supprimée, on devait faire usage, pour la tenue de parade, d'un couvre-sacoche avec le tapis de selle du modèle en usage. Le couvre-sacoche est en drap et le tapis en feutre. La couleur des deux est celle du fond de l'habit. Le pourtour extérieur du couvre-sacoche et celui du tapis sont bordés d'un galon de quatre centimètres, blanc pour les cuirassiers et les dragons, garance pour les chasseurs et les hussards, bleu foncé pour l'École de cavalerie.

Le 12 décembre 1875 parut un nouveau MANUEL DE MARÉCHALERIE, rédigé par les soins de la Commission d'hygiène hippique. Ce nouveau guide était accompagné de nombreuses figures qui contribuaient beaucoup à le rendre plus explicite. La transcription de sa table des matières suffira à montrer les connaissances exigées des maréchaux de l'armée :

Extérieur du cheval. — Noms et positions des régions extérieures du cheval. Signalement. Tares. Allures. Aplombs. — *Organisation du pied.* — Description du pied. Propriétés, beautés, défectuosités du sabot. — *Atelier de maréchalerie.* — Matières premières. Instruments de ferrure. — *Fer à cheval.* — Description du fer. Fer réglementaire de l'armée. Fers exceptionnels. — *Ferrure.* — Moyens d'aborder, de toucher et d'attacher le cheval ; de lever et de tenir les pieds. Renouvellement de la ferrure. Déferrer le pied. Parer le pied au degré voulu et d'aplomb. Préparer le fer. Attacher le fer. Pied bien ferré. Entretien du pied. — *Ferrures exceptionnelles.* — Ferrure à froid. Ferrure à glace. Ferrure Charlier. Ferrure des pieds défectueux. Ferrure des vices d'aplomb. Ferrure des irrégularités de la marche. — *Ferrures étrangères.* — Ferrure anglaise. Ferrure arabe. — *Ferrure du mulet.* — *Premiers soins à donner aux chevaux malades.* — Accidents occasionnés par la ferrure. Maladies du pied. Boiteries. — Exploration d'un membre boiteux. Autres accidents et maladies les plus ordinaires en garnison et en route.

D'excellents principes y sont donnés pour parer le pied, mais nous sommes obligés de nous borner dans nos transcriptions au fur et à mesure que nous nous rapprochons de la période actuelle. Néanmoins nous résumerons les idées nouvelles de cette partie, idées émanant de M. Goyau et inspirées par Watrin.

« *Le pied doit être paré d'aplomb et au degré voulu. Pour qu'il soit d'aplomb, il faut que sa surface d'appui (le pied levé) soit un plan perpendiculaire à la direction générale du paturon. Pour qu'il soit au degré voulu, il faut que la pince soit parée jusqu'au sillon circulaire et que les talons aient la moitié au moins de la hauteur de la pince.* »

Nous relèverons également les indications sommaires, mais précises, données pour la ferrure des pieds défectueux et des vices d'aplomb :

FERRURE DES PIEDS DÉFECTUEUX. — *Pied trop grand.* Ferrure ordinaire. — *Pied trop petit.* — Fer demi-couvert, avec une bonne garniture. — *Pieds inégaux.* Ferrer le plus grand à la manière ordinaire, et donner une bonne garniture au plus petit. — *Pied plat.* Ménager les talons, parer la pince, respecter la sole, faire sauter le sommet de la pince ; faire la toilette à la fourchette et aux barres ; arrondir fortement, à la râpe, le bord tranchant de la paroi. Se servir d'un fer couvert, assez léger, à pinçon très incrusté, à ajusture suffisante, à garniture ordinaire, à éponges parfaitement planes, de même épaisseur que le fer et dépassant un peu en talons ; clous à lame mince. — *Pied comble.* Mêmes indications que pour le pied plat : couverture et ajusture augmentées. Laisser entre le fer et la sole une distance de 1 à 2 millimètres seulement ; clous à lame mince ; goudronner le dessous du pied ; fer à planche, si la fourchette est bonne, ou fer Charlier, si la paroi est trop faible ou trop délabrée. — *Pied long en pince.* Parer la pince autant que possible, mais avec précaution ; faire sauter le sommet de la pince ; ménager les talons. Appliquer un fer demi-couvert, léger, un peu long d'éponges, ajusté en pince. — *Pied encastelé non boiteux.* Fer demi-couvert, en donnant une garniture en rapport avec le resserrement ; si le resserrement est très accusé et égal des deux côtés du sabot, se servir du fer à éponges couvertes ; si le resserrement est plus accusé d'un côté, se servir du fer à une éponge couverte ; employer des clous minces de lame. — *Pied encastelé boiteux.* Cataplasmes et bains ; fer à pantoufle modifiée ; lui donner la tournure, la garniture, l'ajusture et le faire porter avant de replier les éponges ; donner une égale obliquité aux replis de l'éponge, si les talons sont également serrés ; ou plus d'obliquité à l'éponge du talon le plus resserré ; abattre légèrement la corne à partir de la dernière étampure jusqu'au bout du talon ; clous minces de lame. L'encastelure sur les pieds suffisamment hauts et également serrés peut être traitée avec succès par le fer à croissant. Le fer et la corne usent ensemble. — *Pied à un quartier resserré.* Parer le quartier sain et ménager le quartier resserré, de manière à mettre le pied aussi d'aplomb que possible ; fer à une branche couverte, permettant de donner une forte garniture ; ou bien fer à éponges couvertes et obliques ; ou bien fer à planche, si la fourchette est bonne ; clous à lame mince pour le quartier resserré. — *Pied à talons chevauchés.* Mêmes indications que pour le pied à un quartier resserré. — *Pied ordinaire à talons serrés.* Fer demi-couvert avec bonne garniture, pour un resserrement léger ; fer à éponges couvertes, pour un resserrement plus accusé d'un côté. En cas de sensibilité et de boiterie, cataplasme et bains ; puis fer à éponges couvertes et obliques, ou fer à croissant. si les talons sont également resserrés. — *Pied plat à talons serrés.* Le fer Charlier convient parfaitement aux pieds plats à talons bas, serrés et sensibles. A défaut de ce fer, le fer couvert et le fer à planche, sur les pieds à bonne fourchette et à talons sensibles. Il faut que la planche porte en plein sur la fourchette et que les talons abattus légèrement et court, ne touchent pas le fer. Il faut alors alterner avec le fer couvert. Si les talons sont très bas, fer à planche à crampon longitudinal. — *Pied à talons serrés du bas.* Si les talons ne sont pas sensibles, fer à éponges couvertes ; dans le cas contraire, abattre à plat et de court les talons, les goudronner et se servir du fer à planche, même au cas où la fourchette ferait défaut. Le fer à éponges couvertes et obliques est aussi indiqué. — *Pied à talons serrés du haut.* Fer ordinaire, s'il n'existe pas de seime. Ne pas essayer de dilatation par en bas ; le resserrement augmenterait par en haut. Fer à planche portant sur la fourchette s'il existe une seime. — *Pied de travers.* Ménager le côté qui a été abaissé et parer l'autre. Fer demi-couvert avec une bonne et égale garniture. — *Pied panard.* Parer le côté du dehors et ménager celui du dedans. Réformer fortement à la râpe la paroi de la mamelle externe et de la région antérieure du même quartier. Fer demi-couvert, tenu juste en dedans, en mamelle et en quartier, et garnissant également en éponges. Pour le pied de derrière, lever le pinçon très en dedans et tenir la branche droite. — *Pied cagneux*. Parer le côté du dedans et ménager celui du dehors. Réformer fortement à la râpe la paroi de la mamelle interne et la région antérieure du même quartier. Fer demi-couvert, tenu juste en mamelle et quartier du dedans ; une bonne garniture à la mamelle et au quartier du dehors ; égale garniture en éponges. — *Pied pinçard*. Parer la pince autant que possible ; il y a ordinairement peu de chose à faire. Ménager les talons. Employer le fer pinçard pourvu de crampons, dont l'élévation est relative. Faire brider le pinçon. — *Pied rampin*. Si la paroi traine sur le sol, mettre un fer à pinçon large et épais. — *Pied à talons bas*. Parer la pince ; ménager les talons. Fer demi couvert, un peu long ; bonne et égale garniture. On peut aussi employer un fer à éponges un peu nourries. — *Pieds à talons hauts*. Abattre les talons, leur laisser une hauteur en rapport avec la conformation du pied. Ferrure ordinaire ; éponges légèrement amincies. — *Pied à talons fuyants*. Raccourcir le pied autant que possible, en le parant bien à plat, en pince comme en talons. Faire sauter la pince en travers. Fer ordinaire avec un bon pinçon redressé et incrusté. Supprimer les clous de pince et ferrer long. — *Pied gras*. Parer avec précaution, ménager la sole. Fer demi-couvert, léger, avec une bonne garniture. Clous minces de lame. — *Pied maigre*. — *Pied cerclé*. — *Pied à paroi séparée de la sole*. Mêmes indications que pour le pied gras. — *Pied à talons faibles*. Parer la pince, ménager les talons. Fer demi-couvert avec une bonne garniture. Fer à planche portant sur la fourchette et non sur les talons. — *Pied dérobé*. Parer avec précaution ; faire tomber tous les éclats de corne, bien arrondir le bord de la paroi avec la râpe. Fer demi-couvert, léger, à trois pinçons, un en pince, deux en quartiers, étampé aux régions qui correspondent à la bonne corne. Clous à lame mince. Fer à planche, si la fourchette est bonne. Parfois, recours à la gutta-percha.

Ferrure des vices d'aplomb. — *Cheval sous lui du devant*. Parer la pince, ménager les talons. Fer ordinaire avec ajusture plus accusée en pince. Éponges de longueur ordinaire. — *Campé du devant*. Le cheval qui a les pieds sensibles et douloureux se campe du devant et se met sous lui du derrière. Ferrure appropriée à l'état des pieds. — *Arqué*. Parer la pince ; conserver les talons. Fer ordinaire. — *Genoux creux*. Parer la pince ; ménager les talons. Fer demi-couvert avec une bonne ajusture en pince. Clous à tête petite noyée dans l'étampure. — *Bas-jointé*. — *Bouleté*. Parer la pince ; conserver les talons. Ferrer un peu long. — *Trop serré du devant*. Ferrer très juste en mamelle et quartier du dedans ; donner une égale garniture en éponges. — *Panard du membre*. Au bout d'un membre panard doit se trouver un pied panard. Redresser un membre panard est impossible et ne doit pas être tenté. Si, dans ce but, le maréchal pare à fond le dehors du sabot, il arrive à placer un pied cagneux au bout d'un membre panard. — *Cagneux du membre*. Mêmes observations. — *Sous lui du derrière*. Parer la pince ; ménager les talons. Fer à crampons. — *Campé du derrière*. Ferrer à la manière ordinaire. Faire brider le pinçon ; mettre des crampons. — *Bas-jointé*. Parer la pince ; ménager les talons et mettre des crampons. — *Droit-jointé*. Ferrure ordinaire. — *Bouleté*. Ferrure ordinaire à crampons. — *Trop ouvert du derrière*. Ferrure ordinaire. — *Serré du derrière*. Parer à la manière ordinaire ; ferrer très juste en mamelle et quartier du dedans ; lever le pinçon en dedans et tenir la branche droite ; donner une égale garniture en éponges.

Ferrure des irrégularités de la marche. — *Cheval qui se croise*. Ferrer juste en dedans ; pas de crampons aux pieds de derrière. Cheval qui se touche, se coupe, s'entre-taille. Parer le pied bien d'aplomb ; si le cheval se coupe avec la mamelle ou la partie saillante du quartier, se servir du fer à branche tronquée, portant deux étampures à l'éponge du dedans, et deux pinçons, dont un en mamelle externe ; arrondir fortement à la râpe la paroi en mamelle et à la partie saillante du quartier. Si le cheval se coupe un peu en arrière de la région saillante du quartier, se servir du fer à branche tronquée, droite et dépourvue d'étampures ; arrondir fortement à la râpe la paroi du quartier. — *Cheval qui forge*. Ferrure du pied de derrière : parer le pied sans tronquer la pince. Se servir d'un fer à pince tronquée, disposée en biseau et fortement ajustée, portant deux pinçons et des crampons ; lever chaque pinçon entre les deux premières étampures et plus près de la seconde ; faire dépasser le fer, par la corne de pince, de toute l'épaisseur de la paroi ; ferrer long, et d'un fort coup de râpe, arrondir la corne de pince. Ferrure du pied de devant : parer la pince ; ménager les talons ; ferrer avec un fer ordinaire et à la longueur habituelle. Ferrer court est mauvais. — *Cheval qui se déferre.* Laisser le pied fort au cheval sujet à se déferrer. Se servir de fers à deux pinçons, l'un en pince, l'autre en quartier externe. — *Cheval qui butte.* Parer la pince ; ménager les talons ; fer demi-couvert, à ajusture plus forte en pince ; se servir de clous à tête petite, noyée dans l'étampure.

Le 21 décembre parut une décision ministérielle relative au recrutement des maîtres maréchaux ferrants des corps de troupe à cheval et à l'organisation de l'École de maréchalerie de Saumur.

Le brevet de maître maréchal ferrant devra, à partir du 1er janvier 1877, s'obtenir à la suite d'examens et d'épreuves professionnelles subis à l'École de maréchalerie.

Seront admis à subir ces épreuves : 1° Les élèves maîtres maréchaux ayant suivi pendant un an les cours de l'École ; 2° les aides-maréchaux des corps de troupes, porteurs d'un certificat d'aptitudes professionnelles.

Le programme d'examen sera le suivant :

Examen oral : Notions élémentaires sur l'extérieur du cheval. — Notions élémentaires du pied : propriétés et défauts de la boîte cornée. — Maréchalerie : forges, matériaux et instruments. — Ferrure réglementaire : ferrure ordinaire, ferrure à glace. — Manuel de la ferrure : forger le fer, poser le pied, attacher le fer. Moyens de contention. — Ferrures exceptionnelles : vices d'aplomb, pieds défectueux, pieds malades. — Ferrures étrangères. — Ferrure du mulet. — Premiers soins à donner aux chevaux malades.

Exercices pratiques. — *Forge.* — Forger quatre fers réglementaires pour un cheval désigné. — Forger deux fers pour un défaut d'aplomb, pour pieds défectueux ou malades. — Forger un fer de mulet. — Forger deux fers à l'anglaise. — *Ferrage.* — Ferrer un cheval des quatre pieds. — Ferrer un pied atteint de vice d'aplomb, de défectuosité ou de maladie. — Ferrer deux pieds à l'anglaise.

Quant aux modifications de l'École de maréchalerie, elles portèrent plus particulièrement sur les bases suivantes :

Les élèves maréchaux seront désignés chaque année par les inspecteurs généraux, à raison de un par brigade de cavalerie et d'artillerie, et de un par quatre escadrons du train des équipages militaires et par deux compagnies de remonte.

Les cours de l'École de maréchalerie dureront un an, ils commenceront le 1er janvier de chaque année.

Les régiments d'une même brigade alterneront chaque année pour la désignation de l'élève maréchal à envoyer.

Pendant leur séjour à Saumur, les élèves maréchaux recevront une prime de travail de vingt-cinq centimes par jour.

Six mois après leur arrivée à l'École et à l'expiration de l'année scolaire, les élèves maréchaux subiront des examens devant un jury composé comme ci-après : le commandant en second de l'École de cavalerie, président ; le vétérinaire principal, un capitaine écuyer, le vétérinaire en premier, professeur de maréchalerie, et le chef d'atelier, membres.

Les aides-maréchaux des corps de troupes admis à subir les examens prescrits pour l'obtention du brevet de maître maréchal, devront être rendus à Saumur le 10 décembre de chaque année.

En 1875 parut un *règlement sur les écoles du peloton, de l'escadron et du régiment*. (Ce sont celles du règlement de 1876.) La rédaction, en évitant

de trop préciser les détails, voulut poser le principe fondamental qu'il était nécessaire de se pénétrer par le travail de l'esprit du règlement et non se préoccuper de la lettre.

1875

ÉTAT-MAJOR DE L'ÉCOLE

L'Hotte	Général de brigade.
Jacquemin	Lt-col. comm. en 2e.
Morel	Ch. d'esc. instr. en ch.
Lacoste de l'Isle	
Tordeux	Ch. d'esc, dir. des ét.
Dutilh	Ch. d'esc. écuy. en ch.
Mesple	Major.
Thomassin	Capit. d'habillement.
Bonnefont	Capitaine trésorier.
De Baud	Lieut. porte-étend.
De Briey	
Jourdeuil	
D'Abel de Libran	
D'Haranguier de Quincerot	
De Cléric	
Cabrol	
Delafond	Capit. instructeurs.
Monet	
De la Rivière	
De Novital	
De Clausade de Mazieux	
Richard	
Moreau de Bellaing	
Joannard	
D'Aviau de Piolant	
De Sesmaisons	Capitaines écuyers.
De Witte	
De Lamerville	

De Damas	Lieut.	
Picot de Vaulogé	S.-lieut.	
Siéyes	S.-lieut.	
De Cahouet	S.-lieut.	sous-écuy.
Froger-Deschesnes	S.-lieut.	
Carbonnel de Canisy	S.-lieut.	
D'Espinay Saint-Luc	S.-lieut.	
Humbel	Cap. prof. d'art milit. et topographie.	
Ronel	Capit. prof. d'allem.	
Verschneider	Lt prof. de gramm.	
De la Panouse	Capit. prof. d'hist. et de géographie.	
Duchassaing de Ratevoult	Capit. prof. d'arith. et de géométrie.	
Courbot	Lt d'artill. prof. de phys. et de chimie.	
Cohadon	Capit. d'artill. prof. d'artill. et fortific.	
Person	Ch. d'esc. dir. de l'arç.	
Auboin	Capit. s.-dir. de l'arç.	
Trudeau	Méd. princ. de 1re cl.	
Tarneau	Méd. major de 1re cl.	
Le Cadre	Médec. aide-major de 1re classe.	
Goyau	Vétérinaire principal.	
Barthes	Vét. en 1er, pr. de mrie	
François	Vétérinaire en 2e.	

OFFICIERS DE GENDARMERIE

Grimaldi	Capit.	Gounon	Lieut.	Dolle	Lt trés.	Ziéger	Lieut.
Schmidt	Lieut.	Grosset	Lieut.	Borderampé	Lieut.	Riboulat	Lieut.
Montignault	Capit.	Gréhan	Capit.				

LIEUTENANTS D'INSTRUCTION DE CAVALERIE

Trémeau.	Saisset-Schneider.	Du Cor de Duprat.	Parent de Lannoy.
Meneust.	De Fontanges.	Koszutski.	Brillouin.
Gaudin de Villaine.	Gillain.	De la Boulinière.	Le Brun.
De Seroux.	De Kergariou (Paul).	Rivet de Chaussepierre.	Bernadotte.
Faure.	De Kergariou (Edgard).	Nézot.	Dupuy.
De Luppé.	Ferri-Pisani.	De Saint-Mart.	Vautrin.
Duparge.	D'Hombres.	Ile de Beauchaine.	Gailhard.
Gray de Montenon.	Vacquier.	Dejourdan.	Perrusel.
Delanneau.	Roux.	Maür.	

LIEUTENANTS D'INSTRUCTION D'ARTILLERIE

Marie	Lieut.	De Richard d'Aboncourt,		Clet	Lieut. tr. artill.	Mathieu	S.-lieut.
Beauret	Lieut.		Lieut.	Truffier	Lieut.	Cumin	S.-lieut.
Nickler	Lt tr.	Duault	Lieut.	Claude	Lieut.	Regnier	Lieut.
Xaillé	Lieut.	Jacquot	Lieut.	Pottier	S.-lieut. tr.	Wolff	Lieut.
Martin	S.-lieut.	Caillot	S.-lieut. tr.	Mayonnet	Lt tr. artill.	Durand	Lieut.
Pistor	Lieut.	Reevémont	S.-lieut.	Diémer	Lieut.	De Maulmont	S.-lieut.
Henri	Lieut.	Martin	Artill. de mar.	Petit	Lieut.	Germain	S.-lieut.
Burger	Capit.						

SOUS-LIEUTENANTS OFFICIERS ÉLÈVES

Mahot.
De Gay de Nexon.
De Vignacourt.
De Brémond d'Ars.
Budes de Guébriant.
Blanchy.
Levillain.
Toussaint.
Dubois.
Montel.
Guerlet.
Maitre.
De Grailly.
Tassin de Villiers.
Gendron.
De Fontenilliat.
De Font-Réaulx.
De Robien.
Buisson.
Hugé.
Cousté.
Thétard.
De Lestapis.
Bodin de Galembert.
D'Anglejean.
Humbert.
De Touchet.
De Scourion de Beaufort
De Bousquet.
Pety.
Picard.
De la Celle.
Maison.
Bonnin de la Bonninière de Beaumont.
Le Bault de la Morinière.
De Bouillé du Chariol.
De Mory de Neuflieux.
Eblé.
Quatre-Solz de Marolles
Faucillon.
Louvat.
Crespel.
Chrestien de Poly.
Lescot.
Foucault.
Chavane.
Le Bouyer de Saint-Gervais de Monhoudou.
De Berne de Longvilliers
Goubaut.
De Bonnières de Wierre
Farcis.
De Roujoux.
De la Chapelle.
Barthélemy.
De Marliave.
Jullien.
Morisseau.
Lechevrel.
Menuau.
Dumont.
De Jeanson.

SOUS-OFFICIERS ÉLÈVES OFFICIERS

Première Division.

Strub.
Feray.
Rousseau.
Pierret.
Chapuis.
De Martimprey.
Gonnet.
Delamarre
De Beauvoir.
Wolff.
Berthélemy.
Bordier.
Ping.
Conraux.
Laroche.
De Courcival.
Courty.
Corniot.
Rochebillard.
De Brunet.
Labruyère.
Lebeau.
De Persan.
Lorson.
Pigeot.
Breyh.
Joinnet.
Serciron.
Degros.
Murat
Béhague.
Mathieu.
De Montbas.
Bertrand.
De Lesseville.
Desfeux.
De Bernis.
Maury
Mansion.
Develle.
Henricet.
Rideau.
Raybaud.
De Bertrand.
Weyer.
De Vielcastel.
Azaïs.
Lavoye.
Albrèche.
Bonavita.
Meyer.
Morin.
Reynaud.

Deuxième Division.

Abonneau.
Diard.
Diétrich.
Crozet.
Guignard.
Bouteille.
Pasquier.
Grosjean.
D'Hotelans.
Hugel.
De Bazignan.
Desjuzeurs.
Demougeot.
Deleulle.
Bernay.
Vasseur.
De Tanlay.
Martin du Nord.
Hamant.
Heidet.
Billioque.
Schutz.
Cabla.
Lemoyne (Louis).
Poty.
Calvinhac.
De Poligac.
Piogey.
De Lipowski.
De Chénerilles.
Barbin.
De Valon.
Fabry.
Schmidt.
De Compiègne.
Chaine.
Bourit.
Clauzel.
De Kergos.
De Bekmann.
Le Cardonnel.
Lemoine (Eugène).
De Montlaur.
Le Moyne (Ferdinand).
De Jourdan.
Foret.
De Belle-Isle.
Dayet.
Ledoyen.

ENGAGÉS CONDITIONNELS

Lefebre.
Moreau.
De Montais.
Cornudet.
Kœchlin.
Blanchet.
Hébert.
Souchon.
Du Bourget.
Nazareth.
Roitel.
De Lacombe.
De Saint-Pol.
Beaumini.
Petit.
Rohr.
Hémon.
Hanonet.
Durand.

AIDES-VÉTÉRINAIRES STAGIAIRES

Roger.
Hurpez.
Gramain.
Leroy.
Raucoule.
Gallice.
Delbreil.
Visa.
Aouchen.
Cavalin.
Gendrot.
Rigollat.
Ribaud.
Fournier.
Gervais.
Chappelain.
Peringuie.
Debœuf.
Dumas.
Chauvrat.
Dezoteux.
Gailleur.
Poinot.
Daillès.
Bedognet.
Fradet.
Viaud.

Une décision ministérielle du 23 janvier 1876 modifia les tenues de l'École en même temps que celles des corps de troupes.

Les tenues de l'École furent fixées ainsi qu'il suit :

TENUE DU MATIN. — *Officiers du cadre :* Tunique sans épaulettes ni aiguillettes, pantalon d'ordonnance, képi. — *Officiers élèves :* Tunique sans épaulettes, pantalon d'ordonnance, képi.

TENUE DE MANÈGE. — Tunique sans épaulettes, culotte noire et bottes, chapeau de manège.

TENUE DU JOUR. — *Officiers du cadre :* Tunique sans épaulettes ni aiguillettes, pantalon d'ordonnance, képi, épée. — *Officiers élèves :* Tunique sans épaulettes, pantalon d'ordonnance, képi, sabre avec dragonne en cuir.

GRANDE TENUE. — *Officiers des cadres :* Tunique avec épaulettes et aiguillettes, pantalon d'ordonnance, chapeau, épée. — *Officiers élèves :* Tunique avec épaulettes, pantalon d'ordonnance, képi, sabre avec dragonne en or.

A l'occasion du concours hippique de Paris, l'École donna un carrousel au Palais de l'Industrie. Le détachement fut composé de l'écuyer en chef, 4 capitaines écuyers, 7 sous-écuyers, 20 lieutenants d'instruction de cavalerie, 10 lieutenants d'instruction d'artillerie, 30 sous-lieutenants officiers-élèves, 7 sous-maîtres, 70 cavaliers de manège et 115 chevaux. Ce détachement partit de Saumur le 6 avril et ne rentra que le 12. Les chevaux furent logés au Palais de l'Industrie et mis en subsistance dans un régiment de la garnison de Paris.

Les courses annuelles de Saumur eurent lieu les 20 et 22 août, le carrousel le 21.

PREMIER JOUR DE COURSES

Prix des haras. — 2,000 francs. — Pour chevaux de trois ans et au-dessus, nés et élevés en France. — Premier, *Lanusquet*, monté par M. *de Cahouët*. — Deuxième, *Guy*. — Troisième, *Goudron*, monté par *M. de Vaulogé*. — Quatrième, *Goodness*, monté par *M. Armand de Nexon*.

Première course militaire. — MM. les officiers montant des chevaux de pur sang. — Premier, *Écho*, monté par *M. de Biré*. — Deuxième, *Favello*, monté par *M. Muteau*. — Troisième, *Régal II*, monté par *M. Vallon*.

Course de haies. — MM. les officiers montant des chevaux du manège. — Premier, *Tapioca*, monté par *M. de Soubeyran*. — Deuxième, *Le Gommeux*, monté par *M. des Vosseaux*. — Troisième, *Sommerives*, montée par *M. d'Hédouville*.

Steeple-chase. — Première, *Andromaque*, montée par *M. de Cahouët*. — Deuxième, *Souverain*, monté par *M. de Lur-Saluces*.

Course improvisée pour chevaux d'armes et de chasse. — Quatre chevaux partant. — Premier, *James*, monté par *M. de Lur-Saluces*. — Deuxième, *Surprise II*, montée par *M. de Vaulogé*. — Troisième, *La Petite-Mariée*, montée par le *capitaine Peters*. — Quatrième, *Marmiton II*, monté par *M. G. de la Brunerie*.

DEUXIÈME JOUR DE COURSES

Course plate — Distance 2,000 mètres. — Prix : Un objet d'art. — Pour MM. les officiers montant des chevaux de pur sang. — Premier, *M. de Broglie*, avec *Écho*. — Deuxième,

M. de Lagonde, montant *Favello*. — Ensuite *M. Grellet*, montant *My-Star*. — *M. Roussel*, avec *Javotte*. — *M. Muteau*, avec *Régal*.

Course de haies. — Distance 2,200 mètres. — Prix : Un objet d'art. — Cinq chevaux de pur sang partant. — Premier, *Tapioca*, montée par *M. de Klopstein*. — Deuxième, *Le Gommeux*, monté par *M. de Touchet*.

Steeple-chase militaire. — Distance 2,500 mètres. — Douze obstacles. — Prix : Un objet d'art. — Quatre chevaux de pur sang étaient engagés. — Première, *Andromaque*, montée par *M. de Cahouet*. — Deuxième, *Souveraine*, montée par *M. de Lur-Saluces*. — Troisième, *Emperor*, monté par *M. Sieyès*.

En 1876, l'inspection générale de l'École fut passée par le général *du Barail*, qui laissa un ordre des plus élogieux.

En 1876, la commission d'examens de sortie de l'École fut composée ainsi qu'il suit : Le général *du Barail*, inspecteur général, président ; les lieutenants-colonels *Chevals* et *Danloux ;* les chefs d'escadrons *Dulac*, *Duvivier*, *Guérin d'Aragon*, *d'Esclaibes d'Hust ;* les capitaines *Malen*, *de Sainte-Croix* et *Guyon*.

Le général du Barail constata les heureux résultats de l'application du nouveau règlement d'exercices faite en entier cette année-là à l'École de cavalerie : « *l'Étude du Règlement ne consiste plus à apprendre par cœur et sans cesse des pages de théorie et à s'efforcer de les réciter sans en changer un mot. On a élargi son horizon en faisant surtout appel à l'intelligence et en n'accordant qu'un rôle secondaire à la mémoire. On a remplacé les procédés d'instruction surannés dont nous usions jusqu'en 1876, par des études plus en rapport avec les progrès de la science militaire actuelle, qui demande de la réflexion, beaucoup d'attention et une connaissance parfaite de tous les rôles que la cavalerie doit jouer à la guerre. Aussi ce n'est plus l'officier qui se rapprochera du littéral en récitant une leçon plus ou moins péniblement apprise et plus ou moins bien saisie qui sera réputé le plus instruit ; mais ce sera dorénavant le plus capable de bien juger le terrain et de faire sur un champ de bataille la meilleure application des principes qui leur ont été donnés pour l'emploi des troupes qui lui sont confiées.* »

Le général inspecteur fit également quelques observations au sujet de la remonte du manège. Il fit remarquer que pour les chevaux de pur-sang introduits au manège depuis quelques années seulement, si on avait dû se montrer au début un peu plus facile dans leur choix, il était désirable qu'à l'avenir on prît des animaux ayant des membres sains et qui fussent susceptibles d'une durée plus longue. Quant aux chevaux de carrière, il les trouva beaux à l'œil, mais généralement un peu lourds et trop étoffés, il conseilla des montures ayant plus d'actions et de moyens. Les chevaux d'armes furent trouvés un peu trop ordinaires.

En 1876, nous avons à citer plusieurs innovations qui furent faites à l'École. On établit dans les landes de Marson un stand à grande distance permettant de tirer jusqu'à 1,000 mètres. Ce terrain devait être également utilisé pour les exercices de carrière.

On rétablit sur le côté est du Chardonnet un steeple fermé, particulièrement destiné à faire sauter les chevaux en liberté et à les exercer à monter et descendre les pentes raides. Les lices qui bordaient ce steeple furent exhaussées.

Deux obstacles, un fossé et un talus surmonté d'un arbre permettant de sauter sur un front de peloton, furent établis sur le côté ouest du Chardonnet.

Les mangeoires des écuries du manège furent faites en ciment.

Deux terre-pleins, entourés d'un parapet en terre gazonnée furent établis dans la cour d'honneur, pour recevoir les quatre pièces d'artillerie employées aux exercices.

Nous avons à parler en 1876 du Nouveau Règlement d'exercices qui prit date du 17 juillet.

Aussitôt après la guerre, les questions relatives à l'emploi de la cavalerie avaient été mises à l'étude. Des officiers furent envoyés à Vienne pour suivre de près les manœuvres de la cavalerie autrichienne; d'autres officiers étudièrent les manœuvres prussiennes. Le général du Barail, appelé au ministère de la guerre, donna une plus vive impulsion à ces études en instituant une commission d'officiers généraux et supérieurs pour expérimenter divers projets : général *Ameil*, président; généraux *du Preuil, de Bernis, de Tucé, de Vouges de Chanteclair, L'Hotte,* membres; lieutenant-colonel *Grandin,* commandant *Robert d'Orléans, duc de Chartres,* secrétaires; capitaine *Ghis,* secrétaire-adjoint. Le général du Barrail lui-même, au sortir du ministère, fut nommé président d'une haute commission chargée de coordonner les différents rapports concernant ces manœuvres et de rédiger un nouveau règlement, pour remplacer celui de 1829. Le travail de cette commission fut approuvé par décret du 17 juillet 1876, et, presque immédiatement après la signature du décret, une division de six régiments de cavalerie, formant trois brigades, fut réunie à Tours pour exécuter les nouvelles manœuvres en présence d'un certain nombre de généraux et d'officiers de cavalerie.

Les changements apportés au règlement de 1829 étaient considérables et, hâtons-nous d'ajouter, largement justifiés : suppression du formalisme traditionnel et de cette profusion de commandements parfois ridicule;

abandon du littéral ; direction de l'instruction des recrues donnée aux commandants d'escadron ; importance accordée à la régularité des allures ; la vitesse du trot et celle du galop fixées pour chaque subdivision de l'arme ; le guide indiqué non plus sur une aile, mais sur le chef de la troupe marchant devant le centre ; la charge donnée comme le but suprême des manœuvres de cavalerie et enseignée dès l'école de peloton : telles étaient les bases fondamentales du nouveau règlement.

Au point de vue de la tactique, ce règlement était fondé avant tout sur la simplification des mouvements et sur l'élasticité des formations. Par la suppression de l'*inversion* et des mouvements par quatre, il mettait fin à des discussions qui duraient depuis de longues années, et par le seul fait de cette suppression, il faisait disparaître une foule de mouvements n'ayant d'autre valeur que le mérite de la difficulté vaincue. Enfin il consacrait l'adoption de formations usitées depuis longtemps à l'étranger et réclamées en France par tous les hommes compétents : la *masse de colonnes* dérivant de la *ligne de colonnes*.

Le chapitre du dressage a été remanié de manière à substituer à une description compendieuse de procédés secondaires et fort variables, un exposé de principes généraux à l'abri de toute controverse.

Lorsque les jeunes chevaux ont atteint l'âge de cinq ans, ils sont répartis dans les escadrons actifs, et alors seulement commence leur dressage proprement dit, sous la responsabilité du capitaine commandant et à l'aide du personnel dont il dispose. Des lieutenants et sous-lieutenants, ainsi que des sous-officiers et brigadiers, participent à ce dressage, et ce n'est qu'à défaut de gradés ou dans des circonstances exceptionnelles que des cavaliers peuvent être requis pour le dressage.

Les leçons de dressage sont données aux jeunes chevaux sous les ordres d'un officier spécialement préposé à ce service dans chaque escadron et désigné par le capitaine commandant. Aucun cheval n'est admis dans le rang sans avoir été présenté à l'examen du lieutenant-colonel par le cavalier qui l'a dressé. Ces leçons peuvent aussi être données par les soins du capitaine instructeur, comme faisant partie de l'enseignement équestre, dévolu à cet officier à l'égard des lieutenants et sous-lieutenants.

Les chevaux de troupe, pour être réputés complètement dressés, doivent pouvoir exécuter tout ce qui est prescrit à l'école du cavalier. Les exercices qui dépassent les limites fixées à cette école sont proscrits.

En conséquence, la série des mouvements de l'école du cavalier s'adapte également à l'éducation du cheval. Il existe toutefois, en dehors du cadre de travail tracé précédemment, certaines préparations destinées à servir de trait d'union entre quelques phases consécutives du dressage.

Ces préparations ne sont pas indispensables avec tous les chevaux, mais il est quelquefois très utile d'y avoir recours pour prévenir l'inquiétude ou les défenses du jeune cheval. Ainsi, lorsque le cheval n'est pas docile, l'instructeur à pied doit venir en aide au cavalier.

Pour amener le cheval à répondre à la pression des jambes, le cavalier fait usage d'une cravache ; pour lui apprendre à céder à l'action d'une jambe, on peut l'habituer à pied.

Pour apprendre au cheval à reculer, il est bon d'essayer ce mouvement d'abord à pied.

Lorsque le cheval reçoit la bride, on l'initie d'abord à pied aux effets du mors par de légères actions des rênes.

En dehors de ces exercices, il en est d'autres qui visent des buts spéciaux, tels sont ceux qui ont trait : au travail à la longe; au saut d'obstacles; à la docilité au feu; à la voltige; aux chevaux rétifs ou difficiles.

Travail à la longe. — *Le travail à la longe est d'une grande utilité pour exercer un jeune cheval, pour dépenser les forces d'un cheval qui ne peut être monté, pour calmer un cheval trop vigoureux, et enfin pour dompter un animal vicieux.*

Le cheval, étant muni d'un caveçon, est tenu au moyen d'une longe par un aide qui se conforme aux indications de l'instructeur maniant la chambrière.

Le cheval est acheminé en cercle à gauche par l'instructeur, qui l'accompagne, l'attire avec la longe, le chasse en agitant la chambrière et s'éloigne peu à peu, jusqu'à ce qu'il se trouve près du centre d'un grand cercle décrit par le cheval. L'instructeur tient alors la longe de la main gauche et la chambrière de la main droite, en arrière du cheval.

Sauts d'obstacles. — *Le cheval est d'abord amené en main devant une barre peu élevée, que le cavalier franchit en même temps que le cheval; on répète cet exercice pendant plusieurs séances, en élevant progressivement la barre et en assurant sa fixité; enfin, en lâchant le cheval en liberté pour sauter.*

Le cheval trouvant lui-même, dans les chutes auxquelles il s'expose, la correction due à sa paresse ou à son hésitation, acquiert bientôt la franchise nécessaire pour sauter une barre fixe d'un mètre de hauteur, et apprend, à ses dépens, à mesurer son élan et à calculer ses forces. Cet exercice développe aussi chez le cheval une grande habitude du saut; et les chutes, les heurts, les efforts, rendus moins funestes par l'absence du cavalier, prémunissent contre des accidents qui pourraient survenir.

Le cheval, étant devenu suffisamment franc et adroit, est enfin monté et exercé au saut de divers obstacles, suivant les principes décrits à l'école du cavalier.

Les premiers exercices du saut s'exécutent dans les cours du quartier, qui sont pourvues, à cet effet, de deux obstacles : fossé et barrière, bordés par des lices.

Docilité au feu. — *Faire toujours coïncider une récompense avec le bruit, par des caresses, par le repos, après une allure vive prolongée, etc.*

Voltige. — *Le cheval est dressé pour la voltige d'après les moyens énoncés plus haut pour le travail à la longe.*

Afin d'abréger les tâtonnements tendant à obtenir facilement les départs au galop et le galop lent, on peut faire monter le cheval par un cavalier dont les moyens ordinaires d'équitation servent d'interprète, pour apprendre au cheval les indications de l'instructeur. Les actions du cavalier sont ensuite peu à peu supprimées, et le cheval est exercé jusqu'à ce qu'il soit blasé complètement au contact des jambes et devienne insensible à tous les mouvements du cavalier qui voltige, en n'accordant l'obéissance qu'à l'instructeur qui dirige le travail.

Chevaux rétifs ou difficiles. — Chevaux ignorants. — *On doit les rappeler à l'obéissance depuis le point où leur dressage est en défaut.....*

Chevaux peureux. — *On doit surtout s'abstenir de toute correction, dont la coïncidence avec l'image qui effraie tendrait encore à augmenter la peur en faisant attribuer les mauvais traitements à l'objet lui-même.....*

Chevaux mal conformés. — *Le cavalier doit éviter les exigences immodérées.....*

Chevaux qui pointent ou se cabrent. — *Il importe surtout de prévenir le cabrer; le cavalier doit, dans ce but, dès que le cheval tend à s'arrêter pour pointer, le surprendre par l'agitation des jambes contre les flancs, ou des rênes contre l'encolure, de manière à obtenir immédiatement le mouvement progressif, qui affaiblit la défense ou la paralyse. Aussitôt que le cheval cède, en se portant en avant, il faut éviter de profiter de la supériorité acquise sur lui pour le châtier; car ce procédé apprend bientôt au cheval à ne plus se livrer et à ne plus s'exposer aux coups qui accompagnent la franchise de son allure.*

Chevaux qui ruent. — *Il est essentiel de rendre le cheval très souple aux actions de la main, afin que la rigidité de l'encolure ne s'oppose pas à la décomposition des effets rétro-*

grades transmis par le mors. Si le cheval rue à l'approche des jambes, on amortit cette sensibilité en l'accoutumant peu à peu à les supporter.

Le cavalier a soin, en outre, de chasser vigoureusement le cheval en avant, en faisant usage de la cravache sur les épaules, et sur l'encolure au moment où le cheval médite ou exécute la ruade.

Des chevaux irritables. — *On doit s'efforcer de familiariser le cheval avec les aides, en employant la plus grande patience. Le cavalier doit agir avec plus de finesse.*

Enfin, il est utile de ne pas greffer sur l'irritabilité du cheval la fougue qui serait la conséquence d'un repos trop prolongé.

Chevaux qui s'emportent. — *Les chevaux s'emportent sous l'empire de causes très diverses. Le premier devoir du cavalier, pour réprimer ces écarts, est d'étudier la cause qui les provoque et d'éviter de la faire naître.*

Quelques chevaux s'étourdissent et s'emportent sous l'unique influence d'une vitesse, dont la notion ne leur est pas assez familière; il suffit alors de les exercer suffisamment pour compléter leur éducation. Ces leçons sont données, autant que possible, dans le manège.

Si le cheval porte au vent, le cavalier baisse la main, en tirant sur les rênes.

Si le cheval s'encapuchonne, le cavalier le relève brusquement, au moyen de la bride ou en sciant du bridon. Si le cheval a les barres offensées au point d'avoir perdu toute sensibilité, le cavalier a recours au bridon.

Si, malgré toute la vigilance du cavalier, le cheval persiste à gagner à la main, on a recours à la force pour l'arrêter, en observant les principes suivants : Tirer avec énergie sur les rênes, en portant le corps en arrière et s'arc-boutant sur les étriers; cesser et renouveler alternativement les mêmes efforts, en évitant de contracter la lassitude. Si le cavalier sent son impuissance à arrêter le cheval, il doit chercher seulement à le diriger, s'il a du champ devant lui, ou à le mettre en cercle, si le terrain le permet.

Observations générales. — *Le cheval est rarement doué d'instincts vicieux qui le prédestinent à la rétivité, mais il acquiert très promptement une propension à résister, sous l'influence de la pusillanimité du cavalier ou des mauvais traitements.....*

Le talent du cavalier consiste beaucoup plus dans l'art de prévenir les défenses du cheval que dans la puissance capable de les maîtriser, et le cachet d'une saine expérience réside surtout dans l'aptitude à éluder toutes les occasions susceptibles de provoquer une lutte entre le cavalier et sa monture.

Dans le règlement de 1876, il n'a pas été fait mention des anciennes dispositions intitulées : « *Divisions, ordre, progression du travail et gradation de l'instruction.* » Cette suppression est motivée par un grand nombre de raisons qui paraissent devoir être développées. Ces articles établissaient une progression de travail à échéances fixes, une division permanente du régiment en trois classes, une décomposition des matières d'instruction par nature, durée et quantité. Cette constitution idéale aboutissait à cette conclusion que : « Le cavalier, après cent-quatre-vingts journées de travail, était en état de passer à l'école d'escadron », et que chaque peloton, escadron ou régiment était réputé comme ayant satisfait au programme lorsqu'il avait parcouru ponctuellement l'ordre, le nombre et la durée des séances déterminées.

Les raisons qui ont servi de base à la fixation des heures de travail ne sont pas toujours l'expression exacte des conditions atmosphériques et varient selon les contrées, ou même d'un jour à l'autre; il n'est donc pas rationnel de régler à l'avance, d'une manière absolue et uniforme, la marche du travail.

En dehors des grands rassemblements, correspondant aux écoles d'ensemble, les terrains de manœuvres, les voies utiles à la pratique du service en campagne, aussi bien que les manèges, les appareils gymnastiques, les champs de tir, le matériel de voltige, etc., doivent être occupés presque sans interruption, en tenant compte des circonstances locales et d'éventualités presque journalières.

Aujourd'hui l'instruction, sous toutes ses formes, doit être l'obligation primordiale du métier, et à celle-ci doivent être subordonnées toutes les autres convenances.

Par suite de l'éparpillement systématique des fonctions, les branches principales du service se trouvaient adjugées à des spécialistes : tel officier avait pour domaine l'instruction à pied, tel autre l'instruction à cheval ; tel officier était chargé d'instruire tous les sous-officiers du régiment, tel autre instruisait les brigadiers, et ainsi de suite de grade en grade et pour chacune des parties entre lesquelles l'ensemble du service ou de l'instruction peut se décomposer.

Le capitaine-commandant, notamment, se trouvait singulièrement déshérité, car il n'avait le plus souvent qu'à enregistrer des faits accomplis ; on dressait ses hommes et ses chevaux en dehors de sa participation ; on se chargeait d'instruire ses agents ; des commissions usurpaient son action ; des règlements précis et détaillés à l'excès éteignaient tout esprit d'initiative et nivelaient l'émulation. Il résultait de ces errements que le grade qui devait être l'expression complète de l'activité, de l'intelligence et des facultés de commandement, était amoindri et abaissé au rang d'une fonction automatique.

L'instruction par escadron a été instituée.

L'emploi du sabre, compris autrefois sous le titre : exercice du sabre, et celui : escrime du sabre, a été confondu sous un seul et même titre et a été sensiblement abrégé. Il a semblé que cette provision énorme de coups de sabre dans le vide, compliquée encore, dans l'usage, par l'habitude de rechercher des effets d'ensemble, de décomposer ces coups par temps et mouvements, d'exiger une cadence uniforme, faisait perdre beaucoup de temps et n'était pas en rapport avec la simplicité de l'effet à produire, qui consiste uniquement à savoir frapper d'estoc et de taille un objectif quelconque. Pour obtenir ce résultat, il est certainement plus rationnel, plus expéditif et plus démonstratif d'apprendre à l'homme à se placer à portée convenable d'un objectif déterminé, de manière qu'il puisse atteindre, de la pointe ou du tranchant, des bandes tracées à l'avance, ainsi qu'on procède en visant une cible avec un fusil.

L'école du cavalier se distingue de l'ancienne par un principe nouveau. Selon la méthode qui avait prévalu dans l'ordonnance de 1829 et le règlement de 1871, on se proposait d'exercer le cavalier à l'emploi et à la combinaison des aides, au moyen de figures de manège. Les sous-officiers et brigadiers instructeurs, généralement peu versés dans l'art équestre et peu experts à reconnaître la justesse des aides du cavalier, étaient encouragés par cette méthode à se désintéresser de toute démonstration relative aux principes d'équitation ; ils avaient une tendance à ne porter leur attention que sur la symétrie des mouvements, et bornaient presque exclusivement leurs remarques à la rectitude des distances ou des intervalles, des alignements en file ou de front. Les cavaliers de recrue, d'autre part, consacraient un temps relativement long à se familiariser avec des termes, inconnus à la plupart d'entre eux, et à apprendre des figures de manège, ainsi que certains procédés secondaires pour être constamment réglés et alignés.

« L'école du cavalier, disait l'ordonnance de 1829, a pour objet de former des cavaliers adroits à manier leurs chevaux et leurs armes dans toutes les directions et à toutes les allures. »

Ce programme est rigoureusement maintenu, mais les moyens de l'accomplir ont été dégagés, dans la nouvelle école, de tous les procédés accessoires.

Une partie des prescriptions du nouveau règlement s'appliquent à la nécessité d'inculquer constamment au cavalier la préoccupation de la direction à suivre et à ne jamais le laisser agir machinalement. Les carrés, dans lesquels se meuvent plusieurs cavaliers, ne servent qu'à jalonner des directions et à maintenir l'homme sous l'œil de l'instructeur, mais chacun travaille dans ce carré comme s'il était seul, sans aucune préoccupation de distance ni d'alignement ; quelques mouvements très simples apprennent au cavalier à passer d'une direction à une autre et à faire usage de ses aides ; l'ensemble de ces prescriptions réalise tout ce qu'il est nécessaire d'enseigner au cavalier pour qu'il sache marcher « *dans toutes les directions* ». Quant aux allures, il faut que le cavalier en distingue non seulement les trois espèces, mais qu'il en observe exactement la régularité et la vitesse ; chaque allure a son rythme particulier, et sa vitesse a été calculée en raison des moyens des chevaux de troupe et en vue de l'uniformité du travail d'ensemble.

Chaque cavalier doit prendre de lui-même l'allure commandée et en régler la vitesse ; il n'a pas à se préoccuper des cavaliers voisins autrement que pour les éviter par des procédés déterminés, et s'il est gêné ou arrêté, il fait choix d'une autre direction, mais toujours sans accroissement ni ralentissement de vitesse.

Il y avait un écueil à éviter en introduisant l'usage du galop, comme celui des autres allures, sans aucune distinction. Le galop de 350 mètres par minute est trop rapide pour être employé dans un terrain circonscrit, les recrues ne sont pas assez maîtres de leurs chevaux pour les diriger à cette allure vive, l'instruction serait dans l'impossibilité de continuer le système d'éducation personnelle, qui est le propre de cette école, le désordre et les accidents seraient souvent le partage de ces exercices à grande vitesse ; il a donc fallu instituer, spécialement pour l'école du cavalier, une vitesse particulière du galop ralenti.

En partant de ce principe, que la confiance est un grand élément de succès pour le dressage des recrues, que le façonnement du corps doit précéder le travail de l'intelligence, et que, dans les bornes de l'équitation militaire, l'habitude est préférable à la science, la commission eût désiré que le travail à la longe reçût une plus grande importance, mais elle a hésité à entrer dans cette voie en raison de certaines difficultés matérielles et des ressources du personnel; elle a cru devoir tenir compte du rejet de cette méthode ancienne par l'ordonnance de 1829 et elle s'est bornée à la recommander, de concert avec le travail à cheval des premières leçons, surtout à l'égard de certaines conformations rebelles à l'équitation.

La commission a, de plus, affirmé les avantages de la voltige pour hâter les progrès du cavalier, mais il est nécessaire que ces derniers exercices ne soient plus considérés comme un hors-d'œuvre et un accessoire, et passent réellement dans les pratiques habituelles et journalières de l'instruction.

En résumé, l'école du cavalier n'a pas inauguré de nouveaux principes d'équitation, mais elle a simplifié et transformé les procédés d'éducation. Les seules innovations apportées dans les pratiques de l'équitation plutôt que dans les principes, consistent dans l'adoption du trot enlevé et de la conduite à deux mains ; ce n'est d'ailleurs que la consécration d'habitudes générales entièrement justifiées par l'expérience.

Le trot enlevé soulage le cheval et l'homme, produit naturellement et sans efforts nouveaux, un surcroît d'allure et donne des moyens de conduite plus sûrs, en ce qui concerne la fixité de la main.

La conduite du cheval à deux mains assure avec plus de précision l'obéissance du cheval, rétablit la symétrie dans la position du cavalier et donne à ses aides un jeu plus facile, plus complet et mieux gradué.

Nous devons ajouter que l'adoption de la tenue des rênes à l'allemande avait pour principale intention de ménager la bouche des chevaux en les mettant sur le filet et en leur donnant ainsi un point d'appui.

Enfin, il convient de signaler la règle nouvelle qui prescrit de ne prendre une allure vive que par allongement progressif ou de ne s'arrêter qu'en éteignant peu à peu la vitesse primitive; cette règle présente de tels avantages, au point de vue de la conservation des chevaux, que la commission n'a pas cru devoir prendre en considération les raisons contraires tendant à leur opposer la lenteur apparente de l'exécution, attendu que, dans la pratique, cette lenteur n'est pas d'une influence sérieuse, qu'elle est largement compensée par l'abréviation ou la suppression des commandements, et que ce procédé est d'accord avec les meilleurs principes de l'équitation, dans le sens militaire, qui seul convient à l'armée et surtout au travail en troupe.

ÉCOLE DU CAVALIER A CHEVAL

TRAVAIL PRÉPARATOIRE. — *Amener son cheval sur le terrain.* — *Sauter à cheval et à terre.* — *Prendre les rênes dans une main et les séparer.* — *Position du cavalier à cheval.* — *Assouplissements de pied ferme.* — Mouvements des bras. — Flexion du rein en avant (ou en arrière). — Élévation des cuisses. — Rotation de la cuisse. — Flexion des jambes. — Rotation des pieds. — Déplacements de l'assiette. — *Assouplissements en marchant.* —

Voltige. — Travail de pied ferme. — *Travail sans élan.* — Étant à cheval, passer la jambe pour faire face à gauche (ou en arrière). — Sauter à cheval de côté. — Étant assis de côté, se mettre à cheval ou franchir le cheval. — Franchir le cheval. — Sauter à cheval avec une seule main. — Les ciseaux. — *Travail avec élan.* — Sauter à cheval par le côté. — Franchir le cheval par le côté. — Sauter à cheval par la croupe. — Sauter en croupe et arriver à terre à l'épaule du cheval. — Sauter en croupe faisant face en arrière. — Sauter à genoux (ou debout) sur la croupe. — *Travail au galop.* — *Travail avec le surfaix.* — Sauter à cheval et à terre. — Étant à cheval sauter à terre en passant la jambe droite par-dessus l'encolure et sauter à cheval sans temps d'arrêt. — Franchir le cheval. — *Travail avec la selle.* — *Remplacement.*

Travail en bridon. — Des rênes et des jambes. — Marcher et arrêter. — Tourner à droite ou à gauche. — Marcher à main droite ou à main gauche. — Passer du pas au trot et du trot au pas. — Doubler, dans la largeur et dans la longueur. — Changer de main diagonalement, dans la largeur et dans la longueur. — Volte. — Demi-volte. — Reculer et cesser de reculer. — Allonger et ralentir le pas et le trot. — Étant de pied ferme, marcher au trot, et marchant au trot, arrêter. — De l'éperon. — Sortir du rang. — Laisser le cheval s'échapper au galop, en allongeant le trot. — Appuyer ; demi-tour sur les épaules ; demi-tour sur les hanches ; appuyer la croupe en dedans ; appuyer la croupe en dehors. — Principes du galop. — Passer du pas au galop et du galop au trot. — Passer du trot au galop et du galop au pas. — Travail en sens inverse. — De l'étrier. — Monter à cheval et mettre pied à terre. — Travail à distances fixes. — Marche circulaire. — Sauts d'obstacles.

Travail en bride. — De la tenue des rênes. — De l'usage et de l'effet de la bride et du filet. — Répétition, avec la bride, du travail en bridon. — Passer du pas au galop et du galop au trot. — Passer de l'arrêt au galop et du galop à l'arrêt, du trot au galop et du galop au pas. — Travail sur de grandes lignes. — Travail à l'extérieur : trot enlevé; réglage des allures. — Sauts d'obstacles, d'abord en abandonnant les rênes.

Travail en armes. — Maniement et emploi du sabre. — Maniement de la carabine et du pistolet-revolver. — Exercices de tir. — Exercices de combat. — Poursuite. — Combat individuel. — Un contre un. — Un contre deux. — Deux contre deux.

La commission à laquelle on doit le Règlement de 1876 était composée ainsi qu'il suit :

Général *du Barail*, président ; généraux *Thornton*, *Cornat*, *de Vouges de Chanteclair*, *L'Hotte ;* colonels *Savin de Larclause*, *Grandin*, lieutenants-colonels *de Jessé*, *Robert d'Orléans*, *duc de Chartres*, capitaines *Ghis* et *Meynier*.

En 1876, on fit une modification importante à la selle modèle 1874, ce fut le remplacement de la vache des panneaux par du treillis, et du feutre par du crin.

A l'actif de la maréchalerie, nous devons citer en 1876 les *Grappes fixes*, inventées par *M. Lourdel*, vétérinaire militaire, et le dictionnaire de d'Arboval, refondu par *M. Zundel*. Ce livre trouva à juste titre sa place dans les bibliothèques régimentaires ; il présentait particulièrement un très bon résumé, accompagné de figures, pour l'article ferrure.

1876

ÉTAT-MAJOR DE L'ÉCOLE

L'Hotte	Général de brigade.	De Lur-Saluces	Lieut. (s.-écuyers)
Jacquemin	Lt-col. comm. en 2e.	Picot de Vaulogé	Lieut (s.-écuyers)
Chauveau de Bourdon	Ch. d'esc. (instr. en ch.)	Siéyès	Lieut. (s.-écuyers)
De Lacoste de l'Isle	Ch. d'esc. (instr. en ch.)	De Cahouet	Lieut (s.-écuyers)
Dutilh	Ch. d'esc. écuy. en ch.	Froger-Deschesnes	S.-l. (s.-écuyers)
Tordeux	Ch. d'esc. dir. des ét.	Leddet	S.-l. (s.-écuyers)
Mesples	Major.	Humbel	Cap. prof. d'art milit.
Bonnefond	Capitaine trésorier.	Ronel	Capit. prof. d'allem.
Lefranc	Porte-ét. lieut. d'hab.	Verschneider	Lieut. pr. de gramm.
Robert	S.-lieut. adj. au trés.	De la Panouse	Cap. prof. d'hist. et de géographie.
Jourdeuil	Capit. instructeurs.	Duchassaing de Ratevoult	Cap. prof. d'arith. et de géometrie.
D'Harambure de Quincerot	Capit. instructeurs.	Courbot	Lt d'artill. prof. de phys. et de chimie.
De Cléric	Capit. instructeurs.	Chadon	Capit. d'artill. prof. d'artill. et de fortifi.
Cabrol	Capit. instructeurs.	Person	Ch. d'esc. dir. de l'arç.
Delafont	Capit. instructeurs.	Aubin	Capit. s.-dir. de l'arç.
De la Rivière	Capit. instructeurs.	Raoult-Deslongchamps	Méd. princ. de 1re cl.
Delherm de Novital	Capit. instructeurs.	Hurst	Méd. major de 1re cl.
De Clauzade de Mazieux	Capit. instructeurs.	Rivet	Méd. aide-major de 1re classe.
Richard	Capit. instructeurs.	Duplessis	Vétérinaire principal
Moreau de Bellaing	Capit. instructeurs.	Barthes	Vét. en 1er, pr. de mrie
De Tantaloup	Capit. instructeurs.	Neumann	Vétérinaire en 2e.
D'Aviau de Piolant	Capitaines écuyers.		
De Sesmaisons	Capitaines écuyers.		
De Witte	Capitaines écuyers.		
De Lammerville	Capitaines écuyers.		
Mallet	Lieut. sous-écuyer.		

OFFICIERS ÉTRANGERS

SUIVANT LES COURS DE L'ÉCOLE

Swartling . . . . Lieutenant suédois.

OFFICIERS DE GENDARMERIE

De Chaptal-Lamure Lt.	Bourlois. . . . Lieut.	Dumas. . . . S.-lieut.	Petit. . . . . Lieut.
Germer-Durand Capit.	Le Lorier . . . Lieut.	Sabot . . . . Capit.	Rotili. . . . S.-lieut.
Courtemanche. Lieut.	Le Tertre . . . Capit.	Gérard. . . . Capit.	

LIEUTENANTS D'INSTRUCTION DE CAVALERIE

De Villers.	Dubern.	De Soubeyran.	Bouvier.
De Biré.	De Dainville.	De Montalembert.	Gauthier.
Wallon.	Ginet.	De Dampierre.	Nussard.
De Hédouville.	De Mallevoüe.	De la Monneraye.	De Tartigny.
De Brandt.	Lancelot.	Des Vosseaux.	De Cosnac.
De Vaux.	De Coubertin.	De Merval.	De Gontaut-Biron.
Mariani.	D'Adhémar.	De Sillègue.	Labat.
Paulze d'Ivoy.	Gamel.	De Vansay.	Foulc.
De Lastours.	De Ligneris.		

LIEUTENANTS D'INSTRUCTION D'ARTILLERIE

Delpit.	Arinal.	De Loture.	Vivenot . . Tr. équip.
Thailley.	Balet . . . Tr. équip.	Coutant . . Tr. équip.	Pernet. . . Tr. artill.
Foch.	Liegeard.	Lemaitre.	Arnoult . . Tr. artill.
Roussel.	Michaux.	Le Marchant.	Didier . . Artill. mar.
Péragallo.	Valette.	Faucheux. . Tr. artill.	Neuiller-Noguéira.
Janin . . . . Pontonn.	Brunet . . . Tr. artill.	De Montessus.	Blot. . . . Tr. artill.
Sadoux.	Thérouanne.	Lunel.	Brémer.
Couillaud.	Pagès.	Legendre.	Audoin. . . Tr. équip.
Pastoureau.	Pétourand . Tr. équip.	Bohy. . . . Tr. artill.	Delmé.
D'Aubigny.			

SOUS-LIEUTENANTS OFFICIERS ÉLÈVES

Coindet.
De Tréville.
De Sailly.
Le Moine des Mares.
Muteau.
De Broglie-Revel.
Sabry de Monpoly.
Gillet.
Gombaud de Séréville.
Durand.
Jourdier.
Voisin.
Petiet.
Rossignol.
Grellet.
De Klopstein.
De Carbonnières.
Javet.
Gollety.
Pinteville de Cernon.
De Barrès.
Des Réaulx.
De Courthial de Lassuchette.
Bourgeois.
De la Selle de Ligné.
Boilard de Vaucelles.
Forjonnel.
Vidal de Lauzun.
Michel.
De Carbonnel.
De Lagonde.
Bertran.
De Touchet.
Vigogne.
De la Ruelle.
De Bouillé.
De Dampierre.
Nevrand.
Gudin.
De Rouvroy de Saint-Simon.
Coquebert.
Renaudeau d'Arc.
Stoffels.
Dezaunay.
Claret.
De Lapoix de Fréminville.
De Frémond.
De Caumels.
De Peyronny.
De Burosse.
De Montalembert de Cers.
De Gouyon de Beaufort.
Tampé.
Trouilhet.
Ouizille.
Merlin de Maingoval.
De la Bigne-Villeneuve.
De Gressot.
Boucher de Montuel.
Grasset.
Cazalis.
De Fleurans.

SOUS-OFFICIERS ÉLÈVES OFFICIERS

Première Division.

Aronneau.
Fasquier.
Crozet.
Guignard.
De Bazignand.
Dietrich.
Bouteille.
Billioque.
Delleule.
Diard.
Hugel.
Hamant.
Vasseur.
Heidet.
Bernay.
De Chénerilles.
Ledoyen.
Poty.
De Tanlay.
Piogey.
Desjuzeurs.
De Valon.
Bourit.
Grosjean.
Martin du Nord.
Calvinhac.
Demongeot.
De Lipowski.
De Kergos.
Le Cardonnel.
Fabry.
D'Hoselans.
De Polignac.
Schutz.
De Beckmann.
Barbin.
Calba.
Chaine.
Schmitt.
De Compiègne.
Lemoyne (Louis).
Clauzel.
De Jourdan.
Davet.
De Montlaur.
Lemoine (Eugène).
De Belle Isle.
Forat.
Le Moyne (Ferdinand).

Deuxième Division.

Breuillac.
Bourgeois.
Roman.
Salmon.
De Montureux.
Prost.
Amic.
Brun.
De Fontaines.
Tessier.
Corée.
Sautel.
Naudy.
Rogie.
De Gabory.
Rincent.
Delhomme.
Vilhiès.
Bidermann.
Passet.
Leclerc.
Strocheker.
Escoffres.
Bugnon.
Marchant.
Gez.
Brognard.
Astruc.
Chaix.
Déchalotte.
Lusardy.
Desjardins.
Moulinas.
Vidal.
Dalzac.
De Las Cases.
Tochon.
Duclos.
De Kergorlay.
Brousse.
Renard.
Paulin.
Cordier.
De Jankowitz.
Vernhes.
Houard.
Oudin.
Nusbaumer.
De Gontaud.
Brossins.
Gaches.
Brée.
Amyot.
Bressel.
De Bousquet.
Coutanceau.
Dourches.
De Montcabrié.
Soulié.
Diéras.
D'Huningue.
Durupt.
Carayen.
Cuvillier.
De Goureuff.
De Fitz-James.

AIDES-VÉTÉRINAIRES STAGIAIRES

Sambelle.
Peupion.
Fabre.
Harbeumont.
Boellmann.
Guillemard.
François.
Plouchard.
Petit.
Bizard.
Le Blevennec.
Krait.
Vevain.
Couteau.
Lenoir.
Froissard.
Carrère.
Metraud.
Toutey.
Touvé.
Galland.
Berque.
Lateaux.
Guillobey.
Brandis.
Meriguet.
Portier.
Lavedan.
Barascud.
Prieur.
Borgnon.
Pons.
Cros.

École de Cavalerie

Enseignement Militaire

XXVI

Modifications à l'uniforme de l'École. — Le commandant Piétu, écuyer en chef; méthode d'Aure; interdiction de toute préparation à pied; dressage lent et méthodique; équitation d'extérieur; steeple; maniement des rênes à l'obstacle; allures allongées au manège; passage des coins; Smyrne, Prima Dona, Coriolan, Lucie II. — Inauguration de l'hippodrome de Verrie. — Nouveau programme d'enseignement pour les aides-vétérinaires stagiaires. — Visite d'un officier autrichien. — Augmentation de l'effectif des cavaliers de remonte. — Courses et carrousel. — Inspection du général de Vouges. — Jury des examens de sortie. — Innovations à l'École. — Gerhardt, traité des résistances du cheval; équilibre naturel, gymnastique hippique. — État-major, officiers, sous-officiers et aides-vétérinaires élèves de l'École en 1877. — Fixation de la durée des cours de l'École. — Courses de Verrie. — Courses et carrousel. — Inspection du général Bonnemains. — Jury des examens de sortie. — Institution d'un cours de cavaliers télégraphistes; recrutement et matières d'enseignement. — Innovations à l'École. — Etat-major, officiers, sous-officiers et aides-vétérinaires élèves de l'École en 1878. — Courses de Verrie. — Courses et carrousel. — Inspection du général Reille. — Jury des examens de sortie. — La banquise. — Innovations à l'École en 1879. — École de télégraphie : Installation. Ouverture des cours. Création d'une ligne d'étude. Télégraphistes aux manœuvres. — École de maréchalerie : Botte en cuir ferrée. — État-major, officiers, sous-officiers et aides-vétérinaires élèves de l'École en 1879. — La banquise. — Le colonel des Roys, commandant l'École. — Visite du Comité de cavalerie. — Suppression des cavaliers élèves. — Courses de Verrie. — Distribution des étendards. — Modifications au règlement de l'École. — Les lieutenants d'instruction aux écoles à feu de l'artillerie. — Modifications au système de remonte de l'École. — Règlement sur les courses militaires. — Courses et carrousel. — Inspection du général de Galliffet. — Jury des examens de sortie. — Essai du ressort dresseur de M. de Lange. — Lepinte : clou-rivé. — Coutela : clou-rivé. — Decroix : études sur la ferrure à glace; crampon à vis cylindro-conique. — École de télégraphie : Essai des appareils Oudin. — Gaume : Recherches sur l'équitation militaire. L'état de l'équitation en France. — État-major, officiers, sous-officiers et aides-vétérinaires élèves de l'École en 1880. — Les vétérinaires stagiaires détachés dans les commissions de réquisition de chevaux. — Nouveau règlement de l'École : divisions d'élèves; cadre; effectif des chevaux; uniforme; programmes des cours, examens de sortie; cavaliers télégraphistes; école de maréchalerie; école de dressage; remonte de l'École; arçonnerie. — Insignes distinctifs des élèves officiers. — Les lieutenants d'instruction aux écoles à feu de Poitiers. — Courses de Verrie. — L'École donne un carrousel à Tours. — Courses de Saumur. — Inspection du général de Galliffet. — Jury des examens de sortie. — Visite de deux officiers autrichiens et d'un officier russe. — Suppression de l'épée dans la tenue du cadre de l'École. — Le commandant de Bellegarde, écuyer en chef : Fixité de la main, rapport constant et égal. Saut de la barre comme assouplissement. Descente de main dans l'appuyer. Force musculaire et poids. Étriers longs, très chaussés et pointe du pied baissée, mollet adhérent au corps du cheval. Avantages et inconvénients des différentes tenues de rênes. Placer. Théorie du changement de pied. Trot enlevé pour faciliter le galop. Moyens de changer de diagonal. Dressage : Le petit trop est le meilleur assouplissement, épaule en dedans pour l'avant-main, serpentine pour l'arrière-main, balancer les hanches d'une jambe dans l'autre. Assouplissement à pied. Marcassin, All Right, Charmant, Rameau, Aquilon, Phébus, Viveur. — École de télégraphie : Détachement en Tunisie. Stage de trois chefs de poste. Inspection d'un fonctionnaire des postes et télégraphes. — Conditions de l'outillage télégraphique nécessaire aux régiments de cavalerie. — Ecole de maréchalerie : Essai des fers Duplessis. — Delperier : Monographie sur les ferrures à glace. — État-major, officiers, sous-officiers et aides-vétérinaires stagiaires, élèves de l'École en 1881.

A la fin de 1876, l'uniforme de l'École de cavalerie a subi des modifications : le col de la tunique, la bande du pantalon et le turban du képi ont pris la couleur bleu de ciel de St-Cyr.

Le 12 avril 1877, le *commandant Piétu* fut nommé *écuyer en chef*.

Le commandant Piétu avait débuté dans la carrière militaire, le 19 mars 1849, comme engagé volontaire au 1er hussards ; le 6 novembre 1850, il vint à l'École comme cavalier de 2e classe ; successivement brigadier et maréchal-des-logis élève instructeur, il entra au manège comme sous-maître, le 8 février 1853. Nommé sous-lieutenant le 19 décembre 1854, il fut maintenu à l'École comme sous-écuyer ; il passa lieutenant le 29 décembre 1860, et fut promu capitaine instructeur au 12e dragons, le 8 avril 1865. Il revint à l'École de cavalerie comme capitaine-écuyer, le 5 avril 1866. Il fit la guerre de 1870, du 29 septembre au 7 mars 1871, et fut fait chevalier de la Légion d'honneur le 17 novembre 1870. Capitaine instructeur au 7e hussards le 1er juin 1871, il passait chef d'escadrons au 17e chasseurs le 5 avril 1875, et le 24 du même mois au 15e dragons. Ce fut le 12 avril 1877 qu'il vint prendre la direction du manège de l'École de cavalerie.

Le commandant Piétu était un cavalier exceptionnellement vigoureux, — il montait encore en courses comme chef d'escadrons. — Particulièrement remarquable dans l'équitation d'extérieur et surtout à l'obstacle, il apporta dans son enseignement le goût de cette hardiesse qui est la première qualité de l'équitation militaire.

Sous-maître à l'École de cavalerie sous les ordres du comte d'Aure, et successivement sous-écuyer et écuyer sous les successeurs du comte d'Aure, le nouvel écuyer en chef avait été témoin du flottement des esprits entre les tendances si diverses qui s'étaient partagé les opinions ; ayant à son tour la direction, il voulut réagir contre cette hésitation dont les germes de discorde étaient encore dans l'air et, fidèle à sa première religion, il professa l'équitation du comte d'Aure à l'exclusion de toute autre. Il interdit toute espèce de préparation à pied, dans le but d'en prévenir les abus. Son interdiction porta principalement sur les flexions Baucher, auxquelles il reprochait avec raison de priver absolument l'équitation de sa plus puissante ressource, « l'opposition des épaules aux hanches ».

Le commandant Piétu insista beaucoup sur le dressage, surtout comme leçon d'instruction pour les élèves. Il s'efforça de réagir contre une idée que le règlement de cavalerie avait déjà combattue, à savoir : Que le dressage militaire devait être mené le plus vite possible. Il fit comprendre l'utopie de ce raisonnement spécieux qui sacrifiait la proie pour l'ombre, en compromettant la durée de l'animal, et il exigea au contraire un dressage lent et méthodique, le cheval n'étant commencé qu'après avoir été soigneusement débourré avec le bridon. Le commandant Piétu connaissait fort bien le cheval, et il le prouva par les achats qu'il fit pour la remonte du manège.

Partisan comme il l'était de l'équitation d'extérieur, il ne devait pas confiner l'enseignement dans le manège. Les débuts de l'instruction et le mauvais temps des premiers mois forçaient cependant d'y rester jusqu'au printemps ; mais dès les premiers beaux jours, toutes les reprises allaient au dehors, les chevaux de manège, entiers pour la plupart et dangereux à mener dans la campagne, travaillaient sur le Chardonnet ou sur le Breil. Ce fut lui qui fit placer sur ce dernier champ de manœuvres la série d'obstacles qui se partagent tout son pourtour, espacés à des distances calculées pour aider au réglage des allures. Toutes les reprises de carrière allaient chaque jour passer ce steeple gradué.

Le goût particulier de l'écuyer en chef pour le saut d'obstacles, et son habileté à l'exécuter avec la plus parfaite aisance, l'avaient naturellement porté à en poser rigoureusement les principes. C'est ainsi qu'il exigeait un maniement de rênes particulier, ayant pour but de permettre au cheval son jeu naturel d'encolure dans le saut, sans qu'il fut pour cela abandonné ni repris par à-coup. Ce maniement de rênes consistait à mettre les quatre rênes dans la main gauche et à placer la main droite en avant sur les rênes ; quand le cheval détendait l'encolure, la main gauche laissait couler moelleusement les rênes dans les doigts de la main droite et après le saut elle reprenait sa position. Le commandant Piétu l'exécutait d'une façon remarquable.

Mais s'il préconisa l'équitation d'extérieur comme étant l'équitation qui convenait le mieux au cavalier militaire, il ne négligea pas pour cela l'équitation du manège. Il sut faire la part de chacune dans l'enseignement qu'il dirigeait. Le manège fut l'éducation, l'extérieur l'application.

Au manège, l'écuyer en chef se montrait tout aussi brillant qu'au dehors ; sa position de jambes était vraiment un modèle, et quand il montait Smyrne, dont tous les élèves connaissaient les allures senties, elle ne déviait pas d'une ligne.

Ne perdant pas de vue son but militaire même dans l'enseignement de l'équitation entre quatre murs, il voulait que les allures fussent plus allongées et, dans ce même ordre d'idées, il introduisit dans sa reprise d'écuyers le galop très allongé succédant aux allures trides avec un changement de main diagonal à toute allure.

Comme méthode, il suivait absolument les principes du comte d'Aure, et s'il insistait sur un point, c'était sur le *passage des coins*, que les anciens écuyers, en effet, considéraient comme le criterium de la bonne exécution.

Comme chevaux du commandant Piétu, citons *Smyrne*, cheval de pur sang, bai brun, avec lequel il conduisait la reprise des écuyers, et qui était superbe sous lui : il nageait dans ses allures et se mouvait comme en liberté. *Prima dona*, jument de pur sang, alezane, avec laquelle il conduisait le saut d'obstacles et qui était toujours très remarquée pour sa franchise et son aisance à sauter les haies comme si elle y eut trouvé plaisir. Il faut citer aussi *Coriolan* et *Lucie II*.

L'équitation hardie, de plus en plus en honneur à Saumur, cherchait toutes les occasions de se déployer, et le goût du sport, très brillamment entretenu par les succès des sous-écuyers sur les champs de courses, devait faire rechercher de plus grandes difficultés. Il ne suffisait plus à ces audacieux jouteurs de maintenir la réputation de l'École au dehors en courant les steeples les plus rudes, il leur fallait un hippodrome digne d'eux et digne de Saumur, un vrai criterium de hardiesse qui rebutât les plus entreprenants rivaux. Le steeple du chemin vert que les prédécesseurs avaient illustré n'était plus qu'un jouet enfantin ; c'était l'ancienne croix de Berny qu'il fallait faire renaître à Saumur. Et tous les cavaliers de cette brillante école pourraient y déployer à loisir leur fougue et leur vigueur.

C'est ainsi que naquit l'hippodrome de Verrie, nouvelle annexe de l'École de cavalerie : les obstacles les plus durs semés dans le pays le plus difficile, des landes mouvementées et crevassées, des roches alternant avec des marécages, le vrai terrain du cross-country.

On l'inaugura le 17 juin.

Première course. — Prix des Veneurs. — 500 francs. — Pour chevaux de chasse et de promenade. — Première, *Miss Clara*, montée par *M. Lhuillier*. — Deuxième, *Gaulois*, monté par *M. de Saint-André*. — Troisième, *Miss Mary*, au capitaine *Peters*.

Prix du Parc. — Course de haies, handicap. — Premier, *Clin-Foc*. — Deuxième, *Goodness*, montée par *M. de Vaulogé*.

Prix du château de Marson. — Pour chevaux de chasse et de promenade domiciliés dans l'arrondissement. — Cinq chevaux partant. — Premier, *Orthodoxe*, à *M. Maurice Guérin*. — Deuxième, *Diana*, montée par *M. de Montlivault*. — Troisième, *N.....*, à *M. d'Oilliamson*. — Quatrième, *Houdan*, à *M. du Manoir*. — Cinquième, *Nestor*, monté par *M. Hache*.

Prix de Verrie. — Steeple-chase-walter, handicap. — Premier, *Formarks*, à *M. de la Motte*. — Deuxième, *Bayard*, monté par *M. de Lur-Saluces*.

Prix de consolation. — Un objet d'art. — Pour tous chevaux ayant couru dans les prix des Veneurs et du château de Marson. — *Houdan*, *Miss Clara*, *Miss Mary* et *N.....* se sont présentés au départ. — Première, *Miss Clara*, montée par *M. Lhuillier*. — Deuxième, *N.....*, monté par *M. du Manoir*.

Le 21 parut un nouveau programme d'enseignement pour les aides-vétérinaires stagiaires à l'École d'application de cavalerie.

L'enseignement des aides-vétérinaires stagiaires à l'École d'application de cavalerie a pour but de les initier à la pratique de la médecine vétérinaire dans l'armée et au service régimentaire. Cet enseignement est donc fait au point de vue exlusivement militaire et pratique; les leçons n'ont lieu dans les salles qu'autant que les matières professées ou les ressources de l'établissement ne permettent pas une démonstration sur les lieux ou devant les animaux.

On doit s'abstenir rigoureusement de répéter les cours théoriques suivis dans les Écoles vétérinaires, d'enseigner des parties de la science du cheval étrangères au service vétérinaire des corps, et de tout ce qui ne serait pas susceptible d'application dans l'armée.

L'enseignement consiste dans les cours suivants : 1° Cours de législation et administration vétérinaires militaires; — 2° Cours d'extérieur du cheval; — 3° Cours d'hygiène vétérinaire; — 4° Cours de pathologie vétérinaire militaire et d'épizooties dans l'armée; — 5° Cours de maréchalerie militaire; — 6° Cours de clinique; — 7° Enseignement relatif à l'inspection des viandes de boucherie.

Le 16 août, l'École eut la visite du *colonel Crusiz*, attaché militaire de l'ambassade d'Autriche à Paris.

Par décision ministérielle du 24, l'effectif des cavaliers de remonte attachés à l'École fut augmenté de cinquante cavaliers, ce qui porta le total à quatre cent cinquante.

Les courses annuelles eurent lieu les 26 et 28 août, le carrousel le 27.

PREMIÈRE JOURNÉE DE COURSES

Course plate militaire. — Prix, un objet d'art. — Pour MM. les officiers de l'École de cavalerie, montant des chevaux du manège. — Premier, *Coq de Bruyère*, monté par *M. des Monstiers.* — Deuxième, *Montluc*, monté par *M. de Seroux.* — Troisième, *Lolo*, monté par *M. Bouché.* — Quatrième, *Dolor*, monté par *M. d'Oilliamson.*

Prix des Haras. — 2,000 francs. — Course de gentlemen. — Cinq chevaux partant. — Première, *Fraxinelle II*, montée par *M. de Vaulogé.* — Deuxième, *Duc d'Aquitaine*, monté par *M. de Nexon.* — Troisième, *Le Balafré*, monté par *M. de Cahouët.*

Course d'obstacles. — Pour MM. les officiers de l'École de cavalerie montant des chevaux du manège. — Premier, *Loubère*, monté par *M. du Manoir.* — Deuxième *Me Voilà*, monté par *M. Nouton.* — Troisième, *La Puce*, montée par *M. Gagnebin.*

Prix du chemin de fer. — 800 francs. — Trois chevaux partant. — Premier, *Han*, monté par *M. de Vaulogé.*

Premier steeple. — Course pour tous les sous-écuyers. — Premier, *Potin*, monté par *M. de Lur-Saluces.* — Deuxième, *Andromaque*, montée par *M. de Cahouët.*

Steeple. — Hunt and military. — Première, *Miss Mary*, à M. Moisant. — Deuxième, *Missionnaire*, monté par *M. de Pierre.* — Troisième, *Toscania*, montée par *M. du Manoir.*

Le carrousel eut lieu le lundi 27 août. Parmi le nombreux état-major qui assistait à cette fête, on remarquait deux officiers autrichiens, *M. le baron Mecsery*, lieutenant-colonel de hussards, et *M. le comte d'Illers*, capitaine de dragons.

Le prix des bagues fut remporté par *M. Féraud*, sous-lieutenant; les prix de la course des têtes, par MM. *Froelinger*, lieutenant au 5e cuirassiers, et *Mariani*, sous-lieutenant au 13e escadron du train.

Prix, un objet d'art. — Pour MM. les officiers de l'École de cavalerie, montant des juments de pur sang. — Première, *Me Voilà*, montée par *M. Lhuillier*. — Deuxième, *Prime-Rose*, montée par *M. de Beaumont*. — Troisième, *Javotte*, montée par *M. de Sonis*.

Course de haies. — Première, *Marthe*, montée par *M. Hache*. — Deuxième, *Spondée*, montée par *M. de Lagarenne*. — Troisième, *Guitare*, montée par *M. des Buffards*.

Steeple-chase militaire. — Première, *Andromaque*, montée par *M. de Cahouet*. — Deuxième, *Potin*, monté par *M. de Lur-Saluces*.

En 1877, l'inspection générale de l'École fut passée par le général *de Vouges*, qui fit les mêmes observations que le général du Barail au sujet des chevaux de carrière. Pour les chevaux de cette dernière catégorie, il conseilla le pur sang de haute taille, sain des membres, comme devant rendre les meilleurs services.

Le jury des examens de sortie fut constitué ainsi qu'il suit : général *de Vouges de Chanteclair*, président ; *Delormes*, *Bouthier*, lieutenants-colonels ; chefs d'escadrons *Moreau-Revel*, *Duvivier*, *de Lafontaine-Solare*, *Raimond* ; capitaines *Répécaud*, *de Chabot*, *d'Andurain*.

Plusieurs innovations furent faites à l'École de cavalerie dans l'année 1877. Les noms des écuyers français célèbres et des écuyers en chef du manège de Saumur furent inscrits sur des tables de marbre placées dans les tribunes du centre du manège des écuyers. Les bâtiments, les portes des cours, les corridors, les amphithéâtres, les salles, etc., ainsi que les diverses dépendances de l'École, reçurent des désignations tirées de notre histoire et rappelant les noms des grandes batailles ou de faits de guerre mémorables, les noms d'hommes de guerre illustres, de généraux de cavalerie célèbres. La maréchalerie et ses dépendances furent désignées par des noms d'hippiatres célèbres. Un musée de harnachement, comprenant des harnachements français et étrangers, fut établi. Un nouveau manège, le manège Lasalle, à fronton sculpté, fut construit, et l'École se trouva ainsi pourvue de quatre manèges.

En 1877, nous avons à signaler le TRAITÉ DES RÉSISTANCES DU CHEVAL, *ou méthode raisonnée du dressage des chevaux difficiles, donnant la solution de tous les problèmes embarrassants qui peuvent se présenter dans le dressage du cheval de selle, et en général dans la pratique de l'équitation, et philosophie hippique déduite de la physiologie et de la mécanique animale*, par le LIEUTENANT-COLONEL A. GERHARDT.

Nous avons eu déjà l'occasion de parler avantageusement du lieutenant-colonel Gerhardt, à propos du dressage à la cravache, dont il fut un des promoteurs en France, et nous lui avons payé un juste tribut d'éloges au sujet de son manuel d'équitation. Mais ce n'est pas assez. Le *Traité des résistances du cheval* est son chef-d'œuvre.

L'auteur, qui, avec raison, attribue la plupart de ces résistances à un désordre mécanique sous l'influence des instincts, a dû faire une étude approfondie des causes déterminantes qu'il avait à combattre, et tous ses lecteurs lui sauront gré d'avoir résumé d'une manière simple, claire et succincte, ce que la physiologie et la mécanique animale nous démontrent.

M. le colonel Gerhardt passe en revue les lois physiques applicables à la machine et termine son travail en nous disant qu'il ne faut pas confondre l'équilibre purement physique avec l'équilibre hippique ; mais, de ce que le cheval se meut avec une certaine régularité sans tomber, s'en suit-il qu'il soit en équilibre, dans l'acception donnée à ce mot en hippologie ? Évidemment non. L'équilibre naturel de l'animal est instinctif toutes les fois qu'une cause étrangère au fonctionnement de son organe n'y met pas d'obstacle.

Nous ne pouvons pas entrer dans la voie des citations avec un pareil livre, il faudrait tout transcrire, car c'est un recueil de solutions des problèmes équestres les plus fréquents. Du reste, ce serait nous écarter un peu de notre sujet, et s'il y a une partie qui s'en rapproche plus particulièrement, le dressage, nous n'avons pas à revenir sur la méthode de l'auteur, trop connue pour qu'il y ait lieu d'insister.

Les idées marquantes de ce nouveau travail, c'est la recherche de l'*équilibre naturel*, par des exercices préliminaires du dressage, que M. Gerhardt appelle sa *gymnastique hippique*.

Toute gymnastique bien comprise a pour effet de faciliter le jeu des articulations et de fortifier les muscles, partant de rendre le sujet plus adroit et plus fort....

Lorsque le jeune cheval monté pour la première fois est sorti de son équilibre, par les raisons que j'ai indiquées plus haut, il ne peut y rentrer qu'à l'aide de translations de forces provoquées par l'instinct même de l'animal, mais que l'état contracté de ce dernier rend fort difficiles et souvent impossibles....

La gymnastique, et tout particulièrement les exercices imposés au cheval non monté, à l'aide de la cravache ou d'une simple gaule, et même au besoin avec la chambrière (ainsi que l'enseignait naguère Baucher, après avoir commencé par rejeter ces procédés) nous en fournissent les moyens.

Cette gymnastique préliminaire a le double avantage d'assouplir l'animal sans le fatiguer, en même temps qu'elle le prépare à la plupart des mouvements qu'on exigera de lui plus tard ; car les combinaisons des aides seront absolument les mêmes lorsque le cavalier se trouvera en selle, sauf que les jambes de celui-ci remplaceront la cravache.

Ainsi, le cheval s'équilibre de lui-même et pour ainsi dire à son insu, dans toutes les positions et à toutes les allures, par la seule puissance de son instinct, pourvu qu'on lui en facilite le moyen par un assouplissement progressif et par un travail vraiment méthodique.

Le cheval, tel que la nature l'a fait, est porté par son instinct de conservation, le plus puissant de tous, à maintenir constamment une harmonie parfaite dans la répartition de toutes ses forces.

Cet équilibre naturel dont le principe n'est pas discutable, se trouve détruit à l'instant même où l'homme monte le cheval pour la première fois.

De là l'une des deux causes (il n'y en a pas d'autres), de l'incapacité où se trouve le cheval d'obéir à son cavalier.

L'autre cause d'impuissance réside dans l'ignorance de l'animal, qui ne comprend pas le langage des aides.

Un travail de gymnastique préparatoire favorise les propensions naturelles du cheval à retrouver sans cesse son équilibre perdu, et les différents exercices ébauchés, le cavalier étant à pied, apprennent à sa monture à obéir aux aides.

J'ai indiqué en passant un mode d'assouplissement qui a l'immense avantage de préparer l'animal à tous les exercices que le cavalier en selle lui fera exécuter plus tard, et j'ai cru devoir recommander cette manière de procéder, parce qu'une longue expérience m'a démontré qu'elle est essentiellement conservatrice du cheval et tout particulièrement applicable au dressage des chevaux de remonte.

Une fois que le cheval a retrouvé, sous le cavalier, son équilibre naturel, qui ne sera qu'un équilibre relatif, *— les efforts musculaires nécessaires pour supporter le poids d'un homme, quoique réduits à un minimum, s'opposant provisoirement à la véritable légèreté, — on recourt aux artifices ordinaires de dressage au manège, lesquels mènent, dans un temps plus ou moins long, suivant les moyens du sujet et le degré d'habileté du cavalier, à une légèreté parfaite.*

Il y a donc bien réellement trois degrès dans l'équilibre hippique.

Poursuivant son idée de l'équilibre, l'auteur adopte avec un très judicieux éclectisme la théorie des fluctuations de l'assiette qui avait pris pied parmi les principes équestres, sous le patronage de M. de Lancosme-Brèves.

Le poids est une force, qu'on ne l'oublie pas, un agent très actif de la locomotion, et le cavalier peut, à sa volonté, produire des fluctuations de poids susceptibles d'influer puissamment sur l'équilibre de l'ensemble.

L'assiette ne sera vraiment bien entendue que lorsque ces fluctuations entreront dans toutes les combinaisons, comme les auxiliaires indispensables des deux autres aides, aussi puissantes qu'elles sur l'organisme.

Mais il faut nous borner et nous contenter de transcrire la table des matières de ce très remarquable ouvrage.

Canevas de la méthode. — De la gymnastique hippique appliquée au dressage du cheval de selle.

Dressage des chevaux difficiles. — *Considérations sur les résistances du cheval. — Résistances physiques ou involontaires. — Résistances morales ou volontaires. — Classification des résistances suivant leur degré de gravité. — Hésitation. — Résistance. — Défenses. — De la répartition des forces au point de vue de la résistance aux aides. — Acculement. — Surcharge des épaules. — De l'acculement ou retrait des forces. — Cheval derrière la main. — Cheval derrière les jambes. — De la surchage des épaules. — De l'acculement altenant avec la surcharge des épaules.*

Dressage pratique. — Application des principes développés dans les chapitres précédents : *De la cravache et du caveçon, comme aides et comme agents de correction.*

Chevaux difficiles sans être vicieux. — *Chevaux à affaisser du devant. — Chevaux à relever du devant. — Encolures à assouplir latéralement. — Chevaux à mobiliser de l'arrière-main. — Croupes à baisser. — Cheval difficile au montoir. — Cheval qui rue à la botte. — Cheval qui bat à la main. — Cheval qui ne marche pas au pas. — Cheval qui refuse de trotter. — Cheval qui refuse de s'enlever au galop. — Cheval qui refuse de galoper, soit sur un pied, soit sur l'autre. — Cheval qui se désunit au galop. — Cheval qui se désunit sur le changemennt de main.*

Chevaux qui se défendent par suite d'acculement. — Chevaux rétifs. — *Cheval qui s'accule. — Cheval entier à une main. — Cheval qui se dérobe. — Cheval qui se cabre.*

Chevaux qui résistent par suite de surchage des épaules. — *Cheval qui s'emporte. — Cheval qui gagne a la main.*

Chevaux alternant les points d'appui de leurs résistances. — *Cheval qui s'immobilise. — Cheval qui rue. — Cheval qui bondit. — Saut de mouton. — Saut de carpe. — Saut de pie.*

Résistances diverses. — *Chevaux qui refusent de sauter. — Saut en largeur. — Saut en hauteur. — Chevaux peureux. — Cheval qui a peur de l'eau. — Cheval qui ne supporte pas le sabre. — Cheval qui a peur du bruit des armes à feu. — Cheval qui a peur du roulement du tambour.*

De quelques accidents qui peuvent résulter de la rupture de l'équilibre physique. — *Cheval qui butte d'un pied de devant. — Cheval qui butte des deux pieds de devant. — Cheval qui butte du derrière. — Cheval qui glisse du devant. — Cheval qui glisse d'un pied de derrière. — Cheval qui glisse des deux pieds de derrière. — Cheval qui glisse d'un bipède diagonal. — Cheval qui glisse d'un bipède latéral. — Cheval qui glisse des quatre pieds à la fois.*

GYMNASTIQUE HIPPIQUE. — Travail à pied. — *Cheval exercé à la main. — Faire marcher le cheval sur la cravache. — Rotation de la croupe autour des épaules. — Appuyer à droite et à gauche. — Faire reculer le cheval. — Mise en main en faisant marcher le cheval sur la cravache. — Rotation et mouvement d'appuyer en cadence. — Avancer et reculer sans temps d'arrêt intermédiaire. — Mouvement cadencé en place. — Rassembler.* — Travail en selle. — *Débourrage. — Dressage normal. — Travail en place, le cavalier étant en selle. — Travail en marchant au pas. — Travail en marchant au trot. — Travail en marchant au galop. — Travail complémentaire.*

PHILOSOPHIE HIPPIQUE. — *Justification des principes et des moyens de dressage exposés dans la première partie.* — APERÇU DE PSYCHOLOGIE COMPARÉE. — Du cheval sous le rapport de ses facultés intellectuelles. — *De l'instinct et de l'intelligence. — Observations complémentaires.* — CONSIDÉRATIONS TIRÉES DE LA MÉCANIQUE ANIMALE. — *Exposé sommaire des lois physiques applicables à la machine animale. — Équilibre physique.* — CONSIDÉRATIONS PHYSIOLOGIQUES. — De l'équilibre hippique. — Principes déduits de l'éliquilibre hippique. — *De la position. — De l'action. — De la légèreté. — Récapitulation.* — ANALYSE RAISONNÉE DES MOYENS PRATIQUES. — Des aides et de leurs effets sur l'organisme. — Mécanisme des aides. — *Des rênes. — Des jambes. — De l'aide du corps. — Combinaisons des aides. — Comme quoi il n'y a en réalité que deux combinaisons d'aides.*

DE QUELQUES SUJETS CONTROVERSÉS. — *Que faut-il penser de la mobilisation de la mâchoire du cheval? — Est-il rationnel d'assouplir l'encolure de tous les chevaux de selle? Comment faut-il comprendre le ramener? — Est-il possible d'assouplir l'organisme dans son ensemble, sans recourir aux exercices pratiqués avec la cravache? — Que faut-il penser du principe : Mains sans jambes, jambes sans mains? — De quelle jambe faut-il se servir pour faire tourner le cheval? — De quel côté le cavalier doit-il porter le poids de son corps dans le mouvement d'appuyer? — De quelle jambe faut-il se servir pour faire partir le cheval au galop? — A quel moment l'action déterminante doit-elle se produire dans le départ au galop? — A quel moment et comment faut-il faire agir les aides pour obtenir le changement de pied au galop? — De l'attitude de l'homme à cheval. — Du tact en équitation.*

1877

ÉTAT-MAJOR DE L'ÉCOLE

L'Hotte	Général de brigade.
Jacquemin	Lt-col. comm. en 2e.
Lacoste de l'Isle	Ch. d'esc. } instr. en ch.
Chauveau de Bourdon	Ch. d'esc. } instr. en ch.
Piétu	Ch. d'esc. écuy. en ch.
Tordeux	Ch. d'esc. dir. des ét.
Mesple	Major.
Bonnefont	Capitaine trésorier.
Lefranc	Lieut. porte-étend.
Robert	S.-l. adjoint au trés.
Jourdeuil	Capit. instructeurs.
D'Haranguier de Quincerot	Capit. instructeurs.
De Cléric	Capit. instructeurs.
Cabrol	Capit. instructeurs.
Delafont	Capit. instructeurs.
De la Rivière	Capit. instructeurs.
Delherm de Novital	Capit. instructeurs.
De Clauzade de Mazieux	Capit. instructeurs.
Richard	Capit. instructeurs.
Moreau de Bellaing	Capit. instructeurs.
Orfaure de Tantaloup	Capit. instructeurs.
De Seroux	Capit. instructeurs.
D'Aviau de Piolant	Capitaines écuyers.
De Sesmaisons	Capitaines écuyers.
De Witte	Capitaines écuyers.
Heurtault de Lammerville	Capitaines écuyers.
Renouard de Bussières	Capitaines écuyers.
Humbel	Cap. d'état-maj. sous-direct. des études.
Mallet	Lieut. } sous-écuyers
De Lur-Saluces	Lieut. } sous-écuyers
Picot de Vaulogé	Lieut } sous-écuyers
Siéyès	Lieut. } sous-écuyers
De Cahouet	Lieut. } sous-écuyers
Froger-Deschênes	Lieut. } sous-écuyers
Leddet	S.-L. } sous-écuyers
Ronel	Cap. professeur d'allemand.
Verschneider	Lieut. prof. de grammaire.
De la Panouse	Capit. prof. d'hist. et de géographie.
Duchassaing de Ratevoult	Cap. prof. d'arithm. et de géométrie.
Courbot	Lieut. d'artill. prof. de phys. et de chimie.
Cohadon	Capit. d'artill. prof. d'artill. et de fortifi.
Person	Ch. d'esc. dir. de l'arç.
Aubouin	Capit. s.-dir. de l'arç.
Raoult-Deslonchamps	Méd. princ. de 1re cl.
Hurst	Médec. maj. de 1re cl.
Rivet	Médecin aide-maj. de 1re classe.
Duplessis	Vétérinaire principal.
Barthes	Vét. en 1er, pr. de maréchalerie.
Neumann	Vétérinaire en 2e.

OFFICIERS DE GENDARMERIE

Gautereau	Capit.
Lelong	Capit.
Martin	Capit.
Labrevoit	Capit.
Bordelais	Lieut.
Costa	Lieut.

LIEUTENANTS D'INSTRUCTION DE CAVALERIE

De Lagarenne.
Stévenin.
Aubertin.
D'Aillières.
Frœlinger.
De l'Hermite.
Brochet.
De Heurtaumont.
Du Manoir.
Mordacq.
Du Halgouet.
De Kerhor.
De Jacquelin.
Droz.
De Lavalette.
Thérémin d'Hame.
De Seroux (Aymar).
Valicon.
De Saint-Juan.
Daumas.
De la Chaise.
De Beaufort.
Breton.
Lacroix.
Rativet.
De Seroux (Fernand).
Blanqué.
Gagnebin.
De Vandières.
De Grandry.

OFFICIERS D'INSTRUCTION D'ARTILLERIE

Nouton	Lieut.
Rouquerol.	
De Dampierre.	
Vincent.	
De Ferry.	
De Villeroche.	
Plantey.	
Lodin de Lépinay.	
Chatelain.	
Baudot.	
Grenoy.	
Givre	Capit.
Courtin	Lieut.
Cambuzat.	
Rémusat.	
Mathieu.	
Mariani	Tr. éq. milit.
Gangloff.	
D'Ambly.	
Bourdens.	
Sucillon.	
Noir.	
Warin.	
Renaud.	
Boucher.	
Eygun.	
Lathouwer.	
Figuière.	
Moral	Tr. artill.
Baudot	Equip. milit.
Vaché	Tr. artill.
Robin	Equip. milit.
Barre.	
Simonin.	

SOUS-LIEUTENANTS OFFICIERS ÉLÈVES

Marette de Lagarenne.
De Castelli.
Delmas.
Conneau.
Lhuilier.
Gillain.
Durand de Mareuil.
Gaillard-Bournazel.
Fournier-Bourdier.
Armand de Saint-Sauveur.
Tercinier.
Jochaud du Plessix.
Viviez de Chattelard.
Bertrou.
De Sonis.
Caruel.
De Lestapis.
Féraud-Giraud.
Lambrecht.
Tenaille d'Estais.
Henrys.
De Chastellux.
De Boyer de Fons Colombe.
Huguet.
Tierry d'Argenlieu.
De l'Espée.
Matuszynski.
Vincent Lefebvre de Champorin.
Patouillet de Deservillers.
De Fleurans.
Barny de Romanet.
Robin de Lacotardière.
Ollivier.
De Villiers de la Noue.
Blanché de Pauniat.
Guyon de Montlivault.
Saverot.
Willemin.
De Loynes d'Autroche.
Déan de Luigné.
Aubert.
Schultz.
Des Monstiers de Mérinville.
Maublon d'Arbaumont.
Frontin des Buffards.
Demaiche.
Le Porquier de Vaux.
Ponchon de Saint-André
Heriot de Vroil.
Putinier.
Hervé Dupenher.
De Saint-Belin Malain.
D'Imbert de Montruffet
Caillemer.
D'Oilliamson.
Delpech.
Lucas.
Hache.
De Partz de Pressy.
Duboys des Termes.
De Gaalon.
Huguin.
De Butler.
De Poret.
Collenet.
Baron, dit Brady.
Merlin.
Legrand.
Richard.
De Montarby.
Desmaret.
Alberge-Sermet.
De la Londe.
Fercocq du Leslay.
Bonnin de la Bonninière de Beaumont.
Gondallier de Tugny.
Du Bourblanc.
De Sauvan d'Aramon.
De Blonay.
Lehoucq.
Donzel.
Speitel de Lart de Bordeneuve.
Martin de Baudinière.

SOUS-OFFICIERS ÉLÈVES OFFICIERS

Première Division.

Breuillac.
Bourgeois.
Roman.
Prost.
De Fontaines.
Salmon.
Delhomme.
Amic.
Bidermann.
Teissier.
Rogie.
Rincent.
Brun.
De Montureux.
Naudy.
Leclerc.
Astruc.
Bugnon.
Sautel.
De Gabory.
Marchand.
Strohéker.
Desjardins.
Brogard.
Lusardy.
Vilhiès.
Renard.
Escoffres.
Gez.
Vidal.
Corée.
Dalzac.
Passet.
De Kergorlay.
Gaches.
Brée.
Tochon.
Brousse.
Nusbaumer.
Chaix.
Paulin.
Brosius.
Durupt.
Duclos.
De Jankowitz.
Dourches.
Moulinas.
Oudin.
Vernhes.
Déchalotte.
Bressel.
De Las-Cases.
Coutanceau.
Cordier.
De Montgabrié.
Soulié.
De Gontaud.
D'Huningue.
Houard.
Caraven.
Amyot.
Dieras.
Du Bousquet.
De Fitz-James.
De Gourcuff.
Cuvillier.

Deuxième Division.

De Malherbe.
Noirel.
Marx.
Barassé.
De Chivré.
Lemerdy.
Ehrmann.
Soreau.
Calvet.
De Coral.
Chaindé.
Bosselut.
D'Alsace.
Loze.
Maquet.
Renard.
Bagard.
De Frohen.
Henniaux.
Delacour.
Richard.
Guy.
Darris.
Godineau.
Chambaudet.
Reybaud.
Germot.
Borne.
Pierron.
Coudrin.
Mercy.
De Latourette.
Seguin.
De Percin.
Berthet.
Javet.
Habert.
Ferio.
Bédaton.
Rouch.
Lamy.
Meissonnier.
Lefèvre (Ernest).
Duval.
Mourey.
De Cabrières.
Heintz.
Humblot.
De Saint-Germain.
De Lachapelle.
D'Epiès.
De Vandière.
Germain.
De Vallier.
Barry.
Brémant.
Letourneur.
Bardou.
De Flers.
Boudeville.
Talmant.
Boissière.
Rigaud.
Mathéron.
Klein.
Prévost.
De Sauter.
Baulard.
Gilletta.
Mosneron.
De Mailly.
Lefèvre (Louis).
De Padirac.
De Lugré.
Salesses.
Deschamps.

AIDES-VÉTÉRINAIRES STAGIAIRES

JEANNOT.	DEBRADE.	BEAUCHÊNE.	HAMELIN.
CARNOT.	DUPROM.	COURTEAUD.	SALONNE.
LEPINTE.	JUGNAU.	SAUVAGEOT.	DAVID.
LEFEBVRE.	BERNARD.	GADOUX.	CUDORGE.
HENRYON.	VINCENT.	SCHAREMBERGER.	VAGNER.
COLIN.	CHEVIN.	GARROUSTE.	PARMENTIER.

Une décision ministérielle du 9 février fixa, ainsi qu'il suit, les dates d'entrée et de sortie des diverses divisions d'élèves de l'École de cavalerie :

Les officiers d'instruction de cavalerie et d'artillerie seront appelés pendant un an à l'École, à dater du 15 octobre de chaque année. — Les officiers-élèves (sous-lieutenants sortant de Saint-Cyr) seront appelés pendant un an, à dater du 1er novembre. — Les sous-officiers de cavalerie élèves officiers, seront appelés pendant dix-huit mois, à dater du 1er mai de chaque année. — Les sous-officiers instructeurs d'artillerie et des trains seront appelés pendant un an, à dater du 15 novembre. — Les cavaliers élèves sous-officiers continueront à suivre les cours de l'Ecole pendant dix-huit mois et seront appelés à concourir, les 21 avril et 21 octobre de chaque année, pour commencer leur cours les 1er mai et 1er novembre.

COURSES DE VERRIE. — 5 MAI.

Prix des Veneurs (steeple-chase, gentlemen). — 500 francs. — Pour chevaux de chasse et de promenade. — Distance, 3,000 mètres. — Premier, *Prim*, monté par *M. de Rochetaillée*. — Deuxième, *Surprise II*, montée par *M. de Cahouët*. — Troisième, *Lilliput*, monté par *M. de Lur-Saluces*.

Prix du Parc (course de haies). — 1,000 francs. — Distance, 2,500 mètres. — Première, *Clin-Foc*, montée par *M. Deschênes*. — Deuxième, *Port-Saïd*, à M. de Rochetaillée.

Prix du château de Marson (course de haies, gentlemen). — Pour chevaux de chasse ou de promenade. — Distance, 1,800 mètres. — Premier, *Maroquin*, monté par *M. d'Oilliamson*. — Deuxième, *Siroco*, monté par *M. de Poly*.

Prix de consolation. — Première, *Jambe d'Argent*, montée par *M. de Chabrillant*. — Deuxième, *Le Nabab*, monté par *M. de Villarmois*. — Troisième, *Oscar*, monté par *M. Carl de Mac-Mahon*.

Les courses annuelles de Saumur eurent lieu le 25 et le 27 août, le carrousel, le 26.

PREMIÈRE JOURNÉE DES COURSES

Prix des Haras. — Distance, 2,000 mètres. — Première, *Duchesse II*, montée par *M. Aug. de Nexon*. — Deuxième, *Furibond*, monté par *M. de Cahouët*.

Course plate. — Un objet d'art. — Pour MM. les officiers de l'École de cavalerie, montant des chevaux du manège. — Distance, 2,000 mètres. — Premier, *Pot-au-lait*, monté par *M. Harmand*. — Deuxième, *Olibrius*, monté par *M. de Ponthus*. — Troisième, *Sauvageon*, monté par *M. Manchon*. — Quatrième, *Petit-Poucet*, monté par *M. Colomb*. — Cinquième, *Dameret*, monté par *M. de Mac-Mahon*. — Septième, *Chilpéric*, monté par *M. de Guerne*.

Course de haies. — Un objet d'art. — Pour MM. les officiers de l'École de cavalerie. — Distance, 2,000 mètres ; quatre haies. — Première, *Glaneuse*, montée par *M. Sordet*. — Deuxième, *Chouette*, montée par *M. d'Oilliamson*. — Troisième, *Confiture*, montée par *M. de Bermont*. — Quatrième, *Vapeur*, montée par *M. Chabaud*.

Steeple-chase. — Un objet d'art. — Pour MM. les officiers de l'École de cavalerie, montant des chevaux du manège. — Distance, 3,000 mètres et douze obstacles. — Premier, *Phalanstérien*, monté par *M. de Cahouët*. — Deuxième, *Prime-Rose*, montée par *M. de Poly*. — Troisieme, *Sommerives*, monté par *M. de Lur-Saluces*.

DEUXIÈME JOUR DES COURSES

Course plate. — Pour MM. les officiers de l'École de cavalerie. — Premier, *Le Berger*, monté par *M. de Beaumont*. — Deuxième, *Picador*, monté par *M. de l'Espée*. — Troisième, *Maurice*, monté par *M. Varin*. — Quatrième, *Kelso*, monté par *M. de la Hamelinaye*.

Course de haies. — Prix, un objet d'art. — Pour MM. les officiers de l'École de cavalerie, montant des juments de pur sang. — Distance, 2,000 mètres ; quatre haies. — Première, *Guitare*, montée par *M. de Fontenailles*. — Deuxième, *Javotte*, montée par *M. Allard*. — Troisième, *Mosquée*, montée par *M. de Villestreux*. — Quatrième, *Roquelaure*, monté par *M. de Bellaing*. — Cinquième, *Jane*, montée par *M. de Mortemart*.

Hunt and military, steeple-chase. — Pour chevaux de chasse et de promenade. — Distance, 3,000 mètres et douze obstacles. — Premier, *Siroco*, monté par *M. de Poly*. — Deuxième, *Pèlerin*, monté par *M. Deschênes*. — Troisième, *Surprise II*, montée par *M. de Cahouët*.

Steeple-chase. — Un objet d'art. — Pour MM. les officiers de l'École de cavalerie, montant des chevaux du manège. — Distance, 3,000 mètres et douze obstacles. — Première, *Miss Dora*, montée par *M. de Nexon*. — Deuxième, *Phalanstérien*, monté par *M. de Cahouët*. — Troisième, *Prime-Rose*.

L'inspection générale de l'École fut passée par le général *Bonnemains*.

Le jury des examens de sortie fut composé ainsi qu'il suit : MM. *Delorme* et *Danloux*, lieutenants-colonels ; *Duvivier*, *Henry de Kermartin*, *Courtiel*, *Costa de Serda*, chefs d'escadrons ; *de Reinach Wœrth*, *Tremeau*, *Frater*, capitaines.

Une décision ministérielle du 7 décembre institua un cours de *cavaliers élèves télégraphistes* à Saumur.

Désormais, les premiers éléments de l'instruction technique sur la télégraphie militaire seront donnés chaque année, pendant une période de six mois, à l'École d'application de cavalerie, à un certain nombre de cavaliers choisis par la voie du concours.

A cet effet, et pour la mise à exécution de cette mesure en 1879, les dispositions suivantes ont été arrêtées :

Quarante cavaliers, choisis parmi les jeunes gens de la classe 1877 et les engagés volontaires ayant encore au moins quatre ans à passer sous les drapeaux, seront envoyés à Saumur pour y recevoir une instruction télégraphique, du 1er février au 1er août 1879, sous la direction technique d'un fonctionnaire des Télégraphes, appartenant au service de la télégraphie militaire. Ces cavaliers seront choisis à la suite d'un concours, qui aura lieu le 16 janvier prochain, devant les fonctionnaires de l'administration des Télégraphes, dans les villes voisines de leurs garnisons respectives, et désignées, dans chaque corps d'armée, après concert entre les chefs d'état-major de ces corps d'armée et les directeurs ingénieurs des régions correspondantes.

L'épreuve consistera en une dictée, écrite et recopiée ensuite à main posée, ainsi qu'en une composition de calcul.

Les anciens employés de l'administration des Télégraphes, munis d'un certificat d'auxiliaire, seront dispensés de l'examen, mais leur certificat devra être transmis, avec leur demande, aux directeurs ingénieurs des régions.

Les candidats seront prévenus que ceux d'entre eux qui satisferont aux examens techniques de l'École de cavalerie et rempliront ensuite, pendant la durée de leur service dans leur régiment, les conditions de conduite et d'aptitude nécessaires, obtiendront, à leur libération, une position dans l'administration civile des Télégraphes.

En second lieu, des grades seront conférés, en fin de cours, à un certain nombre d'élèves télégraphistes, choisis parmi les plus habiles et les plus méritants, et qui seront maintenus à l'École d'application de cavalerie comme instructeurs.

Quant aux autres, ils seront renvoyés dans leurs régiments ; des avantages pourront leur être faits, comme récompense de leur zèle et de leur bonne conduite, pendant leur séjour à Saumur.

Des mesures seront d'ailleurs prises, en temps utile, pour entretenir chez ces militaires l'instruction technique qu'ils auront acquise à l'École, et notamment l'habitude de la lecture au son. De plus, ils pourront servir à répandre une certaine instruction télégraphique dans les corps et seront exercés d'une façon spéciale à l'époque des grandes manœuvres.

A défaut de candidats de bonne volonté, il y aura lieu d'en désigner d'office, sans cependant que ces dernières désignations puissent préjudicier en rien, ni au bien du service réglementaire, ni aux intérêts des militaires qui en seraient l'objet.

Programme des cours et conférences à faire aux cavaliers élèves télégraphistes, à l'École de Saumur :

Cours de télégraphie. — 1° Idées générales sur la télégraphie, ou introduction au cours de la manipulation, une leçon. — 2° Notions générales sur l'électricité, les courants, le magnétisme, les électro-aimants, les piles, etc., quatre leçons. — 3° Description et installation des appareils les plus usuels en usage dans les bureaux français, neuf leçons. — 4° Disposition des lignes et du réseau français, quatre leçons. — 5° Notions sur les appareils spéciaux, sur les appareils et les réseaux étrangers, quatre leçons. — 6° Recherches du dérangement dans les postes et sur les lignes, deux leçons. — 7° Notions de télégraphie militaire de campagne, six leçons. — 8° Télégraphie optique, reconnaissance, recherche de points, appareils, etc., quatre leçons. — 9° Différents modes de correspondance optique, télégraphie optique à l'étranger, deux leçons. — Total, trente-six leçons.

Conférences sur le service spécial. — Rôle et service spécial de la télégraphie légère de la cavalerie, destruction des lignes, réparation, mise en état, occupation des bureaux, jonction de deux lignes au moyen du matériel de la cavalerie. — Emploi combiné de la télégraphie optique et de la télégraphie électrique, jonction avec la télégraphie de campagne de l'armée et la télégraphie optique des forteresses. Établissement des communications possibles entre les divers éléments d'une colonne de cavalerie. — Exercices de télégraphie optique de jour et de nuit, recherche des stations, reconnaissances, communications, etc.

Plusieurs innovations marquèrent l'année 1878 : Inscription dans le salon d'honneur des noms des généraux de cavalerie anciens élèves de l'École depuis 1825. — Acquisition d'un terrain de manœuvres de cinquante hectares, prairie portant le nom du Bray, située au confluent de la Loire et du Thouet. — Des obstacles sont établis sur tout le pourtour, le long de la rive de la Loire et de la rive du Thouet. A chaque obstacle se trouve un poteau indicateur des distances pour régler les allures. Un défilé long et étroit, mais dont la largeur permet cependant à une colonne par peloton de le franchir sans s'allonger, est établi du côté de la Loire. — Agrandissement de la bibliothèque. — Établissement dans le jardin potager d'un stand couvert permettant de tirer jusqu'à deux cents mètres. — Établissement d'un gymnase auprès de la carrière du Carrousel.

1878

ÉTAT-MAJOR DE L'ÉCOLE

L'Hotte	Génér. de brig. comm. l'École.
Jacquemin	Lt-col. comm. en 2e.
Chauveau de Bourdon	Ch. d'esc. } instr. en ch.
D'Esclaibes d'Hust	Ch. d'esc. } instr. en ch.
Piétu	Ch. d'esc. écuy. en ch.
Tordeux	Ch. d'esc. dir. des ét.
Mesple	Major.
Bonnefont	Capitaine trésorier.
Lefranc	Capit. d'habillement.
Robert	S.-lieut. adj. au trés.
Sauvegrain	Lieut. porte-étend.
De Cléric Cabrol Delafond Delherm de Novital De Clauzade de Mazieux Richard Moreau de Bellaing De Pontac Guyon Du Gardier De Seroux Vacquier	Capit. instructeurs.
De Hédouville D'Aviau de Piolant De Sesmaisons Heurtault de Lammerville Renouard de Bussières Mallet	Capitaines écuyers.
Humbel	Cap. d'état-major s.-dir. des études.
De Lur-Saluces Picot de Vauloé De Cahouet Leddet Gay de Nexon Cousté Chrestien de Poly	Lieut. Lieut. Lieut. Lieut. S.-l. S.-l. S.-l. } sous-écuyers
Ronel	Cap. prof. d'allemand
Verschneider	Lieut. pr. de grammaire.
De la Panouse	Capit. prof. d'hist. et de géographie.
Duchassaing de Ratevoult	Capit. prof. d'arithm. et de géométrie.
Cohadon	Capit. d'artill. prof. d'artill. et de fortifi.
Courbot	Lieut. d'artill. prof. de phys. et de chimie.
Levillain Gardère Mendigal Laurent	Capit. Lt en 1er Lt offic. compt. S. lieut. } 5e compag. de caval. de remonte
Person	Ch. d'esc. dir. de l'arç.
Auboin	Capit. s.-dir. de l'arç.
Raoult Deslongschamps	Méd. princ. de 1re cl.
Hurst Rivet	Méd. maj. de 2e classe
Capon	Vétérinaire principal.
Barthes	Vét. en 1er, pr. de maréchalerie.
Neumann	Vétérinaire en 2e.

OFFICIERS DE GENDARMERIE

Verjux	Capit.	Cuchtet	Lieut.	Courboulex	S.-l.	Thiroux	Lieut.
Marc	Lieut.	Vignolles	Lieut.	Imbert	Lieut.		

LIEUTENANTS D'INSTRUCTION DE CAVALERIE

Sordet.	Boulay.	De Bastide.	D'Orgeix.
Dufort (Léon).	D'Oilliamson.	Sainte-Chapelle.	David.
Lavaivre.	Panot.	De Sainte-Marie.	De Fontanges.
De Laurens.	Desfaudais.	O'Madden.	De Pierrebourg.
Nitot.	De Lestapis.	Carré.	De la Breuille.
Dufort (Ulysse).	De Saint-Remy.	De Terrier.	Schmitz.
Laverdet.	Hepp.	De Reffye.	Robion.
Hébert.	De Serry.	Duplessis.	Soulas.

LIEUTENANTS D'INSTRUCTION D'ARTILLERIE

Guipon.	Marchal.	Riss.	Corneux.
Belz.	Volmerange.	Verdot.	Jocteur . . Tr. équip.
Humblot.	Colomb.	Strobel.	Félix . . . Tr. équip.
Sarrut.	Laprouche . Tr. équip.	Vassal.	Tisnés.
Rolet.	De Liégard.	Harlé.	Bézard . . . Tr. artill.
Bauchet.	Allard.	Picot.	Viney . . . Tr. équip.
Régis . Artill. de mar.	Chastenet.	Latars.	Delarbre . Tr. équip.
De Diesbach.	Cardot.		

SOUS-LIEUTENANTS OFFICIERS ÉLÈVES

Molleveaux.
De l'Espée.
De la Hamelinaye.
Bourdériat.
De Lapointe.
De Mortemart.
De Mac-Mahon.
Manchon.
Léorat.
De la Chevasnerie.
Du Garreau.
Gallet.
De Bellaing.
De Beaumont.
Perron.
De Billy.
Baurès.
Beaud.
Arthuis.
Delaine.
De Peyronnet (Edouard).
Collas.
De Guerne.
Richard.
Capdeville.
Moine.
Garilland.
D'Amonville.
Monsenergue.
Brézet.
Chabaud.
Domenech de Cellès.
De Buyer.
Harmand.
De Mitry.
Des Noëttes.
De Broglie.
Mulsant.
De Cornulier.
De Bodinat.
De Montbel.
De Peyronnet (René).
De Resnes.
De Lignières.
Miron.
De l'Espine.
Lambert.
De Fontenailles.
Nœtinger.
Chêne.
De Richebourg.
De la Villarmois.
De Roquemont.
Tampé.
De Bermond.
De Vansay.
Chaminade.
De Ponthus.
De Chabrillan.
Bullot.
De Layens.
De Lavilléon.
Varin.
De la Villestreux.
De Puineuf.
Sauvalle.
De Framond.
De Bourqueney.
D'Abexy.
Bercioux.
Mohamed ben Kousty.
De Montjou.
De Largentay.
De la Salle.
Benezet.
Riffault.
Bridoux.
Creté.
Palat.
Mondain.
D'Anstrude.

SOUS-OFFICIERS ÉLÈVES OFFICIERS

Première Division.

De Malherbe.
Noirel.
Chaindé.
De Chivré.
De Coral.
Barassé.
Lemerdy.
Ehrmann.
Soreau.
Godineau.
Calvet.
Bosselut.
Pierron.
Bagard.
D'Espiès.
Henniaux.
Renard.
D'Alsace.
De Frohen.
Marx.
Mercy.
Heintz.
Darris.
Chambaudet.
Loze.
Delacour.
Fério.
Meissonnier.
Guy.
Germot.
Richard.
Maquet.
Berthet.
Klein.
Reybaud.
Rouch.
Borne.
Barry.
Mourey.
De Percin.
De Vallier.
Lamy.
Lefèvre (Ernest).
De Latourette.
Salesses.
Germain.
De Saint-Germain.
Mosneron.
Habert.
Talmant.
Mathéron.
Prévost.
Humblot.
Bedaton.
Letourneur.
Coudrin.
Seguin.
De la Chapelle.
De Cabrières.
De Flers.
De Vandière.
Brémant.
Duval.
Le Sauter.
De Padirac.
Bardou.
Boissière.
Rigaud.
Boudeville.
Baulard.
Lefèvre (Louis).
De Lugré.
Deschamps.
Javet.

École

Duplessis.
Pétot.
De Fontenay.

Deuxième Division.

De Noailles.
De Perthuis.
De la Vauzelle.
Aubier.
Le Couteux.
Vincenot.
Dephieux.
Bachard.
Haentjens.
Des Francs.
Guérou.
De Grainville (Eugène).
Sanglé-Ferrière.
De Grainville (Adhémar).
Denis.
De Bojano.
Gaillet.
Danès.
Guichard.
Mérat.
Schwertfechter.
Moreau.
Simon.
D'Ornano.
Soubeiran.
Fouet.
De Galard.
Munier.
Besset.
De Lourmel.
Henry.
Tiennebrune.
Roger.
Boucon.
Des Monstiers.
Van-Merlim.
Stocklé.
De Poret.
Strauss.
Soubercaze.
Maitrehenry.
Marin.
Du Chambon.
D'Hautpoul.
De Gain.
De Saint-Hilaire.
Barbier.
Dubuard.
Clémençon.
De Gouy.
Cardonne.
Fontano.
Reinhard.
D'Aignan.
Angenost.
De Galembert.
Lemarchant.
De Lauriston.
Villy.
Serre.
Martinet.
Laneyrie.
Jousselin.
Curl.
Ménard.
Lebrun-Renaud.
Teissère.
Noubel.
Noel.
De la Rochefoucault.
De Reverseaux.
Masse.
Brunet.
Pimpel.
Poirier.
Allavène.
Spitz.
Verne.
Saunac.
Baguenet.
Picard.
Lacour.
Taste.
Coudor.
Bayvel.
Gloria.
Bernard.

AIDES-VÉTÉRINAIRES STAGIAIRES

Barbier.	Soula.	Labrousse.	Surjus.
Pierre.	Jarry.	Dupuy.	Georges.
Sarciron.	Fourie.	Sandrin.	Richard.
Canal.	Even.	Merle.	Brunet.
Adrian.	Guénon.	Seurot.	Sauvageot.
Bussy.	Delcambre.	Becker.	Bouziard.
Leclerc.	Rossignol.	Didion.	Combadière.
Morizot.	Pader.	Le Thao.	Montazau.
Graux.	Poirson.		

En 1879, la réunion de Verrie eut lieu le 22 juin.

Prix du château de Marson (course de haies, gentlemen). — Un objet d'art. — Pour chevaux de chasse et de promenade. — Distance, 1,800 mètres. — Premier, *Blanc Bonnet*, monté par *M. de Cahouët*. — Deuxième, *Balizier*, monté par *M. Duffaud de Saint-Étienne.*

Prix des Veneurs (hunt and military, steeple-chase, gentlemen). — Pour chevaux de chasse et de promenade. — Distance, 3,000 mètres. — Premier, *My First*, monté par *M. de Cahouët*. — Deuxième, *Surprise II*, à M. Guinebert.

Prix du Fagot (course de haies, gentlemen). — Un objet d'art. — Pour chevaux de chasse et de promenade. — Distance, 1,300 mètres. — Premier, *Compère*, monté par *M. Ræderer*. — Deuxième, *N. ...*, monté par *M. Jacoulet*. — Troisième, *Idem*, monté par *M. de Dampierre.*

Les courses de Saumur eurent lieu le 24 et le 26 août; le carrousel, le 25.

PREMIER JOUR DE COURSES

Prix du Gouvernement (gentlemen riders). — Distance, 2,000 mètres. — Première, *Bacchante*, montée par *M. Aug. de Nexon*. — Deuxième, *Roseau*, monté par *M. de Cahouët*. — Troisième, *Tristany*, à M. Armand de Nexon.

Course plate. — Chevaux de pur sang, montés par des officiers de l'École de cavalerie. — Distance, 2,000 mètres. — Premier, *Sandrigham*, monté par *M. de Bourgogne*. — Deuxième, *Trapèze*, monté par *M. Jouhanneau*. — Quatrième, *Isard*, monté par *M. de la Hamelinaye.*

Course de haies. — Un objet d'art. — Pour MM. les officiers de l'École de cavalerie, montant des chevaux du manège. — Distance, 2,000 mètres et quatre haies. — Première, *Polynésie*, montée par *M. Decazes*. — Deuxième, *Farandole*, montée par *M. de Dampierre*. — Troisième, *Gentility*, montée par *M. Dilschneider*.

Steeple-chase. — Un objet d'art. — Pour MM. les officiers de l'École de cavalerie, montant des chevaux du manège. — Distance, 3,000 mètres et douze obstacles. — Première, *Miss Dora*, montée par *M. de Nexon*.

DEUXIÈME JOUR DE COURSES

Course plate. — Un objet d'art. — Pour MM. les officiers de l'École de cavalerie, montant des chevaux de pur sang. — Distance, 2,000 mètres. — Premier, *Guetteur*, monté par *M. de Reinach*. — Deuxième, *Tournesol*, monté par *M. de Boërio*. — Troisième, *Tadorne*, monté par *M. de Girardin*.

Course de haies. — Un objet d'art. — Pour MM. les officiers de l'École de cavalerie, montant des chevaux du manège. — Distance, 2,000 mètres et quatre haies. — Premier, *Léo*, monté par *M. Charlery*. — Deuxième, *Bentham*, monte par *M. Berthier*. — Troisième, *Agathos*, monté par *M. Fleury*.

Steeple-chase (militaire). — Un objet d'art. — Pour MM. les officiers de l'École de cavalerie, montant des chevaux du manège. — Distance, 3.000 mètres et douze obstacles. — Premier, *Senlis*, monté par *M. de Cahouët*. — Deuxième, *Confiture*, montée par *M. de Poly*.

En 1879, l'inspection générale de l'École fut passée par le général *Reille*.

La commission des examens de sortie fut composée ainsi qu'il suit : le général *Reille*, président ; les lieutenants-colonels *Danloux* et *Duvivier* ; les chefs d'escadrons *de Lafontaine-Solare, Costa de Serda, Massiet* et *de Waru* ; les capitaines *Lebeau, de Reinach Wœrth* et *Trémeau*.

L'hiver, très précoce cette année-là, sévit avec une rigueur extraordinaire dès la fin de novembre. La Loire était couverte de glaçons. Une véritable tempête de neige s'abattit sur toute la région de Saumur dans la soirée du 4 décembre, et dura toute la nuit.

Le 10 décembre, le thermomètre descendit jusqu'à 13 degrés.

Le 15, les glaçons, arrêtés au pont, se soudèrent et le fleuve ne présenta plus qu'une immense nappe de glaces immobiles, de Saumur à Montsoreau. Ce fut l'origine de cette fameuse banquise qui attira tant de visiteurs. La surface de la Loire était le rendez-vous de tous les promeneurs, et chacun voulait pouvoir dire qu'il avait traversé le fleuve à pied sec. L'épaisseur minima de la glace était de $0^{m},40$, le 28 décembre, et dans certains endroits, elle atteignait $0^{m},80$ et même 1 mètre, par suite des glaçons superposés. C'était un spectacle vraiment surprenant.

Plusieurs innovations marquèrent l'année 1879 : — Une école de natation fut installée. — Des glaces, donnant au cavalier le moyen d'apprécier par lui-même les incorrections que sa position peut présenter, furent posées dans le manège des écuyers et dans le manège Lassalle. — Le grenier de l'écurie Valmy fut transformé en chambre de troupes.

École de télégraphie. — C'est en 1879 que prit pied à Saumur l'École de télégraphie, on lui donna pour s'installer le grenier des écuries Bouvines, et le très remarquable chef et organisateur de ce service, *M. Montillot*, sut tirer un merveilleux parti de ce modeste local. Salles de manipulations, ateliers, appareils, matériel, il créa tout et de toutes pièces. Les cours de cette nouvelle annexe de l'École de cavalerie s'ouvrirent dans les premiers jours de février avec quarante élèves, cavaliers détachés des régiments. — Au mois de juin, on installa sur les levées d'enceinte une ligne télégraphique pour les exercices pratiques. — Et l'École de télégraphie affirma dès l'année de sa naissance les services qu'on en pouvait attendre en détachant aux manœuvres de cavalerie un certain nombre de ses élèves qui assurèrent le service des correspondances.

École de maréchalerie. — Nous avons à signaler une botte en cuir, ferrée en dessous, et à lanière, imitée du système anglais, qui fut présentée en 1879 au Ministre de la guerre. L'appareil fut rejeté, à cause de son prix élevé et de la difficulté de transport; il était d'ailleurs peu nécessaire pour l'armée, accompagnée toujours de ses maréchaux ferrants.

1879

ÉTAT-MAJOR DE L'ÉCOLE

L'Hotte	Génér. de brig. commt
Jacquemin	Lt-col. comm. en 2e.
Chauveau de Bourdon	Ch. d'esc. } instr. ench.
D'Esclaibes d'Hust	Ch. d'esc. } instr. ench.
Piétu	Ch. d'esc. écuy. en ch.
Tordeux	Ch. d'esc. dir. des étud.
Mesple	Major.
Le Bailly	Capitaine trésorier.
Lefranc	Capit. d'habillement.
Robert	Lieut. adjoint au trés.
Mailly	S.-lieut. porte-étend.
Delherm de Novital	Capit. instructeurs.
De Clauzade de Mazieux	Capit. instructeurs.
Richard	Capit. instructeurs.
De Pontac	Capit. instructeurs.
Guyon	Capit. instructeurs.
Du Gardier	Capit. instructeurs.
De Seroux	Capit. instructeurs.
Vacquier	Capit. instructeurs.
De Hédouville	Capit. instructeurs.
Marette de Lagarenne	Capit. instructeurs.
Stévenin	Capit. instructeurs.
Ginet	Capit. instructeurs.
Froelinger	Capit. instructeurs.
D'Aviau de Piolant	Capitaines écuyers.
De Sesmaisons	Capitaines écuyers.
De Lachoue de la Metterie	Capitaines écuyers.
Isle de Beauchaine	Capitaines écuyers.
Mallet	Capitaines écuyers.

De Lur-Saluces	Lieut. } s.-écuyers.
Picot de Vaulogé	Lieut. } s.-écuyers.
De Cahouet	Lieut. } s.-écuyers.
Leddet	Lieut. } s.-écuyers.
Gay de Nexon	S.-l. } s.-écuyers.
Chrestien de Poly	S.-l. } s.-écuyers.
Le Moine des Mares	S.-l. } s.-écuyers.
Humbel	Capit. d'état-major s.-dir. des études.
Verschneider	Cap. prof. de grammaire.
De la Panouse	Capit. prof. d'hist. et de géographie.
Picard	Lieut. prof. d'arith. et de géométrie.
Ferrandier	Cap. du génie prof. de phys. et de chimie.
Cohadon	Capit. d'artill. prof. d'artill. et de fortifi.
Person	Ch. d'esc. dir. de l'arç.
Aubouin	Capit. s.-dir. de l'arç.
Raoult-Deslonchamps	Méd. princ. de 1re cl.
Hurts	Médec. maj. de 1re cl.
Villiès	Médec. aide-maj. de 1re classe.
Capon	Vétérin. principal.
Barthes	Vét. en 1er, pr. de maréchalerie.
Jacoulet	Vétérinaire en 2e.

LIEUTENANTS D'INSTRUCTION DE CAVALERIE

De Vassal (Gérard).	De Pontevès Sabran.	De Bourgogne.	De Vassal (Henri).
Charlery.	Fleuret.	Escot.	De Bellaing.
De Ferluc.	D'Hérouville.	Brenne.	Savournin.
Bestel.	Desprez.	De la Rochère.	Des Vastines.
Fourcade.	De Saint-Maur.	Minot.	De Lochner.
Cabany.	De Lescure.	Haury.	Lapointe.
Dérognat.	De Cassagnac.	Hibert.	De Bresson.

LIEUTENANTS D'INSTRUCTION D'ARTILLERIE

Berthier.	Nessler.	Lambrecht.	George . . Tr. d'artill.
Renard.	Tourné.	Merle.	Chauvel. Artill. de mar.
Fayolle.	Douchez . Tr. d'artill.	Lagrange.	Méry.
Pourquié.	Peragallo.	Rey . . . . Tr. équip.	Vinçon . . Tr. équip.
Belleville.	Isidor.	Wedeux . . Tr. équip.	De Balorre.
Jouhanneau.	Dehollain.	Milleret.	Giblat . . . Tr. équip.
Chalmeton.	Gossart.	Potel.	Renard . . . Tr. artill.
Daru.	Duqueyroix.	Picart.	Briot.
Monteux.	Soleille.		

SOUS-LIEUTENANTS OFFICIERS ÉLÈVES

Rœderer.	Heily.	De Bouillon.	De Mondonville.
Lauth.	Mazel.	Gallois.	Lamy.
Perrot.	Pascaud.	De Bersaucourt.	Dilschneider.
Haillot.	De Pelleport.	De la Chapelle.	Bournazel.
Gouzil.	De Brauer.	Devanlay.	Peillard.
André.	Besset.	Taufflieb.	De Brabois.
D'Urbal.	Desloges.	D'Argenton.	De Montélégier.

SOUS-LIEUTENANTS OFFICIERS ÉLÈVES (Suite).

De la Bouillerie.
Cochin.
De Brécourt.
De Girardin.
Hagniel.
Bartoli.
De Larminat.
Bouchet.
De Boerio (Ferdinand).
Frœlicher.
Prévost.
Du Camper.
Lefort.
Delacourt.
D'Arcangues.

De Reinach.
Duffaud de Saint-Étienne.
De Courchant.
De Fayolle.
De Saint-Pierre.
Fleury.
Savin de Larclause.
De Dampierre.
De Melville.
De Bacquencourt.
Boyé.
Corbin.
Forceville.
Gouget.
Fournery.

Crémieu-Foa.
De Tournebu.
Carrichon.
Le Roy.
Morel.
D'Harcourt.
Delécluse.
De Vallombrosa.
De la Hamelinaye.
Grincour.
De Quinsonnas.
Gaume.
Picard.
Lebrun.
De la Rochette.

Poirot.
De Boerio (Henri).
De Poix.
Tournouer.
D'Yauville.
Maumené.
Dutertre.
Le Hérissé.
De Montjou.
Liébert.
De Cizancourt.
De Cazes.
De Richebourg.
De Foucaud.

SOUS-OFFICIERS ÉLÈVES OFFICIERS

Première Division.

De Noailles.
De Perthuis.
Bachard.
Le Couteulx.
Vincenot.
Aubier.
Des Francs.
Moreau.
D'Ornano.
Tennebrunne.
De Grainville (Adhémar).
Gaillet.
Denis.
Soubeiran.
Boucon.
Guéron.
Simon.
Danès.
De la Vauzelle.
Haentjens.
Henri.
Maitrehenry.

Mérat.
Dephieux.
Sanglé-Ferrière.
Schwerfechter.
Munier.
Besset.
De Galard.
De Grainville (Eugène).
Du Chambon.
De Gain.
Guichard.
De Gouy.
De Barbier.
Stocklé.
Fouet.
Van-Merlen.
Clémençon.
Roger.
De Bojano.
De Poret.
Letourneur.
D'Hautpoul.

Villy.
Martinet.
Masse.
Cardonne.
Noel.
Reinard.
D'Aignan.
Marin.
Dubuard.
Teissère.
Angenost.
Noubel.
Poirier.
Soubercaze.
Verne.
De la Rochefoucault.
Laneyrie.
De Lourmel.
De Galembert.
Fontano.
Lemarchand.
De Saint-Hilaire.

Jousselin.
Lebrun-Renaud.
Serre.
Law de Lauriston.
Brunet.
Ménard.
Cuel.
Spitz.
Allavène.
Taste.
Saunac.
Raguenet.
De Reverseaux.
Bayvel.
Pimpel.
Coudor.
Bertrand.
Picard.
Lacour.
Gloria.
Bernard.

Deuxième Division.

Vauthier.
Luce.
Descaves.
De Fonclare.
Des Arsis.
Pétot.
Epailly.
Van-Asche.
De la Bourdonnaye.
De Coma.
Tallon.
De Montcabrier.
Pinelli.
De Jumilhac.
Perrier.
Bardet.
Thouvenin.
Calm.
Blachère.
Benois.
De Boulémont.
Cintrat.
De Vaulserre.

Jacquinot.
Gimbert.
Fressanges.
Collomb.
De la Rochefoucault.
Salez.
Marchet.
De Fontaines.
Terracol.
Defrance.
Testot-Ferry.
Blot.
Vœlckel.
Deslandes.
Des Chevannes.
Bourelle.
Lavaud.
Centieu.
Durr.
De la Bédoyère.
Bernard.
De Beaurepaire.
Monnier.

Delagrange.
De Brienne.
Robert.
Joly.
Des Rieux.
Laché.
Millereau.
De Vaux.
Bergeret.
Bergé.
Druais.
Dufourg.
Ducluzeau.
Michel.
De Moulinard.
Vanacker.
Beauvieux.
Carlevan.
D'Albignac.
Bonnet.
Cornereau.
Abdelal.

De Beaufranchet.
Terme.
Boncorps.
Maujean.
Pruvot.
Echard.
Petit.
Kemlin.
Guilbert.
De Mas-Latrie.
De Saint-André.
Douat.
De Miribel.
Noel.
De Beauséjour.
Rouy.
De la Plegnière.
De Grateloup.
Armilhon.
Boullenot.
Pailler.
Du Laurens.

AIDES-VÉTÉRINAIRES STAGIAIRES

Escot.	Bouthier.	Hédouin.	Pastriot.
Joucan.	Parreaé.	Duchêne.	Bocquet.
Ponard.	Pilorget.	Waldteufel.	Galzin.
Prévost.	Bourgès.	Chiniard.	Dupuy.
Méthion.	Martinet.	Hugon.	Nain.
Rohr.	Camus.	Druille.	Coulon.
Alix.	Morand.	Mariaud.	Cazenave.
Quiclet.	Meyrand.	Dériot.	Brisavoine.
Pichard.	Arbeltier.	Baillif.	Clerc.
Thollois.	Giattoni.		

La Loire était toujours prise sous les glaces; le 3 janvier, une débâcle s'étant produite dans la Vienne, qui se jette dans la Loire à Candes, les glaçons s'échaffaudèrent sur 1 mètre et 2 mètres de hauteur, de manière à fermer à peu près hermétiquement l'embouchure de la rivière. Ceux de la Loire reçurent ce choc sans en être nullement ébranlés. Deux jours après, un mouvement s'étant produit, les glaces se rompirent avec un bruit effrayant et vinrent s'amonceler à la tête de l'île de Sousay, qui leur fit estacade. La Loire fut obstruée dans toute sa largeur et jusqu'au fond de son lit. Ces blocs énormes superposés formaient un cahos indescriptible qui s'élevait à hauteur des levées.

Les eaux montant derrière cette digue, il était à craindre que la levée ne puisse résister à leur pression, devenue encore plus considérable par la débâcle de Tours et de Blois. Cependant, le 7, sous l'influence de la crue, une débâcle partielle se produisit. L'élévation de la Loire à Saumur était de $3^{m},72$. A Montsoreau elle atteignit plus de 6 mètres.

Les glaces venues de la Haute-Loire, de l'Indre, du Cher, s'amoncelèrent contre la banquise de glace, qui descendit jusqu'à Villebernier et demeura en vue de Saumur. D'après des calculs approximatifs, ce n'est pas moins de 12 à 13 millions de mètres cubes que renfermait cette mer de glace.

Le temps étant redevenu froid, cette masse se consolida de nouveau. En cas de débâcle, ces énormes blocs de glace menaçaient le pont Cessart; les ingénieurs y firent établir une ligne de moutons à battre les pieux pour briser les glaçons à mesure qu'ils obstrueraient les voies. Les habitants de l'île de Souzay, courant non seulement le danger d'être emportés, mais, les communications étant complétement arrêtées, risquant de mourir de faim, en furent réduits à abandonner leurs fermes; ce ne fut pas sans périls que le détachement de pontonniers envoyé d'Angers réussit à établir ce sauvetage.

En février, la banquise résistait toujours, malgré la poudre, la dynamite, les torpilles. Les pontonniers, les sapeurs du génie, les sauveteurs de la Seine et nombre d'équipes d'ouvriers travaillaient à creuser un chenal dans la Loire, sur la rive gauche, pour arriver jusqu'à l'embouchure de la Vienne.

Le 7 février, il ne gela pas. C'était la première fois depuis soixante-quinze jours qu'on pouvait constater cet adoucissement de la température. Enfin, le 13, une voie d'eau se fit à travers la banquise dans le bras de la rive droite. En moins d'une heure, une quantité considérable de glaces disloquées par les explosions de la poudre, amollies par la température et la pluie, s'émiettèrent et se laissèrent aller au courant. Pendant la nuit, ce chenal s'élargit de la moitié de la largeur du fleuve, et le lendemain la Loire avait repris son cours à travers la banquise.

Ce spectacle unique et grandiose avait attiré à Saumur une foule incalculable d'étrangers.

Le 12 février, le colonel *des Roys* fut nommé au commandement de l'École.

Le colonel des Roys avait débuté dans la carrière militaire le 20 décembre 1848, comme engagé volontaire au 4e dragons. Le 12 novembre 1850, il entrait à Saint-Cyr et en sortait le 1er octobre 1852, comme sous-lieutenant au 8e dragons. Le 28 septembre 1854, après un cours d'officier élève à Saumur, il passa avec son grade au 7e lanciers, où il fut nommé lieutenant le 30 mai 1855. Le 1er juin 1856, il vint faire un cours de lieutenant à Saumur, où il resta jusqu'au 1er octobre. Nommé capitaine instructeur au 4e lanciers le 24 mars 1858, il vint avec les mêmes fonctions à l'École de cavalerie le 16 décembre 1861, puis passa d'abord au 6e cuirassiers le 3 février 1863, et aux cuirassiers de la garde le 21 mars suivant. Le maréchal commandant en chef la garde impériale le prit comme officier d'ordonnance le 17 mars 1864, et le garda jusqu'à sa nomination de major au 12e chasseurs, le 12 mars 1866. Mais le 23 du même mois, le commandant des Roys passait avec son grade au 4e lanciers, son ancien régiment. Il fit la campagne contre l'Allemagne du 1er novembre 1870 au 7 mars 1871, en qualité de chef d'escadrons au 6e régiment de cavalerie légère mixte, d'où il passa au 1er hussards le 16 avril 1871; le 25 mai suivant, il était fait chevalier de la Légion d'honneur. Il vint à l'École comme chef d'escadrons instructeur le 27 février 1872, et en partit le 11 mai 1874 avec le grade de lieutenant-colonel au 2e chasseurs d'Afrique. Il resta en Afrique jusqu'au 6 décembre 1876, date de sa nomination de colonel au 18e chasseurs. Et ce fut le 12 février 1880 qu'il reçut le commandement de l'École de cavalerie.

Le colonel des Roys apporta à ce commandement l'autorité et la compétence qu'il avait puisées à ses anciennes fonctions d'instructeur en chef. Il s'attacha principalement à ramener les divers services de l'École à leur application pratique au point de vue essentiellement militaire, à les coordonner pour les faire concourir à un seul et même but et réaliser ainsi l'unité d'enseignement.

Le 13 mai, l'École eut la visite du comité de cavalerie, qui venait étudier diverses modifications proposées par le général de Galliffet.

Ce comité se composait de MM. le général *de Galliffet*, commandant du 9e corps d'armée ; le général *Thornton ;* le général *de Brive ;* le général *Huyn de Verneville ;* le général *de Gressot ;* le général *Loizillon ;* le colonel *de Lignières ;* le colonel *Humann ;* le commandant *Marin.*

Il y eut, au manège, une reprise des écuyers en grande tenue.

La suppression de la division de cavaliers élèves, sous-officiers à l'École de cavalerie, qui avait été depuis longtemps annoncée à Saumur, fut rendue officielle le 31 mai.

Les courses de Verrie eurent lieu le 20 juin.

Prix du château de Marson. (Course de haies. — Gentlemen. — Walter-handicap.) — Un objet d'art. — Pour chevaux de chasse et de promenade, domiciliés à Saumur. — Distance, 1,800 mètres. — Première, *Girouette*, montée par *M. Chavagnac.* — Deuxième, *Siroco*, monté par *M. de Pourtalès.*

Prix des Veneurs (hunt and military, steeple-chase). — Un objet d'art. — Distance, 2,500 mètres. — Premier, *Turco*, monté par *M. de Fraville*, disqualifié. — Deuxième, *Mac-Namara*, monté par *M. de Pourtalès.*

Prix de la Société des steeple-chases de France (steeple-chase à travers pays). — 2,000 francs. — Distance, 4,000 mètres. — Premier, *Rolly-Folly*, montée par *M. de Hédouville.* — Deuxième, *My First*, montée par *M. de Poly.*

Prix du Fagot (course de haies). — Un objet d'art. — Distance, 1,300 mètres. — Première, *Bagarre*, montée par *M. de Pourtalès.* — Deuxième, *Bella*, montée par *M. de Verneville.*

Le 14 juillet eut lieu à Paris une grande revue, pour la distribution des nouveaux étendards de l'armée. L'École de cavalerie y fut représentée par une députation, composée ainsi qu'il suit : le colonel commandant l'École, un capitaine instructeur, le porte-étendard, un adjudant et quatre brigadiers élèves.

Le 25, ce fut, dans toute la France, la présentation aux troupes des drapeaux distribués à Paris à la fête du 14 juillet.

Cette cérémonie se fit donc également à Saumur. Toutes les troupes de la garnison étaient réunies sur le Chardonnet.

Avant le défilé, chaque capitaine lut, d'après les instructions ministérielles, l'allocution prononcée, le 14 juillet, à Paris, par le Président de la République.

Pendant la présentation et la revue, une salve de vingt-et-un coups de canon fut tirée par les pièces de l'École, sur la levée d'Enceinte, près de la Loire, entre les deux manèges.

A cette même date, une circulaire ministérielle avisa l'École de certaines modifications apportées à son organisation, qui devaient être immédiatement appliquées en attendant le nouveau règlement, encore en élaboration.

1° L'ouverture des cours aura lieu, à l'avenir, à la date du 1er octobre, pour toutes les divisions. Les mêmes cours devront être terminés le 1er septembre suivant ;

2° Les officiers d'instruction à désigner dans les différentes armes, ne devront pas avoir atteint l'âge de trente et un ans, le 31 décembre de l'année de leur admission à l'École ;

3° Les officiers à désigner dans l'artillerie, et exceptionnellement dans le train, seront au nombre de dix-neuf seulement, un par brigade d'artillerie ou par escadron du train.

A la fin de juillet, les lieutenants d'instruction et plusieurs officiers du cadre furent conduits à Poitiers pour y passer une journée aux écoles à feu de l'artillerie. Cette mesure provisoire devait se renouveler chaque année, jusqu'à ce qu'on eût avisé à un autre moyen de donner à l'École un enseignement pratique sur l'emploi de l'artillerie.

Le 31 août, parurent d'autres modifications, portant sur le mode de remonte de l'École.

1° L'École d'application de cavalerie possède, pour le dressage des jeunes chevaux, des ressources exceptionnelles qu'il importe d'utiliser, tandis qu'il y a intérêt à n'avoir, dans les autres écoles, que des chevaux dressés, à l'exception d'un petit nombre de jeunes chevaux nécessaires à l'instruction des écuyers, des sous-écuyers et des sous-maîtres de manège.

Par suite, les chevaux de toutes les catégories destinés aux Écoles seront, en principe, dirigés sur Saumur. Ils y seront dressés et, suivant le cas, soit conservés à l'École de cavalerie, soit envoyés aux autres Écoles militaires, en raison de leurs besoins.

Cependant, l'École supérieure de guerre, l'École d'application d'artillerie et du génie, et celle de Saint-Cyr, recevront directement des dépôts de remonte les chevaux non dressés nécessaires à l'instruction des cadres de manège, et des chevaux tout dressés, qui pourraient être achetés dans le commerce.

Dans le but de n'affecter aux Écoles que des chevaux de carrière essentiellement propres à leur service spécial, cette catégorie de chevaux sera approximativement formée de :

Chevaux de pur sang	6/10
Chevaux anglo-normands	3/10
Chevaux anglo-arabes	1/10

La catégorie des chevaux de manège comprendra :

2/3 de pur sang ;
1/3 de chevaux anglo-arabes.

Les dépôts de remonte continueront à procéder à ces achats dans la forme accoutumée, mais ces chevaux ne seront dirigés sur Saumur qu'après réception par l'écuyer en chef de l'École ou par un écuyer délégué.

Les achats des chevaux de pur sang par les dépôts de remonte seront soumis aux mêmes conditions, mais ils pourront également être faits par une commission spéciale, composée d'officiers du cadre de Saumur, savoir : l'écuyer en chef, deux capitaines écuyers, un vétérinaire (avec voix consultative seulement).

Le 1er septembre, le Ministre de la guerre fit paraître un règlement sur les courses militaires, dont il donnait les motifs ainsi qu'il suit :

« Messieurs, l'intérêt qui s'attache à développer, dans l'armée, le goût du cheval, la hardiesse et l'habileté du cavalier, engage à donner aux exercices équestres tous les encouragements compatibles avec les nécessités du service.

« L'un des plus fructueux est l'autorisation donnée à un certain nombre d'officiers et de sous-officiers de participer à des concours et courses de chevaux. Mais ces épreuves publiques doivent être soumises, pour les militaires, à une réglementation, qu'il m'a paru nécessaire de rappeler et de compléter, particulièrement en ce qui concerne les steeple-chases, dont le règlement a été arrêté après avis du Comité consultatif de la cavalerie. »

Les courses annuelles de Saumur eurent lieu les 22 et 24 août ; le carrousel, le 23.

PREMIER JOUR DE COURSES

Course plate.* — Distance, 2,000 mètres. — Un objet d'art. — Pour MM. les officiers de l'École de cavalerie, montant des chevaux de pur sang. — Premier, *Bandit II*, monté par *M. de Polinière.* — Deuxième, *Guetteur.* — Troisième, *Tournesol,* monté par *M. Allenou.

Course de haies.* — Distance, 2,000 mètres. — Un objet d'art. — Pour MM. les officiers montant des chevaux du manège. — Première, *Comète.* — Deuxième, *Agathos,* monté par *M. d'Essen.* — Troisième, *Souvenir II,* monté par *M. Vidal.

Course de haies.* — Un objet d'art. — Pour MM. les officiers de l'École de cavalerie, montant des chevaux du manège. — Première, *Percale*, montée par *M. Spilleux.* — Deuxième, *Mutineau,* monté par *M. de Polinière.

Steeple-chase* (militaire). — Distance, 3,000 mètres et douze obstacles. — Un objet d'art. — Pour MM. les officiers de l'École de cavalerie, montant des chevaux du manège. — Premier, *Sandrigham,* monté par *M. Siéyès.* — Deuxième, *Miss Dora,* montée par *M. des Mares.* — Troisième, *Phalenstérien,* monté par *M. de Lagarenne.

DEUXIÈME JOUR DE COURSES

Course plate militaire.* — Premier, *Biskri,* monté par *M. Perrier.* — Deuxième, *Reine-Margot,* montée par *M. de Grammont.* — Troisième, *Cigarette,* montée par *M. de Lassus.

Course de haies.* — Distance, 2,000 mètres et quatre haies. — Un objet d'art. — Pour MM. les officiers de l'École de cavalerie, montant des chevaux du manège. — Premier, *Melun,* monté par *M. Corvisart.* — Deuxième, *Farandole,* montée par *M. de la Chevrelière.

Prix des Veneurs* (hunt and military, steeple-chase). — Distance, 2,500 mètres. — Un objet d'art. — Premier, *Turco,* monté par *M. de Fraville.* — Deuxième, *Jambe d'argent,* monté par *M. de Polinière.* — Troisième, *Siroco,* monté par *M. de Pourtalès.

Steeple-chase.* — Distance, 3,000 mètres et douze obstacles. — Un objet d'art. — Pour MM. les officiers de l'École de cavalerie, montant des chevaux du manège. — Premier, *Sandrigham,* monté par *M. Siéyès.* — Deuxième, *Senlis,* monté par *M. des Mares.

En 1880, l'inspection générale de l'École fut passée par le général *de Galliffet,* qui entreprit dès cette année-là une série de modifications qui devaient hâter le perfectionnement de l'École.

La commission des examens de fin d'année fut composée comme il suit : MM. le *général de Galliffet,* inspecteur général, président ; *Rosier, Duguen,* lieutenants-colonels ; *Briois, Massiet, Révérony, de Boysson,* chefs d'esca-

drons ; *Burnez, Elias, de Reinach*, capitaines. Pour les aides-vétérinaires, MM. *Goyeau, Mittaut* et *Duplessis*, vétérinaires principaux.

En 1880, on fit à l'École l'essai d'un système de ressort-dresseur de l'invention de M. *de Lange*.

École de télégraphie. — Le 23 août 1880, l'École de télégraphie reçut à l'essai deux appareils Morse d'un modèle très réduit dû à *M. Oudin*. Ces appareils trop délicats ne furent pas adoptés.

Nous avons à signaler en maréchalerie la brochure de *M. Decroix*, vétérinaire principal : *Études sur la ferrure à glace avec figures*. L'auteur conseille le *crampon à vis cylindro-conique* à pas de vis très large.

L'étude de la ferrure à glace occupait alors l'esprit des hippiâtres. En 1880, *M. Lepinte*, vétérinaire militaire, proposa, pour l'armée, l'usage du *clou rivé*. C'est un clou à glace ordinaire, à demi-lame, à long et fort collet, qui entre dans une étampure étroite, percée à maigre et contre-percée plus à maigre encore. Ce clou est légèrement courbé sur la lame, et disposé en talus à sa pointe. Grâce à cette double disposition, il sort facilement en passant entre le fer et le pied, sans pénétrer dans la corne.

Un autre vétérinaire militaire, *M. Coutela* proposa également un système de *clou rivé*, de la forme d'un crampon carré.

M. Delpérier réclama d'ailleurs l'idée première de ces deux systèmes.

En 1880, nous devons citer l'apparition d'un livre qui se rapporte directement à notre étude : Recherches sur l'équitation militaire, *par un ancien soldat*. Il est dû à *M. Alexandre Gaume*, déjà avantageusement connu par ses *Causeries chevalines*, et ses *Remarques sur les chevaux de guerre*. Mais les Recherches sur l'équitation militaire ont particulièrement signalé M. Gaume à l'attention des officiers de cavalerie en montrant les données sérieuses de son opinion, qui devait, à juste titre, faire autorité. Nous regrettons de ne pouvoir nous étendre sur cette étude. Il est fâcheux que l'auteur — très humouristique — ait cédé quelquefois par trop à sa verve critique; quelques-unes de ses victimes pourraient vraiment réclamer un peu d'indulgence. Toute chose n'a-t-elle pas son bon côté et le progrès n'a-t-il pas l'éclectisme pour point de départ. Que les écuyers de notre époque soient des plagiaires au lieu d'être des inventeurs, qu'importe, pourvu que l'idée soit bonne et surtout qu'elle soit pratique; qu'on leur reconnaisse au moins le mérite de l'avoir mise à jour en leur pardonnant le plagiat. Il y a longtemps déjà qu'on a proclamé : *nihil novi sub sole*, et depuis lors on ne fait plus que du vieux neuf. En équitation, particulièrement, toutes les idées ont été émises, seulement elles ont été plus ou moins bien présentées, et surtout plus ou moins bien agencées les unes aux autres. C'est l'application qui varie surtout, et le progrès est tout entier dans les procédés. Tant mieux si l'idée est vieille comme le monde, c'est déjà une preuve qu'elle est simple, et tant mieux si elle a été ressassée, c'est une garantie pour que son application se soit épurée des procédés compliqués.

Les esprits chercheurs ont déjà le mérite de réveiller l'apathie de la tradition. Et nous serions exposés à bien d'autres mécomptes, s'ils se voyaient réduits aux seules ressources de leur imagination. Le vrai progrès est une greffe; mais toutes les greffes ne réussissent pas.

M. Gaume, dont l'autorité en matière d'équitation est indiscutable, a parfaitement raison de mettre ses lecteurs en garde contre les novateurs, et notre digression à ce sujet ne peut pas être prise pour une réfutation de cette idée. Il est bien certain que l'équitation subit le sort de toutes choses : les nouvelles théories se présentent pleines de séductions et ne trouvent que trop d'admirateurs empressés à les lancer comme ils lancent une mode.

Nous avons fait déjà plusieurs emprunts à M. Gaume, nous allons invoquer encore à cette date son opinion sur l'état de l'équitation en France.

« *Il nous paraît urgent de mettre une sourdine à notre anglomanie, ou* « *plutôt de la réduire à ses véritables proportions. Nous aimons, des Anglais,* « *la façon de produire, d'élever, de soigner les chevaux, de les entraîner et* « *de les monter en course ou derrière les chiens; mais il y a des bornes à tout.* « *Nous détestons en général la tenue des Anglais à cheval en dehors du turf;* « *à force de vouloir poser pour la nonchalance, ils ressemblent à des gens qui* « *ont dîné trop copieusement et que la digestion incommode. Quant à leurs* « *chevaux de selle (nous ne parlons pas ici du mérite intrinsèque du cheval,* « *mais de l'équitation du cavalier), ils n'ont, montés par eux, rien de gai, de* « *souple, ni de brillant; ils sont raides, moroses et aussi peu gracieux que* « *leurs maîtres......* »

« *L'équitation d'école, académique, classique, est aujourd'hui à peu* « *près tombée en désuétude, elle n'est plus de mode; le temps est à la vitesse* « *en toutes choses. Or, un cheval de haute école n'est pas vite, et un cavalier* « *capable de le dresser est encore plus lent... à former. C'est saltimbanque,* « *dit-on. (Il y a un siècle, c'était encore l'occupation des princes.) Saltim-* « *banque, pourquoi? Parce que, dit La Bruyère, dire d'une chose qu'elle est* « *bonne demande du bon sens Il est plus court de prononcer d'un ton décisif,* « *et qui emporte la preuve de ce qu'on avance, qu'elle est exécrable.*

« *La loyauté serait de dire que l'équitation d'école n'est plus de nos* « *goûts ni dans nos habitudes, qu'elle demande un apprentissage long et*

« *pénible auquel personne ne veut plus s'astreindre parce que les résultats* « *n'en sont ni compris, ni appréciés; mais la trouver ridicule, c'est agir* « *sottement.* »

Quant à ce qui concerne le cavalier militaire, nous avons suffisamment décrit l'état de la question, nous ne transcrirons que deux citations de M. Gaume, sur lesquelles il établit les données de l'équitation militaire.

Il cite d'abord une phrase de l'ouvrage du lieutenant-colonel Bonie : « La cavalerie française » : « *Le cavalier est destiné à lire dans les grands espaces et à se porter rapidement à l'horizon lointain, au moyen du cheval, qui est sa principale arme.* » La conclusion est qu'il ne saurait trop connaître le maniement de cette arme, surtout s'il a l'honneur d'être chef.

Plus loin, il ajoute : *Les militaires doivent ne pas oublier l'axiome :* « *tout pour la guerre,* » *et songer que le vieux dicton plaisant :* « *pendant* « *qu'ils rassemblaient leurs chevaux, les ennemis se rassemblèrent en grand* « *nombre* », *a pour point de départ une idée juste.*

1880

ÉTAT-MAJOR DE L'ÉCOLE

Des Roys	Colonel comm. l'Éc.	
Danloux	L^{t}-col. comm. en 2e.	
Chauveau de Bourdon	Ch. d'esc.	instr. en ch.
D'Esclaibes d'Hust	Ch. d'esc.	
Piétu	Ch. d'esc. écuy. en ch.	
Tordeux	Ch. d'esc., dir. des ét.	
Mesple	Major.	
Le Bailly	Capitaine trésorier.	
Lefranc	Capit. d'habillement.	
Robert	Lieut. adj. au trés.	
Mailly	Lieut. porte-étend.	
Delherm de Novital		
Richard		
De Clauzade de Mazieux		
De Pontac		
Guyon		
Du Gardier		
De Seroux	Capit. instructeurs.	
De Hédouville		
Ginet		
Stévenin		
Frœlinger		
Brochet		
Mordacq		
D'Aviau de Piolant		
De Sesmaisons		
Isle de Beauchaine	Capitaines écuyers.	
Mallet		
Marette de Lagarenne		
Picot de Vaulogé	Lieut.	
Sieyes	Lieut.	
De Cahouet	Lieut.	
Leddet	Lieut.	s.-écuyers.
Gay de Nexon	S.-lieut.	
Chrestien de Poly	S.-lieut.	
Le Moine des Mares	S.-lieut.	
Humbel	Capit. d'état-major s.-dir. des études.	
Laude	Cap. prof. d'allemand	
Verschneider	Cap. prof. de grammaire.	
De la Panouse	Cap. prof. d'hist. et de géographie.	
Picard	Cap. prof. d'arith. et de géométrie.	
Ferrandier	Cap. du génie prof. de phys. et de chimie.	
Cohadon	Capit. d'artill. prof. d'artill. et de fortifi.	
Aubois	Cap. s.-dir. de l'arç.	
Raoult-Deslongchamps	Médec. pr. de 1re cl.	
Gavoy	Médec. maj. de 1re cl.	
Villiès	Médec. aide-major de 1re classe.	
Bizot	Vétérinaire principal	
Barthes	Vét. en 1er, pr. de maréchalerie.	
Jacoulet	Vétérinaire en 2e.	

OFFICIERS ÉTRANGERS

SUIVANT LES COURS DE L'ÉCOLE

Platen	S.-lieut. dragons de Scanie	Suède.
D'Essen	S.-lieut. hussards de la garde	

LIEUTENANTS D'INSTRUCTION DE CAVALERIE

Maitre.
Mahot.
De Miramon.
Virvaire.
Dubois.
De Brémond d'Ars.
De Font-Réaulx.
Martineau.
Sieyès.
Guérin.
De Grailly.
Leddet.
De Brauer.
De Tréverret.
Tétard.
Darget.
Chassery.
De Lur-Saluces.
Bouchard.
Champenois.
De Chamisso.
De Valicourt.
Renard.
Toussaint.
Lambert.
De Partz.
Charles. . 2e ch. d'Af.
Chatelain.
Clavel.
Charles . . 16e drag.

LIEUTENANTS D'INSTRUCTION D'ARTILLERIE ET DU TRAIN

De Fraville.
Renaut.
Spilleux.
Pichot.
Pareau.
Béranger.
Battet.
Ruel.
Monier.
Bellon.
Boyer.
Souriau.
Lagneau.
Jacquot.
Pigeon.
Vidal.
Balfourier.
Allais.
De Chevannes.
Daniou.
Collot.
Germain.
Chastel.
Baric.
Matton.
Verlaque.
Gerbeau.
De Sarrazin.
Beauchat.
Civiale.
Bouin.
Arnaud.
Herquier.

SOUS-LIEUTENANTS OFFICIERS ÉLÈVES

De Failly.
Lefort.
De Miré.
Lacroix.
De Lagarde.
De Lamotte (M.).
Allenou.
Corvisart.
Beaudemilin.
Houillon.
De Terrasson.
Keller.
Périer.
De Gramon.
De Beauchamps.
D'Oncieu.
Burette.
De Bourgoin.
De Boisgelin.
Du Frétay.
De Latour.
Dodelier.
De Casteras.
Petetin.
Labouré.
Maquaire.
Lewé.
Ritleng.
De Beauregard.
De Lamotte (P.).
Requichot.
Raymond.
Romazotti.
De Tarragon.
De Curel.
De Boisauger.
De Fontaines.
De Monestrol.
De Cheffontaines.
Colin.
Dalton.
De Laval.
De Laage.
D'Arnoux.
De Dieuval.
Pochet.
De Lorière.
Hairon.
D'Arcangues.
Desfontaines.
De Beaurepaire.
De Lassus.
De Caix.
Levylier.
De Cugnac.
De Balorre.
De Pourtalès.
Vallée.
Dureault.
Malin.
De Guitaud.
De Verneville.
De la Loge.
De la Chapelle.
Lyautey.
De Genlis.
De Lapeyrière.
De Trémont.
Prissé.
Barreau.
Gueswiller.
De Forestier.
De la Chevrelière.
Chevillotte.
De Polinière.
Bivert.
De Tilière.
Gouget.
Lewden.
De Terves.
Amadieu.
De Civrieux.
Jaubert.
De Montfort.
De Vaulchier.

SOUS-OFFICIERS ÉLÈVES OFFICIERS

Première Division.

Vauthier.
Descaves.
Luce.
De Fontclare.
Petot.
Van-Assche.
Des Arsis.
Epailly.
Tallon.
Cahu.
Thouvenin.
Perrier.
De Coma.
Cintrat.
Benois.
Blachère.
Pinnelli.
De la Bourdonnaye.
Lavaud.
De Montcabrié.
Jacquinot.
Bourelle.
De Vaulserre.
De Jumilhac.
Terracol.
Testot-Ferry.
Marchet.
Blot.
De la Rochefoucault.
De Brienne.
De Boulémont.
Salez.
Bardet.
Woelckel.
Collomb.
De Fontaines.
Gimbert.
Durr.
Michel.
Defrance.
Centieu.
Robert.
De la Bedoyère.
Bergé.
Delagrange.
Des Chevannes.
Des Rieux.
Deslandes.
De Beaurepaire.
Lacré.
Joly.
Druais.
Monnier.
Millereau.
Ducluzeau
Dufourc.
Bergeret.
Fressanges.
De Vaux.
Bonnet.
De Moulinard.
Carlevan.
Boncorps.
Bernard.
Echard.
Vanacker.
De Saint-André.
Beauvieux.
D'Albignac.
Pruvot.
Terme.
Petit.
Armilhon.
Guilbert.
Cornereau.
De Beauséjour.
Abdelal.
De la Plégnière.
De Beaufranchet.
De Mas Latrie.
Noel.
Boullenot.
Douat.
Maujean.
Bouy.
Pailler.
De Miribel.
Du Laurens.
De Grateloup.
Keslin.

Deuxième Division.

Laurent.
De Semainville.
De Saint-Sernin.
Koenig de Vaubicourt.
De Milleville.
Guynet.
Roux.
Imbert.
De Porcaro.
Delermoy.
Baumgartner.
Duperray.
Carvalho.
Choulet.
Chauvin.
Grabias.
Gillois.
Grillot.
Darrientort.
Vernet.
Billot.
Loret.

De Piennes.
Delmas.
De la Brunière.
Talrot.
Marican.
De Hédouville.
Audéoud.
Viard.
Delamaire.
Le Roy.
Kuntz.
Batail.
Rémy.
Solas.
Pasquier.
Brégi.
Rosse.
Roullaud.
Schmitt.
Terras.
Desbaines.
Aubertin.

Chapelle.
Grandjean.
De Bellevue.
Singer.
Lemaitre.
De Givry.
De la Villestreux.
Aldedert.
Guillaud.
Peypenin.
Pochet.
Poutord.
Dalmay.
Le Forestier.
Drapé.
Pélissier.
Louvel.
De Saint-Sauveur.
Goulette.
De Kéroman.
Noettinger.
Duparc.

Darde.
Michiels.
James.
Auriac.
Gabrielli.
Grousset.
Cousteix.
De Tournadre.
Sollier.
De Précorbin.
Meyer.
Esnol.
Marguerite.
Molère.
De Robernier.
Lescun.
De Fitz-James.
Girard.
Reynaud.
De Narp.
De la Flèche.
Dombey.

AIDES-VÉTÉRINAIRES STAGIAIRES

Joyeux.
Caussé.
Bardet.
Mansis.
Bringard.
Halma.
Cazimir.
Bouland.

Girard.
Chenot.
Wachmar.
Fichet.
Beuquoy.
Griffaut.
Rousselot.
Brocheriou.

Hopsomer.
Beugnot.
Périé.
Martin.
Monniot.
Legendre.
Boisse.

Korper.
Redon.
Pierçon.
Laborde.
Ferrand.
Lasserre.
Rodhain.

Au mois de février 1881, vingt des aides-vétérinaires stagiaires à l'École furent détachés pendant la durée d'un mois dans les dépôts de remonte.

Au mois d'avril, l'École eut la visite du général *Barumdia*, ministre de la guerre du Guatemala.

La première division des élèves officiers quitta l'École le 30 avril. Le jury de ses examens de sortie fut présidé par le général *de Galliffet*. Il se composait ainsi qu'il suit : MM. le lieutenant-colonel *Poupon* ; les chefs d'escadrons *Mouchet* et *Jeantet* ; les capitaines *Dassier des Brosses* et *Niel*.

Du 15 mai au 15 juin, les aides-vétérinaires stagiaires furent mis à la disposition des généraux commandants des corps d'armée pour entrer dans la composition des commissions de réquisition de chevaux.

Le 26 mai 1881, parut un nouveau règlement sur l'organisation de l'École. Nous n'en transcrirons que les innovations.

Il est formé, à l'École de Saumur, les catégories d'élèves suivantes :

Division d'*officiers d'instruction de cavalerie et d'artillerie*. — Division d'*officiers-élèves*. — Division de *sous-officiers élèves-officiers*. — Division d'*aides-vétérinaires stagiaires*.

L'École reçoit en outre : des *cavaliers élèves-télégraphistes*, qui viennent s'exercer au maniement des appareils de télégraphie électrique et optique ; des *élèves maréchaux ferrants*, provenant des corps de troupes à cheval.

Pour toutes les divisions, sauf celle des élèves-télégraphistes, la durée des cours est de onze mois. Ils commencent le 1er octobre de chaque année, et se terminent le 31 août de l'année suivante. Pour les élèves-télégraphistes, la durée des cours est indiquée plus loin.

Le cadre constitutif de l'École est composé comme il suit :

1 général de brigade ou colonel, commandant ; — 1 colonel ou lieutenant-colonel, commandant en second ; — 2 capitaines faisant fonctions d'adjudants-majors ; — 1 major ; — 1 capitaine d'habillement ; — 1 capitaine trésorier ; — 1 lieutenant ou sous-lieutenant, porte-étendard et adjoint à l'habillement ; — 1 lieutenant ou sous-lieutenant, adjoint au trésorier ; — 7 commis d'administration, dont un secrétaire du commandant de l'École.

Instruction militaire. — 1 chef d'escadrons, instructeur en chef ; — 5 capitaines instructeurs, dont un de remplacement.

Enseignement équestre. — 1 chef d'escadrons, instructeur en chef ; — 4 capitaines instructeurs d'équitation, dont un de remplacement ; — 5 lieutenants et 2 sous-lieutenants, sous-instructeurs, dont un lieutenant de remplacement.

Enseignement général. — 1 chef d'escadrons, directeur des études et professeur d'art militaire et de topographie ; — 1 capitaine, sous-directeur des études et professeur adjoint d'art militaire et de topographie ; — 1 lieutenant, professeur d'histoire et de géographie militaires ; — 1 capitaine, professeur de fortification et de sciences appliquées à l'art militaire ; — 1 capitaine, professeur d'allemand ; — 1 professeur de télégraphie.

Service médical. — 1 médecin principal ; — 1 médecin major de 2e classe ; — 1 médecin aide-major.

Service et enseignements vétérinaires. — 1 vétérinaire principal ; — 1 vétérinaire en premier ; — 1 vétérinaire en deuxième.

L'effectif, en chevaux, de l'École est composé et réparti comme il suit : 150 chevaux de manège ; 210 chevaux de carrière ; 230 chevaux d'armes ; 8 chevaux de fourgon. — Total, 598 chevaux.

L'École comprend, en outre, environ : 200 chevaux de l'École de dressage ; 55 chevaux des lieutenants d'instruction ; 65 chevaux des élèves officiers. — Total, 320. — Total général, 918 chevaux.

Le personnel du cadre porte l'uniforme de l'École, mais qui ne comporte plus, pour la tenue de manège, le chapeau à l'écuyère.

Les officiers d'instruction conservent la tenue de leur corps ; ils portent pour les exercices équestres la culotte de manège en drap bleu foncé.

Les officiers élèves ont l'uniforme de l'Ecole, sans les aiguillettes.

Les sous-officiers élèves officiers conservent la tenue de leur corps ; ils font usage, pour les exercices de cheval, de la culotte en drap bleu foncé et de la botte.

Officiers d'instruction de cavalerie. — Les officiers d'instruction de cavalerie sont choisis parmi les lieutenants remplissant, au point de vue de l'aptitude, de l'instruction et de l'ancienneté de grade, les conditions voulues pour pouvoir être inscrits au tableau d'avancement à leur sortie de l'Ecole. Ils ne devront pas avoir plus de trente et un ans au 31 décembre de l'année où ils commencent leur cours.

Les matières de leur enseignement sont les suivantes :

1° *Les règlements d'exercices de la cavalerie* (en France et à l'étranger) ; — 2° *L'équitation.* — 3° *L'hippologie.* — 4° *Art militaire et législation.* — Étude de notre organisation et de nos principales lois militaires. — Historique de la cavalerie depuis l'antiquité jusqu'à nos jours. — Tactique des trois armes. — Marches. — Conduite et emploi de la cavalerie opérant en liaison avec les autres armes. — Chemins de fer et télégraphie militaire. — Application en terrain varié du service en campagne et de la tactique de la cavalerie. — 5° *Topographie.* — Connaissance du terrain. — Appréciation de sa valeur militaire. — Usage des cartes. — Levés expédiés. — 6° *Artillerie.* — Connaissance du matériel en service. — Effets de tir. — Service des pièces. — Ponts militaires. — Armement des puissances étrangères. — 7° *Fortification*. — Eléments de fortification passagère. Ouvrages de campagne. — Mise en état de défense des lieux habités et des accidents du sol. — 8° *Notions pratiques élémentaires de télégraphie militaire*. — *Conduite d'un train de chemin de fer*. — *Emploi des substances explosives*. — 9° *Allemand*.

A la fin des cours, il est établi une liste de classement par rang de mérite. Les officiers compris dans la première moitié de cette liste, sont inscrits d'office au tableau d'avancement, s'ils ont obtenu la mention *très bien*.

Un mémoire de proposition pour l'obtention immédiate du grade de capitaine est établi en faveur du numéro 1. Le même avantage est accordé au numéro 2, s'il y a plus de trente officiers de classés.

OFFICIERS D'INSTRUCTION D'ARTILLERIE. — Les lieutenants d'artillerie sont envoyés à Saumur dans le but d'acquérir les connaissances équestres qui leur sont nécessaires comme instructeurs d'équitation. On doit, en outre, en vue de leur affectation aux batteries à cheval, les initier à la tactique et à l'emploi de la cavalerie.

Ils suivent les mêmes cours que les lieutenants de cavalerie ; ils sont seulement dispensés des cours d'artillerie et de fortification, qui leur sont familiers.

Ces officiers sont classés à part.

OFFICIERS ÉLÈVES. — Les officiers élèves sont envoyés à Saumur dans le but d'y compléter leur instruction équestre et militaire.

Ces élèves, ayant appris à Saint-Cyr le règlement d'exercices jusqu'à l'école de peloton inclusivement, étudient à Saumur les écoles d'escadron et de régiment ; mais leurs exercices pratiques embrassent la répétition des parties déjà enseignées, ainsi que la direction à tous les degrés, et le commandement de classes d'instruction.

Les applications du service en campagne sont pour eux l'objet d'une étude suivie.

Les notions d'hippologie, qu'ils ont déjà acquises, sont approfondies et complétées.

En matière d'enseignement général, il n'est fait aux officiers élèves qu'un cours d'histoire militaire et un cours d'allemand. Mais ils sont interrogés une fois par mois sur les cours qui leur ont été professés à Saint-Cyr.

Histoire militaire. — Histoire militaire contemporaine, depuis la campagne de Crimée jusqu'à nos jours, et géographie des contrées qui ont servi de théâtre aux campagnes étudiées.

L'équitation, le dressage et les différents détails du service intérieur sont pratiqués journellement par les officiers élèves.

Ils sont exercés à l'escrime et au tir de la carabine et du revolver.

SOUS-OFFICIERS ÉLÈVES OFFICIERS. — Les sous-officiers élèves officiers sont envoyés à Saumur sur la proposition des inspecteurs généraux et la désignation d'une délégation de généraux, nommée par le ministre.

Leurs cours, purement militaires, comportent l'étude et l'application du règlement du 17 juillet 1876 et des divers services, surtout du service en campage; l'équitation ; le dressage ; l'hippologie.

Leurs cours ont pour objet : *Art militaire et législation*. — Étude de notre organisation et de nos principales lois militaires. — Notions élémentaires sur la tactique des trois armes, sur la conduite et l'emploi de la cavalerie opérant en liaison avec les autres armes. — Petites opérations de la guerre. — Applications en terrain varié du service en campagne et de la tactique de la cavalerie. — *Histoire et géographie militaires*. — Campagnes du premier Empire et campagnes contemporaines. — Géographie militaire de la France et de l'Europe centrale. — *Notions de sciences appliquées à l'art militaire*. — Chemins de fer. — Télégraphie militaire. — Métallurgie des métaux usuels. — Principales applications de la lumière, de l'électricité et de la chaleur aux arts militaires. — *Topographie*. — *Artillerie*. — *Fortification*. — Mêmes programmes d'ensemble que pour les lieutenants d'instruction, en les réduisant aux notions élémentaires. — *Allemand*.

Tous les sous-officiers élèves officiers sont remis, à leur arrivée à l'École dans l'emploi de maréchal des logis.

Ceux qui seraient libérables pendant leur séjour à l'École devront souscrire, avant d'y entrer, un nouvel engagement.

Les sous-officiers élèves officiers portent sur leur uniforme un signe distinctif; ils ne doivent le salut ni aux adjudants, ni aux maréchaux des logis chefs, ou autres sous-officiers des corps de troupe ; ils y ont droit de la part des brigadiers et ces cavaliers.

Tous les sous-officiers élèves officiers qui satisfont, avec la note *bien*, aux examens de sortie, sont nommés de suite au grade de sous-lieutenant. Ils prennent rang d'après leur numéro de sortie.

Aides-vétérinaires stagiaires. — Les aides vétérinaires nouvellement promus et qui ont satisfait aux examens, sont envoyés à l'École de cavalerie pour y faire un stage d'un an, avant d'être dirigés sur les corps de troupes à cheval.

Ils sont placés spécialement sous la direction du vétérinaire principal, qui leur fait un cours d'hippologie et profite de tous les éléments d'instruction de l'École pour les initier à la pratique de la médecine vétérinaire et du service régimentaire.

Les aides-vétérinaires stagiaires concourent, dans l'intérêt de leur instruction, au service sanitaire de toutes les catégories de chevaux, à celui de l'infirmerie vétérinaire et à celui de la maréchalerie.

Ils sont exercés à établir des rapports journaliers et de fin d'année, ainsi que toutes les écritures relatives à leur emploi dans les régiments.

Ils remettent, le 1er de chaque mois, au vétérinaire principal, un rapport détaillé sur une question de médecine vétérinaire ; ce rapport est conservé par lui pour être mis sous les yeux de l'inspecteur général.

Ils reçoivent des leçons d'équitation, sur des bases conformes aux besoins de leur spécialité. — Cette instruction est donnée par un lieutenant sous-instructeur d'équitation.

Les aides-vétérinaires stagiaires souscrivent, en entrant à l'École, un engagement d'honneur de servir, comme vétérinaire, pendant six années, à partir de l'expiration de leur stage. Dans le cas où leur démission serait acceptée avant la fin de cette période, ils devront rembourser au Trésor la somme qui représente la première mise d'équipement qui leur a été allouée ; ils seront exclus de tout emploi de vétérinaire de réserve ou de l'armée territoriale.

Ceux d'entre eux qui seraient renvoyés de l'École, seront dispensés du remboursement, mais ils devront suivre le sort de la classe à laquelle ils appartiennent.

Une batterie à cheval est détachée tous les ans à Saumur, pendant trois mois, pour l'instruction des élèves de l'École. Les cours d'artillerie sont faits par un des officiers de cette batterie.

Les *examens de sortie* ont lieu chaque année au mois d'août, à des jours fixés par l'inspecteur général, de concert avec le commandant de l'École.

Les examens des divisions d'officiers sont passés devant un jury composé : De l'inspecteur général, président ; de deux colonels ou lieutenants-colonels ; de quatre chefs d'escadrons ; de trois capitaines. Tous ces officiers sont choisis en dehors du cadre de l'École.

Le jury est subdivisé, par l'inspecteur général, en trois sous-commissions chargées de l'examen : la première, de l'instruction militaire théorique et pratique ; la seconde, de l'instruction équestre et de tout ce qui s'y rattache ; la troisième, de l'enseignement général.

Le jury délègue une sous-commission composée : d'un colonel ou lieutenant-colonel, président, de deux chefs d'escadrons, de deux capitaines, pour procéder à l'examen et au classement des sous-officiers élèves officiers.

Le minimum de moyenne générale exigé pour qu'un élève soit considéré comme ayant satisfait aux examens de sortie et puisse être classé, est fixé à 12 pour l'équitation et pour l'instruction militaire, à 10 pour l'instruction générale.

Les élèves doivent, en outre, avoir obtenu dans chaque cours en particulier une moyenne au moins égale à 6 pour l'instruction générale, et à 8 pour l'instruction militaire. Le minimum de 4 sera néanmoins toléré pour l'allemand.

Les coefficients sont calculés de manière que chaque branche d'instruction : équitation, enseignement militaire et enseignement général, ait une influence égale dans le classement.

ANNEXES DE L'ÉCOLE DE CAVALERIE

CAVALIERS ÉLÈVES TÉLÉGRAPHISTES. — Chaque année, à l'appel des classes, le Ministre fixe le nombre des cavaliers que les régiments devront envoyer à Saumur en qualité d'élèves télégraphistes. Ils sont choisis parmi les jeunes soldats n'ayant pas appris encore le maniement des appareils et jugés susceptibles de recevoir cette instruction. Ils forment, à l'École, une division spéciale, qui suit un cours de télégraphie militaire pratique, sous la direction du professeur de télégraphie.

Les cours commencent quelques semaines après l'appel de la classe et se terminent dans le courant de juillet.

Au point de vue de l'instruction militaire, les élèves télégraphistes sont exercés à l'école du cavalier à pied et à cheval, à l'école du peloton et au service en campagne.

A la fin du cours, ils sont renvoyés dans leurs régiments, et ils y concourrent pour l'avancement ; le grade de brigadier peut être donné à ceux qui ont été le mieux notés à l'École de Saumur.

Aussitôt après le départ de ces cavaliers élèves télégraphistes, un second cours de télégraphie militaire est ouvert à l'École. Les régiments y envoient des cavaliers appartenant à la dernière classe de recrutement, qui auront appris l'emploi des appareils antérieurement à leur incorporation, et des cavaliers plus anciens de service, qui auraient été instruits dans les bureaux télégraphiques des garnisons. Le nombre de ces élèves est déterminé, chaque année, par le Ministre. Leur cours doit n'avoir qu'une durée de trois mois, il a pour but l'enseignement spécial de la télégraphie militaire et des exercices pratiques et extérieurs qu'elle comporte.

ÉLÈVES MARÉCHAUX FERRANTS. — Des élèves maréchaux ferrants, provenant des régiments et ayant terminé leurs classes, sont désignés, chaque année, pour suivre le cours de l'École de maréchalerie.

Ce cours comprend l'étude théorique et pratique du manuel de maréchalerie et l'instruction primaire du premier degré.

En principe, la durée du cours est de onze mois, du 1er octobre au 1er septembre. Mais les examens pour l'obtention du brevet de maître maréchal sont semestriels. Tout élève maréchal qui obtiendra le brevet après cinq mois et demi de cours, rentrera à son corps. Le corps pourra le remplacer à l'École de maréchalerie par un autre élève, également susceptible d'être breveté aux derniers examens semestriels.

Les élèves maréchaux brevetés à cinq mois et demi seront choisis, de préférence, pour les emplois vacants dans les Écoles et dans les établissements de remonte.

Le chiffre des élèves maréchaux est déterminé chaque année par le Ministre.

ÉCOLE DE DRESSAGE. — L'École de dressage, annexée à l'École de cavalerie, a pour but : 1° de mettre à la disposition des élèves les ressources nécessaires pour s'exercer au dressage ; 2° de former les chevaux destinés aux autres Écoles et à la remonte des officiers généraux.

Les chevaux difficiles des régiments peuvent lui être envoyés pour être soumis à un nouveau dressage méthodique.

L'École de dressage est sous la direction immédiate du chef d'escadrons instructeur en chef d'équitation. Un lieutenant sous-instructeur d'équitation lui est spécialement affecté.

L'achat et la livraison des chevaux nécessaires à l'École de cavalerie s'effectuent de la manière suivante.

1° Les chevaux de pur sang sont achetés, pour le plus grand nombre, directement par une commission d'officiers de l'École, qui se transporte dans les centres d'élevage et d'entraînement, et y exerce son mandat d'après les conditions fixées par le Ministre.

2° Les chevaux de carrière sont achetés par le service des remontes, mais ne sont envoyés à Saumur qu'après avoir été reconnus aptes par le chef d'escadrons instructeur en chef d'équitation, ou par un des officiers sous ses ordres, délégué à cet effet. — En cas de divergence d'appréciation entre l'officier de l'École et le service des remontes, la question est soumise au Ministre.

Quelques chevaux de pur sang peuvent être achetés, dans les mêmes conditions, par le service des remontes.

3° Les chevaux d'armes, choisis parmi la catégorie des chevaux de tête, sont fournis à l'École de cavalerie dans les mêmes conditions qu'aux corps de troupes.

Un certain nombre de chevaux anglo-arabes, élevés dans le Midi, sont affectés au service du manège, concurremment avec les chevaux de pur sang. Leur achat et leur livraison ont lieu suivant les règles prescrites pour les chevaux de carrière.

Atelier d'arçonnerie. — L'atelier d'arçonnerie est chargé de l'établissement des modèles de harnachement, et de la confection d'arçons pour selles de chevaux de troupe.

Le chef d'escadrons instructeur en chef de l'enseignement équestre en a la surveillance.

Les marques distinctives des élèves officiers de l'École de cavalerie furent fixées le 25 juin. Ils devaient porter le képi d'adjudant et une grenade d'or ou d'argent sur le képi, ainsi qu'au collet de la tunique ou du dolman.

Le 2 juillet, les lieutenants d'instruction, accompagnés de plusieurs officiers du cadre, furent encore conduits à Poitiers, aux écoles à feu de l'artillerie. Ce fut la dernière année, car, d'après le règlement, une batterie devait venir à Saumur pour l'instruction des élèves.

Courses de Verrie, 3 juillet.

Military cross country. — Un objet d'art. — Pour officiers en activité de service, montant des chevaux d'armes. — Premier, *Sapristi*, monté par *M. de Molleveaux.* — Deuxième, *Élégante*, montée par *M. d'Amécourt.* — Troisième, *Daphné*, montée par *M. de Roujoux.*

Prix du Fagot. — Pour gentlemen. — Première, *Golgozana*, montée par *M. d'Harambure.* — Deuxième, *Crésus*, monté par *M. d'Orglandes.*

Le 8 juillet, l'École se transporta à Tours pour y donner, le 10, un carrousel, à l'occasion des fêtes qui s'y célébraient : 94 officiers, 127 sous-officiers, brigadiers et cavaliers, 135 chevaux. Ce fut un succès complet.

Premier jour de courses de Saumur, 29 aout.

Course militaire. — Premier, *Gaiac*, monté par *M. Levillain.* — Deuxième, *Élégante*, montée par *M. de Redon.* — Troisième, *Daphné*, monté par *M. de Roujoux.*

Steeple militaire. — Premier, *Mameluck*, monté par *M. d'Harambure.* — Deuxième, *Corsaire*, monté par *M. Lian.*

Course de haies. — Pour MM. les sous-lieutenants élèves. — Premier, *Titus*, monté par *M. Théron.* — Deuxième, *Palme*, montée par *M. du Rey.*

Steeple chase des sous-écuyers de l'École. — Premier, *Guetteur.* — Deuxième, *Lolo*, monté par *M. Lhuillier.* — Troisième, *Agathos*, monté par *M. de Bellaing.*

Deuxième jour de courses, 31 aout.

Poule de Hacks (gentlemen). — Premier, *King Georges*, monté par *M. de Briailles.* — Deuxième, *Carrousel*, monté par *M. de Nexon.* — Troisième, *Golgozana*, monté par *M. d'Harambure.*

En 1881, l'inspection de l'École fut passée par le général *de Galliffet*. Le jury des examens de sortie était composé ainsi qu'il suit :

Le général *de Galliffet*, inspecteur général, président ; les lieutenants-colonels *de Briey* et *de Kermartin* ; les chefs d'escadrons *de la Rochethulon*, *Mouchet*, *de Coniac*, et *de Girardin* ; les capitaines *de Broissia*, *Bourdès* et *de Vibraye*. Pour les vétérinaires stagiaires, MM. *Duplessis*, *Féger*, *Capon*, vétérinaires principaux.

Le 15 septembre, le Ministre de la guerre informa le commandant de l'École qu'il avait autorisé le *général baron de Lederer* et le *colonel chevalier de Gattemberg*, de l'armée austro-hongroise, à visiter l'École, ainsi que le *général baron Meyendorff*, attaché à la personne de S. M. l'Empereur de Russie.

Le 3 décembre, l'épée fut supprimée de la tenue des officiers du cadre de l'École et remplacée définitivement par le sabre.

Le 20 Septembre, le *commandant de Bellegarde* reçut la direction du manège de l'École de cavalerie.

Le commandant de Bellegarde avait débuté le 9 novembre 1860, comme élève à l'École spéciale militaire, d'où il était sorti le 1er octobre 1862 avec le grade de sous-lieutenant au 2e chasseurs. Le 25 octobre 1864, à l'issue de son cours de sous-lieutenant d'instruction, il était maintenu à l'École comme sous-écuyer et il passait lieutenant le 10 août 1868. Il fit la campagne de 1870 à l'armée de Metz à partir du 25 juillet et fut prisonnier de guerre du 29 octobre 1870 au 13 avril 1871. Le 13 décembre de la même année, il fût détaché comme sous-écuyer à Saint-Cyr, passa capitaine le 23 avril 1872 et, le 20 novembre, vint à l'école de cavalerie, d'où il fut envoyé, avec son emploi, à l'École d'État-major, le 12 octobre 1875. Le 20 septembre 1881 il revenait à Saumur comme écuyer en chef et le 3 octobre suivant était nommé chef d'escadrons dans les mêmes fonctions.

Le commandant de Bellegarde est une organisation exceptionnelle comme homme de cheval, il possédait le sentiment de l'équitation au plus haut degré. Doué d'une main excellente et d'une puissance de jambes extraordinaire; il donnait à ses chevaux un brillant et une hauteur d'allures tout-à-fait surprenants. Sachant attaquer avec beaucoup de justesse, il se servait particulièrement de ce moyen pour s'envoyer le cheval sur la main qui le recevait avec une habileté de doigté très remarquable. Il avait une fixité de jambes étonnante quoique montant très long. Se préoccupant constamment de hausser l'encolure, il se servait beaucoup du jeu alternatif de la bride et du filet, ce dernier presque toujours dans la main droite ; aussi ses chevaux avaient-ils tous une fièreté d'attitude toute caractéristique, très hauts, très justes et très coulants, mais surtout très engagés de l'arrière-main, ce qui les faisait différer absolument des chevaux du commandant Dutilh, toujours détendus et l'encolure allongée.

C'étaient d'ailleurs des chevaux très agréables à monter pour tout cavalier quand ils sortaient des mains de l'écuyer en chef, mais qui se défaisaient quelquefois quand il ne les maniait plus depuis quelque temps. Pour lui, ils ne semblaient pas avoir changé tant il avait d'habileté à les raccorder. D'ailleurs, il excellait à monter à première vue les chevaux les plus difficiles. Et quand il travaillait un cheval, il le travaillait tellement serré qu'il avait coutume de dire qu'il ne fallait pas demander plus de vingt minutes de reprise au manège.

Il aimait les chevaux chauds, en rapport avec son tempérament, et il savait en tirer un tel parti, en régularisant leur ardeur, que d'un cheval brouillon il faisait un cheval remarquable.

Il n'était pas moins habile pour mettre un sauteur dans les piliers et en liberté; le seul souvenir de *Carlos* et d'*Alcibiade* le prouve surabondamment.

Ce fut lui qui installa à Saumur le steeple circulaire pour le dressage à la longe.

Très connaisseur en chevaux, il fit, pour l'École, des remontes qui ont marqué. Nous citerons entre autres les hunters anglais qu'il acheta pour la carrière.

Comme enseignement, on ne peut pas dire qu'il avait une méthode à lui, mais il avait dans l'application des idées toutes personnelles. Nous allons essayer de les retracer en donnant le canevas de ses propres instructions aux écuyers sous ses ordres, pour leur enseignement.

Il est bon de se souvenir toutefois que cet enseignement équestre s'adresse à des cavaliers dont on ne fait que *reprendre* l'instruction en insistant sur le côté *démonstratif*.

Le premier mois : *Assouplissement pour donner au cavalier deux qualités indispensables, la confiance et le goût du cheval. — Les deux tiers de la reprise au repos — Conduire avec une seule main ; le plus près possible du pommeau, les rênes un peu longues. — Habituer dès le début les élèves à la fixité de la main (et non l'immobilité) en rapport constant et égal avec la bouche du cheval. — A la fin du mois faire passer la barre, d'abord par terre. Ce saut doit être considéré comme un assouplissement. Le cavalier doit tenir les rênes dans une seule main et les avoir longues ; pour prendre une bonne assiette et assouplir son rein, il doit caresser avec l'autre main sur le flanc, en arrière de la cuisse, le plus bas possible.*

— Employer toutes les allures pendant cette période, mais pas raccourcies, particulièrement le galop, qui est un très bon assouplissement s'il est un peu allongé.

Deuxième mois. — *Début des principes d'équitation jusqu'au départ au galop. — Réglage des allures. — Dans l'appuyer, arrêter tous les deux ou trois pas, tâcher d'obtenir une descente de main et repartir. — Notions sur le rôle dévolu à la force musculaire d'une part et au poids d'autre part; expliquer leur secours mutuel et leur accord, — Inclinaison du corps; application, allongement et ralentissement d'allure.*

Troisième et quatrième mois. — *Assouplissements du genou, de la cuisse et du pied comme préparation aux étriers. — Étriers (très longs). — Chaussés au début et pointe du pied baissée pour donner au cavalier l'habitude de conserver le mollet adhérent au corps du cheval. — Rapport constant des jambes. — Demi arrêt. — Arrêt. — Bride. — Pendant quelques jours on tiendra les rênes à l'anglaise, rênes droites main droite, rênes gauches main gauche, la rêne de filet au-dessous du petit doigt. — Enseigner les différentes tenues des rênes et en démontrer les avantages et les inconvénients. — Recommander: Bride dans la main gauche, filet dans la main droite, excellent dans le dressage pour placer la tête et tromper le point d'appui. — Demander que le cheval soit toujours placé de la tête aux hanches en rapport exact avec la ligne à suivre. — Départ au galop. — Appuyer au galop — commencer les changements de pied; exemple: le cheval galopant à gauche, agir au moment où le membre antérieur gauche pose à terre pour faire pivoter plus aisément l'arrière-main sur l'avant-main. — Si un cheval est plus difficile à galoper sur un pied que sur l'autre, recommander le trot enlevé sur ce pied.*

Cinquième et sixième mois. — *Continuation du même travail. — Trot enlevé, d'abord avec étriers chaussés. — Moyens de changer de diagonal. — On commencera à aller dehors, jamais sur les routes.*

Septième mois et suivants. — *Travail à l'extérieur et travail de manège de plus en plus serré; beaucoup de travail à volonté, désigner à chaque cavalier un espace restreint dans lequel il doit travailler sans jamais empiéter sur le terrain du voisin.*

Quant au dressage, le commandant de Bellegarde recommandait la progression Dutilh; mais il y ajoutait certaines idées, comme celle-ci par exemple: *A la fin de la première période, le cheval devra commencer à rouer son encolure et rapprocher la tête du poitrail chaque fois qu'il y aura traction sur les rênes, et au contraire allonger l'encolure et éloigner la partie inférieure de la tête si on laisse les rênes glisser dans les doigts. — Le cheval doit toujours chercher le mors.*

Dans les reprises de dressage qu'il faisait aux écuyers, il expliquait ses idées à chacun tout en laissant la plus grande initiative pour l'enseignement : *Le cheval s'assouplit surtout au petit trot. Pour l'avant-main, le meilleur procédé est l'épaule en dedans. Pour l'arrière-main la serpentine au petit trot en demandant le tourner par des effets latéraux rêne gauche et jambe gauche, rêne droite et jambe droite, en balançant les hanches d'une jambe dans l'autre. C'est le meilleur acheminement vers le départ au galop.*

Il faut attendre d'être en bride pour employer les assouplissements à pied comme correctifs des défauts particuliers au cheval. Premièrement : *Avoir le cheval calme et droit à la cravache sur la piste.* — Assouplissement des premiers vertèbres : *Rêne droite de bride dans la main droite, rêne gauche dans la main gauche, et imprimer un mouvement de bascule au mors en tirant à soi la main droite et en poussant en avant et vers la droite la main gauche.* — Assouplissement d'élévation : *Une rêne dans chaque main, élever les poignets et attendre la mobilité.* — Assouplissement d'affaissement ou descente de mains : *Tirer à soi.* — Assouplissements de la mâchoire : *Sur une rêne puis sur deux ; porter en avant si le cheval recule et reculer s'il bourre.* — Assouplissement de l'encolure : *Tirer une rêne par dessus l'encolure de manière à faire exécuter à celle-ci une légère courbe.* Enfin : *demi-tours sur les épaules et sur les hanches et reculer.*

Le commandant de Bellegarde montait tous les chevaux, même les plus difficiles, et tous devenaient très brillants sous lui ; mais certainement à des degrés différents et, parmi les mieux mis, il faut citer : *Marcassin,* cheval de pur sang, bai brun, avec lequel il conduisait la reprise des écuyers et auquel il avait donné un passage magnifique ; *All Right,* jument de pur sang alezane très chaude ; *Charmant,* alezan ; *Rameau,* bai ; *Aquilon,* bai brun ; *Phébus,* bai ; *Viveur,* bai, etc., tous de pur sang.

École de télégraphie. — Le 7 avril 1881, l'École de télégraphie envoya un détachement de ses élèves en Tunisie avec le matériel nécessaire. On sait les services rendus par le service télégraphique dans cette campagne, particulièrement par la télégraphie optique, qui sut conserver constamment les communications entre les colonnes. — Le 16 mai, trois fonctionnaires du service de la télégraphie vinrent faire un stage de six semaines à Saumur. Ce furent : MM. *Pierré*, *Favier* et *Hubler*, chefs de poste. Cette mesure devait se reproduire chaque année. — Le réglement de l'École du 26 mai fixa de nouvelles conditions au cours des télégraphistes. — Au mois de juin, un inspecteur de télégraphie du service des Postes et des Télégraphes vint à Saumur pour inspecter au point de vue technique les élèves de l'École de télégraphie. — Le 29 juillet, on reçut à l'essai trois piles à l'usage de la télégraphie légère qui devaient être portées dans des gibernes : Piles Leclanché, Marié Davy et Beaufils. — Le 6 septembre, on reçut l'ordre de confectionner l'outillage télégraphique nécessaire aux 74 régiments de cavalerie, spahis non compris.

École de maréchalerie. — En 1881, l'École de maréchalerie reçut l'ordre d'essayer les *fers Duplessis* ayant plus d'épaisseur mais moins de couverture et moins de poids que les fers réglementaires, dont ils différaient en outre par l'ajusture anglaise. Les étampures rectangulaires recevaient des clous anglais. On reconnut l'avantage de la légèreté, mais aussi le désavantage de l'éloignement de la fourchette et surtout la difficulté de bien confectionner l'étampure.

C'est en 1881 que parut l'ouvrage de *M. Delperier : Monographie sur les ferrures à glace*. M. Delperier admet huit règles générales d'une bonne ferrure à glace et donne à chacune un coefficient. Cette monographie peut rendre de grands services si l'on est appelé à juger une ferrure à glace.

1881

ÉTAT-MAJOR DE L'ÉCOLE

Des Roys	Colonel comm. l'Éc.
Danloux	Colonel comm. en 2e.
Chauveau de Bourdon	Ch. d'esc. } instr. en ch.
D'Esclaibes d'Hust	Ch. d'esc. } instr. en ch.
Piétu	Ch. d'esc. écuy. en ch.
Briois	Ch. d'esc. dir. des ét.
Mesple	Major.
Le Bailly	Capitaine trésorier.
Lefranc	Capit. d'habillement.
Robert	Lieut. adjoint au trés.
Genèves	Lieut. porte-étend.
Delherm de Novital	Capit. instructeurs.
Richard	Capit. instructeurs.
De Clauzade de Mazieux	Capit. instructeurs.
De Pontac	Capit. instructeurs.
Du Gardier	Capit. instructeurs.
Ginet	Capit. instructeurs.
Stévenin	Capit. instructeurs.
Frœlinger	Capit. instructeurs.
Brochet	Capit. instructeurs.
Mordacq	Capit. instructeurs.
D'Aviau de Piolant	Capitaines écuyers.
Isle de Beauchaine	Capitaines écuyers.
Mallet	Capitaines écuyers.
Marette de Lagarenne	Capitaines écuyers.
Picot de Vaulogé	Lieut. } sous-écuy.
De Cabouet	Lieut. } sous-écuy.
Leddet	Lieut. } sous-écuy.
Lhuillier	Lieut. } sous-écuy.
Moreau de Bellaing	S.-lieut. } sous-écuy.
André	S.-lieut. } sous-écuy.
De Gontaut-Biron	S.-lieut. } sous-écuy.
Burnez	Cap. breveté s.-dir. et.
Grœner	Capit. prof. d'allem.
Verschneider	Lt prof. de gramm.
De la Panouse	Capit. prof. d'hist. et de géographie.
Picard	Lieut. prof. d'arith. et de géométrie.
Ferrandier	Cap. du génie prof. de phys. et de chimie.
Hugon	Capit. d'artill. prof. d'artill. et fortific.
Aubouin	Capit. s.-dir. de l'arç.
Raoult-Deslonchamps	Méd. princ. de 1re cl.
Gavoy	Méd. major de 1re cl.
Schmit	Médec. aide-major.
Bizot	Vétérinaire principal.
Dangel	Vét. en 1er, pr. de mrie
Jacoulet	Vétérinaire en 2e.

OFFICIERS ÉTRANGERS

SUIVANT LES COURS DE L'ÉCOLE

Crainiceano	Officiers roumains.
Bogdan	Officiers roumains.
Opricheano	Officiers roumains.
Paltineano	Officiers roumains.
Aschan	Officier suédois.

LIEUTENANTS D'INSTRUCTION DE CAVALERIE

Levillain.
De Nexon.
De Beaufort.
Buisson.
Humbert.
Lemoine des Mares.
Jourdier.
Voisin.
De Séréville.
Foucault.
De Robien.
De Place.
Moret.
Menuau.
De Monhoudou.
De Klopstein.
De Dartein.
De Bonnières.
Perrin.
De Roujoux.
Louvat.
De Galembert.
De Jeanson.
Farcis.
Morisseau.
De Villaines.
Paixhans.
De Marliave.
Bedaton.
Louvel.
Guichard.
Marcotte.
Michaux.
D'Assier.

LIEUTENANTS D'INSTRUCTION D'ARTILLERIE

Baldy.
Herr.
Lacroix.
Bapst.
Le Mahieu.
Delmotte.
Delachaise.
Ninnin.
Aubrat.
Chevallier.
Roisin.
Boscher.
Michaud.
Mandel.
De la Tribonnière.
Michelez.
Guillemard.

SOUS-LIEUTENANTS OFFICIERS ÉLÈVES

De Marcieu.
Perrot.
De Gonneville.
De Pimodan.
De Gélis.
Vial.
De Loiray.
Ferrant.
Stoffel.
Pressoir.
D'Harambure.
De Waubert.
De Gastines (L.).
Du Bós.
Violand.
De Bacquencourt.
Lemut.
Trompeau.
De Vernety.
Compagnon.
Théron.
De Nédonchel.
Masquelier.
Hermignies.
Aigoin du Rey.
De Clermont-Tonnerre.
Durand.
De Braquilanges.
Nessler.
De Galembert.
Millot.
Rossert.
De Vaux.
Kunholtz.
De Séganville.
De Nazelle.
Fugier.
D'Amécourt.
De Kesling.
Druilhet.
Pelletier.
Grandineau.
De Redon.
Terré.
Des Isles.
David.
De Gastines (E.).
Laperrine.
De Pirey.
Riant.
Reynaud.
Ferru.
Grandjon.
De Malherbe.
De Montaudoin.
Roussel.
Kotzuski.
De Condat.
Balaÿ.
Dusaussoy.
D'Orglandes.
De Crousnilhon.
De Renneville.
De Maudhuy.
Gimet.
De Lallemand.
D'Alès.
Bouniol.
Des Monstiers.
Des Michels.
Petit.
De Vedrines.
De Graville.
Soulange.
Lian.
Wœstyn.

SOUS-OFFICIERS ÉLÈVES OFFICIERS

Première Division.

Laurent.
De Semainville.
Guynet.
Kœnig.
De Milleville.
Delermoy.
Choulet.
De Saint-Sernin.
Roux.
Imbert.
Chauvin.
Grabias.
De Porcaro.
Pochet.
Baumgartner.
Billot.
Marican.
De Hédouville.
Le Roy.
De Bellevue.
Vernet.
Carvalho.
Roullaud.
De la Brunière.
Darrieutort.
Delmas.
Viard.
Kuntz.
Solas.
Duperray.
Batail.
Delamaire.
Paquier.
Lemaitre.
Rosse.
Audéoud.
Grillot.
Grandjean.
Talbot.
Desbaines.
Auriac.
Pélissier.
De Piennes.
Aubertin.
Darde.
Gillois.
Guillaud.
De la Villestreux.
Rémy.
Schmitt.
Terras.
Goulette.
Brégi.
Poutord.
Singer.
Loret.
Chapelle
De Givry.
Peypenin.
Leforestier.
James.
Grousset.
Nœttinger.
Aldebert.
Michels.
Drapé.
De Tournadre.
Sollier.
Cousteix.
Gabrielli.
Louvel.
Lescun.
Reynaud.
De Fitz-James.
Duparc.
Gibard.
De Saint-Sauveur.
Marguerite.
Meyer.
De Keroman.
Dalmay.
De Précorbin.
Esnol.
Molére.
Des Robernier.
Bombey
De la Flèche.
De Narp.

Deuxième Division.

Remoussenard.
De Metz.
Renard.
Denevault.
Mesnard.
Maladry.
Douillé.
Minaux.
Ameil.
Lechevalier.
Saunac.
Toulouse.
Bru.
De Mérona.
Moyé.
Leclerc.
Michel.
Lecerf.
Alexandre.
Meyer.
Lassibile.
Anstett.
Legras.
Maire.
Branca.
De Tanouarn.
De Villaines.
Loyon.
Rousseaux.
Hénon.
Bocquet
De Panneboeuf.
Murat.
Tridon.
Guérin.
Pibrac.
De Vignières.
Kemlin.
Bellat.
Jullian.
Schurr.
Vial.
Fontaine.
Siéyès.
Du Plessis.
Galland.
Barthelet.
De la Rivière.
Manguin.
De Lavison.
Théry.
De Puységur.
De la Pichardais.
Berthe.
Deschamps.
Keck.
De Boissy.
Du Tertre.
Badel.
Moutardier.
Clarisse.
Gouin.
Schmidt.
De Cadignan.
Wagner.
De Crécy.
Rémy.
De Rambert.

AIDES-VÉTÉRINAIRES STAGIAIRES

Thary.
Bonnefoy.
Le Morvan.
Auger.
Mouquet.
Jobelot.
Lambert.
Ferré.
Lenoir.
Guillemain.
Larroque.
Berton.
Mallet.
Mourot.
Gillot.
Le Hello.
Gilly.
Bezard.
Bertreux.
Lagarde.
Delattre
Durand.
Goubeaux.
Falgéras.

Annexes de l'École de Cavalerie

Télégraphie

Escrime

Arçonnerie, Maréchalerie

Science Vétérinaire

XXVII

Le colonel Danloux, commandant l'École : Impulsion à tous les services; maximum de travail : organisation. — Courses de Verrie. — Courses de Saumur. — Jury des examens de sortie. — Règlement d'exercices du 31 mai 1882 : Règles de la tactique de la division. Modifications au règlement de 1876 : Dressage : Travail à la longe; leçon de l'éperon; passage ou sauts d'obstacle; entraînement; tenue; tenue des rênes, suppression du tir à cheval; suppression des exercices de combat à cheval; transitions des allures. — Nouveaux modèles de sabre. — Étude d'un nouveau modèle de selle. — Ecole de télégraphie : Arrimage d'appareils à dos de mulet. Stage de trois chefs de poste. Envoi d'élèves télégraphistes en Algérie. Pile Lebiez. — Goyau. Traité pratique de maréchalerie : Le pouvoir du maréchal. Principes de ferrure. Le bon fer. Le pied ferré. Principes pour juger une ferrure. — Mitaut. La ferrure à glace des chevaux de l'armée. — Thévenot. Fer à traverse. — État-major, officiers, sous-officiers et aides-vétérinaires élèves de l'École en 1882. — Modifications des conditions d'admission des élèves officiers. — Courses de Verrie. — Règlement de l'École du 25 mai 1883; Recrutement des lieutenants d'instruction, sous-lieutenants régimentaires, sous-officiers. Cadre. — Opération des chevaux cryptorchides. — Inspection du général de Galliffet. — Jury des examens de sortie. — Courses et carrousel. — Remonte des Écoles militaires par Saumur. — École de télégraphie : Stage de trois chefs de poste. Envoi de télégraphistes en Algérie. Modifications au paquetage de la télégraphie. Essai de lanternes signaux et de fanions disques. — Inspection du général Saget. — École de maréchalerie : Essai de fers avec rainure anglaise. — Baron d'Etreillis : Écuyers et cavaliers. — État-major, officiers, sous-officiers et aides-vétérinaires stagiaires, élèves de l'École en 1883. — Courses de Verrie. — Détachement de sapeurs du génie pour les travaux de campagne. — Visite d'une mission japonaise. — Un raid de cavalerie. — Courses de Verrie. — Inspection du général de Galliffet. — Jury des examens de sortie. — Courses de Saumur et carrousel. — Courses de Verrie. — Modifications aux droits à l'avancement des lieutenants d'instruction, — Selle modèle 1884. — École de télégraphie : Essai de fanions à soufflet et à store. Essai de l'appareil Herschelmann. Stage de trois chefs de poste. Téléphone Siemens, avec manipulateur. Téléphone Gover. Inspection d'un directeur de télégraphie. — Dupon, Fer Lafosse modifié. — Champiot : Crampon carré. — Aureggio : Ferrure à glace dans les armées étrangères et en France. — État-major, officiers, sous-officiers et aides-vétérinaires élèves de l'École en 1884. — Projet d'instruction pour le transport des troupes de cavalerie par les voies ferrées. — Courses de Verrie. — Les aides-vétérinaires stagiaires sont détachés aux commissions de réquisitions de chevaux. — Essai d'un appareil pour faire nager les chevaux. — Règlement de l'École du 24 juin 1885 : Examens de sortie des aides-vétérinaires stagiaires. Examens des élèves télégraphistes. Fonctionnaires de la télégraphie faisant un stage. Jury d'examens des maréchaux. Remonte. Programme des cours des différentes divisions. — Inspection du général de Galliffet. — Courses et carrousel. — École de télégraphie : Collaboration à l'aide-mémoire de la télégraphie militaire. Essai du téléphone Sartron. Inspection d'un directeur de télégraphie. Stage de trois chefs de poste. Essai du téléphone Mitaine. Appareil optique Montillot. — École de maréchalerie : Organisation. Recrutement des maîtres maréchaux. Essai de la ferrure anglaise. Essai d'un fer à planche rainé. Essai d'un fer postérieur à voûte tronquée. Marquises vitrées dans les cours de l'atelier de maréchalerie. — Adoption du clou Lepinte. — Siéyès : Dressage du cheval de guerre et du cheval de chasse, suivant la méthode de feu M. le commandant Dutilh, par un de ses élèves : But. Idéal du cheval d'officier. Jeu de l'encolure et de la tête. Progression d'exercices. Résistance élastique de la main. Effets de rênes. Tenue des rênes de bride pour la répétition du travail en bridon. Gymnastique progressive. Diviser les appuis. Conclusion et résultat du dressage. — État-major, officiers, sous-officiers et aides-vétérinaires, élèves de l'école en 1885.

Le 27 janvier 1882, le *colonel Danloux* prit le commandement de l'École.

Le colonel Danloux avait débuté dans la carrière militaire, le 7 novembre 1849, comme élève à l'École militaire de St-Cyr, d'où il sortit le 1er octobre 1851. Il vint faire son cours d'officier élève à l'École de Saumur du 1er janvier 1852 au 1er octobre 1853. Entré à cette dernière date comme sous-lieutenant au 3e chasseurs, il y fut nommé lieutenant le 31 mai 1855, puis capitaine adjudant-major le 5 juin 1861. Il partit la même année pour l'Algérie avec son régiment, fut appelé le 1er mars 1863, au commandement d'un escadron à la tête duquel il prit part à plusieurs expéditions en 1864 et 1865. Il passa au mois de mai 1865, par permutation, au 3e spahis, où il commanda la smala d'Elmeridj, permuta de nouveau au mois de juin 1866, pour entrer au 2e chasseurs comme capitaine commandant, et fut nommé chevalier de la Légion d'honneur le 21 août 1867. Il fit avec son régiment la campagne 1870 à l'armée de Metz, où il commanda un escadron de partisans. Il prit part aux batailles de Borny, de Rezonville et de Saint-Privat, à la sortie des 26 et 31 août, à celle du 7 octobre et à toutes les opérations en avant du front du 6e corps. Interné à Dusseldorf après la capitulation de Metz, le capitaine Danloux rejoignit son régiment à Auch le 23 mars 1871. Il fut nommé chef d'escadrons au 3e chasseurs, le 3 février 1872, passa au 10e hussards à Lyon en 1874, fut détaché en 1875, au 3e bureau de l'état-major général du Ministre de la guerre, puis nommé lieutenant-colonel au 13e dragons à Compiègne, le 27 mai 1876. Appelé aux fonctions de commandant en second de l'École de cavalerie en avril 1880, il y fut nommé colonel le 21 septembre de la même année et prit le commandement de l'École le 27 janvier 1882.

Le colonel Danloux, d'une activité extraordinaire, sut communiquer son ardeur, on pourrait dire son fanatisme, à tout le personnel de l'École, du petit au grand. Il réalisa complètement l'idée poursuivie par ses prédécesseurs : l'unité d'enseignement, en prenant en main la direction de tous les services. Rien n'échappa à son impulsion; il régla tout jusqu'aux plus petits détails, et il affirma son autorité en montrant que sa compétence s'étendait aussi bien à la théorie des choses qu'aux détails de leur exécution.

Préoccupé avant tout de faire donner à l'établissement dont il était le chef tout le rendement dont il était susceptible, et connaissant tout le parti qu'il pouvait en tirer, il augmenta encore les heures de travail, et les journées devinrent si bien remplies que pas une minute ne resta inoccupée.

Tous les services furent agencés de manière à se partager la tâche, tous les rouages furent utilisés au maximum de leur effet et, pour ne pas laisser la moindre part de désorganisation à l'imprévu, un service de remplacement fut installé. Les médecins eux-mêmes eurent leur part à cette activité générale ; ils durent constater strictement si chacun fournissait tout le rendement dont il était capable.

Certes, le colonel Danloux pouvait affirmer après cela que les instructeurs comme les élèves donnaient dans l'année de cours tout ce qu'ils pouvaient donner. Mais la limite était juste, tous avaient besoin de repos après cette année de labeur. Pour les élèves, c'était bien encore : deux mois de congé avant de reprendre une nouvelle vie qui leur souriait ; mais, pour les instructeurs, un mois seulement, souvent partagé avec les manœuvres, et recommencer le travail à la même pression, c'était un répit bien court. Néanmoins, tout le monde accepta la tâche, entraîné par l'ardeur du chef et jamais l'École de cavalerie ne fournit une telle somme d'activité.

COURSES DE VERRIE, 30 AVRIL.

Steeple-chase militaire. — Distance, 3,000 mètres. — Premier, *Géant des Batailles*, monté par *M. Hache.* — Deuxième, *La Méhague*, montée par *M. André.* — Troisième, *Le Petit Poucet*, monté par *M. de Beaufort.*

Steeple-chase militaire. — Premier, *Titus*, monté par *M. de Contades.* — Deuxième, *Adulation*, montée par *M. Nivelle.*

COURSES DE VERRIE, 2 JUILLET.

Prix du château de Marson. — Course de haies, gentlemen, walter handicap. — Un objet d'art. — 2,500 mètres. — Premier, *Le Dante*, monté par *M. Depret.* — Deuxième *Donjon*, monté par *M. de Vézian.*

Steeple-chase militaire (2e série). — Un objet d'art. — 3,000 mètres. — Première, *Adulation*, montée par *M. Nivelle.* — Deuxième, *Conquérant*, monté par *M. de Bacquencourt.* — Troisième, *Fleur-de-Mai*, montée par *M. Magnier.* — Quatrième, *Élégante*, montée par *M. de Rascas.* — Cinquième, *Saint-Mars*, monté par *M. de Saint-Maurice.* — Sixième, *Tourmalet*, monté par *M. de Champvallier.* — Septième, *Sapristi*, monté par *M. Molleveaux.* — Huitième, *Tante*, montée par *M. d'Harambure.*

Steeple-chase militaire (1re série). — Un objet d'art. — 4,000 mètres. — Premier, *Ermite*, monté par *M. d'Harambure.* — Deuxième, *Polynésie*, monté par *M. Lhuillier.* — Troisième, *Délire*, monté par *M. de Beaufort.* — Quatrième, *Mélina*, monté par *M. de Lagarenne.*

Les courses annuelles de Saumur eurent lieu les 27 et 29 août ; le carrousel, le 28.

PREMIER JOUR DE COURSES

Première course (gentlemen). — Pour chevaux nés et élevés en France. — 2,000 mètres. — Premier, *Marin*, monté par *M. André.* — Deuxième, *Marius*, monté par *M. de Nexon.*

Poule de hacks, course plate (gentlemen). — Première, *Yellow-Fly*, montée par *M. de Cahouët.* — Deuxième, *Oxford-Mixture*, montée par *M. de Vézian.*

Steeple-chase militaire. — Un objet d'art. — Pour officiers en activité, montant des chevaux d'armes ou des chevaux appartenant à des officiers. — Distance, 3,000 mètres. — Premier, *Biskri*, monté par *M. de Contades.* — Deuxième, *Noureddin*, monté par *M. Blondel.*

Steeple-chase militaire. — Pour officiers en activité montant des chevaux d'armes. —

Distance, 3,000 mètres. — Premier, *Gédéon*, monté par *M. Juin*. — Deuxième, *Adulation*, montée par *M. Nivelle*.

Steeple-chase militaire. — Un objet d'art. — Pour MM. les officiers, montant, soit des chevaux d'armes, soit des chevaux appartenant à des officiers. — Distance, 3,000 mètres. — Premier, *Agathos*, monté par *M. de Bellaing*. — Deuxième, *Me-Voilà*, monté par *M. André-Joubert*.

DEUXIÈME JOUR DE COURSES

Steeple-chase militaire. — Un objet d'art. — Pour officiers en activité de service, montant, soit des chevaux d'armes, soit des chevaux appartenant à des officiers en activité de service. — Distance, 3,000 mètres. — Premier, *Biskri*, monté par *M. de Contades*. — Deuxième, *Noureddin*, monté par *M. de la Boutetière*. — Troisième, *La Grecque*.

Steeple-chase militaire (2e série). — Premier, *Conquérant*, monté par *M. de Bacquencourt*. — Deuxième, *Adulation*, montée par *M. Nivelle*.

En 1882, l'inspection de l'École fut passée par le *général de Galliffet*. Le jury d'examen de fin d'année, fut composé ainsi qu'il suit : MM. le *général de Gallifet*, inspecteur général président; *Lacoste de Lisle*, *Verdun*, lieutenants-colonels ; *Ozenne*, *Farny*, *Cabrié*, *de Noue*, chefs d'escadrons ; *Sordet*, *de Lestapis*, *Hepp*, capitaines. Pour les vétérinaires : MM. *Duplessis*, *Feger* et *Capon*, vétérinaires principaux.

Le réglement de 1876, mis en pratique dans les régiments, les brigades et les divisions, n'avait donné lieu qu'à un petit nombre de critiques ; cependant le comité de cavalerie, résumant les observations formulées à la suite des manœuvres d'automne, établit le projet d'un nouveau réglement de manœuvres. Ce projet fut développé, sinon discuté, après les manœuvres exécutées par six divisions de cavalerie, dans des conférences qui eurent lieu au mois de septembre 1881, à Tours, chef-lieu militaire décidément affecté aux grandes assises de la cavalerie. Il devint le règlement du 31 mai 1882, par lequel rien de fondamental n'était changé à celui de 1876, en ce qui concerne les formations de manœuvres, mais qui établissait de nouveaux principes pour la charge et pour les allures. Au lieu de laisser les officiers et les cavaliers se précipiter sur l'ennemi suivant leur ardeur personnelle et la vitesse de leurs chevaux, on recommandait l'ordre et la cohésion les plus absolus, de manière à obtenir la charge en muraille. En outre, pour obtenir entre les trois lignes de la division, généralement composées : la première de cuirassiers, la deuxième de dragons, la troisième de chasseurs ou de hussards, l'accord nécessaire dans l'exécution de leurs mouvements, on fixait, pour les trois subdivisions de l'arme, une vitesse uniforme et moyenne (240 mètres au trot, 340 au galop).

En résumé, le nouveau règlement conservant toutes les données de celui de 1876 comme bases fondamentales, ne se préoccupa que de tracer, d'une façon générale, les règles de la tactique de la division, en visant particulièrement les points suivants : I. Remplacer des indications trop générales par des règles plus définies. II. Revenir à l'ordre et à la cohésion la plus absolue dans la charge. III. Faciliter l'action des lignes, en ramenant à la même vitesse le trot et le galop des trois subdivisions de l'arme, et en adoptant le galop allongé. IV. Indiquer à l'artillerie une place plus rationelle, pendant la phase préparatoire du combat.

Quant aux modifications qui intéressent particulièrement notre sujet, c'est-à-dire celles qui se rapportent à l'École du cavalier à cheval, elles sont relativement de peu d'importance.

C'est d'abord l'application de la circulaire ministérielle fixant la progression et les différentes périodes de l'instruction. L'instruction des cadres. Quelques compléments introduits dans le dressage, particulièrement pour le travail à la longe et la leçon de l'éperon.

Le règlement de 1876 faisait tenir la longe par un aide, et c'était l'instructeur qui acheminait le cheval pour venir ensuite prendre la longe et la chambrière au centre du cercle. Le règlement de 1882 procède à l'inverse : c'est l'instructeur qui tient la longe dès le début, et l'aide qui achemine le cheval.

La leçon de l'éperon est commencée à la longe.

Le règlement de 1882 prend pour titre du dressage à l'obstacle « *Passage ou sauts d'obstacles* » au lieu de « *Sauts d'obstacles* » seulement.

En principe, on doit faire passer tous les obstacles qu'il n'est pas indispensable de sauter ; on commence donc le dressage en habituant le cheval à suivre son cavalier dans des terrains variés et présentant quelques accidents, tels que sillons, ornières, fossés, etc., qu'il est possible de traverser sans sauter.

Le règlement de 1876 faisait débuter par des obstacles artificiels ; celui de 1882 fait l'inverse.

Le cheval ayant instinctivement moins de répulsion pour les obstacles naturels que pour les obstacles artificiels, et, d'autre part, les obstacles en largeur demandant plus d'adresse pour être franchis que les obstacles en hauteur, et se présentant plus souvent, on amène d'abord le cheval devant un fossé naturel, peu large et peu profond, à talus très nets, un fossé de route par exemple.....

On donne les premières leçons d'obstacles à la longe.

Le cavalier tenant la longe se fait suivre de son cheval au pas ; en arrivant au fossé, il le saute, et continue de marcher sans se retourner. Si la longe ne se tend pas, cela prouve que le cheval le suit ; il le caresse dès qu'il a franchi.

Si le cheval ne saute pas derrière le cavalier, par des oppositions de caveçons, le cavalier empêche le cheval de se jeter de côté ou de reculer, et le force à rester carrément devant l'obstacle.

Il rend ensuite de la longe, afin que le cheval puisse baisser la tête, voir l'obstacle, le juger et se servir de son encolure pour aider au saut, tandis que l'instructeur agite un peu la chambrière pour lui faire comprendre qu'il doit se porter en avant.

L'instructeur emploie la chambrière très sobrement. Il faut graduer très sagement les obstacles, et ne pas trop demander dans une seule séance.

Lorsque le cheval est devenu franc, et qu'il saute sans hésitation, le cavalier, après avoir sauté, reste près du fossé, donne de la longe, met le cheval en cercle et lui fait sauter le fossé plusieurs fois.

Quand le cheval, rendu franc et adroit sur les obstacles les plus difficiles, les saute en cercle sans hésitation, on recommence le travail, le cheval étant monté, en suivant la même progression.

On peut faire passer d'abord un cheval dressé, qui sert de maître d'école.

Le cavalier quitte les rênes et prend le pommeau de la selle, tandis qu'un autre cavalier, tenant la longe à pied, passe l'obstacle devant le cheval, comme il est dit plus haut.

La chambrière ne remplit plus qu'un rôle secondaire. Le cavalier, avec ses jambes, et, au besoin, avec ses éperons, détermine le cheval en avant.

Ce dressage embrasse à la fois l'éducation du cheval et celle du cavalier. Il donne au premier la franchise et l'adresse, au second la confiance ; car le cavalier, en voyant son cheval sauter les obstacles les plus difficiles, en s'aidant de sa tête et de son encolure, en conclut qu'il ne doit pas s'attacher aux rênes, afin de laisser au cheval la liberté qui lui est nécessaire pour la bonne exécution du saut.

Une adjonction digne de remarque est une instruction sur la *manière de présenter un cheval pour une inspection.*

Enfin, et surtout, nous devons relater l'innovation d'un article spécial concernant l'*entraînement.*

Au point de vue de la cavalerie, l'entraînement est l'art d'amener le cheval, par une hygiène et un travail bien entendus, au meilleur état de santé et de force, afin qu'il soit capable, au moment voulu, de fournir son maximum de vitesse et de résistance.

En principe, le travail imposé annuellement par les nécessités de l'instruction, suffit pour atteindre ce résultat.

Il y a, par suite, progression dans le travail demandé aux poumons et aux membres, et augmentation croissante du poids imposé au cheval. Le travail journalier bien compris et bien dirigé suffit donc à l'entraînement du cheval de guerre.

Il y a cependant des exceptions dont il faut tenir compte : ainsi, un cheval a été indisponible pendant un temps plus ou moins long. Un autre, d'un tempérament lymphatique, très gras, n'a pas suffisamment profité du travail. Un troisième a été réintégré à une époque postérieure à celle de la reprise du travail régimentaire, etc. Ces chevaux ne peuvent pas être, au moment des grandes manœuvres, dans des conditions égales à celles que présente l'ensemble du régiment. Il est impossible de fixer des règles absolues, car chaque cheval a un tempérament différent et une qualité des membres variable, et ce serait s'exposer à de fâcheux résultats que de soumettre tous les chevaux retardataires à un même travail fixé à l'avance.

Il faut d'abord débarrasser le cheval de tout le poids qui le surcharge inutilement. On y arrive par des suées.

La suée se donne par un travail au galop très lent sur le sol doux du manège, et, à défaut du manège, sur des pistes sablées. La couverture est étendue sur le cheval de toute sa longueur. On choisit de préférence, pour ce premier travail, de belles journées de printemps.

Quand la suée a été jugée suffisante, on fait marcher le cheval au pas pendant un quart d'heure environ ; puis, pour le débarrasser de la sueur, on le racle (soit avec un couteau de chaleur, soit avec une baguette flexible, soit avec des bouts de corde de rebut).

Quand la sueur a été complètement enlevée, on remonte le cheval, on le fait marcher au pas, jusqu'à ce qu'il soit sec, puis on le panse avec soin.

Il ne faut pas donner plus de deux suées par semaine, et l'on doit toujours les proportionner au tempérament du cheval.

Tant que le cheval n'est pas débarrassé du poids qui le surcharge, il sue blanc et le travail peut être continué ; on doit le modérer dès que la sueur est limpide (certains chevaux suent toujours blanc ; ils constituent une exception très rare, dont il faut tenir compte).

Lorsque le cheval est débarrassé de tout poids inutile, on cherche à augmenter son haleine. A cet effet, on prolonge progressivement la durée des temps de trot et de galop.

Pendant toute la durée de ce travail spécial, on surveille attentivement le flanc des chevaux, et l'on constate particulièrement le temps qui leur est nécessaire pour reprendre, au pas, leur respiration normale, après un exercice prolongé aux allures vives.

Un cheval de cavalerie, quelle que soit la subdivision de l'arme à laquelle il appartient, doit être facilement amené à pouvoir parcourir, sur un bon terrain et sans souffler, dix kilomètres au trot, ou six kilomètres au galop.

Un cheval est en bonne condition de travail quand il a le poil luisant et la peau souple, lorsqu'en passant la main sur les côtes, on ne sent pas de graisse, et qu'on ne peut que difficilement pincer la peau. Les muscles de la croupe doivent être durs, immobiles pendant la marche ; les aponévroses doivent être bien dessinées, l'encolure amincie et ferme. Le cheval entraîné a, dans toutes ses allures, une souplesse et un calme qui indiquent la force.

Aux grandes manœuvres succède, pour les chevaux, une période de repos relatif, qui se prolonge jusqu'à l'arrivée des recrues, et même un peu au delà. Ce repos est indispensable à la santé des chevaux.

Pendant cette période de repos relatif, on laisse les chevaux reprendre un peu de graisse, pour leur permettre de supporter plus facilement les rigueurs de l'hiver, etc.

Quant à la *tenue*, le nouveau règlement prescrivit de faire porter le bourgeron, avec ou sans le vêtement de drap, dans toutes les périodes de l'instruction, même avec les armes, mais pas avec la coiffure distinctive, Il consacra l'enlèvement des sacoches pour l'instruction équestre.

Quant à la *tenue des rênes*, elle fut modifiée, principalement dans le but de faire dominer l'effet du mors de bride, pour que les cavaliers fussent plus maîtres de leurs chevaux.

Les rênes de bride avec leur bouton coulant dans la main gauche, le petit doigt entre les deux rênes ; les rênes de filet au-dessus des rênes de bride, le médius entre les deux rênes..... ; la main le plus bas possible, le poignet un peu incliné vers le corps, les doigts en face du corps, le petit doigt un peu plus près que le pouce.

L'instructeur s'attache à faire comprendre au cavalier que cette position de la main lui donne le moyen : 1° De conduire le cheval sur le filet, en relâchant le petit doigt ; — 2° De conduire le cheval sur la bride, en relâchant le médius ; — 3° De conduire le cheval sur les quatre rênes, en sentant avec le petit doigt et le médius l'appui des rênes sur le mors et sur le filet.

Le *tir à cheval* est supprimé.

Les prescriptions relatives au *combat individuel* furent supprimées, on ne conserva que l'exercice de la poursuite, le reste étant considéré comme trop susceptible de rendre les chevaux rétifs.

Et enfin on revint aux principes de *transition des allures* par une gradation très marquée « pour ne pas s'exposer à la perte des distances et à la lenteur de l'ébranlement dans les manœuvres ».

Le réglement de 1882 fut signé par MM. les membres du Comité consultatif de la cavalerie : le général de *Galliffet*, président ; les généraux *Thornton*, *Huyn de Verneville*, *Cramezel de Kerhué*, *Loizillon*, *de Contamine* et *de Jessé* ; les colonels *Humann* et *Lenfumé de Lignières* ; les lieutenants-colonels de *Salles* et *Marin*, et le chef d'escadrons *Donop*.

En 1882, le modèle des sabres de cavalerie fut modifié. Le règlement d'exercice préconisant les coups de pointes fit supprimer la courbure des sabres de cavalerie légère ; toute la cavalerie fut armée de la lame droite. En outre on abaissa la taille des cavaliers, et comme conséquence on réduisit la longueur et le poids du sabre : $0^m,925$ pour les dragons et $0^m,870$ pour la cavalerie légère. Le poids fut baissé de $2^k,350$ à $1^k,850$ pour les cuirassiers, de $2^k,310$ à $1^k,820$ pour les dragons, de $2^k,155$ à $1^k,750$ pour la cavalerie légère. Le poids fut en outre réparti de façon à rapprocher le centre de gravité de la poignée, ce qui mit le sabre mieux en main.

En 1882, le Ministre de la guerre prescrivit au Conseil d'instruction de l'École l'étude d'un nouveau modèle de selles dont les données étaient inspirées par le général de Galliffet.

École de télégraphie. — Au commencement de l'année 1882, l'École de télégraphie étudia l'arrimage à dos de mulet d'un appareil optique, ainsi que des instruments permettant l'installation rapide de communications électriques. Ces essais devaient servir de base à l'organisation du service télégraphique en Algérie. — Le 16 mai, trois chefs de poste de télégraphie vinrent faire, comme l'année précédente, un stage de six semaines à Saumur ; ce furent : MM. *Cruchon*, *Bourier* et *Damiens*. — Le 5 juin, le Ministre de la guerre fit envoyer un certain nombre d'élèves télégraphistes pour installer un réseau optique dans la province de Constantine. — Enfin l'École de télégraphie continuait à faire ses preuves en perfectionnant et simplifiant le matériel de télégraphie légère. Les moniteurs eux-mêmes secondaient de toute leur intelligence les travaux du directeur qui les avait formés. L'un d'eux, le maréchal des logis *Lebiez*, présenta au mois d'août une pile Leclanché modifiée, qui devait bientôt recevoir sanction.

C'est en 1882 que parut la nouvelle édition du Traité de maréchalerie de M. Goyau sous le titre : Traité pratique de Maréchalerie, *comprenant : Le pied du cheval, la maréchalerie ancienne et moderne, la ferrure rationelle appliquée aux divers genres de services, la médecine et l'hygiène du pied, par*

L. Goyau, *médecin-vétérinaire à Paris, ancien vétérinaire principal de 1re classe, ex-professeur d'hippologie aux Écoles de Saint-Cyr et de Saumur, officier de la Légion d'honneur.*

Cet ouvrage est illustré de nombreuses planches qui lui donnent des qualités démonstratives incontestables.

La préface de l'auteur nous définit cet ouvrage mieux que nous ne pourrions le faire :

« En publiant ce traité de maréchalerie, nous avons eu la pensée de donner des instructions claires et précises aux maréchaux ferrants et aux hommes de cheval. Chacun y trouvera les renseignements pratiques nécessaires pour établir la ferrure des chevaux d'après des principes rationnels et conservateurs du pied.

« Ce traité est divisé en quatre parties :

« La première, le Pied du cheval, comprend les notions anatomiques, physiologiques et pathologiques indispensables pour éclairer la pratique.

« La seconde partie, la Maréchalerie ancienne et moderne, est consacrée à l'histoire de la ferrure, à l'étude des maîtres de l'art et des inventions en maréchalerie, à la description des ferrures françaises et étrangères actuellement en usage, à l'exposé des inconvénients de la ferrure en général et à la recherche du meilleur système de ferrure.

« La troisième partie, le Maréchal ferrant, ce qu'il peut, ce qu'il fait, ce qu'il doit faire, comprend : l'étude du pouvoir du maréchal sur le pied, l'état actuel de la maréchalerie en France, la ferrure rationnelle et les principes qui doivent guider le praticien dans la rectification mathématique de l'aplomb du pied, les ferrures des différents genres de services, la ferrure du mulet, de l'âne et du bœuf.

« La quatrième partie comprend la Médecine et l'hygiène du pied, c'est-à-dire le traitement des maladies et blessures du pied, les soins hygiéniques nécessaires à sa conservation. »

En un mot, le livre de M. Goyau est un résumé très complet de tout ce qui a été fait en maréchalerie jusqu'à sa date, et un manuel opératoire très clair et d'autant plus appréciable que l'autorité de celui qui l'écrit en garantit les préceptes.

Nous ne pouvons que parcourir ce précieux traité, mais nous allons noter au passage les principaux articles, que nous considérons comme des articles de foi :

« Le maréchal, armé de ses grossiers instruments de fer, est une redoutable puissance, avec laquelle les hommes de cheval doivent compter. Le maréchal est donc tout puissant, pour le bien comme pour le mal. Il tient, dans ses mains noires et calleuses, santé et maladie, longs services et ruine précoce. « *Sur cent chevaux boiteux du pied, quatre-vingts boitent par la faute du maréchal.* »

Dans sa troisième partie « *Le maréchal ferrant, ce qu'il peut, ce qu'il fait, ce qu'il doit faire* », M. Goyau avance et prouve certaines propositions que nous allons transcrire :

« L'ouvrier ferreur est maître de l'assiette du pied. — Le maréchal peut, à sa guise, activer ou ralentir la pousse de la corne, favoriser ou entraver les membres dans leur double rôle de support et de transport. — Par la ferrure enfin, l'élasticité du pied est diminuée ou empêchée ; la forme du sabot, la qualité et l'intégrité de la corne sont entretenues ou altérées.

« La mauvaise ferrure est la cause principale de la plupart des défectuosités et maladies du pied : Le cheval est une victime muette entre les mains d'un bourreau inconscient. — L'habileté du maréchal est en raison inverse du nombre de chevaux boiteux qu'il a dans sa clientèle. — L'ouvrier est habile et le pied dégénère. — Insuffisance et erreurs de la théorie. Méfaits de la pratique. »

Nous allons suivre M. Goyau dans sa théorie de la ferrure ordinaire, et en relever les principes dominants :

« Il y a une double indication, impossible à méconnaître ; il faut enlever, en talon, toute la vieille corne, incapable de supporter le fer, et abattre la pince, jusqu'à la soudure de la paroi avec la sole. Presque toujours, il se trouve peu de chose à faire en arrière, et beaucoup de corne à supprimer en avant.

« Ainsi donc nul ne peut errer : en talon, on doit arriver sur la bonne corne et s'arrêter court en pince, dès l'apparition nettement tracée du cordon circulaire, blanc ou jaune, qui unit la paroi avec la sole. Voilà les deux limites extrêmes, qu'il ne faut jamais dépasser sur les pieds ordinaires.

« La nature seule se charge de faire la toilette de la sole, en détachant les écailles, quand le temps de leur chute est venu. La fourchette se débarrasse moins facilement de sa corne excédente. Il est propre et utile d'arriver à l'aide, en se bornant à lui restituer sa forme primitive. Cette manière de faire, toujours indiquée, peut se résumer ainsi : ménager les talons, parer la pince.

« Il est un principe nouveau, dont un homme soucieux de bien faire ne peut jamais s'écarter : *l'aplomb du pied doit résulter de la seule action de parer, et jamais du plus ou moins d'épaisseur d'une région quelconque du fer.*

« Le bon fer de devant : Vu du côté des étampures, a une bonne forme ; il est arrondi, presque aussi large que long, les deux branches sont d'égale longueur, celle du dedans moins ronde et à mamelle moins saillante. Le bon fer de devant a la même couverture partout, les éponges un peu dégagées et carrément refoulées, les étampures en rapport avec le fer, comme nombre et comme grandeur, et arrondies aux angles, les deux étampures de pince sur la même ligne, à égale distance du bout de l'éponge et percées à maigre, les deux dernières coupant le fer en deux parties égales, les étampures du dehors progressivement plus à gras, à partir de la pince, les étampures du dedans percées à maigre, comme celles de la pince. Toutes les étampures sont également espacées, carrées, sans être anguleuses, nettes, percées à fond et bien d'aplomb. — Vu de champ des deux côtés, le bon fer de devant est bigorné d'aplomb et présente une égale épaisseur partout, à son pourtour extérieur et intérieur. — Vu en dessus, les contre-perçures sortent bien ; autrement dit, le fer est contre-percé à maigre en pince et à la branche du dedans, progressivement à gras à la branche du dehors.

« Le bon fer de derrière : Vu du côté des étampures, a une forme ovale, les branches d'égale longueur ; la branche du dedans plus droite ; la pince sensiblement plus couverte que les branches ; la branche du dedans plus dégagée que celle du dehors ; les éponges carrément refoulées ; la pince privée d'étampures ; les étampures également à maigre à la branche du dedans, et progressivement plus à gras à la branche du dehors, de la mamelle au talon ; les deux dernières étampures à une égale hauteur et rapprochée de l'éponge. Toutes les étampures sont également espacées, carrées, sans être anguleuses, profondes et bien d'aplomb. — Vu de champ, des deux côtés, le fer est bigorné d'aplomb ; il présente un peu plus d'épaisseur (environ deux à trois millimètres) en pince qu'en éponge, pour le cheval d'attelage. — Vu en dessus, les contre-perçures sortent bien ; autrement dit, le fer est contre-percé à maigre à la branche du dedans, progressivement à gras à celle du dehors.

« Pied bien ferré. — Pour juger la ferrure d'un cheval, les pieds sont examinés au poser et au lever. — Au poser, le pied bien ferré, vu par devant et de côté, présente les conditions suivantes : les côtés du sabot sont égaux ; le pinçon est au milieu du fer pour le pied du devant, un peu en dehors pour le pied de derrière ; l'épaisseur du fer de devant est partout la même ; le fer de derrière est un peu plus épais en pince, et porte parfois des crampons ; les rivets sont à une même et suffisante hauteur, également distants, courts, épais, incrustés entièrement dans la paroi ; la pince, vue de profil, est courte, droite du bourrelet aux rivets, arrondie à partir des rivets ; les talons ont la moitié au moins de la hauteur de la pince ; la garniture commence après la mamelle du dehors, et augmente progressivement, pour être de cinq à sept millimètres en éponges ; le fil d'argent est tracé du pinçon à l'éponge. — Au lever. — Chaque pied est successivement levé par un aide et tenu d'abord comme pour l'opération du ferrage. Quand le pied est bien ferré, le fer est placé droit sous le pied, c'est-à-dire que la rive externe de chaque éponge est à égale distance de la lacune médiane de la fourchette ; le fer de devant présente partout la même couverture ; il y a une bonne ajusture : pince relevée suffisamment, mamelles également relevées, branches à plat ; le fer de derrière est notablement plus couvert en pince ; la branche du dedans est plus dégagée et plus droite que celle du dehors ; les têtes des clous sont complètement noyées dans les étampures et régulièrement espacées ; la ligne abaissée de chaque tête de clou au rivet correspondant est perpendiculaire à la surface du fer ; la sole visible a toute son épaisseur ; les barres et la fourchette n'ont reçu qu'une légère toilette ; les mains passées, de chaque côté, sur les rivets permettent de juger s'ils ne dépassent pas la paroi ; passées ensuite en arrière, entre la paroi et le fer, des quartiers aux éponges, elles renseignent sur la garniture. — L'aide saisit ensuite le membre par le canon, le paturon et le sabot tombant naturellement, de manière que la surface d'appui du pied soit verticale au sol. Dans cette position, il est facile de juger successivement : l'aplomb du pied, en regardant si les deux éponges sont sur une même ligne, coupant à angle droit la direction d'ensemble du paturon ; l'égalité d'épaisseur en éponges, en branches et en voûte, pour le fer de devant ; l'égalité des éponges entre elles, et l'épaisseur légèrement plus forte de la voûte du fer, pour le fer de derrière ; le contact ou l'éloignement de la voûte du fer avec la sole ; la présence ou l'absence de cicatrices en dedans des boulets. »

Nous retrouvons en cela beaucoup des principes du Manuel de maréchalerie de 1875, mais comme il faut rendre à César ce qui appartient à César, nous devons ajouter que M. Goyau avait été un des principaux inspirateurs de cet excellent petit livre.

Quant à l'appréciation à porter sur l'ouvrage de M. Goyau, comme nous avons dit de sa première édition, que c'était ce qu'il y avait de mieux fait en 1869, nous dirons encore pour cette édition de 1882, très augmentée, que c'était le meilleur ouvrage de maréchalerie ayant encore paru.

Nous avons également à signaler, en 1882, une brochure de *M. Mitaut*, vétérinaire principal : *La ferrure à glace des chevaux de l'armée.* L'auteur critique les différents systèmes, y compris celui de Delperier, mais il préconise le clou Lepinte.

C'est aussi à cette date que *M. Thévenot*, maréchal à Troyes, fit connaître son *fer à traverse* utilisable pour les pieds creux à talons forts et serrés. C'est un fer ordinaire, étampé à gras, loin des éponges sur lesquelles est rivée une traverse dont la face inférieure est plane et dont la face supérieure, évidée au milieu pour ne pas toucher la fourchette, présente deux plans inclinés en dehors de 45° environ, destinés à s'appliquer sur les barres. La hauteur de ce plan, suivant les pieds, peut être de un centimètre à un centimètre et demi. Le pied une fois paré, on pratique, à partir de la dernière étampure, un *sifflet proportionné* à la hauteur que l'on a donnée aux plans inclinés. C'est un fer brutal, mais qui peut être essayé quand les autres désencasteleurs ont échoué.

1882

ÉTAT-MAJOR DE L'ÉCOLE

Danloux	Colonel comm. l'Éc.
Haubt	L^t-col. comm. en 2e.
Révérony	Ch. d'esc. instr. en ch.
De la Forgue de Bellegarde	Ch. d'esc. écuy. en ch.
Briois	Ch. d'esc. dir. des ét.
Mesple	Major.
Le Bailly	Capitaine trésorier.
Lefranc	Capit. d'habillement.
Vincenot	S.-lieut. adj. au trés.
Genevès	L^t p.-ét. adj. à l'habil.
Mégard le Pays de Bourjolly	Capit. adjud.-majors
Sieur	
Richard	Capit. instruct. milit.
De Clauzade de Mazieux	
Robert du Gardier	
Ginet	
Humbert	Lieut. sous-instruct.
Bodin de Galembert	
Menuau	
Louvat	
Le Bouyer de Saint-Gervais de Monhoudou	
Perrin	
De Place	
D'Aviau de Piolant	Capitaines écuyers.
Durand de Villers	
De Merval	
Carbonnel de Canisy	
De Scourion de Beaufort	Lieut. s.-écuyers.
Voisin	Lieut. s.-écuyers.
Moreau de Bellaing	Lieut. s.-écuyers.
André	S.-l. s.-écuyers.
De Gontaud-Biron	S.-l. s.-écuyers.
Burnez	Capit. breveté s.-dir. des études.
Grœner	Capit. prof. d'allem.
Picard	Lieut. prof. d'hist. et de géographie.
Ferrandier	Cap. prof. de fortif. et de sciences appliq.
Raoult-Deslonchamps	Médecin principal de 1re classe.
Delorme	Méd. major de 2e cl.
Schmit	Méd. aide-major de 1re classe.
Bizot	Vétérinaire principal
Dangel	Vétér. en 1er, prof. de maréchalerie.
Jacoulet	Vétérinaire en 2e.

OFFICIERS ÉTRANGERS

SUIVANT LES COURS DE L'ÉCOLE

Vigier von Steinbrück	Major suisse.
Robertson	Lieut. américain.
Botioff	S.-lieut. rouméliote.
Oprichéano	Officiers roumains.
Paltinéano	
Milicesco	

LIEUTENANTS D'INSTRUCTION DE CAVALERIE

Abonneau.
De Castelli.
De Lagarenne.
Conneau.
Lhuillier.
Javet.
De Monpoly.
De Carbonnières.
Bournazel.
Grellet.
Du Plessix.
Gillet.
De Tréville.
Hache.
De Lauzun.
Tampé.
Delmas.
Chavanne.
De Martimprey.
Claret.
Michel.
De Lassuchette.
De la Celle.
Lechevrel.
De Carbonnel.
Hugé.
Peter.
Jullien.
Bourgeois.
Renaudeau d'Arc.
De Touchet.
Petiet.
Boitelle.
Cazalis.
Bremond.
Sicre.

LIEUTENANTS D'INSTRUCTION D'ARTILLERIE

Blondel.	Nivelle.	Darde.	Audry.
Vallée.	De Mondésir.	Feret.	Liasse.
Girette.	De Fraissiniat.	Goubeaux.	Marquin.
Gratteau.	Lépidi.	Terras.	Moulin.
Bouzerand.	Lacombe.		

SOUS-LIEUTENANTS OFFICIERS ÉLÈVES

Renault.	De Planhol.	Courtois.	De Coulonjon.
De Contades.	Destenay.	De la Selle.	Chesnon.
De Rascas.	Costet.	D'Aufferville.	Rolland.
De Champvallier.	Andrieu.	Juin.	Labbé.
De Boissieu.	De Ruillé.	Eon.	De Lavigerie.
De Quincey.	De la Boutetière.	Depret.	Coyreau.
De Geoffre.	Buisson.	Cord'homme.	D'Ambelle.
Sauzey.	De Saint-Maurice.	De Vézian.	De Corny.
Gouzil.	Zeude.	Bolotte.	Tournyer.
Magnier.	De Sainte-Croix.	Chavanne.	Delacroix.
De Treveneuc.	De Roussy.	Lejay.	Saint-Hilaire.
De Waubert.	Champeaux.	Girier.	Delpech.
De la Tour.	Boissonnet.	Chesne.	De Loisy.
Dulac.	Pouydebat.	Bonjean.	Gaudier. } Sous.-lieut. régimentaires
Dolfus.	Millard.	Léonard.	Cacatte. } Sous.-lieut. régimentaires
Canuet.	De Fénelon.	D'Ambrières.	Dumas } Sous.-lieut. régimentaires
Breton.	Mordacq.	Bastien.	Gobert. } Sous.-lieut. régimentaires
Larribe.	De Batz.	Martinie.	

AIDES-VÉTÉRINAIRES STAGIAIRES

Fray.	Pellotier.	Méunin.	De Malbec.
Descampeaux.	Morel.	Bouleux.	Querruau.
Manieux.	Mouraret.	De Lamartinie.	Gautier.
Junot.	Rouet.	Harlay.	Pascaud.
Brunat.	Caron.	Maréchal.	Bossu.
Roy.	Fayet.	Petit.	Decoly.
Cellier.	Rollard.	Bernard.	Savagnier.
Richard	Beylot.	Dernis.	

SOUS-OFFICIERS ÉLÈVES OFFICIERS

Foache.	Noizet.	Hiblot.	Du Mazot.
Seigneur.	Mainguet.	Barbarat.	Sehot.
Chapellier.	Félix.	Hinault.	Hervé.
Chassot.	Rivart.	De l'Angle.	Collin.
Gros.	De Laveaucoupet.	De l'Hervilliers.	Mahuzier.
Thevenez.	Couturier.	Delagenest.	Angelet.
Boussac.	Martignon.	Lecocq.	Prévost.
Isman.	Fournet.	Brunswig.	Gianettini.
Maubourguet.	Caubert.	Grasset.	Azier.
De Saint-Céran.	Estève.	Humann.	Derosne.
Sestac.	De Metz.	Aimon.	Baron.
Burnez.	Champenois.	De Boecque.	Ruez.
Verollot.	Lechanteur.	Maurer.	Griollet.
De Colnet.	Du Peyrat.	De Gaulejac.	Vuibert.
Saucié.	Perrier.	De Laduye.	De Chauny.
Raquin.	Besnard.	De Massol.	Beneyton.
Buttavant.	Demange.	De Digoine.	Canioni.
De Latour.	Denoirjean.	Fournier.	D'Audericq.
Reverdy.	Muller	De Schwid.	Jacquier.
Valch.	Béquet-Maraicherie.	Brisson.	Démoulin.
Courcier.	De Rolland.	Bourgeois.	Archinard.
Maitre.			

Le 6 avril 1883, une décision ministérielle modifia le recrutement des sous-officiers élèves officiers à l'École de cavalerie.

« Il est ouvert chaque année, entre tous les sous-officiers de cavalerie proposés pour le grade de sous-lieutenant, un concours, à la suite duquel ceux d'entre eux qui ont satisfait aux épreuves sont admis comme élèves officiers à l'École d'application de cavalerie, jusqu'à concurrence du nombre déterminé annuellement par le Ministre et dans l'ordre du classement résultant du concours.

« Le concours comprend : 1° Des compositions écrites ; 2° Des examens oraux portant sur les matières des écoles régimentaires dans l'arme de la cavalerie.

« Le classement des candidats est établi d'après la somme de points obtenus par chacun d'eux dans ces épreuves successives, augmentée de deux cotes spéciales qualifiant à la fois : l'une, leur instruction militaire et équestre ; l'autre, leur conduite, leur capacité et leur aptitude au commandement.

« Les candidats doivent compter au moins deux ans de grade au 31 décembre de l'année du concours.

« Les compositions écrites servent à établir un premier classement, à la suite duquel les candidats dont l'instruction est jugée insuffisante sont éliminés.

« Ces compositions comprennent : 1° Une dictée ; — 2° Une narration française ; — 3° Résolution de problèmes d'arithmétique ; — 4° Résolution de problèmes de géométrie.

« Les compositions sont écrites sur des feuilles à en-tête imprimé envoyées du ministère. Chaque candidat y inscrit lisiblement son nom, son grade et son régiment, et signe à l'endroit indiqué, avant de remettre son travail.

« Il est accordé aux candidats : 1° Pour relire la dictée, dix minutes ; — 2° Pour la composition française, trois heures ; — 3° Pour les problèmes d'arithmétique, deux heures ; — 4° Pour les problèmes de géométrie, deux heures.

« Les compositions sont corrigées au ministère, par des officiers nommés par le Ministre. Avant la remise des compositions aux correcteurs, la partie de chacune des feuilles sur laquelle se trouvent le nom et la signature du candidat est détachée dans les bureaux du ministère. Les noms sont remplacés par des numéros d'ordre. Les parties enlevées restent sous scellés.

« Dès que les corrections sont terminées, les compositions, accompagnées d'un tableau d'ensemble, indiquant les cotes attribuées à chacune d'elles, le produit de ces cotes par les coefficients et la somme de ces produits, sont retournées par les correcteurs au Ministre, qu fait établir la liste des candidats par ordre de mérite, et fixe le nombre des admissibles aux épreuves orales.

« Une commission unique est chargée de faire passer les examens oraux. Cette commission est composée de trois membres, nommés par le Ministre de la guerre : 1 colonel ou lieutenant-colonel de cavalerie, président ; 2 chefs d'escadrons de cavalerie, membres.

« Les examens portent sur les matières ci-après : 1° Géométrie ; — 2° Topographie ; — 3° Histoire de France ; — 4° Géographie. — Toutes les questions sont tirées au sort et extraites du questionnaire annexé au cours des écoles régimentaires.

« La commission siège successivement à Paris, Chalons, Lyon, Montauban et Nantes. Chaque année, le sort détermine le point initial des opérations de la commission. »

En 1883, il y eut un premier jour de courses à Verrie, le 8 avril.

Steeple-chase militaire (2e série). — Un objet d'art. — Pour officiers en activité de service, montant des chevaux d'armes. — Distance, 3,000 mètres. — Première, *Légation*, montée par *M. de Carmejane*. — Deuxième, *Bataclan*, monté par *M. L'Hotte*.

Steeple-chase militaire (1re série). — Un objet d'art. — Pour officiers en activité de service, montant des chevaux d'armes ou des chevaux appartenant à des officiers en activité de service. — Distance, 3,000 mètres. — Premier, *Agathos*, monté par *M. de Saint-Sernin.* — Deuxième, *La Fête*, à *M. de Fraville.*

Prix du Fagot. — Course de haies, gentlemen. — Un objet d'art. — Poids libre. — 2,500 mètres. — Première, *Suzon*, montée par *M. de Montjou.* — Deuxième, *Bigote*, montée par *M. de Fleury.* — Troisième, *Mentor*, monté par *M. Caillault.*

Le 25 mai parut un nouveau *Règlement sur l'organisation de l'École.* Nous ne transcrirons que les modifications qu'il apporta à celui de 1881.

Les *officiers d'instruction* de cavalerie sont désignés par le Ministre, sur la présentation des inspecteurs généraux, qui les choisissent parmi les lieutenants comptant au moins un an de grade au 31 décembre de l'année de leur entrée à l'École.

Les *sous-lieutenants* promus à ce grade pour faits de guerre, ou toute autre cause exceptionnelle, sans avoir préalablement suivi les cours des élèves officiers, doivent être autorisés à suivre les cours de la première division d'officiers élèves qui entre à l'École après leur promotion. Ils font l'objet d'un classement spécial, mais une mention indique, pour mémoire, le numéro qu'ils auraient pu obtenir dans le classement général de cette division.

Les *sous-officiers* sont envoyés à Saumur à la suite d'un concours, subi dans les conditions déterminées par le Ministre de la guerre. Tous les sous-officiers élèves officiers qui satisfont aux examens de sortie, sont promus au grade de sous-lieutenant, et prennent rang dans ce grade d'après leur numéro de classement aux examens de sortie.

CADRE CONSTITUTIF DE L'ÉCOLE. — *Exercices militaires :* 1 chef d'escadrons, instructeur en chef ; — 9 capitaines.

Équitation : 1 chef d'escadrons, instructeur en chef ; — 5 capitaines instructeurs ; — 4 lieutenants ou sous-lieutenants sous-instructeurs.

Direction des études : 1 chef d'escadrons, directeur ; — 1 capitaine, sous-directeur ; — 3 capitaines professeurs.

Une autre journée de courses eut lieu à Verrie, le 1er juillet.

Steeple-chase militaire. — Un objet d'art. — Pour officiers en activité de service, montant des chevaux d'armes. — Distance, 3,000 mètres environ. — Première, *Tabatière*, montée par *M. de Saint-Sernin.* — Deuxième, *Tourmalet*, monté par *M. de Beaurepaire.* — Troisième, *Titus*, monté par *M. de Villepin.*

Steeple-chase militaire. — Un objet d'art. — Pour officiers en activité de service, montant des chevaux d'armes, ou des chevaux leur appartenant, n'ayant jamais gagné que dans des steeple-chase militaires. — Distance, 4,000 mètres. — Premier, *Sandrigham*, monté par *M. de Saint-Sernin*, qui n'a pas eu le prix ; il lui manquait 250 grammes. — Deuxième, *Légation*, montée par *M. de Carmejane.*

Prix de Saumur. — Steeple-chase à réclamer. — 1,500 francs. — 3,600 mètres. — Première, *Disca*, montée par *M. de Saint-Sernin.* — Deuxième, *Eviction*, monté par *M. de Contades.*

La clinique vétérinaire de l'École de cavalerie secondait de ses études les perfectionnements de l'École, c'est ainsi que les opérations des chevaux cryptorchides, couronnées de succès, avaient déjà fait disparaître toute une catégorie des chevaux difficiles et relegués à la reprise des « *rogneux* ».

Le Ministre de la guerre, voulant étendre ce bénéfice à toute l'armée, décida, le 3 août, que tous les chevaux cryptorchides des corps de troupes à cheval et des dépôts de remonte seraient à l'avenir dirigés sur Saumur pour y être castrés.

En 1883, l'inspection de l'École fut passée par le général *de Galliffet*.

Le jury des examens de sortie fut composé ainsi qu'il suit :

Le général *de Galliffet*, inspecteur général ; les lieutenants-colonels *Pennet* et *de Libran* ; les chefs d'escadrons *Rozat de Mandres*, *Poulot*, *Jourdain* et *d'Aubigny* ; les capitaines *de Nexon*, *de Dartein* et *Jourdier*.

Les courses de Saumur eurent lieu les 12 et 14 août, le carrousel le 13.

PREMIER JOUR DE COURSES

Steeple-chase militaire (1re série). — Lieutenants d'instruction, montant des chevaux d'armes, ou des chevaux leur appartenant. — Première, *Marjolaine*, montée par *M. Molleveaux*. — Deuxième, *Pervenche*, montée par *M. Domenech de Celles*. — Troisième, *Crillon*, monté par *M. Caruel*. — Quatrième, *Quêteuse*, montée par *M. Vachée*.

Steeple-chase. — Premier, *Hercule*, monté par *M. Gallet*. — Deuxième, *Banquise II*, montée par *M. d'Estais*. — Troisième, *Bonne-Aventure*, montée par *M. de Billy*.

Steeple-chase militaire (1re série). — Un objet d'art. — Pour MM. les officiers en activité de service, montant des chevaux d'armes, ou des chevaux leur appartenant. — Distance, 3,000 mètres. — Premier, *Sandrigham*, monté par *M. de Saint-Sernin*. — Deuxième, *Légation*, montée par *M. de Carmejane*. — Troisième, *Grand-Duc*, monté par *M. Tampé*.

DEUXIÈME JOUR DE COURSES

Steeple-chase militaire (1re série). — Officiers élèves. — 3,000 mètres. — Première course : Première, *La Marjolaine*, montée par *M. Caillaut*. — Deuxième, *Crillon*, monté par *M. de Montjou*. — Troisième, *Nicotine*, montée par *M. de Sermet*. — Deuxième course : Première, *Bonne-Aventure*, montée par *M. Fleury*. — Deuxième, *Banquise II*, montée par *M. de Châteauneuf*. — Troisième, *Caravane*, montée par *M. de la Ruelle*.

Steeple-chase militaire (2e série). — Un objet d'art. — Pour officiers en activité de service, montant des chevaux d'armes. — Premier, *Doge*, monté par *M. de Laminière*. — Deuxième, *Séduisante*, montée par *M. de Bacquencourt*. — Troisième, *Croquis*, monté par *M. de Billy*.

Le 12 décembre, quelques modifications furent apportées à la remonte des écoles militaires par Saumur.

1° Conformément à la décision du 31 août 1880, l'École d'application de cavalerie continuera de pourvoir au remplacement des chevaux de carrière et de manège de l'École supérieure de guerre et de l'École d'application d'artillerie et du génie, ainsi qu'au remplacement des chevaux d'armes des Écoles de Saint-Cyr, de Saint-Maixent et de La Flèche. Les désignations des chevaux seront faites dans les mêmes conditions que par le passé, c'est-à-dire par l'inspecteur général de l'École de cavalerie, en présence des écuyers en chef des Écoles de guerre, de Fontainebleau et de Saint-Cyr, convoqués à cet effet.

2° Les Écoles de Fontainebleau et supérieure de guerre recevront désormais directement des dépôts de remonte la totalité des chevaux d'armes, nécessaires aux remplacements. Ces Écoles assureront le dressage de ces animaux, par les moyens dont elles disposeront.

3° L'École de Saint-Cyr recevra exceptionnellement une partie de ses chevaux d'armes des dépôts de remonte, comme moyens d'étude pour les instructeurs d'équitation.

École de Télégraphie. — Le 16 mai trois chefs de poste de télégraphie :

MM. *de Latrollière, Billet* et *Servet*, vinrent faire un stage de six semaines à Saumur. — Le 18 juin, on reçut l'ordre d'envoyer en Algérie, dix élèves télégraphistes destinés à remplacer les cavaliers télégraphistes dirigés sur le Tonkin. — Au mois de juillet, à la suite des observations très judicieuses du général de Galliffet, inspecteur général, l'École de télégraphie se mit à étudier les modifications à apporter au paquetage du matériel de télégraphie légère pour le rendre plus pratique. — Le 8 août, on reçut l'ordre d'expérimenter les lanternes signaux et les fanions disques du modèle d'infanterie, qui prirent place dans le matériel de la télégraphie légère jusqu'au moment où ils furent remplacés par l'appareil optique de dix centimètres. — Au mois de septembre, le général *Saget*, inspecteur de la télégraphie militaire, vint inspecter les cavaliers télégraphistes au point de vue de leur instruction technique.

École de Maréchalerie. — En 1883, l'École de maréchalerie proposa l'essai de fers ayant les dimensions des fers Duplessis, mais avec la rainure anglaise en branches, plus facile à pratiquer que les étampures rectangulaires, donnant plus de solidité au cheval et permettant les étampures d'attente ou les crampons à glace en talons.

En 1883, nous avons à signaler une causerie équestre très bien présentée : Écuyers et Cavaliers, *autrefois et aujourd'hui, par* M. le Baron d'Étreillis, qui passe en revue successivement : l'ancienne équitation française, l'équitation contemporaine, l'équitation allemande, l'équitation de cirque et l'équitation anglaise.

C'est la causerie fine et spirituelle d'un gourmet d'équitation qui analyse les personnalités équestres et détaille leurs montures en vrai connaisseur. L'auteur laisse cependant percer un peu trop de parti pris dans ses jugements. Partisan enthousiaste de l'équitation académique, il affirme qu'on est moins savant qu'autrefois. Mais pourquoi ne pas reconnaître qu'on est plus hardi. Toutefois, il est obligé de faire quelques concessions en parlant de l'équitation contemporaine, et de reconnaître que le cavalier d'aujourd'hui représenterait un type très convenable s'il était un peu moins steeple-chaseur et un peu plus écuyer. Le cavalier de Saumur n'est-il donc pas taillé sur ce patron.

A propos de l'équitation allemande, il différencie très judicieusement l'École hanovrienne, l'École autrichienne, l'École prussienne, et il caractérise cette dernière en disant que le cheval mécanique et le cavalier automate la personnifient à merveille.

Quant à l'équitation de cirque, il la définit justement comme une équitation fausse, un dressage par ficelles, sauf quelques rares exceptions qu'il cite : *Baucher*, *Franconi*, *Fillis*.

Enfin, en analysant l'équitation anglaise, l'auteur est amené à reconnaître la nécessité du point d'appui sur la main pour l'équitation d'extérieur et l'immense ressource de l'entraînement raisonné.

1883

ÉTAT-MAJOR DE L'ÉCOLE

Danloux	Colonel comm. l'Éc.
Haust	Lt-col. comm. en 2e.
Révérony	Ch. d'esc. instr. en ch.
De la Forgue de Bellegarde	Ch. d'esc. écuy. en ch.
Tremeau	Cap. s.-dir. des études
Arnal	Major.
Le Bailly	Capitaine trésorier.
Lefranc	Capit. d'habillement.
Vincenot	S.-l. adjoint au trés.
Genevès	Lieut. porte-étend.
Mégard Le Pays de Bourjolly	Capit. adjud.-majors
Sieur	
Robert du Gardier	Capit. instructeurs.
Ginet	
Sordet	
Hébert	
De Ferluc	
Perrin	Lieut. sous-instruct.
Chavane	
Sabry de Monpoly	
Gillet	
Gaillard-Bournazel	

De Merval		Capitaines écuyers.
Carbonnel de Canisy		
De Lestapis		
Charlery de la Masselière		
Feter	Lieut.	s.-écuyers.
Hache	Lieut.	
Tampé	Lieut.	
Jochaud du Plessix	Lieut.	
André Joubert	Lieut.	
De Beaurepaire de Louvagny	S.-l.	
Laparre de Saint-Sern'n	S.-l.	
Grœner	Cap. prof. d'allem.	
Picard	Lieut. prof. d'hist. et de géographie.	
Ferrandier	Cap. du génie prof. de fortifications.	
Weiss	Cap. dir. de l'arçonn.	
Chabert	Médecin principal.	
Delorme	Médecin major.	
Schmit	Médecin aide-major.	
Bizot	Vétérin. principal.	
Dangel	Vét. en 1er, pr. de mrie	
Jacoulet	Vétérinaire en 2e.	

LIEUTENANTS D'INSTRUCTION DE CAVALERIE

Molleveaux.	De la Chevasnerie.	D'Estais	De Lagonde.
De l'Espée.	Gallet	Villemin.	Hudellet.
Huguet.	De Ligné.	Trouilhet.	De Vroil
Léorat.	De Bellaing.	Sermet.	D'Arbaumont.
D'Argenlieu.	Saverot.	Viviez.	De la Bigne
Du Garreau.	De Vanssay.	Matuszinski.	De Frémont.
Domenech de Cellès.	De Fleurans.	Bertran.	De Valon.
De Pauniat.	Des Termes.	De Beaufort.	Démarest.
Breuillac.	Dezaunay.	De Lignières.	Perron.
De Lapointe.	Caruel.	Delaine.	

LIEUTENANTS D'INSTRUCTION D'ARTILLERIE

De Chazelles.	Carré.	De Billy.	Rumeau.
Havin.	De Leusse.	Gossart.	Helmstetter.
Vachée.	Favart.	Berthomieu.	Cheville.
Laboria.	Le Grain.	Pilastre.	Harel.
De Carmejane.	Cambreleng.	David.	

SOUS-LIEUTENANTS RÉGIMENTAIRES

Beyler.	Lemius.	Desbaines.	Gaudin.
Oudard.	Aguttes.	De Guaita.	Jochem.
Glin.	Huguet.	Martell.	Delestang.
Gobert.	Bernadou.	Gasser.	Lauverjat.
Couriet.	Dutrey.		

SOUS-LIEUTENANTS OFFICIERS ÉLÈVES.

Hely d'Oissel.
De Montbéliard.
Lemant.
Barrière.
Hennocque.
Desbrières.
De Vernou.
Blondel.
Cabaud.
Geoffroy.
L'Hotte.
De Laminière.
De Chateauneuf.
Cottu.
Blanchy.
De la Barre.
Anselin.
D'Epenoux.
Caillaut.
De Fleury.
Perret.
De Montjou.
Frotié.
De Lagerie.
Du Trémont.
Schmidt.
D'Obival.
Larroque.
De Villepin.
De Leusse.
De Beauvoir.
Guilhamat.
De la Ruelle.
De Lacger.
Delacroix.
De Chazelles.
Poulet.
D'Iray.
De Lambilly.
Rousseau.
Lalande.
De Dananche.
De Francolini.
André.
Ducreux.
Dumarcet.
De Vasselot de Regné.
Plantier.
Anisson du Peyron.
Colas.
De Mangou.
De Tappie.
De Menou.
De Brem.
De Tavernost.
De Foix.
De Portes.
De Chouzy.
De Scitivaux de Greische.
Arbola.
De Kermel.
De Ségur Lamoignon.
Le Bachellé.
Pavillon.
De Palma.
De Gissac.
De Beaujeu.
De Baudus.
Hérouart.
De la Serve.
Du Laurens.

SOUS-OFFICIERS ÉLÈVES OFFICIERS

Lepage.
De Miramont.
Blaise.
De Galliffet.
Delcourt.
De Thezillat.
Uchan.
De Gimel.
Denis.
Parisot.
De Ribains.
D'Hauteville.
Jeannin.
Mathis.
Alleau.
De la Villesboisnet.
Belly.
D'Aubarède.
De Moracin.
Meyer.
De Vercherre.
Couverchel.
Girardin.
De Saint-Gérand.
Guignard.
Benson.
De l'Hermitte.
Mercier.
Camioni.
Rainal.
De Montgon.
De Bragelongue.
Courcenet.
Deschamps.
Bigrard.
Cassaigne.
Siméon.
Lacroix.
Rocas.
De Belcastel.
Mauger.
Moussard.
Crouseilles.
De Moussac.
Collin.
Mertian.
Hulot.
Limal.
Lardinois.
Simon.
De la Roque.
Duchateau.
Peyron.
Taillandier.
De la Bassetière.
Ducreux.
De la Tour du Pin.
Laperche.
Hambourg.
De Belenet.
Fleury.
Quéromesse.
Bouglé.
Tiollier.
De Messey.
Duffaud.
Roussel.
Beneyton.
Woertz.
Depasse.
Rick.
De Saint-Pol.
Labat.
Clarac.
Baudran.
Voillemin.
Becker.
Cavrois.
Legrand.
Anselin.
Daireaux.
Compain.
Piolowski.
De Gestas.
Mahieux.
Collignon.
Jaulhac.
Maillard.
Demoulin.
Favin-Levèque.
Trisbourg.
Panneaux.
Merlin.
Beaudel.
Cavaignac.
Laverdet.
Bayon.
Coque.
Krauss.
Abric.

AIDES-VÉTÉRINAIRES STAGIAIRES

Rochard.
Combarnous.
Cattoir.
Maille.
Larthomas.
Ablaire.
Chomel.
Blanchard.
Gaillot.
Girard.
Bouchereau.
Force.
Vincent.
Poy.
Clerc.
Bertrand.
Doiselet.
Cochon.
Jolly.
Grenier.
Beaudier.
Milon.
Berthezène.
Boeschlin.
Grailler.
Grosjean.
Deysine.
Peyruc.
Gagne.
Montagnier.
Toupé.
Daigney.
Boiret.
Devert.
Vidal.
Alquier.
Galles.
Raffin.
Deblieux.

En 1884, une première réunion de courses eut lieu à Verrie, le 30 mars.

Prix du Fagot. — Course de haies, gentlemen. — Un objet d'art. — Poids libre. — 2,500 mètres. — Première, *Étoile-Filante*, montée par *M. de Verna*. — Deuxième, *Leandres*, montée par *M. de Girardin*. — Troisième, *Lagryma*, montée par *M. de Gatelier*.

Steeple-chase militaire. — Un objet d'art. — Pour officiers, montant des chevaux d'armes. — Distance, 3,000 mètres. — Première, *Pastourelle*, montée par *M. André Joubert*. — Deuxième, *Minutie*, montée par *M. de Buyer*.

Steeple chase militaire. — Un objet d'art. — Pour officiers en activité de service. — Premier, *Retriever*, monté par *M. Aubineau*. — Deuxième, *Hercule*, monté par *M. Fleury*. — Troisième, *La Marjolaine*, montée par *M. Pillivyt*.

Au mois de juin, il fut envoyé à l'École de cavalerie un détachement de six sapeurs du génie et un sergent, pour toute la durée de l'enseignement des travaux de campagne, c'est-à-dire jusqu'aux examens de sortie. Il devait en être ainsi les années suivantes.

Dans le courant de ce même mois, l'École fut visitée par une mission militaire japonaise, sous la direction du général *Oyama*.

Le 3 juillet, l'état-major de l'École se porta sur la route d'Angers à Tours, pour saluer à leur passage les officiers du 2e chasseurs, qui exécutaient un raid d'exploration, sous les ordres du colonel *de Lignières*. C'étaient les capitaines *de Cahouët* et *Grellet;* les lieutenants et sous-lieutenants *Des Francs, d'Barambure, de Fleury, de Moracin* et *Caillaut*. Partis de Tours le 30 juin, à deux heures du matin, ils rentrèrent le jeudi 3 juillet, à midi, après avoir effectué, sur les mêmes chevaux, un trajet entre Chatellerault, Poitiers, Bressuire, Angers, Saumur, quatre cents kilomètres en quatre-vingt-deux heures.

La deuxième réunion de Verrie eut lieu le 6 juillet.

Steeple-chase militaire (2e série). — 3,000 mètres. — Première, *Pastourelle*, montée par *M. André Joubert*. — Deuxième, *Mauresque*, montée par *M. Aubineau*. — Troisième, *Lady Johnstone*, montée par *M. de Champvallier*.

Steeple-chase militaire (1re série). — 4,000 mètres. — Premier, *Sandrigham*, monté par *M. de Contades*. — Deuxième, *Florica*, montée par *M. de Girardin*. — Troisième, *Pervenche*, montée par *M. de Joybert*. — Quatrième, *Hercule*, monté par *M. Lamy*.

Prix du château de Marson. — Course de haies, handicap gentlemen. — 2,500 mètres. — Premier, *Néant*, monté par *M. de Champvallier*. — Deuxième, *Andrassi*, monté par *M. Fleury*. — Troisième, *Rob-Roy*, monté par *M. de Baugé*. — Quatrième, *Londres*, monté par *M. de Girardin*. — Cinquième, *Canonnière*, montée par *M. Champion*.

En 1884, l'École fut inspectée par le général de *Galliffet*. Le jury d'examens de sortie fut composé ainsi qu'il suit : le général *de Galliffet* inspecteur général, président ; les lieutenants-colonels *Chauveau de Bourdon* et *Raimond;* les chefs d'escadrons *Delarue-Beaumarchais, Cabrié, de Quincerot* et *de Cléric;* les capitaines *Chabert, Odent* et *de Biensant*. Pour les vétérinaires, MM. *Capon, Hédieux* et *Bizot,* vétérinaires principaux.

Les courses de Saumur eurent lieu les 10 et 12 août; le carrousel le 11.

PREMIER JOUR DE COURSES.

Steeple-chase militaire (1re série). — Première, *Florica*, montée par *M. de Girardin*. — Deuxième, *My Lady*. — Troisième, *Hercule*, monté par *M. Fleury*.

Steeple-chase militaire (2e série). — Un objet d'art. — Pour officiers, montant des chevaux d'armes. — Distance, 3,000 mètres. — *Pastourelle*, montée par *M. Perrot.*

Steeple-chase militaire. — Un objet d'art. — Pour officiers, montant des chevaux d'armes, ou des chevaux leur appartenant. — Distance, 3,000 mètres. — Première, *Pervenche*, montée par *M. de Contades.*

DEUXIÈME JOUR DE COURSES.

Poule de Hacks. — Course de haies (gentlemen). — Distance, 2,500 mètres. — Premier, *Tamarin*, monté par *M. André Joubert.* — Deuxième, *Franciscan.*

Steeple-chase militaire (1re série). — Distance, 3.000 mètres. — Première, *Florica*, montée par *M. de Verna.* — Deuxième, *Hercule*, monté par *M. Bastien.* — Troisième, *Crillon*, monté par *M. de Missiessy.*

Cette année-là, la Société des steeple-chases de France avait choisi l'hippodrome de Verrie pour un de ses Cross-country. La réunion eut lieu le 26 octobre.

Steeple-chase militaire (1re série). — Premier, *Zénon*, monté par *M. Crémieu-Foa.* — Deuxième, *Gil Blas*, monté par *M. de la Boutetière.* — Troisième, *Ciron*, monté par *M. Legras.*

Steeple-chase militaire (2e série). — Première, *Perruche*, montée par *M. de Fleury.* — Deuxième, *Hécate.* — Troisième, *Victoria*, montée par *M. Varin.*

Steeple-chase militaire (1re série). — Première, *Pervenche*, montée par *M. de Contades.* — Deuxième, *Quêteur*. monté par *M. de Vésian.*

Hunt steeple-chase. — Gentlemen riders. — 3,000 francs. — 4,000 mètres. — Premier, *Pull-Hupp*, monté par *M. de Contades.* — Deuxième, *Quêteur*, monté par *M. de Vésian.*

Le 31 octobre, une décision présidentielle modifia ainsi qu'il suit l'article du règlement de l'École concernant l'inscription d'office au tableau d'avancement de tous les lieutenants d'instruction, sortant dans la première moitié, avec la mention *très bien.*

« A la fin du cours, il est établi une liste de classement, par rang de mérite, de tous les lieutenants d'instruction ayant satisfait aux examens de sortie. Les officiers compris sur cette liste, avec la mention *très bien*, sont l'objet d'une proposition pour le grade de capitaine, et leurs titres sont soumis à l'examen de la commission de classement de l'arme, concurremment avec ceux des candidats présentés par les inspecteurs généraux. »

La selle définitivement adoptée prit la dénomination de modèle 1884.

L'arçon de cette nouvelle selle diffère de celui de la selle modèle 1874 par une diminution notable dans la largeur des bandes et par le gauche de leur surface bien moins accentué. Les arcades sont également métalliques ; celle de derrière, ou troussequin, est, sauf quelques dimensions, sensiblement la même. Quant à l'arcade de devant, elle est en fer forgé et munie d'un renfort en tôle d'acier ; elle est terminée par une patte coudée, ayant pour but de donner plus de fixité sur l'épaule. Les contre-sanglons de sangle, au lieu d'être fixés après les bandes par des lanières en cuir, sont attachés à des dés en fer montés sur des chapes en tôle. Ce système facilite le remplacement des contre-sanglons.

Une innovation importante, adoptée dans ce modèle, est l'établissement d'un faux siège en tissu de sangle, qui a pour but d'empêcher l'affaissement du siège, et le fait, en même temps, plus élevé au-dessus de l'arçon.

Les panneaux, rembourrés de crin, en vache, avec le dessous en treillis, d'après la modification de 1876, sont prolongés par des panneaux à flancs, qui protègent le cheval du contact des boucles. Le faux quartier est supprimé. La sangle est une sangle mexicaine. Les sacoches ont une plus grande capacité. Enfin, ce modèle de selle n'a qu'une pointure. Les accessoires sont : deux poches à fer, un baudrier porte-sabre (le sabre se portant à la selle), une paire de sacoches, un étui porte-avoine, un poitrail et une croupière.

École de Télégraphie. — Au mois de mars, on essaya des *fanions signaux à soufflet*, destinés à remplacer les fanions disques ; puis des *fanions à store* pouvant se manœuvrer à cheval. — Au mois d'avril, on expérimenta un système de télégraphie portatif inventé par le colonel *Herschelmann*, et adopté en Russie pour la cavalerie (un appareil morse dans son étui, une pile de six éléments dans son étui, un sac en cuir renfermant les ustensiles accessoires pour la coupure des lignes et pour l'installation et l'exploitation des postes, un sac en toile contenant des étriers pour monter aux poteaux) le tout porté à dos d'homme et arrimé sur un cheval bâti à cet effet. Ce système ne fut pas adopté ; on lui reprochait, au point de vue technique, de ne pouvoir utiliser que des lignes existantes. et au point de vue pratique, de nécessiter un cheval spécial pour son transport. — Le 5 mai, on envoya à l'École de télégraphie le téléphone Siemens réglementaire (avec manipulateur et muni d'un étui). — Le 16, trois chefs de poste de télégraphie vinrent faire un stage de six semaines à Saumur : MM. *Gillet*, *Doliger* et *Bénac*. — Le 30 juin, la Société générale des téléphones envoya à l'essai deux appareils magnétiques de *Gorer*, montés en ébonite, qui furent rejetés de la télégraphie légère à cause de leur fragilité et de la construction de leur embouchure trop exposée à être détériorée par la poussière. — Au mois de juillet, un directeur de télégraphie vint inspecter l'École au point de vue technique.

En 1884, *M. Dupon*, vétérinaire militaire, inventa, pour les pieds fortement encastelés, un fer ayant un peu de ressemblance avec celui de Talfumière et beaucoup avec le fer arabe, il l'appela *fer Lafosse modifié*.

Un capitaine instructeur d'artillerie, M. *Champiot*, inventa aussi une nouvelle ferrure à glace, le crampon rectangulaire déjà décrit par Dominik.

Nous devons citer, à la même date, la *Conférence sur la ferrure à glace dans les armées étrangères et en France*, de M. *Aureggio*, vétérinaire militaire, où l'auteur parle des crampons à vis à tenon fendu, à boutonnière, coniques carrés, carrés dans mortaise ronde, des vis à deux fins, des chevilles en bouchon à émeri. M. Aureggio utilisait l'étrier et le couteau du cavalier modifié.

1884

ÉTAT-MAJOR DE L'ÉCOLE

Danloux	Colonel comm. l'Éc.	Carbonnel de Canisy	Capitaines écuyers.
Treymuller	Lt-col. comm. en 2e.	De Lestapis	Capitaines écuyers.
Réverony	Ch. d'esc. instr. en ch.	Charlery de la Masselière	Capitaines écuyers.
De la Forgue de Bellegarde	Ch. d'esc. écuy. en ch.	De Ferluc	Capitaines écuyers.
Raimond	Ch. d'esc. dir. des ét.	Picot de Vaulogé	Capitaines écuyers.
Arnal	Major.	Jochaud du Plessix	Capitaines écuyers.
Fenouil	Capitaine trésorier.	Peter	Lieut. sous-écuyers.
Lefranc	Capit d'habillement.	Hache	Lieut. sous-écuyers.
Vincenot	Lieut. adj. au trésor.	Tampé	Lieut. sous-écuyers.
Gibard	S.-lieut. porte-étend.	De Lizaranzu	Lieut. sous-écuyers.
Mégard Le Pays de Bourjolly	Cap. adjudant-major	Gaudin de Villaine	Cap. s.-dir. des études
Sieur	Cap. adjudant-major	Grœner	Cap. prof. d'allemand
Robert du Gardier	Capit. instructeurs.	Picard	Capit. prof. d'hist. et de géographie.
Ginet	Capit. instructeurs.	Ferrandier	Cap. du génie prof. de fortification.
Sordet	Capit. instructeurs.	Montillot	Prof. de télégraphie.
De Jacquelin-Dulphé	Capit. instructeurs.	Weiss	Cap. dir. de l'arçonn.
Hébert	Capit. instructeurs.	Bourot	Médecin principal.
Le Bouyer de Saint-Gervais de Monhoudou	Capit. instructeurs.	Yvert	Médecin major.
De Place	Capit. instructeurs.	Spire	Médecin aide-major.
Perrin	Capit. instructeurs.	Barthes	Vétérinaire principal.
Sabry de Monpoly	Capit. instructeurs.	Dangel	Vét. en 1er, pr. de mrie
		Jacoulet	Vétérinaire en 2e.

OFFICIER ÉTRANGER

SUIVANT LES COURS DE L'ÉCOLE

Sjocrona . . . . S.-lieut. aux dragons de Scanie (Suède).

LIEUTENANTS D'INSTRUCTION DE CAVALERIE

Rœderer.	De Cornulier.	De Buyer.	Le Roy.
Perrot.	Bridoux.	De Pelleport.	Moine.
André.	D'Urbal.	Grasset.	Astruc.
Gouzil.	Fleury.	De Beaumont.	De Champorin.
De Mitry.	Bartoli.	De la Bouillerie.	Frœlicher.
Bourderiat.	Lucas.	Tampé.	Demaiche.
Besset.	De la Hamelinaye.	Arthuis.	Taufflieb.
De Mareuil.	D'Amonville.	Chaminade.	De Quercize.
De Girardin.	Richard.	Hervé.	De Saint-André.
De Brabois.	Lamy.	Haillot.	De Fontenailles.
Tercinier.			

LIEUTENANTS D'INSTRUCTION D'ARTILLERIE

Cottin.	Falque.	Dayras.	Brisac.
Aubineau.	Mojon.	Michel.	Nœttinger.
Gervais.	Bouffard.	Courbebaisse.	Martin.
Fabre.	Pillivuyt.	Couvrat.	Greisch.
Jaillon.	Gandillot.	Weiss.	

SOUS-LIEUTENANTS RÉGIMENTAIRES

Guérin.	Delestang.	Féraud.	Martell.
Boss.			

SOUS-LIEUTENANTS OFFICIERS ÉLÈVES

De Saint-Just.
De Place.
D'Ophove.
Champion.
Begouen.
Simon.
De Marcieu.
De Missiessy.
De Kainlis.
Bignon.
Du Plessix.
De Menonville.
D'Ussel.
Faure.
Langlois.
De Laborie.
De Saizieu.
De Pardieu.
De Thieulloy.
Trutat.
Arrault.
De Tailly.
Des Hières.
Wimpffen.
Jallibert.
De Chasteignier.
Renault.
De Puybaudet.
De Tournadre.
Dogny.
Leps.
Baille.
Ferté.
Billioque.
De Bouillé.
Secrétand.
De Joybert.
De Beaugé.
De Bry d'Arcy.
Dodelier.
Limbourg.
De Verna.
Duvernoy.
Giraud.
Thedenat.
Dufilhol.
Vieillard.
De la Robrie.
De Cugnac.
Goussot.
D'Epenoux.
Boutan.
De Barry.
Bastien.
De Moustiers.
Doncieux.
Du Pommereau.
D'Auvigny.
Du Boisdulier.
De Fontenay.
De Gatellier.
De Dampierre.
Delabie.
Bardon.
Laneyrie.
De Villemandy.
Lemaréchal.
De Lignières.
Du Peloux.
De Vaulx.
De Montureux.
De Saint-Chamand.
Duchot.
Covillion.
Des Villars.
Geraud.
De Beaumont.
De Lambilly.
D'Ouince.
De Narbonne.
Leroux.
Pretavoine.

SOUS-OFFICIERS ÉLÈVES OFFICIERS

Gourmel.
Prégaud.
Galland.
De Kergolay.
Mallet.
Gounin.
Froidure.
Renson.
Husson.
Finot-Prévost.
Pellerin.
Thierry.
Stocklen.
De Ganay.
Jubié.
Cavenne.
Boissot.
De la Grandière.
Legros.
Grandjean.
Amat.
De Lenfant.
De Maleyssie.
Goutelle.
Pellegry.
Blanc.
Ritter.
De Jessey.
Warnet.
Riu.
Nozerand.
De Fayet.
Roche.
De Sainte-Marie.
De Beaudreville.
Rolloy.
Dugard.
Dulon.
Taloppe.
Audebert.
Larochefontenille.
Gavignet.
Thouvenin.
Bessières.
De Lestrange.
Dommanget.
Magnin.
Parise.
Futin.
Maillot.
Frelin.
Geoffroy.
Batail.
Seingeot.
De Mesme.
Lecomte.
Chauvey.
Le Bègue.
De Neuville.
Lefébure.
D'Aramon.
Bourgeois.
Regard.
Lacombe-Cazal.
Brody.
Mangin.
Cressier.
Ardan.
Picaudel.
Carrière.
Du Cheyron.
Poussineau.
Cazaux.
De Tournebu.
Du Bouchage.
Lacrotte.
De Tréville.
Lubet.
Mathieu.
Leroy.
Picard.
De Ricard.
Van Cauvenberghe.
Jonte.
Abrard.
Gervaise.
De Guehéneuc.
De Lalande.
De Raucourt.
Fournier.
Lenormand.
Marchal.
Vidal.
Hervé.
Camus.
Bertrand.
Roux.
Burlureaux.
Desbordes.
De Corday.
Fallières.
Rolle.
Labbé.
Perlat.
Ledoux.
Survirey.
Protet.
Bureau.
Levère.
Vaquette.
De Riancey.
Abric.
Tinel.
Lepeltier.
Canard.

AIDES-VÉTÉRINAIRES STAGIAIRES

Bastian.
Simonin.
Petot.
Perrot.
Bellenger.
Magnin.
Guénot.
Lemesle.
Pont.
Tixier.
Benet.
Chatard.
Bergougnan.
Lemann.
Jestaz.
Rous.
Perrée.
Isnard.
Lesbre.
Brunet.
Antoine.
Ducloux.
Million.
Wagner.
Remazeilles.

Le 28 février 1885, le conseil d'instruction de l'École fut chargé d'élaborer une nouvelle instruction pour le transport des troupes de cavalerie par les voies ferrées.

Une première réunion de courses eut lieu à Verrie, le 19 avril.

Steeple-chase militaire (1re série). — Première, *Pervenche*, montée par *M. de Contades*. — Deuxième, *Bon-Aloi*, monté par *M. Crémieu-Foa*. — Troisième, *Picador*, monté par *M. Morgon*.

Steeple-chase militaire (2e série). — Distance, 3,000 mètres. — Première, *Folie*, montée par *M. Grangez du Rouet*. — Deuxième, *Numa*, monté par *M. de Breteuil*. — Troisième, *Madame*, montée par *M. de Dinéchin*.

Prix du Fagot. — Course de haies, gentlemen. — Un objet d'art. — Poids libre. — 2.500 mètres. — Première, *Honour-Bright*, montée par *M. de la Motte-Rouge*. — Deuxième, *Broad-Corrie*, montée par *M. de Breteuil*. — Troisième, *Porte Bonheur*, montée par *M. Morgon*.

Cross-country, steeple-chase handicap, gentlemen. — 2,500 francs. — 4,000 mètres. — Première, *Pâquerette*, montée par *M. de Contades*.

Le 15 mai, les aides-vétérinaires stagiaires à l'École furent détachés pour un mois dans les différents corps d'armée, pour entrer dans la composition des commissions de réquisitions de chevaux.

Pendant le mois de mai, on expérimenta à l'École un appareil, de l'invention de *M. Vasseur*, permettant à un cavalier monté de traverser une rivière. Les résultats ne furent pas très heureux.

Le 24 juin parut un nouveau *Règlement sur le service intérieur de l'École;* nous n'en transcrirons que les innovations principales.

AIDES-VÉTÉRINAIRES STAGIAIRES. — Le jury, pour les examens de sortie des aides-vétérinaires stagiaires, est composé : du général inspecteur, qui peut déléguer le commandant en second de l'École, président ; le commandant en deuxième de l'École, trois vétérinaires principaux, dont celui de l'École, membres. Les fonctions de secrétaire sont remplies par le vétérinaire en second de l'École.

L'examen comporte quatre épreuves : 1° *Une épreuve écrite* (la même pour tous), consistant en un rapport adressé à l'autorité militaire, sur une question pratique de médecine, de chirurgie, d'hygiène vétérinaires ; — 2° *Un examen oral*, portant sur toutes les parties de l'enseignement comprises dans le programme du cours ; — 3° *Un examen pratique*, consistant en exercices sur l'extérieur du cheval, la chirurgie, l'hygiène appliquée à la maréchalerie et les viandes de boucherie.

Des instructions sont données ultérieurement par le Ministre, pour qu'ils reçoivent, après leur promotion, l'indemnité de première mise qui leur est allouée.

ÉLÈVES TÉLÉGRAPHISTES. — Pendant la deuxième quinzaine de mars, la première division d'élèves télégraphistes subit un examen éliminatoire. Les élèves qui n'ont pas satisfait aux épreuves sont renvoyés à leur corps.

La commission d'examen se compose de : le commandant en deuxième de l'École, président ; l'instructeur militaire, le professeur de télégraphie, un officier du cadre de l'École, membres.

L'examen porte sur : la manipulation et la lecture de la bande de l'appareil Morse ; la lecture au son ; le cours théorique ; l'équitation ; la gymnastique ; l'instruction militaire pratique et le service de la cavalerie en campagne.

Des examens de sortie sont passés, à la fin du cours, aux élèves de la première division, par la même commission. Ils portent sur les mêmes matières que l'examen éliminatoire du mois de mars, et, en outre, sur le réglage des appareils, la recherche des dérangements et les notions élémentaires sur la construction des lignes militaires.

A la fin du cours de la deuxième division, les élèves télégraphistes de cette division subissent des examens qui donnent lieu au classement de sortie.

La composition de la commission d'examen est la même que pour la première division.

Les épreuves portent sur les matières suivantes : télégraphie électrique, optique et militaire ; équitation ; gymnastique ; topographie ; appareil Morse, manipulation et lecture : lecture au son ; appareil à cadran, manipulation et lecture : réglage des appareils ; recherche des dérangements ; construction des lignes ; mise en station et manœuvre des appareils optiques ; instruction militaire pratique, et service de la cavalerie en campagne.

Les élèves des deux divisions sont, en outre, l'objet d'une note d'ensemble.

Tous les élèves classés de la première division sont, en outre, l'objet d'un rapport sommaire de la part du fonctionnaire de l'administration des postes et télégraphes envoyé à Saumur par ce département. Ce rapport fait connaître, pour chacun d'eux, s'il est susceptible d'être employé dans l'administration à sa libération du service actif.

Pendant la deuxième période de l'instruction, quatre chefs de poste de la télégraphie militaire, affectés au service de la télégraphie légère, sont successivement détachés à Saumur, tant pour compléter leur instruction que pour seconder le professeur. Ces fonctionnaires, tout au moins le premier, sont choisis, autant que possible, parmi ceux ayant fait un stage à Saumur. Considérés comme mobilisés pendant leur séjour à l'École de cavalerie, ils sont soumis à toutes les obligations militaires du grade dont ils sont revêtus.

Élèves maréchaux ferrants. — Le jury, pour les examens de sortie des élèves maréchaux ferrants, est composé de : le commandant en deuxième de l'École, président ; le vétérinaire principal, un capitaine instructeur d'équitation, le vétérinaire en premier, professeur, membres.

Remonte. — Le service des remontes ne pouvant pas toujours fournir à l'École de cavalerie le nombre dont elle a besoin de chevaux d'armes, immédiatement aptes au service, l'effectif déterminé est maintenu au complet au moyen de prélèvements opérés, en fin de cours, sur ceux amenés par les sous-officiers élèves officiers.

PROGRAMME DES COURS DES DIFFÉRENTES DIVISIONS.

I. Lieutenants d'instruction. — *Organisation.* Recrutement et organisation de l'armée. Lois et décrets s'y rapportant. — Notions sur l'organisation des armées étrangères.

Art militaire. — Tactique de l'infanterie, de l'artillerie et de la cavalerie. Historique sommaire de cette dernière arme. Ses différents rôles. Ses différents modes d'action. — Notions sur le service d'état-major. — Tactique commune aux trois armes. Marches. Stationnement. Combat. Petites opérations de la guerre. — Application des principes énoncés au cours à des opérations déterminées, exécutées sur le terrain.

Topographie. — Connaissance du terrain. — Lecture des cartes. — Levés expédiés.

Fortification. — Ouvrages de campagne. — Organisation défensive des lieux habités, bois, routes, etc. — Conduite de l'attaque. — Destruction et réparation des voies de communication et des ponts. — Notions sur les corps explosifs. — Emploi de la dynamite. — Types adoptés pour les nouveaux ouvrages de fortification permanente. — Étude du système de défense de la France.

Chemins de fer. — Notions générales sur la construction des chemins de fer. — Exercices pratiques d'embarquement. — Voyage sur une machine par groupe de deux officiers.

Artillerie. — Étude du matériel en service dans l'armée française. — Notions sur la fabrication des bouches à feu, des projectiles et des poudres. — Organisation des batteries de campagne, des sections de munitions et des sections de parc. — Différentes espèces de tirs. Leur réglage. — Armes portatives. Leur fabrication. — Ponts militaires. — Artilleries de campagne étrangères. — Exercices pratiques : service des pièces.

Télégraphie. — Télégraphie électrique et optique. — Principaux appareils en usage. Leur emploi. — Construction des lignes militaires. — Téléphone. — Organisation de la télégraphie légère dans les régiments. — Exercices pratiques : construction de lignes. Correspondance optique.

Hygiène. — Généralités sur l'hygiène. Son but. — Hygiène militaire en garnison, en marche, en campagne. — Précautions à prendre. — Premiers soins à donner. — Alimentation et boissons.

Allemand. — Traduction d'allemand en français et réciproquement. — Conversation usuelle.

Équitation. — Travail de manège et de carrière. Voltige. — Travail à l'extérieur. — Cours d'hippologie.

II. Officiers élèves. — Le programme d'enseignement pour les officiers élèves est le même que pour les lieutenants d'instruction. En outre, les officiers élèves sont interrogés, une fois par mois, sur les cours qui leur ont été professés à l'École spéciale militaire. Les interrogations sont faites au point de vue de l'arme de la cavalerie.

III. Sous-officiers élèves officiers. — *Législation et organisation.* — Lois militaires du recrutement, de l'organisation de l'armée, des cadres et effectifs, de l'administration, etc. — Loi sur l'état des officiers. — Loi sur les réquisitions militaires.

Tactique. — Notions sommaires sur la tactique des trois armes. — Étude détaillée de la tactique de la cavalerie. Ses differents rôles et ses différents modes d'action. Recrutement. Remontes. — Cavaleries étrangères. — Combinaison des trois armes. — Marches. — Cantonnements et bivouacs. — Du combat moderne et de ses caractères. — Exercices pratiques : application des principes énoncés au cours à des opérations déterminées exécutées sur le terrain.

Histoire et géographie. — Histoire sommaire des colonies françaises, de l'Algérie et de la Tunisie. — Guerres et expéditions contemporaines, depuis la campagne de Crimée. (Chaque campagne comporte l'étude géographique du théâtre des opérations.)

Topographie. — Généralités sur les cartes. Leur construction. Planimétrie et nivellement. — Exécution des levés topographiques. Méthodes employées. Instruments divers. — Levés expédiés. — Levés à vue. — Exercices pratiques : lecture des cartes. Étude du terrain. Exécution des levés expédiés et d'itinéraires.

Fortification. — *Chemins de fer.* — Même programme que pour les lieutenants d'instruction.

Artillerie. — Notions générales sur les bouches à feu actuellement en service. — Différents projectiles ; leurs effets. — Différentes espèces de tir ; leur réglage. Fabrication des poudres. Leur classification. — Organisation des batteries de campagne et des sections de munitions et de parc. — Ponts militaires. — Notions sur les artilleries étrangères.

Physique. — Notions générales sur les machines à vapeur. — Instruments d'optique, et plus spécialement ceux employés dans la télégraphie optique. — Télégraphie électrique. — Téléphone.

Hygiène. — Même programme que pour les lieutenants d'instruction.

Allemand. — Même programme que pour les lieutenants d'instruction.

Équitation. — Même programme que pour les lieutenants d'instruction.

IV. Aides-vétérinaires stagiaires. — Étude de la législation et de l'administration, en ce qui concerne les vétérinaires militaires. — Historique de la médecine vétérinaire militaire. — Exercices sur la rédaction des rapports, situations, états, procès-verbaux, etc., tant au point de vue professionnel qu'au point de vue militaire. — Études complètes et détaillées sur l'extérieur du cheval. — Races françaises et étrangères. — Type. — Études complètes et détaillées sur l'hygiène vétérinaire militaire, en station, en route, en campagne, en chemin de fer et à bord des navires. — Exercices spéciaux et pratiques sur l'appréciation des denrées alimentaires. — Cours de pathologie vétérinaire militaire et d'épizooties. (En cas d'épizooties sérieuses sur les chevaux des garnisons les plus rapprochées de l'École de cavalerie, les aides-vétérinaires stagiaires peuvent y être conduits par le vétérinaire principal, pour étudier ces maladies. La demande en est faite au Ministre.) — Cours de maréchalerie militaire. — Cours de clinique. — Pratique des opérations chirurgicales. — Préparation des médicaments. — Enseignement relatif à l'inspection des viandes de boucherie. — Études des maladies qui règnent dans les parcs des armées en campagne et mesures qu'elles exigent. — Cours pratique de micrographie. — Exercices pratiques sur toutes les matières du cours.

Équitation. — Travail de manège et de carrière. Voltige. — Travail extérieur.

V. Élèves télégraphistes. — Notions générales sur l'électricité et sur les différents corps ou agents employés en télégraphie. — Notions d'optique. — Propriétés des lentilles et des miroirs. — Télégraphie électrique. Différents systèmes en usage. Différents appareils employés. — Extrait des instructions administratives relatives au service des transmissions dans les bureaux. — Appareils accessoires. — Différentes espèces de postes. Leur installation. — Installation spéciale des bureaux municipaux. — Installation des grands bureaux. — Différentes espèces de lignes. — Notions sur le réseau télégraphique. — Nomenclature des fils. Carte des fils. — Appareils spéciaux. — Rendement moyen des différents appareils de transmission. — Des dérangements. — Notions sur le matériel étranger. — Cours de télégraphie militaire électrique et optique. — Organisation de la télégraphie militaire dans les armées étrangères. — Notions élémentaires et pratiques sur la lecture des cartes topographiques.

Équitation. — Travail militaire. Voltige. — *Travail à l'extérieur.*

En 1885, l'inspection générale fut passée par le général *de Galliffet*. Le jury des examens de sortie fut constitué ainsi qu'il suit : le général *de Galliffet*, inspecteur général, président ; les lieutenants-colonels *Raimond* et *de Girardin;* les chefs d'escadrons *de Noue, Dupont, de la Celle* et *Ferré;* les capitaines *Grellet, Tampé* et *Chavanne*.

Les courses de Saumur eurent lieu les 15 et 17 août ; le carrousel, le 16.

PREMIER JOUR DE COURSES

Steeple-chase militaire (1re série). — Première, *Isba*, montée par *M. Crémieu-Foa*. — Deuxième, *Folie*, montée par *M. Grangez du Rouet*. — Troisième, *Picador*, monté par *M. de Breteuil*.

Steeple-chase militaire (2e série). — Première, *Gouvernante*, montée par *M. Raymond*. — Deuxième, *Néroli*, monté par *M. Grangez du Rouet*.

Poule de hacks. — Course de haies, gentlemen. — 2,500 mètres et six haies. — Premier, *Tambourin*, monté par *M. Dilschneider*. — Deuxième, *Duna*, montée par *M. Lefort*. — Troisième, *Sérapis*, monté par *M. Crémieu-Foa*.

Steeple-chase militaire (1re série). — 3,000 mètres et dix obstacles. — Première, *Castille*, montée par *M. Lefort*. — Deuxième, *Jacques II*, monté par *M. Dilschneider*. — Troisième, *Banquise II*, montée par *M. de Failly*.

DEUXIÈME JOUR DE COURSES

Steeple-chase militaire (1re série). — 3,000 mètres. — Premier, *Retriever*, monté par *M. de Contades*. — Deuxième, *Banquise II*, montée par *M. de Vaulgrenant*. — Troisième, *Jacques II*, monté par *M. d'Antume*.

Steeple-chase militaire (2e série). — Distance, 3,000 mètres. — Première, *Isba*, montée par *M. Aupècle*. — Deuxième, *Picador*, monté par *M. de Planhol*. — Troisième, *Gouvernante*, montée par *M. Lefebvre*.

Steeple-chase militaire (3e série). — Pour MM. les sous-officiers. — Distance, 3,000 mètres. — Premier, *Appui*, monté par *M. Lardinois*. — Deuxième, *Béchique*, monté par *M. de Boissezon*. — Troisième, *Guérétoi*, monté par *M. Bayonne*.

École de Télégraphie. — Le 24 mars, *M. Montillot*, directeur de l'École de télégraphie, fut chargé par le Ministre de la guerre de rédiger un projet d'instruction sur le montage des postes de télégraphie électrique et leur service de transmission, devant entrer dans l'aide-mémoire de la télégraphie militaire. — Le 15 avril, on expérimenta le *téléphone Sartrou*, qui fut reconnu très bon, mais ne fut pas adopté à cause de la fragilité de ses bornes et de la mauvaise protection de son aimant. — De même que les années précédentes, trois fonctionnaires de la télégraphie militaire vinrent faire un stage à Saumur, du 16 mai au 30 juin, ce furent : *MM. Mulatier de Latrollière*, *Bouniol* et *Ravasse*, chefs de poste. — Le 8 juillet, un directeur de télégraphie, *M. Wunchendorff*, vint inspecter l'École de télégraphie au point de vue technique. — Pendant le mois d'octobre, on expérimenta un téléphone nouveau modèle de *M. Mitaine*, sous-chef de section de télégraphie militaire. Cet appareil ne fut pas trouvé assez sensible pour fonctionner avec les piles de télégraphie militaire. On essaya aussi un nouveau dispositif pour sacoches et supports de télégraphie légère présenté par le 3e cuirassiers. — C'est à la même époque que *M. Montillot*, directeur de l'École de télégraphie, proposa un appareil optique de sept centimètres pour la télégraphie légère. Cet appareil devait être porté à dos d'homme et à cheval. Ce fut cette invention qui donna l'idée de l'appareil de dix centimètres.

École de Maréchalerie. — Le 8 mars, un arrêté ministériel modifia le recrutement des maîtres-maréchaux-ferrants et l'organisation de l'École de maréchalerie :

Le brevet de maître maréchal ferrant s'obtient à la suite d'examens et d'épreuves professionnels subis aux chefs-lieux des ressorts vétérinaires.

PROGRAMME D'EXAMEN POUR L'OBTENTION DU BREVET DE MAITRE MARÉCHAL FERRANT

Examen oral. — Notions élémentaires sur l'extérieur du cheval. Notions élémentaires du pied ; propriétés et défaut de la boite cornée. Maréchalerie : forges, matériaux et instruments. Ferrure réglementaire : ferrure ordinaire, ferrure à glace. Manuel de la ferrure : forger le fer, parer le pied, attacher le fer. Moyens de contention. Ferrures exceptionnelles : vices d'aplomb, pieds défectueux, pieds malades. Ferrures étrangères. Ferrures du mulet. Premiers soins à donner aux chevaux malades.

Exercices pratiques. — *Forge.* — Forger quatre fers réglementaires pour un cheval désigné, forger deux fers pour un défaut d'aplomb, pieds défectueux ou malades, forger un fer de mulet, forger deux fers à l'anglaise. — *Ferrage.* Ferrer un cheval des quatre pieds, ferrer un pied atteint de vice d'aplomb, de défectuosité ou de maladie, ferrer deux pieds à l'anglaise.

Les cours de l'École de maréchalerie durent onze mois; ils commencent le 1er octobre.

Les régiments de cavalerie et d'artillerie d'une même brigade alternent chaque année pour la désignation de l'élève maréchal à envoyer à Saumur.

L'instruction professionnelle des élèves maréchaux est confiée sous la direction du vétérinaire principal, au vétérinaire en 1er de l'École ayant sous ses ordres : 1 adjudant, 4 maréchaux de logis, sous-chefs d'atelier, 3 brigadiers, moniteurs de maréchalerie.

Les élèves maréchaux subissent des examens devant un jury composé comme ci-après : Le commandant en 2e de l'École de cavalerie, président : le vétérinaire principal, 1 capitaine instructeur d'équitation, le vétérinaire en premier, professeur de maréchalerie, le chef d'atelier, membres.

Le règlement de l'École du 24 juin devait retirer la qualité de membre du jury d'examen au chef d'atelier. — Le 29 octobre, une décision ministérielle prescrivit l'essai de la ferrure anglaise à l'École ; on l'appliqua sur la moitié des chevaux de chaque catégorie. — On essaya également un fer à planche avec rainures en dedans des étampures et rainures sur la planche, afin d'empêcher les glissades du cheval, ce qui faisait souvent hésiter pour l'emploi de ce fer. — On essaya encore un fer postérieur à voûte tronquée, employé avantageusement en Angleterre pour les chevaux de chasse, dans le but d'éviter les atteintes. — Enfin on perfectionna l'installation des ateliers de maréchalerie en construisant des marquises vitrées dans les cours de ces ateliers.

Une décision ministérielle du 7 novembre adopta le clou Lepinte pour la ferrure à glace de la cavalerie.

En 1885, parut un livre d'équitation qui nous fait revenir sur la méthode de dressage Dutilh :

DRESSAGE DU CHEVAL DE GUERRE ET DU CHEVAL DE CHASSE *suivant la méthode de feu M. le commandant Dutilh, par* UN DE SES ÉLÈVES. C'est l'œuvre du *Capitaine Sièyes* qui, comme nous l'avons dit déjà, reprit l'idée du maître lui-même, en développant sa petite brochure et en suivant pas à pas sa progression.

Le capitaine Sièyes avait tous les titres désirables pour entreprendre cette paraphrase. Élève favori du commandant Dutilh, et fanatique de ses idées, qu'il lui avait été permis d'approfondir grâce à une franche intimité avec l'écuyer en chef ; sous-écuyer, chargé de les enseigner et de les défendre, il avait pu se rendre compte que la petite brochure du maître était insuffisante pour le faire comprendre. Le commandant Dutilh le savait d'ailleurs, et, comme nous l'avons relaté, il avait formé le projet de la développer, mais la mort vint le surprendre. L'élève accepta l'héritage de la tâche ; les interprétations si diverses, qui étaient venues se greffer sur le texte trop succinct de la brochure, lui dictèrent cette détermination.

Le but que se propose la méthode du commandant Dutilh est de faire un cheval facile à manier aussi bien à des allures raccourcies et trides qu'à des allures rapides et franchement déployées ; son idéal est « *le cheval de course rentrant à l'intérieur et y devenant le cheval de manège le plus docile..... L'officier doit pouvoir maintenir les allures ralenties d'une colonne de route, par exemple, aussi bien que produire le maximum de vitesse de l'attaque....., pourtant dans les deux cas le cheval doit être conduit aisément, sans effort ni fatigue inutiles pour le cavalier. Voilà donc deux nécessités contraires auxquelles il faut également satisfaire; c'est le but de cette méthode d'équitation.....*

Voyez le cheval de manège, son encolure est haute, elle est rouée, elle est raccourcie pour ainsi dire ; la tête de l'animal tend à se rapprocher de la verticale, parfois même elle l'atteint.

Voyez le cheval de course galopant sur l'hippodrome, son encolure est basse, elle est droite, elle est complètement allongée ; la tête elle-même tend à se placer dans son prolongement. Ces deux positions opposées sont absolument nécessaires pour que l'animal puisse, au manège, donner des allures brillantes et cadencées, et sur la pelouse, le maximum de sa vitesse : sa conformation l'exige......

Emparons-nous donc de cette faculté naturelle du cheval ; rendons-nous maître de ce redressement et de ce raccourcissement de l'encolure : dirigeons le mouvement de ce balancier, puis nous l'emploierons soit pour raccourcir, soit pour allonger le jeu de la machine. »

Mais comment se rendre maître de ce redressement et de cette extension de l'encolure, véritables carastéristiques de cette méthode ? L'auteur nous l'indique dans une progression d'exercices à travers laquelle on sent percer à chaque instant une préoccupation principale : il veut *que la bouche du cheval soit constamment en contact avec son mors, de telle sorte que, la main de l'homme venant à diminuer ce contact, le cheval allonge son encolure et baisse la tête pour retrouver la moelleuse pression à laquelle il est habitué.*

Nous ne pouvons pas reprendre le texte de cette méthode, nous allons nous contenter d'en transcrire la progression en suivant le livre pas à pas et en citant quelques-uns des points caractéristiques.

INSTRUCTION EN BRIDON OU ÉTUDE DU LANGAGE DES AIDES.

PREMIÈRE LEÇON OU PREMIÈRE PÉRIODE DE L'INSTRUCTION AYANT POUR BUT LA CIVILISATION DU CHEVAL. — *Travail pratique.* Leçon du montoir. Habituer le cheval à porter le poids du cavalier.

DEUXIÈME LEÇON OU DEUXIÈME PÉRIODE DE L'INSTRUCTION DEVANT APPRENDRE LA CONNAISSANCE DE L'EMPLOI ISOLÉ ET COMBINÉ DES AIDES SUPÉRIEURES ET DES AIDES INFÉRIEURES. — *Mouvements à faire exécuter :* Marcher et arrêter. — Demi-tour sur les épaules, qui ont pour but d'inculquer la connaissance de l'effet isolé et combiné des aides inférieures. 1re série : Arrêt. Demi-tour en deux temps. Arrêt et départ. — 2e série : Arrêt. Demi-tour non décomposé. Arrêt et départ. Passer du pas au trot et du trot au pas. — 3e série : Des demi-tours sur les épaules. Demi-tour non décomposé ; porter en avant aussitôt après. — 4e série : Des demi-tours sur les épaules. Demi-tour non décomposé. Arrêter à la fin. Repartir. — 5e série : Des demi-tours sur les épaules. Le cheval marchant au pas, demi-tour non décomposé. Partir en avant aussitôt après. — Connaissance isolée et combinée des aides supérieures.

« *Dès les premières leçons le cheval doit sentir la main qui le conduit, mais moelleusement. Le dressage a pour but d'amener entre la main du cavalier et la bouche du cheval une résistance analogue à la sensation qu'éprouverait l'homme, si les rênes étaient en caoutchouc ;*

comme elles sont inextensibles, ce sont d'une part la main, de l'autre la bouche et l'encolure qui doivent amener ce résultat. La main fixe, pas plus que la main flottante, ne saurait obtenir ce genre d'appui, que nous ne pouvons mieux définir que par l'expression résistance élastique. »

Effets de rênes. Effet direct. Effet d'ouverture. Effet de pulsion ou d'opposition. Effet diagonal.

« *Dans la première leçon, nous avons habitué le cheval à se porter en avant et à allonger l'allure par nos actions de jambes, il faut utiliser maintenant cette habitude; il faut exploiter son obéissance aux jambes pour le forcer à marcher en offrant toujours aux mains le degré de résistance nécessaire à la juste production des effets de rênes.*

« *C'est ce qu'en termes de manège nous appelons avoir les rênes constamment tendues.*

« *Il ne faut donc pas craindre d'user énergiquement des mollets et même des talons, dès que les mains n'ont plus, pourrons-nous dire, la sensation de retenir un cheval trop allant; c'est là le seul terme pratique à employer pour bien faire comprendre le degré d'appui indispensable, c'est le terme qui fera naître le sentiment exact de cette résistance élastique dont nous avons déjà parlé. Quant à l'intensité même de cette résistance, elle sera d'autant plus forte que l'encolure sera plus haute et plus raccourcie.*

« *Le dressage doit, en quelque sorte, faire de l'encolure un véritable ressort placé entre les mains de l'homme et la bouche du cheval; or, plus ce ressort sera contenu en arrière, plus la force destinée à le maintenir sera grande; plus il sera détendu, plus elle sera faible. Lorsque, d'une main, on tient fixe le gros bout d'une cravache et que, de l'autre, on ramène la mèche en arrière, la main qui tient la mèche commence par éprouver une très faible résistance, et à mesure qu'elle se rapproche de l'autre main, elle en perçoit une de plus en plus forte. Supposons que le gros bout de la cravache soit le garrot du cheval, la mèche en représentant la tête, et nous comprendrons comment doit se comporter l'encolure.* »

TRAVAIL EXTÉRIEUR *ou entraînement progressif faisant suite aux deux premières leçons.* — Travail au pas. — Travail au trot. — Travail au galop. — Travail extérieur pour les cavaliers. — De l'éperon.

TROISIÈME LEÇON OU TROISIÈME PÉRIODE DE L'INSTRUCTION, PENDANT LAQUELLE ON ACHÈVE L'ÉTUDE DU LANGAGE DES AIDES APPRIS A LA DEUXIÈME LEÇON : LANGAGE DONT LES DEUX BASES PRINCIPALES, APPUI SUR LA MAIN, MOUVEMENT EN AVANT, ONT ÉTÉ CONFIRMÉES PAR LE TRAVAIL EXTÉRIEUR. COMBINAISON DE TOUS LES SIGNES DE CE LANGAGE.

Mouvements à faire exécuter : Reprise de la leçon du montoir. — Travail sur la ligne circulaire. — Demi-tour sur les hanches ou demi-pirouette. — Première série. Arrêt — demi-tour décomposé en quatre temps. — Arrêt et départ. — Deuxième série. Arrêt — demi-tour décomposé en deux temps. — Arrêt et départ. — Troisième série. Arrêt — demi-tour non décomposé. — Départ. — Quatrième série. En marchant — demi-tour non décomposé. — Arrêt. — Cinquième série. En marchant — demi-tour non décomposé. — Départ. — Appuyer la tête au mur. — Croupe au mur. — Changement de main sur deux pistes ou tenir des hanches sur la ligne diagonale. — Répétition de l'action isolée et combinée des rênes et des jambes. — Exemple d'une reprise de la troisième leçon.

QUATRIÈME LEÇON OU QUATRIÈME PÉRIODE DE L'INSTRUCTION PENDANT LAQUELLE, TOUT EN CONSTATANT ET EN PERFECTIONNANT LES RÉSULTATS OBTENUS DANS LA TROISIÈME LEÇON, ON COMMENCE L'ÉTUDE DU GALOP.

Mouvements à faire exécuter : Travail individuel. — Mouvements de deux pistes. — Allongements d'allures au pas et au trot. — Marche circulaire au trot. — Galop par accélération d'allure. — Saut d'obstacles. — Arrêts progressifs.

TRAVAIL EN BRIDE

PREMIÈRE PÉRIODE DU TRAVAIL EN BRIDE, PENDANT LAQUELLE ON INCULQUE LA CONNAISSANCE DES EFFETS DU MORS DE BRIDE, EN RÉPÉTANT LA PROGRESSION DU TRAVAIL EN BRIDON. — Tenue des rênes pour la répétition du travail en bridon.

« *On amène l'animal à obéir à la bride comme il obéirait au bridon. Il faut qu'il arrive à conserver sur le mors le point d'appui nécessaire pour maintenir les rênes constamment tendues, et que sa bouche donne au cavalier une sensation de résistance élastique analogue à celle obtenue sur le filet, mais moins intense vu la plus grande puissance du mors.* »

Travail extérieur concurremment au travail au manège. — Du reculer. — Première phase du travail en bride pour les cavaliers.

DEUXIÈME PÉRIODE DU TRAVAIL EN BRIDE. — GYMNASTIQUE PROGRESSIVE.

« *Strictement parlant, lorsque la période précédente est terminée, le dressage du cheval est fini. L'animal sait lire couramment. Mais, si les mouvements exécutés par lui pendant ce laps de temps ont déjà bonifié et fortifié la machine locomotrice, cette dernière n'a pas encore acquis toute la force et toute l'énergie dont elle est capable. Pour faire atteindre au cheval son maximum de vigueur, nous allons, en nous servant du langage convenu avec lui, exécuter une série d'exercices gymnastiques nécessitant des efforts de plus en plus pénibles.*

« *A la fin de ce travail seulement, l'animal tout à fait développé, devenu très agile et très adroit, pourra aisément se plier à tout ce qu'on lui demandera. De cette agilité, de cette facilité à obéir découleront cette légèreté et cette finesse de bouche tant prisées, qui nous permettront, suivant les expressions reçues, de dire que le cheval est mis au bouton.* »

Manière de placer les rênes dans la main pour la conduite à quatre rênes et l'exécution des assouplissements.

PREMIÈRE LEÇON. — *Mouvements à faire exécuter :* Assouplissements en marchant (première série) avec le filet d'abord, et ensuite avec les deux rênes du même côté. — Arrêt. — Départ. — Demi-tour. — Mouvements de hanches. — Changement de main. — Voltes individuelles (Le tout au pas et au trot).

DEUXIÈME LEÇON. — *Mouvements à faire exécuter :* Même travail qu'à la première leçon (assouplissements de la première série avec la rêne de bride seule). — Assouplissements (deuxième série). — Descente de main sur le plan médiant.

« *D'une façon générale, toutes les actions destinées à diviser les appuis dans la bouche doivent être moelleuses et jamais saccadées. Ce ne sont nullement des titillements, mais des tractions opérées lentement jusqu'à ce que, la mâchoire se mobilisant, on sente le cheval mâcher le mors, et à ce moment, loin de rendre brusquement, il faut les continuer pour entretenir la mobilité.....*

« ... *Ce jeu des doigts* (l'auteur parle ici des actions croisées) *est assez difficile à bien faire au début, mais en s'exerçant, la main se perfectionne concurremment à la bouche du cheval ; la mobilité devient de plus en plus facile à obtenir et la mâchoire finit par se décontracter à la moindre demande du cavalier. Elle devient aimable et l'animal, prenant l'habitude de mâcher son mors, de le sucer en quelque sorte, ne cherche plus à en fuir ou à en briser le contact. C'est la conservation constante du contact qui, nous a dit le commandant Dutilh, donne le moyen d'agir sur l'encolure. Lorsqu'en effet la mobilité des mâchoires est obtenue et que, tout en continuant à diviser les appuis, nous rendons peu à peu la main, le cheval, sentant l'appui lui échapper, cherchera à le retrouver en tendant la tête en avant ; il allongera donc l'encolure.*

« *L'acte du cavalier consistant à baisser les mains moelleusement et même à laisser doucement glisser les rênes entre les doigts, si c'est nécessaire, est ce que l'on nomme dans cette méthode la descente de mains. Elle est bien faite lorsque le cheval, allongeant petit à petit et sans brusquerie son encolure, vient placer sa tête à hauteur de ses genoux sans que les rênes soient devenues un seul instant flottantes.*

« *Le redressement de l'encolure doit avoir lieu aussi très lentement et sans le moindre mouvement saccadé, il est amené par l'action absolument inverse du cavalier. Les mains se soutiennent peu à peu et raccourcissent progressivement les rênes ; mais, en même temps, les jambes, pour empêcher l'arrêt, actionnent avec une intensité proportionnée à la sensibilité du cheval et à l'action des mains : ces dernières, divisant sans cesse les appuis, si cela est nécessaire, empêchent la mâchoire de se contracter de nouveau au moment où l'homme soutient les poignets et raccourcit les rênes.* »

— Demi-tours sur les hanches. — Épaule en dehors, épaule en dedans, au pas et au trot.

Troisième leçon. — *Mouvements à faire exécuter :* Même travail que pendant la deuxième leçon. — Ranger les hanches pendant l'appuyer. — Assouplissements (3e série). — Descente de main latérale. — Premiers principes du rassembler sur le plan médiant. — Travail sur les voltes et demi-voltes individuelles, la reprise ayant doublé par trois dans la longueur. — Contre-changement de main. — Augmentation et ralentissement du pas et du trot.

Quatrième leçon. — *Mouvements à faire exécuter :* Travail des leçons précédentes, exécuté avec une précision de plus en plus complète. — Reculer. — Rassembler sur la rêne droite. — Assouplissements (3e série, redressement de la tête en arrière à droite et en arrière à gauche). — Départ au galop pour allongement d'allures.

Cinquième leçon. — *Mouvements à faire exécuter :* même genre de travail que pour les leçons précédentes, en y ajoutant des mouvements de hanches sur les voltes. (Épaules en dedans, épaules en dehors.) — Forcer l'action des aides pendant le rassembler, afin d'obtenir la mobilité de l'arrière-main. — Départ au galop. — 1re et 2e séries du travail au galop.

Sixième, Septième, Huitième, Neuvième et Dixième leçons. — *Mouvements pratiques à faire exécuter :* Répétition de plus en plus serrée du travail des leçons antérieures. — 3e 4e et 5e séries du travail au galop. — Changement de pied.

Nous signalons, pour terminer cette étude, ces quelques lignes placées à la fin du livre et qui jettent un jour particulier sur ce qu'on veut obtenir lorsqu'on suit la méthode du commandant Dutilh.

« *Le cheval bien dressé doit rester parfaitement confiant entre les mains et les jambes de son maître. Il vibre lorsque celui-ci le sollicite à se montrer brillant ; mais il reste toujours sage et docile. A ce sujet, une erreur trop répandue et résultant d'une mauvaise direction dans le dressage, est celle qui consiste à croire qu'un cheval vraiment dressé est devenu trop fin et trop difficile à monter pour le vulgaire. Souvent on entend dire : « Ce cheval est trop bien mis pour moi, » ou bien : « Il a été dressé par un écuyer tellement fin que personne autre ne peut le monter.* »

« *Mais alors, s'il devait en être ainsi, à quoi servirait le dressage ? Quel but pratique y aurait-il à faire d'un cheval facile un animal incapable d'être conduit aisément ? Le talent du dresseur n'est-il pas au contraire de rendre maniable, pour le plus grand nombre, un cheval difficile ?* »

1885

ÉTAT-MAJOR DE L'ÉCOLE

Danloux	Colonel comm. l'Éc.	Megard le Pays de Bourjolly	Capitaine adj-major.
Treymüller	Lt-col. comm. en 2e	Sieur.	id.
Réverony.	Ch. d'esc. instr. en ch.	Arnal	Major.
De la Forgue de Bellegarde.	Ch. d'esc. écuy. en ch.	Fenouil.	Capitaine trésorier.
Raimond	Ch. d'esc. dir. des ét.	Lefranc.	Cap. d'habillement.

Vincenot	Lieutenant adjoint au trésorier.
Gibard	S.-lieutenant porte-étendard.
Robert du Gardier	Capit. instructeurs.
Ginet	
Sordet	
De Jacquelin-Dulphé	
Hébert	
Le Bouyer de Saint-Gervais de Monhoudou	
Perrin	
Sabry de Montpoly	
Gaillard-Bournazel	
Carbonnel de Camisy	Capitaines écuyers.
De Lestapis	
Charlery de la Masselière	
Picot de Vaulogé	
Jochaud du Plessix	
Durand de Mareuil	Lieut. } sous-écuy.
De Lizaranzu	id. } sous-écuy.
De Contades-Gizeux	S.-lieut. } sous-écuy.
Doynel de Quincey	id. } sous-écuy.
Gaudin de Villaine	Cap. brev. sous-dir des études.
De Place	Cap. prof. de fortif. et de sciences.
Picard	Cap. prof. d'histoire et de géographie.
Grœner	Cap. prof. d'allem.
Montillot	Prof. de télégraphie.
Weiss	Ch. d'esc. dir. de l'arç.
Fournier	Méd. major de 1re cl.
Yvert	Méd. major. de 2e cl.
Spire	Méd. aide-major.
Barthes	Vétérinaire principal.
Dangel	Vét. en 1er, pr. de mrie
Pierre	Vétérinaire en 2e.

OFFICIERS ÉTRANGERS

SUIVANT LES COURS DE L'ÉCOLE

De Loys de Freytorrens	Lieutenant de dragons suisses.
Hanashima	S.-lieutenant dans la caval. japonaise.

LIEUTENANTS D'INSTRUCTION DE CAVALERIE

De Miré.
Mazel.
Corvisart.
Costa de Beauregard.
Heily.
Lacroix.
Garilland.
Lefort (Albert).
De Failly.
Lefort.
De Bodinat.
Lyautey.
Du Camper.
Deslogrs.
Duffaud de St-Étienne.
Dilschneider.
De Lagarde.
De Beauchamp.
De Montélégier.
Delécluse.
Beaudemoulin.
Prévost.
Bournazel.
Monsenergue.
De Billeusth d'Argenton
De Lamotte.
Raymond.
Gallois.
Miron.
Dutertre.
Le Monnier de Lorière.
Desfontaines.
De Chabrillan.
Gouget.
Dodelier.
Crémieu-Foa.
De la Cotardière.

LIEUTENANTS D'INSTRUCTION D'ARTILLERIE

Huguel.
Peigné.
Dupont de Dinechin.
De Laguiche.
De Carmejane.
Jullian.
Uzac.
Jaussand.
De Verchère.
Huet de Paisy.
Lebas.
Grangez du Rouet.
Bertrand.
Triquéra.
De Bonneville-Colomb.
Genolhac.
Étienne.
Chavet.
Fallière.

SOUS-LIEUTENANTS OFFICIERS ÉLÈVES

De Masson d'Autume (Jean-Charles).
De Tessières de Blanzac (Marie-Adrien-Joseph)
De Maistre.
Morgon.
Rousseau.
De Chateauneuf-Randon
Rey.
Devouges.
Noblemaire.
Ducel.
Aupècle.
Prax.
De Kéranflech.
Peting de Vaulgrenant.
De Laage.
Guiller de Souancé.
Gudin de Vallerin.
De la Motte de la Motte-rouge.
De Chabanne.
De Cougny.
Duvigneau.
Le Febre.
Véry de Beaufort.
De Malet de Coupigny.
De Mandell d'Ecosse.
Ramey de Sugny.
De Lyée de Belleau.
Genestet de Planhol.
Rozat de Mandres.
Letonnelier de Breteuil
D'Aiguevives de Malaret
Henrys.
Jourdain de Thieulloy.
Le Poitevin de Lacroix de Vauxbois.
Hoquétis.
Clarke.
Chauveaux.
Chevillot.
Dauvé.
Tinel.
Alquier.
De Perinelle Dumay.
Bounoure.
Droz-des Villars.
De Barreau de Muratel.
Delorme.
De Panafieu.
Haillot.
Chavanne.
Sanson.
Huot de Charmoille de Frasnois.
Jacques.
Jallibert.
Fallet.
De Colbert Turgis.
Le Monnier.
De Boisgelin.
De Franqueville.
Virgile.
Menu de Ménil.
De Latouche.
Moreau de Callac.
Martenot de Cordoue.
Caffaro.
De Grammont.
Cesbron-Lavau.
Olry de Labry.
Lardenois.
De la Rue.
Rampon.
Tardif de Moidrey.
De Mascureau.
Chapelle de Jumilhac.
Galbrünner.
Largemain.
D'Aurelle de Paladines.
Chalanqui-Beuret.
De Fadate de Saint-Georges.

SOUS-LIEUTENANTS RÉGIMENTAIRES

Ben-Yussef Ben Ramoun.
Hillereau.
Mussalli.

AIDES-VÉTÉRINIARES STAGIAIRES

Schmitt.
Steullet.
Schelameur.
Wolpert.
Vautrin.
Theiss.
Allarousse.
Cabran.
Inoueneau.
Magnien.
Dupuy.
Bonin.
Leclerc.
Lachmann.
Camboulives.

SOUS-OFFICIERS ÉLÈVES OFFICIERS

Blacque-Belair.
Lasson.
De Fontenillat.
Hunebelle.
Feline.
Reynard.
D'Angeville.
Sordet.
Plégé.
De Cossé-Brissac
Guise.
Poisson.
De Lacour.
De Boissard.
De Varax.
Limal.
Danglade.
Larzillière.
Laferrière.
Pierga.
Montariol.
De Villeneuve-Bargemont.
Gervaise.
Petit.
De la Fleuriaye.
Sission.
Dumalle.
Meunier.
Letourneur.
Bapst.
Mury.
Souton.
Trial.
De Laguionie.
Chaput.
Touvet.
De Rodellec du Porzic.
Espenel.
Schaal.
Humbert.
Codou.
De Riancey.
Barroy.
De Verna.
Jobard.
Martres.
Fourquet.
Joyeux.
De Forceville.
Kuntz.
Camerlin.
Renault.
Damotte.
Bailleul.
De Boissesson.
Labat.
Vernière.
Baudry.
Dutrop.
Compain.
Herpin.
Lardinois.
Lataulade.
Bonnet.
Hermelin.
De Roissard.
Grœner.
Mallet.
Martin.
Didelot.
Bauthamy.
De Chappedelaine.
Rouyer.
Bayonne.
Boyer.
Raulx.
Bronne.
Carrade.
De Gouville.
De Bonnefoy.
De Royère.
D'Emiéville.
Lardinois.
Thrahn.
Tinel.
De Tugny.
Cretin.
Poirel.
De Honnaville.
De Broissia.
De Salverte.
Girette.
Lesage.
Roche.
Coutte.
Garnier.
Fessard.
Elie.
Plantier.
De Fierville.

XXVIII

L'École au carrousel de Paris. — Visite du Ministre de la guerre. — Interdiction aux officiers de participer, en tenue, aux concours hippiques. — Le Ministre des travaux publics à Saumur. — Courses de Verrie. — Inspection du général L'Hotte. — Jury des examens de sortie. — Courses et carrousel. — Visite d'officiers autrichiens et russes. — Visite de deux capitaines norvégiens. — Le commandant de Piolant, écuyer en chef : Méthode Dutilh simplifiée. Reprises de dressage. Franchise à l'obstacle. Impulsion. Trépied équestre. La confiance. Promenades à la longe. Saut à la longe. — Suppression des aiguillettes. — Incendie du magasin à fourrages et du manège Montbrun. — Suppression de la croupière et du fouet de la bride. — Selle modèle 1874 modifiée. — École de télégraphie : Essai de la méthode Percin. Inspection du général Saget. Stage de trois chefs de poste. Intérim d'un chef de section. — École de maréchalerie : Conclusion sur l'essai de la ferrure anglaise. — État-major, officiers, sous-officiers et aides-vétérinaires stagiaires, élèves en 1886. — Création de sapeurs de cavalerie. — Modifications des données du cours des lieutenants d'instruction. — Courses de Verrie. — Création de quatre régiments de cavalerie. — Inspection du général L'Hotte. — Jury des examens de sortie. — Courses et carrousel. — Visite des officiers étrangers assistant aux manœuvres. — Nouvelles modifications pour le cours des lieutenants d'instruction. — La pelisse. — La criméenne. — Le cadre s'augmente d'un sous-écuyer. — Le port de la culotte et de la botte est autorisé pour toute la journée. — École de télégraphie : Inspection du général Boudet. L'appareil optique de 10 centimètres. Saumur, école régionale de télégraphie. Essai de vibrateurs. Essai de téléphones Siemens avec vibrateurs. Essai de téléphones Aubry. Essai comparatif des appareils de 10 et de 14. Création d'un adjudant de télégraphie. Stage de deux chefs de poste. Essai de vibrateurs modifiés. Nouveaux programmes des cours des télégraphistes. — École de maréchalerie : Notes à donner aux élèves maréchaux. Essai du fer Durchon et du fer Cheré. Essai du rapporteur Fleming. — Watrin : Le pied du cheval et sa ferrure. — État-major, officiers, sous-officiers et aides vétérinaires élèves de l'École en 1887. — Étude des moyens de prévention contre les incendies. — L'École prend part au carrousel de Paris. — Le Président de la République s'arrête quelques minutes à Saumur. — Assaut d'armes. — Quarante kilomètres en soixante-treize minutes, avec huit chevaux. — Quarante kilomètres en une heure et demie, avec le même cheval. — Courses de Verrie. — Inspection du général L'Hotte. — Jury des examens de sortie. — Courses et carrousel. — École de télégraphie : Inspection du général Boquet. Stage de deux chefs de poste. Les régiments d'Algérie n'envoient plus de télégraphistes à Saumur. — École de maréchalerie : Les idées dirigeantes de M. Dangel, vétérinaire en premier, professeur de maréchalerie. — L'École de cavalerie en 1888. — État-major, officiers, sous-officiers et aides-vétérinaires élèves de l'École en 1888.

En 1886, l'École de cavalerie prit part au carrousel militaire de Paris; deux trains spéciaux emportèrent, le 18 mai, les 83 officiers et 100 cavaliers ainsi que les 138 chevaux qui devaient y figurer. Ce carrousel eut lieu le 21 et le 23, au Champ de Mars. Non seulement l'École y transporta ses exercices équestres habituels, mais trois escadrons de la garnison de Paris et l'escadron de saint-cyriens y exécutèrent le carrousel militaire, qui fut suivi d'une grande charge et d'une fantasia arabe, donnée par des spahis des différentes provinces de l'Algérie. Le détachement de l'École ne rentra que le 25.

Le 15 juin l'École eut la visite du Ministre de la guerre, le général *Boulanger*, qui arriva à Saumur à neuf heures et demie du matin. Toutes les troupes de la garnison prirent les armes. Une garde d'honneur de quatre-vingts hommes à pied se rendit à l'hôtel Budan. L'escorte attendit le Ministre à la gare d'Orléans; elle se composait de la brigade de gendarmerie à cheval, d'un escadron sous le commandement de l'instructeur en chef. Un autre escadron formé des lieutenants et des sous-lieutenants à cheval, avec l'étendard, fut rangé en bataille face à la gare. Les troupes à pied formaient la haie de la gare à la place de la Bilange. La batterie d'artillerie se rangea sur cette place. Dix-neuf coups de canon furent tirés à l'arrivée du Ministre par deux pièces postées au château. L'état-major de l'École attendait sur le quai de la gare.

Le général Boulanger, après avoir reçu les députations civiles et militaires, vint passer la revue de toute l'École rangée à pied dans la cour d'honneur, et décora lui-même les officiers qui venaient d'être promus dans la Légion d'honneur. Il visita ensuite l'École dans le plus grand détail et assista à plusieurs reprises et cours. Le soir, il réunissait dans un banquet, à l'hôtel Budan, la plupart des officiers du cadre et reprenait le train de dix heures, escorté comme le matin et suivi de la musique municipale éclairée aux flambeaux.

Le 20 juin, une circulaire ministérielle interdit aux officiers et sous-officiers de cavalerie de participer aux concours hippiques en tenue, et avec des chevaux de l'État.

Le dimanche 4 juillet, le Ministre des travaux publics arriva à Saumur, à 4 heures du soir, pour inaugurer le pont métallique du chemin de fer. L'École fournit une députation en grande tenue qui accompagna le général à la gare.

Les courses de Verrie eurent lieu le dimanche 11 juillet, après une interruption de plus de dix-huit mois.

Prix du château de Marson, Steeple-chase militaire (2e série). — Distance, 3,000 mètres. — Premier *Navet*, monté par *M. de Contades*. — Deuxième, *Bourbonnais*, monté par *M. Gaillet*. — Troisième, *My-Lady*, monté par *M. de Ronceray*.

Steeple-chase militaire (1re série). — Distance 3,000 mètres. — Premier, *Touriste*, monté par *M. Arnaux*. — Deuxième, *Mademoiselle de L'éperonnière*, montée par *M. Monnier*.

Steeple-chase militaire (2e série). — Distance 3,000 mètres. — Premier, *Soissons*, monté par *M. de Contades*. — Deuxième, *Flandrin*, monté par *M. Fleury*.

En 1886, l'inspection générale de l'École fut passée par le général *L'Hotte*. Le jury des examens de sortie fut constitué ainsi qu'il suit : général *L'Hotte*, président; les lieutenants-colonels *Perrodon* et *Delafont*, les chefs d'escadrons *Mathieu de la Redorte*, *Moreau*, *Buirette de Verrières* et *Mulotte;* les capitaines *de Luppé*, *Perrot* et *Mazel*.

Les courses de Saumur eurent lieu les 8 et 10 août ; le carrousel le 9.

PREMIER JOUR DE COURSES

Prix du Fagot. — Course de haies (gentlemen). — Distance 2,500 mètres. — Première, *Vasounda*, montée par *M. Monnier*. — Deuxième, *Paméla*, montée par *M. Fleury*. — Troisième, *Winnie*, montée par *M. Michaud*.

Steeple-chase militaire (4e série). — Distance 3,000 mètres. — Premier, *Navet*, monté par *M. de Contades*. — Deuxième, *Galopade*, montée par *M. d'Assigny*.

Steeple-chase militaire (2e série). — Distance 3,000 mètres. — Premier, *Bourbonnais*, monté par *M. Gaillet*. — Deuxième, *Breeworth*, monté par *M. Baratier*. — Troisième, *Soissons*, monté par *M. de Contades*.

DEUXIÈME JOUR DE COURSES

Poules de hacks. — Course de haies (gentlemen). — Distance 2,500 mètres. — Premier, *Idalie*, montée par *M. de Contades*. — Deuxième, *Lord Brudnell*, monté par *M. de Béarn*. — Troisième, *Vasounda*, montée par *M. Monnier*.

Steeple-chase militaire (1re série). — Distance, 3,000 mètres et 10 obstacles. — Premier, *Navet*, monté par *M. de Contades*. — Deuxième, *Galopade*, montée par *M. Le Bret*. — Troisième, *Fingal*, monté par *M. de Saint-Chamant*.

Steeple-chase militaire (2e série). — Distance, 3,000 mètres et 18 obstacles. — Premier, *Breeworth*, monté par *M. de Malet*. — Deuxième, *Bourbonnais*, monté par *M. Michaux*. — Troisième, *Grand Duc*, monté par *M. de Grouchy*.

Steeple-chase (3e série). — Sous-officiers. — Distance, 2,500 mètres. — Première *Thalie*, montée par *M. de Chezelle*. — Deuxième, *Arioste*, monté par *M. Godeau*.

Le 3 septembre, le Ministre annonça à l'École la visite de plusieurs officiers étrangers venus en France pour assister aux grandes manœuvres : MM. le général-major *Baron de Bechtoldsheim*, le colonel *Baron de Eynatten*, le colonel *Chevalier Bilimek de Vaissolm*, le colonel *Chevalier de Bach-Hausbourg*, de l'armée austro-hongroise. — Le général-major *Comte de Nirod*, le général-major *Baron de Fredericksz*, le colonel *Onoprienko* et le lieutenant-colonel *Sourovtsov*, de l'armée russe.

Au mois de septembre, le capitaine *Sverdrup*, Directeur de l'École d'équitation de la cavalerie norvégienne, obtint la permission de visiter l'École.

Le 5 décembre, les aiguillettes furent supprimées de la tenue des officiers du cadre de l'École.

Pendant la nuit du 10, l'École fut mise en émoi par un terrible incendie qui se déclara dans les magasins à fourrage situés derrière les manèges et au pied de la levée de la Loire. Tous les approvisionnements de foin, de paille, qui formaient de grosses meules dans la cour de ce bâtiment, s'enflammèrent pour ainsi dire en même temps et formèrent un immense brasier qui, attisé par une violente tempête, projetait ses flammèches jusque dans le quartier des ponts, vers l'usine à gaz et même la gare. Les sacs d'avoine, bientôt atteints, éclataient comme des fusées, et les grains projetés en l'air faisaient une énorme gerbe semblable au bouquet d'un fantastique feu d'artifice. C'était splendide et terrifiant. Malgré la proximité de l'eau, malgré une pluie incessante, malgré les efforts des pompes de la ville et de l'École, toute lutte restait vaine contre cette fournaise qui incendiait le ciel. On eut toutes les peines du monde à protéger les bâtiments avoisinants; c'était à peine si l'on pouvait approcher, tant la chaleur était excessive. La charpente, la toiture, les piliers, tout fut consumé en un instant; le vitrail, les pièces de fer, les ardoises furent réduites en un lingot informe. Bientôt il fallut abandonner le vieux manège Monthrun à la fureur des flammes; sa charpente tout en chêne fut très longue à se consumer, puis sa toiture s'affaissa avec un bruit lugubre. Au matin, l'incendie était à peu près cerné et les pompes travaillaient à noyer les décombres, qui brûlèrent encore plusieurs jours. Une garde fut organisée pour y veiller.

C'était la deuxième fois que ce magasin était incendié; on ne put jamais connaître la cause de ce sinistre.

Le magasin et le manège ont été reconstruit sur le même emplacement.

L'année 1886 fut fertile en modifications ayant trait au harnachement de la cavalerie.

Une décision ministérielle du 22 janvier supprima la croupière. Une autre décision du 7 juillet supprima le fouet de la bride.

Enfin le Ministre ayant prescrit d'apporter au modèle de selle de 1874 les perfectionnements introduits dans le modèle 1884, on donna à ce dernier modèle le nom de modèle 1874 modifié.

École de Télégraphie. — Au mois d'avril 1886, on mit en essai, à la section de télégraphie de l'École, la méthode orthotyptique du *Colonel Percin,* pour apprendre à se servir du manipulateur Morse et à recevoir une dépêche au son. Cette méthode ne fut pas adoptée, les résultats obtenus avec l'enseignement antérieur démontrant nettement sa supériorité. — A la fin de ce mois, le *Général Saget*, inspecteur de télégraphie militaire, vint inspecter l'École de télégraphie. — Le 16 mai arrivèrent à Saumur trois fonctionnaires de la télégraphie militaire pour y faire un stage de six semaines, jusqu'au 30 juin, MM. *Cruchon*, *Bourier* et *Marcaillou*, chefs de poste. Au mois de septembre, *M. Gillet*, chef de section de la télégraphie militaire, vint faire un intérim à Saumur pendant l'indisposition du directeur de l'École de télégraphie.

École de Maréchalerie. — En 1886, l'École adressa ses conclusions au sujet des essais de la ferrure anglaise : « *La ferrure anglaise est d'une exécution facile, le cheval est solide sur le sol à cause de la rainure, mais le fer a moins de solidité sous le pied précisément à cause de cette rainure, qui n'est pas de la forme de la tête des clous ; ceux-ci peuvent casser au collet sans qu'on s'en aperçoive, car la tête reste fixée dans la rainure, et l'on est exposé à perdre le fer. Les pinçons latéraux du fer postérieur détériorent la rainure et celle-ci ne protège plus la tête des clous des mamelles. Il y aurait lieu de faire de nouvelles expériences avec le fer portant la rainure à double pente faite avec une tranche ordinaire.* » Ce nouvel essai fut aussitôt prescrit par le Ministre.

1886

ÉTAT-MAJOR DE L'ÉCOLE

Danloux	Gén. de brig. comm. l'École.
Treymüller	Lt-col. comm. en 2e.
Ramotowski	Ch. d'esc. instr. en ch.
De la Forgue de Bellegarde	Ch. d'esc. écuy. en ch.
Burnez	Ch. d'esc. dir. des ét.
Prévost de Lestang	Capit. adjud.-major.
Sieur	Capit. adjud.-major.
Ginet	Capit. instructeurs.
Sordet	Capit. instructeurs.
De Jacquelin-Dulphé	Capit. instructeurs.
Hébert	Capit. instructeurs.
Mahot	Capit. instructeurs.
Le Bouyer de Saint-Gervais de Monhoudou	Capit. instructeurs.
Perrin	Capit. instructeurs.
Sabry de Montpoly	Capit. instructeurs.
Gaillard-Bournazel	Capit. instructeurs.
Carbonnel de Canisy	Capitaines écuyers.
Charlery de la Masselière	Capitaines écuyers.
Picot de Vaulogé	Capitaines écuyers.
Jochaud du Plessix	Capitaines écuyers.
Domenech de Cellès	Capitaines écuyers.
Durand de Mareuil	Lieut. sous-écuyers
De Lizaranzu	Lieut. sous-écuyers
De Contades Gizeux	Lieut. sous-écuyers
Doynel de Quincey	Lieut. sous-écuyers
Bougon	Capit. breveté s. dir. des études.
De Place	Cap. prof. de fortific. et de sciences.
Picard	Capit. prof. d'hist. et de géographie.
Lux	Cap. professeur d'allemand.
Montillot	Prof. de télégraphie.
Weiss	Ch. d'esc. dir. de l'arç.
Fournier	Médec. maj. de 1re cl.
Klein	Médec. maj. de 2e cl.
Gaube	Médecin aide-major.
Barthes	Vétérinaire principal.
Dangel	Vét. en 1er, pr. de maréchalerie.
Pierre	Vétérinaire en 2e.

OFFICIERS ÉTRANGERS

Thomas-Torres-Erro	Officiers espagnols.
Don Maximo Pardo-Estevez	Officiers espagnols.
Don Antonio Rodriguez Sanchez	Officiers espagnols.
De Loys de Freytorrens	Officier suisse.
D'Essen	Officier suédois.

LIEUTENANTS D'INSTRUCTION DE CAVALERIE

Paris de Mondonville.
Lacroix de Laval.
Michon.
Arnoux de Maisonrouge.
Burette.
De Boisgelin.
Emée de Marcieu.
De Dampierre.
Bréart de Boisanger.
Benois.
Vial.
Millot.
Descaves.
De Tarragon.
Chevillotte.
Vauthier.
Peillard.
De Séganville.
Hébert.
De Coma.
Luce de Tremont.
De Polinière.
Blanchet.
Van Assche.
Forceville.
Laigre de Grainville.
Bosquillon de Jenlis.
De Beaurepaire de Louvagny.
Guérou.
Gruet de Bacquencourt.
Gaillet.
Vialètes d'Aignan.
De Corbel de Corbeau de Vaulserre.
Henry.
De Terves.
Spitz.

LIEUTENANTS D'INSTRUCTION D'ARTILLERIE

De Saint-Phalle.
Bailly.
Gaillard-Bournazel.
Regnier.
Bellanger.
Loyer.
Boudier.
Winsback.
Rougeul.
De Bouthay.
Batereau.
Malet.
Beuchon.
Krentzberger.
Robert.
D'Oms de Latenay.
Vergès.
Rethoré.
Wisse.

SOUS-LIEUTENANTS OFFICIERS ÉLÈVES

Armant.
De Malet.
De la Panouse.
D'Aubert de Résie.
Debains.
Roederer.
Marye de Marigny.
Béclard.
Raillet de la Bouillerie.
Charles.
De Brye.
Lemaitre.
Thomas de Closmadeuc.
De la Goublaye de Nantois.
Jaubert.
Le Gouvello.
Michaud.
Baron.
De Ponton d'Amécourt.
Flamen d'Assigny.
Lombard d'Esperel.
Parlange.
De Latour.
De Lustrac.
Maissiat.
Merle de la Brugière de Lavaucoupet.
Lebret.
Lebée.
Monnier.
Bastien.
Brisson.
Longuet de la Giraudière.
De Broglie.
Fleury.
Euller.
Ledoux.
Mesple.
De Ronseray.
De Lafont.
Audeoud.
De Maussion.
D'Amade.
Rambaud.
Clicquot de Mentgue.
De France.
Baratier.
Villette.
De Villelume de Sombreuil.
Bézard.
Chabaud-Latour.
D'Aymard de Chateaurenard.
Carette.
Jacques.
Cantillon de Lacouture.
De Vaugiraud.
Sautereau.
Moineville.
Roussel de Courcy.
De Mulhenheim.
Guyot.
D'André.
De Billeheust d'Argenton.
De Périnelle-Dumay.
De Montarby.
De Messey.
De Laya.
Couderc de Saint-Chamant.
Nicol de la Belleissue.
De Virieux.
De la Chapelle.
Broet.
De Castillon Saint-Victor.
De Rolland.
Doé de Maindreville.
Le Morvan de Langoubian.
Percheron de Monchy.
De Galard de Brassac de Béarn.
D'Uston de Villèreglan.
Dumas de Champvalier.

SOUS-OFFICIERS ÉLÈVES OFFICIERS

Durand.
Lesellier de Chezelles.
Le Cler.
Poniatowski.
Aubertin.
Parquet.
Girault de Mimorin.
De Negroni.
Rehm.
Boutaux-Lacombe.
Benard.
Rethoré.
Tardif de Moidrey.
Bondou.
Delmas.
Charcelay de la Roberdière.
Risch.
Belleville.
De Beranger.
Caussade.
Bordier.
Gachot.
Pacheron.
De Gontaut-Biron.
Cuignet.
Innocenti.
Étienne.
Perrin.
Bernheim.
Rocheron.
Aubertel.
Hanier.
Audoy.
Torrollion.
Berger.
Versein.
Ruffier.
Roccas.
D'Aiguesvives.
Dubois.
Desvernine.
Thibaut de Menonville.
Maire.
De Parseval.
Dugué de la Fauconnerie.
Robert.
Vallet de Villeneuve-Guibert.
De Loynes d'Auteroche.
Dinant.
Bertaud.
Porquier.
Fouquet.
Laverrière.
Bolcher.
D'Aviau de Ternay.
De Curel.
Lafaille.
De Cantillon.
Deschamps.
Mougenot.
Toussaint.
Demorey.
Charoy.
Blasselle.
Maréchal.
De la Bourdonnaye.
Potin.
Aubrée.
Nicolas.
Ricaud.
De Trenqualye.
Milcent.
Fix.
De Pierres.
De Peyronny.
Exshaw.
De Machy.
Gayard.
Rosey.
Lombard de Servan.
Salanson.
Boidron.
Hue.
Sicot.
Plantier.
Blaize.
Colombani de Niolo.
Maurice.
Putte Cotte de Reneville.
André.
Gras.
Chappe d'Auteroche.
Bonnevialle.
D'Anzac de Lamartinie.
Beaury.
Hardiviller.
Caron.
D'Arzas.
De Lagarde-Montlezun.
Bourrée de Corberon.
Cavalier de Cuverville.
Derivaux.
Pichaud.
Puydarieux.
De Lacoste de Laval.
De Chastenet-Puységur.
Philbert.
Couniot.
De Bucy.
Jullien.
De Lucy.
Velay.
Vidal.
Chanet.
Trapes.
Migeot.
D'Arjuson.
Laclef.
Moussouri.
Dujarier.
Munier.
De Palma.

École de Cavalerie

Enseignement Équestre

AIDES-VÉTÉRINAIRES STAGIAIRES

Paris.	Stahl.	Sarrazin.	Debanne.
Pierre.	Monod.	Barroux.	Thiériet.
Hue.	Plaut.		

La direction du manège avait changé de main ; le 14 septembre, le *commandant de Piolant* avait été nommé *écuyer en chef.*

Le commandant de Piolant avait débuté dans la carrière militaire le 17 octobre 1864, comme élève à l'École de Saint-Cyr, d'où il était sorti, le 1er octobre 1866, avec le grade de sous-lieutenant au 1er cuirassiers. Le 13 mars 1867, il passait, avec son grade, au 3e chasseurs, et, en octobre 1868, venait faire son cours de sous-lieutenant d'instruction à Saumur, jusqu'en octobre 1869 ; il était maintenu à l'École, en qualité de sous-écuyer. Le 15 juillet 1870, il partait pour l'armée du Rhin, avec laquelle il faisait la campagne contre l'Allemagne jusqu'au 28 octobre. Prisonnier de guerre, il resta en captivité jusqu'au 16 mars 1871. Il revint à l'École de cavalerie, comme sous-écuyer, le 16 juin 1872, fut promu capitaine le 8 mars 1873 et maintenu comme capitaine-écuyer jusqu'au 22 août 1882, date qui le fit major au 12e cuirassiers. Le 22 février 1884, il fut nommé écuyer en chef à l'École supérieure de guerre, et, le 14 septembre 1886, il venait à Saumur prendre la direction du manège.

Le nouvel écuyer en chef, ayant professé sous la direction du commandant Dutilh, avait pu constater tous les bénéfices que la méthode de ce dernier assurait à l'équitation militaire; aussi en fit-il la base de son enseignement. Avec son intelligence des choses d'équitation et son tact particulier du professorat, il sut se défendre des exagérations et prendre pour directive une juste moyenne, s'adaptant bien aux besoins de l'équitation militaire. Le perfectionnement qu'il poursuivit fut la simplification de l'enseignement, et il comprit que la meilleure manière de l'unifier était de faire tous les jours des reprises de dressage aux écuyers, pour leur indiquer ce qu'ils devaient professer.

Ayant pour but principal l'équitation d'extérieur, il établit que les reprises ne devaient rester au manège que lorsqu'elles y étaient condamnées par le mauvais temps, et qu'elles devaient en sortir dès qu'il faisait un rayon de soleil.

Pour donner de la franchise aux chevaux à l'obstacle, il fit installer des haies libres dans la carrière du carrousel, et les chevaux, montés en filet, furent habitués à les franchir en se croisant dans les mouvements des reprises, ou à passer à côté, suivant les indications de l'écuyer.

La méthode professée par le commandant de Piolant se rapproche, comme nous l'avons dit, de la méthode Dutilh, mais elle en diffère sur bien des points. Ainsi, le demi-tour sur les épaules, posé comme base de la leçon des jambes par M. Dutilh, est le plus souvent abandonné par le commandant de Piolant, qui préfère donner cette leçon en conservant le mouvement en avant sur des demi-voltes, demi-voltes renversées et demi-tours en marchant.

Cette différence peut caractériser la préoccupation constante du nouvel écuyer en chef : d'éviter l'acculement et de conserver et favoriser au contraire l'impulsion. *Pousser avant de placer :* la leçon des demi-tours sur les épaules et sur les hanches, comme de l'appuyer, est toujours donnée en mouvement.

Le commandant de Piolant, très habile professeur, sait parfaitement expliquer ses théories, en les mettant à la portée de tous, et son langage imagé contribue pour beaucoup à le rendre plus explicite. C'est ainsi que, pour démontrer qu'il faut avoir plutôt le centre de gravité de son cheval en avant qu'en arrière, il a coutume de dire que : « S'il y a une fuite des forces en arrière, le fusil n'est plus chargé, et qu'il doit toujours l'être ». Il ne veut pas de rênes « en guirlandes », mais toujours les rênes tendues, pour conserver le sentiment de la bouche du cheval.

Il insiste plus particulièrement sur le mécanisme du trot enlevé, avec le talon plus bas que la pointe du pied, ce qui met le genou à la selle, mais ce qui nécessite aussi l'étrier plutôt court ; d'où il tire trois points d'appui : le gros orteil, le talon et le genou, ce qu'il appelle le *trépied équestre.*

Partisan avant tout d'encourager la confiance et d'éviter tout ce qui peut l'entamer : chutes, chevaux difficiles, accidents, il n'est pas très enthousiaste de l'exercice du sauteur. Et dans le même ordre d'idées, il cherche avant tout à montrer aux élèves leur côté fort, en leur dissimulant leur côté faible sous des observations stimulantes.

Plus soucieux que par le passé de la question des procédés, il a condamné l'usage intempestif de la chambrière, trop souvent responsable de l'appréhension des cavaliers et il veut que ce qui se passe dans le manège soit dégagé de toute idée de spectacle.

S'inspirant très judicieusement des données du règlement qui prescrit de se servir du travail à la longe pour dépenser la vigueur d'un cheval ou l'exercer, il emploie très habilement la longe pour préparer le cheval à l'obstacle, et dans le but de prévenir les accidents trop souvent causés par la verdeur des chevaux non montés pendant les congés, il utilise ce procédé pour faire promener sur le Chardonnet tous les chevaux du manège qui resteraient inactifs ces jours-là. Un cavalier en trotte quatre successivement.

En résumé, son but est l'équitation usuelle, accessible à tout le monde et réalisant les nécessités de l'équitation militaire. Ses chevaux sont très coulants dans les jambes, détendus d'encolure, très faciles à monter et, comme lui, toujours de bonne humeur. Parmi eux nous citerons : *Gentleman*, cheval de pur sang alezan brûlé, merveilleux dans ses changements de pied au temps ; *El-Rey*, pur sang alezan, grand prix de Dauville ; *Flacon*, pur sang alezan ; *Bitter*, hunter anglais gris pommelé, d'une légèreté surprenante au saut d'obstacles ; *Dandy*, cheval noir, etc.

Le 14 janvier 1887, une note ministérielle créa des sapeurs de cavalerie, 2 sous-officiers et 2 brigadiers dans chaque régiment, et 6 sapeurs et 2 élèves sapeurs par escadron. Les travaux de campagne enseignés à l'École de cavalerie répondaient à l'avance à la préparation des officiers destinés à diriger leur instruction.

Le 13 mai, une décision présidentielle modifia les données du cours des lieutenants d'instruction à l'École de cavalerie. Tous les lieutenants de cavalerie proposés pour l'avancement devaient suivre les cours de l'École, et la liste de classement de sortie formerait à *elle seule* le tableau d'avancement au choix, jusqu'à concurrence du nombre de candidats à inscrire.

PREMIER JOUR DE COURSES A VERRIE

Prix du Fagot (Courses de haies, gentlemen). Distance, 2,500 mètres. — Premier, *Frou-Frou*, monté par *M. de Contades*. — Deuxième, *Pascaline*. — Troisième, *Horace*.

Prix du château de Marson. — Course de haies, handicap, pour les chevaux de l'École de cavalerie montés par des officiers de l'École. — Distance, 2,500 mètres. — Premier, *Agathos*, monté par *M. Hanashima*. — Deuxième, *Pervenche*, montée par *M. de Contades*. — Troisième, *Breworth*.

Steeple-chase militaire (3ᵉ série). — Distance, 3,000 mètres. — Premier, *Pékin*, monté par *M. Trutat*. — Deuxième, *Espérance*, montée par *M. de Contades*. — Troisième, *Hercule*, monté par *M. Gaiffe*.

Rallye-Paper. — Pour MM. les sous-officiers de grosse cavalerie, montant leurs chevaux d'armes. — Première, *Comète*, montée par *M. de Prémonville*. — Deuxième, *Linotte*, montée par *M. Node*. — Troisième, *Castille*, montée par *M. de Brémont*. — Quatrième, *Indus*, montée par *M. Meyer*.

DEUXIÈME JOUR DE COURSES A VERRIE, 28 JUIN.

Cross-Country. — Un objet d'art. — Pour chevaux de chasse et de promenade. — Premier, *Rocroy*, monté par *M. d'Armaillé*. — Deuxième, *Patin*, monté par *M. Martinie*. — Troisième, *Frou-Frou*, monté par *M. Parrot*.

Steeple-chase militaire (1ʳᵉ série). — Un objet d'art. — Pour officiers en activité de service. — Distance, 3,000 mètres. — Premier, *Frigor*, monté par *M. du Jonchay*. — Deuxième, *Hercule*, monté par *M. de Broissia*.

Rallye-Paper. — Un objet d'art. — Pour les sous-officiers, élèves-officiers de cavalerie légère montant leurs chevaux d'armes. — Premier, *Failli*, monté par *M. Le Dret.* — Deuxième, *Almée*, montée par *M. de Pourtalès.* — Troisième, *Bellerophon*, monté par *M. de Laporte.*

Le 6 août, il fut créé deux nouveaux régiments de dragons, portant les numéros 27 et 28, et deux régiments de chasseurs d'Afrique, portant les numéros 5 et 6.

En 1887, l'inspection générale de l'École fut passée par le général *L'Hotte*. Le jury d'examens de sortie fut composé ainsi qu'il suit : général *L'Hotte*, président ; les lieutenants-colonels *Torel*, *Leynia de la Jarrige ;* les chefs d'escadrons *de Chalendard*, *Geslin de Bourgogne*, *Moreau de Bellaing* et *Choquet ;* les capitaines *Marette de Lagarenne*, *Heppe* et *Péter*.

Les courses de Saumur eurent lieu, cette année, le 7 et le 9 août ; le carrousel, le 8.

PREMIER JOUR

Steeple-chase militaire (3e série). — Première, *Almée*, montée par *M. de Pourtalès.* — Deuxième, *Cerf*, monté par *M. de Loppinot.* — Troisième, *Perquisition.*

Steeple-chase militaire (2e série). — Premier, *Caporal*, monté par *M. de Sazilly.* — Deuxième, *Nerveuse*, montée par *M. de Rascas.*

Steeple-chase militaire (1re série). — Premier, *Starter*, monté par *M. de la Rochefoucault.* — Deuxième, *Hercule*, monté par *M. Vigla.*

DEUXIÈME JOUR

Poule de hacks. — Premier, *Mirail*, monté par *M. Léonard.* — Deuxième, *Négro*, monté par *M. Fleury.*

Steeple-chase militaire (2e série). — Distance, 3,000 mètres. — Première, *Nerveuse*, montée par *M. de Rascas.* — Deuxième, *Caporal*, monté par *M. Poitou.*

Steeple-chase militaire (1re série). — Distance, 3,000 mètres. — Premier, *Starter*, monté par *M. Trutat.* — Deuxième, *Vétéran*, monté par *M. Magnin.*

Le 15 septembre, les officiers étrangers détachés aux manœuvres d'automne qui se passaient dans la région de Saumur, visitèrent l'École de cavalerie, bien déserte pendant ce mois des vacances. Les officiers du cadre présents leur offrirent un lunch sous les arbres du gymnase. Les puissances étrangères étaient représentées par : ALLEMAGNE : *MM. le Baron von Huene*, major d'état-major ; *von Schwarzhoff*, capitaine. — AUTRICHE-HONGRIE : *S.E. le Baron Szveteney*, feld-maréchal-lieutenant ; *Comte Orsini*, lieutenant-colonel chef d'état-major ; *Zehner van Riesenwald*, chef d'escadrons d'artillerie ; *Chevalier Bach de Hansberg*, colonel attaché militaire. — GRANDE-BRETAGNE : *Montgoméry-Moore*, major général ; *Parr*, colonel du corps d'occupation en Égypte ; *Walford*, major d'artillerie ; Colonel *The H. G. Villiers*, attaché militaire. — ITALIE : *Comte Lanza*, général major ; *Marquis Incisa di Camerana*, lieutenant-colonel, attaché militaire ; *Chevalier Guic-*

ciardini, major d'artillerie; *Chevalier Malingri di Bagnolo*, lieutenant de cavalerie. — Russie : *Baron de Freedericksz*, général-major, attaché militaire. — Belgique : *Bisserot*, général-major d'artillerie; *Wouters*, capitaine E.-M. — Bolivie : *Salinas Vega*, commandant d'infanterie, attaché militaire. — Colombie : *Ramon Ulloa*, général de brigade. — Danemark : *Holbeck*, colonel d'artillerie; *Sorensen*, capitaine d'infanterie. — Espagne : *Don Alvéar y Ramirez de Arellano*, commandant, attaché militaire; *Marquis de Val Carlos*, capitaine de cavalerie, attaché militaire. — États-Unis : *Baird*, brigadier général; *Hasbrouck*, lieutenant-colonel. — Japon : *Prince Komatzu; T. Tsourouta*, capitaine d'artillerie, attaché militaire; *Yoda Hirotaro*, capitaine d'infanterie; *Nishimoura seuri*, capitaine d'artillerie. — Pays-Bas : *de Pesters*, major d'artillerie; *Van Tienhoven*, capitaine grenadiers chasseurs. — Serbie : *Voutchkovitch*, major de pionniers; *Nicolitch*, major d'artillerie. — Portugal : *Vicomte de Pernes*, colonel attaché militaire; *Cypriano Jardins*, major d'artillerie ; *Martin de Carvalho*, capitaine d'état-major. — Roumanie : *Vasesen*, capitaine, attaché militaire. — Suède et Norwège : *de Brakenhielm*, colonel de hussards; *Bratt*, capitaine d'artillerie. — Suisse : *Wieland*, colonel; *Ruffy*, major; *Schlumberger*, lieutenant aux guides. — Turquie : *Chakir-Pacha*, général-major; *Abdullah Bey*, major; *Izzet-Bey*, lieutenant-colonel, attaché militaire. — Pérou : *Lara*, colonel, attaché militaire. — République-Argentine : *Pablo Riechieri*, lieutenant d'artillerie, attaché militaire.

Le 5 octobre, la décision du 13 mai, concernant les lieutenants d'instruction de l'École, fut rapportée et remplacée par la rédaction suivante :

« Les officiers d'instruction de cavalerie sont désignés à raison de un par deux régiments, par les inspecteurs généraux qui les choisissent parmi les lieutenants ayant l'ancienneté minima particulière déterminée, chaque année, pour les candidats de cette catégorie.

« A la fin du cours, il est établi une liste de classement par rang de mérite, de tous les lieutenants d'instruction ayant satisfait aux examens de sortie. Les officiers compris sur cette liste avec la mention très bien sont l'objet d'une proposition pour le grade de capitaine et leurs titres sont soumis à l'examen de la commission régionale de classement du 9e corps d'armée, concurremment avec ceux des candidats appartenant aux régiments de cavalerie stationnés sur le territoire de la 9e région.

« Les deux lieutenants d'instruction classés en tête de la liste de sortie de leur division sont nommés aux deux premiers emplois de capitaine revenant au tour du choix, s'ils remplissent d'ailleurs les conditions d'ancienneté de grade exigée par la loi ».

Une note ministérielle du 25 octobre autorisa les officiers de cavalerie à porter la pelisse.

Une autre décision, du 23 novembre, autorisa tous les officiers de cavalerie à faire usage du manteau de forme dite Criméenne, en drap gris de fer bleuté.

Le 27 novembre, le cadre de l'École s'augmenta d'un sous-écuyer.

Le 1er décembre, une note ministérielle autorisa les officiers de cavalerie à conserver la culotte et la botte pendant toute la journée, à la condition de prendre le sabre à partir de une heure.

École de télégraphie. — Le 27 avril, le *général Boudet*, inspecteur de la télégraphie militaire, arriva à Saumur pour inspecter les élèves télégraphistes au point de vue technique. — Le 10 mai, l'École de télégraphie reçut le nouvel appareil optique de dix centimètres, destiné à la télégraphie légère et pouvant se porter sur le cheval dans une sacoche. — Le 22 mai arrivèrent à Saumur les télégraphistes de cavalerie de la région pour y faire leur période d'instruction de 15 jours. *M. Bourier*, chef de poste, fut chargé de les diriger. Saumur était donc mis au nombre des Écoles régionales, mais on lui retira ce rôle l'année suivante. — Le 1er juin, un fonctionnaire de la télégraphie, *M. Bouniol*, chef de poste, vint à Saumur pendant huit jours pour y recevoir les données nécessaires à l'instruction de l'École régionale de Châlons, dont il était chargé. — Le 31 août, il fut envoyé, en essai à l'École de télégraphie, six *vibrateurs* à courants induits entrant dans la composition d'un poste télégraphique portatif : 1° un transmetteur, comprenant un manipulateur, un vibrateur, un condensateur ; 2° un récepteur téléphone écouteur ; 3° une pile portative. Il y avait à reprocher à cet appareil une trop grande fragilité particulièrement dans son réglage et, surtout, le défaut de ne pouvoir communiquer avec des postes munis d'autres appareils. Cet essai inspira au directeur de l'École de télégraphie l'ingénieuse invention d'un appareil sans susceptibilité, résumant le poste télégraphique. — On essaya également des *Téléphones Siemens munis de Vibrateurs*, mais qui furent évincés de la télégraphie légère comme trop fragiles. — Au mois d'octobre, on essaya des *téléphones Aubry*, munis de manipulateurs. Le manipulateur parut un inconvénient, mais la supériorité du téléphone le fit proposer pour remplacer celui des vibrateurs. — Au mois de novembre, on fit des expériences comparatives sur les portées extrêmes, par un temps moyen, des appareils optiques de 10 et de 14. — Le 27 novembre, un décret ministériel créa les fonctions d'adjudant de télégraphie pour donner au petit cadre de ce service un chef du même grade que les autres services de l'École. — En 1887, conformément au nouveau règlement de l'École, les fonctionnaires de télégraphie désignés pour faire un stage à Saumur y vinrent successivement, l'un du 1er juin au 15 juillet, *M. Chavastel*, l'autre du 1er septembre au 15 octobre, *M. Cuvilliers.* — Le 16 décembre, il fut envoyé à l'École différents appareils pour être mis en essai dans la division des télégraphistes, c'étaient : six vibrateurs du type définitif rendu plus pratique, et huit piles (type Lebiez à trois éléments de large surface) destinées à être placées par deux dans les gibernes. — Le 13, le Ministre de la guerre modifia les programmes des cours des cavaliers télégraphistes.

PROGRAMME D'UN COURS DE TÉLÉGRAPHIE POUR LES CAVALIERS TÉLÉGRAPHISTES DE LA 1re DIVISION.

TROIS PÉRIODES. — *Première période, du 15 décembre au 15 avril.* — Pansage, 2 heures par jour. — Corvée de fourrage, 2 heures par semaine. — Instruction militaire équestre..., 2 heures par jour. — Topographie et lecture des cartes..., 1 h. 1/4 par semaine. — Manipulation, lecture sur la bande et lecture au son..., 15 heures par semaine. — Cours théorique..., 2 h. 1/2 par semaine.

La durée de cette période est déterminée par l'instruction militaire et équestre.

Deuxième période, du 15 avril au 1er mai. — Pansage..., 2 h. par jour. — Corvée de fourrage..., 2 h. par semaine. -- Manipulation, lecture sur la bande et lecture au son..., 18 h. par semaine. — Travail pratique de télégraphie légère et d'optique (exercices préparatoires), 24 h. par semaine.

Troisième période, du 1er mai à la fin du cours. — Pansage..., 1 h. 1/2 par jour. — Corvée de fourrage..., 2 h. par semaine. — Manipulation, lecture sur la bande et lecture au son..., 9 h. par semaine.

Exercices pratiques sur le terrain et dans les salles. — Service optique de jour..., 12 h. par semaine. — Service optique de nuit..., 9 h. par semaine. — Exercices de construction, de réparation et d'exploitation des lignes..., 12 h. par semaine. — Exercice de coupures, de destruction, réglage des appareils et entretien des piles, recherches des dérangements, chargement des voitures, etc... (suivant la progression de l'enseignement)..., 8 h. par semaine. — Visite d'un bureau municipal (reconnaissance de la ligne, etc.)..., 1 séance. — Visite d'un bureau de gare..., 1 séance. — Visite d'une guérite de coupure..., 1 séance.

La visite des bureaux ne peut avoir lieu que par petits groupes de cavaliers et remplacera en temps opportun les séances de travail pratique.

Interrogations..., 10 séances. — Revue du matériel..., 10 séances.

Les revues du matériel ont pour objet de s'assurer que les hommes connaissent exactement et entretiennent avec soin les appareils et outils qui leur sont confiés ; elles ont en outre pour résultat de leur inculquer l'idée de responsabilité au sujet du matériel dont ils sont dépositaires.

PROGRAMME DU COURS THÉORIQUE. Notions d'optique : descriptions des appareils de 0,24, de 0,14, et 0,10..., 2 leçons. — Notions sur l'électricité et le magnétisme..., 2 leçons. — Piles et électro-aimants employés en télégraphie..., 2 leçons. — Appareil à cadran..., 1 leçon. — Appareil Morse..., 1 leçon. — Appareils accessoires (commutateurs, paratonnerres, galvanomètres, sonneries, parleur)..., 2 leçons. — Service intérieur des bureaux et règles de transmissions..., 1 leçon. — Installation des postes..., 3 leçons. — Construction des lignes fixes ; conditions de leur bon fonctionnement..., 1 leçon. — Notions sur le réseau ; dérangements sur les lignes..., 1 leçon. — Dérangements dans les postes..., 1 leçon. — Organisation de la télégraphie militaire de l'armée (sections et parcs)..., 2 leçons. — Organisation du service télégraphique dans les régiments de cavalerie (personnel, matériel)..., 3 leçons. — Total, 22 leçons.

ÉCOLE DE MARÉCHALERIE. — Une note ministérielle du 5 août 1887,

modifia les notes à donner aux élèves de l'École de maréchalerie de Saumur.

Pendant la durée du cours, chaque élève recevra : 1° des notes de forge ; 2° des notes de ferrure ordinaire ; 3° des notes de ferrure anglaise ; 4° des notes de ferrure pathologique ; 5° des notes d'interrogation sur les différentes parties de l'enseignement ; 6° une note d'ensemble comprenant la conduite, l'assiduité, l'aptitude physique, l'aptitude intellectuelle.

Le cœfficient de chacune de ces notes fut fixé.

L'École de maréchalerie, dans son rapport sur l'essai du fer anglais avec rainures à double pente, estima que ce fer présentait les mêmes inconvénients que le fer anglais et qu'il était encore moins solide sous le pied du cheval. — On essaya le *fer Durchon*, fer à planche combiné avec la traverse Thévenot pour chevaux encastelés et surtout pour pieds à un talon chevauchant. — On essaya également le *fer Cheré*, même fer modifié et simplifié, les plans inclinés étant obtenus aux dépens de la traverse même. — On inaugura l'emploi du rapporteur Fleming pour prendre l'angle de pince des jeunes chevaux de remonte dans le but de leur conserver leur aplomb normal ; mais le rapporteur Watrin devait fournir dans ce sens un instrument plus simple et plus commode.

C'est en 1887 que parut le livre de *M. Watrin*, vétérinaire en premier : LE PIED DU CHEVAL ET SA FERRURE. C'est la reproduction complète de l'ouvrage paru en 1863 et dont nous avons parlé suffisamment pour ne pas avoir à y revenir. On y trouve cependant quelques choses nouvelles, telles que la modification du rapporteur Fleming qui rend de très grands services. Malgré quelques idées personnelles très discutables, M. Watrin restera une des autorités les plus compétentes de la maréchalerie.

1887

ÉTAT-MAJOR DE L'ÉCOLE

DANLOUX	Général de brigade, comm. l'Ecole.
TREYMÜLLER	L^{t}-col. comm. en 2^{e}
RAMOTOWSKI	Ch. d'esc. inst. en ch.
D'AVIAU DE PIOLANT	Ch. d'esc. écuy. en ch.
BURNEZ	Ch. d'esc. brev. dir. des études.
ARNAL	Major.
FENOUIL	Capitaine trésorier.
LÉGIER	Capit. d'habillement.
VINCENOT	Lieut. adj. au trés.
GIBARD	Lieut. porte-étend.
PRÉVOST DE LESTANG	Capitaine adj.-major.
SIEUR	Idem.

GINET	Capit. instructeurs.
DE JACQUELIN-DULPHÉ	
HÉBERT	
SIÈYES	
VOISIN	
MORET	
LE BOUYER DE SAINT-GERVAIS DE MONHOUDOU	
PERRIN	
SABRY DE MONTPOLY	
CARBONEL DE CANISY	Capitaines écuyers.
PICOT DE VAULOGÉ	
MAHOT	
JOCHAUD DU PLESSIX	
DOMENECH DE CELLÈS	

De Lizaranzu	Lieut. sous-écuy.	Lux	Capit. prof. d'allem.
Doynel de Quincey	id. sous-écuy.	Montillot	Prof. de télégraphie.
L'Hotte	id. sous-écuy.	Veiss	Ch. d'esc. dir. de l'arç.
Champion	S.-lieut. sous-écuy.	Fournier	Méd. major de 1re cl.
Peyrusset	Cap. brev. sous-dir. des études.	Klein	Méd. major de 2e cl.
De Place	Cap. prof. de fortif. et de sciences.	Gaube	Méd. aide-major de 1re classe.
Picard	Cap. prof. d'hist. et de géographie.	Barthes	Vétérinaire principal
		Dangel	Vét. en 1er pr. de mrie
		Pierre	Vétérinaire en 2e.

OFFICIERS ÉTRANGERS

SUIVANT LES COURS DE L'ÉCOLE

Ollanesco	Roumanie.	Ottesen	Norvège.
Hanashima	Japonais.	Tringhetas	Grèce.

LIEUTENANTS D'INSTRUCTION DE CAVALERIE

Perrot.
De Contades-Gizeux.
De Boissieu.
Renault.
De Rascas.
Macé de Gastines.
Dumas de Champvallier.
De Waubert de Genlis.
Pressoir.
Ferrant.
Lemut.
Laurent.
Masquelier
Hagniel.
De Brauer.
Denevault.
Rossert.
De Kesling.
De Gain.
Laperrine.
Guynet.
Violant.
Durand.
Roussel.
De Redon.
Mas de Saint-Maurice.
Dinaud des Arsis.
De Clermont-Tonnerre.
Cassin de La Loge.
Branca.
D'Orglandes.
Paultre de Lamotte.
De Canzé de Nazelle.
David.
Des Rieux de la Villoubert.
Merle des Isles.
Blot.
Harimignies.

LIEUTENANTS D'INSTRUCTION D'ARTILLERIE

Maréchal.
Hecq.
Maurel.
Liège d'Iray.
Mainguy.
Tourdes.
Aubry.
Candeau.
Clément.
Mesmacre.
Malet.
Guillaume dit Gaiffe.
Drouault.
Marchal.
Nouette Delorme.
Libmann.
De Guibert.
Vigla.
Gillot.
Bonis.
Marcotte.

SOUS-LIEUTENANTS OFFICIERS ÉLÈVES

De France.
Parent du Chatelet.
Rougevin.
Lecourt d'Hauterive.
Grosjean.
Deville.
De Corn.
Poitou.
Chassoux.
Tiellard Rancilhac de Chazelles.
Parison.
Arago.
De Sesmaisons.
Martinie.
Torterne de Sazilly.
Law de Lauriston de Boubers.
Nassoy.
De Conigliano.
Balaÿ.
Magne.
De Poret.
Robillot.
De Ségur d'Aguesseau.
Révy.
De Cosnac.
De Lesterpt de Beauvais.
Fontaine de Cramayel.
Trutat.
Duport de Loriol.
De Froissard-Broissias.
Valentin.
Magnin.
Dagny.
Lavigne.
De Villardi de Montlaur
Tilliard.
Van Schalkwyck de Boisaubin.
Bouchacourt.
Caillaux.
Sarton du Jonchay.
De Saint-Hillier.
Roland Gosselin.
De la Rochefoucauld.
Parrot.
Lebelin de Dionne.
Gelbert.
Lalande.
Sauvage de Brantes.
Martin.
Masson.
Brincourt.
Devisme.
De Bontand de Lavilléon
De Vincelles.
De la Forest d'Armaillé
De Broglie.
Corhumel.
D'Izarn de Frayssinet de Valady.
Bertheault de Noiron.
De Chevigné.
Labauve.
Rebot de Charant.
Galène.
De Guinebault.
Du Hamel de Canchy.
De Boigne.
De Gaalon.
Du Bourg.
Resseguier.
Lauras.
Payn.
Du Bouexic de la Driennais.
De Robert d'Aquéria de Rochegude.
De Vassal Montviel.
Chevalier.
Delor.

SOUS-LIEUTENANTS RÉGIMENTAIRES

De Laage de la Rochetérie.
Grand Conseil.
Dumas de Champvallier.
De Comminges.
De Gontaut-Biron.
Trumel de Fontarce.
De Biencourt.
Isman.
Pénard.
Lachaud.
Nouvellet.
Pinelli.
Quiquerez.
Hue.
Macdonald de Clanranald.

AIDES-VÉTÉRINAIRES STAGIAIRES

Tondeur.
Bertheloot.
Delacroix.
Bernasconi.
Meyranx.
Charon.
Machenaud.
Bernard (Prosper).
Camus.
Chobaut.
Lang.
Serrat.
Dassonville.
Prunier.
Montmartin.
Demeure.
Bernard (Jules).
Bétier.
Plouvier.
Bisch.

SOUS-OFFICIERS ÉLÈVES OFFICIERS

Carbonnier.
Clouzet.
Carrère.
De Boissard.
Chassaigne.
Demougeot.
Chapuis.
Giuntini.
Chauchard.
Du Laurens d'Oiselay.
De Prémonville de Maisonthou.
Meyer.
Le Forestier de Villeneuve.
Génin.
Richon.
Calouin Patrice de Tréville.
Despréaux.
De Laporte.
Resuche.
Lacroix.
Blay.
Devedeix.
Gros.
Sabrout.
Bossuot.
Brun.
Caune de Puysaye.
Bizard.
Grenoilleau.
De Reboul.
Geng.
Tardieu.
Jacob.
De Reboul (Louis-Bertrand).
Boireaux.
De Chasteignier.
Lecocq.
Mercier.
De Loppinot.
Grénouilloux.
Chollet.
Barthélemy.
De Vergès.
Loos.
Roset.
De Pourtalès.
Côte.
Mauduyt.
Parmentier.
Brouard.
Sévérac.
Tison Désarnaud.
Muaux.
Lefrançois.
Sisteron.
Penaud.
Gréau.
Herreman.
Vinoy.
Marthe.
Hache.
Rénon.
Pathiot.
Comte.
Lucas (Joseph).
Doudement.
Armand.
Moranges.
De Saint-Martin.
Bodelot.
Castanet.
De Romanet de Beaune.
Pagès.
Carrez.
De Sainte-Marie d'Agneaux.
De Corday.
D'Arboussier.
Fillodeau.
Lucas.
D'Auberjon.
Lanoir.
Maria.
De Brémond.
Caud.
Perrier.
Hesse.
Lang.
Enaux.
Majonenc.
Galopin.
Gérard.
Lambinet.
Lagnel.
Lefebre.
Lacombe.
Sciaux.
Chalmin.
Barlatier de Mas.
De Loynes d'Autéroche.
Dupasquier.
De Guilhemanson.
De Wangen de Géroldseck.
Richard.
Grandin de Raimbouville.
Richard.
Guichard.
De la Goublaye de Nantois.
Node.
Servent.
De Pourcet de Sahune.
Bourrée de Corberon.
Jeantheau.
Labit.
Bailly.
Delpech.
Bernié.
Lechanteur.
Durrieu.
De Saint-Vincent.
De Ludre.
Rambourg.
Titremann.
Falentin.
Lecomte.
Le Dret.
Doutre.
Monin.
Langlois.
De Lalande d'Olce.
Duval.
Roze.
Ourson.
Haouissée de la Villeaucomte.
Mariani.
Joubert de la Bastide de Chateaumorand.

Au mois de février 1888, un capitaine ingénieur du régiment des sapeurs-pompiers de Paris fut envoyé à Saumur pour étudier les mesures de préservation de l'École de cavalerie en cas d'incendie. Peu de temps après l'École reçut une pompe à vapeur.

Le 16 avril, l'École prit part au carrousel militaire donné à Paris au Palais de l'Industrie.

Le personnel et les chevaux qui devaient figurer à ce carrousel furent emmenés à Paris par deux trains spéciaux. Vingt-huit officiers, cent élèves officiers, neuf sous-maîtres de manège, cent cinq brigadiers, cavaliers de manège, de remonte et ordonnances; deux cents chevaux.

Le programme était le suivant :

Première partie du carrousel de troupe par l'escadron des élèves officiers de toutes les armes de l'École de cavalerie de Saumur.

Courses de bagues et courses de têtes par les officiers élèves de l'École d'application de Fontainebleau.

Saut des haies par les sous-maitres des Écoles de guerre, de Saumur et de Saint-Cyr.

Travail de manège par les écuyers et sous-écuyers de l'École de cavalerie et de l'École supérieure de guerre.

Travail de carrière avec saut des haies par les officiers d'instruction et officiers élèves de l'École de cavalerie de Saumur.

Deuxième partie du carrousel de troupe par l'escadron d'élèves officiers de l'École de cavalerie de Saumur, charge et défilé général.

L'École de Fontainebleau envoya 55 chevaux, l'Ecole de Saumur 205.

Le 1er mai, le train qui ramenait le Président de la République de son voyage à Bordeaux, s'arrêta quelques minutes à Saumur. Toute l'École, à pied, attendait sur le quai de la gare, et défila devant le Président. Les autorités civiles et les fontionnaires des diverses administrations défilèrent à leur tour.

Le 16 juin, l'École donna un assaut d'armes sous la direction de l'adjudant maître d'escrime *Catteau*, dans le manège des écuyers, admirablement décoré pour la circonstance.

Nous devons relater en passant deux paris soutenus par des sous-maîtres de manège, ayant trait le premier à la résistance du cavalier et l'autre à la résistance du cheval.

Le maréchal-des-logis *Rivière d'Arc* avait parié qu'il ferait, à cheval, quarante kilomètres en 90 minutes, avec huit chevaux de louage qui fourniraient chacun cinq kilomètres. Ce match eut lieu sur la route de Vivy et sur celle d'Allonnes, cinq kilomètres de chaque côté de la Ronde. M. d'Arc fit le parcours en 73 minutes, le 13 juin.

Le 21 juin eut lieu un autre match. Le maréchal-des-logis *Godeau* avait parié de faire avec le premier cheval venu, quarante kilomètres en une heure et demie. Le cheval choisi fut une vieille jument de réforme de l'École, âgée de 19 ans, nommée *Mascotte*, et présentant une collection de tares la rendant digne de figurer dans un livre d'hippologie. Cette jument était chez un loueur de voitures, on l'y prit sans préparation; elle était plutôt dans des conditions désavantageuses, car on l'avait mise au régime du vert depuis quelques semaines ; elle avait fait huit lieues à la voiture la veille, le matin même une course de douze kilomètres. Le maréchal-des-logis Godeau partit de la place de la gare à sept heures du soir, alla jusqu'à la Ménitré et revint au point de départ en gagnant son pari avec 56 secondes d'avance. Pendant tout le parcours, la *Mascotte* n'avait pris qu'un masch préparé pour elle à la Ménitré.

Les courses de Verrie eurent lieu le 24 et le 25 juin.

PREMIER JOUR DE COURSES

Prix de la Loire. — Course de haies, handicap militaire pour les chevaux de l'École de cavalerie, montés par des officiers de l'École. — Distance, 2,500 mètres. — Premier, *Starter*, monté par *M. de Fourtou*. — Deuxième, *Breworth*, monté par *M. Ask*, officier suédois. — Troisième, *Pervenche*, montée par *M. de Saint-Martin*.

Prix du château de Marson. (2e série). — Pour officiers en activité de service, montant des chevaux d'armes. — Distance, 3,000 mètres. — Premier, *Vercingétorix*, monté par *M. de la Falaise*. — Deuxième, *Fazenda*, montée par *M. Bedoin*.

Rallye-Papers. — Pour MM. les officiers de la grosse cavalerie, montant leurs chevaux d'armes. — Première, *Amita*, montée par *M. Burgat*. — Deuxième, *Intempérance*, montée par *M. Baretti*.

DEUXIÈME JOUR

Steeple-chase militaire (1re série). — Pour officiers en activité de service, montant des chevaux d'armes. — Premier, *Starter*, monté par *M. de Lauzun*. — Deuxième, *Pékin*, monté par *M. de Corny*. — Troisième, *Kléber*, monté par *M. de Gondrecourt*.

Course militaire de consolation. — Première, *Madame*, montée par *M. de la Falaise*. — Deuxième, *Pervenche*, montée par *M. Forqueray*.

En 1888, l'inspection de l'École fut passée par le général *L'Hotte*. Le jury des examens de sortie fut composé comme il suit : le général *L'Hotte*, inspecteur général, président ; les lieutenants-colonels *de Butler* et *Lacombe ;* les chefs d'escadrons *Papillon*, *Baudens*, *Geay de Montenon* et *Magon de La Giclais ;* les capitaines *Paris de Mondonville*, *Lacroix de Laval* et *de Boisgelin*.

Les courses de Saumur eurent lieu le 12 et le 14 août, dans les prairies du Breil ; le carrousel, le 13. Depuis nombre d'années, le carrousel de la troupe avait été supprimé ; cette année, il fut rétabli.

PREMIER JOUR DE COURSES

Steeple-chase militaire (3e série). — Pour MM. les sous-officiers en activité de service, montant leurs propres chevaux d'armes. — Distance, 3,000 mètres. — Premier, *Châtelain*, monté par *M. Baretti*. — Deuxième, *Bayonne*, montée par *M. de Lagarde*.

Steeple-chase militaire (2e série). — Un objet d'art. — Pour officiers en activité de service, montant des chevaux d'armes. — Distance, 3,000 mètres. — Première, *Bérangère*, montée par *M. Collard*. — Deuxième, *Madame*, montée par *M. Ask*, officier suédois. — Troisième, *Vercingétorix*, monté par *M. Tillion*.

Steeple-chase militaire (3e série). — Pour officiers en activité de service, montant leurs chevaux d'armes ou des chevaux appartenant à des officiers. — Distance, 3,000 mètres,

10 obstacles. — Parcours spécial. — Première, *Castille*, montée par *M. Lemaitre*. — Deuxième, *Bienfaisante*, montée par *M. de Gondrecourt*. — Troisième, *Touriste*, monté par *M. de Lauzun*.

Prix du Breil (Cross Country, gentlemen). — Pour chevaux de chasse ou de promenade, montés par MM. les officiers élèves de l'École de cavalerie. — Distance, 3,000 mètres. — Premier, *Quémandeur*. — Deuxième, *Analogie*. — Troisième, *Lagune*.

DEUXIÈME JOUR DE COURSES

Prix du chemin de fer de l'État. (Poule de hacks, course de haies). — Distance, 2,500 mètres et six haies. — Première, *Rosa*, montée par *M. Morgon*. — Deuxième, *Quémandeur*, monté par *M. d'Apchier*. — Troisième, *Master-Mac-Grath*.

Prix du Comte d'Aure (Steeple-chase, handicap). — Pour MM. les sous-maîtres de manège de l'École de cavalerie, montant des chevaux de l'École, — Distance, 3,000 mètres. — Premier, *Starter*, monté par *M. Communal*. — Deuxième, *Touriste*, monté par *M. de la Chaise*.

Steeple-chase militaire (2e série). — Un objet d'art. — Pour officiers en activité de service, montant des chevaux d'armes. — Distance, 3,000 mètres. — Premier, *Breworth*, monté par *M. Ricaud*. — Deuxième, *Cotillon*, monté par *M. de Saint-Martin*.

Steeple-chase militaire (1re série). — Un objet d'art. — Pour officiers en activité de service. — Distance, 3,000 mètres. — Parcours spécial. — Premier, *Pékin*, monté par *M. Forqueray*. — Deuxième, *Reservation*, montée par *M. Dinet*. — Troisième, *Castille*, montée par *M. de Bouillé*.

ÉCOLE DE TÉLÉGRAPHIE. — Le 22 avril 1888, le *général Boquet*, inspecteur de la télégraphie militaire, vint à Saumur passer l'inspection technique des cavaliers télégraphistes. — Deux fonctionnaires de la télégraphie militaire vinrent successivement à Saumur faire un stage de six semaines. Le premier, *M. Devaux*, au mois de mai ; le deuxième, *M. Berger*, au mois de septembre. — Au mois de novembre, il fut décidé qu'à l'avenir les régiments de cavalerie d'Algérie n'enverraient plus de cavaliers télégraphistes à Saumur.

ÉCOLE DE MARÉCHALERIE. — Pour mettre à jour notre étude chronologique des progrès de la maréchalerie, nous ne saurions mieux faire que de transcrire les idées dirigeantes de *M. Dangel*, vétérinaire en premier, qui est à la tête de l'École de maréchalerie depuis 1881.

M. Dangel professe à la fois aux vétérinaires stagiaires et aux élèves maréchaux. Le manuel de maréchalerie, que nous avons analysé en 1875, sert de base à son enseignement, mais on comprend qu'il ne puisse s'en tenir à ce petit abrégé, tant avec les vétérinaires stagiaires, qui sont chargés dans leur régiment du cours de maréchalerie, qu'avec les élèves maréchaux, tous appelés à devenir brigadiers et quelques-uns maréchaux des logis maîtres maréchaux.

Le professeur commente longuement chacun des chapitres du petit manuel et fait un résumé de ses explications, qui est donné aux vétérinaires stagiaires avec un atlas autographié représentant, grandeur nature, les principaux fers existants, groupés par catégories. Les principales questions sont dictées aux élèves maréchaux.

Ce résumé et cet atlas, qui sont pour ainsi dire le sommaire des leçons du professeur, sont appelés à rendre les plus grands services. Ils fournissent aux jeunes générations de vétérinaires militaires une base d'étude garantie qui leur trace le sens des perfectionnements et les met en garde contre l'invention de procédés déjà connus.

Les beautés et défectuosités des aplombs et des pieds, le fer ordinaire et le fer à planche, questions principales, y sont traitées avec les détails les plus précis. Nous y relèverons les idées suivantes, complétant le manuel réglementaire et représentant bien la mise au point pour notre date :

« *Prendre, au moyen du rapporteur Fleming ou Watrin, l'angle de pince de chaque jeune cheval, afin de lui conserver les aplombs auxquels se sont faits ses tendons et ses surfaces articulaires. — Pour bien prouver aux élèves que le pied bien conformé, paré en pince jusqu'au sillon circulaire et en talons moitié hauteur de pince, avec le plan d'appui perpendiculaire au plan médian du paturon, est paré normalement, enlever avec une scie une série de lames de paroi d'égale épaisseur, afin de leur montrer qu'on arrive à juste affleurer le bord inférieur de l'os du pied. — En nettoyant la fourchette, suivre le précepte de M. Barthes, c'est-à-dire tenir le boutoir parallèlement au plan du coussinet plantaire : droit dans les pieds creux, incliné dans les pieds plats. — Pour la ferrure Charlier, se servir des rogne-pieds coudés de Pontoise, qui sont plus pratiques, moins chers et plus expéditifs que le boutoir Charlier. — Donner aux fers couverts et demi-couverts, l'ajusture anglaise, mais prolongée à la lime jusqu'au bord externe des fers. — Pratiquer avec la tranche, sur la face inférieure de tout fer à planche, en dedans des étampures et sur la traverse, des rainures qui enlèvent au fer à planche l'inconvénient qu'on lui a toujours reproché. — Pour le pied plat, employer le fer à planche, une ferrure sur trois. — Pied long : fer à la Batière et ferrer souvent. — Pour les pieds serrés et encastelés, ne pas employer uniquement le fer à oreilles obliques de Loutreuil, souvent infidèle, mais, selon les cas, se servir des fers à pantoufles, à demi-pantoufles Lafosse, Defays, Jarrier, Barbier, et surtout du fer à planche avec plaque de cuir et étoupades goudronnées, avec fourchette artificielle faite au moyen de trois tampons d'étoupe, un pour chaque lacune et un plumasseau d'épaisseur suffisante pour que la fourchette vienne à l'appui sur la traverse du fer. — Quand le pied encastelé est long à pince forte, amincir en pince le pied jusqu'à un centimètre au-dessus des rivets. — Faire des moules en plâtre des pieds traités, pour se rendre compte des résultats. — Pour le pied à un talon chevauchant, appliquer un fer à planche avec ressort fixé d'un côté, ou bien le fer Chéré, afin d'obtenir en même temps la dilatation et la descente du talon déformé. — Pieds panards et cagneux : parer d'aplomb avec une grande précision, ferrer souvent et, aux pieds de devant, faire arriver les quatre éponges sur la même ligne. — Combler avec de la cire ou de la gutta-percha toutes les anfractuosités de la corne des pieds dérobés, avant de les renvoyer de la forge, afin d'empêcher l'eau de désagréger les fibres de la paroi, qui n'est plus protégée par le périople. — Pour un pied complètement dérobé, qui ne saurait plus porter de fer, employer le fer Charlier. — Chevaux fatigués, arqués, sous eux du devant, ferrer souvent, fer à la Batière, ajusture de mulet, et imiter à la lime, sur le fer neuf, l'usure de la déferre. — Pour le cheval qui forge, avant d'avoir recours au fer à éponges tronquées, tenter de corriger le défaut en ferrant souvent, tronquant la pince de court, et en donnant l'ajusture de mulet ; pour le jeune cheval, diminuer le travail et augmenter la nourriture. — Pour le cheval qui continue à se couper du devant, essayer le fer Charlier, les fers à la turque et turque renversée. — Traiter les atteintes en appliquant toujours un fer à planche, aminci à la lime au-dessous de l'atteinte, pour soustraire la partie malade aux chocs. — Pour le cheval qui se donne des atteintes aux sauts d'obstacles, employer le fer postérieur à voûte tronquée ou fer de chasse anglais, car c'est avec la voûte du fer que beaucoup de chevaux se blessent. — Bleime : cette maladie, due presque toujours à une déformation du sabot, surtout du quartier interne, doit avant tout être traitée par le fer à planche, en pratiquant un sifflet au quartier déformé. — Pied à seime : agrafe Vachette avec fer à planche et sifflet. — Fourbure chronique : parer selon le bord inférieur de l'os du pied et fer Dominik. — Aux revues de ferrure, surveiller particulièrement les chevaux portant des fers anglais, car la lame du clou casse souvent au collet et la tête reste fixée dans la rainure, ce qui trompe le maréchal. — Graisser les pieds grands, larges, mous, avant le travail par un temps de pluie ou avant le bain ; ne pas les graisser par un temps sec. Agir à l'inverse pour les pieds creux, petits à talons hauts. »*

1888

ÉTAT-MAJOR DE L'ÉCOLE

Danloux	Gén. de brig. comm. l'École.
Belbèze	L^t-col. comm. en 2e.
Ramotowski	Ch. d'esc. instr. en ch.
D'Aviau de Piolant	Ch. d'esc. écuy. en ch.
Burnez	Ch. d'esc. breveté dir. des études.
Arnal	Major.
Vincenot	Lieut. faisant fonct. de trésorier.
Légier	Capit. d'habillement.
Anselin	S.-lieut. adj. au trés.
Gibard	Lieut. porte-étendard
Sieur, Cornélis, De Jacquelin-Dulphé	Capit. adjud.-major.
Hébert, Siéyès, Voisin, Moret, Le Bouyer de Saint-Gervais de Monhoudou, Perrin, Blanché de Pauniat, Caruel	Capit. instructeurs.

Carbonnel de Canisy, Picot de Vaulogé, Mahot, Jochaud du Plessix, Domenech de Cellès	Capitaines écuyers.
De Lizaranzu	Lieut. (sous-écuyers)
Doynel de Quincey	Lieut (sous-écuyers)
L'Hotte	Lieut. (sous-écuyers)
Champion	Lieut. (sous-écuyers)
Morgon	S.-l. (sous-écuyers)
Peyrusset	Cap. br. s.-dir. des ét.
De Place	Cap. prof. de fortif. et de sciences.
Picard	Cap. prof. d'hist. et de géographie.
Lux	Capit. prof. d'allem.
Montillot	Prof. de télégraphie.
Weiss	Ch. d'esc. dir. de l'arç.
Beline	Méd. major de 1re cl.
Klein	Méd. major de 2e cl.
Gaube	Médec. aide-major de 1re classe.
Charron	Vétérinaire principal.
Dangel	Vét. en 1er, pr. de m^{rie}
Pierre	Vétérinaire en 2e.

OFFICIERS ÉTRANGERS

SUIVANT LES COURS DE L'ÉCOLE

Ollanesco	Sous-lieut. de cavalerie roumaine.
Prince Kan-In	Sous-lieut. de cavalerie japonaise.
Tamoura	Capitaine de cavalerie japonaise.
Ask	Sous-lieut. de hussards suédois.
Brunnstrom	Sous-lieut. de dragons suédois.
Mourousi	Sous-lieut. de cavalerie grecque.

LIEUTENANTS D'INSTRUCTION DE CAVALERIE

Morel.
Du Bourget.
Collin.
De Perthuis de Laillevault.
Levylier.
Durand de Monestrol d'Esquilles.
Guesviller.
Chaindé.
De Casteras Villemartin
Romazzotti.
Requichot.
Cintrat.
Maquaire.
Terracol.
Luce.
Keller.
Clemençon.
Lanusse de Boulémont.
De Salmon de Loiray.
Barry.
Houillon.
Sanglé-Ferrière.
D'Hautpoul.
Souchon.
Petot.
Carrichon.
Larreguy de Civrieux.
Pochet.
Gaborit de Montjou.
Lewden.
Martinet.
De Cugnac.
De Penfentonio de Cheffontaines.
Epailly.
Soubeiran.
Taupinard de Tillière.

LIEUTENANTS D'INSTRUCTION D'ARTILLERIE

Consigny.
Vincent.
Collard.
Caron.
Gérouille de Beauvais.
Michet de Varine.
Ducret de Villeneuve.
Chaze.
Blanchon.
Crépey.
Saint Paul.
De Ferrière le Vayer.
Guillet.
Sergent — S.-lieut.
Malesset.
Potin de Vauvineux.
Wurtz.
Misset.
Ricard.
Fourgaut.
Mesmin.

SOUS-LIEUTENANTS OFFICIERS ÉLÈVES

Brécart.
De Hauteclocque.
Dinet.
Forqueray.
Le Bailly de la Falaise.
Schneider.
D'Ouvrier.
Pougin de la Maisonneuve.
De la Chaise.
Tillion.
D'Apchier le Mangin.
Lehr.
Ethis de Corny.
De Gondrecourt.
Bardi de Fourtou.
Pascal.
Lepelletier de Rosambo.
D'Ollone.
Lacassagne.
Chevallier-Rufigny.
De Maussabré-Beufvier.
De Masfrand.
Bernard.
Rufier d'Epenoux.
Herreng.
Donjon de Saint-Martin.
Le Roulx de la Ville.
Ricaud.
Dessassis.
Letixerand.
Garnier de la Roche.
De Baudel.
De Bureyel de Chassey.
Rostan d'Ancezune.
Fuchet de la Calvinière.
Faure.
Vidal de Lausun.
Bedoin.
De Bouillé.
Serieyx.
Marcot.
De Laage de Chaillon.
De Maudhuit du Plessix.
Patissier.
Joannard.
De Dampierre.
Le Maitre.
Vial.
Bohrer de Kreuzenach.
Perrin.
Aulas.
Vuillier.
De Reinach.
Aubert.
Detroyat.
Millin de Grandmaison.
De Gail.
Boulard.
De Pasquier de Franclieu.
De Talhouet de Boisorhan.
Calla.
Dupuy.
Borré-Verrier.
De Becdelièvre.
Des Courtils.
De Cherizey.
Friol.
Bouchacourt.
De Truchis de Lays.
Chambrun d'Uxeloup de Rosemont.
Bacque.
De Thiollaz.
De Gastel.
Nivière.
De Longeaux.
Mac Guckin de Slane.
Clolus.
Lamart.
De Nimal.
De Sonis.

SOUS-LIEUTENANTS RÉGIMENTAIRES

Courtois.
Robinet de la Pichardais.
Boucher.
Grody.
Burlat.
Rubino de Barazia.
Duffour.
Pierrard.
Basset.
Reginensi.

AIDES-VÉTÉRINAIRES STAGIAIRES

Lasserre.
Carré.
Rébeillard.
Drappier.
Jullian.
Audebert.
Viaud.
Duquet.
Lemire.
Cazalbou.
Porcherel.
Ducasse.
Gaget.
Rey.
Hardou.
Laney.
Tonner.
Raynal.
Duplat.
Roynard.
Thery.
Esclauze.

SOUS-OFFICIERS ÉLÈVES OFFICIERS

Le Lorgne d'Ideville.
Resuge.
Brach.
Colson.
Poinçon de la Blanchardière Jan de la Hamelinaye.
Dagonet.
De Saulces de Freycinet.
Gersbach.
Guyot.
De Vaugrigneuse.
Piole.
Balaresque.
Lacour.
Hinkelbein.
Albertus.
Lechalas.
De Gombert.
Mathieu.
Eudel du Gord.
Cailleteau.
Guerin.
Baudesson.
Lesueur.
De la Moussaye.
De Guibert.
Faidy.
Bincaz.
Pacoret de Saint-Bon.
De Sonis.
Sautereau.
Fourrier.
Godeau.
Molitor.
De Virieu.
Vidalin.
De Meaussé.
De Royère.
Vignes.
De Mauléon de Bruyère.
Caille.
Bosc.
Richard.
De Massol.
De Talode du Grail.
Beudant.
De Bréda.
D'Anglejean.
Tharaud.
De Burgat.
Mory.
Fougeras-Lavergnolle.
Pierre.
Fouan.
Lallé.
Christmann.
Doublat.
Vannier.
Doyen.
Grandin de l'Eprevier.
Bouchard.
Lagallarde.
Rhenn.
Du Platel du Plateau.
Boutaud de Lavilleon.
Dutertre.
Durand.
Brabet.
Drouhard.
Chambon.
Robert.
Acard.
Bégé.
Rousseau.
Delorière.
Marchal de Corny.
De Salignac-Fénelon.
Soudant.
Camusat de Riancey.
D'Arlot de Saint-Saut.
Poivret.
Boucher de la Rupelle.
Desmonts.
L'Huillier.
Bayon.
Batut.
Carbillet.
Chamorin.
De Coral.
Muller.
Massiani.
Lempereur de Saint-Pierre.
Cesbron-Lavau.
Buissière de Nercy de Vestu.
Beurné.
Jourdan du Mazot.
Senduc.
Losiaux.
D'Andigné.
Avet.
Trochu.

De Bouet du Portal.
De Champeaux.
Ruffier.
Marteau.
Merle du Bourg.
Bocher.
Greyfié de Bellecombe.
Rousset.
Chautard.
Nivière.
Guillemot.
De la Rivagerie.
Normand.
Bonin de la Bonninière de Beaumont.
Lagarde.
Worms.
Roland-Gosselin.
Lasies.
Figuière.
Gorichon.
Beau.
Bourseul.
Robinet de Cléry.
Epp.
Goranflot de la Giraudière.
Siriex de Longeville.
Bibet.
Daviaud.
Huguet.
Costa de Beauregard.
Gourdiat.
Joly de Bammeville.
De Veye.
Feray.
Bachelier.
Oudard.
Violette.
Chevreau.
Martineau.
Dommanget.
Courson de la Villeneuve.
Tourot.
Begny.
D'Audiffret.
Gasson Bugeaud d'Isly.
Mohamed ben Tabti.
Taieb ben el Hadj.
De Villefranche.

Saumur est l'École d'application de la cavalerie; tout ce qui se rapporte à cette arme en subit la sanction.

Mais le titre d'École d'application, bien que résumant le but de l'institution, ne définit pas suffisamment les autres fonctions si complexes de Saumur : *Académie d'équitation. — École des vétérinaires militaires. — École de télégraphie. — École de maréchalerie. — École de dressage. — École d'arçonnerie.*

Toutes ces acceptions expliquent les nombreuses catégories d'élèves qui viennent chercher chaque année à Saumur les principes dirigeant de leur spécialité et recueillir, d'un concours qui stimule leur zèle, un classement final qui établit le mérite relatif de chacun et les services qu'on en peut attendre.

C'est ainsi que viennent à Saumur : Des *Lieutenants d'instruction de cavalerie*, détachés des régiments — 40 à 45 par année — pour se retremper aux enseignements multiples de l'École et se préparer aux fonctions de capitaine instructeur dans les corps.

Des *Lieutenants d'instruction d'artillerie*, détachés des régiments — 20 à 25 par année — pour étudier les méthodes d'instruction applicables à leur arme et se pénétrer des rapports qui doivent exister dans la tactique combinée de l'artillerie et de la cavalerie.

Des *Officiers élèves*, le contingent des sous-lieutenants de cavalerie sortant de Saint-Cyr — 80 à 90 — pour se perfectionner dans l'instruction spéciale de leur arme avant d'aller prendre leurs fonctions dans les régiments.

Des *Élèves officiers*, sous-officiers des régiments de cavalerie proposés pour sous-lieutenants — 130 à 150 — qui viennent se préparer au grade d'officier.

Des *Aides-vétérinaires stagiaires*, élèves des écoles vétérinaires se destinant à la carrière militaire — 25 à 30 — qui viennent étudier à Saumur les données particulières de leur service dans l'armée, avant de rejoindre les corps de troupes à cheval auxquels ils seront affectés.

Des *Télégraphistes*, cavaliers détachés des régiments, en deux séries, la première de 75 à 80, la deuxième de 100 à 120, pour recevoir à Saumur l'instruction technique de leurs fonctions.

Des *Élèves maréchaux*, détachés des corps de troupes à cheval — 60 à 70 — pour suivre les cours théoriques et pratiques de l'École de maréchalerie et en emporter le brevet de maître maréchal-ferrant.

Des *Arçonniers*, ouvriers en cuir, en bois, en fer, versés à l'École par le recrutement pour être classés suivant les aptitudes de leur métier, parmi les 120 ouvriers qui travaillent à Saumur à la confection des arçons et des effets de harnachement, dont l'École établit les modèles types et dirige la fabrication.

Les cadres de l'École de cavalerie comportent un personnel nombreux qui se partage ces différents services, sous la haute direction d'un général ou d'un colonel commandant de l'École, et d'un lieutenant-colonel, commandant en second.

L'enseignement se divise en trois branches bien distinctes : *Enseignement militaire, Enseignement général*, et *Enseignement équestre*, ayant à leur tête trois chefs d'escadrons respectivement : *Instructeur en chef, Directeur des Études*, et *Écuyer en chef*, secondés par des capitaines instructeurs des capitaines professeurs, des capitaines écuyers, des lieutenants et sous-lieutenants sous-écuyers.

A la tête de l'enseignement des aides-vétérinaires stagiaires, se trouve un *vétérinaire principal*, secondé par le vétérinaire en premier et le vétérinaire en second de l'École.

A la tête de l'École de télégraphie, un *fonctionnaire de la télégraphie militaire* secondé par un adjudant, des sous-officiers et des brigadiers moniteurs, premiers numéros des télégraphistes des années précédentes.

A la tête de l'École de maréchalerie, le *vétérinaire en premier, professeur de maréchalerie*, secondé par un adjudant chef d'atelier, des sous-officiers et des brigadiers moniteurs.

A la tête de l'École d'arçonnerie, un *chef d'escadrons d'artillerie*, secondé par un adjudant chef d'atelier, des sous-officiers et des brigadiers moniteurs.

En dehors de ce personnel enseignant, pour assurer le service d'administration et de police, le cadre de l'École comporte, un major, un capitaine d'habillement et son adjoint, un capitaine trésorier et son adjoint, deux adjudants-majors, trois médecins, trois adjudants, et des sous-officiers prévôts d'armes, sous la direction d'un adjudant, maître d'escrime.

Le petit cadre se compose des sous-officiers titulaires, ayant les fonctions intérieures des deux escadrons dans lesquels sont groupés tous les hommes de troupe de l'École ; et les sous-maîtres de manège, sous la direction d'un adjudant-maître de manège.

Les lieutenants d'instruction amenant seuls leur ordonnance avec eux, le nombreux effectif des chevaux de l'École, environ 1200, nécessite encore un autre personnel. Ce sont des cavaliers de remonte, 350, attachés aux écuries des chevaux d'armes ; et des cavaliers de manège, 150, attachés aux écuries des chevaux du manège.

On imagine aisément tout le brouhaha du service journalier à Saumur.

Le Chardonnet, terrain d'exercices circonscrit par les bâtiments de l'École, fourmille de cavaliers, qui s'agitent, se croisent en tous sens, décrivant des lignes enchevêtrées qui font craindre à tout instant de voir se produire de terribles rencontres. Les uns travaillent individuellement, les autres par groupes de peloton ou d'escadron. Ceux-ci, sans armes, exercent leurs chevaux, les uns au pas, les autres au trot ou au galop, tournant, s'arrêtant, engageant quelquefois des luttes émouvantes. Ceux-là, en armes, courent le sabre au poing sur des mannequins qui représentent l'adversaire. Ici, des chevaux qui tournent, tenus à la longe, pendant que le cavalier, en selle, sans rênes, exécute toutes sortes d'assouplissements. Là, d'autres qui suivent des rectangles régulièrement jalonés par des piquets. Plus loin, des cavaliers qui franchissent les obstacles semés sur le pourtour les uns sans rênes, les autres sabre en main, se croisant sans jamais se heurter, bataillant quelquefois et toujours victorieux dans la lutte. Des groupes de trois ou quatre parcourent de grandes lignes régulières au galop allongé, la montre en main pour régler leur allure. Ceux-ci s'exercent à la charge. Ceux-là, travaillant isolément, traversent tous les groupes sans dévier de la direction qui leur est assignée.

Et au milieu de tout ce grouillement, les pelotons, les escadrons circulent sans se choquer.

C'est un assourdissement de commandements, de coups de sifflets, d'interpellations, dont rien n'est perdu, chacun étant attentif à son rôle. C'est un pêle-mêle indescriptible et pourtant parfaitement régulier. C'est l'application méthodique du travail militaire ; tout s'y passe suivant les règles rigoureusement observées de l'ordonnance, dont on peut suivre les préceptes livre en main.

Les bâtiments qui logent toute cette fourmilière bordent le Chardonnet au sud ; les écuries et les manèges l'encadrent sur les autres faces.

Ces bâtiments de l'École, trois constructions massives mais très régulières, circonscrivent une cour centrale, la cour d'honneur, et dessinent, avec leurs annexes, deux cours latérales. Une longue grille ferme ces trois cours sur la rue. A droite, c'est l'hôtel du général, le mess des officiers et celui des sous-officiers; à gauche l'infirmerie des chevaux et le jardin botanique.

Ce quartier de cavalerie, quoique immense, est à peine suffisant pour loger tout ce monde. Trois étages, bondés de la cave au grenier, pas une place vide, pas un coin inoccupé. Dans l'aile gauche, les officiers et les vétérinaires; dans l'aile droite les sous-officiers; toutes les mansardes remplies par la troupe. La façade du centre est occupée par les salles de cours, l'amphithéâtre, la bibliothèque et le grand salon d'honneur. Le cadran de l'horloge, au-dessous du clocheton surmonté d'un drapeau, règle, à la seconde, le service dont toutes les minutes sont remplies.

C'est une allée et venue incessante des bâtiments au Chardonnet et du Chardonnet aux bâtiments, et tous les jours ainsi, du lever au coucher du soleil; le travail ne laisse que deux heures de répit, de dix heures à midi, pour permettre à tout le monde de déjeuner et de changer de tenue.

Ce grouillement du terrain de manœuvres de Saumur est vraiment inimaginable. Et ce n'est pas là seulement que règne cette activité; c'est partout en même temps. Dans tous les manèges, les reprises se succèdent, les chevaux se remplacent, les élèves entrent quand d'autres sortent.

Il y en a de tous les grades et de tous les uniformes; chacun a la tenue de son régiment, mais tous portent la culotte noire et la botte de Saumur. C'est d'un effet bizarre, ces dolmans bleus des hussards et ces petites vestes rouges des spahis surmontant la culotte noire d'uniforme.

Ils vont gaiment par petits groupes, la cravache sous le bras, la cigarette aux lèvres. Ceux qui se rendent à la reprise, élégants et corrects, les bottes resplendissantes, les mains finement gantées, jettent au passage quelque plaisanterie mordante aux camarades qui reviennent poussiéreux et la sueur au visage. Leurs sarcasmes s'attaquent surtout au malheureux qui porte les marques d'une chute. Et tous se pressent, car les minutes sont comptées.

D'ailleurs, le travail de manège n'attend pas le jour pour commencer et en hiver les premières reprises ont lieu à la lueur vacillante des becs de gaz. Ces reprises du matin, à la lumière, ont leur caractère tout spécial; les cavaliers, encore un peu endormis, arrivent en se frottant les yeux; les chevaux, éveillés en sursaut, s'ébrouent et gambadent pour secouer la fraîcheur qui les saisit; fumant sous l'air froid, ils trottent dans un brouillard épais, le moindre bruit les effraie et les fait bondir ; l'écuyer, qui piétine sur le sol humide du manège, trahit son humeur par de brusques réprimandes qui font l'effet d'un coup de fouet au milieu de chevaux épeurés. Et si quelque retardataire arrive, la minute de l'heure passée, il n'est pas ménagé. Pas drôle, sles reprises du matin !

Mais voici les écuyers qui entrent à leur manège pour y travailler sous la direction de l'écuyer en chef. Suivons-les.

Superbe, ce manège, merveilleusement éclairé par de nombreuses et belles fenêtres. C'est d'ailleurs le plus beau et le plus vaste de l'École :

Sur chaque face, des tribunes qui permettent aux visiteurs de suivre les leçons. A l'une des extrémités, deux poteaux rembourrés se dressent comme deux points d'interrogation qui ont intrigué bien des gens : c'est pour les sauteurs; il y en a ainsi dans tous les manèges de l'École.

Le costume sévère des écuyers est un des plus beaux uniformes de notre armée : tout noir, galonné d'or.

Ils sont là cinq ou six capitaines et quatre lieutenants. Tous montent des chevaux magnifiques, en selle française avec tapis écarlate, bride française aux cuivres étincelants. Tous ces chevaux, élégants et légers, l'encolure rouée, l'œil plein de feu, les naseaux frémissants, les membres impatients de mouvement, mâchent leur mors avec une ardeur fébrile. Les écuyers, correctement assis, la jambe élégamment placée, les mains basses et jouant imperceptiblement avec leurs rênes, se placent derrière l'écuyer en chef, qui commence une reprise muette où se révèlent toutes les finesses de notre savante équitation française. Les cavaliers sont immobiles, on ne voit pas un muscle bouger, et cependant les chevaux se plient, se redressent, se courbent, changent de pied, détendent leurs membres dans des gestes gracieux et légers, trottent, galopent, pirouettent et passagent comme par enchantement.

Tous les visiteurs assistent bouche bée à ce splendide spectacle, et l'on comprend alors que la consigne recommande de garder le silence et de se découvrir.

C'est bien la tradition de la glorieuse École de Versailles dont Saumur est la digne héritière. Les noms des écuyers célèbres qui sont écrits là en lettres d'or n'ont pas à renier ces brillants successeurs, et c'est avec raison que les tables de marbre leur réservent une place après eux.

Pourtant, ce que nous venons d'admirer ne nous a montré qu'une faible partie de la science de ces habiles professeurs. Car si la tradition a été religieusement conservée à Saumur, le progrès n'y a pas été moins scrupuleusement suivi; et cet enseignement éclectique a su si bien allier l'équitation de manège et l'équitation extérieure, que ces mêmes chevaux sont aussi droits, aussi vifs, aussi détendus, sur la piste d'entraînement, qu'ils étaient souples, raccourcis et légers sur la piste du manège.

Aucune méthode équestre, aucun système, aucune innovation qui n'aient été soigneusement analysés et sur lesquels cet enseignement n'ait prononcé sa sanction.

L'équitation de Saumur, résumé des meilleurs principes, réalise cette alliance si longtemps rêvée de l'équitation savante et de l'équitation hardie.

Savoir y plier à la fois hommes et chevaux était un triomphe à remporter; c'est maintenant une gloire acquise à l'École de cavalerie.

Le manège est à peine laissé libre par les écuyers qu'une reprise vient l'occuper. Les chevaux, amenés par les cavaliers de manège, se rangent au milieu. Quelques-uns sont tenus en caveçon, d'autres ont des œillères qui leur bouchent complètement les yeux. Les cavaliers qui vont monter sont des lieutenants d'instruction; parmi eux se remarquent quelques uniformes étrangers.

L'écuyer désigne à chacun sa monture et prononce lentement : « *Marchez* ». Cette mise en mouvement est un peu houleuse, surtout pour cette reprise de petites juments de pur sang, nerveuses et impressionnables, qui frétillent comme des serpents et bondissent comme des cabris.

Un bruit de porte, et c'est la mêlée la plus confuse et la plus émouvante, car dans ces bonds de gaieté, les ruades ne sont pas ménagées. Les cavaliers, qui reprennent leur instruction équestre par le commencement, sans étriers et en bridon, s'enfoncent dans leur selle pour résister aux détentes de ces ressorts si bien trempés et pour éviter les coups de pied. C'est un peu en prévision de cela que les chevaux de manège ne sont ferrés que du devant.

L'écuyer, calme et attentif au milieu de cette tempête, distribue ses conseils et répare le désordre, jugeant, d'un coup d'œil sûr, chaque faute commise. Au fond, les grandes glaces, qui reflètent les cavaliers à leur passage, répètent ses observations en en montrent l'image, et chaque élève s'applique à corriger le défaut dont il n'avait pas conscience. Comment ne pas apprendre à de pareilles leçons!

Nous quittons le manège pour aller voir les écuries. En sortant des tribunes nous trouvons la carrière attenante également occupée par une reprise.

Ce sont les aides-vétérinaires qui font leurs débuts équestres; en selles anglaises sans étriers, sur de grands chevaux de carrière aux allures senties qui les secouent vigoureusement. Mais il faut être fier de monter de pareils chevaux; il y a là des hunters anglais de formes superbes.

Entrons dans les écuries du manège. C'est d'abord la sellerie, remplie de selles françaises, avec leurs brides garnies de cuivres étincelants, de selles anglaises avec et sans avances, de selles à piquer, de caveçons, de mors, de filets, de pelhams.

Suit l'enfilade de toutes les écuries qui bordent le Chardonnet à l'est. Que de chevaux, et que de beaux chevaux! Ils sont classés par races et par robes dans chaque race. Voilà les sveltes pur sang qui ont pour la plupart de nombreuses victoires de turf écrites au-dessus de leur tête; puis les arabes grassouillets, aux robes claires aves des reflets métalliques, ayant bien leur cachet oriental avec leurs longues crinières et leurs longues queues. C'est bien là l'élégance d'une autre race. Puis les tarbes aux lignes gracieuses et aux fines attaches. Voici quelques boxes où se tiennent les sauteurs aux muscles d'athlètes. Dans ces autres travées, ce sont les chevaux de carrière : des normands luisants de santé; des demi-sang étoffés; des irlandais courts de rein et solidement charpentés.

Mais quel est ce bruit infernal? C'est la maréchalerie, nous devons y faire une visite en passant. L'aspect est saisissant : Dans la cour vingt à vingt-cinq chevaux que l'on ferre à la fois, dans l'atelier trente forges qui marchent en même temps. C'est un bruit étourdissant de coups de marteaux sur les enclumes. Tous ces ouvriers modèlent des chefs-d'œuvre avec leurs instruments grossiers; on voit là se fabriquer tous les fers connus, ferrure française, ferrure anglaise, ferrures orthopédiques et pathologiques, avec une régularité que garantit la surveillance incessante de tous les moniteurs.

A côté, c'est un autre bruit, le cri strident de la machine à vapeur de l'arçonnerie. La scie découpe dans les blocs de hêtre les bandes gauchies des futurs arçons, les arcades de fer s'y attachent, les sièges s'y appliquent et voilà des selles qui s'empilent prêtes à expédier.

Nous retraversons les écuries du manège où nos regards s'arrêtent sur un cheval littéralement blanc d'écume que le couteau à chaleur nettoie. Nous aurions une pensée de compassion pour le pauvre animal si son œil méchant ne disait clairement que c'est un de ces rudes batailleurs qui ne cèdent qu'une fois épuisés.

Nous voici près du steeple qui borde le Chardonnet; il est pris entre deux rangées de lices qui en font un couloir. En ce moment des chevaux sans cavalier se succèdent en franchissant les obstacles avec la gracieuseté qui caractérise le cheval en liberté. Ce sont de jeunes chevaux qui vont ainsi gagner, à l'autre bout, une récompense d'avoine. Quelques-uns se révèlent comme de futurs steeple-chasers; d'autres qui refusent obstinément, malgré les exhortations de la chambrière, annoncent un dressage difficile.

Que fait donc ce cavalier de l'autre côté des lices? il exerce au saut un cheval tenu à la longe. C'est pour ce dressage que sont disposés en rond ces autres obstacles au milieu desquels il se tient. C'est une barre, un fossé, un mur, un passage de route, une banquette. Le cheval peut sauter comme s'il était en liberté, et le cavalier peut le retenir avec le caveçon s'il bourre, ou le pousser avec la chambrière s'il s'arrête. C'est la deuxième phase du dressage à l'obstacle.

Nous voici près du manège Lassalle, presque aussi vaste que le manège des écuyers; nous arrivons juste au moment où sortent les chevaux d'une reprise. Un sauteur et des voltigeurs viennent les remplacer. Hâtons-nous aux tribunes.

Des officiers élèves, de jeunes sous-lieutenants nouvellement sortis de Saint-Cyr, sont là groupés autour de l'écuyer, qui leur détaille ses dernières observations. Quelques-uns se tiennent à l'écart pour retirer leurs éperons, ce sont ceux qui vont débuter à la voltige et au sauteur, pour essayer leur légèreté et leur solidité.

Les petits voltigeurs se mettent au galop en cercle et les cavaliers, adroits et gracieux, sautent à cheval, s'asseyent en dame, font face en arrière, se mettent à genoux sur la croupe, franchissant le cheval d'un bond, sans qu'on voie le moindre effort.

Là-bas, le sauteur, attaché par deux fortes longes entre les piliers rembourrés, piaffe d'impatience, s'ébroue bruyamment, en attendant d'engager la lutte avec son cavalier. Celui-ci, sans rênes et sans étriers, les bras croisés, se place le mieux qu'il peut pour résister aux défenses de sa monture. L'écuyer fait un signe de sa cravache et aussitôt les ruades, les cabrades, les sauts de mouton, les bonds de côté commencent. L'animal, furieux de ne pas désarçonner celui qui le monte, rugit comme une bête féroce. Il cherche à surprendre la souplesse de son cavalier et un bon coup de rein le projettera comme une raquette. L'y voilà ; l'écuyer crie : *Ho!* et ce terrible sauteur qui effrayait tous les assistants, se pétrifie subitement pendant que son adversaire se relève. Il a bien encore l'œil allumé de colère, mais son regard de défi n'a plus que du dédain.

Sans rancune d'ailleurs, le cavalier vient caresser son vainqueur et lui donne une poignée d'avoine pour récompense. A un autre. Et le sauteur ne se retire que lorsqu'il a remporté plusieurs triomphes. Aussi passe-t-il fier en hennissant au milieu des élèves qui attendent à la porte pour succéder à ceux qui s'en vont.

Les chevaux de cette nouvelle reprise sont amenés ; leurs yeux farouches nous révèlent de suite qu'ils appartiennent à la catégorie de ces chevaux difficiles que les élèves appellent les *rogneux*. La curiosité nous attache à notre place.

L'écuyer désigne les chevaux et chaque officier saute à cheval. Des selles anglaises rases et pas d'étriers avec ces animaux indomptés, autant se tenir en équilibre sur la corde. Quelques-uns, campés sur leurs quatre jambes roidies, le rein tendu comme un ressort, semblent parfaitement résolus à ne pas céder.

« *Marchez!* » dit l'écuyer, et les batailles s'engagent. Les observations du maître semblent des conseils tout simples à suivre, mais les chevaux s'y montrent absolument rétifs. Bataille, bataille, il ne faut pas céder. Ce sont des bonds désordonnés. Celui-ci ne veut pas se porter en avant ; celui-là ne veut pas tourner. Ces chevaux rétifs sont pleins de nerf et de vigueur, quand ils se livrent, ils sont splendides. A les rosses ! dit-on malgré soi en les voyant.

En voilà un au paroxisme de la rage, il fait deux pas en avant, puis se jette de côté pour se coller au mur comme pour y écraser son cavalier. Il est frémissant de colère, il trépigne sur place et répond par une ruade à toute action de jambe. « *Rêne droite !* » crie l'écuyer au jeune officier qui le monte, « *ouvrez franchement la rêne droite !* ». Mais on dirait que l'animal a compris, le voilà qui cabre et tout effet de main est neutralisé. « *Les mains basses ; prenez-le sur le filet* » ; mais le cheval, par une violente détente d'encolure, emmène les bras du cavalier, qu'il arrache presque de sa selle. « *Rêne droite seulement, lâchez la rêne gauche, là! et maintenant dans les deux jambes.* » Voilà l'animal décollé de la muraille. « *Assis! assis !* » Les défenses redoublent et pendant ce temps les autres élèves continuent de trotter sans s'occuper de cette scène. — « *Marchez au pas!* ».

Le cheval s'est débarrassé de son cavalier et il galope à toute allure en lançant des ruades dont il faut se garer; les panneaux de la selle, qui se relèvent, lui font comme des ailes et prêtent un aspect fantastique à cette course endiablée. L'officier démonté est aussitôt sur pied et le cheval n'est pas plutôt repris qu'il est en selle. C'est une nouvelle bataille qui va recommencer et peut-être une nouvelle chute. Il y a de ces terribles chevaux qui jettent leur cavalier à terre jusqu'à cinq et six fois dans la même reprise. — Ces chutes sont effrayantes, mais tous ces jeunes gens sont si souples et si adroits que les accidents graves sont rares, quoique trop nombreux encore.

On sort éreinté de ces reprises et pourtant il faut après cela aller à d'autres exercices et finir la journée par un cours et une interrogation. — O jeunesse, printemps de la vie, a dit Alfred de Vigny, dans ses *Grandeurs et vicissitudes militaires!* Il faut bien en effet toute la sève de la jeunesse pour résister à une année de cours à Saumur.

Visitons maintenant le manège Kellerman. Il est également occupé; c'est partout la même activité. Ici nous avons sous les yeux une reprise de sous-officiers qui montent des chevaux de manège, Tarbes et Pur-Sang, véritables chevaux d'école, merveilleusement dressés. Aussi chaque faute du cavalier est-elle immédiatement soulignée par un faux mouvement du cheval; ce sont des instruments de précision sur lesquels on mesure son habileté. Le moindre doigté sur les rênes produit des effets absolument opposés; et pourtant la finesse d'exécution n'est pas la seule difficulté, car ces petits chevaux, coquets et gracieux sous celui qui les monte juste, s'exaspèrent facilement sous celui qui en joue faux.

Tous les mouvements serrés et précis de cette reprise sont du plus charmant effet.

Les bâtiments qui font suite au manège Kellerman sont encore des écuries. En arrivant au milieu, nous entendons un étrange cliquetis. C'est la manipulation de l'École de télégraphie, qui est à l'étage au-dessus. Montons. Là, les cavaliers télégraphistes s'exercent à transmettre des dépêches les uns par l'appareil Morse, les autres par le téléphone, ceux-ci par le parleur de campagne, ceux-là par signaux de fanions, de lanternes, de gestes, d'autres par les appareils optiques, éclairés soit par le soleil, soit par une lampe. Les moniteurs dirigent cet enseignement, sous la surveillance de l'officier de télégraphie, chef de cette École. Voici quelques groupes qui s'apprêtent pour aller travailler à l'extérieur; hommes et chevaux partent avec tout l'équipement qu'ils auraient en campagne. Ils vont rester dehors, jusque bien avant dans la nuit, à communiquer par tous les moyens qu'on peut utiliser à la guerre. Les feux de leurs appareils optiques se verront sur les hauteurs avoisinantes, jetant des éclairs, comme la trace lumineuse d'un bolide. Ces feux se transmettent les dépêches à quarante et cinquante kilomètres de portée. Tous ces postes, égrenés dans les alentours, à des points qu'ils ont dû d'abord chercher, resteront en communication avec l'École, d'où partiront les dépêches, pour faire le tour de la ligne et revenir à la vérification de leur exactitnde.

Et c'est avec de simples cavaliers du rang que l'on obtient, en quelques mois, ces merveilleux résultats. C'est vraiment admirable.

Derrière ce bâtiment, il y a encore un manège, appelé manège Montbrun ; c'est le moins spacieux, néanmoins il est aussi employé que les autres. Nous y trouvons une reprise d'officiers d'artillerie, occupés au dressage de jeunes chevaux, sous la direction de leur écuyer, qui règle les moyens à employer par chacun, suivant le caractère et les qualités de sa monture. Là, plus de bataille ; on sent que l'on a affaire à des enfants, avec lesquels il faut agir par persuasion. Et c'est avec une patience de maître d'école que les cavaliers demandent toujours les mêmes choses, avec les mêmes procédés, inflexibles dans leurs exigences, mais toujours prêts à récompenser l'obéissance. Il suffit de suivre quelques instants seulement ce dressage pour voir s'établir la compréhension entre le cheval et son cavalier. On sent qu'avec cette méthode on doit arriver à l'entente la plus intime et à obtenir, pour ainsi dire, le mouvement reflexe de la pensée.

Tout le côté ouest du Chardonnet est bordé par les écuries des chevaux d'armes. Ces chevaux n'ont pas les qualités ni les moyens des chevaux de race du manège, mais tous, robustes et vigoureux, sont faits pour la fatigue ; le travail ne leur est pas ménagé.

Ce groupe de sous-officiers, qui monte devant nous, s'en va au service en campagne. Ils resteront quatre à cinq heures à l'extérieur, battant le pays, explorant le terrain, avec la conscience d'une préparation à la guerre.

Ceux-ci, en armes, groupés par pelotons, prennent le chemin du Brail, autre champ de manœuvre plus vaste, grande prairie dépendant de l'École, et située dans l'angle de la Loire et du Thouet. Là aussi le travail est dans toute son activité ; les manœuvres de cavalerie y trouvent le grand espace qu'il leur faut. Les escadrons se chargent, se poursuivent et se rallient pour s'attaquer de nouveau ; c'est l'image de ces chocs effrayants, où les lignes hérissées de sabres se ruent l'une sur l'autre pour s'écraser.

Tout autour de ce terrain, des cavaliers en file, par un, par deux, par trois, par quatre, par rang, franchissent les obstacles de toute nature, multipliés sur la piste d'entraînement. Voici une reprise de carrière qui revient de ce travail ; ce sont encore des élèves officiers, sous-officiers de tous les régiments de cavalerie : des cuirassiers, mêlés à des hussards, à des chasseurs d'Afrique et à des spahis, et ces derniers ne semblent pas surpris de se trouver sur de grands chevaux aux larges carrures, après avoir quitté leurs petits arabes rablés. Mais voici tout à coup la colonne bouleversée par un bruit de coups de fusils, qui retentit tout prêt de là ; ce sont des exercices de tir qui se passent dans le stand couvert, bâti le long de cette route. Ce n'est pas un mal, les chevaux s'habituent au feu.

Il semble maintenant que le canon s'en mêle? Non, ce sont des détonations de dynamite aux travaux de campagne qui s'exécutent tout près de là également.

Rapprochons-nous de l'École. Voici l'infirmerie des chevaux, qui tient l'emplacement de l'ancien haras d'études. On y passe la visite des chevaux indisponibles. Les aides-vétérinaires stagiaires, après leur leçon d'équitation, sont venus se grouper autour de leurs chefs, et les éclopés, chevaux de toutes les catégories que le malheur a réunis, défilent devant eux, s'offrant à leur diagnostic que guide l'expérience de leurs professeurs. Derrière, s'étend le jardin botanique; nous en faisons le tour. Les chevaux en traitement nous regardent passer, en tendant le cou hors de leurs boxes. ils hennissent en humant les effluves printanières qui les font rêver de courses folles.

Voici encore des cavaliers dans la prairie au delà du jardin. Ce sont des officiers d'instruction qui font passer le steeple Rapp aux jeunes chevaux qu'ils montent : des obstacles un peu enfantins pour ces chevaux de pur sang légers comme des gazelles. Aussi les cavaliers les laissent faire, ne s'occupant que de régler leur allure et riant de leurs gamineries. Il y a dans ces poulains plus d'un futur vainqueur des courses de Verrie, cet hippodrome de l'École dont le parcours à travers des terrains difficiles effraye tous les jokeys, et que l'on cite à juste titre comme un criterium de la Croix de Berny.

Nous rentrons par la carrière du carrousel entourée de lices qui portent encore les vestiges des gradins qu'on y dispose chaque année au mois d'août pour le carrousel. Nous y voyons s'exercer une reprise de sauteurs en liberté montés par des sous-maîtres du manège. Ces hardis jeunes gens, sans étriers sur des selles à piquer, font exécuter, au commandement, des bonds effrayants à leur monture. Plusieurs chevaux de pur sang se font remarquer parmi ces hercules, par la détente de leurs membres plus nerveux et mieux trempés.

A côté, c'est le gymnase ; des lieutenants et des sous-lieutenants y travaillent sous l'œil de leurs instructeurs, puis passent successivement aux classes de boxe, de bâton et d'exercice à pied. Il en entre et en sort tour à tour du bâtiment voisin. C'est la salle d'armes où chaque élève prend tous les jours une leçon de sabre et d'épée. Dans deux grandes salles, décorées de tableaux et de dessins, cadeaux des plus habiles dessinateurs d'entre les élèves, les prévots et les maîtres, fièrement campés, donnent la leçon qui se termine par un assaut. Les lames se froissent et s'enveloppent dans les parades serrées, le maître riposte, attaque à son tour et quelquefois se fait battre par les fins tireurs.

Trois heures sonnent, tout le travail extérieur cesse, les cours vont commencer.

A la théorie, les instructeurs commentent le règlement d'exercices et enseignent les rubriques de l'instruction.

A l'hippologie, les écuyers expliquent les beautés et les défectuosités des membres du cheval sur le squelette qui est dans chaque salle.

Les groupes désignés pour les interrogations vont répondre, ceux-ci en sciences appliquées, ceux-là en législation, d'autres en art militaire, etc.

Ici, c'est la salle de dessin topographique. Auprès, c'est la bibliothèque où l'on trouve tous les livres d'études anciens ou modernes se rapportant à la cavalerie. Les élèves y viennent travailler en silence entre un cours et une interrogation.

Là, le cabinet des collections où l'on trouve, à côté des plans reliefs et des modèles d'obus et de fusées, les merveilleuses pièces anatomiques du cheval Auzoux, qui rendent de si grands services à l'enseignement de l'hippiatrique.

Un cours d'allemand succède à un cours d'allemand, les plus forts remplacent les plus faibles.

Ceux-ci viennent de la topographie, ceux-là vont à la tactique.

A l'amphithéâtre, vaste salle en gradins qui peut contenir 150 élèves à la fois, un cours d'histoire militaire vient après un cours de fortification ; la lanterne qui projette au tableau le plan d'une bataille ou le profil d'un ouvrage permet à tous de suivre les démonstrations du professeur.

Tout ce qui a trait à la cavalerie est enseigné. Le progrès des moyens et des procédés de guerre, la multiplicité des missions dont se complique chaque jour le rôle de la cavalerie rendent ce champ d'études de plus en plus vaste. Aussi, comme il reste trop peu de temps aux élèves après des journées aussi bien remplies, ce sont les professeurs qui se chargent de rechercher, d'analyser et de résumer les influences des idées nouvelles et d'en tirer les conclusions.

Rien n'a été négligé pour faciliter le travail et pour l'alléger le plus possible de l'aridité des recherches. Le professeur rédige le sommaire de sa leçon et la presse autographique en multiplie les exemplaires.

Chaque cours est un précis essentiel où les idées dégagées de leur gangue, ne sont envisagées qu'au point de vue pratique. Chaque chose, une fois démontrée avec les preuves à l'appui, on ne demande à l'élève que d'en retenir le principe. L'École de cavalerie est avant tout une école d'application.

Et cet enseignement est reporté par chacun dans tous les régiments de la Cavalerie, qui bénéficie ainsi de l'activité incessante de son centre d'études : l'École d'application de Saumur.

TABLE DES MATIÈRES

Pages.

Pages.

Pages.

TABLE DES GRAVURES

ANGERS, IMP. A. BURDIN ET Cie, RUE GARNIER, 4

Cette étude sera tenue au courant par fascicules qui paraîtront à la fin de chaque année.

Seuls les souscripteurs de l'ouvrage auront droit à ces suppléments, à raison de   par fascicule.